Ahora el contenido de su código actualizado en Smarteca

Dispondrá gratuitamente de todas las actualizaciones que se realicen en este código hasta el **31 de agosto de 2016.**

Así tendrá la seguridad de disponer siempre de la normativa vigente.

En la página al dorso encontrará la clave de acceso y las instrucciones para acceder a las actualizaciones en Smarteca.

smarteca

Smarteca, la nueva biblioteca profesional 100% digital de Wolters Kluwer, recoge, además de los Códigos LA LEY, gran parte de nuestras publicaciones profesionales, y tiene las siguientes características:

- Sus Códigos estarán siempre actualizados, y dispondrán de acceso directo a laleydigital.es para consultar la legislación y jurisprudencia citada.
- Los contenidos podrán trabajarse y personalizarse, marcándolos, subrayándolos, añadiendo notas, y creando dossiers con los fragmentos de diferentes publicaciones.
- Es **compatible** con todos los sistemas operativos y dispositivos (ordenador, portátil o tablet).
- Si utiliza para su trabajo más de un dispositivo (p.e. ordenador y tablet), éstos se **sincronizan automáticamente**.
- Use smarteca también **sin conexión a Internet**. Su trabajo se sincronizará cuando recupere la conexión.

Títulos Códigos LA LEY

Código Administrativo
Código Civil
Código Comercio y Leyes Mercantiles
Código Laboral
Código Leyes Procesales
Código Penal
Código Tributario

ACCEDA HOY MISMO A smarteca Y ACTUALICE EL CONTENIDO DE SU CÓDIGO GRATUITAMENTE

CUPÓN: CPENZRYSCGKP

Actualice el contenido de su código gratuitamente:

1. Abra su navegador de internet y acceda a la tienda Smarteca en la siguiente URL: https://tienda.smarteca.es/p/218/código-penal

2. Pulse en el botón "comprar" y le aparecerá un mensaje "El producto ha sido añadido a su cesta".

3. Pulse en el botón "mi cesta" y después pulse en "comprar".

4. En ese momento se le va a solicitar que:

   a. Se identifique si ya está registrado previamente en Smarteca

   b. En caso contrario, que se registre como nuevo cliente pulsando en el botón "Registrar".

5. Una vez identificado en Smarteca, debe acceder a la cesta y aplicar el cupón descuento que aparece más arriba en esta misma página. Pulse "Aplicar descuento" para completar la compra sin efectuar pago alguno.

6. Termine el proceso y pulse en "Biblioteca" para ver el código en su estantería.

Finalmente, le recordamos que las actualizaciones para este código finalizarán el **1 de septiembre de 2016.**

MÁS INFORMACIÓN

Servicio de Atención al Cliente

Tel: 902 25 05 00

Fax: 902 25 05 02

clientes@wke.es

Noviembre 15

Código Penal

Última actualización BOE 22 de septiembre

Con actualización en **Smarteca**

LA LEY
grupo Wolters Kluwer

Edita: LA LEY
Edificio La Ley
C/ Collado Mediano, 9
28231 Las Rozas (Madrid)
Tel.: 902 42 00 10 – Fax: 902 42 00 12
http://www.laley.es

1.ª edición: noviembre 2015

ISBN: 978-84-9020-446-7
Depósito Legal: M-31343-2015

Diseño, Preimpresión e Impresión Wolters Kluwer España, S.A.
Printed in Spain

Código Penal

SUMARIO

CÓDIGO PENAL

LEGISLACIÓN COMPLEMENTARIA

Parte General

Parte Especial

Constitución

CÓDIGO PENAL

§ 1. Ley Orgánica 10/1995, de 23 de noviembre, del Código Penal

(*BOE* de 24 de Noviembre de 1995; c. e. *BOE* de 2 de Marzo de 1996)

ÍNDICE SISTEMÁTICO

§ 1. Ley Orgánica 10/1995, de 23 de noviembre, del Código Penal

(*BOE* de 24 de Noviembre de 1995; c. e. *BOE* de 2 de Marzo de 1996)

L.O. 10/1995, 23 noviembre, rectificada por Corrección de errores («B.O.E.» 2 marzo 1996).

EXPOSICIÓN DE MOTIVOS

Si se ha llegado a definir el ordenamiento jurídico como conjunto de normas que regulan el uso de la fuerza, puede entenderse fácilmente la importancia del Código Penal en cualquier sociedad civilizada. El Código Penal define los delitos y faltas que constituyen los presupuestos de la aplicación de la forma suprema que puede revestir el poder coactivo del Estado: la pena criminal. En consecuencia, ocupa un lugar preeminente en el conjunto del ordenamiento, hasta el punto de que, no sin razón, se ha considerado como una especie de «Constitución negativa». El Código Penal ha de tutelar los valores y principios básicos de la convivencia social. Cuando esos valores y principios cambian, debe también cambiar. En nuestro país, sin embargo, pese a las profundas modificaciones de orden social, económico y político, el texto vigente data, en lo que pudiera considerarse su núcleo básico, del pasado siglo. La necesidad de su reforma no puede, pues, discutirse.

A partir de los distintos intentos de reforma llevados a cabo desde la instauración del régimen democrático, el Gobierno ha elaborado el Proyecto que somete a la discusión y aprobación de las Cámaras. Debe, por ello, exponer, siquiera sea de modo sucinto, los criterios en que se inspira, aunque éstos puedan deducirse con facilidad de la lectura de su texto.

El eje de dichos criterios ha sido, como es lógico, el de la adaptación positiva del nuevo Código Penal a los valores constitucionales. Los cambios que introduce en esa dirección el presente proyecto son innumerables, pero merece la pena destacar algunos.

En primer lugar, se propone una reforma total del actual sistema de penas, de modo que permita alcanzar, en lo posible, los objetivos de resocialización que la Constitución le asigna. El sistema que se propone simplifica, de una parte, la regulación de las penas privativas de libertad, ampliando, a la vez, las posibilidades de sustituirlas por otras que afecten a bienes jurídicos menos básicos, y, de otra, introduce cambios en las penas pecuniarias, adoptando el sistema de días-multa y añade los trabajos en beneficio de la comunidad.

En segundo lugar, se ha afrontado la antinomia existente entre el principio de intervención mínima y las crecientes necesidades de tutela en una sociedad cada vez más compleja, dando prudente acogida a nuevas formas de delincuencia, pero eliminando, a la vez, figuras delictivas que han perdido su razón de ser. En el primer sentido, merece destacarse la introducción de los delitos contra el orden socioeconómico o la nueva regulación de los delitos relativos a la ordenación del territorio y de los recursos naturales; en el segundo, la desaparición de las figuras complejas de robo con violencia e intimidación en las personas que, surgidas en el marco de la lucha contra el bandolerismo, deben desaparecer dejando paso a la aplicación de las reglas generales.

En tercer lugar, se ha dado especial relieve a la tutela de los derechos fundamentales y se ha procurado diseñar con especial mesura el recurso al instrumento punitivo allí donde está en juego el ejercicio de cualquiera de ellos: sirva de ejemplo, de una parte, la tutela específica de la integridad moral y, de otra la nueva regulación de los delitos contra el honor. Al tutelar específicamente la integridad moral, se otorga al ciudadano una protección más fuerte frente a la tortura, y al configurar los delitos contra el honor del modo en que se propone, se otorga a la libertad de expresión toda la relevancia que puede y debe reconocerle un régimen democrático.

En cuarto lugar, y en consonancia con el objetivo de tutela y respeto a los derechos fundamentales, se ha eliminado el régimen de privilegio de que hasta ahora han venido gozando las injerencias ilegítimas de los funcionarios públicos en el ámbito de los derechos y libertades de los ciudadanos. Por tanto, se propone que las detenciones, entradas y registros en el domicilio llevadas a cabo por autoridad o funcionario fuera de los casos permitidos por la Ley, sean tratadas como formas agravadas de los correspondientes delitos comunes, y no como hasta ahora lo han venido siendo, esto es, como delitos especiales incomprensible e injustificadamente atenuados.

En quinto lugar, se ha procurado avanzar en el camino de la igualdad real y efectiva, tratando de cumplir la tarea que, en ese sentido, impone la Constitución a los poderes públicos. Cierto que no es el Código Penal el instrumento más importante para llevar a cabo esa tarea; sin embargo, puede contribuir a ella, eliminando regulaciones que son un obstáculo para su realización o introduciendo medidas de tutela frente a situaciones discriminatorias. Además de las normas que otorgan una protección específica frente a las actividades tendentes a la discriminación, ha de mencionarse aquí la nueva regulación de los delitos contra la libertad sexual. Se pretende con ella adecuar los tipos penales al bien jurídico protegido, que no es ya, como fuera históricamente, la honestidad de la mujer, sino la libertad sexual de todos. Bajo la tutela de la honestidad de la mujer se escondía una intolerable situación de agravio, que la regulación que se propone elimina totalmente. Podrá sorprender la novedad de las técnicas punitivas utilizadas; pero, en este caso, alejarse de la tradición parece un acierto.

Dejando el ámbito de los principios y descendiendo al de las técnicas de elaboración, el presente proyecto difiere de los anteriores en la pretensión de universalidad. Se venía operando con la idea de que el Código Penal constituyese una regulación completa del poder punitivo del Estado. La realización de esa idea partía ya de un déficit, dada la importancia que en nuestro país reviste la potestad sancionadora de la Administración; pero, además, resultaba innecesaria y perturbadora.

Innecesaria, porque la opción decimonónica a favor del Código Penal y en contra de las leyes especiales se basaba en el hecho innegable de que el legislador, al elaborar un Código, se hallaba constreñido, por razones externas de trascendencia social, a respetar los principios constitucionales, cosa que no ocurría, u ocurría en menor medida, en el caso de una ley particular. En el marco de un constitucionalismo flexible, era ese un argumento de especial importancia para fundamentar la pretensión de universalidad absoluta del Código. Hoy, sin embargo, tanto el Código Penal como las leyes especiales se hallan jerárquicamente subordinados a la Constitución y obligados a someterse a ella, no sólo por esa jerarquía, sino también por la existencia de un control jurisdiccional de la constitucionalidad. Consiguientemente, las leyes especiales no pueden suscitar la prevención que históricamente provocaban.

Perturbadora, porque, aunque es innegable que un Código no merecería ese nombre si no contuviese la mayor parte de las normas penales y, desde luego los principios básicos informadores de toda la regulación, lo cierto es que hay materias que difícilmente pueden introducirse en él. Pues, si una pretensión relativa de universalidad es inherente a la idea de Código, también lo son las de estabilidad y fijeza, y existen ámbitos en que, por la especial situación del resto del ordenamiento, o por la naturaleza misma de las cosas, esa estabilidad y fijeza son imposibles. Tal es, por ejemplo, el caso de los delitos relativos al control de cambios. En ellos, la modificación constante de las condiciones económicas y del contexto normativo, en el que, quiérase o no, se integran tales delitos, aconseja situar las normas penales en dicho contexto y dejarlas fuera del Código: por lo demás, ésa es nuestra tradición, y no faltan, en los países de nuestro entorno, ejemplos caracterizados de un proceder semejante.

Así pues, en ese y en otros parecidos, se ha optado por remitir a las correspondientes leyes especiales la regulación penal de las respectivas materias. La misma técnica se ha utilizado para las normas reguladoras de la despenalización de la interrupción voluntaria del embarazo. En este caso, junto a razones semejantes a las anteriormente expuestas, podría argüirse que no se trata de normas incriminadoras, sino de normas que regulan supuestos de no incriminación. El Tribunal Constitucional exigió que, en la configuración de dichos supuestos, se adoptasen garantías que no parecen propias de un Código Penal, sino más bien de otro tipo de norma.

En la elaboración del proyecto se han tenido muy presentes las discusiones parlamentarias del de 1992, el dictamen del Consejo General del Poder Judicial, el estado de la jurisprudencia y las opiniones de la doctrina científica. Se ha llevado a cabo desde la idea, profundamente sentida, de que el Código Penal ha de ser de todos y de que, por consiguiente, han de escucharse todas las opiniones y optar por las soluciones que parezcan más razonables, esto es, por aquéllas que todo el mundo debería poder aceptar.

No se pretende haber realizado una obra perfecta, sino, simplemente, una obra útil. El Gobierno no tiene aquí la última palabra, sino solamente la primera. Se limita, pues, con este proyecto, a pronunciarla, invitando a todas las fuerzas políticas y a todos los ciudadanos a colaborar en la tarea de su perfeccionamiento. Solamente si todos deseamos tener un Código Penal mejor y contribuimos a conseguirlo podrá lograrse un objetivo cuya importancia para la convivencia y el pacífico disfrute de los derechos y libertades que la Constitución proclama difícilmente podría exagerarse.

TÍTULO PRELIMINAR
DE LAS GARANTÍAS PENALES Y DE LA APLICACIÓN DE LA LEY PENAL

Artículo 1. 1. No será castigada ninguna acción ni omisión que no esté prevista como delito por ley anterior a su perpetración.

Número 1 del artículo 1 redactado por el número uno del artículo único de la L.O. 1/2015, de 30 de marzo, por la que se modifica la L.O. 10/1995, de 23 de noviembre, del Código Penal («B.O.E.» 31 marzo).
Vigencia: 1 julio 2015

Véanse: Artículos 9.3 y 25.1 CE. Artículo 11.2 de la Declaración Universal de Derechos Humanos, de 10 de diciembre de 1948. Artículos 4 y 10 del presente Código. Artículo 23 LOPJ. Artículos 2,3.4 y 8 del Código Civil.

2. Las medidas de seguridad sólo podrán aplicarse cuando concurran los presupuestos establecidos previamente por la Ley.

Véanse:
Artículo 11.2 de la Declaración Universal de Derechos Humanos, de 10 de diciembre de 1948.

Artículos 6 y 95 y siguientes del presente Código.

Artículo 2. 1. No será castigado ningún delito con pena que no se halle prevista por ley anterior a su perpetración. Carecerán, igualmente, de efecto retroactivo las leyes que establezcan medidas de seguridad.

Número 1 del artículo 2 redactado por el número dos del artículo único de la L.O. 1/2015, de 30 de marzo, por la que se modifica la L.O. 10/1995, de 23 de noviembre, del Código Penal («B.O.E.» 31 marzo).
Vigencia: 1 julio 2015

2. No obstante, tendrán efecto retroactivo aquellas leyes penales que favorezcan al reo, aunque al entrar en vigor hubiera recaído sentencia firme y el sujeto estuviese cumpliendo condena. En caso de duda sobre la determinación de la Ley más favorable, será oído el reo. Los hechos cometidos bajo la vigencia de una Ley temporal serán juzgados, sin embargo, conforme a ella, salvo que se disponga expresamente lo contrario.

Véase:
Artículo 9.3 de la Constitución Española.
Artículos 1, 3, 4 y 7 CP 1995 y Disposición transitoria 1ª del presente Código.
Artículo 988 LECrim.
Artículos 1 y 4 de la LO 13/1985, 9 diciembre, de Código Penal Militar («B.O.E.» 11 diciembre).
Circular 1/1996, de 23 febrero, de la Fiscalía General del Estado, sobre el régimen transitorio del Código Penal de 1995 para la revisión de sentencias.
Circular 2/1996, de 22 de mayo, de la Fiscalía General del Estado, sobre el régimen transitorio del nuevo Código Penal: su incidencia en el enjuiciamiento de hechos anteriores.
Circular 3/1996, de 22 de noviembre, de la Fiscalía General del Estado, sobre el criterio jurisprudencial relativo a la redención de penas por el trabajo y la revisión de sentencias conforme al nuevo Código Penal.

Artículo 3. 1. No podrá ejecutarse pena ni medida de seguridad sino en virtud de sentencia firme dictada por el Juez o Tribunal competente, de acuerdo con las leyes procesales.

2. Tampoco podrá ejecutarse pena ni medida de seguridad en otra forma que la prescrita por la Ley y reglamentos que la desarrollan, ni con otras circunstancias o accidentes que los expresados en su texto. La ejecución de la pena o de la medida de seguridad se realizará bajo el control de los Jueces y Tribunales competentes.

Véanse:
Artículo 25.2 de la Constitución Española.
Artículos 1, 141, 983 y 990 LECrim.
Artículos 1, 2, 72, 76 y 77 de la LO 1/1979, 26 septiembre, General Penitenciaria («B.O.E.» 5 octubre).
Artículos 2.1 y 9.1 LOPJ.

Artículo 4. 1. Las leyes penales no se aplicarán a casos distintos de los comprendidos expresamente en ellas.

Véase artículo 4.2 del Código Civil.

2. En el caso de que un Juez o Tribunal, en el ejercicio de su jurisdicción, tenga conocimiento de alguna acción u omisión que, sin estar penada por la Ley, estime digna de represión, se abstendrá de todo procedimiento sobre ella y expondrá al Gobierno las razones que le asistan para creer que debiera ser objeto de sanción penal.

3. Del mismo modo acudirá al Gobierno exponiendo lo conveniente sobre la derogación o modificación del precepto o la concesión de indulto, sin perjuicio de eje-

cutar desde luego la sentencia, cuando de la rigurosa aplicación de las disposiciones de la Ley resulte penada una acción u omisión que, a juicio del Juez o Tribunal, no debiera serlo, o cuando la pena sea notablemente excesiva, atendidos el mal causado por la infracción y las circunstancias personales del reo.

Véanse:
Artículo 130.4 del presente Código.
Artículo 41 de la L.O. 13/1985, 9 diciembre, de Código Penal Militar («B.O.E.» 11 diciembre).
Artículo 902 LECrim.
Artículos 20 y 28 de la Ley de 18 de junio de 1870, de Reglas para el ejercicio de la Gracia de indulto (Gaceta 24 junio).

4. Si mediara petición de indulto, y el Juez o Tribunal hubiere apreciado en resolución fundada que por el cumplimiento de la pena puede resultar vulnerado el derecho a un proceso sin dilaciones indebidas, suspenderá la ejecución de la misma en tanto no se resuelva sobre la petición formulada.

También podrá el Juez o Tribunal suspender la ejecución de la pena, mientras no se resuelva sobre el indulto cuando, de ser ejecutada la sentencia, la finalidad de éste pudiera resultar ilusoria.

Véanse:
Artículo 24.2 de la Constitución Española.
Artículos 80 a 87 y 130.4 del presente Código.

Artículo 5. No hay pena sin dolo o imprudencia.

Véanse artículos 10, 12 y 14.1 del presente Código.

Artículo 6. 1. Las medidas de seguridad se fundamentan en la peligrosidad criminal del sujeto al que se impongan, exteriorizada en la comisión de un hecho previsto como delito.

2. Las medidas de seguridad no pueden resultar ni más gravosas ni de mayor duración que la pena abstractamente aplicable al hecho cometido, ni exceder el límite de lo necesario para prevenir la peligrosidad del autor.

Véanse:
Artículo 25 de la Constitución Española.
Artículos 95 y ss., 101 y ss. CP 1995 y Disp. Adic. 1.ª y Disp. Transit. 10ª del presente Código.

Artículo 7. A los efectos de determinar la ley penal aplicable en el tiempo, los delitos se consideran cometidos en el momento en que el sujeto ejecuta la acción u omite el acto que estaba obligado a realizar.

Artículo 7 redactado por el número tres del artículo único de la L.O. 1/2015, de 30 de marzo, por la que se modifica la L.O. 10/1995, de 23 de noviembre, del Código Penal («B.O.E.» 31 marzo).
Vigencia: 1 julio 2015

Artículo 8. Los hechos susceptibles de ser calificados con arreglo a dos o más preceptos de este Código, y no comprendidos en los artículos 73 a 77, se castigarán observando las siguientes reglas:

1.ª El precepto especial se aplicará con preferencia al general.

2.ª El precepto subsidiario se aplicará sólo en defecto del principal, ya se declare expresamente dicha subsidiariedad, ya sea ésta tácitamente deducible.

3.ª El precepto penal más amplio o complejo absorberá a los que castiguen las infracciones consumidas en aquél.

4.ª En defecto de los criterios anteriores, el precepto penal más grave excluirá los que castiguen el hecho con pena menor.

Véase artículo 5 de la L.O. 13/1985, 9 diciembre, de Código Penal Militar («B.O.E.» 11 diciembre).

Artículo 9. Las disposiciones de este Título se aplicarán a los delitos que se hallen penados por leyes especiales. Las restantes disposiciones de este Código se aplicarán como supletorias en lo no previsto expresamente por aquéllas.

Artículo 9 redactado por el número cuatro del artículo único de la L.O. 1/2015, de 30 de marzo, por la que se modifica la L.O. 10/1995, de 23 de noviembre, del Código Penal («B.O.E.» 31 marzo).
Vigencia: 1 julio 2015

Véanse: Artículo 138 de la LO 5/1985, 19 junio, del Régimen Electoral General («B.O.E.» 20 junio). Artículo 5 de la LO 13/1985, 9 diciembre, de Código Penal Militar («B.O.E.» 11 diciembre). Disposición Final 1ª de la LO 12/1995, 12 diciembre, de represión del contrabando («B.O.E.» 13 diciembre). Artículo 12 de la Ley 209/1964, 24 diciembre, por la que establece la Ley penal y procesal, en materia de navegación aérea («B.O.E.» 28 diciembre). Disposición transitoria 11ª del presente Código.

LIBRO PRIMERO
DISPOSICIONES GENERALES SOBRE LOS DELITOS, LAS PERSONAS RESPONSABLES, LAS PENAS, MEDIDAS DE SEGURIDAD Y DEMÁS CONSECUENCIAS DE LA INFRACCIÓN PENAL

Rúbrica del Libro I redactada por el número cinco del artículo único de la L.O. 1/2015, de 30 de marzo, por la que se modifica la L.O. 10/1995, de 23 de noviembre, del Código Penal («B.O.E.» 31 marzo).
Vigencia: 1 julio 2015

TÍTULO PRIMERO
DE LA INFRACCIÓN PENAL

CAPÍTULO PRIMERO
DE LOS DELITOS

Rúbrica del Capítulo I del Título I del Libro I redactada por el número seis del artículo único de la L.O. 1/2015, de 30 de marzo, por la que se modifica la L.O. 10/1995, de 23 de noviembre, del Código Penal («B.O.E.» 31 marzo).
Vigencia: 1 julio 2015

Artículo 10. Son delitos las acciones y omisiones dolosas o imprudentes penadas por la ley.

Artículo 10 redactado por el número siete del artículo único de la L.O. 1/2015, de 30 de marzo, por la que se modifica la L.O. 10/1995, de 23 de noviembre, del Código Penal («B.O.E.» 31 marzo).
Vigencia: 1 julio 2015

Artículo 11. Los delitos que consistan en la producción de un resultado sólo se entenderán cometidos por omisión cuando la no evitación del mismo, al infringir un especial deber jurídico del autor, equivalga, según el sentido del texto de la ley, a su causación. A tal efecto se equiparará la omisión a la acción:

a) Cuando exista una específica obligación legal o contractual de actuar.

b) Cuando el omitente haya creado una ocasión de riesgo para el bien jurídicamente protegido mediante una acción u omisión precedente.

Artículo 11 redactado por el número ocho del artículo único de la L.O. 1/2015, de 30 de marzo, por la que se modifica la L.O. 10/1995, de 23 de noviembre, del Código Penal («B.O.E.» 31 marzo).
Vigencia: 1 julio 2015

Artículo 12. Las acciones u omisiones imprudentes sólo se castigarán cuando expresamente lo disponga la Ley.

Véanse:
Artículos 142, 146, 152, 158, 159.2, 195.3, 220.5, 267, 301.3, 317, 324, 331, 344, 347, 358, 367, 391, 447, 467.2, 532, 601, 615 bis.2 y 621 del presente Código.
Artículos 20, 39 y 159 de la LO 13/1985, 9 diciembre, de Código Penal Militar («B.O.E.» 11 diciembre).
Artículo 65 de la Ley 209/1964, 24 diciembre, por la que establece la Ley penal y procesal, en materia de navegación aérea («B.O.E.» 28 diciembre).

Artículo 13. 1. Son delitos graves las infracciones que la Ley castiga con pena grave.

2. Son delitos menos graves las infracciones que la Ley castiga con pena menos grave.

3. Son delitos leves las infracciones que la ley castiga con pena leve.

Número 3 del artículo 13 redactado por el número nueve del artículo único de la L.O. 1/2015, de 30 de marzo, por la que se modifica la L.O. 10/1995, de 23 de noviembre, del Código Penal («B.O.E.» 31 marzo).
Vigencia: 1 julio 2015

4. Cuando la pena, por su extensión, pueda incluirse a la vez entre las mencionadas en los dos primeros números de este artículo, el delito se considerará, en todo caso, como grave. Cuando la pena, por su extensión, pueda considerarse como leve y como menos grave, el delito se considerará, en todo caso, como leve.

Número 4 del artículo 13 redactado por el número nueve del artículo único de la L.O. 1/2015, de 30 de marzo, por la que se modifica la L.O. 10/1995, de 23 de noviembre, del Código Penal («B.O.E.» 31 marzo).
Vigencia: 1 julio 2015

Artículo 14. 1. El error invencible sobre un hecho constitutivo de la infracción penal excluye la responsabilidad criminal. Si el error, atendidas las circunstancias del hecho y las personales del autor, fuera vencible, la infracción será castigada, en su caso, como imprudente.

2. El error sobre un hecho que cualifique la infracción o sobre una circunstancia agravante, impedirá su apreciación.

3. El error invencible sobre la ilicitud del hecho constitutivo de la infracción penal excluye la responsabilidad criminal. Si el error fuera vencible, se aplicará la pena inferior en uno o dos grados.

Véanse:
Artículo 6.1 del Código Civil.
Artículos 5 y 12 del presente Código.

Artículo 15. Son punibles el delito consumado y la tentativa de delito.

Artículo 15 redactado por el número diez del artículo único de la L.O. 1/2015, de 30 de marzo, por la que se modifica la L.O. 10/1995, de 23 de noviembre, del Código Penal («B.O.E.» 31 marzo).
Vigencia: 1 julio 2015

Véanse artículos 16, 61, 62 y 64 del presente Código.

Artículo 16. 1. Hay tentativa cuando el sujeto da principio a la ejecución del delito directamente por hechos exteriores, practicando todos o parte de los actos que objetivamente deberían producir el resultado, y sin embargo éste no se produce por causas independientes de la voluntad del autor.

Véanse artículos 15, 21.4ª y 5ª, 62, 354.2, 376, 462, 485, 485.2, 547 y 579 del presente Código.

2. Quedará exento de responsabilidad penal por el delito intentado quien evite voluntariamente la consumación del delito, bien desistiendo de la ejecución ya iniciada, bien impidiendo la producción del resultado, sin perjuicio de la responsabilidad en que pudiera haber incurrido por los actos ejecutados, si éstos fueren ya constitutivos de otro delito.

Número 2 del artículo 16 redactado por el número once del artículo único de L.O. 1/2015, de 30 de marzo, por la que se modifica la L.O. 10/1995, de 23 de noviembre, del Código Penal («B.O.E.» 31 marzo).
Vigencia: 1 julio 2015

3. Cuando en un hecho intervengan varios sujetos, quedarán exentos de responsabilidad penal aquél o aquéllos que desistan de la ejecución ya iniciada, e impidan o intenten impedir, seria, firme y decididamente, la consumación, sin perjuicio de la responsabilidad en que pudieran haber incurrido por los actos ejecutados, si éstos fueren ya constitutivos de otro delito.

Número 3 del artículo 16 redactado por el número once del artículo único de la L.O. 1/2015, de 30 de marzo, por la que se modifica la L.O. 10/1995, de 23 de noviembre, del Código Penal («B.O.E.» 31 marzo).
Vigencia: 1 julio 2015

Artículo 17. 1. La conspiración existe cuando dos o más personas se conciertan para la ejecución de un delito y resuelven ejecutarlo.

2. La proposición existe cuando el que ha resuelto cometer un delito invita a otra u otras personas a participar en él.

3. La conspiración y la proposición para delinquir sólo se castigarán en los casos especialmente previstos en la ley.

Artículo 17 redactado por el número doce del artículo único de la L.O. 1/2015, de 30 de marzo, por la que se modifica la L.O. 10/1995, de 23 de noviembre, del Código Penal («B.O.E.» 31 marzo).
Vigencia: 1 julio 2015

Artículo 18. 1. La provocación existe cuando directamente se incita por medio de la imprenta, la radiodifusión o cualquier otro medio de eficacia semejante, que facilite la publicidad, o ante una concurrencia de personas, a la perpetración de un delito.

Es apología, a los efectos de este Código, la exposición, ante una concurrencia de personas o por cualquier medio de difusión, de ideas o doctrinas que ensalcen el crimen o enaltezcan a su autor. La apología sólo será delictiva como forma de provocación y si por su naturaleza y circunstancias constituye una incitación directa a cometer un delito.

2. La provocación se castigará exclusivamente en los casos en que la Ley así lo prevea.

Si a la provocación hubiese seguido la perpetración del delito, se castigará como inducción.

Véanse artículos 141, 151, 168, 269, 304, 373, 477, 488, 519, 548, 553, 579, 585 y 615 del presente Código.

CAPÍTULO II
DE LAS CAUSAS QUE EXIMEN DE LA RESPONSABILIDAD CRIMINAL

Artículo 19. Los menores de dieciocho años no serán responsables criminalmente con arreglo a este Código.

Cuando un menor de dicha edad cometa un hecho delictivo podrá ser responsable con arreglo a lo dispuesto en la ley que regule la responsabilidad penal del menor.

La Disposición Final 7.ª de la L.O. 5/2000, 12 enero, reguladora de la responsabilidad penal de los menores («B.O.E.» 13 enero), estableció que en su fecha de entrada en vigor, el día 13 de enero de 2001, entrarían también en vigor los artículos 19 y 69 del Código Penal. Así ocurrió con el artículo 19, pero no con el artículo 69. Véase la nota a dicho artículo.

Véanse:
Artículo 40 de la Convención sobre los Derechos del Niño, adoptada por la Asamblea General de las Naciones Unidas el 20 de noviembre de 1989. Instrumento de ratificación del 30 de noviembre de 1990 («B.O.E.» 31 diciembre 1990).
Artículo 69 CP 1995 y Disposición Adicional 2ª del presente Código.
Artículos 375, 376 y 380 LECrim.

Artículo 20. Están exentos de responsabilidad criminal:

1.º El que al tiempo de cometer la infracción penal, a causa de cualquier anomalía o alteración psíquica, no pueda comprender la ilicitud del hecho o actuar conforme a esa comprensión.

El trastorno mental transitorio no eximirá de pena cuando hubiese sido provocado por el sujeto con el propósito de cometer el delito o hubiera previsto o debido prever su comisión.

Véanse:
Artículos 101, 104, 107, 118, 119 CP 1995 y Disposición adicional 1ª del presente Código.
Artículos 381 a 383, 392, 782 y 991 a 994 LECrim.

2.º El que al tiempo de cometer la infracción penal se halle en estado de intoxicación plena por el consumo de bebidas alcohólicas, drogas tóxicas, estupefacientes, sustancias psicotrópicas u otras que produzcan efectos análogos, siempre que no haya sido buscado con el propósito de cometerla o no se hubiese previsto o debido prever su comisión, o se halle bajo la influencia de un síndrome de abstinencia, a causa de su dependencia de tales sustancias, que le impida comprender la ilicitud del hecho o actuar conforme a esa comprensión.

Véanse:
Artículos 87, 102, 104, 107, 118 y 119 del presente Código.
Artículo 782 LECrim.

3.º El que, por sufrir alteraciones en la percepción desde el nacimiento o desde la infancia, tenga alterada gravemente la conciencia de la realidad.

Véanse:
Artículos 103, 104, 107, 118, 119 CP 1995 y Disposición adicional 1ª del presente Código.
Artículos 392 y 782 LECrim.

4.º El que obre en defensa de la persona o derechos propios o ajenos, siempre que concurran los requisitos siguientes:

Primero. Agresión ilegítima. En caso de defensa de los bienes se reputará agresión ilegítima el ataque a los mismos que constituya delito y los ponga en grave peligro de deterioro o pérdida inminentes. En caso de defensa de la morada o sus dependencias, se reputará agresión ilegítima la entrada indebida en aquélla o éstas.

Punto primero del numeral 4.º del artículo 20 redactado por el número trece del artículo único de la L.O. 1/2015, de 30 de marzo, por la que se modifica la L.O. 10/1995, de 23 de noviembre, del Código Penal («B.O.E.» 31 marzo).
Vigencia: 1 julio 2015

Segundo. Necesidad racional del medio empleado para impedirla o repelerla.
Tercero. Falta de provocación suficiente por parte del defensor.
5.º El que, en estado de necesidad, para evitar un mal propio o ajeno lesione un bien jurídico de otra persona o infrinja un deber, siempre que concurran los siguientes requisitos:
Primero. Que el mal causado no sea mayor que el que se trate de evitar.
Segundo. Que la situación de necesidad no haya sido provocada intencionadamente por el sujeto.
Tercero. Que el necesitado no tenga, por su oficio o cargo, obligación de sacrificarse.

Véanse:
Artículos 118 y 119 del presente Código.
Artículo 782 LECrim.

6.º El que obre impulsado por miedo insuperable.
7.º El que obre en cumplimiento de un deber o en el ejercicio legítimo de un derecho, oficio o cargo.

Véanse:
Artículo 616 bis del presente Código.
Artículo 21 de la LO 13/1985, 9 diciembre, de Código Penal Militar («B.O.E.» 11 diciembre).
Artículo 5.1 d) de la LO 2/1986, 13 marzo, de Fuerzas y Cuerpos de Seguridad («B.O.E.» 14 marzo).

En los supuestos de los tres primeros números se aplicarán, en su caso, las medidas de seguridad previstas en este Código.

CAPÍTULO III
DE LAS CIRCUNSTANCIAS QUE ATENÚAN LA RESPONSABILIDAD CRIMINAL

Artículo 21. Son circunstancias atenuantes:
1.ª Las causas expresadas en el capítulo anterior, cuando no concurrieren todos los requisitos necesarios para eximir de responsabilidad en sus respectivos casos.

Véanse artículos 68 y 104 del presente Código.

2.ª La de actuar el culpable a causa de su grave adicción a las sustancias mencionadas en el número 2.º del artículo anterior.
3.ª La de obrar por causas o estímulos tan poderosos que hayan producido arrebato, obcecación u otro estado pasional de entidad semejante.
4.ª La de haber procedido el culpable, antes de conocer que el procedimiento judicial se dirige contra él, a confesar la infracción a las autoridades.
5.ª La de haber procedido el culpable a reparar el daño ocasionado a la víctima, o disminuir sus efectos, en cualquier momento del procedimiento y con anterioridad a la celebración del acto del juicio oral.

6.ª La dilación extraordinaria e indebida en la tramitación del procedimiento, siempre que no sea atribuible al propio inculpado y que no guarde proporción con la complejidad de la causa.

Circunstancia 6.ª del artículo 21 introducida en su actual redacción por el apartado primero del artículo único de la L.O. 5/2010, de 22 de junio, por la que se modifica la L.O. 10/1995, de 23 de noviembre, del Código Penal («B.O.E.» 23 junio).
Vigencia: 23 diciembre 2010

7.ª Cualquier otra circunstancia de análoga significación que las anteriores.

Circunstancia 7.ª del artículo 21 renumerada por el apartado primero del artículo único de la L.O. 5/2010, de 22 de junio, por la que se modifica la L.O. 10/1995, de 23 de noviembre, del Código Penal («B.O.E.» 23 junio). Su contenido literal se corresponde con el de la anterior circunstancia 6.ª.
Vigencia: 23 diciembre 2010
Véanse:
Artículos 23 y 65 a 67 del presente Código.
Artículo 22 de la LO 13/1985, 9 diciembre, de Código Penal Militar («B.O.E.» 11 diciembre).

CAPÍTULO IV
DE LAS CIRCUNSTANCIAS QUE AGRAVAN LA RESPONSABILIDAD CRIMINAL

Artículo 22. Son circunstancias agravantes:

1.ª Ejecutar el hecho con alevosía.

Hay alevosía cuando el culpable comete cualquiera de los delitos contra las personas empleando en la ejecución medios, modos o formas que tiendan directa o especialmente a asegurarla, sin el riesgo que para su persona pudiera proceder de la defensa por parte del ofendido.

2.ª Ejecutar el hecho mediante disfraz, con abuso de superioridad o aprovechando las circunstancias de lugar, tiempo o auxilio de otras personas que debiliten la defensa del ofendido o faciliten la impunidad del delincuente.

3.ª Ejecutar el hecho mediante precio, recompensa o promesa.

4.ª Cometer el delito por motivos racistas, antisemitas u otra clase de discriminación referente a la ideología, religión o creencias de la víctima, la etnia, raza o nación a la que pertenezca, su sexo, orientación o identidad sexual, razones de género, la enfermedad que padezca o su discapacidad.

Circunstancia 4.ª del artículo 22 redactada por el número catorce del artículo único de la L.O. 1/2015, de 30 de marzo, por la que se modifica la L.O. 10/1995, de 23 de noviembre, del Código Penal («B.O.E.» 31 marzo).
Vigencia: 1 julio 2015

5.ª Aumentar deliberada e inhumanamente el sufrimiento de la víctima, causando a ésta padecimientos innecesarios para la ejecución del delito.

6.ª Obrar con abuso de confianza.

7.ª Prevalerse del carácter público que tenga el culpable.

8.ª Ser reincidente.

Hay reincidencia cuando, al delinquir, el culpable haya sido condenado ejecutoriamente por un delito comprendido en el mismo título de este Código, siempre que sea de la misma naturaleza.

A los efectos de este número no se computarán los antecedentes penales cancelados o que debieran serlo, ni los que correspondan a delitos leves.

Las condenas firmes de jueces o tribunales impuestas en otros Estados de la Unión Europea producirán los efectos de reincidencia salvo que el antecedente penal haya sido cancelado o pudiera serlo con arreglo al Derecho español.

Circunstancia 8.ª del artículo 22 redactada por el apartado catorce del artículo único de la L.O. 1/2015, de 30 de marzo, por la que se modifica la L.O. 10/1995, de 23 de noviembre, del Código Penal («B.O.E.» 31 marzo).
Vigencia: 1 julio 2015

CAPÍTULO V
DE LA CIRCUNSTANCIA MIXTA DE PARENTESCO

Artículo 23. Es circunstancia que puede atenuar o agravar la responsabilidad, según la naturaleza, los motivos y los efectos del delito, ser o haber sido el agraviado cónyuge o persona que esté o haya estado ligada de forma estable por análoga relación de afectividad, o ser ascendiente, descendiente o hermano por naturaleza o adopción del ofensor o de su cónyuge o conviviente.

Artículo 23 redactado por el número uno del artículo primero de la L.O. 11/2003, de 29 de septiembre, de medidas concretas en materia de seguridad ciudadana, violencia doméstica e integración social de los extranjeros («B.O.E.» 30 septiembre).
Vigencia: 1 octubre 2003

Véanse artículos 65, 180.1.4ª, 268 y 454 del presente Código.

CAPÍTULO VI
DISPOSICIONES GENERALES

Artículo 24. 1. A los efectos penales se reputará autoridad al que por sí solo o como miembro de alguna corporación, tribunal u órgano colegiado tenga mando o ejerza jurisdicción propia. En todo caso, tendrán la consideración de autoridad los miembros del Congreso de los Diputados, del Senado, de las Asambleas Legislativas de las Comunidades Autónomas y del Parlamento Europeo. Se reputará también autoridad a los funcionarios del Ministerio Fiscal.

2. Se considerará funcionario público todo el que por disposición inmediata de la Ley o por elección o por nombramiento de autoridad competente participe en el ejercicio de funciones públicas.

Véanse:
Artículo 23 de la Ley 50/1981, 30 diciembre, por la que se regula el Estatuto Orgánico del Ministerio Fiscal («B.O.E.» 13 enero 1982).
Artículo 9 de la LO 13/1985, 9 diciembre, de Código Penal Militar («B.O.E.» 11 diciembre).
Artículo 7 de la LO 2/1986, 13 marzo, de Fuerzas y Cuerpos de Seguridad («B.O.E.» 14 marzo).
Artículo 105 LOPJ.

Artículo 25. A los efectos de este Código se entiende por discapacidad aquella situación en que se encuentra una persona con deficiencias físicas, mentales, intelectuales o sensoriales de carácter permanente que, al interactuar con diversas barreras, puedan limitar o impedir su participación plena y efectiva en la sociedad, en igualdad de condiciones con las demás.

Asimismo a los efectos de este Código, se entenderá por persona con discapacidad necesitada de especial protección a aquella persona con discapacidad que, tenga o no judicialmente modificada su capacidad de obrar, requiera de asistencia o apoyo para el ejercicio de su capacidad jurídica y para la toma de decisiones respecto de su persona, de sus derechos o intereses a causa de sus deficiencias intelectuales o mentales de carácter permanente.

Artículo 25 redactado por el número quince del artículo único de la L.O. 1/2015, de 30 de marzo, por la que se modifica la L.O. 10/1995, de 23 de noviembre, del Código Penal («B.O.E.» 31 marzo).
Vigencia: 1 julio 2015

Artículo 26. A los efectos de este Código se considera documento todo soporte material que exprese o incorpore datos, hechos o narraciones con eficacia probatoria o cualquier otro tipo de relevancia jurídica.

Véanse:
Artículos 197, 278, 390 y ss., 413 y ss., 465, 534, 600 y 603 del presente Código.
Artículos 1216 y ss. del Código Civil.
Artículos 264 y ss. LEC.

TÍTULO II
DE LAS PERSONAS CRIMINALMENTE RESPONSABLES DE LOS DELITOS

Rúbrica del Título II del Libro I redactada por el número dieciséis del artículo único de la L.O. 1/2015, de 30 de marzo, por la que se modifica la L.O. 10/1995, de 23 de noviembre, del Código Penal («B.O.E.» 31 marzo).
Vigencia: 1 julio 2015

Artículo 27. Son responsables criminalmente de los delitos los autores y los cómplices.

Artículo 27 redactado por el número diecisiete del artículo único de la L.O. 1/2015, de 30 de marzo, por la que se modifica la L.O. 10/1995, de 23 de noviembre, del Código Penal («B.O.E.» 31 marzo).
Vigencia: 1 julio 2015

Artículo 28. Son autores quienes realizan el hecho por sí solos, conjuntamente o por medio de otro del que se sirven como instrumento.

También serán considerados autores:

a) Los que inducen directamente a otro u otros a ejecutarlo.

b) Los que cooperan a su ejecución con un acto sin el cual no se habría efectuado.

Véanse artículos 61, 62 y 64 del presente Código.

Artículo 29. Son cómplices los que, no hallándose comprendidos en el artículo anterior, cooperan a la ejecución del hecho con actos anteriores o simultáneos.

Véanse artículos 63 y 64 del presente Código.

Artículo 30. 1. En los delitos que se cometan utilizando medios o soportes de difusión mecánicos no responderán criminalmente ni los cómplices ni quienes los hubieren favorecido personal o realmente.

Número 1 del artículo 30 redactado por el número dieciocho del artículo único de la L.O. 1/2015, de 30 de marzo, por la que se modifica la L.O. 10/1995, de 23 de noviembre, del Código Penal («B.O.E.» 31 marzo).
Vigencia: 1 julio 2015

2. Los autores a los que se refiere el artículo 28 responderán de forma escalonada, excluyente y subsidiaria de acuerdo con el siguiente orden:

1.º Los que realmente hayan redactado el texto o producido el signo de que se trate, y quienes les hayan inducido a realizarlo.

2.º Los directores de la publicación o programa en que se difunda.

3.º Los directores de la empresa editora, emisora o difusora.

4.º Los directores de la empresa grabadora, reproductora o impresora.

3. Cuando por cualquier motivo distinto de la extinción de la responsabilidad penal, incluso la declaración de rebeldía o la residencia fuera de España, no pueda perseguirse a ninguna de las personas comprendidas en alguno de los números del apartado anterior, se dirigirá el procedimiento contra las mencionadas en el número inmediatamente posterior.

Artículo 31. El que actúe como administrador de hecho o de derecho de una persona jurídica, o en nombre o representación legal o voluntaria de otro, responderá personalmente, aunque no concurran en él las condiciones, cualidades o relaciones que la correspondiente figura de delito requiera para poder ser sujeto activo del mismo, si tales circunstancias se dan en la entidad o persona en cuyo nombre o representación obre.

Artículo 31 redactado por el número diecinueve del artículo único de la L.O. 1/2015, de 30 de marzo, por la que se modifica la L.O. 10/1995, de 23 de noviembre, del Código Penal («B.O.E.» 31 marzo).

Vigencia: 1 julio 2015

Artículo 31 bis. 1. En los supuestos previstos en este Código, las personas jurídicas serán penalmente responsables:

a) De los delitos cometidos en nombre o por cuenta de las mismas, y en su beneficio directo o indirecto, por sus representantes legales o por aquellos que actuando individualmente o como integrantes de un órgano de la persona jurídica, están autorizados para tomar decisiones en nombre de la persona jurídica u ostentan facultades de organización y control dentro de la misma.

b) De los delitos cometidos, en el ejercicio de actividades sociales y por cuenta y en beneficio directo o indirecto de las mismas, por quienes, estando sometidos a la autoridad de las personas físicas mencionadas en el párrafo anterior, han podido realizar los hechos por haberse incumplido gravemente por aquéllos los deberes de supervisión, vigilancia y control de su actividad atendidas las concretas circunstancias del caso.

2. Si el delito fuere cometido por las personas indicadas en la letra a) del apartado anterior, la persona jurídica quedará exenta de responsabilidad si se cumplen las siguientes condiciones:

1.ª el órgano de administración ha adoptado y ejecutado con eficacia, antes de la comisión del delito, modelos de organización y gestión que incluyen las medidas de vigilancia y control idóneas para prevenir delitos de la misma naturaleza o para reducir de forma significativa el riesgo de su comisión;

2.ª la supervisión del funcionamiento y del cumplimiento del modelo de prevención implantado ha sido confiada a un órgano de la persona jurídica con poderes autónomos de iniciativa y de control o que tenga encomendada legalmente la función de supervisar la eficacia de los controles internos de la persona jurídica;

3.ª los autores individuales han cometido el delito eludiendo fraudulentamente los modelos de organización y de prevención y

4.ª no se ha producido una omisión o un ejercicio insuficiente de sus funciones de supervisión, vigilancia y control por parte del órgano al que se refiere la condición 2.ª

En los casos en los que las anteriores circunstancias solamente puedan ser objeto de acreditación parcial, esta circunstancia será valorada a los efectos de atenuación de la pena.

3. En las personas jurídicas de pequeñas dimensiones, las funciones de supervisión a que se refiere la condición 2.ª del apartado 2 podrán ser asumidas directamente por el órgano de administración. A estos efectos, son personas jurídicas de

pequeñas dimensiones aquéllas que, según la legislación aplicable, estén autorizadas a presentar cuenta de pérdidas y ganancias abreviada.

4. Si el delito fuera cometido por las personas indicadas en la letra b) del apartado 1, la persona jurídica quedará exenta de responsabilidad si, antes de la comisión del delito, ha adoptado y ejecutado eficazmente un modelo de organización y gestión que resulte adecuado para prevenir delitos de la naturaleza del que fue cometido o para reducir de forma significativa el riesgo de su comisión.

En este caso resultará igualmente aplicable la atenuación prevista en el párrafo segundo del apartado 2 de este artículo.

5. Los modelos de organización y gestión a que se refieren la condición 1.ª del apartado 2 y el apartado anterior deberán cumplir los siguientes requisitos:

1.º Identificarán las actividades en cuyo ámbito puedan ser cometidos los delitos que deben ser prevenidos.

2.º Establecerán los protocolos o procedimientos que concreten el proceso de formación de la voluntad de la persona jurídica, de adopción de decisiones y de ejecución de las mismas con relación a aquéllos.

3.º Dispondrán de modelos de gestión de los recursos financieros adecuados para impedir la comisión de los delitos que deben ser prevenidos.

4.º Impondrán la obligación de informar de posibles riesgos e incumplimientos al organismo encargado de vigilar el funcionamiento y observancia del modelo de prevención.

5.º Establecerán un sistema disciplinario que sancione adecuadamente el incumplimiento de las medidas que establezca el modelo.

6.º Realizarán una verificación periódica del modelo y de su eventual modificación cuando se pongan de manifiesto infracciones relevantes de sus disposiciones, o cuando se produzcan cambios en la organización, en la estructura de control o en la actividad desarrollada que los hagan necesarios.

Artículo 31 bis redactado por el número veinte del artículo único de la L.O. 1/2015, de 30 de marzo, por la que se modifica la L.O. 10/1995, de 23 de noviembre, del Código Penal («B.O.E.» 31 marzo).
Vigencia: 1 julio 2015

Artículo 31 ter. 1. La responsabilidad penal de las personas jurídicas será exigible siempre que se constate la comisión de un delito que haya tenido que cometerse por quien ostente los cargos o funciones aludidas en el artículo anterior, aun cuando la concreta persona física responsable no haya sido individualizada o no haya sido posible dirigir el procedimiento contra ella. Cuando como consecuencia de los mismos hechos se impusiere a ambas la pena de multa, los jueces o tribunales modularán las respectivas cuantías, de modo que la suma resultante no sea desproporcionada en relación con la gravedad de aquéllos.

2. La concurrencia, en las personas que materialmente hayan realizado los hechos o en las que los hubiesen hecho posibles por no haber ejercido el debido control, de circunstancias que afecten a la culpabilidad del acusado o agraven su responsabilidad, o el hecho de que dichas personas hayan fallecido o se hubieren sustraído a la acción de la justicia, no excluirá ni modificará la responsabilidad penal de las personas jurídicas, sin perjuicio de lo que se dispone en el artículo siguiente.

Artículo 31 ter introducido por el número veintiuno del artículo único de la L.O. 1/2015, de 30 de marzo, por la que se modifica la L.O. 10/1995, de 23 de noviembre, del Código Penal («B.O.E.» 31 marzo).
Vigencia: 1 julio 2015

Artículo 31 quater. Sólo podrán considerarse circunstancias atenuantes de la responsabilidad penal de las personas jurídicas haber realizado, con posterioridad a la comisión del delito y a través de sus representantes legales, las siguientes actividades:

a) Haber procedido, antes de conocer que el procedimiento judicial se dirige contra ella, a confesar la infracción a las autoridades.

b) Haber colaborado en la investigación del hecho aportando pruebas, en cualquier momento del proceso, que fueran nuevas y decisivas para esclarecer las responsabilidades penales dimanantes de los hechos.

c) Haber procedido en cualquier momento del procedimiento y con anterioridad al juicio oral a reparar o disminuir el daño causado por el delito.

d) Haber establecido, antes del comienzo del juicio oral, medidas eficaces para prevenir y descubrir los delitos que en el futuro pudieran cometerse con los medios o bajo la cobertura de la persona jurídica.

Artículo 31 quater introducido por el número veintidós del artículo único de la L.O. 1/2015, de 30 de marzo, por la que se modifica la L.O. 10/1995, de 23 de noviembre, del Código Penal («B.O.E.» 31 marzo).
Vigencia: 1 julio 2015

Artículo 31 quinquies. 1. Las disposiciones relativas a la responsabilidad penal de las personas jurídicas no serán aplicables al Estado, a las Administraciones públicas territoriales e institucionales, a los Organismos Reguladores, las Agencias y Entidades públicas Empresariales, a las organizaciones internacionales de derecho público, ni a aquellas otras que ejerzan potestades públicas de soberanía o administrativas.

2. En el caso de las Sociedades mercantiles públicas que ejecuten políticas públicas o presten servicios de interés económico general, solamente les podrán ser impuestas las penas previstas en las letras a) y g) del apartado 7 del artículo 33. Esta limitación no será aplicable cuando el juez o tribunal aprecie que se trata de una forma jurídica creada por sus promotores, fundadores, administradores o representantes con el propósito de eludir una eventual responsabilidad penal.

Artículo 31 quinquies introducido por el número veintitrés del artículo único de la L.O. 1/2015, de 30 de marzo, por la que se modifica la L.O. 10/1995, de 23 de noviembre, del Código Penal («B.O.E.» 31 marzo).
Vigencia: 1 julio 2015

TÍTULO III
DE LAS PENAS

CAPÍTULO PRIMERO
DE LAS PENAS, SUS CLASES Y EFECTOS

SECCIÓN 1.ª
DE LAS PENAS Y SUS CLASES

Artículo 32. Las penas que pueden imponerse con arreglo a este Código, bien con carácter principal bien como accesorias, son privativas de libertad, privativas de otros derechos y multa.

Artículo 33. 1. En función de su naturaleza y duración, las penas se clasifican en graves, menos graves y leves.

2. Son penas graves:

a) La prisión permanente revisable.

b) La prisión superior a cinco años.

c) La inhabilitación absoluta.

d) Las inhabilitaciones especiales por tiempo superior a cinco años.

e) La suspensión de empleo o cargo público por tiempo superior a cinco años.

f) La privación del derecho a conducir vehículos a motor y ciclomotores por tiempo superior a ocho años.

g) La privación del derecho a la tenencia y porte de armas por tiempo superior a ocho años.

h) La privación del derecho a residir en determinados lugares o acudir a ellos, por tiempo superior a cinco años.

i) La prohibición de aproximarse a la víctima o a aquellos de sus familiares u otras personas que determine el juez o tribunal, por tiempo superior a cinco años.

j) La prohibición de comunicarse con la víctima o con aquellos de sus familiares u otras personas que determine el juez o tribunal, por tiempo superior a cinco años.

k) La privación de la patria potestad.

Número 2 del artículo 33 redactado por el número veinticuatro del artículo único de la L.O. 1/2015, de 30 de marzo, por la que se modifica la L.O. 10/1995, de 23 de noviembre, del Código Penal («B.O.E.» 31 marzo).
Vigencia: 1 julio 2015

3. Son penas menos graves:

a) La prisión de tres meses hasta cinco años.

b) Las inhabilitaciones especiales hasta cinco años.

c) La suspensión de empleo o cargo público hasta cinco años.

d) La privación del derecho a conducir vehículos a motor y ciclomotores de un año y un día a ocho años.

e) La privación del derecho a la tenencia y porte de armas de un año y un día a ocho años.

f) Inhabilitación especial para el ejercicio de profesión, oficio o comercio que tenga relación con los animales y para la tenencia de animales de un año y un día a cinco años.

g) La privación del derecho a residir en determinados lugares o acudir a ellos, por tiempo de seis meses a cinco años.

h) La prohibición de aproximarse a la víctima o a aquellos de sus familiares u otras personas que determine el juez o tribunal, por tiempo de seis meses a cinco años.

i) La prohibición de comunicarse con la víctima o con aquellos de sus familiares u otras personas que determine el juez o tribunal, por tiempo de seis meses a cinco años.

j) La multa de más de tres meses.

k) La multa proporcional, cualquiera que fuese su cuantía, salvo lo dispuesto en el apartado 7 de este artículo.

l) Los trabajos en beneficio de la comunidad de treinta y un días a un año.

Número 3 del artículo 33 redactado por el número veinticuatro del artículo único de la L.O. 1/2015, de 30 de marzo, por la que se modifica la L.O. 10/1995, de 23 de noviembre, del Código Penal («B.O.E.» 31 marzo).
Vigencia: 1 julio 2015

4. Son penas leves:

a) La privación del derecho a conducir vehículos a motor y ciclomotores de tres meses a un año.

b) La privación del derecho a la tenencia y porte de armas de tres meses a un año.

c) Inhabilitación especial para el ejercicio de profesión, oficio o comercio que tenga relación con los animales y para la tenencia de animales de tres meses a un año.

d) La privación del derecho a residir en determinados lugares o acudir a ellos, por tiempo inferior a seis meses.

e) La prohibición de aproximarse a la víctima o a aquellos de sus familiares u otras personas que determine el juez o tribunal, por tiempo de un mes a menos de seis meses.

f) La prohibición de comunicarse con la víctima o con aquellos de sus familiares u otras personas que determine el juez o tribunal, por tiempo de un mes a menos de seis meses.

g) La multa de hasta tres meses.

h) La localización permanente de un día a tres meses.

i) Los trabajos en beneficio de la comunidad de uno a treinta días.

Número 4 del artículo 33 redactado por el número veinticuatro del artículo único de la L.O. 1/2015, de 30 de marzo, por la que se modifica la L.O. 10/1995, de 23 de noviembre, del Código Penal («B.O.E.» 31 marzo).
Vigencia: 1 julio 2015

5. La responsabilidad personal subsidiaria por impago de multa tendrá naturaleza menos grave o leve, según la que corresponda a la pena que sustituya.

6. Las penas accesorias tendrán la duración que respectivamente tenga la pena principal, excepto lo que dispongan expresamente otros preceptos de este Código.

Número 6 del artículo 33 redactado por el apartado segundo del artículo único de la L.O. 15/2003, de 25 de noviembre, por la que se modifica la L.O. 10/1995, de 23 de noviembre, del Código Penal («B.O.E.» 26 noviembre).
Vigencia: 1 octubre 2004

7. Las penas aplicables a las personas jurídicas, que tienen todas la consideración de graves, son las siguientes:

a) Multa por cuotas o proporcional.

b) Disolución de la persona jurídica. La disolución producirá la pérdida definitiva de su personalidad jurídica, así como la de su capacidad de actuar de cualquier modo en el tráfico jurídico, o llevar a cabo cualquier clase de actividad, aunque sea lícita.

c) Suspensión de sus actividades por un plazo que no podrá exceder de cinco años.

d) Clausura de sus locales y establecimientos por un plazo que no podrá exceder de cinco años.

e) Prohibición de realizar en el futuro las actividades en cuyo ejercicio se haya cometido, favorecido o encubierto el delito. Esta prohibición podrá ser temporal o definitiva. Si fuere temporal, el plazo no podrá exceder de quince años.

f) Inhabilitación para obtener subvenciones y ayudas públicas, para contratar con el sector público y para gozar de beneficios e incentivos fiscales o de la Seguridad Social, por un plazo que no podrá exceder de quince años.

g) Intervención judicial para salvaguardar los derechos de los trabajadores o de los acreedores por el tiempo que se estime necesario, que no podrá exceder de cinco años.

La intervención podrá afectar a la totalidad de la organización o limitarse a alguna de sus instalaciones, secciones o unidades de negocio. El Juez o Tribunal, en la sentencia o, posteriormente, mediante auto, determinará exactamente el contenido de la intervención y determinará quién se hará cargo de la intervención y en qué plazos deberá realizar informes de seguimiento para el órgano judicial. La intervención se podrá modificar o suspender en todo momento previo informe del interventor y del Ministerio Fiscal. El interventor tendrá derecho a acceder a todas las instalaciones y locales de la empresa o persona jurídica y a recibir cuanta información estime necesaria para el ejercicio de sus funciones. Reglamentariamente se determinarán los aspectos relacionados con el ejercicio de la función de interventor, como la retribución o la cualificación necesaria.

La clausura temporal de los locales o establecimientos, la suspensión de las actividades sociales y la intervención judicial podrán ser acordadas también por el Juez Instructor como medida cautelar durante la instrucción de la causa.

Número 7 del artículo 33 introducido por el apartado quinto del artículo único de la L.O. 5/2010, de 22 de junio, por la que se modifica la L.O. 10/1995, de 23 de noviembre, del Código Penal («B.O.E.» 23 junio).
Vigencia: 23 diciembre 2010

Artículo 34. No se reputarán penas:

1. La detención y prisión preventiva y las demás medidas cautelares de naturaleza penal.
2. Las multas y demás correcciones que, en uso de atribuciones gubernativas o disciplinarias, se impongan a los subordinados o administrados.
3. Las privaciones de derechos y las sanciones reparadoras que establezcan las leyes civiles o administrativas.

SECCIÓN 2.ª
DE LAS PENAS PRIVATIVAS DE LIBERTAD

Artículo 35. Son penas privativas de libertad la prisión permanente revisable, la prisión, la localización permanente y la responsabilidad personal subsidiaria por impago de multa. Su cumplimiento, así como los beneficios penitenciarios que supongan acortamiento de la condena, se ajustarán a lo dispuesto en las leyes y en este Código.

Artículo 35 redactado por el número veinticinco del artículo único de la L.O. 1/2015, de 30 de marzo, por la que se modifica la L.O. 10/1995, de 23 de noviembre, del Código Penal («B.O.E.» 31 marzo).
Vigencia: 1 julio 2015

Artículo 36. 1. La pena de prisión permanente será revisada de conformidad con lo dispuesto en el artículo 92.

La clasificación del condenado en el tercer grado deberá ser autorizada por el tribunal previo pronóstico individualizado y favorable de reinserción social, oídos el Ministerio Fiscal e Instituciones Penitenciarias, y no podrá efectuarse:

a) Hasta el cumplimiento de veinte años de prisión efectiva, en el caso de que el penado lo hubiera sido por un delito del Capítulo VII del Título XXII del Libro II de este Código.

b) Hasta el cumplimiento de quince años de prisión efectiva, en el resto de los casos.

En estos supuestos, el penado no podrá disfrutar de permisos de salida hasta que haya cumplido un mínimo de doce años de prisión, en el caso previsto en la letra a), y ocho años de prisión, en el previsto en la letra b).

2. La pena de prisión tendrá una duración mínima de tres meses y máxima de veinte años, salvo lo que excepcionalmente dispongan otros preceptos del presente Código.

Cuando la duración de la pena de prisión impuesta sea superior a cinco años, el juez o tribunal podrá ordenar que la clasificación del condenado en el tercer grado de tratamiento penitenciario no se efectúe hasta el cumplimiento de la mitad de la pena impuesta.

En cualquier caso, cuando la duración de la pena de prisión impuesta sea superior a cinco años y se trate de los delitos enumerados a continuación, la clasificación del condenado en el tercer grado de tratamiento penitenciario no podrá efectuarse hasta el cumplimiento de la mitad de la misma:

a) Delitos referentes a organizaciones y grupos terroristas y delitos de terrorismo del Capítulo VII del Título XXII del Libro II de este Código.

b) Delitos cometidos en el seno de una organización o grupo criminal.

c) Delitos del artículo 183.

d) Delitos del Capítulo V del Título VIII del Libro II de este Código, cuando la víctima sea menor de trece años.

El juez de vigilancia, previo pronóstico individualizado y favorable de reinserción social y valorando, en su caso, las circunstancias personales del reo y la evolución del tratamiento reeducador, podrá acordar razonadamente, oídos el Ministerio Fiscal, Instituciones Penitenciarias y las demás partes, la aplicación del régimen general de cumplimiento, salvo en los supuestos contenidos en el párrafo anterior.

3. En todo caso, el tribunal o el juez de vigilancia penitenciaria, según corresponda, podrá acordar, previo informe del Ministerio Fiscal, Instituciones Penitenciarias y las demás partes, la progresión a tercer grado por motivos humanitarios y de dignidad personal de penados enfermos muy graves con padecimientos incurables y de los septuagenarios valorando, especialmente su escasa peligrosidad.

Artículo 36 redactado conforme establece el número veintiséis del artículo único de la L.O. 1/2015, de 30 de marzo, por la que se modifica la L.O. 10/1995, de 23 de noviembre, del Código Penal («B.O.E.» 31 marzo).
Vigencia: 1 julio 2015

Artículo 37. 1. La localización permanente tendrá una duración de hasta seis meses. Su cumplimiento obliga al penado a permanecer en su domicilio o en lugar determinado fijado por el Juez en sentencia o posteriormente en auto motivado.

No obstante, en los casos en los que la localización permanente esté prevista como pena principal, atendiendo a la reiteración en la comisión de la infracción y siempre que así lo disponga expresamente el concreto precepto aplicable, el Juez podrá acordar en sentencia que la pena de localización permanente se cumpla los sábados, domingos y días festivos en el centro penitenciario más próximo al domicilio del penado.

Número 1 del artículo 37 redactado por el apartado séptimo del artículo único de la L.O. 5/2010, de 22 de junio, por la que se modifica la L.O. 10/1995, de 23 de noviembre, del Código Penal («B.O.E.» 23 junio).
Vigencia: 23 diciembre 2010

2. Si el reo lo solicitare y las circunstancias lo aconsejaren, oído el ministerio fiscal, el juez o tribunal sentenciador podrá acordar que la condena se cumpla durante los sábados y domingos o de forma no continuada.

3. Si el condenado incumpliera la pena, el juez o tribunal sentenciador deducirá testimonio para proceder de conformidad con lo que dispone el artículo 468.

4. Para garantizar el cumplimiento efectivo, el Juez o Tribunal podrá acordar la utilización de medios mecánicos o electrónicos que permitan la localización del reo.

Número 4 del artículo 37 introducido por el apartado séptimo del artículo único de la L.O. 5/2010, de 22 de junio, por la que se modifica la L.O. 10/1995, de 23 de noviembre, del Código Penal («B.O.E.» 23 junio).
Vigencia: 23 diciembre 2010

Artículo 37 redactado por el apartado quinto del artículo único de la L.O. 15/2003, de 25 de noviembre, por la que se modifica la L.O. 10/1995, de 23 de noviembre, del Código Penal («B.O.E.» 26 noviembre).
Vigencia: 1 octubre 2004

Véase el capítulo III del R.D. 840/2011, de 17 de junio, por el que se establecen las circunstancias de ejecución de las penas de trabajo en beneficio de la comunidad y de localización permanente en centro penitenciario, de determinadas medidas de seguridad, así como de la suspensión de la ejecución de la penas privativas de libertad y sustitución de penas («B.O.E.» 18 junio).

Artículo 38. 1. Cuando el reo estuviere preso, la duración de las penas empezará a computarse desde el día en que la sentencia condenatoria haya quedado firme.

2. Cuando el reo no estuviere preso, la duración de las penas empezará a contarse desde que ingrese en el establecimiento adecuado para su cumplimiento.

SECCIÓN 3.ª
DE LAS PENAS PRIVATIVAS DE DERECHOS

Artículo 39. Son penas privativas de derechos:

a) La inhabilitación absoluta.

b) Las de inhabilitación especial para empleo o cargo público, profesión, oficio, industria o comercio, u otras actividades determinadas en este Código, o de los derechos de patria potestad, tutela, guarda o curatela, tenencia de animales, derecho de sufragio pasivo o de cualquier otro derecho.

c) La suspensión de empleo o cargo público.

d) La privación del derecho a conducir vehículos a motor y ciclomotores.

e) La privación del derecho a la tenencia y porte de armas.

f) La privación del derecho a residir en determinados lugares o acudir a ellos.

g) La prohibición de aproximarse a la víctima o a aquellos de sus familiares u otras personas que determine el juez o el tribunal.

h) La prohibición de comunicarse con la víctima o con aquellos de sus familiares u otras personas que determine el juez o tribunal.

i) Los trabajos en beneficio de la comunidad.

j) La privación de la patria potestad.

Artículo 39 redactado por el número veintisiete del artículo único de la L.O. 1/2015, de 30 de marzo, por la que se modifica la L.O. 10/1995, de 23 de noviembre, del Código Penal («B.O.E.» 31 marzo).
Vigencia: 1 julio 2015

Artículo 40. 1. La pena de inhabilitación absoluta tendrá una duración de seis a 20 años; las de inhabilitación especial, de tres meses a 20 años, y la de suspensión de empleo o cargo público, de tres meses a seis años.

2. La pena de privación del derecho a conducir vehículos a motor y ciclomotores, y la de privación del derecho a la tenencia y porte de armas, tendrán una duración de tres meses a 10 años.

3. La pena de privación del derecho a residir en determinados lugares o acudir a ellos tendrá una duración de hasta 10 años. La prohibición de aproximarse a la víctima o a aquellos de sus familiares u otras personas, o de comunicarse con ellas, tendrá una duración de un mes a 10 años.

4. La pena de trabajos en beneficio de la comunidad tendrá una duración de un día a un año.

5. La duración de cada una de estas penas será la prevista en los apartados anteriores, salvo lo que excepcionalmente dispongan otros preceptos de este Código.

Artículo 40 redactado por el apartado séptimo del artículo único de la L.O. 15/2003, de 25 de noviembre, por la que se modifica la L.O. 10/1995, de 23 de noviembre, del Código Penal («B.O.E.» 26 noviembre).
Vigencia: 1 octubre 2004

Artículo 41. La pena de inhabilitación absoluta produce la privación definitiva de todos los honores, empleos y cargos públicos que tenga el penado, aunque sean electivos. Produce, además, la incapacidad para obtener los mismos o cualesquiera otros honores, cargos o empleos públicos, y la de ser elegido para cargo público, durante el tiempo de la condena.

Artículo 42. La pena de inhabilitación especial para empleo o cargo público produce la privación definitiva del empleo o cargo sobre el que recayere, aunque sea electivo, y de los honores que le sean anejos. Produce, además, la incapacidad para obtener el mismo u otros análogos, durante el tiempo de la condena. En la sentencia habrán de especificarse los empleos, cargos y honores sobre los que recae la inhabilitación.

Artículo 42 redactado por el apartado octavo del artículo único de la L.O. 15/2003, de 25 de noviembre, por la que se modifica la L.O. 10/1995, de 23 de noviembre, del Código Penal («B.O.E.» 26 noviembre).
Vigencia: 1 octubre 2004

Artículo 43. La suspensión de empleo o cargo público priva de su ejercicio al penado durante el tiempo de la condena.

Artículo 44. La inhabilitación especial para el derecho de sufragio pasivo priva al penado, durante el tiempo de la condena, del derecho a ser elegido para cargos públicos.

Artículo 45. La inhabilitación especial para profesión, oficio, industria o comercio o cualquier otro derecho, que ha de concretarse expresa y motivadamente en la sentencia, priva al penado de la facultad de ejercerlos durante el tiempo de la condena.

Artículo 46. La inhabilitación especial para el ejercicio de la patria potestad, tutela, curatela, guarda o acogimiento, priva al penado de los derechos inherentes a la primera, y supone la extinción de las demás, así como la incapacidad para obtener nombramiento para dichos cargos durante el tiempo de la condena. La pena de privación de la patria potestad implica la pérdida de la titularidad de la misma, subsistiendo los derechos de los que sea titular el hijo respecto del penado. El Juez o Tribunal podrá acordar estas penas respecto de todos o alguno de los menores o personas con discapacidad necesitadas de especial protección que estén a cargo del penado, en atención a las circunstancias del caso.

La referencia al término «personas con discapacidad necesitadas de especial protección» ha sido introducida en sustitución de la anterior referencia al término «incapaces», conforme establece el número doscientos cincuenta y ocho del artículo único de la L.O. 1/2015, de 30 de marzo, por la que se modifica la L.O. 10/1995, de 23 de noviembre, del Código Penal («B.O.E.» 31 marzo).
Vigencia: 1 julio 2015

A los efectos de este artículo, la patria potestad comprende tanto la regulada en el Código Civil, incluida la prorrogada, como las instituciones análogas previstas en la legislación civil de las Comunidades Autónomas.

Artículo 46 redactado por el apartado noveno del artículo único de la L.O. 5/2010, de 22 de junio, por la que se modifica la L.O. 10/1995, de 23 de noviembre, del Código Penal («B.O.E.» 23 junio).
Vigencia: 23 diciembre 2010

Artículo 47. La imposición de la pena de privación del derecho a conducir vehículos a motor y ciclomotores inhabilitará al penado para el ejercicio de ambos derechos durante el tiempo fijado en la sentencia.

La imposición de la pena de privación del derecho a la tenencia y porte de armas inhabilitará al penado para el ejercicio de este derecho por el tiempo fijado en la sentencia.

Cuando la pena impuesta lo fuere por un tiempo superior a dos años comportará la pérdida de vigencia del permiso o licencia que habilite para la conducción o la tenencia y porte, respectivamente.

Párrafo final del artículo 47 introducido por el apartado primero del artículo único de la L.O. 15/2007, de 30 de noviembre, por la que se modifica la L.O. 10/1995, de 23 de noviembre, del Código Penal en materia de seguridad vial («B.O.E.» 1 diciembre).
Vigencia: 2 diciembre 2007

Véase la Disp. Adic. 13ª del Real Decreto Legislativo 339/1990, de 2 de marzo, por el que se aprueba el Texto Articulado de la Ley sobre Tráfico, Circulación de Vehículos a Motor y Seguridad Vial, relativa a la Obtención del permiso o licencia de conducción cuando su titular haya sido condenado por sentencia penal con la privación del derecho a conducir.

Artículo 48. 1. La privación del derecho a residir en determinados lugares o acudir a ellos impide al penado residir o acudir al lugar en que haya cometido el delito, o a aquel en que resida la víctima o su familia, si fueren distintos. En los casos en que exista declarada una discapacidad intelectual o una discapacidad que tenga su origen en un trastorno mental, se estudiará el caso concreto a fin de resolver teniendo presentes los bienes jurídicos a proteger y el interés superior de la persona con discapacidad que, en su caso, habrá de contar con los medios de acompañamiento y apoyo precisos para el cumplimiento de la medida.

Número 1 del artículo 48 redactado por el número veintiocho del artículo único de la L.O. 1/2015, de 30 de marzo, por la que se modifica la L.O. 10/1995, de 23 de noviembre, del Código Penal («B.O.E.» 31 marzo).
Vigencia: 1 julio 2015

2. La prohibición de aproximarse a la víctima, o a aquellos de sus familiares u otras personas que determine el juez o tribunal, impide al penado acercarse a ellos, en cualquier lugar donde se encuentren, así como acercarse a su domicilio, a sus lugares de trabajo y a cualquier otro que sea frecuentado por ellos, quedando en suspenso, respecto de los hijos, el régimen de visitas, comunicación y estancia que, en su caso, se hubiere reconocido en sentencia civil hasta el total cumplimiento de esta pena.

3. La prohibición de comunicarse con la víctima, o con aquellos de sus familiares u otras personas que determine el juez o tribunal, impide al penado establecer con ellas, por cualquier medio de comunicación o medio informático o telemático, contacto escrito, verbal o visual.

4. El juez o tribunal podrá acordar que el control de estas medidas se realice a través de aquellos medios electrónicos que lo permitan.

Artículo 48 redactado por el apartado décimo del artículo único de la L.O. 15/2003, de 25 de noviembre, por la que se modifica la L.O. 10/1995, de 23 de noviembre, del Código Penal («B.O.E.» 26 noviembre).
Vigencia: 1 octubre 2004

Artículo 49. Los trabajos en beneficio de la comunidad, que no podrán imponerse sin el consentimiento del penado, le obligan a prestar su cooperación no retribuida en determinadas actividades de utilidad pública, que podrán consistir, en relación con delitos de similar naturaleza al cometido por el penado, en labores de reparación de los daños causados o de apoyo o asistencia a las víctimas, así como en la participación del penado en talleres o programas formativos o de reeducación, laborales, culturales, de educación vial, sexual y otros similares. Su duración diaria no podrá exceder de ocho horas y sus condiciones serán las siguientes:

Párrafo introductorio del artículo 49 redactado por el apartado undécimo del artículo único de la L.O. 5/2010, de 22 de junio, por la que se modifica la L.O. 10/1995, de 23 de noviembre, del Código Penal («B.O.E.» 23 junio).
Vigencia: 23 diciembre 2010

1.ª La ejecución se desarrollará bajo el control del Juez de Vigilancia Penitenciaria, que, a tal efecto, requerirá los informes sobre el desempeño del trabajo a la Administración, entidad pública o asociación de interés general en que se presten los servicios.

2.ª No atentará a la dignidad del penado.

3.ª El trabajo en beneficio de la comunidad será facilitado por la Administración, la cual podrá establecer los convenios oportunos a tal fin.

4.ª Gozará de la protección dispensada a los penados por la legislación penitenciaria en materia de Seguridad Social.

5.ª No se supeditará al logro de intereses económicos.

6.ª Los servicios sociales penitenciarios, hechas las verificaciones necesarias, comunicarán al Juez de Vigilancia Penitenciaria las incidencias relevantes de la ejecución de la pena y, en todo caso, si el penado:

a) Se ausenta del trabajo durante al menos dos jornadas laborales, siempre que ello suponga un rechazo voluntario por su parte al cumplimiento de la pena.

b) A pesar de los requerimientos del responsable del centro de trabajo, su rendimiento fuera sensiblemente inferior al mínimo exigible.

c) Se opusiera o incumpliera de forma reiterada y manifiesta las instrucciones que se le dieren por el responsable de la ocupación referidas al desarrollo de la misma.

d) Por cualquier otra razón, su conducta fuere tal que el responsable del trabajo se negase a seguir manteniéndolo en el centro.

Una vez valorado el informe, el Juez de Vigilancia Penitenciaria podrá acordar su ejecución en el mismo centro, enviar al penado para que finalice la ejecución de la misma en otro centro o entender que el penado ha incumplido la pena.

En caso de incumplimiento, se deducirá testimonio para proceder de conformidad con el artículo 468.

Véase artículo 8 del R.D. 840/2011, de 17 de junio, por el que se establecen las circunstancias de ejecución de las penas de trabajo en beneficio de la comunidad y de localización permanente en centro penitenciario, de determinadas medidas de seguridad, así como de la suspensión de la ejecución de la penas privativas de libertad y sustitución de penas («B.O.E.» 18 junio).

7.ª Si el penado faltara del trabajo por causa justificada no se entenderá como abandono de la actividad. No obstante, el trabajo perdido no se le computará en la liquidación de la condena, en la que se deberán hacer constar los días o jornadas que efectivamente hubiese trabajado del total que se le hubiera impuesto.

Véase artículo 8 del R.D. 840/2011, de 17 de junio, por el que se establecen las circunstancias de ejecución de las penas de trabajo en beneficio de la comunidad y de localización permanente en centro penitenciario, de determinadas medidas de seguridad, así como de la suspensión de la ejecución de la penas privativas de libertad y sustitución de penas («B.O.E.» 18 junio).

Artículo 49 redactado por el apartado undécimo del artículo único de la L.O. 15/2003, de 25 de noviembre, por la que se modifica la L.O. 10/1995, de 23 de noviembre, del Código Penal («B.O.E.» 26 noviembre).
Vigencia: 1 octubre 2004

SECCIÓN 4.ª
DE LA PENA DE MULTA

Artículo 50. 1. La pena de multa consistirá en la imposición al condenado de una sanción pecuniaria.

2. La pena de multa se impondrá, salvo que la Ley disponga otra cosa, por el sistema de días-multa.

3. Su extensión mínima será de diez días y la máxima de dos años. Las penas de multa imponibles a personas jurídicas tendrán una extensión máxima de cinco años.

Número 3 del artículo 50 redactado por el apartado duodécimo del artículo único de la L.O. 5/2010, de 22 de junio, por la que se modifica la L.O. 10/1995, de 23 de noviembre, del Código Penal («B.O.E.» 23 junio).
Vigencia: 23 diciembre 2010

4. La cuota diaria tendrá un mínimo de dos y un máximo de 400 euros, excepto en el caso de las multas imponibles a las personas jurídicas, en las que la cuota diaria tendrá un mínimo de 30 y un máximo de 5.000 euros. A efectos de cómputo, cuando se fije la duración por meses o por años, se entenderá que los meses son de treinta días y los años de trescientos sesenta.

Número 4 del artículo 50 redactado por el apartado duodécimo del artículo único de la L.O. 5/2010, de 22 de junio, por la que se modifica la L.O. 10/1995, de 23 de noviembre, del Código Penal («B.O.E.» 23 junio).
Vigencia: 23 diciembre 2010

5. Los Jueces o Tribunales determinarán motivadamente la extensión de la pena dentro de los límites establecidos para cada delito y según las reglas del capítulo II de este Título. Igualmente, fijarán en la sentencia, el importe de estas cuotas, teniendo en cuenta para ello exclusivamente la situación económica del reo, deducida de su patrimonio, ingresos, obligaciones y cargas familiares y demás circunstancias personales del mismo.

6. El tribunal, por causa justificada, podrá autorizar el pago de la multa dentro de un plazo que no exceda de dos años desde la firmeza de la sentencia, bien de una vez o en los plazos que se determinen. En este caso, el impago de dos de ellos determinará el vencimiento de los restantes.

Número 6 del artículo 50 redactado por el apartado duodécimo del artículo único de la L.O. 15/2003, de 25 de noviembre, por la que se modifica la L.O. 10/1995, de 23 de noviembre, del Código Penal («B.O.E.» 26 noviembre).
Vigencia: 1 octubre 2004

Artículo 51. Si, después de la sentencia, variase la situación económica del penado, el juez o tribunal, excepcionalmente y tras la debida indagación de dicha situación, podrá modificar tanto el importe de las cuotas periódicas como los plazos para su pago.

Artículo 51 redactado por el apartado decimotercero del artículo único de la L.O. 15/2003, de 25 de noviembre, por la que se modifica la L.O. 10/1995, de 23 de noviembre, del Código Penal («B.O.E.» 26 noviembre).
Vigencia: 1 octubre 2004

Artículo 52. 1. No obstante lo dispuesto en los artículos anteriores y cuando el Código así lo determine, la multa se establecerá en proporción al daño causado, el valor del objeto del delito o el beneficio reportado por el mismo.

2. En estos casos, los jueces y tribunales impondrán la multa dentro de los límites fijados para cada delito, considerando para determinar en cada caso su cuan-

tía, no sólo las circunstancias atenuantes y agravantes del hecho, sino principalmente la situación económica del culpable.

3. Si, después de la sentencia, empeorase la situación económica del penado, el juez o tribunal, excepcionalmente y tras la debida indagación de dicha situación, podrá reducir el importe de la multa dentro de los límites señalados por la ley para el delito de que se trate, o autorizar su pago en los plazos que se determinen.

4. En los casos en los que este Código prevé una pena de multa para las personas jurídicas en proporción al beneficio obtenido o facilitado, al perjuicio causado, al valor del objeto, o a la cantidad defraudada o indebidamente obtenida, de no ser posible el cálculo en base a tales conceptos, el Juez o Tribunal motivará la imposibilidad de proceder a tal cálculo y las multas previstas se sustituirán por las siguientes:

a) Multa de dos a cinco años, si el delito cometido por la persona física tiene prevista una pena de prisión de más de cinco años.

b) Multa de uno a tres años, si el delito cometido por la persona física tiene prevista una pena de prisión de más de dos años no incluida en el inciso anterior.

c) Multa de seis meses a dos años, en el resto de los casos.

Número 4 del artículo 52 introducido por el apartado decimotercero del artículo único de la L.O. 5/2010, de 22 de junio, por la que se modifica la L.O. 10/1995, de 23 de noviembre, del Código Penal («B.O.E.» 23 junio).
Vigencia: 23 diciembre 2010

Artículo 52 redactado por el apartado decimocuarto del artículo único de la L.O. 15/2003, de 25 de noviembre, por la que se modifica la L.O. 10/1995, de 23 de noviembre, del Código Penal («B.O.E.» 26 noviembre).
Vigencia: 1 octubre 2004

Artículo 53. 1. Si el condenado no satisficiere, voluntariamente o por vía de apremio, la multa impuesta, quedará sujeto a una responsabilidad personal subsidiaria de un día de privación de libertad por cada dos cuotas diarias no satisfechas, que, tratándose de delitos leves, podrá cumplirse mediante localización permanente. En este caso, no regirá la limitación que en su duración establece el apartado 1 del artículo 37.

También podrá el juez o tribunal, previa conformidad del penado, acordar que la responsabilidad subsidiaria se cumpla mediante trabajos en beneficio de la comunidad. En este caso, cada día de privación de libertad equivaldrá a una jornada de trabajo.

Número 1 del artículo 53 redactado por el número veintinueve del artículo único de la L.O. 1/2015, de 30 de marzo, por la que se modifica la L.O. 10/1995, de 23 de noviembre, del Código Penal («B.O.E.» 31 marzo).
Vigencia: 1 julio 2015

2. En los supuestos de multa proporcional los Jueces y Tribunales establecerán, según su prudente arbitrio, la responsabilidad personal subsidiaria que proceda, que no podrá exceder, en ningún caso, de un año de duración. También podrá el Juez o Tribunal acordar, previa conformidad del penado, que se cumpla mediante trabajos en beneficio de la comunidad.

3. Esta responsabilidad subsidiaria no se impondrá a los condenados a pena privativa de libertad superior a cinco años.

Número 3 del artículo 53 redactado por el apartado decimoquinto del artículo único de la L.O. 15/2003, de 25 de noviembre, por la que se modifica la L.O. 10/1995, de 23 de noviembre, del Código Penal («B.O.E.» 26 noviembre).
Vigencia: 1 octubre 2004

4. El cumplimiento de la responsabilidad subsidiaria extingue la obligación de pago de la multa, aunque mejore la situación económica del penado.

Número 4 del artículo 53 redactado por el apartado decimoquinto del artículo único de la L.O. 15/2003, de 25 de noviembre, por la que se modifica la L.O. 10/1995, de 23 de noviembre, del Código Penal («B.O.E.» 26 noviembre).
Vigencia: 1 octubre 2004

5. Podrá ser fraccionado el pago de la multa impuesta a una persona jurídica, durante un período de hasta cinco años, cuando su cuantía ponga probadamente en peligro la supervivencia de aquélla o el mantenimiento de los puestos de trabajo existentes en la misma, o cuando lo aconseje el interés general. Si la persona jurídica condenada no satisficiere, voluntariamente o por vía de apremio, la multa impuesta en el plazo que se hubiere señalado, el Tribunal podrá acordar su intervención hasta el pago total de la misma.

Número 5 del artículo 53 introducido por el apartado decimocuarto del artículo único de la L.O. 5/2010, de 22 de junio, por la que se modifica la L.O. 10/1995, de 23 de noviembre, del Código Penal («B.O.E.» 23 junio).
Vigencia: 23 diciembre 2010

SECCIÓN 5.ª
DE LAS PENAS ACCESORIAS

Artículo 54. Las penas de inhabilitación son accesorias en los casos en que, no imponiéndolas especialmente, la Ley declare que otras penas las llevan consigo.

Véanse artículos 33.6, 39 a 46, 55 , 56 y 70 del presente Código.

Artículo 55. La pena de prisión igual o superior a diez años llevará consigo la inhabilitación absoluta durante el tiempo de la condena, salvo que ésta ya estuviere prevista como pena principal para el supuesto de que se trate. El Juez podrá además disponer la inhabilitación especial para el ejercicio de la patria potestad, tutela, curatela, guarda o acogimiento, o bien la privación de la patria potestad, cuando estos derechos hubieren tenido relación directa con el delito cometido. Esta vinculación deberá determinarse expresamente en la sentencia.

Artículo 55 redactado por el apartado decimoquinto del artículo único de la L.O. 5/2010, de 22 de junio, por la que se modifica la L.O. 10/1995, de 23 de noviembre, del Código Penal («B.O.E.» 23 junio).
Vigencia: 23 diciembre 2010

Artículo 56. 1. En las penas de prisión inferiores a diez años, los jueces o tribunales impondrán, atendiendo a la gravedad del delito, como penas accesorias, alguna o algunas de las siguientes:

1.º Suspensión de empleo o cargo público.

2.º Inhabilitación especial para el derecho de sufragio pasivo durante el tiempo de la condena.

3.º Inhabilitación especial para empleo o cargo público, profesión, oficio, industria, comercio, ejercicio de la patria potestad, tutela, curatela, guarda o acogimiento o cualquier otro derecho, la privación de la patria potestad, si estos derechos hubieran tenido relación directa con el delito cometido, debiendo determinarse expresamente en la sentencia esta vinculación, sin perjuicio de la aplicación de lo previsto en el artículo 579 de este Código.

Circunstancia 3.ª del número 1 del artículo 56 redactada por el apartado decimosexto del artículo único de la L.O. 5/2010, de 22 de junio, por la que se modifica la L.O. 10/1995, de 23 de noviembre, del Código Penal («B.O.E.» 23 junio).
Vigencia: 23 diciembre 2010

2. Lo previsto en este artículo se entiende sin perjuicio de la aplicación de lo dispuesto en otros preceptos de este Código respecto de la imposición de estas penas.

Artículo 56 redactado por el apartado decimosexto del artículo único de la L.O. 15/2003, de 25 de noviembre, por la que se modifica la L.O. 10/1995, de 23 de noviembre, del Código Penal («B.O.E.» 26 noviembre).
Vigencia: 1 octubre 2004

Artículo 57. 1. Los jueces o tribunales, en los delitos de homicidio, aborto, lesiones, contra la libertad, de torturas y contra la integridad moral, trata de seres humanos, contra la libertad e indemnidad sexuales, la intimidad, el derecho a la propia imagen y la inviolabilidad del domicilio, el honor, el patrimonio y el orden socioeconómico, atendiendo a la gravedad de los hechos o al peligro que el delincuente represente, podrán acordar en sus sentencias la imposición de una o varias de las prohibiciones contempladas en el artículo 48, por un tiempo que no excederá de diez años si el delito fuera grave, o de cinco si fuera menos grave.

No obstante lo anterior, si el condenado lo fuera a pena de prisión y el juez o tribunal acordara la imposición de una o varias de dichas prohibiciones, lo hará por un tiempo superior entre uno y diez años al de la duración de la pena de prisión impuesta en la sentencia, si el delito fuera grave, y entre uno y cinco años, si fuera menos grave. En este supuesto, la pena de prisión y las prohibiciones antes citadas se cumplirán necesariamente por el condenado de forma simultánea.

2. En los supuestos de los delitos mencionados en el primer párrafo del apartado 1 de este artículo cometidos contra quien sea o haya sido el cónyuge, o sobre persona que esté o haya estado ligada al condenado por una análoga relación de afectividad aun sin convivencia, o sobre los descendientes, ascendientes o hermanos por naturaleza, adopción o afinidad, propios o del cónyuge o conviviente, o sobre los menores o personas con discapacidad necesitadas de especial protección que con él convivan o que se hallen sujetos a la potestad, tutela, curatela, acogimiento o guarda de hecho del cónyuge o conviviente, o sobre persona amparada en cualquier otra relación por la que se encuentre integrada en el núcleo de su convivencia familiar, así como sobre las personas que por su especial vulnerabilidad se encuentran sometidas a su custodia o guarda en centros públicos o privados se acordará, en todo caso, la aplicación de la pena prevista en el apartado 2 del artículo 48 por un tiempo que no excederá de diez años si el delito fuera grave, o de cinco si fuera menos grave, sin perjuicio de lo dispuesto en el párrafo segundo del apartado anterior.

3. También podrán imponerse las prohibiciones establecidas en el artículo 48, por un periodo de tiempo que no excederá de seis meses, por la comisión de los delitos mencionados en el primer párrafo del apartado 1 de este artículo que tengan la consideración de delitos leves.

Artículo 57 redactado por el número treinta del artículo único de la L.O. 1/2015, de 30 de marzo, por la que se modifica la L.O. 10/1995, de 23 de noviembre, del Código Penal («B.O.E.» 31 marzo).
Vigencia: 1 julio 2015

SECCIÓN 6.ª
DISPOSICIONES COMUNES

Artículo 58. 1. El tiempo de privación de libertad sufrido provisionalmente será abonado en su totalidad por el Juez o Tribunal sentenciador para el cumplimiento de la pena o penas impuestas en la causa en que dicha privación fue acordada, salvo en cuanto haya coincidido con cualquier privación de libertad impuesta al penado en otra causa, que le haya sido abonada o le sea abonable en ella. En ningún caso un mismo periodo de privación de libertad podrá ser abonado en más de una causa.

Número 1 del artículo 58 redactado por el apartado decimoséptimo del artículo único de la L.O. 5/2010, de 22 de junio, por la que se modifica la L.O. 10/1995, de 23 de noviembre, del Código Penal («B.O.E.» 23 junio).
Vigencia: 23 diciembre 2010

2. El abono de prisión provisional en causa distinta de la que se decretó será acordado de oficio o a petición del penado y previa comprobación de que no ha sido abonada en otra causa, por el Juez de Vigilancia Penitenciaria de la jurisdicción de la que dependa el centro penitenciario en que se encuentre el penado, previa audiencia del ministerio fiscal.

3. Sólo procederá el abono de prisión provisional sufrida en otra causa cuando dicha medida cautelar sea posterior a los hechos delictivos que motivaron la pena a la que se pretende abonar.

4. Las reglas anteriores se aplicarán también respecto de las privaciones de derechos acordadas cautelarmente.

Artículo 58 redactado por el apartado decimoctavo del artículo único de la L.O. 15/2003, de 25 de noviembre, por la que se modifica la L.O. 10/1995, de 23 de noviembre, del Código Penal («B.O.E.» 26 noviembre).
Vigencia: 1 octubre 2004

Artículo 59. Cuando las medidas cautelares sufridas y la pena impuesta sean de distinta naturaleza, el Juez o Tribunal ordenará que se tenga por ejecutada la pena impuesta en aquella parte que estime compensada.

Artículo 60. 1. Cuando, después de pronunciada sentencia firme, se aprecie en el penado una situación duradera de trastorno mental grave que le impida conocer el sentido de la pena, el Juez de Vigilancia Penitenciaria suspenderá la ejecución de la pena privativa de libertad que se le hubiera impuesto, garantizando que reciba la asistencia médica precisa, para lo cual podrá decretar la imposición de una medida de seguridad privativa de libertad de las previstas en este Código que no podrá ser, en ningún caso, más gravosa que la pena sustituida. Si se tratase de una pena de distinta naturaleza, el Juez de Vigilancia Penitenciaria apreciará si la situación del penado le permite conocer el sentido de la pena y, en su caso, suspenderá la ejecución imponiendo las medidas de seguridad que estime necesarias.

El Juez de Vigilancia comunicará al ministerio fiscal, con suficiente antelación, la próxima extinción de la pena o medida de seguridad impuesta, a efectos de lo previsto por la disposición adicional primera de este Código.

Número 1 del artículo 60 redactado por el apartado decimonoveno del artículo único de la L.O. 15/2003, de 25 de noviembre, por la que se modifica la L.O. 10/1995, de 23 de noviembre, del Código Penal («B.O.E.» 26 noviembre).
Vigencia: 1 octubre 2004

2. Restablecida la salud mental del penado, éste cumplirá la sentencia si la pena no hubiere prescrito, sin perjuicio de que el Juez o Tribunal, por razones de equidad, pueda dar por extinguida la condena o reducir su duración, en la medida en que el cumplimiento de la pena resulte innecesario o contraproducente.

Véanse artículos 80, 95 a 108, 133 y 134 del presente Código.

CAPÍTULO II
DE LA APLICACIÓN DE LAS PENAS

SECCIÓN 1.ª
REGLAS GENERALES PARA LA APLICACIÓN DE LAS PENAS

Artículo 61. Cuando la Ley establece una pena, se entiende que la impone a los autores de la infracción consumada.

Véanse artículos 15, 16, 27 a 31, 66, 192 y 638 del presente Código.

Artículo 62. A los autores de tentativa de delito se les impondrá la pena inferior en uno o dos grados a la señalada por la Ley para el delito consumado, en la extensión que se estime adecuada, atendiendo al peligro inherente al intento y al grado de ejecución alcanzado.

Véanse artículos 15, 16, 28, 64, 70, 71, 485.2 y 638 del presente Código.

Artículo 63. A los cómplices de un delito consumado o intentado se les impondrá la pena inferior en grado a la fijada por la Ley para los autores del mismo delito.

Véanse artículos 15, 16, 27, 29, 61, 62, 64, 66, 70, 71 y 638 del presente Código.

Artículo 64. Las reglas anteriores no serán de aplicación en los casos en que la tentativa y la complicidad se hallen especialmente penadas por la Ley.

Véanse artículos 28, 29, 30, 63, 143.2, 143.3, 143.4, 192.1, 485.2, 518 y 576 del presente Código.

Artículo 65. 1. Las circunstancias agravantes o atenuantes que consistan en cualquier causa de naturaleza personal agravarán o atenuarán la responsabilidad sólo de aquéllos en quienes concurran.

Número 1 del artículo 65 redactado por el apartado vigésimo del artículo único de la L.O. 15/2003, de 25 de noviembre, por la que se modifica la L.O. 10/1995, de 23 de noviembre, del Código Penal («B.O.E.» 26 noviembre).
Vigencia: 1 octubre 2004

2. Las que consistan en la ejecución material del hecho o en los medios empleados para realizarla, servirán únicamente para agravar o atenuar la responsabilidad de los que hayan tenido conocimiento de ellas en el momento de la acción o de su cooperación para el delito.

3. Cuando en el inductor o en el cooperador necesario no concurran las condiciones, cualidades o relaciones personales que fundamentan la culpabilidad del autor, los jueces o tribunales podrán imponer la pena inferior en grado a la señalada por la ley para la infracción de que se trate.

Número 3 del artículo 65 introducido por el apartado vigésimo del artículo único de la L.O. 15/2003, de 25 de noviembre, por la que se modifica la L.O. 10/1995, de 23 de noviembre, del Código Penal («B.O.E.» 26 noviembre).
Vigencia: 1 octubre 2004

Artículo 66. 1. En la aplicación de la pena, tratándose de delitos dolosos, los jueces o tribunales observarán, según haya o no circunstancias atenuantes o agravantes, las siguientes reglas:

1.ª Cuando concurra sólo una circunstancia atenuante, aplicarán la pena en la mitad inferior de la que fije la ley para el delito.

2.ª Cuando concurran dos o más circunstancias atenuantes, o una o varias muy cualificadas, y no concurra agravante alguna, aplicarán la pena inferior en uno o dos grados a la establecida por la ley, atendidos el número y la entidad de dichas circunstancias atenuantes.

3.ª Cuando concurra sólo una o dos circunstancias agravantes, aplicarán la pena en la mitad superior de la que fije la ley para el delito.

4.ª Cuando concurran más de dos circunstancias agravantes y no concurra atenuante alguna, podrán aplicar la pena superior en grado a la establecida por la ley, en su mitad inferior.

5.ª Cuando concurra la circunstancia agravante de reincidencia con la cualificación de que el culpable al delinquir hubiera sido condenado ejecutoriamente, al menos, por tres delitos comprendidos en el mismo título de este Código, siempre que sean de la misma naturaleza, podrán aplicar la pena superior en grado a la prevista por la ley para el delito de que se trate, teniendo en cuenta las condenas precedentes, así como la gravedad del nuevo delito cometido.

A los efectos de esta regla no se computarán los antecedentes penales cancelados o que debieran serlo.

6.ª Cuando no concurran atenuantes ni agravantes aplicarán la pena establecida por la ley para el delito cometido, en la extensión que estimen adecuada, en atención a las circunstancias personales del delincuente y a la mayor o menor gravedad del hecho.

7.ª Cuando concurran atenuantes y agravantes, las valorarán y compensarán racionalmente para la individualización de la pena. En el caso de persistir un fundamento cualificado de atenuación aplicarán la pena inferior en grado. Si se mantiene un fundamento cualificado de agravación, aplicarán la pena en su mitad superior.

8.ª Cuando los jueces o tribunales apliquen la pena inferior en más de un grado podrán hacerlo en toda su extensión.

2. En los delitos leves y en los delitos imprudentes, los jueces o tribunales aplicarán las penas a su prudente arbitrio, sin sujetarse a las reglas prescritas en el apartado anterior.

Número 2 del artículo 66 redactado por el número treinta y uno del artículo único de la L.O. 1/2015, de 30 de marzo, por la que se modifica la L.O. 10/1995, de 23 de noviembre, del Código Penal («B.O.E.» 31 marzo).
Vigencia: 1 julio 2015

Artículo 66 redactado por el número dos del artículo primero de la L.O. 11/2003, de 29 de septiembre, de medidas concretas en materia de seguridad ciudadana, violencia doméstica e integración social de los extranjeros («B.O.E.» 30 septiembre).
Vigencia: 1 octubre 2003

Artículo 66 bis. En la aplicación de las penas impuestas a las personas jurídicas se estará a lo dispuesto en las reglas 1.ª a 4.ª y 6.ª a 8.ª del primer número del artículo 66, así como a las siguientes:

1.ª En los supuestos en los que vengan establecidas por las disposiciones del Libro II, para decidir sobre la imposición y la extensión de las penas previstas en las letras b) a g) del apartado 7 del artículo 33 habrá de tenerse en cuenta:

a) Su necesidad para prevenir la continuidad de la actividad delictiva o de sus efectos.

b) Sus consecuencias económicas y sociales, y especialmente los efectos para los trabajadores.

c) El puesto que en la estructura de la persona jurídica ocupa la persona física u órgano que incumplió el deber de control.

2.ª Cuando las penas previstas en las letras c) a g) del apartado 7 del artículo 33 se impongan con una duración limitada, ésta no podrá exceder la duración máxima de la pena privativa de libertad prevista para el caso de que el delito fuera cometido por persona física.

Para la imposición de las sanciones previstas en las letras c) a g) por un plazo superior a dos años será necesario que se dé alguna de las dos circunstancias siguientes:

a) Que la persona jurídica sea reincidente.

b) Que la persona jurídica se utilice instrumentalmente para la comisión de ilícitos penales. Se entenderá que se está ante este último supuesto siempre que la actividad legal de la persona jurídica sea menos relevante que su actividad ilegal.

Cuando la responsabilidad de la persona jurídica, en los casos previstos en la letra b) del apartado 1 del artículo 31 bis, derive de un incumplimiento de los deberes de supervisión, vigilancia y control que no tenga carácter grave, estas penas tendrán en todo caso una duración máxima de dos años.

Para la imposición con carácter permanente de las sanciones previstas en las letras b) y e), y para la imposición por un plazo superior a cinco años de las previstas en las letras e) y f) del apartado 7 del artículo 33, será necesario que se dé alguna de las dos circunstancias siguientes:

a) Que se esté ante el supuesto de hecho previsto en la regla 5.ª del apartado 1 del artículo 66.

b) Que la persona jurídica se utilice instrumentalmente para la comisión de ilícitos penales. Se entenderá que se está ante este último supuesto siempre que la actividad legal de la persona jurídica sea menos relevante que su actividad ilegal.

Regla 2.ª del artículo 66 bis redactada por el número treinta y dos del artículo único de L.O. 1/2015, de 30 de marzo, por la que se modifica la L.O. 10/1995, de 23 de noviembre, del Código Penal («B.O.E.» 31 marzo).
Vigencia: 1 julio 2015

Artículo 66 bis introducido por el apartado decimoctavo del artículo único de la L.O. 5/2010, de 22 de junio, por la que se modifica la L.O. 10/1995, de 23 de noviembre, del Código Penal («B.O.E.» 23 junio).
Vigencia: 23 diciembre 2010

Artículo 67. Las reglas del artículo anterior no se aplicarán a las circunstancias agravantes o atenuantes que la Ley haya tenido en cuenta al describir o sancionar una infracción, ni a las que sean de tal manera inherentes al delito que sin la concurrencia de ellas no podría cometerse.

Veanse artículos 139, 142, 148, 153, 167, 174, 175, 180, 181, 182, 184, 188, 192, 198, 204, 213, 220, 221, 222, 226, 227, 229, 233, 314, 320, 322, 329, 369, 390, 394, 398, 404 a 449, 461, 463, 466, 471, 478, 482, 483, 485, 499, 500, 501, 502, 506 a 512, 515, 529, 552, 588, 599 a 603, 607 y 608 del presente Código.

Artículo 68. En los casos previstos en la circunstancia primera del artículo 21, los jueces o tribunales impondrán la pena inferior en uno o dos grados a la señalada por la ley, atendidos el número y la entidad de los requisitos que falten o concurran, y las circunstancias personales de su autor, sin perjuicio de la aplicación del artículo 66 del presente Código.

Artículo 68 redactado por el apartado vigésimo primero del artículo único de la L.O. 15/2003, de 25 de noviembre, por la que se modifica la L.O. 10/1995, de 23 de noviembre, del Código Penal («B.O.E.» 26 noviembre).
Vigencia: 1 octubre 2004

Artículo 69. Al mayor de dieciocho años y menor de veintiuno que cometa un hecho delictivo, podrán aplicársele las disposiciones de la ley que regule la responsabilidad penal del menor en los casos y con los requisitos que ésta disponga.

Téngase en cuenta a estos efectos que la L.O. 8/2006, de 4 diciembre 2006, por la que se modifica la L.O. 5/2000, de 12 enero, reguladora de la responsabilidad penal de los menores («B.O.E.» 5 diciembre), suprime los apartados 2 y 4 del artículo 1 de la presente Ley.

Artículo 70. 1. La pena superior e inferior en grado a la prevista por la ley para cualquier delito tendrá la extensión resultante de la aplicación de las siguientes reglas:

1.ª La pena superior en grado se formará partiendo de la cifra máxima señalada por la ley para el delito de que se trate y aumentando a ésta la mitad de su cuantía, constituyendo la suma resultante su límite máximo. El límite mínimo de la pena superior en grado será el máximo de la pena señalada por la ley para el delito de que se trate, incrementado en un día o en un día multa según la naturaleza de la pena a imponer.

2.ª La pena inferior en grado se formará partiendo de la cifra mínima señalada para el delito de que se trate y deduciendo de ésta la mitad de su cuantía, constituyendo el resultado de tal deducción su límite mínimo. El límite máximo de la pena inferior en grado será el mínimo de la pena señalada por la ley para el delito de que se trate, reducido en un día o en un día multa según la naturaleza de la pena a imponer.

2. A los efectos de determinar la mitad superior o inferior de la pena o de concretar la pena inferior o superior en grado, el día o el día multa se considerarán indivisibles y actuaran como unidades penológicas de más o menos, según los casos.

3. Cuando, en la aplicación de la regla 1.ª del apartado 1 de este artículo, la pena superior en grado exceda de los límites máximos fijados a cada pena en este Código, se considerarán como inmediatamente superiores:

1.º Si la pena determinada fuera la de prisión, la misma pena, con la cláusula de que su duración máxima será de 30 años.

2.º Si fuera de inhabilitación absoluta o especial, la misma pena, con la cláusula de que su duración máxima será de 30 años.

3.º Si fuera de suspensión de empleo o cargo público, la misma pena, con la cláusula de que su duración máxima será de ocho años.

4.º Tratándose de privación del derecho a conducir vehículos a motor y ciclomotores, la misma pena, con la cláusula de que su duración máxima será de 15 años.

5.º Tratándose de privación del derecho a la tenencia y porte de armas, la misma pena, con la cláusula de que su duración máxima será de 20 años.

6.º Tratándose de privación del derecho a residir en determinados lugares o acudir a ellos, la misma pena, con la cláusula de que su duración máxima será de 20 años.

7.º Tratándose de prohibición de aproximarse a la víctima o a aquellos de sus familiares u otras personas que determine el juez o tribunal, la misma pena, con la cláusula de que su duración máxima será de 20 años.

8.º Tratándose de prohibición de comunicarse con la víctima o con aquellos de sus familiares u otras personas que determine el juez o tribunal, la misma pena, con la cláusula de que su duración máxima será de 20 años.

9.º Si fuera de multa, la misma pena, con la cláusula de que su duración máxima será de 30 meses.

4. La pena inferior en grado a la de prisión permanente es la pena de prisión de veinte a treinta años.

Número 4 del artículo 70 introducido por el número treinta y tres del artículo único de la L.O. 1/2015, de 30 de marzo, por la que se modifica la L.O. 10/1995, de 23 de noviembre, del Código Penal («B.O.E.» 31 marzo).
Vigencia: 1 julio 2015

Artículo 70 redactado por el apartado vigésimo segundo del artículo único de la L.O. 15/2003, de 25 de noviembre, por la que se modifica la L.O. 10/1995, de 23 de noviembre, del Código Penal («B.O.E.» 26 noviembre).

Vigencia: 1 octubre 2004

Artículo 71. 1. En la determinación de la pena inferior en grado, los jueces o tribunales no quedarán limitados por las cuantías mínimas señaladas en la ley a cada clase de pena, sino que podrán reducirlas en la forma que resulte de la aplicación de la regla correspondiente.

2. No obstante, cuando por aplicación de las reglas anteriores proceda imponer una pena de prisión inferior a tres meses, ésta será en todo caso sustituida por multa, trabajos en beneficio de la comunidad, o localización permanente, aunque la ley no prevea estas penas para el delito de que se trate, sustituyéndose cada día de prisión por dos cuotas de multa o por una jornada de trabajo o por un día de localización permanente.

Artículo 71 redactado por el número treinta y cuatro del artículo único de la L.O. 1/2015, de 30 de marzo, por la que se modifica la L.O. 10/1995, de 23 de noviembre, del Código Penal («B.O.E.» 31 marzo).

Vigencia: 1 julio 2015

Artículo 72. Los jueces o tribunales, en la aplicación de la pena, con arreglo a las normas contenidas en este capítulo, razonarán en la sentencia el grado y extensión concreta de la impuesta.

Artículo 72 redactado por el apartado vigésimo cuarto del artículo único de la L.O. 15/2003, de 25 de noviembre, por la que se modifica la L.O. 10/1995, de 23 de noviembre, del Código Penal («B.O.E.» 26 noviembre).

Vigencia: 1 octubre 2004

SECCIÓN 2.ª
REGLAS ESPECIALES PARA LA APLICACIÓN DE LAS PENAS

Artículo 73. Al responsable de dos o más delitos o faltas se le impondrán todas las penas correspondientes a las diversas infracciones para su cumplimiento simultáneo, si fuera posible, por la naturaleza y efectos de las mismas.

Artículo 74. 1. No obstante lo dispuesto en el artículo anterior, el que, en ejecución de un plan preconcebido o aprovechando idéntica ocasión, realice una pluralidad de acciones u omisiones que ofendan a uno o varios sujetos e infrinjan el mismo precepto penal o preceptos de igual o semejante naturaleza, será castigado como autor de un delito o falta continuados con la pena señalada para la infracción más grave, que se impondrá en su mitad superior, pudiendo llegar hasta la mitad inferior de la pena superior en grado.

Número 1 del artículo 74 redactado por el apartado vigésimo quinto del artículo único de la L.O. 15/2003, de 25 de noviembre, por la que se modifica la L.O. 10/1995, de 23 de noviembre, del Código Penal («B.O.E.» 26 noviembre).

Vigencia: 1 octubre 2004

2. Si se tratare de infracciones contra el patrimonio, se impondrá la pena teniendo en cuenta el perjuicio total causado. En estas infracciones el Juez o Tribunal impondrá, motivadamente, la pena superior en uno o dos grados, en la extensión que estime conveniente, si el hecho revistiere notoria gravedad y hubiere perjudicado a una generalidad de personas.

3. Quedan exceptuadas de lo establecido en los apartados anteriores las ofensas a bienes eminentemente personales, salvo las constitutivas de infracciones contra el honor y la libertad e indemnidad sexuales que afecten al mismo sujeto pasivo.

En estos casos, se atenderá a la naturaleza del hecho y del precepto infringido para aplicar o no la continuidad delictiva.

Número 3 del artículo 74 redactado por el apartado vigésimo quinto del artículo único de la L.O. 15/2003, de 25 de noviembre, por la que se modifica la L.O. 10/1995, de 23 de noviembre, del Código Penal («B.O.E.» 26 noviembre).
Vigencia: 1 octubre 2004

Artículo 75. Cuando todas o algunas de las penas correspondientes a las diversas infracciones no puedan ser cumplidas simultáneamente por el condenado, se seguirá el orden de su respectiva gravedad para su cumplimiento sucesivo, en cuanto sea posible.

Artículo 76. 1. No obstante lo dispuesto en el artículo anterior, el máximo de cumplimiento efectivo de la condena del culpable no podrá exceder del triple del tiempo por el que se le imponga la más grave de las penas en que haya incurrido, declarando extinguidas las que procedan desde que las ya impuestas cubran dicho máximo, que no podrá exceder de 20 años. Excepcionalmente, este límite máximo será:

a) De 25 años, cuando el sujeto haya sido condenado por dos o más delitos y alguno de ellos esté castigado por la ley con pena de prisión de hasta 20 años.

b) De 30 años, cuando el sujeto haya sido condenado por dos o más delitos y alguno de ellos esté castigado por la ley con pena de prisión superior a 20 años.

c) De 40 años, cuando el sujeto haya sido condenado por dos o más delitos y, al menos, dos de ellos estén castigados por la ley con pena de prisión superior a 20 años.

d) De 40 años, cuando el sujeto haya sido condenado por dos o más delitos referentes a organizaciones y grupos terroristas y delitos de terrorismo del Capítulo VII del Título XXII del Libro II de este Código y alguno de ellos esté castigado por la ley con pena de prisión superior a 20 años.

La referencia a los delitos de terrorismo de la Sección Segunda del Capítulo V del Título XXII del Libro II contenida en el artículo 76, ha sido sustituida conforme establece la disposición adicional primera de la L.O. 5/2010, de 22 de junio, por la que se modifica la L.O. 10/1995, de 23 de noviembre, del Código Penal («B.O.E.» 23 junio).
Vigencia: 23 diciembre 2010

e) Cuando el sujeto haya sido condenado por dos o más delitos y, al menos, uno de ellos esté castigado por la ley con pena de prisión permanente revisable, se estará a lo dispuesto en los artículos 92 y 78 bis.

Letra e) del número 1 del artículo 76 introducida por el número treinta y cinco del artículo único de la L.O. 1/2015, de 30 de marzo, por la que se modifica la L.O. 10/1995, de 23 de noviembre, del Código Penal («B.O.E.» 31 marzo).
Vigencia: 1 julio 2015

2. La limitación se aplicará aunque las penas se hayan impuesto en distintos procesos cuando lo hayan sido por hechos cometidos antes de la fecha en que fueron enjuiciados los que, siendo objeto de acumulación, lo hubieran sido en primer lugar.

Número 2 del artículo 76 redactado por el número treinta y cinco del artículo único de la L.O. 1/2015, de 30 de marzo, por la que se modifica la L.O. 10/1995, de 23 de noviembre, del Código Penal («B.O.E.» 31 marzo).
Vigencia: 1 julio 2015

Artículo 76 redactado por el número dos del artículo primero de la L.O. 7/2003, de 30 de junio, de medidas de reforma para el cumplimiento íntegro y efectivo de las penas («B.O.E.» 1 julio).
Vigencia: 2 julio 2003

Artículo 77. 1. Lo dispuesto en los dos artículos anteriores no es aplicable en el caso de que un solo hecho constituya dos o más delitos, o cuando uno de ellos sea medio necesario para cometer el otro.

2. En el primer caso, se aplicará en su mitad superior la pena prevista para la infracción más grave, sin que pueda exceder de la que represente la suma de las que correspondería aplicar si se penaran separadamente las infracciones. Cuando la pena así computada exceda de este límite, se sancionarán las infracciones por separado.

3. En el segundo, se impondrá una pena superior a la que habría correspondido, en el caso concreto, por la infracción más grave, y que no podrá exceder de la suma de las penas concretas que hubieran sido impuestas separadamente por cada uno de los delitos. Dentro de estos límites, el juez o tribunal individualizará la pena conforme a los criterios expresados en el artículo 66. En todo caso, la pena impuesta no podrá exceder del límite de duración previsto en el artículo anterior.

Artículo 77 redactado por el número treinta y seis del artículo único de la L.O. 1/2015, de 30 de marzo, por la que se modifica la L.O. 10/1995, de 23 de noviembre, del Código Penal («B.O.E.» 31 marzo).

Vigencia: 1 julio 2015

Artículo 78. 1. Si a consecuencia de las limitaciones establecidas en el apartado 1 del artículo 76 la pena a cumplir resultase inferior a la mitad de la suma total de las impuestas, el juez o tribunal sentenciador podrá acordar que los beneficios penitenciarios, los permisos de salida, la clasificación en tercer grado y el cómputo de tiempo para la libertad condicional se refieran a la totalidad de las penas impuestas en las sentencias.

2. En estos casos, el juez de vigilancia, previo pronóstico individualizado y favorable de reinserción social y valorando, en su caso, las circunstancias personales del reo y la evolución del tratamiento reeducador, podrá acordar razonadamente, oídos el Ministerio Fiscal, Instituciones Penitenciarias y las demás partes, la aplicación del régimen general de cumplimiento.

Si se tratase de delitos referentes a organizaciones y grupos terroristas y delitos de terrorismo del Capítulo VII del Título XXII del Libro II de este Código, o cometidos en el seno de organizaciones criminales, y atendiendo a la suma total de las penas impuestas, la anterior posibilidad sólo será aplicable:

a) Al tercer grado penitenciario, cuando quede por cumplir una quinta parte del límite máximo de cumplimiento de la condena.

b) A la libertad condicional, cuando quede por cumplir una octava parte del límite máximo de cumplimiento de la condena.

Número 2 del artículo 78 redactado por el número treinta y siete del artículo único de la L.O. 1/2015, de 30 de marzo, por la que se modifica la L.O. 10/1995, de 23 de noviembre, del Código Penal («B.O.E.» 31 marzo).

Vigencia: 1 julio 2015

3....

Número 3 del artículo 78 suprimido por el número treinta y siete del artículo único de la L.O. 1/2015, de 30 de marzo, por la que se modifica la L.O. 10/1995, de 23 de noviembre, del Código Penal («B.O.E.» 31 marzo).

Vigencia: 1 julio 2015

Artículo 78 redactado por el número tres del artículo primero de la L.O. 7/2003, de 30 de junio, de medidas de reforma para el cumplimiento íntegro y efectivo de las penas («B.O.E.» 1 julio).

Vigencia: 2 julio 2003

Artículo 78 bis. 1. Cuando el sujeto haya sido condenado por dos o más delitos y, al menos, uno de ellos esté castigado por la ley con pena de prisión permanente revisable, la progresión a tercer grado requerirá del cumplimiento:

a) de un mínimo de dieciocho años de prisión, cuando el penado lo haya sido por varios delitos, uno de ellos esté castigado con pena de prisión permanente revisable y el resto de las penas impuestas sumen un total que exceda de cinco años.

b) de un mínimo de veinte años de prisión, cuando el penado lo haya sido por varios delitos, uno de ellos esté castigado con una pena de prisión permanente revisable y el resto de las penas impuestas sumen un total que exceda de quince años.

c) de un mínimo de veintidós años de prisión, cuando el penado lo haya sido por varios delitos y dos o más de ellos estén castigados con una pena de prisión permanente revisable, o bien uno de ellos esté castigado con una pena de prisión permanente revisable y el resto de penas impuestas sumen un total de veinticinco años o más.

2. En estos casos, la suspensión de la ejecución del resto de la pena requerirá que el penado haya extinguido:

a) Un mínimo de veinticinco años de prisión, en los supuestos a los que se refieren las letras a) y b) del apartado anterior.

b) Un mínimo de treinta años de prisión en el de la letra c) del apartado anterior.

3. Si se tratase de delitos referentes a organizaciones y grupos terroristas y delitos de terrorismo del Capítulo VII del Título XXII del Libro II de este Código, o cometidos en el seno de organizaciones criminales, los límites mínimos de cumplimiento para el acceso al tercer grado de clasificación serán de veinticuatro años de prisión, en los supuestos a que se refieren las letras a) y b) del apartado primero, y de treinta y dos años de prisión en el de la letra c) del apartado primero.

En estos casos, la suspensión de la ejecución del resto de la pena requerirá que el penado haya extinguido un mínimo de veintiocho años de prisión, en los supuestos a que se refieren las letras a) y b) del apartado primero, y de treinta y cinco años de prisión en el de la letra b) del apartado primero.

Artículo 78 bis introducido por el número treinta y ocho del artículo único de la L.O. 1/2015, de 30 de marzo, por la que se modifica la L.O. 10/1995, de 23 de noviembre, del Código Penal («B.O.E.» 31 marzo).

Vigencia: 1 julio 2015

Artículo 79. Siempre que los Jueces o Tribunales impongan una pena que lleve consigo otras accesorias condenarán también expresamente al reo a estas últimas.

CAPÍTULO III
DE LAS FORMAS SUSTITUTIVAS DE LA EJECUCIÓN DE LAS PENAS PRIVATIVAS DE LIBERTAD Y DE LA LIBERTAD CONDICIONAL

Rúbrica del Capítulo III del Título III del Libro I redactada por el apartado vigésimo sexto del artículo único de la L.O. 15/2003, de 25 de noviembre, por la que se modifica la L.O. 10/1995, de 23 de noviembre, del Código Penal («B.O.E.» 26 noviembre).

Vigencia: 1 octubre 2004

SECCIÓN 1.ª
DE LA SUSPENSIÓN DE LA EJECUCIÓN DE LAS PENAS PRIVATIVAS DE LIBERTAD

Artículo 80. 1. Los jueces o tribunales, mediante resolución motivada, podrán dejar en suspenso la ejecución de las penas privativas de libertad no superiores a dos años cuando sea razonable esperar que la ejecución de la pena no sea necesaria para evitar la comisión futura por el penado de nuevos delitos.

Para adoptar esta resolución el juez o tribunal valorará las circunstancias del delito cometido, las circunstancias personales del penado, sus antecedentes, su conducta posterior al hecho, en particular su esfuerzo para reparar el daño causado, sus circunstancias familiares y sociales, y los efectos que quepa esperar de la propia suspensión de la ejecución y del cumplimiento de las medidas que fueren impuestas.

2. Serán condiciones necesarias para dejar en suspenso la ejecución de la pena, las siguientes:

1.ª Que el condenado haya delinquido por primera vez. A tal efecto no se tendrán en cuenta las anteriores condenas por delitos imprudentes o por delitos leves, ni los antecedentes penales que hayan sido cancelados, o debieran serlo con arreglo a lo dispuesto en el artículo 136. Tampoco se tendrán en cuenta los antecedentes penales correspondientes a delitos que, por su naturaleza o circunstancias, carezcan de relevancia para valorar la probabilidad de comisión de delitos futuros.

2.ª Que la pena o la suma de las impuestas no sea superior a dos años, sin incluir en tal cómputo la derivada del impago de la multa.

3.ª Que se hayan satisfecho las responsabilidades civiles que se hubieren originado y se haya hecho efectivo el decomiso acordado en sentencia conforme al artículo 127.

Este requisito se entenderá cumplido cuando el penado asuma el compromiso de satisfacer las responsabilidades civiles de acuerdo a su capacidad económica y de facilitar el decomiso acordado, y sea razonable esperar que el mismo será cumplido en el plazo prudencial que el juez o tribunal determine. El juez o tribunal, en atención al alcance de la responsabilidad civil y al impacto social del delito, podrá solicitar las garantías que considere convenientes para asegurar su cumplimiento.

3. Excepcionalmente, aunque no concurran las condiciones 1.ª y 2.ª del apartado anterior, y siempre que no se trate de reos habituales, podrá acordarse la suspensión de las penas de prisión que individualmente no excedan de dos años cuando las circunstancias personales del reo, la naturaleza del hecho, su conducta y, en particular, el esfuerzo para reparar el daño causado, así lo aconsejen.

En estos casos, la suspensión se condicionará siempre a la reparación efectiva del daño o la indemnización del perjuicio causado conforme a sus posibilidades físicas y económicas, o al cumplimiento del acuerdo a que se refiere la medida 1.ª del artículo 84. Asimismo, se impondrá siempre una de las medidas a que se refieren los numerales 2.ª o 3.ª del mismo precepto, con una extensión que no podrá ser inferior a la que resulte de aplicar los criterios de conversión fijados en el mismo sobre un quinto de la pena impuesta.

4. Los jueces y tribunales podrán otorgar la suspensión de cualquier pena impuesta sin sujeción a requisito alguno en el caso de que el penado esté aquejado de una enfermedad muy grave con padecimientos incurables, salvo que en el momento de la comisión del delito tuviera ya otra pena suspendida por el mismo motivo.

5. Aun cuando no concurran las condiciones 1.ª y 2.ª previstas en el apartado 2 de este artículo, el juez o tribunal podrá acordar la suspensión de la ejecución de las penas privativas de libertad no superiores a cinco años de los penados que hu-

biesen cometido el hecho delictivo a causa de su dependencia de las sustancias señaladas en el numeral 2.º del artículo 20, siempre que se certifique suficientemente, por centro o servicio público o privado debidamente acreditado u homologado, que el condenado se encuentra deshabituado o sometido a tratamiento para tal fin en el momento de decidir sobre la suspensión.

El juez o tribunal podrá ordenar la realización de las comprobaciones necesarias para verificar el cumplimiento de los anteriores requisitos.

En el caso de que el condenado se halle sometido a tratamiento de deshabituación, también se condicionará la suspensión de la ejecución de la pena a que no abandone el tratamiento hasta su finalización. No se entenderán abandono las recaídas en el tratamiento si estas no evidencian un abandono definitivo del tratamiento de deshabituación.

6. En los delitos que sólo pueden ser perseguidos previa denuncia o querella del ofendido, los jueces y tribunales oirán a éste y, en su caso, a quien le represente, antes de conceder los beneficios de la suspensión de la ejecución de la pena.

Artículo 80 redactado por el número treinta y nueve del artículo único de la L.O. 1/2015, de 30 de marzo, por la que se modifica la L.O. 10/1995, de 23 de noviembre, del Código Penal («B.O.E.» 31 marzo).

Vigencia: 1 julio 2015

Artículo 81. El plazo de suspensión será de dos a cinco años para las penas privativas de libertad no superiores a dos años, y de tres meses a un año para las penas leves, y se fijará por el juez o tribunal, atendidos los criterios expresados en el párrafo segundo del apartado 1 del artículo 80.

En el caso de que la suspensión hubiera sido acordada de conformidad con lo dispuesto en el apartado 5 del artículo anterior, el plazo de suspensión será de tres a cinco años.

Artículo 81 redactado por el número cuarenta del artículo único de la L.O. 1/2015, de 30 de marzo, por la que se modifica la L.O. 10/1995, de 23 de noviembre, del Código Penal («B.O.E.» 31 marzo).

Vigencia: 1 julio 2015

Artículo 82. 1. El juez o tribunal resolverá en sentencia sobre la suspensión de la ejecución de la pena siempre que ello resulte posible. En los demás casos, una vez declarada la firmeza de la sentencia, se pronunciará con la mayor urgencia, previa audiencia a las partes, sobre la concesión o no de la suspensión de la ejecución de la pena.

2. El plazo de suspensión se computará desde la fecha de la resolución que la acuerda. Si la suspensión hubiera sido acordada en sentencia, el plazo de la suspensión se computará desde la fecha en que aquélla hubiere devenido firme.

No se computará como plazo de suspensión aquél en el que el penado se hubiera mantenido en situación de rebeldía.

Artículo 82 redactado por el número cuarenta y uno del artículo único de la L.O. 1/2015, de 30 de marzo, por la que se modifica la L.O. 10/1995, de 23 de noviembre, del Código Penal («B.O.E.» 31 marzo).

Vigencia: 1 julio 2015

Artículo 83. 1. El juez o tribunal podrá condicionar la suspensión al cumplimiento de las siguientes prohibiciones y deberes cuando ello resulte necesario para evitar el peligro de comisión de nuevos delitos, sin que puedan imponerse deberes y obligaciones que resulten excesivos y desproporcionados:

1.ª Prohibición de aproximarse a la víctima o a aquéllos de sus familiares u otras personas que se determine por el juez o tribunal, a sus domicilios, a sus lugares de trabajo o a otros lugares habitualmente frecuentados por ellos, o de comunicar con los mismos por cualquier medio. La imposición de esta prohibición será siempre comunicada a las personas con relación a las cuales sea acordada.

2.ª Prohibición de establecer contacto con personas determinadas o con miembros de un grupo determinado, cuando existan indicios que permitan suponer fundadamente que tales sujetos pueden facilitarle la ocasión para cometer nuevos delitos o incitarle a hacerlo.

3.ª Mantener su lugar de residencia en un lugar determinado con prohibición de abandonarlo o ausentarse temporalmente sin autorización del juez o tribunal.

4.ª Prohibición de residir en un lugar determinado o de acudir al mismo, cuando en ellos pueda encontrar la ocasión o motivo para cometer nuevos delitos.

5.ª Comparecer personalmente con la periodicidad que se determine ante el juez o tribunal, dependencias policiales o servicio de la administración que se determine, para informar de sus actividades y justificarlas.

6.ª Participar en programas formativos, laborales, culturales, de educación vial, sexual, de defensa del medio ambiente, de protección de los animales, de igualdad de trato y no discriminación, y otros similares.

7.ª Participar en programas de deshabituación al consumo de alcohol, drogas tóxicas o sustancias estupefacientes, o de tratamiento de otros comportamientos adictivos.

8.ª Prohibición de conducir vehículos de motor que no dispongan de dispositivos tecnológicos que condicionen su encendido o funcionamiento a la comprobación previa de las condiciones físicas del conductor, cuando el sujeto haya sido condenado por un delito contra la seguridad vial y la medida resulte necesaria para prevenir la posible comisión de nuevos delitos.

9.ª Cumplir los demás deberes que el juez o tribunal estime convenientes para la rehabilitación social del penado, previa conformidad de éste, siempre que no atenten contra su dignidad como persona.

2. Cuando se trate de delitos cometidos sobre la mujer por quien sea o haya sido su cónyuge, o por quien esté o haya estado ligado a ella por una relación similar de afectividad, aun sin convivencia, se impondrán siempre las prohibiciones y deberes indicados en las reglas 1.ª, 4.ª y 6.ª del apartado anterior.

3. La imposición de cualquiera de las prohibiciones o deberes de las reglas 1.ª, 2.ª, 3.ª, o 4.ª del apartado 1 de este artículo será comunicada a las Fuerzas y Cuerpos de Seguridad del Estado, que velarán por su cumplimiento. Cualquier posible quebrantamiento o circunstancia relevante para valorar la peligrosidad del penado y la posibilidad de comisión futura de nuevos delitos, será inmediatamente comunicada al Ministerio Fiscal y al juez o tribunal de ejecución.

4. El control del cumplimiento de los deberes a que se refieren las reglas 6.ª, 7.ª y 8.ª del apartado 1 de este artículo corresponderá a los servicios de gestión de penas y medidas alternativas de la Administración penitenciaria. Estos servicios informarán al juez o tribunal de ejecución sobre el cumplimiento con una periodicidad al menos trimestral, en el caso de las reglas 6.ª y 8.ª, y semestral, en el caso de la 7.ª y, en todo caso, a su conclusión.

Asimismo, informarán inmediatamente de cualquier circunstancia relevante para valorar la peligrosidad del penado y la posibilidad de comisión futura de nuevos delitos, así como de los incumplimientos de la obligación impuesta o de su cumplimiento efectivo.

Artículo 83 redactado por el número cuarenta y dos del artículo único de la L.O. 1/2015, de 30 de marzo, por la que se modifica la L.O. 10/1995, de 23 de noviembre, del Código Penal («B.O.E.» 31 marzo).

Vigencia: 1 julio 2015

Artículo 84. 1. El juez o tribunal también podrá condicionar la suspensión de la ejecución de la pena al cumplimiento de alguna o algunas de las siguientes prestaciones o medidas:

1.ª El cumplimiento del acuerdo alcanzado por las partes en virtud de mediación.

2.ª El pago de una multa, cuya extensión determinarán el juez o tribunal en atención a las circunstancias del caso, que no podrá ser superior a la que resultase de aplicar dos cuotas de multa por cada día de prisión sobre un límite máximo de dos tercios de su duración.

3.ª La realización de trabajos en beneficio de la comunidad, especialmente cuando resulte adecuado como forma de reparación simbólica a la vista de las circunstancias del hecho y del autor. La duración de esta prestación de trabajos se determinará por el juez o tribunal en atención a las circunstancias del caso, sin que pueda exceder de la que resulte de computar un día de trabajos por cada día de prisión sobre un límite máximo de dos tercios de su duración.

2. Si se hubiera tratado de un delito cometido sobre la mujer por quien sea o haya sido su cónyuge, o por quien esté o haya estado ligado a ella por una relación similar de afectividad, aun sin convivencia, o sobre los descendientes, ascendientes o hermanos por naturaleza, adopción o afinidad propios o del cónyuge o conviviente, o sobre los menores o personas con discapacidad necesitadas de especial protección que con él convivan o que se hallen sujetos a la potestad, tutela, curatela, acogimiento o guarda de hecho del cónyuge o conviviente, el pago de la multa a que se refiere la medida 2.ª del apartado anterior solamente podrá imponerse cuando conste acreditado que entre ellos no existen relaciones económicas derivadas de una relación conyugal, de convivencia o filiación, o de la existencia de una descendencia común.

Artículo 84 redactado por el número cuarenta y tres del artículo único de la L.O. 1/2015, de 30 de marzo, por la que se modifica la L.O. 10/1995, de 23 de noviembre, del Código Penal («B.O.E.» 31 marzo).
Vigencia: 1 julio 2015

Artículo 85. Durante el tiempo de suspensión de la pena, y a la vista de la posible modificación de las circunstancias valoradas, el juez o tribunal podrá modificar la decisión que anteriormente hubiera adoptado conforme a los artículos 83 y 84, y acordar el alzamiento de todas o alguna de las prohibiciones, deberes o prestaciones que hubieran sido acordadas, su modificación o sustitución por otras que resulten menos gravosas.

Artículo 85 redactado por el número cuarenta y cuatro del artículo único de la L.O. 1/2015, de 30 de marzo, por la que se modifica la L.O. 10/1995, de 23 de noviembre, del Código Penal («B.O.E.» 31 marzo).
Vigencia: 1 julio 2015

Artículo 86. 1. El juez o tribunal revocará la suspensión y ordenará la ejecución de la pena cuando el penado:

a) Sea condenado por un delito cometido durante el período de suspensión y ello ponga de manifiesto que la expectativa en la que se fundaba la decisión de suspensión adoptada ya no puede ser mantenida.

b) Incumpla de forma grave o reiterada las prohibiciones y deberes que le hubieran sido impuestos conforme al artículo 83, o se sustraiga al control de los servicios de gestión de penas y medidas alternativas de la Administración penitenciaria.

c) Incumpla de forma grave o reiterada las condiciones que, para la suspensión, hubieran sido impuestas conforme al artículo 84.

d) Facilite información inexacta o insuficiente sobre el paradero de bienes u objetos cuyo decomiso hubiera sido acordado; no dé cumplimiento al compromiso de pago de las responsabilidades civiles a que hubiera sido condenado, salvo que careciera de capacidad económica para ello; o facilite información inexacta o insuficiente sobre su patrimonio, incumpliendo la obligación impuesta en el artículo 589 de la Ley de Enjuiciamiento Civil.

2. Si el incumplimiento de las prohibiciones, deberes o condiciones no hubiera tenido carácter grave o reiterado, el juez o tribunal podrá:

a) Imponer al penado nuevas prohibiciones, deberes o condiciones, o modificar las ya impuestas.

b) Prorrogar el plazo de suspensión, sin que en ningún caso pueda exceder de la mitad de la duración del que hubiera sido inicialmente fijado.

3. En el caso de revocación de la suspensión, los gastos que hubiera realizado el penado para reparar el daño causado por el delito conforme al apartado 1 del artículo 84 no serán restituidos. Sin embargo, el juez o tribunal abonará a la pena los pagos y la prestación de trabajos que hubieran sido realizados o cumplidos conforme a las medidas 2.ª y 3.ª

4. En todos los casos anteriores, el juez o tribunal resolverá después de haber oído al Fiscal y a las demás partes. Sin embargo, podrá revocar la suspensión de la ejecución de la pena y ordenar el ingreso inmediato del penado en prisión cuando resulte imprescindible para evitar el riesgo de reiteración delictiva, el riesgo de huida del penado o asegurar la protección de la víctima.

El juez o tribunal podrá acordar la realización de las diligencias de comprobación que fueran necesarias y acordar la celebración de una vista oral cuando lo considere necesario para resolver.

Artículo 86 redactado por el número cuarenta y cinco del artículo único de la L.O. 1/2015, de 30 de marzo, por la que se modifica la L.O. 10/1995, de 23 de noviembre, del Código Penal («B.O.E.» 31 marzo).
Vigencia: 1 julio 2015

Artículo 87. 1. Transcurrido el plazo de suspensión fijado sin haber cometido el sujeto un delito que ponga de manifiesto que la expectativa en la que se fundaba la decisión de suspensión adoptada ya no puede ser mantenida, y cumplidas de forma suficiente las reglas de conducta fijadas por el juez o tribunal, éste acordará la remisión de la pena.

2. No obstante, para acordar la remisión de la pena que hubiera sido suspendida conforme al apartado 5 del artículo 80, deberá acreditarse la deshabituación del sujeto o la continuidad del tratamiento. De lo contrario, el juez o tribunal ordenará su cumplimiento, salvo que, oídos los informes correspondientes, estime necesaria la continuación del tratamiento; en tal caso podrá conceder razonadamente una prórroga del plazo de suspensión por tiempo no superior a dos años.

Artículo 87 redactado por el número cuarenta y seis del artículo único de la L.O. 1/2015, de 30 de marzo, por la que se modifica la L.O. 10/1995, de 23 de noviembre, del Código Penal («B.O.E.» 31 marzo).
Vigencia: 1 julio 2015

SECCIÓN 2.ª
DE LA SUSTITUCIÓN DE LAS PENAS PRIVATIVAS DE LIBERTAD

Artículo 88. ...

Artículo 88 suprimido por el número cuarenta y siete del artículo único de la L.O. 1/2015, de 30 de marzo, por la que se modifica la L.O. 10/1995, de 23 de noviembre, del Código Penal («B.O.E.» 31 marzo).
Vigencia: 1 julio 2015

Artículo 89. 1. Las penas de prisión de más de un año impuestas a un ciudadano extranjero serán sustituidas por su expulsión del territorio español. Excepcionalmente, cuando resulte necesario para asegurar la defensa del orden jurídico y restablecer la confianza en la vigencia de la norma infringida por el delito, el juez o tribunal podrá acordar la ejecución de una parte de la pena que no podrá ser superior a dos tercios de su extensión, y la sustitución del resto por la expulsión del penado del territorio español. En todo caso, se sustituirá el resto de la pena por la expulsión del penado del territorio español cuando aquél acceda al tercer grado o le sea concedida la libertad condicional.

2. Cuando hubiera sido impuesta una pena de más de cinco años de prisión, o varias penas que excedieran de esa duración, el juez o tribunal acordará la ejecución de todo o parte de la pena, en la medida en que resulte necesario para asegurar la defensa del orden jurídico y restablecer la confianza en la vigencia de la norma infringida por el delito. En estos casos, se sustituirá la ejecución del resto de la pena por la expulsión del penado del territorio español, cuando el penado cumpla la parte de la pena que se hubiera determinado, acceda al tercer grado o se le conceda la libertad condicional.

3. El juez o tribunal resolverá en sentencia sobre la sustitución de la ejecución de la pena siempre que ello resulte posible. En los demás casos, una vez declarada la firmeza de la sentencia, se pronunciará con la mayor urgencia, previa audiencia al Fiscal y a las demás partes, sobre la concesión o no de la sustitución de la ejecución de la pena.

4. No procederá la sustitución cuando, a la vista de las circunstancias del hecho y las personales del autor, en particular su arraigo en España, la expulsión resulte desproporcionada.

La expulsión de un ciudadano de la Unión Europea solamente procederá cuando represente una amenaza grave para el orden público o la seguridad pública en atención a la naturaleza, circunstancias y gravedad del delito cometido, sus antecedentes y circunstancias personales.

Si hubiera residido en España durante los diez años anteriores procederá la expulsión cuando además:

a) Hubiera sido condenado por uno o más delitos contra la vida, libertad, integridad física y libertad e indemnidad sexuales castigados con pena máxima de prisión de más de cinco años y se aprecie fundadamente un riesgo grave de que pueda cometer delitos de la misma naturaleza.

b) Hubiera sido condenado por uno o más delitos de terrorismo u otros delitos cometidos en el seno de un grupo u organización criminal.

En estos supuestos será en todo caso de aplicación lo dispuesto en el apartado 2 de este artículo.

5. El extranjero no podrá regresar a España en un plazo de cinco a diez años, contados desde la fecha de su expulsión, atendidas la duración de la pena sustituida y las circunstancias personales del penado.

6. La expulsión llevará consigo el archivo de cualquier procedimiento administrativo que tuviera por objeto la autorización para residir o trabajar en España.

7. Si el extranjero expulsado regresara a España antes de transcurrir el período de tiempo establecido judicialmente, cumplirá las penas que fueron sustituidas, salvo que, excepcionalmente, el juez o tribunal, reduzca su duración cuando su cumplimiento resulte innecesario para asegurar la defensa del orden jurídico y restablecer la confianza en la norma jurídica infringida por el delito, en atención al tiempo transcurrido desde la expulsión y las circunstancias en las que se haya producido su incumplimiento.

No obstante, si fuera sorprendido en la frontera, será expulsado directamente por la autoridad gubernativa, empezando a computarse de nuevo el plazo de prohibición de entrada en su integridad.

8. Cuando, al acordarse la expulsión en cualquiera de los supuestos previstos en este artículo, el extranjero no se encuentre o no quede efectivamente privado de libertad en ejecución de la pena impuesta, el juez o tribunal podrá acordar, con el fin de asegurar la expulsión, su ingreso en un centro de internamiento de extranjeros, en los términos y con los límites y garantías previstos en la ley para la expulsión gubernativa.

En todo caso, si acordada la sustitución de la pena privativa de libertad por la expulsión, ésta no pudiera llevarse a efecto, se procederá a la ejecución de la pena originariamente impuesta o del período de condena pendiente, o a la aplicación, en su caso, de la suspensión de la ejecución de la misma.

9. No serán sustituidas las penas que se hubieran impuesto por la comisión de los delitos a que se refieren los artículos 177 bis, 312, 313 y 318 bis.

Artículo 89 redactado por el número cuarenta y ocho del artículo único de la L.O. 1/2015, de 30 de marzo, por la que se modifica la L.O. 10/1995, de 23 de noviembre, del Código Penal («B.O.E.» 31 marzo).
Vigencia: 1 julio 2015

SECCIÓN 3.ª
DE LA LIBERTAD CONDICIONAL

Artículo 90. 1. El juez de vigilancia penitenciaria acordará la suspensión de la ejecución del resto de la pena de prisión y concederá la libertad condicional al penado que cumpla los siguientes requisitos:

a) Que se encuentre clasificado en tercer grado.

b) Que haya extinguido las tres cuartas partes de la pena impuesta.

c) Que haya observado buena conducta.

Para resolver sobre la suspensión de la ejecución del resto de la pena y concesión de la libertad condicional, el juez de vigilancia penitenciaria valorará la personalidad del penado, sus antecedentes, las circunstancias del delito cometido, la relevancia de los bienes jurídicos que podrían verse afectados por una reiteración en el delito, su conducta durante el cumplimiento de la pena, sus circunstancias familiares y sociales y los efectos que quepa esperar de la propia suspensión de la ejecución y del cumplimiento de las medidas que fueren impuestas.

No se concederá la suspensión si el penado no hubiese satisfecho la responsabilidad civil derivada del delito en los supuestos y conforme a los criterios establecidos por los apartados 5 y 6 del artículo 72 de la Ley Orgánica 1/1979, de 26 de septiembre, General Penitenciaria.

2. También podrá acordar la suspensión de la ejecución del resto de la pena y conceder la libertad condicional a los penados que cumplan los siguientes requisitos:

a) Que hayan extinguido dos terceras parte de su condena.

b) Que durante el cumplimiento de su pena hayan desarrollado actividades laborales, culturales u ocupacionales, bien de forma continuada, bien con un aprovechamiento del que se haya derivado una modificación relevante y favorable de aquéllas de sus circunstancias personales relacionadas con su actividad delictiva previa.

c) Que acredite el cumplimiento de los requisitos a que se refiere el apartado anterior, salvo el de haber extinguido tres cuartas partes de su condena.

A propuesta de Instituciones Penitenciarias y previo informe del Ministerio Fiscal y de las demás partes, cumplidas las circunstancias de las letras a) y c) del apartado anterior, el juez de vigilancia penitenciaria podrá adelantar, una vez extinguida la mitad de la condena, la concesión de la libertad condicional en relación con el plazo previsto en el apartado anterior, hasta un máximo de noventa días por cada año transcurrido de cumplimiento efectivo de condena. Esta medida requerirá que el penado haya desarrollado continuadamente las actividades indicadas en la letra b) de este apartado y que acredite, además, la participación efectiva y favorable en programas de reparación a las víctimas o programas de tratamiento o desintoxicación, en su caso.

3. Excepcionalmente, el juez de vigilancia penitenciaria podrá acordar la suspensión de la ejecución del resto de la pena y conceder la libertad condicional a los penados en que concurran los siguientes requisitos:

a) Que se encuentren cumpliendo su primera condena de prisión y que ésta no supere los tres años de duración.

b) Que hayan extinguido la mitad de su condena.

c) Que acredite el cumplimiento de los requisitos a que se refiere al apartado 1, salvo el de haber extinguido tres cuartas partes de su condena, así como el regulado en la letra b) del apartado anterior.

Este régimen no será aplicable a los penados que lo hayan sido por la comisión de un delito contra la libertad e indemnidad sexuales.

4. El juez de vigilancia penitenciaria podrá denegar la suspensión de la ejecución del resto de la pena cuando el penado hubiera dado información inexacta o insuficiente sobre el paradero de bienes u objetos cuyo decomiso hubiera sido acordado; no dé cumplimiento conforme a su capacidad al compromiso de pago de las responsabilidades civiles a que hubiera sido condenado; o facilite información inexacta o insuficiente sobre su patrimonio, incumpliendo la obligación impuesta en el artículo 589 de la Ley de Enjuiciamiento Civil.

También podrá denegar la suspensión de la ejecución del resto de la pena impuesta para alguno de los delitos previstos en el Título XIX del Libro II de este Código, cuando el penado hubiere eludido el cumplimiento de las responsabilidades pecuniarias o la reparación del daño económico causado a la Administración a que hubiere sido condenado.

5. En los casos de suspensión de la ejecución del resto de la pena y concesión de la libertad condicional, resultarán aplicables las normas contenidas en los artículos 83, 86 y 87.

El juez de vigilancia penitenciaria, a la vista de la posible modificación de las circunstancias valoradas, podrá modificar la decisión que anteriormente hubiera adoptado conforme al artículo 83, y acordar la imposición de nuevas prohibiciones, deberes o prestaciones, la modificación de las que ya hubieran sido acordadas o el alzamiento de las mismas.

Asimismo, el juez de vigilancia penitenciaria revocará la suspensión de la ejecución del resto de la pena y la libertad condicional concedida cuando se ponga de manifiesto un cambio de las circunstancias que hubieran dado lugar a la suspensión que no permita mantener ya el pronóstico de falta de peligrosidad en que se fundaba la decisión adoptada.

El plazo de suspensión de la ejecución del resto de la pena será de dos a cinco años. En todo caso, el plazo de suspensión de la ejecución y de libertad condicional no podrá ser inferior a la duración de la parte de pena pendiente de cumplimiento. El plazo de suspensión y libertad condicional se computará desde la fecha de puesta en libertad del penado.

6. La revocación de la suspensión de la ejecución del resto de la pena y libertad condicional dará lugar a la ejecución de la parte de la pena pendiente de cumplimiento. El tiempo transcurrido en libertad condicional no será computado como tiempo de cumplimiento de la condena.

7. El juez de vigilancia penitenciaria resolverá de oficio sobre la suspensión de la ejecución del resto de la pena y concesión de la libertad condicional a petición del

penado. En el caso de que la petición no fuera estimada, el juez o tribunal podrá fijar un plazo de seis meses, que motivadamente podrá ser prolongado a un año, hasta que la pretensión pueda ser nuevamente planteada.

8. En el caso de personas condenadas por delitos cometidos en el seno de organizaciones criminales o por alguno de los delitos regulados en el Capítulo VII del Título XXII del Libro II de este Código, la suspensión de la ejecución del resto de la pena impuesta y concesión de la libertad condicional requiere que el penado muestre signos inequívocos de haber abandonado los fines y los medios de la actividad terrorista y haya colaborado activamente con las autoridades, bien para impedir la producción de otros delitos por parte de la organización o grupo terrorista, bien para atenuar los efectos de su delito, bien para la identificación, captura y procesamiento de responsables de delitos terroristas, para obtener pruebas o para impedir la actuación o el desarrollo de las organizaciones o asociaciones a las que haya pertenecido o con las que haya colaborado, lo que podrá acreditarse mediante una declaración expresa de repudio de sus actividades delictivas y de abandono de la violencia y una petición expresa de perdón a las víctimas de su delito, así como por los informes técnicos que acrediten que el preso está realmente desvinculado de la organización terrorista y del entorno y actividades de asociaciones y colectivos ilegales que la rodean y su colaboración con las autoridades.

Los apartados 2 y 3 no serán aplicables a las personas condenadas por la comisión de alguno de los delitos regulados en el Capítulo VII del Título XXII del Libro II de este Código o por delitos cometidos en el seno de organizaciones criminales.

Artículo 90 redactado por el número cuarenta y nueve del artículo único de la L.O. 1/2015, de 30 de marzo, por la que se modifica la L.O. 10/1995, de 23 de noviembre, del Código Penal («B.O.E.» 31 marzo).

Vigencia: 1 julio 2015

Artículo 91. 1. No obstante lo dispuesto en el artículo anterior, los penados que hubieran cumplido la edad de setenta años, o la cumplan durante la extinción de la condena, y reúnan los requisitos exigidos en el artículo anterior, excepto el de haber extinguido las tres cuartas partes de aquélla, las dos terceras partes o, en su caso, la mitad de la condena, podrán obtener la suspensión de la ejecución del resto de la pena y la concesión de la libertad condicional.

El mismo criterio se aplicará cuando se trate de enfermos muy graves con padecimientos incurables, y así quede acreditado tras la práctica de los informes médicos que, a criterio del juez de vigilancia penitenciaria, se estimen necesarios.

2. Constando a la Administración penitenciaria que el interno se halla en cualquiera de los casos previstos en los párrafos anteriores, elevará el expediente de libertad condicional, con la urgencia que el caso requiera, al juez de vigilancia penitenciaria, quien, a la hora de resolverlo, valorará junto a las circunstancias personales la dificultad para delinquir y la escasa peligrosidad del sujeto.

3. Si el peligro para la vida del interno, a causa de su enfermedad o de su avanzada edad, fuera patente, por estar así acreditado por el dictamen del médico forense y de los servicios médicos del establecimiento penitenciario, el juez o tribunal podrá, sin necesidad de que se acredite el cumplimiento de ningún otro requisito y valorada la falta de peligrosidad relevante del penado, acordar la suspensión de la ejecución del resto de la pena y concederle la libertad condicional sin más trámite que requerir al centro penitenciario el informe de pronóstico final al objeto de poder hacer la valoración a que se refiere el apartado anterior.

En este caso, el penado estará obligado a facilitar al servicio médico penitenciario, al médico forense, o a aquel otro que se determine por el juez o tribunal, la información necesaria para poder valorar sobre la evolución de su enfermedad.

El incumplimiento de esta obligación podrá dar lugar a la revocación de la suspensión de la ejecución y de la libertad condicional.

4. Son aplicables al supuesto regulado en este artículo las disposiciones contenidas en los apartados 4, 5 y 6 del artículo anterior.

Artículo 91 redactado por el número cincuenta del artículo único de la L.O. 1/2015, de 30 de marzo, por la que se modifica la L.O. 10/1995, de 23 de noviembre, del Código Penal («B.O.E.» 31 marzo).

Vigencia: 1 julio 2015

Artículo 92. 1. El tribunal acordará la suspensión de la ejecución de la pena de prisión permanente revisable cuando se cumplan los siguientes requisitos:

a) Que el penado haya cumplido veinticinco años de su condena, sin perjuicio de lo dispuesto en el artículo 78 bis para los casos regulados en el mismo.

b) Que se encuentre clasificado en tercer grado.

c) Que el tribunal, a la vista de la personalidad del penado, sus antecedentes, las circunstancias del delito cometido, la relevancia de los bienes jurídicos que podrían verse afectados por una reiteración en el delito, su conducta durante el cumplimiento de la pena, sus circunstancias familiares y sociales, y los efectos que quepa esperar de la propia suspensión de la ejecución y del cumplimiento de las medidas que fueren impuestas, pueda fundar, previa valoración de los informes de evolución remitidos por el centro penitenciario y por aquellos especialistas que el propio tribunal determine, la existencia de un pronóstico favorable de reinserción social.

En el caso de que el penado lo hubiera sido por varios delitos, el examen de los requisitos a que se refiere la letra c) se realizará valorando en su conjunto todos los delitos cometidos.

El tribunal resolverá sobre la suspensión de la pena de prisión permanente revisable tras un procedimiento oral contradictorio en el que intervendrán el Ministerio Fiscal y el penado, asistido por su abogado.

2. Si se tratase de delitos referentes a organizaciones y grupos terroristas y delitos de terrorismo del Capítulo VII del Título XXII del Libro II de este Código, será además necesario que el penado muestre signos inequívocos de haber abandonado los fines y los medios de la actividad terrorista y haya colaborado activamente con las autoridades, bien para impedir la producción de otros delitos por parte de la organización o grupo terrorista, bien para atenuar los efectos de su delito, bien para la identificación, captura y procesamiento de responsables de delitos terroristas, para obtener pruebas o para impedir la actuación o el desarrollo de las organizaciones o asociaciones a las que haya pertenecido o con las que haya colaborado, lo que podrá acreditarse mediante una declaración expresa de repudio de sus actividades delictivas y de abandono de la violencia y una petición expresa de perdón a las víctimas de su delito, así como por los informes técnicos que acrediten que el preso está realmente desvinculado de la organización terrorista y del entorno y actividades de asociaciones y colectivos ilegales que la rodean y su colaboración con las autoridades.

3. La suspensión de la ejecución tendrá una duración de cinco a diez años. El plazo de suspensión y libertad condicional se computará desde la fecha de puesta en libertad del penado. Son aplicables las normas contenidas en el párrafo segundo del apartado 1 del artículo 80 y en los artículos 83, 86, 87 y 91.

El juez o tribunal, a la vista de la posible modificación de las circunstancias valoradas, podrá modificar la decisión que anteriormente hubiera adoptado conforme al artículo 83, y acordar la imposición de nuevas prohibiciones, deberes o prestaciones, la modificación de las que ya hubieran sido acordadas, o el alzamiento de las mismas.

Asimismo, el juez de vigilancia penitenciaria revocará la suspensión de la ejecución del resto de la pena y la libertad condicional concedida cuando se ponga de manifiesto un cambio de las circunstancias que hubieran dado lugar a la suspensión que no permita mantener ya el pronóstico de falta de peligrosidad en que se fundaba la decisión adoptada.

4. Extinguida la parte de la condena a que se refiere la letra a) del apartado 1 de este artículo o, en su caso, en el artículo 78 bis, el tribunal deberá verificar, al menos cada dos años, el cumplimiento del resto de requisitos de la libertad condicional. El tribunal resolverá también las peticiones de concesión de la libertad condicional del penado, pero podrá fijar un plazo de hasta un año dentro del cual, tras haber sido rechazada una petición, no se dará curso a sus nuevas solicitudes.

Artículo 92 redactado por el número cincuenta y uno del artículo único de la L.O. 1/2015, de 30 de marzo, por la que se modifica la L.O. 10/1995, de 23 de noviembre, del Código Penal («B.O.E.» 31 marzo).
Vigencia: 1 julio 2015

Artículo 93. ...

Artículo 93 suprimido por el número cincuenta y dos del artículo único de la L.O. 1/2015, de 30 de marzo, por la que se modifica la L.O. 10/1995, de 23 de noviembre, del Código Penal («B.O.E.» 31 marzo).
Vigencia: 1 julio 2015

SECCIÓN 4.ª
DISPOSICIONES COMUNES

Artículo 94. A los efectos previstos en la sección 2.ª de este capítulo, se consideran reos habituales los que hubieren cometido tres o más delitos de los comprendidos en un mismo capítulo, en un plazo no superior a cinco años, y hayan sido condenados por ello.

Para realizar este cómputo se considerarán, por una parte, el momento de posible suspensión o sustitución de la pena conforme al artículo 88 y, por otra parte, la fecha de comisión de aquellos delitos que fundamenten la apreciación de la habitualidad.

Artículo 94 redactado por el apartado trigésimo sexto del artículo único de la L.O. 15/2003, de 25 de noviembre, por la que se modifica la L.O. 10/1995, de 23 de noviembre, del Código Penal («B.O.E.» 26 noviembre).
Vigencia: 1 octubre 2004

Artículo 94 bis. A los efectos previstos en este Capítulo, las condenas firmes de jueces o tribunales impuestas en otros Estados de la Unión Europea tendrán el mismo valor que las impuestas por los jueces o tribunales españoles salvo que sus antecedentes hubieran sido cancelados, o pudieran serlo con arreglo al Derecho español.

Artículo 94 bis introducido por el número cincuenta y tres del artículo único de la L.O. 1/2015, de 30 de marzo, por la que se modifica la L.O. 10/1995, de 23 de noviembre, del Código Penal («B.O.E.» 31 marzo).
Vigencia: 1 julio 2015

TÍTULO IV
DE LAS MEDIDAS DE SEGURIDAD

CAPÍTULO PRIMERO
DE LAS MEDIDAS DE SEGURIDAD EN GENERAL

Artículo 95. 1. Las medidas de seguridad se aplicarán por el Juez o Tribunal, previos los informes que estime convenientes, a las personas que se encuentren en los supuestos previstos en el capítulo siguiente de este Código, siempre que concurran estas circunstancias:

1.ª Que el sujeto haya cometido un hecho previsto como delito.

2.ª Que del hecho y de las circunstancias personales del sujeto pueda deducirse un pronóstico de comportamiento futuro que revele la probabilidad de comisión de nuevos delitos.

2. Cuando la pena que hubiere podido imponerse por el delito cometido no fuere privativa de libertad, el juez o tribunal sentenciador sólo podrá acordar alguna o algunas de las medidas previstas en el artículo 96.3.

Número 2 del artículo 95 redactado por el apartado trigésimo séptimo del artículo único de la L.O. 15/2003, de 25 de noviembre, por la que se modifica la L.O. 10/1995, de 23 de noviembre, del Código Penal («B.O.E.» 26 noviembre).
Vigencia: 1 octubre 2004
Véase artículo 25 de la Constitución Española.

Artículo 96. 1. Las medidas de seguridad que se pueden imponer con arreglo a este Código son privativas y no privativas de libertad.

2. Son medidas privativas de libertad:

1.ª El internamiento en centro psiquiátrico.

2.ª El internamiento en centro de deshabituación.

3.ª El internamiento en centro educativo especial.

3. Son medidas no privativas de libertad:

1.ª) La inhabilitación profesional.

2.ª) La expulsión del territorio nacional de extranjeros no residentes legalmente en España.

3.ª) La libertad vigilada

4.ª) La custodia familiar. El sometido a esta medida quedará sujeto al cuidado y vigilancia del familiar que se designe y que acepte la custodia, quien la ejercerá en relación con el Juez de Vigilancia Penitenciaria y sin menoscabo de las actividades escolares o laborales del custodiado.

5.ª) La privación del derecho a conducir vehículos a motor y ciclomotores.

6.ª) La privación del derecho a la tenencia y porte de armas.

Número 3 del artículo 96 redactado por el apartado vigésimo segundo del artículo único de la L.O. 5/2010, de 22 de junio, por la que se modifica la L.O. 10/1995, de 23 de noviembre, del Código Penal («B.O.E.» 23 junio).
Vigencia: 23 diciembre 2010

Artículo 96 redactado por el apartado trigésimo octavo del artículo único de la L.O. 15/2003, de 25 de noviembre, por la que se modifica la L.O. 10/1995, de 23 de noviembre, del Código Penal («B.O.E.» 26 noviembre).
Vigencia: 1 octubre 2004

Artículo 97. Durante la ejecución de la sentencia, el Juez o Tribunal sentenciador adoptará, por el procedimiento establecido en el artículo siguiente, alguna de las siguientes decisiones:

a) Mantener la ejecución de la medida de seguridad impuesta.

b) Decretar el cese de cualquier medida de seguridad impuesta en cuanto desaparezca la peligrosidad criminal del sujeto.

c) Sustituir una medida de seguridad por otra que estime más adecuada, entre las previstas para el supuesto de que se trate. En el caso de que fuera acordada la sustitución y el sujeto evolucionara desfavorablemente, se dejará sin efecto la sustitución, volviéndose a aplicar la medida sustituida.

d) Dejar en suspenso la ejecución de la medida en atención al resultado ya obtenido con su aplicación, por un plazo no superior al que reste hasta el máximo señalado en la sentencia que la impuso. La suspensión quedará condicionada a que el sujeto no delinca durante el plazo fijado, y podrá dejarse sin efecto si nuevamente resultara acreditada cualquiera de las circunstancias previstas en el artículo 95 de este Código.

Artículo 97 redactado por el apartado vigésimo tercero del artículo único de la L.O. 5/2010, de 22 de junio, por la que se modifica la L.O. 10/1995, de 23 de noviembre, del Código Penal («B.O.E.» 23 junio).
Vigencia: 23 diciembre 2010

Artículo 98. 1. A los efectos del artículo anterior, cuando se trate de una medida de seguridad privativa de libertad o de una medida de libertad vigilada que deba ejecutarse después del cumplimiento de una pena privativa de libertad, el Juez de Vigilancia Penitenciaria estará obligado a elevar al menos anualmente, una propuesta de mantenimiento, cese, sustitución o suspensión de la misma. Para formular dicha propuesta el Juez de Vigilancia Penitenciaria deberá valorar los informes emitidos por los facultativos y profesionales que asistan al sometido a medida de seguridad o por las Administraciones Públicas competentes y, en su caso, el resultado de las demás actuaciones que a este fin ordene.

2. Cuando se trate de cualquier otra medida no privativa de libertad, el Juez o Tribunal sentenciador recabará directamente de las Administraciones, facultativos y profesionales a que se refiere el apartado anterior, los oportunos informes acerca de la situación y la evolución del condenado, su grado de rehabilitación y el pronóstico de reincidencia o reiteración delictiva.

3. En todo caso, el Juez o Tribunal sentenciador resolverá motivadamente a la vista de la propuesta o los informes a los que respectivamente se refieren los dos apartados anteriores, oída la propia persona sometida a la medida, así como el Ministerio Fiscal y las demás partes. Se oirá asimismo a las víctimas del delito que no estuvieren personadas cuando así lo hubieran solicitado al inicio o en cualquier momento de la ejecución de la sentencia y permanezcan localizables a tal efecto.

Artículo 98 redactado por el apartado vigésimo cuarto del artículo único de la L.O. 5/2010, de 22 de junio, por la que se modifica la L.O. 10/1995, de 23 de noviembre, del Código Penal («B.O.E.» 23 junio).
Vigencia: 23 diciembre 2010

Artículo 99. En el caso de concurrencia de penas y medidas de seguridad privativas de libertad, el juez o tribunal ordenará el cumplimiento de la medida, que se abonará para el de la pena. Una vez alzada la medida de seguridad, el juez o tribunal podrá, si con la ejecución de la pena se pusieran en peligro los efectos conseguidos a través de aquélla, suspender el cumplimiento del resto de la pena por un plazo no superior a la duración de la misma, o aplicar alguna de las medidas previstas en el artículo 96.3.

Artículo 99 redactado por el apartado cuadragésimo del artículo único de la L.O. 15/2003, de 25 de noviembre, por la que se modifica la L.O. 10/1995, de 23 de noviembre, del Código Penal («B.O.E.» 26 noviembre).
Vigencia: 1 octubre 2004

Artículo 100. 1. El quebrantamiento de una medida de seguridad de internamiento dará lugar a que el juez o tribunal ordene el reingreso del sujeto en el mismo centro del que se hubiese evadido o en otro que corresponda a su estado.

2. Si se tratare de otras medidas, el juez o tribunal podrá acordar la sustitución de la quebrantada por la de internamiento si ésta estuviese prevista para el supuesto de que se trate y si el quebrantamiento demostrase su necesidad.

3. En ambos casos el Juez o Tribunal deducirá testimonio por el quebrantamiento. A estos efectos, no se considerará quebrantamiento de la medida la negativa del sujeto a someterse a tratamiento médico o a continuar un tratamiento médico

inicialmente consentido. No obstante, el Juez o Tribunal podrá acordar la sustitución del tratamiento inicial o posteriormente rechazado por otra medida de entre las aplicables al supuesto de que se trate.

Número 3 del artículo 100 redactado por el apartado vigésimo quinto del artículo único de la L.O. 5/2010, de 22 de junio, por la que se modifica la L.O. 10/1995, de 23 de noviembre, del Código Penal («B.O.E.» 23 junio).

Vigencia: 23 diciembre 2010

Artículo 100 redactado por el apartado cuadragésimo primero del artículo único de la L.O. 15/2003, de 25 de noviembre, por la que se modifica la L.O. 10/1995, de 23 de noviembre, del Código Penal («B.O.E.» 26 noviembre).

Vigencia: 1 octubre 2004

Véase artículo 468 del presente Código.

CAPÍTULO II
DE LA APLICACIÓN DE LAS MEDIDAS DE SEGURIDAD

SECCIÓN 1.ª
DE LAS MEDIDAS PRIVATIVAS DE LIBERTAD

Artículo 101. 1. Al sujeto que sea declarado exento de responsabilidad criminal conforme al número 1.º del artículo 20, se le podrá aplicar, si fuere necesaria, la medida de internamiento para tratamiento médico o educación especial en un establecimiento adecuado al tipo de anomalía o alteración psíquica que se aprecie, o cualquier otra de las medidas previstas en el apartado 3 del artículo 96. El internamiento no podrá exceder del tiempo que habría durado la pena privativa de libertad, si hubiera sido declarado responsable el sujeto, y a tal efecto el Juez o Tribunal fijará en la sentencia ese límite máximo.

2. El sometido a esta medida no podrá abandonar el establecimiento sin autorización del Juez o Tribunal sentenciador, de conformidad con lo previsto en el artículo 97 de este Código.

Véase artículo 11 b) de la L.O. 1/1979, 26 septiembre, General Penitenciaria («B.O.E.» 5 octubre).

Artículo 102. 1. A los exentos de responsabilidad penal conforme al número 2.º del artículo 20 se les aplicará, si fuere necesaria, la medida de internamiento en centro de deshabituación público, o privado debidamente acreditado u homologado, o cualquiera otra de las medidas previstas en el apartado 3 del artículo 96. El internamiento no podrá exceder del tiempo que habría durado la pena privativa de libertad, si el sujeto hubiere sido declarado responsable, y a tal efecto el Juez o Tribunal fijará ese límite máximo en la sentencia.

2. El sometido a esta medida no podrá abandonar el establecimiento sin autorización del Juez o Tribunal sentenciador de conformidad con lo previsto en el artículo 97 de este Código.

Artículo 103. 1. A los que fueren declarados exentos de responsabilidad conforme al número 3.º del artículo 20, se les podrá aplicar, si fuere necesaria, la medida de internamiento en un centro educativo especial o cualquier otra de las medidas previstas en el apartado tercero del artículo 96. El internamiento no podrá exceder del tiempo que habría durado la pena privativa de libertad, si el sujeto hubiera sido declarado responsable y, a tal efecto, el Juez o Tribunal fijará en la sentencia ese límite máximo.

2. El sometido a esta medida no podrá abandonar el establecimiento sin autorización del Juez o Tribunal sentenciador de conformidad con lo previsto en el artículo 97 de este Código.

3. En este supuesto, la propuesta a que se refiere el artículo 98 de este Código deberá hacerse al terminar cada curso o grado de enseñanza.

Número 3 del artículo 103 redactado por el apartado vigésimo sexto del artículo único de la L.O. 5/2010, de 22 de junio, por la que se modifica la L.O. 10/1995, de 23 de noviembre, del Código Penal («B.O.E.» 23 junio).
Vigencia: 23 diciembre 2010

Artículo 104. 1. En los supuestos de eximente incompleta en relación con los números 1.º, 2.º y 3.º del artículo 20, el Juez o Tribunal podrá imponer, además de la pena correspondiente, las medidas previstas en los artículos 101, 102 y 103. No obstante, la medida de internamiento sólo será aplicable cuando la pena impuesta sea privativa de libertad y su duración no podrá exceder de la de la pena prevista por el Código para el delito. Para su aplicación se observará lo dispuesto en el artículo 99.

Número 1 del artículo 104 renumerado por el apartado cuadragésimo segundo del artículo único de la L.O. 15/2003, de 25 de noviembre, por la que se modifica la L.O. 10/1995, de 23 de noviembre, del Código Penal («B.O.E.» 26 noviembre). Su contenido literal se corresponde con el del anterior párrafo único del citado artículo.
Vigencia: 1 octubre 2004

2. Cuando se aplique una medida de internamiento de las previstas en el apartado anterior o en los artículos 101, 102 y 103, el juez o tribunal sentenciador comunicará al ministerio fiscal, con suficiente antelación, la proximidad de su vencimiento, a efectos de lo previsto por la disposición adicional primera de este Código.

Número 2 del artículo 104 introducido por el apartado cuadragésimo segundo del artículo único de la L.O. 15/2003, de 25 de noviembre, por la que se modifica la L.O. 10/1995, de 23 de noviembre, del Código Penal («B.O.E.» 26 noviembre).
Vigencia: 1 octubre 2004

SECCIÓN 2.ª
DE LAS MEDIDAS NO PRIVATIVAS DE LIBERTAD

Artículo 105. En los casos previstos en los artículos 101 a 104, cuando imponga la medida privativa de libertad o durante la ejecución de la misma, el Juez o Tribunal podrá imponer razonadamente una o varias medidas que se enumeran a continuación. Deberá asimismo imponer alguna o algunas de dichas medidas en los demás casos expresamente previstos en este Código.

1. Por un tiempo no superior a cinco años:

a) Libertad vigilada.

b) Custodia familiar. El sometido a esta medida quedará sujeto al cuidado y vigilancia del familiar que se designe y que acepte la custodia, quien la ejercerá en relación con el Juez de Vigilancia y sin menoscabo de las actividades escolares o laborales del custodiado.

2. Por un tiempo de hasta diez años:

a) Libertad vigilada, cuando expresamente lo disponga este Código.

b) La privación del derecho a la tenencia y porte de armas.

c) La privación del derecho a conducir vehículos a motor y ciclomotores.

Para decretar la obligación de observar alguna o algunas de las medidas previstas en este artículo, así como para concretar dicha obligación cuando por ley viene obligado a imponerlas, el Juez o Tribunal sentenciador deberá valorar los informes emitidos por los facultativos y profesionales encargados de asistir al sometido a la medida de seguridad.

El Juez de Vigilancia Penitenciaria o los servicios de la Administración correspondiente informarán al Juez o Tribunal sentenciador.

En los casos previstos en este artículo, el Juez o Tribunal sentenciador dispondrá que los servicios de asistencia social competentes presten la ayuda o atención que precise y legalmente le corresponda al sometido a medidas de seguridad no privativas de libertad.

Artículo 105 redactado por el apartado vigésimo séptimo del artículo único de la L.O. 5/2010, de 22 de junio, por la que se modifica la L.O. 10/1995, de 23 de noviembre, del Código Penal («B.O.E.» 23 junio).
Vigencia: 23 diciembre 2010

Artículo 106. 1. La libertad vigilada consistirá en el sometimiento del condenado a control judicial a través del cumplimiento por su parte de alguna o algunas de las siguientes medidas:

a) La obligación de estar siempre localizable mediante aparatos electrónicos que permitan su seguimiento permanente.

b) La obligación de presentarse periódicamente en el lugar que el Juez o Tribunal establezca.

c) La de comunicar inmediatamente, en el plazo máximo y por el medio que el Juez o Tribunal señale a tal efecto, cada cambio del lugar de residencia o del lugar o puesto de trabajo.

d) La prohibición de ausentarse del lugar donde resida o de un determinado territorio sin autorización del Juez o Tribunal.

e) La prohibición de aproximarse a la víctima, o a aquellos de sus familiares u otras personas que determine el Juez o Tribunal.

f) La prohibición de comunicarse con la víctima, o con aquellos de sus familiares u otras personas que determine el Juez o Tribunal.

g) La prohibición de acudir a determinados territorios, lugares o establecimientos.

h) La prohibición de residir en determinados lugares.

i) La prohibición de desempeñar determinadas actividades que puedan ofrecerle o facilitarle la ocasión para cometer hechos delictivos de similar naturaleza.

j) La obligación de participar en programas formativos, laborales, culturales, de educación sexual u otros similares.

k) La obligación de seguir tratamiento médico externo, o de someterse a un control médico periódico.

2. Sin perjuicio de lo dispuesto en el artículo 105, el Juez o Tribunal deberá imponer en la sentencia la medida de libertad vigilada para su cumplimiento posterior a la pena privativa de libertad impuesta siempre que así lo disponga de manera expresa este Código.

En estos casos, al menos dos meses antes de la extinción de la pena privativa de libertad, de modo que la medida de libertad vigilada pueda iniciarse en ese mismo momento, el Juez de Vigilancia Penitenciaria, por el procedimiento previsto en el artículo 98, elevará la oportuna propuesta al Juez o Tribunal sentenciador, que, con arreglo a dicho procedimiento, concretará, sin perjuicio de lo establecido en el artículo 97, el contenido de la medida fijando las obligaciones o prohibiciones enumeradas en el apartado 1 de este artículo que habrá de observar el condenado.

Si éste lo hubiera sido a varias penas privativas de libertad que deba cumplir sucesivamente, lo dispuesto en el párrafo anterior se entenderá referido al momento en que concluya el cumplimiento de todas ellas.

Asimismo, el penado a quien se hubiere impuesto por diversos delitos otras tantas medidas de libertad vigilada que, dado el contenido de las obligaciones o prohibiciones establecidas, no pudieran ser ejecutadas simultáneamente, las cumplirá de manera sucesiva, sin perjuicio de que el Juez o Tribunal pueda ejercer las facultades que le atribuye el apartado siguiente.

3. Por el mismo procedimiento del artículo 98, el Juez o Tribunal podrá:

a) Modificar en lo sucesivo las obligaciones y prohibiciones impuestas.

b) Reducir la duración de la libertad vigilada o incluso poner fin a la misma en vista del pronóstico positivo de reinserción que considere innecesaria o contraproducente la continuidad de las obligaciones o prohibiciones impuestas.

c) Dejar sin efecto la medida cuando la circunstancia descrita en la letra anterior se dé en el momento de concreción de las medidas que se regula en el número 2 del presente artículo.

4. En caso de incumplimiento de una o varias obligaciones el Juez o Tribunal, a la vista de las circunstancias concurrentes y por el mismo procedimiento indicado en los números anteriores, podrá modificar las obligaciones o prohibiciones impuestas. Si el incumplimiento fuera reiterado o grave, revelador de la voluntad de no someterse a las obligaciones o prohibiciones impuestas, el Juez deducirá, además, testimonio por un presunto delito del artículo 468 de este Código.

Artículo 106 redactado por el apartado vigésimo octavo del artículo único de la L.O. 5/2010, de 22 de junio, por la que se modifica la L.O. 10/1995, de 23 de noviembre, del Código Penal («B.O.E.» 23 junio).
Vigencia: 23 diciembre 2010

Artículo 107. El Juez o Tribunal podrá decretar razonadamente la medida de inhabilitación para el ejercicio de determinado derecho, profesión, oficio, industria o comercio, cargo o empleo, por un tiempo de uno a cinco años, cuando el sujeto haya cometido con abuso de dicho ejercicio, o en relación con él, un hecho delictivo, y cuando de la valoración de las circunstancias concurrentes pueda deducirse el peligro de que vuelva a cometer el mismo delito u otros semejantes, siempre que no sea posible imponerle la pena correspondiente por encontrarse en alguna de las situaciones previstas en los números 1.º, 2.º y 3.º del artículo 20.

Artículo 108. 1. Si el sujeto fuera extranjero no residente legalmente en España, el juez o tribunal acordará en la sentencia, previa audiencia de aquél, la expulsión del territorio nacional como sustitutiva de las medidas de seguridad que le sean aplicables, salvo que el juez o tribunal, previa audiencia del Ministerio Fiscal, excepcionalmente y de forma motivada, aprecie que la naturaleza del delito justifica el cumplimiento en España.

La expulsión así acordada llevará consigo el archivo de cualquier procedimiento administrativo que tuviera por objeto la autorización para residir o trabajar en España.

En el supuesto de que, acordada la sustitución de la medida de seguridad por la expulsión, ésta no pudiera llevarse a efecto, se procederá al cumplimiento de la medida de seguridad originariamente impuesta.

2. El extranjero no podrá regresar a España en un plazo de 10 años, contados desde la fecha de su expulsión.

3. El extranjero que intentara quebrantar una decisión judicial de expulsión y prohibición de entrada a la que se refieren los apartados anteriores será devuelto por la autoridad gubernativa, empezando a computarse de nuevo el plazo de prohibición de entrada en su integridad.

Artículo 108 redactado por el número cuatro del artículo primero de la L.O. 11/2003, de 29 de septiembre, de medidas concretas en materia de seguridad ciudadana, violencia doméstica e integración social de los extranjeros («B.O.E.» 30 septiembre).
Vigencia: 1 octubre 2003

TÍTULO V
DE LA RESPONSABILIDAD CIVIL DERIVADA DE LOS DELITOS Y DE LAS COSTAS PROCESALES

Rúbrica del Título V del Libro I redactada por el número cincuenta y cuatro del artículo único de la L.O. 1/2015, de 30 de marzo, por la que se modifica la L.O. 10/1995, de 23 de noviembre, del Código Penal («B.O.E.» 31 marzo).
Vigencia: 1 julio 2015

CAPÍTULO PRIMERO
DE LA RESPONSABILIDAD CIVIL Y SU EXTENSIÓN

Artículo 109. 1. La ejecución de un hecho descrito por la ley como delito obliga a reparar, en los términos previstos en las leyes, los daños y perjuicios por él causados.

Número 1 del artículo 109 redactado por el número cincuenta y cinco del artículo único de la L.O. 1/2015, de 30 de marzo, por la que se modifica la L.O. 10/1995, de 23 de noviembre, del Código Penal («B.O.E.» 31 marzo).
Vigencia: 1 julio 2015

2. El perjudicado podrá optar, en todo caso, por exigir la responsabilidad civil ante la Jurisdicción Civil.

Artículo 110. La responsabilidad establecida en el artículo anterior comprende:
1.º La restitución.
2.º La reparación del daño.
3.º La indemnización de perjuicios materiales y morales.

Véase artículo 1813 del Código Civil.

Artículo 111. 1. Deberá restituirse, siempre que sea posible, el mismo bien, con abono de los deterioros y menoscabos que el juez o tribunal determinen. La restitución tendrá lugar aunque el bien se halle en poder de tercero y éste lo haya adquirido legalmente y de buena fe, dejando a salvo su derecho de repetición contra quien corresponda y, en su caso, el de ser indemnizado por el responsable civil del delito.

Número 1 del artículo 111 redactado por el número cincuenta y seis del artículo único de la L.O. 1/2015, de 30 de marzo, por la que se modifica la L.O. 10/1995, de 23 de noviembre, del Código Penal («B.O.E.» 31 marzo).
Vigencia: 1 julio 2015

2. Esta disposición no es aplicable cuando el tercero haya adquirido el bien en la forma y con los requisitos establecidos por las Leyes para hacerlo irreivindicable.

Artículo 112. La reparación del daño podrá consistir en obligaciones de dar, de hacer o de no hacer que el Juez o Tribunal establecerá atendiendo a la naturaleza de aquél y a las condiciones personales y patrimoniales del culpable, determinando si han de ser cumplidas por él mismo o pueden ser ejecutadas a su costa.

Artículo 113. La indemnización de perjuicios materiales y morales comprenderá no sólo los que se hubieren causado al agraviado, sino también los que se hubieren irrogado a sus familiares o a terceros.

Véanse:
Artículos 1100, 1101, 1106, 1107 y 1108 del Código Civil.

Real Decreto Legislativo 8/2004, de 29 de octubre, por el que se aprueba el texto refundido de la Ley sobre responsabilidad civil y seguro en la circulación de vehículos a motor («B.O.E.» 5 noviembre).

Artículo 114. Si la víctima hubiere contribuido con su conducta a la producción del daño o perjuicio sufrido, los Jueces o Tribunales podrán moderar el importe de su reparación o indemnización.

Véase artículo 1103 del Código Civil.

Artículo 115. Los Jueces y Tribunales, al declarar la existencia de responsabilidad civil, establecerán razonadamente, en sus resoluciones las bases en que fundamenten la cuantía de los daños e indemnizaciones, pudiendo fijarla en la propia resolución o en el momento de su ejecución.

CAPÍTULO II
DE LAS PERSONAS CIVILMENTE RESPONSABLES

Artículo 116. 1. Toda persona criminalmente responsable de un delito lo es también civilmente si del hecho se derivaren daños o perjuicios. Si son dos o más los responsables de un delito los jueces o tribunales señalarán la cuota de que deba responder cada uno.

Número 1 del artículo 116 redactado por el número cincuenta y siete del artículo único de la L.O. 1/2015, de 30 de marzo, por la que se modifica la L.O. 10/1995, de 23 de noviembre, del Código Penal («B.O.E.» 31 marzo).
Vigencia: 1 julio 2015

2. Los autores y los cómplices, cada uno dentro de su respectiva clase, serán responsables solidariamente entre sí por sus cuotas, y subsidiariamente por las correspondientes a los demás responsables.

La responsabilidad subsidiaria se hará efectiva: primero, en los bienes de los autores, y después, en los de los cómplices.

Tanto en los casos en que se haga efectiva la responsabilidad solidaria como la subsidiaria, quedará a salvo la repetición del que hubiere pagado contra los demás por las cuotas correspondientes a cada uno.

3. La responsabilidad penal de una persona jurídica llevará consigo su responsabilidad civil en los términos establecidos en el artículo 110 de este Código de forma solidaria con las personas físicas que fueren condenadas por los mismos hechos.

Número 3 del artículo 116 introducido por el apartado vigésimo noveno del artículo único de la L.O. 5/2010, de 22 de junio, por la que se modifica la L.O. 10/1995, de 23 de noviembre, del Código Penal («B.O.E.» 23 junio).
Vigencia: 23 diciembre 2010

Artículo 117. Los aseguradores que hubieren asumido el riesgo de las responsabilidades pecuniarias derivadas del uso o explotación de cualquier bien, empresa, industria o actividad, cuando, como consecuencia de un hecho previsto en este Código, se produzca el evento que determine el riesgo asegurado, serán responsables civiles directos hasta el límite de la indemnización legalmente establecida o convencionalmente pactada, sin perjuicio del derecho de repetición contra quien corresponda.

Véase Real Decreto Legislativo 6/2004, de 29 de octubre, por el que se aprueba el texto refundido de la Ley de ordenación y supervisión de los seguros privados («B.O.E.» 5 noviembre).

Artículo 118. 1. La exención de la responsabilidad criminal declarada en los números 1.º, 2.º, 3.º, 5.º y 6.º del artículo 20, no comprende la de la responsabilidad civil, que se hará efectiva conforme a las reglas siguientes:

1.ª En los casos de los números 1.º y 3.º, son también responsables por los hechos que ejecuten los declarados exentos de responsabilidad penal quienes los tengan bajo su potestad o guarda legal o de hecho, siempre que haya mediado culpa o negligencia por su parte y sin perjuicio de la responsabilidad civil directa que pudiera corresponder a los imputables.

Los Jueces o Tribunales graduarán de forma equitativa la medida en que deba responder con sus bienes cada uno de dichos sujetos.

2.ª Son igualmente responsables el ebrio y el intoxicado en el supuesto del número 2.º

3.ª En el caso del número 5º serán responsables civiles directos las personas en cuyo favor se haya precavido el mal, en proporción al perjuicio que se les haya evitado, si fuera estimable o, en otro caso, en la que el Juez o Tribunal establezca según su prudente arbitrio.

Cuando las cuotas de que deba responder el interesado no sean equitativamente asignables por el Juez o Tribunal, ni siquiera por aproximación, o cuando la responsabilidad se extienda a las Administraciones Públicas o a la mayor parte de una población y, en todo caso, siempre que el daño se haya causado con asentimiento de la autoridad o de sus agentes, se acordará, en su caso, la indemnización en la forma que establezcan las leyes y reglamentos especiales.

4.ª En el caso del número 6.º, responderán principalmente los que hayan causado el miedo, y en defecto de ellos, los que hayan ejecutado el hecho.

2. En el caso del artículo 14, serán responsables civiles los autores del hecho.

Artículo 119. En todos los supuestos del artículo anterior, el Juez o Tribunal que dicte sentencia absolutoria por estimar la concurrencia de alguna de las causas de exención citadas, procederá a fijar las responsabilidades civiles salvo que se haya hecho expresa reserva de las acciones para reclamarlas en la vía que corresponda.

Artículo 120. Son también responsables civilmente, en defecto de los que lo sean criminalmente:

1.º Los padres o tutores, por los daños y perjuicios causados por los delitos cometidos por los mayores de dieciocho años sujetos a su patria potestad o tutela y que vivan en su compañía, siempre que haya por su parte culpa o negligencia.

2.º Las personas naturales o jurídicas titulares de editoriales, periódicos, revistas, estaciones de radio o televisión o de cualquier otro medio de difusión escrita, hablada o visual, por los delitos cometidos utilizando los medios de los que sean titulares, dejando a salvo lo dispuesto en el artículo 212.

3.º Las personas naturales o jurídicas, en los casos de delitos cometidos en los establecimientos de los que sean titulares, cuando por parte de los que los dirijan o administren, o de sus dependientes o empleados, se hayan infringido los reglamentos de policía o las disposiciones de la autoridad que estén relacionados con el hecho punible cometido, de modo que éste no se hubiera producido sin dicha infracción.

4.º Las personas naturales o jurídicas dedicadas a cualquier género de industria o comercio, por los delitos que hayan cometido sus empleados o dependientes, representantes o gestores en el desempeño de sus obligaciones o servicios.

5.º Las personas naturales o jurídicas titulares de vehículos susceptibles de crear riesgos para terceros, por los delitos cometidos en la utilización de aquellos por sus dependientes o representantes o personas autorizadas.

Artículo 120 redactado por el número cincuenta y ocho del artículo único de la L.O. 1/2015, de 30 de marzo, por la que se modifica la L.O. 10/1995, de 23 de noviembre, del Código Penal («B.O.E.» 31 marzo).
Vigencia: 1 julio 2015

Artículo 121. El Estado, la Comunidad Autónoma, la provincia, la isla, el municipio y demás entes públicos, según los casos, responden subsidiariamente de los daños causados por los penalmente responsables de los delitos dolosos o culposos, cuando éstos sean autoridad, agentes y contratados de la misma o funcionarios públicos en el ejercicio de sus cargos o funciones siempre que la lesión sea consecuencia directa del funcionamiento de los servicios públicos que les estuvieren confiados, sin perjuicio de la responsabilidad patrimonial derivada del funcionamiento normal o anormal de dichos servicios exigible conforme a las normas de procedimiento administrativo, y sin que, en ningún caso, pueda darse una duplicidad indemnizatoria.

Si se exigiera en el proceso penal la responsabilidad civil de la autoridad, agentes y contratados de la misma o funcionarios públicos, la pretensión deberá dirigirse simultáneamente contra la Administración o ente público presuntamente responsable civil subsidiario.

Véase artículo 106.2 de la Constitución Española.

Artículo 122. El que por título lucrativo hubiere participado de los efectos de un delito, está obligado a la restitución de la cosa o al resarcimiento del daño hasta la cuantía de su participación.

Artículo 122 redactado por el número cincuenta y nueve del artículo único de la L.O. 1/2015, de 30 de marzo, por la que se modifica la L.O. 10/1995, de 23 de noviembre, del Código Penal («B.O.E.» 31 marzo).
Vigencia: 1 julio 2015

CAPÍTULO III
DE LAS COSTAS PROCESALES

Artículo 123. Las costas procesales se entienden impuestas por la ley a los criminalmente responsables de todo delito.

Artículo 123 redactado por el número sesenta del artículo único de la L.O. 1/2015, de 30 de marzo, por la que se modifica la L.O. 10/1995, de 23 de noviembre, del Código Penal («B.O.E.» 31 marzo).
Vigencia: 1 julio 2015

Artículo 124. Las costas comprenderán los derechos e indemnizaciones ocasionados en las actuaciones judiciales e incluirán siempre los honorarios de la acusación particular en los delitos sólo perseguibles a instancia de parte.

CAPÍTULO IV
DEL CUMPLIMIENTO DE LA RESPONSABILIDAD CIVIL Y DEMÁS RESPONSABILIDADES PECUNIARIAS

Artículo 125. Cuando los bienes del responsable civil no sean bastantes para satisfacer de una vez todas las responsabilidades pecuniarias, el Juez o Tribunal, previa audiencia al perjudicado, podrá fraccionar su pago, señalando, según su prudente arbitrio y en atención a las necesidades del perjudicado y a las posibilidades económicas del responsable, el período e importe de los plazos.

Artículo 126. 1. Los pagos que se efectúen por el penado o el responsable civil subsidiario se imputarán por el orden siguiente:

1.º A la reparación del daño causado e indemnización de los perjuicios.

2.º A la indemnización al Estado por el importe de los gastos que se hubieran hecho por su cuenta en la causa.

3.º A las costas del acusador particular o privado cuando se impusiere en la sentencia su pago.

4.º A las demás costas procesales, incluso las de la defensa del procesado, sin preferencia entre los interesados.

5.º A la multa.

2. Cuando el delito hubiere sido de los que sólo pueden perseguirse a instancia de parte, se satisfarán las costas del acusador privado con preferencia a la indemnización del Estado. Tendrá la misma preferencia el pago de las costas procesales causadas a la víctima en los supuestos a que se refiere el artículo 14 de la Ley del Estatuto de la Víctima del Delito.

Número 2 del artículo 126 redactado por la disposición final segunda de la Ley 4/2015, de 27 de abril, del Estatuto de la víctima del delito («B.O.E.» 28 abril).
Vigencia: 28 octubre 2015

TÍTULO VI
DE LAS CONSECUENCIAS ACCESORIAS

Artículo 127. 1. Toda pena que se imponga por un delito doloso llevará consigo la pérdida de los efectos que de él provengan y de los bienes, medios o instrumentos con que se haya preparado o ejecutado, así como de las ganancias provenientes del delito, cualesquiera que sean las transformaciones que hubieren podido experimentar.

2. En los casos en que la ley prevea la imposición de una pena privativa de libertad superior a un año por la comisión de un delito imprudente, el juez o tribunal podrá acordar la pérdida de los efectos que provengan del mismo y de los bienes, medios o instrumentos con que se haya preparado o ejecutado, así como de las ganancias provenientes del delito, cualesquiera que sean las transformaciones que hubieran podido experimentar.

3. Si por cualquier circunstancia no fuera posible el decomiso de los bienes señalados en los apartados anteriores de este artículo, se acordará el decomiso de otros bienes por una cantidad que corresponda al valor económico de los mismos, y al de las ganancias que se hubieran obtenido de ellos. De igual modo se procederá cuando se acuerde el decomiso de bienes, efectos o ganancias determinados, pero su valor sea inferior al que tenían en el momento de su adquisición.

Artículo 127 redactado por el número sesenta y uno del artículo único de la L.O. 1/2015, de 30 de marzo, por la que se modifica la L.O. 10/1995, de 23 de noviembre, del Código Penal («B.O.E.» 31 marzo).
Vigencia: 1 julio 2015

Artículo 127 bis. 1. El juez o tribunal ordenará también el decomiso de los bienes, efectos y ganancias pertenecientes a una persona condenada por alguno de los siguientes delitos cuando resuelva, a partir de indicios objetivos fundados, que los bienes o efectos provienen de una actividad delictiva, y no se acredite su origen lícito:

a) Delitos de trata de seres humanos.

b) Delitos relativos a la prostitución y a la explotación sexual y corrupción de menores y delitos de abusos y agresiones sexuales a menores de dieciséis años.
c) Delitos informáticos de los apartados 2 y 3 del artículo 197 y artículo 264.
d) Delitos contra el patrimonio y contra el orden socioeconómico en los supuestos de continuidad delictiva y reincidencia.
e) Delitos relativos a las insolvencias punibles.
f) Delitos contra la propiedad intelectual o industrial.
g) Delitos de corrupción en los negocios.
h) Delitos de receptación del apartado 2 del artículo 298.
i) Delitos de blanqueo de capitales.
j) Delitos contra la Hacienda pública y la Seguridad Social.
k) Delitos contra los derechos de los trabajadores de los artículos 311 a 313.
l) Delitos contra los derechos de los ciudadanos extranjeros.
m) Delitos contra la salud pública de los artículos 368 a 373.
n) Delitos de falsificación de moneda.
o) Delitos de cohecho.
p) Delitos de malversación.
q) Delitos de terrorismo.
r) Delitos cometidos en el seno de una organización o grupo criminal.

2. A los efectos de lo previsto en el apartado 1 de este artículo, se valorarán, especialmente, entre otros, los siguientes indicios:

1.º La desproporción entre el valor de los bienes y efectos de que se trate y los ingresos de origen lícito de la persona condenada.

2.º La ocultación de la titularidad o de cualquier poder de disposición sobre los bienes o efectos mediante la utilización de personas físicas o jurídicas o entes sin personalidad jurídica interpuestos, o paraísos fiscales o territorios de nula tributación que oculten o dificulten la determinación de la verdadera titularidad de los bienes.

3.º La transferencia de los bienes o efectos mediante operaciones que dificulten o impidan su localización o destino y que carezcan de una justificación legal o económica válida.

3. En estos supuestos será también aplicable lo dispuesto en el apartado 3 del artículo anterior.

4. Si posteriormente el condenado lo fuera por hechos delictivos similares cometidos con anterioridad, el juez o tribunal valorará el alcance del decomiso anterior acordado al resolver sobre el decomiso en el nuevo procedimiento.

5. El decomiso a que se refiere este artículo no será acordado cuando las actividades delictivas de las que provengan los bienes o efectos hubieran prescrito o hubieran sido ya objeto de un proceso penal resuelto por sentencia absolutoria o resolución de sobreseimiento con efectos de cosa juzgada.

Artículo 127 bis introducido por el número sesenta y dos del artículo único de la L.O. 1/2015, de 30 de marzo, por la que se modifica la L.O. 10/1995, de 23 de noviembre, del Código Penal («B.O.E.» 31 marzo).
Vigencia: 1 julio 2015

Artículo 127 ter. 1. El juez o tribunal podrá acordar el decomiso previsto en los artículos anteriores aunque no medie sentencia de condena, cuando la situación patrimonial ilícita quede acreditada en un proceso contradictorio y se trate de alguno de los siguientes supuestos:

a) Que el sujeto haya fallecido o sufra una enfermedad crónica que impida su enjuiciamiento y exista el riesgo de que puedan prescribir los hechos,

b) se encuentre en rebeldía y ello impida que los hechos puedan ser enjuiciados dentro de un plazo razonable, o

c) no se le imponga pena por estar exento de responsabilidad criminal o por haberse ésta extinguido.

2. El decomiso al que se refiere este artículo solamente podrá dirigirse contra quien haya sido formalmente acusado o contra el imputado con relación al que existan indicios racionales de criminalidad cuando las situaciones a que se refiere el apartado anterior hubieran impedido la continuación del procedimiento penal.

Artículo 127 ter introducido por el número sesenta y tres del artículo único de la L.O. 1/2015, de 30 de marzo, por la que se modifica la L.O. 10/1995, de 23 de noviembre, del Código Penal («B.O.E.» 31 marzo).
Vigencia: 1 julio 2015

Artículo 127 quater. 1. Los jueces y tribunales podrán acordar también el decomiso de los bienes, efectos y ganancias a que se refieren los artículos anteriores que hayan sido transferidos a terceras personas, o de un valor equivalente a los mismos, en los siguientes casos:

a) En el caso de los efectos y ganancias, cuando los hubieran adquirido con conocimiento de que proceden de una actividad ilícita o cuando una persona diligente habría tenido motivos para sospechar, en las circunstancias del caso, de su origen ilícito.

b) En el caso de otros bienes, cuando los hubieran adquirido con conocimiento de que de este modo se dificultaba su decomiso o cuando una persona diligente habría tenido motivos para sospechar, en las circunstancias del caso, que de ese modo se dificultaba su decomiso.

2. Se presumirá, salvo prueba en contrario, que el tercero ha conocido o ha tenido motivos para sospechar que se trataba de bienes procedentes de una actividad ilícita o que eran transferidos para evitar su decomiso, cuando los bienes o efectos le hubieran sido transferidos a título gratuito o por un precio inferior al real de mercado.

Artículo 127 quater introducido por el número sesenta y cuatro del artículo único de la L.O. 1/2015, de 30 de marzo, por la que se modifica la L.O. 10/1995, de 23 de noviembre, del Código Penal («B.O.E.» 31 marzo).
Vigencia: 1 julio 2015

Artículo 127 quinquies. 1. Los jueces y tribunales podrán acordar también el decomiso de bienes, efectos y ganancias provenientes de la actividad delictiva previa del condenado, cuando se cumplan, cumulativamente, los siguientes requisitos:

a) Que el sujeto sea o haya sido condenado por alguno de los delitos a que se refiere el artículo 127 bis.1 del Código Penal.

b) Que el delito se haya cometido en el contexto de una actividad delictiva previa continuada.

c) Que existan indicios fundados de que una parte relevante del patrimonio del penado procede de una actividad delictiva previa.

Son indicios relevantes:

1.º La desproporción entre el valor de los bienes y efectos de que se trate y los ingresos de origen lícito de la persona condenada.

2.º La ocultación de la titularidad o de cualquier poder de disposición sobre los bienes o efectos mediante la utilización de personas físicas o jurídicas o entes sin personalidad jurídica interpuestos, o paraísos fiscales o territorios de nula tributación que oculten o dificulten la determinación de la verdadera titularidad de los bienes.

3.º La transferencia de los bienes o efectos mediante operaciones que dificulten o impidan su localización o destino y que carezcan de una justificación legal o económica válida.

Lo dispuesto en el párrafo anterior solamente será de aplicación cuando consten indicios fundados de que el sujeto ha obtenido, a partir de su actividad delictiva, un beneficio superior a 6.000 euros.

2. A los efectos del apartado anterior, se entenderá que el delito se ha cometido en el contexto de una actividad delictiva continuada siempre que:

a) El sujeto sea condenado o haya sido condenado en el mismo procedimiento por tres o más delitos de los que se haya derivado la obtención de un beneficio económico directo o indirecto, o por un delito continuado que incluya, al menos, tres infracciones penales de las que haya derivado un beneficio económico directo o indirecto.

b) O en el período de seis años anterior al momento en que se inició el procedimiento en el que ha sido condenado por alguno de los delitos a que se refiere el artículo 127 bis del Código Penal, hubiera sido condenado por dos o más delitos de los que hubiera derivado la obtención de un beneficio económico, o por un delito continuado que incluya, al menos, dos infracciones penales de las que ha derivado la obtención de un beneficio económico.

Artículo 127 quinquies introducido por el número sesenta y cinco del artículo único de la L.O. 1/2015, de 30 de marzo, por la que se modifica la L.O. 10/1995, de 23 de noviembre, del Código Penal («B.O.E.» 31 marzo).

Vigencia: 1 julio 2015

Artículo 127 sexies. A los efectos de lo previsto en el artículo anterior serán de aplicación las siguientes presunciones:

1.º Se presumirá que todos los bienes adquiridos por el condenado dentro del período de tiempo que se inicia seis años antes de la fecha de apertura del procedimiento penal, proceden de su actividad delictiva.

A estos efectos, se entiende que los bienes han sido adquiridos en la fecha más temprana en la que conste que el sujeto ha dispuesto de ellos.

2.º Se presumirá que todos los gastos realizados por el penado durante el período de tiempo a que se refiere el párrafo primero del número anterior, se pagaron con fondos procedentes de su actividad delictiva.

3.º Se presumirá que todos los bienes a que se refiere el número 1 fueron adquiridos libres de cargas.

El juez o tribunal podrá acordar que las anteriores presunciones no sean aplicadas con relación a determinados bienes, efectos o ganancias, cuando, en las circunstancias concretas del caso, se revelen incorrectas o desproporcionadas.

Artículo 127 sexies introducido por el número sesenta y seis del artículo único de la L.O. 1/2015, de 30 de marzo, por la que se modifica la L.O. 10/1995, de 23 de noviembre, del Código Penal («B.O.E.» 31 marzo).

Vigencia: 1 julio 2015

Artículo 127 septies. Si la ejecución del decomiso no hubiera podido llevarse a cabo, en todo o en parte, a causa de la naturaleza o situación de los bienes, efectos o ganancias de que se trate, o por cualquier otra circunstancia, el juez o tribunal podrá, mediante auto, acordar el decomiso de otros bienes, incluso de origen lícito, que pertenezcan a los criminalmente responsables del hecho por un valor equivalente al de la parte no ejecutada del decomiso inicialmente acordado.

De igual modo se procederá, cuando se acuerde el decomiso de bienes, efectos o ganancias determinados, pero su valor sea inferior al que tenían en el momento de su adquisición.

Artículo 127 septies introducido por el número sesenta y siete del artículo único de la L.O. 1/2015, de 30 de marzo, por la que se modifica la L.O. 10/1995, de 23 de noviembre, del Código Penal («B.O.E.» 31 marzo).

Vigencia: 1 julio 2015

Artículo 127 octies. 1. A fin de garantizar la efectividad del decomiso, los bienes, medios, instrumentos y ganancias podrán ser aprehendidos o embargados y puestos en depósito por la autoridad judicial desde el momento de las primeras diligencias.

2. Corresponderá al juez o tribunal resolver, conforme a lo dispuesto en la Ley de Enjuiciamiento Criminal, sobre la realización anticipada o utilización provisional de los bienes y efectos intervenidos.

3. Los bienes, instrumentos y ganancias decomisados por resolución firme, salvo que deban ser destinados al pago de indemnizaciones a las víctimas, serán adjudicados al Estado, que les dará el destino que se disponga legal o reglamentariamente.

Artículo 127 octies introducido por el número sesenta y ocho del artículo único de la L.O. 1/2015, de 30 de marzo, por la que se modifica la L.O. 10/1995, de 23 de noviembre, del Código Penal («B.O.E.» 31 marzo).
Vigencia: 1 julio 2015

Artículo 128. Cuando los referidos efectos e instrumentos sean de lícito comercio y su valor no guarde proporción con la naturaleza o gravedad de la infracción penal, o se hayan satisfecho completamente las responsabilidades civiles, podrá el Juez o Tribunal no decretar el decomiso, o decretarlo parcialmente.

Artículo 129. 1. En caso de delitos cometidos en el seno, con la colaboración, a través o por medio de empresas, organizaciones, grupos o cualquier otra clase de entidades o agrupaciones de personas que, por carecer de personalidad jurídica, no estén comprendidas en el artículo 31 bis, el juez o tribunal podrá imponer motivadamente a dichas empresas, organizaciones, grupos, entidades o agrupaciones una o varias consecuencias accesorias a la pena que corresponda al autor del delito, con el contenido previsto en las letras c) a g) del apartado 7 del artículo 33. Podrá también acordar la prohibición definitiva de llevar a cabo cualquier actividad, aunque sea lícita.

Número 1 del artículo 129 redactado por el número sesenta y nueve del artículo único de la L.O. 1/2015, de 30 de marzo, por la que se modifica la L.O. 10/1995, de 23 de noviembre, del Código Penal («B.O.E.» 31 marzo).
Vigencia: 1 julio 2015

2. Las consecuencias accesorias a las que se refiere en el apartado anterior sólo podrán aplicarse a las empresas, organizaciones, grupos o entidades o agrupaciones en él mencionados cuando este Código lo prevea expresamente, o cuando se trate de alguno de los delitos por los que el mismo permite exigir responsabilidad penal a las personas jurídicas.

Número 2 del artículo 129 redactado por el número sesenta y nueve del artículo único de la L.O. 1/2015, de 30 de marzo, por la que se modifica la L.O. 10/1995, de 23 de noviembre, del Código Penal («B.O.E.» 31 marzo).
Vigencia: 1 julio 2015

3. La clausura temporal de los locales o establecimientos, la suspensión de las actividades sociales y la intervención judicial podrán ser acordadas también por el Juez Instructor como medida cautelar durante la instrucción de la causa a los efectos establecidos en este artículo y con los límites señalados en el artículo 33.7.

Artículo 129 redactado por el apartado trigésimo primero del artículo único de la L.O. 5/2010, de 22 de junio, por la que se modifica la L.O. 10/1995, de 23 de noviembre, del Código Penal («B.O.E.» 23 junio).
Vigencia: 23 diciembre 2010

Artículo 129 bis. Si se trata de condenados por la comisión de un delito grave contra la vida, la integridad de las personas, la libertad, la libertad o indemnidad sexual, de terrorismo, o cualquier otro delito grave que conlleve un riesgo grave para la vida, la salud o la integridad física de las personas, cuando de las circunstancias del hecho, antecedentes, valoración de su personalidad, o de otra información disponible pueda valorarse que existe un peligro relevante de reiteración delictiva, el juez o tribunal podrá acordar la toma de muestras biológicas de su persona y la realización de análisis para la obtención de identificadores de ADN e inscripción de los mismos en la base de datos policial. Únicamente podrán llevarse a cabo los análisis necesarios para obtener los identificadores que proporcionen, exclusivamente, información genética reveladora de la identidad de la persona y de su sexo.

Si el afectado se opusiera a la recogida de las muestras, podrá imponerse su ejecución forzosa mediante el recurso a las medidas coactivas mínimas indispensables para su ejecución, que deberán ser en todo caso proporcionadas a las circunstancias del caso y respetuosas con su dignidad.

Artículo 129 bis introducido por el número setenta del artículo único de la L.O. 1/2015, de 30 de marzo, por la que se modifica la L.O. 10/1995, de 23 de noviembre, del Código Penal («B.O.E.» 31 marzo).

Vigencia: 1 julio 2015

TÍTULO VII
DE LA EXTINCIÓN DE LA RESPONSABILIDAD CRIMINAL Y SUS EFECTOS

CAPÍTULO PRIMERO
DE LAS CAUSAS QUE EXTINGUEN LA RESPONSABILIDAD CRIMINAL

Artículo 130. 1. La responsabilidad criminal se extingue:

1.º Por la muerte del reo.

2.º Por el cumplimiento de la condena.

3.º Por la remisión definitiva de la pena, conforme a lo dispuesto en los apartados 1 y 2 del artículo 87.

Apartado 3.º del número 1 del artículo 130 redactado por el número setenta y uno del artículo único de la L.O. 1/2015, de 30 de marzo, por la que se modifica la L.O. 10/1995, de 23 de noviembre, del Código Penal («B.O.E.» 31 marzo).

Vigencia: 1 julio 2015

4.º Por el indulto.

5.º Por el perdón del ofendido, cuando se trate de delitos leves perseguibles a instancias del agraviado o la ley así lo prevea. El perdón habrá de ser otorgado de forma expresa antes de que se haya dictado sentencia, a cuyo efecto el juez o tribunal sentenciador deberá oír al ofendido por el delito antes de dictarla.

En los delitos contra menores o personas con discapacidad necesitadas de especial protección, los jueces o tribunales, oído el Ministerio Fiscal, podrán rechazar la eficacia del perdón otorgado por los representantes de aquéllos, ordenando la continuación del procedimiento, con intervención del Ministerio Fiscal, o el cumplimiento de la condena.

Para rechazar el perdón a que se refiere el párrafo anterior, el juez o tribunal deberá oír nuevamente al representante del menor o persona con discapacidad necesitada de especial protección.

Apartado 5.º del número 1 del artículo 130 redactado por el número setenta y uno del artículo único de la L.O. 1/2015, de 30 de marzo, por la que se modifica la L.O. 10/1995, de 23 de noviembre, del Código Penal («B.O.E.» 31 marzo).
Vigencia: 1 julio 2015

6.º Por la prescripción del delito.
7.º Por la prescripción de la pena o de la medida de seguridad.

Número 1 del artículo 130 renumerado por el apartado trigésimo segundo del artículo único de la L.O. 5/2010, de 22 de junio, por la que se modifica la L.O. 10/1995, de 23 de noviembre, del Código Penal («B.O.E.» 23 junio). Su contenido literal se corresponde con el del anterior artículo 130.
Vigencia: 23 diciembre 2010

2. La transformación, fusión, absorción o escisión de una persona jurídica no extingue su responsabilidad penal, que se trasladará a la entidad o entidades en que se transforme, quede fusionada o absorbida y se extenderá a la entidad o entidades que resulten de la escisión. El Juez o Tribunal podrá moderar el traslado de la pena a la persona jurídica en función de la proporción que la persona jurídica originariamente responsable del delito guarde con ella.

No extingue la responsabilidad penal la disolución encubierta o meramente aparente de la persona jurídica. Se considerará en todo caso que existe disolución encubierta o meramente aparente de la persona jurídica cuando se continúe su actividad económica y se mantenga la identidad sustancial de clientes, proveedores y empleados, o de la parte más relevante de todos ellos.

Número 2 del artículo 130 introducido por el apartado trigésimo segundo del artículo único de la L.O. 5/2010, de 22 de junio, por la que se modifica la L.O. 10/1995, de 23 de noviembre, del Código Penal («B.O.E.» 23 junio).
Vigencia: 23 diciembre 2010

Artículo 130 redactado por el apartado cuadragésimo sexto del artículo único de la L.O. 15/2003, de 25 de noviembre, por la que se modifica la L.O. 10/1995, de 23 de noviembre, del Código Penal («B.O.E.» 26 noviembre).
Vigencia: 1 octubre 2004

Artículo 131. 1. Los delitos prescriben:

A los veinte años, cuando la pena máxima señalada al delito sea prisión de quince o más años.

A los quince, cuando la pena máxima señalada por la ley sea inhabilitación por más de diez años, o prisión por más de diez y menos de quince años.

A los diez, cuando la pena máxima señalada por la ley sea prisión o inhabilitación por más de cinco años y que no exceda de diez.

A los cinco, los demás delitos, excepto los delitos leves y los delitos de injurias y calumnias, que prescriben al año.

2. Cuando la pena señalada por la ley fuere compuesta, se estará, para la aplicación de las reglas comprendidas en este artículo, a la que exija mayor tiempo para la prescripción.

3. Los delitos de lesa humanidad y de genocidio y los delitos contra las personas y bienes protegidos en caso de conflicto armado, salvo los castigados en el artículo 614, no prescribirán en ningún caso.

Tampoco prescribirán los delitos de terrorismo, si hubieren causado la muerte de una persona.

4. En los supuestos de concurso de infracciones o de infracciones conexas, el plazo de prescripción será el que corresponda al delito más grave.

Artículo 131 redactado por el número setenta y dos del artículo único de la L.O. 1/2015, de 30 de marzo, por la que se modifica la L.O. 10/1995, de 23 de noviembre, del Código Penal («B.O.E.» 31 marzo).
Vigencia: 1 julio 2015

Artículo 132. 1. Los términos previstos en el artículo precedente se computarán desde el día en que se haya cometido la infracción punible. En los casos de delito continuado, delito permanente, así como en las infracciones que exijan habitualidad, tales términos se computarán, respectivamente, desde el día en que se realizó la última infracción, desde que se eliminó la situación ilícita o desde que cesó la conducta.

En la tentativa de homicidio y en los delitos de aborto no consentido, lesiones, trata de seres humanos, contra la libertad, de torturas y contra la integridad moral, la libertad e indemnidad sexuales, la intimidad, el derecho a la propia imagen y la inviolabilidad del domicilio, cuando la víctima fuere menor de edad, los términos se computarán desde el día en que ésta haya alcanzado la mayoría de edad, y si falleciere antes de alcanzarla, a partir de la fecha del fallecimiento.

2. La prescripción se interrumpirá, quedando sin efecto el tiempo transcurrido, cuando el procedimiento se dirija contra la persona indiciariamente responsable del delito, comenzando a correr de nuevo desde que se paralice el procedimiento o termine sin condena de acuerdo con las reglas siguientes:

1.ª Se entenderá dirigido el procedimiento contra una persona determinada desde el momento en que, al incoar la causa o con posterioridad, se dicte resolución judicial motivada en la que se le atribuya su presunta participación en un hecho que pueda ser constitutivo de delito.

2.ª No obstante lo anterior, la presentación de querella o la denuncia formulada ante un órgano judicial, en la que se atribuya a una persona determinada su presunta participación en un hecho que pueda ser constitutivo de delito, suspenderá el cómputo de la prescripción por un plazo máximo de seis meses, a contar desde la misma fecha de presentación de la querella o de formulación de la denuncia.

Si dentro de dicho plazo se dicta contra el querellado o denunciado, o contra cualquier otra persona implicada en los hechos, alguna de las resoluciones judiciales mencionadas en la regla 1.ª, la interrupción de la prescripción se entenderá retroactivamente producida, a todos los efectos, en la fecha de presentación de la querella o denuncia.

Por el contrario, el cómputo del término de prescripción continuará desde la fecha de presentación de la querella o denuncia si, dentro del plazo de seis meses, recae resolución judicial firme de inadmisión a trámite de la querella o denuncia o por la que se acuerde no dirigir el procedimiento contra la persona querellada o denunciada. La continuación del cómputo se producirá también si, dentro de dicho plazo, el juez de instrucción no adoptara ninguna de las resoluciones previstas en este artículo.

3. A los efectos de este artículo, la persona contra la que se dirige el procedimiento deberá quedar suficientemente determinada en la resolución judicial, ya sea mediante su identificación directa o mediante datos que permitan concretar posteriormente dicha identificación en el seno de la organización o grupo de personas a quienes se atribuya el hecho.

Artículo 132 redactado por el número setenta y tres del artículo único de la L.O. 1/2015, de 30 de marzo, por la que se modifica la L.O. 10/1995, de 23 de noviembre, del Código Penal («B.O.E.» 31 marzo).
Vigencia: 1 julio 2015

Artículo 133. 1. Las penas impuestas por sentencia firme prescriben:

A los 30 años, las de prisión por más de 20 años.

A los 25 años, las de prisión de 15 o más años sin que excedan de 20.

A los 20, las de inhabilitación por más de 10 años y las de prisión por más de 10 y menos de 15.

A los 15, las de inhabilitación por más de seis años y que no excedan de 10, y las de prisión por más de cinco años y que no excedan de 10.

A los 10, las restantes penas graves.

A los cinco, las penas menos graves.

Al año, las penas leves.

2. Las penas impuestas por los delitos de lesa humanidad y de genocidio y por los delitos contra las personas y bienes protegidos en caso de conflicto armado, salvo los castigados en el artículo 614, no prescribirán en ningún caso.

Tampoco prescribirán las penas impuestas por delitos de terrorismo, si estos hubieren causado la muerte de una persona.

Número 2 del artículo 133 redactado por el apartado trigésimo quinto del artículo único de la L.O. 5/2010, de 22 de junio, por la que se modifica la L.O. 10/1995, de 23 de noviembre, del Código Penal («B.O.E.» 23 junio).
Vigencia: 23 diciembre 2010

Artículo 133 redactado por el apartado cuadragésimo noveno del artículo único de la L.O. 15/2003, de 25 de noviembre, por la que se modifica la L.O. 10/1995, de 23 de noviembre, del Código Penal («B.O.E.» 26 noviembre).
Vigencia: 1 octubre 2004

Artículo 134. 1. El tiempo de la prescripción de la pena se computará desde la fecha de la sentencia firme, o desde el quebrantamiento de la condena, si ésta hubiese comenzado a cumplirse.

Número 1 del artículo 134 renumerado por el número setenta y cuatro del artículo único de la L.O. 1/2015, de 30 de marzo, por la que se modifica la L.O. 10/1995, de 23 de noviembre, del Código Penal («B.O.E.» 31 marzo).
Vigencia: 1 julio 2015

2. El plazo de prescripción de la pena quedará en suspenso:

a) Durante el período de suspensión de la ejecución de la pena.

b) Durante el cumplimiento de otras penas, cuando resulte aplicable lo dispuesto en el artículo 75.

Número 2 del artículo 134 introducido por el número setenta y cuatro del artículo único de la L.O. 1/2015, de 30 de marzo, por la que se modifica la L.O. 10/1995, de 23 de noviembre, del Código Penal («B.O.E.» 31 marzo).
Vigencia: 1 julio 2015

Artículo 135. 1. Las medidas de seguridad prescribirán a los diez años, si fueran privativas de libertad superiores a tres años, y a los cinco años si fueran privativas de libertad iguales o inferiores a tres años o tuvieran otro contenido.

2. El tiempo de la prescripción se computará desde el día en que haya quedado firme la resolución en la que se impuso la medida o, en caso de cumplimiento sucesivo, desde que debió empezar a cumplirse.

3. Si el cumplimiento de una medida de seguridad fuere posterior al de una pena, el plazo se computará desde la extinción de ésta.

CAPÍTULO II
DE LA CANCELACIÓN DE ANTECEDENTES DELICTIVOS

Artículo 136. 1. Los condenados que hayan extinguido su responsabilidad penal tienen derecho a obtener del Ministerio de Justicia, de oficio o a instancia de parte, la cancelación de sus antecedentes penales, cuando hayan transcurrido sin haber vuelto a delinquir los siguientes plazos:

a) Seis meses para las penas leves.

b) Dos años para las penas que no excedan de doce meses y las impuestas por delitos imprudentes.

c) Tres años para las restantes penas menos graves inferiores a tres años.

d) Cinco años para las restantes penas menos graves iguales o superiores a tres años.

e) Diez años para las penas graves.

2. Los plazos a que se refiere el apartado anterior se contarán desde el día siguiente a aquel en que quedara extinguida la pena, pero si ello ocurriese mediante la remisión condicional, el plazo, una vez obtenida la remisión definitiva, se computará retrotrayéndolo al día siguiente a aquel en que hubiere quedado cumplida la pena si no se hubiere disfrutado de este beneficio. En este caso, se tomará como fecha inicial para el cómputo de la duración de la pena el día siguiente al del otorgamiento de la suspensión.

3. Las penas impuestas a las personas jurídicas y las consecuencias accesorias del artículo 129 se cancelarán en el plazo que corresponda, de acuerdo con la regla prevista en el apartado 1 de este artículo, salvo que se hubiese acordado la disolución o la prohibición definitiva de actividades. En estos casos, se cancelarán las anotaciones transcurridos cincuenta años computados desde el día siguiente a la firmeza de la sentencia.

4. Las inscripciones de antecedentes penales en las distintas secciones del Registro Central de Penados y Rebeldes no serán públicas. Durante su vigencia solo se emitirán certificaciones con las limitaciones y garantías previstas en sus normas específicas y en los casos establecidos por la ley. En todo caso, se librarán las que soliciten los jueces o tribunales, se refieran o no a inscripciones canceladas, haciendo constar expresamente esta última circunstancia.

5. En los casos en que, a pesar de cumplirse los requisitos establecidos en este artículo para la cancelación, ésta no se haya producido, el juez o tribunal, acreditadas tales circunstancias, no tendrá en cuenta dichos antecedentes.

Artículo 136 redactado por el número setenta y cinco del artículo único de la L.O. 1/2015, de 30 de marzo, por la que se modifica la L.O. 10/1995, de 23 de noviembre, del Código Penal («B.O.E.» 31 marzo).

Vigencia: 1 julio 2015

Artículo 137. Las anotaciones de las medidas de seguridad impuestas conforme a lo dispuesto en este Código o en otras leyes penales serán canceladas una vez cumplida o prescrita la respectiva medida; mientras tanto, sólo figurarán en las certificaciones que el Registro expida con destino a Jueces o Tribunales o autoridades administrativas, en los casos establecidos por la Ley.

LIBRO II
DELITOS Y SUS PENAS

TÍTULO PRIMERO
DEL HOMICIDIO Y SUS FORMAS

Artículo 138. 1. El que matare a otro será castigado, como reo de homicidio, con la pena de prisión de diez a quince años.

2. Los hechos serán castigados con la pena superior en grado en los siguientes casos:

a) cuando concurra en su comisión alguna de las circunstancias del apartado 1 del artículo 140, o

b) cuando los hechos sean además constitutivos de un delito de atentado del artículo 550.

Artículo 138 redactado por el número setenta y seis del artículo único de la L.O. 1/2015, de 30 de marzo, por la que se modifica la L.O. 10/1995, de 23 de noviembre, del Código Penal («B.O.E.» 31 marzo).
Vigencia: 1 julio 2015

Artículo 139. 1. Será castigado con la pena de prisión de quince a veinticinco años, como reo de asesinato, el que matare a otro concurriendo alguna de las circunstancias siguientes:

1.ª Con alevosía.

2.ª Por precio, recompensa o promesa.

3.ª Con ensañamiento, aumentando deliberada e inhumanamente el dolor del ofendido.

4.ª Para facilitar la comisión de otro delito o para evitar que se descubra.

2. Cuando en un asesinato concurran más de una de las circunstancias previstas en el apartado anterior, se impondrá la pena en su mitad superior.

Artículo 139 redactado por el número setenta y siete del artículo único de la L.O. 1/2015, de 30 de marzo, por la que se modifica la L.O. 10/1995, de 23 de noviembre, del Código Penal («B.O.E.» 31 marzo).
Vigencia: 1 julio 2015

Artículo 140. 1. El asesinato será castigado con pena de prisión permanente revisable cuando concurra alguna de las siguientes circunstancias:

1.ª Que la víctima sea menor de dieciséis años de edad, o se trate de una persona especialmente vulnerable por razón de su edad, enfermedad o discapacidad.

2.ª Que el hecho fuera subsiguiente a un delito contra la libertad sexual que el autor hubiera cometido sobre la víctima.

3.ª Que el delito se hubiera cometido por quien perteneciere a un grupo u organización criminal.

2. Al reo de asesinato que hubiera sido condenado por la muerte de más de dos personas se le impondrá una pena de prisión permanente revisable. En este caso, será de aplicación lo dispuesto en la letra b) del apartado 1 del artículo 78 bis y en la letra b) del apartado 2 del mismo artículo.

Artículo 140 redactado por el número setenta y ocho del artículo único de la L.O. 1/2015, de 30 de marzo, por la que se modifica la L.O. 10/1995, de 23 de noviembre, del Código Penal («B.O.E.» 31 marzo).
Vigencia: 1 julio 2015

Artículo 140 bis. A los condenados por la comisión de uno o más delitos comprendidos en este Título se les podrá imponer además una medida de libertad vigilada.

Artículo 140 bis introducido por el número setenta y nueve del artículo único de la L.O. 1/2015, de 30 de marzo, por la que se modifica la L.O. 10/1995, de 23 de noviembre, del Código Penal («B.O.E.» 31 marzo).
Vigencia: 1 julio 2015

Artículo 141. La provocación, la conspiración y la proposición para cometer los delitos previstos en los tres artículos precedentes, será castigada con la pena inferior en uno o dos grados a la señalada en su caso en los artículos anteriores.

Véanse artículos 17 y 18 del presente Código.

Artículo 142. 1. El que por imprudencia grave causare la muerte de otro, será castigado, como reo de homicidio imprudente, con la pena de prisión de uno a cuatro años.

Si el homicidio imprudente se hubiera cometido utilizando un vehículo a motor o un ciclomotor, se impondrá asimismo la pena de privación del derecho a conducir vehículos a motor y ciclomotores de uno a seis años.

Si el homicidio imprudente se hubiera cometido utilizando un arma de fuego, se impondrá también la pena de privación del derecho al porte o tenencia de armas por tiempo de uno a seis años.

Si el homicidio se hubiera cometido por imprudencia profesional, se impondrá además la pena de inhabilitación especial para el ejercicio de la profesión, oficio o cargo por un período de tres a seis años.

2. El que por imprudencia menos grave causare la muerte de otro, será castigado con la pena de multa de tres meses a dieciocho meses.

Si el homicidio se hubiera cometido utilizando un vehículo a motor o un ciclomotor, se podrá imponer también la pena de privación del derecho a conducir vehículos a motor y ciclomotores de tres a dieciocho meses.

Si el homicidio se hubiera cometido utilizando un arma de fuego, se podrá imponer también la pena de privación del derecho al porte o tenencia de armas por tiempo de tres a dieciocho meses.

El delito previsto en este apartado sólo será perseguible mediante denuncia de la persona agraviada o de su representante legal.

Artículo 142 redactado por el número ochenta del artículo único de la L.O. 1/2015, de 30 de marzo, por la que se modifica la L.O. 10/1995, de 23 de noviembre, del Código Penal («B.O.E.» 31 marzo).
Vigencia: 1 julio 2015

Artículo 143. 1. El que induzca al suicidio de otro será castigado con la pena de prisión de cuatro a ocho años.

2. Se impondrá la pena de prisión de dos a cinco años al que coopere con actos necesarios al suicidio de una persona.

3. Será castigado con la pena de prisión de seis a diez años si la cooperación llegara hasta el punto de ejecutar la muerte.

4. El que causare o cooperare activamente con actos necesarios y directos a la muerte de otro, por la petición expresa, seria e inequívoca de éste, en el caso de que la víctima sufriera una enfermedad grave que conduciría necesariamente a su muerte, o que produjera graves padecimientos permanentes y difíciles de soportar, será castigado con la pena inferior en uno o dos grados a las señaladas en los números 2 y 3 de este artículo.

Véase artículo 28 a) del presente Código.

TÍTULO II
DEL ABORTO

Véanse:

- L.O. 2/2010, de 3 de marzo, de salud sexual y reproductiva y de la interrupción voluntaria del embarazo («B.O.E.» 4 marzo).

- Real Decreto 831/2010, de 25 de junio, de garantía de la calidad asistencial de la prestación a la interrupción voluntaria del embarazo(«B.O.E.» 26 junio).

Artículo 144. El que produzca el aborto de una mujer, sin su consentimiento, será castigado con la pena de prisión de cuatro a ocho años e inhabilitación especial para ejercer cualquier profesión sanitaria, o para prestar servicios de toda índole en clínicas, establecimientos o consultorios ginecológicos, públicos o privados, por tiempo de tres a diez años.

Las mismas penas se impondrán al que practique el aborto habiendo obtenido la anuencia de la mujer mediante violencia, amenaza o engaño.

Véanse artículos 57, 132.1 y 169 del presente Código.

Artículo 145. 1. El que produzca el aborto de una mujer, con su consentimiento, fuera de los casos permitidos por la ley será castigado con la pena de prisión de uno a tres años e inhabilitación especial para ejercer cualquier profesión sanitaria, o para prestar servicios de toda índole en clínicas, establecimientos o consultorios ginecológicos, públicos o privados, por tiempo de uno a seis años. El juez podrá imponer la pena en su mitad superior cuando los actos descritos en este apartado se realicen fuera de un centro o establecimiento público o privado acreditado.

2. La mujer que produjere su aborto o consintiere que otra persona se lo cause, fuera de los casos permitidos por la ley, será castigada con la pena de multa de seis a veinticuatro meses.

3. En todo caso, el juez o tribunal impondrá las penas respectivamente previstas en este artículo en su mitad superior cuando la conducta se llevare a cabo a partir de la vigésimo segunda semana de gestación.

Artículo 145 redactado por el número uno de la disposición final primera de la L.O. 2/2010, de 3 de marzo, de salud sexual y reproductiva y de la interrupción voluntaria del embarazo («B.O.E.» 4 marzo).
Vigencia: 5 julio 2010

Artículo 145 bis. 1. Será castigado con la pena de multa de seis a doce meses e inhabilitación especial para prestar servicios de toda índole en clínicas, establecimientos o consultorios ginecológicos, públicos o privados, por tiempo de seis meses a dos años, el que dentro de los casos contemplados en la ley, practique un aborto:

a) sin haber comprobado que la mujer haya recibido la información previa relativa a los derechos, prestaciones y ayudas públicas de apoyo a la maternidad;

b) sin haber transcurrido el período de espera contemplado en la legislación;

c) sin contar con los dictámenes previos preceptivos;

d) fuera de un centro o establecimiento público o privado acreditado. En este caso, el juez podrá imponer la pena en su mitad superior.

2. En todo caso, el juez o tribunal impondrá las penas previstas en este artículo en su mitad superior cuando el aborto se haya practicado a partir de la vigésimo segunda semana de gestación.

3. La embarazada no será penada a tenor de este precepto.

Artículo 145 bis introducido por el número dos de la disposición final primera de la L.O. 2/2010, de 3 de marzo, de salud sexual y reproductiva y de la interrupción voluntaria del embarazo («B.O.E.» 4 marzo).
Vigencia: 5 julio 2010

Artículo 146. El que por imprudencia grave ocasionare un aborto será castigado con la pena de prisión de tres a cinco meses o multa de seis a 10 meses.

Párrafo 1.º del artículo 146 redactado por el apartado quincuagésimo primero del artículo único de la L.O. 15/2003, de 25 de noviembre, por la que se modifica la L.O. 10/1995, de 23 de noviembre, del Código Penal («B.O.E.» 26 noviembre).
Vigencia: 1 octubre 2004

Cuando el aborto fuere cometido por imprudencia profesional se impondrá asimismo la pena de inhabilitación especial para el ejercicio de la profesión, oficio o cargo por un período de uno a tres años.
La embarazada no será penada a tenor de este precepto.

TÍTULO III
DE LAS LESIONES

Artículo 147. 1. El que, por cualquier medio o procedimiento, causare a otro una lesión que menoscabe su integridad corporal o su salud física o mental, será castigado, como reo del delito de lesiones con la pena de prisión de tres meses a tres años o multa de seis a doce meses, siempre que la lesión requiera objetivamente para su sanidad, además de una primera asistencia facultativa, tratamiento médico o quirúrgico. La simple vigilancia o seguimiento facultativo del curso de la lesión no se considerará tratamiento médico.

2. El que, por cualquier medio o procedimiento, causare a otro una lesión no incluida en el apartado anterior, será castigado con la pena de multa de uno a tres meses.

3. El que golpeare o maltratare de obra a otro sin causarle lesión, será castigado con la pena de multa de uno a dos meses.

4. Los delitos previstos en los dos apartados anteriores sólo serán perseguibles mediante denuncia de la persona agraviada o de su representante legal.

Artículo 147 redactado por el número ochenta y uno del artículo único de la L.O. 1/2015, de 30 de marzo, por la que se modifica la L.O. 10/1995, de 23 de noviembre, del Código Penal («B.O.E.» 31 marzo).
Vigencia: 1 julio 2015

Artículo 148. Las lesiones previstas en el apartado 1 del artículo anterior podrán ser castigadas con la pena de prisión de dos a cinco años, atendiendo al resultado causado o riesgo producido:

1.º Si en la agresión se hubieren utilizado armas, instrumentos, objetos, medios, métodos o formas concretamente peligrosas para la vida o salud, física o psíquica, del lesionado.

2.º Si hubiere mediado ensañamiento o alevosía.

3.º Si la víctima fuere menor de doce años o persona con discapacidad necesitada de especial protección.

La referencia al término «persona con discapacidad necesitada de especial protección» ha sido introducida en sustitución de la anterior referencia al término «incapaz», conforme establece el número doscientos cincuenta y ocho del artículo único de la L.O. 1/2015, de 30 de marzo, por la que se modifica la L.O. 10/1995, de 23 de noviembre, del Código Penal («B.O.E.» 31 marzo).
Vigencia: 1 julio 2015

4.º Si la víctima fuere o hubiere sido esposa, o mujer que estuviere o hubiere estado ligada al autor por una análoga relación de afectividad, aun sin convivencia.

5.º Si la víctima fuera una persona especialmente vulnerable que conviva con el autor.

Artículo 148 redactado por el artículo 36 de la L.O. 1/2004, de 28 de diciembre, de Medidas de Protección Integral contra la Violencia de Género («B.O.E.» 29 diciembre).
Vigencia: 29 junio 2005

Artículo 149. 1. El que causara a otro, por cualquier medio o procedimiento, la pérdida o la inutilidad de un órgano o miembro principal, o de un sentido, la impotencia, la esterilidad, una grave deformidad, o una grave enfermedad somática o psíquica, será castigado con la pena de prisión de seis a 12 años.

2. El que causara a otro una mutilación genital en cualquiera de sus manifestaciones será castigado con la pena de prisión de seis a 12 años. Si la víctima fuera menor o persona con discapacidad necesitada de especial protección, será aplicable la pena de inhabilitación especial para el ejercicio de la patria potestad, tutela, curatela, guarda o acogimiento por tiempo de cuatro a 10 años, si el juez lo estima adecuado al interés del menor o persona con discapacidad necesitada de especial protección.

La referencia al término «persona con discapacidad necesitada de especial protección» ha sido introducida en sustitución de la anterior referencia al término «incapaz», conforme establece el número doscientos cincuenta y ocho del artículo único de la L.O. 1/2015, de 30 de marzo, por la que se modifica la L.O. 10/1995, de 23 de noviembre, del Código Penal («B.O.E.» 31 marzo).
Vigencia: 1 julio 2015

Artículo 149 redactado por el número seis del artículo primero de la L.O. 11/2003, de 29 de septiembre, de medidas concretas en materia de seguridad ciudadana, violencia doméstica e integración social de los extranjeros («B.O.E.» 30 septiembre).
Vigencia: 1 octubre 2003

Artículo 150. El que causare a otro la pérdida o la inutilidad de un órgano o miembro no principal, o la deformidad, será castigado con la pena de prisión de tres a seis años.

Véanse artículos 152.1.3º, 180.1.5ª, 486.1, 572.1.2º, 577, 605.2, 607.1.3º, 607 bis.2.3º del presente Código.

Artículo 151. La provocación, la conspiración y la proposición para cometer los delitos previstos en los artículos precedentes de este Título, será castigada con la pena inferior en uno o dos grados a la del delito correspondiente.

Véanse artículos 17 y 18 del presente Código.

Artículo 152. 1. El que por imprudencia grave causare alguna de las lesiones previstas en los artículos anteriores será castigado, en atención al riesgo creado y el resultado producido:

1.º Con la pena de prisión de tres a seis meses o multa de seis a dieciocho meses, si se tratare de las lesiones del apartado 1 del artículo 147.

2.º Con la pena de prisión de uno a tres años, si se tratare de las lesiones del artículo 149.

3.º Con la pena de prisión de seis meses a dos años, si se tratare de las lesiones del artículo 150.

Si los hechos se hubieran cometido utilizando un vehículo a motor o un ciclomotor, se impondrá asimismo la pena de privación del derecho a conducir vehículos a motor y ciclomotores de uno a cuatro años.

Si las lesiones se hubieran causado utilizando un arma de fuego, se impondrá también la pena de privación del derecho al porte o tenencia de armas por tiempo de uno a cuatro años.

Si las lesiones hubieran sido cometidas por imprudencia profesional, se impondrá además la pena de inhabilitación especial para el ejercicio de la profesión, oficio o cargo por un período de seis meses a cuatro años.

2. El que por imprudencia menos grave causare alguna de las lesiones a que se refieren los artículos 149 y 150 será castigado con una pena de multa de tres meses a doce meses.

Si los hechos se hubieran cometido utilizando un vehículo a motor o un ciclomotor, se podrá imponer también la pena de privación del derecho a conducir vehículos a motor y ciclomotores de tres meses a un año.

Si las lesiones se hubieran causado utilizando un arma de fuego, se podrá imponer también la pena de privación del derecho al porte o tenencia de armas por tiempo de tres meses a un año.

El delito previsto en este apartado sólo será perseguible mediante denuncia de la persona agraviada o de su representante legal.

Artículo 152 redactado por el número ochenta y dos del artículo único de la L.O. 1/2015, de 30 de marzo, por la que se modifica la L.O. 10/1995, de 23 de noviembre, del Código Penal («B.O.E.» 31 marzo).
Vigencia: 1 julio 2015

Artículo 153. 1. El que por cualquier medio o procedimiento causare a otro menoscabo psíquico o una lesión de menor gravedad de las previstas en el apartado 2 del artículo 147, o golpeare o maltratare de obra a otro sin causarle lesión, cuando la ofendida sea o haya sido esposa, o mujer que esté o haya estado ligada a él por una análoga relación de afectividad aun sin convivencia, o persona especialmente vulnerable que conviva con el autor, será castigado con la pena de prisión de seis meses a un año o de trabajos en beneficios de la comunidad de treinta y uno a ochenta días y, en todo caso, privación del derecho a la tenencia y porte de armas de un año y un día a tres años, así como, cuando el juez o tribunal lo estime adecuado al interés del menor o persona con discapacidad necesitada de especial protección, inhabilitación para el ejercicio de la patria potestad, tutela, curatela, guarda o acogimiento hasta cinco años.

Número 1 del artículo 153 redactado por el número ochenta y tres del artículo único de la L.O. 1/2015, de 30 de marzo, por la que se modifica la L.O. 10/1995, de 23 de noviembre, del Código Penal («B.O.E.» 31 marzo).
Vigencia: 1 julio 2015

2. Si la víctima del delito previsto en el apartado anterior fuere alguna de las personas a que se refiere el artículo 173.2, exceptuadas las personas contempladas en el apartado anterior de este artículo, el autor será castigado con la pena de prisión de tres meses a un año o de trabajos en beneficio de la comunidad de treinta y uno a ochenta días y, en todo caso, privación del derecho a la tenencia y porte de armas de un año y un día a tres años, así como, cuando el Juez o Tribunal lo estime adecuado al interés del menor o persona con discapacidad necesitada de especial protección, inhabilitación para el ejercicio de la patria potestad, tutela, curatela, guarda o acogimiento de seis meses a tres años.

La referencia al término «persona con discapacidad necesitada de especial protección» ha sido introducida en sustitución de la anterior referencia al término «incapaz», conforme establece el número doscientos cincuenta y ocho del artículo único de la L.O. 1/2015, de 30 de marzo, por la que se modifica la L.O. 10/1995, de 23 de noviembre, del Código Penal («B.O.E.» 31 marzo).
Vigencia: 1 julio 2015

3. Las penas previstas en los apartados 1 y 2 se impondrán en su mitad superior cuando el delito se perpetre en presencia de menores, o utilizando armas, o tenga lugar en el domicilio común o en el domicilio de la víctima, o se realice quebrantando una pena de las contempladas en el artículo 48 de este Código o una medida cautelar o de seguridad de la misma naturaleza.

4. No obstante lo previsto en los apartados anteriores, el Juez o Tribunal, razonándolo en sentencia, en atención a las circunstancias personales del autor y las concurrentes en la realización del hecho, podrá imponer la pena inferior en grado.

Artículo 153 redactado por el artículo 37 de la L.O. 1/2004, de 28 de diciembre, de Medidas de Protección Integral contra la Violencia de Género («B.O.E.» 29 diciembre; corrección de errores «B.O.E.» 12 abril 2005).
Vigencia: 29 junio 2005

Artículo 154. Quienes riñeren entre sí, acometiéndose tumultuariamente, y utilizando medios o instrumentos que pongan en peligro la vida o integridad de las personas, serán castigados por su participación en la riña con la pena de prisión de tres meses a un año o multa de seis a 24 meses.

Artículo 154 redactado por el apartado quincuagésimo cuarto del artículo único de la L.O. 15/2003, de 25 de noviembre, por la que se modifica la L.O. 10/1995, de 23 de noviembre, del Código Penal («B.O.E.» 26 noviembre).
Vigencia: 1 octubre 2004

Artículo 155. En los delitos de lesiones, si ha mediado el consentimiento válida, libre, espontánea y expresamente emitido del ofendido, se impondrá la pena inferior en uno o dos grados.

No será válido el consentimiento otorgado por un menor de edad o una persona con discapacidad necesitada de especial protección.

La referencia al término «persona con discapacidad necesitada de especial protección» ha sido introducida en sustitución de la anterior referencia al término «incapaz», conforme establece el número doscientos cincuenta y ocho del artículo único de la L.O. 1/2015, de 30 de marzo, por la que se modifica la L.O. 10/1995, de 23 de noviembre, del Código Penal («B.O.E.» 31 marzo).
Vigencia: 1 julio 2015

Artículo 156. No obstante lo dispuesto en el artículo anterior, el consentimiento válida, libre, consciente y expresamente emitido exime de responsabilidad penal en los supuestos de trasplante de órganos efectuado con arreglo a lo dispuesto en la ley, esterilizaciones y cirugía transexual realizadas por facultativo, salvo que el consentimiento se haya obtenido viciadamente, o mediante precio o recompensa, o el otorgante sea menor de edad o carezca absolutamente de aptitud para prestarlo, en cuyo caso no será válido el prestado por éstos ni por sus representantes legales.

No será punible la esterilización acordada por órgano judicial en el caso de personas que de forma permanente no puedan prestar en modo alguno el consentimiento al que se refiere el párrafo anterior, siempre que se trate de supuestos excepcionales en los que se produzca grave conflicto de bienes jurídicos protegidos, a fin de salvaguardar el mayor interés del afectado, todo ello con arreglo a lo establecido en la legislación civil.

La disposición adicional primera de la L.O. 1/2015, de 30 de marzo, establece que la esterilización a que se refiere el párrafo segundo del artículo 156 deberá ser autorizada por un juez en el procedimiento de modificación de la capacidad o en un procedimiento contradictorio posterior, a instancias del representante legal de la persona sobre cuya esterilización se resuelve, oído el dictamen de dos especialistas y el Ministerio Fiscal, y previo examen por el juez de la persona afectada que carezca de capacidad para prestar su consentimiento.

Artículo 156 redactado por el número ochenta y cuatro del artículo único de la L.O. 1/2015, de 30 de marzo, por la que se modifica la L.O. 10/1995, de 23 de noviembre, del Código Penal («B.O.E.» 31 marzo).
Vigencia: 1 julio 2015

Artículo 156 bis. 1. Los que promuevan, favorezcan, faciliten o publiciten la obtención o el tráfico ilegal de órganos humanos ajenos o el trasplante de los mismos serán castigados con la pena de prisión de seis a doce años si se tratara de un órgano principal, y de prisión de tres a seis años si el órgano fuera no principal.

2. Si el receptor del órgano consintiera la realización del trasplante conociendo su origen ilícito será castigado con las mismas penas que en el apartado anterior, que podrán ser rebajadas en uno o dos grados atendiendo a las circunstancias del hecho y del culpable.

3. Cuando de acuerdo con lo establecido en el artículo 31 bis una persona jurídica sea responsable de los delitos comprendidos en este artículo, se le impondrá la pena de multa del triple al quíntuple del beneficio obtenido.

Atendidas las reglas establecidas en el artículo 66 bis, los jueces y tribunales podrán asimismo imponer las penas recogidas en las letras b) a g) del apartado 7 del artículo 33.

Artículo 156 bis introducido por el apartado trigésimo sexto del artículo único de la L.O. 5/2010, de 22 de junio, por la que se modifica la L.O. 10/1995, de 23 de noviembre, del Código Penal («B.O.E.» 23 junio).
Vigencia: 23 diciembre 2010

Artículo 156 ter. A los condenados por la comisión de uno o más delitos comprendidos en este Título, cuando la víctima fuere alguna de las personas a que se refiere el apartado 2 del artículo 173, se les podrá imponer además una medida de libertad vigilada.

Artículo 156 ter introducido por el número ochenta y cinco del artículo único de la L.O. 1/2015, de 30 de marzo, por la que se modifica la L.O. 10/1995, de 23 de noviembre, del Código Penal («B.O.E.» 31 marzo).
Vigencia: 1 julio 2015

TÍTULO IV
DE LAS LESIONES AL FETO

Artículo 157. El que, por cualquier medio o procedimiento, causare en un feto una lesión o enfermedad que perjudique gravemente su normal desarrollo, o provoque en el mismo una grave tara física o psíquica, será castigado con pena de prisión de uno a cuatro años e inhabilitación especial para ejercer cualquier profesión sanitaria, o para prestar servicios de toda índole en clínicas, establecimientos o consultorios ginecológicos, públicos o privados, por tiempo de dos a ocho años.

Artículo 158. El que, por imprudencia grave, cometiere los hechos descritos en el artículo anterior, será castigado con la pena de prisión de tres a cinco meses o multa de seis a 10 meses.

Párrafo 1.º del artículo 158 redactado por el apartado quincuagésimo quinto del artículo único de la L.O. 15/2003, de 25 de noviembre, por la que se modifica la L.O. 10/1995, de 23 de noviembre, del Código Penal («B.O.E.» 26 noviembre).
Vigencia: 1 octubre 2004

Cuando los hechos descritos en el artículo anterior fueren cometidos por imprudencia profesional se impondrá asimismo la pena de inhabilitación especial para el ejercicio de la profesión, oficio o cargo por un período de seis meses a dos años.

La embarazada no será penada a tenor de este precepto.

TÍTULO V
DELITOS RELATIVOS A LA MANIPULACIÓN GENÉTICA

Artículo 159. 1. Serán castigados con la pena de prisión de dos a seis años e inhabilitación especial para empleo o cargo público, profesión u oficio de siete a diez años los que, con finalidad distinta a la eliminación o disminución de taras o enfermedades graves, manipulen genes humanos de manera que se altere el genotipo.

2. Si la alteración del genotipo fuere realizada por imprudencia grave, la pena será de multa de seis a quince meses e inhabilitación especial para empleo o cargo público, profesión u oficio de uno a tres años.

Véanse:

Ley 14/2006, de 26 de mayo, sobre técnicas de reproducción humana asistida («B.O.E.» 27 mayo).

Ley 14/2007, de 3 de julio, de Investigación biomédica («B.O.E.» 4 julio).

Artículo 160. 1. La utilización de la ingeniería genética para producir armas biológicas o exterminadoras de la especie humana, será castigada con la pena de prisión de tres a siete años e inhabilitación especial para empleo o cargo público, profesión u oficio por tiempo de siete a 10 años.

2. Serán castigados con la pena de prisión de uno a cinco años e inhabilitación especial para empleo o cargo público, profesión u oficio de seis a 10 años quienes fecunden óvulos humanos con cualquier fin distinto a la procreación humana.

3. Con la misma pena se castigará la creación de seres humanos idénticos por clonación u otros procedimientos dirigidos a la selección de la raza.

Artículo 160 redactado por el apartado quincuagésimo sexto del artículo único de la L.O. 15/2003, de 25 de noviembre, por la que se modifica la L.O. 10/1995, de 23 de noviembre, del Código Penal («B.O.E.» 26 noviembre).

Vigencia: 1 octubre 2004

Artículo 161. 1. Quien practicare reproducción asistida en una mujer, sin su consentimiento, será castigado con la pena de prisión de dos a seis años, e inhabilitación especial para empleo o cargo público, profesión u oficio por tiempo de uno a cuatro años.

2. Para proceder por este delito será precisa denuncia de la persona agraviada o de su representante legal. Cuando aquélla sea menor de edad, persona con discapacidad necesitada de especial protección, o una persona desvalida, también podrá denunciar el Ministerio Fiscal.

La referencia al término «persona con discapacidad necesitada de especial protección» ha sido introducida en sustitución de la anterior referencia al término «incapaz», conforme establece el número doscientos cincuenta y ocho del artículo único de la L.O. 1/2015, de 30 de marzo, por la que se modifica la L.O. 10/1995, de 23 de noviembre, del Código Penal («B.O.E.» 31 marzo).

Vigencia: 1 julio 2015

Artículo 161 redactado conforme establece el apartado quincuagésimo séptimo del artículo único de la L.O. 15/2003, de 25 de noviembre, por la que se modifica la L.O. 10/1995, de 23 de noviembre, del Código Penal («B.O.E.» 26 noviembre). Su contenido literal se corresponde con el del anterior artículo 162.

Vigencia: 1 octubre 2004

Artículo 162. En los delitos contemplados en este título, la autoridad judicial podrá imponer alguna o algunas de las consecuencias previstas en el artículo 129 de este Código cuando el culpable perteneciere a una sociedad, organización o asociación, incluso de carácter transitorio, que se dedicare a la realización de tales actividades.

Artículo 162 redactado por el apartado quincuagésimo octavo del artículo único de la L.O. 15/2003, de 25 de noviembre, por la que se modifica la L.O. 10/1995, de 23 de noviembre, del Código Penal («B.O.E.» 26 noviembre). Téngase en cuenta que el anterior contenido de este precepto ha pasado a integrar el actual artículo 161.
Vigencia: 1 octubre 2004

TÍTULO VI
DELITOS CONTRA LA LIBERTAD

CAPÍTULO PRIMERO
DE LAS DETENCIONES ILEGALES Y SECUESTROS

Artículo 163. 1. El particular que encerrare o detuviere a otro, privándole de su libertad, será castigado con la pena de prisión de cuatro a seis años.

2. Si el culpable diera libertad al encerrado o detenido dentro de los tres primeros días de su detención, sin haber logrado el objeto que se había propuesto, se impondrá la pena inferior en grado.

3. Se impondrá la pena de prisión de cinco a ocho años si el encierro o detención ha durado más de quince días.

4. El particular que, fuera de los casos permitidos por las leyes, aprehendiere a una persona para presentarla inmediatamente a la autoridad, será castigado con la pena de multa de tres a seis meses.

Véanse artículos 17 y 19 de la Constitución Española.

Artículo 164. El secuestro de una persona exigiendo alguna condición para ponerla en libertad, será castigado con la pena de prisión de seis a diez años. Si en el secuestro se hubiera dado la circunstancia del artículo 163.3, se impondrá la pena superior en grado, y la inferior en grado si se dieren las condiciones del artículo 163.2.

Véanse:
Artículos 572.1.2º y 577 del presente Código.
Artículo 282 bis.4 LECrim.

Artículo 165. Las penas de los artículos anteriores se impondrán en su mitad superior, en los respectivos casos, si la detención ilegal o secuestro se ha ejecutado con simulación de autoridad o función pública, o la víctima fuere menor de edad o persona con discapacidad necesitada de especial protección o funcionario público en el ejercicio de sus funciones.

La referencia al término «persona con discapacidad necesitada de especial protección» ha sido introducida en sustitución de la anterior referencia al término «incapaz», conforme establece el número doscientos cincuenta y ocho del artículo único de la L.O. 1/2015, de 30 de marzo, por la que se modifica la L.O. 10/1995, de 23 de noviembre, del Código Penal («B.O.E.» 31 marzo).
Vigencia: 1 julio 2015

Artículo 166. 1. El reo de detención ilegal o secuestro que no dé razón del paradero de la persona detenida será castigado con una pena de prisión de diez a quince años, en el caso de la detención ilegal, y de quince a veinte años en el de secuestro.

2. El hecho será castigado con una pena de quince a veinte años de prisión, en el caso de detención ilegal, y de veinte a veinticinco años de prisión, en el de secuestro, cuando concurra alguna de las siguientes circunstancias:

a) Que la víctima fuera menor de edad o persona con discapacidad necesitada de especial protección.

b) Que el autor hubiera llevado a cabo la detención ilegal o secuestro con la intención de atentar contra la libertad o la indemnidad sexual de la víctima, o hubiera actuado posteriormente con esa finalidad.

Artículo 166 redactado por el número ochenta y seis del artículo único de la L.O. 1/2015, de 30 de marzo, por la que se modifica la L.O. 10/1995, de 23 de noviembre, del Código Penal («B.O.E.» 31 marzo).

Vigencia: 1 julio 2015

Artículo 167. 1. La autoridad o funcionario público que, fuera de los casos permitidos por la ley, y sin mediar causa por delito, cometiere alguno de los hechos descritos en este Capítulo será castigado con las penas respectivamente previstas en éstos, en su mitad superior, pudiéndose llegar hasta la superior en grado.

2. Con las mismas penas serán castigados:

a) El funcionario público o autoridad que, mediando o no causa por delito, acordare, practicare o prolongare la privación de libertad de cualquiera y que no reconociese dicha privación de libertad o, de cualquier otro modo, ocultase la situación o paradero de esa persona privándola de sus derechos constitucionales o legales.

b) El particular que hubiera llevado a cabo los hechos con la autorización, el apoyo o la aquiescencia del Estado o de sus autoridades.

3. En todos los casos en los que los hechos a que se refiere este artículo hubieran sido cometidos por autoridad o funcionario público, se les impondrá, además, la pena de inhabilitación absoluta por tiempo de ocho a doce años.

Artículo 167 redactado por el número ochenta y siete del artículo único de la L.O. 1/2015, de 30 de marzo, por la que se modifica la L.O. 10/1995, de 23 de noviembre, del Código Penal («B.O.E.» 31 marzo).

Vigencia: 1 julio 2015

Artículo 168. La provocación, la conspiración y la proposición para cometer los delitos previstos en este Capítulo se castigarán con la pena inferior en uno o dos grados a la señalada al delito de que se trate.

CAPÍTULO II
DE LAS AMENAZAS

Artículo 169. El que amenazare a otro con causarle a él, a su familia o a otras personas con las que esté íntimamente vinculado un mal que constituya delitos de homicidio, lesiones, aborto, contra la libertad, torturas y contra la integridad moral, la libertad sexual, la intimidad, el honor, el patrimonio y el orden socioeconómico, será castigado:

1.º Con la pena de prisión de uno a cinco años, si se hubiere hecho la amenaza exigiendo una cantidad o imponiendo cualquier otra condición, aunque no sea ilícita, y el culpable hubiere conseguido su propósito. De no conseguirlo, se impondrá la pena de prisión de seis meses a tres años.

Las penas señaladas en el párrafo anterior se impondrán en su mitad superior si las amenazas se hicieren por escrito, por teléfono o por cualquier medio de comunicación o de reproducción, o en nombre de entidades o grupos reales o supuestos.

Véase artículo 1.2 b) de la L.O. 5/1995, 22 mayo, del Tribunal del Jurado («B.O.E.» 23 mayo).

2.º Con la pena de prisión de seis meses a dos años, cuando la amenaza no haya sido condicional.

Artículo 170. 1. Si las amenazas de un mal que constituyere delito fuesen dirigidas a atemorizar a los habitantes de una población, grupo étnico, cultural o religioso, o colectivo social o profesional, o a cualquier otro grupo de personas, y tuvieran la gravedad necesaria para conseguirlo, se impondrán respectivamente las penas superiores en grado a las previstas en el artículo anterior.

2. Serán castigados con la pena de prisión de seis meses a dos años, los que, con la misma finalidad y gravedad, reclamen públicamente la comisión de acciones violentas por parte de organizaciones o grupos terroristas.

La expresión «banda armada» contenida en el número 2 del artículo 170 ha sido suprimida por la disposición adicional primera de la L.O. 5/2010, de 22 de junio, por la que se modifica la L.O. 10/1995, de 23 de noviembre, del Código Penal («B.O.E.» 23 junio).

Vigencia: 23 diciembre 2010

Artículo 170 redactado por el artículo 3 de la L.O. 2/1998, 15 junio, por la que se modifican el Código Penal y la Ley de Enjuiciamiento Criminal («B.O.E.» 16 junio).

Vigencia: 17 junio 1998

Artículo 171. 1. Las amenazas de un mal que no constituya delito serán castigadas con pena de prisión de tres meses a un año o multa de seis a 24 meses, atendidas la gravedad y circunstancia del hecho, cuando la amenaza fuere condicional y la condición no consistiere en una conducta debida. Si el culpable hubiere conseguido su propósito se le impondrá la pena en su mitad superior.

2. Si alguien exigiere de otro una cantidad o recompensa bajo la amenaza de revelar o difundir hechos referentes a su vida privada o relaciones familiares que no sean públicamente conocidos y puedan afectar a su fama, crédito o interés, será castigado con la pena de prisión de dos a cuatro años, si ha conseguido la entrega de todo o parte de lo exigido, y con la de cuatro meses a dos años, si no lo consiguiere.

3. Si el hecho descrito en el apartado anterior consistiere en la amenaza de revelar o denunciar la comisión de algún delito el ministerio fiscal podrá, para facilitar el castigo de la amenaza, abstenerse de acusar por el delito cuya revelación se hubiere amenazado, salvo que éste estuviere castigado con pena de prisión superior a dos años. En este último caso, el juez o tribunal podrá rebajar la sanción en uno o dos grados.

4. El que de modo leve amenace a quien sea o haya sido su esposa, o mujer que esté o haya estado ligada a él por una análoga relación de afectividad aun sin convivencia, será castigado con la pena de prisión de seis meses a un año o de trabajos en beneficio de la comunidad de treinta y uno a ochenta días y, en todo caso, privación del derecho a la tenencia y porte de armas de un año y un día a tres años, así como, cuando el Juez o Tribunal lo estime adecuado al interés del menor o persona con discapacidad necesitada de especial protección, inhabilitación especial para el ejercicio de la patria potestad, tutela, curatela, guarda o acogimiento hasta cinco años.

La referencia al término «persona con discapacidad necesitada de especial protección» ha sido introducida en sustitución de la anterior referencia al término «incapaz», conforme establece el número doscientos cincuenta y ocho del artículo único de la L.O. 1/2015, de 30 de marzo, por la que se modifica la L.O. 10/1995, de 23 de noviembre, del Código Penal («B.O.E.» 31 marzo).

Vigencia: 1 julio 2015

Igual pena se impondrá al que de modo leve amenace a una persona especialmente vulnerable que conviva con el autor.

Número 4 del artículo 171 introducido por el artículo 38 de la L.O. 1/2004, de 28 de diciembre, de Medidas de Protección Integral contra la Violencia de Género («B.O.E.» 29 diciembre).
Vigencia: 29 junio 2005

5. El que de modo leve amenace con armas u otros instrumentos peligrosos a alguna de las personas a las que se refiere el artículo 173.2, exceptuadas las contempladas en el apartado anterior de este artículo, será castigado con la pena de prisión de tres meses a un año o trabajos en beneficio de la comunidad de treinta y uno a ochenta días y, en todo caso, privación del derecho a la tenencia y porte de armas de uno a tres años, así como, cuando el Juez o Tribunal lo estime adecuado al interés del menor o persona con discapacidad necesitada de especial protección, inhabilitación especial para el ejercicio de la patria potestad, tutela, curatela, guarda o acogimiento por tiempo de seis meses a tres años.

La referencia al término «persona con discapacidad necesitada de especial protección» ha sido introducida en sustitución de la anterior referencia al término «incapaz», conforme establece el número doscientos cincuenta y ocho del artículo único de la L.O. 1/2015, de 30 de marzo, por la que se modifica la L.O. 10/1995, de 23 de noviembre, del Código Penal («B.O.E.» 31 marzo).
Vigencia: 1 julio 2015

Se impondrán las penas previstas en los apartados 4 y 5, en su mitad superior cuando el delito se perpetre en presencia de menores, o tenga lugar en el domicilio común o en el domicilio de la víctima, o se realice quebrantando una pena de las contempladas en el artículo 48 de este Código o una medida cautelar o de seguridad de la misma naturaleza.

Número 5 del artículo 171 introducido por el artículo 38 de la L.O. 1/2004, de 28 de diciembre, de Medidas de Protección Integral contra la Violencia de Género («B.O.E.» 29 diciembre; corrección de errores «B.O.E.» 12 abril 2005).
Vigencia: 29 junio 2005

6. No obstante lo previsto en los apartados 4 y 5, el Juez o Tribunal, razonándolo en sentencia, en atención a las circunstancias personales del autor y a las concurrentes en la realización del hecho, podrá imponer la pena inferior en grado.

Número 6 del artículo 171 introducido por el artículo 38 de la L.O. 1/2004, de 28 de diciembre, de Medidas de Protección Integral contra la Violencia de Género («B.O.E.» 29 diciembre).
Vigencia: 29 junio 2005

7. Fuera de los casos anteriores, el que de modo leve amenace a otro será castigado con la pena de multa de uno a tres meses. Este hecho sólo será perseguible mediante denuncia de la persona agraviada o de su representante legal.

Cuando el ofendido fuere alguna de las personas a las que se refiere el apartado 2 del artículo 173, la pena será la de localización permanente de cinco a treinta días, siempre en domicilio diferente y alejado del de la víctima, o trabajos en beneficio de la comunidad de cinco a treinta días, o multa de uno a cuatro meses, ésta última únicamente en los supuestos en los que concurran las circunstancias expresadas en el apartado 2 del artículo 84. En estos casos no será exigible la denuncia a que se refiere el párrafo anterior.

Número 7 del artículo 171 introducido por el número ochenta y ocho del artículo único de la L.O. 1/2015, de 30 de marzo, por la que se modifica la L.O. 10/1995, de 23 de noviembre, del Código Penal («B.O.E.» 31 marzo).
Vigencia: 1 julio 2015

Artículo 171 redactado por el apartado sexagésimo del artículo único de la L.O. 15/2003, de 25 de noviembre, por la que se modifica la L.O. 10/1995, de 23 de noviembre, del Código Penal («B.O.E.» 26 noviembre).
Vigencia: 1 octubre 2004

CAPÍTULO III
DE LAS COACCIONES

Artículo 172. 1. El que, sin estar legítimamente autorizado, impidiere a otro con violencia hacer lo que la ley no prohíbe, o le compeliere a efectuar lo que no quiere, sea justo o injusto, será castigado con la pena de prisión de seis meses a tres años o con multa de 12 a 24 meses, según la gravedad de la coacción o de los medios empleados.

Cuando la coacción ejercida tuviera como objeto impedir el ejercicio de un derecho fundamental se le impondrán las penas en su mitad superior, salvo que el hecho tuviera señalada mayor pena en otro precepto de este Código.

También se impondrán las penas en su mitad superior cuando la coacción ejercida tuviera por objeto impedir el legítimo disfrute de la vivienda.

Párrafo 3.º del número 1 del artículo 172 introducido por el apartado trigésimo séptimo del artículo único de la L.O. 5/2010, de 22 de junio, por la que se modifica la L.O. 10/1995, de 23 de noviembre, del Código Penal («B.O.E.» 23 junio).
Vigencia: 23 diciembre 2010

Número 1 del artículo 172 numerado por el artículo 39 de la L.O. 1/2004, de 28 de diciembre, de Medidas de Protección Integral contra la Violencia de Género («B.O.E.» 29 diciembre). Su contenido literal se corresponde con el del anterior párrafo único del mismo artículo.
Vigencia: 29 junio 2005

2. El que de modo leve coaccione a quien sea o haya sido su esposa, o mujer que esté o haya estado ligada a él por una análoga relación de afectividad, aun sin convivencia, será castigado con la pena de prisión de seis meses a un año o de trabajos en beneficio de la comunidad de treinta y uno a ochenta días y, en todo caso, privación del derecho a la tenencia y porte de armas de un año y un día a tres años, así como, cuando el Juez o Tribunal lo estime adecuado al interés del menor o persona con discapacidad necesitada de especial protección, inhabilitación especial para el ejercicio de la patria potestad, tutela, curatela, guarda o acogimiento hasta cinco años.

La referencia al término «persona con discapacidad necesitada de especial protección» ha sido introducida en sustitución de la anterior referencia al término «incapaz», conforme establece el número doscientos cincuenta y ocho del artículo único de la L.O. 1/2015, de 30 de marzo, por la que se modifica la L.O. 10/1995, de 23 de noviembre, del Código Penal («B.O.E.» 31 marzo).
Vigencia: 1 julio 2015

Igual pena se impondrá al que de modo leve coaccione a una persona especialmente vulnerable que conviva con el autor.

Se impondrá la pena en su mitad superior cuando el delito se perpetre en presencia de menores, o tenga lugar en el domicilio común o en el domicilio de la víctima, o se realice quebrantando una pena de las contempladas en el artículo 48 de este Código o una medida cautelar o de seguridad de la misma naturaleza.

No obstante lo previsto en los párrafos anteriores, el Juez o Tribunal, razonándolo en sentencia, en atención a las circunstancias personales del autor y a las concurrentes en la realización del hecho, podrá imponer la pena inferior en grado.

Número 2 del artículo 172 introducido por el artículo 39 de la L.O. 1/2004, de 28 de diciembre, de Medidas de Protección Integral contra la Violencia de Género («B.O.E.» 29 diciembre; corrección de errores «B.O.E.» 12 abril 2005).
Vigencia: 29 junio 2005

3. Fuera de los casos anteriores, el que cause a otro una coacción de carácter leve, será castigado con la pena de multa de uno a tres meses. Este hecho sólo será perseguible mediante denuncia de la persona agraviada o de su representante legal.

Cuando el ofendido fuere alguna de las personas a las que se refiere el apartado 2 del artículo 173, la pena será la de localización permanente de cinco a treinta días, siempre en domicilio diferente y alejado del de la víctima, o trabajos en beneficio de la comunidad de cinco a treinta días, o multa de uno a cuatro meses, ésta última únicamente en los supuestos en los que concurran las circunstancias expresadas en el apartado 2 del artículo 84. En estos casos no será exigible la denuncia a que se refiere el párrafo anterior.

Número 3 del artículo 172 introducido por el número ochenta y nueve del artículo único de la L.O. 1/2015, de 30 de marzo, por la que se modifica la L.O. 10/1995, de 23 de noviembre, del Código Penal («B.O.E.» 31 marzo).
Vigencia: 1 julio 2015

Artículo 172 redactado por el apartado sexagésimo primero del artículo único de la L.O. 15/2003, de 25 de noviembre, por la que se modifica la L.O. 10/1995, de 23 de noviembre, del Código Penal («B.O.E.» 26 noviembre).
Vigencia: 1 octubre 2004

Artículo 172 bis. 1. El que con intimidación grave o violencia compeliere a otra persona a contraer matrimonio será castigado con una pena de prisión de seis meses a tres años y seis meses o con multa de doce a veinticuatro meses, según la gravedad de la coacción o de los medios empleados.

2. La misma pena se impondrá a quien, con la finalidad de cometer los hechos a que se refiere el apartado anterior, utilice violencia, intimidación grave o engaño para forzar a otro a abandonar el territorio español o a no regresar al mismo.

3. Las penas se impondrán en su mitad superior cuando la víctima fuera menor de edad.

Artículo 172 bis introducido por el número noventa del artículo único de la L.O. 1/2015, de 30 de marzo, por la que se modifica la L.O. 10/1995, de 23 de noviembre, del Código Penal («B.O.E.» 31 marzo).
Vigencia: 1 julio 2015

Artículo 172 ter. 1. Será castigado con la pena de prisión de tres meses a dos años o multa de seis a veinticuatro meses el que acose a una persona llevando a cabo de forma insistente y reiterada, y sin estar legítimamente autorizado, alguna de las conductas siguientes y, de este modo, altere gravemente el desarrollo de su vida cotidiana:

1.ª La vigile, la persiga o busque su cercanía física.

2.ª Establezca o intente establecer contacto con ella a través de cualquier medio de comunicación, o por medio de terceras personas.

3.ª Mediante el uso indebido de sus datos personales, adquiera productos o mercancías, o contrate servicios, o haga que terceras personas se pongan en contacto con ella.

4.ª Atente contra su libertad o contra su patrimonio, o contra la libertad o patrimonio de otra persona próxima a ella.

Si se trata de una persona especialmente vulnerable por razón de su edad, enfermedad o situación, se impondrá la pena de prisión de seis meses a dos años.

2. Cuando el ofendido fuere alguna de las personas a las que se refiere el apartado 2 del artículo 173, se impondrá una pena de prisión de uno a dos años, o trabajos en beneficio de la comunidad de sesenta a ciento veinte días. En este caso no será necesaria la denuncia a que se refiere el apartado 4 de este artículo.

3. Las penas previstas en este artículo se impondrán sin perjuicio de las que pudieran corresponder a los delitos en que se hubieran concretado los actos de acoso.

4. Los hechos descritos en este artículo sólo serán perseguibles mediante denuncia de la persona agraviada o de su representante legal.

Artículo 172 ter introducido por el número noventa y uno del artículo único de la L.O. 1/2015, de 30 de marzo, por la que se modifica la L.O. 10/1995, de 23 de noviembre, del Código Penal («B.O.E.» 31 marzo).
Vigencia: 1 julio 2015

TÍTULO VII
DE LAS TORTURAS Y OTROS DELITOS CONTRA LA INTEGRIDAD MORAL

Artículo 173. 1. El que infligiera a otra persona un trato degradante, menoscabando gravemente su integridad moral, será castigado con la pena de prisión de seis meses a dos años.

Con la misma pena serán castigados los que, en el ámbito de cualquier relación laboral o funcionarial y prevaliéndose de su relación de superioridad, realicen contra otro de forma reiterada actos hostiles o humillantes que, sin llegar a constituir trato degradante, supongan grave acoso contra la víctima.

Párrafo 2.º del número 1 del artículo 173 introducido por el número trigésimo octavo del artículo único de la L.O. 5/2010, de 22 de junio, por la que se modifica la L.O. 10/1995, de 23 de noviembre, del Código Penal («B.O.E.» 23 junio).
Vigencia: 23 diciembre 2010

Se impondrá también la misma pena al que de forma reiterada lleve a cabo actos hostiles o humillantes que, sin llegar a constituir trato degradante, tengan por objeto impedir el legítimo disfrute de la vivienda.

Párrafo 3.º del número 1 del artículo 173 introducido por el número trigésimo octavo del artículo único de la L.O. 5/2010, de 22 de junio, por la que se modifica la L.O. 10/1995, de 23 de noviembre, del Código Penal («B.O.E.» 23 junio).
Vigencia: 23 diciembre 2010

2. El que habitualmente ejerza violencia física o psíquica sobre quien sea o haya sido su cónyuge o sobre persona que esté o haya estado ligada a él por una análoga relación de afectividad aun sin convivencia, o sobre los descendientes, ascendientes o hermanos por naturaleza, adopción o afinidad, propios o del cónyuge o conviviente, o sobre los menores o personas con discapacidad necesitadas de especial protección que con él convivan o que se hallen sujetos a la potestad, tutela, curatela, acogimiento o guarda de hecho del cónyuge o conviviente, o sobre persona amparada en cualquier otra relación por la que se encuentre integrada en el núcleo de su convivencia familiar, así como sobre las personas que por su especial vulnerabilidad se encuentran sometidas a custodia o guarda en centros públicos o privados, será castigado con la pena de prisión de seis meses a tres años, privación del derecho a la tenencia y porte de armas de tres a cinco años y, en su caso, cuando el juez o tribunal lo estime adecuado al interés del menor o persona con discapacidad necesitada de especial protección, inhabilitación especial para el ejercicio de la patria potestad, tutela, curatela, guarda o acogimiento por tiempo de

uno a cinco años, sin perjuicio de las penas que pudieran corresponder a los delitos en que se hubieran concretado los actos de violencia física o psíquica.

Se impondrán las penas en su mitad superior cuando alguno o algunos de los actos de violencia se perpetren en presencia de menores, o utilizando armas, o tengan lugar en el domicilio común o en el domicilio de la víctima, o se realicen quebrantando una pena de las contempladas en el artículo 48 o una medida cautelar o de seguridad o prohibición de la misma naturaleza.

En los supuestos a que se refiere este apartado, podrá además imponerse una medida de libertad vigilada.

Número 2 del artículo 173 redactado por el número noventa y dos del artículo único de la L.O. 1/2015, de 30 de marzo, por la que se modifica la L.O. 10/1995, de 23 de noviembre, del Código Penal («B.O.E.» 31 marzo).
Vigencia: 1 julio 2015

3. Para apreciar la habitualidad a que se refiere el apartado anterior, se atenderá al número de actos de violencia que resulten acreditados, así como a la proximidad temporal de los mismos, con independencia de que dicha violencia se haya ejercido sobre la misma o diferentes víctimas de las comprendidas en este artículo, y de que los actos violentos hayan sido o no objeto de enjuiciamiento en procesos anteriores.

4. Quien cause injuria o vejación injusta de carácter leve, cuando el ofendido fuera una de las personas a las que se refiere el apartado 2 del artículo 173, será castigado con la pena de localización permanente de cinco a treinta días, siempre en domicilio diferente y alejado del de la víctima, o trabajos en beneficio de la comunidad de cinco a treinta días, o multa de uno a cuatro meses, esta última únicamente en los supuestos en los que concurran las circunstancias expresadas en el apartado 2 del artículo 84.

Las injurias solamente serán perseguibles mediante denuncia de la persona agraviada o de su representante legal.

Número 4 del artículo 173 introducido por el número noventa y dos del artículo único de la L.O. 1/2015, de 30 de marzo, por la que se modifica la L.O. 10/1995, de 23 de noviembre, del Código Penal («B.O.E.» 31 marzo).
Vigencia: 1 julio 2015

Artículo 173 redactado por el número ocho del artículo primero de la L.O. 11/2003, de 29 de septiembre, de medidas concretas en materia de seguridad ciudadana, violencia doméstica e integración social de los extranjeros («B.O.E.» 30 septiembre).
Vigencia: 1 octubre 2003

Artículo 174. 1. Comete tortura la autoridad o funcionario público que, abusando de su cargo, y con el fin de obtener una confesión o información de cualquier persona o de castigarla por cualquier hecho que haya cometido o se sospeche que ha cometido, o por cualquier razón basada en algún tipo de discriminación, la sometiere a condiciones o procedimientos que por su naturaleza, duración u otras circunstancias, le supongan sufrimientos físicos o mentales, la supresión o disminución de sus facultades de conocimiento, discernimiento o decisión o que, de cualquier otro modo, atenten contra su integridad moral. El culpable de tortura será castigado con la pena de prisión de dos a seis años si el atentado fuera grave, y de prisión de uno a tres años si no lo es. Además de las penas señaladas se impondrá, en todo caso, la pena de inhabilitación absoluta de ocho a 12 años.

Número 1 del artículo 174 redactado por el apartado sexagésimo segundo del artículo único de la L.O. 15/2003, de 25 de noviembre, por la que se modifica la L.O. 10/1995, de 23 de noviembre, del Código Penal («B.O.E.» 26 noviembre).
Vigencia: 1 octubre 2004

2. En las mismas penas incurrirán, respectivamente, la autoridad o funcionario de instituciones penitenciarias o de centros de protección o corrección de menores que cometiere, respecto de detenidos, internos o presos, los actos a que se refiere el apartado anterior.

Artículo 175. La autoridad o funcionario público que, abusando de su cargo y fuera de los casos comprendidos en el artículo anterior, atentare contra la integridad moral de una persona será castigado con la pena de prisión de dos a cuatro años si el atentado fuera grave, y de prisión de seis meses a dos años si no lo es. Se impondrá, en todo caso, al autor, además de las penas señaladas, la de inhabilitación especial para empleo o cargo público de dos a cuatro años.

Artículo 176. Se impondrán las penas respectivamente establecidas en los artículos precedentes a la autoridad o funcionario que, faltando a los deberes de su cargo, permitiere que otras personas ejecuten los hechos previstos en ellos.

Artículo 177. Si en los delitos descritos en los artículos precedentes, además del atentado a la integridad moral, se produjere lesión o daño a la vida, integridad física, salud, libertad sexual o bienes de la víctima o de un tercero, se castigarán los hechos separadamente con la pena que les corresponda por los delitos cometidos, excepto cuando aquél ya se halle especialmente castigado por la ley.

Artículo 177 redactado por el número noventa y tres del artículo único de la L.O. 1/2015, de 30 de marzo, por la que se modifica la L.O. 10/1995, de 23 de noviembre, del Código Penal («B.O.E.» 31 marzo).
Vigencia: 1 julio 2015

TÍTULO VII BIS
DE LA TRATA DE SERES HUMANOS

Título VII bis del Libro II, integrado por el artículo 177 bis, introducido por los apartados trigésimo noveno y cuadragésimo del artículo único de la L.O. 5/2010, de 22 de junio, por la que se modifica la L.O. 10/1995, de 23 de noviembre, del Código Penal («B.O.E.» 23 junio).
Vigencia: 23 diciembre 2010

Artículo 177 bis. 1. Será castigado con la pena de cinco a ocho años de prisión como reo de trata de seres humanos el que, sea en territorio español, sea desde España, en tránsito o con destino a ella, empleando violencia, intimidación o engaño, o abusando de una situación de superioridad o de necesidad o de vulnerabilidad de la víctima nacional o extranjera, o mediante la entrega o recepción de pagos o beneficios para lograr el consentimiento de la persona que poseyera el control sobre la víctima, la captare, transportare, trasladare, acogiere, o recibiere, incluido el intercambio o transferencia de control sobre esas personas, con cualquiera de las finalidades siguientes:

a) La imposición de trabajo o de servicios forzados, la esclavitud o prácticas similares a la esclavitud, a la servidumbre o a la mendicidad.

b) La explotación sexual, incluyendo la pornografía.

c) La explotación para realizar actividades delictivas.

d) La extracción de sus órganos corporales.

e) La celebración de matrimonios forzados.

Existe una situación de necesidad o vulnerabilidad cuando la persona en cuestión no tiene otra alternativa, real o aceptable, que someterse al abuso.

Número 1 del artículo 177 bis redactado por el número noventa y cuatro del artículo único de la L.O. 1/2015, de 30 de marzo, por la que se modifica la L.O. 10/1995, de 23 de noviembre, del Código Penal («B.O.E.» 31 marzo).
Vigencia: 1 julio 2015

2. Aun cuando no se recurra a ninguno de los medios enunciados en el apartado anterior, se considerará trata de seres humanos cualquiera de las acciones indicadas en el apartado anterior cuando se llevare a cabo respecto de menores de edad con fines de explotación.

3. El consentimiento de una víctima de trata de seres humanos será irrelevante cuando se haya recurrido a alguno de los medios indicados en el apartado primero de este artículo.

4.

4. Se impondrá la pena superior en grado a la prevista en el apartado primero de este artículo cuando:

a) se hubiera puesto en peligro la vida o la integridad física o psíquica de las personas objeto del delito;

b) la víctima sea especialmente vulnerable por razón de enfermedad, estado gestacional, discapacidad o situación personal, o sea menor de edad.

Si concurriere más de una circunstancia se impondrá la pena en su mitad superior.

Número 4 del artículo 177 bis redactado por el número noventa y cuatro del artículo único de la L.O. 1/2015, de 30 de marzo, por la que se modifica la L.O. 10/1995, de 23 de noviembre, del Código Penal («B.O.E.» 31 marzo).
Vigencia: 1 julio 2015

5. Se impondrá la pena superior en grado a la prevista en el apartado 1 de este artículo e inhabilitación absoluta de seis a doce años a los que realicen los hechos prevaliéndose de su condición de autoridad, agente de ésta o funcionario público. Si concurriere además alguna de las circunstancias previstas en el apartado 4 de este artículo se impondrán las penas en su mitad superior.

6. Se impondrá la pena superior en grado a la prevista en el apartado 1 de este artículo e inhabilitación especial para profesión, oficio, industria o comercio por el tiempo de la condena, cuando el culpable perteneciera a una organización o asociación de más de dos personas, incluso de carácter transitorio, que se dedicase a la realización de tales actividades. Si concurriere alguna de las circunstancias previstas en el apartado 4 de este artículo se impondrán las penas en la mitad superior. Si concurriere la circunstancia prevista en el apartado 5 de este artículo se impondrán las penas señaladas en este en su mitad superior.

Cuando se trate de los jefes, administradores o encargados de dichas organizaciones o asociaciones, se les aplicará la pena en su mitad superior, que podrá elevarse a la inmediatamente superior en grado. En todo caso se elevará la pena a la inmediatamente superior en grado si concurriera alguna de las circunstancias previstas en el apartado 4 o la circunstancia prevista en el apartado 5 de este artículo.

7. Cuando de acuerdo con lo establecido en el artículo 31 bis una persona jurídica sea responsable de los delitos comprendidos en este artículo, se le impondrá la pena de multa del triple al quíntuple del beneficio obtenido. Atendidas las reglas establecidas en el artículo 66 bis, los jueces y tribunales podrán asimismo imponer las penas recogidas en las letras b) a g) del apartado 7 del artículo 33.

8. La provocación, la conspiración y la proposición para cometer el delito de trata de seres humanos serán castigadas con la pena inferior en uno o dos grados a la del delito correspondiente.

9. En todo caso, las penas previstas en este artículo se impondrán sin perjuicio de las que correspondan, en su caso, por el delito del artículo 318 bis de este Código y demás delitos efectivamente cometidos, incluidos los constitutivos de la correspondiente explotación.

10. Las condenas de jueces o tribunales extranjeros por delitos de la misma naturaleza que los previstos en este artículo producirán los efectos de reincidencia, salvo que el antecedente penal haya sido cancelado o pueda serlo con arreglo al Derecho español.

11. Sin perjuicio de la aplicación de las reglas generales de este Código, la víctima de trata de seres humanos quedará exenta de pena por las infracciones penales que haya cometido en la situación de explotación sufrida, siempre que su participación en ellas haya sido consecuencia directa de la situación de violencia, intimidación, engaño o abuso a que haya sido sometida y que exista una adecuada proporcionalidad entre dicha situación y el hecho criminal realizado.

TÍTULO VIII
DELITOS CONTRA LA LIBERTAD E INDEMNIDAD SEXUALES

Epígrafe del Título VIII del Libro II redactado por el artículo primero de la L.O. 11/1999, 30 abril, de modificación del Título VIII del Libro II del Código Penal, aprobado por L.O. 10/1995, de 23 de noviembre («B.O.E.» 1 mayo).
Vigencia: 21 mayo 1999

CAPÍTULO PRIMERO
DE LAS AGRESIONES SEXUALES

Capítulo I del Título VIII del Libro II redactado por el artículo segundo de la L.O. 11/1999, de 30 de abril, de modificación del Título VIII del Libro II del Código Penal, aprobado por L.O. 10/1995, de 23 de noviembre («B.O.E.» 1 mayo).
Vigencia: 21 mayo 1999

Artículo 178. El que atentare contra la libertad sexual de otra persona, utilizando violencia o intimidación, será castigado como responsable de agresión sexual con la pena de prisión de uno a cinco años.

Artículo 178 redactado por el apartado cuadragésimo primero del artículo único de la L.O. 5/2010, de 22 de junio, por la que se modifica la L.O. 10/1995, de 23 de noviembre, del Código Penal («B.O.E.» 23 unio).
Vigencia: 23 diciembre 2010

Artículo 179. Cuando la agresión sexual consista en acceso carnal por vía vaginal, anal o bucal, o introducción de miembros corporales u objetos por alguna de las dos primeras vías, el responsable será castigado como reo de violación con la pena de prisión de seis a 12 años.

Artículo 179 redactado por el apartado sexagésimo tercero del artículo único de la L.O. 15/2003, de 25 de noviembre, por la que se modifica la L.O. 10/1995, de 23 de noviembre, del Código Penal («B.O.E.» 26 noviembre).
Vigencia: 1 octubre 2004

Artículo 180. 1. Las anteriores conductas serán castigadas con las penas de prisión de cinco a diez años para las agresiones del artículo 178, y de doce a quince años para las del artículo 179, cuando concurra alguna de las siguientes circunstancias:

Párrafo introductorio del número 1 del artículo 180 redactado por el apartado cuadragésimo segundo del artículo único de la L.O. 5/2010, de 22 de junio, por la que se modifica la L.O. 10/1995, de 23 de noviembre, del Código Penal («B.O.E.» 23 junio).
Vigencia: 23 diciembre 2010

1.ª Cuando la violencia o intimidación ejercidas revistan un carácter particularmente degradante o vejatorio.

2.ª Cuando los hechos se cometan por la actuación conjunta de dos o más personas.

3.ª Cuando la víctima sea especialmente vulnerable, por razón de su edad, enfermedad, discapacidad o situación, salvo lo dispuesto en el artículo 183.

Circunstancia 3.ª del número 1 del artículo 180 redactada por el apartado cuadragésimo segundo del artículo único de la L.O. 5/2010, de 22 de junio, por la que se modifica la L.O. 10/1995, de 23 de noviembre, del Código Penal («B.O.E.» 23 junio).
Vigencia: 23 diciembre 2010

4.ª Cuando, para la ejecución del delito, el responsable se haya prevalido de una relación de superioridad o parentesco, por ser ascendiente, descendiente o hermano, por naturaleza o adopción, o afines, con la víctima.

5.ª Cuando el autor haga uso de armas u otros medios igualmente peligrosos, susceptibles de producir la muerte o alguna de las lesiones previstas en los artículos 149 y 150 de este Código, sin perjuicio de la pena que pudiera corresponder por la muerte o lesiones causadas.

2. Si concurrieren dos o más de las anteriores circunstancias, las penas previstas en este artículo se impondrán en su mitad superior.

CAPÍTULO II
DE LOS ABUSOS SEXUALES

Capítulo II del Título VIII del Libro II redactado por el artículo segundo de la L.O. 11/1999, de 30 de abril, de modificación del Título VIII del Libro II del Código Penal, aprobado por L.O. 10/1995, de 23 de noviembre («B.O.E.» 1 mayo).
Vigencia: 21 mayo 1999

Artículo 181. 1. El que, sin violencia o intimidación y sin que medie consentimiento, realizare actos que atenten contra la libertad o indemnidad sexual de otra persona, será castigado, como responsable de abuso sexual, con la pena de prisión de uno a tres años o multa de dieciocho a veinticuatro meses.

2. A los efectos del apartado anterior, se consideran abusos sexuales no consentidos los que se ejecuten sobre personas que se hallen privadas de sentido o de cuyo trastorno mental se abusare, así como los que se cometan anulando la voluntad de la víctima mediante el uso de fármacos, drogas o cualquier otra sustancia natural o química idónea a tal efecto.

Número 2 del artículo 181 redactado por el apartado cuadragésimo tercero del artículo único de la L.O. 5/2010, de 22 de junio, por la que se modifica la L.O. 10/1995, de 23 de noviembre, del Código Penal («B.O.E.» 23 junio).
Vigencia: 23 diciembre 2010

3. La misma pena se impondrá cuando el consentimiento se obtenga prevaliéndose el responsable de una situación de superioridad manifiesta que coarte la libertad de la víctima.

4. En todos los casos anteriores, cuando el abuso sexual consista en acceso carnal por vía vaginal, anal o bucal, o introducción de miembros corporales u objetos por alguna de las dos primeras vías, el responsable será castigado con la pena de prisión de cuatro a diez años.

Número 4 del artículo 181 introducido, en su actual redacción, por el apartado cuadragésimo tercero del artículo único de la L.O. 5/2010, de 22 de junio, por la que se modifica la L.O. 10/1995, de 23 de noviembre, del Código Penal («B.O.E.» 23 junio).
Vigencia: 23 diciembre 2010

5. Las penas señaladas en este artículo se impondrán en su mitad superior si concurriere la circunstancia 3.ª o la 4.ª , de las previstas en el apartado 1 del artículo 180 de este Código.

Número 5 del artículo 181 renumerado por el apartado cuadragésimo tercero del artículo único de la L.O. 5/2010, de 22 de junio, por la que se modifica la L.O. 10/1995, de 23 de noviembre, del Código Penal («B.O.E.» 23 junio). Su contenido literal se corresponde con el del anterior número 4 del mismo artículo.
Vigencia: 23 diciembre 2010

Artículo 182. 1. El que, interviniendo engaño o abusando de una posición reconocida de confianza, autoridad o influencia sobre la víctima, realice actos de carácter sexual con persona mayor de dieciséis años y menor de dieciocho, será castigado con la pena de prisión de uno a tres años.

Número 1 del artículo 182 redactado por el número noventa y cinco del artículo único de la L.O. 1/2015, de 30 de marzo, por la que se modifica la L.O. 10/1995, de 23 de noviembre, del Código Penal («B.O.E.» 31 marzo).
Vigencia: 1 julio 2015

2. Cuando los actos consistan en acceso carnal por vía vaginal, anal o bucal, o introducción de miembros corporales u objetos por alguna de las dos primeras vías, la pena será de prisión de dos a seis años. La pena se impondrá en su mitad superior si concurriera la circunstancia 3.ª, o la 4.ª, de las previstas en el artículo 180.1 de este Código.

Artículo 182 redactado por el apartado cuadragésimo cuarto del artículo único de la L.O. 5/2010, de 22 de junio, por la que se modifica la L.O. 10/1995, de 23 de noviembre, del Código Penal («B.O.E.» 23 junio).
Vigencia: 23 diciembre 2010

CAPÍTULO II BIS
DE LOS ABUSOS Y AGRESIONES SEXUALES A MENORES DE DIECISÉIS AÑOS

Capítulo II bis del Título VIII del Libro II, integrado por los artículos 183 y 183 bis, introducido por los apartados cuadragésimo quinto, sexto y séptimo del artículo único de la L.O. 5/2010, de 22 de junio, por la que se modifica la L.O. 10/1995, de 23 de noviembre, del Código Penal («B.O.E.» 23 junio).
Vigencia: 23 diciembre 2010

Rúbrica del Capítulo II bis del Título VIII del Libro II redactada por el número noventa y seis del artículo único de la L.O. 1/2015, de 30 de marzo, por la que se modifica la L.O. 10/1995, de 23 de noviembre, del Código Penal («B.O.E.» 31 marzo).
Vigencia: 1 julio 2015

Artículo 183. 1. El que realizare actos de carácter sexual con un menor de dieciséis años, será castigado como responsable de abuso sexual a un menor con la pena de prisión de dos a seis años.

2. Cuando los hechos se cometan empleando violencia o intimidación, el responsable será castigado por el delito de agresión sexual a un menor con la pena de cinco a diez años de prisión. Las mismas penas se impondrán cuando mediante violencia o intimidación compeliere a un menor de dieciséis años a participar en actos de naturaleza sexual con un tercero o a realizarlos sobre sí mismo.

3. Cuando el ataque consista en acceso carnal por vía vaginal, anal o bucal, o introducción de miembros corporales u objetos por alguna de las dos primeras vías, el responsable será castigado con la pena de prisión de ocho a doce años, en el caso del apartado 1, y con la pena de doce a quince años, en el caso del apartado 2.

4. Las conductas previstas en los tres apartados anteriores serán castigadas con la pena de prisión correspondiente en su mitad superior cuando concurra alguna de las siguientes circunstancias:

a) Cuando el escaso desarrollo intelectual o físico de la víctima, o el hecho de tener un trastorno mental, la hubiera colocado en una situación de total indefensión y en todo caso, cuando sea menor de cuatro años.

b) Cuando los hechos se cometan por la actuación conjunta de dos o más personas.

c) Cuando la violencia o intimidación ejercidas revistan un carácter particularmente degradante o vejatorio.

d) Cuando, para la ejecución del delito, el responsable se haya prevalido de una relación de superioridad o parentesco, por ser ascendiente, o hermano, por naturaleza o adopción, o afines, con la víctima.

e) Cuando el culpable hubiere puesto en peligro, de forma dolosa o por imprudencia grave, la vida o salud de la víctima.

f) Cuando la infracción se haya cometido en el seno de una organización o de un grupo criminal que se dedicare a la realización de tales actividades.

5. En todos los casos previstos en este artículo, cuando el culpable se hubiera prevalido de su condición de autoridad, agente de ésta o funcionario público, se impondrá, además, la pena de inhabilitación absoluta de seis a doce años.

Artículo 183 redactado por el número noventa y siete del artículo único de la L.O. 1/2015, de 30 de marzo, por la que se modifica la L.O. 10/1995, de 23 de noviembre, del Código Penal («B.O.E.» 31 marzo).
Vigencia: 1 julio 2015

Artículo 183 bis. El que, con fines sexuales, determine a un menor de dieciséis años a participar en un comportamiento de naturaleza sexual, o le haga presenciar actos de carácter sexual, aunque el autor no participe en ellos, será castigado con una pena de prisión de seis meses a dos años.

Si le hubiera hecho presenciar abusos sexuales, aunque el autor no hubiera participado en ellos, se impondrá una pena de prisión de uno a tres años.

Artículo 183 bis redactado por el número noventa y ocho del artículo único de la L.O. 1/2015, de 30 de marzo, por la que se modifica la L.O. 10/1995, de 23 de noviembre, del Código Penal («B.O.E.» 31 marzo).
Vigencia: 1 julio 2015

Artículo 183 ter. 1. El que a través de internet, del teléfono o de cualquier otra tecnología de la información y la comunicación contacte con un menor de dieciséis años y proponga concertar un encuentro con el mismo a fin de cometer cualquiera de los delitos descritos en los artículos 183 y 189, siempre que tal propuesta se acompañe de actos materiales encaminados al acercamiento, será castigado con la pena de uno a tres años de prisión o multa de doce a veinticuatro meses, sin perjuicio de las penas correspondientes a los delitos en su caso cometidos. Las penas se impondrán en su mitad superior cuando el acercamiento se obtenga mediante coacción, intimidación o engaño.

2. El que a través de internet, del teléfono o de cualquier otra tecnología de la información y la comunicación contacte con un menor de dieciséis años y realice actos dirigidos a embaucarle para que le facilite material pornográfico o le muestre imágenes pornográficas en las que se represente o aparezca un menor, será castigado con una pena de prisión de seis meses a dos años.

Artículo 183 ter introducido por el número noventa y nueve del artículo único de la L.O. 1/2015, de 30 de marzo, por la que se modifica la L.O. 10/1995, de 23 de noviembre, del Código Penal («B.O.E.» 31 marzo).
Vigencia: 1 julio 2015

Artículo 183 quater. El consentimiento libre del menor de dieciséis años excluirá la responsabilidad penal por los delitos previstos en este Capítulo, cuando el autor sea una persona próxima al menor por edad y grado de desarrollo o madurez.

Artículo 183 quater introducido por el número cien del artículo único de la L.O. 1/2015, de 30 de marzo, por la que se modifica la L.O. 10/1995, de 23 de noviembre, del Código Penal («B.O.E.» 31 marzo).
Vigencia: 1 julio 2015

CAPÍTULO III
DEL ACOSO SEXUAL

Capítulo III del Título VIII del Libro II redactado por el artículo segundo de la L.O. 11/1999, de 30 de abril, de modificación del Título VIII del Libro II del Código Penal, aprobado por L.O. 10/1995, de 23 de noviembre («B.O.E.» 1 mayo).
Vigencia: 21 mayo 1999

Artículo 184. 1. El que solicitare favores de naturaleza sexual, para sí o para un tercero, en el ámbito de una relación laboral, docente o de prestación de servicios, continuada o habitual, y con tal comportamiento provocare a la víctima una situación objetiva y gravemente intimidatoria, hostil o humillante, será castigado, como autor de acoso sexual, con la pena de prisión de tres a cinco meses o multa de seis a 10 meses.

2. Si el culpable de acoso sexual hubiera cometido el hecho prevaliéndose de una situación de superioridad laboral, docente o jerárquica, o con el anuncio expreso o tácito de causar a la víctima un mal relacionado con las legítimas expectativas que aquélla pueda tener en el ámbito de la indicada relación, la pena será de prisión de cinco a siete meses o multa de 10 a 14 meses.

3. Cuando la víctima sea especialmente vulnerable, por razón de su edad, enfermedad o situación, la pena será de prisión de cinco a siete meses o multa de 10 a 14 meses en los supuestos previstos en el apartado 1, y de prisión de seis meses a un año en los supuestos previstos en el apartado 2 de este artículo.

Artículo 184 redactado por el apartado sexagésimo sexto del artículo único de la L.O. 15/2003, de 25 de noviembre, por la que se modifica la L.O. 10/1995, de 23 de noviembre, del Código Penal («B.O.E.» 26 noviembre).
Vigencia: 1 octubre 2004

CAPÍTULO IV
DE LOS DELITOS DE EXHIBICIONISMO Y PROVOCACIÓN SEXUAL

Capítulo IV del Título VIII del Libro II redactado por el artículo segundo de la L.O. 11/1999, de 30 de abril, de modificación del Título VIII del Libro II del Código Penal, aprobado por L.O. 10/1995, de 23 de noviembre («B.O.E.» 1 mayo).
Vigencia: 21 mayo 1999

Artículo 185. El que ejecutare o hiciere ejecutar a otra persona actos de exhibición obscena ante menores de edad o personas con discapacidad necesitadas de especial protección, será castigado con la pena de prisión de seis meses a un año o multa de 12 a 24 meses.

La referencia al término «personas con discapacidad necesitadas de especial protección» ha sido introducida en sustitución de la anterior referencia al término «incapaces», conforme establece el número doscientos cincuenta y ocho del artículo único de la L.O. 1/2015, de 30 de marzo, por la que se modifica la L.O. 10/1995, de 23 de noviembre, del Código Penal («B.O.E.» 31 marzo).
Vigencia: 1 julio 2015

Artículo 186. El que, por cualquier medio directo, vendiere, difundiere o exhibiere material pornográfico entre menores de edad o personas con discapacidad necesitadas de especial protección, será castigado con la pena de prisión de seis meses a un año o multa de 12 a 24 meses.

La referencia al término «personas con discapacidad necesitadas de especial protección» ha sido introducida en sustitución de la anterior referencia al término «incapaces», conforme establece el número doscientos cincuenta y ocho del artículo único de la L.O. 1/2015, de 30 de marzo, por la que se modifica la L.O. 10/1995, de 23 de noviembre, del Código Penal («B.O.E.» 31 marzo).

Vigencia: 1 julio 2015

CAPÍTULO V
DE LOS DELITOS RELATIVOS A LA PROSTITUCIÓN Y A LA EXPLOTACIÓN SEXUAL Y CORRUPCIÓN DE MENORES

Capítulo V del Título VIII del Libro II redactado por el artículo segundo de la L.O. 11/1999, de 30 de abril, de modificación del Título VIII del Libro II del Código Penal, aprobado por L.O. 10/1995, de 23 de noviembre («B.O.E.» 1 mayo).

Vigencia: 21 mayo 1999

Rúbrica del Capítulo V del Título VIII del Libro II redactada por el número ciento uno del artículo único de la L.O. 1/2015, de 30 de marzo, por la que se modifica la L.O. 10/1995, de 23 de noviembre, del Código Penal («B.O.E.» 31 marzo).

Vigencia: 1 julio 2015

Artículo 187. 1. El que, empleando violencia, intimidación o engaño, o abusando de una situación de superioridad o de necesidad o vulnerabilidad de la víctima, determine a una persona mayor de edad a ejercer o a mantenerse en la prostitución, será castigado con las penas de prisión de dos a cinco años y multa de doce a veinticuatro meses.

Se impondrá la pena de prisión de dos a cuatro años y multa de doce a veinticuatro meses a quien se lucre explotando la prostitución de otra persona, aun con el consentimiento de la misma. En todo caso, se entenderá que hay explotación cuando concurra alguna de las siguientes circunstancias:

a) Que la víctima se encuentre en una situación de vulnerabilidad personal o económica.

b) Que se le impongan para su ejercicio condiciones gravosas, desproporcionadas o abusivas.

2. Se impondrán las penas previstas en los apartados anteriores en su mitad superior, en sus respectivos casos, cuando concurra alguna de las siguientes circunstancias:

a) Cuando el culpable se hubiera prevalido de su condición de autoridad, agente de ésta o funcionario público. En este caso se aplicará, además, la pena de inhabilitación absoluta de seis a doce años.

b) Cuando el culpable perteneciere a una organización o grupo criminal que se dedicare a la realización de tales actividades.

c) Cuando el culpable hubiere puesto en peligro, de forma dolosa o por imprudencia grave, la vida o salud de la víctima.

3. Las penas señaladas se impondrán en sus respectivos casos sin perjuicio de las que correspondan por las agresiones o abusos sexuales cometidos sobre la persona prostituida.

Artículo 187 redactado por el número ciento dos del artículo único de la L.O. 1/2015, de 30 de marzo, por la que se modifica la L.O. 10/1995, de 23 de noviembre, del Código Penal («B.O.E.» 31 marzo).

Vigencia: 1 julio 2015

Artículo 188. 1. El que induzca, promueva, favorezca o facilite la prostitución de un menor de edad o una persona con discapacidad necesitada de especial protección, o se lucre con ello, o explote de algún otro modo a un menor o a una persona con discapacidad para estos fines, será castigado con las penas de prisión de dos a cinco años y multa de doce a veinticuatro meses.

Si la víctima fuera menor de dieciséis años, se impondrá la pena de prisión de cuatro a ocho años y multa de doce a veinticuatro meses.

2. Si los hechos descritos en el apartado anterior se cometieran con violencia o intimidación, además de las penas de multa previstas, se impondrá la pena de prisión de cinco a diez años si la víctima es menor de dieciséis años, y la pena de prisión de cuatro a seis años en los demás casos.

3. Se impondrán las penas superiores en grado a las previstas en los apartados anteriores, en sus respectivos casos, cuando concurra alguna de las siguientes circunstancias:

a) Cuando la víctima sea especialmente vulnerable, por razón de su edad, enfermedad, discapacidad o situación.

b) Cuando, para la ejecución del delito, el responsable se haya prevalido de una relación de superioridad o parentesco, por ser ascendiente, descendiente o hermano, por naturaleza o adopción, o afines, con la víctima.

c) Cuando, para la ejecución del delito, el responsable se hubiera prevalido de su condición de autoridad, agente de ésta o funcionario público. En este caso se impondrá, además, una pena de inhabilitación absoluta de seis a doce años.

d) Cuando el culpable hubiere puesto en peligro, de forma dolosa o por imprudencia grave, la vida o salud de la víctima.

e) Cuando los hechos se hubieren cometido por la actuación conjunta de dos o más personas.

f) Cuando el culpable perteneciere a una organización o asociación, incluso de carácter transitorio, que se dedicare a la realización de tales actividades.

4. El que solicite, acepte u obtenga, a cambio de una remuneración o promesa, una relación sexual con una persona menor de edad o una persona con discapacidad necesitada de especial protección, será castigado con una pena de uno a cuatro años de prisión. Si el menor no hubiera cumplido dieciséis años de edad, se impondrá una pena de dos a seis años de prisión.

5. Las penas señaladas se impondrán en sus respectivos casos sin perjuicio de las que correspondan por las infracciones contra la libertad o indemnidad sexual cometidas sobre los menores y personas con discapacidad necesitadas de especial protección.

Artículo 188 redactado por el número ciento tres del artículo único de la L.O. 1/2015, de 30 de marzo, por la que se modifica la L.O. 10/1995, de 23 de noviembre, del Código Penal («B.O.E.» 31 marzo).

Vigencia: 1 julio 2015

Artículo 189. 1. Será castigado con la pena de prisión de uno a cinco años:

a) El que captare o utilizare a menores de edad o a personas con discapacidad necesitadas de especial protección con fines o en espectáculos exhibicionistas o pornográficos, tanto públicos como privados, o para elaborar cualquier clase de material pornográfico, cualquiera que sea su soporte, o financiare cualquiera de estas actividades o se lucrare con ellas.

b) El que produjere, vendiere, distribuyere, exhibiere, ofreciere o facilitare la producción, venta, difusión o exhibición por cualquier medio de pornografía infantil o en cuya elaboración hayan sido utilizadas personas con discapacidad necesitadas de especial protección, o lo poseyere para estos fines, aunque el material tuviere su origen en el extranjero o fuere desconocido.

A los efectos de este Título se considera pornografía infantil o en cuya elaboración hayan sido utilizadas personas con discapacidad necesitadas de especial protección:

a) Todo material que represente de manera visual a un menor o una persona con discapacidad necesitada de especial protección participando en una conducta sexualmente explícita, real o simulada.

b) Toda representación de los órganos sexuales de un menor o persona con discapacidad necesitada de especial protección con fines principalmente sexuales.

c) Todo material que represente de forma visual a una persona que parezca ser un menor participando en una conducta sexualmente explícita, real o simulada, o cualquier representación de los órganos sexuales de una persona que parezca ser un menor, con fines principalmente sexuales, salvo que la persona que parezca ser un menor resulte tener en realidad dieciocho años o más en el momento de obtenerse las imágenes.

d) Imágenes realistas de un menor participando en una conducta sexualmente explícita o imágenes realistas de los órganos sexuales de un menor, con fines principalmente sexuales.

2. Serán castigados con la pena de prisión de cinco a nueve años los que realicen los actos previstos en el apartado 1 de este artículo cuando concurra alguna de las circunstancias siguientes:

a) Cuando se utilice a menores de dieciséis años.

b) Cuando los hechos revistan un carácter particularmente degradante o vejatorio.

c) Cuando el material pornográfico represente a menores o a personas con discapacidad necesitadas de especial protección que sean víctimas de violencia física o sexual.

d) Cuando el culpable hubiere puesto en peligro, de forma dolosa o por imprudencia grave, la vida o salud de la víctima.

e) Cuando el material pornográfico fuera de notoria importancia.

f) Cuando el culpable perteneciere a una organización o asociación, incluso de carácter transitorio, que se dedicare a la realización de tales actividades.

g) Cuando el responsable sea ascendiente, tutor, curador, guardador, maestro o cualquier otra persona encargada, de hecho, aunque fuera provisionalmente, o de derecho, del menor o persona con discapacidad necesitada de especial protección, o se trate de cualquier otro miembro de su familia que conviva con él o de otra persona que haya actuado abusando de su posición reconocida de confianza o autoridad.

h) Cuando concurra la agravante de reincidencia.

3. Si los hechos a que se refiere la letra a) del párrafo primero del apartado 1 se hubieran cometido con violencia o intimidación se impondrá la pena superior en grado a las previstas en los apartados anteriores.

4. El que asistiere a sabiendas a espectáculos exhibicionistas o pornográficos en los que participen menores de edad o personas con discapacidad necesitadas de especial protección, será castigado con la pena de seis meses a dos años de prisión.

5. El que para su propio uso adquiera o posea pornografía infantil o en cuya elaboración se hubieran utilizado personas con discapacidad necesitadas de especial protección, será castigado con la pena de tres meses a un año de prisión o con multa de seis meses a dos años.

La misma pena se impondrá a quien acceda a sabiendas a pornografía infantil o en cuya elaboración se hubieran utilizado personas con discapacidad necesitadas de especial protección, por medio de las tecnologías de la información y la comunicación.

6. El que tuviere bajo su potestad, tutela, guarda o acogimiento a un menor de edad o una persona con discapacidad necesitada de especial protección y que, con conocimiento de su estado de prostitución o corrupción, no haga lo posible para impedir su continuación en tal estado, o no acuda a la autoridad competente para el mismo fin si carece de medios para la custodia del menor o persona con discapacidad necesitada de especial protección, será castigado con la pena de prisión de tres a seis meses o multa de seis a doce meses.

7. El Ministerio Fiscal promoverá las acciones pertinentes con objeto de privar de la patria potestad, tutela, guarda o acogimiento familiar, en su caso, a la persona que incurra en alguna de las conductas descritas en el apartado anterior.

8. Los jueces y tribunales ordenarán la adopción de las medidas necesarias para la retirada de las páginas web o aplicaciones de internet que contengan o difundan pornografía infantil o en cuya elaboración se hubieran utilizado personas con discapacidad necesitadas de especial protección o, en su caso, para bloquear el acceso a las mismas a los usuarios de Internet que se encuentren en territorio español.

Estas medidas podrán ser acordadas con carácter cautelar a petición del Ministerio Fiscal.

Artículo 189 redactado por el número ciento cuatro del artículo único de la L.O. 1/2015, de 30 de marzo, por la que se modifica la L.O. 10/1995, de 23 de noviembre, del Código Penal («B.O.E.» 31 marzo).
Vigencia: 1 julio 2015

Artículo 189 bis. Cuando de acuerdo con lo establecido en el artículo 31 bis una persona jurídica sea responsable de los delitos comprendidos en este Capítulo, se le impondrán las siguientes penas:

a) Multa del triple al quíntuple del beneficio obtenido, si el delito cometido por la persona física tiene prevista una pena de prisión de más de cinco años.

b) Multa del doble al cuádruple del beneficio obtenido, si el delito cometido por la persona física tiene prevista una pena de prisión de más de dos años no incluida en el anterior inciso.

c) Multa del doble al triple del beneficio obtenido, en el resto de los casos.

Atendidas las reglas establecidas en el artículo 66 bis, los jueces y tribunales podrán asimismo imponer las penas recogidas en las letras b) a g) del apartado 7 del artículo 33.

Artículo 189 bis introducido por el apartado quincuagésimo primero del artículo único de la L.O. 5/2010, de 22 de junio, por la que se modifica la L.O. 10/1995, de 23 de noviembre, del Código Penal («B.O.E.» 23 junio).
Vigencia: 23 diciembre 2010

Artículo 190. La condena de un Juez o Tribunal extranjero, impuesta por delitos comprendidos en este capítulo, será equiparada a las sentencias de los Jueces o Tribunales españoles a los efectos de la aplicación de la circunstancia agravante de reincidencia.

CAPÍTULO VI
DISPOSICIONES COMUNES A LOS CAPÍTULOS ANTERIORES

Artículo 191. 1. Para proceder por los delitos de agresiones, acoso o abusos sexuales, será precisa denuncia de la persona agraviada, de su representante legal o querella del Ministerio Fiscal, que actuará ponderando los legítimos intereses en presencia. Cuando la víctima sea menor de edad, persona con discapacidad necesitada de especial protección o una persona desvalida, bastará la denuncia del Ministerio Fiscal.

La referencia al término «persona con discapacidad necesitada de especial protección» ha sido introducida en sustitución de la anterior referencia al término «incapaz», conforme establece el número doscientos cincuenta y ocho del artículo único de la L.O. 1/2015, de 30 de marzo, por la que se modifica la L.O. 10/1995, de 23 de noviembre, del Código Penal («B.O.E.» 31 marzo).
Vigencia: 1 julio 2015

2. En estos delitos el perdón del ofendido o del representante legal no extingue la acción penal ni la responsabilidad de esa clase.

Artículo 192. 1. A los condenados a pena de prisión por uno o más delitos comprendidos en este Título se les impondrá además la medida de libertad vigilada, que se ejecutará con posterioridad a la pena privativa de libertad. La duración de dicha medida será de cinco a diez años, si alguno de los delitos fuera grave, y de uno a cinco años si se trata de uno o más delitos menos graves. En este último caso, cuando se trate de un solo delito cometido por un delincuente primario, el tribunal podrá imponer o no la medida de libertad vigilada en atención a la menor peligrosidad del autor.

Número 1 del artículo 192 redactado por el número ciento cinco del artículo único de la L.O. 1/2015, de 30 de marzo, por la que se modifica la L.O. 10/1995, de 23 de noviembre, del Código Penal («B.O.E.» 31 marzo).
Vigencia: 1 julio 2015

2. Los ascendientes, tutores, curadores, guardadores, maestros o cualquier otra persona encargada de hecho o de derecho del menor o persona con discapacidad necesitada de especial protección, que intervengan como autores o cómplices en la perpetración de los delitos comprendidos en este Título, serán castigados con la pena que les corresponda, en su mitad superior.

La referencia al término «persona con discapacidad necesitada de especial protección» ha sido introducida en sustitución de la anterior referencia al término «incapaz», conforme establece el número doscientos cincuenta y ocho del artículo único de la L.O. 1/2015, de 30 de marzo, por la que se modifica la L.O. 10/1995, de 23 de noviembre, del Código Penal («B.O.E.» 31 marzo).
Vigencia: 1 julio 2015

No se aplicará esta regla cuando la circunstancia en ella contenida esté específicamente contemplada en el tipo penal de que se trate.

Número 2 del artículo 192 renumerado por el apartado quincuagésimo segundo del artículo único de la L.O. 5/2010, de 22 de junio, por la que se modifica la L.O. 10/1995, de 23 de noviembre, del Código Penal («B.O.E.» 23 junio). Su contenido literal se corresponde con el del anterior apartado 1 del mismo artículo.
Vigencia: 23 diciembre 2010

3. El juez o tribunal podrá imponer razonadamente, además, la pena de privación de la patria potestad o la pena de inhabilitación especial para el ejercicio de los derechos de la patria potestad, tutela, curatela, guarda o acogimiento, por el tiempo de seis meses a seis años, y la pena de inhabilitación para empleo o cargo público o ejercicio de la profesión u oficio, por el tiempo de seis meses a seis años. A los responsables de la comisión de alguno de los delitos de los Capítulos II bis o V se les impondrá, en todo caso, y sin perjuicio de las penas que correspondan con arreglo a los artículos precedentes, una pena de inhabilitación especial para cualquier profesión u oficio, sea o no retribuido que conlleve contacto regular y directo con menores de edad por un tiempo superior entre tres y cinco años al de la duración de la pena de privación de libertad impuesta en su caso en la sentencia, o por un tiempo de dos a diez años cuando no se hubiera impuesto una pena de prisión

atendiendo proporcionalmente a la gravedad del delito, el número de los delitos cometidos y a las circunstancias que concurran en el condenado.

Número 3 del artículo 192 redactado por el número ciento cinco del artículo único de la L.O. 1/2015, de 30 de marzo, por la que se modifica la L.O. 10/1995, de 23 de noviembre, del Código Penal («B.O.E.» 31 marzo).
Vigencia: 1 julio 2015

Artículo 193. En las sentencias condenatorias por delitos contra la libertad sexual, además del pronunciamiento correspondiente a la responsabilidad civil, se harán, en su caso, los que procedan en orden a la filiación y fijación de alimentos.

Véanse artículos 11 y 120 a 126 del Código Civil.

Artículo 194. En los supuestos tipificados en los Capítulos IV y V de este Título, cuando en la realización de los actos se utilizaren establecimientos o locales, abiertos o no al público, podrá decretarse en la sentencia condenatoria su clausura temporal o definitiva. La clausura temporal, que no podrá exceder de cinco años, podrá adoptarse también con carácter cautelar.

TÍTULO IX
DE LA OMISIÓN DEL DEBER DE SOCORRO

Artículo 195. 1. El que no socorriere a una persona que se halle desamparada y en peligro manifiesto y grave, cuando pudiere hacerlo sin riesgo propio ni de terceros, será castigado con la pena de multa de tres a doce meses.

2. En las mismas penas incurrirá el que, impedido de prestar socorro, no demande con urgencia auxilio ajeno.

3. Si la víctima lo fuere por accidente ocasionado fortuitamente por el que omitió el auxilio, la pena será de prisión de seis meses a 18 meses, y si el accidente se debiere a imprudencia, la de prisión de seis meses a cuatro años.

Número 3 del artículo 195 redactado por el apartado septuagésimo del artículo único de la L.O. 15/2003, de 25 de noviembre, por la que se modifica la L.O. 10/1995, de 23 de noviembre, del Código Penal («B.O.E.» 26 noviembre).
Vigencia: 1 octubre 2004

Artículo 196. El profesional que, estando obligado a ello, denegare asistencia sanitaria o abandonare los servicios sanitarios, cuando de la denegación o abandono se derive riesgo grave para la salud de las personas, será castigado con las penas del artículo precedente en su mitad superior y con la de inhabilitación especial para empleo o cargo público, profesión u oficio, por tiempo de seis meses a tres años.

TÍTULO X
DELITOS CONTRA LA INTIMIDAD, EL DERECHO A LA PROPIA IMAGEN Y LA INVIOLABILIDAD DEL DOMICILIO

CAPÍTULO PRIMERO
DEL DESCUBRIMIENTO Y REVELACIÓN DE SECRETOS

Artículo 197. 1. El que, para descubrir los secretos o vulnerar la intimidad de otro, sin su consentimiento, se apodere de sus papeles, cartas, mensajes de correo electrónico o cualesquiera otros documentos o efectos personales, intercepte sus telecomunicaciones o utilice artificios técnicos de escucha, transmisión, grabación o reproducción del sonido o de la imagen, o de cualquier otra señal de comunicación, será castigado con las penas de prisión de uno a cuatro años y multa de doce a veinticuatro meses.

2. Las mismas penas se impondrán al que, sin estar autorizado, se apodere, utilice o modifique, en perjuicio de tercero, datos reservados de carácter personal o familiar de otro que se hallen registrados en ficheros o soportes informáticos, electrónicos o telemáticos, o en cualquier otro tipo de archivo o registro público o privado. Iguales penas se impondrán a quien, sin estar autorizado, acceda por cualquier medio a los mismos y a quien los altere o utilice en perjuicio del titular de los datos o de un tercero.

3. Se impondrá la pena de prisión de dos a cinco años si se difunden, revelan o ceden a terceros los datos o hechos descubiertos o las imágenes captadas a que se refieren los números anteriores.

Será castigado con las penas de prisión de uno a tres años y multa de doce a veinticuatro meses, el que, con conocimiento de su origen ilícito y sin haber tomado parte en su descubrimiento, realizare la conducta descrita en el párrafo anterior.

4. Los hechos descritos en los apartados 1 y 2 de este artículo serán castigados con una pena de prisión de tres a cinco años cuando:

a) Se cometan por las personas encargadas o responsables de los ficheros, soportes informáticos, electrónicos o telemáticos, archivos o registros; o

b) se lleven a cabo mediante la utilización no autorizada de datos personales de la víctima.

Si los datos reservados se hubieran difundido, cedido o revelado a terceros, se impondrán las penas en su mitad superior.

5. Igualmente, cuando los hechos descritos en los apartados anteriores afecten a datos de carácter personal que revelen la ideología, religión, creencias, salud, origen racial o vida sexual, o la víctima fuere un menor de edad o una persona con discapacidad necesitada de especial protección, se impondrán las penas previstas en su mitad superior.

6. Si los hechos se realizan con fines lucrativos, se impondrán las penas respectivamente previstas en los apartados 1 al 4 de este artículo en su mitad superior. Si además afectan a datos de los mencionados en el apartado anterior, la pena a imponer será la de prisión de cuatro a siete años.

7. Será castigado con una pena de prisión de tres meses a un año o multa de seis a doce meses el que, sin autorización de la persona afectada, difunda, revele o ceda a terceros imágenes o grabaciones audiovisuales de aquélla que hubiera obtenido con su anuencia en un domicilio o en cualquier otro lugar fuera del alcance de la mirada de terceros, cuando la divulgación menoscabe gravemente la intimidad personal de esa persona.

La pena se impondrá en su mitad superior cuando los hechos hubieran sido cometidos por el cónyuge o por persona que esté o haya estado unida a él por análoga relación de afectividad, aun sin convivencia, la víctima fuera menor de edad o una persona con discapacidad necesitada de especial protección, o los hechos se hubieran cometido con una finalidad lucrativa.

Artículo 197 redactado por el número ciento seis del artículo único de la L.O. 1/2015, de 30 de marzo, por la que se modifica la L.O. 10/1995, de 23 de noviembre, del Código Penal («B.O.E.» 31 marzo).
Vigencia: 1 julio 2015

Artículo 197 bis. 1. El que por cualquier medio o procedimiento, vulnerando las medidas de seguridad establecidas para impedirlo, y sin estar debidamente autorizado, acceda o facilite a otro el acceso al conjunto o una parte de un sistema de información o se mantenga en él en contra de la voluntad de quien tenga el legítimo derecho a excluirlo, será castigado con pena de prisión de seis meses a dos años.

2. El que mediante la utilización de artificios o instrumentos técnicos, y sin estar debidamente autorizado, intercepte transmisiones no públicas de datos informáticos que se produzcan desde, hacia o dentro de un sistema de información, incluidas las emisiones electromagnéticas de los mismos, será castigado con una pena de prisión de tres meses a dos años o multa de tres a doce meses.

Artículo 197 bis introducido por el número ciento siete del artículo único de la L.O. 1/2015, de 30 de marzo, por la que se modifica la L.O. 10/1995, de 23 de noviembre, del Código Penal («B.O.E.» 31 marzo).
Vigencia: 1 julio 2015

Artículo 197 ter. Será castigado con una pena de prisión de seis meses a dos años o multa de tres a dieciocho meses el que, sin estar debidamente autorizado, produzca, adquiera para su uso, importe o, de cualquier modo, facilite a terceros, con la intención de facilitar la comisión de alguno de los delitos a que se refieren los apartados 1 y 2 del artículo 197 o el artículo 197 bis:

a) un programa informático, concebido o adaptado principalmente para cometer dichos delitos; o

b) una contraseña de ordenador, un código de acceso o datos similares que permitan acceder a la totalidad o a una parte de un sistema de información.

Artículo 197 ter introducido por el número ciento ocho del artículo único de la L.O. 1/2015, de 30 de marzo, por la que se modifica la L.O. 10/1995, de 23 de noviembre, del Código Penal («B.O.E.» 31 marzo).
Vigencia: 1 julio 2015

Artículo 197 quater. Si los hechos descritos en este Capítulo se hubieran cometido en el seno de una organización o grupo criminal, se aplicarán respectivamente las penas superiores en grado.

Artículo 197 quater introducido por el número ciento nueve del artículo único de la L.O. 1/2015, de 30 de marzo, por la que se modifica la L.O. 10/1995, de 23 de noviembre, del Código Penal («B.O.E.» 31 marzo).
Vigencia: 1 julio 2015

Artículo 197 quinquies. Cuando de acuerdo con lo establecido en el artículo 31 bis una persona jurídica sea responsable de los delitos comprendidos en los artículos 197, 197 bis y 197 ter, se le impondrá la pena de multa de seis meses a dos años. Atendidas las reglas establecidas en el artículo 66 bis, los jueces y tribunales podrán asimismo imponer las penas recogidas en las letras b) a g) del apartado 7 del artículo 33.

Artículo 197 quinquies introducido por el número ciento diez del artículo único de la L.O. 1/2015, de 30 de marzo, por la que se modifica la L.O. 10/1995, de 23 de noviembre, del Código Penal («B.O.E.» 31 marzo).
Vigencia: 1 julio 2015

Artículo 198. La autoridad o funcionario público que, fuera de los casos permitidos por la Ley, sin mediar causa legal por delito, y prevaliéndose de su cargo, realizare cualquiera de las conductas descritas en el artículo anterior, será castigado con las penas respectivamente previstas en el mismo, en su mitad superior y, además, con la de inhabilitación absoluta por tiempo de seis a doce años.

Artículo 199. 1. El que revelare secretos ajenos, de los que tenga conocimiento por razón de su oficio o sus relaciones laborales, será castigado con la pena de prisión de uno a tres años y multa de seis a doce meses.

2. El profesional que, con incumplimiento de su obligación de sigilo o reserva, divulgue los secretos de otra persona, será castigado con la pena de prisión de uno a

cuatro años, multa de doce a veinticuatro meses e inhabilitación especial para dicha profesión por tiempo de dos a seis años.

Artículo 200. Lo dispuesto en este capítulo será aplicable al que descubriere, revelare o cediere datos reservados de personas jurídicas, sin el consentimiento de sus representantes, salvo lo dispuesto en otros preceptos de este Código.

Artículo 201. 1. Para proceder por los delitos previstos en este Capítulo será necesaria denuncia de la persona agraviada o de su representante legal. Cuando aquélla sea menor de edad, persona con discapacidad necesitada de especial protección o una persona desvalida, también podrá denunciar el Ministerio Fiscal.

La referencia al término «persona con discapacidad necesitada de especial protección» ha sido introducida en sustitución de la anterior referencia al término «incapaz», conforme establece el número doscientos cincuenta y ocho del artículo único de la L.O. 1/2015, de 30 de marzo, por la que se modifica la L.O. 10/1995, de 23 de noviembre, del Código Penal («B.O.E.» 31 marzo).
Vigencia: 1 julio 2015

2. No será precisa la denuncia exigida en el apartado anterior para proceder por los hechos descritos en el artículo 198 de este Código, ni cuando la comisión del delito afecte a los intereses generales o a una pluralidad de personas.

3. El perdón del ofendido o de su representante legal, en su caso, extingue la acción penal sin perjuicio de lo dispuesto en el segundo párrafo del número 5º del apartado 1 del artículo 130.

Número 3 del artículo 201 redactado por el apartado quincuagésimo cuarto del artículo único de la L.O. 5/2010, de 22 de junio, por la que se modifica la L.O. 10/1995, de 23 de noviembre, del Código Penal («B.O.E.» 23 junio).
Vigencia: 23 diciembre 2010

CAPÍTULO II
DEL ALLANAMIENTO DE MORADA, DOMICILIO DE PERSONAS JURÍDICAS Y ESTABLECIMIENTOS ABIERTOS AL PÚBLICO

Artículo 202. 1. El particular que, sin habitar en ella, entrare en morada ajena o se mantuviere en la misma contra la voluntad de su morador, será castigado con la pena de prisión de seis meses a dos años.

2. Si el hecho se ejecutare con violencia o intimidación la pena será de prisión de uno a cuatro años y multa de seis a doce meses.

Véanse:
Artículo 18.2 de la Constitución Española.
Artículo 1.2 d) de la L.O. 5/1995, 22 mayo, del Tribunal del Jurado («B.O.E.» 23 mayo).
Artículo 553 LECrim.

Artículo 203. 1. Será castigado con las penas de prisión de seis meses a un año y multa de seis a diez meses el que entrare contra la voluntad de su titular en el domicilio de una persona jurídica pública o privada, despacho profesional u oficina, o en establecimiento mercantil o local abierto al público fuera de las horas de apertura.

2. Será castigado con la pena de multa de uno a tres meses el que se mantuviere contra la voluntad de su titular, fuera de las horas de apertura, en el domicilio

de una persona jurídica pública o privada, despacho profesional u oficina, o en establecimiento mercantil o local abierto al público.

Actual número 2 del artículo 203 introducido por el número ciento once del artículo único de la L.O. 1/2015, de 30 de marzo, por la que se modifica la L.O. 10/1995, de 23 de noviembre, del Código Penal («B.O.E.» 31 marzo).
Vigencia: 1 julio 2015

3. Será castigado con la pena de prisión de seis meses a tres años, el que con violencia o intimidación entrare o se mantuviere contra la voluntad de su titular en el domicilio de una persona jurídica pública o privada, despacho profesional u oficina, o en establecimiento, mercantil o local abierto al público.

Número 3 del artículo 203 renumerado por el número ciento once del artículo único de la L.O. 1/2015, de 30 de marzo, por la que se modifica la L.O. 10/1995, de 23 de noviembre, del Código Penal («B.O.E.» 31 marzo). Su contenido literal se corresponde con el del anterior número 2 del mismo artículo.
Vigencia: 1 julio 2015

Artículo 204. La autoridad o funcionario público que, fuera de los casos permitidos por la Ley y sin mediar causa legal por delito, cometiere cualquiera de los hechos descritos en los dos artículos anteriores, será castigado con la pena prevista respectivamente en los mismos, en su mitad superior, e inhabilitación absoluta de seis a doce años.

Véase artículo 1.2 d) de la L.O. 5/1995, 22 mayo, del Tribunal del Jurado («B.O.E.» 23 mayo).

TÍTULO XI
DELITOS CONTRA EL HONOR

CAPÍTULO PRIMERO
DE LA CALUMNIA

Artículo 205. Es calumnia la imputación de un delito hecha con conocimiento de su falsedad o temerario desprecio hacia la verdad.

Véanse artículos 10, 18 y 20.1 de la Constitución Española.

Artículo 206. Las calumnias serán castigadas con las penas de prisión de seis meses a dos años o multa de doce a 24 meses, si se propagaran con publicidad y, en otro caso, con multa de seis a 12 meses.

Artículo 206 redactado por el apartado septuagésimo primero del artículo único de la L.O. 15/2003, de 25 de noviembre, por la que se modifica la L.O. 10/1995, de 23 de noviembre, del Código Penal («B.O.E.» 26 noviembre).
Vigencia: 1 octubre 2004

Artículo 207. El acusado por delito de calumnia quedará exento de toda pena probando el hecho criminal que hubiere imputado.

CAPÍTULO II
DE LA INJURIA

Artículo 208. Es injuria la acción o expresión que lesionan la dignidad de otra persona, menoscabando su fama o atentando contra su propia estimación.

Solamente serán constitutivas de delito las injurias que, por su naturaleza, efectos y circunstancias, sean tenidas en el concepto público por graves, sin perjuicio de lo dispuesto en el apartado 4 del artículo 173.

Párrafo segundo del artículo 208 redactado por el número ciento doce del artículo único de la L.O. 1/2015, de 30 de marzo, por la que se modifica la L.O. 10/1995, de 23 de noviembre, del Código Penal («B.O.E.» 31 marzo).
Vigencia: 1 julio 2015

Las injurias que consistan en la imputación de hechos no se considerarán graves, salvo cuando se hayan llevado a cabo con conocimiento de su falsedad o temerario desprecio hacia la verdad.

Artículo 209. Las injurias graves hechas con publicidad se castigarán con la pena de multa de seis a catorce meses y, en otro caso, con la de tres a siete meses.

Artículo 210. El acusado de injuria quedará exento de responsabilidad probando la verdad de las imputaciones cuando estas se dirijan contra funcionarios públicos sobre hechos concernientes al ejercicio de sus cargos o referidos a la comisión de infracciones administrativas.

Artículo 210 redactado por el número ciento trece del artículo único de la L.O. 1/2015, de 30 de marzo, por la que se modifica la L.O. 10/1995, de 23 de noviembre, del Código Penal («B.O.E.» 31 marzo).
Vigencia: 1 julio 2015

CAPÍTULO III
DISPOSICIONES GENERALES

Artículo 211. La calumnia y la injuria se reputarán hechas con publicidad cuando se propaguen por medio de la imprenta, la radiodifusión o por cualquier otro medio de eficacia semejante.

Véanse artículos 816 a 823 LECrim.

Artículo 212. En los casos a los que se refiere el artículo anterior, será responsable civil solidaria la persona física o jurídica propietaria del medio informativo a través del cual se haya propagado la calumnia o injuria.

Véanse:
Artículos 30, 109, 110.3 y 120.2 del presente Código.
Artículo 65.2 de la Ley 14/1966, de 18 de marzo, de Prensa e Imprenta («B.O.E.» 19 marzo).

Artículo 213. Si la calumnia o injuria fueren cometidas mediante precio, recompensa o promesa, los Tribunales impondrán, además de las penas señaladas para los delitos de que se trate, la de inhabilitación especial prevista en los artículos 42 ó 45 del presente Código, por tiempo de seis meses a dos años.

Artículo 214. Si el acusado de calumnia o injuria reconociere ante la autoridad judicial la falsedad o falta de certeza de las imputaciones y se retractare de ellas, el Juez o Tribunal impondrá la pena inmediatamente inferior en grado y podrá dejar de imponer la pena de inhabilitación que establece el artículo anterior.

El Juez o tribunal ante quien se produjera el reconocimiento ordenará que se entregue testimonio de retractación al ofendido y, si éste lo solicita, ordenará su publicación en el mismo medio en que se vertió la calumnia o injuria, en espacio idéntico o similar a aquél en que se produjo su difusión y dentro del plazo que señale el Juez o Tribunal sentenciador.

Véase L.O. 2/1984, de 26 de marzo, reguladora del derecho de rectificación («B.O.E.» 27 marzo).

Artículo 215. 1. Nadie será penado por calumnia o injuria sino en virtud de querella de la persona ofendida por el delito o de su representante legal. Se procederá de oficio cuando la ofensa se dirija contra funcionario público, autoridad o agente de la misma sobre hechos concernientes al ejercicio de sus cargos.

Número 1 del artículo 215 redactado por el apartado septuagésimo segundo del artículo único de la L.O. 15/2003, de 25 de noviembre, por la que se modifica la L.O. 10/1995, de 23 de noviembre, del Código Penal («B.O.E.» 26 noviembre).
Vigencia: 1 octubre 2004

2. Nadie podrá deducir acción de calumnia o injuria vertidas en juicio sin previa licencia del Juez o Tribunal que de él conociere o hubiere conocido.

3. El perdón del ofendido o de su representante legal, en su caso, extingue la acción penal sin perjuicio de lo dispuesto en el segundo párrafo del número 5º del apartado 1 del artículo 130 de este Código.

Número 3 del artículo 215 redactado por el apartado quincuagésimo quinto del artículo único de la L.O. 5/2010, de 22 de junio, por la que se modifica la L.O. 10/1995, de 23 de noviembre, del Código Penal («B.O.E.» 23 junio).
Vigencia: 23 diciembre 2010

Artículo 216. En los delitos de calumnia o injuria se considera que la reparación del daño comprende también la publicación o divulgación de la sentencia condenatoria, a costa del condenado por tales delitos, en el tiempo y forma que el Juez o Tribunal consideren más adecuado a tal fin, oídas las dos partes.

TÍTULO XII
DELITOS CONTRA LAS RELACIONES FAMILIARES

CAPÍTULO PRIMERO
DE LOS MATRIMONIOS ILEGALES

Artículo 217. El que contrajere segundo o ulterior matrimonio, a sabiendas de que subsiste legalmente el anterior, será castigado con la pena de prisión de seis meses a un año.

Véanse:
Artículo 32 de la Constitución Española.
Artículos 46.2, 73, 85 y ss. y 98 del Código Civil.

Artículo 218. 1. El que, para perjudicar al otro contrayente, celebrare matrimonio inválido será castigado con la pena de prisión de seis meses a dos años.

2. El responsable quedará exento de pena si el matrimonio fuese posteriormente convalidado.

Artículo 219. 1. El que autorizare matrimonio en el que concurra alguna causa de nulidad conocida o denunciada en el expediente, será castigado con la pena de prisión de seis meses a dos años e inhabilitación especial para empleo o cargo público de dos a seis años.

2. Si la causa de nulidad fuere dispensable, la pena será de suspensión de empleo o cargo público de seis meses a dos años.

Véanse artículos 45 a 48, 51 a 60, 73, 75 y 76 del Código Civil.

CAPÍTULO II
DE LA SUPOSICIÓN DE PARTO Y DE LA ALTERACIÓN DE LA PATERNIDAD, ESTADO O CONDICIÓN DEL MENOR

Artículo 220. 1. La suposición de un parto será castigada con las penas de prisión de seis meses a dos años.

2. La misma pena se impondrá al que ocultare o entregare a terceros un hijo para alterar o modificar su filiación.

3. La sustitución de un niño por otro será castigada con las penas de prisión de uno a cinco años.

4. Los ascendientes, por naturaleza o por adopción, que cometieran los hechos descritos en los tres apartados anteriores podrán ser castigados además con la pena de inhabilitación especial para el ejercicio del derecho de patria potestad que tuvieren sobre el hijo o descendiente supuesto, ocultado, entregado o sustituido, y, en su caso, sobre el resto de hijos o descendientes por tiempo de cuatro a diez años.

5. Las sustituciones de un niño por otro que se produjeren en centros sanitarios o socio-sanitarios por imprudencia grave de los responsables de su identificación y custodia, serán castigadas con la pena de prisión de seis meses a un año.

Véanse:
Artículo 39.2 de la Constitución Española.
Artículos 108 a 126, 139 y 852 a 854 del Código Civil.

Artículo 221. 1. Los que, mediando compensación económica, entreguen a otra persona un hijo, descendiente o cualquier menor aunque no concurra relación de filiación o parentesco, eludiendo los procedimientos legales de la guarda, acogimiento o adopción, con la finalidad de establecer una relación análoga a la de filiación, serán castigados con las penas de prisión de uno a cinco años y de inhabilitación especial para el ejercicio del derecho de la patria potestad, tutela, curatela o guarda por tiempo de cuatro a 10 años.

Número 1 del artículo 221 redactado por el apartado septuagésimo tercero del artículo único de la L.O. 15/2003, de 25 de noviembre, por la que se modifica la L.O. 10/1995, de 23 de noviembre, del Código Penal («B.O.E.» 26 noviembre).
Vigencia: 1 octubre 2004

2. Con la misma pena serán castigados la persona que lo reciba y el intermediario, aunque la entrega del menor se hubiese efectuado en país extranjero.

3. Si los hechos se cometieren utilizando guarderías, colegios u otros locales o establecimientos donde se recojan niños, se impondrá a los culpables la pena de inhabilitación especial para el ejercicio de las referidas actividades por tiempo de dos a seis años y se podrá acordar la clausura temporal o definitiva de los establecimientos. En la clausura temporal, el plazo no podrá exceder de cinco años.

Artículo 222. El educador, facultativo, autoridad o funcionario público que, en el ejercicio de su profesión o cargo, realice las conductas descritas en los dos artículos anteriores, incurrirá en la pena en ellos señalada y, además, en la de inhabilitación especial para empleo o cargo público, profesión u oficio, de dos a seis años.

A los efectos de este artículo, el término facultativo comprende los médicos, matronas, personal de enfermería y cualquier otra persona que realice una actividad sanitaria o socio-sanitaria.

CAPÍTULO III
DE LOS DELITOS CONTRA LOS DERECHOS Y DEBERES FAMILIARES

SECCIÓN 1.ª
DEL QUEBRANTAMIENTO DE LOS DEBERES DE CUSTODIA Y DE LA INDUCCIÓN DE MENORES AL ABANDONO DE DOMICILIO

Artículo 223. El que, teniendo a su cargo la custodia de un menor de edad o una persona con discapacidad necesitada de especial protección, no lo presentare a sus padres o guardadores sin justificación para ello, cuando fuere requerido por ellos, será castigado con la pena de prisión de seis meses a dos años, sin perjuicio de que los hechos constituyan otro delito más grave.

La referencia al término «persona con discapacidad necesitada de especial protección» ha sido introducida en sustitución de la anterior referencia al término «incapaz», conforme establece el número doscientos cincuenta y ocho del artículo único de la L.O. 1/2015, de 30 de marzo, por la que se modifica la L.O. 10/1995, de 23 de noviembre, del Código Penal («B.O.E.» 31 marzo).
Vigencia: 1 julio 2015

Artículo 224. El que indujere a un menor de edad o a una persona con discapacidad necesitada de especial protección a que abandone el domicilio familiar, o lugar donde resida con anuencia de sus padres, tutores o guardadores, será castigado con la pena de prisión de seis meses a dos años.

La referencia al término «persona con discapacidad necesitada de especial protección» ha sido introducida en sustitución de la anterior referencia al término «incapaz», conforme establece el número doscientos cincuenta y ocho del artículo único de la L.O. 1/2015, de 30 de marzo, por la que se modifica la L.O. 10/1995, de 23 de noviembre, del Código Penal («B.O.E.» 31 marzo).
Vigencia: 1 julio 2015

En la misma pena incurrirá el progenitor que induzca a su hijo menor a infringir el régimen de custodia establecido por la autoridad judicial o administrativa.

Párrafo 2.º del artículo 224 introducido por el artículo tercero de la L.O. 9/2002, de 10 de diciembre, de modificación de la L.O. 10/1995, de 23 de noviembre, del Código Penal, y del Código Civil, sobre sustracción de menores («B.O.E.» 11 diciembre).
Vigencia: 12 diciembre 2002

Artículo 225. Cuando el responsable de los delitos previstos en los dos artículos anteriores restituya al menor de edad o a la persona con discapacidad necesitada de especial protección a su domicilio o residencia, o lo deposite en lugar conocido y seguro, sin haberle hecho objeto de vejaciones, sevicias o acto delictivo alguno, ni haber puesto en peligro su vida, salud, integridad física o libertad sexual, el hecho será castigado con la pena de prisión de tres meses a un año o multa de seis a 24 meses, siempre y cuando el lugar de estancia del menor de edad o la persona con discapacidad necesitada de especial protección haya sido comunicado a sus padres, tutores o guardadores, o la ausencia no hubiera sido superior a 24 horas.

La referencia al término «persona con discapacidad necesitada de especial protección» ha sido introducida en sustitución de la anterior referencia al término «incapaz», conforme establece el número doscientos cincuenta y ocho del artículo único de la L.O. 1/2015, de 30 de marzo, por la que se modifica la L.O. 10/1995, de 23 de noviembre, del Código Penal («B.O.E.» 31 marzo).
Vigencia: 1 julio 2015

SECCIÓN 2.ª
DE LA SUSTRACCIÓN DE MENORES

Sección 2.ª del Capítulo III del Título XII del Libro II, integrada por el artículo 225 bis, introducida conforme establecen el número 1 del artículo 1 y el artículo 2 de la L.O. 9/2002, de 10 de diciembre, de modificación de la L.O. 10/1995, de 23 de noviembre, del Código Penal, y del Código Civil, sobre sustracción de menores («B.O.E.» 11 diciembre).

Vigencia: 12 diciembre 2002

Artículo 225 bis. 1. El progenitor que sin causa justificada para ello sustrajere a su hijo menor será castigado con la pena de prisión de dos a cuatro años e inhabilitación especial para el ejercicio del derecho de patria potestad por tiempo de cuatro a diez años.

2. A los efectos de este artículo, se considera sustracción:

1.º El traslado de un menor de su lugar de residencia sin consentimiento del progenitor con quien conviva habitualmente o de las personas o instituciones a las cuales estuviese confiada su guarda o custodia.

2.º La retención de un menor incumpliendo gravemente el deber establecido por resolución judicial o administrativa.

3. Cuando el menor sea trasladado fuera de España o fuese exigida alguna condición para su restitución la pena señalada en el apartado 1 se impondrá en su mitad superior.

4. Cuando el sustractor haya comunicado el lugar de estancia al otro progenitor o a quien corresponda legalmente su cuidado dentro de las veinticuatro horas siguientes a la sustracción con el compromiso de devolución inmediata que efectivamente lleve a cabo, o la ausencia no hubiere sido superior a dicho plazo de veinticuatro horas, quedará exento de pena.

Si la restitución la hiciere, sin la comunicación a que se refiere el párrafo anterior, dentro de los quince días siguientes a la sustracción, le será impuesta la pena de prisión de seis meses a dos años.

Estos plazos se computarán desde la fecha de la denuncia de la sustracción.

5. Las penas señaladas en este artículo se impondrán igualmente a los ascendientes del menor y a los parientes del progenitor hasta el segundo grado de consanguinidad o afinidad que incurran en las conductas anteriormente descritas.

SECCIÓN 3.ª
DEL ABANDONO DE FAMILIA, MENORES O PERSONAS CON DISCAPACIDAD NECESITADAS DE ESPECIAL PROTECCIÓN

Sección 3.ª del Capítulo III del Título XII del Libro II renumerada por el número 2 del artículo primero de la L.O. 9/2002, de 10 de diciembre, de modificación de la L.O. 10/1995, de 23 de noviembre, del Código Penal, y del Código Civil, sobre sustracción de menores («B.O.E.» 11 diciembre). Su contenido literal se corresponde con el de la anterior Sección 2.ª.

Vigencia: 12 diciembre 2002

Rúbrica de la Sección 3.ª del Capítulo III del Título XII del Libro II redactada por el número ciento catorce del artículo único de la L.O. 1/2015, de 30 de marzo, por la que se modifica la L.O. 10/1995, de 23 de noviembre, del Código Penal («B.O.E.» 31 marzo).

Vigencia: 1 julio 2015

Artículo 226. 1. El que dejare de cumplir los deberes legales de asistencia inherentes a la patria potestad, tutela, guarda o acogimiento familiar o de prestar la asistencia necesaria legalmente establecida para el sustento de sus descendientes, ascendientes o cónyuge, que se hallen necesitados, será castigado con la pena de prisión de tres a seis meses o multa de seis a 12 meses.

Número 1 del artículo 226 redactado por el apartado septuagésimo quinto del artículo único de la L.O. 15/2003, de 25 de noviembre, por la que se modifica la L.O. 10/1995, de 23 de noviembre, del Código Penal («B.O.E.» 26 noviembre).
Vigencia: 1 octubre 2004

2. El Juez o Tribunal podrá imponer, motivadamente, al reo la pena de inhabilitación especial para el ejercicio del derecho de patria potestad, tutela, guarda o acogimiento familiar por tiempo de cuatro a diez años.

Artículo 227. 1. El que dejare de pagar durante dos meses consecutivos o cuatro meses no consecutivos cualquier tipo de prestación económica en favor de su cónyuge o sus hijos, establecida en convenio judicialmente aprobado o resolución judicial en los supuestos de separación legal, divorcio, declaración de nulidad del matrimonio, proceso de filiación, o proceso de alimentos a favor de sus hijos, será castigado con la pena de prisión de tres meses a un año o multa de seis a 24 meses.

Número 1 del artículo 227 redactado por el apartado septuagésimo sexto del artículo único de la L.O. 15/2003, de 25 de noviembre, por la que se modifica la L.O. 10/1995, de 23 de noviembre, del Código Penal («B.O.E.» 26 noviembre).
Vigencia: 1 octubre 2004

2. Con la misma pena será castigado el que dejare de pagar cualquier otra prestación económica establecida de forma conjunta o única en los supuestos previstos en el apartado anterior.

3. La reparación del daño procedente del delito comportará siempre el pago de las cuantías adeudadas.

Véanse artículos 142 y siguientes y 154 del presente Código.

Artículo 228. Los delitos previstos en los dos artículos anteriores, sólo se perseguirán previa denuncia de la persona agraviada o de su representante legal. Cuando aquélla sea menor de edad, persona con discapacidad necesitada de especial protección o una persona desvalida, también podrá denunciar el Ministerio Fiscal.

La referencia al término «persona con discapacidad necesitada de especial protección» ha sido introducida en sustitución de la anterior referencia al término «incapaz», conforme establece el número doscientos cincuenta y ocho del artículo único de la L.O. 1/2015, de 30 de marzo, por la que se modifica la L.O. 10/1995, de 23 de noviembre, del Código Penal («B.O.E.» 31 marzo).
Vigencia: 1 julio 2015

Artículo 229. 1. El abandono de un menor de edad o una persona con discapacidad necesitada de especial protección por parte de la persona encargada de su guarda, será castigado con la pena de prisión de uno a dos años.

2. Si el abandono fuere realizado por los padres, tutores o guardadores legales, se impondrá la pena de prisión de dieciocho meses a tres años.

3. Se impondrá la pena de prisión de dos a cuatro años cuando por las circunstancias del abandono se haya puesto en concreto peligro la vida, salud, integridad física o libertad sexual del menor de edad o de la persona con discapacidad necesitada de especial protección, sin perjuicio de castigar el hecho como corresponda si constituyera otro delito más grave.

La referencia al término «persona con discapacidad necesitada de especial protección» ha sido introducida en sustitución de la anterior referencia al término «incapaz», conforme establece el número doscientos cincuenta y ocho del artículo único de

la L.O. 1/2015, de 30 de marzo, por la que se modifica la L.O. 10/1995, de 23 de noviembre, del Código Penal («B.O.E.» 31 marzo).
Vigencia: 1 julio 2015

Artículo 230. El abandono temporal de un menor de edad o de una persona con discapacidad necesitada de especial protección será castigado, en sus respectivos casos, con las penas inferiores en grado a las previstas en el artículo anterior.

La referencia al término «persona con discapacidad necesitada de especial protección» ha sido introducida en sustitución de la anterior referencia al término «incapaz», conforme establece el número doscientos cincuenta y ocho del artículo único de la L.O. 1/2015, de 30 de marzo, por la que se modifica la L.O. 10/1995, de 23 de noviembre, del Código Penal («B.O.E.» 31 marzo).
Vigencia: 1 julio 2015

Artículo 231. 1. El que, teniendo a su cargo la crianza o educación de un menor de edad o de una persona con discapacidad necesitada de especial protección, lo entregare a un tercero o a un establecimiento público sin la anuencia de quien se lo hubiere confiado, o de la autoridad, en su defecto, será castigado con la pena de multa de seis a doce meses.

2. Si con la entrega se hubiere puesto en concreto peligro la vida, salud, integridad física o libertad sexual del menor de edad o de la persona con discapacidad necesitada de especial protección se impondrá la pena de prisión de seis meses a dos años.

La referencia al término «persona con discapacidad necesitada de especial protección» ha sido introducida en sustitución de la anterior referencia al término «incapaz», conforme establece el número doscientos cincuenta y ocho del artículo único de la L.O. 1/2015, de 30 de marzo, por la que se modifica la L.O. 10/1995, de 23 de noviembre, del Código Penal («B.O.E.» 31 marzo).
Vigencia: 1 julio 2015

Artículo 232. 1. Los que utilizaren o prestaren a menores de edad o personas con discapacidad necesitadas de especial protección para la práctica de la mendicidad, incluso si ésta es encubierta, serán castigados con la pena de prisión de seis meses a un año.

2. Si para los fines del apartado anterior se traficare con menores de edad o personas con discapacidad necesitadas de especial protección, se empleare con ellos violencia o intimidación, o se les suministrare sustancias perjudiciales para su salud, se impondrá la pena de prisión de uno a cuatro años.

La referencia al término «personas con discapacidad necesitadas de especial protección» ha sido introducida en sustitución de la anterior referencia al término «incapaces», conforme establece el número doscientos cincuenta y ocho del artículo único de la L.O. 1/2015, de 30 de marzo, por la que se modifica la L.O. 10/1995, de 23 de noviembre, del Código Penal («B.O.E.» 31 marzo).
Vigencia: 1 julio 2015

Artículo 233. 1. El Juez o Tribunal, si lo estima oportuno en atención a las circunstancias del menor, podrá imponer a los responsables de los delitos previstos en los artículos 229 a 232 la pena de inhabilitación especial para el ejercicio de la patria potestad o de los derechos de guarda, tutela, curatela o acogimiento familiar por tiempo de cuatro a diez años.

2. Si el culpable ostentare la guarda del menor por su condición de funcionario público, se le impondrá además la pena de inhabilitación especial para empleo o cargo público por tiempo de dos a seis años.

3. En todo caso, el Ministerio Fiscal instará de la autoridad competente las medidas pertinentes para la debida custodia y protección del menor.

TÍTULO XIII
DELITOS CONTRA EL PATRIMONIO Y CONTRA EL ORDEN SOCIOECONÓMICO

CAPÍTULO PRIMERO
DE LOS HURTOS

Artículo 234. 1. El que, con ánimo de lucro, tomare las cosas muebles ajenas sin la voluntad de su dueño será castigado, como reo de hurto, con la pena de prisión de seis a dieciocho meses si la cuantía de lo sustraído excediese de 400 euros.

2. Se impondrá una pena de multa de uno a tres meses si la cuantía de lo sustraído no excediese de 400 euros, salvo si concurriese alguna de las circunstancias del artículo 235.

3. Las penas establecidas en los apartados anteriores se impondrán en su mitad superior cuando en la comisión del hecho se hubieran neutralizado, eliminado o inutilizado, por cualquier medio, los dispositivos de alarma o seguridad instalados en las cosas sustraídas.

Artículo 234 redactado por el número ciento quince del artículo único de la L.O. 1/2015, de 30 de marzo, por la que se modifica la L.O. 10/1995, de 23 de noviembre, del Código Penal («B.O.E.» 31 marzo).
Vigencia: 1 julio 2015

Artículo 235. 1. El hurto será castigado con la pena de prisión de uno a tres años:

1.º Cuando se sustraigan cosas de valor artístico, histórico, cultural o científico.

2.º Cuando se trate de cosas de primera necesidad y se cause una situación de desabastecimiento.

3.º Cuando se trate de conducciones, cableado, equipos o componentes de infraestructuras de suministro eléctrico, de hidrocarburos o de los servicios de telecomunicaciones, o de otras cosas destinadas a la prestación de servicios de interés general, y se cause un quebranto grave a los mismos.

4.º Cuando se trate de productos agrarios o ganaderos, o de los instrumentos o medios que se utilizan para su obtención, siempre que el delito se cometa en explotaciones agrícolas o ganaderas y se cause un perjuicio grave a las mismas.

5.º Cuando revista especial gravedad, atendiendo al valor de los efectos sustraídos, o se produjeren perjuicios de especial consideración.

6.º Cuando ponga a la víctima o a su familia en grave situación económica o se haya realizado abusando de sus circunstancias personales o de su situación de desamparo, o aprovechando la producción de un accidente o la existencia de un riesgo o peligro general para la comunidad que haya debilitado la defensa del ofendido o facilitado la comisión impune del delito.

7.º Cuando al delinquir el culpable hubiera sido condenado ejecutoriamente al menos por tres delitos comprendidos en este Título, siempre que sean de la misma naturaleza. No se tendrán en cuenta antecedentes cancelados o que debieran serlo.

8.º Cuando se utilice a menores de dieciséis años para la comisión del delito.

9.º Cuando el culpable o culpables participen en los hechos como miembros de una organización o grupo criminal que se dedicare a la comisión de delitos comprendidos en este Título, siempre que sean de la misma naturaleza.

2. La pena señalada en el apartado anterior se impondrá en su mitad superior cuando concurrieran dos o más de las circunstancias previstas en el mismo.

Artículo 235 redactado por el número ciento dieciséis del artículo único de la L.O. 1/2015, de 30 de marzo, por la que se modifica la L.O. 10/1995, de 23 de noviembre, del Código Penal («B.O.E.» 31 marzo).
Vigencia: 1 julio 2015

Artículo 235 redactado por el apartado quincuagésimo séptimo del artículo único de la L.O. 5/2010, de 22 de junio, por la que se modifica la L.O. 10/1995, de 23 de noviembre, del Código Penal («B.O.E.» 23 junio).
Vigencia: 23 diciembre 2010

Artículo 236. 1. Será castigado con multa de tres a doce meses el que, siendo dueño de una cosa mueble o actuando con el consentimiento de éste, la sustrajere de quien la tenga legítimamente en su poder, con perjuicio del mismo o de un tercero.

2. Si el valor de la cosa sustraída no excediera de 400 euros, se impondrá la pena de multa de uno a tres meses.

Artículo 236 redactado por el número ciento diecisiete del artículo único de la L.O. 1/2015, de 30 de marzo, por la que se modifica la L.O. 10/1995, de 23 de noviembre, del Código Penal («B.O.E.» 31 marzo).
Vigencia: 1 julio 2015

CAPÍTULO II
DE LOS ROBOS

Artículo 237. Son reos del delito de robo los que, con ánimo de lucro, se apoderaren de las cosas muebles ajenas empleando fuerza en las cosas para acceder o abandonar el lugar donde éstas se encuentran o violencia o intimidación en las personas, sea al cometer el delito, para proteger la huida, o sobre los que acudiesen en auxilio de la víctima o que le persiguieren.

Artículo 237 redactado por el número ciento dieciocho del artículo único de la L.O. 1/2015, de 30 de marzo, por la que se modifica la L.O. 10/1995, de 23 de noviembre, del Código Penal («B.O.E.» 31 marzo).
Vigencia: 1 julio 2015

Artículo 238. Son reos del delito de robo con fuerza en las cosas los que ejecuten el hecho cuando concurra alguna de las circunstancias siguientes:

1.º Escalamiento.

2.º Rompimiento de pared, techo o suelo, o fractura de puerta o ventana.

3.º Fractura de armarios, arcas u otra clase de muebles u objetos cerrados o sellados, o forzamiento de sus cerraduras o descubrimiento de sus claves para sustraer su contenido, sea en el lugar del robo o fuera del mismo.

4.º Uso de llaves falsas.

5.º Inutilización de sistemas específicos de alarma o guarda.

Véase artículo 328 LECrim.

Artículo 239. Se considerarán llaves falsas:

1. Las ganzúas u otros instrumentos análogos.

2. Las llaves legítimas perdidas por el propietario u obtenidas por un medio que constituya infracción penal.

3. Cualesquiera otras que no sean las destinadas por el propietario para abrir la cerradura violentada por el reo.

A los efectos del presente artículo, se consideran llaves las tarjetas, magnéticas o perforadas, los mandos o instrumentos de apertura a distancia y cualquier otro instrumento tecnológico de eficacia similar.

Artículo 239 redactado por el apartado quincuagésimo octavo del artículo único de la L.O. 5/2010, de 22 de junio, por la que se modifica la L.O. 10/1995, de 23 de noviembre, del Código Penal («B.O.E.» 23 junio).
Vigencia: 23 diciembre 2010

Artículo 240. 1. El culpable de robo con fuerza en las cosas será castigado con la pena de prisión de uno a tres años.

2. Se impondrá la pena de prisión de dos a cinco años cuando concurra alguna de las circunstancias previstas en el artículo 235.

Artículo 240 redactado por el número ciento diecinueve del artículo único de la L.O. 1/2015, de 30 de marzo, por la que se modifica la L.O. 10/1995, de 23 de noviembre, del Código Penal («B.O.E.» 31 marzo).
Vigencia: 1 julio 2015

Artículo 241. 1. El robo cometido en casa habitada, edificio o local abiertos al público, o en cualquiera de sus dependencias, se castigará con una pena de prisión de dos a cinco años.

Si los hechos se hubieran cometido en un establecimiento abierto al público, o en cualquiera de sus dependencias, fuera de las horas de apertura, se impondrá una pena de prisión de uno a cinco años.

2. Se considera casa habitada todo albergue que constituya morada de una o más personas, aunque accidentalmente se encuentren ausentes de ella cuando el robo tenga lugar.

3. Se consideran dependencias de casa habitada o de edificio o local abiertos al público, sus patios, garajes y demás departamentos o sitios cercados y contiguos al edificio y en comunicación interior con él, y con el cual formen una unidad física.

4. Se impondrá una pena de dos a seis años de prisión cuando los hechos a que se refieren los apartados anteriores revistan especial gravedad, atendiendo a la forma de comisión del delito o a los perjuicios ocasionados y, en todo caso, cuando concurra alguna de las circunstancias expresadas en el artículo 235.

Artículo 241 redactado por el número ciento veinte del artículo único de la L.O. 1/2015, de 30 de marzo, por la que se modifica la L.O. 10/1995, de 23 de noviembre, del Código Penal («B.O.E.» 31 marzo).
Vigencia: 1 julio 2015

Artículo 242. 1. El culpable de robo con violencia o intimidación en las personas será castigado con la pena de prisión de dos a cinco años, sin perjuicio de la que pudiera corresponder a los actos de violencia física que realizase.

2. Cuando el robo se cometa en casa habitada, edificio o local abiertos al público o en cualquiera de sus dependencias, se impondrá la pena de prisión de tres años y seis meses a cinco años.

Número 2 del artículo 242 redactado por el número ciento veintiuno del artículo único de la L.O. 1/2015, de 30 de marzo, por la que se modifica la L.O. 10/1995, de 23 de noviembre, del Código Penal («B.O.E.» 31 marzo).
Vigencia: 1 julio 2015

3. Las penas señaladas en los apartados anteriores se impondrán en su mitad superior cuando el delincuente hiciere uso de armas u otros medios igualmente peligrosos, sea al cometer el delito o para proteger la huida, y cuando atacare a los que acudiesen en auxilio de la víctima o a los que le persiguieren.

4. En atención a la menor entidad de la violencia o intimidación ejercidas y valorando además las restantes circunstancias del hecho, podrá imponerse la pena inferior en grado a la prevista en los apartados anteriores.

Artículo 242 redactado por el apartado quincuagésimo noveno del artículo único de la L.O. 5/2010, de 22 de junio, por la que se modifica la L.O. 10/1995, de 23 de noviembre, del Código Penal («B.O.E.» 23 junio).
Vigencia: 23 diciembre 2010

CAPÍTULO III
DE LA EXTORSIÓN

Artículo 243. El que, con ánimo de lucro, obligare a otro, con violencia o intimidación, a realizar u omitir un acto o negocio jurídico en perjuicio de su patrimonio o del de un tercero, será castigado con la pena de prisión de uno a cinco años, sin perjuicio de las que pudieran imponerse por los actos de violencia física realizados.

Véase artículo 282 bis.4 LECrim.

CAPÍTULO IV
DEL ROBO Y HURTO DE USO DE VEHÍCULOS

Artículo 244. 1. El que sustrajere o utilizare sin la debida autorización un vehículo a motor o ciclomotor ajenos, sin ánimo de apropiárselo, será castigado con la pena de trabajos en beneficio de la comunidad de treinta y uno a noventa días o multa de dos a doce meses, si lo restituyera, directa o indirectamente, en un plazo no superior a cuarenta y ocho horas, sin que, en ningún caso, la pena impuesta pueda ser igual o superior a la que correspondería si se apropiare definitivamente del vehículo.

Número 1 del artículo 244 redactado por el número ciento veintidós del artículo único de la L.O. 1/2015, de 30 de marzo, por la que se modifica la L.O. 10/1995, de 23 de noviembre, del Código Penal («B.O.E.» 31 marzo).
Vigencia: 1 julio 2015

2. Si el hecho se ejecutare empleando fuerza en las cosas, la pena se aplicará en su mitad superior.
3. De no efectuarse la restitución en el plazo señalado, se castigará el hecho como hurto o robo en sus respectivos casos.
4. Si el hecho se cometiere con violencia o intimidación en las personas, se impondrán, en todo caso, las penas del artículo 242.

CAPÍTULO V
DE LA USURPACIÓN

Artículo 245. 1. Al que con violencia o intimidación en las personas ocupare una cosa inmueble o usurpare un derecho real inmobiliario de pertenencia ajena, se le impondrá, además de las penas en que incurriere por las violencias ejercidas, la pena de prisión de uno a dos años, que se fijará teniendo en cuenta la utilidad obtenida y el daño causado.

Número 1 del artículo 245 redactado por el apartado sexagésimo del artículo único de la L.O. 5/2010, de 22 de junio, por la que se modifica la L.O. 10/1995, de 23 de noviembre, del Código Penal («B.O.E.» 23 junio).
Vigencia: 23 diciembre 2010

2. El que ocupare, sin autorización debida, un inmueble, vivienda o edificio ajenos que no constituyan morada, o se mantuviere en ellos contra la voluntad de su titular, será castigado con la pena de multa de tres a seis meses.

Artículo 246. 1. El que alterare términos o lindes de pueblos o heredades o cualquier clase de señales o mojones destinados a fijar los límites de propiedades o demarcaciones de predios contiguos, tanto de dominio público como privado, será castigado con la pena de multa de tres a dieciocho meses.

2. Si la utilidad reportada no excediere de 400 euros, se impondrá la pena de multa de uno a tres meses.

Artículo 246 redactado por el número ciento veintitrés del artículo único de la L.O. 1/2015, de 30 de marzo, por la que se modifica la L.O. 10/1995, de 23 de noviembre, del Código Penal («B.O.E.» 31 marzo).
Vigencia: 1 julio 2015

Artículo 247. 1. El que, sin hallarse autorizado, distrajere las aguas de uso público o privativo de su curso, o de su embalse natural o artificial, será castigado con la pena de multa de tres a seis meses.

2. Si la utilidad reportada no excediere de 400 euros, se impondrá la pena de multa de uno a tres meses.

Artículo 247 redactado por el número ciento veinticuatro del artículo único de la L.O. 1/2015, de 30 de marzo, por la que se modifica la L.O. 10/1995, de 23 de noviembre, del Código Penal («B.O.E.» 31 marzo).
Vigencia: 1 julio 2015

CAPÍTULO VI
DE LAS DEFRAUDACIONES

SECCIÓN 1.ª
DE LAS ESTAFAS

Artículo 248. 1. Cometen estafa los que, con ánimo de lucro, utilizaren engaño bastante para producir error en otro, induciéndolo a realizar un acto de disposición en perjuicio propio o ajeno.

2. También se consideran reos de estafa:

a) Los que, con ánimo de lucro y valiéndose de alguna manipulación informática o artificio semejante, consigan una transferencia no consentida de cualquier activo patrimonial en perjuicio de otro.

b) Los que fabricaren, introdujeren, poseyeren o facilitaren programas informáticos específicamente destinados a la comisión de las estafas previstas en este artículo.

c) Los que utilizando tarjetas de crédito o débito, o cheques de viaje, o los datos obrantes en cualquiera de ellos, realicen operaciones de cualquier clase en perjuicio de su titular o de un tercero.

Artículo 248 redactado por el apartado sexagésimo primero del artículo único de la L.O. 5/2010, de 22 de junio, por la que se modifica la L.O. 10/1995, de 23 de noviembre, del Código Penal («B.O.E.» 23 junio).
Vigencia: 23 diciembre 2010

Artículo 249. Los reos de estafa serán castigados con la pena de prisión de seis meses a tres años. Para la fijación de la pena se tendrá en cuenta el importe de lo defraudado, el quebranto económico causado al perjudicado, las relaciones entre éste y el defraudador, los medios empleados por éste y cuantas otras circunstancias sirvan para valorar la gravedad de la infracción.

Si la cuantía de lo defraudado no excediere de 400 euros, se impondrá la pena de multa de uno a tres meses.

Artículo 249 redactado por el número ciento veinticinco del artículo único de la L.O. 1/2015, de 30 de marzo, por la que se modifica la L.O. 10/1995, de 23 de noviembre, del Código Penal («B.O.E.» 31 marzo).
Vigencia: 1 julio 2015

Artículo 250. 1. El delito de estafa será castigado con las penas de prisión de uno a seis años y multa de seis a doce meses, cuando:

1.º Recaiga sobre cosas de primera necesidad, viviendas u otros bienes de reconocida utilidad social.

2.º Se perpetre abusando de firma de otro, o sustrayendo, ocultando o inutilizando, en todo o en parte, algún proceso, expediente, protocolo o documento público u oficial de cualquier clase.

3.º Recaiga sobre bienes que integren el patrimonio artístico, histórico, cultural o científico.

4.º Revista especial gravedad, atendiendo a la entidad del perjuicio y a la situación económica en que deje a la víctima o a su familia.

5.º El valor de la defraudación supere los 50.000 euros, o afecte a un elevado número de personas.

6.º Se cometa con abuso de las relaciones personales existentes entre víctima y defraudador, o aproveche éste su credibilidad empresarial o profesional.

7.º Se cometa estafa procesal. Incurren en la misma los que, en un procedimiento judicial de cualquier clase, manipularen las pruebas en que pretendieran fundar sus alegaciones o emplearen otro fraude procesal análogo, provocando error en el juez o tribunal y llevándole a dictar una resolución que perjudique los intereses económicos de la otra parte o de un tercero.

8.º Al delinquir el culpable hubiera sido condenado ejecutoriamente al menos por tres delitos comprendidos en este Capítulo. No se tendrán en cuenta antecedentes cancelados o que debieran serlo.

2. Si concurrieran las circunstancias incluidas en los numerales 4.º, 5.º, 6.º o 7.º con la del numeral 1.º del apartado anterior, se impondrán las penas de prisión de cuatro a ocho años y multa de doce a veinticuatro meses. La misma pena se impondrá cuando el valor de la defraudación supere los 250.000 euros.

Artículo 250 redactado por el número ciento veintiséis del artículo único de la L.O. 1/2015, de 30 de marzo, por la que se modifica la L.O. 10/1995, de 23 de noviembre, del Código Penal («B.O.E.» 31 marzo).
Vigencia: 1 julio 2015

Artículo 250 redactado por el apartado sexagésimo segundo del artículo único de la L.O. 5/2010, de 22 de junio, por la que se modifica la L.O. 10/1995, de 23 de noviembre, del Código Penal («B.O.E.» 23 junio).
Vigencia: 23 diciembre 2010

Artículo 251. Será castigado con la pena de prisión de uno a cuatro años:

1.º Quien, atribuyéndose falsamente sobre una cosa mueble o inmueble facultad de disposición de la que carece, bien por no haberla tenido nunca, bien por haberla ya ejercitado, la enajenare, gravare o arrendare a otro, en perjuicio de éste o de tercero.

2.º El que dispusiere de una cosa mueble o inmueble ocultando la existencia de cualquier carga sobre la misma, o el que, habiéndola enajenado como libre, la gravare o enajenare nuevamente antes de la definitiva transmisión al adquirente, en perjuicio de éste, o de un tercero.

3.º El que otorgare en perjuicio de otro un contrato simulado.

Artículo 251 bis. Cuando de acuerdo con lo establecido en el artículo 31 bis una persona jurídica sea responsable de los delitos comprendidos en esta Sección, se le impondrán las siguientes penas:

a) Multa del triple al quíntuple de la cantidad defraudada, si el delito cometido por la persona física tiene prevista una pena de prisión de más de cinco años.

b) Multa del doble al cuádruple de la cantidad defraudada, en el resto de los casos.

Atendidas las reglas establecidas en el artículo 66 bis, los jueces y tribunales podrán asimismo imponer las penas recogidas en las letras b) a g) del apartado 7 del artículo 33.

Artículo 251 bis introducido por el apartado sexagésimo tercero del artículo único de la L.O. 5/2010, de 22 de junio, por la que se modifica la L.O. 10/1995, de 23 de noviembre, del Código Penal («B.O.E.» 23 junio).

Vigencia: 23 diciembre 2010

SECCIÓN 2.ª
DE LA ADMINISTRACIÓN DESLEAL

Artículo 252 redactado por el apartado ciento veintiocho del artículo único de la L.O. 1/2015, de 30 de marzo, por la que se modifica la L.O. 10/1995, de 23 de noviembre, del Código Penal («B.O.E.» 31 marzo).

Vigencia: 1 julio 2015

Rúbrica de la Sección 2.ª del Capítulo VI del Título XIII del Libro II redactada por el apartado ciento veintisiete del artículo único de la L.O. 1/2015, de 30 de marzo, por la que se modifica la L.O. 10/1995, de 23 de noviembre, del Código Penal («B.O.E.» 31 marzo).

Artículo 252. 1. Serán punibles con las penas del artículo 249 o, en su caso, con las del artículo 250, los que teniendo facultades para administrar un patrimonio ajeno, emanadas de la ley, encomendadas por la autoridad o asumidas mediante un negocio jurídico, las infrinjan excediéndose en el ejercicio de las mismas y, de esa manera, causen un perjuicio al patrimonio administrado.

2. Si la cuantía del perjuicio patrimonial no excediere de 400 euros, se impondrá una pena de multa de uno a tres meses.

SECCIÓN 2.ª BIS
DE LA APROPIACIÓN INDEBIDA

Sección 2.ª bis al Capítulo VI del Título XIII del Libro II introducida por el número ciento veintinueve del artículo único de la L.O. 1/2015, de 30 de marzo, por la que se modifica la L.O. 10/1995, de 23 de noviembre, del Código Penal («B.O.E.» 31 marzo).

Vigencia: 1 julio 2015

Artículo 253. 1. Serán castigados con las penas del artículo 249 o, en su caso, del artículo 250, salvo que ya estuvieran castigados con una pena más grave en otro precepto de este Código, los que, en perjuicio de otro, se apropiaren para sí o para un tercero, de dinero, efectos, valores o cualquier otra cosa mueble, que hubieran recibido en depósito, comisión, o custodia, o que les hubieran sido confiados en virtud de cualquier otro título que produzca la obligación de entregarlos o devolverlos, o negaren haberlos recibido.

2. Si la cuantía de lo apropiado no excediere de 400 euros, se impondrá una pena de multa de uno a tres meses.

Artículo 253 redactado por el número ciento treinta del artículo único de la L.O. 1/2015, de 30 de marzo, por la que se modifica la L.O. 10/1995, de 23 de noviembre, del Código Penal («B.O.E.» 31 marzo).

Artículo 254. 1. Quien, fuera de los supuestos del artículo anterior, se apropiare de una cosa mueble ajena, será castigado con una pena de multa de tres a seis meses. Si se tratara de cosas de valor artístico, histórico, cultural o científico, la pena será de prisión de seis meses a dos años.

2. Si la cuantía de lo apropiado no excediere de 400 euros, se impondrá una pena de multa de uno a dos meses.

Artículo 254 redactado por el número ciento treinta y uno del artículo único de la L.O. 1/2015, de 30 de marzo, por la que se modifica la L.O. 10/1995, de 23 de noviembre, del Código Penal («B.O.E.» 31 marzo).

SECCIÓN 3.ª
DE LAS DEFRAUDACIONES DE FLUIDO ELÉCTRICO Y ANÁLOGAS

Artículo 255. 1. Será castigado con la pena de multa de tres a doce meses el que cometiere defraudación utilizando energía eléctrica, gas, agua, telecomunicaciones u otro elemento, energía o fluido ajenos, por alguno de los medios siguientes:

1.º Valiéndose de mecanismos instalados para realizar la defraudación.

2.º Alterando maliciosamente las indicaciones o aparatos contadores.

3.º Empleando cualesquiera otros medios clandestinos.

2. Si la cuantía de lo defraudado no excediere de 400 euros, se impondrá una pena de multa de uno a tres meses.

Artículo 255 redactado por el número ciento treinta y dos del artículo único de la L.O. 1/2015, de 30 de marzo, por la que se modifica la L.O. 10/1995, de 23 de noviembre, del Código Penal («B.O.E.» 31 marzo).
Vigencia: 1 julio 2015

Artículo 256. 1. El que hiciere uso de cualquier equipo terminal de telecomunicación, sin consentimiento de su titular, y causando a éste un perjuicio económico, será castigado con la pena de multa de tres a doce meses.

2. Si la cuantía del perjuicio causado no excediere de 400 euros, se impondrá una pena de multa de uno a tres meses.

Artículo 256 redactado por el número ciento treinta y tres del artículo único de la L.O. 1/2015, de 30 de marzo, por la que se modifica la L.O. 10/1995, de 23 de noviembre, del Código Penal («B.O.E.» 31 marzo).
Vigencia: 1 julio 2015

CAPÍTULO VII
FRUSTRACIÓN DE LA EJECUCIÓN

Rúbrica del Capítulo VII del Título XIII del Libro II redactada por el número ciento treinta y cuatro del artículo único de la L.O. 1/2015, de 30 de marzo, por la que se modifica la L.O. 10/1995, de 23 de noviembre, del Código Penal («B.O.E.» 31 marzo).
Vigencia: 1 julio 2015

Artículo 257. 1. Será castigado con las penas de prisión de uno a cuatro años y multa de doce a veinticuatro meses:

1.º El que se alce con sus bienes en perjuicio de sus acreedores.

2.º Quien con el mismo fin realice cualquier acto de disposición patrimonial o generador de obligaciones que dilate, dificulte o impida la eficacia de un embargo o de un procedimiento ejecutivo o de apremio, judicial, extrajudicial o administrativo, iniciado o de previsible iniciación.

2. Con la misma pena será castigado quien realizare actos de disposición, contrajere obligaciones que disminuyan su patrimonio u oculte por cualquier medio

elementos de su patrimonio sobre los que la ejecución podría hacerse efectiva, con la finalidad de eludir el pago de responsabilidades civiles derivadas de un delito que hubiere cometido o del que debiera responder.

3. Lo dispuesto en el presente artículo será de aplicación cualquiera que sea la naturaleza u origen de la obligación o deuda cuya satisfacción o pago se intente eludir, incluidos los derechos económicos de los trabajadores, y con independencia de que el acreedor sea un particular o cualquier persona jurídica, pública o privada.

No obstante lo anterior, en el caso de que la deuda u obligación que se trate de eludir sea de Derecho público y la acreedora sea una persona jurídico pública, o se trate de obligaciones pecuniarias derivadas de la comisión de un delito contra la Hacienda Pública o la Seguridad Social, la pena a imponer será de prisión de uno a seis años y multa de doce a veinticuatro meses.

4. Las penas previstas en el presente artículo se impondrán en su mitad superior en los supuestos previstos en los numerales 5.º o 6.º del apartado 1 del artículo 250.

5. Este delito será perseguido aun cuando tras su comisión se iniciara un procedimiento concursal.

Artículo 257 redactado por el número ciento treinta y cinco del artículo único de la L.O. 1/2015, de 30 de marzo, por la que se modifica la L.O. 10/1995, de 23 de noviembre, del Código Penal («B.O.E.» 31 marzo).

Véase el artículo 235 ter.1 b) de la L.O. 6/1985, de 1 de julio, del Poder Judicial.

Artículo 258. 1. Será castigado con una pena de prisión de tres meses a un año o multa de seis a dieciocho meses quien, en un procedimiento de ejecución judicial o administrativo, presente a la autoridad o funcionario encargados de la ejecución una relación de bienes o patrimonio incompleta o mendaz, y con ello dilate, dificulte o impida la satisfacción del acreedor.

La relación de bienes o patrimonio se considerará incompleta cuando el deudor ejecutado utilice o disfrute de bienes de titularidad de terceros y no aporte justificación suficiente del derecho que ampara dicho disfrute y de las condiciones a que está sujeto.

2. La misma pena se impondrá cuando el deudor, requerido para ello, deje de facilitar la relación de bienes o patrimonio a que se refiere el apartado anterior.

3. Los delitos a que se refiere este artículo no serán perseguibles si el autor, antes de que la autoridad o funcionario hubieran descubierto el carácter mendaz o incompleto de la declaración presentada, compareciera ante ellos y presentara una declaración de bienes o patrimonio veraz y completa.

Artículo 258 redactado por el número ciento treinta y seis del artículo único de la L.O. 1/2015, de 30 de marzo, por la que se modifica la L.O. 10/1995, de 23 de noviembre, del Código Penal («B.O.E.» 31 marzo).

Véase el artículo 235 ter.1 b) de la L.O. 6/1985, de 1 de julio, del Poder Judicial.

Artículo 258 bis. Serán castigados con una pena de prisión de tres a seis meses o multa de seis a veinticuatro meses, salvo que ya estuvieran castigados con una pena más grave en otro precepto de este Código, quienes hagan uso de bienes embargados por autoridad pública que hubieran sido constituidos en depósito sin estar autorizados para ello.

Artículo 258 bis introducido por el número ciento treinta y siete del artículo único de la L.O. 1/2015, de 30 de marzo, por la que se modifica la L.O. 10/1995, de 23 de noviembre, del Código Penal («B.O.E.» 31 marzo).

Artículo 258 ter. Cuando de acuerdo con lo establecido en el artículo 31 bis una persona jurídica sea responsable de los delitos comprendidos en este Capítulo, se le impondrán las siguientes penas:

a) Multa de dos a cinco años, si el delito cometido por la persona física tiene prevista una pena de prisión de más de cinco años.

b) Multa de uno a tres años, si el delito cometido por la persona física tiene prevista una pena de prisión de más de dos años no incluida en el inciso anterior.

c) Multa de seis meses a dos años, en el resto de los casos.

Atendidas las reglas establecidas en el artículo 66 bis, los jueces y tribunales podrán asimismo imponer las penas recogidas en las letras b a g del apartado 7 del artículo 33.

Artículo 258 ter introducido por el número ciento treinta y ocho del artículo único de la L.O. 1/2015, de 30 de marzo, por la que se modifica la L.O. 10/1995, de 23 de noviembre, del Código Penal («B.O.E.» 31 marzo).

CAPÍTULO VII BIS
DE LAS INSOLVENCIAS PUNIBLES

Capítulo VII bis al Título XIII del Libro II introducido por el número ciento treinta y nueve del artículo único de la L.O. 1/2015, de 30 de marzo, por la que se modifica la L.O. 10/1995, de 23 de noviembre, del Código Penal («B.O.E.» 31 marzo).
Vigencia: 1 julio 2015

Artículo 259. 1. Será castigado con una pena de prisión de uno a cuatro años y multa de ocho a veinticuatro meses quien, encontrándose en una situación de insolvencia actual o inminente, realice alguna de las siguientes conductas:

1.ª Oculte, cause daños o destruya los bienes o elementos patrimoniales que estén incluidos, o que habrían estado incluidos, en la masa del concurso en el momento de su apertura.

2.ª Realice actos de disposición mediante la entrega o transferencia de dinero u otros activos patrimoniales, o mediante la asunción de deudas, que no guarden proporción con la situación patrimonial del deudor, ni con sus ingresos, y que carezcan de justificación económica o empresarial.

3.ª Realice operaciones de venta o prestaciones de servicio por precio inferior a su coste de adquisición o producción, y que en las circunstancias del caso carezcan de justificación económica.

4.ª Simule créditos de terceros o proceda al reconocimiento de créditos ficticios.

5.ª Participe en negocios especulativos, cuando ello carezca de justificación económica y resulte, en las circunstancias del caso y a la vista de la actividad económica desarrollada, contrario al deber de diligencia en la gestión de asuntos económicos.

6.ª Incumpla el deber legal de llevar contabilidad, lleve doble contabilidad, o cometa en su llevanza irregularidades que sean relevantes para la comprensión de su situación patrimonial o financiera. También será punible la destrucción o alteración de los libros contables, cuando de este modo se dificulte o impida de forma relevante la comprensión de su situación patrimonial o financiera.

7.ª Oculte, destruya o altere la documentación que el empresario está obligado a conservar antes del transcurso del plazo al que se extiende este deber legal, cuando de este modo se dificulte o imposibilite el examen o valoración de la situación económica real del deudor.

8.ª Formule las cuentas anuales o los libros contables de un modo contrario a la normativa reguladora de la contabilidad mercantil, de forma que se dificulte o imposibilite el examen o valoración de la situación económica real del deudor, o incumpla el deber de formular el balance o el inventario dentro de plazo.

9.ª Realice cualquier otra conducta activa u omisiva que constituya una infracción grave del deber de diligencia en la gestión de asuntos económicos y a la que sea imputable una disminución del patrimonio del deudor o por medio de la cual se oculte la situación económica real del deudor o su actividad empresarial.

2. La misma pena se impondrá a quien, mediante alguna de las conductas a que se refiere el apartado anterior, cause su situación de insolvencia.

3. Cuando los hechos se hubieran cometido por imprudencia, se impondrá una pena de prisión de seis meses a dos años o multa de doce a veinticuatro meses.

4. Este delito solamente será perseguible cuando el deudor haya dejado de cumplir regularmente sus obligaciones exigibles o haya sido declarado su concurso.

5. Este delito y los delitos singulares relacionados con él, cometidos por el deudor o persona que haya actuado en su nombre, podrán perseguirse sin esperar a la conclusión del concurso y sin perjuicio de la continuación de este. El importe de la responsabilidad civil derivada de dichos delitos deberá incorporarse, en su caso, a la masa.

6. En ningún caso, la calificación de la insolvencia en el proceso concursal vinculará a la jurisdicción penal.

Artículo 259 redactado por el número ciento cuarenta del artículo único de la L.O. 1/2015, de 30 de marzo, por la que se modifica la L.O. 10/1995, de 23 de noviembre, del Código Penal («B.O.E.» 31 marzo).

Artículo 259 bis. Los hechos a que se refiere el artículo anterior serán castigados con una pena de prisión de dos a seis años y multa de ocho a veinticuatro meses, cuando concurra alguna de las siguientes circunstancias:

1.ª Cuando se produzca o pueda producirse perjuicio patrimonial en una generalidad de personas o pueda ponerlas en una grave situación económica.

2.ª Cuando se causare a alguno de los acreedores un perjuicio económico superior a 600.000 euros.

3.ª Cuando al menos la mitad del importe de los créditos concursales tenga como titulares a la Hacienda Pública, sea esta estatal, autonómica, local o foral y a la Seguridad Social.

Artículo 259 bis introducido por el número ciento cuarenta y uno del artículo único de la L.O. 1/2015, de 30 de marzo, por la que se modifica la L.O. 10/1995, de 23 de noviembre, del Código Penal («B.O.E.» 31 marzo).

Artículo 260. 1. Será castigado con la pena de seis meses a tres años de prisión o multa de ocho a veinticuatro meses, el deudor que, encontrándose en una situación de insolvencia actual o inminente, favorezca a alguno de los acreedores realizando un acto de disposición patrimonial o generador de obligaciones destinado a pagar un crédito no exigible o a facilitarle una garantía a la que no tenía derecho, cuando se trate de una operación que carezca de justificación económica o empresarial.

2. Será castigado con la pena de uno a cuatro años de prisión y multa de doce a veinticuatro meses el deudor que, una vez admitida a trámite la solicitud de concurso, sin estar autorizado para ello ni judicialmente ni por los administradores concursales, y fuera de los casos permitidos por la ley, realice cualquier acto de disposición patrimonial o generador de obligaciones, destinado a pagar a uno o varios acreedores, privilegiados o no, con posposición del resto.

Artículo 260 redactado por el número ciento cuarenta y dos del artículo único de la L.O. 1/2015, de 30 de marzo, por la que se modifica la L.O. 10/1995, de 23 de noviembre, del Código Penal («B.O.E.» 31 marzo).

Artículo 261. El que en procedimiento concursal presentare, a sabiendas, datos falsos relativos al estado contable, con el fin de lograr indebidamente la declaración de aquel, será castigado con la pena de prisión de uno a dos años y multa de seis a 12 meses.

Artículo 261 bis. Cuando de acuerdo con lo establecido en el artículo 31 bis una persona jurídica sea responsable de los delitos comprendidos en este Capítulo, se le impondrán las siguientes penas:

a) Multa de dos a cinco años, si el delito cometido por la persona física tiene prevista una pena de prisión de más de cinco años.

b) Multa de uno a tres años, si el delito cometido por la persona física tiene prevista una pena de prisión de más de dos años no incluida en el inciso anterior.

c) Multa de seis meses a dos años, en el resto de los casos.

Atendidas las reglas establecidas en el artículo 66 bis, los jueces y tribunales podrán asimismo imponer las penas recogidas en las letras b) a g) del apartado 7 del artículo 33.

CAPÍTULO VIII
DE LA ALTERACIÓN DE PRECIOS EN CONCURSOS Y SUBASTAS PÚBLICAS

Artículo 262. 1. Los que solicitaren dádivas o promesas para no tomar parte en un concurso o subasta pública; los que intentaren alejar de ella a los postores por medio de amenazas, dádivas, promesas o cualquier otro artificio; los que se concertaren entre sí con el fin de alterar el precio del remate, o los que fraudulentamente quebraren o abandonaren la subasta habiendo obtenido la adjudicación, serán castigados con la pena de prisión de uno a tres años y multa de 12 a 24 meses, así como inhabilitación especial para licitar en subastas judiciales entre tres y cinco años. Si se tratare de un concurso o subasta convocados por las Administraciones o entes públicos, se impondrá además al agente y a la persona o empresa por él representada la pena de inhabilitación especial que comprenderá, en todo caso, el derecho a contratar con las Administraciones públicas por un período de tres a cinco años.

2. El juez o tribunal podrá imponer alguna o algunas de las consecuencias previstas en el artículo 129 si el culpable perteneciere a alguna sociedad, organización o asociación, incluso de carácter transitorio, que se dedicare a la realización de tales actividades.

Artículo 262 redactado por el apartado nonagésimo segundo del artículo único de la L.O. 15/2003, de 25 de noviembre, por la que se modifica la L.O. 10/1995, de 23 de noviembre, del Código Penal («B.O.E.» 26 noviembre).
Vigencia: 1 octubre 2004

CAPÍTULO IX
DE LOS DAÑOS

Artículo 263. 1. El que causare daños en propiedad ajena no comprendidos en otros títulos de este Código, será castigado con multa de seis a veinticuatro meses, atendidas la condición económica de la víctima y la cuantía del daño.

Si la cuantía del daño causado no excediere de 400 euros, se impondrá una pena de multa de uno a tres meses.

Número 1 del artículo 263 redactado por el número ciento cuarenta y tres del artículo único de la L.O. 1/2015, de 30 de marzo, por la que se modifica la L.O. 10/1995, de 23 de noviembre, del Código Penal («B.O.E.» 31 marzo).
Vigencia: 1 julio 2015

2. Será castigado con la pena de prisión de uno a tres años y multa de doce a veinticuatro meses el que causare daños expresados en el apartado anterior, si concurriere alguno de los supuestos siguientes:

1.º Que se realicen para impedir el libre ejercicio de la autoridad o como consecuencia de acciones ejecutadas en el ejercicio de sus funciones, bien se cometiere el delito contra funcionarios públicos, bien contra particulares que, como testigos o de cualquier otra manera, hayan contribuido o puedan contribuir a la ejecución o aplicación de las Leyes o disposiciones generales.

2.º Que se cause por cualquier medio, infección o contagio de ganado.

3.º Que se empleen sustancias venenosas o corrosivas.

4.º Que afecten a bienes de dominio o uso público o comunal.

5.º Que arruinen al perjudicado o se le coloque en grave situación económica.

6.º Se hayan ocasionado daños de especial gravedad o afectado a los intereses generales.

Ordinal 6.º del número 2 del artículo 263 introducido por el número ciento cuarenta y tres del artículo único de la L.O. 1/2015, de 30 de marzo, por la que se modifica la L.O. 10/1995, de 23 de noviembre, del Código Penal («B.O.E.» 31 marzo).
Vigencia: 1 julio 2015

Número 2 del artículo 263 introducido por el apartado sexagésimo sexto del artículo único de la L.O. 5/2010, de 22 de junio, por la que se modifica la L.O. 10/1995, de 23 de noviembre, del Código Penal («B.O.E.» 23 junio).
Vigencia: 23 diciembre 2010

Artículo 263 redactado por el apartado nonagésimo tercero del artículo único de la L.O. 15/2003, de 25 de noviembre, por la que se modifica la L.O. 10/1995, de 23 de noviembre, del Código Penal («B.O.E.» 26 noviembre).
Vigencia: 1 octubre 2004

Artículo 264. 1. El que por cualquier medio, sin autorización y de manera grave borrase, dañase, deteriorase, alterase, suprimiese o hiciese inaccesibles datos informáticos, programas informáticos o documentos electrónicos ajenos, cuando el resultado producido fuera grave, será castigado con la pena de prisión de seis meses a tres años.

2. Se impondrá una pena de prisión de dos a cinco años y multa del tanto al décuplo del perjuicio ocasionado, cuando en las conductas descritas concurra alguna de las siguientes circunstancias:

1.ª Se hubiese cometido en el marco de una organización criminal.

2.ª Haya ocasionado daños de especial gravedad o afectado a un número elevado de sistemas informáticos.

3.ª El hecho hubiera perjudicado gravemente el funcionamiento de servicios públicos esenciales o la provisión de bienes de primera necesidad.

4.ª Los hechos hayan afectado al sistema informático de una infraestructura crítica o se hubiera creado una situación de peligro grave para la seguridad del Estado, de la Unión Europea o de un Estado Miembro de la Unión Europea. A estos efectos se considerará infraestructura crítica un elemento, sistema o parte de este que sea esencial para el mantenimiento de funciones vitales de la sociedad, la salud, la seguridad, la protección y el bienestar económico y social de la población cuya perturbación o destrucción tendría un impacto significativo al no poder mantener sus funciones.

5.ª El delito se haya cometido utilizando alguno de los medios a que se refiere el artículo 264 ter.

Si los hechos hubieran resultado de extrema gravedad, podrá imponerse la pena superior en grado.

3. Las penas previstas en los apartados anteriores se impondrán, en sus respectivos casos, en su mitad superior, cuando los hechos se hubieran cometido me-

diante la utilización ilícita de datos personales de otra persona para facilitarse el acceso al sistema informático o para ganarse la confianza de un tercero.

Artículo 264 redactado por el número ciento cuarenta y cuatro del artículo único de la L.O. 1/2015, de 30 de marzo, por la que se modifica la L.O. 10/1995, de 23 de noviembre, del Código Penal («B.O.E.» 31 marzo).
Vigencia: 1 julio 2015

Artículo 264 bis. 1. Será castigado con la pena de prisión de seis meses a tres años el que, sin estar autorizado y de manera grave, obstaculizara o interrumpiera el funcionamiento de un sistema informático ajeno:

a) realizando alguna de las conductas a que se refiere el artículo anterior;

b) introduciendo o transmitiendo datos; o

c) destruyendo, dañando, inutilizando, eliminando o sustituyendo un sistema informático, telemático o de almacenamiento de información electrónica.

Si los hechos hubieran perjudicado de forma relevante la actividad normal de una empresa, negocio o de una Administración pública, se impondrá la pena en su mitad superior, pudiéndose alcanzar la pena superior en grado.

2. Se impondrá una pena de prisión de tres a ocho años y multa del triplo al décuplo del perjuicio ocasionado, cuando en los hechos a que se refiere el apartado anterior hubiera concurrido alguna de las circunstancias del apartado 2 del artículo anterior.

3. Las penas previstas en los apartados anteriores se impondrán, en sus respectivos casos, en su mitad superior, cuando los hechos se hubieran cometido mediante la utilización ilícita de datos personales de otra persona para facilitarse el acceso al sistema informático o para ganarse la confianza de un tercero.

Artículo 264 bis introducido por el número ciento cuarenta y cinco del artículo único de la L.O. 1/2015, de 30 de marzo, por la que se modifica la L.O. 10/1995, de 23 de noviembre, del Código Penal («B.O.E.» 31 marzo).
Vigencia: 1 julio 2015

Artículo 264 ter. Será castigado con una pena de prisión de seis meses a dos años o multa de tres a dieciocho meses el que, sin estar debidamente autorizado, produzca, adquiera para su uso, importe o, de cualquier modo, facilite a terceros, con la intención de facilitar la comisión de alguno de los delitos a que se refieren los dos artículos anteriores:

a) un programa informático, concebido o adaptado principalmente para cometer alguno de los delitos a que se refieren los dos artículos anteriores; o

b) una contraseña de ordenador, un código de acceso o datos similares que permitan acceder a la totalidad o a una parte de un sistema de información.

Artículo 264 ter introducido por el número ciento cuarenta y seis del artículo único de la L.O. 1/2015, de 30 de marzo, por la que se modifica la L.O. 10/1995, de 23 de noviembre, del Código Penal («B.O.E.» 31 marzo).
Vigencia: 1 julio 2015

Artículo 264 quater. Cuando de acuerdo con lo establecido en el artículo 31 bis una persona jurídica sea responsable de los delitos comprendidos en los tres artículos anteriores, se le impondrán las siguientes penas:

a) Multa de dos a cinco años o del quíntuplo a doce veces el valor del perjuicio causado, si resulta una cantidad superior, cuando se trate de delitos castigados con una pena de prisión de más de tres años.

b) Multa de uno a tres años o del triple a ocho veces el valor del perjuicio causado, si resulta una cantidad superior, en el resto de los casos.

Atendidas las reglas establecidas en el artículo 66 bis, los jueces y tribunales podrán asimismo imponer las penas recogidas en las letras b) a g) del apartado 7 del artículo 33.

Artículo 264 quater introducido por el número ciento cuarenta y siete del artículo único de la L.O. 1/2015, de 30 de marzo, por la que se modifica la L.O. 10/1995, de 23 de noviembre, del Código Penal («B.O.E.» 31 marzo).
Vigencia: 1 julio 2015

Artículo 265. El que destruyere, dañare de modo grave, o inutilizare para el servicio, aun de forma temporal, obras, establecimientos o instalaciones militares, buques de guerra, aeronaves militares, medios de transporte o transmisión militar, material de guerra, aprovisionamiento u otros medios o recursos afectados al servicio de las Fuerzas Armadas o de las Fuerzas y Cuerpos de Seguridad, será castigado con la pena de prisión de dos a cuatro años si el daño causado excediere de mil euros.

Artículo 265 redactado por el número ciento cuarenta y ocho del artículo único de la L.O. 1/2015, de 30 de marzo, por la que se modifica la L.O. 10/1995, de 23 de noviembre, del Código Penal («B.O.E.» 31 marzo).
Vigencia: 1 julio 2015

Artículo 266. 1. Será castigado con la pena de prisión de uno a tres años el que cometiere los daños previstos en el apartado 1 del artículo 263 mediante incendio, o provocando explosiones, o utilizando cualquier otro medio de similar potencia destructiva o que genere un riesgo relevante de explosión o de causación de otros daños de especial gravedad, o poniendo en peligro la vida o la integridad de las personas.

Número 1 del artículo 266 redactado por el número ciento cuarenta y nueve del artículo único de la L.O. 1/2015, de 30 de marzo, por la que se modifica la L.O. 10/1995, de 23 de noviembre, del Código Penal («B.O.E.» 31 marzo).
Vigencia: 1 julio 2015

2. Será castigado con la pena de prisión de tres a cinco años y multa de doce a veinticuatro meses el que cometiere los daños previstos en el apartado 2 del artículo 263, en cualquiera de las circunstancias mencionadas en el apartado anterior.

Número 2 del artículo 266 redactado por el número ciento cuarenta y nueve del artículo único de la L.O. 1/2015, de 30 de marzo, por la que se modifica la L.O. 10/1995, de 23 de noviembre, del Código Penal («B.O.E.» 31 marzo).
Vigencia: 1 julio 2015

3. Será castigado con la pena de prisión de cuatro a ocho años el que cometiere los daños previstos en los artículos 265, 323 y 560, en cualquiera de las circunstancias mencionadas en el apartado 1 del presente artículo.

4. En cualquiera de los supuestos previstos en los apartados anteriores, cuando se cometieren los daños concurriendo la provocación de explosiones o la utilización de otros medios de similar potencia destructiva y, además, se pusiera en peligro la vida o integridad de las personas, la pena se impondrá en su mitad superior.

En caso de incendio será de aplicación lo dispuesto en el artículo 351.

Artículo 266 redactado por el apartado 2.º del artículo 1 de la L.O. 7/2000, 22 diciembre, de modificación de la L.O. 10/1995, de 23 de noviembre, del Código Penal, y de la L.O. 5/2000, de 12 de enero, reguladora de la Responsabilidad Penal de los Menores, en relación con los delitos de terrorismo («B.O.E.» 23 diciembre).
Vigencia: 24 diciembre 2000

Artículo 267. Los daños causados por imprudencia grave en cuantía superior a 80.000 euros, serán castigados con la pena de multa de tres a nueve meses, atendiendo a la importancia de los mismos.

Párrafo 1.º del artículo 267 redactado por el apartado nonagésimo cuarto del artículo único de la L.O. 15/2003, de 25 de noviembre, por la que se modifica la L.O. 10/1995, de 23 de noviembre, del Código Penal («B.O.E.» 26 noviembre).
Vigencia: 1 octubre 2004

Las infracciones a que se refiere este artículo sólo serán perseguibles previa denuncia de la persona agraviada o de su representante legal. El Ministerio Fiscal también podrá denunciar cuando aquélla sea menor de edad, persona con discapacidad necesitada de especial protección o una persona desvalida.

La referencia al término «persona con discapacidad necesitada de especial protección» ha sido introducida en sustitución de la anterior referencia al término «incapaz», conforme establece el número doscientos cincuenta y ocho del artículo único de la L.O. 1/2015, de 30 de marzo, por la que se modifica la L.O. 10/1995, de 23 de noviembre, del Código Penal («B.O.E.» 31 marzo).
Vigencia: 1 julio 2015

En estos casos, el perdón del ofendido o de su representante legal, en su caso, extingue la acción penal sin perjuicio de lo dispuesto en el segundo párrafo del número 5º del apartado 1 del artículo 130 de este Código.

Párrafo 3.º del artículo 267 redactado por el apartado sexagésimo octavo del artículo único de la L.O. 5/2010, de 22 de junio, por la que se modifica la L.O. 10/1995, de 23 de noviembre, del Código Penal («B.O.E.» 23 junio).
Vigencia: 23 diciembre 2010

CAPÍTULO X
DISPOSICIONES COMUNES A LOS CAPÍTULOS ANTERIORES

Artículo 268. 1. Están exentos de responsabilidad criminal y sujetos únicamente a la civil los cónyuges que no estuvieren separados legalmente o de hecho o en proceso judicial de separación, divorcio o nulidad de su matrimonio y los ascendientes, descendientes y hermanos por naturaleza o por adopción, así como los afines en primer grado si viviesen juntos, por los delitos patrimoniales que se causaren entre sí, siempre que no concurra violencia o intimidación, o abuso de la vulnerabilidad de la víctima, ya sea por razón de edad, o por tratarse de una persona con discapacidad.

2. Esta disposición no es aplicable a los extraños que participaren en el delito.

Artículo 268 redactado por el número ciento cincuenta del artículo único de la L.O. 1/2015, de 30 de marzo, por la que se modifica la L.O. 10/1995, de 23 de noviembre, del Código Penal («B.O.E.» 31 marzo).
Vigencia: 1 julio 2015

Artículo 269. La provocación, la conspiración y la proposición para cometer los delitos de robo, extorsión, estafa o apropiación indebida, serán castigadas con la pena inferior en uno o dos grados a la del delito correspondiente.

CAPÍTULO XI
DE LOS DELITOS RELATIVOS A LA PROPIEDAD INTELECTUAL E INDUSTRIAL, AL MERCADO Y A LOS CONSUMIDORES

SECCIÓN 1.ª
DE LOS DELITOS RELATIVOS A LA PROPIEDAD INTELECTUAL

Artículo 270. 1. Será castigado con la pena de prisión de seis meses a cuatro años y multa de doce a veinticuatro meses el que, con ánimo de obtener un beneficio económico directo o indirecto y en perjuicio de tercero, reproduzca, plagie, distribuya, comunique públicamente o de cualquier otro modo explote económicamente, en todo o en parte, una obra o prestación literaria, artística o científica, o su transformación, interpretación o ejecución artística fijada en cualquier tipo de soporte o comunicada a través de cualquier medio, sin la autorización de los titulares de los correspondientes derechos de propiedad intelectual o de sus cesionarios.

2. La misma pena se impondrá a quien, en la prestación de servicios de la sociedad de la información, con ánimo de obtener un beneficio económico directo o indirecto, y en perjuicio de tercero, facilite de modo activo y no neutral y sin limitarse a un tratamiento meramente técnico, el acceso o la localización en internet de obras o prestaciones objeto de propiedad intelectual sin la autorización de los titulares de los correspondientes derechos o de sus cesionarios, en particular ofreciendo listados ordenados y clasificados de enlaces a las obras y contenidos referidos anteriormente, aunque dichos enlaces hubieran sido facilitados inicialmente por los destinatarios de sus servicios.

3. En estos casos, el juez o tribunal ordenará la retirada de las obras o prestaciones objeto de la infracción. Cuando a través de un portal de acceso a internet o servicio de la sociedad de la información, se difundan exclusiva o preponderantemente los contenidos objeto de la propiedad intelectual a que se refieren los apartados anteriores, se ordenará la interrupción de la prestación del mismo, y el juez podrá acordar cualquier medida cautelar que tenga por objeto la protección de los derechos de propiedad intelectual.

Excepcionalmente, cuando exista reiteración de las conductas y cuando resulte una medida proporcionada, eficiente y eficaz, se podrá ordenar el bloqueo del acceso correspondiente.

4. En los supuestos a que se refiere el apartado 1, la distribución o comercialización ambulante o meramente ocasional se castigará con una pena de prisión de seis meses a dos años.

No obstante, atendidas las características del culpable y la reducida cuantía del beneficio económico obtenido o que se hubiera podido obtener, siempre que no concurra ninguna de las circunstancias del artículo 271, el Juez podrá imponer la pena de multa de uno a seis meses o trabajos en beneficio de la comunidad de treinta y uno a sesenta días.

5. Serán castigados con las penas previstas en los apartados anteriores, en sus respectivos casos, quienes:

a) Exporten o almacenen intencionadamente ejemplares de las obras, producciones o ejecuciones a que se refieren los dos primeros apartados de este artículo, incluyendo copias digitales de las mismas, sin la referida autorización, cuando estuvieran destinadas a ser reproducidas, distribuidas o comunicadas públicamente.

b) Importen intencionadamente estos productos sin dicha autorización, cuando estuvieran destinados a ser reproducidos, distribuidos o comunicados públicamente, tanto si éstos tienen un origen lícito como ilícito en su país de procedencia; no obstante, la importación de los referidos productos de un Estado perteneciente a la

Unión Europea no será punible cuando aquellos se hayan adquirido directamente del titular de los derechos en dicho Estado, o con su consentimiento.

c) Favorezcan o faciliten la realización de las conductas a que se refieren los apartados 1 y 2 de este artículo eliminando o modificando, sin autorización de los titulares de los derechos de propiedad intelectual o de sus cesionarios, las medidas tecnológicas eficaces incorporadas por éstos con la finalidad de impedir o restringir su realización.

d) Con ánimo de obtener un beneficio económico directo o indirecto, con la finalidad de facilitar a terceros el acceso a un ejemplar de una obra literaria, artística o científica, o a su transformación, interpretación o ejecución artística, fijada en cualquier tipo de soporte o comunicado a través de cualquier medio, y sin autorización de los titulares de los derechos de propiedad intelectual o de sus cesionarios, eluda o facilite la elusión de las medidas tecnológicas eficaces dispuestas para evitarlo.

6. Será castigado también con una pena de prisión de seis meses a tres años quien fabrique, importe, ponga en circulación o posea con una finalidad comercial cualquier medio principalmente concebido, producido, adaptado o realizado para facilitar la supresión no autorizada o la neutralización de cualquier dispositivo técnico que se haya utilizado para proteger programas de ordenador o cualquiera de las otras obras, interpretaciones o ejecuciones en los términos previstos en los dos primeros apartados de este artículo.

Artículo 270 redactado por el número ciento cincuenta y uno del artículo único de la L.O. 1/2015, de 30 de marzo, por la que se modifica la L.O. 10/1995, de 23 de noviembre, del Código Penal («B.O.E.» 31 marzo).
Vigencia: 1 julio 2015

Artículo 271. Se impondrá la pena de prisión de dos a seis años, multa de dieciocho a treinta y seis meses e inhabilitación especial para el ejercicio de la profesión relacionada con el delito cometido, por un período de dos a cinco años, cuando se cometa el delito del artículo anterior concurriendo alguna de las siguientes circunstancias:

a) Que el beneficio obtenido o que se hubiera podido obtener posea especial trascendencia económica.

b) Que los hechos revistan especial gravedad, atendiendo el valor de los objetos producidos ilícitamente, el número de obras, o de la transformación, ejecución o interpretación de las mismas, ilícitamente reproducidas, distribuidas, comunicadas al público o puestas a su disposición, o a la especial importancia de los perjuicios ocasionados.

c) Que el culpable perteneciere a una organización o asociación, incluso de carácter transitorio, que tuviese como finalidad la realización de actividades infractoras de derechos de propiedad intelectual.

d) Que se utilice a menores de 18 años para cometer estos delitos.

Artículo 271 redactado por el número ciento cincuenta y dos del artículo único de la L.O. 1/2015, de 30 de marzo, por la que se modifica la L.O. 10/1995, de 23 de noviembre, del Código Penal («B.O.E.» 31 marzo).
Vigencia: 1 julio 2015

Artículo 272. 1. La extensión de la responsabilidad civil derivada de los delitos tipificados en los dos artículos anteriores se regirá por las disposiciones de la Ley de Propiedad Intelectual relativas al cese de la actividad ilícita y a la indemnización de daños y perjuicios.

2. En el supuesto de sentencia condenatoria, el Juez o Tribunal podrá decretar la publicación de ésta, a costa del infractor, en un periódico oficial.

SECCIÓN 2.ª
DE LOS DELITOS RELATIVOS A LA PROPIEDAD INDUSTRIAL

Artículo 273. 1. Será castigado con la pena de prisión de seis meses a dos años y multa de 12 a 24 meses el que, con fines industriales o comerciales, sin consentimiento del titular de una patente o modelo de utilidad y con conocimiento de su registro, fabrique, importe, posea, utilice, ofrezca o introduzca en el comercio objetos amparados por tales derechos.

Número 1 del artículo 273 redactado por el apartado nonagésimo séptimo del artículo único de la L.O. 15/2003, de 25 de noviembre, por la que se modifica la L.O. 10/1995, de 23 de noviembre, del Código Penal («B.O.E.» 26 noviembre).
Vigencia: 1 octubre 2004

2. Las mismas penas se impondrán al que, de igual manera, y para los citados fines, utilice u ofrezca la utilización de un procedimiento objeto de una patente, o posea, ofrezca, introduzca en el comercio, o utilice el producto directamente obtenido por el procedimiento patentado.

3. Será castigado con las mismas penas el que realice cualquiera de los actos tipificados en el párrafo primero de este artículo concurriendo iguales circunstancias en relación con objetos amparados en favor de tercero por un modelo o dibujo industrial o artístico o topografía de un producto semiconductor.

Véanse:
Ley 11/1986, de 20 de marzo, de Patentes.
Ley 10/2002, de 29 de abril, por la que se modifica la Ley 11/1986, de 20 de marzo, de Patentes, para la incorporación al Derecho español de la Directiva 98/44/Constitución Española, del Parlamento Europeo y del Consejo, de 6 de julio, relativa a la protección jurídica de las invenciones biotecnológicas («B.O.E.» 30 abril).
Ley 20/2003, de 7 de julio, de Protección Jurídica del Diseño Industrial («B.O.E.» 8 julio).

Artículo 274. 1. Será castigado con las penas de uno a cuatro años de prisión y multa de doce a veinticuatro meses el que, con fines industriales o comerciales, sin consentimiento del titular de un derecho de propiedad industrial registrado conforme a la legislación de marcas y con conocimiento del registro,

a) fabrique, produzca o importe productos que incorporen un signo distintivo idéntico o confundible con aquel, u

b) ofrezca, distribuya, o comercialice al por mayor productos que incorporen un signo distintivo idéntico o confundible con aquel, o los almacene con esa finalidad, cuando se trate de los mismos o similares productos, servicios o actividades para los que el derecho de propiedad industrial se encuentre registrado.

2. Será castigado con las penas de seis meses a tres años de prisión el que, con fines industriales o comerciales, sin consentimiento del titular de un derecho de propiedad industrial registrado conforme a la legislación de marcas y con conocimiento del registro, ofrezca, distribuya o comercialice al por menor, o preste servicios o desarrolle actividades, que incorporen un signo distintivo idéntico o confundible con aquél, cuando se trate de los mismos o similares productos, servicios o actividades para los que el derecho de propiedad industrial se encuentre registrado.

La misma pena se impondrá a quien reproduzca o imite un signo distintivo idéntico o confundible con aquél para su utilización para la comisión de las conductas sancionadas en este artículo.

3. La venta ambulante u ocasional de los productos a que se refieren los apartados anteriores será castigada con la pena de prisión de seis meses a dos años.

No obstante, atendidas las características del culpable y la reducida cuantía del beneficio económico obtenido o que se hubiera podido obtener, siempre que no concurra ninguna de las circunstancias del artículo 276, el Juez podrá imponer la pena de multa de uno a seis meses o trabajos en beneficio de la comunidad de treinta y uno a sesenta días.

4. Será castigado con las penas de uno a tres años de prisión el que, con fines agrarios o comerciales, sin consentimiento del titular de un título de obtención vegetal y con conocimiento de su registro, produzca o reproduzca, acondicione con vistas a la producción o reproducción, ofrezca en venta, venda o comercialice de otra forma, exporte o importe, o posea para cualquiera de los fines mencionados, material vegetal de reproducción o multiplicación de una variedad vegetal protegida conforme a la legislación nacional o de la Unión Europea sobre protección de obtenciones vegetales.

Será castigado con la misma pena quien realice cualesquiera de los actos descritos en el párrafo anterior utilizando, bajo la denominación de una variedad vegetal protegida, material vegetal de reproducción o multiplicación que no pertenezca a tal variedad.

Artículo 274 redactado por el número ciento cincuenta y tres del artículo único de la L.O. 1/2015, de 30 de marzo, por la que se modifica la L.O. 10/1995, de 23 de noviembre, del Código Penal («B.O.E.» 31 marzo).
Vigencia: 1 julio 2015

Artículo 275. Las mismas penas previstas en el artículo anterior se impondrán a quien intencionadamente y sin estar autorizado para ello, utilice en el tráfico económico una denominación de origen o una indicación geográfica representativa de una calidad determinada legalmente protegidas para distinguir los productos amparados por ellas, con conocimiento de esta protección.

Artículo 276. Se impondrá la pena de prisión de dos a seis años, multa de dieciocho a treinta y seis meses e inhabilitación especial para el ejercicio de la profesión relacionada con el delito cometido, por un período de dos a cinco años, cuando concurra alguna de las siguientes circunstancias:

a) Que el beneficio obtenido o que se hubiera podido obtener posea especial trascendencia económica.

b) Que los hechos revistan especial gravedad, atendiendo al valor de los objetos producidos ilícitamente, distribuidos, comercializados u ofrecidos, o a la especial importancia de los perjuicios ocasionados.

c) Que el culpable perteneciere a una organización o asociación, incluso de carácter transitorio, que tuviese como finalidad la realización de actividades infractoras de derechos de propiedad industrial.

d) Que se utilice a menores de 18 años para cometer estos delitos.

Artículo 276 redactado por el número ciento cincuenta y cuatro del artículo único de la L.O. 1/2015, de 30 de marzo, por la que se modifica la L.O. 10/1995, de 23 de noviembre, del Código Penal («B.O.E.» 31 marzo).
Vigencia: 1 julio 2015

Artículo 277. Será castigado con las penas de prisión de seis meses a dos años y multa de seis a veinticuatro meses, el que intencionadamente haya divulgado la invención objeto de una solicitud de patente secreta, en contravención con lo dispuesto en la legislación de patentes, siempre que ello sea en perjuicio de la defensa nacional.

SECCIÓN 3.ª
DE LOS DELITOS RELATIVOS AL MERCADO Y A LOS CONSUMIDORES

Artículo 278. 1. El que, para descubrir un secreto de empresa se apoderare por cualquier medio de datos, documentos escritos o electrónicos, soportes informáticos u otros objetos que se refieran al mismo, o empleare alguno de los medios o instrumentos señalados en el apartado 1 del artículo 197, será castigado con la pena de prisión de dos a cuatro años y multa de doce a veinticuatro meses.

2. Se impondrá la pena de prisión de tres a cinco años y multa de doce a veinticuatro meses si se difundieren, revelaren o cedieren a terceros los secretos descubiertos.

3. Lo dispuesto en el presente artículo se entenderá sin perjuicio de las penas que pudieran corresponder por el apoderamiento o destrucción de los soportes informáticos.

Véase artículo 38 de la Constitución Española.

Artículo 279. La difusión, revelación o cesión de un secreto de empresa llevada a cabo por quien tuviere legal o contractualmente obligación de guardar reserva, se castigará con la pena de prisión de dos a cuatro años y multa de doce a veinticuatro meses.

Si el secreto se utilizara en provecho propio, las penas se impondrán en su mitad inferior.

Artículo 280. El que, con conocimiento de su origen ilícito, y sin haber tomado parte en su descubrimiento, realizare alguna de las conductas descritas en los dos artículos anteriores, será castigado con la pena de prisión de uno a tres años y multa de doce a veinticuatro meses.

Artículo 281. 1. El que detrajere del mercado materias primas o productos de primera necesidad con la intención de desabastecer un sector del mismo, de forzar una alteración de precios, o de perjudicar gravemente a los consumidores, será castigado con la pena de prisión de uno a cinco años y multa de doce a veinticuatro meses.

2. Se impondrá la pena superior en grado si el hecho se realiza en situaciones de grave necesidad o catastróficas.

Véanse:
Artículo 51 de la Constitución Española.
Real Decreto Legislativo 1/2007, de 16 de noviembre, por el que se aprueba el texto refundido de la Ley General para la Defensa de los Consumidores y Usuarios y otras leyes complementarias.

Artículo 282. Serán castigados con la pena de prisión de seis meses a un año o multa de 12 a 24 meses los fabricantes o comerciantes que, en sus ofertas o publicidad de productos o servicios, hagan alegaciones falsas o manifiesten características inciertas sobre los mismos, de modo que puedan causar un perjuicio grave y manifiesto a los consumidores, sin perjuicio de la pena que corresponda aplicar por la comisión de otros delitos.

Artículo 282 redactado por el apartado centésimo del artículo único de la L.O. 15/2003, de 25 de noviembre, por la que se modifica la L.O. 10/1995, de 23 de noviembre, del Código Penal («B.O.E.» 26 noviembre).
Vigencia: 1 octubre 2004

Véase Ley 34/1988, de 11 de noviembre, General de Publicidad («B.O.E.» 15 noviembre).

Artículo 282 bis. Los que, como administradores de hecho o de derecho de una sociedad emisora de valores negociados en los mercados de valores, falsearan la información económico-financiera contenida en los folletos de emisión de cualesquiera instrumentos financieros o las informaciones que la sociedad debe publicar y difundir conforme a la legislación del mercado de valores sobre sus recursos, actividades y negocios presentes y futuros, con el propósito de captar inversores o depositantes, colocar cualquier tipo de activo financiero, u obtener financiación por cualquier medio, serán castigados con la pena de prisión de uno a cuatro años, sin perjuicio de lo dispuesto en el artículo 308 de este Código.

En el supuesto de que se llegue a obtener la inversión, el depósito, la colocación del activo o la financiación, con perjuicio para el inversor, depositante, adquiriente de los activos financieros o acreedor, se impondrá la pena en la mitad superior. Si el perjuicio causado fuera de notoria gravedad, la pena a imponer será de uno a seis años de prisión y multa de seis a doce meses.

Artículo 282 bis introducido por el apartado septuagésimo primero del artículo único de la L.O. 5/2010, de 22 de junio, por la que se modifica la L.O. 10/1995, de 23 de noviembre, del Código Penal («B.O.E.» 23 junio).
Vigencia: 23 diciembre 2010

Artículo 283. Se impondrán las penas de prisión de seis meses a un año y multa de seis a dieciocho meses a los que, en perjuicio del consumidor, facturen cantidades superiores por productos o servicios cuyo costo o precio se mida por aparatos automáticos, mediante la alteración o manipulación de éstos.

Artículo 284. Se impondrá la pena de prisión de seis meses a dos años o multa de doce a veinticuatro meses a los que:

1.º Empleando violencia, amenaza o engaño, intentaren alterar los precios que hubieren de resultar de la libre concurrencia de productos, mercancías, títulos valores o instrumentos financieros, servicios o cualesquiera otras cosas muebles o inmuebles que sean objeto de contratación, sin perjuicio de la pena que pudiere corresponderles por otros delitos cometidos.

2.º Difundieren noticias o rumores, por sí o a través de un medio de comunicación, sobre personas o empresas en que a sabiendas se ofrecieren datos económicos total o parcialmente falsos con el fin de alterar o preservar el precio de cotización de un valor o instrumento financiero, obteniendo para sí o para tercero un beneficio económico superior a los 300.000 euros o causando un perjuicio de idéntica cantidad.

3.º Utilizando información privilegiada, realizaren transacciones o dieren órdenes de operación susceptibles de proporcionar indicios engañosos sobre la oferta, la demanda o el precio de valores o instrumentos financieros, o se aseguraren utilizando la misma información, por sí o en concierto con otros, una posición dominante en el mercado de dichos valores o instrumentos con la finalidad de fijar sus precios en niveles anormales o artificiales.

En todo caso se impondrá la pena de inhabilitación de uno a dos años para intervenir en el mercado financiero como actor, agente o mediador o informador.

Artículo 284 redactado por el apartado septuagésimo segundo del artículo único de la L.O. 5/2010, de 22 de junio, por la que se modifica la L.O. 10/1995, de 23 de noviembre, del Código Penal («B.O.E.» 23 junio).
Vigencia: 23 diciembre 2010

Artículo 285. 1. Quien de forma directa o por persona interpuesta usare de alguna información relevante para la cotización de cualquier clase de valores o instrumentos negociados en algún mercado organizado, oficial o reconocido, a la que haya tenido acceso reservado con ocasión del ejercicio de su actividad profesional o empresarial, o la suministrare obteniendo para sí o para un tercero un beneficio económico superior a 600.000 euros o causando un perjuicio de idéntica cantidad, será castigado con la pena de prisión de uno a cuatro años, multa del tanto al triplo del beneficio obtenido o favorecido e inhabilitación especial para el ejercicio de la profesión o actividad de dos a cinco años.

2. Se aplicará la pena de prisión de cuatro a seis años, la multa del tanto al triplo del beneficio obtenido o favorecido e inhabilitación especial para el ejercicio de la profesión o actividad de dos a cinco años, cuando en las conductas descritas en el apartado anterior concurra alguna de las siguientes circunstancias:

1.ª Que los sujetos se dediquen de forma habitual a tales prácticas abusivas.

2.ª Que el beneficio obtenido sea de notoria importancia.

3.ª Que se cause grave daño a los intereses generales.

Artículo 285 redactado por el apartado centésimo segundo del artículo único de la L.O. 15/2003, de 25 de noviembre, por la que se modifica la L.O. 10/1995, de 23 de noviembre, del Código Penal («B.O.E.» 26 noviembre).
Vigencia: 1 octubre 2004

Artículo 286. 1. Será castigado con las penas de prisión de seis meses a dos años y multa de seis a 24 meses el que, sin consentimiento del prestador de servicios y con fines comerciales, facilite el acceso inteligible a un servicio de radiodifusión sonora o televisiva, a servicios interactivos prestados a distancia por vía electrónica, o suministre el acceso condicional a los mismos, considerado como servicio independiente, mediante:

1.º La fabricación, importación, distribución, puesta a disposición por vía electrónica, venta, alquiler, o posesión de cualquier equipo o programa informático, no autorizado en otro Estado miembro de la Unión Europea, diseñado o adaptado para hacer posible dicho acceso.

2.º La instalación, mantenimiento o sustitución de los equipos o programas informáticos mencionados en el párrafo 1.º

2. Con idéntica pena será castigado quien, con ánimo de lucro, altere o duplique el número identificativo de equipos de telecomunicaciones, o comercialice equipos que hayan sufrido alteración fraudulenta.

3. A quien, sin ánimo de lucro, facilite a terceros el acceso descrito en el apartado 1, o por medio de una comunicación pública, comercial o no, suministre información a una pluralidad de personas sobre el modo de conseguir el acceso no autorizado a un servicio o el uso de un dispositivo o programa, de los expresados en ese mismo apartado 1, incitando a lograrlos, se le impondrá la pena de multa en él prevista.

4. A quien utilice los equipos o programas que permitan el acceso no autorizado a servicios de acceso condicional o equipos de telecomunicación, se le impondrá la pena prevista en el artículo 255 de este Código con independencia de la cuantía de la defraudación.

Artículo 286 redactado por el apartado centésimo tercero del artículo único de la L.O. 15/2003, de 25 de noviembre, por la que se modifica la L.O. 10/1995, de 23 de noviembre, del Código Penal («B.O.E.» 26 noviembre).
Vigencia: 1 octubre 2004

SECCIÓN 4.ª
DELITOS DE CORRUPCIÓN EN LOS NEGOCIOS

Sección 4.ª del Capítulo XI del Título XIII del Libro II, integrada por el artículo 286 bis, introducida por los apartados septuagésimo tercero y siguiente del artículo único

de la L.O. 5/2010, de 22 de junio, por la que se modifica la L.O. 10/1995, de 23 de noviembre, del Código Penal («B.O.E.» 23 junio).
Vigencia: 23 diciembre 2010

Rúbrica de la Sección 4.ª del Capítulo XI del Título XIII del Libro II redactada por el número ciento cincuenta y cinco del artículo único de la L.O. 1/2015, de 30 de marzo, por la que se modifica la L.O. 10/1995, de 23 de noviembre, del Código Penal («B.O.E.» 31 marzo).
Vigencia: 1 julio 2015

Artículo 286 bis. 1. El directivo, administrador, empleado o colaborador de una empresa mercantil o de una sociedad que, por sí o por persona interpuesta, reciba, solicite o acepte un beneficio o ventaja no justificados de cualquier naturaleza, para sí o para un tercero, como contraprestación para favorecer indebidamente a otro en la adquisición o venta de mercancías, o en la contratación de servicios o en las relaciones comerciales, será castigado con la pena de prisión de seis meses a cuatro años, inhabilitación especial para el ejercicio de industria o comercio por tiempo de uno a seis años y multa del tanto al triplo del valor del beneficio o ventaja.

2. Con las mismas penas será castigado quien, por sí o por persona interpuesta, prometa, ofrezca o conceda a directivos, administradores, empleados o colaboradores de una empresa mercantil o de una sociedad, un beneficio o ventaja no justificados, de cualquier naturaleza, para ellos o para terceros, como contraprestación para que le favorezca indebidamente a él o a un tercero frente a otros en la adquisición o venta de mercancías, contratación de servicios o en las relaciones comerciales.

3. Los jueces y tribunales, en atención a la cuantía del beneficio o al valor de la ventaja, y a la trascendencia de las funciones del culpable, podrán imponer la pena inferior en grado y reducir la de multa a su prudente arbitrio.

4. Lo dispuesto en este artículo será aplicable, en sus respectivos casos, a los directivos, administradores, empleados o colaboradores de una entidad deportiva, cualquiera que sea la forma jurídica de ésta, así como a los deportistas, árbitros o jueces, respecto de aquellas conductas que tengan por finalidad predeterminar o alterar de manera deliberada y fraudulenta el resultado de una prueba, encuentro o competición deportiva de especial relevancia económica o deportiva.

A estos efectos, se considerará competición deportiva de especial relevancia económica, aquélla en la que la mayor parte de los participantes en la misma perciban cualquier tipo de retribución, compensación o ingreso económico por su participación en la actividad; y competición deportiva de especial relevancia deportiva, la que sea calificada en el calendario deportivo anual aprobado por la federación deportiva correspondiente como competición oficial de la máxima categoría de la modalidad, especialidad, o disciplina de que se trate.

5. A los efectos de este artículo resulta aplicable lo dispuesto en el artículo 297.

Artículo 286 bis introducido en su actual redacción por el número ciento cincuenta y seis del artículo único de la L.O. 1/2015, de 30 de marzo, por la que se modifica la L.O. 10/1995, de 23 de noviembre, del Código Penal («B.O.E.» 31 marzo).
Vigencia: 1 julio 2015

Artículo 286 ter. 1. Los que mediante el ofrecimiento, promesa o concesión de cualquier beneficio o ventaja indebidos, pecuniarios o de otra clase, corrompieren o intentaren corromper, por sí o por persona interpuesta, a una autoridad o funcionario público en beneficio de estos o de un tercero, o atendieran sus solicitudes al respecto, con el fin de que actúen o se abstengan de actuar en relación con el ejercicio de funciones públicas para conseguir o conservar un contrato, negocio o cualquier otra ventaja competitiva en la realización de actividades económicas internacionales, serán castigados, salvo que ya lo estuvieran con una pena más grave en otro precepto de este Código, con las penas de prisión de prisión de tres a seis años, multa de doce a veinticuatro meses, salvo que el beneficio obtenido fuese superior a la cantidad resultante, en cuyo caso la multa será del tanto al triplo del montante de dicho beneficio.

Además de las penas señaladas, se impondrá en todo caso al responsable la pena de prohibición de contratar con el sector público, así como la pérdida de la posibilidad de obtener subvenciones o ayudas públicas y del derecho a gozar de beneficios o incentivos fiscales y de la Seguridad Social, y la prohibición de intervenir en transacciones comerciales de trascendencia pública por un periodo de siete a doce años.

2. A los efectos de este artículo se entenderá por funcionario público los determinados por los artículos 24 y 427.

Artículo 286 ter introducido por el número ciento cincuenta y siete del artículo único de la L.O. 1/2015, de 30 de marzo, por la que se modifica la L.O. 10/1995, de 23 de noviembre, del Código Penal («B.O.E.» 31 marzo).
Vigencia: 1 julio 2015

Artículo 286 quater. Si los hechos a que se refieren los artículos de esta Sección resultaran de especial gravedad, se impondrá la pena en su mitad superior, pudiéndose llegar hasta la superior en grado.

Los hechos se considerarán, en todo caso, de especial gravedad cuando:

a) el beneficio o ventaja tenga un valor especialmente elevado,

b) la acción del autor no sea meramente ocasional,

c) se trate de hechos cometidos en el seno de una organización o grupo criminal, o

d) el objeto del negocio versara sobre bienes o servicios humanitarios o cualesquiera otros de primera necesidad.

En el caso del apartado 4 del artículo 286 bis, los hechos se considerarán también de especial gravedad cuando:

a) tengan como finalidad influir en el desarrollo de juegos de azar o apuestas; o

b) sean cometidos en una competición deportiva oficial de ámbito estatal calificada como profesional o en una competición deportiva internacional.

Artículo 286 quater introducido por el número ciento cincuenta y ocho del artículo único de la L.O. 1/2015, de 30 de marzo, por la que se modifica la L.O. 10/1995, de 23 de noviembre, del Código Penal («B.O.E.» 31 marzo).
Vigencia: 1 julio 2015

SECCIÓN 5.ª
DISPOSICIONES COMUNES A LAS SECCIONES ANTERIORES

Sección 5.ª del Capítulo XI del Título XIII del Libro II renumerada por el apartado septuagésimo tercero del artículo único de la L.O. 5/2010, de 22 de junio, por la que se modifica la L.O. 10/1995, de 23 de noviembre, del Código Penal («B.O.E.» 23 junio). Se corresponde con la anterior sección 4.ª del mismo Capítulo.
Vigencia: 23 diciembre 2010

Artículo 287. 1. Para proceder por los delitos previstos en la Sección 3ª de este Capítulo, excepto los previstos en los artículos 284 y 285, será necesaria denuncia de la persona agraviada o de sus representantes legales. Cuando aquella sea menor de edad, persona con discapacidad necesitada de especial protección o una persona desvalida, también podrá denunciar el Ministerio Fiscal.

La referencia al término «persona con discapacidad necesitada de especial protección» ha sido introducida en sustitución de la anterior referencia al término «incapaz», conforme establece el número doscientos cincuenta y ocho del artículo único de

la L.O. 1/2015, de 30 de marzo, por la que se modifica la L.O. 10/1995, de 23 de noviembre, del Código Penal («B.O.E.» 31 marzo).
Vigencia: 1 julio 2015

2. No será precisa la denuncia exigida en el apartado anterior cuando la comisión del delito afecte a los intereses generales o a una pluralidad de personas.

Artículo 287 redactado por el apartado septuagésimo quinto del artículo único de la L.O. 5/2010, de 22 de junio, por la que se modifica la L.O. 10/1995, de 23 de noviembre, del Código Penal («B.O.E.» 23 junio).
Vigencia: 23 diciembre 2010

Artículo 288. En los supuestos previstos en los artículos anteriores se dispondrá la publicación de la sentencia en los periódicos oficiales y, si lo solicitara el perjudicado, el Juez o Tribunal podrá ordenar su reproducción total o parcial en cualquier otro medio informativo, a costa del condenado.

Cuando de acuerdo con lo establecido en el artículo 31 bis una persona jurídica sea responsable de los delitos recogidos en este Capítulo, se le impondrán las siguientes penas:

1.º En el caso de los delitos previstos en los artículos 270, 271, 273, 274, 275, 276, 283, 285 y 286:

a) Multa del doble al cuádruple del beneficio obtenido, o que se hubiera podido obtener, si el delito cometido por la persona física tiene prevista una pena de prisión de más de dos años.

b) Multa del doble al triple del beneficio obtenido, favorecido, o que se hubiera podido obtener, en el resto de los casos.

En el caso de los delitos previstos en los artículos 277, 278, 279, 280, 281, 282, 282 bis, 284 y 286 bis al 286 quater:

a) Multa de dos a cinco años, o del triple al quíntuple del beneficio obtenido o que se hubiere podido obtener si la cantidad resultante fuese más elevada, cuando el delito cometido por la persona física tiene prevista una pena de más de dos años de privación de libertad.

b) Multa de seis meses a dos años, o del tanto al duplo del beneficio obtenido o que se hubiere podido obtener si la cantidad resultante fuese más elevada, en el resto de los casos.

2.º Atendidas las reglas establecidas en el artículo 66 bis, los jueces y tribunales podrán asimismo imponer las penas recogidas en las letras b) a g) del apartado 7 del artículo 33.

Artículo 288 redactado por el número ciento cincuenta y nueve del artículo único de la L.O. 1/2015, de 30 de marzo, por la que se modifica la L.O. 10/1995, de 23 de noviembre, del Código Penal («B.O.E.» 31 marzo; Corrección de errores «B.O.E.» 11 junio).
Vigencia: 1 julio 2015

CAPÍTULO XII
DE LA SUSTRACCIÓN DE COSA PROPIA A SU UTILIDAD SOCIAL O CULTURAL

Artículo 289. El que por cualquier medio destruyera, inutilizara o dañara una cosa propia de utilidad social o cultural, o de cualquier modo la sustrajera al cumplimiento de los deberes legales impuestos en interés de la comunidad, será castigado con la pena de prisión de tres a cinco meses o multa de seis a 10 meses.

Artículo 289 redactado por el apartado centésimo quinto del artículo único de la L.O. 15/2003, de 25 de noviembre, por la que se modifica la L.O. 10/1995, de 23 de noviembre, del Código Penal («B.O.E.» 26 noviembre).
Vigencia: 1 octubre 2004

CAPÍTULO XIII
DE LOS DELITOS SOCIETARIOS

Artículo 290. Los administradores, de hecho o de derecho, de una sociedad constituida o en formación, que falsearen las cuentas anuales u otros documentos que deban reflejar la situación jurídica o económica de la entidad, de forma idónea para causar un perjuicio económico a la misma, a alguno de sus socios, o a un tercero, serán castigados con la pena de prisión de uno a tres años y multa de seis a doce meses.

Si se llegare a causar el perjuicio económico se impondrán las penas en su mitad superior.

Artículo 291. Los que, prevaliéndose de su situación mayoritaria en la Junta de accionistas o el órgano de administración de cualquier sociedad constituida o en formación, impusieren acuerdos abusivos, con ánimo de lucro propio o ajeno, en perjuicio de los demás socios, y sin que reporten beneficios a la misma, serán castigados con la pena de prisión de seis meses a tres años o multa del tanto al triplo del beneficio obtenido.

Véase artículo 204 del R.D. Legislativo 1/2010, de 2 de julio, por el que se aprueba el texto refundido de la Ley de Sociedades de Capital («B.O.E.» 3 julio).

Artículo 292. La misma pena del artículo anterior se impondrá a los que impusieren o se aprovecharen para sí o para un tercero, en perjuicio de la sociedad o de alguno de sus socios, de un acuerdo lesivo adoptado por una mayoría ficticia, obtenida por abuso de firma en blanco, por atribución indebida del derecho de voto a quienes legalmente carezcan del mismo, por negación ilícita del ejercicio de este derecho a quienes lo tengan reconocido por la Ley, o por cualquier otro medio o procedimiento semejante, y sin perjuicio de castigar el hecho como corresponde si constituyese otro delito.

Artículo 293. Los administradores de hecho o de derecho de cualquier sociedad constituida o en formación, que sin causa legal negaren o impidieren a un socio el ejercicio de los derechos de información, participación en la gestión o control de la actividad social, o suscripción preferente de acciones reconocidos por las Leyes, serán castigados con la pena de multa de seis a doce meses.

Artículo 294. Los que, como administradores de hecho o de derecho de cualquier sociedad constituida o en formación, sometida o que actúe en mercados sujetos a supervisión administrativa, negaren o impidieren la actuación de las personas, órganos o entidades inspectoras o supervisoras, serán castigados con la pena de prisión de seis meses a tres años o multa de doce a veinticuatro meses.

Además de las penas previstas en el párrafo anterior, la autoridad judicial podrá decretar algunas de las medidas previstas en el artículo 129 de este Código.

Artículo 295. ...

Artículo 295 suprimido por el número ciento sesenta del artículo único de la L.O. 1/2015, de 30 de marzo, por la que se modifica la L.O. 10/1995, de 23 de noviembre, del Código Penal («B.O.E.» 31 marzo).
Vigencia: 1 julio 2015

Artículo 296. 1. Los hechos descritos en el presente capítulo, sólo serán perseguibles mediante denuncia de la persona agraviada o de su representante legal. Cuando aquélla sea menor de edad, persona con discapacidad necesitada de especial protección o una persona desvalida, también podrá denunciar el Ministerio Fiscal.

La referencia al término «persona con discapacidad necesitada de especial protección» ha sido introducida en sustitución de la anterior referencia al término «incapaz», conforme establece el número doscientos cincuenta y ocho del artículo único de la L.O. 1/2015, de 30 de marzo, por la que se modifica la L.O. 10/1995, de 23 de noviembre, del Código Penal («B.O.E.» 31 marzo).
Vigencia: 1 julio 2015

2. No será precisa la denuncia exigida en el apartado anterior cuando la comisión del delito afecte a los intereses generales o a una pluralidad de personas.

Artículo 297. A los efectos de este capítulo se entiende por sociedad toda cooperativa, Caja de Ahorros, mutua, entidad financiera o de crédito, fundación, sociedad mercantil o cualquier otra entidad de análoga naturaleza que para el cumplimiento de sus fines participe de modo permanente en el mercado.

CAPÍTULO XIV
DE LA RECEPTACIÓN Y EL BLANQUEO DE CAPITALES

Rúbrica del Capítulo XIV, del Título XIII, del Libro II redactada por el apartado septuagésimo séptimo del artículo único de la L.O. 5/2010, de 22 de junio, por la que se modifica la L.O. 10/1995, de 23 de noviembre, del Código Penal («B.O.E.» 23 junio).
Vigencia: 23 diciembre 2010

Artículo 298. 1. El que, con ánimo de lucro y con conocimiento de la comisión de un delito contra el patrimonio o el orden socioeconómico, en el que no haya intervenido ni como autor ni como cómplice, ayude a los responsables a aprovecharse de los efectos del mismo, o reciba, adquiera u oculte tales efectos, será castigado con la pena de prisión de seis meses a dos años.

Se impondrá una pena de uno a tres años de prisión en los siguientes supuestos:

a) Cuando se trate de cosas de valor artístico, histórico, cultural o científico.

b) Cuando se trate de cosas de primera necesidad, conducciones, cableado, equipos o componentes de infraestructuras de suministro eléctrico o de servicios de telecomunicaciones, o de otras cosas destinadas a la prestación de servicios de interés general, productos agrarios o ganaderos o de los instrumentos o medios que se utilizan para su obtención.

c) Cuando los hechos revistan especial gravedad, atendiendo al valor de los efectos receptados o a los perjuicios que previsiblemente hubiera causado su sustracción.

Número 1 del artículo 298 redactado por el número ciento sesenta y uno del artículo único de la L.O. 1/2015, de 30 de marzo, por la que se modifica la L.O. 10/1995, de 23 de noviembre, del Código Penal («B.O.E.» 31 marzo).
Vigencia: 1 julio 2015

2. Estas penas se impondrán en su mitad superior a quien reciba, adquiera u oculte los efectos del delito para traficar con ellos. Si el tráfico se realizase utilizando un establecimiento o local comercial o industrial, se impondrá, además, la pena de multa de doce a veinticuatro meses. En estos casos los jueces o tribunales, atendiendo a la gravedad del hecho y a las circunstancias personales del delincuente, podrán imponer también a éste la pena de inhabilitación especial para el ejercicio de su profesión o industria, por tiempo de dos a cinco años y acordar la

medida de clausura temporal o definitiva del establecimiento o local. Si la clausura fuese temporal, su duración no podrá exceder de cinco años.

Número 2 del artículo 298 redactado por el número ciento sesenta y uno del artículo único de la L.O. 1/2015, de 30 de marzo, por la que se modifica la L.O. 10/1995, de 23 de noviembre, del Código Penal («B.O.E.» 31 marzo).
Vigencia: 1 julio 2015

3. En ningún caso podrá imponerse pena privativa de libertad que exceda de la señalada al delito encubierto. Si éste estuviese castigado con pena de otra naturaleza, la pena privativa de libertad será sustituida por la de multa de 12 a 24 meses, salvo que el delito encubierto tenga asignada pena igual o inferior a ésta; en tal caso, se impondrá al culpable la pena de aquel delito en su mitad inferior.

Número 3 del artículo 298 redactado por el apartado centésimo sexto del artículo único de la L.O. 15/2003, de 25 de noviembre, por la que se modifica la L.O. 10/1995, de 23 de noviembre, del Código Penal («B.O.E.» 26 noviembre).
Vigencia: 1 octubre 2004

Artículo 299. ...

Artículo 299 suprimido por el número ciento sesenta y dos del artículo único de la L.O. 1/2015, de 30 de marzo, por la que se modifica la L.O. 10/1995, de 23 de noviembre, del Código Penal («B.O.E.» 31 marzo).
Vigencia: 1 julio 2015

Artículo 300. Las disposiciones de este capítulo se aplicarán aun cuando el autor o el cómplice del hecho de que provengan los efectos aprovechados fuera irresponsable o estuviera personalmente exento de pena.

Artículo 301. 1. El que adquiera, posea, utilice, convierta, o transmita bienes, sabiendo que éstos tienen su origen en una actividad delictiva, cometida por él o por cualquiera tercera persona, o realice cualquier otro acto para ocultar o encubrir su origen ilícito, o para ayudar a la persona que haya participado en la infracción o infracciones a eludir las consecuencias legales de sus actos, será castigado con la pena de prisión de seis meses a seis años y multa del tanto al triplo del valor de los bienes. En estos casos, los jueces o tribunales, atendiendo a la gravedad del hecho y a las circunstancias personales del delincuente, podrán imponer también a éste la pena de inhabilitación especial para el ejercicio de su profesión o industria por tiempo de uno a tres años, y acordar la medida de clausura temporal o definitiva del establecimiento o local. Si la clausura fuese temporal, su duración no podrá exceder de cinco años.

La pena se impondrá en su mitad superior cuando los bienes tengan su origen en alguno de los delitos relacionados con el tráfico de drogas tóxicas, estupefacientes o sustancias psicotrópicas descritos en los artículos 368 a 372 de este Código. En estos supuestos se aplicarán las disposiciones contenidas en el artículo 374 de este Código.

También se impondrá la pena en su mitad superior cuando los bienes tengan su origen en alguno de los delitos comprendidos en los Capítulos V, VI, VII, VIII, IX y X del Título XIX o en alguno de los delitos del Capítulo I del Título XVI.

Número 1 del artículo 301 redactado por el apartado septuagésimo octavo del artículo único de la L.O. 5/2010, de 22 de junio, por la que se modifica la L.O. 10/1995, de 23 de noviembre, del Código Penal («B.O.E.» 23 junio).
Vigencia: 23 diciembre 2010

2. Con las mismas penas se sancionará, según los casos, la ocultación o encubrimiento de la verdadera naturaleza, origen, ubicación, destino, movimiento o derechos sobre los bienes o propiedad de los mismos, a sabiendas de que proceden de

alguno de los delitos expresados en el apartado anterior o de un acto de participación en ellos.

3. Si los hechos se realizasen por imprudencia grave, la pena será de prisión de seis meses a dos años y multa del tanto al triplo.

4. El culpable será igualmente castigado aunque el delito del que provinieren los bienes, o los actos penados en los apartados anteriores hubiesen sido cometidos, total o parcialmente, en el extranjero.

5. Si el culpable hubiera obtenido ganancias, serán decomisadas conforme a las reglas del artículo 127 de este Código.

Número 5 del artículo 301 introducido por el apartado centésimo octavo del artículo único de la L.O. 15/2003, de 25 de noviembre, por la que se modifica la L.O. 10/1995, de 23 de noviembre, del Código Penal («B.O.E.» 26 noviembre).
Vigencia: 1 octubre 2004

Artículo 302. 1. En los supuestos previstos en el artículo anterior se impondrán las penas privativas de libertad en su mitad superior a las personas que pertenezca a una organización dedicada a los fines señalados en los mismos, y la pena superior en grado a los jefes, administradores o encargados de las referidas organizaciones.

2. En tales casos, cuando de acuerdo con lo establecido en el artículo 31 bis sea responsable una persona jurídica, se le impondrán las siguientes penas:

a) Multa de dos a cinco años, si el delito cometido por la persona física tiene prevista una pena de prisión de más de cinco años.

b) Multa de seis meses a dos años, en el resto de los casos.

Atendidas las reglas establecidas en el artículo 66 bis, los jueces y tribunales podrán asimismo imponer las penas recogidas en las letras b) a g) del apartado 7 del artículo 33.

Número 2 del artículo 302 redactado por el apartado septuagésimo noveno del artículo único de la L.O. 5/2010, de 22 de junio, por la que se modifica la L.O. 10/1995, de 23 de noviembre, del Código Penal («B.O.E.» 23 junio).
Vigencia: 23 diciembre 2010

Artículo 302 redactado por el apartado centésimo noveno del artículo único de la L.O. 15/2003, de 25 de noviembre, por la que se modifica la L.O. 10/1995, de 23 de noviembre, del Código Penal («B.O.E.» 26 noviembre).
Vigencia: 1 octubre 2004

Artículo 303. Si los hechos previstos en los artículos anteriores fueran realizados por empresario, intermediario en el sector financiero, facultativo, funcionario público, trabajador social, docente o educador, en el ejercicio de su cargo, profesión u oficio, se le impondrá, además de la pena correspondiente, la de inhabilitación especial para empleo o cargo público, profesión u oficio, industria o comercio, de tres a diez años. Se impondrá la pena de inhabilitación absoluta de diez a veinte años cuando los referidos hechos fueren realizados por autoridad o agente de la misma.

A tal efecto, se entiende que son facultativos los médicos, psicólogos, las personas en posesión de títulos sanitarios, los veterinarios, los farmacéuticos y sus dependientes.

Artículo 304. La provocación, la conspiración y la proposición para cometer los delitos previstos en los artículos 301 a 303 se castigará, respectivamente, con la pena inferior en uno o dos grados.

TÍTULO XIII BIS
DE LOS DELITOS DE FINANCIACIÓN ILEGAL DE LOS PARTIDOS POLÍTICOS

Título XIII bis del Libro II introducido por el número ciento sesenta y tres del artículo único de la L.O. 1/2015, de 30 de marzo, por la que se modifica la L.O. 10/1995, de 23 de noviembre, del Código Penal («B.O.E.» 31 marzo).
Vigencia: 1 julio 2015

Artículo 304 bis. 1. Será castigado con una pena de multa del triplo al quíntuplo de su valor, el que reciba donaciones o aportaciones destinadas a un partido político, federación, coalición o agrupación de electores con infracción de lo dispuesto en el artículo 5.Uno de la Ley Orgánica 8/2007, de 4 de julio, sobre financiación de los partidos políticos.

2. Los hechos anteriores serán castigados con una pena de prisión de seis meses a cuatro años y multa del triplo al quíntuplo de su valor o del exceso cuando:

a) Se trate de donaciones recogidas en el artículo 5.Uno, letras a) o c) de la Ley Orgánica 8/2007, de 4 de julio, sobre financiación de los partidos políticos, de importe superior a 500.000 euros, o que superen en esta cifra el límite fijado en la letra b) del aquel precepto, cuando sea ésta el infringido.

b) Se trate de donaciones recogidas en el artículo 7.Dos de la Ley Orgánica 8/2007, de 4 de julio, sobre financiación de los partidos políticos, que superen el importe de 100.000 euros.

3. Si los hechos a que se refiere el apartado anterior resultaran de especial gravedad, se impondrá la pena en su mitad superior, pudiéndose llegar hasta la superior en grado.

4. Las mismas penas se impondrán, en sus respectivos casos, a quien entregare donaciones o aportaciones destinadas a un partido político, federación, coalición o agrupación de electores, por sí o por persona interpuesta, en alguno de los supuestos de los números anteriores.

5. Las mismas penas se impondrán cuando, de acuerdo con lo establecido en el artículo 31 bis de este Código, una persona jurídica sea responsable de los hechos. Atendidas las reglas establecidas en el artículo 66 bis, los jueces y tribunales podrán asimismo imponer las penas recogidas en las letras b) a g) del apartado 7 del artículo 33.

Artículo 304 bis introducido por el número ciento sesenta y cuatro del artículo único de la L.O. 1/2015, de 30 de marzo, por la que se modifica la L.O. 10/1995, de 23 de noviembre, del Código Penal («B.O.E.» 31 marzo).

Artículo 304 ter. 1. Será castigado con la pena de prisión de uno a cinco años, el que participe en estructuras u organizaciones, cualquiera que sea su naturaleza, cuya finalidad sea la financiación de partidos políticos, federaciones, coaliciones o agrupaciones de electores, al margen de lo establecido en la ley.

2. Se impondrá la pena en su mitad superior a las personas que dirijan dichas estructuras u organizaciones.

3. Si los hechos a que se refieren los apartados anteriores resultaran de especial gravedad, se impondrá la pena en su mitad superior, pudiéndose llegar hasta la superior en grado.

Artículo 304 ter introducido por el número ciento sesenta y cinco del artículo único de la L.O. 1/2015, de 30 de marzo, por la que se modifica la L.O. 10/1995, de 23 de noviembre, del Código Penal («B.O.E.» 31 marzo).

TÍTULO XIV
DE LOS DELITOS CONTRA LA HACIENDA PÚBLICA Y CONTRA LA SEGURIDAD SOCIAL

Artículo 305. 1. El que, por acción u omisión, defraude a la Hacienda Pública estatal, autonómica, foral o local, eludiendo el pago de tributos, cantidades retenidas o que se hubieran debido retener o ingresos a cuenta, obteniendo indebidamente devoluciones o disfrutando beneficios fiscales de la misma forma, siempre que la cuantía de la cuota defraudada, el importe no ingresado de las retenciones o ingresos a cuenta o de las devoluciones o beneficios fiscales indebidamente obtenidos o disfrutados exceda de ciento veinte mil euros será castigado con la pena de prisión de uno a cinco años y multa del tanto al séxtuplo de la citada cuantía, salvo que hubiere regularizado su situación tributaria en los términos del apartado 4 del presente artículo.

La mera presentación de declaraciones o autoliquidaciones no excluye la defraudación, cuando ésta se acredite por otros hechos.

Además de las penas señaladas, se impondrá al responsable la pérdida de la posibilidad de obtener subvenciones o ayudas públicas y del derecho a gozar de los beneficios o incentivos fiscales o de la Seguridad Social durante el período de tres a seis años.

2. A los efectos de determinar la cuantía mencionada en el apartado anterior:

a) Si se trata de tributos, retenciones, ingresos a cuenta o devoluciones, periódicos o de declaración periódica, se estará a lo defraudado en cada período impositivo o de declaración, y si éstos son inferiores a doce meses, el importe de lo defraudado se referirá al año natural. No obstante lo anterior, en los casos en los que la defraudación se lleve a cabo en el seno de una organización o grupo criminal, o por personas o entidades que actúen bajo la apariencia de una actividad económica real sin desarrollarla de forma efectiva, el delito será perseguible desde el mismo momento en que se alcance la cantidad fijada en el apartado 1.

b) En los demás supuestos, la cuantía se entenderá referida a cada uno de los distintos conceptos por los que un hecho imponible sea susceptible de liquidación.

3. Las mismas penas se impondrán cuando las conductas descritas en el apartado 1 de este artículo se cometan contra la Hacienda de la Unión Europea, siempre que la cuantía defraudada excediera de cincuenta mil euros en el plazo de un año natural. No obstante lo anterior, en los casos en los que la defraudación se lleve a cabo en el seno de una organización o grupo criminal, o por personas o entidades que actúen bajo la apariencia de una actividad económica real sin desarrollarla de forma efectiva, el delito será perseguible desde el mismo momento en que se alcance la cantidad fijada en este apartado.

Si la cuantía defraudada no superase los cincuenta mil euros, pero excediere de cuatro mil, se impondrá una pena de prisión de tres meses a un año o multa del tanto al triplo de la citada cuantía y la pérdida de la posibilidad de obtener subvenciones o ayudas públicas y del derecho a gozar de los beneficios o incentivos fiscales o de la Seguridad Social durante el período de seis meses a dos años.

4. Se considerará regularizada la situación tributaria cuando se haya procedido por el obligado tributario al completo reconocimiento y pago de la deuda tributaria, antes de que por la Administración Tributaria se le haya notificado el inicio de actuaciones de comprobación o investigación tendentes a la determinación de las deudas tributarias objeto de la regularización o, en el caso de que tales actuaciones no se hubieran producido, antes de que el Ministerio Fiscal, el Abogado del Estado o el representante procesal de la Administración autonómica, foral o local de que se trate, interponga querella o denuncia contra aquél dirigida, o antes de que

el Ministerio Fiscal o el Juez de Instrucción realicen actuaciones que le permitan tener conocimiento formal de la iniciación de diligencias.

Asimismo, los efectos de la regularización prevista en el párrafo anterior resultarán aplicables cuando se satisfagan deudas tributarias una vez prescrito el derecho de la Administración a su determinación en vía administrativa.

La regularización por el obligado tributario de su situación tributaria impedirá que se le persiga por las posibles irregularidades contables u otras falsedades instrumentales que, exclusivamente en relación a la deuda tributaria objeto de regularización, el mismo pudiera haber cometido con carácter previo a la regularización de su situación tributaria.

5. Cuando la Administración Tributaria apreciare indicios de haberse cometido un delito contra la Hacienda Pública, podrá liquidar de forma separada, por una parte los conceptos y cuantías que no se encuentren vinculados con el posible delito contra la Hacienda Pública, y por otra, los que se encuentren vinculados con el posible delito contra la Hacienda Pública.

La liquidación indicada en primer lugar en el párrafo anterior seguirá la tramitación ordinaria y se sujetará al régimen de recursos propios de toda liquidación tributaria. Y la liquidación que en su caso derive de aquellos conceptos y cuantías que se encuentren vinculados con el posible delito contra la Hacienda Pública seguirá la tramitación que al efecto establezca la normativa tributaria, sin perjuicio de que finalmente se ajuste a lo que se decida en el proceso penal.

La existencia del procedimiento penal por delito contra la Hacienda Pública no paralizará la acción de cobro de la deuda tributaria. Por parte de la Administración Tributaria podrán iniciarse las actuaciones dirigidas al cobro, salvo que el Juez, de oficio o a instancia de parte, hubiere acordado la suspensión de las actuaciones de ejecución, previa prestación de garantía. Si no se pudiese prestar garantía en todo o en parte, excepcionalmente el Juez podrá acordar la suspensión con dispensa total o parcial de garantías si apreciare que la ejecución pudiese ocasionar daños irreparables o de muy difícil reparación.

6. Los Jueces y Tribunales podrán imponer al obligado tributario o al autor del delito la pena inferior en uno o dos grados, siempre que, antes de que transcurran dos meses desde la citación judicial como imputado satisfaga la deuda tributaria y reconozca judicialmente los hechos. Lo anterior será igualmente aplicable respecto de otros partícipes en el delito distintos del obligado tributario o del autor del delito, cuando colaboren activamente para la obtención de pruebas decisivas para la identificación o captura de otros responsables, para el completo esclarecimiento de los hechos delictivos o para la averiguación del patrimonio del obligado tributario o de otros responsables del delito.

7. En los procedimientos por el delito contemplado en este artículo, para la ejecución de la pena de multa y la responsabilidad civil, que comprenderá el importe de la deuda tributaria que la Administración Tributaria no haya liquidado por prescripción u otra causa legal en los términos previstos en la Ley 58/2003, General Tributaria, de 17 de diciembre, incluidos sus intereses de demora, los Jueces y Tribunales recabarán el auxilio de los servicios de la Administración Tributaria que las exigirá por el procedimiento administrativo de apremio en los términos establecidos en la citada Ley.

Artículo 305 redactado por el apartado dos del artículo único de la L.O. 7/2012, de 27 de diciembre, por la que se modifica la L.O. 10/1995, de 23 de noviembre, del Código Penal en materia de transparencia y lucha contra el fraude fiscal y en la Seguridad Social («B.O.E.» 28 diciembre).

Vigencia: 17 enero 2013

Véase el artículo 235 ter.1 a) de la L.O. 6/1985, de 1 de julio, del Poder Judicial.

Artículo 305 bis. 1. El delito contra la Hacienda Pública será castigado con la pena de prisión de dos a seis años y multa del doble al séxtuplo de la cuota defraudada cuando la defraudación se cometiere concurriendo alguna de las circunstancias siguientes:

a) Que la cuantía de la cuota defraudada exceda de seiscientos mil euros.

b) Que la defraudación se haya cometido en el seno de una organización o de un grupo criminal.

c) Que la utilización de personas físicas o jurídicas o entes sin personalidad jurídica interpuestos, negocios o instrumentos fiduciarios o paraísos fiscales o territorios de nula tributación oculte o dificulte la determinación de la identidad del obligado tributario o del responsable del delito, la determinación de la cuantía defraudada o del patrimonio del obligado tributario o del responsable del delito.

2. A los supuestos descritos en el presente artículo les serán de aplicación todas las restantes previsiones contenidas en el artículo 305.

En estos casos, además de las penas señaladas, se impondrá al responsable la pérdida de la posibilidad de obtener subvenciones o ayudas públicas y del derecho a gozar de los beneficios o incentivos fiscales o de la Seguridad Social durante el período de cuatro a ocho años.

Artículo 305 bis introducido por el apartado tres del artículo único de la L.O. 7/2012, de 27 de diciembre, por la que se modifica la L.O. 10/1995, de 23 de noviembre, del Código Penal en materia de transparencia y lucha contra el fraude fiscal y en la Seguridad Social («B.O.E.» 28 diciembre).

Vigencia: 17 enero 2013

Véase el artículo 235 ter.1 a) de la L.O. 6/1985, de 1 de julio, del Poder Judicial.

Artículo 306. El que por acción u omisión defraude a los presupuestos generales de la Unión Europea u otros administrados por ésta, en cuantía superior a cincuenta mil euros, eludiendo, fuera de los casos contemplados en el apartado 3 del artículo 305, el pago de cantidades que se deban ingresar, dando a los fondos obtenidos una aplicación distinta de aquella a que estuvieren destinados u obteniendo indebidamente fondos falseando las condiciones requeridas para su concesión u ocultando las que la hubieran impedido, será castigado con la pena de prisión de uno a cinco años y multa del tanto al séxtuplo de la citada cuantía y la pérdida de la posibilidad de obtener subvenciones o ayudas públicas y del derecho a gozar de los beneficios o incentivos fiscales o de la Seguridad Social durante el período de tres a seis años.

Párrafo primero del artículo 306 redactado por el número ciento sesenta y seis del artículo único de la L.O. 1/2015, de 30 de marzo, por la que se modifica la L.O. 10/1995, de 23 de noviembre, del Código Penal («B.O.E.» 31 marzo).

Vigencia: 1 julio 2015

Si la cuantía defraudada o aplicada indebidamente no superase los cincuenta mil euros, pero excediere de cuatro mil, se impondrá una pena de prisión de tres meses a un año o multa del tanto al triplo de la citada cuantía y la pérdida de la posibilidad de obtener subvenciones o ayudas públicas y del derecho a gozar de los beneficios o incentivos fiscales o de la Seguridad Social durante el período de seis meses a dos años.

Artículo 306 redactado por el apartado cuatro del artículo único de la L.O. 7/2012, de 27 de diciembre, por la que se modifica la L.O. 10/1995, de 23 de noviembre, del Código Penal en materia de transparencia y lucha contra el fraude fiscal y en la Seguridad Social («B.O.E.» 28 diciembre).

Vigencia: 17 enero 2013

Véase el artículo 235 ter.1 a) de la L.O. 6/1985, de 1 de julio, del Poder Judicial.

Artículo 307. 1. El que, por acción u omisión, defraude a la Seguridad Social eludiendo el pago de las cuotas de ésta y conceptos de recaudación conjunta, obteniendo indebidamente devoluciones de las mismas o disfrutando de deducciones por cualquier concepto asimismo de forma indebida, siempre que la cuantía de las cuotas defraudadas o de las devoluciones o deducciones indebidas exceda de cincuenta mil euros será castigado con la pena de prisión de uno a cinco años y multa del tanto al séxtuplo de la citada cuantía salvo que hubiere regularizado su situación ante la Seguridad Social en los términos del apartado 3 del presente artículo.

La mera presentación de los documentos de cotización no excluye la defraudación, cuando ésta se acredite por otros hechos.

Además de las penas señaladas, se impondrá al responsable la pérdida de la posibilidad de obtener subvenciones o ayudas públicas y del derecho a gozar de los beneficios o incentivos fiscales o de la Seguridad Social durante el período de tres a seis años.

2. A los efectos de determinar la cuantía mencionada en el apartado anterior se estará al importe total defraudado durante cuatro años naturales.

3. Se considerará regularizada la situación ante la Seguridad Social cuando se haya procedido por el obligado frente a la Seguridad Social al completo reconocimiento y pago de la deuda antes de que se le haya notificado la iniciación de actuaciones inspectoras dirigidas a la determinación de dichas deudas o, en caso de que tales actuaciones no se hubieran producido, antes de que el Ministerio Fiscal o el Letrado de la Seguridad Social interponga querella o denuncia contra aquél dirigida o antes de que el Ministerio Fiscal o el Juez de Instrucción realicen actuaciones que le permitan tener conocimiento formal de la iniciación de diligencias.

Asimismo, los efectos de la regularización prevista en el párrafo anterior, resultarán aplicables cuando se satisfagan deudas ante la Seguridad Social una vez prescrito el derecho de la Administración a su determinación en vía administrativa.

La regularización de la situación ante la Seguridad Social impedirá que a dicho sujeto se le persiga por las posibles irregularidades contables u otras falsedades instrumentales que, exclusivamente en relación a la deuda objeto de regularización, el mismo pudiera haber cometido con carácter previo a la regularización de su situación.

4. La existencia de un procedimiento penal por delito contra la Seguridad Social no paralizará el procedimiento administrativo para la liquidación y cobro de la deuda contraída con la Seguridad Social, salvo que el Juez lo acuerde previa prestación de garantía. En el caso de que no se pudiese prestar garantía en todo o en parte, el Juez, con carácter excepcional, podrá acordar la suspensión con dispensa total o parcial de las garantías, en el caso de que apreciara que la ejecución pudiera ocasionar daños irreparables o de muy difícil reparación. La liquidación administrativa se ajustará finalmente a lo que se decida en el proceso penal.

5. Los Jueces y Tribunales podrán imponer al obligado frente a la Seguridad Social o al autor del delito la pena inferior en uno o dos grados, siempre que, antes de que transcurran dos meses desde la citación judicial como imputado, satisfaga la deuda con la Seguridad Social y reconozca judicialmente los hechos. Lo anterior será igualmente aplicable respecto de otros partícipes en el delito distintos del deudor a la Seguridad Social o del autor del delito, cuando colaboren activamente para la obtención de pruebas decisivas para la identificación o captura de otros responsables, para el completo esclarecimiento de los hechos delictivos o para la averiguación del patrimonio del obligado frente a la Seguridad Social o de otros responsables del delito.

6. En los procedimientos por el delito contemplado en este artículo, para la ejecución de la pena de multa y la responsabilidad civil, que comprenderá el importe de la deuda frente a la Seguridad Social que la Administración no haya liquidado

por prescripción u otra causa legal, incluidos sus intereses de demora, los Jueces y Tribunales recabarán el auxilio de los servicios de la Administración de la Seguridad Social que las exigirá por el procedimiento administrativo de apremio.

Artículo 307 redactado por el apartado cinco del artículo único de la L.O. 7/2012, de 27 de diciembre, por la que se modifica la L.O. 10/1995, de 23 de noviembre, del Código Penal en materia de transparencia y lucha contra el fraude fiscal y en la Seguridad Social («B.O.E.» 28 diciembre).
Vigencia: 17 enero 2013

Artículo 307 bis. 1. El delito contra la Seguridad Social será castigado con la pena de prisión de dos a seis años y multa del doble al séxtuplo de la cuantía cuando en la comisión del delito concurriera alguna de las siguientes circunstancias:

a) Que la cuantía de las cuotas defraudadas o de las devoluciones o deducciones indebidas exceda de ciento veinte mil euros.

b) Que la defraudación se haya cometido en el seno de una organización o de un grupo criminal.

c) Que la utilización de personas físicas o jurídicas o entes sin personalidad jurídica interpuestos, negocios o instrumentos fiduciarios o paraísos fiscales o territorios de nula tributación oculte o dificulte la determinación de la identidad del obligado frente a la Seguridad Social o del responsable del delito, la determinación de la cuantía defraudada o del patrimonio del obligado frente a la Seguridad Social o del responsable del delito.

2. A los supuestos descritos en el presente artículo le serán de aplicación todas las restantes previsiones contenidas en el artículo 307.

3. En estos casos, además de las penas señaladas, se impondrá al responsable la pérdida de la posibilidad de obtener subvenciones o ayudas públicas y del derecho a gozar de los beneficios o incentivos fiscales o de la Seguridad Social durante el período de cuatro a ocho años.

Artículo 307 bis introducido por el apartado seis del artículo único de la L.O. 7/2012, de 27 de diciembre, por la que se modifica la L.O. 10/1995, de 23 de noviembre, del Código Penal en materia de transparencia y lucha contra el fraude fiscal y en la Seguridad Social («B.O.E.» 28 diciembre).
Vigencia: 17 enero 2013

Artículo 307 ter. 1. Quien obtenga, para sí o para otro, el disfrute de prestaciones del Sistema de la Seguridad Social, la prolongación indebida del mismo, o facilite a otros su obtención, por medio del error provocado mediante la simulación o tergiversación de hechos, o la ocultación consciente de hechos de los que tenía el deber de informar, causando con ello un perjuicio a la Administración Pública, será castigado con la pena de seis meses a tres años de prisión.

Cuando los hechos, a la vista del importe defraudado, de los medios empleados y de las circunstancias personales del autor, no revistan especial gravedad, serán castigados con una pena de multa del tanto al séxtuplo.

Además de las penas señaladas, se impondrá al responsable la pérdida de la posibilidad de obtener subvenciones y del derecho a gozar de los beneficios o incentivos fiscales o de la Seguridad Social durante el período de tres a seis años.

2. Cuando el valor de las prestaciones fuera superior a cincuenta mil euros o hubiera concurrido cualquiera de las circunstancias a que se refieren las letras b) o c) del apartado 1 del artículo 307 bis, se impondrá una pena de prisión de dos a seis años y multa del tanto al séxtuplo.

En estos casos, además de las penas señaladas, se impondrá al responsable la pérdida de la posibilidad de obtener subvenciones y del derecho a gozar de los beneficios o incentivos fiscales o de la Seguridad Social durante el período de cuatro a ocho años.

3. Quedará exento de responsabilidad criminal en relación con las conductas descritas en los apartados anteriores el que reintegre una cantidad equivalente al valor de la prestación recibida incrementada en un interés anual equivalente al interés legal del dinero aumentado en dos puntos porcentuales, desde el momento en que las percibió, antes de que se le haya notificado la iniciación de actuaciones de inspección y control en relación con las mismas o, en el caso de que tales actuaciones no se hubieran producido, antes de que el Ministerio Fiscal, el Abogado del Estado, el Letrado de la Seguridad Social, o el representante de la Administración autonómica o local de que se trate, interponga querella o denuncia contra aquél dirigida o antes de que el Ministerio Fiscal o el Juez de Instrucción realicen actuaciones que le permitan tener conocimiento formal de la iniciación de diligencias.

La exención de responsabilidad penal contemplada en el párrafo anterior alcanzará igualmente a dicho sujeto por las posibles falsedades instrumentales que, exclusivamente en relación a las prestaciones defraudadas objeto de reintegro, el mismo pudiera haber cometido con carácter previo a la regularización de su situación.

4. La existencia de un procedimiento penal por alguno de los delitos de los apartados 1 y 2 de este artículo, no impedirá que la Administración competente exija el reintegro por vía administrativa de las prestaciones indebidamente obtenidas. El importe que deba ser reintegrado se entenderá fijado provisionalmente por la Administración, y se ajustará después a lo que finalmente se resuelva en el proceso penal.

El procedimiento penal tampoco paralizará la acción de cobro de la Administración competente, que podrá iniciar las actuaciones dirigidas al cobro salvo que el Juez, de oficio o a instancia de parte, hubiere acordado la suspensión de las actuaciones de ejecución previa prestación de garantía. Si no se pudiere prestar garantía en todo o en parte, excepcionalmente el Juez podrá acordar la suspensión con dispensa total o parcial de garantías si apreciare que la ejecución pudiese ocasionar daños irreparables o de muy difícil reparación.

5. En los procedimientos por el delito contemplado en este artículo, para la ejecución de la pena de multa y de la responsabilidad civil, los Jueces y Tribunales recabarán el auxilio de los servicios de la Administración de la Seguridad Social que las exigirá por el procedimiento administrativo de apremio.

6. Resultará aplicable a los supuestos regulados en este artículo lo dispuesto en el apartado 5 del artículo 307 del Código Penal.

Artículo 307 ter introducido por el apartado siete del artículo único de la L.O. 7/2012, de 27 de diciembre, por la que se modifica la L.O. 10/1995, de 23 de noviembre, del Código Penal en materia de transparencia y lucha contra el fraude fiscal y en la Seguridad Social («B.O.E.» 28 diciembre).

Vigencia: 17 enero 2013

Artículo 308. 1. El que obtenga subvenciones o ayudas de las Administraciones Públicas en una cantidad o por un valor superior a ciento veinte mil euros falseando las condiciones requeridas para su concesión u ocultando las que la hubiesen impedido será castigado con la pena de prisión de uno a cinco años y multa del tanto al séxtuplo de su importe salvo que lleve a cabo el reintegro a que se refiere el apartado 5 de este artículo.

2. Las mismas penas se impondrán al que, en el desarrollo de una actividad sufragada total o parcialmente con fondos de las Administraciones públicas los aplique en una cantidad superior a ciento veinte mil euros a fines distintos de aquéllos para los que la subvención o ayuda fue concedida salvo que lleve a cabo el reintegro a que se refiere el apartado 5 de este artículo.

3. Además de las penas señaladas, se impondrá al responsable la pérdida de la posibilidad de obtener subvenciones o ayudas públicas y del derecho a gozar de beneficios o incentivos fiscales o de la Seguridad Social durante un período de tres a seis años.

4. Para la determinación de la cantidad defraudada se estará al año natural y deberá tratarse de subvenciones o ayudas obtenidas para el fomento de la misma actividad privada subvencionable, aunque procedan de distintas administraciones o entidades públicas.

5. Se entenderá realizado el reintegro al que se refieren los apartados 1 y 2 cuando por el perceptor de la subvención o ayuda se proceda a devolver las subvenciones o ayudas indebidamente percibidas o aplicadas, incrementadas en el interés de demora aplicable en materia de subvenciones desde el momento en que las percibió, y se lleve a cabo antes de que se haya notificado la iniciación de actuaciones de comprobación o control en relación con dichas subvenciones o ayudas o, en el caso de que tales actuaciones no se hubieran producido, antes de que el Ministerio Fiscal, el Abogado del Estado o el representante de la Administración autonómica o local de que se trate, interponga querella o denuncia contra aquél dirigida o antes de que el Ministerio Fiscal o el Juez de Instrucción realicen actuaciones que le permitan tener conocimiento formal de la iniciación de diligencias. El reintegro impedirá que a dicho sujeto se le persiga por las posibles falsedades instrumentales que, exclusivamente en relación a la deuda objeto de regularización, el mismo pudiera haber cometido con carácter previo a la regularización de su situación.

6. La existencia de un procedimiento penal por alguno de los delitos de los apartados 1 y 2 de este artículo, no impedirá que la Administración competente exija el reintegro por vía administrativa de las subvenciones o ayudas indebidamente aplicadas. El importe que deba ser reintegrado se entenderá fijado provisionalmente por la Administración, y se ajustará después a lo que finalmente se resuelva en el proceso penal.

El procedimiento penal tampoco paralizará la acción de cobro de la Administración, que podrá iniciar las actuaciones dirigidas al cobro salvo que el Juez, de oficio o a instancia de parte, hubiere acordado la suspensión de las actuaciones de ejecución previa prestación de garantía. Si no se pudiere prestar garantía en todo o en parte, excepcionalmente el Juez podrá acordar la suspensión con dispensa total o parcial de garantías si apreciare que la ejecución pudiese ocasionar daños irreparables o de muy difícil reparación.

7. Los Jueces y Tribunales podrán imponer al responsable de este delito la pena inferior en uno o dos grados, siempre que, antes de que transcurran dos meses desde la citación judicial como imputado, lleve a cabo el reintegro a que se refiere el apartado 5 y reconozca judicialmente los hechos. Lo anterior será igualmente aplicable respecto de otros partícipes en el delito distintos del obligado al reintegro o del autor del delito, cuando colaboren activamente para la obtención de pruebas decisivas para la identificación o captura de otros responsables, para el completo esclarecimiento de los hechos delictivos o para la averiguación del patrimonio del obligado o del responsable del delito.

Artículo 308 redactado por el apartado ocho del artículo único de la L.O. 7/2012, de 27 de diciembre, por la que se modifica la L.O. 10/1995, de 23 de noviembre, del Código Penal en materia de transparencia y lucha contra el fraude fiscal y en la Seguridad Social («B.O.E.» 28 diciembre).

Vigencia: 17 enero 2013

Artículo 308 bis. 1. La suspensión de la ejecución de las penas impuestas por alguno de los delitos regulados en este Título se regirá por las disposiciones contenidas en el Capítulo III del Título III del Libro I de este Código, completadas por las siguientes reglas:

1.ª La suspensión de la ejecución de la pena de prisión impuesta requerirá, además del cumplimiento de los requisitos regulados en el artículo 80, que el penado haya abonado la deuda tributaria o con la Seguridad Social, o que haya procedido al reintegro de las subvenciones o ayudas indebidamente recibidas o utilizadas.

Este requisito se entenderá cumplido cuando el penado asuma el compromiso de satisfacer la deuda tributaria, la deuda frente a la Seguridad Social o de proceder al reintegro de las subvenciones o ayudas indebidamente recibidas o utilizadas y las responsabilidades civiles de acuerdo a su capacidad económica y de facilitar el decomiso acordado, y sea razonable esperar que el mismo será cumplido. La suspensión no se concederá cuando conste que el penado ha facilitado información inexacta o insuficiente sobre su patrimonio.

La resolución por la que el juez o tribunal concedan la suspensión de la ejecución de la pena será comunicada a la representación procesal de la Hacienda Pública estatal, autonómica, local o foral, de la Seguridad Social o de la Administración que hubiera concedido la subvención o ayuda.

2.ª El juez o tribunal revocarán la suspensión y ordenarán la ejecución de la pena, además de en los supuestos del artículo 86, cuando el penado no dé cumplimiento al compromiso de pago de la deuda tributaria o con la Seguridad Social, al de reintegro de las subvenciones y ayudas indebidamente recibidas o utilizadas, o al de pago de las responsabilidades civiles, siempre que tuviera capacidad económica para ello, o facilite información inexacta o insuficiente sobre su patrimonio. En estos casos, el juez de vigilancia penitenciaria podrá denegar la concesión de la libertad condicional.

2. En el supuesto del artículo 125, el juez o tribunal oirán previamente a la representación procesal de la Hacienda Pública estatal, autonómica, local o foral, de la Seguridad Social o de la Administración que hubiera concedido la subvención o ayuda, al objeto de que aporte informe patrimonial de los responsables del delito en el que se analizará la capacidad económica y patrimonial real de los responsables y se podrá incluir una propuesta de fraccionamiento acorde con dicha capacidad y con la normativa tributaria, de la Seguridad Social o de subvenciones.

Artículo 308 bis introducido por el número ciento sesenta y siete del artículo único de la L.O. 1/2015, de 30 de marzo, por la que se modifica la L.O. 10/1995, de 23 de noviembre, del Código Penal («B.O.E.» 31 marzo).
Vigencia: 1 julio 2015

Artículo 309. ...

Artículo 309 derogado por el número 1 de la disposición derogatoria única de la L.O. 7/2012, de 27 de diciembre, por la que se modifica la L.O. 10/1995, de 23 de noviembre, del Código Penal en materia de transparencia y lucha contra el fraude fiscal y en la Seguridad Social («B.O.E.» 28 diciembre).
Vigencia: 17 enero 2013

Artículo 310. Será castigado con la pena de prisión de cinco a siete meses el que estando obligado por ley tributaria a llevar contabilidad mercantil, libros o registros fiscales:

a) Incumpla absolutamente dicha obligación en régimen de estimación directa de bases tributarias.

b) Lleve contabilidades distintas que, referidas a una misma actividad y ejercicio económico, oculten o simulen la verdadera situación de la empresa.

c) No hubiere anotado en los libros obligatorios negocios, actos, operaciones o, en general, transacciones económicas, o los hubiese anotado con cifras distintas a las verdaderas.

d) Hubiere practicado en los libros obligatorios anotaciones contables ficticias.

La consideración como delito de los supuestos de hecho, a que se refieren los párrafos c) y d) anteriores, requerirá que se hayan omitido las declaraciones tributarias o que las presentadas fueren reflejo de su falsa contabilidad y que la cuantía, en más o menos, de los cargos o abonos omitidos o falseados exceda, sin compensación aritmética entre ellos, de 240.000 euros por cada ejercicio económico.

Artículo 310 redactado por el apartado centésimo decimoquinto del artículo único de la L.O. 15/2003, de 25 de noviembre, por la que se modifica la L.O. 10/1995, de 23 de noviembre, del Código Penal («B.O.E.» 26 noviembre).

Vigencia: 1 octubre 2004

Artículo 310 bis. Cuando de acuerdo con lo establecido en el artículo 31 bis una persona jurídica sea responsable de los delitos recogidos en este Título, se le impondrán las siguientes penas:

a) Multa del tanto al doble de la cantidad defraudada o indebidamente obtenida, si el delito cometido por la persona física tiene prevista una pena de prisión de más de dos años.

b) Multa del doble al cuádruple de la cantidad defraudada o indebidamente obtenida, si el delito cometido por la persona física tiene prevista una pena de prisión de más de cinco años.

c) Multa de seis meses a un año, en los supuestos recogidos en el artículo 310.

Además de las señaladas, se impondrá a la persona jurídica responsable la pérdida de la posibilidad de obtener subvenciones o ayudas públicas y del derecho a gozar de los beneficios o incentivos fiscales o de la Seguridad Social durante el período de tres a seis años. Podrá imponerse la prohibición para contratar con las Administraciones Públicas.

Atendidas las reglas establecidas en el artículo 66 bis, los Jueces y Tribunales podrán asimismo imponer las penas recogidas en las letras b), c), d), e) y g) del apartado 7 del artículo 33.

Artículo 310 bis redactado por el apartado nueve del artículo único de la L.O. 7/2012, de 27 de diciembre, por la que se modifica la L.O. 10/1995, de 23 de noviembre, del Código Penal en materia de transparencia y lucha contra el fraude fiscal y en la Seguridad Social («B.O.E.» 28 diciembre).

Vigencia: 17 enero 2013

TÍTULO XV
DE LOS DELITOS CONTRA LOS DERECHOS DE LOS TRABAJADORES

Artículo 311. Serán castigados con las penas de prisión de seis meses a seis años y multa de seis a doce meses:

1.º Los que, mediante engaño o abuso de situación de necesidad, impongan a los trabajadores a su servicio condiciones laborales o de Seguridad Social que perjudiquen, supriman o restrinjan los derechos que tengan reconocidos por disposiciones legales, convenios colectivos o contrato individual.

2.º Los que den ocupación simultáneamente a una pluralidad de trabajadores sin comunicar su alta en el régimen de la Seguridad Social que corresponda o, en su caso, sin haber obtenido la correspondiente autorización de trabajo, siempre que el número de trabajadores afectados sea al menos de:

a) el veinticinco por ciento, en las empresas o centros de trabajo que ocupen a más de cien trabajadores,

b) el cincuenta por ciento, en las empresas o centros de trabajo que ocupen a más de diez trabajadores y no más de cien, o

c) la totalidad de los mismos, en las empresas o centros de trabajo que ocupen a más de cinco y no más de diez trabajadores.

3.º Los que en el supuesto de transmisión de empresas, con conocimiento de los procedimientos descritos en los apartados anteriores, mantengan las referidas condiciones impuestas por otro.

4.º Si las conductas reseñadas en los apartados anteriores se llevaren a cabo con violencia o intimidación se impondrán las penas superiores en grado.

Artículo 311 redactado por el apartado diez del artículo único de la L.O. 7/2012, de 27 de diciembre, por la que se modifica la L.O. 10/1995, de 23 de noviembre, del Código Penal en materia de transparencia y lucha contra el fraude fiscal y en la Seguridad Social («B.O.E.» 28 diciembre).
Vigencia: 17 enero 2013

Artículo 311 bis. Será castigado con la pena de prisión de tres a dieciocho meses o multa de doce a treinta meses, salvo que los hechos estén castigados con una pena más grave en otro precepto de este Código, quien:

a) De forma reiterada, emplee o dé ocupación a ciudadanos extranjeros que carezcan de permiso de trabajo, o

b) emplee o dé ocupación a un menor de edad que carezca de permiso de trabajo.

Artículo 311 bis introducido por el número ciento sesenta y ocho del artículo único de la L.O. 1/2015, de 30 de marzo, por la que se modifica la L.O. 10/1995, de 23 de noviembre, del Código Penal («B.O.E.» 31 marzo).
Vigencia: 1 julio 2015

Artículo 312. 1. Serán castigados con las penas de prisión de dos a cinco años y multa de seis a doce meses, los que trafiquen de manera ilegal con mano de obra.

Número 1 del artículo 312 redactado por la Disposición Final 1.ª de la L.O. 4/2000, 11 enero, sobre derechos y libertades de los extranjeros en España y su integración social («B.O.E.» 12 Enero).
Vigencia: 1 febrero 2000

2. En la misma pena incurrirán quienes recluten personas o las determinen a abandonar su puesto de trabajo ofreciendo empleo o condiciones de trabajo engañosas o falsas, y quienes empleen a súbditos extranjeros sin permiso de trabajo en condiciones que perjudiquen, supriman o restrinjan los derechos que tuviesen reconocidos por disposiciones legales, convenios colectivos o contrato individual.

Véase artículo 282 bis.4 LECrim.

Artículo 313. El que determinare o favoreciere la emigración de alguna persona a otro país simulando contrato o colocación, o usando de otro engaño semejante, será castigado con la pena prevista en el artículo anterior.

Artículo 313 redactado por el apartado octogésimo sexto del artículo único de L.O. 5/2010, de 22 de junio, por la que se modifica la L.O. 10/1995, de 23 de noviembre, del Código Penal («B.O.E.» 23 junio).
Vigencia: 23 diciembre 2010

Artículo 314. Los que produzcan una grave discriminación en el empleo, público o privado, contra alguna persona por razón de su ideología, religión o creencias, su pertenencia a una etnia, raza o nación, su sexo, orientación sexual, situación familiar, enfermedad o discapacidad, por ostentar la representación legal o sindical de los trabajadores, por el parentesco con otros trabajadores de la empresa o por el uso de alguna de las lenguas oficiales dentro del Estado español, y no restablezcan la situación de igualdad ante la ley tras requerimiento o sanción administrativa, reparando los daños económicos que se hayan derivado, serán castigados con la pena de prisión de seis meses a dos años o multa de 12 a 24 meses.

La referencia al término «discapacidad» ha sido introducida en sustitución de la anterior referencia al término «minusvalía», conforme establece el número doscientos cincuenta y ocho del artículo único de la L.O. 1/2015, de 30 de marzo, por la que se modifica la L.O. 10/1995, de 23 de noviembre, del Código Penal («B.O.E.» 31 marzo).

Vigencia: 1 julio 2015

Artículo 315. 1. Serán castigados con las penas de prisión de seis meses a dos años o multa de seis a doce meses los que, mediante engaño o abuso de situación de necesidad, impidieren o limitaren el ejercicio de la libertad sindical o el derecho de huelga.

2. Si las conductas reseñadas en el apartado anterior se llevaren a cabo con coacciones serán castigadas con la pena de prisión de un año y nueve meses hasta tres años o con la pena de multa de dieciocho meses a veinticuatro meses.

3. Quienes actuando en grupo o individualmente, pero de acuerdo con otros, coaccionen a otras personas a iniciar o continuar una huelga, serán castigados con la pena de prisión de un año y nueve meses hasta tres años o con la pena de multa de dieciocho meses a veinticuatro meses.

Artículo 315 redactado por el número ciento sesenta y nueve del artículo único de la L.O. 1/2015, de 30 de marzo, por la que se modifica la L.O. 10/1995, de 23 de noviembre, del Código Penal («B.O.E.» 31 marzo).

Vigencia: 1 julio 2015

Artículo 316. Los que con infracción de las normas de prevención de riesgos laborales y estando legalmente obligados, no faciliten los medios necesarios para que los trabajadores desempeñen su actividad con las medidas de seguridad e higiene adecuadas, de forma que pongan así en peligro grave su vida, salud o integridad física, serán castigados con las penas de prisión de seis meses a tres años y multa de seis a doce meses.

Artículo 317. Cuando el delito a que se refiere el artículo anterior se cometa por imprudencia grave, será castigado con la pena inferior en grado.

Artículo 318. Cuando los hechos previstos en los artículos de este título se atribuyeran a personas jurídicas, se impondrá la pena señalada a los administradores o encargados del servicio que hayan sido responsables de los mismos y a quienes, conociéndolos y pudiendo remediarlo, no hubieran adoptado medidas para ello. En estos supuestos la autoridad judicial podrá decretar, además, alguna o algunas de las medidas previstas en el artículo 129 de este Código.

Artículo 318 redactado por el número doce del artículo primero de la L.O. 11/2003, de 29 de septiembre, de medidas concretas en materia de seguridad ciudadana, violencia doméstica e integración social de los extranjeros («B.O.E.» 30 septiembre).

Vigencia: 1 octubre 2003

TÍTULO XV BIS
DELITOS CONTRA LOS DERECHOS DE LOS CIUDADANOS EXTRANJEROS

Título XV bis del Libro II introducido por L.O. 4/2000, 11 enero, sobre derechos y libertades de los extranjeros en España y su integración social («B.O.E.» 12 enero).

Vigencia: 1 febrero 2000

Artículo 318 bis. 1. El que intencionadamente ayude a una persona que no sea nacional de un Estado miembro de la Unión Europea a entrar en territorio español o a transitar a través del mismo de un modo que vulnere la legislación sobre entrada o tránsito de extranjeros, será castigado con una pena de multa de tres a doce meses o prisión de tres meses a un año.

Los hechos no serán punibles cuando el objetivo perseguido por el autor fuere únicamente prestar ayuda humanitaria a la persona de que se trate.

Si los hechos se hubieran cometido con ánimo de lucro se impondrá la pena en su mitad superior.

2. El que intencionadamente ayude, con ánimo de lucro, a una persona que no sea nacional de un Estado miembro de la Unión Europea a permanecer en España, vulnerando la legislación sobre estancia de extranjeros será castigado con una pena de multa de tres a doce meses o prisión de tres meses a un año.

3. Los hechos a que se refiere el apartado 1 de este artículo serán castigados con la pena de prisión de cuatro a ocho años cuando concurra alguna de las circunstancias siguientes:

a) Cuando los hechos se hubieran cometido en el seno de una organización que se dedicare a la realización de tales actividades. Cuando se trate de los jefes, administradores o encargados de dichas organizaciones o asociaciones, se les aplicará la pena en su mitad superior, que podrá elevarse a la inmediatamente superior en grado.

b) Cuando se hubiera puesto en peligro la vida de las personas objeto de la infracción, o se hubiera creado el peligro de causación de lesiones graves.

4. En las mismas penas del párrafo anterior y además en la de inhabilitación absoluta de seis a doce años, incurrirán los que realicen los hechos prevaliéndose de su condición de autoridad, agente de ésta o funcionario público.

5. Cuando de acuerdo con lo establecido en el artículo 31 bis una persona jurídica sea responsable de los delitos recogidos en este Título, se le impondrá la pena de multa de dos a cinco años, o la del triple al quíntuple del beneficio obtenido si la cantidad resultante fuese más elevada.

Atendidas las reglas establecidas en el artículo 66 bis, los jueces y tribunales podrán asimismo imponer las penas recogidas en las letras b) a g) del apartado 7 del artículo 33.

6. Los tribunales, teniendo en cuenta la gravedad del hecho y sus circunstancias, las condiciones del culpable y la finalidad perseguida por éste, podrán imponer la pena inferior en un grado a la respectivamente señalada.

Artículo 318 bis redactado por el número ciento setenta del artículo único de la L.O. 1/2015, de 30 de marzo, por la que se modifica la L.O. 10/1995, de 23 de noviembre, del Código Penal («B.O.E.» 31 marzo).
Vigencia: 1 julio 2015

TÍTULO XVI
DE LOS DELITOS RELATIVOS A LA ORDENACIÓN DEL TERRITORIO Y EL URBANISMO, LA PROTECCIÓN DEL PATRIMONIO HISTÓRICO Y EL MEDIO AMBIENTE

Rúbrica del Título XVI del Libro II redactada por el apartado octogésimo octavo del artículo único de la L.O. 5/2010, de 22 de junio, por la que se modifica la L.O. 10/1995, de 23 de noviembre, del Código Penal («B.O.E.» 23 junio).
Vigencia: 23 diciembre 2010

CAPÍTULO PRIMERO
DE LOS DELITOS SOBRE LA ORDENACIÓN DEL TERRITORIO Y EL URBANISMO

Rúbrica del Capítulo I del Título XVI del Libro II redactada por el apartado octogésimo noveno del artículo único de la L.O. 5/2010, de 22 de junio, por la que se modifica la L.O. 10/1995, de 23 de noviembre, del Código Penal («B.O.E.» 23 junio).
Vigencia: 23 diciembre 2010

Artículo 319. 1. Se impondrán las penas de prisión de un año y seis meses a cuatro años, multa de doce a veinticuatro meses, salvo que el beneficio obtenido por el delito fuese superior a la cantidad resultante en cuyo caso la multa será del tanto al triplo del montante de dicho beneficio, e inhabilitación especial para profesión u oficio por tiempo de uno a cuatro años, a los promotores, constructores o técnicos directores que lleven a cabo obras de urbanización, construcción o edificación no autorizables en suelos destinados a viales, zonas verdes, bienes de dominio público o lugares que tengan legal o administrativamente reconocido su valor paisajístico, ecológico, artístico, histórico o cultural, o por los mismos motivos hayan sido considerados de especial protección.

2. Se impondrá la pena de prisión de uno a tres años, multa de doce a veinticuatro meses, salvo que el beneficio obtenido por el delito fuese superior a la cantidad resultante en cuyo caso la multa será del tanto al triplo del montante de dicho beneficio, e inhabilitación especial para profesión u oficio por tiempo de uno a cuatro años, a los promotores, constructores o técnicos directores que lleven a cabo obras de urbanización, construcción o edificación no autorizables en el suelo no urbanizable.

3. En cualquier caso, los jueces o tribunales, motivadamente, podrán ordenar, a cargo del autor del hecho, la demolición de la obra y la reposición a su estado originario de la realidad física alterada, sin perjuicio de las indemnizaciones debidas a terceros de buena fe, y valorando las circunstancias, y oída la Administración competente, condicionarán temporalmente la demolición a la constitución de garantías que aseguren el pago de aquéllas. En todo caso se dispondrá el decomiso de las ganancias provenientes del delito cualesquiera que sean las transformaciones que hubieren podido experimentar.

Número 3 del artículo 319 redactado por el número ciento setenta y uno del artículo único de la L.O. 1/2015, de 30 de marzo, por la que se modifica la L.O. 10/1995, de 23 de noviembre, del Código Penal («B.O.E.» 31 marzo).
Vigencia: 1 julio 2015

4. En los supuestos previstos en este artículo, cuando fuere responsable una persona jurídica de acuerdo con lo establecido en el artículo 31 bis de este Código se le impondrá la pena de multa de uno a tres años, salvo que el beneficio obtenido por el delito fuese superior a la cantidad resultante en cuyo caso la multa será del doble al cuádruple del montante de dicho beneficio.

Atendidas las reglas establecidas en el artículo 66 bis, los jueces y tribunales podrán asimismo imponer las penas recogidas en las letras b) a g) del apartado 7 del artículo 33.

Artículo 319 redactado por el apartado nonagésimo del artículo único de la L.O. 5/2010, de 22 de junio, por la que se modifica la L.O. 10/1995, de 23 de noviembre, del Código Penal («B.O.E.» 23 junio).
Vigencia: 23 diciembre 2010

Artículo 320. 1. La autoridad o funcionario público que, a sabiendas de su injusticia, haya informado favorablemente instrumentos de planeamiento, proyectos de urbanización, parcelación, reparcelación, construcción o edificación o la concesión de licencias contrarias a las normas de ordenación territorial o urbanística vigentes, o que con motivo de inspecciones haya silenciado la infracción de dichas normas o que haya omitido la realización de inspecciones de carácter obligatorio será castigado con la pena establecida en el artículo 404 de este Código y, además, con la de prisión de un año y seis meses a cuatro años y la de multa de doce a veinticuatro meses.

2. Con las mismas penas se castigará a la autoridad o funcionario público que por sí mismo o como miembro de un organismo colegiado haya resuelto o votado a favor de la aprobación de los instrumentos de planeamiento, los proyectos de urbanización, parcelación, reparcelación, construcción o edificación o la concesión de las licencias a que se refiere el apartado anterior, a sabiendas de su injusticia.

Artículo 320 redactado por el apartado nonagésimo primero del artículo único de la L.O. 5/2010, de 22 de junio, por la que se modifica la L.O. 10/1995, de 23 de noviembre, del Código Penal («B.O.E.» 23 junio).
Vigencia: 23 diciembre 2010

CAPÍTULO II
DE LOS DELITOS SOBRE EL PATRIMONIO HISTÓRICO

Artículo 321. Los que derriben o alteren gravemente edificios singularmente protegidos por su interés histórico, artístico, cultural o monumental serán castigados con las penas de prisión de seis meses a tres años, multa de doce a veinticuatro meses y, en todo caso, inhabilitación especial para profesión u oficio por tiempo de uno a cinco años.

En cualquier caso, los Jueces o Tribunales, motivadamente, podrán ordenar, a cargo del autor del hecho, la reconstrucción o restauración de la obra, sin perjuicio de las indemnizaciones debidas a terceros de buena fe.

Véanse:
Artículo 46 de la Constitución Española.
Ley 16/1985, de 25 de junio, del Patrimonio Histórico Español («B.O.E.» 29 junio).

Artículo 322. 1. La autoridad o funcionario público que, a sabiendas de su injusticia, haya informado favorablemente proyectos de derribo o alteración de edificios singularmente protegidos será castigado además de con la pena establecida en el artículo 404 de este Código con la de prisión de seis meses a dos años o la de multa de doce a veinticuatro meses.

2. Con las mismas penas se castigará a la autoridad o funcionario público que por sí mismo o como miembro de un organismo colegiado haya resuelto o votado a favor de su concesión a sabiendas de su injusticia.

Artículo 323. 1. Será castigado con la pena de prisión de seis meses a tres años o multa de doce a veinticuatro meses el que cause daños en bienes de valor histórico, artístico, científico, cultural o monumental, o en yacimientos arqueológicos, terrestres o subacuáticos. Con la misma pena se castigarán los actos de expolio en estos últimos.

2. Si se hubieran causado daños de especial gravedad o que hubieran afectado a bienes cuyo valor histórico, artístico, científico, cultural o monumental fuera especialmente relevante, podrá imponerse la pena superior en grado a la señalada en el apartado anterior.

3. En todos estos casos, los jueces o tribunales podrán ordenar, a cargo del autor del daño, la adopción de medidas encaminadas a restaurar, en lo posible, el bien dañado.

Artículo 323 redactado por el número ciento setenta y dos del artículo único de la L.O. 1/2015, de 30 de marzo, por la que se modifica la L.O. 10/1995, de 23 de noviembre, del Código Penal («B.O.E.» 31 marzo).

Vigencia: 1 julio 2015

Artículo 324. El que por imprudencia grave cause daños, en cuantía superior a 400 euros, en un archivo, registro, museo, biblioteca, centro docente, gabinete científico, institución análoga o en bienes de valor artístico, histórico, cultural, científico o monumental, así como en yacimientos arqueológicos, será castigado con la pena de multa de tres a 18 meses, atendiendo a la importancia de los mismos.

Artículo 324 redactado por el apartado centésimo decimoséptimo del artículo único de la L.O. 15/2003, de 25 de noviembre, por la que se modifica la L.O. 10/1995, de 23 de noviembre, del Código Penal («B.O.E.» 26 noviembre).

Vigencia: 1 octubre 2004

CAPÍTULO III
DE LOS DELITOS CONTRA LOS RECURSOS NATURALES Y EL MEDIO AMBIENTE

Artículo 325. 1. Será castigado con las penas de prisión de seis meses a dos años, multa de diez a catorce meses e inhabilitación especial para profesión u oficio por tiempo de uno a dos años el que, contraviniendo las leyes u otras disposiciones de carácter general protectoras del medio ambiente, provoque o realice directa o indirectamente emisiones, vertidos, radiaciones, extracciones o excavaciones, aterramientos, ruidos, vibraciones, inyecciones o depósitos, en la atmósfera, el suelo, el subsuelo o las aguas terrestres, subterráneas o marítimas, incluido el alta mar, con incidencia incluso en los espacios transfronterizos, así como las captaciones de aguas que, por sí mismos o conjuntamente con otros, cause o pueda causar daños sustanciales a la calidad del aire, del suelo o de las aguas, o a animales o plantas.

2. Si las anteriores conductas, por sí mismas o conjuntamente con otras, pudieran perjudicar gravemente el equilibrio de los sistemas naturales, se impondrá una pena de prisión de dos a cinco años, multa de ocho a veinticuatro meses e inhabilitación especial para profesión u oficio por tiempo de uno a tres años.

Si se hubiera creado un riesgo de grave perjuicio para la salud de las personas, se impondrá la pena de prisión en su mitad superior, pudiéndose llegar hasta la superior en grado.

Artículo 325 redactado por el número ciento setenta y tres del artículo único de la L.O. 1/2015, de 30 de marzo, por la que se modifica la L.O. 10/1995, de 23 de noviembre, del Código Penal («B.O.E.» 31 marzo).

Vigencia: 1 julio 2015

Artículo 326. 1. Serán castigados con las penas previstas en el artículo anterior, en sus respectivos supuestos, quienes, contraviniendo las leyes u otras disposiciones de carácter general, recojan, transporten, valoricen, transformen, eliminen o aprovechen residuos, o no controlen o vigilen adecuadamente tales actividades, de modo que causen o puedan causar daños sustanciales a la calidad del aire, del suelo o de las aguas, o a animales o plantas, muerte o lesiones graves a personas, o puedan perjudicar gravemente el equilibrio de los sistemas naturales.

2. Quien, fuera del supuesto a que se refiere el apartado anterior, traslade una cantidad no desdeñable de residuos, tanto en el caso de uno como en el de varios traslados que aparezcan vinculados, en alguno de los supuestos a que se refiere el Derecho de la Unión Europea relativo a los traslados de residuos, será castigado con una pena de tres meses a un año de prisión, o multa de seis a dieciocho meses e inhabilitación especial para profesión u oficio por tiempo de tres meses a un año.

Artículo 326 redactado por el número ciento setenta y cuatro del artículo único de la L.O. 1/2015, de 30 de marzo, por la que se modifica la L.O. 10/1995, de 23 de noviembre, del Código Penal («B.O.E.» 31 marzo).
Vigencia: 1 julio 2015

Artículo 326 bis. Serán castigados con las penas previstas en el artículo 325, en sus respectivos supuestos, quienes, contraviniendo las leyes u otras disposiciones de carácter general, lleven a cabo la explotación de instalaciones en las que se realice una actividad peligrosa o en las que se almacenen o utilicen sustancias o preparados peligrosos de modo que causen o puedan causar daños sustanciales a la calidad del aire, del suelo o de las aguas, a animales o plantas, muerte o lesiones graves a las personas, o puedan perjudicar gravemente el equilibrio de los sistemas naturales.

Artículo 326 bis introducido por el número ciento setenta y cinco del artículo único de la L.O. 1/2015, de 30 de marzo, por la que se modifica la L.O. 10/1995, de 23 de noviembre, del Código Penal («B.O.E.» 31 marzo; Corrección de errores «B.O.E.» 11 junio).
Vigencia: 1 julio 2015

Artículo 327. Los hechos a los que se refieren los tres artículos anteriores serán castigados con la pena superior en grado, sin perjuicio de las que puedan corresponder con arreglo a otros preceptos de este Código, cuando en la comisión de cualquiera de los hechos descritos en el artículo anterior concurra alguna de las circunstancias siguientes:

a) Que la industria o actividad funcione clandestinamente, sin haber obtenido la preceptiva autorización o aprobación administrativa de sus instalaciones.

b) Que se hayan desobedecido las órdenes expresas de la autoridad administrativa de corrección o suspensión de las actividades tipificadas en el artículo anterior.

c) Que se haya falseado u ocultado información sobre los aspectos ambientales de la misma.

d) Que se haya obstaculizado la actividad inspectora de la Administración.

e) Que se haya producido un riesgo de deterioro irreversible o catastrófico.

f) Que se produzca una extracción ilegal de aguas en período de restricciones.

Artículo 327 redactado por el número ciento setenta y seis del artículo único de la L.O. 1/2015, de 30 de marzo, por la que se modifica la L.O. 10/1995, de 23 de noviembre, del Código Penal («B.O.E.» 31 marzo).
Vigencia: 1 julio 2015

Artículo 328. Cuando de acuerdo con lo establecido en el artículo 31 bis una persona jurídica sea responsable de los delitos recogidos en este Capítulo, se le impondrán las siguientes penas:

a) Multa de uno a tres años, o del doble al cuádruple del perjuicio causado cuando la cantidad resultante fuese más elevada, si el delito cometido por la persona física tiene prevista una pena de más de dos años de privación de libertad.

b) Multa de seis meses a dos años, o del doble al triple del perjuicio causado si la cantidad resultante fuese más elevada, en el resto de los casos.

Atendidas las reglas establecidas en el artículo 66 bis, los jueces y tribunales podrán asimismo imponer las penas recogidas en las letras b) a g) del apartado 7 del artículo 33.

Artículo 328 redactado por el número ciento setenta y siete del artículo único de la L.O. 1/2015, de 30 de marzo, por la que se modifica la L.O. 10/1995, de 23 de noviembre, del Código Penal («B.O.E.» 31 marzo).
Vigencia: 1 julio 2015

Artículo 329. 1. La autoridad o funcionario público que, a sabiendas, hubiere informado favorablemente la concesión de licencias manifiestamente ilegales que autoricen el funcionamiento de las industrias o actividades contaminantes a que se refieren los artículos anteriores, o que con motivo de sus inspecciones hubiere silenciado la infracción de leyes o disposiciones normativas de carácter general que las regulen, o que hubiere omitido la realización de inspecciones de carácter obligatorio, será castigado con la pena establecida en el artículo 404 de este Código y, además, con la de prisión de seis meses a tres años y la de multa de ocho a veinticuatro meses.

Número 1 del artículo 329 redactado por el apartado nonagésimo quinto del artículo único de la L.O. 5/2010, de 22 de junio, por la que se modifica la L.O. 10/1995, de 23 de noviembre, del Código Penal («B.O.E.» 23 junio).
Vigencia: 23 diciembre 2010

2. Con las mismas penas se castigará a la autoridad o funcionario público que por sí mismo o como miembro de un organismo colegiado hubiese resuelto o votado a favor de su concesión a sabiendas de su injusticia.

Artículo 330. Quien, en un espacio natural protegido dañare gravemente alguno de los elementos que hayan servido para calificarlo, incurrirá en la pena de prisión de uno a cuatro años y multa de doce a veinticuatro meses.

Artículo 331. Los hechos previstos en este capítulo serán sancionados, en su caso, con la pena inferior en grado, en sus respectivos supuestos, cuando se hayan cometido por imprudencia grave.

CAPÍTULO IV
DE LOS DELITOS RELATIVOS A LA PROTECCIÓN DE LA FLORA, FAUNA Y ANIMALES DOMÉSTICOS

Rúbrica del Capítulo IV del Título XVI del Libro II redactada por el apartado centésimo vigésimo del artículo único de la L.O. 15/2003, de 25 de noviembre, por la que se modifica la L.O. 10/1995, de 23 de noviembre, del Código Penal («B.O.E.» 26 noviembre).
Vigencia: 1 octubre 2004

Artículo 332. 1. El que, contraviniendo las leyes u otras disposiciones de carácter general, corte, tale, arranque, recolecte, adquiera, posea o destruya especies protegidas de flora silvestre, o trafique con ellas, sus partes, derivados de las mismas o con sus propágulos, salvo que la conducta afecte a una cantidad insignificante de ejemplares y no tenga consecuencias relevantes para el estado de conservación de la especie, será castigado con la pena de prisión de seis meses a dos años o multa de ocho a veinticuatro meses, e inhabilitación especial para profesión u oficio por tiempo de seis meses a dos años.

La misma pena se impondrá a quien, contraviniendo las leyes u otras disposiciones de carácter general, destruya o altere gravemente su hábitat.

2. La pena se impondrá en su mitad superior si se trata de especies o subespecies catalogadas en peligro de extinción.

3. Si los hechos se hubieran cometido por imprudencia grave, se impondrá una pena de prisión de tres meses a un año o multa de cuatro a ocho meses, e inhabilitación especial para profesión u oficio por tiempo de tres meses a dos años.

Artículo 332 redactado por el número ciento setenta y ocho del artículo único de la L.O. 1/2015, de 30 de marzo, por la que se modifica la L.O. 10/1995, de 23 de noviembre, del Código Penal («B.O.E.» 31 marzo).
Vigencia: 1 julio 2015

Artículo 333. El que introdujera o liberara especies de flora o fauna no autóctona, de modo que perjudique el equilibrio biológico, contraviniendo las leyes o disposiciones de carácter general protectoras de las especies de flora o fauna, será castigado con la pena de prisión de cuatro meses a dos años o multa de ocho a veinticuatro meses y, en todo caso, inhabilitación especial para profesión u oficio por tiempo de uno a tres años.

Artículo 333 redactado por el apartado nonagésimo sexto del artículo único de la L.O. 5/2010, de 22 de junio, por la que se modifica la L.O. 10/1995, de 23 de noviembre, del Código Penal («B.O.E.» 23 junio).
Vigencia: 23 diciembre 2010

Artículo 334. 1. Será castigado con la pena de prisión de seis meses a dos años o multa de ocho a veinticuatro meses y, en todo caso, inhabilitación especial para profesión u oficio e inhabilitación especial para el ejercicio del derecho de cazar o pescar por tiempo de dos a cuatro años quien, contraviniendo las leyes u otras disposiciones de carácter general:

a) cace, pesque, adquiera, posea o destruya especies protegidas de fauna silvestre;

b) trafique con ellas, sus partes o derivados de las mismas; o,

c) realice actividades que impidan o dificulten su reproducción o migración.

La misma pena se impondrá a quien, contraviniendo las leyes u otras disposiciones de carácter general, destruya o altere gravemente su hábitat.

2. La pena se impondrá en su mitad superior si se trata de especies o subespecies catalogadas en peligro de extinción.

3. Si los hechos se hubieran cometido por imprudencia grave, se impondrá una pena de prisión de tres meses a un año o multa de cuatro a ocho meses y, en todo caso, inhabilitación especial para profesión u oficio e inhabilitación especial para el ejercicio del derecho de cazar o pescar por tiempo de tres meses a dos años.

Artículo 334 redactado por el número ciento setenta y nueve del artículo único de la L.O. 1/2015, de 30 de marzo, por la que se modifica la L.O. 10/1995, de 23 de noviembre, del Código Penal («B.O.E.» 31 marzo).
Vigencia: 1 julio 2015

Artículo 335. 1. El que cace o pesque especies distintas de las indicadas en el artículo anterior, cuando esté expresamente prohibido por las normas específicas sobre su caza o pesca, será castigado con la pena de multa de ocho a doce meses e inhabilitación especial para el ejercicio del derecho de cazar o pescar por tiempo de dos a cinco años.

2. El que cace o pesque o realice actividades de marisqueo relevantes sobre especies distintas de las indicadas en el artículo anterior en terrenos públicos o privados ajenos, sometidos a régimen cinegético especial, sin el debido permiso de su titular o sometidos a concesión o autorización marisquera o acuícola sin el debido título administrativo habilitante, será castigado con la pena de multa de cuatro a ocho meses e inhabilitación especial para el ejercicio del derecho de cazar, pescar o realizar actividades de marisqueo por tiempo de uno a tres años, además de las

penas que pudieran corresponderle, en su caso, por la comisión del delito previsto en el apartado 1 de este artículo.

3. Si las conductas anteriores produjeran graves daños al patrimonio cinegético de un terreno sometido a régimen cinegético especial o a la sostenibilidad de los recursos en zonas de concesión o autorización marisquera o acuícola, se impondrá la pena de prisión de seis meses a dos años e inhabilitación especial para el ejercicio de los derechos de cazar, pescar, y realizar actividades de marisqueo por tiempo de dos a cinco años.

4. Se impondrá la pena en su mitad superior cuando las conductas tipificadas en este artículo se realicen en grupo de tres o más personas o utilizando artes o medios prohibidos legal o reglamentariamente.

Artículo 335 redactado por el número ciento ochenta del artículo único de la L.O. 1/2015, de 30 de marzo, por la que se modifica la L.O. 10/1995, de 23 de noviembre, del Código Penal («B.O.E.» 31 marzo).
Vigencia: 1 julio 2015

Artículo 336. El que, sin estar legalmente autorizado, emplee para la caza o pesca veneno, medios explosivos u otros instrumentos o artes de similar eficacia destructiva o no selectiva para la fauna, será castigado con la pena de prisión de cuatro meses a dos años o multa de ocho a veinticuatro meses y, en cualquier caso, la de inhabilitación especial para profesión u oficio e inhabilitación especial para el ejercicio del derecho a cazar o pescar por tiempo de uno a tres años. Si el daño causado fuera de notoria importancia, se impondrá la pena de prisión antes mencionada en su mitad superior.

Artículo 336 redactado por el apartado nonagésimo octavo del artículo único de la L.O. 5/2010, de 22 de junio, por la que se modifica la L.O. 10/1995, de 23 de noviembre, del Código Penal («B.O.E.» 23 junio).
Vigencia: 23 diciembre 2010

Artículo 337. 1. Será castigado con la pena de tres meses y un día a un año de prisión e inhabilitación especial de un año y un día a tres años para el ejercicio de profesión, oficio o comercio que tenga relación con los animales y para la tenencia de animales, el que por cualquier medio o procedimiento maltrate injustificadamente, causándole lesiones que menoscaben gravemente su salud o sometiéndole a explotación sexual, a

a) un animal doméstico o amansado,
b) un animal de los que habitualmente están domesticados,
c) un animal que temporal o permanentemente vive bajo control humano, o
d) cualquier animal que no viva en estado salvaje.

2. Las penas previstas en el apartado anterior se impondrán en su mitad superior cuando concurra alguna de las circunstancias siguientes:

a) Se hubieran utilizado armas, instrumentos, objetos, medios, métodos o formas concretamente peligrosas para la vida del animal.
b) Hubiera mediado ensañamiento.
c) Se hubiera causado al animal la pérdida o la inutilidad de un sentido, órgano o miembro principal.
d) Los hechos se hubieran ejecutado en presencia de un menor de edad.

3. Si se hubiera causado la muerte del animal se impondrá una pena de seis a dieciocho meses de prisión e inhabilitación especial de dos a cuatro años para el ejercicio de profesión, oficio o comercio que tenga relación con los animales y para la tenencia de animales.

4. Los que, fuera de los supuestos a que se refieren los apartados anteriores de este artículo, maltrataren cruelmente a los animales domésticos o a cualesquiera otros en espectáculos no autorizados legalmente, serán castigados con una pena

de multa de uno a seis meses. Asimismo, el juez podrá imponer la pena de inhabilitación especial de tres meses a un año para el ejercicio de profesión, oficio o comercio que tenga relación con los animales y para la tenencia de animales.

Artículo 337 redactado por el número ciento ochenta y uno del artículo único de la L.O. 1/2015, de 30 de marzo, por la que se modifica la L.O. 10/1995, de 23 de noviembre, del Código Penal («B.O.E.» 31 marzo).
Vigencia: 1 julio 2015

Artículo 337 bis. El que abandone a un animal de los mencionados en el apartado 1 del artículo anterior en condiciones en que pueda peligrar su vida o integridad será castigado con una pena de multa de uno a seis meses. Asimismo, el juez podrá imponer la pena de inhabilitación especial de tres meses a un año para el ejercicio de profesión, oficio o comercio que tenga relación con los animales y para la tenencia de animales.

Artículo 337 bis introducido por el número ciento ochenta y dos del artículo único de la L.O. 1/2015, de 30 de marzo, por la que se modifica la L.O. 10/1995, de 23 de noviembre, del Código Penal («B.O.E.» 31 marzo).
Vigencia: 1 julio 2015

CAPÍTULO V
DISPOSICIONES COMUNES

Artículo 338. Cuando las conductas definidas en este Título afecten a algún espacio natural protegido, se impondrán las penas superiores en grado a las respectivamente previstas.

Artículo 339. Los jueces o tribunales ordenarán la adopción, a cargo del autor del hecho, de las medidas necesarias encaminadas a restaurar el equilibrio ecológico perturbado, así como de cualquier otra medida cautelar necesaria para la protección de los bienes tutelados en este Título.

Artículo 339 redactado por el apartado centésimo del artículo único de la L.O. 5/2010, de 22 de junio, por la que se modifica la L.O. 10/1995, de 23 de noviembre, del Código Penal («B.O.E.» 23 junio).
Vigencia: 23 diciembre 2010

Artículo 340. Si el culpable de cualquiera de los hechos tipificados en este Título hubiera procedido voluntariamente a reparar el daño causado, los Jueces y Tribunales le impondrán la pena inferior en grado a las respectivamente previstas.

TÍTULO XVII
DE LOS DELITOS CONTRA LA SEGURIDAD COLECTIVA

CAPÍTULO PRIMERO
DE LOS DELITOS DE RIESGO CATASTRÓFICO

SECCIÓN 1.ª
DE LOS DELITOS RELATIVOS A LA ENERGÍA NUCLEAR Y A LAS RADIACIONES IONIZANTES

Artículo 341. El que libere energía nuclear o elementos radiactivos que pongan en peligro la vida o la salud de las personas o sus bienes, aunque no se produzca explosión, será sancionado con la pena de prisión de quince a veinte años, e inhabilitación especial para empleo o cargo público, profesión u oficio por tiempo de diez a veinte años.

Véanse:

Ley 25/1964, de 29 de abril, de energía nuclear («B.O.E.» 4 mayo).

Ley 15/1980, de 22 de abril, de creación del Consejo de Seguridad Nuclear («B.O.E.» 25 abril).

Artículo 342. El que, sin estar comprendido en el artículo anterior perturbe el funcionamiento de una instalación nuclear o radiactiva, o altere el desarrollo de actividades en las que intervengan materiales o equipos productores de radiaciones ionizantes, creando una situación de grave peligro para la vida o la salud de las personas, será sancionado con la pena de prisión de cuatro a diez años, e inhabilitación especial para empleo o cargo público, profesión u oficio por tiempo de seis a diez años.

Artículo 343. 1. El que mediante el vertido, la emisión o la introducción en el aire, el suelo o las aguas de una cantidad de materiales o de radiaciones ionizantes, o la exposición por cualquier otro medio a dichas radiaciones ponga en peligro la vida, integridad, salud o bienes de una o varias personas, será sancionado con la pena de prisión de seis a doce años e inhabilitación especial para empleo o cargo público, profesión u oficio por tiempo de seis a diez años. La misma pena se impondrá cuando mediante esta conducta se ponga en peligro la calidad del aire, del suelo o de las aguas o a animales o plantas.

2. Cuando con ocasión de la conducta descrita en el apartado anterior se produjere, además del riesgo prevenido, un resultado lesivo constitutivo de delito, cualquiera que sea su gravedad, los jueces o tribunales apreciarán tan sólo la infracción más gravemente penada, aplicando la pena en su mitad superior.

3. Cuando de acuerdo con lo establecido en el artículo 31 bis una persona jurídica sea responsable de los delitos recogidos en este artículo, se le impondrá la pena de multa de dos a cinco años.

Atendidas las reglas establecidas en el artículo 66 bis, los jueces y tribunales podrán asimismo imponer las penas recogidas en las letras b) a g) del apartado 7 del artículo 33.

Artículo 343 redactado por el apartado centésimo primero del artículo único de la L.O. 5/2010, de 22 de junio, por la que se modifica la L.O. 10/1995, de 23 de noviembre, del Código Penal («B.O.E.» 23 junio).

Vigencia: 23 diciembre 2010

Artículo 344. Los hechos previstos en los artículos anteriores serán sancionados con la pena inferior en grado, en sus respectivos supuestos, cuando se hayan cometido por imprudencia grave.

Artículo 345. 1. El que, contraviniendo las leyes u otras disposiciones de carácter general, adquiera, posea, trafique, facilite, trate, transforme, utilice, almacene, transporte o elimine materiales nucleares u otras sustancias radiactivas peligrosas que causen o puedan causar la muerte o lesiones graves a personas, o daños sustanciales a la calidad del aire, la calidad del suelo o la calidad de las aguas o a animales o plantas, será castigado con la pena de prisión de uno a cinco años, multa de seis a dieciocho meses, e inhabilitación especial para profesión u oficio por tiempo de uno a tres años.

2. El que sin la debida autorización produjere tales materiales o sustancias será castigado con la pena superior en grado.

3. Si los hechos a que se refieren los apartados anteriores se hubieran cometido por imprudencia grave, se impondrá la pena inferior en grado a la señalada en los mismos.

Artículo 345 redactado por el número ciento ochenta y tres del artículo único de la L.O. 1/2015, de 30 de marzo, por la que se modifica la L.O. 10/1995, de 23 de noviembre, del Código Penal («B.O.E.» 31 marzo; Corrección de errores «B.O.E.» 11 junio).
Vigencia: 1 julio 2015

SECCIÓN 2.ª
DE LOS ESTRAGOS

Artículo 346. 1. Los que provocando explosiones o utilizando cualquier otro medio de similar potencia destructiva, causaren la destrucción de aeropuertos, puertos, estaciones, edificios, locales públicos, depósitos que contengan materiales inflamables o explosivos, vías de comunicación, medios de transporte colectivos, o la inmersión o varamiento de nave, inundación, explosión de una mina o instalación industrial, levantamiento de los carriles de una vía férrea, cambio malicioso de las señales empleadas en el servicio de ésta para la seguridad de los medios de transporte, voladura de puente, destrozo de calzada pública, daño a oleoductos, perturbación grave de cualquier clase o medio de comunicación, perturbación o interrupción del suministro de agua, electricidad, hidrocarburos u otro recurso natural fundamental incurrirán en la pena de prisión de diez a veinte años, cuando los estragos comportaran necesariamente un peligro para la vida o integridad de las personas.

Número 1 del artículo 346 redactado por el número ciento ochenta y cuatro del artículo único de la L.O. 1/2015, de 30 de marzo, por la que se modifica la L.O. 10/1995, de 23 de noviembre, del Código Penal («B.O.E.» 31 marzo).
Vigencia: 1 julio 2015

2. Cuando no concurriere tal peligro, se castigarán con una pena de cuatro a ocho años de prisión.

Número 2 del artículo 346 redactado por el número ciento ochenta y cuatro del artículo único de la L.O. 1/2015, de 30 de marzo, por la que se modifica la L.O. 10/1995, de 23 de noviembre, del Código Penal («B.O.E.» 31 marzo).
Vigencia: 1 julio 2015

3. Si, además del peligro, se hubiere producido lesión para la vida, integridad física o salud de las personas, los hechos se castigarán separadamente con la pena correspondiente al delito cometido.

Artículo 346 redactado por el apartado centésimo vigésimo séptimo del artículo único de la L.O. 15/2003, de 25 de noviembre, por la que se modifica la L.O. 10/1995, de 23 de noviembre, del Código Penal («B.O.E.» 26 noviembre).
Vigencia: 1 octubre 2004

Artículo 347. El que por imprudencia grave provocare un delito de estragos será castigado con la pena de prisión de uno a cuatro años.

SECCIÓN 3.ª
DE OTROS DELITOS DE RIESGO PROVOCADOS POR EXPLOSIVOS Y OTROS AGENTES

Rúbrica de la Sección 3.ª del Capítulo I del Título XVII redactada por el apartado uno del artículo único de la L.O. 4/2005, de 10 de octubre, por la que se modifica la L.O.

10/1995, de 23 de noviembre, del Código Penal, en materia de delitos de riesgo provocados por explosivos («B.O.E.» 11 octubre).
Vigencia: 12 octubre 2005

Artículo 348. 1. Los que en la fabricación, manipulación, transporte, tenencia o comercialización de explosivos, sustancias inflamables o corrosivas, tóxicas y asfixiantes, o cualesquiera otras materias, aparatos o artificios que puedan causar estragos, contravinieran las normas de seguridad establecidas, poniendo en concreto peligro la vida, la integridad física o la salud de las personas, o el medio ambiente, serán castigados con la pena de prisión de seis meses a tres años, multa de doce a veinticuatro meses e inhabilitación especial para empleo o cargo público, profesión u oficio por tiempo de seis a doce años. Las mismas penas se impondrán a quien, de forma ilegal, produzca, importe, exporte, comercialice o utilice sustancias destructoras del ozono.

Número 1 del artículo 348 redactado por el apartado centésimo tercero del artículo único de la L.O. 5/2010, de 22 de junio, por la que se modifica la L.O. 10/1995, de 23 de noviembre, del Código Penal («B.O.E.» 23 junio).
Vigencia: 23 diciembre 2010

2. Los responsables de la vigilancia, control y utilización de explosivos que puedan causar estragos que, contraviniendo la normativa en materia de explosivos, hayan facilitado su efectiva pérdida o sustracción serán castigados con las penas de prisión de seis meses a tres años, multa de doce a veinticuatro meses e inhabilitación especial para empleo o cargo público, profesión u oficio de seis a doce años.

3. En los supuestos recogidos en los apartados anteriores, cuando de los hechos fuera responsable una persona jurídica de acuerdo con lo establecido en el artículo 31 bis de este Código, se le impondrá la pena de multa de uno a tres años, salvo que, acreditado el perjuicio producido, su importe fuera mayor, en cuyo caso la multa será del doble al cuádruple del montante de dicho perjuicio.

Atendidas las reglas establecidas en el artículo 66 bis, los jueces y tribunales podrán asimismo imponer las penas recogidas en las letras b) a g) del apartado 7 del artículo 33.

Las penas establecidas en los apartados anteriores se impondrán en su mitad superior cuando se trate de los directores, administradores o encargados de la sociedad, empresa, organización o explotación.

Número 3 del artículo 348 redactado por el apartado centésimo tercero del artículo único de la L.O. 5/2010, de 22 de junio, por la que se modifica la L.O. 10/1995, de 23 de noviembre, del Código Penal («B.O.E.» 23 junio).
Vigencia: 23 diciembre 2010

4. Serán castigados con las penas de prisión de seis meses a un año, multa de seis a doce meses e inhabilitación especial para empleo o cargo público, profesión u oficio por tiempo de tres a seis años los responsables de las fábricas, talleres, me dios de transporte, depósitos y demás establecimientos relativos a explosivos que puedan causar estragos, cuando incurran en alguna o algunas de las siguientes conductas:

a) Obstaculizar la actividad inspectora de la Administración en materia de seguridad de explosivos.

b) Falsear u ocultar a la Administración información relevante sobre el cumplimiento de las medidas de seguridad obligatorias relativas a explosivos.

c) Desobedecer las órdenes expresas de la Administración encaminadas a subsanar las anomalías graves detectadas en materia de seguridad de explosivos.

Artículo 348 redactado por el apartado dos del artículo único de la L.O. 4/2005, de 10 de octubre, por la que se modifica la L.O. 10/1995, de 23 de noviembre, del Código Penal, en materia de delitos de riesgo provocados por explosivos («B.O.E.» 11 octubre).

Vigencia: 12 octubre 2005

Artículo 349. Los que en la manipulación, transporte o tenencia de organismos contravinieren las normas o medidas de seguridad establecidas, poniendo en concreto peligro la vida, la integridad física o la salud de las personas, o el medio ambiente, serán castigados con las penas de prisión de seis meses a dos años, multa de seis a doce meses, e inhabilitación especial para el empleo o cargo público, profesión u oficio por tiempo de tres a seis años.

Artículo 350. Sin perjuicio de lo dispuesto en el artículo 316, incurrirán en las penas previstas en el artículo anterior los que en la apertura de pozos o excavaciones, en la construcción o demolición de edificios, presas, canalizaciones u obras análogas o, en su conservación, acondicionamiento o mantenimiento infrinjan las normas de seguridad establecidas cuya inobservancia pueda ocasionar resultados catastróficos, y pongan en concreto peligro la vida, la integridad física de las personas o el medio ambiente.

CAPÍTULO II
DE LOS INCENDIOS

SECCIÓN 1.ª
DE LOS DELITOS DE INCENDIO

Artículo 351. Los que provocaren un incendio que comporte un peligro para la vida o integridad física de las personas, serán castigados con la pena de prisión de diez a veinte años. Los Jueces o Tribunales podrán imponer la pena inferior en grado atendidas la menor entidad del peligro causado y las demás circunstancias del hecho.

Cuando no concurra tal peligro para la vida o integridad física de las personas, los hechos se castigarán como daños previstos en el artículo 266 de este Código.

Párrafo 2.º del artículo 351 introducido por el apartado 4.º del artículo 1 de la L.O. 7/2000, 22 diciembre, de modificación de la Ley Orgánica 10/1995, de 23 de noviembre, del Código Penal, y de la Ley Orgánica 5/2000, de 12 de enero, reguladora de la Responsabilidad Penal de los Menores, en relación con los delitos de terrorismo («B.O.E.» 23 diciembre).

Vigencia: 24 diciembre 2000

SECCIÓN 2.ª
DE LOS INCENDIOS FORESTALES

Artículo 352. Los que incendiaren montes o masas forestales, serán castigados con las penas de prisión de uno a cinco años y multa de doce a dieciocho meses.

Si ha existido peligro para la vida o integridad física de las personas, se castigará el hecho conforme a lo dispuesto en el artículo 351, imponiéndose, en todo caso, la pena de multa de doce a veinticuatro meses.

Véase artículo 1.2 e) de la L.O. 5/1995, 22 mayo, del Tribunal del Jurado («B.O.E.» 23 mayo).

Artículo 353. 1. Los hechos a que se refiere el artículo anterior serán castigados con una pena de prisión de tres a seis años y multa de dieciocho a veinticuatro meses cuando el incendio alcance especial gravedad, atendida la concurrencia de alguna de las circunstancias siguientes:

1.ª Que afecte a una superficie de considerable importancia.

2.ª Que se deriven grandes o graves efectos erosivos en los suelos.

3.ª Que altere significativamente las condiciones de vida animal o vegetal, o afecte a algún espacio natural protegido.

4.ª Que el incendio afecte a zonas próximas a núcleos de población o a lugares habitados.

5.ª Que el incendio sea provocado en un momento en el que las condiciones climatológicas o del terreno incrementen de forma relevante el riesgo de propagación del mismo.

6.ª En todo caso, cuando se ocasione grave deterioro o destrucción de los recursos afectados.

2. Se impondrá la misma pena cuando el autor actúe para obtener un beneficio económico con los efectos derivados del incendio.

Artículo 353 redactado por el número ciento ochenta y cinco del artículo único de la L.O. 1/2015, de 30 de marzo, por la que se modifica la L.O. 10/1995, de 23 de noviembre, del Código Penal («B.O.E.» 31 marzo).

Vigencia: 1 julio 2015

Artículo 354. 1. El que prendiere fuego a montes o masas forestales sin que llegue a propagarse el incendio de los mismos, será castigado con la pena de prisión de seis meses a un año y multa de seis a doce meses.

2. La conducta prevista en el apartado anterior quedará exenta de pena si el incendio no se propaga por la acción voluntaria y positiva de su autor.

Véase artículo 1.2 e) de la L.O. 5/1995, 22 mayo, del Tribunal del Jurado («B.O.E.» 23 mayo).

Artículo 355. En todos los casos previstos en esta Sección, los Jueces o Tribunales podrán acordar que la calificación del suelo en las zonas afectadas por un incendio forestal no pueda modificarse en un plazo de hasta treinta años. Igualmente podrán acordar que se limiten o supriman los usos que se vinieran llevando a cabo en las zonas afectadas por el incendio, así como la intervención administrativa de la madera quemada procedente del incendio.

SECCIÓN 3.ª
DE LOS INCENDIOS EN ZONAS NO FORESTALES

Artículo 356. El que incendiare zonas de vegetación no forestales perjudicando gravemente el medio natural, será castigado con la pena de prisión de seis meses a dos años y multa de seis a veinticuatro meses.

SECCIÓN 4.ª
DE LOS INCENDIOS EN BIENES PROPIOS

Artículo 357. El incendiario de bienes propios será castigado con la pena de prisión de uno a cuatro años si tuviere propósito de defraudar o perjudicar a terceros, hubiere causado defraudación o perjuicio, existiere peligro de propagación a edificio, arbolado o plantío ajeno o hubiere perjudicado gravemente las condiciones de la vida silvestre, los bosques o los espacios naturales.

SECCIÓN 5.ª
DISPOSICIONES COMUNES

Rúbrica de la Sección 5.ª del Capítulo II del Título XVII del Libro II redactada por el número ciento ochenta y seis del artículo único de la L.O. 1/2015, de 30 de marzo, por la que se modifica la L.O. 10/1995, de 23 de noviembre, del Código Penal («B.O.E.» 31 marzo).
Vigencia: 1 julio 2015

Artículo 358. El que por imprudencia grave provocare alguno de los delitos de incendio penados en las secciones anteriores, será castigado con la pena inferior en grado, a las respectivamente previstas para cada supuesto.

Artículo 358 bis. Lo dispuesto en los artículos 338 a 340 será también aplicable a los delitos regulados en este Capítulo.

Artículo 358 bis introducido por el número ciento ochenta y seis del artículo único de la L.O. 1/2015, de 30 de marzo, por la que se modifica la L.O. 10/1995, de 23 de noviembre, del Código Penal («B.O.E.» 31 marzo).
Vigencia: 1 julio 2015

CAPÍTULO III
DE LOS DELITOS CONTRA LA SALUD PÚBLICA

Artículo 359. El que, sin hallarse debidamente autorizado, elabore sustancias nocivas para la salud o productos químicos que puedan causar estragos, o los despache o suministre, o comercie con ellos, será castigado con la pena de prisión de seis meses a tres años y multa de seis a doce meses, e inhabilitación especial para profesión o industria por tiempo de seis meses a dos años.

Véanse:
Artículo 45 de la Constitución Española.
Ley 14/1986, de 25 de abril, General de Sanidad («B.O.E.» 29 abril).

Artículo 360. El que, hallándose autorizado para el tráfico de las sustancias o productos a que se refiere el artículo anterior, los despache o suministre sin cumplir con las formalidades previstas en las Leyes y Reglamentos respectivos, será castigado con la pena de multa de seis a doce meses e inhabilitación para la profesión u oficio de seis meses a dos años.

Artículo 361. El que fabrique, importe, exporte, suministre, intermedie, comercialice, ofrezca o ponga en el mercado, o almacene con estas finalidades, medicamentos, incluidos los de uso humano y veterinario, así como los medicamentos en investigación, que carezcan de la necesaria autorización exigida por la ley, o productos sanitarios que no dispongan de los documentos de conformidad exigidos por las disposiciones de carácter general, o que estuvieran deteriorados, caducados o incumplieran las exigencias técnicas relativas a su composición, estabilidad y eficacia, y con ello se genere un riesgo para la vida o la salud de las personas, será castigado con una pena de prisión de seis meses a tres años, multa de seis a doce meses e inhabilitación especial para profesión u oficio de seis meses a tres años.

Artículo 361 redactado por el número ciento ochenta y siete del artículo único de la L.O. 1/2015, de 30 de marzo, por la que se modifica la L.O. 10/1995, de 23 de noviembre, del Código Penal («B.O.E.» 31 marzo).
Vigencia: 1 julio 2015

Artículo 361 bis. ...

Artículo 361 bis suprimido por el número ciento ochenta y ocho del artículo único de la L.O. 1/2015, de 30 de marzo, por la que se modifica la L.O. 10/1995, de 23 de noviembre, del Código Penal («B.O.E.» 31 marzo).
Vigencia: 1 julio 2015

Artículo 362. 1. Será castigado con una pena de prisión de seis meses a cuatro años, multa de seis a dieciocho meses e inhabilitación especial para profesión u oficio de uno a tres años, el que elabore o produzca,

a) un medicamento, incluidos los de uso humano y veterinario, así como los medicamentos en investigación; o una sustancia activa o un excipiente de dicho medicamento;

b) un producto sanitario, así como los accesorios, elementos o materiales que sean esenciales para su integridad; de modo que se presente engañosamente: su identidad, incluidos, en su caso, el envase y etiquetado, la fecha de caducidad, el nombre o composición de cualquiera de sus componentes, o, en su caso, la dosificación de los mismos; su origen, incluidos el fabricante, el país de fabricación, el país de origen y el titular de la autorización de comercialización o de los documentos de conformidad; datos relativos al cumplimiento de requisitos o exigencias legales, licencias, documentos de conformidad o autorizaciones; o su historial, incluidos los registros y documentos relativos a los canales de distribución empleados, siempre que estuvieran destinados al consumo público o al uso por terceras personas, y generen un riesgo para la vida o la salud de las personas.

2. Las mismas penas se impondrán a quien altere, al fabricarlo o elaborarlo o en un momento posterior, la cantidad, la dosis, la caducidad o la composición genuina, según lo autorizado o declarado, de cualquiera de los medicamentos, sustancias, excipientes, productos sanitarios, accesorios, elementos o materiales mencionados en el apartado anterior, de un modo que reduzca su seguridad, eficacia o calidad, generando un riesgo para la vida o la salud de las personas.

Artículo 362 redactado por el número ciento ochenta y nueve del artículo único de la L.O. 1/2015, de 30 de marzo, por la que se modifica la L.O. 10/1995, de 23 de noviembre, del Código Penal («B.O.E.» 31 marzo; Corrección de errores «B.O.E.» 11 junio).
Vigencia: 1 julio 2015

Artículo 362 bis. Será castigado con una pena de prisión de seis meses a cuatro años, multa de seis a dieciocho meses e inhabilitación especial para profesión u oficio de uno a tres años, el que, con conocimiento de su falsificación o alteración, importe, exporte, anuncie o haga publicidad, ofrezca, exhiba, venda, facilite, expenda, despache, envase, suministre, incluyendo la intermediación, trafique, distribuya o ponga en el mercado, cualquiera de los medicamentos, sustancias activas, excipientes, productos sanitarios, accesorios, elementos o materiales a que se refiere el artículo anterior, y con ello genere un riesgo para la vida o la salud de las personas.

Las mismas penas se impondrán a quien los adquiera o tenga en depósito con la finalidad de destinarlos al consumo público, al uso por terceras personas o a cualquier otro uso que pueda afectar a la salud pública.

Artículo 362 bis introducido por el número ciento noventa del artículo único de la L.O. 1/2015, de 30 de marzo, por la que se modifica la L.O. 10/1995, de 23 de noviembre, del Código Penal («B.O.E.» 31 marzo).
Vigencia: 1 julio 2015

Artículo 362 ter. El que elabore cualquier documento falso o de contenido mendaz referido a cualquiera de los medicamentos, sustancias activas, excipientes, productos sanitarios, accesorios, elementos o materiales a que se refiere el apartado 1 del artículo 362, incluidos su envase, etiquetado y modo de empleo, para cometer o facilitar la comisión de uno de los delitos del artículo 362, será castigado con la pena de seis meses a dos años de prisión, multa de seis a doce meses e inhabilitación especial para profesión u oficio de seis meses a dos años.

Artículo 362 ter introducido por el número ciento noventa y uno del artículo único de la L.O. 1/2015, de 30 de marzo, por la que se modifica la L.O. 10/1995, de 23 de noviembre, del Código Penal («B.O.E.» 31 marzo).
Vigencia: 1 julio 2015

Artículo 362 quater. Se impondrán las penas superiores en grado a las señaladas en los artículos 361, 362, 362 bis o 362 ter, cuando el delito se perpetre concurriendo alguna de las circunstancias siguientes:

1.ª Que el culpable fuere autoridad, funcionario público, facultativo, profesional sanitario, docente, educador, entrenador físico o deportivo, y obrase en el ejercicio de su cargo, profesión u oficio.

2.ª Que los medicamentos, sustancias activas, excipientes, productos sanitarios, accesorios, elementos o materiales referidos en el artículo 362:

a) se hubieran ofrecido a través de medios de difusión a gran escala; o

b) se hubieran ofrecido o facilitado a menores de edad, personas con discapacidad necesitadas de especial protección, o personas especialmente vulnerables en relación con el producto facilitado.

3.ª Que el culpable perteneciera a una organización o grupo criminal que tuviera como finalidad la comisión de este tipo de delitos.

4.ª Que los hechos fuesen realizados en establecimientos abiertos al público por los responsables o empleados de los mismos.

Artículo 362 quater introducido por el número ciento noventa y dos del artículo único de la L.O. 1/2015, de 30 de marzo, por la que se modifica la L.O. 10/1995, de 23 de noviembre, del Código Penal («B.O.E.» 31 marzo).
Vigencia: 1 julio 2015

Artículo 362 quinquies. 1. Los que, sin justificación terapéutica, prescriban, proporcionen, dispensen, suministren, administren, ofrezcan o faciliten a deportistas federados no competitivos, deportistas no federados que practiquen el deporte por recreo, o deportistas que participen en competiciones organizadas en España por entidades deportivas, sustancias o grupos farmacológicos prohibidos, así como métodos no reglamentarios, destinados a aumentar sus capacidades físicas o a modificar los resultados de las competiciones, que por su contenido, reiteración de la ingesta u otras circunstancias concurrentes, pongan en peligro la vida o la salud de los mismos, serán castigados con las penas de prisión de seis meses a dos años, multa de seis a dieciocho meses e inhabilitación especial para empleo o cargo público, profesión u oficio, de dos a cinco años.

2. Se impondrán las penas previstas en el apartado anterior en su mitad superior cuando el delito se perpetre concurriendo alguna de las circunstancias siguientes:

1.ª Que la víctima sea menor de edad.

2.ª Que se haya empleado engaño o intimidación.

3.ª Que el responsable se haya prevalido de una relación de superioridad laboral o profesional.

Artículo 362 quinquies introducido por el número ciento noventa y tres del artículo único de la L.O. 1/2015, de 30 de marzo, por la que se modifica la L.O. 10/1995, de 23 de noviembre, del Código Penal («B.O.E.» 31 marzo).
Vigencia: 1 julio 2015

Artículo 362 sexies. En los delitos previstos en los artículos anteriores de este Capítulo serán objeto de decomiso las sustancias y productos a que se refieren los artículos 359 y siguientes, así como los bienes, medios, instrumentos y ganancias con sujeción a lo dispuesto en los artículos 127 a 128.

Artículo 362 sexies introducido por el número ciento noventa y cuatro del artículo único de la L.O. 1/2015, de 30 de marzo, por la que se modifica la L.O. 10/1995, de 23 de noviembre, del Código Penal («B.O.E.» 31 marzo).
Vigencia: 1 julio 2015

Artículo 363. Serán castigados con la pena de prisión de uno a cuatro años, multa de seis a doce meses e inhabilitación especial para profesión, oficio, industria o comercio por tiempo de tres a seis años los productores, distribuidores o comerciantes que pongan en peligro la salud de los consumidores:

1. Ofreciendo en el mercado productos alimentarios con omisión o alteración de los requisitos establecidos en las leyes o reglamentos sobre caducidad o composición.
2. Fabricando o vendiendo bebidas o comestibles destinados al consumo público y nocivos para la salud.
3. Traficando con géneros corrompidos.
4. Elaborando productos cuyo uso no se halle autorizado y sea perjudicial para la salud, o comerciando con ellos.
5. Ocultando o sustrayendo efectos destinados a ser inutilizados o desinfectados, para comerciar con ellos.

Artículo 364. 1. El que adulterare con aditivos u otros agentes no autorizados susceptibles de causar daños a la salud de las personas los alimentos, sustancias o bebidas destinadas al comercio alimentario, será castigado con las penas del artículo anterior. Si el reo fuera el propietario o el responsable de producción de una fábrica de productos alimenticios, se le impondrá, además, la pena de inhabilitación especial para profesión, oficio, industria o comercio de seis a diez años.

2. Se impondrá la misma pena al que realice cualquiera de las siguientes conductas:

1.º Administrar a los animales cuyas carnes o productos se destinen al consumo humano sustancias no permitidas que generen riesgo para la salud de las personas, o en dosis superiores o para fines distintos a los autorizados.

2.º Sacrificar animales de abasto o destinar sus productos al consumo humano, sabiendo que se les ha administrado las sustancias mencionadas en el número anterior.

3.º Sacrificar animales de abasto a los que se hayan aplicado tratamientos terapéuticos mediante sustancias de las referidas en el apartado 1.º

4.º Despachar al consumo público las carnes o productos de los animales de abasto sin respetar los períodos de espera en su caso reglamentariamente previstos.

Artículo 365. Será castigado con la pena de prisión de dos a seis años el que envenenare o adulterare con sustancias infecciosas, u otras que puedan ser gravemente nocivas para la salud, las aguas potables o las sustancias alimenticias destinadas al uso público o al consumo de una colectividad de personas.

Artículo 366. Cuando de acuerdo con lo establecido en el artículo 31 bis una persona jurídica sea responsable de los delitos recogidos en los artículos anteriores de este Capítulo, se le impondrá una pena de multa de uno a tres años, o del doble al quíntuplo del valor de las sustancias y productos a que se refieren los artículos

359 y siguientes, o del beneficio que se hubiera obtenido o podido obtener, aplicándose la cantidad que resulte más elevada.

Atendidas las reglas establecidas en el artículo 66 bis, los jueces y tribunales podrán asimismo imponer las penas recogidas en las letras b) a g) del apartado 7 del artículo 33.

Artículo 366 redactado por el número ciento noventa y cinco del artículo único de la L.O. 1/2015, de 30 de marzo, por la que se modifica la L.O. 10/1995, de 23 de noviembre, del Código Penal («B.O.E.» 31 marzo).
Vigencia: 1 julio 2015

Artículo 367. Si los hechos previstos en todos los artículos anteriores fueran realizados por imprudencia grave, se impondrán, respectivamente las penas inferiores en grado.

Artículo 368. Los que ejecuten actos de cultivo, elaboración o tráfico, o de otro modo promuevan, favorezcan o faciliten el consumo ilegal de drogas tóxicas, estupefacientes o sustancias psicotrópicas, o las posean con aquellos fines, serán castigados con las penas de prisión de tres a seis años y multa del tanto al triplo del valor de la droga objeto del delito si se tratare de sustancias o productos que causen grave daño a la salud, y de prisión de uno a tres años y multa del tanto al duplo en los demás casos.

No obstante lo dispuesto en el párrafo anterior, los tribunales podrán imponer la pena inferior en grado a las señaladas en atención a la escasa entidad del hecho y a las circunstancias personales del culpable. No se podrá hacer uso de esta facultad si concurriere alguna de las circunstancias a que se hace referencia en los artículos 369 bis y 370.

Artículo 368 redactado por el apartado centésimo cuarto del artículo único de L.O. 5/2010, de 22 de junio, por la que se modifica la L.O. 10/1995, de 23 de noviembre, del Código Penal («B.O.E.» 23 junio).
Vigencia: 23 diciembre 2010

Artículo 369. 1. Se impondrán las penas superiores en grado a las señaladas en el artículo anterior y multa del tanto al cuádruplo cuando concurran alguna de las siguientes circunstancias:

1.ª El culpable fuere autoridad, funcionario público, facultativo, trabajador social, docente o educador y obrase en el ejercicio de su cargo, profesión u oficio.

2.ª El culpable participare en otras actividades organizadas o cuya ejecución se vea facilitada por la comisión del delito.

Circunstancia 2.ª del número 1 del artículo 369 renumerada por el apartado centésimo quinto del artículo único de la L.O. 5/2010, de 22 de junio, por la que se modifica la L.O. 10/1995, de 23 de noviembre, del Código Penal («B.O.E.» 23 junio). Su contenido literal se corresponde con el de la anterior circunstancia 3.ª.
Vigencia: 23 diciembre 2010

3.ª Los hechos fueren realizados en establecimientos abiertos al público por los responsables o empleados de los mismos.

Circunstancia 3.ª del número 1 del artículo 369 renumerada por el apartado centésimo quinto del artículo único de la L.O. 5/2010, de 22 de junio, por la que se modifica la L.O. 10/1995, de 23 de noviembre, del Código Penal («B.O.E.» 23 junio). Su contenido literal se corresponde con el de la anterior circunstancia 4.ª.
Vigencia: 23 diciembre 2010

4.ª Las sustancias a que se refiere el artículo anterior se faciliten a menores de 18 años, a disminuidos psíquicos o a personas sometidas a tratamiento de deshabituación o rehabilitación.

Circunstancia 4.ª del número 1 del artículo 369 renumerada por el apartado centésimo quinto del artículo único de la L.O. 5/2010, de 22 de junio, por la que se modifica la L.O. 10/1995, de 23 de noviembre, del Código Penal («B.O.E.» 23 junio). Su contenido literal se corresponde con el de la anterior circunstancia 5.ª.
Vigencia: 23 diciembre 2010

5.ª Fuere de notoria importancia la cantidad de las citadas sustancias objeto de las conductas a que se refiere el artículo anterior.

Circunstancia 5.ª del número 1 del artículo 369 renumerada por el apartado centésimo quinto del artículo único de la L.O. 5/2010, de 22 de junio, por la que se modifica la L.O. 10/1995, de 23 de noviembre, del Código Penal («B.O.E.» 23 junio). Su contenido literal se corresponde con el de la anterior circunstancia 6.ª.
Vigencia: 23 diciembre 2010

6.ª Las referidas sustancias se adulteren, manipulen o mezclen entre sí o con otras, incrementando el posible daño a la salud.

Circunstancia 6.ª del número 1 del artículo 369 renumerada por el apartado centésimo quinto del artículo único de la L.O. 5/2010, de 22 de junio, por la que se modifica la L.O. 10/1995, de 23 de noviembre, del Código Penal («B.O.E.» 23 junio). Su contenido literal se corresponde con el de la anterior circunstancia 7.ª.
Vigencia: 23 diciembre 2010

7.ª Las conductas descritas en el artículo anterior tengan lugar en centros docentes, en centros, establecimientos o unidades militares, en establecimientos penitenciarios o en centros de deshabituación o rehabilitación, o en sus proximidades.

Circunstancia 7.ª del número 1 del artículo 369 renumerada por el apartado centésimo quinto del artículo único de la L.O. 5/2010, de 22 de junio, por la que se modifica la L.O. 10/1995, de 23 de noviembre, del Código Penal («B.O.E.» 23 junio). Su contenido literal se corresponde con el de la anterior circunstancia 8.ª.
Vigencia: 23 diciembre 2010

8.ª El culpable empleare violencia o exhibiere o hiciese uso de armas para cometer el hecho.

Circunstancia 8.ª del número 1 del artículo 369 renumerada por el apartado centésimo quinto del artículo único de la L.O. 5/2010, de 22 de junio, por la que se modifica la L.O. 10/1995, de 23 de noviembre, del Código Penal («B.O.E.» 23 junio). Su contenido literal se corresponde con el de la anterior circunstancia 9.ª.
Vigencia: 23 diciembre 2010

2....

Número 2 del artículo 369 suprimido por el apartado centésimo quinto del artículo único de la L.O. 5/2010, de 22 de junio, por la que se modifica la L.O. 10/1995, de 23 de noviembre, del Código Penal («B.O.E.» 23 junio).
Vigencia: 23 diciembre 2010

Artículo 369 redactado por el apartado centésimo vigésimo octavo del artículo único de L.O. 15/2003, de 25 de noviembre, por la que se modifica la L.O. 10/1995, de 23 de noviembre, del Código Penal («B.O.E.» 26 noviembre).
Vigencia: 1 octubre 2004

Artículo 369 bis. Cuando los hechos descritos en el artículo 368 se hayan realizado por quienes pertenecieren a una organización delictiva, se impondrán las penas de prisión de nueve a doce años y multa del tanto al cuádruplo del valor de la droga si se tratara de sustancias y productos que causen grave daño a la salud y de prisión de cuatro años y seis meses a diez años y la misma multa en los demás casos.

A los jefes, encargados o administradores de la organización se les impondrán las penas superiores en grado a las señaladas en el párrafo primero.

Cuando de acuerdo con lo establecido en el artículo 31 bis una persona jurídica sea responsable de los delitos recogidos en los dos artículos anteriores, se le impondrán las siguientes penas:

a) Multa de dos a cinco años, o del triple al quíntuple del valor de la droga cuando la cantidad resultante fuese más elevada, si el delito cometido por la persona física tiene prevista una pena de prisión de más de cinco años.

b) Multa de uno a tres años, o del doble al cuádruple del valor de la droga cuando la cantidad resultante fuese más elevada, si el delito cometido por la persona física tiene prevista una pena de prisión de más de dos años no incluida en el anterior inciso.

Atendidas las reglas establecidas en el artículo 66 bis, los jueces y tribunales podrán asimismo imponer las penas recogidas en las letras b) a g) del apartado 7 del artículo 33.

Artículo 369 bis introducido por el apartado centésimo sexto del artículo único de la L.O. 5/2010, de 22 de junio, por la que se modifica la L.O. 10/1995, de 23 de noviembre, del Código Penal («B.O.E.» 23 junio).
Vigencia: 23 diciembre 2010

Artículo 370. Se impondrá la pena superior en uno o dos grados a la señalada en el artículo 368 cuando:

1.º Se utilice a menores de 18 años o a disminuidos psíquicos para cometer estos delitos.

2.º Se trate de los jefes, administradores o encargados de las organizaciones a que se refiere la circunstancia 2.ª del apartado 1 del artículo 369.

Apartado 2.º del artículo 370 redactado por el apartado centésimo séptimo del artículo único de la L.O. 5/2010, de 22 de junio, por la que se modifica la L.O. 10/1995, de 23 de noviembre, del Código Penal («B.O.E.» 23 junio).
Vigencia: 23 diciembre 2010

3.º Las conductas descritas en el artículo 368 fuesen de extrema gravedad.

Se consideran de extrema gravedad los casos en que la cantidad de las sustancias a que se refiere el artículo 368 excediere notablemente de la considerada como de notoria importancia, o se hayan utilizado buques, embarcaciones o aeronaves como medio de transporte específico, o se hayan llevado a cabo las conductas indicadas simulando operaciones de comercio internacional entre empresas, o se trate de redes internacionales dedicadas a este tipo de actividades, o cuando concurrieren tres o más de las circunstancias previstas en el artículo 369.1.

Párrafo 2.º del apartado 3.º del artículo 370 redactado por el apartado centésimo séptimo del artículo único de L.O. 5/2010, de 22 de junio, por la que se modifica la L.O. 10/1995, de 23 de noviembre, del Código Penal («B.O.E.» 23 junio).
Vigencia: 23 diciembre 2010

En los supuestos de los anteriores números 2.º y 3.º se impondrá a los culpables, además, una multa del tanto al triplo del valor de la droga objeto del delito.

Artículo 370 redactado por el apartado centésimo vigésimo noveno del artículo único de L.O. 15/2003, de 25 de noviembre, por la que se modifica la L.O. 10/1995, de 23 de noviembre, del Código Penal («B.O.E.» 26 noviembre).
Vigencia: 1 octubre 2004

Artículo 371. 1. El que fabrique, transporte, distribuya, comercie o tenga en su poder equipos, materiales o sustancias enumeradas en el cuadro I y cuadro II de la Convención de Naciones Unidas, hecha en Viena el 20 de diciembre de 1988, sobre el tráfico ilícito de estupefacientes y sustancias psicotrópicas, y cualesquiera otros productos adicionados al mismo Convenio o que se incluyan en otros futuros Convenios de la misma naturaleza, ratificados por España, a sabiendas de que van a utilizarse en el cultivo, la producción o la fabricación ilícitas de drogas tóxicas, estupefacientes o sustancias psicotrópicas, o para estos fines, será castigado con la pena de prisión de tres a seis años y multa del tanto al triplo del valor de los géneros o efectos.

2. Se impondrá la pena señalada en su mitad superior cuando las personas que realicen los hechos descritos en el apartado anterior pertenezcan a una organización dedicada a los fines en él señalados, y la pena superior en grado cuando se trate de los jefes, administradores o encargados de las referidas organizaciones o asociaciones.

En tales casos, los jueces o tribunales impondrán, además de las penas correspondientes, la de inhabilitación especial del reo para el ejercicio de su profesión o industria por tiempo de tres a seis años, y las demás medidas previstas en el artículo 369.2.

Número 2 del artículo 371 redactado por el apartado centésimo trigésimo del artículo único de la L.O. 15/2003, de 25 de noviembre, por la que se modifica la L.O. 10/1995, de 23 de noviembre, del Código Penal («B.O.E.» 26 noviembre).
Vigencia: 1 octubre 2004

Artículo 372. Si los hechos previstos en este capítulo fueran realizados por empresario, intermediario en el sector financiero, facultativo funcionario público, trabajador social, docente o educador, en el ejercicio de su cargo, profesión u oficio, se le impondrá, además de la pena correspondiente, la de inhabilitación especial para empleo o cargo público, profesión u oficio, industria o comercio de tres a diez años. Se impondrá la pena de inhabilitación absoluta de diez a veinte años cuando los referidos hechos fueren realizados por autoridad o agente de la misma, en el ejercicio de su cargo.

A tal efecto, se entiende que son facultativos los médicos, psicólogos, las personas en posesión de título sanitario, los veterinarios, los farmacéuticos y sus dependientes.

Artículo 373. La provocación, la conspiración y la proposición para cometer los delitos previstos en los artículos 368 a 372, se castigarán con la pena inferior en uno a dos grados a la que corresponde respectivamente, a los hechos previstos en los preceptos anteriores.

Artículo 374. En los delitos previstos en el párrafo segundo del apartado 1 del artículo 301 y en los artículos 368 a 372, además de las penas que corresponda imponer por el delito cometido, serán objeto de decomiso las drogas tóxicas, estupefacientes o sustancias psicotrópicas, los equipos, materiales y sustancias a que se refiere el artículo 371, así como los bienes, medios, instrumentos y ganancias con sujeción a lo dispuesto en los artículos 127 a 128 y a las siguientes normas especiales:

1.ª Una vez firme la sentencia, se procederá a la destrucción de las muestras que se hubieran apartado, o a la destrucción de la totalidad de lo incautado, en el caso de que el órgano judicial competente hubiera ordenado su conservación.

2.ª Los bienes, medios, instrumentos y ganancias definitivamente decomisados por sentencia, que no podrán ser aplicados a la satisfacción de las responsabilidades civiles derivadas del delito ni de las costas procesales, serán adjudicados íntegramente al Estado.

Artículo 374 redactado por el número ciento noventa y seis del artículo único de la L.O. 1/2015, de 30 de marzo, por la que se modifica la L.O. 10/1995, de 23 de noviembre, del Código Penal («B.O.E.» 31 marzo).
Vigencia: 1 julio 2015

Artículo 375. Las condenas de jueces o tribunales extranjeros por delitos de la misma naturaleza que los previstos en los artículos 361 al 372 de este Capítulo producirán los efectos de reincidencia, salvo que el antecedente penal haya sido cancelado o pueda serlo con arreglo al Derecho español.

Artículo 375 redactado por el número ciento noventa y siete del artículo único de la L.O. 1/2015, de 30 de marzo, por la que se modifica la L.O. 10/1995, de 23 de noviembre, del Código Penal («B.O.E.» 31 marzo).
Vigencia: 1 julio 2015

Artículo 376. En los casos previstos en los artículos 361 a 372, los jueces o tribunales, razonándolo en la sentencia, podrán imponer la pena inferior en uno o dos grados a la señalada por la ley para el delito de que se trate, siempre que el sujeto haya abandonado voluntariamente sus actividades delictivas y haya colaborado activamente con las autoridades o sus agentes bien para impedir la producción del delito, bien para obtener pruebas decisivas para la identificación o captura de otros responsables o para impedir la actuación o el desarrollo de las organizaciones o asociaciones a las que haya pertenecido o con las que haya colaborado.

Igualmente, en los casos previstos en los artículos 368 a 372, los jueces o tribunales podrán imponer la pena inferior en uno o dos grados al reo que, siendo drogodependiente en el momento de comisión de los hechos, acredite suficientemente que ha finalizado con éxito un tratamiento de deshabituación, siempre que la cantidad de drogas tóxicas, estupefacientes o sustancias psicotrópicas no fuese de notoria importancia o de extrema gravedad.

Artículo 376 redactado por el número ciento noventa y ocho del artículo único de la L.O. 1/2015, de 30 de marzo, por la que se modifica la L.O. 10/1995, de 23 de noviembre, del Código Penal («B.O.E.» 31 marzo).
Vigencia: 1 julio 2015

Artículo 377. Para la determinación de la cuantía de las multas que se impongan en aplicación de los artículos 368 a 372, el valor de la droga objeto del delito o de los géneros o efectos intervenidos será el precio final del producto o, en su caso, la recompensa o ganancia obtenida por el reo, o que hubiera podido obtener.

Artículo 378. Los pagos que se efectúen por el penado por uno o varios de los delitos a que se refieren los artículos 361 al 372 se imputarán por el orden siguiente:

1.º A la reparación del daño causado e indemnización de perjuicios.

2.º A la indemnización del Estado por el importe de los gastos que se hayan hecho por su cuenta en la causa.

3.º A la multa.

4.º A las costas del acusador particular o privado cuando se imponga en la sentencia su pago.

5.º A las demás costas procesales, incluso las de la defensa del procesado, sin preferencia entre los interesados.

Artículo 378 redactado por el número ciento noventa y nueve del artículo único de la L.O. 1/2015, de 30 de marzo, por la que se modifica la L.O. 10/1995, de 23 de noviembre, del Código Penal («B.O.E.» 31 marzo).
Vigencia: 1 julio 2015

CAPÍTULO IV
DE LOS DELITOS CONTRA LA SEGURIDAD VIAL

Rúbrica del Capítulo IV de Título XVII del Libro II redactada por el apartado segundo del artículo único de la L.O. 15/2007, de 30 de noviembre, por la que se modifica la L.O. 10/1995, de 23 de noviembre, del Código Penal en materia de seguridad vial («B.O.E.» 1 diciembre).
Vigencia: 2 diciembre 2007

Artículo 379. 1. El que condujere un vehículo de motor o un ciclomotor a velocidad superior en sesenta kilómetros por hora en vía urbana o en ochenta kilómetros por hora en vía interurbana a la permitida reglamentariamente, será castigado con la pena de prisión de tres a seis meses o con la de multa de seis a doce meses o con la de trabajos en beneficio de la comunidad de treinta y uno a noventa días, y, en cualquier caso, con la de privación del derecho a conducir vehículos a motor y ciclomotores por tiempo superior a uno y hasta cuatro años.

2. Con las mismas penas será castigado el que condujere un vehículo de motor o ciclomotor bajo la influencia de drogas tóxicas, estupefacientes, sustancias psicotrópicas o de bebidas alcohólicas. En todo caso será condenado con dichas penas el que condujere con una tasa de alcohol en aire espirado superior a 0,60 miligramos por litro o con una tasa de alcohol en sangre superior a 1,2 gramos por litro.

Artículo 379 redactado por el apartado centésimo octavo del artículo único de la L.O. 5/2010, de 22 de junio, por la que se modifica la L.O. 10/1995, de 23 de noviembre, del Código Penal («B.O.E.» 23 junio).
Vigencia: 23 diciembre 2010

Artículo 380. 1. El que condujere un vehículo a motor o un ciclomotor con temeridad manifiesta y pusiere en concreto peligro la vida o la integridad de las personas será castigado con las penas de prisión de seis meses a dos años y privación del derecho a conducir vehículos a motor y ciclomotores por tiempo superior a uno y hasta seis años.

2. A los efectos del presente precepto se reputará manifiestamente temeraria la conducción en la que concurrieren las circunstancias previstas en el apartado primero y en el inciso segundo del apartado segundo del artículo anterior.

Artículo 380 redactado por el apartado cuarto del artículo único de la L.O. 15/2007, de 30 de noviembre, por la que se modifica la L.O. 10/1995, de 23 de noviembre, del Código Penal en materia de seguridad vial («B.O.E.» 1 diciembre).
Vigencia: 2 diciembre 2007

Artículo 381. 1. Será castigado con las penas de prisión de dos a cinco años, multa de doce a veinticuatro meses y privación del derecho a conducir vehículos a motor y ciclomotores durante un período de seis a diez años el que, con manifiesto desprecio por la vida de los demás, realizare la conducta descrita en el artículo anterior.

2. Cuando no se hubiere puesto en concreto peligro la vida o la integridad de las personas, las penas serán de prisión de uno a dos años, multa de seis a doce meses y privación del derecho a conducir vehículos a motor y ciclomotores por el tiempo previsto en el párrafo anterior.

3....

Número 3 del artículo 381 suprimido por el apartado centésimo noveno del artículo único de la L.O. 5/2010, de 22 de junio, por la que se modifica la L.O. 10/1995, de 23 de noviembre, del Código Penal («B.O.E.» 23 junio).
Vigencia: 23 diciembre 2010

Artículo 381 redactado por el apartado quinto del artículo único de la L.O. 15/2007, de 30 de noviembre, por la que se modifica la L.O. 10/1995, de 23 de noviembre, del Código Penal en materia de seguridad vial («B.O.E.» 1 diciembre).
Vigencia: 2 diciembre 2007

Artículo 382. Cuando con los actos sancionados en los artículos 379, 380 y 381 se ocasionare, además del riesgo prevenido, un resultado lesivo constitutivo de delito, cualquiera que sea su gravedad, los Jueces o Tribunales apreciarán tan sólo la infracción más gravemente penada, aplicando la pena en su mitad superior y condenando, en todo caso, al resarcimiento de la responsabilidad civil que se hubiera originado.

Artículo 382 redactado por el apartado sexto del artículo único de la L.O. 15/2007, de 30 de noviembre, por la que se modifica la L.O. 10/1995, de 23 de noviembre, del Código Penal en materia de seguridad vial («B.O.E.» 1 diciembre).
Vigencia: 2 diciembre 2007

Artículo 383. El conductor que, requerido por un agente de la autoridad, se negare a someterse a las pruebas legalmente establecidas para la comprobación de las tasas de alcoholemia y la presencia de las drogas tóxicas, estupefacientes y sustancias psicotrópicas a que se refieren los artículos anteriores, será castigado con la penas de prisión de seis meses a un año y privación del derecho a conducir vehículos a motor y ciclomotores por tiempo superior a uno y hasta cuatro años.

Artículo 383 redactado por el apartado séptimo del artículo único de la L.O. 15/2007, de 30 de noviembre, por la que se modifica la L.O. 10/1995, de 23 de noviembre, del Código Penal en materia de seguridad vial («B.O.E.» 1 diciembre).
Vigencia: 2 diciembre 2007

Artículo 384. El que condujere un vehículo de motor o ciclomotor en los casos de pérdida de vigencia del permiso o licencia por pérdida total de los puntos asignados legalmente, será castigado con la pena de prisión de tres a seis meses o con la de multa de doce a veinticuatro meses o con la de trabajos en beneficio de la comunidad de treinta y uno a noventa días.

La misma pena se impondrá al que realizare la conducción tras haber sido privado cautelar o definitivamente del permiso o licencia por decisión judicial y al que condujere un vehículo de motor o ciclomotor sin haber obtenido nunca permiso o licencia de conducción.

Artículo 384 redactado por el apartado centésimo décimo del artículo único de la L.O. 5/2010, de 22 de junio, por la que se modifica la L.O. 10/1995, de 23 de noviembre, del Código Penal («B.O.E.» 23 junio).
Vigencia: 23 diciembre 2010

Artículo 385. Será castigado con la pena de prisión de seis meses a dos años o a las de multa de doce a veinticuatro meses y trabajos en beneficio de la comunidad de diez a cuarenta días, el que originare un grave riesgo para la circulación de alguna de las siguientes formas:

1.ª Colocando en la vía obstáculos imprevisibles, derramando sustancias deslizantes o inflamables o mutando, sustrayendo o anulando la señalización o por cualquier otro medio.

2.ª No restableciendo la seguridad de la vía, cuando haya obligación de hacerlo.

Artículo 385 redactado por el apartado noveno del artículo único de la L.O. 15/2007, de 30 de noviembre, por la que se modifica la L.O. 10/1995, de 23 de noviembre, del Código Penal en materia de seguridad vial («B.O.E.» 1 diciembre).
Vigencia: 2 diciembre 2007

Artículo 385 bis. El vehículo a motor o ciclomotor utilizado en los hechos previstos en este Capítulo se considerará instrumento del delito a los efectos de los artículos 127 y 128.

Artículo 385 bis introducido por el apartado centésimo undécimo del artículo único de la L.O. 5/2010, de 22 de junio, por la que se modifica la L.O. 10/1995, de 23 de noviembre, del Código Penal («B.O.E.» 23 junio).

Vigencia: 23 diciembre 2010

Artículo 385 ter. En los delitos previstos en los artículos 379, 383, 384 y 385, el Juez o Tribunal, razonándolo en sentencia, podrá rebajar en un grado la pena de prisión en atención a la menor entidad del riesgo causado y a las demás circunstancias del hecho.

Artículo 385 ter introducido por el apartado centésimo duodécimo del artículo único de la L.O. 5/2010, de 22 de junio, por la que se modifica la L.O. 10/1995, de 23 de noviembre, del Código Penal («B.O.E.» 23 junio).

Vigencia: 23 diciembre 2010

TÍTULO XVIII
DE LAS FALSEDADES

CAPÍTULO PRIMERO
DE LA FALSIFICACIÓN DE MONEDA Y EFECTOS TIMBRADOS

Artículo 386. 1. Será castigado con la pena de prisión de ocho a doce años y multa del tanto al décuplo del valor aparente de la moneda:

1.º El que altere la moneda o fabrique moneda falsa.

2.º El que introduzca en el país o exporte moneda falsa o alterada.

3.º El que transporte, expenda o distribuya moneda falsa o alterada con conocimiento de su falsedad.

2. Si la moneda falsa fuera puesta en circulación se impondrá la pena en su mitad superior.

La tenencia, recepción u obtención de moneda falsa para su expedición o distribución o puesta en circulación será castigada con la pena inferior en uno o dos grados, atendiendo al valor de aquélla y al grado de connivencia con el falsificador, alterador, introductor o exportador.

3. El que habiendo recibido de buena fe moneda falsa la expenda o distribuya después de constarle su falsedad será castigado con la pena de prisión de tres a seis meses o multa de seis a veinticuatro meses. No obstante, si el valor aparente de la moneda no excediera de 400 euros, se impondrá la pena de multa de uno a tres meses.

4. Si el culpable perteneciere a una sociedad, organización o asociación, incluso de carácter transitorio, que se dedicare a la realización de estas actividades, el juez o tribunal podrá imponer alguna o algunas de las consecuencias previstas en el artículo 129 de este Código.

5. Cuando, de acuerdo con lo establecido en el artículo 31 bis, una persona jurídica sea responsable de los anteriores delitos, se le impondrá la pena de multa del triple al décuplo del valor aparente de la moneda.

Artículo 386 redactado por el número doscientos del artículo único de la L.O. 1/2015, de 30 de marzo, por la que se modifica la L.O. 10/1995, de 23 de noviembre, del Código Penal («B.O.E.» 31 marzo).

Vigencia: 1 julio 2015

Artículo 387. A los efectos del artículo anterior, se entiende por moneda la metálica y el papel moneda de curso legal y aquella que previsiblemente será puesta en curso legal. Se equipararán a la moneda nacional las de otros países de la Unión Europea y las extranjeras.

Se tendrá igualmente por moneda falsa aquella que, pese a ser realizada en las instalaciones y con los materiales legales, se realiza incumpliendo, a sabiendas, las condiciones de emisión que hubiere puesto la autoridad competente o cuando se emita no existiendo orden de emisión alguna.

Artículo 387 redactado por el número doscientos uno del artículo único de la L.O. 1/2015, de 30 de marzo, por la que se modifica la L.O. 10/1995, de 23 de noviembre, del Código Penal («B.O.E.» 31 marzo).
Vigencia: 1 julio 2015

Artículo 388. La condena de un Tribunal extranjero, impuesta por delito de la misma naturaleza de los comprendidos en este capítulo, será equiparada a las sentencias de los Jueces o Tribunales españoles a los efectos de reincidencia, salvo que el antecedente penal haya sido cancelado o pudiese serlo con arreglo al Derecho español.

Artículo 389. El que falsificare o expendiere, en connivencia con el falsificador, sellos de correos o efectos timbrados, o los introdujera en España conociendo su falsedad, será castigado con la pena de prisión de seis meses a tres años.

El adquirente de buena fe de sellos de correos o efectos timbrados que, conociendo su falsedad, los distribuyera o utilizara será castigado con la pena de prisión de tres a seis meses o multa de seis a veinticuatro meses. No obstante, si el valor aparente de los sellos o efectos timbrados no excediera de 400 euros, se impondrá la pena de multa de uno a tres meses.

Párrafo segundo del artículo 389 redactado por el número doscientos dos del artículo único de la L.O. 1/2015, de 30 de marzo, por la que se modifica la L.O. 10/1995, de 23 de noviembre, del Código Penal («B.O.E.» 31 marzo).
Vigencia: 1 julio 2015

Artículo 389 redactado por el apartado centésimo trigésimo octavo del artículo único de L.O. 15/2003, de 25 de noviembre, por la que se modifica la L.O. 10/1995, de 23 de noviembre, del Código Penal («B.O.E.» 26 noviembre).
Vigencia: 1 octubre 2004

CAPÍTULO II
DE LAS FALSEDADES DOCUMENTALES

SECCIÓN 1.ª
DE LA FALSIFICACIÓN DE DOCUMENTOS PÚBLICOS, OFICIALES Y MERCANTILES Y DE LOS DESPACHOS TRANSMITIDOS POR SERVICIOS DE TELECOMUNICACIÓN

Artículo 390. 1. Será castigado con las penas de prisión de tres a seis años, multa de seis a veinticuatro meses e inhabilitación especial por tiempo de dos a seis años, la autoridad o funcionario público que, en el ejercicio de sus funciones, cometa falsedad:

1.º Alterando un documento en alguno de sus elementos o requisitos de carácter esencial.

2.º Simulando un documento en todo o en parte, de manera que induzca a error sobre su autenticidad.

3.º Suponiendo en un acto la intervención de personas que no la han tenido, o atribuyendo a las que han intervenido en él declaraciones o manifestaciones diferentes de las que hubieran hecho.

4.º Faltando a la verdad en la narración de los hechos.

2. Será castigado con las mismas penas a las señaladas en el apartado anterior el responsable de cualquier confesión religiosa que incurra en alguna de las conductas descritas en los números anteriores, respecto de actos y documentos que puedan producir efecto en el estado de las personas o en el orden civil.

Artículo 391. La autoridad o funcionario público que por imprudencia grave incurriere en alguna de las falsedades previstas en el artículo anterior o diere lugar a que otro las cometa, será castigado con la pena de multa de seis a doce meses y suspensión de empleo o cargo público por tiempo de seis meses a un año.

Artículo 392. 1. El particular que cometiere en documento público, oficial o mercantil, alguna de las falsedades descritas en los tres primeros números del apartado 1 del artículo 390, será castigado con las penas de prisión de seis meses a tres años y multa de seis a doce meses.

2. Las mismas penas se impondrán al que, sin haber intervenido en la falsificación, traficare de cualquier modo con un documento de identidad falso. Se impondrá la pena de prisión de seis meses a un año y multa de tres a seis meses al que hiciere uso, a sabiendas, de un documento de identidad falso.

Esta disposición es aplicable aun cuando el documento de identidad falso aparezca como perteneciente a otro Estado de la Unión Europea o a un tercer Estado o haya sido falsificado o adquirido en otro Estado de la Unión Europea o en un tercer Estado si es utilizado o se trafica con él en España.

Artículo 392 redactado por el apartado centésimo decimocuarto del artículo único de la L.O. 5/2010, de 22 de junio, por la que se modifica la L.O. 10/1995, de 23 de noviembre, del Código Penal («B.O.E.» 23 junio).

Vigencia: 23 diciembre 2010

Artículo 393. El que, a sabiendas de su falsedad, presentare en juicio o, para perjudicar a otro, hiciere uso de un documento falso de los comprendidos en los artículos precedentes, será castigado con la pena inferior en grado a la señalada a los falsificadores.

Artículo 394. 1. La autoridad o funcionario público encargado de los servicios de telecomunicación que supusiere o falsificare un despacho telegráfico u otro propio de dichos servicios, incurrirá en la pena de prisión de seis meses a tres años e inhabilitación especial por tiempo de dos a seis años.

2. El que, a sabiendas de su falsedad, hiciere uso del despacho falso para perjudicar a otro, será castigado con la pena inferior en grado a la señalada a los falsificadores.

SECCIÓN 2.ª
DE LA FALSIFICACIÓN DE DOCUMENTOS PRIVADOS

Artículo 395. El que, para perjudicar a otro, cometiere en documento privado alguna de las falsedades previstas en los tres primeros números del apartado 1 del artículo 390, será castigado con la pena de prisión de seis meses a dos años.

Artículo 396. El que, a sabiendas de su falsedad, presentare en juicio o, para perjudicar a otro, hiciere uso de un documento falso de los comprendidos en el artículo anterior, incurrirá en la pena inferior en grado a la señalada a los falsificadores.

SECCIÓN 3.ª
DE LA FALSIFICACIÓN DE CERTIFICADOS

Artículo 397. El facultativo que librare certificado falso será castigado con la pena de multa de tres a doce meses.

Artículo 398. La autoridad o funcionario público que librare certificación falsa con escasa trascendencia en el tráfico jurídico será castigado con la pena de suspensión de seis meses a dos años.

Este precepto no será aplicable a los certificados relativos a la Seguridad Social y a la Hacienda Pública.

Artículo 398 redactado por el apartado once del artículo único de la L.O. 7/2012, de 27 de diciembre, por la que se modifica la L.O. 10/1995, de 23 de noviembre, del Código Penal en materia de transparencia y lucha contra el fraude fiscal y en la Seguridad Social («B.O.E.» 28 diciembre).
Vigencia: 17 enero 2013

Artículo 399. 1. El particular que falsificare una certificación de las designadas en los artículos anteriores será castigado con la pena de multa de tres a seis meses.

2. La misma pena se impondrá al que hiciere uso, a sabiendas, de la certificación, así como al que, sin haber intervenido en su falsificación, traficare con ella de cualquier modo.

3. Esta disposición es aplicable aun cuando el certificado aparezca como perteneciente a otro Estado de la Unión Europea o a un tercer Estado o haya sido falsificado o adquirido en otro Estado de la Unión Europea o en un tercer Estado si es utilizado en España.

Artículo 399 redactado por el apartado centésimo decimoquinto del artículo único de la L.O. 5/2010, de 22 de junio, por la que se modifica la L.O. 10/1995, de 23 de noviembre, del Código Penal («B.O.E.» 23 junio).
Vigencia: 23 diciembre 2010

SECCIÓN 4.ª
DE LA FALSIFICACIÓN DE TARJETAS DE CRÉDITO Y DÉBITO Y CHEQUES DE VIAJE

Sección 4.ª del Capítulo II del Título XVIII del Libro II, integrada por el artículo 399 bis, introducida por los apartados centésimo decimosexto y centésimo decimo séptimo del artículo único de la L.O. 5/2010, de 22 de junio, por la que se modifica la L.O. 10/1995, de 23 de noviembre, del Código Penal («B.O.E.» 23 junio).
Vigencia: 23 diciembre 2010

Artículo 399 bis. 1. El que altere, copie, reproduzca o de cualquier otro modo falsifique tarjetas de crédito o débito o cheques de viaje, será castigado con la pena de prisión de cuatro a ocho años. Se impondrá la pena en su mitad superior cuando los efectos falsificados afecten a una generalidad de personas o cuando los hechos se cometan en el marco de una organización criminal dedicada a estas actividades.

Cuando de acuerdo con lo establecido en el artículo 31 bis una persona jurídica sea responsable de los anteriores delitos, se le impondrá la pena de multa de dos a cinco años.

Atendidas las reglas establecidas en el artículo 66 bis, los jueces y tribunales podrán asimismo imponer las penas recogidas en las letras b) a g) del apartado 7 del artículo 33.

2. La tenencia de tarjetas de crédito o débito o cheques de viaje falsificados destinados a la distribución o tráfico será castigada con la pena señalada a la falsificación.

3. El que sin haber intervenido en la falsificación usare, en perjuicio de otro y a sabiendas de la falsedad, tarjetas de crédito o débito o cheques de viaje falsificados será castigado con la pena de prisión de dos a cinco años.

CAPÍTULO III
DISPOSICIONES GENERALES

Rúbrica del Capítulo III del Título XVII del Libro II redactada por el apartado centésimo decimoctavo del artículo único de la L.O. 5/2010, de 22 de junio, por la que se modifica la L.O. 10/1995, de 23 de noviembre, del Código Penal («B.O.E.» 23 junio).
Vigencia: 23 diciembre 2010

Artículo 400. La fabricación, recepción, obtención o tenencia de útiles, materiales, instrumentos, sustancias, datos y programas informáticos, aparatos, elementos de seguridad, u otros medios específicamente destinados a la comisión de los delitos descritos en los Capítulos anteriores, se castigarán con la pena señalada en cada caso para los autores.

Artículo 400 redactado por el número doscientos tres del artículo único de la L.O. 1/2015, de 30 de marzo, por la que se modifica la L.O. 10/1995, de 23 de noviembre, del Código Penal («B.O.E.» 31 marzo).
Vigencia: 1 julio 2015

Artículo 400 bis. En los supuestos descritos en los artículos 392, 393, 394, 396 y 399 de este Código también se entenderá por uso de documento, despacho, certificación o documento de identidad falsos el uso de los correspondientes documentos, despachos, certificaciones o documentos de identidad auténticos realizado por quien no esté legitimado para ello.

Artículo 400 bis introducido por el apartado centésimo decimoctavo del artículo único de la L.O. 5/2010, de 22 de junio, por la que se modifica la L.O. 10/1995, de 23 de noviembre, del Código Penal («B.O.E.» 23 junio).
Vigencia: 23 diciembre 2010

CAPÍTULO IV
DE LA USURPACIÓN DEL ESTADO CIVIL

Artículo 401. El que usurpare el estado civil de otro será castigado con la pena de prisión de seis meses a tres años.

CAPÍTULO V
DE LA USURPACIÓN DE FUNCIONES PÚBLICAS Y DEL INTRUSISMO

Artículo 402. El que ilegítimamente ejerciere actos propios de una autoridad o funcionario público atribuyéndose carácter oficial, será castigado con la pena de prisión de uno a tres años.

Artículo 402 bis. El que sin estar autorizado usare pública e indebidamente uniforme, traje o insignia que le atribuyan carácter oficial será castigado con la pena de multa de uno a tres meses.

Artículo 402 bis introducido por el número doscientos cuatro del artículo único de la L.O. 1/2015, de 30 de marzo, por la que se modifica la L.O. 10/1995, de 23 de noviembre, del Código Penal («B.O.E.» 31 marzo).
Vigencia: 1 julio 2015

Artículo 403. 1. El que ejerciere actos propios de una profesión sin poseer el correspondiente título académico expedido o reconocido en España de acuerdo con la legislación vigente, incurrirá en la pena de multa de doce a veinticuatro meses. Si la actividad profesional desarrollada exigiere un título oficial que acredite la capacitación necesaria y habilite legalmente para su ejercicio, y no se estuviere en posesión de dicho título, se impondrá la pena de multa de seis a doce meses.

2. Se impondrá una pena de prisión de seis meses a dos años si concurriese alguna de las siguientes circunstancias:

a) Si el culpable, además, se atribuyese públicamente la cualidad de profesional amparada por el título referido.

b) Si el culpable ejerciere los actos a los que se refiere el apartado anterior en un local o establecimiento abierto al público en el que se anunciare la prestación de servicios propios de aquella profesión.

Artículo 403 redactado por el número doscientos cinco del artículo único de la L.O. 1/2015, de 30 de marzo, por la que se modifica la L.O. 10/1995, de 23 de noviembre, del Código Penal («B.O.E.» 31 marzo).

Vigencia: 1 julio 2015

TÍTULO XIX
DELITOS CONTRA LA ADMINISTRACIÓN PÚBLICA

CAPÍTULO PRIMERO
DE LA PREVARICACIÓN DE LOS FUNCIONARIOS PÚBLICOS Y OTROS COMPORTAMIENTOS INJUSTOS

Artículo 404. A la autoridad o funcionario público que, a sabiendas de su injusticia, dictare una resolución arbitraria en un asunto administrativo se le castigará con la pena de inhabilitación especial para empleo o cargo público y para el ejercicio del derecho de sufragio pasivo por tiempo de nueve a quince años.

Artículo 404 redactado por el número doscientos seis del artículo único de la L.O. 1/2015, de 30 de marzo, por la que se modifica la L.O. 10/1995, de 23 de noviembre, del Código Penal («B.O.E.» 31 marzo).

Vigencia: 1 julio 2015

Artículo 405. A la autoridad o funcionario público que, en el ejercicio de su competencia y a sabiendas de su ilegalidad, propusiere, nombrare o diere posesión para el ejercicio de un determinado cargo público a cualquier persona sin que concurran los requisitos legalmente establecidos para ello, se le castigará con las penas de multa de tres a ocho meses y suspensión de empleo o cargo público por tiempo de uno a tres años.

Artículo 405 redactado por el número doscientos siete del artículo único de la L.O. 1/2015, de 30 de marzo, por la que se modifica la L.O. 10/1995, de 23 de noviembre, del Código Penal («B.O.E.» 31 marzo).

Vigencia: 1 julio 2015

Artículo 406. La misma pena de multa se impondrá a la persona que acepte la propuesta, nombramiento o toma de posesión mencionada en el artículo anterior, sabiendo que carece de los requisitos legalmente exigibles.

CAPÍTULO II
DEL ABANDONO DE DESTINO Y DE LA OMISIÓN DEL DEBER DE PERSEGUIR DELITOS

Artículo 407. 1. A la autoridad o funcionario público que abandonare su destino con el propósito de no impedir o no perseguir cualquiera de los delitos comprendidos en los Títulos XXI, XXII, XXIII y XXIV se le castigará con la pena de prisión de uno a cuatro años e inhabilitación absoluta para empleo o cargo público por tiempo de seis a diez años. Si hubiera realizado el abandono para no impedir o no perseguir cualquier otro delito, se le impondrá la pena de inhabilitación especial para empleo o cargo público por tiempo de uno a tres años.

2. Las mismas penas se impondrán, respectivamente, cuando el abandono tenga por objeto no ejecutar las penas correspondientes a estos delitos impuestas por la autoridad judicial competente.

Artículo 408. La autoridad o funcionario que, faltando a la obligación de su cargo, dejare intencionadamente de promover la persecución de los delitos de que tenga noticia o de sus responsables, incurrirá en la pena de inhabilitación especial para empleo o cargo público por tiempo de seis meses a dos años.

Artículo 409. A las autoridades o funcionarios públicos que promovieren, dirigieren u organizaren el abandono colectivo y manifiestamente ilegal de un servicio público, se les castigará con la pena de multa de ocho a doce meses y suspensión de empleo o cargo público por tiempo de seis meses a dos años.

Las autoridades o funcionarios públicos que meramente tomaren parte en el abandono colectivo o manifiestamente ilegal de un servicio público esencial y con grave perjuicio de éste o de la comunidad, serán castigados con la pena de multa de ocho a doce meses.

CAPÍTULO III
DE LA DESOBEDIENCIA Y DENEGACIÓN DE AUXILIO

Artículo 410. 1. Las autoridades o funcionarios públicos que se negaren abiertamente a dar el debido cumplimiento a resoluciones judiciales, decisiones u órdenes de la autoridad superior dictadas dentro del ámbito de su respectiva competencia y revestidas de las formalidades legales, incurrirán en la pena de multa de tres a doce meses e inhabilitación especial para empleo o cargo público por tiempo de seis meses a dos años.

2. No obstante lo dispuesto en el apartado anterior, no incurrirán en responsabilidad criminal las autoridades o funcionarios por no dar cumplimiento a un mandato que constituya una infracción manifiesta, clara y terminante de un precepto de Ley o de cualquier otra disposición general.

Artículo 411. La autoridad o funcionario público que, habiendo suspendido, por cualquier motivo que no sea el expresado en el apartado segundo del artículo anterior, la ejecución de las órdenes de sus superiores, las desobedeciere después de que aquéllos hubieren desaprobado la suspensión, incurrirá en las penas de multa de doce a veinticuatro meses, e inhabilitación especial para empleo o cargo público por tiempo de uno a tres años.

Artículo 412. 1. El funcionario público que, requerido por autoridad competente, no prestare el auxilio debido para la Administración de Justicia u otro servicio público, incurrirá en las penas de multa de tres a doce meses, y suspensión de empleo o cargo público por tiempo de seis meses a dos años.

2. Si el requerido fuera autoridad, jefe o responsable de una fuerza pública o un agente de la autoridad, se impondrán las penas de multa de doce a dieciocho meses y suspensión de empleo o cargo público por tiempo de dos a tres años.

3. La autoridad o funcionario público que, requerido por un particular a prestar algún auxilio a que venga obligado por razón de su cargo para evitar un delito contra la vida de las personas, se abstuviera de prestarlo, será castigado con la pena de multa de dieciocho a veinticuatro meses e inhabilitación especial para empleo o cargo público por tiempo de tres a seis años.

Si se tratase de un delito contra la integridad, libertad sexual, salud o libertad de las personas, será castigado con la pena de multa de doce a dieciocho meses y suspensión de empleo o cargo público de uno a tres años.

En el caso de que tal requerimiento lo fuera para evitar cualquier otro delito u otro mal, se castigará con la pena de multa de tres a doce meses y suspensión de empleo o cargo público por tiempo de seis meses a dos años.

CAPÍTULO IV
DE LA INFIDELIDAD EN LA CUSTODIA DE DOCUMENTOS Y DE LA VIOLACIÓN DE SECRETOS

Artículo 413. La autoridad o funcionario público que, a sabiendas, sustrajere, destruyere, inutilizare u ocultare, total o parcialmente, documentos cuya custodia le esté encomendada por razón de su cargo, incurrirá en las penas de prisión de uno a cuatro años, multa de siete a veinticuatro meses, e inhabilitación especial para empleo o cargo público por tiempo de tres a seis años.

Véase artículo 1.2 f) de la L.O. 5/1995, 22 mayo, del Tribunal del Jurado («B.O.E.» 23 mayo).

Artículo 414. 1. A la autoridad o funcionario público que, por razón de su cargo, tenga encomendada la custodia de documentos respecto de los que la autoridad competente haya restringido el acceso, y que a sabiendas destruya o inutilice los medios puestos para impedir ese acceso o consienta su destrucción o inutilización, incurrirá en la pena de prisión de seis meses a un año o multa de seis a veinticuatro meses y, en cualquier caso, inhabilitación especial para empleo o cargo público por tiempo de uno a tres años.

2. El particular que destruyere o inutilizare los medios a que se refiere el apartado anterior, será castigado con la pena de multa de seis a dieciocho meses.

Véase artículo 1.2 f) de la L.O. 5/1995, 22 mayo, del Tribunal del Jurado («B.O.E.» 23 mayo).

Artículo 415. La autoridad o funcionario público no comprendido en el artículo anterior que, a sabiendas y sin la debida autorización, accediere o permitiere acceder a documentos secretos cuya custodia le esté confiada por razón de su cargo, incurrirá en la pena de multa de seis a doce meses, e inhabilitación especial para empleo o cargo público por tiempo de uno a tres años.

Véase artículo 1.2 f) de la L.O. 5/1995, 22 mayo, del Tribunal del Jurado («B.O.E.» 23 mayo).

Artículo 416. Serán castigados con las penas de prisión o multa inmediatamente inferiores a las respectivamente señaladas en los tres artículos anteriores los particulares encargados accidentalmente del despacho o custodia de documentos, por comisión del gobierno o de las autoridades o funcionarios públicos a quienes hayan sido confiados por razón de su cargo, que incurran en las conductas descritas en los mismos.

Artículo 417. 1. La autoridad o funcionario público que revelare secretos o informaciones de los que tenga conocimiento por razón de su oficio o cargo y que no deban ser divulgados, incurrirá en la pena de multa de doce a dieciocho meses e inhabilitación especial para empleo o cargo público por tiempo de uno a tres años.

Si de la revelación a que se refiere el párrafo anterior resultara grave daño para la causa pública o para tercero, la pena será de prisión de uno a tres años, e inhabilitación especial para empleo o cargo público por tiempo de tres a cinco años.

2. Si se tratara de secretos de un particular, las penas serán las de prisión de dos a cuatro años, multa de doce a dieciocho meses, y suspensión de empleo o cargo público por tiempo de uno a tres años.

Artículo 418. El particular que aprovechare para sí o para un tercero el secreto o la información privilegiada que obtuviere de un funcionario público o autoridad, será castigado con multa del tanto al triplo del beneficio obtenido o facilitado y la pérdida de la posibilidad de obtener subvenciones o ayudas públicas y del derecho a gozar de los beneficios o incentivos fiscales o de la Seguridad Social durante el período de uno a tres años. Si resultara grave daño para la causa pública o para tercero, la pena será de prisión de uno a seis años y la pérdida de la posibilidad de obtener subvenciones o ayudas públicas y del derecho a gozar de los beneficios o incentivos fiscales o de la Seguridad Social durante el periodo de seis a diez años.

Artículo 418 redactado por el número doscientos ocho del artículo único de la L.O. 1/2015, de 30 de marzo, por la que se modifica la L.O. 10/1995, de 23 de noviembre, del Código Penal («B.O.E.» 31 marzo).
Vigencia: 1 julio 2015

CAPÍTULO V
DEL COHECHO

Artículo 419. La autoridad o funcionario público que, en provecho propio o de un tercero, recibiere o solicitare, por sí o por persona interpuesta, dádiva, favor o retribución de cualquier clase o aceptare ofrecimiento o promesa para realizar en el ejercicio de su cargo un acto contrario a los deberes inherentes al mismo o para no realizar o retrasar injustificadamente el que debiera practicar, incurrirá en la pena de prisión de tres a seis años, multa de doce a veinticuatro meses, e inhabilitación especial para empleo o cargo público y para el ejercicio del derecho de sufragio pasivo por tiempo de nueve a doce años, sin perjuicio de la pena correspondiente al acto realizado, omitido o retrasado en razón de la retribución o promesa, si fuera constitutivo de delito.

Artículo 419 redactado por el número doscientos nueve del artículo único de la L.O. 1/2015, de 30 de marzo, por la que se modifica la L.O. 10/1995, de 23 de noviembre, del Código Penal («B.O.E.» 31 marzo).
Vigencia: 1 julio 2015

Artículo 420. La autoridad o funcionario público que, en provecho propio o de un tercero, recibiere o solicitare, por sí o por persona interpuesta, dádiva, favor o retribución de cualquier clase o aceptare ofrecimiento o promesa para realizar un acto propio de su cargo, incurrirá en la pena de prisión de dos a cuatro años, multa de doce a veinticuatro meses e inhabilitación especial para empleo o cargo público y para el ejercicio del derecho de sufragio pasivo por tiempo de cinco a nueve años.

Artículo 420 redactado por el número doscientos diez del artículo único de la L.O. 1/2015, de 30 de marzo, por la que se modifica la L.O. 10/1995, de 23 de noviembre, del Código Penal («B.O.E.» 31 marzo).
Vigencia: 1 julio 2015

Artículo 421. Las penas señaladas en los artículos precedentes se impondrán también cuando la dádiva, favor o retribución se recibiere o solicitare por la autoridad o funcionario público, en sus respectivos casos, como recompensa por la conducta descrita en dichos artículos.

Artículo 421 redactado por el apartado centésimo vigésimo primero del artículo único de la L.O. 5/2010, de 22 de junio, por la que se modifica la L.O. 10/1995, de 23 de noviembre, del Código Penal («B.O.E.» 23 junio).
Vigencia: 23 diciembre 2010

Artículo 422. La autoridad o funcionario público que, en provecho propio o de un tercero, admitiera, por sí o por persona interpuesta, dádiva o regalo que le fueren ofrecidos en consideración a su cargo o función, incurrirá en la pena de prisión de seis meses a un año y suspensión de empleo y cargo público de uno a tres años.

Artículo 422 redactado por el apartado centésimo vigésimo segundo del artículo único de la L.O. 5/2010, de 22 de junio, por la que se modifica la L.O. 10/1995, de 23 de noviembre, del Código Penal («B.O.E.» 23 junio).
Vigencia: 23 diciembre 2010

Artículo 423. Lo dispuesto en los artículos precedentes será igualmente aplicable a los jurados, árbitros, mediadores, peritos, administradores o interventores designados judicialmente, administradores concursales o a cualesquiera personas que participen en el ejercicio de la función pública.

Artículo 423 redactado por el número doscientos once del artículo único de la L.O. 1/2015, de 30 de marzo, por la que se modifica la L.O. 10/1995, de 23 de noviembre, del Código Penal («B.O.E.» 31 marzo).
Vigencia: 1 julio 2015

Artículo 424. 1. El particular que ofreciere o entregare dádiva o retribución de cualquier otra clase a una autoridad, funcionario público o persona que participe en el ejercicio de la función pública para que realice un acto contrario a los deberes inherentes a su cargo o un acto propio de su cargo, para que no realice o retrase el que debiera practicar, o en consideración a su cargo o función, será castigado en sus respectivos casos, con las mismas penas de prisión y multa que la autoridad, funcionario o persona corrompida.

2. Cuando un particular entregare la dádiva o retribución atendiendo la solicitud de la autoridad, funcionario público o persona que participe en el ejercicio de la función pública, se le impondrán las mismas penas de prisión y multa que a ellos les correspondan.

3. Si la actuación conseguida o pretendida de la autoridad o funcionario tuviere relación con un procedimiento de contratación, de subvenciones o de subastas convocados por las Administraciones o entes públicos, se impondrá al particular y, en su caso, a la sociedad, asociación u organización a que representare la pena de inhabilitación para obtener subvenciones y ayudas públicas, para contratar con entes, organismos o entidades que formen parte del sector público y para gozar de beneficios o incentivos fiscales y de la Seguridad Social por un tiempo de cinco a diez años.

Artículo 424 redactado por el número doscientos doce del artículo único de la L.O. 1/2015, de 30 de marzo, por la que se modifica la L.O. 10/1995, de 23 de noviembre, del Código Penal («B.O.E.» 31 marzo).
Vigencia: 1 julio 2015

Artículo 425. Cuando el soborno mediare en causa criminal a favor del reo por parte de su cónyuge u otra persona a la que se halle ligado de forma estable por análoga relación de afectividad, o de algún ascendiente, descendiente o hermano por naturaleza, por adopción o afines en los mismos grados, se impondrá al sobornador la pena de prisión de seis meses a un año.

Artículo 425 redactado por el apartado centésimo vigésimo quinto del artículo único de la L.O. 5/2010, de 22 de junio, por la que se modifica la L.O. 10/1995, de 23 de noviembre, del Código Penal («B.O.E.» 23 junio).
Vigencia: 23 diciembre 2010

Artículo 426. Quedará exento de pena por el delito de cohecho el particular que, habiendo accedido ocasionalmente a la solicitud de dádiva u otra retribución realizada por autoridad o funcionario público, denunciare el hecho a la autoridad que tenga el deber de proceder a su averiguación antes de la apertura del procedimiento, siempre que no haya transcurrido más de dos meses desde la fecha de los hechos.

Artículo 426 redactado por el apartado centésimo vigésimo sexto del artículo único de la L.O. 5/2010, de 22 de junio, por la que se modifica la L.O. 10/1995, de 23 de noviembre, del Código Penal («B.O.E.» 23 junio).
Vigencia: 23 diciembre 2010

Artículo 427. Lo dispuesto en los artículos precedentes será también aplicable cuando los hechos sean imputados o afecten a:

a) Cualquier persona que ostente un cargo o empleo legislativo, administrativo o judicial de un país de la Unión Europea o de cualquier otro país extranjero, tanto por nombramiento como por elección.

b) Cualquier persona que ejerza una función pública para un país de la Unión Europea o cualquier otro país extranjero, incluido un organismo público o una empresa pública, para la Unión Europea o para otra organización internacional pública.

c) Cualquier funcionario o agente de la Unión Europea o de una organización internacional pública.

Artículo 427 redactado por el número doscientos trece del artículo único de la L.O. 1/2015, de 30 de marzo, por la que se modifica la L.O. 10/1995, de 23 de noviembre, del Código Penal («B.O.E.» 31 marzo).
Vigencia: 1 julio 2015

Artículo 427 bis. Cuando de acuerdo con lo establecido en el artículo 31 bis una persona jurídica sea responsable de los delitos recogidos en este Capítulo, se le impondrán las siguientes penas:

a) Multa de dos a cinco años, o del triple al quíntuple del beneficio obtenido cuando la cantidad resultante fuese más elevada, si el delito cometido por la persona física tiene prevista una pena de prisión de más de cinco años.

b) Multa de uno a tres años, o del doble al cuádruple del beneficio obtenido cuando la cantidad resultante fuese más elevada, si el delito cometido por la persona física tiene prevista una pena de más de dos años de privación de libertad no incluida en el anterior inciso.

c) Multa de seis meses a dos años, o del doble al triple del beneficio obtenido si la cantidad resultante fuese más elevada, en el resto de los casos.

Atendidas las reglas establecidas en el artículo 66 bis, los jueces y tribunales podrán asimismo imponer las penas recogidas en las letras b) a g) del apartado 7 del artículo 33.

Artículo 427 bis introducido por el número doscientos catorce del artículo único de la L.O. 1/2015, de 30 de marzo, por la que se modifica la L.O. 10/1995, de 23 de noviembre, del Código Penal («B.O.E.» 31 marzo).
Vigencia: 1 julio 2015

CAPÍTULO VI
DEL TRÁFICO DE INFLUENCIAS

Artículo 428. El funcionario público o autoridad que influyere en otro funcionario público o autoridad prevaliéndose del ejercicio de las facultades de su cargo o de cualquier otra situación derivada de su relación personal o jerárquica con éste o con otro funcionario o autoridad para conseguir una resolución que le pueda generar directa o indirectamente un beneficio económico para sí o para un tercero, incurrirá en las penas de prisión de seis meses a dos años, multa del tanto al duplo del beneficio perseguido u obtenido e inhabilitación especial para empleo o cargo público y para el ejercicio del derecho de sufragio pasivo por tiempo de cinco a nueve años. Si obtuviere el beneficio perseguido, estas penas se impondrán en su mitad superior.

Artículo 428 redactado por el número doscientos quince del artículo único de la L.O. 1/2015, de 30 de marzo, por la que se modifica la L.O. 10/1995, de 23 de noviembre, del Código Penal («B.O.E.» 31 marzo).
Vigencia: 1 julio 2015

Artículo 429. El particular que influyere en un funcionario público o autoridad prevaliéndose de cualquier situación derivada de su relación personal con éste o con otro funcionario público o autoridad para conseguir una resolución que le pueda generar directa o indirectamente un beneficio económico para sí o para un tercero, será castigado con las penas de prisión de seis meses a dos años, multa del tanto al duplo del beneficio perseguido u obtenido, y prohibición de contratar con el sector público, así como la pérdida de la posibilidad de obtener subvenciones o ayudas públicas y del derecho a gozar de beneficios o incentivos fiscales y de la Seguridad Social por tiempo de seis a diez años. Si obtuviere el beneficio perseguido, estas penas se impondrán en su mitad superior.

Artículo 429 redactado por el número doscientos dieciséis del artículo único de la L.O. 1/2015, de 30 de marzo, por la que se modifica la L.O. 10/1995, de 23 de noviembre, del Código Penal («B.O.E.» 31 marzo).
Vigencia: 1 julio 2015

Artículo 430. Los que, ofreciéndose a realizar las conductas descritas en los dos artículos anteriores, solicitaren de terceros dádivas, presentes o cualquier otra remuneración, o aceptaren ofrecimiento o promesa, serán castigados con la pena de prisión de seis meses a un año. Si el delito fuere cometido por autoridad o funcionario público se le impondrá, además, la pena de inhabilitación especial para cargo o empleo público y para el ejercicio del derecho de sufragio pasivo por tiempo de uno a cuatro años.

Cuando de acuerdo con lo establecido en el artículo 31 bis una persona jurídica sea responsable de los delitos recogidos en este Capítulo, se le impondrá la pena de multa de seis meses a dos años.

Atendidas las reglas establecidas en el artículo 66 bis, los jueces y tribunales podrán asimismo imponer las penas recogidas en las letras b) a g) del apartado 7 del artículo 33.

Artículo 430 redactado por el número doscientos diecisiete del artículo único de la L.O. 1/2015, de 30 de marzo, por la que se modifica la L.O. 10/1995, de 23 de noviembre, del Código Penal («B.O.E.» 31 marzo).
Vigencia: 1 julio 2015

Artículo 431. ...

Artículo 431 suprimido por el número doscientos dieciocho del artículo único de la L.O. 1/2015, de 30 de marzo, por la que se modifica la L.O. 10/1995, de 23 de noviembre, del Código Penal («B.O.E.» 31 marzo).
Vigencia: 1 julio 2015

CAPÍTULO VII
DE LA MALVERSACIÓN

Artículo 432. 1. La autoridad o funcionario público que cometiere el delito del artículo 252 sobre el patrimonio público, será castigado con una pena de prisión de dos a seis años, inhabilitación especial para cargo o empleo público y para el ejercicio del derecho de sufragio pasivo por tiempo de seis a diez años.

2. Se impondrá la misma pena a la autoridad o funcionario público que cometiere el delito del artículo 253 sobre el patrimonio público.

3. Se impondrán las penas de prisión de cuatro a ocho años e inhabilitación absoluta por tiempo de diez a veinte años si en los hechos a que se refieren los dos números anteriores hubiere concurrido alguna de las circunstancias siguientes:

a) se hubiera causado un grave daño o entorpecimiento al servicio público, o

b) el valor del perjuicio causado o de los bienes o efectos apropiados excediere de 50.000 euros.

Si el valor del perjuicio causado o de los bienes o efectos apropiados excediere de 250.000 euros, se impondrá la pena en su mitad superior, pudiéndose llegar hasta la superior en grado.

Artículo 432 redactado por el número doscientos diecinueve del artículo único de la L.O. 1/2015, de 30 de marzo, por la que se modifica la L.O. 10/1995, de 23 de noviembre, del Código Penal («B.O.E.» 31 marzo).
Vigencia: 1 julio 2015

Artículo 433. Los hechos a que se refiere el artículo anterior serán castigados con una pena de prisión de uno a dos años y multa de tres meses y un día a doce meses, y en todo caso inhabilitación especial para cargo o empleo público y derecho de sufragio pasivo por tiempo de uno a cinco años, cuando el perjuicio causado o el valor de los bienes o valores apropiados sea inferior a 4.000 euros.

Artículo 433 redactado por el número doscientos veinte del artículo único de la L.O. 1/2015, de 30 de marzo, por la que se modifica la L.O. 10/1995, de 23 de noviembre, del Código Penal («B.O.E.» 31 marzo).
Vigencia: 1 julio 2015

Artículo 433 bis. 1. La autoridad o funcionario público que, de forma idónea para causar un perjuicio económico a la entidad pública de la que dependa, y fuera de los supuestos previstos en el artículo 390, falseare su contabilidad, los documentos que deban reflejar su situación económica o la información contenida en los mismos, será castigado con la pena de inhabilitación especial para empleo o cargo público por tiempo de uno a diez años y multa de doce a veinticuatro meses.

2. Con las mismas penas se castigará a la autoridad o funcionario público, que de forma idónea para causar un perjuicio económico a la entidad pública de la que dependa, facilite a terceros información mendaz relativa a la situación económica de la misma o alguno de los documentos o informaciones a que se refiere el apartado anterior.

3. Si se llegare a causar el perjuicio económico a la entidad, se impondrán las penas de prisión de uno a cuatro años, inhabilitación especial para empleo o cargo público por tiempo de tres a diez años y multa de doce a veinticuatro meses.

Artículo 433 bis introducido por el apartado doce del artículo único de la L.O. 7/2012, de 27 de diciembre, por la que se modifica la L.O. 10/1995, de 23 de noviembre, del Código Penal en materia de transparencia y lucha contra el fraude fiscal y en la Seguridad Social («B.O.E.» 28 diciembre).
Vigencia: 17 enero 2013

Artículo 434. Si el culpable de cualquiera de los hechos tipificados en este Capítulo hubiere reparado de modo efectivo e íntegro el perjuicio causado al patrimonio público, o hubiera colaborado activamente con las autoridades o sus agentes para obtener pruebas decisivas para la identificación o captura de otros responsables o para el completo esclarecimiento de los hechos delictivos, los jueces y tribunales impondrán al responsable de este delito la pena inferior en uno o dos grados.

Artículo 434 redactado por el número doscientos veintiuno del artículo único de la L.O. 1/2015, de 30 de marzo, por la que se modifica la L.O. 10/1995, de 23 de noviembre, del Código Penal («B.O.E.» 31 marzo).
Vigencia: 1 julio 2015

Artículo 435. Las disposiciones de este capítulo son extensivas:

1.º A los que se hallen encargados por cualquier concepto de fondos, rentas o efectos de las Administraciones Públicas.

2.º A los particulares legalmente designados como depositarios de caudales o efectos públicos.

3.º A los administradores o depositarios de dinero o bienes embargados, secuestrados o depositados por autoridad pública, aunque pertenezcan a particulares.

4.º A los administradores concursales, con relación a la masa concursal o los intereses económicos de los acreedores. En particular, se considerarán afectados los intereses de los acreedores cuando de manera dolosa se alterara el orden de pagos de los créditos establecido en la ley.

Apartado 4.ª del artículo 435 introducido por el número doscientos veintidós del artículo único de la L.O. 1/2015, de 30 de marzo, por la que se modifica la L.O. 10/1995, de 23 de noviembre, del Código Penal («B.O.E.» 31 marzo).
Vigencia: 1 julio 2015

CAPÍTULO VIII
DE LOS FRAUDES Y EXACCIONES ILEGALES

Artículo 436. La autoridad o funcionario público que, interviniendo por razón de su cargo en cualesquiera de los actos de las modalidades de contratación pública o en liquidaciones de efectos o haberes públicos, se concertara con los interesados o usase de cualquier otro artificio para defraudar a cualquier ente público, incurrirá en las penas de prisión de dos a seis años e inhabilitación especial para empleo o cargo público y para el ejercicio del derecho de sufragio pasivo por tiempo de seis a diez años. Al particular que se haya concertado con la autoridad o funcionario público se le impondrá la misma pena de prisión que a éstos, así como la de inhabilitación para obtener subvenciones y ayudas públicas, para contratar con entes, organismos o entidades que formen parte del sector público y para gozar de beneficios o incentivos fiscales y de la Seguridad Social por un tiempo de dos a siete años.

Artículo 436 redactado por el número doscientos veintitrés del artículo único de la L.O. 1/2015, de 30 de marzo, por la que se modifica la L.O. 10/1995, de 23 de noviembre, del Código Penal («B.O.E.» 31 marzo).
Vigencia: 1 julio 2015

Artículo 437. La autoridad o funcionario público que exigiere, directa o indirectamente, derechos, tarifas por aranceles o minutas que no sean debidos o en cuantía mayor a la legalmente señalada, será castigado, sin perjuicio de los reintegros a que viniere obligado, con las penas de multa de seis a veinticuatro meses y de suspensión de empleo o cargo público por tiempo de seis meses a cuatro años.

Artículo 438. La autoridad o funcionario público que, abusando de su cargo, cometiere algún delito de estafa o de fraude de prestaciones del Sistema de Seguridad Social del artículo 307 ter, incurrirá en las penas respectivamente señaladas a éstos, en su mitad superior, pudiéndose llegar hasta la superior en grado, e inhabilitación especial para empleo o cargo público y para el ejercicio del derecho de sufragio pasivo por tiempo de tres a nueve años, salvo que los hechos estén castigados con una pena más grave en algún otro precepto de este Código.

Artículo 438 redactado por el número doscientos veinticuatro del artículo único de la L.O. 1/2015, de 30 de marzo, por la que se modifica la L.O. 10/1995, de 23 de noviembre, del Código Penal («B.O.E.» 31 marzo).
Vigencia: 1 julio 2015

CAPÍTULO IX
DE LAS NEGOCIACIONES Y ACTIVIDADES PROHIBIDAS A LOS FUNCIONARIOS PÚBLICOS Y DE LOS ABUSOS EN EL EJERCICIO DE SU FUNCIÓN

Artículo 439. La autoridad o funcionario público que, debiendo intervenir por razón de su cargo en cualquier clase de contrato, asunto, operación o actividad, se aproveche de tal circunstancia para forzar o facilitarse cualquier forma de participación, directa o por persona interpuesta, en tales negocios o actuaciones, incurrirá en la pena de prisión de seis meses a dos años, multa de doce a veinticuatro meses e inhabilitación especial para empleo o cargo público y para el ejercicio del derecho de sufragio pasivo por tiempo de dos a siete años.

Artículo 439 redactado por el número doscientos veinticinco del artículo único de la L.O. 1/2015, de 30 de marzo, por la que se modifica la L.O. 10/1995, de 23 de noviembre, del Código Penal («B.O.E.» 31 marzo).
Vigencia: 1 julio 2015

Artículo 440. Los peritos, árbitros y contadores partidores que se condujeren del modo previsto en el artículo anterior, respecto de los bienes o cosas en cuya tasación, partición o adjudicación hubieran intervenido, y los tutores, curadores o albaceas respecto de los pertenecientes a sus pupilos o testamentarías, y los administradores concursales respecto de los bienes y derechos integrados en la masa del concurso, serán castigados con la pena de multa de doce a veinticuatro meses e inhabilitación especial para empleo o cargo público, profesión u oficio, guarda, tutela o curatela, según los casos, por tiempo de tres a seis años, salvo que esta conducta esté sancionada con mayor pena en otro precepto de este Código.

Artículo 440 redactado por el número doscientos veintiséis del artículo único de la L.O. 1/2015, de 30 de marzo, por la que se modifica la L.O. 10/1995, de 23 de noviembre, del Código Penal («B.O.E.» 31 marzo).
Vigencia: 1 julio 2015

Artículo 441. La autoridad o funcionario público que, fuera de los casos admitidos en las leyes o reglamentos, realizare, por sí o por persona interpuesta, una actividad profesional o de asesoramiento permanente o accidental, bajo la dependencia o al servicio de entidades privadas o de particulares, en asunto en que deba intervenir o haya intervenido por razón de su cargo, o en los que se tramiten, informen o resuelvan en la oficina o centro directivo en que estuviere destinado o del que dependa, incurrirá en las penas de multa de seis a doce meses y suspensión de empleo o cargo público por tiempo de dos a cinco años.

Artículo 441 redactado por el número doscientos veintisiete del artículo único de la L.O. 1/2015, de 30 de marzo, por la que se modifica la L.O. 10/1995, de 23 de noviembre, del Código Penal («B.O.E.» 31 marzo).
Vigencia: 1 julio 2015

Artículo 442. La autoridad o funcionario público que haga uso de un secreto del que tenga conocimiento por razón de su oficio o cargo, o de una información privilegiada, con ánimo de obtener un beneficio económico para sí o para un tercero, incurrirá en las penas de multa del tanto al triplo del beneficio perseguido, obtenido o facilitado e inhabilitación especial para empleo o cargo público y para el ejercicio del derecho de sufragio pasivo por tiempo de dos a cuatro años. Si obtuviere el beneficio perseguido se impondrán las penas de prisión de uno a tres años, multa del tanto al séxtuplo del beneficio perseguido, obtenido o facilitado e inhabilitación especial para empleo o cargo público y para el ejercicio del derecho de sufragio pasivo por tiempo de cuatro a seis años.

Si resultara grave daño para la causa pública o para tercero, la pena será de prisión de uno a seis años, e inhabilitación especial para empleo o cargo público y para el ejercicio del derecho de sufragio pasivo por tiempo de nueve a doce años. A los efectos de este artículo se entiende por información privilegiada toda información de carácter concreto que se tenga exclusivamente por razón del oficio o cargo público y que no haya sido notificada, publicada o divulgada.

Artículo 442 redactado por el número doscientos veintiocho del artículo único de la L.O. 1/2015, de 30 de marzo, por la que se modifica la L.O. 10/1995, de 23 de noviembre, del Código Penal («B.O.E.» 31 marzo).
Vigencia: 1 julio 2015

Artículo 443. 1. Será castigado con la pena de prisión de uno a dos años e inhabilitación absoluta por tiempo de seis a 12 años, la autoridad o funcionario público que solicitare sexualmente a una persona que, para sí misma o para su cónyuge u otra persona con la que se halle ligado de forma estable por análoga relación de afectividad, ascendiente, descendiente, hermano, por naturaleza, por adopción, o afín en los mismos grados, tenga pretensiones pendientes de la resolución de aquel o acerca de las cuales deba evacuar informe o elevar consulta a su superior.

2. El funcionario de Instituciones Penitenciarias o de centros de protección o corrección de menores que solicitara sexualmente a una persona sujeta a su guarda será castigado con la pena de prisión de uno a cuatro años e inhabilitación absoluta por tiempo de seis a 12 años.

3. En las mismas penas incurrirán cuando la persona solicitada fuera ascendiente, descendiente, hermano, por naturaleza, por adopción, o afines en los mismos grados de persona que tuviere bajo su guarda. Incurrirá, asimismo, en estas penas cuando la persona solicitada sea cónyuge de persona que tenga bajo su guarda o se halle ligada a ésta de forma estable por análoga relación de afectividad.

Artículo 443 redactado por el apartado centésimo cuadragésimo del artículo único de la L.O. 15/2003, de 25 de noviembre, por la que se modifica la L.O. 10/1995, de 23 de noviembre, del Código Penal («B.O.E.» 26 noviembre).
Vigencia: 1 octubre 2004

Artículo 444. Las penas previstas en el artículo anterior se impondrán sin perjuicio de las que correspondan por los delitos contra la libertad sexual efectivamente cometidos.

Artículo 444 redactado por el apartado centésimo cuadragésimo primero del artículo único de L.O. 15/2003, de 25 de noviembre, por la que se modifica la L.O. 10/1995, de 23 de noviembre, del Código Penal («B.O.E.» 26 noviembre).
Vigencia: 1 octubre 2004

CAPÍTULO X
DISPOSICIÓN COMÚN A LOS CAPÍTULOS ANTERIORES

Capítulo X del Título XIX del Libro II, integrado por el actual artículo 445, introducido por el apartado centésimo cuadragésimo segundo del artículo único de la L.O. 15/2003, de 25 de noviembre, por la que se modifica la L.O. 10/1995, de 23 de noviembre, del Código Penal («B.O.E.» 26 noviembre).
Vigencia: 1 octubre 2004

Rúbrica del Capítulo X del Título XIX del Libro II redactada por el número doscientos veintinueve del artículo único de la L.O. 1/2015, de 30 de marzo, por la que se modifica la L.O. 10/1995, de 23 de noviembre, del Código Penal («B.O.E.» 31 marzo).
Vigencia: 1 julio 2015

Artículo 445. La provocación, la conspiración y la proposición para cometer los delitos previstos en este Título se castigará, respectivamente, con la pena inferior en uno o dos grados.

Artículo 445 redactado por el número doscientos treinta del artículo único de la L.O. 1/2015, de 30 de marzo, por la que se modifica la L.O. 10/1995, de 23 de noviembre, del Código Penal («B.O.E.» 31 marzo).
Vigencia: 1 julio 2015

TÍTULO XIX BIS
DE LOS DELITOS DE CORRUPCIÓN EN LAS TRANSACCIONES COMERCIALES INTERNACIONALES

Artículo 445 bis. ...

Téngase en cuenta que el Título XIX bis, integrado por el artículo 445 bis, ha de entenderse derogado por los apartados centésimo cuadragésimo segundo y tercero del artículo único de la L.O. 15/2003, de 25 de noviembre, por la que se modifica la L.O. 10/1995, de 23 de noviembre, del Código Penal («B.O.E.» 26 noviembre). El anterior contenido de este Título ha pasado a integrar el Capítulo X del Título XIX del Libro II de este Código (actual artículo 445).
Vigencia: 1 octubre 2004

TÍTULO XX
DELITOS CONTRA LA ADMINISTRACIÓN DE JUSTICIA

CAPÍTULO PRIMERO
DE LA PREVARICACIÓN

Artículo 446. El juez o magistrado que, a sabiendas, dictare sentencia o resolución injusta será castigado:

1.º Con la pena de prisión de uno a cuatro años si se trata de sentencia injusta contra el reo en causa criminal por delito grave o menos grave y la sentencia no hubiera llegado a ejecutarse, y con la misma pena en su mitad superior y multa de doce a veinticuatro meses si se ha ejecutado. En ambos casos se impondrá, además, la pena de inhabilitación absoluta por tiempo de diez a veinte años.

2.º Con la pena de multa de seis a doce meses e inhabilitación especial para empleo o cargo público por tiempo de seis a diez años, si se tratara de una sentencia injusta contra el reo dictada en proceso por delito leve.

3.º Con la pena de multa de doce a veinticuatro meses e inhabilitación especial para empleo o cargo público por tiempo de diez a veinte años, cuando dictara cualquier otra sentencia o resolución injustas.

Artículo 446 redactado por el número doscientos treinta y uno del artículo único de la L.O. 1/2015, de 30 de marzo, por la que se modifica la L.O. 10/1995, de 23 de noviembre, del Código Penal («B.O.E.» 31 marzo).
Vigencia: 1 julio 2015

Artículo 447. El Juez o Magistrado que por imprudencia grave o ignorancia inexcusable dictara sentencia o resolución manifiestamente injusta incurrirá en la pena de inhabilitación especial para empleo o cargo público por tiempo de dos a seis años.

Artículo 448. El Juez o Magistrado que se negase a juzgar, sin alegar causa legal, o so pretexto de oscuridad, insuficiencia o silencio de la Ley, será castigado con la pena de inhabilitación especial para empleo o cargo público por tiempo de seis meses a cuatro años.

Artículo 449. 1. En la misma pena señalada en el artículo anterior incurrirá el Juez, Magistrado o Secretario Judicial culpable de retardo malicioso en la Administración de Justicia. Se entenderá por malicioso el retardo provocado para conseguir cualquier finalidad ilegítima.

2. Cuando el retardo sea imputable a funcionario distinto de los mencionados en el apartado anterior, se le impondrá la pena indicada, en su mitad inferior.

CAPÍTULO II
DE LA OMISIÓN DE LOS DEBERES DE IMPEDIR DELITOS O DE PROMOVER SU PERSECUCIÓN

Artículo 450. 1. El que, pudiendo hacerlo con su intervención inmediata y sin riesgo propio o ajeno, no impidiere la comisión de un delito que afecte a las personas en su vida, integridad o salud, libertad o libertad sexual, será castigado con la pena de prisión de seis meses a dos años si el delito fuera contra la vida, y la de multa de seis a veinticuatro meses en los demás casos, salvo que al delito no impedido le correspondiera igual o menor pena, en cuyo caso se impondrá la pena inferior en grado a la de aquél.

2. En las mismas penas incurrirá quien, pudiendo hacerlo, no acuda a la autoridad o a sus agentes para que impidan un delito de los previstos en el apartado anterior y de cuya próxima o actual comisión tenga noticia.

CAPÍTULO III
DEL ENCUBRIMIENTO

Artículo 451. Será castigado con la pena de prisión de seis meses a tres años el que, con conocimiento de la comisión de un delito y sin haber intervenido en el mismo como autor o cómplice, interviniere con posterioridad a su ejecución, de alguno de los modos siguientes:

1.º Auxiliando a los autores o cómplices para que se beneficien del provecho, producto o precio del delito, sin ánimo de lucro propio.

2.º Ocultando, alterando o inutilizando el cuerpo, los efectos o los instrumentos de un delito, para impedir su descubrimiento.

3.º Ayudando a los presuntos responsables de un delito a eludir la investigación de la autoridad o de sus agentes, o a sustraerse a su busca o captura, siempre que concurra alguna de las circunstancias siguientes:

a) Que el hecho encubierto sea constitutivo de traición, homicidio del Rey o Reina, de cualquiera de sus ascendientes o descendientes, de la Reina consorte o del consorte de la Reina, del Regente o de algún miembro de la Regencia, o del Príncipe o Princesa de Asturias, genocidio, delito de lesa humanidad, delito contra las personas y bienes protegidos en caso de conflicto armado, rebelión, terrorismo, homicidio, piratería, trata de seres humanos o tráfico ilegal de órganos.

Los términos «Rey o Reina» y «Príncipe o Princesa de Asturias» han sido introducidos en sustitución de las anteriores referencias al «Rey» y al «Príncipe heredero de la Corona», respectivamente, conforme establece el número doscientos cincuenta y nueve del artículo único de la L.O. 1/2015, de 30 de marzo, por la que se modifica la L.O. 10/1995, de 23 de noviembre, del Código Penal («B.O.E.» 31 marzo).

Vigencia: 1 julio 2015

b) Que el favorecedor haya obrado con abuso de funciones públicas. En este caso se impondrá, además de la pena de privación de libertad, la de inhabilitación especial para empleo o cargo público por tiempo de dos a cuatro años si el delito encubierto fuere menos grave, y la de inhabilitación absoluta por tiempo de seis a doce años si aquél fuera grave.

Artículo 452. En ningún caso podrá imponerse pena privativa de libertad que exceda de la señalada al delito encubierto. Si éste estuviera castigado con pena de otra naturaleza, la pena privativa de libertad será sustituida por la de multa de seis a veinticuatro meses, salvo que el delito encubierto tenga asignada pena igual o inferior a ésta, en cuyo caso se impondrá al culpable la pena de aquel delito en su mitad inferior.

Artículo 453. Las disposiciones de este capítulo se aplicarán aun cuando el autor del hecho encubierto sea irresponsable o esté personalmente exento de pena.

Artículo 454. Están exentos de las penas impuestas a los encubridores los que lo sean de su cónyuge o de persona a quien se hallen ligados de forma estable por análoga relación de afectividad, de sus ascendientes, descendientes, hermanos, por naturaleza, por adopción, o afines en los mismos grados, con la sola excepción de los encubridores que se hallen comprendidos en el supuesto del número 1.º del artículo 451.

CAPÍTULO IV
DE LA REALIZACIÓN ARBITRARIA DEL PROPIO DERECHO

Artículo 455. 1. El que, para realizar un derecho propio, actuando fuera de las vías legales, empleare violencia, intimidación o fuerza en las cosas, será castigado con la pena de multa de seis a doce meses.

2. Se impondrá la pena superior en grado si para la intimidación o violencia se hiciera uso de armas u objetos peligrosos.

CAPÍTULO V
DE LA ACUSACIÓN Y DENUNCIA FALSAS Y DE LA SIMULACIÓN DE DELITOS

Artículo 456. 1. Los que, con conocimiento de su falsedad o temerario desprecio hacia la verdad, imputaren a alguna persona hechos que, de ser ciertos, constituirían infracción penal, si esta imputación se hiciera ante funcionario judicial o administrativo que tenga el deber de proceder a su averiguación, serán sancionados:

1.º Con la pena de prisión de seis meses a dos años y multa de doce a veinticuatro meses, si se imputara un delito grave.

2.º Con la pena de multa de doce a veinticuatro meses, si se imputara un delito menos grave.

3.º Con la pena de multa de tres a seis meses, si se imputara un delito leve.

Número 1 del artículo 456 redactado por el número doscientos treinta y dos del artículo único de la L.O. 1/2015, de 30 de marzo, por la que se modifica la L.O. 10/1995, de 23 de noviembre, del Código Penal («B.O.E.» 31 marzo).
Vigencia: 1 julio 2015

2. No podrá procederse contra el denunciante o acusador sino tras sentencia firme o auto también firme, de sobreseimiento o archivo del Juez o Tribunal que haya conocido de la infracción imputada. Estos mandarán proceder de oficio contra el denunciante o acusador siempre que de la causa principal resulten indicios bastantes de la falsedad de la imputación, sin perjuicio de que el hecho pueda también perseguirse previa denuncia del ofendido.

Artículo 457. El que, ante alguno de los funcionarios señalados en el artículo anterior, simulare ser responsable o víctima de una infracción penal o denunciare una inexistente, provocando actuaciones procesales, será castigado con la multa de seis a doce meses.

CAPÍTULO VI
DEL FALSO TESTIMONIO

Artículo 458. 1. El testigo que faltare a la verdad en su testimonio en causa judicial, será castigado con las penas de prisión de seis meses a dos años y multa de tres a seis meses.

2. Si el falso testimonio se diera en contra del reo en causa criminal por delito, las penas serán de prisión de uno a tres años y multa de seis a doce meses. Si a consecuencia del testimonio hubiera recaído sentencia condenatoria, se impondrán las penas superiores en grado.

3. Las mismas penas se impondrán si el falso testimonio tuviera lugar ante Tribunales Internacionales que, en virtud de Tratados debidamente ratificados conforme a la Constitución Española, ejerzan competencias derivadas de ella, o se realizara en España al declarar en virtud de comisión rogatoria remitida por un Tribunal extranjero.

Artículo 459. Las penas de los artículos precedentes se impondrán en su mitad superior a los peritos o intérpretes que faltaren a la verdad maliciosamente en su dictamen o traducción, los cuales serán, además, castigados con la pena de inhabilitación especial para profesión u oficio, empleo o cargo público, por tiempo de seis a doce años.

Artículo 460. Cuando el testigo, perito o intérprete, sin faltar sustancialmente a la verdad, la alterare con reticencias, inexactitudes o silenciando hechos o datos relevantes que le fueran conocidos, será castigado con la pena de multa de seis a doce meses y, en su caso, de suspensión de empleo o cargo público, profesión u oficio, de seis meses a tres años.

Artículo 461. 1. El que presentare a sabiendas testigos falsos o peritos o intérpretes mendaces, será castigado con las mismas penas que para ellos se establecen en los artículos anteriores.

2. Si el responsable de este delito fuese abogado, procurador, graduado social o representante del Ministerio Fiscal, en actuación profesional o ejercicio de su función, se impondrá en cada caso la pena en su mitad superior y la de inhabilitación especial para empleo o cargo público, profesión u oficio, por tiempo de dos a cuatro años.

Número 2 del artículo 461 renumerado por el apartado centésimo cuadragésimo quinto del artículo único de la L.O. 15/2003, de 25 de noviembre, por la que se modifica la L.O. 10/1995, de 23 de noviembre, del Código Penal («B.O.E.» 26 noviembre). Su contenido literal se corresponde con el del anterior número 3 del mismo artículo.
Vigencia: 1 octubre 2004

Artículo 462. Quedará exento de pena el que, habiendo prestado un falso testimonio en causa criminal, se retracte en tiempo y forma, manifestando la verdad para que surta efecto antes de que se dicte sentencia en el proceso de que se trate. Si a consecuencia del falso testimonio, se hubiese producido la privación de libertad, se impondrán las penas correspondientes inferiores en grado.

CAPÍTULO VII
DE LA OBSTRUCCIÓN A LA JUSTICIA Y LA DESLEALTAD PROFESIONAL

Artículo 463. 1. El que, citado en legal forma, dejare voluntariamente de comparecer, sin justa causa, ante un juzgado o tribunal en proceso criminal con reo en prisión provisional, provocando la suspensión del juicio oral, será castigado con la pena de prisión de tres a seis meses o multa de seis a 24 meses. En la pena de multa de seis a 10 meses incurrirá el que, habiendo sido advertido, lo hiciera por segunda vez en causa criminal sin reo en prisión, haya provocado o no la suspensión.

Número 1 del artículo 463 redactado por el apartado centésimo cuadragésimo sexto del artículo único de L.O. 15/2003, de 25 de noviembre, por la que se modifica la L.O. 10/1995, de 23 de noviembre, del Código Penal («B.O.E.» 26 noviembre).
Vigencia: 1 octubre 2004

2. Si el responsable de este delito fuese abogado, procurador o representante del Ministerio Fiscal, en actuación profesional o ejercicio de su función, se le impondrá la pena en su mitad superior y la de inhabilitación especial para empleo o cargo público, profesión u oficio, por tiempo de dos a cuatro años.

3. Si la suspensión tuviera lugar, en el caso del apartado 1 de este artículo, como consecuencia de la incomparecencia del juez o miembro del tribunal o de quien ejerza las funciones de secretario judicial, se impondrá la pena de prisión de tres a seis meses o multa de seis a 24 meses y, en cualquier caso, inhabilitación especial por tiempo de dos a cuatro años.

Número 3 del artículo 463 redactado por el apartado centésimo cuadragésimo sexto del artículo único de la L.O. 15/2003, de 25 de noviembre, por la que se modifica la L.O. 10/1995, de 23 de noviembre, del Código Penal («B.O.E.» 26 noviembre).
Vigencia: 1 octubre 2004

Artículo 464. 1. El que con violencia o intimidación intentare influir directa o indirectamente en quien sea denunciante, parte o imputado, abogado, procurador, perito, intérprete o testigo en un procedimiento para que modifique su actuación procesal, será castigado con la pena de prisión de uno a cuatro años y multa de seis a veinticuatro meses.

Si el autor del hecho alcanzara su objetivo se impondrá la pena en su mitad superior.

2. Iguales penas se impondrán a quien realizare cualquier acto atentatorio contra la vida, integridad, libertad, libertad sexual o bienes, como represalia contra las personas citadas en el apartado anterior, por su actuación en procedimiento judicial, sin perjuicio de la pena correspondiente a la infracción de que tales hechos sean constitutivos.

Artículo 465. 1. El que, interviniendo en un proceso como abogado o procurador, con abuso de su función, destruyere, inutilizare u ocultare documentos o actuaciones de los que haya recibido traslado en aquella calidad, será castigado con la pena de prisión de seis meses a dos años, multa de siete a doce meses e inhabilitación especial para su profesión, empleo o cargo público de tres a seis años.

2. Si los hechos descritos en el apartado primero de este artículo fueran realizados por un particular, la pena será de multa de tres a seis meses.

Artículo 466. 1. El abogado o procurador que revelare actuaciones procesales declaradas secretas por la autoridad judicial, será castigado con las penas de multa de doce a veinticuatro meses e inhabilitación especial para empleo, cargo público, profesión u oficio de uno a cuatro años.

2. Si la revelación de las actuaciones declaradas secretas fuese realizada por el Juez o miembro del Tribunal, representante del Ministerio Fiscal, Secretario Judicial o cualquier funcionario al servicio de la Administración de Justicia, se le impondrán las penas previstas en el artículo 417 en su mitad superior.

3. Si la conducta descrita en el apartado primero fuere realizada por cualquier otro particular que intervenga en el proceso, la pena se impondrá en su mitad inferior.

Artículo 467. 1. El abogado o procurador que, habiendo asesorado o tomado la defensa o representación de alguna persona, sin el consentimiento de ésta defienda o represente en el mismo asunto a quien tenga intereses contrarios, será castigado con la pena de multa de seis a doce meses e inhabilitación especial para su profesión de dos a cuatro años.

2. El abogado o procurador que, por acción u omisión, perjudique de forma manifiesta los intereses que le fueren encomendados será castigado con las penas de multa de doce a veinticuatro meses e inhabilitación especial para empleo, cargo público, profesión u oficio de uno a cuatro años.

Si los hechos fueran realizados por imprudencia grave, se impondrán las penas de multa de seis a doce meses e inhabilitación especial para su profesión de seis meses a dos años.

CAPÍTULO VIII
DEL QUEBRANTAMIENTO DE CONDENA

Artículo 468. 1. Los que quebrantaren su condena, medida de seguridad, prisión, medida cautelar, conducción o custodia serán castigados con la pena de prisión de seis meses a un año si estuvieran privados de libertad, y con la pena de multa de doce a veinticuatro meses en los demás casos.

2. Se impondrá en todo caso la pena de prisión de seis meses a un año a los que quebrantaren una pena de las contempladas en el artículo 48 de este Código o una medida cautelar o de seguridad de la misma naturaleza impuesta en procesos criminales en los que el ofendido sea alguna de las personas a las que se refiere el

artículo 173.2, así como a aquellos que quebrantaren la medida de libertad vigilada.

Número 2 del artículo 468 redactado por el apartado centésimo trigésimo quinto del artículo único de la L.O. 5/2010, de 22 de junio, por la que se modifica la L.O. 10/1995, de 23 de noviembre, del Código Penal («B.O.E.» 23 junio).
Vigencia: 23 diciembre 2010

3. Los que inutilicen o perturben el funcionamiento normal de los dispositivos técnicos que hubieran sido dispuestos para controlar el cumplimiento de penas, medidas de seguridad o medidas cautelares, no los lleven consigo u omitan las medidas exigibles para mantener su correcto estado de funcionamiento, serán castigados con una pena de multa de seis a doce meses.

Número 3 del artículo 468 introducido por el número doscientos treinta y tres del artículo único de la L.O. 1/2015, de 30 de marzo, por la que se modifica la L.O. 10/1995, de 23 de noviembre, del Código Penal («B.O.E.» 31 marzo).
Vigencia: 1 julio 2015

Artículo 468 redactado por el artículo 40 de la L.O. 1/2004, de 28 de diciembre, de Medidas de Protección Integral contra la Violencia de Género («B.O.E.» 29 diciembre).
Vigencia: 29 junio 2005

Artículo 469. Los sentenciados o presos que se fugaren del lugar en que estén recluidos, haciendo uso de violencia o intimidación en las personas o fuerza en las cosas o tomando parte en motín, serán castigados con la pena de prisión de seis meses a cuatro años.

Artículo 470. 1. El particular que proporcionare la evasión a un condenado, preso o detenido, bien del lugar en que esté recluido, bien durante su conducción, será castigado con la pena de prisión de seis meses a un año y multa de doce a veinticuatro meses.

2. Si se empleara al efecto violencia o intimidación en las personas, fuerza en las cosas o soborno, la pena será de prisión de seis meses a cuatro años.

3. Si se tratara de alguna de las personas citadas en el artículo 454, se les castigará con la pena de multa de tres a seis meses, pudiendo en este caso el Juez o Tribunal imponer tan sólo las penas correspondientes a los daños causados o a las amenazas o violencias ejercidas.

Artículo 471. Se impondrá la pena superior en grado, en sus respectivos casos, si el culpable fuera un funcionario público encargado de la conducción o custodia de un condenado, preso o detenido. El funcionario será castigado, además, con la pena de inhabilitación especial para empleo o cargo público de seis a diez años si el fugitivo estuviera condenado por sentencia ejecutoria, y con la inhabilitación especial para empleo o cargo público de tres a seis años en los demás casos.

Véase artículo 1.2 l) de la L.O. 5/1995, 22 mayo, del Tribunal del Jurado («B.O.E.» 23 mayo).

CAPÍTULO IX
DE LOS DELITOS CONTRA LA ADMINISTRACIÓN DE JUSTICIA DE LA CORTE PENAL INTERNACIONAL

Capítulo IX del Título XX del Libro II, integrado por el artículo 471 bis, introducido por el apartado centésimo cuadragésimo octavo del artículo único de la L.O. 15/2003, de 25 de noviembre, por la que se modifica la L.O. 10/1995, de 23 de noviembre, del Código Penal («B.O.E.» 26 noviembre).
Vigencia: 1 octubre 2004

Artículo 471 bis. 1. El testigo que, intencionadamente, faltare a la verdad en su testimonio ante la Corte Penal Internacional, estando obligado a decir verdad conforme a las normas estatutarias y reglas de procedimiento y prueba de dicha Corte, será castigado con prisión de seis meses a dos años. Si el falso testimonio se diera en contra del acusado, la pena será de prisión de dos a cuatro años. Si a consecuencia del testimonio se dictara un fallo condenatorio, se impondrá pena de prisión de cuatro a cinco años.

2. El que presentare pruebas ante la Corte Penal Internacional a sabiendas de que son falsas o han sido falsificadas será castigado con las penas señaladas en el apartado anterior de este artículo.

3. El que intencionadamente destruya o altere pruebas, o interfiera en las diligencias de prueba ante la Corte Penal Internacional será castigado con la pena de prisión de seis meses a dos años y multa de siete a 12 meses.

4. El que corrompiera a un testigo, obstruyera su comparecencia o testimonio ante la Corte Penal Internacional o interfiriera en ellos será castigado con la pena de prisión de uno a cuatro años y multa de seis a 24 meses.

5. Será castigado con prisión de uno a cuatro años y multa de seis a 24 meses quien pusiera trabas a un funcionario de la Corte, lo corrompiera o intimidara, para obligarlo o inducirlo a que no cumpla sus funciones o a que lo haga de manera indebida.

6. El que tomara represalias contra un funcionario de la Corte Penal Internacional en razón de funciones que haya desempeñado él u otro funcionario será castigado con la pena de prisión de uno a cuatro años y multa de seis a 24 meses. En la misma pena incurrirá quien tome represalias contra un testigo por su declaración ante la Corte.

7. El que solicitara o aceptara un soborno en calidad de funcionario de la Corte y en relación con sus funciones oficiales incurrirá en la pena de prisión de dos a cinco años y multa del tanto al triplo del valor de la dádiva solicitada o aceptada.

TÍTULO XXI
DELITOS CONTRA LA CONSTITUCIÓN

CAPÍTULO PRIMERO
REBELIÓN

Artículo 472. Son reos del delito de rebelión los que se alzaren violenta y públicamente para cualquiera de los fines siguientes:

1.º Derogar, suspender o modificar total o parcialmente la Constitución.

2.º Destituir o despojar en todo o en parte de sus prerrogativas y facultades al Rey o Reina o al Regente o miembros de la Regencia, u obligarles a ejecutar un acto contrario a su voluntad.

El término «Rey o Reina» ha sido introducido en sustitución de la anterior referencia al «Rey», conforme establece el número doscientos cincuenta y nueve del artículo único de la L.O. 1/2015, de 30 de marzo, por la que se modifica la L.O. 10/1995, de 23 de noviembre, del Código Penal («B.O.E.» 31 marzo).

Vigencia: 1 julio 2015

3.º Impedir la libre celebración de elecciones para cargos públicos.

4.º Disolver las Cortes Generales, el Congreso de los Diputados, el Senado o cualquier Asamblea Legislativa de una Comunidad Autónoma, impedir que se reúnan, deliberen o resuelvan, arrancarles alguna resolución o sustraerles alguna de sus atribuciones o competencias.

5.º Declarar la independencia de una parte del territorio nacional.

6.º Sustituir por otro el Gobierno de la Nación o el Consejo de Gobierno de una Comunidad Autónoma, o usar o ejercer por sí o despojar al Gobierno o Consejo de Gobierno de una Comunidad Autónoma, o a cualquiera de sus miembros de sus facultades, o impedirles o coartarles su libre ejercicio, u obligar a cualquiera de ellos a ejecutar actos contrarios a su voluntad.

7.º Sustraer cualquier clase de fuerza armada a la obediencia del Gobierno.

Artículo 473. 1. Los que, induciendo a los rebeldes, hayan promovido o sostengan la rebelión, y los jefes principales de ésta, serán castigados con la pena de prisión de quince a veinticinco años e inhabilitación absoluta por el mismo tiempo; los que ejerzan un mando subalterno, con la de prisión de diez a quince años e inhabilitación absoluta de diez a quince años, y los meros participantes, con la de prisión de cinco a diez años e inhabilitación especial para empleo o cargo público por tiempo de seis a diez años.

2. Si se han esgrimido armas, o si ha habido combate entre la fuerza de su mando y los sectores leales a la autoridad legítima, o la rebelión hubiese causado estragos en propiedades de titularidad pública o privada, cortado las comunicaciones telegráficas, telefónicas, por ondas, ferroviarias o de otra clase, ejercido violencias graves contra las personas, exigido contribuciones o distraído los caudales públicos de su legítima inversión, las penas de prisión serán, respectivamente, de veinticinco a treinta años para los primeros, de quince a veinticinco años para los segundos y de diez a quince años para los últimos.

Artículo 474. Cuando la rebelión no haya llegado a organizarse con jefes conocidos, se reputarán como tales los que de hecho dirijan a los demás, o lleven la voz por ellos, o firmen escritos expedidos a su nombre, o ejerzan otros actos semejantes de dirección o representación.

Artículo 475. Serán castigados como rebeldes con la pena de prisión de cinco a diez años e inhabilitación absoluta por tiempo de seis a doce años los que sedujeren o allegaren tropas o cualquier otra clase de fuerza armada para cometer el delito de rebelión.

Si llegara a tener efecto la rebelión, se reputarán promotores y sufrirán la pena señalada en el artículo 473.

Artículo 476. 1. El militar que no empleare los medios a su alcance para contener la rebelión en las fuerzas de su mando, será castigado con las penas de prisión de dos a cinco años e inhabilitación absoluta de seis a diez años.

2. Será castigado con las mismas penas previstas en el apartado anterior en su mitad inferior el militar que, teniendo conocimiento de que se trata de cometer un delito de rebelión, no lo denuncie inmediatamente a sus superiores o a las autoridades o funcionarios que, por razón de su cargo, tengan la obligación de perseguir el delito.

Artículo 477. La provocación, la conspiración y la proposición para cometer rebelión serán castigadas, además de con la inhabilitación prevista en los artículos anteriores, con la pena de prisión inferior en uno o dos grados a la del delito correspondiente.

Artículo 478. En el caso de hallarse constituido en autoridad el que cometa cualquiera de los delitos previstos en este capítulo, la pena de inhabilitación que estuviese prevista en cada caso se sustituirá por la inhabilitación absoluta por tiempo de quince a veinte años, salvo que tal circunstancia se halle específicamente contemplada en el tipo penal de que se trate.

Artículo 479. Luego que se manifieste la rebelión, la autoridad gubernativa intimará a los sublevados a que inmediatamente se disuelvan y retiren.

Si los sublevados no depusieran su actitud inmediatamente después de la intimación, la autoridad hará uso de la fuerza de que disponga para disolverlos.

No será necesaria la intimación desde el momento en que los rebeldes rompan el fuego.

Artículo 480. 1. Quedará exento de pena el que, implicado en un delito de rebelión, lo revelare a tiempo de poder evitar sus consecuencias.

2. A los meros ejecutores que depongan las armas antes de haber hecho uso de ellas, sometiéndose a las autoridades legítimas, se les aplicará la pena de prisión inferior en grado. La misma pena se impondrá si los rebeldes se disolvieran o sometieran a la autoridad legítima antes de la intimación o a consecuencia de ella.

Artículo 481. Los delitos particulares cometidos en una rebelión o con motivo de ella serán castigados, respectivamente, según las disposiciones de este Código.

Artículo 482. Las autoridades que no hayan resistido la rebelión, serán castigadas con la pena de inhabilitación absoluta de doce a veinte años.

Artículo 483. Los funcionarios que continúen desempeñando sus cargos bajo el mando de los alzados o que, sin habérseles admitido la renuncia de su empleo, lo abandonen cuando haya peligro de rebelión, incurrirán en la pena de inhabilitación especial para empleo o cargo público de seis a doce años.

Artículo 484. Los que aceptaren empleo de los rebeldes, serán castigados con la pena de inhabilitación absoluta de seis a doce años.

CAPÍTULO II
DELITOS CONTRA LA CORONA

Artículo 485. 1. El que matare al Rey o a la Reina o al Príncipe o a la Princesa de Asturias será castigado con la pena de prisión permanente revisable.

2. El que matare a cualquiera de los ascendientes o descendientes del Rey o de la Reina, a la Reina consorte o al consorte de la Reina, al Regente o a algún miembro de la Regencia, será castigado con la pena de prisión de veinte a veinticinco años, salvo que los hechos estuvieran castigados con una pena más grave en algún otro precepto de este Código.

Si concurrieran en el delito dos o más circunstancias agravantes, se impondrá la pena de prisión de veinticinco a treinta años.

3. En el caso de tentativa de estos delitos podrá imponerse la pena inferior en un grado.

Artículo 485 redactado por el número doscientos treinta y cuatro del artículo único de la L.O. 1/2015, de 30 de marzo, por la que se modifica la L.O. 10/1995, de 23 de noviembre, del Código Penal («B.O.E.» 31 marzo).
Vigencia: 1 julio 2015

Artículo 486. 1. El que causare al Rey o Reina, o a cualquiera de sus ascendientes o descendientes, a la Reina consorte o al consorte de la Reina, al Regente o a algún miembro de la Regencia, o al Príncipe o Princesa de Asturias, lesiones de las previstas en el artículo 149, será castigado con la pena de prisión de quince a veinte años.

Si se tratara de alguna de las lesiones previstas en el artículo 150, se castigará con la pena de prisión de ocho a quince años.

Los términos «Rey o Reina» y «Príncipe o Princesa de Asturias» han sido introducidos en sustitución de las anteriores referencias al «Rey» y al «Príncipe heredero de la Corona», respectivamente, conforme establece el número doscientos cincuenta y nueve del artículo único de la L.O. 1/2015, de 30 de marzo, por la que se modifica la L.O. 10/1995, de 23 de noviembre, del Código Penal («B.O.E.» 31 marzo).
Vigencia: 1 julio 2015

2. El que les causare cualquier otra lesión, será castigado con la pena de prisión de cuatro a ocho años.

Artículo 487. Será castigado con la pena de prisión de quince a veinte años el que privare al Rey o Reina, o a cualquiera de sus ascendientes o descendientes, a la Reina consorte o al consorte de la Reina, al Regente o a algún miembro de la Regencia, o al Príncipe o Princesa de Asturias, de su libertad personal, salvo que los hechos estén castigados con mayor pena en otros preceptos de este Código.

Los términos «Rey o Reina» y «Príncipe o Princesa de Asturias» han sido introducidos en sustitución de las anteriores referencias al «Rey» y al «Príncipe heredero de la Corona», respectivamente, conforme establece el número doscientos cincuenta y nueve del artículo único de la L.O. 1/2015, de 30 de marzo, por la que se modifica la L.O. 10/1995, de 23 de noviembre, del Código Penal («B.O.E.» 31 marzo).
Vigencia: 1 julio 2015

Artículo 488. La provocación, la conspiración y la proposición para los delitos previstos en los artículos anteriores se castigará con la pena inferior en uno o dos grados a las respectivamente previstas.

Artículo 489. El que con violencia o intimidación grave obligare a las personas referidas en los artículos anteriores a ejecutar un acto contra su voluntad, será castigado con la pena de prisión de ocho a doce años.

En el caso previsto en el párrafo anterior, si la violencia o la intimidación no fueran graves, se impondrá la pena inferior en grado.

Artículo 490. 1. El que allanare con violencia o intimidación la morada de cualquiera de las personas mencionadas en los artículos anteriores será castigado con la pena de prisión de tres a seis años. Si no hubiere violencia o intimidación la pena será de dos a cuatro años.

2. Con la pena de prisión de tres a seis años será castigado el que amenazare gravemente a cualquiera de las personas mencionadas en el apartado anterior, y con la pena de prisión de uno a tres años si la amenaza fuera leve.

3. El que calumniare o injuriare al Rey o Reina a cualquiera de sus ascendientes o descendientes, a la Reina consorte o al consorte de la Reina, al Regente o a algún miembro de la Regencia, o al Príncipe o Princesa de Asturias, en el ejercicio de sus funciones o con motivo u ocasión de éstas, será castigado con la pena de prisión de seis meses a dos años si la calumnia o injuria fueran graves, y con la de multa de seis a doce meses si no lo son.

Los términos «Rey o Reina» y «Príncipe o Princesa de Asturias» han sido introducidos en sustitución de las anteriores referencias al «Rey» y al «Príncipe heredero de la Corona», respectivamente, conforme establece el número doscientos cincuenta y nueve del artículo único de la L.O. 1/2015, de 30 de marzo, por la que se modifica la L.O. 10/1995, de 23 de noviembre, del Código Penal («B.O.E.» 31 marzo).
Vigencia: 1 julio 2015

Artículo 491. 1. Las calumnias e injurias contra cualquiera de las personas mencionadas en el artículo anterior, y fuera de los supuestos previstos en el mismo, serán castigadas con la pena de multa de cuatro a veinte meses.

2. Se impondrá la pena de multa de seis a veinticuatro meses al que utilizare la imagen del Rey o Reina o de cualquiera de sus ascendientes o descendientes, o de la Reina consorte o del consorte de la Reina, o del Regente o de algún miembro de la Regencia, o del Príncipe o Princesa de Asturias, de cualquier forma que pueda dañar el prestigio de la Corona.

Los términos «Rey o Reina» y «Príncipe o Princesa de Asturias» han sido introducidos en sustitución de las anteriores referencias al «Rey» y al «Príncipe heredero de la Corona», respectivamente, conforme establece el número doscientos cincuenta y nueve del artículo único de la L.O. 1/2015, de 30 de marzo, por la que se modifica la L.O. 10/1995, de 23 de noviembre, del Código Penal («B.O.E.» 31 marzo).

Vigencia: 1 julio 2015

CAPÍTULO III
DE LOS DELITOS CONTRA LAS INSTITUCIONES DEL ESTADO Y LA DIVISIÓN DE PODERES

SECCIÓN 1.ª
DELITOS CONTRA LAS INSTITUCIONES DEL ESTADO

Artículo 492. Los que, al vacar la Corona o quedar inhabilitado su Titular para el ejercicio de su autoridad, impidieren a las Cortes Generales reunirse para nombrar la Regencia o el tutor del Titular menor de edad, serán sancionados con la pena de prisión de diez a quince años e inhabilitación absoluta por tiempo de diez a quince años, sin perjuicio de la pena que pudiera corresponderles por la comisión de otras infracciones más graves.

Artículo 493. Los que, sin alzarse públicamente, invadieren con fuerza, violencia o intimidación las sedes del Congreso de los Diputados, del Senado o de una Asamblea Legislativa de Comunidad Autónoma, si están reunidos, serán castigados con la pena de prisión de tres a cinco años.

Artículo 494. Incurrirán en la pena de prisión de seis meses a un año o multa de doce a veinticuatro meses los que promuevan, dirijan o presidan manifestaciones u otra clase de reuniones ante las sedes del Congreso de los Diputados, del Senado o de una Asamblea Legislativa de Comunidad Autónoma, cuando estén reunidos, alterando su normal funcionamiento.

Artículo 495. 1. Los que, sin alzarse públicamente, portando armas u otros instrumentos peligrosos, intentaren penetrar en las sedes del Congreso de los Diputados, del Senado o de la Asamblea Legislativa de una Comunidad Autónoma, para presentar en persona o colectivamente peticiones a los mismos, incurrirán en la pena de prisión de tres a cinco años.

2. La pena prevista en el apartado anterior se aplicará en su mitad superior a quienes promuevan, dirijan o presidan el grupo.

Artículo 496. El que injuriare gravemente a las Cortes Generales o a una Asamblea Legislativa de Comunidad Autónoma, hallándose en sesión, o a alguna de sus Comisiones en los actos públicos en que las representen, será castigado con la pena de multa de doce a dieciocho meses.

El imputado de las injurias descritas en el párrafo anterior quedará exento de pena si se dan las circunstancias previstas en el artículo 210.

Artículo 497. 1. Incurrirán en la pena de prisión de seis meses a un año quienes, sin ser miembros del Congreso de los Diputados, del Senado o de una Asamblea Legislativa de Comunidad Autónoma, perturben gravemente el orden de sus sesiones.

2. Cuando la perturbación del orden de las sesiones a que se refiere el apartado anterior no sea grave, se impondrá la pena de multa de seis a doce meses.

Artículo 498. Los que emplearen fuerza, violencia, intimidación o amenaza grave para impedir a un miembro del Congreso de los Diputados, del Senado o de una Asamblea Legislativa de Comunidad Autónoma asistir a sus reuniones, o, por los mismos medios, coartaren la libre manifestación de sus opiniones o la emisión de su voto, serán castigados con la pena de prisión de tres a cinco años.

Artículo 499. La autoridad o funcionario público que quebrantare la inviolabilidad de las Cortes Generales o de una Asamblea Legislativa de Comunidad Autónoma, será castigado con las penas de inhabilitación especial para empleo o cargo público por tiempo de diez a veinte años, sin perjuicio de las que pudieran corresponderle si el hecho constituyera otro delito más grave.

Artículo 500. La autoridad o funcionario público que detuviere a un miembro de las Cortes Generales o de una Asamblea Legislativa de Comunidad Autónoma fuera de los supuestos o sin los requisitos establecidos por la legislación vigente incurrirá, según los casos, en las penas previstas en este Código, impuestas en su mitad superior, y además en la de inhabilitación especial para empleo o cargo público de seis a doce años.

Artículo 501. La autoridad judicial que inculpare o procesare a un miembro de las Cortes Generales o de una Asamblea Legislativa de Comunidad Autónoma sin los requisitos establecidos por la legislación vigente, será castigada con la pena de inhabilitación especial para empleo o cargo público de diez a veinte años.

Artículo 502. 1. Los que, habiendo sido requeridos en forma legal y bajo apercibimiento, dejaren de comparecer ante una Comisión de investigación de las Cortes Generales o de una Asamblea Legislativa de Comunidad Autónoma, serán castigados como reos del delito de desobediencia. Si el reo fuera autoridad o funcionario público, se le impondrá además la pena de suspensión de empleo o cargo público por tiempo de seis meses a dos años.

2. En las mismas penas incurrirá la autoridad o funcionario que obstaculizare la investigación del Defensor del Pueblo, Tribunal de Cuentas u órganos equivalentes de las Comunidades Autónomas, negándose o dilatando indebidamente el envío de los informes que éstos solicitaren o dificultando su acceso a los expedientes o documentación administrativa necesaria para tal investigación.

3. El que convocado ante una comisión parlamentaria de investigación faltare a la verdad en su testimonio será castigado con la pena de prisión de seis meses a un año o multa de 12 a 24 meses.

Número 3 del artículo 502 redactado por el apartado centésimo cuadragésimo noveno del artículo único de la L.O. 15/2003, de 25 de noviembre, por la que se modifica la L.O. 10/1995, de 23 de noviembre, del Código Penal («B.O.E.» 26 noviembre).
Vigencia: 1 octubre 2004

Artículo 503. Incurrirán en la pena de prisión de dos a cuatro años:

1.º Los que invadan violentamente o con intimidación el local donde esté constituido el Consejo de Ministros o un Consejo de Gobierno de Comunidad Autónoma.

2.º Los que coarten o por cualquier medio pongan obstáculos a la libertad del Gobierno reunido en Consejo o de los miembros de un Gobierno de Comunidad Autónoma, reunido en Consejo, salvo que los hechos sean constitutivos de otro delito más grave.

Artículo 504. 1. Incurrirán en la pena de multa de doce a dieciocho meses los que calumnien, injurien o amenacen gravemente al Gobierno de la Nación, al Consejo General del Poder Judicial, al Tribunal Constitucional, al Tribunal Supremo, o al Consejo de Gobierno o al Tribunal Superior de Justicia de una Comunidad Autónoma.

El culpable de calumnias o injurias conforme a lo dispuesto en el párrafo anterior quedará exento de pena si se dan las circunstancias previstas, respectivamente, en los artículos 207 y 210 de este Código.

Se impondrá la pena de prisión de tres a cinco años a los que empleen fuerza, violencia o intimidación para impedir a los miembros de dichos Organismos asistir a sus respectivas reuniones.

2. Los que injuriaren o amenazaren gravemente a los Ejércitos, Clases o Cuerpos y Fuerzas de Seguridad, serán castigados con la pena de multa de doce a dieciocho meses.

El culpable de las injurias previstas en el párrafo anterior quedará exento de pena si se dan las circunstancias descritas en el artículo 210 de este Código.

Artículo 504 redactado por el apartado 5.º del artículo primero de la L.O. 7/2000, 22 diciembre, de modificación de la Ley Orgánica 10/1995, de 23 de noviembre, del Código Penal, y de la Ley Orgánica 5/2000, de 12 de enero, reguladora de la Responsabilidad Penal de los Menores, en relación con los delitos de terrorismo («B.O.E.» 23 diciembre).
Vigencia: 24 diciembre 2000

Artículo 505. 1. Incurrirán en la pena de prisión de seis meses a un año quienes, sin ser miembros de la corporación local, perturben de forma grave el orden de sus plenos impidiendo el acceso a los mismos, el desarrollo del orden del día previsto, la adopción de acuerdos o causen desórdenes que tengan por objeto manifestar el apoyo a organizaciones o grupos terroristas.

2. Quienes, amparándose en la existencia de organizaciones o grupos terroristas, calumnien, injurien, coaccionen o amenacen a los miembros de corporaciones locales, serán castigados con la pena superior en grado a la que corresponda por el delito cometido.

La expresión «banda armada» contenida en el artículo 505 ha sido suprimida por la disposición adicional primera de la L.O. 5/2010, de 22 de junio, por la que se modifica la L.O. 10/1995, de 23 de noviembre, del Código Penal («B.O.E.» 23 junio).
Vigencia: 23 diciembre 2010

SECCIÓN 2.ª
DE LA USURPACIÓN DE ATRIBUCIONES

Artículo 506. La autoridad o funcionario público que, careciendo de atribuciones para ello, dictare una disposición general o suspendiere su ejecución, será castigado con la pena de prisión de uno a tres años, multa de seis a doce meses e inhabilitación especial para empleo o cargo público por tiempo de seis a doce años.

Artículo 506 bis. ...

Artículo 506 bis suprimido por el artículo único de la L.O. 2/2005, de 22 de junio, de modificación del Código Penal («B.O.E.» 23 junio).
Vigencia: 24 junio 2005

Artículo 506 bis introducido por el artículo segundo de la L.O. 20/2003, de 23 de diciembre, de modificación de la L.O. del Poder Judicial y del Código Penal («B.O.E.» 26 diciembre).

Artículo 507. El Juez o Magistrado que se arrogare atribuciones administrativas de las que careciere, o impidiere su legítimo ejercicio por quien las ostentare, será castigado con la pena de prisión de seis meses a un año, multa de tres a seis meses y suspensión de empleo o cargo público por tiempo de uno a tres años.

Artículo 508. 1. La autoridad o funcionario público que se arrogare atribuciones judiciales o impidiere ejecutar una resolución dictada por la autoridad judicial competente, será castigado con las penas de prisión de seis meses a un año, multa de tres a ocho meses y suspensión de empleo o cargo público por tiempo de uno a tres años.

2. La autoridad o funcionario administrativo o militar que atentare contra la independencia de los Jueces o Magistrados, garantizada por la Constitución, dirigiéndoles instrucción, orden o intimación relativas a causas o actuaciones que estén conociendo, será castigado con la pena de prisión de uno a dos años, multa de cuatro a diez meses e inhabilitación especial para empleo o cargo público por tiempo de dos a seis años.

Artículo 509. El Juez o Magistrado, la autoridad o el funcionario público que, legalmente requerido de inhibición, continuare procediendo sin esperar a que se decida el correspondiente conflicto jurisdiccional, salvo en los casos permitidos por la Ley, será castigado con la pena de multa de tres a diez meses e inhabilitación especial para empleo o cargo público por tiempo de seis meses a un año.

CAPÍTULO IV
DE LOS DELITOS RELATIVOS AL EJERCICIO DE LOS DERECHOS FUNDAMENTALES Y LIBERTADES PÚBLICAS

Rúbrica del Capítulo IV del Título XXI del Libro II redactada por el número uno del artículo 1 de la L.O. 3/2002, 22 mayo, por la que se modifican la L.O. 10/1995, de 23 de noviembre, del Código Penal, y la L.O. 13/1985, de 9 de diciembre, del Código Penal Militar, en materia de delitos relativos al servicio militar y a la prestación social sustitutoria («B.O.E.» 23 mayo).
Vigencia: 24 mayo 2002

SECCIÓN 1.ª
DE LOS DELITOS COMETIDOS CON OCASIÓN DEL EJERCICIO DE LOS DERECHOS FUNDAMENTALES Y DE LAS LIBERTADES PÚBLICAS GARANTIZADOS POR LA CONSTITUCIÓN

Artículo 510. 1. Serán castigados con una pena de prisión de uno a cuatro años y multa de seis a doce meses:

a) Quienes públicamente fomenten, promuevan o inciten directa o indirectamente al odio, hostilidad, discriminación o violencia contra un grupo, una parte del mismo o contra una persona determinada por razón de su pertenencia a aquél, por motivos racistas, antisemitas u otros referentes a la ideología, religión o creencias, situación familiar, la pertenencia de sus miembros a una etnia, raza o nación, su origen nacional, su sexo, orientación o identidad sexual, por razones de género, enfermedad o discapacidad.

b) Quienes produzcan, elaboren, posean con la finalidad de distribuir, faciliten a terceras personas el acceso, distribuyan, difundan o vendan escritos o cualquier otra clase de material o soportes que por su contenido sean idóneos para fomentar, promover, o incitar directa o indirectamente al odio, hostilidad, discriminación o violencia contra un grupo, una parte del mismo, o contra una persona determinada por razón de su pertenencia a aquél, por motivos racistas, antisemitas u otros referentes a la ideología, religión o creencias, situación familiar, la pertenencia de sus miembros a una etnia, raza o nación, su origen nacional, su sexo, orientación o identidad sexual, por razones de género, enfermedad o discapacidad.

c) Públicamente nieguen, trivialicen gravemente o enaltezcan los delitos de genocidio, de lesa humanidad o contra las personas y bienes protegidos en caso de conflicto armado, o enaltezcan a sus autores, cuando se hubieran cometido contra un grupo o una parte del mismo, o contra una persona determinada por razón de su pertenencia al mismo, por motivos racistas, antisemitas u otros referentes a la ideología, religión o creencias, la situación familiar o la pertenencia de sus miembros a una etnia, raza o nación, su origen nacional, su sexo, orientación o identidad sexual, por razones de género, enfermedad o discapacidad, cuando de este modo se promueva o favorezca un clima de violencia, hostilidad, odio o discriminación contra los mismos.

2. Serán castigados con la pena de prisión de seis meses a dos años y multa de seis a doce meses:

a) Quienes lesionen la dignidad de las personas mediante acciones que entrañen humillación, menosprecio o descrédito de alguno de los grupos a que se refiere el apartado anterior, o de una parte de los mismos, o de cualquier persona determinada por razón de su pertenencia a ellos por motivos racistas, antisemitas u otros referentes a la ideología, religión o creencias, situación familiar, la pertenencia de sus miembros a una etnia, raza o nación, su origen nacional, su sexo, orientación o identidad sexual, por razones de género, enfermedad o discapacidad, o produzcan, elaboren, posean con la finalidad de distribuir, faciliten a terceras personas el acceso, distribuyan, difundan o vendan escritos o cualquier otra clase de material o soportes que por su contenido sean idóneos para lesionar la dignidad de las personas por representar una grave humillación, menosprecio o descrédito de alguno de los grupos mencionados, de una parte de ellos, o de cualquier persona determinada por razón de su pertenencia a los mismos.

b) Quienes enaltezcan o justifiquen por cualquier medio de expresión pública o de difusión los delitos que hubieran sido cometidos contra un grupo, una parte del mismo, o contra una persona determinada por razón de su pertenencia a aquél por motivos racistas, antisemitas u otros referentes a la ideología, religión o creencias, situación familiar, la pertenencia de sus miembros a una etnia, raza o nación, su origen nacional, su sexo, orientación o identidad sexual, por razones de género, enfermedad o discapacidad, o a quienes hayan participado en su ejecución.

Los hechos serán castigados con una pena de uno a cuatro años de prisión y multa de seis a doce meses cuando de ese modo se promueva o favorezca un clima de violencia, hostilidad, odio o discriminación contra los mencionados grupos.

3. Las penas previstas en los apartados anteriores se impondrán en su mitad superior cuando los hechos se hubieran llevado a cabo a través de un medio de comunicación social, por medio de internet o mediante el uso de tecnologías de la información, de modo que, aquel se hiciera accesible a un elevado número de personas.

4. Cuando los hechos, a la vista de sus circunstancias, resulten idóneos para alterar la paz pública o crear un grave sentimiento de inseguridad o temor entre los integrantes del grupo, se impondrá la pena en su mitad superior, que podrá elevarse hasta la superior en grado.

5. En todos los casos, se impondrá además la pena de inhabilitación especial para profesión u oficio educativos, en el ámbito docente, deportivo y de tiempo libre, por un tiempo superior entre tres y diez años al de la duración de la pena de privación de libertad impuesta en su caso en la sentencia, atendiendo proporcionalmen-

te a la gravedad del delito, el número de los cometidos y a las circunstancias que concurran en el delincuente.

6. El juez o tribunal acordará la destrucción, borrado o inutilización de los libros, archivos, documentos, artículos y cualquier clase de soporte objeto del delito a que se refieren los apartados anteriores o por medio de los cuales se hubiera cometido. Cuando el delito se hubiera cometido a través de tecnologías de la información y la comunicación, se acordará la retirada de los contenidos.

En los casos en los que, a través de un portal de acceso a internet o servicio de la sociedad de la información, se difundan exclusiva o preponderantemente los contenidos a que se refiere el apartado anterior, se ordenará el bloqueo del acceso o la interrupción de la prestación del mismo.

Artículo 510 redactado por el número doscientos treinta y cinco del artículo único de la L.O. 1/2015, de 30 de marzo, por la que se modifica la L.O. 10/1995, de 23 de noviembre, del Código Penal («B.O.E.» 31 marzo).
Vigencia: 1 julio 2015

Artículo 510 bis. Cuando de acuerdo con lo establecido en el artículo 31 bis una persona jurídica sea responsable de los delitos comprendidos en los dos artículos anteriores, se le impondrá la pena de multa de dos a cinco años. Atendidas las reglas establecidas en el artículo 66 bis, los jueces y tribunales podrán asimismo imponer las penas recogidas en las letras b) a g) del apartado 7 del artículo 33.

En este caso será igualmente aplicable lo dispuesto en el número 3 del artículo 510 del Código Penal.

Artículo 510 bis introducido por el número doscientos treinta y seis del artículo único de la L.O. 1/2015, de 30 de marzo, por la que se modifica la L.O. 10/1995, de 23 de noviembre, del Código Penal («B.O.E.» 31 marzo).
Vigencia: 1 julio 2015

Artículo 511. 1. Incurrirá en la pena de prisión de seis meses a dos años y multa de doce a veinticuatro meses e inhabilitación especial para empleo o cargo público por tiempo de uno a tres años el particular encargado de un servicio público que deniegue a una persona una prestación a la que tenga derecho por razón de su ideología, religión o creencias, su pertenencia a una etnia o raza, su origen nacional, su sexo, orientación sexual, situación familiar, por razones de género, enfermedad o discapacidad.

2. Las mismas penas serán aplicables cuando los hechos se cometan contra una asociación, fundación, sociedad o corporación o contra sus miembros por razón de su ideología, religión o creencias, la pertenencia de sus miembros o de alguno de ellos a una etnia o raza, su origen nacional, su sexo, orientación sexual, situación familiar, por razones de género, enfermedad o discapacidad.

3. Los funcionarios públicos que cometan alguno de los hechos previstos en este artículo, incurrirán en las mismas penas en su mitad superior y en la de inhabilitación especial para empleo o cargo público por tiempo de dos a cuatro años.

4. En todos los casos se impondrá además la pena de inhabilitación especial para profesión u oficio educativos, en el ámbito docente, deportivo y de tiempo libre, por un tiempo superior entre uno y tres años al de la duración de la pena de privación de libertad impuesta en su caso en la sentencia, atendiendo proporcionalmente a la gravedad del delito y a las circunstancias que concurran en el delincuente.

Artículo 511 redactado por el número doscientos treinta y siete del artículo único de la L.O. 1/2015, de 30 de marzo, por la que se modifica la L.O. 10/1995, de 23 de noviembre, del Código Penal («B.O.E.» 31 marzo).
Vigencia: 1 julio 2015

Artículo 512. Los que en el ejercicio de sus actividades profesionales o empresariales denegaren a una persona una prestación a la que tenga derecho por razón de su ideología, religión o creencias, su pertenencia a una etnia, raza o nación, su sexo, orientación sexual, situación familiar, por razones de género, enfermedad o discapacidad, incurrirán en la pena de inhabilitación especial para el ejercicio de profesión, oficio, industria o comercio e inhabilitación especial para profesión u oficio educativos, en el ámbito docente, deportivo y de tiempo libre por un periodo de uno a cuatro años.

Artículo 512 redactado por el número doscientos treinta y ocho del artículo único de la L.O. 1/2015, de 30 de marzo, por la que se modifica la L.O. 10/1995, de 23 de noviembre, del Código Penal («B.O.E.» 31 marzo).
Vigencia: 1 julio 2015

Artículo 513. Son punibles las reuniones o manifestaciones ilícitas, y tienen tal consideración:

1.º Las que se celebren con el fin de cometer algún delito.

2.º Aquéllas a las que concurran personas con armas, artefactos explosivos u objetos contundentes o de cualquier otro modo peligroso.

Artículo 514. 1. Los promotores o directores de cualquier reunión o manifestación comprendida en el número 1.º del artículo anterior y los que, en relación con el número 2.º del mismo, no hayan tratado de impedir por todos los medios a su alcance las circunstancias en ellos mencionadas, incurrirán en las penas de prisión de uno a tres años y multa de doce a veinticuatro meses. A estos efectos, se reputarán directores o promotores de la reunión o manifestación los que las convoquen o presidan.

2. Los asistentes a una reunión o manifestación que porten armas u otros medios igualmente peligrosos serán castigados con la pena de prisión de uno a dos años y multa de seis a doce meses. Los Jueces o Tribunales, atendiendo a los antecedentes del sujeto, circunstancias del caso y características del arma o instrumento portado, podrán rebajar en un grado la pena señalada.

3. Las personas que, con ocasión de la celebración de una reunión o manifestación, realicen actos de violencia contra la autoridad, sus agentes, personas o propiedades públicas o privadas, serán castigadas con la pena que a su delito corresponda, en su mitad superior.

4. Los que impidieren el legítimo ejercicio de las libertades de reunión o manifestación, o perturbaren gravemente el desarrollo de una reunión o manifestación lícita serán castigados con la pena de prisión de dos a tres años si los hechos se realizaran con violencia, y con la pena de prisión de tres a seis meses o multa de seis a 12 meses si se cometieren mediante vías de hecho o cualquier otro procedimiento ilegítimo.

Número 4 del artículo 514 redactado por el apartado centésimo quincuagésimo del artículo único de la L.O. 15/2003, de 25 de noviembre, por la que se modifica la L.O. 10/1995, de 23 de noviembre, del Código Penal («B.O.E.» 26 noviembre).
Vigencia: 1 octubre 2004

5. Los promotores o directores de cualquier reunión o manifestación que convocaren, celebraren o intentaren celebrar de nuevo una reunión o manifestación que hubiese sido previamente suspendida o prohibida, y siempre que con ello pretendieran subvertir el orden constitucional o alterar gravemente la paz pública, serán castigados con las penas de prisión de seis meses a un año y multa de seis a doce

meses, sin perjuicio de la pena que pudiera corresponder, en su caso, conforme a los apartados precedentes.

Número 5 del artículo 514 introducido por el artículo 2 de la L.O. 2/1998, de 15 de junio, por la que se modifican el Código Penal y la Ley de Enjuiciamiento Criminal («B.O.E.» 16 junio).
Vigencia: 17 junio 1998

Artículo 515. Son punibles las asociaciones ilícitas, teniendo tal consideración:

1.º Las que tengan por objeto cometer algún delito o, después de constituidas, promuevan su comisión.

2.º Las que, aun teniendo por objeto un fin lícito, empleen medios violentos o de alteración o control de la personalidad para su consecución.

3.º Las organizaciones de carácter paramilitar.

4.º Las que fomenten, promuevan o inciten directa o indirectamente al odio, hostilidad, discriminación o violencia contra personas, grupos o asociaciones por razón de su ideología, religión o creencias, la pertenencia de sus miembros o de alguno de ellos a una etnia, raza o nación, su sexo, orientación sexual, situación familiar, enfermedad o discapacidad.

Artículo 515 redactado por el número doscientos treinta y nueve del artículo único de la L.O. 1/2015, de 30 de marzo, por la que se modifica la L.O. 10/1995, de 23 de noviembre, del Código Penal («B.O.E.» 31 marzo).
Vigencia: 1 julio 2015

Artículo 516. ...

Artículo 516 suprimido por el apartado centésimo trigésimo séptimo del artículo único de la L.O. 5/2010, de 22 de junio, por la que se modifica la L.O. 10/1995, de 23 de noviembre, del Código Penal («B.O.E.» 23 junio).
Vigencia: 23 diciembre 2010

Artículo 517. En los casos previstos en los números 1.º y 3.º al 6.º del artículo 515 se impondrán las siguientes penas:

Párrafo introductorio del artículo 517 redactado por L.O. 4/2000, 11 enero, sobre derechos y libertades de los extranjeros en España y su integración social («B.O.E.» 12 enero).
Vigencia: 1 febrero 2000

1.º A los fundadores, directores y presidentes de las asociaciones, las de prisión de dos a cuatro años, multa de doce a veinticuatro meses e inhabilitación especial para empleo o cargo público por tiempo de seis a doce años.

2.º A los miembros activos, las de prisión de uno a tres años y multa de doce a veinticuatro meses.

Artículo 518. Los que con su cooperación económica o de cualquier otra clase, en todo caso relevante, favorezcan la fundación, organización o actividad de las asociaciones comprendidas en los números 1.º y 3.º al 6.º del artículo 515, incurrirán en la pena de prisión de uno a tres años, multa de doce a veinticuatro meses, e inhabilitación para empleo o cargo público por tiempo de uno a cuatro años.

Artículo 518 redactado por L.O. 4/2000, 11 enero, sobre derechos y libertades de los extranjeros en España y su integración social («B.O.E.» 12 enero).
Vigencia: 1 febrero 2000

Artículo 519. La provocación, la conspiración y la proposición para cometer el delito de asociación ilícita se castigarán con la pena inferior en uno o dos grados a la que corresponda, respectivamente, a los hechos previstos en los artículos anteriores.

Artículo 520. Los Jueces o Tribunales, en los supuestos previstos en el artículo 515, acordarán la disolución de la asociación ilícita y, en su caso, cualquier otra de las consecuencias accesorias del artículo 129 de este Código.

Artículo 521. En el delito de asociación ilícita, si el reo fuera autoridad, agente de ésta o funcionario público, se le impondrá, además de las penas señaladas, la de inhabilitación absoluta de diez a quince años.

Artículo 521 bis. ...

Artículo 521 bis suprimido por el artículo único de la L.O. 2/2005, de 22 de junio, de modificación del Código Penal («B.O.E.» 23 junio).
Vigencia: 24 junio 2005

Artículo 521 bis introducido por el artículo segundo de la L.O. 20/2003, de 23 de diciembre, de modificación de la L.O. del Poder Judicial y del Código Penal («B.O.E.» 26 diciembre).

SECCIÓN 2.ª
DE LOS DELITOS CONTRA LA LIBERTAD DE CONCIENCIA, LOS SENTIMIENTOS RELIGIOSOS Y EL RESPETO A LOS DIFUNTOS

Artículo 522. Incurrirán en la pena de multa de cuatro a diez meses:

1.º Los que por medio de violencia, intimidación, fuerza o cualquier otro apremio ilegítimo impidan a un miembro o miembros de una confesión religiosa practicar los actos propios de las creencias que profesen, o asistir a los mismos.

2.º Los que por iguales medios fuercen a otro u otros a practicar o concurrir a actos de culto o ritos, o a realizar actos reveladores de profesar o no profesar una religión, o a mudar la que profesen.

Artículo 523. El que con violencia, amenaza, tumulto o vías de hecho, impidiere, interrumpiere o perturbare los actos, funciones, ceremonias o manifestaciones de las confesiones religiosas inscritas en el correspondiente registro público del Ministerio de Justicia e Interior, será castigado con la pena de prisión de seis meses a seis años, si el hecho se ha cometido en lugar destinado al culto, y con la de multa de cuatro a diez meses si se realiza en cualquier otro lugar.

Artículo 524. El que en templo, lugar destinado al culto o en ceremonias religiosas ejecutare actos de profanación en ofensa de los sentimientos religiosos legalmente tutelados será castigado con la pena de prisión de seis meses a un año o multa de 12 a 24 meses.

Artículo 524 redactado por el apartado centésimo quincuagésimo segundo del artículo único de L.O. 15/2003, de 25 de noviembre, por la que se modifica la L.O. 10/1995, de 23 de noviembre, del Código Penal («B.O.E.» 26 noviembre).
Vigencia: 1 octubre 2004

Artículo 525. 1. Incurrirán en la pena de multa de ocho a doce meses los que, para ofender los sentimientos de los miembros de una confesión religiosa, hagan públicamente, de palabra, por escrito o mediante cualquier tipo de documento, escarnio de sus dogmas, creencias, ritos o ceremonias, o vejen, también públicamente, a quienes los profesan o practican.

2. En las mismas penas incurrirán los que hagan públicamente escarnio, de palabra o por escrito, de quienes no profesan religión o creencia alguna.

Artículo 526. El que, faltando al respeto debido a la memoria de los muertos, violare los sepulcros o sepulturas, profanare un cadáver o sus cenizas o, con ánimo de ultraje, destruyere, alterare o dañare las urnas funerarias, panteones, lápidas o nichos será castigado con la pena de prisión de tres a cinco meses o multa de seis a 10 meses.

Artículo 526 redactado por el apartado centésimo quincuagésimo tercero del artículo único de la L.O. 15/2003, de 25 de noviembre, por la que se modifica la L.O. 10/1995, de 23 de noviembre, del Código Penal («B.O.E.» 26 noviembre).
Vigencia: 1 octubre 2004

SECCIÓN 3.ª
DE LOS DELITOS CONTRA EL DEBER DE CUMPLIMIENTO DE LA PRESTACIÓN SOCIAL SUSTITUTORIA

Sección 3.ª del Capítulo IV del Título XXI del Libro II suprimida por el número dos del artículo 1 de la L.O. 3/2002, 22 mayo, por la que se modifican la L.O. 10/1995, de 23 de noviembre, del Código Penal, y la L.O. 13/1985, de 9 de diciembre, del Código Penal Militar, en materia de delitos relativos al servicio militar y a la prestación social sustitutoria («B.O.E.» 23 mayo).
Vigencia: 24 mayo 2002

Artículo 527. ...

Artículo 527 dejado sin contenido por el número dos del artículo 1 de la L.O. 3/2002, 22 mayo, por la que se modifican la L.O. 10/1995, de 23 de noviembre, del Código Penal, y la L.O. 13/1985, de 9 de diciembre, del Código Penal Militar, en materia de delitos relativos al servicio militar y a la prestación social sustitutoria («B.O.E.» 23 mayo).
Vigencia: 24 mayo 2002

Artículo 528. ...

Artículo 528 derogado por la Disposición Derogatoria Única de la L.O. 7/1998, 5 octubre, de modificación de la L.O. 10/1995, de 23 de noviembre, del Código Penal, por la que se suprimen las penas de prisión y multa para los supuestos de no cumplimiento del servicio militar obligatorio y prestación social sustitutoria y se rebajan las penas de inhabilitación para dichos supuestos («B.O.E.» 6 octubre).
Vigencia: 7 octubre 1998

CAPÍTULO V
DE LOS DELITOS COMETIDOS POR LOS FUNCIONARIOS PÚBLICOS CONTRA LAS GARANTÍAS CONSTITUCIONALES

SECCIÓN 1.ª
DE LOS DELITOS COMETIDOS POR LOS FUNCIONARIOS PÚBLICOS CONTRA LA LIBERTAD INDIVIDUAL

Artículo 529. 1. El Juez o Magistrado que entregare una causa criminal a otra autoridad o funcionario, militar o administrativo, que ilegalmente se la reclame, será castigado con la pena de inhabilitación especial para empleo o cargo público por tiempo de seis meses a dos años.

2. Si además entregara la persona de un detenido, se le impondrá la pena superior en grado.

Artículo 530. La autoridad o funcionario público que, mediando causa por delito, acordare, practicare o prolongare cualquier privación de libertad de un detenido, preso o sentenciado, con violación de los plazos o demás garantías constitucionales o legales, será castigado con la pena de inhabilitación especial para empleo o cargo público por tiempo de cuatro a ocho años.

Artículo 531. La autoridad o funcionario público que, mediando causa por delito, decretare, practicare o prolongare la incomunicación de un detenido, preso o sentenciado, con violación de los plazos o demás garantías constitucionales o legales, será castigado con la pena de inhabilitación especial para empleo o cargo público por tiempo de dos a seis años.

Artículo 532. Si los hechos descritos en los dos artículos anteriores fueran cometidos por imprudencia grave, se castigarán con la pena de suspensión de empleo o cargo público por tiempo de seis meses a dos años.

Artículo 533. El funcionario penitenciario o de centros de protección o corrección de menores que impusiere a los reclusos o internos sanciones o privaciones indebidas, o usare con ellos de un rigor innecesario, será castigado con la pena de inhabilitación especial para empleo o cargo público por tiempo de dos a seis años.

SECCIÓN 2.ª
DE LOS DELITOS COMETIDOS POR LOS FUNCIONARIOS PÚBLICOS CONTRA LA INVIOLABILIDAD DOMICILIARIA Y DEMÁS GARANTÍAS DE LA INTIMIDAD

Artículo 534. 1. Será castigado con las penas de multa de seis a doce meses e inhabilitación especial para empleo o cargo público de dos a seis años la autoridad o funcionario público que, mediando causa por delito, y sin respetar las garantías constitucionales o legales:

1.º Entre en un domicilio sin el consentimiento del morador.

2.º Registre los papeles o documentos de una persona o los efectos que se hallen en su domicilio, a no ser que el dueño haya prestado libremente su consentimiento.

Si no devolviera al dueño, inmediatamente después del registro, los papeles, documentos y efectos registrados, las penas serán las de inhabilitación especial para empleo o cargo público de seis a doce años y multa de doce a veinticuatro meses, sin perjuicio de la pena que pudiera corresponderle por la apropiación.

2. La autoridad o funcionario público que, con ocasión de lícito registro de papeles, documentos o efectos de una persona, cometa cualquier vejación injusta o daño innecesario en sus bienes, será castigado con las penas previstas para estos hechos, impuestas en su mitad superior, y, además, con la pena de inhabilitación especial para empleo o cargo público por tiempo de dos a seis años.

Artículo 535. La autoridad o funcionario público que, mediando causa por delito, interceptare cualquier clase de correspondencia privada, postal o telegráfica, con violación de las garantías constitucionales o legales, incurrirá en la pena de inhabilitación especial para empleo o cargo público de dos a seis años.

Si divulgara o revelara la información obtenida, se impondrá la pena de inhabilitación especial, en su mitad superior, y, además, la de multa de seis a dieciocho meses.

Artículo 536. La autoridad, funcionario público o agente de éstos que, mediando causa por delito, interceptare las telecomunicaciones o utilizare artificios técnicos de escuchas, transmisión, grabación o reproducción del sonido, de la imagen o de cualquier otra señal de comunicación, con violación de las garantías constitucionales o legales, incurrirá en la pena de inhabilitación especial para empleo o cargo público de dos a seis años.

Si divulgare o revelare la información obtenida, se impondrán las penas de inhabilitación especial, en su mitad superior y, además, la de multa de seis a dieciocho meses.

SECCIÓN 3.ª
DE LOS DELITOS COMETIDOS POR LOS FUNCIONARIOS PÚBLICOS CONTRA OTROS DERECHOS INDIVIDUALES

Artículo 537. La autoridad o funcionario público que impida u obstaculice el derecho a la asistencia de abogado al detenido o preso, procure o favorezca la renuncia del mismo a dicha asistencia o no le informe de forma inmediata y de modo que le sea comprensible de sus derechos y de las razones de su detención, será castigado con la pena de multa de cuatro a diez meses e inhabilitación especial para empleo o cargo público de dos a cuatro años.

Artículo 538. La autoridad o funcionario público que establezca la censura previa o, fuera de los casos permitidos por la Constitución y las Leyes, recoja ediciones de libros o periódicos o suspenda su publicación o la difusión de cualquier emisión radiotelevisiva, incurrirá en la pena de inhabilitación absoluta de seis a diez años.

Artículo 539. La autoridad o funcionario público que disuelva o suspenda en sus actividades a una asociación legalmente constituida, sin previa resolución judicial, o sin causa legítima le impida la celebración de sus sesiones, será castigado con la pena de inhabilitación especial para empleo o cargo público de ocho a doce años y multa de seis a doce meses.

Artículo 540. La autoridad o funcionario público que prohíba una reunión pacífica o la disuelva fuera de los casos expresamente permitidos por las Leyes, será castigado con la pena de inhabilitación especial para empleo o cargo público de cuatro a ocho años y multa de seis a nueve meses.

Artículo 541. La autoridad o funcionario público que expropie a una persona de sus bienes fuera de los casos permitidos y sin cumplir los requisitos legales, incurrirá en las penas de inhabilitación especial para empleo o cargo público de uno a cuatro años y multa de seis a doce meses.

Artículo 542. Incurrirá en la pena de inhabilitación especial para empleo o cargo público por tiempo de uno a cuatro años la autoridad o el funcionario público que, a sabiendas, impida a una persona el ejercicio de otros derechos cívicos reconocidos por la Constitución y las Leyes.

CAPÍTULO VI
DE LOS ULTRAJES A ESPAÑA

Artículo 543. Las ofensas o ultrajes de palabra, por escrito o de hecho a España, a sus Comunidades Autónomas o a sus símbolos o emblemas, efectuados con publicidad, se castigarán con la pena de multa de siete a doce meses.

TÍTULO XXII
DELITOS CONTRA EL ORDEN PÚBLICO

CAPÍTULO PRIMERO
SEDICIÓN

Artículo 544. Son reos de sedición los que, sin estar comprendidos en el delito de rebelión, se alcen pública y tumultuariamente para impedir, por la fuerza o fuera de las vías legales, la aplicación de las Leyes o a cualquier autoridad, corporación oficial o funcionario público, el legítimo ejercicio de sus funciones o el cumplimiento de sus acuerdos, o de las resoluciones administrativas o judiciales.

Artículo 545. 1. Los que hubieren inducido, sostenido o dirigido la sedición o aparecieren en ella como sus principales autores, serán castigados con la pena de prisión de ocho a diez años, y con la de diez a quince años, si fueran personas constituidas en autoridad. En ambos casos se impondrá, además, la inhabilitación absoluta por el mismo tiempo.

2. Fuera de estos casos, se impondrá la pena de cuatro a ocho años de prisión, y la de inhabilitación especial para empleo o cargo público por tiempo de cuatro a ocho años.

Artículo 546. Lo dispuesto en el artículo 474 es aplicable al caso de sedición cuando ésta no haya llegado a organizarse con jefes conocidos.

Artículo 547. En el caso de que la sedición no haya llegado a entorpecer de un modo grave el ejercicio de la autoridad pública y no haya tampoco ocasionado la perpetración de otro delito al que la Ley señale penas graves, los Jueces o Tribunales rebajarán en uno o dos grados las penas señaladas en este capítulo.

Artículo 548. La provocación, la conspiración y la proposición para la sedición serán castigadas con las penas inferiores en uno o dos grados a las respectivamente previstas, salvo que llegue a tener efecto la sedición, en cuyo caso se castigará con la pena señalada en el primer apartado del artículo 545, y a sus autores se los considerará promotores.

Artículo 549. Lo dispuesto en los artículos 479 a 484 es también aplicable al delito de sedición.

CAPÍTULO II
DE LOS ATENTADOS CONTRA LA AUTORIDAD, SUS AGENTES Y LOS FUNCIONARIOS PÚBLICOS, Y DE LA RESISTENCIA Y DESOBEDIENCIA

Artículo 550. 1. Son reos de atentado los que agredieren o, con intimidación grave o violencia, opusieren resistencia grave a la autoridad, a sus agentes o funcionarios públicos, o los acometieren, cuando se hallen en el ejercicio de las funciones de sus cargos o con ocasión de ellas.

En todo caso, se considerarán actos de atentado los cometidos contra los funcionarios docentes o sanitarios que se hallen en el ejercicio de las funciones propias de su cargo, o con ocasión de ellas.

2. Los atentados serán castigados con las penas de prisión de uno a cuatro años y multa de tres a seis meses si el atentado fuera contra autoridad y de prisión de seis meses a tres años en los demás casos.

3. No obstante lo previsto en el apartado anterior, si la autoridad contra la que se atentare fuera miembro del Gobierno, de los Consejos de Gobierno de las Co-

munidades Autónomas, del Congreso de los Diputados, del Senado o de las Asambleas Legislativas de las Comunidades Autónomas, de las Corporaciones locales, del Consejo General del Poder Judicial, Magistrado del Tribunal Constitucional, juez, magistrado o miembro del Ministerio Fiscal, se impondrá la pena de prisión de uno a seis años y multa de seis a doce meses.

Artículo 550 redactado por el número doscientos cuarenta del artículo único de la L.O. 1/2015, de 30 de marzo, por la que se modifica la L.O. 10/1995, de 23 de noviembre, del Código Penal («B.O.E.» 31 marzo).
Vigencia: 1 julio 2015

Artículo 551. Se impondrán las penas superiores en grado a las respectivamente previstas en el artículo anterior siempre que el atentado se cometa:

1.º Haciendo uso de armas u otros objetos peligrosos.

2.º Cuando el acto de violencia ejecutado resulte potencialmente peligroso para la vida de las personas o pueda causar lesiones graves. En particular, están incluidos los supuestos de lanzamiento de objetos contundentes o líquidos inflamables, el incendio y la utilización de explosivos.

3.º Acometiendo a la autoridad, a su agente o al funcionario público haciendo uso de un vehículo de motor.

4.º Cuando los hechos se lleven a cabo con ocasión de un motín, plante o incidente colectivo en el interior de un centro penitenciario.

Artículo 551 redactado por el número doscientos cuarenta y uno del artículo único de la L.O. 1/2015, de 30 de marzo, por la que se modifica la L.O. 10/1995, de 23 de noviembre, del Código Penal («B.O.E.» 31 marzo).
Vigencia: 1 julio 2015

Artículo 552. ...

Artículo 552 suprimido por el número doscientos cuarenta y dos del artículo único de la L.O. 1/2015, de 30 de marzo, por la que se modifica la L.O. 10/1995, de 23 de noviembre, del Código Penal («B.O.E.» 31 marzo).
Vigencia: 1 julio 2015

Artículo 553. La provocación, la conspiración y la proposición para cualquiera de los delitos previstos en los artículos anteriores, será castigada con la pena inferior en uno o dos grados a la del delito correspondiente.

Artículo 554. 1. Los hechos descritos en los artículos 550 y 551 serán también castigados con las penas expresadas en ellos cuando se cometieren contra un miembro de las Fuerzas Armadas que, vistiendo uniforme, estuviera prestando un servicio que le hubiera sido legalmente encomendado.

2. Las mismas penas se impondrán a quienes acometan, empleen violencia o intimiden a las personas que acudan en auxilio de la autoridad, sus agentes o funcionarios.

3. También se impondrán las penas de los artículos 550 y 551 a quienes acometan, empleen violencia o intimiden gravemente:

a) A los bomberos o miembros del personal sanitario o equipos de socorro que estuvieran interviniendo con ocasión de un siniestro, calamidad pública o situación de emergencia, con la finalidad de impedirles el ejercicio de sus funciones.

b) Al personal de seguridad privada, debidamente identificado, que desarrolle actividades de seguridad privada en cooperación y bajo el mando de las Fuerzas y Cuerpos de Seguridad.

Artículo 554 redactado por el número doscientos cuarenta y tres del artículo único de L.O. 1/2015, de 30 de marzo, por la que se modifica la L.O. 10/1995, de 23 de noviembre, del Código Penal («B.O.E.» 31 marzo).
Vigencia: 1 julio 2015

Artículo 555. ...

Artículo 555 suprimido por el número doscientos cuarenta y cuatro del artículo único de L.O. 1/2015, de 30 de marzo, por la que se modifica la L.O. 10/1995, de 23 de noviembre, del Código Penal («B.O.E.» 31 marzo).
Vigencia: 1 julio 2015

Artículo 556. 1. Serán castigados con la pena de prisión de tres meses a un año o multa de seis a dieciocho meses, los que, sin estar comprendidos en el artículo 550, resistieren o desobedecieren gravemente a la autoridad o sus agentes en el ejercicio de sus funciones, o al personal de seguridad privada, debidamente identificado, que desarrolle actividades de seguridad privada en cooperación y bajo el mando de las Fuerzas y Cuerpos de Seguridad.

2. Los que faltaren al respeto y consideración debida a la autoridad, en el ejercicio de sus funciones, serán castigados con la pena de multa de uno a tres meses.

Artículo 556 redactado por el número doscientos cuarenta y cinco del artículo único de L.O. 1/2015, de 30 de marzo, por la que se modifica la L.O. 10/1995, de 23 de noviembre, del Código Penal («B.O.E.» 31 marzo).
Vigencia: 1 julio 2015

CAPÍTULO III
DE LOS DESÓRDENES PÚBLICOS

Artículo 557. 1. Quienes actuando en grupo o individualmente pero amparados en él, alteraren la paz pública ejecutando actos de violencia sobre las personas o sobre las cosas, o amenazando a otros con llevarlos a cabo, serán castigados con una pena de seis meses a tres años de prisión.

Estas penas serán impuestas sin perjuicio de las que pudieran corresponder a los actos concretos de violencia o de amenazas que se hubieran llevado a cabo.

2. Con las mismas penas se castigará a quienes actuaren sobre el grupo o sus individuos incitándoles a realizar las acciones descritas en el apartado anterior o reforzando su disposición a llevarlas a cabo.

Artículo 557 redactado por el número doscientos cuarenta y seis del artículo único de la L.O. 1/2015, de 30 de marzo, por la que se modifica la L.O. 10/1995, de 23 de noviembre, del Código Penal («B.O.E.» 31 marzo).
Vigencia: 1 julio 2015

Artículo 557 bis. Los hechos descritos en el artículo anterior serán castigados con una pena de uno a seis años de prisión cuando concurra alguna de las circunstancias siguientes:

1.ª Cuando alguno de los partícipes en el delito portare un arma u otro instrumento peligroso, o exhibiere un arma de fuego simulada.

2.ª Cuando el acto de violencia ejecutado resulte potencialmente peligroso para la vida de las personas o pueda causar lesiones graves. En particular, están incluidos los supuestos de lanzamiento de objetos contundentes o líquidos inflamables, el incendio y la utilización de explosivos.

3.ª Cuando los hechos se lleven a cabo en una manifestación o reunión numerosa, o con ocasión de alguna de ellas.

4.ª Cuando se llevaren a cabo actos de pillaje.

5.ª Cuando el autor del hecho se prevaliera de su condición de autoridad, agente de ésta o funcionario público.

6.ª Cuando se lleven a cabo con ocultación del rostro y así se dificulte la identificación de sus autores.

Estas penas serán impuestas sin perjuicio de las que pudieran corresponder a los actos concretos de violencia, amenazas o pillaje que se hubieran llevado a cabo.

Artículo 557 bis introducido por el número doscientos cuarenta y siete del artículo único de la L.O. 1/2015, de 30 de marzo, por la que se modifica la L.O. 10/1995, de 23 de noviembre, del Código Penal («B.O.E.» 31 marzo).
Vigencia: 1 julio 2015

Artículo 557 ter. 1. Los que, actuando en grupo o individualmente pero amparados en él, invadan u ocupen, contra la voluntad de su titular, el domicilio de una persona jurídica pública o privada, un despacho, oficina, establecimiento o local, aunque se encuentre abierto al público, y causen con ello una perturbación relevante de la paz pública y de su actividad normal, serán castigados con una pena de prisión de tres a seis meses o multa de seis a doce meses, salvo que los hechos ya estuvieran castigados con una pena más grave en otro precepto de este Código.

2. Los hechos serán castigados con la pena superior en grado cuando concurran las circunstancias 1.ª, 3.ª, 4.ª ó 5.ª del artículo 557 bis.

Artículo 557 ter introducido por el número doscientos cuarenta y ocho del artículo único de la L.O. 1/2015, de 30 de marzo, por la que se modifica la L.O. 10/1995, de 23 de noviembre, del Código Penal («B.O.E.» 31 marzo).
Vigencia: 1 julio 2015

Artículo 558. Serán castigados con la pena de prisión de tres a seis meses o multa de seis a 12 meses, los que perturben gravemente el orden en la audiencia de un tribunal o juzgado, en los actos públicos propios de cualquier autoridad o corporación, en colegio electoral, oficina o establecimiento público, centro docente o con motivo de la celebración de espectáculos deportivos o culturales. En estos casos se podrá imponer también la pena de privación de acudir a los lugares, eventos o espectáculos de la misma naturaleza por un tiempo superior hasta tres años a la pena de prisión impuesta.

Artículo 558 redactado por el apartado centésimo quincuagésimo quinto del artículo único de la L.O. 15/2003, de 25 de noviembre, por la que se modifica la L.O. 10/1995, de 23 de noviembre, del Código Penal («B.O.E.» 26 noviembre).
Vigencia: 1 octubre 2004

Artículo 559. La distribución o difusión pública, a través de cualquier medio, de mensajes o consignas que inciten a la comisión de alguno de los delitos de alteración del orden público del artículo 557 bis del Código Penal, o que sirvan para reforzar la decisión de llevarlos a cabo, será castigado con una pena de multa de tres a doce meses o prisión de tres meses a un año.

Artículo 559 redactado por el número doscientos cuarenta y nueve del artículo único de la L.O. 1/2015, de 30 de marzo, por la que se modifica la L.O. 10/1995, de 23 de noviembre, del Código Penal («B.O.E.» 31 marzo).
Vigencia: 1 julio 2015

Artículo 560. 1. Los que causaren daños que interrumpan, obstaculicen o destruyan líneas o instalaciones de telecomunicaciones o la correspondencia postal, serán castigados con la pena de prisión de uno a cinco años.

2. En la misma pena incurrirán los que causen daños en vías férreas u originen un grave daño para la circulación ferroviaria de alguna de las formas previstas en el artículo 382.

La referencia al artículo 382 contenida en el presente apartado debe entenderse hecha al actual artículo 385, tras la reforma efectuada por el apartado noveno del artículo único de L.O. 15/2007, de 30 de noviembre, por la que se modifica la L.O. 10/1995, de 23 de noviembre, del Código Penal en materia de seguridad vial («B.O.E.» 1 diciembre).

3. Igual pena se impondrá a los que dañen las conducciones o transmisiones de agua, gas o electricidad para las poblaciones, interrumpiendo o alterando gravemente el suministro o servicio.

Artículo 561. Quien afirme falsamente o simule una situación de peligro para la comunidad o la producción de un siniestro a consecuencia del cual es necesario prestar auxilio a otro, y con ello provoque la movilización de los servicios de policía, asistencia o salvamento, será castigado con la pena de prisión de tres meses y un día a un año o multa de tres a dieciocho meses.

Artículo 561 redactado por el número doscientos cincuenta del artículo único de la L.O. 1/2015, de 30 de marzo, por la que se modifica la L.O. 10/1995, de 23 de noviembre, del Código Penal («B.O.E.» 31 marzo).
Vigencia: 1 julio 2015

CAPÍTULO IV
DISPOSICIÓN COMÚN A LOS CAPÍTULOS ANTERIORES

Artículo 562. En el caso de hallarse constituido en autoridad el que cometa cualquiera de los delitos expresados en los capítulos anteriores de este Título, la pena de inhabilitación que estuviese prevista en cada caso se sustituirá por la inhabilitación absoluta por tiempo de diez a quince años, salvo que dicha circunstancia esté específicamente contemplada en el tipo penal de que se trate.

CAPÍTULO V
DE LA TENENCIA, TRÁFICO Y DEPÓSITO DE ARMAS, MUNICIONES O EXPLOSIVOS

Capítulo V del Título XXII del Libro II modificado conforme establecen los apartados centésimo trigésimo octavo y siguientes del artículo único de la L.O. 5/2010, de 22 de junio, por la que se modifica la L.O. 10/1995, de 23 de noviembre, del Código Penal («B.O.E.» 23 junio).
Vigencia: 23 diciembre 2010

Rúbrica del Capítulo V del Título XXII del Libro II modificada conforme establece el apartado centésimo trigésimo octavo del artículo único de la L.O. 5/2010, de 22 de junio, por la que se modifica la L.O. 10/1995, de 23 de noviembre, del Código Penal («B.O.E.» 23 junio).

Artículo 563. La tenencia de armas prohibidas y la de aquellas que sean resultado de la modificación sustancial de las características de fabricación de armas reglamentadas, será castigada con la pena de prisión de uno a tres años.

Artículo 564. 1. La tenencia de armas de fuego reglamentadas, careciendo de las licencias o permisos necesarios, será castigada:

1.º Con la pena de prisión de uno a dos años, si se trata de armas cortas.

2.º Con la pena de prisión de seis meses a un año, si se trata de armas largas.

2. Los delitos previstos en el número anterior se castigarán, respectivamente, con las penas de prisión de dos a tres años y de uno a dos años, cuando concurra alguna de las circunstancias siguientes:

1.ª Que las armas carezcan de marcas de fábrica o de número, o los tengan alterados o borrados.

2.ª Que hayan sido introducidas ilegalmente en territorio español.

3.ª Que hayan sido transformadas, modificando sus características originales.

Artículo 565. Los Jueces o Tribunales podrán rebajar en un grado las penas señaladas en los artículos anteriores, siempre que por las circunstancias del hecho y del culpable se evidencie la falta de intención de usar las armas con fines ilícitos.

Artículo 566. 1. Los que fabriquen, comercialicen o establezcan depósitos de armas o municiones no autorizados por las leyes o la autoridad competente serán castigados:

1.º Si se trata de armas o municiones de guerra o de armas químicas, biológicas, nucleares o radiológicas o de minas antipersonas o municiones en racimo, con la pena de prisión de cinco a diez años los promotores y organizadores, y con la de prisión de tres a cinco años los que hayan cooperado a su formación.

2.º Si se trata de armas de fuego reglamentadas o municiones para las mismas, con la pena de prisión de dos a cuatro años los promotores y organizadores, y con la de prisión de seis meses a dos años los que hayan cooperado a su formación.

3.º Con las mismas penas será castigado, en sus respectivos casos, el tráfico de armas o municiones de guerra o de defensa, o de armas químicas, biológicas, nucleares o radiológicas o de minas antipersonas o municiones en racimo.

2. Las penas contempladas en el punto 1.º del apartado anterior se impondrán a los que desarrollen o empleen armas químicas, biológicas, nucleares o radiológicas o minas antipersonas o municiones en racimo, o inicien preparativos militares para su empleo o no las destruyan con infracción de los tratados o convenios internacionales en los que España sea parte.

Artículo 566 redactado por el número doscientos cincuenta y uno del artículo único de la L.O. 1/2015, de 30 de marzo, por la que se modifica la L.O. 10/1995, de 23 de noviembre, del Código Penal («B.O.E.» 31 marzo).
Vigencia: 1 julio 2015

Artículo 567. 1. Se considera depósito de armas de guerra la fabricación, la comercialización o la tenencia de cualquiera de dichas armas, con independencia de su modelo o clase, aun cuando se hallen en piezas desmontadas. Se considera depósito de armas químicas, biológicas, nucleares o radiológicas o de minas antipersonas o de municiones en racimo la fabricación, la comercialización o la tenencia de las mismas.

El depósito de armas, en su vertiente de comercialización, comprende tanto la adquisición como la enajenación.

Número 1 del artículo 567 redactado por el número doscientos cincuenta y dos del artículo único de la L.O. 1/2015, de 30 de marzo, por la que se modifica la L.O. 10/1995, de 23 de noviembre, del Código Penal («B.O.E.» 31 marzo).
Vigencia: 1 julio 2015

2. Se consideran armas de guerra las determinadas como tales en las disposiciones reguladoras de la defensa nacional. Se consideran armas químicas, biológicas, nucleares o radiológicas, minas antipersonas o municiones en racimo las determinadas como tales en los tratados o convenios internacionales en los que España sea parte.

Se entiende por desarrollo de armas químicas, biológicas, nucleares o radiológicas, minas antipersonas o municiones en racimo cualquier actividad consistente en la investigación o estudio de carácter científico o técnico encaminada a la creación de una nueva arma química, biológica, nuclear o radiológica, o mina antipersona o munición en racimo o la modificación de una preexistente.

Número 2 del artículo 567 redactado por el número doscientos cincuenta y dos del artículo único de la L.O. 1/2015, de 30 de marzo, por la que se modifica la L.O. 10/1995, de 23 de noviembre, del Código Penal («B.O.E.» 31 marzo).
Vigencia: 1 julio 2015

3. Se considera depósito de armas de fuego reglamentadas la fabricación, comercialización o reunión de cinco o más de dichas armas, aun cuando se hallen en piezas desmontadas.

4. Respecto de las municiones, los Jueces y Tribunales, teniendo en cuenta la cantidad y clase de las mismas, declararán si constituyen depósito a los efectos de este capítulo.

Artículo 568. La tenencia o el depósito de sustancias o aparatos explosivos, inflamables, incendiarios o asfixiantes, o sus componentes, así como su fabricación, tráfico o transporte, o suministro de cualquier forma, no autorizado por las Leyes o la autoridad competente, serán castigados con la pena de prisión de cuatro a ocho años, si se trata de sus promotores y organizadores, y con la pena de prisión de tres a cinco años para los que hayan cooperado a su formación.

Artículo 569. Los depósitos de armas, municiones o explosivos establecidos en nombre o por cuenta de una asociación con propósito delictivo, determinarán la declaración judicial de ilicitud y su consiguiente disolución.

Artículo 570. 1. En los casos previstos en este capítulo se podrá imponer la pena de privación del derecho a la tenencia y porte de armas por tiempo superior en tres años a la pena de prisión impuesta.

2. Igualmente, si el delincuente estuviera autorizado para fabricar o traficar con alguna o algunas de las sustancias, armas y municiones mencionadas en el mismo, sufrirá, además de las penas señaladas, la de inhabilitación especial para el ejercicio de su industria o comercio por tiempo de 12 a 20 años.

CAPÍTULO VI
DE LAS ORGANIZACIONES Y GRUPOS CRIMINALES

Capítulo VI del Título XXII del Libro II, integrado por los artículos 570 bis, 570 ter y 570 quáter, introducido por el apartado centésimo cuadragésimo segundo y siguientes del artículo único de la L.O. 5/2010, de 22 de junio, por la que se modifica la L.O. 10/1995, de 23 de noviembre, del Código Penal («B.O.E.» 23 junio).
Vigencia: 23 diciembre 2010

Artículo 570 bis. 1. Quienes promovieren, constituyeren, organizaren, coordinaren o dirigieren una organización criminal serán castigados con la pena de prisión de cuatro a ocho años si aquélla tuviere por finalidad u objeto la comisión de delitos graves, y con la pena de prisión de tres a seis años en los demás casos; y quienes participaren activamente en la organización, formaren parte de ella o cooperaren económicamente o de cualquier otro modo con la misma serán castigados con las penas de prisión de dos a cinco años si tuviere como fin la comisión de delitos graves, y con la pena de prisión de uno a tres años en los demás casos.

A los efectos de este Código se entiende por organización criminal la agrupación formada por más de dos personas con carácter estable o por tiempo indefinido, que de manera concertada y coordinada se repartan diversas tareas o funciones con el fin de cometer delitos.

Número 1 del artículo 570 bis redactado por el número doscientos cincuenta y tres del artículo único de la L.O. 1/2015, de 30 de marzo, por la que se modifica la L.O. 10/1995, de 23 de noviembre, del Código Penal («B.O.E.» 31 marzo).
Vigencia: 1 julio 2015

2. Las penas previstas en el número anterior se impondrán en su mitad superior cuando la organización:

a) esté formada por un elevado número de personas.

b) disponga de armas o instrumentos peligrosos.

c) disponga de medios tecnológicos avanzados de comunicación o transporte que por sus características resulten especialmente aptos para facilitar la ejecución de los delitos o la impunidad de los culpables.

Si concurrieran dos o más de dichas circunstancias se impondrán las penas superiores en grado.

3. Se impondrán en su mitad superior las penas respectivamente previstas en este artículo si los delitos fueren contra la vida o la integridad de las personas, la libertad, la libertad e indemnidad sexuales o la trata de seres humanos.

Artículo 570 ter. 1. Quienes constituyeren, financiaren o integraren un grupo criminal serán castigados:

a) Si la finalidad del grupo es cometer delitos de los mencionados en el apartado 3 del artículo anterior, con la pena de dos a cuatro años de prisión si se trata de uno o más delitos graves y con la de uno a tres años de prisión si se trata de delitos menos graves.

b) Con la pena de seis meses a dos años de prisión si la finalidad del grupo es cometer cualquier otro delito grave.

c) Con la pena de tres meses a un año de prisión cuando se trate de cometer uno o varios delitos menos graves no incluidos en el apartado a) o de la perpetración reiterada de delitos leves.

A los efectos de este Código se entiende por grupo criminal la unión de más de dos personas que, sin reunir alguna o algunas de las características de la organización criminal definida en el artículo anterior, tenga por finalidad o por objeto la perpetración concertada de delitos.

Número 1 del artículo 570 ter redactado por el número doscientos cincuenta y cuatro del artículo único de la L.O. 1/2015, de 30 de marzo, por la que se modifica la L.O. 10/1995, de 23 de noviembre, del Código Penal («B.O.E.» 31 marzo).
Vigencia: 1 julio 2015

2. Las penas previstas en el número anterior se impondrán en su mitad superior cuando el grupo:

a) esté formado por un elevado número de personas.

b) disponga de armas o instrumentos peligrosos.

c) disponga de medios tecnológicos avanzados de comunicación o transporte que por sus características resulten especialmente aptos para facilitar la ejecución de los delitos o la impunidad de los culpables.

Si concurrieran dos o más de dichas circunstancias se impondrán las penas superiores en grado.

Artículo 570 quáter. 1. Los jueces o tribunales, en los supuestos previstos en este Capítulo y el siguiente, acordarán la disolución de la organización o grupo y, en su caso, cualquier otra de las consecuencias de los artículos 33.7 y 129 de este Código.

Número 1 del artículo 570 quáter modificado conforme establece el número 4 de la disposición final segunda de la L.O. 3/2011, de 28 de enero, por la que se modifica la L.O. 5/1985, de 19 de junio, del Régimen Electoral General («B.O.E.» 29 enero), que corrige determinados artículos y apartados de la Ley Orgánica 10/1995, de 23 de noviembre, del Código Penal, en la redacción dada por la Ley Orgánica 5/2010, de 22 de junio.
Vigencia: 30 enero 2011

2. Asimismo se impondrá a los responsables de las conductas descritas en los dos artículos anteriores, además de las penas en ellos previstas, la de inhabilitación especial para todas aquellas actividades económicas o negocios jurídicos relacionados con la actividad de la organización o grupo criminal o con su actuación en el seno de los mismos, por un tiempo superior entre seis y veinte años al de la du-

ración de la pena de privación de libertad impuesta en su caso, atendiendo proporcionalmente a la gravedad del delito, al número de los cometidos y a las circunstancias que concurran en el delincuente.

En todo caso, cuando las conductas previstas en dichos artículos estuvieren comprendidas en otro precepto de este Código, será de aplicación lo dispuesto en la regla 4.ª del artículo 8.

3. Las disposiciones de este Capítulo serán aplicables a toda organización o grupo criminal que lleve a cabo cualquier acto penalmente relevante en España, aunque se hayan constituido, estén asentados o desarrollen su actividad en el extranjero.

4. Los jueces o tribunales, razonándolo en la sentencia, podrán imponer al responsable de cualquiera de los delitos previstos en este Capítulo la pena inferior en uno o dos grados, siempre que el sujeto haya abandonado de forma voluntaria sus actividades delictivas y haya colaborado activamente con las autoridades o sus agentes, bien para obtener pruebas decisivas para la identificación o captura de otros responsables o para impedir la actuación o el desarrollo de las organizaciones o grupos a que haya pertenecido, bien para evitar la perpetración de un delito que se tratara de cometer en el seno o a través de dichas organizaciones o grupos.

CAPÍTULO VII
DE LAS ORGANIZACIONES Y GRUPOS TERRORISTAS Y DE LOS DELITOS DE TERRORISMO

Capítulo VII del título XXII del libro II redactado por el artículo único de la L.O. 2/2015, de 30 de marzo, por la que se modifica la L.O. 10/1995, de 23 de noviembre, del Código Penal, en materia de delitos de terrorismo («B.O.E.» 31 marzo).

Vigencia: 1 julio 2015

SECCIÓN 1.ª
DE LAS ORGANIZACIONES Y GRUPOS TERRORISTAS

Artículo 571. A los efectos de este Código se considerarán organizaciones o grupos terroristas aquellas agrupaciones que, reuniendo las características respectivamente establecidas en el párrafo segundo del apartado 1 del artículo 570 bis y en el párrafo segundo del apartado 1 del artículo 570 ter, tengan por finalidad o por objeto la comisión de alguno de los delitos tipificados en la sección siguiente.

Artículo 572. 1. Quienes promovieran, constituyeran, organizaran o dirigieran una organización o grupo terrorista serán castigados con las penas de prisión de ocho a catorce años e inhabilitación especial para empleo o cargo público por tiempo de ocho a quince años.

2. Quienes participaran activamente en la organización o grupo, o formaran parte de ellos, serán castigados con las penas de prisión de seis a doce años e inhabilitación especial para empleo o cargo público por tiempo de seis a catorce años.

SECCIÓN 2.ª
DE LOS DELITOS DE TERRORISMO

Artículo 573. 1. Se considerarán delito de terrorismo la comisión de cualquier delito grave contra la vida o la integridad física, la libertad, la integridad moral, la libertad e indemnidad sexuales, el patrimonio, los recursos naturales o el medio ambiente, la salud pública, de riesgo catastrófico, incendio, contra la Corona, de atentado y tenencia, tráfico y depósito de armas, municiones o explosivos, previstos en el presente Código, y el apoderamiento de aeronaves, buques u otros medios de transporte colectivo o de mercancías, cuando se llevaran a cabo con cualquiera de las siguientes finalidades:

1.ª Subvertir el orden constitucional, o suprimir o desestabilizar gravemente el funcionamiento de las instituciones políticas o de las estructuras económicas o sociales del Estado, u obligar a los poderes públicos a realizar un acto o a abstenerse de hacerlo.

2.ª Alterar gravemente la paz pública.

3.ª Desestabilizar gravemente el funcionamiento de una organización internacional.

4.ª Provocar un estado de terror en la población o en una parte de ella.

2. Se considerarán igualmente delitos de terrorismo los delitos informáticos tipificados en los artículos 197 bis y 197 ter y 264 a 264 quater cuando los hechos se cometan con alguna de las finalidades a las que se refiere el apartado anterior.

3. Asimismo, tendrán la consideración de delitos de terrorismo el resto de los delitos tipificados en este Capítulo.

Artículo 573 bis. 1. Los delitos de terrorismo a los que se refiere el apartado 1 del artículo anterior serán castigados con las siguientes penas:

1.ª Con la de prisión por el tiempo máximo previsto en este Código si se causara la muerte de una persona.

2.ª Con la de prisión de veinte a veinticinco años cuando, en los casos de secuestro o detención ilegal, no se dé razón del paradero de la persona.

3.ª Con la de prisión de quince a veinte años si se causara un aborto del artículo 144, se produjeran lesiones de las tipificadas en los artículos 149, 150, 157 o 158, el secuestro de una persona, o estragos o incendio de los previstos respectivamente en los artículos 346 y 351.

4.ª Con la de prisión de diez a quince años si se causara cualquier otra lesión, o se detuviera ilegalmente, amenazara o coaccionara a una persona.

5.ª Y con la pena prevista para el delito cometido en su mitad superior, pudiéndose llegar a la superior en grado, cuando se tratase de cualquier otro de los delitos a que se refiere el apartado 1 del artículo anterior.

2. Las penas se impondrán en su mitad superior si los hechos se cometieran contra las personas mencionadas en el apartado 3 del artículo 550 o contra miembros de las Fuerzas y Cuerpos de Seguridad o de las Fuerzas Armadas o contra empleados públicos que presten servicio en instituciones penitenciarias.

3. Los delitos de terrorismo a los que se refiere el apartado 2 del artículo anterior se castigarán con la pena superior en grado a la respectivamente prevista en los correspondientes artículos.

4. El delito de desórdenes públicos previsto en el artículo 557 bis, así como los delitos de rebelión y sedición, cuando se cometan por una organización o grupo terrorista o individualmente pero amparados en ellos, se castigarán con la pena superior en grado a las previstas para tales delitos.

Artículo 574. 1. El depósito de armas o municiones, la tenencia o depósito de sustancias o aparatos explosivos, inflamables, incendiarios o asfixiantes, o de sus componentes, así como su fabricación, tráfico, transporte o suministro de cualquier forma, y la mera colocación o empleo de tales sustancias o de los medios o artificios adecuados, serán castigados con la pena de prisión de ocho a quince años cuando los hechos se cometan con cualquiera de las finalidades expresadas en el apartado 1 del artículo 573.

2. Se impondrá la pena de diez a veinte años de prisión cuando se trate de armas, sustancias o aparatos nucleares, radiológicos, químicos o biológicos, o cualesquiera otros de similar potencia destructiva.

3. Serán también castigados con la pena de diez a veinte años de prisión quienes, con las mismas finalidades indicadas en el apartado 1, desarrollen armas químicas o biológicas, o se apoderen, posean, transporten, faciliten a otros o manipulen materiales nucleares, elementos radioactivos o materiales o equipos productores de radiaciones ionizantes.

Artículo 575. 1. Será castigado con la pena de prisión de dos a cinco años quien, con la finalidad de capacitarse para llevar a cabo cualquiera de los delitos tipificados en este Capítulo, reciba adoctrinamiento o adiestramiento militar o de combate, o en técnicas de desarrollo de armas químicas o biológicas, de elaboración o preparación de sustancias o aparatos explosivos, inflamables, incendiarios o asfixiantes, o específicamente destinados a facilitar la comisión de alguna de tales infracciones.

2. Con la misma pena se castigará a quien, con la misma finalidad de capacitarse para cometer alguno de los delitos tipificados en este Capítulo, lleve a cabo por sí mismo cualquiera de las actividades previstas en el apartado anterior.

Se entenderá que comete este delito quien, con tal finalidad, acceda de manera habitual a uno o varios servicios de comunicación accesibles al público en línea o contenidos accesibles a través de internet o de un servicio de comunicaciones electrónicas cuyos contenidos estén dirigidos o resulten idóneos para incitar a la incorporación a una organización o grupo terrorista, o a colaborar con cualquiera de ellos o en sus fines. Los hechos se entenderán cometidos en España cuando se acceda a los contenidos desde el territorio español.

Asimismo se entenderá que comete este delito quien, con la misma finalidad, adquiera o tenga en su poder documentos que estén dirigidos o, por su contenido, resulten idóneos para incitar a la incorporación a una organización o grupo terrorista o a colaborar con cualquiera de ellos o en sus fines.

3. La misma pena se impondrá a quien, para ese mismo fin, o para colaborar con una organización o grupo terrorista, o para cometer cualquiera de los delitos comprendidos en este Capítulo, se traslade o establezca en un territorio extranjero controlado por un grupo u organización terrorista.

Artículo 576. 1. Será castigado con la pena de prisión de cinco a diez años y multa del triple al quíntuplo de su valor el que, por cualquier medio, directa o indirectamente, recabe, adquiera, posea, utilice, convierta, transmita o realice cualquier otra actividad con bienes o valores de cualquier clase con la intención de que se utilicen, o a sabiendas de que serán utilizados, en todo o en parte, para cometer cualquiera de los delitos comprendidos en este Capítulo.

2. Si los bienes o valores se pusieran efectivamente a disposición del responsable del delito de terrorismo, se podrá imponer la pena superior en grado. Si llegaran a ser empleados para la ejecución de actos terroristas concretos, el hecho se castigará como coautoría o complicidad, según los casos.

3. En el caso de que la conducta a que se refiere el apartado 1 se hubiera llevado a cabo atentando contra el patrimonio, cometiendo extorsión, falsedad documental o mediante la comisión de cualquier otro delito, éstos se castigarán con la pena superior en grado a la que les corresponda, sin perjuicio de imponer además la que proceda conforme a los apartados anteriores.

4. El que estando específicamente sujeto por la ley a colaborar con la autoridad en la prevención de las actividades de financiación del terrorismo dé lugar, por imprudencia grave en el cumplimiento de dichas obligaciones, a que no sea detectada o impedida cualquiera de las conductas descritas en el apartado 1 será castigado con la pena inferior en uno o dos grados a la prevista en él.

5. Cuando, de acuerdo con lo establecido en el artículo 31 bis, una persona jurídica sea responsable de los delitos tipificados en este artículo se le impondrán las siguientes penas:

a) Multa de dos a cinco años si el delito cometido por la persona física tiene prevista una pena de prisión de más de cinco años.

b) Multa de uno a tres años si el delito cometido por la persona física tiene prevista una pena de más de dos años de privación de libertad no incluida en la letra anterior.

Atendidas las reglas establecidas en el artículo 66 bis, los jueces y tribunales podrán asimismo imponer las penas previstas en las letras b) a g) del apartado 7 del artículo 33.

Artículo 577. 1. Será castigado con las penas de prisión de cinco a diez años y multa de dieciocho a veinticuatro meses el que lleve a cabo, recabe o facilite cualquier acto de colaboración con las actividades o las finalidades de una organización, grupo o elemento terrorista, o para cometer cualquiera de los delitos comprendidos en este Capítulo.

En particular son actos de colaboración la información o vigilancia de personas, bienes o instalaciones, la construcción, acondicionamiento, cesión o utilización de alojamientos o depósitos, la ocultación, acogimiento o traslado de personas, la organización de prácticas de entrenamiento o la asistencia a ellas, la prestación de servicios tecnológicos, y cualquier otra forma equivalente de cooperación o ayuda a las actividades de las organizaciones o grupos terroristas, grupos o personas a que se refiere el párrafo anterior.

Cuando la información o vigilancia de personas mencionada en el párrafo anterior ponga en peligro la vida, la integridad física, la libertad o el patrimonio de las mismas se impondrá la pena prevista en este apartado en su mitad superior. Si se produjera la lesión de cualquiera de estos bienes jurídicos se castigará el hecho como coautoría o complicidad, según los casos.

2. Las penas previstas en el apartado anterior se impondrán a quienes lleven a cabo cualquier actividad de captación, adoctrinamiento o adiestramiento, que esté dirigida o que, por su contenido, resulte idónea para incitar a incorporarse a una organización o grupo terrorista, o para cometer cualquiera de los delitos comprendidos en este Capítulo.

Asimismo se impondrán estas penas a los que faciliten adiestramiento o instrucción sobre la fabricación o uso de explosivos, armas de fuego u otras armas o sustancias nocivas o peligrosas, o sobre métodos o técnicas especialmente adecuados para la comisión de alguno de los delitos del artículo 573, con la intención o conocimiento de que van a ser utilizados para ello.

Las penas se impondrán en su mitad superior, pudiéndose llegar a la superior en grado, cuando los actos previstos en este apartado se hubieran dirigido a menores de edad o personas con discapacidad necesitadas de especial protección o a mujeres víctimas de trata con el fin de convertirlas en cónyuges, compañeras o esclavas sexuales de los autores del delito, sin perjuicio de imponer las que además procedan por los delitos contra la libertad sexual cometidos.

3. Si la colaboración con las actividades o las finalidades de una organización o grupo terrorista, o en la comisión de cualquiera de los delitos comprendidos en este Capítulo, se hubiera producido por imprudencia grave se impondrá la pena de prisión de seis a dieciocho meses y multa de seis a doce meses.

Artículo 578. 1. El enaltecimiento o la justificación públicos de los delitos comprendidos en los artículos 572 a 577 o de quienes hayan participado en su ejecución, o la realización de actos que entrañen descrédito, menosprecio o humillación de las víctimas de los delitos terroristas o de sus familiares, se castigará con la pena de prisión de uno a tres años y multa de doce a dieciocho meses. El juez también podrá acordar en la sentencia, durante el período de tiempo que él mismo señale, alguna o algunas de las prohibiciones previstas en el artículo 57.

2. Las penas previstas en el apartado anterior se impondrán en su mitad superior cuando los hechos se hubieran llevado a cabo mediante la difusión de servicios o contenidos accesibles al público a través de medios de comunicación, internet, o por medio de servicios de comunicaciones electrónicas o mediante el uso de tecnologías de la información.

3. Cuando los hechos, a la vista de sus circunstancias, resulten idóneos para alterar gravemente la paz pública o crear un grave sentimiento de inseguridad o temor a la sociedad o parte de ella se impondrá la pena en su mitad superior, que podrá elevarse hasta la superior en grado.

4. El juez o tribunal acordará la destrucción, borrado o inutilización de los libros, archivos, documentos, artículos o cualquier otro soporte por medio del que se hubiera cometido el delito. Cuando el delito se hubiera cometido a través de tecnologías de la información y la comunicación se acordará la retirada de los contenidos.

Si los hechos se hubieran cometido a través de servicios o contenidos accesibles a través de internet o de servicios de comunicaciones electrónicas, el juez o tribunal podrá ordenar la retirada de los contenidos o servicios ilícitos. Subsidiariamente, podrá ordenar a los prestadores de servicios de alojamiento que retiren los contenidos ilícitos, a los motores de búsqueda que supriman los enlaces que apunten a ellos y a los proveedores de servicios de comunicaciones electrónicas que impidan el acceso a los contenidos o servicios ilícitos siempre que concurra alguno de los siguientes supuestos:

a) Cuando la medida resulte proporcionada a la gravedad de los hechos y a la relevancia de la información y necesaria para evitar su difusión.

b) Cuando se difundan exclusiva o preponderantemente los contenidos a los que se refieren los apartados anteriores.

5. Las medidas previstas en el apartado anterior podrán también ser acordadas por el juez instructor con carácter cautelar durante la instrucción de la causa.

Artículo 579. 1. Será castigado con la pena inferior en uno o dos grados a la prevista para el delito de que se trate el que, por cualquier medio, difunda públicamente mensajes o consignas que tengan como finalidad o que, por su contenido, sean idóneos para incitar a otros a la comisión de alguno de los delitos de este Capítulo.

2. La misma pena se impondrá al que, públicamente o ante una concurrencia de personas, incite a otros a la comisión de alguno de los delitos de este Capítulo, así como a quien solicite a otra persona que los cometa.

3. Los demás actos de provocación, conspiración y proposición para cometer alguno de los delitos regulados en este Capítulo se castigarán también con la pena inferior en uno o dos grados a la que corresponda respectivamente a los hechos previstos en este Capítulo.

4. En los casos previstos en este precepto, los jueces o tribunales podrán adoptar las medidas establecidas en los apartados 4 y 5 del artículo anterior.

Artículo 579 bis. 1. El responsable de los delitos previstos en este Capítulo, sin perjuicio de las penas que correspondan con arreglo a los artículos precedentes, será también castigado, atendiendo proporcionalmente a la gravedad del delito, el número de los cometidos y a las circunstancias que concurran en el delincuente, con las penas de inhabilitación absoluta, inhabilitación especial para profesión u oficio educativos, en los ámbitos docente, deportivo y de tiempo libre, por un tiempo superior entre seis y veinte años al de la duración de la pena de privación de libertad impuesta en su caso en la sentencia.

2. Al condenado a pena grave privativa de libertad por uno o más delitos comprendidos en este Capítulo se le impondrá además la medida de libertad vigilada de cinco a diez años, y de uno a cinco años si la pena privativa de libertad fuera menos grave. No obstante lo anterior, cuando se trate de un solo delito que no sea grave, y su autor hubiere delinquido por primera vez, el tribunal podrá imponer o no la medida de libertad vigilada, en atención a su menor peligrosidad.

3. En los delitos previstos en este Capítulo, los jueces y tribunales, razonándolo en sentencia, podrán imponer la pena inferior en uno o dos grados a la señalada para el delito de que se trate, cuando el sujeto haya abandonado voluntariamente sus actividades delictivas, se presente a las autoridades confesando los hechos en que haya participado y colabore activamente con éstas para impedir la producción del delito, o coadyuve eficazmente a la obtención de pruebas decisivas para la identificación o captura de otros responsables o para impedir la actuación o el desarrollo de organizaciones, grupos u otros elementos terroristas a los que haya pertenecido o con los que haya colaborado.

4. Los jueces y tribunales, motivadamente, atendiendo a las circunstancias concretas, podrán imponer también la pena inferior en uno o dos grados a la señalada en este Capítulo para el delito de que se trate, cuando el hecho sea objetivamente de menor gravedad, atendidos el medio empleado o el resultado producido.

Artículo 580. En todos los delitos de terrorismo, la condena de un juez o tribunal extranjero será equiparada a las sentencias de los jueces o tribunales españoles a los efectos de aplicación de la agravante de reincidencia.

TÍTULO XXIII
DE LOS DELITOS DE TRAICIÓN Y CONTRA LA PAZ O LA INDEPENDENCIA DEL ESTADO Y RELATIVOS A LA DEFENSA NACIONAL

CAPÍTULO PRIMERO
DELITOS DE TRAICIÓN

Artículo 581. El español que indujere a una potencia extranjera a declarar la guerra a España o se concertare con ella para el mismo fin, será castigado con la pena de prisión de quince a veinte años.

Artículo 582. Será castigado con la pena de prisión de doce a veinte años:

1.º El español que facilite al enemigo la entrada en España, la toma de una plaza, puesto militar, buque o aeronave del Estado o almacenes de intendencia o armamento.

2.º El español que seduzca o allegue tropa española o que se halle al servicio de España, para que se pase a las filas enemigas o deserte de sus banderas estando en campaña.

3.º El español que reclute gente o suministre armas u otros medios eficaces para hacer la guerra a España, bajo banderas enemigas.

Artículo 583. Será castigado con la pena de prisión de doce a veinte años:

1.º El español que tome las armas contra la Patria bajo banderas enemigas.

Se impondrá la pena superior en grado al que obre como jefe o promotor, o tenga algún mando, o esté constituido en autoridad.

2.º El español que suministre a las tropas enemigas caudales, armas, embarcaciones, aeronaves, efectos o municiones de intendencia o armamento u otros medios directos y eficaces para hostilizar a España, o favorezca el progreso de las armas enemigas de un modo no comprendido en el artículo anterior.

3.º El español que suministre al enemigo planos de fortalezas, edificios o de terrenos, documentos o noticias que conduzcan directamente al mismo fin de hostilizar a España o de favorecer el progreso de las armas enemigas.

4.º El español que, en tiempo de guerra, impida que las tropas nacionales reciban los auxilios expresados en el número 2.º o los datos y noticias indicados en el número 3.º de este artículo.

Artículo 584. El español que, con el propósito de favorecer a una potencia extranjera, asociación u organización internacional, se procure, falsee, inutilice o revele información clasificada como reservada o secreta, susceptible de perjudicar la seguridad nacional o la defensa nacional, será castigado, como traidor, con la pena de prisión de seis a doce años.

Artículo 585. La provocación, la conspiración y la proposición para cualquiera de los delitos previstos en los artículos anteriores de este capítulo, serán castigadas con la pena de prisión inferior en uno o dos grados a la del delito correspondiente.

Artículo 586. El extranjero residente en España que cometiere alguno de los delitos comprendidos en este capítulo será castigado con la pena inferior en grado a la señalada para ellos, salvo lo establecido por Tratados o por el Derecho de gentes acerca de los funcionarios diplomáticos, consulares y de Organizaciones internacionales.

Artículo 587. Las penas señaladas en los artículos anteriores de este capítulo son aplicables a los que cometieren los delitos comprendidos en los mismos contra una potencia aliada de España, en caso de hallarse en campaña contra el enemigo común.

Artículo 588. Incurrirán en la pena de prisión de quince a veinte años los miembros del Gobierno que, sin cumplir con lo dispuesto en la Constitución, declararan la guerra o firmaran la paz.

CAPÍTULO II
DELITOS QUE COMPROMETEN LA PAZ O LA INDEPENDENCIA DEL ESTADO

Artículo 589. El que publicare o ejecutare en España cualquier orden, disposición o documento de un Gobierno extranjero que atente contra la independencia o seguridad del Estado, se oponga a la observancia de sus Leyes o provoque su incumplimiento, será castigado con la pena de prisión de uno a tres años.

Artículo 590. 1. El que, con actos ilegales o que no estén debidamente autorizados, provocare o diere motivo a una declaración de guerra contra España por parte de otra potencia, o expusiere a los españoles a experimentar vejaciones o represalias en sus personas o en sus bienes, será castigado con la pena de prisión de ocho a quince años si es autoridad o funcionario, y de cuatro a ocho si no lo es.

2. Si la guerra no llegara a declararse ni a tener efecto las vejaciones o represalias, se impondrá, respectivamente, la pena inmediata inferior.

Artículo 591. Con las mismas penas señaladas en el artículo anterior será castigado, en sus respectivos casos, el que, durante una guerra en que no intervenga España, ejecutare cualquier acto que comprometa la neutralidad del Estado o infringiere las disposiciones publicadas por el Gobierno para mantenerla.

Artículo 592. 1. Serán castigados con la pena de prisión de cuatro a ocho años los que, con el fin de perjudicar la autoridad del Estado o comprometer la dignidad o los intereses vitales de España, mantuvieran inteligencia o relación de cualquier género con Gobiernos extranjeros, con sus agentes o con grupos, Organismos o Asociaciones internacionales o extranjeras.

2. Quien realizara los actos referidos en el apartado anterior con la intención de provocar una guerra o rebelión será castigado con arreglo a los artículos 581, 473 ó 475 de este Código según los casos.

Artículo 593. Se impondrá la pena de prisión de ocho a quince años a quien violare tregua o armisticio acordado entre la Nación española y otra enemiga, o entre sus fuerzas beligerantes.

Artículo 594. 1. El español que, en tiempo de guerra, comunicare o hiciere circular noticias o rumores falsos encaminados a perjudicar el crédito del Estado o los intereses de la Nación, será castigado con las penas de prisión de seis meses a dos años.

2. En las mismas penas incurrirá el extranjero que en el territorio español realizare cualquiera de los hechos comprendidos en el apartado anterior.

Artículo 595. El que, sin autorización legalmente concedida, levantare tropas en España para el servicio de una potencia extranjera, cualquiera que sea el objeto que se proponga o la Nación a la que intente hostilizar, será castigado con la pena de prisión de cuatro a ocho años.

Artículo 596. 1. El que, en tiempo de guerra y con el fin de comprometer la paz, seguridad o independencia del Estado, tuviere correspondencia con un país enemigo ocupado por sus tropas cuando el Gobierno lo hubiera prohibido, será castigado con la pena de prisión de uno a cinco años. Si en la correspondencia se dieran avisos o noticias de las que pudiera aprovecharse el enemigo se impondrá la pena de prisión de ocho a quince años.

2. En las mismas penas incurrirá el que ejecutare los delitos comprendidos en este artículo, aunque dirija la correspondencia por país amigo o neutral para eludir la Ley.

3. Si el reo se propusiera servir al enemigo con sus avisos o noticias, se estimará comprendido en el número 3.º o el número 4.º del artículo 583.

Artículo 597. El español o extranjero que, estando en el territorio nacional, pasare o intentare pasar a país enemigo cuando lo haya prohibido el Gobierno, será castigado con la pena de multa de seis a doce meses.

CAPÍTULO III
DEL DESCUBRIMIENTO Y REVELACIÓN DE SECRETOS E INFORMACIONES RELATIVAS A LA DEFENSA NACIONAL

Rúbrica del Capítulo III del Título XXIII del Libro II redactada por el número tres del artículo primero de la L.O. 3/2002, 22 mayo, por la que se modifican la L.O. 10/1995, de 23 de noviembre, del Código Penal, y la L.O. 13/1985, de 9 de diciembre, del Código Penal Militar, en materia de delitos relativos al servicio militar y a la prestación social sustitutoria («B.O.E.» 23 mayo).

Vigencia: 24 mayo 2002

División en Secciones del Capítulo III del Título XXIII del Libro II suprimida por el número tres del artículo 1 de la L.O. 3/2002, 22 mayo, por la que se modifican la L.O. 10/1995, de 23 de noviembre, del Código Penal, y la L.O. 13/1985, de 9 de diciembre,

del Código Penal Militar, en materia de delitos relativos al servicio militar y a la prestación social sustitutoria («B.O.E.» 23 mayo).
Vigencia: 24 mayo 2002

Artículo 598. El que, sin propósito de favorecer a una potencia extranjera, se procurare, revelare, falseare o inutilizare información legalmente calificada como reservada o secreta, relacionada con la seguridad nacional o la defensa nacional o relativa a los medios técnicos o sistemas empleados por las Fuerzas Armadas o industrias de interés militar, será castigado con la pena de prisión de uno a cuatro años.

Artículo 599. La pena establecida en el artículo anterior se aplicará en su mitad superior cuando concurra alguna de las circunstancias siguientes:

1.º Que el sujeto activo sea depositario o conocedor del secreto o información por razón de su cargo o destino.

2.º Que la revelación consistiera en dar publicidad al secreto o información en algún medio de comunicación social o de forma que asegure su difusión.

Artículo 600. 1. El que sin autorización expresa reprodujere planos o documentación referentes a zonas, instalaciones o materiales militares que sean de acceso restringido y cuyo conocimiento esté protegido y reservado por una información legalmente calificada como reservada o secreta, será castigado con la pena de prisión de seis meses a tres años.

2. Con la misma pena será castigado el que tenga en su poder objetos o información legalmente calificada como reservada o secreta, relativos a la seguridad o a la defensa nacional, sin cumplir las disposiciones establecidas en la legislación vigente.

Artículo 601. El que, por razón de su cargo, comisión o servicio, tenga en su poder o conozca oficialmente objetos o información legalmente calificada como reservada o secreta o de interés militar, relativos a la seguridad nacional o la defensa nacional, y por imprudencia grave dé lugar a que sean conocidos por persona no autorizada o divulgados, publicados o inutilizados, será castigado con la pena de prisión de seis meses a un año.

Artículo 602. El que descubriere, violare, revelare, sustrajere o utilizare información legalmente calificada como reservada o secreta relacionada con la energía nuclear, será castigado con la pena de prisión de seis meses a tres años, salvo que el hecho tenga señalada pena más grave en otra Ley.

Artículo 603. El que destruyere, inutilizare, falseare o abriere sin autorización la correspondencia o documentación legalmente calificada como reservada o secreta, relacionadas con la defensa nacional y que tenga en su poder por razones de su cargo o destino, será castigado con la pena de prisión de dos a cinco años e inhabilitación especial de empleo o cargo público por tiempo de tres a seis años.

Artículo 604. ...

Artículo 604 dejado sin contenido por el número cuatro del artículo 1 de la L.O. 3/2002, 22 mayo, por la que se modifican la L.O. 10/1995, de 23 de noviembre, del Código Penal, y la L.O. 13/1985, de 9 de diciembre, del Código Penal Militar, en materia de delitos relativos al servicio militar y a la prestación social sustitutoria («B.O.E.» 23 mayo).
Vigencia: 24 mayo 2002

TÍTULO XXIV
DELITOS CONTRA LA COMUNIDAD INTERNACIONAL

CAPÍTULO PRIMERO
DELITOS CONTRA EL DERECHO DE GENTES

Artículo 605. 1. El que matare al Jefe de un Estado extranjero, o a otra persona internacionalmente protegida por un Tratado, que se halle en España, será castigado con la pena de prisión permanente revisable.

Número 1 del artículo 605 redactado por el número doscientos cincuenta y cinco del artículo único de la L.O. 1/2015, de 30 de marzo, por la que se modifica la L.O. 10/1995, de 23 de noviembre, del Código Penal («B.O.E.» 31 marzo).
Vigencia: 1 julio 2015

2. El que causare lesiones de las previstas en el artículo 149 a las personas mencionadas en el apartado anterior, será castigado con la pena de prisión de quince a veinte años.

Si se tratara de alguna de las lesiones previstas en el artículo 150 se castigará con la pena de prisión de ocho a quince años, y de cuatro a ocho años si fuera cualquier otra lesión.

3. Cualquier otro delito cometido contra las personas mencionadas en los números precedentes, o contra los locales oficiales, la residencia particular o los medios de transporte de dichas personas, será castigado con las penas establecidas en este Código para los respectivos delitos, en su mitad superior.

Artículo 606. 1. El que violare la inmunidad personal del Jefe de otro Estado o de otra persona internacionalmente protegida por un Tratado, será castigado con la pena de prisión de seis meses a tres años.

2. Cuando los delitos comprendidos en este artículo y en el anterior no tengan señalada una penalidad recíproca en las leyes del país a que correspondan las personas ofendidas, se impondrá al delincuente la pena que sería propia del delito, con arreglo a las disposiciones de este Código, si la persona ofendida no tuviese el carácter oficial mencionado en el apartado anterior.

CAPÍTULO II
DELITOS DE GENOCIDIO

Artículo 607. 1. Los que, con propósito de destruir total o parcialmente un grupo nacional, étnico, racial, religioso o determinado por la discapacidad de sus integrantes, perpetraren alguno de los actos siguientes, serán castigados:

1.º Con la pena de prisión permanente revisable, si mataran a alguno de sus miembros.

2.º Con la pena de prisión permanente revisable, si agredieran sexualmente a alguno de sus miembros o produjeran alguna de las lesiones previstas en el artículo 149.

3.º Con la pena de prisión de ocho a quince años, si sometieran al grupo o a cualquiera de sus individuos a condiciones de existencia que pongan en peligro su vida o perturben gravemente su salud, o cuando les produjeran algunas de las lesiones previstas en el artículo 150.

4.º Con la misma pena, si llevaran a cabo desplazamientos forzosos del grupo o sus miembros, adoptaran cualquier medida que tienda a impedir su género de vida o reproducción, o bien trasladaran por la fuerza individuos de un grupo a otro.

5.º Con la de prisión de cuatro a ocho años, si produjeran cualquier otra lesión distinta de las señaladas en los numerales 2.º y 3.º de este apartado.

2. En todos los casos se impondrá además la pena de inhabilitación especial para profesión u oficio educativos, en el ámbito docente, deportivo y de tiempo libre, por un tiempo superior entre tres y cinco años al de la duración de la pena de privación de libertad impuesta en su caso en la sentencia, atendiendo proporcionalmente a la gravedad del delito y a las circunstancias que concurran en el delincuente.

Artículo 607 redactado por el número doscientos cincuenta y seis del artículo único de la L.O. 1/2015, de 30 de marzo, por la que se modifica la L.O. 10/1995, de 23 de noviembre, del Código Penal («B.O.E.» 31 marzo).
Vigencia: 1 julio 2015

CAPÍTULO II BIS
DE LOS DELITOS DE LESA HUMANIDAD

Capítulo II bis del Título XXIV del Libro II, integrado por el artículo 607 bis, introducido por el apartado centésimo sexagésimo del artículo único de la L.O. 15/2003, de 25 de noviembre, por la que se modifica la L.O. 10/1995, de 23 de noviembre, del Código Penal («B.O.E.» 26 noviembre).
Vigencia: 1 octubre 2004

Artículo 607 bis. 1. Son reos de delitos de lesa humanidad quienes cometan los hechos previstos en el apartado siguiente como parte de un ataque generalizado o sistemático contra la población civil o contra una parte de ella.

En todo caso, se considerará delito de lesa humanidad la comisión de tales hechos:

1.º Por razón de pertenencia de la víctima a un grupo o colectivo perseguido por motivos políticos, raciales, nacionales, étnicos, culturales, religiosos, de género, discapacidad u otros motivos universalmente reconocidos como inaceptables con arreglo al derecho internacional.

Apartado 1.º del número 1 del artículo 607 bis redactado por el apartado centésimo quincuagésimo sexto del artículo único de la L.O. 5/2010, de 22 de junio, por la que se modifica la L.O. 10/1995, de 23 de noviembre, del Código Penal («B.O.E.» 23 junio).
Vigencia: 23 diciembre 2010

2.º En el contexto de un régimen institucionalizado de opresión y dominación sistemáticas de un grupo racial sobre uno o más grupos raciales y con la intención de mantener ese régimen.

2. Los reos de delitos de lesa humanidad serán castigados:

1.º Con la pena de prisión permanente revisable si causaran la muerte de alguna persona.

Apartado 1.º del número 2 del artículo 607 bis redactado por el número doscientos cincuenta y siete del artículo único de la L.O. 1/2015, de 30 de marzo, por la que se modifica la L.O. 10/1995, de 23 de noviembre, del Código Penal («B.O.E.» 31 marzo).
Vigencia: 1 julio 2015

2.º Con la pena de prisión de 12 a 15 años si cometieran una violación, y de cuatro a seis años de prisión si el hecho consistiera en cualquier otra agresión sexual.

3.º Con la pena de prisión de 12 a 15 años si produjeran alguna de las lesiones del artículo 149, y con la de ocho a 12 años de prisión si sometieran a las personas a condiciones de existencia que pongan en peligro su vida o perturben gravemente su salud o cuando les produjeran alguna de las lesiones previstas en el artículo 150. Se aplicará la pena de prisión de cuatro a ocho años si cometieran alguna de las lesiones del artículo 147.

4.º Con la pena de prisión de ocho a 12 años si deportaran o trasladaran por la fuerza, sin motivos autorizados por el derecho internacional, a una o más personas a otro Estado o lugar, mediante la expulsión u otros actos de coacción.

5.º Con la pena de prisión de seis a ocho años si forzaran el embarazo de alguna mujer con intención de modificar la composición étnica de la población, sin perjuicio de la pena que corresponda, en su caso, por otros delitos.

6.º Con la pena de prisión de doce a quince años la desaparición forzada de personas. Se entenderá por desaparición forzada la aprehensión, detención o el secuestro o cualquier otra forma de privación de libertad que sean obra de agentes del Estado o por personas o grupos de personas que actúan con la autorización, el apoyo o la aquiescencia del Estado, seguida de la negativa a reconocer dicha privación de libertad o del ocultamiento de la suerte o el paradero de la persona desaparecida, sustrayéndola de la protección de la ley.

Apartado 6.º del número 2 del artículo 607 bis redactado por el número doscientos cincuenta y siete del artículo único de la L.O. 1/2015, de 30 de marzo, por la que se modifica la L.O. 10/1995, de 23 de noviembre, del Código Penal («B.O.E.» 31 marzo).
Vigencia: 1 julio 2015

7.º Con la pena de prisión de ocho a 12 años si detuvieran a otro, privándolo de su libertad, con infracción de las normas internacionales sobre la detención.

Se impondrá la pena inferior en grado cuando la detención dure menos de quince días.

8.º Con la pena de cuatro a ocho años de prisión si cometieran tortura grave sobre personas que tuvieran bajo su custodia o control, y con la de prisión de dos a seis años si fuera menos grave.

A los efectos de este artículo, se entiende por tortura el sometimiento de la persona a sufrimientos físicos o psíquicos.

La pena prevista en este número se impondrá sin perjuicio de las penas que correspondieran, en su caso, por los atentados contra otros derechos de la víctima.

9.º Con la pena de prisión de cuatro a ocho años si cometieran alguna de las conductas relativas a la prostitución recogidas en el artículo 187.1, y con la de seis a ocho años en los casos previstos en el artículo 188.1.

Se impondrá la pena de seis a ocho años a quienes trasladen a personas de un lugar a otro, con el propósito de su explotación sexual, empleando violencia, intimidación o engaño, o abusando de una situación de superioridad o de necesidad o de vulnerabilidad de la víctima.

Cuando las conductas previstas en el párrafo anterior y en el artículo 188.1 se cometan sobre menores de edad o personas con discapacidad necesitadas de especial protección, se impondrán las penas superiores en grado.

La referencia al término «personas con discapacidad necesitadas de especial protección» ha sido introducida en sustitución de la anterior referencia al término «incapaces», conforme establece el número doscientos cincuenta y ocho del artículo único de la L.O. 1/2015, de 30 de marzo, por la que se modifica la L.O. 10/1995, de 23 de noviembre, del Código Penal («B.O.E.» 31 marzo).
Vigencia: 1 julio 2015

10.º Con la pena de prisión de cuatro a ocho años si sometieran a alguna persona a esclavitud o la mantuvieran en ella. Esta pena se aplicará sin perjuicio de las que, en su caso, correspondan por los concretos atentados cometidos contra los derechos de las personas.

Por esclavitud se entenderá la situación de la persona sobre la que otro ejerce, incluso de hecho, todos o algunos de los atributos del derecho de propiedad, como comprarla, venderla, prestarla o darla en trueque.

3. En todos los casos previstos en el apartado anterior se impondrá además la pena de inhabilitación especial para profesión u oficio educativos, en el ámbito do-

cente, deportivo y de tiempo libre, por un tiempo superior entre tres y cinco años al de la duración de la pena de privación de libertad impuesta en su caso en la sentencia, atendiendo proporcionalmente a la gravedad del delito y a las circunstancias que concurran en el delincuente.

Número 3 del artículo 607 bis introducido por el número doscientos cincuenta y siete del artículo único de la L.O. 1/2015, de 30 de marzo, por la que se modifica la L.O. 10/1995, de 23 de noviembre, del Código Penal («B.O.E.» 31 marzo).
Vigencia: 1 julio 2015

CAPÍTULO III
DE LOS DELITOS CONTRA LAS PERSONAS Y BIENES PROTEGIDOS EN CASO DE CONFLICTO ARMADO

Artículo 608. A los efectos de este capítulo, se entenderá por personas protegidas:

1.º Los heridos, enfermos o náufragos y el personal sanitario o religioso, protegidos por el I y II Convenios de Ginebra de 12 de agosto de 1949 o por el Protocolo I Adicional de 8 de junio de 1977.

2.º Los prisioneros de guerra protegidos por el III Convenio de Ginebra de 12 de agosto de 1949 o por el Protocolo I Adicional de 8 de junio de 1977.

3.º La población civil y las personas civiles protegidas por el IV Convenio de Ginebra de 12 de agosto de 1949 o por el Protocolo I Adicional de 8 de junio de 1977.

4.º Las personas fuera de combate y el personal de la Potencia Protectora y de su sustituto protegidos por los Convenios de Ginebra de 12 de agosto de 1949 o por el Protocolo I Adicional de 8 de junio de 1977.

5.º Los parlamentarios y las personas que los acompañen, protegidos por el Convenio II de La Haya de 29 de julio de 1899.

6.º El personal de Naciones Unidas y personal asociado, protegidos por la Convención sobre la Seguridad del Personal de las Naciones Unidas y del Personal Asociado, de 9 de diciembre de 1994.

Apartado 6.º del artículo 608 introducido en su actual redacción por el apartado centésimo sexagésimo primero del artículo único de la L.O. 15/2003, de 25 de noviembre, por la que se modifica la L.O. 10/1995, de 23 de noviembre, del Código Penal («B.O.E.» 26 noviembre).
Vigencia: 1 octubre 2004

7.º Cualquier otra que tenga aquella condición en virtud del Protocolo II Adicional de 8 de junio de 1977 o de cualesquiera otros Tratados internacionales en los que España fuere parte.

Apartado 7.º del artículo 608 renumerado por el apartado centésimo sexagésimo primero del artículo único de la L.O. 15/2003, de 25 de noviembre, por la que se modifica la L.O. 10/1995, de 23 de noviembre, del Código Penal («B.O.E.» 26 noviembre). Su contenido literal se corresponde con el del anterior apartado 6.º del mismo artículo.
Vigencia: 1 octubre 2004

Artículo 609. El que, con ocasión de un conflicto armado, maltrate de obra o ponga en grave peligro la vida, la salud o la integridad de cualquier persona protegida, la haga objeto de tortura o tratos inhumanos, incluidos los experimentos biológicos, le cause grandes sufrimientos o la someta a cualquier acto médico que no esté indicado por su estado de salud ni de acuerdo con las normas médicas generalmente reconocidas que la Parte responsable de la actuación aplicaría, en análogas circunstancias médicas, a sus propios nacionales no privados de libertad, será castigado con la pena de prisión de cuatro a ocho años, sin perjuicio de la pena que pueda corresponder por los resultados lesivos producidos.

Artículo 610. El que, con ocasión de un conflicto armado, emplee u ordene emplear métodos o medios de combate prohibidos o destinados a causar sufrimientos innecesarios o males superfluos, así como aquéllos concebidos para causar o de los que fundamentalmente quepa prever que causen daños extensos, duraderos y graves al medio ambiente natural, comprometiendo la salud o la supervivencia de la población, u ordene no dar cuartel, será castigado con la pena de prisión de 10 a 15 años, sin perjuicio de la pena que corresponda por los resultados producidos.

Artículo 610 redactado por el apartado centésimo sexagésimo segundo del artículo único de la L.O. 15/2003, de 25 de noviembre, por la que se modifica la L.O. 10/1995, de 23 de noviembre, del Código Penal («B.O.E.» 26 noviembre).
Vigencia: 1 octubre 2004

Artículo 611. Será castigado con la pena de prisión de diez a quince años, sin perjuicio de la pena que corresponda por los resultados producidos, el que, con ocasión de un conflicto armado:

1.º Realice u ordene realizar ataques indiscriminados o excesivos o haga objeto a la población civil de ataques, represalias o actos o amenazas de violencia cuya finalidad principal sea aterrorizarla.

2.º Destruya o dañe, violando las normas del Derecho Internacional aplicables en los conflictos armados, buque o aeronave no militares de una Parte adversa o neutral, innecesariamente y sin dar tiempo o sin adoptar las medidas necesarias para proveer a la seguridad de las personas y a la conservación de la documentación de a bordo.

3.º Obligue a un prisionero de guerra o persona civil a servir, en cualquier forma, en las Fuerzas Armadas de la Parte adversa, o les prive de su derecho a ser juzgados regular e imparcialmente.

4.º Deporte, traslade de modo forzoso, tome como rehén o detenga o confine ilegalmente a cualquier persona protegida o la utilice para poner ciertos puntos, zonas o fuerzas militares a cubierto de los ataques de la parte adversa.

Apartado 4.º del artículo 611 redactado por el apartado centésimo sexagésimo tercero del artículo único de la L.O. 15/2003, de 25 de noviembre, por la que se modifica la L.O. 10/1995, de 23 de noviembre, del Código Penal («B.O.E.» 26 noviembre; rectificada por Corrección de errores «B.O.E» 2 abril 2004).
Vigencia: 1 octubre 2004

5.º Traslade y asiente, directa o indirectamente, en territorio ocupado a población de la parte ocupante, para que resida en él de modo permanente.

Apartado 5.º del artículo 611 redactado por el apartado centésimo sexagésimo tercero del artículo único de la L.O. 15/2003, de 25 de noviembre, por la que se modifica la L.O. 10/1995, de 23 de noviembre, del Código Penal («B.O.E.» 26 noviembre; rectificada por Corrección de errores «B.O.E» 2 abril 2004).
Vigencia: 1 octubre 2004

6.º Realice, ordene realizar o mantenga, respecto de cualquier persona protegida, prácticas de segregación racial y demás prácticas inhumanas y degradantes basadas en otras distinciones de carácter desfavorable, que entrañen un ultraje contra la dignidad personal.

7.º Impida o demore, injustificadamente, la liberación o la repatriación de prisioneros de guerra o de personas civiles.

8.º Declare abolidos, suspendidos o inadmisibles ante un Juez o Tribunal los derechos y acciones de los nacionales de la parte adversa.

Apartado 8.º del artículo 611 introducido por el apartado centésimo quincuagésimo séptimo del artículo único de la L.O. 5/2010, de 22 de junio, por la que se modifica la L.O. 10/1995, de 23 de noviembre, del Código Penal («B.O.E.» 23 junio).
Vigencia: 23 diciembre 2010

9.º Atente contra la libertad sexual de una persona protegida cometiendo actos de violación, esclavitud sexual, prostitución inducida o forzada, embarazo forzado, esterilización forzada o cualquier otra forma de agresión sexual.

Apartado 9.º del artículo 611 introducido por el apartado centésimo quincuagésimo séptimo del artículo único de la L.O. 5/2010, de 22 de junio, por la que se modifica la L.O. 10/1995, de 23 de noviembre, del Código Penal («B.O.E.» 23 junio).
Vigencia: 23 diciembre 2010

Artículo 612. Será castigado con la pena de prisión de tres a siete años, sin perjuicio de la pena que corresponda por los resultados producidos, el que, con ocasión de un conflicto armado:

1.º Viole a sabiendas la protección debida a hospitales, instalaciones, material, unidades y medios de transporte sanitario, campos de prisioneros, zonas y localidades sanitarias y de seguridad, zonas neutralizadas, lugares de internamiento de la población civil, localidades no defendidas y zonas desmilitarizadas, dadas a conocer por los signos o señales distintivos apropiados.

Apartado 1.º del artículo 612 redactado por el apartado centésimo sexagésimo cuarto del artículo único de la L.O. 15/2003, de 25 de noviembre, por la que se modifica la L.O. 10/1995, de 23 de noviembre, del Código Penal («B.O.E.» 26 noviembre).
Vigencia: 1 octubre 2004

2.º Ejerza violencia sobre el personal sanitario o religioso o integrante de la misión médica, o de las sociedades de socorro o contra el personal habilitado para usar los signos o señales distintivos de los Convenios de Ginebra, de conformidad con el derecho internacional.

Apartado 2.º del artículo 612 redactado por el apartado centésimo sexagésimo cuarto del artículo único de la L.O. 15/2003, de 25 de noviembre, por la que se modifica la L.O. 10/1995, de 23 de noviembre, del Código Penal («B.O.E.» 26 noviembre).
Vigencia: 1 octubre 2004

3.º Injurie gravemente, prive o no procure el alimento indispensable o la asistencia médica necesaria a cualquier persona protegida o la haga objeto de tratos humillantes o degradantes, omita informarle, sin demora justificada y de modo comprensible, de su situación, imponga castigos colectivos por actos individuales o viole las prescripciones sobre el alojamiento de mujeres y familias o sobre protección especial de mujeres y niños establecidas en los tratados internacionales en los que España fuera parte y, en particular, reclute o aliste a menores de dieciocho años o los utilice para participar directamente en las hostilidades.

Apartado 3.º del artículo 612 redactado por el apartado centésimo quincuagésimo octavo del artículo único de la L.O. 5/2010, de 22 de junio, por la que se modifica la L.O. 10/1995, de 23 de noviembre, del Código Penal («B.O.E.» 23 junio).
Vigencia: 23 diciembre 2010

4.º Use indebidamente los signos protectores o distintivos, emblemas o señales establecidos y reconocidos en los tratados internacionales en los que España fuere parte, especialmente los signos distintivos de la Cruz Roja, de la Media Luna Roja y del Cristal Rojo.

Apartado 4.º del artículo 612 redactado por el apartado centésimo quincuagésimo octavo del artículo único de la L.O. 5/2010, de 22 de junio, por la que se modifica la L.O. 10/1995, de 23 de noviembre, del Código Penal («B.O.E.» 23 junio).
Vigencia: 23 diciembre 2010

5.º Utilice indebidamente o de modo pérfido bandera, uniforme, insignia o emblema distintivo de Estados neutrales, de las Naciones Unidas o de otros Estados que no sean partes en el conflicto o de Partes adversas, durante los ataques o para cubrir, favorecer, proteger u obstaculizar operaciones militares, salvo en los casos exceptuados expresamente previstos en los Tratados internacionales en los que España fuere parte.

6.º Utilice indebidamente o de modo pérfido bandera de parlamento o de rendición, atente contra la inviolabilidad o retenga indebidamente a parlamentario o a cualquiera de las personas que lo acompañen, a personal de la Potencia Protectora o su sustituto, o a miembro de la Comisión Internacional de Encuesta.

7.º Despoje de sus efectos a un cadáver, herido, enfermo, náufrago, prisionero de guerra o persona civil internada.

8.º Haga padecer intencionadamente hambre a la población civil como método de guerra, privándola de los bienes indispensables para su supervivencia, incluido el hecho de obstaculizar arbitrariamente los suministros de socorro, realizados de conformidad con los Convenios de Ginebra y sus Protocolos Adicionales.

Apartado 8.º del artículo 612 introducido por el apartado centésimo quincuagésimo octavo del artículo único de la L.O. 5/2010, de 22 de junio, por la que se modifica la L.O. 10/1995, de 23 de noviembre, del Código Penal («B.O.E.» 23 junio).
Vigencia: 23 diciembre 2010

9.º Viole suspensión de armas, armisticio, capitulación u otro convenio celebrado con la parte adversa.

Apartado 9.º del artículo 612 introducido por el apartado centésimo quincuagésimo octavo del artículo único de la L.O. 5/2010, de 22 de junio, por la que se modifica la L.O. 10/1995, de 23 de noviembre, del Código Penal («B.O.E.» 23 junio).
Vigencia: 23 diciembre 2010

10.º Dirija intencionadamente ataques contra cualquier miembro del personal de las Naciones Unidas, personal asociado o participante en una misión de paz o de asistencia humanitaria, de conformidad con la Carta de las Naciones Unidas, siempre que tengan derecho a la protección otorgada a personas o bienes civiles, con arreglo al derecho internacional de los conflictos armados, o les amenace con tal ataque para obligar a una persona natural o jurídica a realizar o abstenerse de realizar algún acto.

Apartado 10.º del artículo 612 introducido por el apartado centésimo quincuagésimo octavo del artículo único de la L.O. 5/2010, de 22 de junio, por la que se modifica la L.O. 10/1995, de 23 de noviembre, del Código Penal («B.O.E.» 23 junio).
Vigencia: 23 diciembre 2010

Artículo 613. 1. Será castigado con la pena de prisión de cuatro a seis años el que, con ocasión de un conflicto armado, realice u ordene realizar alguna de las siguientes acciones:

a) Ataque o haga objeto de represalias o actos de hostilidad contra bienes culturales o lugares de culto que constituyen el patrimonio cultural o espiritual de los pueblos, siempre que tales bienes o lugares no estén situados en la inmediata proximidad de un objetivo militar o no sean utilizados en apoyo del esfuerzo militar del adversario y estén debidamente señalizados;

b) Use indebidamente los bienes culturales o lugares de culto referidos en la letra a) en apoyo de una acción militar;

c) Se apropie a gran escala, robe, saquee o realice actos de vandalismo contra los bienes culturales o lugares de culto referidos en la letra a);

d) Ataque o haga objeto de represalias o de actos de hostilidad a bienes de carácter civil de la parte adversa, causando su destrucción, siempre que ello no ofrezca, en las circunstancias del caso, una ventaja militar definida o que tales bienes no contribuyan eficazmente a la acción militar del adversario;

e) Ataque, destruya, sustraiga o inutilice los bienes indispensables para la supervivencia de la población civil, salvo que la parte adversa utilice tales bienes en apoyo directo de una acción militar o exclusivamente como medio de subsistencia para los miembros de sus fuerzas armadas;

f) Ataque o haga objeto de represalias a las obras o instalaciones que contengan fuerzas peligrosas, cuando tales ataques puedan producir la liberación de aquellas fuerzas y causar, en consecuencia, pérdidas importantes en la población civil, salvo que tales obras o instalaciones se utilicen en apoyo regular, importante y directo de operaciones militares y que tales ataques sean el único medio factible de poner fin a tal apoyo;

g) Destruya, dañe o se apodere, sin necesidad militar, de cosas que no le pertenezcan, obligue a otro a entregarlas o realice cualesquiera otros actos de pillaje;

h) Requise, indebida o innecesariamente, bienes muebles o inmuebles en territorio ocupado o destruya buque o aeronave no militares, y su carga, de una parte adversa o neutral o los capture, con infracción de las normas internacionales aplicables a los conflictos armados en la mar;

i) Ataque o realice actos de hostilidad contra las instalaciones, material, unidades, residencia privada o vehículos de cualquier miembro del personal referido en el ordinal 10.º del artículo 612 o amenace con tales ataques o actos de hostilidad para obligar a una persona natural o jurídica a realizar o abstenerse de realizar algún acto.

2. Cuando el ataque, la represalia, el acto de hostilidad o la utilización indebida tengan por objeto bienes culturales o lugares de culto bajo protección especial o a los que se haya conferido protección en virtud de acuerdos especiales, o bienes culturales inmuebles o lugares de culto bajo protección reforzada o sus alrededores inmediatos, se podrá imponer la pena superior en grado.

En los demás supuestos previstos en el apartado anterior de este artículo, se podrá imponer la pena superior en grado cuando se causen destrucciones extensas e importantes en los bienes, obras o instalaciones sobre los que recaigan o en los supuestos de extrema gravedad.

Artículo 613 redactado por el apartado centésimo quincuagésimo noveno del artículo único de la L.O. 5/2010, de 22 de junio, por la que se modifica la L.O. 10/1995, de 23 de noviembre, del Código Penal («B.O.E.» 23 junio).
Vigencia: 23 diciembre 2010

Artículo 614. El que, con ocasión de un conflicto armado, realice u ordene realizar cualesquiera otras infracciones o actos contrarios a las prescripciones de los tratados internacionales en los que España fuere parte y relativos a la conducción de las hostilidades, regulación de los medios y métodos de combate, protección de los heridos, enfermos y náufragos, trato debido a los prisioneros de guerra, protección de las personas civiles y protección de los bienes culturales en caso de conflicto armado, será castigado con la pena de prisión de seis meses a dos años.

Artículo 614 redactado por el apartado centésimo sexagésimo del artículo único de la L.O. 5/2010, de 22 de junio, por la que se modifica la L.O. 10/1995, de 23 de noviembre, del Código Penal («B.O.E.» 23 junio).
Vigencia: 23 diciembre 2010

Artículo 614 bis. Cuando cualquiera de las conductas contenidas en este capítulo formen parte de un plan o política o se cometan a gran escala, se aplicarán las respectivas penas en su mitad superior.

Artículo 614 bis introducido por el apartado centésimo sexagésimo sexto del artículo único de la L.O. 15/2003, de 25 de noviembre, por la que se modifica la L.O. 10/1995, de 23 de noviembre, del Código Penal («B.O.E.» 26 noviembre).
Vigencia: 1 octubre 2004

CAPÍTULO IV
DISPOSICIONES COMUNES

Artículo 615. La provocación, la conspiración y la proposición para la ejecución de los delitos previstos en los capítulos anteriores de este Título se castigarán con la pena inferior en uno o dos grados a la que correspondería a los mismos.

Artículo 615 redactado por el apartado centésimo sexagésimo primero del artículo único de la L.O. 5/2010, de 22 de junio, por la que se modifica la L.O. 10/1995, de 23 de noviembre, del Código Penal («B.O.E.» 23 junio).
Vigencia: 23 diciembre 2010

Artículo 615 bis. 1. La autoridad o jefe militar o quien actúe efectivamente como tal que no adoptara las medidas a su alcance para evitar la comisión, por las fuerzas sometidas a su mando o control efectivo, de alguno de los delitos comprendidos en los capítulos II, II bis y III de este título, será castigado con la misma pena que los autores.

2. Si la conducta anterior se realizara por imprudencia grave, la pena será la inferior en uno o dos grados.

3. La autoridad o jefe militar o quien actúe efectivamente como tal que no adoptara las medidas a su alcance para que sean perseguidos los delitos comprendidos en los capítulos II, II bis y III de este título cometidos por las personas sometidas a su mando o control efectivo será castigada con la pena inferior en dos grados a la de los autores.

4. El superior no comprendido en los apartados anteriores que, en el ámbito de su competencia, no adoptara las medidas a su alcance para evitar la comisión por sus subordinados de alguno de los delitos comprendidos en los capítulos II, II bis y III de este título será castigado con la misma pena que los autores.

5. El superior que no adoptara las medidas a su alcance para que sean perseguidos los delitos comprendidos en los capítulos II, II bis y III de este título cometidos por sus subordinados será castigado con la pena inferior en dos grados a la de los autores.

6. El funcionario o autoridad que, sin incurrir en las conductas previstas en los apartados anteriores, y faltando a la obligación de su cargo, dejara de promover la persecución de alguno de los delitos de los comprendidos en los capítulos II, II bis y III de este título de que tenga noticia será castigado con la pena de inhabilitación especial para empleo o cargo público por tiempo de dos a seis años.

Artículo 615 bis introducido por el apartado centésimo sexagésimo séptimo del artículo único de la L.O. 15/2003, de 25 de noviembre, por la que se modifica la L.O. 10/1995, de 23 de noviembre, del Código Penal («B.O.E.» 26 noviembre).
Vigencia: 1 octubre 2004

Artículo 616. En el caso de cometerse cualquiera de los delitos comprendidos en los Capítulos anteriores de este Título, excepto los previstos en el artículo 614 y en los apartados 2 y 6 del 615 bis, y en el Título anterior por una autoridad o funcionario público, se le impondrá, además de las penas señaladas en ellos, la de inhabilitación absoluta por tiempo de diez a veinte años; si fuese un particular, los jueces y tribunales podrán imponerle la de inhabilitación especial para empleo o cargo público por tiempo de uno a diez años.

Artículo 616 redactado por el apartado centésimo sexagésimo segundo del artículo único de la L.O. 5/2010, de 22 de junio, por la que se modifica la L.O. 10/1995, de 23 de noviembre, del Código Penal («B.O.E.» 23 junio).
Vigencia: 23 diciembre 2010

Artículo 616 bis. Lo dispuesto en el artículo 20.7.º de este Código en ningún caso resultará aplicable a quienes cumplan mandatos de cometer o participar en los hechos incluidos en los capítulos II y II bis de este título.

Artículo 616 bis introducido por el apartado centésimo sexagésimo octavo del artículo único de la L.O. 15/2003, de 25 de noviembre, por la que se modifica la L.O. 10/1995, de 23 de noviembre, del Código Penal («B.O.E.» 26 noviembre).
Vigencia: 1 octubre 2004

CAPÍTULO V
DELITO DE PIRATERÍA

Capítulo V del Título XXIV del Libro II, integrado por los artículos 616 ter y 616 quáter, introducido por los apartados centésimo sexagésimo tercero y siguientes del artículo único de la L.O. 5/2010, de 22 de junio, por la que se modifica la L.O. 10/1995, de 23 de noviembre, del Código Penal («B.O.E.» 23 junio).
Vigencia: 23 diciembre 2010

Artículo 616 ter. El que con violencia, intimidación o engaño, se apodere, dañe o destruya una aeronave, buque u otro tipo de embarcación o plataforma en el mar, o bien atente contra las personas, cargamento o bienes que se hallaren a bordo de las mismas, será castigado como reo del delito de piratería con la pena de prisión de diez a quince años.

En todo caso, la pena prevista en este artículo se impondrá sin perjuicio de las que correspondan por los delitos cometidos.

Artículo 616 quáter. 1. El que con ocasión de la prevención o persecución de los hechos previstos en el artículo anterior, se resistiere o desobedeciere a un buque de guerra o aeronave militar u otro buque o aeronave que lleve signos claros y sea identificable como buque o aeronave al servicio del Estado español y esté autorizado a tal fin, será castigado con la pena de prisión de uno a tres años.

2. Si en la conducta anterior se empleare fuerza o violencia se impondrá la pena de diez a quince años de prisión.

3. En todo caso, las penas previstas en este artículo se impondrán sin perjuicio de las que correspondan por los delitos cometidos.

LIBRO III
FALTAS Y SUS PENAS

TÍTULO PRIMERO
FALTAS CONTRA LAS PERSONAS

Artículo 617. ...

Artículo 618. ...

Artículo 619. ...

Artículo 620. ...

Artículo 621. ...

Artículo 622. ...

TÍTULO II
FALTAS CONTRA EL PATRIMONIO

Artículo 623. ...

Artículo 624. ...

Artículo 625. ...

Artículo 626. ...

Artículo 627. ...

Artículo 628. ...

TÍTULO III
FALTAS CONTRA LOS INTERESES GENERALES

Artículo 629. ...

Artículo 630. ...

Artículo 631. ...

Artículo 632. ...

TÍTULO IV
FALTAS CONTRA EL ORDEN PÚBLICO

Artículo 633. ...

Artículo 634. ...

Artículo 635. ...

Artículo 636. ...

Artículo 637. ...

TÍTULO V
DISPOSICIONES COMUNES A LAS FALTAS

Artículo 638. ...

Artículo 639. ...

Libro III derogado por el número 1 de la disposición derogatoria única de la L.O. 1/2015, de 30 de marzo, por la que se modifica la L.O. 10/1995, de 23 de noviembre, del Código Penal («B.O.E.» 31 marzo).
Vigencia: 1 julio 2015

DISPOSICIONES ADICIONALES

Disposición adicional primera. Cuando una persona sea declarada exenta de responsabilidad criminal por concurrir alguna de las causas previstas en los números 1.º y 3.º del artículo 20 de este Código, el Ministerio Fiscal instará, si fuera procedente, la declaración de incapacidad ante la Jurisdicción Civil, salvo que la misma hubiera sido ya anteriormente acordada y, en su caso, el internamiento conforme a las normas de la legislación civil.

Véanse artículos 756 y siguientes LEC.

Disposición adicional segunda. Cuando la autoridad gubernativa tenga conocimiento de la existencia de un menor de edad o de una persona con discapacidad necesitada de especial protección que se halla en estado de prostitución, sea o no por su voluntad, pero con anuencia de las personas que sobre él ejerzan autoridad familiar o ético-social o de hecho, o que carece de ellas, o éstas lo tienen en abandono y no se encargan de su custodia, lo comunicará de inmediato a la entidad pública que en el respectivo territorio tenga encomendada la protección de menores y al Ministerio Fiscal, para que actúen de conformidad con sus respectivas competencias.

La referencia al término «persona con discapacidad necesitada de especial protección» ha sido introducida en sustitución de la anterior referencia al término «incapaz», conforme establece el número doscientos cincuenta y ocho del artículo único de la L.O. 1/2015, de 30 de marzo, por la que se modifica la L.O. 10/1995, de 23 de noviembre, del Código Penal («B.O.E.» 31 marzo).
Vigencia: 1 julio 2015

Asimismo, en los supuestos en que el Juez o Tribunal acuerde la inhabilitación especial para el ejercicio de la patria potestad, el acogimiento, la guarda, tutela o curatela, o la privación de la patria potestad lo comunicará de inmediato a la entidad pública que en el respectivo territorio tenga encomendada la protección de los menores y al Ministerio Fiscal para que actúen de conformidad con sus respectivas competencias.

Párrafo 2.º de la disposición adicional segunda redactado por el apartado centésimo sexagésimo noveno del artículo único de la L.O. 5/2010, de 22 de junio, por la que se modifica la L.O. 10/1995, de 23 de noviembre, del Código Penal («B.O.E.» 23 junio).
Vigencia: 23 diciembre 2010

Disposición adicional tercera. Cuando, mediando denuncia o reclamación del perjudicado, se incoe un procedimiento penal por hechos constitutivos de infracciones previstas y penadas en los artículos 267 y 621 del presente Código, podrán comparecer en las diligencias penales que se incoen y mostrarse parte todos aquellos otros implicados en los mismos hechos que se consideren perjudicados, cualquiera que sea la cuantía de los daños que reclamen.

DISPOSICIONES TRANSITORIAS

Disposición transitoria primera. Los delitos y faltas cometidos hasta el día de la entrada en vigor de este Código se juzgarán conforme al cuerpo legal y demás leyes penales especiales que se derogan. Una vez que entre en vigor el presente Código, si las disposiciones del mismo son más favorables para el reo, se aplicarán éstas.

Disposición transitoria segunda. Para la determinación de cuál sea la ley más favorable se tendrá en cuenta la pena que correspondería al hecho enjuiciado con la aplicación de las normas completas de uno u otro Código. Las disposiciones sobre redención de penas por el trabajo sólo serán de aplicación a todos los condenados conforme al Código derogado y no podrán gozar de ellas aquellos a quienes se les apliquen las disposiciones del nuevo Código.

En todo caso, será oído el reo.

Disposición transitoria tercera. Los Directores de los establecimientos penitenciarios remitirán a la mayor urgencia, a partir de la publicación del nuevo Código penal, a los Jueces o Tribunales que estén conociendo de la ejecutoria, relación de los penados internos en el Centro que dirijan, y liquidación provisional de la pena en ejecución, señalando los días que el reo haya redimido por el trabajo y los que pueda redimir, en su caso, en el futuro conforme al artículo 100 del Código Penal que se deroga y disposiciones complementarias.

Disposición transitoria cuarta. Los Jueces o Tribunales mencionados en la disposición anterior procederán, una vez recibida la anterior liquidación de condena, a dar traslado al Ministerio Fiscal, para que informe sobre si procede revisar la sentencia y, en tal caso, los términos de la revisión. Una vez haya informado el Fiscal, procederán también a oír al reo, notificándole los términos de la revisión propuesta, así como a dar traslado al Letrado que asumió su defensa en el juicio oral, para que exponga lo que estime más favorable para el reo.

Disposición transitoria quinta. El Consejo General del Poder Judicial, en el ámbito de las competencias que le atribuye el artículo 98 de la Ley Orgánica del Poder Judicial, podrá asignar a uno o varios de los Juzgados de lo Penal o Secciones de las Audiencias Provinciales dedicados en régimen de exclusividad a la ejecución de sentencias penales, la revisión de las sentencias firmes dictadas antes de la vigencia de este Código.

Dichos Jueces o Tribunales procederán a revisar las sentencias firmes y en las que el penado esté cumpliendo efectivamente la pena, aplicando la disposición más favorable considerada taxativamente y no por el ejercicio del arbitrio judicial. En las penas privativas de libertad no se considerará más favorable este Código cuando la duración de la pena anterior impuesta al hecho con sus circunstancias sea también imponible con arreglo al nuevo Código. Se exceptúa el supuesto en que este Código contenga para el mismo hecho la previsión alternativa de una pena no privativa de libertad; en tal caso deberá revisarse la sentencia.

No se revisarán las sentencias en que el cumplimiento de la pena esté suspendido, sin perjuicio de hacerlo en caso de que se revoque la suspensión y antes de proceder al cumplimiento efectivo de la pena suspendida. Igual regla se aplicará si el penado se encuentra en período de libertad condicional.

Tampoco se revisarán las sentencias en que, con arreglo al Código derogado y al nuevo, corresponda, exclusivamente, pena de multa.

Disposición transitoria sexta. No serán revisadas las sentencias en que la pena esté ejecutada o suspendida, aunque se encuentren pendientes de ejecutar otros pronunciamientos del fallo, así como las ya totalmente ejecutadas, sin perjuicio de que el Juez o Tribunal que en el futuro pudiera tenerlas en cuenta a efectos de reincidencia deba examinar previamente si el hecho en ellas penado ha dejado de ser delito o pudiera corresponderle una pena menor de la impuesta conforme a este Código.

En los supuestos de indulto parcial, no se revisarán las sentencias cuando la pena resultante que se halle cumpliendo el condenado se encuentre comprendida en un marco imponible inferior respecto al nuevo Código.

Disposición transitoria séptima. A efectos de la apreciación de la agravante de reincidencia, se entenderán comprendidos en el mismo Título de este Código, aquellos delitos previstos en el Cuerpo legal que se deroga y que tengan análoga denominación y ataquen del mismo modo a idéntico bien jurídico.

Disposición transitoria octava. En los casos en que la pena que pudiera corresponder por la aplicación de este Código fuera la de arresto de fin de semana, se considerará, para valorar su gravedad comparativa, que la duración de la privación de libertad equivale a dos días por cada fin de semana que correspondiera imponer. Si la pena fuera la de multa, se considerará que cada día de arresto sustitutorio que se haya impuesto o pudiese imponer el Juez o Tribunal conforme al Código que se deroga, equivale a dos cuotas diarias de la multa del presente Cuerpo legal.

Disposición transitoria novena. En las sentencias dictadas conforme a la legislación que se deroga y que no sean firmes por estar pendientes de recurso, se observarán, una vez transcurrido el período de vacatio, las siguientes reglas:

a) Si se trata de un recurso de apelación, las partes podrán invocar y el Juez o Tribunal aplicará de oficio los preceptos del nuevo Código, cuando resulten más favorables al reo.

b) Si se trata de un recurso de casación, aún no formalizado, el recurrente podrá señalar las infracciones legales basándose en los preceptos del nuevo Código.

c) Si, interpuesto recurso de casación, estuviera sustanciándose, se pasará de nuevo al recurrente, de oficio o a instancia de parte, por el término de ocho días, para que adapte, si lo estima procedente, los motivos de casación alegados a los preceptos del nuevo Código, y del recurso así modificado se instruirán las partes interesadas, el Fiscal y el Magistrado ponente, continuando la tramitación conforme a Derecho.

Disposición transitoria décima. Las medidas de seguridad que se hallen en ejecución o pendientes de ella, acordadas conforme a la Ley de Peligrosidad y Rehabilitación Social, o en aplicación de los números 1.º y 3.º del artículo 8 o del número 1.º del artículo 9 del Código Penal que se deroga, serán revisadas conforme a los preceptos del Título IV del Libro I de este Código y a las reglas anteriores.

En aquellos casos en que la duración máxima de la medida prevista en este Código sea inferior al tiempo que efectivamente hayan cumplido los sometidos a la misma, el Juez o Tribunal dará por extinguido dicho cumplimiento y, en el caso de tratarse de una medida de internamiento, ordenará su inmediata puesta en libertad.

Disposición transitoria undécima. 1. Cuando se hayan de aplicar Leyes penales especiales o procesales por la jurisdicción ordinaria, se entenderán sustituidas:

a) La pena de reclusión mayor, por la de prisión de quince a veinte años, con la cláusula de elevación de la misma a la pena de prisión de veinte a veinticinco años cuando concurran en el hecho dos o más circunstancias agravantes.

b) La pena de reclusión menor, por la de prisión de ocho a quince años.

c) La pena de prisión mayor, por la de prisión de tres a ocho años.

d) La pena de prisión menor, por la de prisión de seis meses a tres años.

e) La pena de arresto mayor, por la de arresto de siete a quince fines de semana.

f) La pena de multa impuesta en cuantía superior a cien mil pesetas señalada para hechos castigados como delito, por la de multa de tres a diez meses.

g) La pena de multa impuesta en cuantía inferior a cien mil pesetas señalada para hechos castigados como delito, por la de multa de dos a tres meses.

Las cuantías expresadas en pesetas equivalen a 601,01 euros, de conformidad con el artículo 2 de la L.O. 10/1998, 17 diciembre complementaria de la Ley sobre introducción del Euro («B.O.E.» 18 diciembre).

h) La pena de multa impuesta para hechos delictivos en cuantía proporcional al lucro obtenido o al perjuicio causado seguirá aplicándose proporcionalmente.

i) La pena de arresto menor, por la de arresto de uno a seis fines de semana.

j) La pena de multa establecida para hechos definidos como falta, por la multa de uno a sesenta días.

k) Las penas privativas de derechos se impondrán en los términos y por los plazos fijados en este Código.

l) Cualquier otra pena de las suprimidas en este Código, por la pena o medida de seguridad que el Juez o Tribunal estime más análoga y de igual o menor gravedad. De no existir o de ser todas más graves, dejará de imponerse.

2. En caso de duda, será oído el reo.

Disposición transitoria duodécima. ...

Disposición Transitoria 12 derogada por el número 1 de la Disposición Final 5.ª de la L.O. 5/2000, 12 enero, reguladora de la responsabilidad penal de los menores(«B.O.E.» 13 Enero).

Vigencia: 13 enero 2001

DISPOSICIÓN DEROGATORIA ÚNICA

1. Quedan derogados:

a) El texto refundido del Código Penal publicado por el Decreto 3096/1973, de 14 de septiembre, conforme a la Ley 44/1971, de 15 de noviembre, con sus modificaciones posteriores, excepto los artículos 8.2, 9.3, la regla 1.ª del artículo 20 en lo que se refiere al número 2.º del artículo 8, el segundo párrafo del artículo 22, 65 y las disposiciones adicionales primera y segunda de la Ley Orgánica 3/1989, de 21 de junio.

Inciso «417 bis» de la letra a) del número 1 de la disposición derogatoria única suprimido por el número tres de la disposición final primera de la L.O. 2/2010, de 3 de marzo, de salud sexual y reproductiva y de la interrupción voluntaria del embarazo («B.O.E.» 4 marzo).

Vigencia: 5 julio 2010

b) La Ley de 17 de marzo de 1908 de condena condicional, con sus modificaciones posteriores y disposiciones complementarias.

c) La Ley 16/1970, de 4 de agosto, sobre Peligrosidad y Rehabilitación Social, con sus modificaciones posteriores y disposiciones complementarias.

d) La Ley de 26 de julio de 1878, de prohibición de ejercicios peligrosos ejecutados por menores.

e) Los preceptos penales sustantivos de las siguientes leyes especiales:

Ley de 19 de septiembre de 1896, para la protección de pájaros insectívoros.

Ley de 16 de mayo de 1902, sobre la propiedad industrial.

Ley de 23 de julio de 1903, sobre mendicidad de menores.

Ley de 20 de febrero de 1942, de pesca fluvial.

Ley de 31 de diciembre de 1946, sobre pesca con explosivos.

Ley 1/1970, de 4 de abril, de caza. Los delitos y faltas previstos en dicha Ley, no contenidos en este Código, tendrán la consideración de infracciones administrativas muy graves, sancionándose con multa de cincuenta mil a quinientas mil pesetas y retirada de la licencia de caza, o de la facultad de obtenerla, por un plazo de dos a cinco años.

Las cuantías expresadas en pesetas equivalen a 300,51 y 3005,06 euros, respectivamente, de conformidad con el artículo 2 de la L.O. 10/1998, 17 diciembre complementaria de la Ley sobre introducción del Euro («B.O.E.» 18 diciembre).

f) Los siguientes preceptos:

El artículo 256 del Reglamento Penitenciario, aprobado por Real Decreto 1201/1981, de 8 de mayo.

Los artículos 65 a 73 del Reglamento de los servicios de prisiones, aprobado por Decreto de 2 de febrero de 1956.

Los artículos 84 a 90 de la Ley 25/1964, de 29 de abril, de Energía Nuclear.

El artículo 54 de la Ley 33/1971, de 21 de julio, de Emigración.

El segundo párrafo del artículo 24 de la Ley Orgánica 2/1981 (sic), de 6 de abril, del Defensor del Pueblo.

La referencia debe entenderse hecha a la Ley Orgánica 3/1981.

El artículo 2 de la Ley Orgánica 8/1984, de 26 de diciembre, sobre régimen de recursos en caso de objeción de conciencia y su régimen penal.

El artículo 4.º de la Ley Orgánica 5/1984, de 24 de mayo, de Comparecencia ante las Comisiones de Investigación del Congreso y del Senado o de ambas Cámaras.

Los artículos 29 y 49 de la Ley 209/1964, de 24 de diciembre, Penal y Procesal de la Navegación Aérea.

Los términos «activo y» del artículo 137 de la Ley Orgánica 5/1985, de 19 de junio, del Régimen Electoral General.

El artículo 6 de la Ley 57/1968, de 27 de julio, sobre Percibo de Cantidades Anticipadas en la Construcción y Venta de Viviendas.

2. Quedan también derogadas cuantas normas sean incompatibles con lo dispuesto en este Código.

DISPOSICIONES FINALES

Disposición final primera. La Ley de Enjuiciamiento Criminal quedará modificada en los siguientes términos:

«Artículo 14.

Tercero. Para el conocimiento y fallo de las causas por delitos menos graves, así como de las faltas, sean o no incidentales, imputables a los autores de esos delitos o a otras personas, cuando la comisión de la falta o su prueba estuviesen relacionadas con aquéllos, el Juez de lo Penal de la circunscripción donde el delito fue cometido o el Juez Central de lo Penal en el ámbito que le es propio.»

«Artículo 779.

Sin perjuicio de lo establecido para los demás procesos especiales, el procedimiento regulado en este Título se aplicará al enjuiciamiento de los delitos castigados con pena privativa de libertad no superior a nueve años, o bien con cualesquiera otras penas de distinta naturaleza, bien sean únicas, conjuntas o alternativas, cualquiera que sea su cuantía o duración.»

Disposición final segunda. El apartado 2 del artículo 1 de la Ley Orgánica 5/1995, sobre el Tribunal del Jurado, queda redactado en los siguientes términos:

«2. Dentro del ámbito de enjuiciamiento previsto en el apartado anterior, el Tribunal del Jurado será competente para el conocimiento y fallo de las causas por los delitos tipificados en los siguientes preceptos del Código Penal:

a) Del homicidio (artículos 138 a 140).
b) De las amenazas (artículo 169.1.º).
c) De la omisión del deber de socorro (artículos 195 y 196).
d) Del allanamiento de morada (artículos 202 y 204).
e) De los incendios forestales (artículos 352 a 354).
f) De la infidelidad en la custodia de documentos (artículos 413 a 415).
g) Del cohecho (artículos 419 a 426).

h) Del tráfico de influencias (artículos 428 a 430).
i) De la malversación de caudales públicos (artículos 432 a 434).
j) De los fraudes y exacciones ilegales (artículos 436 a 438).
k) De las negociaciones prohibidas a funcionarios (artículos 439 y 440).
l) De la infidelidad en la custodia de presos (artículo 471).»

Disposición final tercera. 1. El capítulo VI de la Ley 35/1988, de 22 de noviembre, sobre Técnicas de Reproducción Asistida, quedará modificado en los siguientes términos:

1.º Quedan suprimidas las letras a), k), l) y v) del apartado 2.B) del artículo 20.

2.º El texto de la letra r) de dicho apartado 2.B) se sustituirá por el siguiente:

«La transferencia de gametos o preembriones humanos en el útero de otra especie animal o la operación inversa, así como las fecundaciones entre gametos humanos y animales que no estén autorizadas»

2. El artículo 21 del capítulo VII de la Ley 35/1988, sobre Técnicas de Reproducción Asistida, pasará a ser artículo 24 (sic).

Téngase en cuenta que no hay constancia de que en el articulado de la citada Ley se haya producido una modificación que permita la renumeración a que hace referencia este apartado.

Disposición final cuarta. La Ley Orgánica 1/1982, de 5 de mayo, de Protección del Derecho al Honor, a la Intimidad Personal y Familiar y a la Propia Imagen, quedará modificada en los siguientes términos:

«**Artículo 1.**

2. El carácter delictivo de la intromisión no impedirá el recurso al procedimiento de tutela judicial previsto en el artículo 9.º de esta Ley. En cualquier caso, serán aplicables los criterios de esta Ley para la determinación de la responsabilidad civil derivada de delito.»

«**Artículo 7.**

7. La imputación de hechos o la manifestación de juicios de valor a través de acciones o expresiones que de cualquier modo lesionen la dignidad de otra persona, menoscabando su fama o atentando contra su propia estimación.

Disposición final quinta.. La disposición adicional segunda de la Ley Orgánica 6/1995, de 29 de junio, quedará modificada en los siguientes términos:

«La exención de responsabilidad penal contemplada en los párrafos segundos de los artículos 305, apartado 4; 307, apartado 3, y 308, apartado 4, resultará igualmente aplicable aunque las deudas objeto de regularización sean inferiores a las cuantías establecidas en los citados artículos.»

Disposición final sexta. El Título V del Libro I de este Código, los artículos 193, 212, 233.3 y 272, así como las disposiciones adicionales primera y segunda, la disposición transitoria duodécima y las disposiciones finales primera y tercera tienen carácter de ley ordinaria.

Disposición final séptima. El presente Código entrará en vigor a los seis meses de su completa publicación en el «Boletín Oficial del Estado» y se aplicará a todos los hechos punibles que se cometan a partir de su vigencia.

No obstante lo anterior, queda exceptuada la entrada en vigor de su artículo 19 hasta tanto adquiera vigencia la ley que regule la responsabilidad penal del menor a que se refiere dicho precepto.

Por tanto,

Mando a todos los españoles, particulares y autoridades que guarden y hagan guardar esta Ley Orgánica.

§ 2. Ley Orgánica 2/2010, de 3 de marzo, de salud sexual y reproductiva y de la interrupción voluntaria del embarazo

(*BOE* de 4 de Marzo de 2010)

ÍNDICE SISTEMÁTICO

§ 2. Ley Orgánica 2/2010, de 3 de marzo, de salud sexual y reproductiva y de la interrupción voluntaria del embarazo

(*BOE* de 4 de Marzo de 2010)

La presente Ley Orgánica ha derogado el art. 417 bis del Código Penal anterior (§ 2.1 de ediciones anteriores de la presente obra), único precepto de dicho Código que quedaba en vigor y que consagraba un sistema de indicaciones para la exención de castigo en el aborto, que ahora es sutituido por uno de plazo. No obstante, el art. 15 de la presente Ley Orgánica complementa ese sistema con unas indicaciones médicas (que incluyen la eugenésica) más restrictivas en su plazo que la antigua indicación médica o terapéutica, y en el caso de la indicación eugenésica, bastante más restrictiva en sus presupuestos que la anterior. Ello quiere decir que en algunos supuestos será transitoriamente de aplicación la antigua regulación, pues la nueva resultaría más desfavorable y por ello no podrá aplicarse retroactivamente.

JUAN CARLOS I REY DE ESPAÑA

A todos los que la presente vieren y entendieren.

Sabed: Que las Cortes Generales han aprobado y Yo vengo en sancionar la siguiente ley orgánica.

PREÁMBULO

I

El desarrollo de la sexualidad y la capacidad de procreación están directamente vinculados a la dignidad de la persona y al libre desarrollo de la personalidad y son objeto de protección a través de distintos derechos fundamentales, señaladamente, de aquellos que garantizan la integridad física y moral y la intimidad personal y familiar. La decisión de tener hijos y cuándo tenerlos constituye uno de los asuntos más íntimos y personales que las personas afrontan a lo largo de sus vidas, que integra un ámbito esencial de la autodeterminación individual. Los poderes públicos están obligados a no interferir en ese tipo de decisiones, pero, también, deben establecer las condiciones para que se adopten de forma libre y responsable, poniendo al alcance de quienes lo precisen servicios de atención sanitaria, asesoramiento o información.

La protección de este ámbito de autonomía personal tiene una singular significación para las mujeres, para quienes el embarazo y la maternidad son hechos que afectan profundamente a sus vidas en todos los sentidos. La especial relación de los derechos de las mujeres con la protección de la salud sexual y reproductiva ha sido puesta de manifiesto por diversos textos internacionales. Así, en el ámbito de Naciones Unidas, la Convención sobre la eliminación de todas las formas de discriminación contra la Mujer, adoptada por la Asamblea General mediante Resolución 34/180, de 18 de diciembre de 1979, establece en su artículo 12 que «Los Estados Partes adoptarán todas las medidas apropiadas para eliminar la discriminación contra la mujer en la esfera de la atención médica a fin de asegurar, en condiciones de igualdad entre hombres y mujeres, el acceso a servicios de atención médica, incluidos los que se refieren a la planificación familiar». Por otro lado, la Plataforma de Acción de Beijing acordada en la IV Conferencia de Naciones Unidas sobre la mujer celebrada en 1995, ha reconocido que «los derechos humanos de las mujeres incluyen el derecho a tener el control y a decidir libre y responsablemente sobre su sexualidad, incluida la salud sexual y reproductiva, libre de presiones, discriminación y violencia». En el ámbito de la Unión Europea, el Parlamento Europeo ha aprobado la Resolución 2001/2128(INI) sobre salud sexual y reproductiva y los derechos asociados, en la que se contiene un conjunto de recomendaciones a los Gobiernos de los Estados miembros en materia de anticoncepción, embarazos no deseados y educación afectivo sexual que tiene como base, entre otras consideraciones, la constatación de las enormes desigualdades entre las mujeres europeas en el acceso a los servicios de salud reproductiva, a la anticoncepción y a la interrupción voluntaria del embarazo en función de sus ingresos, su nivel de renta o el país de residencia.

Por su parte, la Convención sobre los Derechos de las Personas con discapacidad de 13 de diciembre de 2006, ratificada por España, establece la obligación de los Estados Partes de respetar «el derecho de las personas con discapacidad a decidir libremente y de manera responsable el número de hijos que quieren tener [...] a tener acceso a información, educación sobre reproducción y planificación familiar apropiada para su edad y a que se provean los medios necesarios que les permitan ejercer esos derechos», así como a que «mantengan su fertilidad, en igualdad de condiciones que los demás».

La presente Ley pretende adecuar nuestro marco normativo al consenso de la comunidad internacional en esta materia, mediante la actualización de las políticas públicas y la incorporación de nuevos servicios de atención de la salud sexual y reproductiva. La Ley parte de la convicción, avalada por el mejor conocimiento científico, de que una educación afectivo sexual y reproductiva adecuada, el acceso universal a prácticas clínicas efectivas de planificación de la reproducción, mediante la incorporación de anticonceptivos de última generación, cuya eficacia haya sido avalada por la evidencia científica, en la cartera de servicios comunes del Sistema Nacional de Salud y la disponibilidad de programas y servicios de salud sexual y reproductiva es el modo más efectivo de prevenir, especialmente en personas jóvenes, las infecciones de transmisión sexual, los embarazos no deseados y los abortos.

La Ley aborda la protección y garantía de los derechos relativos a la salud sexual y reproductiva de manera integral. Introduce en nuestro ordenamiento las definiciones de la Organización Mundial de la Salud sobre salud, salud sexual y salud reproductiva y prevé la adopción de un conjunto de acciones y medidas tanto en el ámbito sanitario como en el educativo. Establece, asimismo, una nueva regulación de la interrupción voluntaria del embarazo fuera del Código Penal que, siguiendo la pauta más extendida en los países de nuestro entorno político y cultural, busca garantizar y proteger adecuadamente los derechos e intereses en presencia, de la mujer y de la vida prenatal.

II

El primer deber del legislador es adaptar el Derecho a los valores de la sociedad cuyas relaciones ha de regular, procurando siempre que la innovación normativa genere certeza y seguridad en las personas a quienes se destina, pues la libertad sólo encuentra refugio en el suelo firme de la claridad y precisión de la Ley. Ese es el espíritu que inspira la nueva regulación de la interrupción voluntaria del embarazo.

Hace un cuarto de siglo, el legislador, respondiendo al problema social de los abortos clandestinos, que ponían en grave riesgo la vida y la salud de las mujeres y atendiendo a la conciencia social mayoritaria que reconocía la relevancia de los derechos de las mujeres en relación con la maternidad, despenalizó ciertos supuestos de aborto. La reforma del Código Penal supuso un avance al posibilitar el acceso de las mujeres a un aborto legal y seguro cuando concurriera alguna de las indicaciones legalmente previstas: grave peligro para la vida o la salud física y psíquica de la embarazada, cuando el embarazo fuera consecuencia de una violación o cuando se presumiera la existencia de graves taras físicas o psíquicas en el feto. A lo largo de estos años, sin embargo, la aplicación de la ley ha generado incertidumbres y prácticas que han afectado a la seguridad jurídica, con consecuencias tanto para la garantía de los derechos de las mujeres como para la eficaz protección del bien jurídico penalmente tutelado y que, en contra del fin de la norma, eventualmente han podido poner en dificultades a los profesionales sanitarios de quienes precisamente depende la vigilancia de la seguridad médica en las intervenciones de interrupción del embarazo.

La necesidad de reforzar la seguridad jurídica en la regulación de la interrupción voluntaria del embarazo ha sido enfatizada por el Tribunal Europeo de Derechos Humanos en su sentencia de 20 de marzo de 2007 en la que se afirma, por un lado, que «en este tipo de situaciones las previsiones legales deben, en primer lugar y ante todo, asegurar la claridad de la posición jurídica de la mujer embarazada» y, por otro lado, que «una vez que el legislador decide permitir el aborto, no debe estructurar su marco legal de modo que se limiten las posibilidades reales de obtenerlo».

En una sociedad libre, pluralista y abierta, corresponde al legislador, dentro del marco de opciones que la Constitución deja abierto, desarrollar los derechos fundamentales de acuerdo con los valores dominantes y las necesidades de cada momento histórico. La experiencia acumulada en la aplicación del marco legal vigente, el avance del reconocimiento social y jurídico de la autonomía de las mujeres tanto en el ámbito público como en su vida privada, así como la tendencia normativa imperante en los países de nuestro entorno, abogan por una regulación de la interrupción voluntaria del embarazo presidida por la claridad en donde queden adecuadamente garantizadas tanto la autonomía de las mujeres, como la eficaz protección de la vida prenatal como bien jurídico. Por su parte, la Asamblea Parlamentaria del Consejo de Europa, en su Resolución 1607/2008, de 16 abril, reafirmó el derecho de todo ser humano, y en particular de las mujeres, al respeto de su integridad física y a la libre disposición de su cuerpo y en ese contexto, a que la decisión última de recurrir o no a un aborto corresponda a la mujer interesada y, en consecuencia, ha invitado a los Estados miembros a despenalizar el aborto dentro de unos plazos de gestación razonables.

En la concreción del modelo legal, se ha considerado de manera especialmente atenta la doctrina constitucional derivada de las sentencias del Tribunal Constitucional en esta materia. Así, en la sentencia 53/1985, el Tribunal, perfectamente dividido en importantes cuestiones de fondo, enunció sin embargo, algunos principios que han sido respaldados por la jurisprudencia posterior y que aquí se toman como punto de partida. Una de esas afirmaciones de principio es la negación del carácter absoluto de los derechos e intereses que entran en conflicto a la hora de regular la interrupción voluntaria del embarazo y, en consecuencia, el deber del legislador de «ponderar los bienes y derechos en función del supuesto planteado, tratando de armonizarlos si ello es posible o, en caso contrario, precisando las condiciones y requisitos en que podría admitirse la prevalencia de uno de ellos» (STC 53/1985). Pues si bien «los no nacidos no pueden considerarse en nuestro ordenamiento como titulares del derecho fundamental a la vida que garantiza el artículo 15 de la Constitución» esto no significa que resulten privados de toda protección constitucional (STC 116/1999). La vida prenatal es un bien jurídico merecedor de protección que el legislador debe hacer eficaz, sin ignorar que la forma en que tal garantía se configure e instrumente estará siempre intermediada por la garantía de los derechos fundamentales de la mujer embarazada.

La ponderación que el legislador realiza ha tenido en cuenta la doctrina de la STC 53/1985 y atiende a los cambios cualitativos de la vida en formación que tienen lugar durante el embarazo, estableciendo, de este modo, una concordancia práctica de los derechos y bienes concurrentes a través de un modelo de tutela gradual a lo largo de la gestación.

La presente Ley reconoce el derecho a la maternidad libremente decidida, que implica, entre otras cosas, que las mujeres puedan tomar la decisión inicial sobre su embarazo y que esa decisión, consciente y responsable, sea respetada. El legislador ha considerado razonable, de acuerdo con las indicaciones de las personas expertas y el análisis del derecho comparado, dejar un plazo de 14 semanas en el que se garantiza a las mujeres la posibilidad de tomar una decisión libre e informada sobre la interrupción del embarazo, sin interferencia de terceros, lo que la STC 53/1985 denomina «autodeterminación consciente», dado que la intervención determinante de un tercero en la formación de la voluntad de la mujer gestante, no ofrece una mayor garantía para el feto y, a la vez, limita innecesariamente la personalidad de la mujer, valor amparado en el artículo 10.1 de la Constitución.

La experiencia ha demostrado que la protección de la vida prenatal es más eficaz a través de políticas activas de apoyo a las mujeres embarazadas y a la maternidad. Por ello, la tutela del bien jurídico en el momento inicial de la gestación se articula a través de la voluntad de la mujer, y no contra ella. La mujer adoptará su decisión tras haber sido informada de todas las prestaciones, ayudas y derechos a los que puede acceder si desea continuar con el embarazo, de las consecuencias médicas, psicológicas y sociales derivadas de la prosecución del embarazo o de la interrupción del mismo, así como de la posibilidad de recibir asesoramiento antes y después de la intervención. La Ley dispone un plazo de reflexión de al menos tres días y, además de exigir la claridad y objetividad de la información, impone condiciones para que ésta se ofrezca en un ámbito y de un modo exento de presión para la mujer.

En el desarrollo de la gestación, «tiene -como ha afirmado la STC 53/1985- una especial trascendencia el momento a partir del cual el nasciturus es ya susceptible de vida independiente de la madre». El umbral de la viabilidad fetal se sitúa, en consenso general avalado por la comunidad científica y basado en estudios de las unidades de neonatología, en torno a la vigésimo segunda semana de gestación. Es hasta este momento cuando la Ley permite la interrupción del embarazo siempre que concurra alguna de estas dos indicaciones: «que exista grave riesgo para la vida o la salud de la embarazada», o «que exista riesgo de graves anomalías en el feto». Estos supuestos de interrupción voluntaria del embarazo de carácter médico se regulan con las debidas garantías a fin de acreditar con la mayor seguridad posible la concurrencia de la indicación. A diferencia de la regulación vigente, se establece un límite temporal cierto en la aplicación de la llamada indicación terapéutica, de modo que en caso de existir riesgo para la vida o salud de la mujer más allá de la vigésimo segunda semana de gestación, lo adecuado será la práctica de un parto inducido, con lo que el derecho a la vida e integridad física de la mujer y el interés en la protección de la vida en formación se armonizan plenamente.

Más allá de la vigésimo segunda semana, la ley configura dos supuestos excepcionales de interrupción del embarazo. El primero se refiere a aquellos casos en que «se detecten anomalías fetales incompatibles con la vida», en que decae la premisa que hace de la vida prenatal un bien jurídico protegido en tanto que proyección del artículo 15 de la Constitución (STC 212/1996). El segundo supuesto se circunscribe a los casos en que «se detecte en el feto una enfermedad extremadamente grave e incurable en el momento del diagnóstico y así lo confirme un comité clínico». Su comprobación se ha deferido al juicio experto de profesionales médicos conformado de acuerdo con la evidencia científica del momento.

La Ley establece además un conjunto de garantías relativas al acceso efectivo a la prestación sanitaria de la interrupción voluntaria del embarazo y a la protección de la intimidad y confidencialidad de las mujeres. Con estas previsiones legales se pretende dar solución a los problemas a que había dado lugar el actual marco regulador tanto de desigualdades territoriales en el acceso a la prestación como de vulneración de la intimidad. Así, se encomienda a la Alta Inspección velar por la efectiva igualdad en el ejercicio de los derechos y el acceso a las prestaciones reconocidas en esta Ley.

Asimismo se recoge la objeción de conciencia de los profesionales sanitarios directamente implicados en la interrupción voluntaria del embarazo, que será articulado en un desarrollo futuro de la Ley.

Se ha dado nueva redacción al artículo 145 del Código Penal con el fin de limitar la pena impuesta a la mujer que consiente o se practica un aborto fuera de los casos permitidos por la ley eliminando la previsión de pena privativa de libertad, por un lado y, por otro, para precisar la imposición de las penas en sus mitades superiores en determinados supuestos. Asimismo se introduce un nuevo artículo 145 bis, a fin de incorporar la penalidad correspondiente de las conductas de quienes practican una interrupción del embarazo dentro de los casos contemplados por la ley, pero sin cumplir los requisitos exigidos en ella.

Finalmente, se ha modificado la Ley 41/2002, de 14 de noviembre, Básica Reguladora de la Autonomía del Paciente con el fin de que la prestación del consentimiento para la práctica de una interrupción voluntaria del embarazo se sujete al régimen general previsto en esta Ley y eliminar la excepcionalidad establecida en este caso.

III

La Ley se estructura en un Título preliminar, dos Títulos, tres disposiciones adicionales, una disposición derogatoria y seis disposiciones finales.

El Título Preliminar establece el objeto, las definiciones, los principios inspiradores de la ley y proclama los derechos que garantiza.

El Título Primero, bajo la rúbrica «De la salud sexual y reproductiva, se articula en cuatro capítulos. En el capítulo I se fijan los objetivos de las políticas públicas en materia de salud sexual y reproductiva. El capítulo II contiene las medidas en el ámbito sanitario y el capítulo III se refiere a las relativas al ámbito educativo. El capítulo IV tiene como objeto la previsión de la elaboración de la Estrategia Nacional de Salud Sexual y Reproductiva como instrumento de colaboración de las distintas administraciones públicas para el adecuado desarrollo de las políticas públicas en esta materia.

En el Título Segundo se regulan las condiciones de la interrupción voluntaria del embarazo y las garantías en el acceso a la prestación.

La disposición adicional primera mandata que la Alta Inspección verifique el cumplimiento efectivo de los derechos y prestaciones reconocidas en esta Ley.

La disposición adicional segunda impone al Gobierno la evaluación del coste económico de los servicios y prestaciones incluidos en la Ley así como la adopción de medidas previstas en la Ley 16/2003, de 28 de mayo, de Cohesión y Calidad del Sistema Nacional de Salud.

Finalmente, la disposición adicional tercera se refiere al acceso a los métodos anticonceptivos y su inclusión en la cartera de servicios comunes del Sistema Nacional de Salud.

La disposición derogatoria deroga el artículo 417 bis del Código Penal introducido en el Código Penal de 1973 por la Ley Orgánica 9/1985, de 5 de julio, y cuya vigencia fue mantenida por el Código Penal de 1995.

La disposición final primera da nueva redacción al artículo 145 del Código Penal e introduce un nuevo artículo 145 bis, y la disposición final segunda modifica el apartado cuarto del artículo 9 de la Ley 41/2002, de 14 de noviembre, básica reguladora de la autonomía del paciente y de derechos y obligaciones en materia de información y documentación clínica. Finalmente, las restantes disposiciones finales se refieren al carácter orgánico de la ley, la habilitación al Gobierno para su desarrollo reglamentario, el ámbito territorial de aplicación de la Ley y la entrada en vigor que se fija en cuatro meses desde su publicación, con el fin de que se adopten las medidas necesarias para su plena aplicación.

TÍTULO PRELIMINAR
DISPOSICIONES GENERALES

Artículo 1. *Objeto.* Constituye el objeto de la presente Ley Orgánica garantizar los derechos fundamentales en el ámbito de la salud sexual y reproductiva, regular las condiciones de la interrupción voluntaria del embarazo y establecer las correspondientes obligaciones de los poderes públicos.

Artículo 2. *Definiciones.* A los efectos de lo dispuesto en esta Ley se aplicarán las siguientes definiciones:

a) Salud: el estado de completo bienestar físico, mental y social y no solamente la ausencia de afecciones o enfermedades.

b) Salud sexual: el estado de bienestar físico, psicológico y sociocultural relacionado con la sexualidad, que requiere un entorno libre de coerción, discriminación y violencia.

c) Salud reproductiva: la condición de bienestar físico, psicológico y sociocultural en los aspectos relativos a la capacidad reproductiva de la persona, que implica que se pueda tener una vida sexual segura, la libertad de tener hijos y de decidir cuándo tenerlos.

Artículo 3. *Principios y ámbito de aplicación.* 1. En el ejercicio de sus derechos de libertad, intimidad y autonomía personal, todas las personas tienen derecho a adoptar libremente decisiones que afectan a su vida sexual y reproductiva sin más límites que los derivados del respeto a los derechos de las demás personas y al orden público garantizado por la Constitución y las Leyes.

2. Se reconoce el derecho a la maternidad libremente decidida.

3. Nadie será discriminado en el acceso a las prestaciones y servicios previstos en esta Ley por motivos de origen racial o étnico, religión, convicción u opinión, sexo, discapacidad, orientación sexual, edad, estado civil, o cualquier otra condición o circunstancia personal o social.

4. Los poderes públicos, de conformidad con sus respectivas competencias, llevarán a cabo las prestaciones y demás obligaciones que establece la presente Ley en garantía de la salud sexual y reproductiva.

Artículo 4. *Garantía de igualdad en el acceso.* El Estado, en el ejercicio de sus competencias de Alta Inspección, velará por que se garantice la igualdad en el acceso a las prestaciones y servicios establecidos por el Sistema Nacional de Salud que inciden en el ámbito de aplicación de esta Ley.

TÍTULO I
DE LA SALUD SEXUAL Y REPRODUCTIVA

CAPÍTULO I
POLÍTICAS PÚBLICAS PARA LA SALUD SEXUAL Y REPRODUCTIVA

Artículo 5. *Objetivos de la actuación de los poderes públicos.* 1. Los poderes públicos en el desarrollo de sus políticas sanitarias, educativas y sociales garantizarán:

a) La información y la educación afectivo sexual y reproductiva en los contenidos formales del sistema educativo.

b) El acceso universal a los servicios y programas de salud sexual y reproductiva.

c) El acceso a métodos seguros y eficaces que permitan regular la fecundidad.

d) La eliminación de toda forma de discriminación, con especial atención a las personas con algún tipo de discapacidad, a las que se les garantizará su derecho a la salud sexual y reproductiva, estableciendo para ellas los apoyos necesarios en función de su discapacidad.

e) La educación sanitaria integral y con perspectiva de género sobre salud sexual y salud reproductiva.

f) La información sanitaria sobre anticoncepción y sexo seguro que prevenga, tanto las enfermedades e infecciones de transmisión sexual, como los embarazos no deseados.

2. Asimismo en el desarrollo de sus políticas promoverán:

a) Las relaciones de igualdad y respeto mutuo entre hombres y mujeres en el ámbito de la salud sexual y la adopción de programas educativos especialmente diseñados para la convivencia y el respeto a las opciones sexuales individuales.

b) La corresponsabilidad en las conductas sexuales, cualquiera que sea la orientación sexual.

Artículo 6. *Acciones informativas y de sensibilización.* Los poderes públicos desarrollarán acciones informativas y de sensibilización sobre salud sexual y salud reproductiva, especialmente a través de los medios de comunicación, y se prestará particular atención a la prevención de embarazos no deseados, mediante acciones dirigidas, principalmente, a la juventud y colectivos con especiales necesidades, así como a la prevención de enfermedades de transmisión sexual.

CAPÍTULO II
MEDIDAS EN EL ÁMBITO SANITARIO

Artículo 7. *Atención a la salud sexual y reproductiva.* Los servicios públicos de salud garantizarán:

a) La calidad de los servicios de atención a la salud sexual integral y la promoción de estándares de atención basados en el mejor conocimiento científico disponible.

b) El acceso universal a prácticas clínicas efectivas de planificación de la reproducción, mediante la incorporación de anticonceptivos de última generación cuya eficacia haya sido avalada por la evidencia científica, en la cartera de servicios comunes del Sistema Nacional de Salud.

c) La provisión de servicios de calidad para atender a las mujeres y a las parejas durante el embarazo, el parto y el puerperio. En la provisión de estos servicios, se tendrán en cuenta los requerimientos de accesibilidad de las personas con discapacidad.

d) La atención perinatal, centrada en la familia y en el desarrollo saludable.

Artículo 8. *Formación de profesionales de la salud.* La formación de profesionales de la salud se abordará con perspectiva de género e incluirá:

a) La incorporación de la salud sexual y reproductiva en los programas curriculares de las carreras relacionadas con la medicina y las ciencias de la salud, incluyendo la investigación y formación en la práctica clínica de la interrupción voluntaria del embarazo.

b) La formación de profesionales en salud sexual y salud reproductiva, incluida la práctica de la interrupción del embarazo.

c) La salud sexual y reproductiva en los programas de formación continuada a lo largo del desempeño de la carrera profesional.

d) En los aspectos formativos de profesionales de la salud se tendrán en cuenta la realidad y las necesidades de los grupos o sectores sociales más vulnerables, como el de las personas con discapacidad.

CAPÍTULO III
MEDIDAS EN EL ÁMBITO EDUCATIVO

Artículo 9. *Incorporación de la formación en salud sexual y reproductiva al sistema educativo.* El sistema educativo contemplará la formación en salud sexual y reproductiva, como parte del desarrollo integral de la personalidad y de la formación en valores, incluyendo un enfoque integral que contribuya a:

a) La promoción de una visión de la sexualidad en términos de igualdad y corresponsabilidad entre hombres y mujeres con especial atención a la prevención de la violencia de género, agresiones y abusos sexuales.

b) El reconocimiento y aceptación de la diversidad sexual.

c) El desarrollo armónico de la sexualidad acorde con las características de las personas jóvenes.

d) La prevención de enfermedades e infecciones de transmisión sexual y especialmente la prevención del VIH.

e) La prevención de embarazos no deseados, en el marco de una sexualidad responsable.

f) En la incorporación de la formación en salud y salud sexual y reproductiva al sistema educativo, se tendrán en cuenta la realidad y las necesidades de los grupos o sectores sociales más vulnerables, como el de las personas con discapacidad proporcionando, en todo caso, a este alumnado información y materiales accesibles, adecuados a su edad.

Artículo 10. *Actividades formativas.* Los poderes públicos apoyarán a la comunidad educativa en la realización de actividades formativas relacionadas con la educación afectivo sexual, la prevención de infecciones de transmisión sexual y embarazos no deseados, facilitando información adecuada a los padres y las madres.

CAPÍTULO IV
ESTRATEGIA DE SALUD SEXUAL Y REPRODUCTIVA

Artículo 11. *Elaboración de la Estrategia de Salud Sexual y Reproductiva.* Para el cumplimiento de los objetivos previstos en esta Ley, el Gobierno, en cooperación con las Comunidades Autónomas y con respeto a su ámbito competencial, aprobará un Plan que se denominará Estrategia de Salud Sexual y Reproductiva, que contará con la colaboración de las sociedades científicas y profesionales y las organizaciones sociales.

La Estrategia se elaborará con criterios de calidad y equidad en el Sistema Nacional de Salud y con énfasis en jóvenes y adolescentes y colectivos de especiales necesidades.

La Estrategia tendrá una duración de cinco años y establecerá mecanismos de evaluación bienal que permitan la valoración de resultados y en particular del acceso universal a la salud sexual y reproductiva.

TÍTULO II
DE LA INTERRUPCIÓN VOLUNTARIA DEL EMBARAZO

CAPÍTULO I
CONDICIONES DE LA INTERRUPCIÓN VOLUNTARIA DEL EMBARAZO

Artículo 12. *Garantía de acceso a la interrupción voluntaria del embarazo.* Se garantiza el acceso a la interrupción voluntaria del embarazo en las condiciones que se determinan en esta Ley. Estas condiciones se interpretarán en el modo más favorable para la protección y eficacia de los derechos fundamentales de la mujer que solicita la intervención, en particular, su derecho al libre desarrollo de la personalidad, a la vida, a la integridad física y moral, a la intimidad, a la libertad ideológica y a la no discriminación.

Artículo 13. *Requisitos comunes.* Son requisitos necesarios de la interrupción voluntaria del embarazo:

Primero.- Que se practique por un médico especialista o bajo su dirección.

Segundo.- Que se lleve a cabo en centro sanitario público o privado acreditado.

Tercero.- Que se realice con el consentimiento expreso y por escrito de la mujer embarazada o, en su caso, del representante legal, de conformidad con lo establecido en la Ley 41/2002, Básica Reguladora de la Autonomía del Paciente y de Derechos y Obligaciones en materia de información y documentación clínica.

Podrá prescindirse del consentimiento expreso en el supuesto previsto en el artículo 9.2.b) de la referida Ley.

Cuarto.- ...

Apartado cuarto del artículo 13 suprimido por el artículo primero de la L.O. 11/2015, de 21 de septiembre, para reforzar la protección de las menores y mujeres con capacidad modificada judicialmente en la interrupción voluntaria del embarazo («B.O.E.» 22 septiembre).

Vigencia: 23 septiembre 2015

Artículo 14. *Interrupción del embarazo a petición de la mujer.* Podrá interrumpirse el embarazo dentro de las primeras catorce semanas de gestación a petición de la embarazada, siempre que concurran los requisitos siguientes:

a) Que se haya informado a la mujer embarazada sobre los derechos, prestaciones y ayudas públicas de apoyo a la maternidad, en los términos que se establecen en los apartados 2 y 4 del artículo 17 de esta Ley.

b) Que haya transcurrido un plazo de al menos tres días, desde la información mencionada en el párrafo anterior y la realización de la intervención.

Artículo 15. *Interrupción por causas médicas.* Excepcionalmente, podrá interrumpirse el embarazo por causas médicas cuando concurra alguna de las circunstancias siguientes:

a) Que no se superen las veintidós semanas de gestación y siempre que exista grave riesgo para la vida o la salud de la embarazada y así conste en un dictamen emitido con anterioridad a la intervención por un médico o médica especialista distinto del que la practique o dirija. En caso de urgencia por riesgo vital para la gestante podrá prescindirse del dictamen.

b) Que no se superen las veintidós semanas de gestación y siempre que exista riesgo de graves anomalías en el feto y así conste en un dictamen emitido con anterioridad a la intervención por dos médicos especialistas distintos del que la practique o dirija.

c) Cuando se detecten anomalías fetales incompatibles con la vida y así conste en un dictamen emitido con anterioridad por un médico o médica especialista, distinto del que practique la intervención, o cuando se detecte en el feto una enfermedad extremadamente grave e incurable en el momento del diagnóstico y así lo confirme un comité clínico.

Véase O. Foral [COMUNIDAD FORAL DE NAVARRA] 73/2010, 3 agosto, de la Consejera de Salud, por la que se crea el Comité Clínico que debe intervenir en el supuesto de Interrupción del embarazo por causas médicas previsto en el artículo 15.c) de la L.O. 2/2010, de 3 de marzo, de salud sexual y reproductiva y de la interrupción voluntaria del embarazo («B.O.N.» 10 septiembre).

Véase Orden [CANTABRIA] SAN/8/2010, 5 julio, por la que se regula el comité clínico para la interrupción voluntaria del embarazo en Cantabria («B.O.C.» 12 julio).

Véase la O [CANARIAS] 30 junio 2010, por la que se crean en la Comunidad Autónoma de Canarias, los comités clínicos del artículo 15.c) de la L.O. 2/2010, de 3 de marzo, de salud sexual y reproductiva y de la interrupción voluntaria del embarazo («B.O.I.C.» 5 julio).

Véase Orden [CASTILLA-LA MANCHA] 21 junio 2010, de la Consejería de Salud y Bienestar Social, por la que se regula la composición y funcionamiento del Comité Clínico del Servicio de Salud de Castilla-La Mancha para la interrupción voluntaria del embarazo («D.O.C.M.» 30 junio).

Véase R.D. 825/2010, de 25 de junio, de desarrollo parcial de la L.O. 2/2010, de 3 de marzo, de salud sexual y reproductiva y de la interrupción voluntaria del embarazo («B.O.E.» 26 junio).

Artículo 16. *Comité clínico.* 1. El comité clínico al que se refiere el artículo anterior estará formado por un equipo pluridisciplinar integrado por dos médicos especialistas en ginecología y obstetricia o expertos en diagnóstico prenatal y un pediatra. La mujer podrá elegir uno de estos especialistas.

2. Confirmado el diagnóstico por el comité, la mujer decidirá sobre la intervención.

3. En cada Comunidad Autónoma habrá, al menos, un comité clínico en un centro de la red sanitaria pública. Los miembros, titulares y suplentes, designados por las autoridades sanitarias competentes, lo serán por un plazo no inferior a un año. La designación deberá hacerse pública en los diarios oficiales de las respectivas Comunidades Autónomas.

4. Las especificidades del funcionamiento del Comité clínico se determinarán reglamentariamente.

Véase R.D. 825/2010, de 25 de junio, de desarrollo parcial de la L.O. 2/2010, de 3 de marzo, de salud sexual y reproductiva y de la interrupción voluntaria del embarazo («B.O.E.» 26 junio).

Artículo 17. *Información previa al consentimiento de la interrupción voluntaria del embarazo.* 1. Todas las mujeres que manifiesten su intención de someterse a una interrupción voluntaria del embarazo recibirán información sobre los distintos métodos de interrupción del embarazo, las condiciones para la interrupción previstas en esta Ley, los centros públicos y acreditados a los que se pueda dirigir y los trámites para acceder a la prestación, así como las condiciones para su cobertura por el servicio público de salud correspondiente.

2. En los casos en que las mujeres opten por la interrupción del embarazo regulada en el artículo 14 recibirán, además, un sobre cerrado que contendrá la siguiente información:

a) Las ayudas públicas disponibles para las mujeres embarazadas y la cobertura sanitaria durante el embarazo y el parto.

b) Los derechos laborales vinculados al embarazo y a la maternidad; las prestaciones y ayudas públicas para el cuidado y atención de los hijos e hijas; los beneficios fiscales y demás información relevante sobre incentivos y ayudas al nacimiento.

c) Datos sobre los centros disponibles para recibir información adecuada sobre anticoncepción y sexo seguro.

d) Datos sobre los centros en los que la mujer pueda recibir voluntariamente asesoramiento antes y después de la interrupción del embarazo.

Esta información deberá ser entregada en cualquier centro sanitario público o bien en los centros acreditados para la interrupción voluntaria del embarazo. Junto con la información en sobre cerrado se entregará a la mujer un documento acreditativo de la fecha de la entrega, a los efectos de lo establecido en el artículo 14 de esta Ley.

La elaboración, contenidos y formato de esta información será determinada reglamentariamente por el Gobierno.

3. En el supuesto de interrupción del embarazo previsto en la letra b del artículo 15 de esta Ley, la mujer recibirá además de la información prevista en el apartado primero de este artículo, información por escrito sobre los derechos, prestaciones y ayudas públicas existentes de apoyo a la autonomía de las personas con alguna discapacidad, así como la red de organizaciones sociales de asistencia social a estas personas.

4. En todos los supuestos, y con carácter previo a la prestación del consentimiento, se habrá de informar a la mujer en los términos de los artículos 4 y 10 de la Ley 41/2002 de 14 de noviembre, y específicamente sobre las consecuencias médicas, psicológicas y sociales de la prosecución del embarazo o de la interrupción del mismo.

5. La información prevista en este artículo será clara, objetiva y comprensible. En el caso de las personas con discapacidad, se proporcionará en formatos y medios accesibles, adecuados a sus necesidades.

Se comunicará, en la documentación entregada, que dicha información podrá ser ofrecida, además, verbalmente, si la mujer lo solicita.

Véase R.D. 825/2010, de 25 de junio, de desarrollo parcial de la L.O. 2/2010, de 3 de marzo, de salud sexual y reproductiva y de la interrupción voluntaria del embarazo («B.O.E.» 26 junio).

CAPÍTULO II
GARANTÍAS EN EL ACCESO A LA PRESTACIÓN

Artículo 18. *Garantía del acceso a la prestación.* Los servicios públicos de salud, en el ámbito de sus respectivas competencias, aplicarán las medidas precisas para garantizar el derecho a la prestación sanitaria de la interrupción voluntaria del embarazo en los supuestos y con los requisitos establecidos en esta Ley. Esta prestación estará incluida en la cartera de servicios comunes del Sistema Nacional de Salud.

Artículo 19. *Medidas para garantizar la prestación por los servicios de salud.* 1. Con el fin de asegurar la igualdad y calidad asistencial de la prestación a la interrupción voluntaria del embarazo, las administraciones sanitarias competentes garantizarán los contenidos básicos que el Gobierno determine, oído el Consejo Interterritorial de Salud. Se garantizará a todas las mujeres por igual el acceso a la prestación con independencia del lugar donde residan.

2. La prestación sanitaria de la interrupción voluntaria del embarazo se realizará en centros de la red sanitaria pública o vinculados a la misma.

Los profesionales sanitarios directamente implicados en la interrupción voluntaria del embarazo tendrán el derecho de ejercer la objeción de conciencia sin que el acceso y la calidad asistencial de la prestación puedan resultar menoscabadas por el ejercicio de la objeción de conciencia. El rechazo o la negativa a realizar la intervención de interrupción del embarazo por razones de conciencia es una decisión siempre individual del personal sanitario directamente implicado en la realización de la interrupción voluntaria del embarazo, que debe manifestarse anticipadamente y por escrito. En todo caso los profesionales sanitarios dispensarán tratamiento y atención médica adecuados a las mujeres que lo precisen antes y después de haberse sometido a una intervención de interrupción del embarazo.

Si excepcionalmente el servicio público de salud no pudiera facilitar en tiempo la prestación, las autoridades sanitarias reconocerán a la mujer embarazada el derecho a acudir a cualquier centro acreditado en el territorio nacional, con el compromiso escrito de asumir directamente el abono de la prestación.

Véase Ley Foral [COMUNIDAD FORAL DE NAVARRA] 16/2010, 8 noviembre, por la que se crea el registro de profesionales en relación con la interrupción voluntaria del embarazo («B.O.N.» 15 noviembre).

Véase Orden [CASTILLA-LA MANCHA] 21 junio 2010, de la Consejería de Salud y Bienestar Social, por la que se establece el procedimiento de objeción de conciencia a realizar la interrupción voluntaria del embarazo («D.O.C.M.» 30 junio).

3. Las intervenciones contempladas en la letra c) del artículo 15 de esta Ley se realizarán preferentemente en centros cualificados de la red sanitaria pública.

Véase R.D. 831/2010, de 25 de junio, de garantía de la calidad asistencial de la prestación a la interrupción voluntaria del embarazo («B.O.E.» 26 junio).

Artículo 20. *Protección de la intimidad y confidencialidad.* 1. Los centros que presten la interrupción voluntaria del embarazo asegurarán la intimidad de las mujeres y la confidencialidad en el tratamiento de sus datos de carácter personal.

2. Los centros prestadores del servicio deberán contar con sistemas de custodia activa y diligente de las historias clínicas de las pacientes e implantar en el tratamiento de los datos las medidas de seguridad de nivel alto previstas en la normativa vigente de protección de datos de carácter personal.

Artículo 21. *Tratamiento de datos.* 1. En el momento de la solicitud de información sobre la interrupción voluntaria del embarazo, los centros, sin proceder al tratamiento de dato alguno, habrán de informar a la solicitante que los datos identificativos de las pacientes a las que efectivamente se les realice la prestación serán objeto de codificación y separados de los datos de carácter clínico asistencial relacionados con la interrupción voluntaria del embarazo.

2. Los centros que presten la interrupción voluntaria del embarazo establecerán mecanismos apropiados de automatización y codificación de los datos de identificación de las pacientes atendidas, en los términos previstos en esta Ley.

A los efectos previstos en el párrafo anterior, se considerarán datos identificativos de la paciente su nombre, apellidos, domicilio, número de teléfono, dirección de correo electrónico, documento nacional de identidad o documento identificativo equivalente, así como cualquier dato que revele su identidad física o genética.

3. En el momento de la primera recogida de datos de la paciente, se le asignará un código que será utilizado para identificarla en todo el proceso.

4. Los centros sustituirán los datos identificativos de la paciente por el código asignado en cualquier información contenida en la historia clínica que guarde relación con la práctica de la interrupción voluntaria del embarazo, de forma que no pueda producirse con carácter general, el acceso a dicha información.

5. Las informaciones relacionadas con la interrupción voluntaria del embarazo deberán ser conservadas en la historia clínica de tal forma que su mera visualización no sea posible salvo por el personal que participe en la práctica de la prestación, sin perjuicio de los accesos a los que se refiere el artículo siguiente.

Artículo 22. *Acceso y cesión de datos de carácter personal.* 1. Únicamente será posible el acceso a los datos de la historia clínica asociados a los que identifican a la paciente, sin su consentimiento, en los casos previstos en las disposiciones legales reguladoras de los derechos y obligaciones en materia de documentación clínica.

Cuando el acceso fuera solicitado por otro profesional sanitario a fin de prestar la adecuada asistencia sanitaria de la paciente, aquél se limitará a los datos estricta y exclusivamente necesarios para la adecuada asistencia, quedando constancia de la realización del acceso.

En los demás supuestos amparados por la ley, el acceso se realizará mediante autorización expresa del órgano competente en la que se motivarán de forma detallada las causas que la justifican, quedando en todo caso limitado a los datos estricta y exclusivamente necesarios.

2. El informe de alta, las certificaciones médicas y cualquier otra documentación relacionada con la práctica de la interrupción voluntaria del embarazo que sea necesaria a cualquier efecto, será entregada exclusivamente a la paciente o persona autorizada por ella. Esta documentación respetará el derecho de la paciente a la intimidad y confidencialidad en el tratamiento de los datos de carácter personal recogido en este Capítulo.

3. No será posible el tratamiento de la información por el centro sanitario para actividades de publicidad o prospección comercial. No podrá recabarse el consentimiento de la paciente para el tratamiento de los datos para estas actividades.

Artículo 23. *Cancelación de datos.* 1. Los centros que hayan procedido a una interrupción voluntaria de embarazo deberán cancelar de oficio la totalidad de los datos de la paciente una vez transcurridos cinco años desde la fecha de alta de la intervención. No obstante, la documentación clínica podrá conservarse cuando existan razones epidemiológicas, de investigación o de organización y funcionamiento del Sistema Nacional de Salud, en cuyo caso se procederá a la cancelación de todos los datos identificativos de la paciente y del código que se le hubiera asignado como consecuencia de lo dispuesto en los artículos anteriores.

2. Lo dispuesto en el apartado anterior se entenderá sin perjuicio del ejercicio por la paciente de su derecho de cancelación, en los términos previstos en la Ley Orgánica 15/1999, de 13 de diciembre, de Protección de Datos de Carácter Personal.

DISPOSICIONES ADICIONALES

Disposición adicional primera. *De las funciones de la Alta Inspección.* El Estado ejercerá la Alta Inspección como función de garantía y verificación del cumplimiento efectivo de los derechos y prestaciones reconocidas en esta Ley en todo el Sistema Nacional de Salud.

Para la formulación de propuestas de mejora en equidad y accesibilidad de las prestaciones y con el fin de verificar la aplicación efectiva de los derechos y prestaciones reconocidas en esta Ley en todo el Sistema Nacional de Salud, el Gobierno elaborará un informe anual de situación, en base a los datos presentados por las Comunidades Autónomas al Consejo Interterritorial del Sistema Nacional de Salud.

Disposición adicional segunda. *Evaluación de costes y adopción de medidas.* El Gobierno evaluará el coste económico de los servicios y prestaciones públicas incluidas en la Ley adoptando, en su caso, las medidas necesarias de conformidad a lo dispuesto en la Ley 16/2003, de 28 de mayo, de Cohesión y Calidad del Sistema Nacional de Salud.

Disposición adicional tercera. *Acceso a métodos anticonceptivos.* El Gobierno, en el plazo de un año, desde la entrada en vigor de la Ley, concretará la efectividad del acceso a los métodos anticonceptivos. En este sentido, se garantizará la inclusión de anticonceptivos de última generación cuya eficacia haya sido avalada por la evidencia científica, en la cartera de servicios comunes del Sistema Nacional de Salud en las mismas condiciones que las prestaciones farmacéuticas con financiación pública.

DISPOSICIÓN DEROGATORIA ÚNICA

Derogación del artículo 417 bis del Código Penal.

Queda derogado el artículo 417 bis del Texto Refundido del Código Penal publicado por el Decreto 3096/1973, de 14 de septiembre, redactado conforme a la Ley Orgánica 9/1985, de 5 de julio.

DISPOSICIONES FINALES

Disposición final primera. *Modificación de la Ley Orgánica 10/1995, de 23 de noviembre, del Código Penal.* Uno.- El artículo 145 del Código Penal queda redactado de la forma siguiente:

«**Artículo 145.**

1. El que produzca el aborto de una mujer, con su consentimiento, fuera de los casos permitidos por la ley será castigado con la pena de prisión de uno a tres años e inhabilitación especial para ejercer cualquier profesión sanitaria, o para prestar servicios de toda índole en clínicas, establecimientos o consultorios ginecológicos, públicos o privados, por tiempo de uno a seis años. El juez podrá imponer la pena en su mitad superior cuando los actos descritos en este apartado se realicen fuera de un centro o establecimiento público o privado acreditado.

2. La mujer que produjere su aborto o consintiere que otra persona se lo cause, fuera de los casos permitidos por la ley, será castigada con la pena de multa de seis a veinticuatro meses.

3. En todo caso, el juez o tribunal impondrá las penas respectivamente previstas en este artículo en su mitad superior cuando la conducta se llevare a cabo a partir de la vigésimo segunda semana de gestación.»

Dos.- Se añade un nuevo artículo 145 bis del Código Penal, que tendrá la siguiente redacción:

«Artículo 145 bis.

1. Será castigado con la pena de multa de seis a doce meses e inhabilitación especial para prestar servicios de toda índole en clínicas, establecimientos o consultorios ginecológicos, públicos o privados, por tiempo de seis meses a dos años, el que dentro de los casos contemplados en la ley, practique un aborto:

a) sin haber comprobado que la mujer haya recibido la información previa relativa a los derechos, prestaciones y ayudas públicas de apoyo a la maternidad;
b) sin haber transcurrido el período de espera contemplado en la legislación;
c) sin contar con los dictámenes previos preceptivos;
d) fuera de un centro o establecimiento público o privado acreditado. En este caso, el juez podrá imponer la pena en su mitad superior.

2. En todo caso, el juez o tribunal impondrá las penas previstas en este artículo en su mitad superior cuando el aborto se haya practicado a partir de la vigésimo segunda semana de gestación.

3. La embarazada no será penada a tenor de este precepto.»

Tres.- Se suprime el inciso «417 bis» de la letra a) del apartado primero de la disposición derogatoria única.

Disposición final segunda. *Modificación de la Ley 41/2002, de 14 de noviembre, Básica Reguladora de la Autonomía del Paciente y de Derechos y Obligaciones en materia de información y documentación clínica.* El apartado 4 del artículo 9 de la Ley 41/2002, de 14 de noviembre, Básica Reguladora de la Autonomía del Paciente y de Derechos y Obligaciones en materia de información y documentación clínica, tendrá la siguiente redacción:

«4. La práctica de ensayos clínicos y de técnicas de reproducción humana asistida se rige por lo establecido con carácter general sobre la mayoría de edad y por las disposiciones especiales de aplicación.»

Disposición final tercera. *Carácter orgánico.* La presente Ley Orgánica se dicta al amparo del artículo 81 de la Constitución.

Los preceptos contenidos en el Título Preliminar, el Título I, el capítulo II del Título II, las disposiciones adicionales y las disposiciones finales segunda, cuarta, quinta y sexta no tienen carácter orgánico.

Disposición final cuarta. *Habilitación para el desarrollo reglamentario.* El Gobierno adoptará las disposiciones reglamentarias necesarias para la aplicación y desarrollo de la presente Ley.

En tanto no entre en vigor el desarrollo reglamentario referido, mantienen su vigencia las disposiciones reglamentarias vigentes sobre la materia que no se opongan a lo dispuesto en la presente Ley.

Disposición final quinta. *Ámbito territorial de aplicación de la Ley.* Sin perjuicio de las correspondientes competencias autonómicas, el marco de aplicación de la presente Ley lo será en todo el territorio del Estado.

Corresponderá a las autoridades sanitarias competentes garantizar la prestación contenida en la red sanitaria pública, o vinculada a la misma, en la Comunidad Autónoma de residencia de la mujer embarazada, siempre que así lo solicite la embarazada.

Disposición final sexta. *Entrada en vigor.* La Ley entrará en vigor en el plazo de cuatro meses a partir del día siguiente al de su publicación en el «Boletín Oficial del Estado».

Por tanto,

Mando a todos los españoles, particulares y autoridades, que guarden y hagan guardar esta ley orgánica.

§ 3. Resolución de 5 de marzo de 2014, de la Dirección General de Seguros y Fondos de Pensiones, por la que se publican las cuantías de las indemnizaciones por muerte, lesiones permanentes e incapacidad temporal que resultarán de aplicar durante 2014 el sistema para valoración de los daños y perjuicios causados a las personas en accidentes de circulación

(*BOE* de 15 de Marzo de 2014)

ÍNDICE SISTEMÁTICO

§ 3. Resolución de 5 de marzo de 2014, de la Dirección General de Seguros y Fondos de Pensiones, por la que se publican las cuantías de las indemnizaciones por muerte, lesiones permanentes e incapacidad temporal que resultarán de aplicar durante 2014 el sistema para valoración de los daños y perjuicios causados a las personas en accidentes de circulación

(*BOE* de 15 de Marzo de 2014)

Téngase en cuenta que el sistema para la valoración de los daños y perjuicios causados a las personas en accidentes de circulación contenido en el Anexo del Real Decreto Legislativo 8/2004, de 29 de octubre, por el que se aprueba el Texto Refundido de la Ley sobre responsabilidad civil y seguro en la circulación de vehículos a motor, su Anejo, y cuantas disposiciones se opongan a la presente Ley ha sido derogado por la disposición derogatoria de la Ley 35/2015, de 22 de septiembre, de reforma del sistema para la valoración de los daños y perjuicios causados a las personas en accidentes de circulación («B.O.E.» 23 septiembre).

En aplicación del apartado primero del anexo del texto refundido de la Ley sobre Responsabilidad Civil y Seguro en la Circulación de Vehículos a Motor, aprobado por el Real Decreto Legislativo 8/2004, de 29 de octubre, la Dirección General de Seguros y Fondos de Pensiones, acuerda dar publicidad a través de esta Resolución a las indemnizaciones, vigentes durante el año 2014, para caso de muerte, lesiones permanentes e incapacidades temporales, que resultan de aplicar el sistema para la valoración de los daños y perjuicios causados a las personas en accidentes de circulación, recogido en el texto refundido de la Ley sobre Responsabilidad Civil y Seguro en la Circulación de Vehículos a Motor, aprobado por el Real Decreto Legislativo 8/2004, de 29 de octubre, incorporándose como anexo las cuantías.

ANEXO
AÑO 2014

TABLA I.- INDEMNIZACIONES BÁSICAS POR MUERTE (INCLUIDOS DAÑOS MORALES)

Perjudicados/beneficiarios [1] de la indemnización (por grupos excluyentes)	Edad de la víctima		
	Hasta 65 años – Euros	De 66 a 80 años – Euros	Más de 80 años – Euros
Grupo I Víctima con cónyuge [2]			

Al cónyuge	115.035,21	86.276,40	57.517,60
A cada hijo menor	47.931,33	47.931,33	47.931,33
A cada hijo mayor:			
Si es menor de veinticinco años	19.172,54	19.172,54	7.189,70
Si es mayor de veinticinco años	9.586,26	9.586,26	4.793,14
A cada padre con o sin convivencia con la víctima	9.586,26	9.586,26	-
A cada hermano menor huérfano y dependiente de la víctima	47.931,33	47.931,33	-
Grupo II Víctima sin cónyuge (3) y con hijos menores			
Sólo un hijo	172.552,79	172.552,79	172.552,79
Sólo un hijo, de víctima separada legalmente	134.207,73	134.207,73	134.207,73
Por cada hijo menor más (4)	47.931,33	47.931,33	47.931,33
A cada hijo mayor que concurra con menores	19.172,54	19.172,54	7.189,70
A cada padre con o sin convivencia con la víctima	9.586,26	9.586,26	-
A cada hermano menor huérfano y dependiente de la víctima	47.931,33	47.931,33	-
Grupo III Víctima sin cónyuge (3) y con todos sus hijos mayores			
III.1 Hasta veinticinco años:			
A un solo hijo	124.621,47	124.621,47	71.897,00
A un solo hijo, de víctima separada legalmente	95.862,67	95.862,67	57.517,60
Por cada otro hijo menor de veinticinco años (4)	28.758,80	28.758,80	14.379,40
A cada hijo mayor de veinticinco años que concurra con menores de veinticinco años	9.586,26	9.586,26	4.793,14
A cada padre con o sin convivencia con la víctima	9.586,26	9.586,26	-
A cada hermano menor huérfano y dependiente de la víctima	47.931,33	47.931,33	-
III.2 Más de veinticinco años:			
A un solo hijo	57.517,60	57.517,60	38.345,07
Por cada otro hijo mayor de veinticinco años más (4)	9.586,26	9.586,26	4.793,14

A cada padre con o sin convivencia con la víctima	9.586,26	9.586,26	-
A cada hermano menor huérfano y dependiente de la víctima	47.931,33	47.931,33	-
Grupo IV Víctima sin cónyuge (3) ni hijos y con ascendientes			
Padres (5) :			
Convivencia con la víctima	105.448,93	76.690,12	-
Sin convivencia con la víctima	76.690,12	57.517,60	-
Abuelo sin padres (6) :			
A cada uno	28.758,80	-	-
A cada hermano menor de edad en convivencia con la víctima en los dos casos anteriores	19.172,54	-	-
Grupo V Víctima con hermanos solamente			
V.1 Con hermanos menores de veinticinco años:			
A un solo hermano	76.690,12	57.517,60	38.345,07
Por cada otro hermano menor de veinticinco años (7)	19.172,54	19.172,54	9.586,26
A cada hermano mayor de veinticinco años que concurra con hermanos menores de veinticinco años	9.586,26	9.586,26	9.586,26
V.2 Sin hermanos menores de veinticinco años:			
A un solo hermano	47.931,33	28.758,80	19.172,54
Por cada otro hermano (7)	9.586,26	9.586,26	9.586,26

TABLA II.- FACTORES DE CORRECCIÓN PARA LAS INDEMNIZACIONES BÁSICAS POR MUERTE

Descripción	Aumento (en porcentaje o en euros)	Porcentaje de reducción
Perjuicios económicos		
Ingresos netos anuales de la víctima por trabajo personal:		
Hasta 28.758,81 euros (8)	Hasta el 10	-
De 28.758,82 a 57.517,60 euros	Del 11 al 25	-
De 57.517,61 hasta 95.862,67 euros	Del 26 al 50	-

Más de 95.862,67 euros	Del 51 al 75	-
Circunstancias familiares especiales		
Discapacidad física o psíquica acusada (anterior al accidente) del perjudicado/beneficiario:		
Si es cónyuge o hijo menor	Del 75 al 100 (9)	-
Si es hijo mayor con menos de veinticinco años	Del 50 al 75 (9)	-
Cualquier otro perjudicado/beneficiario	Del 25 al 50 (9)	-
Víctima hijo único		
Si es menor	Del 30 al 50	-
Si es mayor, con menos de veinticinco años	Del 20 al 40	-
Si es mayor, con más de veinticinco años	Del 10 al 25	-
Fallecimiento de ambos padres en el accidente		
Con hijos menores	Del 75 al 100 (10)	-
Sin hijos menores:		
Con hijos menores de veinticinco años	Del 25 al 75 (10)	-
Sin hijos menores de veinticinco años	Del 10 al 25 (10)	-
Víctima embarazada con pérdida de feto a consecuencia del accidente		
Si el concebido fuera el primer hijo:		
Hasta el tercer mes de embarazo	14.379,40	-
A partir del tercer mes	38.345,07	-
Si el concebido fuera el segundo hijo o posteriores:		
Hasta el tercer mes	9.586,26	-
A partir del tercer mes	19.172,54	-
Elementos correctores del apartado primero.7 de este anexo		Hasta el 75

TABLA III.- INDEMNIZACIONES BÁSICAS POR LESIONES PERMANENTES (INCLUIDOS DAÑOS MORALES)

Valores del punto en euros

Puntos	Hasta 20 años	De 21 a 40 años	De 41 a 55 años	De 56 a 65 años	Más de 65 años
	Euros 2014	Euros 2014	Euros 2014	Euros 2014	Euros 2014
1	852,40	789,14	725,87	668,23	598,10
2	878,70	811,68	744,65	686,72	607,58
3	902,31	831,85	761,35	703,23	617,15
4	923,24	849,61	775,94	717,76	622,33

5	941,48	864,98	788,45	730,29	627,63
6	957,04	877,97	798,88	740,83	631,54
7	977,61	895,63	813,61	755,32	639,08
8	996,14	911,50	826,79	768,34	645,58
9	1.012,70	925,56	838,40	779,84	651,02
10-14	1.027,22	937,83	848,45	789,87	655,44
15-19	1.207,26	1.105,04	1.002,79	929,98	731,43
20-24	1.372,62	1.258,60	1.144,58	1.058,69	800,84
25-29	1.537,65	1.411,75	1.285,88	1.187,07	871,72
30-34	1.692,14	1.555,16	1.418,18	1.307,27	937,85
35-39	1.836,34	1.689,03	1.541,71	1.419,51	999,37
40-44	1.970,56	1.813,64	1.656,73	1.523,94	1.056,42
45-49	2.095,03	1.929,22	1.763,42	1.620,80	1.109,08
50-54	2.210,03	2.036,02	1.862,01	1.710,32	1.157,46
55-59	2.363,03	2.177,79	1.992,55	1.829,20	1.226,25
60-64	2.513,02	2.316,79	2.120,56	1.945,76	1.293,65
65-69	2.660,10	2.453,07	2.246,05	2.060,05	1.359,76
70-74	2.804,28	2.586,67	2.369,09	2.172,09	1.424,55
75-79	2.945,61	2.717,65	2.489,71	2.281,94	1.488,07
80-84	3.084,20	2.846,06	2.607,95	2.389,65	1.550,36
85-89	3.220,04	2.971,97	2.723,90	2.495,20	1.611,43
90-99	3.353,26	3.095,41	2.837,55	2.598,72	1.671,30
100	3.483,84	3.216,41	2.948,98	2.700,25	1.729,99

TABLA IV.- FACTORES DE CORRECCIÓN PARA LAS INDEMNIZACIONES BÁSICAS POR LESIONES PERMANENTES

Descripción	Aumento (en porcentaje o en euros)	Porcentaje de reducción
Perjuicios económicos		
Ingresos netos de la víctima por trabajo personal:		
Hasta 28.758,81 euros [11]	Hasta el 10	–
De 28.758,82 a 57.517,60 euros	Del 11 al 25	–
De 57.517,61 hasta 95.862,67 euros	Del 26 al 50	–
Más de 95.862,67 euros	Del 51 al 75	–

Daños morales complementarios		
Se entenderán ocasionados cuando una sola secuela exceda de 75 puntos o las concurrentes superen los 90 puntos. Sólo en estos casos será aplicable	Hasta 95.862,67	–
Lesiones permanentes que constituyan una incapacidad para la ocupación o actividad habitual de la víctima		
Permanente parcial:		
Con secuelas permanentes que limiten parcialmente la ocupación o actividad habitual, sin impedir la realización de las tareas fundamentales de la misma	Hasta 19.172,54	–
Permanente total:		
Con secuelas permanentes que impidan totalmente la realización de las tareas de la ocupación o actividad habitual del incapacitado	De 19.172,55 a 95.862,67	–
Permanente absoluta:		
Con secuelas que inhabiliten al incapacitado para la realización de cualquier ocupación o actividad	De 95.862,68 a 191.725,34	–
Grandes inválidos		
Personas afectadas con secuelas permanentes que requieren la ayuda de otras personas para realizar las actividades más esenciales de la vida diaria, como vestirse, desplazarse, comer o análogas (tetraplejías, paraplejías, estados de coma vigil o vegetativos crónicos, importantes secuelas neurológicas o neuropsiquiátricas con graves alteraciones mentales o psíquicas, ceguera completa, etc.):		
Necesidad de ayuda de otra persona:		
Ponderando la edad de la víctima y grado de incapacidad para realizar las actividades más esenciales de la vida. Se asimilan a esta prestación el coste de la asistencia en los casos de estados de coma vigil o vegetativos crónicos	Hasta 383.450,65	–
Adecuación de la vivienda		
Según características de la vivienda y circunstancias del incapacitado, en función de sus necesidades	Hasta 95.862,67	–
Perjuicios morales de familiares:		
Destinados a familiares próximos al incapacitado en atención a la sustancial alteración de la vida y convivencia derivada de los cuidados y atención continuada, según circunstancias	Hasta 143.794,00	–
Embarazada con pérdida de feto a consecuencia del accidente (12)		
Si el concebido fuera el primer hijo:		
Hasta el tercer mes de embarazo	Hasta 14.379,41	–
A partir del tercer mes	Hasta 38.345,07	–

Si el concebido fuera el segundo hijo o posteriores:		
Hasta el tercer mes de embarazo	Hasta 9.586,26	–
A partir del tercer mes	Hasta 19.172,54	–
Elementos correctores del apartado primero.7 de este anexo	Según circunstancias	Según circunstancias
Adecuación del vehículo propio		
Según características del vehículo y circunstancias del incapacitado permanente, en función de sus necesidades	Hasta 28.758,80	–

TABLA V.- INDEMNIZACIONES POR INCAPACIDAD TEMPORAL (COMPATIBLES CON OTRAS INDEMNIZACIONES)

A) Indemnización básica (incluidos daños morales):

Día de baja	Indemnización diaria – Euros
Durante la estancia hospitalaria	71,84
Sin estancia hospitalaria:	
Impeditivo (13)	58,41
No Impeditivo	31,43

B) Factores de corrección:

Descripción	Porcentajes aumento	Porcentajes disminución
Perjuicios económicos		
Ingresos netos anuales de la víctima por trabajo personal:		
Hasta 28.758,81 euros	Hasta el 10	–
De 28.758,82 a 57.517,60 euros	Del 11 al 25	–
De 57.517,61 hasta 95.862,67 euros	Del 26 al 50	–
Más de 95.862,67 euros	Del 51 al 75	–
Elementos correctores de disminución del apartado primero.7 de este anexo	–	Hasta el 75

(1) Con carácter general:

a) Cuando se trate de hijos, se incluirán también los adoptivos.

b) Cuando se fijen cuantías distintas según la edad del perjudicado o beneficiario se aplicará la edad que tuviese éste en la fecha en que se produjo el accidente de la de la víctima.

(2) (2) Cónyuge no separado legalmente al tiempo del accidente. Las uniones conyugales de hecho consolidadas se asimilarán a las situaciones de derecho.

(3) Se equiparan a la ausencia de cónyuge la separación legal y el divorcio. No obstante, si el cónyuge separado o divorciado tiene derecho a la pensión regulada en el artículo 97 de Código Civil, le corresponderá una indemnización igual al 50 por 100 de las fijadas para el cónyuge en el grupo I. En los supuestos de concurrencia con uniones conyugales de hecho o, en su caso, de aquéllos o éstos con cónyuges no separados legalmente, la indemnización fijada para el cónyuge en el grupo I se distribuirá entre los concurrentes en proporción a la cuantía que les hubiera correspondido de no haber concurrencia.

(4) La cuantía total de la indemnización que corresponda según el número de hijos se asignará entre ellos a partes iguales.

(5) Si concurriesen uno que conviviera y otro que no conviviera con la víctima se asignará a cada uno el 50 por 100 de la cuantía que figura en su respectivo concepto.

(6) La cuantía total de la indemnización se distribuirá al 50 por 100 entre los abuelos paternos y maternos.

(7) La cuantía total de la indemnización que corresponda según el número de hermanos se asignará entre ellos a partes iguales.

(8) Se incluirá en este apartado cualquier víctima en edad laboral, aunque no se justifiquen ingresos.

(9) Sobre la indemnización que corresponda al beneficiario discapacitado.

(10) Sobre la indemnización básica que corresponda a cada perjudicado.

(11) Se incluirá en este apartado cualquier víctima en edad laboral, aunque no se justifiquen ingresos.

(12) Habrá lugar a la percepción de esta indemnización, aunque la embarazada no haya sufrido lesiones.

(13) Se entiende por día de baja impeditivo aquél en que la víctima está incapacitada para desarrollar su ocupación o actividad habitual.

LEGISLACIÓN COMPLEMENTARIA

Parte General

Parte Especial

Constitución

§ 4. Ley Orgánica 6/1985, de 1 de julio, del Poder Judicial

(*BOE* de 2 de Julio de 1985)

ÍNDICE SISTEMÁTICO

§ 4. Ley Orgánica 6/1985, de 1 de julio, del Poder Judicial

(*BOE* de 2 de Julio de 1985)

L.O. 6/1985, 1 julio, rectificada por Corrección de errores («B.O.E.» 4 noviembre).

(...)

LIBRO PRIMERO
DE LA EXTENSIÓN Y LÍMITES DE LA JURISDICCIÓN Y DE LA PLANTA Y ORGANIZACIÓN DE LOS JUZGADOS Y TRIBUNALES

TÍTULO PRIMERO
DE LA EXTENSIÓN Y LÍMITES DE LA JURISDICCIÓN

Artículo 21. 1. Los Tribunales civiles españoles conocerán de las pretensiones que se susciten en territorio español con arreglo a lo establecido en los tratados y convenios internacionales en los que España sea parte, en las normas de la Unión Europea y en las leyes españolas.

2. No obstante, no conocerán de las pretensiones formuladas respecto de sujetos o bienes que gocen de inmunidad de jurisdicción o de ejecución de conformidad con las normas del Derecho Internacional Público.

Artículo 21 redactado por el apartado cuatro del artículo único de la L.O. 7/2015, de 21 de julio, por la que se modifica la L.O. 6/1985, de 1 de julio, del Poder Judicial («B.O.E.» 22 julio).
Vigencia: 1 octubre 2015

(...)

Artículo 23. 1. En el orden penal corresponderá a la jurisdicción española el conocimiento de las causas por delitos y faltas cometidos en territorio español o cometidos a bordo de buques o aeronaves españoles, sin perjuicio de lo previsto en los tratados internacionales en los que España sea parte.

2. También conocerá la jurisdicción española de los delitos que hayan sido cometidos fuera del territorio nacional, siempre que los criminalmente responsables fueren españoles o extranjeros que hubieran adquirido la nacionalidad española con posterioridad a la comisión del hecho y concurrieren los siguientes requisitos:

a) Que el hecho sea punible en el lugar de ejecución, salvo que, en virtud de un Tratado internacional o de un acto normativo de una Organización internacional de la que España sea parte, no resulte necesario dicho requisito, sin perjuicio de lo dispuesto en los apartados siguientes.

b) Que el agraviado o el Ministerio Fiscal interpongan querella ante los Tribunales españoles.

c) Que el delincuente no haya sido absuelto, indultado o penado en el extranjero, o, en este último caso, no haya cumplido la condena. Si sólo la hubiere cumplido en parte, se le tendrá en cuenta para rebajarle proporcionalmente la que le corresponda.

Número 2 del artículo 23 redactado por el apartado uno del artículo único de la L.O. 1/2014, de 13 de marzo, de modificación de la L.O. 6/1985, de 1 de julio, del Poder Judicial, relativa a la justicia universal («B.O.E.» 14 marzo).
Vigencia: 15 marzo 2014

3. Conocerá la jurisdicción española de los hechos cometidos por españoles o extranjeros fuera del territorio nacional cuando sean susceptibles de tipificarse, según la ley penal española, como algunos de los siguientes delitos:

a) De traición y contra la paz o la independencia del Estado.

b) Contra el titular de la Corona, su Consorte, su Sucesor o el Regente.

c) Rebelión y sedición.

d) Falsificación de la firma o estampilla reales, del sello del Estado, de las firmas de los Ministros y de los sellos públicos u oficiales.

e) Falsificación de la moneda española y su expedición.

f) Cualquier otra falsificación que perjudique directamente al crédito o intereses del Estado, e introducción o expedición de lo falsificado.

g) Atentado contra autoridades o funcionarios públicos españoles.

h) Los perpetrados en el ejercicio de sus funciones por funcionarios públicos españoles residentes en el extranjero y los delitos contra la Administración Pública española.

i) Los relativos al control de cambios.

4. Igualmente, será competente la jurisdicción española para conocer de los hechos cometidos por españoles o extranjeros fuera del territorio nacional susceptibles de tipificarse, según la ley española, como alguno de los siguientes delitos cuando se cumplan las condiciones expresadas:

a) Genocidio, lesa humanidad o contra las personas y bienes protegidos en caso de conflicto armado, siempre que el procedimiento se dirija contra un español o contra un ciudadano extranjero que resida habitualmente en España, o contra un extranjero que se encontrara en España y cuya extradición hubiera sido denegada por las autoridades españolas.

b) Delitos de tortura y contra la integridad moral de los artículos 174 a 177 del Código Penal, cuando:

1.º el procedimiento se dirija contra un español; o,

2.º la víctima tuviera nacionalidad española en el momento de comisión de los hechos y la persona a la que se impute la comisión del delito se encuentre en territorio español.

c) Delitos de desaparición forzada incluidos en la Convención internacional para la protección de todas las personas contra las desapariciones forzadas, hecha en Nueva York el 20 de diciembre de 2006, cuando:

1.º el procedimiento se dirija contra un español; o,

2.º la víctima tuviera nacionalidad española en el momento de comisión de los hechos y la persona a la que se impute la comisión del delito se encuentre en territorio español.

d) Delitos de piratería, terrorismo, tráfico ilegal de drogas tóxicas, estupefacientes o sustancias psicotrópicas, trata de seres humanos, contra los derechos de los ciudadanos extranjeros y delitos contra la seguridad de la navegación marítima que se cometan en los espacios marinos, en los supuestos previstos en los tratados ratificados por España o en actos normativos de una Organización Internacional de la que España sea parte.

e) Terrorismo, siempre que concurra alguno de los siguientes supuestos:

1.º el procedimiento se dirija contra un español;

2.º el procedimiento se dirija contra un extranjero que resida habitualmente o se encuentre en España o, sin reunir esos requisitos, colabore con un español, o con un extranjero que resida o se encuentre en España, para la comisión de un delito de terrorismo;

Punto 2.º de la letra e) del número 4 del artículo 23 redactado por la disposición final primera de la L.O. 2/2015, de 30 de marzo, por la que se modifica la L.O. 10/1995, de 23 de noviembre, del Código Penal, en materia de delitos de terrorismo («B.O.E.» 31 marzo).
Vigencia: 1 julio 2015

3.º el delito se haya cometido por cuenta de una persona jurídica con domicilio en España;

4.º la víctima tuviera nacionalidad española en el momento de comisión de los hechos;

5.º el delito haya sido cometido para influir o condicionar de un modo ilícito la actuación de cualquier Autoridad española;

6.º el delito haya sido cometido contra una institución u organismo de la Unión Europea que tenga su sede en España;

7.º el delito haya sido cometido contra un buque o aeronave con pabellón español; o,

8.º el delito se haya cometido contra instalaciones oficiales españolas, incluyendo sus embajadas y consulados.

A estos efectos, se entiende por instalación oficial española cualquier instalación permanente o temporal en la que desarrollen sus funciones públicas autoridades o funcionarios públicos españoles.

f) Los delitos contenidos en el Convenio para la represión del apoderamiento ilícito de aeronaves, hecho en La Haya el 16 de diciembre de 1970, siempre que:

1.º el delito haya sido cometido por un ciudadano español; o,

2.º el delito se haya cometido contra una aeronave que navegue bajo pabellón español.

g) Los delitos contenidos en el Convenio para la represión de actos ilícitos contra la seguridad de la aviación civil, hecho en Montreal el 23 de septiembre de 1971, y en su Protocolo complementario hecho en Montreal el 24 de febrero de 1988, en los supuestos autorizados por el mismo.

h) Los delitos contenidos en el Convenio sobre la protección física de materiales nucleares hecho en Viena y Nueva York el 3 de marzo de 1980, siempre que el delito se haya cometido por un ciudadano español.

i) Tráfico ilegal de drogas tóxicas, estupefacientes o sustancias psicotrópicas, siempre que:

1.º el procedimiento se dirija contra un español; o,

2.º cuando se trate de la realización de actos de ejecución de uno de estos delitos o de constitución de un grupo u organización criminal con miras a su comisión en territorio español.

j) Delitos de constitución, financiación o integración en grupo u organización criminal o delitos cometidos en el seno de los mismos, siempre que se trate de grupos u organizaciones que actúen con miras a la comisión en España de un delito que esté castigado con una pena máxima igual o superior a tres años de prisión.

k) Delitos contra la libertad e indemnidad sexual cometidos sobre víctimas menores de edad, siempre que:

1.º el procedimiento se dirija contra un español;

2.º el procedimiento se dirija contra ciudadano extranjero que resida habitualmente en España;

3.º el procedimiento se dirija contra una persona jurídica, empresa, organización, grupos o cualquier otra clase de entidades o agrupaciones de personas que tengan su sede o domicilio social en España; o,

4.º el delito se hubiera cometido contra una víctima que, en el momento de comisión de los hechos, tuviera nacionalidad española o residencia habitual en España.

l) Delitos regulados en el Convenio del Consejo de Europa de 11 de mayo de 2011 sobre prevención y lucha contra la violencia contra las mujeres y la violencia doméstica, siempre que:

1.º el procedimiento se dirija contra un español;

2.º el procedimiento se dirija contra un extranjero que resida habitualmente en España; o,

3.º el delito se hubiera cometido contra una víctima que, en el momento de comisión de los hechos, tuviera nacionalidad española o residencia habitual en España, siempre que la persona a la que se impute la comisión del hecho delictivo se encuentre en España.

m) Trata de seres humanos, siempre que:

1.º el procedimiento se dirija contra un español;

2.º el procedimiento se dirija contra un ciudadano extranjero que resida habitualmente en España;

3.º el procedimiento se dirija contra una persona jurídica, empresa, organización, grupos o cualquier otra clase de entidades o agrupaciones de personas que tengan su sede o domicilio social en España; o,

4.º el delito se hubiera cometido contra una víctima que, en el momento de comisión de los hechos, tuviera nacionalidad española o residencia habitual en España, siempre que la persona a la que se impute la comisión del hecho delictivo se encuentre en España.

n) Delitos de corrupción entre particulares o en las transacciones económicas internacionales, siempre que:

1.º el procedimiento se dirija contra un español;

2.º el procedimiento se dirija contra un ciudadano extranjero que resida habitualmente en España;

3.º el delito hubiera sido cometido por el directivo, administrador, empleado o colaborador de una empresa mercantil, o de una sociedad, asociación, fundación u organización que tenga su sede o domicilio social en España; o,

4.º el delito hubiera sido cometido por una persona jurídica, empresa, organización, grupos o cualquier otra clase de entidades o agrupaciones de personas que tengan su sede o domicilio social en España.

o) Delitos regulados en el Convenio del Consejo de Europa de 28 de octubre de 2011, sobre falsificación de productos médicos y delitos que supongan una amenaza para la salud pública, cuando:

1.º el procedimiento se dirija contra un español;

2.º el procedimiento se dirija contra un extranjero que resida habitualmente en España;

3.º el procedimiento se dirija contra una persona jurídica, empresa, organización, grupos o cualquier otra clase de entidades o agrupaciones de personas que tengan su sede o domicilio social en España;

4.º la víctima tuviera nacionalidad española en el momento de comisión de los hechos; o,

5.º el delito se haya cometido contra una persona que tuviera residencia habitual en España en el momento de comisión de los hechos.

p) Cualquier otro delito cuya persecución se imponga con carácter obligatorio por un Tratado vigente para España o por otros actos normativos de una Organización Internacional de la que España sea miembro, en los supuestos y condiciones que se determine en los mismos.

Asimismo, la jurisdicción española será también competente para conocer de los delitos anteriores cometidos fuera del territorio nacional por ciudadanos extranjeros que se encontraran en España y cuya extradición hubiera sido denegada por las autoridades españolas, siempre que así lo imponga un Tratado vigente para España.

Número 4 del artículo 23 redactado por el apartado uno del artículo único de la L.O. 1/2014, de 13 de marzo, de modificación de la L.O. 6/1985, de 1 de julio, del Poder Judicial, relativa a la justicia universal («B.O.E.» 14 marzo).
Vigencia: 15 marzo 2014

5. Los delitos a los que se refiere el apartado anterior no serán perseguibles en España en los siguientes supuestos:

a) Cuando se haya iniciado un procedimiento para su investigación y enjuiciamiento en un Tribunal Internacional constituido conforme a los Tratados y Convenios en que España fuera parte.

b) Cuando se haya iniciado un procedimiento para su investigación y enjuiciamiento en el Estado del lugar en que se hubieran cometido los hechos o en el Estado de nacionalidad de la persona a que se impute su comisión, siempre que:

1.º la persona a la que se impute la comisión del hecho no se encontrara en territorio español; o,

2.º se hubiera iniciado un procedimiento para su extradición al país del lugar en que se hubieran cometido los hechos o de cuya nacionalidad fueran las víctimas, o para ponerlo a disposición de un Tribunal Internacional para que fuera juzgado por los mismos, salvo que la extradición no fuera autorizada.

Lo dispuesto en este apartado b) no será de aplicación cuando el Estado que ejerza su jurisdicción no esté dispuesto a llevar a cabo la investigación o no pueda realmente hacerlo, y así se valore por la Sala 2.ª del Tribunal Supremo, a la que elevará exposición razonada el Juez o Tribunal.

A fin de determinar si hay o no disposición a actuar en un asunto determinado, se examinará, teniendo en cuenta los principios de un proceso con las debidas garantías reconocidos por el Derecho Internacional, si se da una o varias de las siguientes circunstancias, según el caso:

a) Que el juicio ya haya estado o esté en marcha o que la decisión nacional haya sido adoptada con el propósito de sustraer a la persona de que se trate de su responsabilidad penal.

b) Que haya habido una demora injustificada en el juicio que, dadas las circunstancias, sea incompatible con la intención de hacer comparecer a la persona de que se trate ante la justicia.

c) Que el proceso no haya sido o no esté siendo sustanciado de manera independiente o imparcial y haya sido o esté siendo sustanciado de forma en que, dadas las circunstancias, sea incompatible con la intención de hacer comparecer a la persona de que se trate ante la justicia.

A fin de determinar la incapacidad para investigar o enjuiciar en un asunto determinado, se examinará si el Estado, debido al colapso total o sustancial de su administración nacional de justicia o al hecho de que carece de ella, no puede hacer comparecer al acusado, no dispone de las pruebas y los testimonios necesarios o no está por otras razones en condiciones de llevar a cabo el juicio.

Número 5 del artículo 23 redactado por el apartado uno del artículo único de la L.O. 1/2014, de 13 de marzo, de modificación de la L.O. 6/1985, de 1 de julio, del Poder Judicial, relativa a la justicia universal («B.O.E.» 14 marzo).
Vigencia: 15 marzo 2014

6. Los delitos a los que se refieren los apartados 3 y 4 solamente serán perseguibles en España previa interposición de querella por el agraviado o por el Ministerio Fiscal.

Número 6 del artículo 23 introducido por el apartado uno del artículo único de la L.O. 1/2014, de 13 de marzo, de modificación de la L.O. 6/1985, de 1 de julio, del Poder Judicial, relativa a la justicia universal («B.O.E.» 14 marzo).
Vigencia: 15 marzo 2014

El Pleno del TC, por Providencia de 22 de julio de 2014, ha acordado admitir a trámite el recurso de inconstitucionalidad número 3754-2014, promovido por más de cincuenta Diputados del Grupo Parlamentario Socialista en el Congreso contra la Ley Orgánica 1/2014, de 13 de marzo, de modificación de la Ley Orgánica 6/1985, de 1 de julio, del Poder Judicial, relativa a la jurisdicción universal («B.O.E.» 26 julio).

(...)

§ 5. Ley 4/1985, de 21 de marzo, de extradición pasiva

(*BOE* de 26 de Marzo de 1985)

ÍNDICE SISTEMÁTICO

§ 5. Ley 4/1985, de 21 de marzo, de extradición pasiva

(*BOE* de 26 de Marzo de 1985)

PREÁMBULO

El régimen de la extradición pasiva, especialmente en cuanto al procedimiento que ha de seguirse para su concesión, ha venido regulado por la Ley de 26 de diciembre de 1958.

En el relativamente escaso tiempo de su vigencia, tal régimen ha evidenciado su inadecuación, tanto en su aspecto interno como internacional.

En el primero, la Constitución Española extrema las garantías y formalidades a seguir para el respeto de derecho tan fundamental como la libertad de las personas que, por su propia esencia, en todo caso, queda bajo el control de la Autoridad judicial y, lógicamente, también cuando el reclamado de extradición ha de ser privado de aquélla como medida precautoria que garantice la entrega al país reclamante, si tal extradición fuera acordada.

Por otra parte, la ratificación por España de varios Convenios europeos sobre la materia -Represión del Terrorismo, en 9 de mayo de 1980; el de Asistencia Judicial en Materia Penal, en 14 de julio de 1982, y, especialmente, el de Extradición, de 21 de abril de 1982- hace indispensable una revisión a fondo de nuestra Ley interna para suprimir obsoletos criterios y recoger aquellos otros que la técnica internacional ha perfeccionado a través del tiempo hasta ser aceptados por la generalidad de los países.

La presente Ley mantiene el mismo sistema y principio cardinal de la anterior, en cuanto que la extradición, como acto de soberanía en relación con otros Estados, es función del Poder Ejecutivo, bajo el imperio de la Constitución y de la Ley, sin perjuicio de su aspecto técnico penal y procesal que han de resolver los Tribunales en cada caso con la intervención del Ministerio Fiscal.

Por lo demás, las novedades más sustanciales que la Ley contiene son las siguientes:

Primera. En materia tan fundamental como la prisión preventiva se sigue íntegramente el criterio constitucional de dar intervención al Juez desde un principio, suprimiendo, en consecuencia, el régimen antiguo que permitía la detención sin intervención judicial, hasta la resolución del expediente en vía gubernativa. Su duración se acomoda al criterio de los nuevos Convenios europeos, no sólo para unificar criterios sobre la materia, sino porque, al propio tiempo, se suprimen plazos intermedios que podían inducir, y con frecuencia han inducido a confusión.

El plazo de prisión preventiva para casos de urgencia se fija en cuarenta días, tiempo ya consagrado en reciente práctica judicial y que se estima suficiente para que el Estado reclamante curse la demanda de extradición, habida cuenta que ésta debe formularse en base a la misma sentencia condenatoria o auto de prisión que justifica aquella medida provisional.

A este plazo sigue otro de cuarenta días, a partir de la presentación formal de la demanda, lo que supone un total máximo de ochenta días, que, unido al tiempo que exija la tramitación en fase puramente judicial, no debe sobrepasar, en ningún caso, por respeto al principio de presunción de inocencia y al derecho fundamental a la libertad que a toda persona alcanza los límites máximos señalados en nuestro derecho para la prisión provisional.

Tampoco contiene esta Ley previsiones que puedan limitar el arbitrio judicial o contradecir el régimen general instaurado por Ley Orgánica 7/1983, de 23 de abril, sobre esta materia en desarrollo de preceptos constitucionales.

Segunda. En cuanto a los hechos que puedan dar lugar a la extradición, se sigue el sistema de identidad normativa o doble incriminación junto al de apertura en los tipos. Basta, pues, que la infracción esté tipificada en la legislación de ambos países, sin que, en consecuencia, deba estar incluida en la lista cerrada; sistema éste olvidado en la actualidad, aunque continúe imperando en viejos Convenios bilaterales del pasado siglo.

Novedad importante en esta materia es la fijación de un límite mínimo a la gravedad del hecho, determinada por la pena aplicable -un año- o aplicada en sentencia condenatoria -cuatro meses-. Se sigue así la orientación marcada por el Convenio europeo; ya que éste comprende, además de las penas, las medidas de seguridad privativas de libertad de la misma duración.

Tercera. Como excepciones a la extradición, se mantiene la de los nacionales y los supuestos que sean de la competencia de nuestros Tribunales, uno y otros por razón de soberanía, lo que no implica impunidad, ya que, en ambos supuestos, se invitará al país reclamante a que remita las actuaciones seguidas para que los presuntos culpables puedan ser juzgados en España.

Por lo demás, se mantienen también otras excepciones, delitos militares, de prensa, privados con algunas limitaciones, etc. Pero se silencian otros casos como faltas o contravenciones administrativas, cuya cita era innecesaria.

En todo caso y por la misma razón de no existir Tratado vinculante, se declara siempre potestativa la concesión de la extradición, artículo segundo, con la que España, a la vista de las circunstancias concurrentes, podrá decidir con libertad cada demanda de extradición.

Cuarta. Se establece la facultad del Gobierno de no proceder a la extradición, aun habiéndola considerado procedente el Tribunal en base al principio de reciprocidad, soberanía, seguridad, orden público y demás intereses de España. Con ello se siguen los sistemas francés e italiano en los que la decisión favorable a la extradición no es obligatoria, si bien se precisan los criterios de esta última decisión del Gobierno tal y como establece la legislación suiza.

Ello es lógico, y en ningún caso implicará incumplimiento de resoluciones judiciales, habida cuenta del distinto campo y finalidad en que actúan y persiguen los Tribunales y el Gobierno; técnico y sobre todo tutelar del derecho a la libertad los primeros y políticos, esencialmente el segundo. Otra cosa sería que, denegada la extradición por el Tribunal, pudiera el Gobierno decretar la entrega.

Quinta. Se mantienen las dos fases del procedimiento extradicional, incluso los trámites para casos de urgencia, debidamente acomodados a las facultades judiciales para acordar la prisión preventiva. No obstante, y en atención a precedentes que así lo aconsejan, se admite el recurso de súplica contra los autos del propio Tribunal, que, con el de reforma ya admitido en la ley hasta ahora vigente, permiten posibles correcciones, antes vedadas en esta segunda parte del procedimiento judicial, que pudieran resultar aconsejables ante circunstancias concretas puestas de manifiesto por los propios interesados o el Ministerio Fiscal.

Sexta. Otras adaptaciones afectan especialmente a la extradición en tránsito que, por circunstancias no muy comprensibles, ha sido objeto de reserva por parte de España al ratificar el Convenio Europeo de Extradición, y que, en consecuencia, sólo se concederá a los países que lo han ratificado, en las mismas condiciones que la extradición ordinaria, marginando así el procedimiento más racional, ágil y aconsejable que admite el propio Convenio. No parece que deban concederse a los demás países beneficios o ventajas que por esta reserva se niega a los que han ratificado el Convenio Europeo y, en régimen de reciprocidad, al propio Estado español. Unicamente se admite el supuesto excepcional.

Séptima. Quizá también, como novedad digna de mención, debe citarse el procedimiento consignado para la ampliación de extradición como complemento indispensable del principio de especialidad, que permita otorgar autorización para proceder por hechos anteriores y distintos a los que motivaron la entrega. Se recoge así el criterio del Convenio europeo, el seguido con otros países, y, en definitiva, el que resulta aconsejable para evitar situaciones anteriores de impunidad por delitos, incluso más graves y rechazables en el concierto social, que el que motivó la extradición concedida.

Octava. Por lo demás, se ha suprimido la autorización que la anterior Ley concedía al Gobierno para «convenir reciprocidad en materia de extradición», por estimar que tal autorización podría vulnerar al artículo 94 de la Constitución, que, para los supuestos que contempla en su apartado c), requiere previa autorización de las Cortes Generales, autorización que debe entenderse para cada «Convenio», cuyo contenido ha de someterse previamente al Parlamento. Lo que no excluye la aplicación del principio de reciprocidad en cada caso concreto, según el artículo 1, autorizado por el artículo 13.3 de la misma Constitución, incluso existiendo tantos Tratados como Leyes de Extradición.

Novena. También se han suprimido las referencias al grado de participación (autores, cómplices y encubridores) o al de ejecución del delito (intentado, frustrado y consumado), por anticuadas e innecesarias. El Convenio europeo tampoco las recoge. Bastará, en consecuencia, que al reclamado le corresponda una de las penas que pueden motivar la extradición para que, con o sin aquellas indicaciones, pueda acordarse su entrega.

Por último, se trata de una Ley que, si bien se inspira en el Convenio europeo, tal vez el más perfecto, no supone necesariamente una ejecución, cumplimiento o desarrollo del mismo ni de ningún otro. De no existir Convenio o no habiéndolo ratificado España, la Ley seguiría siendo necesaria. Así pues, no se considera preceptiva la consulta al Consejo de Estado que prevé el artículo 21.1 de su Ley Orgánica reguladora.

Artículo 1. Las condiciones, los procedimientos y los efectos de la extradición pasiva se regirán por la presente Ley, excepto en lo expresamente previsto en los Tratados en los que España sea parte.

En todo caso, la extradición sólo se concederá atendiendo al principio de reciprocidad. El Gobierno podrá exigir una garantía de reciprocidad al Estado requirente.

Véanse:

- Convenio Europeo de Extradición, de 13 diciembre 1957, ratificado por Instrumento de 21 abril 1982 («B.O.E.», 8 de junio).

- Convenio de Asistencia Judicial en Materia Penal, de 20 abril 1959, ratificado por Instrumento de 14 julio 1982 («B.O.E.», 17 septiembre).

Artículo 2. Se podrá conceder la extradición por aquellos hechos para los que las Leyes españolas y las de la parte requirente señalen una pena o medida de seguridad cuya duración no sea inferior a un año de privación de libertad en su grado máximo o a una pena más grave; o cuando la reclamación tuviere por objeto el cumplimiento de condena a una pena o medida de seguridad no inferior a cuatro meses de privación de libertad por hechos también tipificados en la legislación española.

Cuando la solicitud se refiera a varios hechos y sólo concurran en algunos de ellos los requisitos del párrafo anterior sobre duración de las penas o medidas de seguridad, el acuerdo de extradición podrá extenderse también a los que tengan señalada penalidad inferior.

Si la solicitud de extradición se basa en sentencia dictada en rebeldía del reclamado, en la que éste haya sido condenado a pena que, con arreglo a la legislación española, no pueda ser impuesta a quien no haya estado presente en el acto del juicio oral, se concederá la extradición condicionándola a que la representación diplomática en España del país requirente, en el plazo que se le exija, ofrezca garantías suficientes de que el reclamado será sometido a nuevo juicio en el que deberá estar presente y debidamente defendido.

Artículo 3. 1. No se concederá la extradición de españoles, ni de los extranjeros por delitos de que corresponda conocer a los Tribunales españoles, según el Ordenamiento nacional. La cualidad de nacional será apreciada por el Tribunal competente para conocer de la extradición en el momento de la decisión sobre la misma, con arreglo a los preceptos correspondientes del Ordenamiento jurídico español, y siempre que no fuera adquirida con el fraudulento propósito de hacer imposible la extradición.

2. Cuando proceda denegar la extradición por el motivo previsto en el apartado anterior, si el Estado en que se hayan ejecutado los hechos así lo pidiere, el Gobierno español dará cuenta del hecho que motivó la demanda del Ministerio Fiscal a fin de que se proceda judicialmente, en su caso, contra el reclamado. Si así se acordare, solicitará del Estado requirente que remita las actuaciones practicadas o copia de las mismas para continuar el procedimiento penal en España.

3. Cuando el delito se hubiere cometido fuera del territorio del país que solicite la extradición, ésta podrá ser denegada si la legislación española no autorizare la persecución de un delito del mismo género cometido fuera de España.

Véanse:

- Artículos 17 a 26 CC.

- Artículos 8 a 18 LECrim.

Artículo 4. No se concederá la extradición en los casos siguientes:

1.º Cuando se trate de delitos de carácter político, no considerándose como tales los actos de terrorismo; los crímenes contra la Humanidad previstos por el Convenio para la prevención y penalización del crimen de genocidio adoptado por la Asamblea General de las Naciones Unidas, ni el atentado contra la vida de un Jefe de Estado o de un miembro de su familia.

Véanse:

- Artículo 13.3 CE.

- Artículo 23 LOPJ.

2.º Cuando se trate de delitos militares tipificados por la legislación española y sin perjuicio de lo establecido al respecto en los Convenios internacionales suscritos y ratificados por España; de los cometidos a través de los medios de comunicación social en el ejercicio de la libertad de expresión, y de los que sólo son perseguibles a instancia de parte, con excepción de los delitos de violación, estupro, rapto y abusos deshonestos.

3.º Cuando la persona reclamada deba ser juzgada por un Tribunal de excepción.

4.º Cuando se haya extinguido la responsabilidad criminal, conforme a la legislación española o la del Estado requirente.

5.º Cuando la persona reclamada haya sido juzgada o lo esté siendo en España por los mismos hechos que sirvan de base a la solicitud de extradición. Podrá, no obstante, accederse a ésta cuando se hubiere decidido no entablar persecución o poner fin al procedimiento pendiente por los referidos hechos y no haya tenido lugar por sobreseimiento libre o cualquier otra resolución que deba producir el efecto de cosa juzgada.

6.º Cuando el Estado requirente no diera la garantía de que la persona reclamada de extradición no será ejecutada o que no será sometida a penas que atenten a su integridad corporal o a tratos inhumanos o degradantes.

Véase Constitución Española: art. 15.

7.ª Cuando el Estado requirente no hubiera dado las garantías exigidas en el párrafo tercero del artículo segundo.

8.º Cuando a la persona reclamada le hubiere sido reconocida la condición de asilado. El no reconocimiento de la condición de asilado, cualquiera que sea su causa, no impedirá la denegación de la extradición por cualquiera de las causas previstas en esta Ley.

Véanse:

- Artículo 13.4 CE.

- Ley 12/2009, de 30 de octubre, reguladora del derecho de asilo y de la protección subsidiaria.

Artículo 5. Asimismo podrá denegarse la extradición:

1.º Si se tuvieran razones fundadas para creer que la solicitud de extradición, motivada por un delito de naturaleza común, se ha presentado con el fin de perseguir o castigar a una persona por consideraciones de raza, religión, nacionalidad u opiniones políticas, o que la situación de dicha persona corre el riesgo de verse agravada por tales consideraciones.

Véase Constitución Española: art. 14.

2.º Cuando la persona reclamada sea menor de dieciocho años en el momento de la demanda de extradición y teniendo residencia habitual en España, se considere que la extradición puede impedir su reinserción social, sin perjuicio de adoptar, de acuerdo con las autoridades del Estado requirente, las medidas más apropiadas.

Véase Constitución Española: art. 25.2.

Artículo 6. Si la resolución firme del Tribunal denegare la extradición, dicha resolución será definitiva y no podrá concederse aquélla.

La resolución del Tribunal declarando procedente la extradición no será vinculante para el Gobierno, que podrá denegarla en el ejercicio de la soberanía nacional, atendiendo al principio de reciprocidad o a razones de seguridad, orden público o demás intereses esenciales para España.

Contra lo acordado por el Gobierno no cabrá recurso alguno.

Artículo 7. 1. La solicitud de extradición se formulará por vía diplomática, o directamente por escrito del Ministro de Justicia de la parte requirente al Ministro de Justicia español, debiendo acompañarse:

a) La sentencia condenatoria o el auto de procesamiento y prisión o resolución análoga según la legislación del país requirente con expresión sumaria de los hechos y lugar y fecha en que fueron realizados.

b) Cuantos datos sean conocidos sobre la identidad, nacionalidad y residencia del sujeto reclamado y, a ser posible, su fotografía y huellas dactilares.

c) Copia de los textos legales con expresión de la pena aplicable.

d) Si el hecho estuviere castigado con alguna de las penas a que se refiere el número 6.º del artículo 4, el Estado requirente dará seguridades, suficientes a juicio del Gobierno español, de que tales penas no serán ejecutadas.

2. Los referidos documentos, originales o en copia auténtica, se acompañarán de una traducción oficial al español.

Artículo 8. 1. En caso de urgencia podrá ser interesada la detención como medida preventiva, si bien deberá hacerse constar expresamente en la solicitud que ésta responde a una sentencia condenatoria o mandamiento de detención firmes con expresión de la fecha y hechos que lo motiven, tiempo y lugar de la comisión de éstos y filiación de la persona cuya detención se interesa, con ofrecimiento de presentar seguidamente demanda de extradición.

2. La solicitud de detención preventiva se remitirá por vía postal, telegráfica o cualquier otro medio que deje constancia escrita, bien por vía diplomática, bien directamente al Ministerio de Justicia, bien por conducto de la Organización Internacional de Policía Criminal, y si en ella constaren todas las circunstancias necesarias, se procederá a la detención del reclamado, poniéndolo a disposición del Juzgado Central de Instrucción de guardia en plazo no superior a veinticuatro horas para que, si lo estima procedente, decrete la prisión provisional, que dejará sin efecto si transcurridos cuarenta días el país requirente no hubiere presentado en forma la solicitud de extradición.

Véanse:

- *Artículo 10 de esta Ley.*
- *Artículos 502 y siguientes LECrim.*
- *Artículo 65.4.º LOPJ.*

3. El Juez podrá, en cualquier momento y en atención a las circunstancias del caso, acordar la libertad del detenido, adoptando alguna o algunas de las medidas siguientes para evitar su fuga: vigilancia a domicilio, orden de no ausentarse de un lugar determinado sin la autorización del Juez, orden de presentarse periódicamente ante la autoridad designada por el Juez, retirada de pasaporte y prestación de una fianza. El incumplimiento de estas medidas dará lugar a la prisión provisional dentro del plazo establecido en el apartado anterior.

La puesta en libertad, con o sin medidas alternativas de la prisión provisional, no será obstáculo para una nueva detención ni para la extradición, si la solicitud de ésta llegara después de la expiración del plazo mencionado en el apartado anterior.

4. En todo caso, se informará al país reclamante de las resoluciones adoptadas, especialmente y con la urgencia posible, de la detención y del plazo dentro del cual deberá presentarse la demanda de extradición.

Artículo 9. 1. Cuando la solicitud se hubiera formulado por vía diplomática, el Ministerio de Asuntos Exteriores remitirá al de Justicia la solicitud de extradición con expresión de la fecha en que se hubiere recibido.

2. El Ministerio de Justicia, atendidas las circunstancias de la solicitud y cuando el reclamado no estuviera ya detenido preventivamente, podrá interesar del Ministerio del Interior que proceda a la detención de la persona reclamada y la ponga a disposición del Juzgado Central de Instrucción de guardia, y remitirá a este Juez información bastante acerca de la demanda de extradición.

Puesto a disposición judicial el reclamado y a la vista de la información recibida, el Juez podrá acordar la prisión provisional del detenido.

Véanse:

- *Artículo 10 de esta Ley.*
- *Artículos 502 y siguientes LECrim.*

3. El Ministerio de Justicia, en un plazo máximo de ocho días, computados desde el siguiente al de la recepción de la solicitud, o en su caso, de los justificantes, aclaraciones o traducciones por él reclamados, elevará al Gobierno propuesta motivada sobre si ha lugar o no a continuar en vía judicial del procedimiento de extradición en base a los artículos 2 a 5 de esta Ley.

4. El Gobierno adoptará su decisión dentro del plazo de quince días, contados desde la elevación de la propuesta por el Ministerio de Justicia. Transcurrido este plazo sin que el Gobierno haya adoptado resolución, el Ministerio de Justicia lo hará en su nombre, dentro de los tres días siguientes a la expiración del mismo, sin perjuicio de lo establecido en el apartado 5 de este artículo.

5. Cuando el acuerdo fuere denegatorio se pondrá en conocimiento del Estado requirente. Si el reclamado estuviere en prisión, se notificará al Juez que la hubiere decretado para que acuerde su libertad.

Artículo 10. Cuando el procedimiento se inicie, por petición urgente de detención preventiva, conforme al artículo 8.1 y 2, la prisión preventiva se dejará sin efecto si transcurridos cuarenta días el Estado requirente no hubiere presentado en forma la solicitud de extradición por vía diplomática ante el Ministerio de Asuntos Exteriores o directamente ante el Ministerio de Justicia españoles. Si se hubiese presentado dentro de dicho plazo de cuarenta días, éste se ampliará a cuarenta días más, para dar tiempo a que el Ministerio de Justicia y el Gobierno españoles puedan cumplir lo establecido en el artículo anterior, números 3 y 4.

Si el procedimiento se inicia por la recepción de la solicitud de extradición por vía diplomática ante el Ministerio de Asuntos Exteriores o directamente ante el Ministerio de Justicia españoles, el Juez Central de Instrucción competente dejará sin efecto la prisión provisional del reclamado que hubiese decretado, si no recibe dentro del plazo de cuarenta días el acuerdo gubernativo de continuación de la vía judicial del procedimiento de extradición.

El límite máximo de la prisión provisional del reclamado y los derechos que corresponden al detenido por causa de extradición se regirán en lo no previsto por esta Ley, por los preceptos correspondientes de la Ley de Enjuiciamiento Criminal.

Véase Ley Enjuiciamiento Criminal: arts. 502 y ss.

Artículo 11. Si el Gobierno acordare la continuación del procedimiento en vía judicial remitirá el expediente al Juzgado Central de Instrucción, y si el reclamado no estuviese en prisión, el Ministerio de Justicia oficiará también al Ministerio del Interior para que se practique la detención, se redacte el oportuno atestado y en el plazo de veinticuatro horas siguientes se ponga al detenido, con los documentos, efectos o dinero que le hubieren sido ocupados, a disposición de la misma autoridad judicial.

Artículo 12. 1. Acordada la continuación del procedimiento en vía judicial, el Juez, a cuya disposición estuviere el reclamado, ordenará la inmediata comparecencia de éste, quien deberá hacerlo asistido de Abogado y, en su caso, de intérprete. Se citará siempre al Ministerio Fiscal.

Véase Constitución Española: art. 17.3.

2. Identificado el detenido, el Juez le invitará a que manifieste, con expresión de sus razones, si consiente en la extradición o intenta oponerse a ella; si consintiera y no se suscitaran obstáculos legales que a ello se opongan, el Juez podrá acceder, desde luego, a la demanda de extradición. En otro caso adoptará la resolución que proceda, bien ordenando la libertad del detenido o bien elevando su detención a prisión, si antes no hubiere decretado ésta, con o sin fianza u otras medidas pre-

vistas en el apartado 3 del artículo 8, a resultas del procedimiento subsiguiente, a cuyo fin acordará elevar lo actuado a la Sala de lo Penal de la Audiencia Nacional.

Véase Disposición transitoria, párrafo 2.º de la presente Ley.

3. Las resoluciones anteriores adoptarán la forma de auto, que se dictará dentro de las veinticuatro horas siguientes a la comparecencia y del que el Secretario judicial dará traslado inmediato al Ministerio de Justicia. Contra este auto sólo procederá el recurso de reforma por los trámites de la Ley de Enjuiciamiento Criminal.

Número 3 del artículo 12 redactado por el apartado uno del artículo sexto de la Ley 13/2009, de 3 de noviembre, de reforma de la legislación procesal para la implantación de la nueva Oficina judicial («B.O.E.» 4 noviembre).
Vigencia: 4 mayo 2010

4. El Juez, de oficio, a instancia del Fiscal o del reclamado, podrá acordar que se complete la información aportada con los datos necesarios referentes a la identidad del reclamado y a los supuestos de hecho y derecho justificativos de la solicitud de extradición, pudiendo señalar un plazo que en ningún caso excederá de treinta días. Las resoluciones del Juez, en esta materia, serán recurribles conforme a lo establecido en el apartado anterior.

Véase Ley Enjuiciamiento Criminal: arts. 216, 217 y 219 a 221.

Artículo 13. 1. Recibido el expediente, el Secretario judicial lo pondrá de manifiesto en la Oficina judicial al Fiscal y al Abogado defensor por plazo sucesivo de tres días, y el Tribunal podrá reclamar, a petición de cualquiera de ambos o de oficio, los antecedentes que juzgue convenientes en relación con el artículo siguiente, sin que contra la resolución del Tribunal sobre este extremo quepa recurso alguno.

2. Si el reclamado de extradición no tuviera defensor, el Secretario judicial interesará que se le nombre de oficio antes de ponerle de manifiesto el expediente.

Artículo 13 redactado por el apartado dos del artículo sexto de la Ley 13/2009, de 3 de noviembre, de reforma de la legislación procesal para la implantación de la nueva Oficina judicial («B.O.E.» 4 noviembre).
Vigencia: 4 mayo 2010

Artículo 14. 1. Dentro de los quince días siguientes al período de instrucción, el Secretario judicial señalará la vista que tendrá lugar con intervención del Fiscal, del reclamado de extradición asistido, si fuera necesario, de intérprete y del Abogado defensor. En la vista podrá intervenir, y a tal efecto será citado, el representante del Estado requirente cuando así lo hubiere solicitado y el Tribunal lo acuerde atendido el principio de reciprocidad, a cuyo fin reclamará, en su caso, la garantía necesaria a través del Ministerio de Justicia.

Número 1 del artículo 14 redactado por el apartado tres del artículo sexto de la Ley 13/2009, de 3 de noviembre, de reforma de la legislación procesal para la implantación de la nueva Oficina judicial («B.O.E.» 4 noviembre).
Vigencia: 4 mayo 2010

2. El reclamado prestará declaración durante la vista, pero solamente se admitirá y practicará la prueba que verse sobre extremos relacionados con las condiciones exigidas por el Tratado aplicable o por esta Ley.

Véase Disposición transitoria, párrafo 2.º de la presente Ley.

Artículo 15. 1. El Tribunal resolverá, por auto motivado, en el plazo improrrogable de los tres días siguientes a la vista, sobre la procedencia de la extradición, y, al propio tiempo, sobre si ha lugar a la entrega al Estado requirente de los valores, objetos o dinero que hubiesen sido ocupados al reclamado.

2. Contra este auto sólo cabrá recurso de súplica, que deberá ser resuelto por el Pleno de la Sala de lo Penal de la Audiencia Nacional y sin que pueda ser designado Ponente ninguno de los Magistrados que dictaren el auto suplicado.

Véase artículo 19.1 de esta Ley.

Artículo 16. Si la extradición hubiere sido solicitada por varios Estados, bien por el mismo hecho o por hechos diferentes, se decidirá sobre aquélla por el Gobierno y en su caso la entrega del reclamado, teniendo en cuenta todas las circunstancias concurrentes y, especialmente, la existencia o no de Tratado, la gravedad relativa y lugar de la comisión del delito, fechas de las respectivas solicitudes, nacionalidad de la persona reclamada y posibilidad de una ulterior extradición a otro Estado.

Artículo 17. Cuando sea firme la resolución denegatoria de la extradición, el Secretario judicial, sin dilación, librará testimonio de la misma al Ministerio de Justicia, que a su vez lo comunicará al de Asuntos Exteriores para su notificación a la representación diplomática del país que formuló la demanda de extradición.

Párrafo 1.º del artículo 17 redactado por el apartado cuatro del artículo sexto de la Ley 13/2009, de 3 de noviembre, de reforma de la legislación procesal para la implantación de la nueva Oficina judicial («B.O.E.» 4 noviembre).
Vigencia: 4 mayo 2010

Asimismo, el Tribunal ordenará la inmediata puesta en libertad de la persona requerida de extradición.

Artículo 18. 1. Si el Tribunal dictare auto declarando procedente la extradición, el Secretario judicial librará sin dilación testimonio del mismo al Ministerio de Justicia. El Gobierno decidirá la entrega de la persona reclamada o denegará la extradición de conformidad con lo dispuesto en el párrafo segundo del artículo 6.

Asimismo, el Secretario judicial notificará las indicaciones que el Tribunal, de oficio o a instancia del representante diplomático, estime pertinente formular para la entrega de la persona reclamada, así como del tiempo en que ésta fue privada de libertad a fines de extradición, que quedará condicionada a que se compute como período de cumplimiento de condena.

Número 1 del artículo 18 redactado por el apartado cinco del artículo sexto de la Ley 13/2009, de 3 de noviembre, de reforma de la legislación procesal para la implantación de la nueva Oficina judicial («B.O.E.» 4 noviembre).
Vigencia: 4 mayo 2010

2. Acordada la entrega de la persona requerida de extradición, el Ministerio de Justicia lo comunicará al de Asuntos Exteriores para su notificación a la representación diplomática del país que formuló la demanda de extradición. Dicho acuerdo será comunicado asimismo a la persona requerida de extradición.

3. Si el Gobierno denegare la extradición de conformidad con el párrafo segundo del artículo 6, el Ministerio de Justicia lo comunicará al Tribunal para que acuerde la puesta en libertad de la persona reclamada, sin perjuicio de su posible expulsión de España, de conformidad con la legislación de extranjeros. Igualmente, lo comunicará al de Asuntos Exteriores para su notificación a la representación diplomática que formuló la demanda de extradición.

Artículo 19. 1. La entrega de la persona cuya extradición haya sido acordada se realizará por agente de la autoridad española, previa notificación del lugar y fecha fijados, observándose la legislación nacional vigente en este orden. Con aquélla, se entregarán a las autoridades o agentes del Estado requirente acreditados a tal fin los documentos, efectos y dinero que deban ser igualmente puestos a su disposición. Si la entrega del individuo reclamado no puede efectuarse, se procederá a la de dichos documentos, efectos y dinero, quedando a salvo, en todo caso, los derechos que pudieran corresponder sobre los mismos a otros interesados. El lugar y fecha fijados para la entrega serán comunicados asimismo al Tribunal que entendió de la solicitud.

2. Si la persona reclamada se encontrara sometida a procedimiento o condena por los Tribunales españoles o sancionada por cualquier otra clase de organismos o autoridades nacionales, la entrega podrá aplazarse hasta que deje extinguidas sus responsabilidades en España o efectuarse temporal o definitivamente en las condiciones que se fijen de acuerdo con el Estado requirente.

3. Si la persona reclamada no hubiera sido recibida en la fecha y lugar fijados podrá ser puesta en libertad transcurridos quince días a contar de dicha fecha y necesariamente a los treinta, y se podrá denegar su extradición por el mismo hecho si de nuevo se solicitara.

Artículo 20. 1. La extradición en tránsito se otorgará previo cumplimiento de los requisitos y con las mismas condiciones que para la extradición exige la presente Ley.

2. Excepcionalmente, por razones de urgencia, y cuando se utilizare la vía aérea y no estuviera previsto aterrizaje en territorio español, el Gobierno podrá autorizar el tránsito previa recepción de una solicitud con el contenido a que se refiere el número 1 del artículo 8 y que producirá los efectos previstos en el citado artículo en caso de aterrizaje fortuito.

Artículo 21. 1. Para que la persona que haya sido entregada pueda ser juzgada, sentenciada o sometida a cualquier restricción de su libertad personal, por hechos anteriores y distintos a los que hubieran motivado su extradición, será preciso autorización ampliatoria de la extradición concedida, a cuyo fin se presentará otra solicitud acompañada de los documentos previstos en el artículo 7 y testimonio judicial de la declaración de la persona entregada que se tramitará como nueva demanda de extradición. Iguales requisitos será necesario cumplir para conceder la reextradición de la persona entregada a un tercer Estado.

2. No será necesaria esta autorización cuando la persona entregada, habiendo tenido la posibilidad de abandonar el territorio del Estado al que se entregó, permanezca en él más de cuarenta y cinco días o regrese al mismo después de abandonarlo.

Artículo 22. Los gastos ocasionados por la extradición en territorio nacional serán, en régimen de reciprocidad, a cargo del Gobierno español. Los causados por extradición en tránsito serán de cuenta del Estado requirente.

DISPOSICION DEROGATORIA

Queda derogada la Ley de Extradición de 26 de diciembre de 1958.

DISPOSICION TRANSITORIA

Las disposiciones de naturaleza procesal contenidas en esta Ley sólo serán aplicables a las extradiciones que se soliciten a partir de su entrada en vigor.

Las de naturaleza sustantiva sólo tendrán efecto retroactivo en cuanto favorezcan al reclamado, el cual, en todo caso, será oído para que manifieste lo que resulta más ventajoso, atendidas sus personales circunstancias.

§ 6. Ley 23/2014, de 20 de noviembre, de reconocimiento mutuo de resoluciones penales en la Unión Europea

(*BOE* de 21 de Noviembre de 2014)

ÍNDICE SISTEMÁTICO

§ 6. Ley 23/2014, de 20 de noviembre, de reconocimiento mutuo de resoluciones penales en la Unión Europea

(*BOE* de 21 de Noviembre de 2014)

FELIPE VI REY DE ESPAÑA

A todos los que la presente vieren y entendieren.

Sabed: Que las Cortes Generales han aprobado y Yo vengo en sancionar la siguiente ley:

PREÁMBULO

I

Más de una década después de que el Tratado de Ámsterdam previera la creación de un espacio de libertad, seguridad y justicia en la Unión Europea, los Estados miembros, y entre ellos España, siguen reforzando sus mecanismos de cooperación judicial a través de la aplicación de sus dos principios básicos: la armonización de legislaciones y el reconocimiento mutuo de resoluciones judiciales.

El principio de reconocimiento mutuo, basado en la confianza mutua entre los Estados miembros y consagrado en el Consejo Europeo de Tampere como la «piedra angular» de la cooperación judicial civil y penal en la Unión Europea, ha supuesto una auténtica revolución en las relaciones de cooperación entre los Estados miembros, al permitir que aquella resolución emitida por una autoridad judicial de un Estado miembro sea reconocida y ejecutada en otro Estado miembro, salvo cuando concurra alguno de los motivos que permita denegar su reconocimiento. Finalmente, el Tratado de Funcionamiento de la Unión Europea ha supuesto la consagración como principio jurídico del reconocimiento mutuo, en el que, según su artículo 82, se basa la cooperación judicial en materia penal.

Este nuevo modelo de cooperación judicial conlleva un cambio radical en las relaciones entre los Estados miembros de la Unión Europea, al sustituir las antiguas comunicaciones entre las autoridades centrales o gubernativas por la comunicación directa entre las autoridades judiciales, suprimir el principio de doble incriminación en relación con un listado predeterminado de delitos y regular como excepcional el rechazo al reconocimiento y ejecución de una resolución, a partir de un listado tasado de motivos de denegación. Además, se ha logrado simplificar y agilizar los procedimientos de transmisión de las resoluciones judiciales, mediante el empleo de un formulario o certificado que deben completar las autoridades judiciales competentes para la transmisión de una resolución a otro Estado miembro.

En el ámbito penal, según lo dispuesto en el Programa de medidas destinado a poner en práctica el principio de reconocimiento mutuo de las resoluciones en materia penal, dicho principio ha de ser de aplicación en cada una de las fases del proceso penal, tanto antes, como durante e incluso después de dictarse la sentencia condenatoria.

II

La primera vez que en el ámbito del Derecho penal se plasmó este principio en un instrumento jurídico de la Unión Europea, fue en la Decisión Marco 2002/584/JAI, relativa a la orden europea y a los procedimientos de entrega entre Estados miembros, por un proceso de entrega dotado de mayor rapidez y seguridad jurídica. Esta norma fue inmediatamente incorporada al Derecho español a través de la Ley 3/2003, de 14 de marzo, sobre la orden europea de detención y entrega y la Ley Orgánica 2/2003, de 14 de marzo, complementaria de la anterior.

La segunda decisión marco adoptada en este ámbito, fue la Decisión Marco 2003/577/JAI, de 22 de julio de 2003, relativa a la ejecución en la Unión Europea de las resoluciones de embargo preventivo de bienes y aseguramiento de pruebas, que permite que la autoridad judicial del Estado de origen adopte una resolución acordando la realización de un embargo provisional en otro Estado miembro, de aquellos bienes que bien vayan a ser objeto de un ulterior comiso, o bien vayan a ser utilizados como prueba en juicio. Su incorporación al Derecho español se efectuó a través de la Ley 18/2006, de 5 de junio, para la eficacia en la Unión Europea de las resoluciones de embargo y aseguramiento de pruebas en procedimientos penales y la Ley Orgánica 5/2006, de 5 de junio, complementaria de la anterior, por la que se modifica la Ley Orgánica 6/1985, de 1 de julio, del Poder Judicial.

En tercer lugar, la Decisión Marco 2005/214/JAI, de 24 de febrero de 2005, relativa a la aplicación del principio de reconocimiento mutuo de sanciones pecuniarias, permitió al Estado requirente acudir a la autoridad judicial del Estado en que la persona obligada al pago de una sanción pecuniaria derivada de la comisión de una infracción penal (o administrativa en determinados casos) tuviera elementos patrimoniales, obtuviera ingresos o tuviera su residencia habitual, para ejecutar dicha sanción. La transposición de esta norma a nuestro Derecho se realizó mediante la Ley 1/2008, de 4 de diciembre, para la ejecución en la Unión Europea de resoluciones que impongan sanciones pecuniarias y la Ley Orgánica 2/2008, de 4 de diciembre, de modificación de la Ley Orgánica 6/1985, de 1 de julio, del Poder Judicial, complementaria de la anterior.

Un año después, la Decisión Marco 2006/783/JAI, de 6 de octubre de 2006, relativa a la aplicación del principio de reconocimiento mutuo de resoluciones de decomiso, permitiría que una resolución dictada en un Estado acordando el decomiso de una serie de bienes, fuera reconocida y ejecutada por un Tribunal del Estado en el que se encontrasen los bienes afectados. Ésta ha sido hasta hoy la última decisión marco sobre reconocimiento mutuo de resoluciones penales transpuesta en nuestro país, a través de la Ley 4/2010, de 10 de marzo, para la ejecución en la Unión Europea de resoluciones judiciales de decomiso y la Ley Orgánica 3/2010, de 10 de marzo, de modificación de la Ley Orgánica 6/1985, de 1 de julio, del Poder Judicial y complementaria de la anterior.

En el año 2008 fueron varias las decisiones marco sobre reconocimiento mutuo de resoluciones judiciales adoptadas en materia penal. En primer lugar se aprobó la Decisión Marco 2008/909/JAI, de 27 de noviembre de 2008, relativa a la aplicación del principio de reconocimiento mutuo de sentencias en materia penal por las que se imponen penas u otras medidas privativas de libertad a efectos de su ejecución en la Unión Europea. Ésta permite que una resolución condenatoria por la que se impone a una persona física una pena o medida privativa de libertad sea ejecutada en otro Estado miembro cuando ello contribuya a facilitar la reinserción del condenado. Junto a ella, se adoptó también la Decisión Marco 2008/947/JAI, de 27 de noviembre de 2008, relativa a la aplicación del principio de reconocimiento mutuo de sentencias y resoluciones de libertad vigilada con miras a la vigilancia de las medidas de libertad vigilada y las penas sustitutivas, que permite transmitir a otro Estado miembro distinto del de la condena la responsabilidad de vigilar el cumplimiento por el condenado de las medidas de libertad vigilada o de las penas sustitutivas previamente impuestas en el primero. Por último, en el 2008 vería la luz la Decisión Marco 2008/978/JAI, de 18 de diciembre de 2008, relativa al exhorto europeo de obtención de pruebas para recabar objetos, documentos y datos destinados a procedimientos en materia penal, que consiste en una resolución judicial emitida por la autoridad competente de un Estado miembro con objeto de recabar objetos, documentos y datos de otro Estado miembro para su uso en un proceso penal.

En 2009 se aprobó en este ámbito la primera Decisión Marco modificativa de otras anteriores, la Decisión Marco 2009/299/JAI, de 26 de febrero de 2009, por la que se modifican las Decisiones Marco 2002/584/JAI, 2005/214/JAI, 2006/783/JAI, 2008/909/JAI y 2008/947/JAI, destinada a reforzar los derechos procesales de las personas y a propiciar la aplicación del principio de reconocimiento mutuo de las resoluciones dictadas a raíz de juicios celebrados sin comparecencia del imputado. Entre estas normas se encuentra también la Decisión Marco 2009/829/JAI, de 23 de octubre de 2009, relativa a la aplicación, entre Estados miembros de la Unión Europea, del principio de reconocimiento mutuo a las resoluciones sobre medidas de vigilancia como sustitución de la prisión provisional, que permite supervisar a las autoridades judiciales de un Estado miembro aquellas resoluciones adoptadas en un proceso penal celebrado en otro Estado miembro por las que se imponga a una persona física una o más medidas de vigilancia de la libertad provisional.

Finalmente, como consecuencia de los cambios que introdujo el Tratado de Lisboa en la estructura de la Unión Europea y en sus instrumentos normativos, el 13 de diciembre de 2011 se aprobó la primera directiva en este ámbito. Se trata de la Directiva 2011/99/UE, de 13 de diciembre de 2011, sobre la orden europea de protección, que también se incorpora a esta Ley, y que tiene por objeto extender la protección que a través de las medidas pertinentes haya impuesto la autoridad competente de un Estado miembro para proteger a una persona contra posibles actos delictivos de otra, al territorio del Estado miembro al que se desplace esa persona para residir o permanecer durante un determinado período de tiempo.

Ante esta prolífica tarea normativa de las instituciones de la Unión Europea, los Estados miembros tienen la obligación de afrontar una intensa labor legislativa para incorporar a sus ordenamientos las disposiciones aprobadas hasta el momento. En España, además, si la técnica normativa empleada hasta ahora en la transposición de las cuatro primeras decisiones marco no variase, ello implicaría una enorme producción normativa, no sólo por las múltiples leyes que habrían de adoptarse, sino también por las consiguientes leyes orgánicas complementarias que someterían a constantes modificaciones a la Ley Orgánica del Poder Judicial.

Por ello, se ha decidido modificar la técnica normativa empleada hasta ahora en la incorporación de estas normas europeas, persiguiendo tanto garantizar una mejor transposición, como reducir la dispersión normativa y la complejidad de un ordenamiento que, a la postre, tiene que permitir a los distintos operadores jurídicos su tarea de aplicar el Derecho en un ámbito ya de por sí complejo y nuevo.

De este modo, la presente Ley da por amortizada la técnica de la incorporación individual de cada decisión marco o directiva europea en una ley ordinaria y su correspondiente ley orgánica complementaria, y se presenta como un texto conjunto en el que se reúnen todas las decisiones marco y la directiva aprobadas hasta hoy en materia de reconocimiento mutuo de resoluciones penales. Incluye tanto las ya transpuestas a nuestro Derecho como las que están pendientes, evitando la señalada dispersión normativa y facilitando su conocimiento y manejo por los profesionales del Derecho. Además, se articula a través de un esquema en el que tiene fácil cabida la incorporación de las futuras directivas que puedan ir adoptándose en esta materia.

Esta Ley va acompañada además de una Ley Orgánica por la que se modifica la Ley Orgánica del Poder Judicial, que evita las continuas reformas a las que ésta tendría que verse sometida si la tarea de transposición se realizase de manera individualizada.

III

La Ley parte de un breve título preliminar, para estructurarse a continuación en una serie de títulos. El primero de estos títulos contiene el régimen tanto de la transmisión como del reconocimiento de las resoluciones penales en la Unión Europea, incluyendo normas de aplicación a los distintos instrumentos, pero también de ámbito más reducido en relación con sólo uno o varios de estos instrumentos. De esta forma, en cada caso concreto, los aplicadores están llamados a seguir tanto estas normas generales que aseguran la coherencia del conjunto, como las disposiciones específicas de cada uno de esos instrumentos.

Los títulos siguientes regulan cada uno de los instrumentos de reconocimiento mutuo, siguiendo un esquema idéntico en el que se distinguen unas normas comunes, otras destinadas a indicar a la autoridad judicial competente en cada caso cómo transmitir a otros Estados de la Unión Europea una resolución de reconocimiento mutuo y, por fin, otras que establecen las reglas de ejecución en España de las resoluciones que transmitan las autoridades competentes de los demás Estados miembros. La parte final de la Ley contiene tres disposiciones adicionales, tres disposiciones transitorias, una disposición derogatoria, cuatro disposiciones finales y trece anexos. Estos últimos incorporan los formularios o los certificados que habrán de emplear las autoridades judiciales españolas para la transmisión de las resoluciones judiciales o para realizar aquellas notificaciones exigidas por la Ley.

IV

El Título preliminar contiene las disposiciones básicas que conforman el régimen jurídico del reconocimiento mutuo de resoluciones penales en la Unión Europea. La Ley enumera cuáles son esas resoluciones judiciales que luego regula, establece el respeto a los derechos y libertades fundamentales como criterio principal de actuación, la aplicación supletoria de la Ley de Enjuiciamiento Criminal en esta materia, así como qué ha de entenderse por Estado de emisión y de ejecución. No se olvida la Ley de la necesidad de conocer la dinámica de estas formas de cooperación judicial mediante su reflejo en datos estadísticos.

V

El Título I contiene las normas generales de la transmisión y del reconocimiento y ejecución de los instrumentos de reconocimiento mutuo en la Unión Europea. Se hace aquí un esfuerzo de identificación de los elementos comunes que se encuentran en las diferentes normas de reconocimiento mutuo de resoluciones judiciales en materia penal. Estas disposiciones han venido a generalizar reglas que las decisiones marco de la Unión Europea habían recogido con formulaciones dispares y cuya incorporación acrítica habría generado diferencias carentes de justificación, complicando al mismo tiempo la aplicación de esta Ley.

De esta forma, en este Título se reconocen las características básicas del nuevo sistema de cooperación judicial basado en el reconocimiento mutuo. Sus artículos contienen las reglas comunes que rigen tanto la transmisión de las órdenes europeas y resoluciones judiciales a otros Estados miembros, como su ejecución en España, los motivos generales de denegación del reconocimiento y la ejecución, y las normas sobre recursos, gastos e indemnizaciones y reembolsos, entre otras.

La competencia tanto para la transmisión como para la ejecución de los distintos instrumentos de reconocimiento mutuo se distribuye entre los Jueces y Tribunales y el Ministerio Fiscal. La ley generaliza la audiencia previa al Fiscal cuando sea un Juez o Tribunal el que esté conociendo de alguno de los referidos instrumentos.

Especial relevancia tiene el listado de categorías delictivas a las que no será de aplicación el principio de doble tipificación, en el que se expresa el compromiso básico de los países de la Unión Europea de renunciar a la exigencia del control de la doble incriminación para una serie de infracciones. De este modo, aquellas resoluciones judiciales dictadas en otros Estados miembros y transmitidas a España para su reconocimiento y ejecución, no estarán sujetos al control de la doble tipificación por el Juez o Tribunal español, en la medida en que se refieran a alguno de los delitos enumerados y siempre que se cumplan las condiciones exigidas para cada tipo de resolución judicial. Como consecuencia de la actuación del principio de reconocimiento mutuo la decisión de la autoridad competente de reconocer y ejecutar la orden europea acordada por la autoridad judicial extranjera es casi automática sin necesidad de verificar su conformidad con su ordenamiento jurídico interno, y se limitan los supuestos de denegación de la ejecución de la decisión trasmitida a causas tasadas y estrictamente previstas en esta Ley.

Estas normas generales ponen de manifiesto la peculiaridad del reconocimiento mutuo derivada de la relación directa entre autoridades judiciales de los diferentes Estados. Una característica cuya puesta en práctica requiere la comunicación inmediata de las distintas decisiones que se adopten en cada caso y las consultas previas en muchos supuestos en tanto que permitirán a las autoridades competentes valorar la conveniencia o no de recurrir a estos instrumentos.

La importancia de estos preceptos de aplicación al conjunto de instrumentos de reconocimiento mutuo se pone de manifiesto por su contenido, que comprende cuestiones como las notificaciones, traducciones, régimen de recursos, supuestos comunes de suspensión o de denegación de la ejecución de una resolución transmitida en nuestro país, entre otros.

VI

El Título II es el primero que se dedica ya a un instrumento en concreto, que es la orden europea de detención y entrega, cuyas normas no sólo siguen lo que hasta ahora ha regulado la Ley 3/2003, de 14 de marzo, sobre la orden europea de detención y entrega, sino que también se ha llevado a cabo su puesta al día, en atención a la experiencia ya acumulada en esta materia. Ello ha supuesto el reforzamiento de las garantías jurídicas, en especial con la introducción del criterio de la proporcionalidad, algunas mejoras de técnica normativa y otras modificaciones que persiguen mejorar la aplicación práctica de la norma. Se perfecciona así este procedimiento que permite a cualquier autoridad judicial española solicitar la entrega de una persona a otro Estado miembro para el seguimiento de actuaciones penales o para el cumplimiento de una condena impuesta, así como proceder a la entrega cuando haya recibido una orden europea de detención y entrega procedente de la autoridad judicial de otro Estado miembro.

VII

El Título III tiene por objeto las resoluciones para el cumplimiento de penas o medidas privativas de libertad. A través de estos preceptos se incorpora una decisión marco no transpuesta hasta ahora, que permite que una resolución condenatoria dictada en un Estado miembro sea ejecutada en otro Estado miembro, con el fin de facilitar así la reinserción social del condenado. Las autoridades judiciales españolas, por tanto, podrán transmitir sentencias condenatorias a otros Estados, cuando en ellas se impongan penas o medidas privativas de libertad y se cumplan las condiciones señaladas por la ley, debiendo ejecutar asimismo aquéllas que del mismo modo les hayan sido transmitidas.

VIII

Por su parte, el Título IV contiene las normas de la llamada resolución de libertad vigilada, que establecen el régimen de la transmisión y ejecución de resoluciones adoptadas en el marco de medidas consecutivas a la condena. Este título contiene tanto el procedimiento por el que las autoridades judiciales españolas pueden transmitir una resolución por la que se imponga una medida de libertad vigilada o una pena sustitutiva, como el procedimiento de ejecución de dichas resoluciones en España cuando hayan sido dictadas en otros Estados miembros. El reconocimiento mutuo de estas resoluciones tiene por objeto incrementar las posibilidades de reinserción social del condenado al permitirle mantener sus lazos familiares, lingüísticos y culturales, así como mejorar el control del cumplimiento de las medidas de libertad vigilada y de las penas sustitutivas con objeto de evitar la reincidencia, teniendo en cuenta el principio de la protección de las víctimas.

IX

El Título V es el dedicado a la resolución sobre medidas de vigilancia de la libertad provisional, que permite que un Estado distinto al que impuso la medida de vigilancia pueda supervisar su cumplimiento cuando así le sea solicitado y siempre que se cumplan los requisitos legalmente establecidos. De este modo, se consigue una mejor ordenación de la actuación de los Estados en este ámbito penal y se evita que un residente en un Estado miembro se vea sacado de su entorno como consecuencia de la comisión de una infracción penal durante el tiempo que transcurra hasta la celebración del juicio. Con ello también se logra una mayor seguridad pública al permitir que persona sometida a actuaciones penales en un Estado miembro distinto al de su residencia sea vigilada por las autoridades de este último en espera de la celebración del juicio, evitando acudir a institutos más represivos como la prisión provisional o más inseguros como la libertad provisional no vigilada.

X

El Título VI regula la transmisión y ejecución en otro Estado miembro de una orden europea de protección. Esta orden es una resolución penal que puede adoptar la autoridad competente de cualquier Estado miembro en relación con una medida de protección previamente adoptada en ese Estado, por la que se faculta a la autoridad competente de otro Estado miembro para adoptar las medidas oportunas a favor de las víctimas o posibles víctimas de delitos que se encuentren en peligro, cuando se hayan desplazado a su territorio. Esta regulación permite que las medidas de protección adoptadas a favor de una víctima, la acompañen en cualquier lugar de la Unión Europea al que se desplace, ocasional o permanentemente. El causante de este peligro también tendrá que enfrentarse con las consecuencias del incumplimiento de esta orden europea.

Las medidas que se prevén se caracterizarían por su flexibilidad para adaptarse a las necesidades de protección de la víctima en cada momento, lo que supone que también la autoridad competente pueda acordar su prórroga, revisión, modificación o revocación. De esta forma, se garantiza que las medidas de protección dictadas en cualquier Estado miembro a favor de una persona que se vea amenazada, sean efectivas en todo el territorio de la Unión.

XI

El Título VII establece el régimen de reconocimiento de la resolución de embargo preventivo de bienes o de aseguramiento de pruebas, en el que se incluyen, con algunas modificaciones, las disposiciones de la Ley 18/2006, de 5 de junio, para la eficacia en la Unión Europea de las resoluciones de embargo y de aseguramiento de pruebas en los procesos penales. Mediante este mecanismo se transmitirán por las autoridades judiciales españolas las medidas de embargo preventivo de bienes o de aseguramiento de pruebas acordadas en procedimientos penales a otros Estados miembros en los que puedan encontrarse los objetos, datos o documentos objeto de la medida. Igualmente se determina la forma en la que las autoridades judiciales españolas van a reconocer y cumplir tales resoluciones cuando provengan de una autoridad judicial de otro Estado miembro. Es importante destacar cómo el concepto de medida de aseguramiento aplicada a este instrumento comprende las medidas que afectan a aquellos bienes del procesado que sean suficientes para cubrir su responsabilidad pecuniaria. Las exigencias del reconocimiento mutuo llevan a comprender en este instrumento una amplia gama de diligencias aseguratorias del cuerpo del delito, tales como su recogida, bloqueo, conservación, intervención, incautación o puesta en depósito judicial. Todo ello con las debidas garantías que protegen los derechos que asisten a las partes y a los terceros interesados de buena fe.

XII

El Título VIII se destina a prever el régimen de la resolución de decomiso e incorpora, con algunas adaptaciones, el contenido presente en la Ley 4/2010, de 10 de marzo, para la ejecución en la Unión Europea de resoluciones judiciales de decomiso. De este modo, regula el procedimiento a través del cual se van a transmitir, por parte de las autoridades judiciales españolas, aquellas sentencias firmes por las que se imponga un decomiso, a otros Estados miembros de la Unión Europea, y establece el modo en el que las autoridades judiciales españolas van a reconocer y a ejecutar tales resoluciones cuando le sean transmitidas por otro Estado miembro. Ya es sabida la incidencia que las normas de la Unión Europea han tenido en esta materia a la hora de precisar el concepto de decomiso, que alcanza a bienes que provienen de actividades delictivas desarrolladas por la persona condenada durante un período anterior a la condena, o cuando se tenga constancia de que el valor de la propiedad es desproporcionado con respecto a los ingresos legales de la persona condenada y una autoridad judicial nacional, basándose en hechos concretos, esté plenamente convencida de su procedencia delictiva. En cambio, quedan fuera de esta ley los supuestos de restitución de bienes a sus legítimos propietarios.

La Ley también incorpora las novedades mediante las cuales se tratan de remediar los problemas derivados de las dudas de localización de los bienes objeto de decomiso, y ante los cuales se permite que una autoridad judicial transmita su resolución simultáneamente a varios Estados miembros de la Unión Europea. Una previsión que, a su vez, obliga a que haya una mayor comunicación entre las autoridades judiciales para evitar excesos de ejecución.

XIII

El Título IX tiene por objeto regular la resolución por la que se exige el pago de una sanción pecuniaria, incorporando con leves modificaciones el contenido de la Ley 1/2008, de 4 de diciembre, para la ejecución en la Unión Europea de resoluciones que impongan sanciones pecuniarias. Estas normas determinan el procedimiento a través del cual se van a transmitir, por parte de las autoridades judiciales españolas, aquellas resoluciones firmes por las que se exija el pago de una sanción pecuniaria a una persona física o jurídica como consecuencia de la comisión de una infracción penal, a otros Estados miembros de la Unión Europea en los que esa persona posea propiedades, obtenga ingresos o tenga su residencia habitual. Igualmente, se regula el procedimiento mediante el cual las autoridades judiciales españolas van a reconocer y a ejecutar tales resoluciones cuando les sean transmitidas por otro Estado miembro y el condenado tenga esas propiedades, ingresos o residencia en nuestro país.

Se ha de aclarar que el concepto de sanción pecuniaria de este instrumento no se refiere solamente a aquella cantidad de dinero exigida en concepto de multa impuesta como consecuencia de la comisión de una infracción, sino también a la impuesta en la misma resolución en concepto de costas judiciales, como compensación en beneficio de las víctimas o destinada a un fondo público u organización de apoyo a las víctimas. Además, las sanciones impuestas pueden derivar de la comisión de una infracción de carácter penal o administrativa, en los términos que se regulan.

XIV

El último título, el X, regula el exhorto europeo de obtención de pruebas que incorpora una nueva decisión marco al regular las normas sobre la transmisión y ejecución de aquella resolución que las autoridades españolas pueden enviar o recibir de otro Estado miembro con objeto de recabar objetos, documentos y datos para su uso en un proceso penal. El exhorto europeo de obtención de pruebas podrá referirse también a procedimientos incoados por las autoridades competentes de otros Estados miembros de la Unión Europea por la comisión de hechos tipificados como infracciones administrativas en su ordenamiento, cuando la decisión pueda dar lugar a un proceso ante un órgano jurisdiccional en el orden penal. No así en el caso de las infracciones administrativas cometidas en España, pues en nuestro derecho las autoridades administrativas competentes no se encuentran en la situación prevista en la norma europea, ya que sus resoluciones son recurribles en vía contencioso-administrativa y no en vía penal; lo que ha impedido su inclusión dentro de este mecanismo de cooperación. Destacar que la intervención siempre del Juez o Fiscal español en la ejecución de esta resolución cuando sea transmitida por otro Estado permite prescindir del requisito de la validación por parte de esa autoridad de emisión, pues el Juez o el Fiscal ya valoran la proporcionalidad de la medida solicitada y si comporta limitación de derechos fundamentales.

XV

Se ha de hacer una mención a los anexos que cierran la Ley y en los que se contienen los modelos de los formularios y los certificados a través de los cuales se efectúan las comunicaciones entre autoridades judiciales en la Unión Europea. Se trata de formularios y certificados idénticos en todos los países, por lo que son perfectamente comprensibles a partir del modelo traducido a cada lengua, dotando a esa relación de mayor agilidad y seguridad jurídica.

XVI

En definitiva, la presente Ley se configura como un instrumento integrador que, además de dar cumplimiento a las obligaciones normativas europeas, responde al compromiso de mejora de la cooperación judicial penal en la Unión Europea y la lucha contra la criminalidad, garantizando la seguridad y los derechos de los ciudadanos como fin irrenunciable del Estado.

TÍTULO PRELIMINAR
RÉGIMEN GENERAL DEL RECONOCIMIENTO MUTUO DE RESOLUCIONES PENALES EN LA UNIÓN EUROPEA

Artículo 1. *Reconocimiento mutuo de resoluciones penales en la Unión Europea.* En aplicación del principio de reconocimiento mutuo de resoluciones penales en el espacio de libertad, seguridad y justicia de la Unión Europea, las autoridades judiciales españolas que dicten una orden o resolución incluida dentro de la regulación de esta Ley, podrán transmitirla a otro Estado miembro para su reconocimiento y ejecución.

En aplicación del principio de reconocimiento mutuo de resoluciones penales, las autoridades judiciales españolas competentes reconocerán y ejecutarán en España dentro del plazo previsto, las órdenes europeas y resoluciones penales previstas en esta Ley cuando hayan sido transmitidas correctamente por la autoridad competente de otro Estado miembro y no concurra ningún motivo tasado de denegación del reconocimiento o la ejecución.

Artículo 2. *Instrumentos de reconocimiento mutuo.* 1. Se entiende por instrumento de reconocimiento mutuo aquella orden europea o resolución emitida por la autoridad competente de un Estado miembro de la Unión Europea que se transmite a otro Estado miembro para su reconocimiento y ejecución en el mismo.

2. Los instrumentos de reconocimiento mutuo regulados en esta Ley son los siguientes:

a) La orden europea de detención y entrega.
b) La resolución por la que se impone una pena o medida privativa de libertad.
c) La resolución de libertad vigilada.
d) La resolución sobre medidas de vigilancia de la libertad provisional.
e) La orden europea de protección.
f) La resolución de embargo preventivo de bienes o de aseguramiento de pruebas.
g) La resolución de decomiso.
h) La resolución por la que se imponen sanciones pecuniarias.
i) El exhorto europeo de obtención de pruebas.

Artículo 3. *Respeto a los derechos y libertades fundamentales.* La presente Ley se aplicará respetando los derechos y libertades fundamentales y los principios recogidos en la Constitución Española, en el artículo 6 del Tratado de la Unión Europea y la Carta de los Derechos Fundamentales de la Unión Europea, y en el Convenio Europeo de Derechos y Libertades Fundamentales del Consejo de Europa de 4 de noviembre de 1950.

Artículo 4. *Régimen jurídico.* 1. El reconocimiento y la ejecución de los instrumentos de reconocimiento mutuo que se enumeran en el artículo 2, se regirán por lo dispuesto en esta Ley, en las normas de la Unión Europea y en los convenios internacionales vigentes en los que España sea parte. En defecto de disposiciones específicas, será de aplicación el régimen jurídico previsto por la Ley de Enjuiciamiento Criminal.

2. Las disposiciones del Título I se aplicarán sin perjuicio de las normas específicas correspondientes a cada instrumento de reconocimiento mutuo previstas en los restantes títulos de esta Ley.

3. La interpretación de las normas contenidas en esta Ley se realizará de conformidad con las normas de la Unión Europea reguladoras de cada uno de los instrumentos de reconocimiento mutuo.

Artículo 5. *Estado de emisión y Estado de ejecución.* Se entiende por:

a) Estado de emisión: el Estado miembro de la Unión Europea en el que la autoridad competente ha dictado una orden o resolución de las reguladas en esta Ley al objeto de que sea reconocida y ejecutada en otro Estado miembro.

b) Estado de ejecución: el Estado miembro de la Unión Europea al que se ha transmitido una orden o resolución dictada por la autoridad judicial competente de otro Estado miembro, para su reconocimiento y ejecución.

Artículo 6. *Deber de información al Ministerio de Justicia. Autoridad Central.* 1. Los Jueces o Tribunales que transmitan o ejecuten los instrumentos de reconocimiento mutuo previstos en esta Ley lo reflejarán en los boletines estadísticos trimestrales y lo remitirán al Ministerio de Justicia.

2. La Fiscalía General del Estado remitirá semestralmente al Ministerio de Justicia un listado de los instrumentos de reconocimiento mutuo emitidos o ejecutados por representantes del Ministerio Público.

3. El Ministerio de Justicia será la Autoridad Central a la que corresponde la función de auxilio a las autoridades judiciales.

TÍTULO I
RÉGIMEN GENERAL DE LA TRANSMISIÓN, EL RECONOCIMIENTO Y LA EJECUCIÓN DE LOS INSTRUMENTOS DE RECONOCIMIENTO MUTUO EN LA UNIÓN EUROPEA

CAPÍTULO I
TRANSMISIÓN POR LAS AUTORIDADES JUDICIALES ESPAÑOLAS DE INSTRUMENTOS DE RECONOCIMIENTO MUTUO

Artículo 7. *Emisión y documentación de órdenes y resoluciones para su ejecución al amparo del principio de reconocimiento mutuo.* 1. Cuando la eficacia de una resolución penal española requiera la práctica de actuaciones procesales en otro Estado miembro de la Unión Europea, tratándose de algún instrumento de reconocimiento mutuo regulado en esta Ley, la autoridad judicial española competente la documentará en el formulario o certificado obligatorio, que transmitirá a la autoridad competente del otro Estado miembro para que proceda a su ejecución.

El testimonio de la resolución penal en la que se basa el certificado se remitirá obligatoriamente junto con éste, salvo que se trate de una orden europea de detención y entrega, un exhorto europeo de obtención de prueba o de una orden europea de protección, que se documentarán exclusivamente a través del formulario correspondiente.

El original de la resolución o del certificado será remitido únicamente cuando así lo solicite la autoridad de ejecución.

2. El certificado o el formulario irán firmados por la autoridad judicial competente para dictar la resolución que se documenta.

3. El certificado o el formulario se traducirán a la lengua oficial o a una de las lenguas oficiales del Estado miembro al que se dirija o, en su caso, a una lengua

oficial de las instituciones comunitarias que hubiera aceptado dicho Estado, salvo que disposiciones convencionales permitan, en relación con ese Estado, su remisión en español.

La resolución penal sólo será objeto de traducción cuando así se requiera por la autoridad judicial de ejecución.

Artículo 8. *Transmisión de órdenes y resoluciones para su ejecución al amparo del principio de reconocimiento mutuo.* 1. La transmisión de los instrumentos de reconocimiento mutuo, así como cualquier otra notificación practicada con arreglo a esta Ley, se hará directamente a la autoridad judicial competente del Estado de ejecución, a través de cualquier medio que deje constancia escrita en condiciones que permitan acreditar su autenticidad.

Cualquier dificultad que surja en relación con la transmisión o la autenticidad de algún documento necesario para la ejecución de un instrumento de reconocimiento mutuo se solventará mediante comunicación directa entre las autoridades judiciales implicadas o, cuando proceda en relación con una orden europea de detención y entrega o un exhorto europeo de obtención de prueba, con la participación de las autoridades centrales de los Estados miembros.

2. Cuando no se conozca la autoridad judicial de ejecución competente, se solicitará la información correspondiente por todos los medios necesarios, incluidos los puntos de contacto españoles de la Red Judicial Europea (RJE) y demás redes de cooperación existentes.

3. Los instrumentos de reconocimiento mutuo regulados en esta Ley podrán transmitirse a la autoridad judicial competente, recabándose la colaboración del Miembro Nacional de España en Eurojust cuando proceda, de conformidad con las normas reguladoras del mismo.

Artículo 9. *Información obligatoria a Eurojust en relación con los instrumentos de reconocimiento mutuo.* 1. Cuando un instrumento de reconocimiento mutuo afecte directamente, al menos, a tres Estados miembros y se hayan transmitido, al menos, a dos Estados miembros solicitudes o decisiones de cooperación judicial, deberá informarse a Eurojust en los términos que establezca su normativa.

2. La autoridad judicial que conozca del procedimiento podrá acordar que la información vaya acompañada de una petición de asistencia de Eurojust.

Artículo 10. *Descripción del delito y de la pena.* La autoridad judicial que emita el formulario o el certificado en el que se documenta la resolución judicial cuya ejecución se transmite a otro Estado miembro de la Unión Europea, especificará si el delito objeto de la resolución judicial se incardina en alguna de las categorías que eximen del control de doble tipificación de la conducta en el Estado de ejecución, de acuerdo con el artículo 20, y si la pena prevista para el delito es, en abstracto, al menos de tres años de privación de libertad.

Artículo 11. *Pérdida sobrevenida del carácter ejecutorio de la resolución cuya ejecución ha sido transmitida.* La autoridad judicial española de emisión informará inmediatamente a la autoridad encargada de la ejecución, de la adopción de cualquier resolución o medida que tenga por objeto dejar sin efecto el carácter ejecutorio de la orden o resolución cuya ejecución ha sido transmitida previamente, solicitando la devolución del formulario o del certificado.

Artículo 12. *Tránsito por otro Estado miembro del reclamado por la autoridad judicial española.* Cuando a la autoridad judicial española de emisión de una orden europea de detención y entrega o de una resolución por la que se imponen penas o medidas privativas de libertad le conste que resulta necesario el tránsito del reclamado por un Estado miembro distinto del Estado de ejecución, instará al

Ministerio de Justicia para que solicite la autorización, remitiendo copia de la resolución judicial y del certificado emitido, traducido éste a una de las lenguas que acepte el Estado de tránsito.

El Ministerio de Justicia pedirá información al Estado de tránsito sobre si puede garantizar que el condenado no será perseguido, detenido ni sometido a ninguna otra restricción de su libertad individual en su territorio, por hechos o condenas anteriores. En su caso, el Ministerio de Justicia, a petición de la autoridad judicial de emisión, podrá retirar la solicitud.

Artículo 13. *Recursos contra las resoluciones de transmisión de instrumentos de reconocimiento mutuo.* 1. Contra las resoluciones por las que se acuerde la transmisión de un instrumento de reconocimiento mutuo podrán interponerse los recursos previstos en el ordenamiento jurídico español, que se tramitarán y resolverán exclusivamente por la autoridad judicial española competente conforme a la legislación española.

2. En caso de estimación de un recurso, la autoridad judicial española lo comunicará inmediatamente a la autoridad que esté conociendo de la ejecución.

3. En caso de concesión de indulto que afecte a la resolución recurrida, la autoridad judicial española lo comunicará inmediatamente a la autoridad que esté conociendo de la ejecución.

La concesión del indulto no podrá alcanzar, en ningún caso, al concepto de costas o gastos administrativos generados en el proceso ni tampoco a la compensación otorgada en beneficio de la víctima.

4. No cabrá recurso alguno contra la decisión de transmisión de un instrumento de reconocimiento mutuo acordada por el Ministerio Fiscal en sus diligencias de investigación, sin perjuicio de su valoración posteriormente en el correspondiente procedimiento penal, de conformidad con lo previsto en la Ley de Enjuiciamiento Criminal.

Artículo 14. *Gastos.* El Estado español financiará los gastos ocasionados por la ejecución de una orden o resolución de reconocimiento mutuo transmitida a otro Estado miembro, salvo los ocasionados en el territorio del Estado de ejecución.

Si en la ejecución de una resolución judicial de decomiso emitida por el Juez o Tribunal español se recibiera comunicación del Estado de ejecución proponiendo un reparto de los gastos ocasionados, el Secretario judicial, en el plazo de cinco días desde la recepción de esta comunicación, dirigirá oficio al Ministerio de Justicia español a los efectos de que acepte o rechace la propuesta del Estado de ejecución y llegue a un acuerdo sobre el reparto de los costes.

Artículo 15. *Indemnizaciones y reembolsos.* Salvo que esta Ley disponga otra cosa, el Estado español únicamente reembolsará al Estado de ejecución las cantidades abonadas por éste en concepto de indemnización de daños y perjuicios causados a terceros como consecuencia de la ejecución de la orden o resolución remitida, siempre y cuando no se debieran exclusivamente a la actividad de dicho Estado.

CAPÍTULO II
RECONOCIMIENTO Y EJECUCIÓN POR LAS AUTORIDADES JUDICIALES ESPAÑOLAS DE INSTRUMENTOS DE RECONOCIMIENTO MUTUO

SECCIÓN 1.ª
DISPOSICIONES GENERALES

Artículo 16. *Reconocimiento y ejecución inmediata.* 1. Las autoridades judiciales españolas competentes reconocerán y ejecutarán sin más trámites que los establecidos en esta Ley, en el plazo estipulado en ella para cada caso, la orden o resolución cuya ejecución ha sido transmitida por una autoridad judicial de otro Estado miembro.

2. La resolución que declare que la autoridad judicial que ha recibido la orden o resolución carece de competencia para ejecutarla deberá acordar también su remisión inmediata a la autoridad judicial que entienda competente, notificando dicha resolución al Ministerio Fiscal y a la autoridad judicial del Estado de emisión.

3. La resolución que declare la denegación del reconocimiento o de la ejecución de la orden o resolución judicial transmitida para su ejecución en España deberá acordar también su devolución inmediata y directa a la autoridad judicial de emisión cuando el auto sea firme.

Artículo 17. *Traducción del certificado.* 1. Cuando el formulario o el certificado no venga traducido al español, se devolverá inmediatamente a la autoridad judicial del Estado emisor que lo hubiera firmado para que lleve a cabo la traducción correspondiente, salvo que un convenio en vigor con dicho Estado o una declaración depositada ante la Secretaría General del Consejo de la Unión Europea permitan el envío en esa otra lengua.

2. No será obligatorio que la resolución judicial en que se basa el certificado se reciba traducida al español, sin perjuicio de que la autoridad judicial solicite su traducción cuando lo considere imprescindible para su ejecución.

Artículo 18. *Práctica de las comunicaciones.* 1. Las autoridades judiciales españolas admitirán el envío que se efectúe mediante correo certificado o medios informáticos o telemáticos si los documentos están firmados electrónicamente y permiten verificar su autenticidad. Se admitirán también las comunicaciones efectuadas por fax y, a continuación, se requerirá el envío de la documentación original a la autoridad judicial emisora, siendo la recepción de la misma la que determinará el inicio del cómputo de los plazos previstos en esta Ley.

2. Las comunicaciones a la autoridad de emisión que deban hacerse en virtud de lo establecido en esta Ley por parte de la autoridad judicial española serán directas y se podrán cursar en español mediante correo certificado, medios electrónicos fehacientes o fax, sin perjuicio de remitir a la autoridad extranjera el oportuno testimonio si ésta lo requiriese.

Artículo 19. *Subsanación del certificado.* 1. En los casos de insuficiencia del formulario o del certificado, cuando éste falte o no se corresponda manifiestamente con la resolución judicial cuya ejecución es transmitida, la autoridad judicial lo comunicará a la autoridad de emisión fijando un plazo para que el certificado se presente de nuevo, se complete o se modifique.

2. Cuando se trate de una resolución de embargo de bienes o de aseguramiento de pruebas, la autoridad judicial podrá adoptar, tras oír al Ministerio Fiscal por el plazo de tres días, y en este mismo plazo, alguna de las siguientes decisiones:

a) Fijar un plazo para que el certificado se presente de nuevo o se complete o modifique.

b) Aceptar un documento equivalente de la autoridad competente del Estado de emisión que complete la información necesaria.

c) Dispensar a la autoridad judicial de emisión de presentarlo si considera suficiente la información suministrada.

3. En los casos en que, siendo obligatoria su transmisión, falte la resolución judicial cuya ejecución ha sido solicitada, la autoridad judicial acordará un plazo para su remisión por la autoridad judicial de emisión.

Artículo 20. *Ausencia de control de la doble tipificación y sus excepciones.* 1. Cuando una orden o resolución dictada en otro Estado miembro sea transmitida a España para su reconocimiento y ejecución, estos instrumentos no estarán sujetos al control de la doble tipificación por el Juez o Tribunal español, en la medida en que se refiera a alguno de los delitos enumerados a continuación y se cumplan las condiciones exigidas por la Ley para cada tipo de instrumento de reconocimiento mutuo.

Los delitos son los siguientes:

Pertenencia a una organización delictiva.

Terrorismo.

Trata de seres humanos.

Explotación sexual de menores y pornografía infantil.

Tráfico ilícito de drogas y sustancias psicotrópicas.

Tráfico ilícito de armas, municiones y explosivos.

Corrupción.

Fraude, incluido el que afecte a los intereses financieros de las Comunidades Europeas.

Blanqueo de los productos del delito.

Falsificación de moneda.

Delitos informáticos.

Delitos contra el medio ambiente, incluido el tráfico ilícito de especies animales protegidas y de especies y variedades vegetales protegidas.

Ayuda a la entrada y residencia en situación ilegal.

Homicidio voluntario y agresión con lesiones graves.

Tráfico ilícito de órganos y tejidos humanos.

Secuestro, detención ilegal y toma de rehenes.

Racismo y xenofobia.

Robos organizados o a mano armada.

Tráfico ilícito de bienes culturales, incluidas las antigüedades y las obras de arte.

Estafa.

Chantaje y extorsión de fondos.

Violación de derechos de propiedad intelectual o industrial y falsificación de mercancías.

Falsificación de documentos administrativos y tráfico de documentos falsos.

Falsificación de medios de pago.

Tráfico ilícito de sustancias hormonales y otros factores de crecimiento.

Tráfico ilícito de materias nucleares o radiactivas.

Tráfico de vehículos robados.

Violación.

Incendio provocado.

Delitos incluidos en la jurisdicción de la Corte Penal Internacional.

Secuestro de aeronaves y buques.

Sabotaje.

2. Para el reconocimiento mutuo de las resoluciones judiciales que impongan sanciones pecuniarias, además de las señaladas en el apartado anterior, no estarán sometidas al principio de doble tipificación aquellas resoluciones judiciales que castiguen hechos enjuiciados como alguno de los siguientes delitos o infracciones:

Conducta contraria a la legislación de tráfico, incluidas las infracciones a la legislación de conducción y de descanso y a las normas reguladoras de transporte de mercancías peligrosas.

Contrabando de mercancías.

Infracciones de los derechos de propiedad intelectual e industrial.

Amenazas y actos de violencia contra las personas, incluida la violencia durante los acontecimientos deportivos.

Vandalismo.

Robo.

Infracciones establecidas por el Estado de emisión en virtud de normas comunitarias.

3. El reconocimiento mutuo y ejecución de las órdenes europeas de protección se efectuará siempre con control de la doble tipificación.

4. Cuando la orden o resolución judicial que se reciba castigue un hecho tipificado como un delito distinto de los previstos en este artículo, su reconocimiento y ejecución podrán supeditarse al cumplimiento del requisito de la doble tipificación, siempre que se cumplan las condiciones exigidas por la Ley para cada instrumento de reconocimiento mutuo.

No obstante lo anterior, cuando la orden o resolución se haya impuesto por una infracción penal en materia tributaria, aduanera o de control de cambios, no podrá denegarse la ejecución de la resolución si el fundamento fuere que la legislación española no establece el mismo tributo o no contiene la misma regulación en materia tributaria, aduanera y de control de cambios que la legislación del Estado de emisión.

Artículo 21. *Normas aplicables a la ejecución.* 1. La ejecución de la orden o resolución que haya sido transmitida por otro Estado miembro se regirá por el Derecho español y se llevará a cabo del mismo modo que si hubiera sido dictada por una autoridad judicial española.

No obstante lo anterior, la autoridad judicial española competente observará las formalidades y procedimientos expresamente indicados por la autoridad judicial del Estado de emisión siempre que esas formalidades y procedimientos no sean contrarios a los principios fundamentales del ordenamiento jurídico español.

2. La ejecución de la orden o resolución se ajustará a los términos de la misma, no pudiendo hacerse extensiva a personas, bienes o documentos no comprendidos en ella, sin perjuicio de lo dispuesto para el exhorto europeo de obtención de pruebas.

Artículo 22. *Notificación del reconocimiento y la ejecución. Audiencia.* 1. Cuando el afectado tenga su domicilio o residencia en España y salvo que el procedimiento extranjero se hubiera declarado secreto o su notificación frustrara la finalidad perseguida, se le notificarán las órdenes o resoluciones judiciales extranjeras cuya ejecución se haya solicitado.

La práctica de esta notificación supondrá el reconocimiento del derecho a intervenir en el proceso, si lo tuviere por conveniente, personándose con abogado y procurador.

2. La autoridad judicial española informará a la autoridad judicial competente del Estado de emisión y al Ministerio Fiscal, sin dilación, de la resolución de reconocimiento o denegación de la orden o resolución transmitida o de cualquier incidencia que pueda afectar a su ejecución, en especial en los casos de imposibilidad de la

misma sin que se puedan ejecutar medidas alternativas no previstas en el Derecho español.

3. El ejercicio del derecho de audiencia del imputado a lo largo del procedimiento podrá llevarse a cabo a través de la aplicación de los instrumentos de Derecho internacional o de la Unión Europea que prevean la posibilidad de realizar audiencias mediante teléfono o videoconferencia.

Artículo 23. *Suspensión de la ejecución de la resolución.* 1. La ejecución será suspendida por alguna de las causas previstas legalmente y cuando la autoridad judicial de emisión comunique a la autoridad española de ejecución la pérdida sobrevenida del carácter ejecutorio de la orden o resolución judicial transmitida.

2. La autoridad judicial española comunicará inmediatamente a la autoridad judicial del Estado de emisión la suspensión de la ejecución de la orden o resolución judicial recibida, los motivos de la suspensión y, si es posible, la duración de la misma.

3. Tan pronto como desaparezcan los motivos de suspensión, la autoridad judicial española tomará de inmediato las medidas oportunas para ejecutar la orden o resolución judicial, e informará de ello a la autoridad judicial competente del Estado de emisión.

4. Si la causa de suspensión hiciera previsible que la misma no fuera alzada, se devolverá el formulario o certificado con todo lo actuado a la autoridad judicial de emisión.

Artículo 24. *Recursos.* 1. Contra las resoluciones dictadas por la autoridad judicial española resolviendo acerca de los instrumentos europeos de reconocimiento mutuo se podrán interponer los recursos que procedan conforme a las reglas generales previstas en la Ley de Enjuiciamiento Criminal.

La interposición del recurso podrá suspender la ejecución de la orden o resolución cuando ésta pudiera crear situaciones irreversibles o causar perjuicios de imposible o difícil reparación, adoptándose en todo caso las medidas cautelares que permitan asegurar la eficacia de la resolución.

2. La autoridad judicial competente comunicará a la autoridad judicial del Estado de emisión tanto la interposición de algún recurso y sus motivos como la decisión que recaiga sobre el mismo.

3. Los motivos de fondo por los que se haya adoptado la orden o resolución sólo podrán ser impugnados mediante un recurso interpuesto en el Estado miembro de la autoridad judicial de emisión.

4. Contra las resoluciones del Ministerio Fiscal en ejecución de los instrumentos de reconocimiento mutuo no cabrá recurso, sin perjuicio de las posibles impugnaciones sobre el fondo ante la autoridad de emisión y de su valoración posterior en el procedimiento penal que se siga en el Estado de emisión.

Artículo 25. *Gastos.* 1. Los gastos ocasionados en territorio español por la ejecución de un instrumento de reconocimiento mutuo serán a cargo del Estado español. Los demás gastos y, en concreto, los gastos de traslado de personas condenadas y los ocasionados exclusivamente en el territorio del Estado emisor, correrán a cargo de este último.

2. En ejecución de la resolución judicial de decomiso, si España hubiera incurrido en gastos excepcionales, la autoridad judicial podrá poner de manifiesto esta circunstancia, dirigiendo comunicación al Ministerio de Justicia español a fin de que éste, si así lo considera conveniente, realice propuesta al Estado de emisión sobre un posible reparto de los gastos ocasionados y llegue al acuerdo que proceda.

Artículo 26. *Indemnizaciones y reembolsos.* El Ministerio de Justicia reclamará al Estado de emisión el reembolso de las cantidades que, de acuerdo con la legislación española, haya tenido que abonar en concepto de indemnización de daños y perjuicios causados a terceros, siempre y cuando éstos no sean responsabilidad exclusivamente de España por el funcionamiento anormal de la Administración de Justicia o por error judicial.

Artículo 27. *Tránsito de personas por territorio español en ejecución de una orden europea o resolución judicial transmitida por otro Estado miembro.* 1. El Ministerio de Justicia será competente para autorizar el tránsito por territorio español de una persona que esté siendo trasladada desde el Estado de ejecución de una orden europea de detención y entrega o de una resolución por la que se impone una pena o medida privativa de libertad al Estado de emisión, siempre que aquél le remita la solicitud de tránsito acompañada de una copia del certificado emitido para la ejecución de la resolución.

El Ministerio de Justicia podrá solicitar al Estado de emisión que le remita una copia del formulario o del certificado traducida al español.

2. El Ministerio de Justicia informará al Estado de emisión si no puede garantizar que el condenado no será perseguido, detenido ni sometido a ninguna otra restricción de su libertad individual en España, por hechos o condenas anteriores a su salida del Estado de ejecución.

3. El Ministerio de Justicia comunicará su decisión a la autoridad competente del Estado de emisión en el plazo máximo de una semana desde la recepción de la solicitud, salvo en el caso en que hubiera pedido la traducción del formulario o certificado, en cuyo caso podrá aplazar la decisión hasta que reciba la traducción.

En ningún caso podrá prolongarse la detención de la persona más allá del tiempo estrictamente necesario para la ejecución del tránsito.

4. No se requerirá solicitud de tránsito en los supuestos de tránsito aéreo sin escalas, salvo en caso de aterrizaje forzoso, en cuyo caso el Ministerio de Justicia dará su autorización en el plazo de 72 horas.

Artículo 28. *Tránsito del reclamado por un tercer Estado miembro en una ejecución acordada por la autoridad española.* Cuando fuere necesario el tránsito del reclamado en virtud de una orden europea de detención y entrega o de una resolución por la que se impone una pena o medida privativa de libertad por un tercer Estado miembro, la autoridad judicial de ejecución española lo pondrá en conocimiento de la autoridad judicial de emisión extranjera, para que sea dicha autoridad la que recabe la pertinente autorización a las autoridades del Estado de tránsito.

SECCIÓN 2.ª
DENEGACIÓN DEL RECONOCIMIENTO O DE LA EJECUCIÓN DE UN INSTRUMENTO DE RECONOCIMIENTO MUTUO

Artículo 29. *Denegación del reconocimiento o ejecución de un instrumento de reconocimiento mutuo.* Únicamente podrá denegarse, de manera motivada, el reconocimiento o la ejecución de un instrumento de reconocimiento mutuo que haya sido transmitido correctamente por la autoridad competente de otro Estado miembro de la Unión Europea cuando concurra alguno de los motivos tasados previstos en esta Ley.

Artículo 30. *Petición de información complementaria.* En los casos en que pueda concurrir una causa de denegación del reconocimiento o la ejecución que así lo justifique o un defecto subsanable en la emisión o transmisión, la autoridad judicial competente podrá solicitar información complementaria a la autoridad del Estado de emisión, fijando un plazo en el que dicha información debe ser remitida.

Artículo 31. *Petición de levantamiento de inmunidades.* 1. Cuando, en relación con el objeto del instrumento de reconocimiento mutuo, exista inmunidad de jurisdicción o de ejecución en España, la autoridad judicial española de ejecución solicitará sin demora el levantamiento de dicho privilegio si hacerlo fuera competencia de una autoridad española. Si el levantamiento compete a otro Estado o a una organización internacional, corresponderá hacer la solicitud a la autoridad judicial que haya emitido la orden o resolución cuya ejecución se pretende, a cuyo efecto la autoridad judicial española de ejecución comunicará a la de emisión dicha circunstancia.

2. En tanto se resuelve sobre la solicitud de retirada de la inmunidad a la que se refiere el apartado anterior, la autoridad judicial española de ejecución adoptará, en su caso, las medidas cautelares que considere necesarias para garantizar la efectiva ejecución de la orden o resolución una vez levantada la inmunidad.

3. Cuando haya sido informada la autoridad judicial española de ejecución de la retirada de la inmunidad, comenzarán a computarse los plazos previstos en esta Ley para la ejecución de que se trate.

Artículo 32. *Motivos generales para la denegación del reconocimiento o la ejecución de las medidas solicitadas.* 1. Las autoridades judiciales españolas no reconocerán ni ejecutarán las órdenes o resoluciones transmitidas en los supuestos regulados para cada instrumento de reconocimiento mutuo y, con carácter general, en los siguientes casos:

a) Cuando se haya dictado en España o en otro Estado distinto al de emisión una resolución firme, condenatoria o absolutoria, contra la misma persona y respecto de los mismos hechos, y su ejecución vulnerase el principio non bis in idem en los términos previstos en las leyes y en los convenios y tratados internacionales en que España sea parte y aún cuando el condenado hubiera sido posteriormente indultado.

b) Cuando la orden o resolución se refiera a hechos para cuyo enjuiciamiento sean competentes las autoridades españolas y, de haberse dictado la condena por un órgano jurisdiccional español, la sanción impuesta hubiese prescrito de conformidad con el Derecho español.

c) Cuando el formulario o el certificado que ha de acompañar a la solicitud de adopción de las medidas esté incompleto o sea manifiestamente incorrecto o no responda a la medida, o cuando falte el certificado, sin perjuicio de lo dispuesto en el artículo 19.

d) Cuando exista una inmunidad que impida la ejecución de la resolución.

2. La autoridad judicial española también podrá denegar el reconocimiento y la ejecución de una resolución cuando ésta se haya impuesto por una infracción distinta de las reguladas en el apartado 1 del artículo 20 que no se encuentre tipificada en el Derecho español, o en el apartado 2 del mismo artículo cuando tampoco esté tipificada en España y se trate de una resolución por la que se imponen sanciones pecuniarias.

3. La autoridad judicial española podrá denegar el reconocimiento y la ejecución de una orden o resolución cuando se refiera a hechos que el Derecho español considere cometidos en su totalidad o en una parte importante o fundamental en territorio español.

4. Las decisiones de denegación del reconocimiento o la ejecución de las medidas deberán adoptarse sin dilación y de forma motivada y se notificarán inmediatamente a las autoridades judiciales de emisión y al Ministerio Fiscal.

5. Los motivos de no reconocimiento o no ejecución enumerados en la letra c) del apartado 1 y en el apartado 3 de este artículo no serán de aplicación en relación con las medidas de embargo preventivo de bienes o de aseguramiento de pruebas.

Artículo 33. *Resoluciones dictadas en ausencia del imputado.* 1. La autoridad judicial española denegará también la ejecución de la orden o resolución que le hubiere sido transmitida cuando el imputado no haya comparecido en el juicio del que derive la resolución, a menos que en la misma conste, de acuerdo con los demás requisitos previstos en la legislación procesal del Estado de emisión, alguna de las circunstancias siguientes:

a) Que, con la suficiente antelación, el imputado fue citado en persona e informado de la fecha y el lugar previstos para el juicio del que se deriva esa resolución, o recibió dicha información oficial por otros medios que dejen constancia de su efectivo conocimiento y que, además, fue informado de que podría dictarse una resolución en caso de incomparecencia.

b) Que, teniendo conocimiento de la fecha y el lugar previstos para el juicio, el imputado designó abogado para su defensa en el juicio y fue efectivamente defendido por éste en el juicio celebrado.

c) Que, tras serle notificada la resolución y ser informado expresamente de su derecho a un nuevo juicio o a interponer un recurso con la posibilidad de que en ese nuevo proceso, en el que tendría derecho a comparecer, se dictase una resolución contraria a la inicial, el imputado declaró expresamente que no impugnaba la resolución, o no solicitó la apertura de un nuevo juicio ni interpuso recurso dentro del plazo previsto para ello.

2. Este precepto no será de aplicación a las resoluciones que soliciten la realización de un embargo preventivo de bienes o un aseguramiento de pruebas, al exhorto europeo de obtención de pruebas, ni a las resoluciones por las que se imponen medidas alternativas a la prisión provisional.

TÍTULO II
ORDEN EUROPEA DE DETENCIÓN Y ENTREGA

CAPÍTULO I
DISPOSICIONES GENERALES

Artículo 34. *Orden europea de detención y entrega.* La orden europea de detención y entrega es una resolución judicial dictada en un Estado miembro de la Unión Europea con vistas a la detención y la entrega por otro Estado miembro de una persona a la que se reclama para el ejercicio de acciones penales o para la ejecución de una pena o una medida de seguridad privativas de libertad o medida de internamiento en centro de menores.

Artículo 35. *Autoridades competentes en España para emitir y ejecutar una orden europea de detención y entrega.* 1. Son autoridades judiciales competentes para emitir una orden europea de detención y entrega el Juez o Tribunal que conozca de la causa en la que proceda tal tipo de órdenes.

2. La autoridad judicial competente para ejecutar una orden europea de detención será el Juez Central de Instrucción de la Audiencia Nacional. Cuando la orden se refiera a un menor la competencia corresponderá al Juez Central de Menores.

Artículo 36. *Contenido de la orden europea de detención y entrega.* La orden europea de detención y entrega se documentará en el formulario que figura en el anexo I, con mención expresa a la siguiente información:

a) La identidad y nacionalidad de la persona reclamada.

b) El nombre, la dirección, el número de teléfono y de fax y la dirección de correo electrónico de la autoridad judicial de emisión.

c) La indicación de la existencia de una sentencia firme, de una orden de detención o de cualquier otra resolución judicial ejecutiva que tenga la misma fuerza prevista en este Título.

d) La naturaleza y tipificación legal del delito.

e) Una descripción de las circunstancias en que se cometió el delito, incluidos el momento, el lugar y el grado de participación en el mismo de la persona reclamada.

f) La pena dictada, si hay una sentencia firme, o bien, la escala de penas que establece la legislación para ese delito.

g) Si es posible, otras consecuencias del delito.

CAPÍTULO II
EMISIÓN Y TRANSMISIÓN DE UNA ORDEN EUROPEA DE DETENCIÓN Y ENTREGA

Artículo 37. *Objeto de la orden europea de detención y entrega.* La autoridad judicial española podrá dictar una orden europea de detención y entrega en los siguientes supuestos:

a) Con el fin de proceder al ejercicio de acciones penales, por aquellos hechos para los que la ley penal española señale una pena o una medida de seguridad privativa de libertad cuya duración máxima sea, al menos, de doce meses, o de una medida de internamiento en régimen cerrado de un menor por el mismo plazo.

b) Con el fin de proceder al cumplimiento de una condena a una pena o una medida de seguridad no inferior a cuatro meses de privación de libertad, o de una medida de internamiento en régimen cerrado de un menor por el mismo plazo.

Artículo 38. *Toma de declaración previa a la emisión de una orden europea de detención y entrega.* Con carácter previo a la emisión de una orden europea de detención y entrega, el Juez competente podrá solicitar autorización al Estado en el que se encuentre la persona reclamada con el fin de tomarle declaración a través de una solicitud de auxilio judicial al amparo del Convenio de Asistencia Judicial en materia penal entre los Estados miembros de la Unión Europea, de 29 de mayo de 2000.

Artículo 39. *Requisitos para la emisión en España de una orden europea de detención y entrega.* 1. La autoridad judicial española podrá dictar una orden europea de detención y entrega para el ejercicio de acciones penales cuando, concurriendo los requisitos para ello previstos en esta Ley, concurran además los previstos en la Ley de Enjuiciamiento Criminal para acordar el ingreso en prisión preventiva del reclamado o los de la Ley Orgánica 5/2000, de 12 de enero, reguladora de la responsabilidad penal de los menores, para acordar el internamiento cautelar de un menor.

2. Asimismo, la autoridad judicial española sólo podrá dictar una orden europea de detención y entrega para el cumplimiento de pena por el reclamado cuando, concurriendo los requisitos para ello previstos en esta Ley, no sea posible la sustitución ni la suspensión de la pena privativa de libertad a que haya sido condenado.

3. Con carácter previo a la emisión, el Juez acordará mediante providencia el traslado al Ministerio Fiscal y, en su caso, a la acusación particular para informe, que deberá evacuarse en el plazo de dos días, salvo que razones de urgencia exijan hacerlo en un plazo más breve. Sólo si el Ministerio Fiscal o, en su caso, la acusación particular interesara la emisión de la orden europea de detención y entrega para el ejercicio de acciones penales, podrá acordarlo el Juez, por auto motivado.

Artículo 40. *Transmisión de una orden europea de detención y entrega.* 1. Cuando se conozca el paradero de la persona reclamada, la autoridad judicial española podrá comunicar directamente a la autoridad judicial competente de ejecución la orden europea de detención y entrega.

2. En caso de no ser conocido dicho paradero, la autoridad judicial de emisión española podrá decidir introducir una descripción de la persona reclamada en el Sistema de Información Schengen.

3. Sin perjuicio de lo dispuesto en el apartado 1 la autoridad judicial española podrá decidir, en cualquier circunstancia, introducir una descripción de la persona reclamada en el Sistema de Información Schengen.

4. Las citadas descripciones se efectuarán de conformidad con lo dispuesto en el artículo 95 del Convenio de Aplicación del Acuerdo de Schengen de 14 de junio de 1985, relativo a la supresión gradual de los controles en las fronteras comunes, de 19 de junio de 1990. Una descripción en el Sistema de Información Schengen, acompañada de la información que figura en el artículo 36, equivaldrá a todos los efectos a una orden europea de detención y entrega.

5. Si no es posible recurrir al Sistema de Información Schengen, la autoridad judicial española podrá recurrir a los servicios de Interpol para la comunicación de la orden europea de detención y entrega.

6. La autoridad judicial española remitirá una copia de las órdenes europeas de detención y entrega enviadas al Ministerio de Justicia.

7. El Ministerio del Interior comunicará al Ministerio de Justicia las detenciones y las entregas practicadas en ejecución de las órdenes europeas de detención y entrega.

Artículo 41. *Remisión de información complementaria.* Con posterioridad a la transmisión de la orden europea de detención y entrega, la autoridad judicial española de emisión podrá remitir a la autoridad judicial de ejecución cuanta información complementaria sea de utilidad para proceder a su ejecución, ya sea de oficio, a instancia del Ministerio Fiscal o, en su caso, de la acusación particular, así como a instancia de la propia autoridad de ejecución que así lo interese.

Artículo 42. *Solicitud de entrega de objetos.* Cuando la autoridad judicial española emita una orden europea de detención y entrega podrá solicitar, cuando sea necesario, a las autoridades de ejecución que, de conformidad con su derecho interno, entreguen los objetos que constituyan medios de prueba o efectos del delito y que se adopten las medidas de aseguramiento pertinentes.

La descripción de los objetos solicitados se hará constar en el Sistema de Información Schengen.

Artículo 43. *Solicitud de entregas temporales y de toma de declaración en el Estado de ejecución.* 1. La entrega temporal del reclamado sólo podrá solicitarse para el ejercicio de acciones penales contra él, sin que sea posible para que el reclamado cumpla en España una pena ya impuesta.

2. Se podrá solicitar la entrega temporal, incluso antes de que la autoridad de ejecución se haya pronunciado sobre la entrega definitiva, para llevar a cabo la práctica de diligencias penales o la celebración de la vista oral.

3. Con la misma finalidad, podrá solicitarse la entrega temporal si la autoridad de ejecución, tras haber acordado la entrega de la persona reclamada, decidiera suspender la misma por estar pendiente en el Estado de ejecución la celebración de juicio o el cumplimiento de una pena impuesta por un hecho distinto del que motivare la orden europea de detención y entrega.

Artículo 44. *Respuesta en los casos de entrega condicionada.* Si la autoridad de ejecución condicionara la entrega de su nacional o residente a que el mismo sea devuelto al Estado de ejecución para el cumplimiento de la pena o medida de seguridad privativa de libertad o de la medida de internamiento de un menor que pudieran pronunciarse contra él en España, cuando la autoridad judicial española de emisión fuese requerida para comprometerse en tal sentido, el Juez o Tribunal oirá a las partes personadas por tres días y tras ello dictará auto aceptando o no la condición.

El auto que comprometiese a transmitir al otro Estado la ejecución de la pena o medida privativa de libertad será vinculante para todas las autoridades judiciales que, en su caso, resulten competentes en las fases ulteriores del procedimiento penal español.

Artículo 45. *Procedimiento cuando el reclamado es puesto a disposición de la autoridad judicial española de emisión.* 1. Si la orden europea de detención y entrega se hubiera emitido para el ejercicio de acciones penales, cuando el reclamado sea puesto a disposición de la autoridad judicial española que emitió la orden, se convocará una comparecencia por ésta en los plazos y forma previstos en la Ley de Enjuiciamiento Criminal o, cuando proceda, en la Ley Orgánica reguladora de la responsabilidad penal de los menores, a fin de resolver sobre la situación personal del detenido. La autoridad judicial española deducirá del período máximo de prisión preventiva cualquier período de privación de libertad que haya sufrido el reclamado derivado de la ejecución de una orden europea de detención y entrega.

2. Si la orden europea de detención y entrega se hubiera emitido para el cumplimiento de una pena privativa de libertad por el penado, cuando el reclamado sea puesto a disposición de la autoridad judicial española que emitió la orden, ésta decretará su ingreso en prisión como penado a resultas de la causa que motivó la emisión de la orden europea. La autoridad judicial española deducirá del período total de privación de libertad que haya de cumplirse en España como consecuencia de una condena a una pena o medida de seguridad privativa de libertad, cualquier período de privación de libertad derivado de la ejecución de una orden europea de detención y entrega.

Artículo 46. *Comunicación de incidencias al Ministerio de Justicia.* La autoridad judicial española comunicará al Ministerio de Justicia los incumplimientos de plazos en la entrega del detenido que fueran imputables al Estado de ejecución, así como las denegaciones o dificultades reiteradas al reconocimiento y ejecución de las órdenes europeas de detención y entrega emitidas por España.

El Ministerio de Justicia comunicará a Eurojust los supuestos de incumplimiento reiterado señalados en el párrafo anterior en las ejecuciones de órdenes europeas de detención y entrega emitidas por España.

CAPÍTULO III
EJECUCIÓN DE UNA ORDEN EUROPEA DE DETENCIÓN Y ENTREGA

Artículo 47. *Hechos que dan lugar a la entrega.* 1. Cuando la orden europea de detención y entrega hubiera sido emitida por un delito que pertenezca a una de las categorías de delitos enumeradas en el apartado 1 del artículo 20 y dicho delito estuviera castigado en el Estado de emisión con una pena o una medida de seguridad privativa de libertad o con una medida de internamiento en régimen cerrado de un menor cuya duración máxima sea, al menos, de tres años, se acordará la entrega de la persona reclamada sin control de la doble tipificación de los hechos.

2. En los restantes supuestos no contemplados en el apartado anterior, siempre que estén castigados en el Estado de emisión con una pena o medida de seguridad

privativa de libertad o con una medida de internamiento en régimen cerrado de un menor cuya duración máxima sea, al menos, de doce meses o, cuando la reclamación tuviere por objeto el cumplimiento de condena a una pena o medida de seguridad no inferior a cuatro meses de privación de libertad, la entrega podrá supeditarse al requisito de que los hechos que justifiquen la emisión de la orden europea de detención y entrega sean constitutivos de un delito conforme a la legislación española, con independencia de los elementos constitutivos o la calificación del mismo.

Artículo 48. *Denegación de la ejecución de una orden europea de detención y entrega.* 1. La autoridad judicial de ejecución española denegará la ejecución de la orden europea de detención y entrega, además de en los supuestos previstos en los artículos 32 y 33, en los casos siguientes:

a) Cuando la persona reclamada haya sido indultada en España de la pena impuesta por los mismos hechos en que se funda la orden europea de detención y entrega y éste fuera perseguible por la jurisdicción española.

b) Cuando se haya acordado el sobreseimiento libre en España por los mismos hechos.

c) Cuando sobre la persona que fuere objeto de la orden europea de detención y entrega haya recaído en otro Estado miembro de la Unión Europea una resolución definitiva por los mismos hechos que impida definitivamente el posterior ejercicio de diligencias penales.

d) Cuando la persona objeto de la orden europea de detención y entrega haya sido juzgada definitivamente por los mismos hechos en un tercer Estado no miembro de la Unión Europea, siempre que, en caso de condena, la sanción haya sido ejecutada o esté en esos momentos en curso de ejecución o ya no pueda ejecutarse en virtud del Derecho del Estado de condena.

e) Cuando la persona que sea objeto de la orden europea de detención y entrega aún no pueda ser, por razón de su edad, considerada responsable penalmente de los hechos en que se base dicha orden, con arreglo al Derecho español.

2. La autoridad judicial de ejecución española podrá denegar la ejecución de la orden europea de detención y entrega en los casos siguientes:

a) Cuando la persona que fuere objeto de la orden europea de detención y entrega esté sometida a un procedimiento penal en España por el mismo hecho que haya motivado la orden europea de detención y entrega.

b) Cuando la orden europea de detención y entrega se haya dictado a efectos de ejecución de una pena o medida de seguridad privativa de libertad, siendo la persona reclamada de nacionalidad española, salvo que consienta en cumplir la misma en el Estado de emisión. En otro caso, deberá cumplir la pena en España.

c) Cuando la orden europea de detención y entrega se refiera a hechos que se hayan cometido fuera del Estado emisor y el Derecho español no permita la persecución de dichas infracciones cuando se hayan cometido fuera de su territorio.

Artículo 49. *Denegación de la ejecución de una orden europea de detención y entrega por haberse dictado en ausencia del imputado.* 1. Además de los casos previstos en el artículo 33, la autoridad judicial española podrá denegar también la ejecución de la orden europea de detención y entrega cuando el imputado no haya comparecido en el juicio del que derive la resolución, a menos que en la orden europea de detención y entrega conste, de acuerdo con los demás requisitos previstos en la legislación procesal del Estado de emisión, que no se notificó personalmente al imputado la resolución pero se le notificará sin demora tras la entrega, momento en el que será informado de su derecho a un nuevo juicio o a interponer un recurso, con indicación de los plazos previstos para ello, con la posibilidad de que de ese nuevo proceso en el que tendría derecho a comparecer, derivase una resolución contraria a la inicial.

2. En caso de que una orden europea de detención y entrega se emita con el fin de ejecutar una pena privativa de libertad o una orden de detención con arreglo a las condiciones del apartado anterior y el interesado no haya recibido con anterioridad información oficial sobre la existencia de una acción penal contra él, dicha persona, al ser informada del contenido de la orden europea de detención y entrega, podrá solicitar a efectos meramente informativos recibir una copia de la sentencia con carácter previo a su entrega.

La autoridad de emisión, a través de la autoridad judicial española, proporcionará al interesado la copia de la sentencia con carácter inmediato, sin que la solicitud de la copia pueda en ningún caso demorar el procedimiento de entrega ni la decisión de ejecutar la orden europea de detención y entrega.

3. En caso de que una persona sea entregada en las condiciones previstas en el apartado 1 de este artículo y haya solicitado un nuevo proceso o interpuesto un recurso, se revisará su detención, ya sea periódicamente o a solicitud del interesado, de acuerdo con la legislación del Estado de emisión, a los efectos de determinar su posible suspensión o interrupción, hasta que las actuaciones hayan finalizado.

Artículo 50. *Detención y puesta a disposición de la autoridad judicial.* 1. La detención de una persona afectada por una orden europea de detención y entrega se practicará en la forma y con los requisitos y garantías previstos por la Ley de Enjuiciamiento Criminal.

2. En el plazo máximo de setenta y dos horas tras su detención, la persona detenida será puesta a disposición del Juez Central de Instrucción de la Audiencia Nacional. Esta circunstancia será comunicada a la autoridad judicial de emisión.

3. Puesta la persona detenida a disposición judicial, se le informará de la existencia de la orden europea de detención y entrega, de su contenido, de la posibilidad de consentir en el trámite de audiencia ante el Juez y con carácter irrevocable su entrega al Estado emisor, así como del resto de los derechos que le asisten.

Artículo 51. *Audiencia del detenido y decisión sobre la entrega.* 1. La audiencia de la persona detenida se celebrará en el plazo máximo de setenta y dos horas desde la puesta a disposición, con asistencia del Ministerio Fiscal, del abogado de la persona detenida y, en su caso, de intérprete, debiendo realizarse conforme a lo previsto para la declaración del detenido por la Ley de Enjuiciamiento Criminal. Asimismo, se garantizará el derecho de defensa y, cuando legalmente proceda, la asistencia jurídica gratuita.

2. En primer lugar, se oirá a la persona detenida sobre la prestación de su consentimiento irrevocable a la entrega.

Si la persona detenida fuera español o residente en España, se le oirá también sobre si solicita ser devuelta a España para cumplir la pena o medida de seguridad privativa de libertad que pudiera pronunciar en su contra el Estado de emisión.

3. Si la persona detenida consintiera en su entrega, se extenderá acta comprensiva de este extremo, que será suscrita por la persona detenida, su abogado y, en su caso, el intérprete, así como el Fiscal y el Juez. En la misma acta se hará constar la renuncia a acogerse al principio de especialidad, si se hubiere producido.

En todo caso, el Juez Central de Instrucción comprobará si el consentimiento a la entrega por parte de la persona detenida ha sido prestado libremente y con pleno conocimiento de sus consecuencias, en especial de su carácter irrevocable. De la misma forma procederá respecto de la renuncia a acogerse al principio de especialidad.

4. Si la persona afectada hubiera consentido ser entregada al Estado de emisión y el Juez Central de Instrucción no advirtiera causas de denegación o condiciona-

miento de la entrega, acordará mediante auto su entrega al Estado de emisión. Contra este auto no cabrá recurso alguno.

5. Si no hubiere consentido, el Juez Central de Instrucción convocará a las partes para la celebración de vista, que deberá celebrarse en un plazo máximo de tres días y a la que asistirá el Ministerio Fiscal, la persona reclamada asistida de abogado y, si fuera necesario, de intérprete. En dicha vista podrán practicarse los medios de prueba admitidos relativos a la concurrencia de causas de denegación o condicionamiento de la entrega. El Juez Central de Instrucción oirá a las partes sobre tales extremos y admitirá o denegará la prueba propuesta para acreditar las causas alegadas.

6. Si la prueba no pudiera practicarse en el curso de la audiencia, el Juez fijará plazo para su práctica, teniendo en cuenta la necesidad de respetar los plazos máximos previstos en esta Ley.

7. Si la persona reclamada hubiese quedado en libertad provisional y no hubiera comparecido a la vista a pesar de estar debidamente citada en su comparecencia ante el Juez Central de Instrucción, se celebrará la misma en su ausencia y se resolverá lo que en derecho proceda.

8. El Juez Central de Instrucción resolverá mediante auto que deberá dictarse en el plazo máximo de diez días tras la vista. Contra este auto podrá interponerse recurso de apelación directo ante la Sala de lo penal de la Audiencia Nacional, en los términos previstos en la Ley de Enjuiciamiento Criminal, el cual tendrá carácter preferente.

Artículo 52. *Decisión sobre el traslado temporal o toma de declaración de la persona reclamada.* 1. Cuando la orden europea de detención y entrega emitida tenga por finalidad el ejercicio de acciones penales, si la autoridad judicial de emisión lo solicita, el Juez Central de Instrucción acordará, oído el Ministerio Fiscal por plazo de tres días, que se tome declaración a la persona reclamada o que se la traslade temporalmente al Estado de emisión.

2. La toma de declaración de la persona reclamada se llevará a cabo por la autoridad judicial de emisión que se traslade a España, con la asistencia en su caso de la persona que designe de conformidad con el Derecho del Estado de emisión, debiendo designarse intérprete a fin de que se traduzcan al español los aspectos esenciales de la diligencia. Deberá practicarse en presencia de la autoridad judicial española, que velará porque la misma se practique según lo previsto por la ley española y en las condiciones pactadas entre ambas autoridades judiciales, que podrán incluir el respeto a los requisitos y formalidades exigidos por la legislación del Estado de emisión siempre y cuando no sean contrarios a los principios fundamentales de nuestro ordenamiento jurídico. En todo caso, se respetará el derecho a la asistencia letrada del detenido, su derecho a no declarar contra sí mismo y a no confesarse culpable, así como a ser asistido de un intérprete.

En esta diligencia se contará también con presencia del Secretario judicial, que dejará constancia del cumplimiento de las condiciones previstas en este artículo y las pactadas entre las autoridades judiciales que conocen del procedimiento.

3. En caso de haberse acordado el traslado temporal de la persona detenida, se llevará a cabo en las condiciones y con la duración que se acuerde con la autoridad judicial de emisión. En todo caso, la persona reclamada deberá volver a España para asistir a las vistas que le conciernan en el marco del procedimiento de entrega.

Artículo 53. *Situación personal de la persona reclamada.* 1. En el curso de la audiencia o de la vista a que se refiere el artículo 51, el Juez Central de Instrucción, oído en todo caso el Ministerio Fiscal, decretará la prisión provisional o la libertad provisional, adoptando medidas cautelares que resulten necesarias y proporcionadas para asegurar la plena disponibilidad del reclamado, de conformidad con las previsiones de la Ley de Enjuiciamiento Criminal.

2. El Juez resolverá atendiendo a las circunstancias del caso y la finalidad de asegurar la ejecución de la orden europea de detención y entrega.

3. En cualquier momento del procedimiento y en atención a las circunstancias del caso, el Juez, oído el Ministerio Fiscal, podrá acordar que cese la situación de prisión provisional, pero en tal caso deberá adoptar alguna o algunas de las medidas cautelares referidas en el apartado 1 de este artículo.

4. Contra las resoluciones judiciales a que se refiere este artículo cabrá recurso de apelación ante la Sala de lo Penal de la Audiencia Nacional, en las mismas condiciones establecidas en el apartado 8 del artículo 51. Procederá la celebración de vista cuando lo solicite alguna de las partes.

Artículo 54. *Plazos para la ejecución de una orden europea de detención y entrega.* 1. La orden europea de detención y entrega se tramitará y ejecutará con carácter de urgencia.

2. Si la persona reclamada consiente la entrega, la resolución judicial deberá adoptarse en los diez días siguientes a la celebración de la audiencia.

3. Si no media consentimiento, el plazo máximo para adoptar una resolución firme será de sesenta días desde que se produjera la detención.

4. Cuando por razones justificadas no se pueda adoptar la decisión en los plazos señalados, éstos podrán prorrogarse por otros treinta días. Se comunicará a la autoridad judicial de emisión tal circunstancia y sus motivos y se mantendrán entretanto las condiciones necesarias para la entrega.

Artículo 55. *Decisión de entrega condicionada.* 1. Cuando la infracción en que se basa la orden europea de detención y entrega esté castigada con una pena o una medida de seguridad privativa de libertad a perpetuidad, la ejecución de la orden europea de detención y entrega por la autoridad judicial española estará sujeta a la condición de que el Estado miembro de emisión tenga dispuesto en su ordenamiento una revisión de la pena impuesta o la aplicación de medidas de clemencia a las cuales la persona se acoja con vistas a la no ejecución de la pena o medida.

2. Asimismo, cuando la persona que fuere objeto de la orden europea de detención y entrega a efectos de entablar una acción penal fuera de nacionalidad española o residente en España, su entrega se podrá supeditar, después de ser oída al respecto, a la condición de que sea devuelta a España para cumplir la pena o medida de seguridad privativas de libertad que pudiere pronunciar en su contra el Estado de emisión. El cumplimiento de esta condición se articulará a través de lo dispuesto para la resolución de cumplimiento de penas o medidas privativas de libertad.

Artículo 56. *Decisión de entrega suspendida.* Cuando la persona reclamada tenga algún proceso penal pendiente ante la jurisdicción española por un hecho distinto del que motive la orden europea de detención y entrega, la autoridad judicial española, aunque haya resuelto dar cumplimiento a la orden, podrá suspender la entrega hasta la celebración de juicio o hasta el cumplimiento de la pena impuesta.

En este caso la autoridad judicial española acordará, si así lo solicitara la autoridad judicial de emisión, la entrega temporal de la persona reclamada en las condiciones que formalice por escrito con dicha autoridad judicial y que tendrán carácter vinculante para todas las autoridades del Estado miembro emisor.

Artículo 57. *Decisión en caso de concurrencia de solicitudes.* 1. En el caso de que dos o más Estados miembros hubieran emitido una orden europea de detención y entrega en relación con la misma persona, la decisión sobre la prioridad de ejecución será adoptada por el Juez Central de Instrucción, previa audiencia del Ministerio Fiscal, teniendo en cuenta todas las circunstancias y, en particular, el lugar y la gravedad relativa de los delitos, las respectivas fechas de las órdenes, así como el hecho de que la orden se haya dictado a efectos de la persecución penal o a efectos de ejecución de una pena o una medida de seguridad privativas de libertad.

2. En caso de concurrencia entre una orden europea de detención y entrega y una solicitud de extradición presentada por un tercer Estado, la autoridad judicial española suspenderá el procedimiento y remitirá toda la documentación al Ministerio de Justicia. La propuesta de decisión sobre si debe darse preferencia a la orden europea de detención y entrega o a la solicitud de extradición se elevará por el Ministro de Justicia al Consejo de Ministros, una vez consideradas todas las circunstancias y, en particular, las contempladas en el apartado 1 y las mencionadas en el convenio o acuerdo aplicable. Este trámite se regirá por lo dispuesto en la Ley 4/1985, de 21 de marzo, de Extradición Pasiva.

3. En caso de que se decida otorgar preferencia a la solicitud de extradición, se notificará a la autoridad judicial española, que lo pondrá en conocimiento de la autoridad judicial de emisión.

En caso de que se decida otorgar preferencia a la orden europea de detención y entrega, se notificará a la autoridad judicial española al objeto de que se continúe con el procedimiento en el trámite en el que se suspendió.

4. Lo dispuesto en este artículo se entiende sin perjuicio de las obligaciones derivadas del Estatuto de la Corte Penal Internacional.

Artículo 58. *Entrega de la persona reclamada.* 1. La entrega de la persona reclamada se hará efectiva por agente de la autoridad española, previa notificación a la autoridad designada al efecto por la autoridad judicial de emisión del lugar y fechas fijados, siempre dentro de los diez días siguientes a la decisión judicial de entrega.

2. Si por causas ajenas al control de alguno de los Estados de emisión o de ejecución no pudiera verificarse en este plazo, las autoridades judiciales implicadas se pondrán en contacto inmediatamente para fijar una nueva fecha, dentro de un nuevo plazo de diez días desde la fecha inicialmente fijada.

3. Excepcionalmente, la autoridad judicial podrá suspender provisionalmente la entrega por motivos humanitarios graves, pero ésta deberá realizarse en cuanto dichos motivos dejen de existir. La entrega se verificará en los diez días siguientes a la nueva fecha que se acuerde cuando dichos motivos dejen de existir.

4. En caso de que hubiere de ser suspendida o aplazada la entrega de la persona reclamada por tener algún proceso penal pendiente en España y estuviese privado de libertad, deberá garantizarse que la autoridad judicial española que conoce del procedimiento de la orden europea de detención y entrega recibe la información sobre la futura puesta en libertad del reclamado para que adopte inmediatamente la decisión que corresponda sobre su situación personal a efectos de su entrega a la autoridad de ejecución.

Si la persona reclamada estuviera cumpliendo condena, el centro penitenciario deberá poner en conocimiento de la autoridad judicial española que conozca del procedimiento de la orden europea de detención y entrega la fecha efectiva de cumplimiento con, al menos, quince días de antelación, para que éste pueda adoptar la decisión que corresponda sobre su situación personal.

En el caso de que la persona reclamada se encuentre en prisión provisional en una causa abierta en España, el Tribunal que conozca de ese procedimiento deberá poner inmediatamente al reclamado a disposición de la autoridad judicial española que conozca del procedimiento de orden europea de detención y entrega, comunicando con antelación suficiente su decisión de acordar la libertad en su procedimiento, para que se adopte en el plazo de setenta y dos horas la decisión sobre su situación personal para garantizar la ejecución de la entrega.

5. Transcurridos los plazos máximos para la entrega sin que la persona reclamada haya sido recibida por el Estado de emisión, se procederá a la puesta en libertad de la persona reclamada o la aplicación de las medidas que procedan con arreglo a la Ley de Enjuiciamiento Criminal si tuviere alguna causa pendiente en España, sin que ello sea fundamento para la denegación de la ejecución de una posterior orden europea de detención y entrega basada en los mismos hechos.

6. En todo caso, en el momento de la entrega el Secretario judicial pondrá en conocimiento de la autoridad judicial de emisión el período de privación de libertad que haya sufrido la persona a que se refiera la orden europea de detención y entrega, a fin de que sea deducido de la pena o medida de seguridad que se imponga, así como si el detenido renunció o no al principio de especialidad.

Artículo 59. *Entrega de objetos.* 1. A petición de la autoridad judicial emisora o por propia iniciativa, el Juez Central de Instrucción intervendrá y entregará, de conformidad con el Derecho interno, los objetos que constituyan medio de prueba o efectos del delito, sin perjuicio de los derechos que el Estado español o terceros puedan haber adquirido sobre los mismos. En este caso, una vez concluido el juicio, se procederá a su restitución.

2. Los objetos mencionados en el apartado anterior deberán entregarse aun cuando la orden europea de detención y entrega no pueda ejecutarse debido al fallecimiento o la evasión de la persona reclamada.

3. En el caso de que los bienes estén sujetos a embargo o decomiso en España, la autoridad judicial española podrá denegar su entrega o efectuarla con carácter meramente temporal, si ello es preciso para el proceso penal pendiente.

CAPÍTULO IV
OTRAS DISPOSICIONES

Artículo 60. *Aplicación del principio de especialidad a la ejecución de una orden europea de detención y entrega.* 1. El consentimiento o autorización para el enjuiciamiento, condena o detención con vistas a la ejecución de una pena o de una medida de seguridad privativa de libertad, por toda infracción cometida antes de la entrega de una persona y que sea distinta de la que motivó dicha entrega al Estado español, se presumirá que existe siempre que el Estado de la autoridad judicial de ejecución haya notificado a la Secretaría General del Consejo de la Unión Europea su disposición favorable al respecto, salvo que en un caso particular la autoridad judicial de ejecución declare lo contrario en su resolución de entrega.

2. Si no se hubiese notificado la declaración a que se refiere el apartado anterior, la persona entregada a España no podrá ser procesada, condenada o privada de libertad por una infracción cometida antes de su entrega distinta de la que hubiere motivado ésta, salvo que el Estado de ejecución lo autorizase. A tal efecto, la autoridad judicial de emisión española presentará a la autoridad judicial de ejecución una solicitud de autorización, acompañada de la información mencionada en el artículo 36.

3. En el supuesto de que España sea el Estado de ejecución, en tanto no se practique la notificación a la Secretaría General del Consejo a que se refiere el apartado 1, para el enjuiciamiento, condena o detención con vistas a la ejecución de una condena o medida de seguridad privativa de libertad por toda infracción cometida antes de la entrega de una persona y que sea distinta de la que motivó dicha entrega, el Estado de emisión deberá solicitar la autorización a la que se refiere el apartado anterior.

Para resolver sobre la autorización se oirá al Ministerio Fiscal por el plazo de cinco días. Hecho lo cual, deberá ser designado abogado para la defensa de los intereses del reclamado, si no lo tuviera, y se le dará traslado para que pueda formular alegaciones en plazo de cinco días. El Juez Central de instrucción resolverá por auto motivado en el plazo de diez días, sin que la tramitación de la solicitud recibida pueda exceder del plazo de treinta días desde su recepción. Se concederá la autorización si se dieran las condiciones para ejecutar una orden europea de detención y entrega y no concurriera ninguna de las causas previstas para denegar la ejecución de ésta.

4. Los apartados anteriores no serán de aplicación cuando concurra alguna de las siguientes circunstancias:

a) Cuando la persona hubiere renunciado expresamente ante la autoridad judicial de ejecución al principio de especialidad antes de la entrega.

b) Cuando la persona hubiere renunciado expresamente, después de la entrega, a acogerse al principio de especialidad en relación con determinadas infracciones anteriores a su entrega. La renuncia se efectuará ante la autoridad judicial competente del Estado miembro emisor, y se levantará acta de la misma con arreglo al derecho interno de éste. La renuncia se efectuará en condiciones que pongan de manifiesto que la persona lo ha hecho voluntariamente y con plena conciencia de las consecuencias que ello acarrea. Con este fin, la persona tendrá derecho a la asistencia de un abogado.

c) Cuando, habiendo tenido la oportunidad de salir del territorio del Estado miembro al que haya sido entregada, la persona no lo haya hecho en un plazo de cuarenta y cinco días desde su puesta en libertad definitiva, o haya vuelto a dicho territorio después de haber salido del mismo.

d) Cuando la infracción no sea sancionable con una pena o medida de seguridad privativas de libertad.

e) Cuando el proceso penal no concluye con la aplicación de una medida restrictiva de la libertad individual de la persona.

f) Cuando la persona esté sujeta a una pena o medida no privativa de libertad, incluidas las sanciones pecuniarias, o a una medida equivalente, aun cuando dicha pena o medida pudieren restringir su libertad individual.

Artículo 61. *Entrega ulterior a una extradición.* 1. En caso de que la persona reclamada haya sido extraditada a España desde un tercer Estado, y de que la misma estuviere protegida por disposiciones del acuerdo en virtud del cual hubiere sido extraditada relativas al principio de especialidad, la autoridad judicial española de ejecución solicitará la autorización del Estado que la haya extraditado para que pueda ser entregada al Estado de emisión. Los plazos contemplados en el artículo 54 empezarán a contar en la fecha en que dichas reglas relativas al principio de especialidad dejen de aplicarse.

2. En tanto se tramita la autorización, la autoridad judicial española de ejecución garantizará que siguen dándose las condiciones materiales necesarias para una entrega efectiva.

Artículo 62. *Extradición ulterior.* 1. Cuando una persona haya sido entregada a España en virtud de una orden europea de detención y entrega, si es solicitada posteriormente su extradición por un Estado que no sea miembro de la Unión Europea, no podrá otorgarse dicha extradición sin el consentimiento de la autoridad judicial de ejecución que acordó la entrega, a cuyo efecto el Juez Central de Instrucción cursará la pertinente solicitud.

2. Si las autoridades judiciales españolas hubieran acordado la entrega de una persona a otro Estado miembro de la Unión Europea, en virtud de una orden europea de detención y entrega, y les fuera solicitado su consentimiento por las autori-

dades judiciales de emisión con el fin de proceder a su extradición a un tercer Estado no miembro de la Unión Europea, dicho consentimiento se prestará de conformidad con los convenios bilaterales o multilaterales en los que España sea parte, teniendo la petición de autorización la consideración de demanda de extradición a estos efectos.

TÍTULO III
RESOLUCIÓN POR LA QUE SE IMPONE UNA PENA O MEDIDA PRIVATIVA DE LIBERTAD

CAPÍTULO I
DISPOSICIONES GENERALES

Artículo 63. *Resolución por la que se impone una pena o medida privativa de libertad.* 1. Las sentencias cuyo régimen de reconocimiento y ejecución se regula en este Título son aquellas resoluciones judiciales firmes emitidas por la autoridad competente de un Estado miembro tras la celebración de un proceso penal, por las que se condena a una persona física a una pena o medida privativa de libertad como consecuencia de la comisión de una infracción penal, incluidas las medidas de internamiento impuestas de conformidad con la Ley Orgánica reguladora de la responsabilidad penal de los menores.

2. Lo dispuesto en este Título se aplica únicamente a las penas o medidas pendientes, total o parcialmente, de ejecución. Cuando hayan sido totalmente cumplidas, su consideración en un nuevo proceso penal se regirá por la Ley Orgánica 7/2014, de 12 de noviembre, sobre intercambio de información de antecedentes penales y consideración de resoluciones judiciales penales en la Unión Europea.

Artículo 64. *Autoridades judiciales competentes en España para transmitir y ejecutar una resolución por la que se impone una pena o medida privativa de libertad.* 1. Son autoridades competentes para la transmisión de una resolución por la que se impone una pena o medida privativa de libertad los Jueces de Vigilancia Penitenciaria, así como los Jueces de Menores cuando se trate de una medida impuesta de conformidad con la Ley Orgánica reguladora de la responsabilidad penal de los menores. En los supuestos en los que no se haya dado inicio al cumplimiento de la condena, será autoridad competente el tribunal que hubiera dictado la sentencia en primera instancia.

2. La autoridad competente para reconocer y acordar la ejecución de una resolución por la que se impone una pena o medida privativa de libertad será el Juez Central de lo Penal. Para llevar a cabo la ejecución de la misma, será competente el Juez Central de Vigilancia Penitenciaria. Cuando la resolución se refiera a una medida de internamiento en régimen cerrado de un menor la competencia corresponderá al Juez Central de Menores.

3. La autoridad judicial remitirá al Ministerio de Justicia, en el plazo de tres días desde su emisión o desde su reconocimiento y ejecución, una copia de los certificados transmitidos o reconocidos en España.

CAPÍTULO II
TRANSMISIÓN DE UNA RESOLUCIÓN POR LA QUE SE IMPONE UNAPENA O MEDIDA PRIVATIVA DE LIBERTAD

Artículo 65. *Solicitudes de transmisión de la resolución por la que se impone una pena o medida privativa de libertad.* 1. Se podrá transmitir una resolución por la que se impone una pena o medida privativa de libertad tanto de oficio por la autoridad judicial española competente como a solicitud del Estado de ejecución o de la persona condenada.

La solicitud de la persona condenada para que se inicie un procedimiento para la transmisión de la resolución se podrá efectuar ante la autoridad competente española o ante la del Estado de ejecución.

Las solicitudes de la autoridad competente del Estado de ejecución y de la persona condenada no obligarán a la autoridad judicial española competente a la transmisión de la resolución.

2. Antes del inicio de la ejecución de la condena, en caso de que la persona condenada no estuviera cumpliendo ninguna otra, el Juez o Tribunal sentenciador, una vez que la sentencia sea firme, podrá transmitir la resolución a la autoridad competente del Estado de ejecución directamente o a través del Juez de Vigilancia Penitenciaria.

Artículo 66. *Requisitos para transmitir una resolución por la que se impone una pena o medida privativa de libertad.* 1. La autoridad judicial española competente podrá transmitir una resolución por la que se impone una pena o medida privativa de libertad a la autoridad competente de otro Estado miembro de la Unión Europea para que proceda a su ejecución, siempre que concurran los siguientes requisitos:

a) Que el condenado se encuentre en España o en el Estado de ejecución.

b) Que la autoridad judicial española considere que la ejecución de la condena por el Estado de ejecución contribuirá a alcanzar el objetivo de facilitar la reinserción social del condenado, después de haber consultado al Estado de ejecución, cuando corresponda.

c) Que medie el consentimiento del condenado, salvo que el mismo no sea necesario, en los términos previstos en el artículo siguiente.

2. El hecho de que, además de la condena a la pena o medida de seguridad privativa de libertad, se haya impuesto una sanción pecuniaria o decomiso que todavía no haya sido abonada o ejecutado no impedirá la transmisión de la resolución por la que se imponen penas o medidas privativas de libertad. Los pronunciamientos condenatorios de carácter patrimonial podrán amparar la transmisión de resoluciones judiciales de decomiso o de sanciones pecuniarias por parte del Juez o Tribunal sentenciador.

3. Antes de transmitir la resolución, la autoridad judicial competente se asegurará de que no existe ninguna sentencia condenatoria pendiente de devenir firme en relación al condenado.

Artículo 67. *Consentimiento del condenado.* 1. La transmisión de la resolución por la que se impone una pena o medida privativa de libertad por la autoridad judicial española competente a otro Estado miembro para su reconocimiento y ejecución, exigirá recabar previamente el consentimiento del condenado ante la autoridad judicial competente, que a tal efecto deberá estar asistido de abogado y en su caso, de intérprete y habrá tenido que ser informado en términos claros y comprensibles de la finalidad de la audiencia y del consentimiento.

2. Sin embargo, no será necesario su consentimiento cuando el Estado de ejecución sea:

a) El Estado de nacionalidad del condenado en que posea vínculos atendiendo a su residencia habitual y a sus lazos familiares, laborales o profesionales.

b) El Estado miembro al que el condenado vaya a ser expulsado una vez puesto en libertad sobre la base de una orden de expulsión o traslado contenida en la sentencia o en una resolución judicial o administrativa derivada de la sentencia.

c) El Estado miembro al que el condenado se haya fugado o haya regresado ante el proceso penal abierto contra él en España o por haber sido condenado en España.

Véase la disposición transitoria segunda de la presente Ley.

3. En todo caso, la autoridad judicial competente dará la oportunidad al condenado que se encuentre en España de formular verbalmente o por escrito su opinión. Ésta se tendrá en cuenta al decidir sobre la transmisión de la resolución y se remitirá a la autoridad del Estado de ejecución junto con el resto de la documentación.

Cuando la persona condenada, a causa de su edad o estado físico o psíquico, no pueda dar su opinión, la misma se recabará a través de su representante legal.

Artículo 68. *Consultas sobre la transmisión de la resolución por la que se impone una pena o medida privativa de libertad entre el Estado de emisión y el de ejecución.* 1. Antes de la transmisión de la resolución por la que se impone una pena o medida privativa de libertad, la autoridad judicial competente podrá consultar a la autoridad competente del Estado de ejecución, por todos los medios apropiados, sobre aquellos aspectos que permitan concluir que la transmisión de la resolución contribuirá a facilitar la reinserción del condenado.

2. Esta consulta será obligatoria en los casos en que la resolución se transmita a un Estado de ejecución distinto de aquél en que el condenado vive y del que es nacional o de aquél al que vaya a ser expulsado una vez puesto en libertad.

3. Cuando el Estado de ejecución haya respondido a la consulta formulada, la autoridad judicial competente decidirá si transmite o no la resolución o si la retira, en caso de que ésta hubiera sido ya transmitida.

Artículo 69. *Documentación de la resolución por la que se impone una pena o medida privativa de libertad.* Una vez decidida por la autoridad judicial competente la ejecución de la sentencia condenatoria en otro Estado miembro de la Unión Europea, transmitirá a la autoridad competente dicha sentencia junto con el certificado que figura en el anexo II, debidamente cumplimentado.

Artículo 70. *Notificación de la transmisión de la resolución por la que se impone una pena o medida privativa de libertad.* El auto por el que la autoridad judicial competente acuerde la transmisión de la resolución por la que se impone una pena o medida privativa de libertad se notificará personalmente al condenado, asistido de intérprete si fuera necesario y de acuerdo con el certificado del anexo III.

Cuando, al dictarse el auto, el condenado se encuentre en el Estado de ejecución se transmitirá el certificado del anexo III a la autoridad judicial competente de aquél para que lleve a cabo esa notificación.

Artículo 71. *Transmisión de la resolución por la que se impone una pena o medida privativa de libertad.* 1. La resolución por la que se impone una pena o medida privativa de libertad se transmitirá a un único Estado de ejecución.

2. Se podrá transmitir a uno de los siguientes Estados miembros:

a) El Estado del que el condenado es nacional y en el que tenga su residencia habitual.

b) El Estado del que el condenado es nacional y al que, de acuerdo con la sentencia o una resolución administrativa, será expulsado una vez puesto en libertad.

c) Cualquier otro Estado miembro cuya autoridad competente consienta que se le transmita la resolución.

d) Cualquier otro Estado miembro, sin necesidad de recabar su consentimiento, cuando así lo haya declarado ante la Secretaría General del Consejo de la Unión

Europea, siempre que exista reciprocidad y concurra al menos uno de los siguientes requisitos:

1.º Que el condenado resida de forma legal y continuada en ese Estado desde hace al menos cinco años y mantenga en él su derecho de residencia permanente.

2.º Que sea nacional de ese Estado de ejecución pero no tenga su residencia habitual en el mismo.

3. La transmisión de la resolución se comunicará al Juez o Tribunal que dictó la sentencia condenatoria.

Artículo 72. *Solicitud del Juez de Vigilancia Penitenciaria de medidas cautelares sobre el condenado para su adopción por la autoridad de ejecución.* Si el condenado se encuentra en el Estado de ejecución, el Juez de Vigilancia Penitenciaria, a instancia del Ministerio Fiscal, podrá pedir a la autoridad competente del Estado de ejecución que adopte una medida restrictiva de la libertad personal del condenado o cualquier otra medida destinada a garantizar su permanencia en dicho territorio. Esta solicitud podrá hacerse incluso antes de que la autoridad de ejecución reciba la resolución por la que se impone unapena o medida privativa de libertad o antes de que decida si procede a su ejecución.

De adoptarse por la autoridad de ejecución una medida privativa de libertad del condenado, el tiempo que transcurra privado de libertad se abonará en la correspondiente liquidación de condena.

Artículo 73. *Traslado del condenado al Estado de ejecución.* 1. Cuando la autoridad de ejecución comunique que acepta la ejecución de la resolución por la que se impone una pena o medida privativa de libertad, se procederá al traslado del condenado al Estado de ejecución si éste se encontrara en España.

2. El plazo para hacer efectivo este traslado no podrá superar los treinta días desde la adopción por el Estado de ejecución de la resolución firme sobre el reconocimiento y la ejecución de la resolución por la que se impone unapena o medida privativa de libertad.

En caso de que, por circunstancias imprevistas, no sea posible el traslado en plazo, la autoridad judicial competente informará de inmediato a la autoridad de ejecución, acordando una nueva fecha para el traslado, que se realizará en un plazo máximo de diez días desde la nueva fecha acordada.

Artículo 74. *Retirada de la resolución por la que se impone una pena o medida privativa de libertad por el Juez de Vigilancia Penitenciaria emisor.* 1. Antes del comienzo de la ejecución de la condena, el Juez de Vigilancia Penitenciaria, tras oír al Ministerio Fiscal y a las partes personadas por cinco días, podrá acordar la retirada del certificado mediante auto motivado que deberá dictarse en el plazo de cinco días y en el que se solicitará al Estado de ejecución que no adopte medida alguna de ejecución.

La retirada del certificado podrá llevarse a cabo en los siguientes casos:

a) Si no ha habido consulta previa alguna y recibiera de la autoridad de ejecución un dictamen o parecer relativo a que el cumplimiento de la condena en el Estado de ejecución no contribuirá al objetivo de facilitar la reinserción social ni la reintegración con éxito del condenado en la sociedad.

b) Si no se alcanza un acuerdo con la autoridad de ejecución en relación con la ejecución parcial de la condena.

c) Si, tras solicitar información a la autoridad de ejecución sobre las disposiciones aplicables en materia de libertad anticipada o condicional, no se alcanza un acuerdo sobre su aplicación.

2. Cuando se solicite por el Estado de ejecución, el Juez de Vigilancia Penitenciaria podrá comunicar a la autoridad de ejecución las disposiciones aplicables en De-

recho español en relación con la libertad anticipada o condicional del condenado, así como solicitarle información sobre las disposiciones aplicables en esta materia en virtud de la legislación del Estado de ejecución. El Juez de Vigilancia Penitenciaria, recibida esta información y tras oír a las partes personadas por cinco días, dictará auto motivado en el plazo de otros cinco. El auto contendrá las disposiciones a aplicar por la autoridad de ejecución o acordará retirar el certificado.

Artículo 75. *Consecuencias en el proceso español de la ejecución en otro Estado miembro de la resolución por la que se impone una pena o medida privativa de libertad.* Una vez iniciada la ejecución de la resoluciónpor la que se impone una pena o medida privativa de libertad, el Juez de Vigilancia Penitenciaria dejará de ser competente para adoptar resoluciones sobre la pena o medida privativa de libertad impuesta al condenado, incluidos los motivos de la libertad anticipada o condicional, sin perjuicio de lo previsto en el apartado 2 del artículo anterior.

Esta circunstancia, así como la posterior retirada del certificado o la reversión de la ejecución a España, se comunicará a los órganos sentenciadores que hubieran pronunciado la condena privativa de libertad cuya ejecución ha sido transmitida, retirada o revertida.

Artículo 76. *Reversión de la ejecución de la condena a España.* Podrá reanudarse la ejecución de la condena en España cuando la autoridad competente del Estado de ejecución informe al Juez de Vigilancia Penitenciaria de la no ejecución de la condena como consecuencia de la fuga del condenado.

CAPÍTULO III
EJECUCIÓN DE UNA RESOLUCIÓN POR LA QUE SE IMPONE UNAPENA O MEDIDA PRIVATIVA DE LIBERTAD

Artículo 77. *Requisitos para el reconocimiento y la ejecución en España de una resolución por la que se impone una pena o medida privativa de libertad.* 1. El Juez Central de lo Penal reconocerá las resoluciones por las que se imponen penas o medidas privativas de libertad transmitidas por otros Estados miembros de la Unión Europea cuando de esta forma se facilite la reinserción social del condenado y se dé alguna de las siguientes circunstancias:

a) Que el condenado sea español y resida en nuestro país.

b) Que el condenado sea español y vaya a ser expulsado a España con motivo de esa condena.

c) Aun cuando no se den estas condiciones, si el Juez Central de lo Penal ha consentido la ejecución de la sentencia en España salvo que, en virtud de las declaraciones efectuadas por el Estado español, este consentimiento no sea necesario.

2. La ejecución en España de una resolución por la que se impone una pena o medida privativa de libertad transmitida por el Estado de emisión no estará sujeta a control de la doble tipificación cuando se refieran a hechos tipificados como algunos de los delitos que se enumeran en el apartado 1 del artículo 20, siempre que estén castigados en el Estado de emisión con penas o medidas privativas de libertad cuya duración máxima sea de al menos tres años.

Artículo 78. *Consultas sobre la transmisión de una resolución por la que se impone una pena o medida privativa de libertad.* 1. El Juez Central de lo Penal contestará las solicitudes de información dirigidas por la autoridad de emisión relativas a la transmisión a nuestro país de una resolución por la que se impone una pena o medida privativa de libertad en un plazo máximo de veinte días desde su recepción.

2. Cuando la consulta tenga por objeto conocer las posibilidades de reinserción social del condenado en España, el Juez Central de lo Penal oirá a éste si estuviera en España, recabará la información que entienda necesaria sobre el arraigo del condenado en nuestro país, oirá al respecto al Ministerio Fiscal, y remitirá su respuesta a la autoridad que ha realizado la consulta.

3. En los casos en que no haya habido consulta y una vez se hayan transmitido la sentencia y el certificado, el Juez Central de lo Penal podrá remitir un dictamen sobre la eventual ejecución de la condena en España y su contribución a la reinserción social del condenado.

Artículo 79. *Solicitud de transmisión de una resolución por la que se impone una pena o medida privativa de libertad.* El Juez Central de lo Penal, de oficio o a solicitud del condenado, podrá solicitar a la autoridad competente del Estado de emisión, previa audiencia al Ministerio Fiscal o a iniciativa de éste, la transmisión de una resolución por la que se impone una pena o medida privativa de libertad para su ejecución en España.

Artículo 80. *Acuerdo para la ejecución parcial de la condena.* 1. El Juez Central de lo Penal consultará a la autoridad competente del Estado de emisión sobre el posible reconocimiento y ejecución parcial de la resolución condenatoria, antes de decidir que deniega el reconocimiento y la ejecución de la resolución de manera total.

2. De acuerdo con lo previsto en el apartado anterior y en atención a las circunstancias del caso concreto, el Juez Central de lo Penal podrá llegar a un acuerdo con la autoridad competente del Estado de emisión para reconocer y ejecutar parcialmente la resolución condenatoria. A falta de acuerdo, el certificado será devuelto.

El acuerdo sobre el reconocimiento y la ejecución parciales de la resolución no podrá suponer, en ningún caso, el aumento de la duración de la condena.

Artículo 81. *Procedimiento para el reconocimiento de la resolución por la que se impone una pena o medida privativa de libertad a efectos de su cumplimiento en España.* 1. Dentro de los cinco días siguientes a la recepción del certificado, se dará traslado al Ministerio Fiscal para que en el plazo de diez días se pronuncie sobre la procedencia del reconocimiento y la ejecución de la resolución.

2. El Juez Central de lo Penal comprobará si concurre alguna causa de denegación del reconocimiento o de la ejecución, y también si el consentimiento del condenado ha sido prestado, salvo que el mismo no sea necesario en virtud de la legislación del Estado de emisión. En todo caso, no será necesario el consentimiento del condenado cuando:

a) Sea español y resida en España.

b) Vaya a ser expulsado a España una vez puesto en libertad en el Estado de emisión sobre la base de una orden de expulsión o traslado contenida en la sentencia o en una resolución judicial o administrativa derivada de la sentencia.

c) Se haya fugado o haya regresado a España por la condena dictada o por el proceso penal seguido en el Estado de emisión.

3. El Juez Central de lo Penal resolverá mediante auto en el plazo de otros diez días el reconocimiento de la resolución condenatoria o su denegación.

En todo caso, en el plazo de noventa días el auto motivado que reconozca o deniegue la ejecución deberá ser firme y se remitirá, en su caso, al Juez Central de Vigilancia Penitenciaria para que se ejecute la pena o medida privativa de libertad.

4. En el auto se determinará el período total de privación de libertad que haya de cumplirse en España, deduciendo exclusivamente del mismo el que ya se haya cumplido en el Estado de emisión o el que proceda en virtud del tiempo que haya permanecido el condenado en prisión preventiva o cualquier otra medida restrictiva

de su libertad que, adoptada por la autoridad del Estado de emisión, fuese computable.

Artículo 82. *Retirada del certificado de la resolución por la que se impone una pena o medida privativa de libertad.* Si la autoridad competente del Estado de emisión notificara la retirada del certificado antes del comienzo de la ejecución de la condena, el Juez Central de lo Penal archivará el procedimiento y le remitirá lo actuado.

En la devolución del certificado se hará constar el tiempo que, en su caso, el condenado hubiera permanecido privado de libertad en España en cumplimiento de alguna medida cautelar.

Artículo 83. *Adaptación de condena.* 1. En el caso de que la duración de la condena impuesta en la resolución sea incompatible con la legislación española vigente en el momento en el que se solicita el reconocimiento de la resolución por superar el límite de la pena máxima prevista para ese delito, el Juez Central de lo Penal podrá adaptar la condena. La adaptación consistirá en limitar la duración de la condena al máximo de lo previsto en la referida legislación para los delitos por los que el afectado fuera condenado.

2. En el caso de que la condena, por su naturaleza, sea incompatible con la legislación española, el Juez Central de lo Penal podrá adaptar la condena a la pena o medida contemplada en nuestra legislación para los delitos por los que el afectado fuera condenado. La pena adaptada debe corresponder a la pena impuesta en la resolución judicial extranjera y, en consecuencia, no podrá transformarse en pena de otra naturaleza como la pena de multa.

3. En ninguno de estos supuestos podrá la adaptación agravar la condena impuesta en el Estado de emisión.

Artículo 84. *Aplazamiento del reconocimiento de la resolución por la que se impone una pena o medida privativa de libertad.* 1. El Juez Central de lo Penal aplazará el reconocimiento de la resolución condenatoria cuando el certificado que le haya remitido la autoridad competente del Estado de emisión esté incompleto o no corresponda manifiestamente a la resolución que debe ejecutarse.

2. El nuevo plazo concedido para que la autoridad de emisión pueda completar o corregir el certificado no podrá superar los sesenta días.

Artículo 85. *Denegación del reconocimiento y la ejecución de la resolución por la que se impone una pena o medida privativa de libertad.* 1. El Juez Central de lo Penal denegará el reconocimiento y la ejecución de la resolución por la que se impone una pena o medida privativa de libertad, además de en los supuestos previstos en los artículos 32 y 33, en los siguientes casos:

a) Cuando en virtud de su edad, la persona condenada no habría podido ser declarada penalmente responsable por los hechos motivadores de la resolución condenatoria, de acuerdo con la legislación penal española.

b) Cuando la autoridad judicial española competente constate que, en el momento de recibir la resolución condenatoria, la parte de la condena que queda por cumplir es inferior a seis meses.

c) Cuando, sin perjuicio de lo previsto en el artículo 81, la resolución transmitida imponga una medida privativa de libertad que no resulte ejecutable de acuerdo con el Derecho español.

d) Cuando, antes de decidir sobre el reconocimiento y la ejecución de la resolución condenatoria, el Juez Central de lo Penal presente una solicitud para que la persona de que se trate sea procesada, condenada o privada de libertad en España por una infracción cometida con anterioridad a su traslado y distinta de la que lo hubiera motivado, y la autoridad competente del Estado de emisión no diera su consentimiento.

e) Cuando no se cumplan los requisitos exigidos para la transmisión de una resolución por la que se impone una pena o medida privativa de libertad.

2. En caso de que concurra alguno de los motivos de denegación del reconocimiento y la ejecución previstos en las letras a) y c) del apartado 1 o en el apartado 3 del artículo 32, en el apartado 1 del artículo 33 o en las letras c) y e) del apartado anterior, antes de denegar el reconocimiento y la ejecución de la resolución, el Juez Central de lo Penal consultará a la autoridad competente del Estado de emisión para que aclare la situación y, en su caso, subsane el defecto en que se hubiera incurrido.

Artículo 86. *Legislación aplicable en la ejecución de la resolución por la que se impone una pena o medida privativa de libertad.* 1. El Juez Central de Vigilancia Penitenciaria deberá ejecutar la resolución condenatoria de acuerdo con lo dispuesto en el ordenamiento jurídico español, con deducción del período de privación de libertad ya cumplido, en su caso, en el Estado de emisión en relación con la misma resolución condenatoria, del período total que haya de cumplirse en España.

No obstante, los efectos de la resolución transmitida sobre las condenas dictadas por los Tribunales españoles, o sobre las resoluciones que, conforme a lo dispuesto en el párrafo tercero del artículo 988 de la Ley de Enjuiciamiento Criminal, fijen los límites de cumplimiento de condena, se determinarán con arreglo a lo dispuesto en el artículo 14 y la disposición adicional única de la Ley Orgánica 7/2014, de 12 de noviembre, sobre intercambio de información de antecedentes penales y consideración de resoluciones judiciales penales en la Unión Europea.

2. El Juez Central de Vigilancia Penitenciaria será la única autoridad competente para determinar el procedimiento de ejecución y las medidas conexas a adoptar, incluida la eventual concesión de la libertad condicional. Si la autoridad de emisión informara de la fecha en virtud de la cual el condenado tendría derecho a disfrutar de la libertad condicional, con arreglo a su ordenamiento jurídico, el Juez Central de Vigilancia Penitenciaria podrá tenerla en cuenta.

Artículo 87. *Medidas cautelares restrictivas de la libertad del condenado cuando se encuentre en España.* 1. Si el condenado se encuentra en España, a instancias de la autoridad de emisión o del Ministerio Fiscal, el Juez Central de lo Penal podrá adoptar medidas cautelares restrictivas de la libertad del condenado que garanticen su permanencia en España hasta el reconocimiento y ejecución de la condena.

2. Recibida esta solicitud, el Juez Central de lo Penal podrá ordenar la detención del condenado y, una vez puesto a su disposición, celebrará comparecencia en la forma prevista en la Ley de Enjuiciamiento Criminal. También podrá ordenar otra medida cautelar restrictiva de la libertad del condenado, siempre de conformidad con las normas previstas en la Ley de Enjuiciamiento Criminal.

3. Estas medidas podrán solicitarse por la autoridad de emisión antes de transmitir la resolución por la que se impone una pena o medida privativa de libertad.

4. El tiempo de detención y el de prisión provisional se computarán en la liquidación de la condena a ejecutar en España en virtud del reconocimiento y ejecución de la resolución para cuya garantía se adoptó la medida.

Artículo 88. *Traslado del condenado a España para el cumplimiento de la privación de libertad.* Si la persona condenada se encuentra en el Estado de emisión será trasladada a España en el momento acordado entre la autoridad de emisión y el Juez Central de lo Penal, siempre dentro de los treinta días siguientes a la firmeza del auto de reconocimiento y ejecución de la resolución.

Si debido a circunstancias imprevistas no pudiera efectuarse el traslado del condenado en el momento acordado se fijará una nueva fecha, inmediata a la desaparición de esas circunstancias, desde la que debe verificarse el traslado en el plazo de diez días.

Artículo 89. *Suspensión de la ejecución de una resolución por la que se impone una pena o medida privativa de libertad.* El Juez Central de lo Penal suspenderá la ejecución de la resolución tan pronto como la autoridad competente del Estado de emisión le informe de la adopción de cualquier resolución o medida que tenga por efecto anular o dejar sin efecto la resolución.

Artículo 90. *Devolución a la autoridad de emisión de la resolución por la que se impone una pena o medida privativa de libertad.* Si durante la ejecución de la resolución por la que se impone una pena o medida privativa de libertad se fugara el condenado, el Juez Central de Vigilancia Penitenciaria lo pondrá en conocimiento, sin dilación, del Juez Central de lo Penal que, además de comunicar esta incidencia a la autoridad de emisión, investigará las responsabilidades penales en que hubiera podido incurrir el condenado.

Cuando proceda la devolución del certificado se hará constar el tiempo que el condenado ha permanecido privado de libertad en España en ejecución de esta resolución.

Artículo 91. *Ejecución de condenas a raíz de una orden europea de detención y entrega.* Cuando se deniegue o se condicione una orden europea de detención y entrega con fundamento en la nacionalidad española del condenado, el Juez Central de lo Penal aplicará las disposiciones de este Capítulo a efectos de cumplimiento de la condena impuesta en el otro Estado miembro, impidiendo la impunidad del condenado.

CAPÍTULO IV
OTRAS DISPOSICIONES

Artículo 92. *Aplicación del principio de especialidad a la ejecución de una resolución por la que se impone una pena o medida privativa de libertad.* 1. La persona trasladada a España en el marco de un proceso de reconocimiento y ejecución de una resolución por la que se impone una pena o medida privativa de libertad no podrá ser procesada, condenada, ni privada de libertad en España como consecuencia de la comisión de una infracción anterior y distinta de la que hubiera motivado el traslado.

2. El apartado anterior no será aplicable cuando concurra alguna de las siguientes circunstancias:

a) Cuando la persona condenada haya tenido la oportunidad de salir de España y no lo haya hecho en el plazo de cuarenta y cinco días desde su puesta en libertad definitiva, o bien lo ha hecho pero ha vuelto después de haber salido.

b) Cuando la infracción no sea sancionable con una pena privativa de libertad o un auto de internamiento.

c) Cuando el proceso penal no concluya con la aplicación de una medida que restrinja la libertad individual.

d) Cuando la persona condenada pueda estar sometida a una sanción o medida no privativa de libertad, aun cuando puedan restringir su libertad individual.

e) Cuando el condenado haya dado su consentimiento al traslado.

f) Cuando la persona condenada hubiera renunciado después del traslado, de manera expresa y voluntaria, a acogerse al principio de especialidad en relación con determinadas infracciones anteriores a su traslado.

La renuncia deberá realizarla el condenado, asistido de un abogado, ante el Juez Central de lo Penal, que levantará acta de la misma.

g) Cuando el Estado de emisión dé su consentimiento, de acuerdo con lo previsto en el apartado siguiente.

3. El Juez Central de lo Penal, como autoridad de ejecución, remitirá la correspondiente solicitud de consentimiento a la autoridad competente del Estado de emisión, acompañada de una orden europea de detención y entrega.

4. En el supuesto de que España sea el Estado emisor, las autoridades judiciales competentes consentirán la no aplicación del principio de especialidad cuando el Estado de ejecución le presente una solicitud de consentimiento acompañada de una orden europea de detención y entrega y exista la obligación de entrega de acuerdo con lo previsto en esta Ley.

En este caso, la autoridad judicial española competente dará su consentimiento en un plazo no superior a treinta días desde la recepción de la solicitud.

TÍTULO IV
RESOLUCIÓN DE LIBERTAD VIGILADA

CAPÍTULO I
DISPOSICIONES GENERALES

Artículo 93. *Resolución de libertad vigilada.* 1. Las sentencias cuyo régimen de reconocimiento y ejecución se regula por este Título son aquellas resoluciones firmes dictadas por la autoridad competente de un Estado miembro por las que se imponga una pena o medida privativa de libertad o alguna de las medidas previstas en el artículo 94 a una persona física, cuando en relación con su cumplimiento se acuerde:

a) La libertad condicional sobre la base de dicha sentencia o mediante una resolución ulterior de libertad vigilada.

b) La suspensión de la condena, bien en parte o bien en su totalidad, imponiendo una o más medidas de libertad vigilada que pueden incluirse en la propia sentencia o determinarse en una resolución de libertad vigilada aparte.

c) La sustitución de la pena por otra que imponga una privación de un derecho, una obligación o una prohibición que no constituya ni una pena o medida privativa de libertad, ni una sanción pecuniaria.

d) De acuerdo con el Derecho del Estado de emisión, una condena condicional mediante la cual se impone una o más medidas de libertad vigilada, pudiendo, en su caso, diferir de forma condicional la pena privativa de libertad impuesta.

2. Se rigen también por las disposiciones de este Título el reconocimiento y ejecución de la resolución de libertad vigilada cuando se hubiera adoptado por la autoridad competente para la ejecución de la pena o medida privativa de libertad en el Estado de emisión.

3. Las disposiciones de este Título no se aplicarán a los supuestos de reconocimiento y ejecución de resoluciones que impongan penas privativas de libertad, sanciones pecuniarias o decomiso previstos en esta Ley.

Artículo 94. *Ámbito de aplicación de la resolución de libertad vigilada.* Son susceptibles de transmisión y ejecución en otro Estado miembro de la Unión Europea o de recepción por las autoridades judiciales españolas competentes las siguientes medidas de libertad vigilada:

a) La obligación de la persona condenada de comunicar a una autoridad específica todo cambio de domicilio o lugar de trabajo.

b) La prohibición de entrar en determinadas localidades, lugares o zonas definidas del Estado de emisión o de ejecución.

c) La imposición de limitaciones respecto a la salida del territorio del Estado de ejecución.

d) Los requerimientos relativos a la conducta, la residencia, la educación y la formación o las actividades de ocio, o que establezcan límites o determinen modalidades del ejercicio de una actividad profesional.

e) La obligación de presentarse en determinadas fechas ante una autoridad específica.

f) La obligación de evitar todo contacto con determinadas personas.

g) La obligación de evitar todo contacto con determinados objetos que la persona condenada ha utilizado o podría utilizar para cometer infracciones penales.

h) La obligación de reparar económicamente los daños causados por la infracción o de presentar pruebas del cumplimiento de esta obligación.

i) La obligación de realizar trabajos en beneficio de la comunidad.

j) La obligación de cooperar con un agente de vigilancia o con un representante de un servicio social que tenga responsabilidades con respecto a la persona condenada.

k) La obligación de someterse a un tratamiento terapéutico o de deshabituación.

Artículo 95. *Autoridades judiciales competentes en España para transmitir y ejecutar una resolución de libertad vigilada.* 1. Son autoridades de emisión de una resolución de libertad vigilada los Jueces o Tribunales que conozcan de la ejecución de la sentencia o resolución de libertad vigilada.

2. Es autoridad competente para reconocer y acordar la ejecución de una resolución de libertad vigilada transmitida por la autoridad competente de otro Estado miembro de la Unión Europea, el Juez Central de lo Penal. Cuando la resolución de libertad vigilada transmitida se refiera a un menor será competente el Juez Central de Menores.

CAPÍTULO II
TRANSMISIÓN DE UNA RESOLUCIÓN DE LIBERTAD VIGILADA

Artículo 96. *Requisitos para emitir una resolución de libertad vigilada.* 1. Son requisitos para que la autoridad judicial española competente emita a otro Estado miembro una resolución de libertad vigilada:

a) Que se haya dictado una resolución judicial firme de libertad vigilada en los términos prescritos en esta ley.

b) Que el condenado no tenga su residencia legal y habitual en España.

c) Que haya regresado al Estado donde reside legal y habitualmente o que, aun estando en nuestro país, haya manifestado su voluntad de regresar a éste o a otro Estado miembro que lo autorice.

2. El hecho de que, además de la libertad vigilada, se haya impuesto una sanción pecuniaria o una resolución de decomiso que todavía no haya sido abonada o ejecutada, no impedirá la emisión de la resolución de libertad vigilada. Los pronunciamientos condenatorios de carácter patrimonial podrán amparar la emisión de resoluciones de decomiso o de sanciones pecuniarias por parte del Juez o Tribunal sentenciador.

Artículo 97. *Documentación de la orden europea de libertad vigilada.* La resolución de libertad vigilada irá acompañada del certificado que figura en el anexo IV, con mención expresa a las medidas cuya ejecución se transmite, ya sean éstas de las previstas con carácter general o de las específicas que el Estado de ejecución haya aceptado en la declaración efectuada ante la Secretaría General del Consejo de la Unión Europea.

Junto al certificado se enviará la sentencia y, en su caso, la resolución judicial firmes.

Artículo 98. *Transmisión de una resolución de libertad vigilada.* 1. La autoridad judicial española competente transmitirá la resolución de libertad vigilada a la autoridad competente del Estado miembro en el que la persona condenada tenga su residencia legal y habitual y al que haya regresado o desee regresar.

También podrá transmitirse a un Estado miembro distinto a aquél en el que la persona condenada tenga su residencia legal y habitual, a solicitud de la misma y siempre que la autoridad competente del Estado de la residencia del condenado haya dado su consentimiento a la transmisión.

2. Con carácter previo a la transmisión de la resolución de libertad vigilada, la autoridad judicial preguntará a la persona condenada si desea regresar o permanecer en su Estado de residencia, concediéndole a tal efecto un plazo de treinta días.

En caso de que la persona condenada manifieste su deseo de cumplir la medida en otro Estado distinto, la autoridad judicial solicitará de la autoridad competente del mismo el consentimiento para la transmisión de la resolución.

3. La autoridad judicial española competente transmitirá la sentencia y, en su caso, la resolución de libertad vigilada a un único Estado de ejecución cada vez.

4. La autoridad judicial española transmitirá también a la autoridad competente del Estado de ejecución las medidas que, en su caso, se hubieren impuesto al condenado para el cumplimiento de la responsabilidad civil derivada del delito y demás responsabilidades pecuniarias, cuya satisfacción se debe acreditar por el mismo.

Artículo 99. *Consecuencias de la resolución de libertad vigilada.* 1. Una vez que la autoridad competente del Estado de ejecución comunique el reconocimiento de la resolución de libertad vigilada que se le hubiera transmitido, la autoridad judicial española dejará de tener competencia tanto para la vigilancia de las medidas de libertad vigilada, como para adoptar resoluciones ulteriores en relación con la misma, salvo cuando el Estado de ejecución haya hecho declaración en contrario.

2. El Juez o Tribunal emisor, una vez transmitida la resolución de libertad vigilada, de oficio o a instancia del Ministerio Fiscal o de alguna de las partes personadas, podrá solicitar a la autoridad de ejecución que le comunique la duración máxima de la pena privativa de libertad prevista por el Derecho nacional del Estado de ejecución en casos de incumplimiento de las medidas cuya ejecución ha sido transmitida con la resolución de libertad vigilada.

Artículo 100. *Devolución de la resolución de libertad vigilada.* 1. El Juez o Tribunal emisor podrá retirar el certificado, solicitando al Estado de ejecución que no adopte medida alguna, siempre que no haya comenzado todavía la ejecución de la resolución de libertad vigilada y dentro del plazo máximo de diez días:

a) Desde la recepción de la información solicitada en relación con la duración máxima de la pena privativa de libertad prevista en el ordenamiento jurídico del Estado de ejecución para la infracción que dio lugar a la resolución y que podría imponerse en caso de incumplimiento de la medida de libertad vigilada.

b) O desde la recepción de la información sobre la decisión motivada del Estado de ejecución de adaptar las medidas de libertad vigilada impuestas a las que se apliquen para infracciones equivalentes según su ordenamiento jurídico.

El Juez o Tribunal, después de la recepción de la información del Estado de ejecución, oirá al Ministerio Fiscal en el plazo de cinco días y dictará auto, que deberá ser motivado, dentro de los cinco días siguientes.

2. El Juez o Tribunal emisor podrá solicitar la devolución de la resolución de libertad vigilada cuya ejecución ha sido iniciada en otro Estado miembro, cuando en España se estén llevando a cabo nuevos procesos penales contra el interesado.

3. Cuando la autoridad del Estado de ejecución devuelva la competencia para la vigilancia de las medidas de libertad vigilada y para la adopción de las decisiones ulteriores, la misma se ejercerá de nuevo por el Juez o Tribunal competente, que tendrá en cuenta el período y grado de cumplimiento en el Estado de ejecución, así como aquellas decisiones ulteriores que ya se hubieran adoptado.

CAPÍTULO III
EJECUCIÓN DE UNA RESOLUCIÓN DE LIBERTAD VIGILADA

Artículo 101. *Requisitos para la transmisión a España de la resolución de libertad vigilada.* 1. El reconocimiento en España de una resolución de libertad vigilada dictada por otro Estado miembro de la Unión Europea no estará sujeto a control de la doble tipificación cuando se refiera a hechos tipificados como algunos de los delitos que se enumeran en el apartado 1 del artículo 20, siempre que estén castigados en el Estado de emisión con penas o medidas privativas de libertad cuya duración máxima sea de al menos tres años.

2. Sólo se podrán reconocer las resoluciones de libertad vigilada:

a) Cuando el condenado tenga su residencia legal y habitual en España y conste fehacientemente que haya regresado a nuestro país o que ha manifestado su voluntad de hacerlo ante la autoridad de emisión.

b) Cuando, a pesar de no tener el condenado su residencia legal y habitual en España, sí la tengan, desde hace al menos cinco años, sus ascendientes, descendientes o hermanos, o su cónyuge o persona unida a él por relación de naturaleza análoga, siempre que el condenado hubiera conseguido un contrato de trabajo o haya solicitado el cumplimiento en España de la resolución de libertad vigilada.

Artículo 102. *Solicitud para que España preste su consentimiento a la transmisión de la resolución de libertad vigilada.* Cuando el condenado no tenga residencia legal y habitual en España, el Juez Central de lo Penal que reciba la solicitud de la autoridad de emisión para que preste su consentimiento a que la resolución de libertad vigilada le sea transmitida, sólo podrá otorgarlo si se dan las condiciones previstas en la letra b) del apartado 2 del artículo anterior.

Artículo 103. *Procedimiento para el reconocimiento de la resolución de libertad vigilada.* 1. El Juez Central de lo Penal, en el plazo de cinco días desde la recepción del certificado, oirá al Ministerio Fiscal sobre si procede el reconocimiento y ejecución de la resolución de libertad vigilada, debiendo evacuarse ese trámite en el plazo de diez días. A continuación, el Juez Central de lo Penal resolverá en el plazo de otros diez días.

2. El Juez Central de lo Penal comprobará si concurre alguna causa de denegación del reconocimiento o de la ejecución, y también si concurren los requisitos en relación con la residencia en España del condenado, su regreso o voluntad de regresar a España.

3. En todo caso, en el plazo de sesenta días desde la recepción en España de la resolución de libertad vigilada, el Juez debe dictar auto motivado reconociendo o denegando su ejecución. En circunstancias excepcionales en las que tal plazo no pueda respetarse, deberá informarse de los motivos a la autoridad de emisión, así como de la fecha en que se estima que se adoptará dicha decisión.

Artículo 104. *Adaptación de la resolución de libertad vigilada.* 1. En el caso de que la medida recogida en la resolución de libertad vigilada, por su duración, sea incompatible con el ordenamiento jurídico español por superar el límite máximo previsto en nuestra legislación, el Juez Central de lo Penal adaptará la condena. La adaptación consistirá en limitar la duración de la medida de libertad vigilada al máximo de lo previsto en nuestra legislación para infracciones equivalentes que se correspondan con las dictadas en el Estado de emisión.

2. En el caso de que la medida de libertad vigilada, por su naturaleza, sea incompatible con el ordenamiento jurídico español, el Juez Central de lo Penal adaptará la medida a la contemplada en nuestra legislación para casos similares. La medida adaptada debe corresponderse tanto como sea posible con la medida impuesta en la sentencia o resolución del Estado miembro de emisión.

3. En ninguno de estos dos casos la adaptación podrá agravar o alargar la medida impuesta en el Estado de emisión.

Artículo 105. *Denegación del reconocimiento y ejecución de una resolución de libertad vigilada.* 1. El Juez Central de lo Penal denegará el reconocimiento y la ejecución de las resoluciones de libertad vigilada, además de en los supuestos de los artículos 32 y 33, en los siguientes casos:

a) Cuando en virtud de su edad, la persona condenada no habría podido ser declarada penalmente responsable de los hechos en que se basa la sentencia, de acuerdo con la legislación penal española.

b) Cuando la duración de la medida de libertad vigilada o de la pena sustitutiva sea inferior a seis meses.

c) Cuando la sentencia o, en su caso, la resolución de libertad vigilada incluye medidas médicas o terapéuticas que, de acuerdo con el Derecho español, el Juez Central de lo Penal no puede vigilar.

d) Cuando no se cumplan las condiciones exigidas para la transmisión de una resolución de libertad vigilada.

2. En caso de que concurra alguno de los motivos de denegación del reconocimiento y la ejecución previstos en las letras a) y c) del apartado 1 o en el apartado 3 del artículo 32, en el apartado 1 del artículo 33 o en las letras b), c) y d) del apartado anterior, antes de denegar el reconocimiento y la ejecución de la sentencia o de la resolución de libertad vigilada, el Juez Central de lo Penal habrá de consultar a la autoridad del Estado de emisión para que aclare la situación y, en su caso, subsane el defecto en que se hubiera incurrido.

3. Cuando el Juez Central de lo Penal hubiera decidido alegar alguno de los motivos de denegación contemplados en los apartados 2 y 3 del artículo 32, podrá ponerse de acuerdo con la autoridad competente del Estado de emisión para realizar la vigilancia de las medidas de libertad vigilada o de las penas sustitutivas, sin asumir la responsabilidad de adoptar ninguna decisión ulterior.

En este caso, el Juez informará a la autoridad competente del Estado de emisión, a través del certificado que figura en el anexo V, en caso de incumplimiento de la medida de libertad vigilada o de la pena sustitutiva por la persona condenada.

Artículo 106. *Adopción por el Juez Central de lo Penal de resoluciones ulteriores en relación con la libertad vigilada.* 1. El Juez Central de lo Penal será competente para la adopción de las resoluciones ulteriores en relación con la libertad vigilada ante el incumplimiento de la medida de libertad vigilada o de la comisión de una nueva infracción penal del condenado, salvo que la adopción corresponda a la autoridad de emisión por tratarse de alguno de estos supuestos:

a) Cuando la sentencia no imponga una pena o medida privativa de libertad que deba aplicarse en caso de incumplimiento de las obligaciones o prohibiciones en que consista la medida de libertad vigilada.

b) En los casos de condenas condicionales.

c) En los casos en que la sentencia se refiera a hechos que no constituyan infracción legal en nuestro ordenamiento jurídico.

Cuando se diera alguno de estos supuestos se comunicará, sin demora, al Estado de emisión requiriéndole para que adopte la decisión oportuna, manteniéndose mientras tanto las medidas de vigilancia del condenado.

2. Entre las decisiones ulteriores que la autoridad judicial española adoptará, de acuerdo con el ordenamiento jurídico español, se encuentran:

a) La modificación de las obligaciones o prohibiciones contenidas en la medida de libertad vigilada, así como de su duración.

b) La revocación de la suspensión de la ejecución de la sentencia o resolución de la puesta en libertad condicional.

c) La imposición de una pena privativa de libertad o de medidas de privación de libertad cuando ya se hubiera concretado por la autoridad de emisión.

3. Las penas o medidas privativas de libertad que procediera ejecutar de conformidad con estas resoluciones ulteriores se llevarán a cabo de conformidad con la legislación española.

4. El Juez Central de lo Penal informará a la autoridad competente del Estado de emisión de la adopción de cualquiera de las decisiones señaladas en este artículo, así como de su ejecución y de aquellas que se refieran a la extinción de las medidas de libertad vigilada o de las penas sustitutivas.

5. El Juez Central de lo Penal también informará, previa solicitud de la autoridad de emisión, de la duración máxima de la pena privativa de libertad prevista en el Código Penal para la infracción que dio lugar a la condena y que podría imponerse a la persona condenada en caso de quebrantamiento de condena.

Si, una vez recibida la resolución de libertad vigilada, la autoridad de emisión solicitara información sobre la duración máxima de la pena privativa de libertad prevista en nuestro Derecho para la infracción que dio lugar a la resolución y que podría imponerse en caso de incumplimiento del condenado de las medidas de libertad vigilada, el Juez Central de lo Penal le informará al respecto.

Artículo 107. *Retirada de la resolución de libertad vigilada por la autoridad de emisión.* Si la autoridad de emisión retirara la resolución de libertad vigilada, el Juez Central de lo Penal devolverá la orden y remitirá todo lo actuado a la autoridad de emisión.

Artículo 108. *Devolución de la resolución de libertad vigilada a la autoridad de emisión.* El Juez Central de lo Penal devolverá a la autoridad competente del Estado de emisión la competencia respecto de la vigilancia de las medidas de libertad vigilada y las penas sustitutivas y de cualquier decisión ulterior relacionada con la sentencia:

a) En caso de fuga de la persona condenada.

b) En caso de que la persona condenada deje de tener su residencia habitual en España.

c) A petición del Estado de emisión, cuando existan nuevos procesos penales abiertos contra el interesado en dicho Estado.

TÍTULO V
RESOLUCIONES SOBRE MEDIDAS ALTERNATIVAS A LA PRISIÓN PROVISIONAL

CAPÍTULO I
DISPOSICIONES GENERALES

Artículo 109. *Resolución sobre medidas alternativas a la prisión provisional.* 1. Las resoluciones cuyo régimen de reconocimiento y ejecución se regula por este Título son aquellas adoptadas en un proceso penal por la autoridad competente de un Estado miembro por las que se imponen a una persona física una o más medidas de vigilancia en sustitución de la prisión provisional.

2. Con la transmisión de la resolución sobre medidas alternativas a la prisión provisional debe garantizarse la debida acción de la justicia y, de modo especial, la comparecencia en juicio de la persona de que se trate.

Asimismo, debe mejorar la protección de las víctimas, la seguridad ciudadana y promover la adopción de resoluciones de libertad provisional en relación con imputados que no sean residentes en el Estado miembro donde se sigue el proceso penal en su contra.

Artículo 110. *Ámbito de aplicación de la resolución sobre medidas alternativas a la prisión provisional.* 1. Son susceptibles de transmisión y ejecución en otro Estado miembro de la Unión Europea o de recepción por las autoridades judiciales españolas competentes las siguientes medidas de vigilancia:

a) La obligación de la persona de comunicar a la autoridad competente del Estado de ejecución cualquier cambio de domicilio, en particular para poder recibir citaciones a comparecer en las diligencias de prueba o vistas en el transcurso de las actuaciones penales.

b) La prohibición de entrar en determinadas localidades, lugares o zonas definidas del Estado de emisión o del Estado de ejecución.

c) La obligación de permanecer en un lugar determinado durante el período de tiempo señalado.

d) La obligación de respetar las limitaciones impuestas en relación con la salida del territorio del Estado de ejecución.

e) La obligación de presentarse en determinadas fechas ante una autoridad específica.

f) La prohibición de aproximarse a determinadas personas relacionadas con los delitos presuntamente cometidos.

g) La inhabilitación para ejercer determinadas profesiones o actividades ligadas con el delito presuntamente cometido.

h) La obligación de no conducir vehículos de motor.

i) La obligación de depositar una fianza o prestar otra garantía, ya sea en determinados plazos o en un pago único.

j) La obligación de someterse a un tratamiento de desintoxicación o deshabituación de adicciones.

k) La prohibición de tenencia y porte de armas o de otros objetos específicos relacionados con el delito enjuiciado.

2. No obstante lo dispuesto en apartado anterior, las medidas previstas en las letras g) a k) del mismo sólo podrán transmitirse a aquellos Estados miembros de la Unión Europea que asuman su supervisión mediante notificación a la Secretaría General del Consejo de la Unión Europea.

3. La resolución sobre medidas alternativas a la prisión provisional dictada por una autoridad extranjera podrá incluir estas medidas u otras previstas en su orde-

namiento jurídico cuyo reconocimiento hayan sido objeto de notificación por España.

Artículo 111. *Autoridades competentes en España para emitir y ejecutar una resolución sobre medidas alternativas a la prisión provisional.* 1. Son autoridades de emisión de una resolución sobre medidas alternativas a la prisión provisional los Jueces o Tribunales que hayan dictado la resolución de libertad provisional del imputado en el procedimiento penal.

2. Son autoridades competentes para reconocer y ejecutar una resolución sobre medidas alternativas a la prisión provisional los Jueces de Instrucción o los Jueces de Violencia sobre la Mujer del lugar donde el imputado tenga establecida su residencia, respecto a los delitos que sean de su competencia.

CAPÍTULO II
TRANSMISIÓN DE UNA RESOLUCIÓN SOBRE MEDIDAS ALTERNATIVAS A LA PRISIÓN PROVISIONAL

Artículo 112. *Requisitos para transmitir una resolución sobre medidas alternativas a la prisión provisional.* 1. El Juez o Tribunal competente transmitirá la resolución sobre medidas alternativas a la prisión provisional a la autoridad competente del Estado miembro en el que concurra alguna de las siguientes circunstancias:

a) Que el imputado tenga su residencia legal y habitual en el Estado de ejecución y consienta en regresar a dicho Estado.

b) Que el imputado solicite trasladarse a un Estado distinto del de su residencia y la autoridad competente de este Estado así lo consienta.

2. La resolución sobre medidas alternativas a la prisión provisional se transmitirá a un único Estado de ejecución cada vez.

Artículo 113. *Consultas e intercambio de información entre autoridades competentes sobre la resolución sobre medidas alternativas a la prisión provisional.* El Juez español mantendrá la necesaria comunicación con la autoridad competente del otro Estado miembro de la Unión Europea, mediante las consultas que procedan, tanto antes de transmitir la resolución y el certificado, como durante su ejecución para facilitar la adecuada supervisión de las medidas de vigilancia. Asimismo, se consultarán en relación con la peligrosidad del imputado y en caso de incumplimiento grave de alguna de las medidas de vigilancia impuestas en la resolución.

Estas consultas permitirán a la autoridad competente del Estado de ejecución verificar la identidad y el lugar de residencia del interesado y conocer toda aquella información contenida en el registro de antecedentes penales.

Artículo 114. *Procedimiento para la transmisión de la resolución sobre medidas alternativas a la prisión provisional.* 1. La emisión de una resolución sobre medidas alternativas a la prisión provisional debe acordarse de conformidad con el procedimiento recogido en este artículo bien de oficio o a solicitud del Ministerio Fiscal o del imputado, sin que estas solicitudes tengan carácter vinculante.

2. Antes de la emisión de la resolución sobre medidas alternativas a la prisión provisional, el Juez o Tribunal verificará si ya se habían acordado, en relación con ese mismo imputado y en causas diferentes, otras resolucionessobre medidas alternativas a la prisión provisional.

Cuando concurran varias causas en las que se hubieran impuesto medidas alternativas a la prisión provisional del imputado, deberá seguirse el trámite previsto en este artículo en cada autoridad judicial que conozca de cada una de ellas. También deberá seguirse en la autoridad judicial que tuviera decretada la busca y captura del imputado a fin de acordar su ingreso en prisión preventiva.

Si alguno de los Jueces o Tribunales decidiera no emitir la resolución sobre medidas alternativas a la prisión provisional y mantener las medidas de vigilancia acordadas para que se ejecuten en España o mantener la medida interesada de prisión preventiva, lo comunicará a la mayor brevedad posible al resto de autoridades judiciales que estén tramitando la emisión de una resolución sobre medidas alternativas a la prisión provisional, a fin de que suspendan la tramitación o dejen sin efecto la resolución ya emitida, todo ello sin perjuicio de su reanudación o transmisión en un momento ulterior.

3. Con carácter previo a la transmisión de la resolución, la autoridad judicial preguntará al imputado si desea regresar o permanecer en su Estado de residencia, concediéndole a tal efecto un plazo máximo de treinta días.

En caso de que el imputado manifieste su deseo de cumplir la medida en otro Estado distinto, la autoridad judicial solicitará de la autoridad competente del mismo el consentimiento para la transmisión de la resolución.

Si se siguiera el trámite en varios órganos judiciales, por ser varios los que han decretado su libertad provisional, el consentimiento del imputado prestado en una causa se entenderá extensivo a todas las demás.

4. En el caso de que la tramitación se lleve a cabo con ocasión de la detención y puesta a disposición del detenido, el traslado al Ministerio Fiscal y a las partes personadas se hará de manera simultánea a la celebración de comparecencia en la forma prevista en la Ley de Enjuiciamiento Criminal, donde se recabará el consentimiento del imputado para regresar al Estado de ejecución. El Juez o Tribunal deberá resolver sobre la emisión en el plazo previsto para la regularización de la situación personal del detenido.

La prestación del consentimiento del imputado podrá hacerse de manera simultánea a cualquier otra audiencia o vista que se celebre durante el procedimiento.

Artículo 115. *Documentación de la resolución sobre medidas alternativas a la prisión provisional.* 1. La resolución sobre medidas alternativas a la prisión provisionalque se transmita a otro Estado miembro irá acompañada del certificado cuyo modelo figura en el anexo VI.

2. Si la autoridad de ejecución lo solicita, se le transmitirá el original del certificado y el original o copia certificada de la resolución.

Artículo 116. *Plazo de supervisión de las medidas alternativas a la prisión provisional en el Estado de ejecución y su ampliación.* 1. La resolución sobre medidas alternativas a la prisión provisional especificará el plazo por el que deben supervisarse las medidas, cuya duración máxima vendrá determinada por la prescripción del delito que motiva la resolución de libertad provisional de conformidad con la legislación española, y si es posible su renovación.

2. Si al tiempo de caducar el plazo de supervisión de las medidas de vigilancia éstas siguen siendo necesarias, el Juez o Tribunal español de emisión oirá de nuevo al Ministerio Fiscal, al imputado y a las partes personadas por cinco días, resolviendo a continuación por auto motivado, dictado en el plazo de otros cinco días, si procede solicitar a la autoridad de ejecución que amplíe la supervisión de la libertad provisional en vista de las circunstancias específicas del caso. En la solicitud deberá recogerse expresamente el plazo máximo de ampliación que se considere necesario.

3. Si la autoridad de ejecución exige confirmación periódica de la necesidad de supervisión de las medidas, el Juez o Tribunal emisor procederá a informarle al respecto en el plazo de cinco días desde la recepción de la solicitud de confirmación.

Artículo 117. *Retirada de la resolución sobre medidas alternativas a la prisión provisional.* 1. Mientras no haya comenzado la ejecución de la resolución sobre medidas alternativas a la prisión provisional en el Estado de ejecución, el Juez o Tribunal emisor podrá retirar el certificado de conformidad con lo previsto en este artículo.

2. La decisión se tomará una vez conocida la información facilitada por la autoridad de ejecución sobre el plazo máximo previsto en su Derecho para la supervisión de las medidas, la necesidad de adaptar éstas o sobre la imposibilidad de entregar al imputado a través de la orden europea de detención y entrega si incumpliera la medida de vigilancia impuesta en la resolución de libertad provisional.

3. Recibida esta información en el Juez o Tribunal emisor, se oirá al Ministerio Fiscal en el plazo de tres días. A continuación, el Juez o Tribunal dictará auto en el plazo de otros tres días, que podrá acordar la retirada del certificado, solicitando al Estado de ejecución que no adopte o supervise medida alguna.

4. En todo caso, el auto debe notificarse a la autoridad de ejecución en el plazo máximo de diez días desde la recepción en España de la información sobre el plazo máximo de supervisión, la adaptación de las medidas o la imposibilidad de acudir al mecanismo de la orden europea de detención en caso de incumplimiento.

Artículo 118. *Competencias de supervisión de la autoridad judicial española emisora de la resolución sobre medidas alternativas a la prisión provisional.* Mientras la autoridad competente del Estado de ejecución no haya notificado el reconocimiento de la resolución sobre medidas alternativas a la prisión provisional que le hubiera sido transmitida, la autoridad judicial española de emisión seguirá siendo competente para la supervisión de las medidas de vigilancia impuestas. Una vez recibida esa notificación, el Juez o Tribunal dejará de tener competencia para la supervisión de las medidas de vigilancia impuestas.

Artículo 119. *Recuperación de la competencia para la supervisión de las medidas de vigilancia.* 1. La competencia para la supervisión de las medidas de vigilancia revertirá al Juez o Tribunal competente en los casos en que:

a) Retire el certificado y así lo notifique a la autoridad competente del Estado de ejecución.

b) El imputado traslade su residencia legal y habitual a un Estado distinto al Estado de ejecución.

c) El Juez o Tribunal haya modificado las medidas de vigilancia y la autoridad competente del Estado de ejecución se haya negado a supervisar dichas medidas.

d) Haya transcurrido el plazo máximo señalado por el Estado de ejecución para la supervisión de las medidas de vigilancia.

e) La autoridad competente del Estado de ejecución decida dejar de supervisar las medidas de vigilancia y así lo comunique al Juez o Tribunal competente.

2. En todo caso, el Juez o Tribunal estará en contacto permanente con la autoridad competente del Estado de ejecución a fin de evitar cualquier posible interrupción en la supervisión de las medidas de vigilancia.

Artículo 120. *Competencias de la autoridad judicial española emisora para la adopción de decisiones ulteriores en relación con la resolución sobre medidas alternativas a la prisión provisional.* 1. El Juez o Tribunal emisor español será el competente para adoptar decisiones ulteriores en relación con la resolución sobre medidas alternativas a la prisión provisional, de oficio o como consecuencia de la notificación de la autoridad de ejecución que advierta de cualquier incumplimiento por el imputado de una medida de vigilancia u otra información que pueda dar lugar a la adopción de una decisión ulterior a la libertad provisional.

En particular, el Juez o Tribunal será competente para decidir sobre:

a) La renovación, revisión o revocación de la resolución sobre medidas alternativas a la prisión provisional.

b) La modificación de las medidas de vigilancia acordadas.

c) La emisión de una orden europea de detención y entrega o de cualquier otra resolución judicial ejecutiva que surta los mismos efectos.

2. Asimismo, la autoridad judicial española de emisión notificará inmediatamente a la autoridad de ejecución la adopción de estas decisiones ulteriores, así como del hecho de que se haya interpuesto un recurso frente a las medidas de vigilancia acordadas.

CAPÍTULO III
EJECUCIÓN DE UNA RESOLUCIÓN SOBRE MEDIDAS ALTERNATIVAS A LA PRISIÓN PROVISIONAL

Artículo 121. *Ejecución en España de la resolución sobre medidas alternativas a la prisión provisional.* 1. El reconocimiento de las resoluciones sobre medidas alternativas a la prisión provisional no estará sujeto a control de la doble tipificación cuando se refiera a hechos tipificados como algunos de los delitos que se enumeran en el apartado 1 del artículo 20, siempre que estén castigados en el Estado de emisión con penas o medidas privativas de libertad cuya duración máxima sea de al menos tres años.

2. Únicamente se podrá reconocer la resolución sobre medidas alternativas a la prisión provisional remitida a España cuando, cumpliéndose las finalidades exigidas para su emisión, se dé alguna de las siguientes circunstancias:

a) El imputado tenga su residencia legal y habitual en España, siempre que consienta en regresar, después de haberle informado de las medidas de que se trata.

b) Las autoridades competentes españolas consientan el traslado de la resolución sobre medidas alternativas a la prisión provisional para su ejecución en España cuando el imputado así lo hubiera solicitado en el Estado de emisión.

Artículo 122. *Procedimiento para la toma de decisión sobre el reconocimiento de la resolución sobre medidas alternativas a la prisión provisional.* 1. El Juez de Instrucción o de Violencia sobre la Mujer competente decidirá y comunicará a la mayor brevedad posible a la autoridad del Estado de emisión si reconoce la resolución y si asume la responsabilidad de la supervisión de las medidas de vigilancia.

El plazo máximo para emitir esta decisión será de veinte días hábiles desde la recepción de la resolución, salvo que excepcionalmente el Juez de Instrucción o de Violencia sobre la Mujer competente informe a la autoridad del Estado de emisión de la imposibilidad de respetar ese plazo máximo, comunicándole los motivos de la demora y el nuevo plazo que estime necesario.

2. Cuando se interponga un recurso contra la resolución por la que se imponen medidas de vigilancia, el plazo para el reconocimiento de la resolución se ampliará otros veinte días hábiles.

3. Una vez reconocida la resolución del Estado de emisión, el Juez de Instrucción o de Violencia sobre la Mujer procederá a la supervisión de las medidas de vigilancia desde el momento en que el imputado se encuentre en España.

Artículo 123. *Adaptación de la resolución sobre medidas alternativas a la prisión provisional.* Cuando las medidas de vigilancia impuestas sean incompatibles con el ordenamiento jurídico español, el Juez de Instrucción o de Violencia sobre la Mujer las adaptará, previa audiencia al Ministerio Fiscal, a las que se apliquen en virtud de lo previsto en la Ley de Enjuiciamiento Criminal u otras normas procesales en materia penal que resulten aplicables para infracciones equivalentes, que se corresponderán en la medida de lo posible con las dictadas en el Estado de emisión.

En ningún caso la medida de vigilancia adaptada podrá ser más severa que la inicialmente impuesta.

Artículo 124. *Denegación del reconocimiento y la ejecución de la resolución sobre medidas alternativas a la prisión provisional.* 1. El Juez de Instrucción o de Violencia sobre la Mujer denegará el reconocimiento y la ejecución de las resoluciones que imponen medidas alternativas a la prisión provisional, además de en los supuestos de los apartados 1 y 2 del artículo 32, en los siguientes casos:

a) Cuando en virtud de su edad, el imputado no pueda ser considerado penalmente responsable de los hechos en que se basa la resolución, de acuerdo con la legislación penal española.

b) Cuando no se cumplan las condiciones para la transmisión de una resolución sobre medidas alternativas a la prisión provisional.

c) Cuando, en el supuesto de que el imputado incumpliera las medidas de vigilancia, el Juez de Instrucción o de Violencia sobre la Mujer se viera obligado a negarse a entregarlo de acuerdo con lo dispuesto en esta Ley sobre la orden europea de detención y entrega.

2. En caso de que concurra alguno de los motivos de denegación del reconocimiento y la ejecución previstos en las letras a) y d) del apartado 1 del artículo 32, o en la letra b) del apartado anterior, antes de denegar el reconocimiento y la ejecución de la resolución, el Juez de Instrucción solicitará a la autoridad del Estado de emisión que aclare la situación y, en su caso, subsane el defecto en que se hubiera incurrido.

3. Cuando el Juez de Instrucción o de Violencia sobre la Mujer considere de aplicación el motivo de denegación contemplado en la letra c) apartado 1 de este artículo, pero esté dispuesto a reconocer la resolución y a supervisar las medidas de vigilancia, informará de ello a la autoridad competente del Estado de emisión, solicitándole que retire el certificado o que acepte dicho reconocimiento, con la advertencia de que el imputado podría no ser entregado en virtud de una orden europea de detención y entrega.

Artículo 125. *Competencias para la adopción de decisiones ulteriores relacionadas con la resolución sobre medidas alternativas a la prisión provisional.* 1. En caso de que la autoridad competente del Estado de emisión decida renovar, revisar o retirar la resolución o emitir una orden europea de detención y entrega, el Juez de Instrucción o de Violencia sobre la Mujer competente reconocerá dichas medidas ulteriores con el fin de hacerlas efectivas en España. En caso de emisión de una orden europea de detención y entrega, el Juez competente comunicará las medidas que estuviera ejecutando al Juez Central de Instrucción de la Audiencia Nacional.

2. Si la autoridad competente del Estado de emisión modifica las medidas de vigilancia, el Juez de Instrucción o de Violencia sobre la Mujer podrá:

a) Adaptar las medidas modificadas cuando sean incompatibles con el ordenamiento jurídico español.

b) Negarse a supervisar las medidas de vigilancia modificadas si éstas no se encuentran entre las medidas que España se ha comprometido a supervisar.

Artículo 126. *Ampliación de la supervisión de las medidas de vigilancia.* Cuando la autoridad competente del Estado de emisión solicite la ampliación del plazo máximo de supervisión de las medidas de vigilancia previamente fijado, el Juez de Instrucción o de Violencia sobre la Mujer decidirá atendiendo a las circunstancias del caso y a lo dispuesto en el ordenamiento jurídico español, indicando, en su caso, el nuevo plazo máximo de supervisión.

Artículo 127. *Obligaciones del Juez de Instrucción o de Violencia sobre la Mujer durante la supervisión de las medidas de vigilancia.* 1. El Juez de Instrucción o de Violencia sobre la Mujer notificará a la autoridad competente del Estado de emisión, mediante el certificado que figura en el anexo VII, cualquier incumplimiento de una medida de vigilancia y cualquier otra información que pudiera dar lugar a la adopción de una decisión ulterior.

2. En caso de que la autoridad del Estado de emisión retire el certificado, el Juez de Instrucción o de Violencia sobre la Mujer pondrá fin a la supervisión de las medidas de vigilancia en cuanto reciba la correspondiente notificación.

3. El Juez de Instrucción o de Violencia sobre la Mujer competente informará sin dilación a la autoridad competente del Estado de emisión de cualquier cambio de residencia del imputado o de la imposibilidad de ejecutar las medidas por no encontrarlo en España.

Asimismo, informará del período máximo durante el cual podrán supervisarse las medidas de vigilancia de acuerdo con lo previsto en el ordenamiento jurídico español y de cualquier decisión de adaptar las medidas de vigilancia impuestas.

4. Durante la supervisión de las medidas de vigilancia, el Juez de Instrucción o de Violencia sobre la Mujer podrá solicitar de la autoridad competente del Estado de ejecución información sobre la necesidad de su continuidad en atención a las circunstancias del caso.

Artículo 128. *Entrega de la persona sometida a medidas de vigilancia.* En caso de que la autoridad competente del Estado de emisión haya emitido una orden europea de detención y entrega, el imputado será entregado de acuerdo con lo previsto en el Título II.

Artículo 129. *Notificaciones sin respuesta.* 1. Cuando el Juez de Instrucción o de Violencia sobre la Mujer competente haya transmitido varias notificaciones sobre la misma persona a la autoridad competente del Estado de emisión que requieran de la adopción de una decisión ulterior, y ésta no la hubiese adoptado, requerirá a dicha autoridad para que adopte tal decisión, en un plazo máximo de sesenta días.

Si la autoridad del Estado de emisión no adopta ninguna decisión en el plazo señalado, el Juez de Instrucción o de Violencia sobre la Mujer podrá decidir dejar de supervisar las medidas de vigilancia, devolviendo la competencia para ello.

TÍTULO VI
ORDEN EUROPEA DE PROTECCIÓN

CAPÍTULO I
DISPOSICIONES GENERALES

Artículo 130. *Orden europea de protección.* 1. La orden europea de protección es una resolución en materia penal dictada por una autoridad judicial o equivalente de un Estado miembro en relación con una medida de protección que faculta a la autoridad competente de otro Estado miembro para adoptar las medidas oportunas a favor de las víctimas o posibles víctimas de delitos que puedan poner en peligro su vida, su integridad física o psicológica, su dignidad, su libertad individual o su integridad sexual, cuando se encuentren en su territorio.

2. La orden de protección puede emitirse tanto en relación con medidas impuestas cautelarmente en un proceso penal como respecto de las penas privativas de derechos, siempre que consistan en:

a) La prohibición de entrar o aproximarse a determinadas localidades, lugares o zonas definidas en las que la persona protegida reside o que frecuenta.

b) La prohibición o reglamentación de cualquier tipo de contacto con la persona protegida, incluidos los contactos telefónicos, por correo electrónico o postal, por fax o por cualquier otro medio.

c) O la prohibición o reglamentación del acercamiento a la persona protegida a una distancia menor de la indicada en la medida.

Artículo 131. *Autoridades competentes en España para emitir y recibir una orden europea de protección.* 1. Son autoridades competentes para emitir y transmitir una orden europea de protección, los Jueces o Tribunales que conozcan del procedimiento penal en el que se ha emitido la resolución adoptando la medida de protección.

2. Son autoridades competentes para reconocer y ejecutar la orden europea de protección, los Jueces de Instrucción o los Jueces de Violencia sobre la Mujer del lugar donde la víctima resida o tenga intención de hacerlo, sin perjuicio de lo dispuesto en el artículo siguiente.

No obstante, cuando se hubieran emitido resoluciones de libertad vigilada o de medidas alternativas a la prisión provisional será competente para reconocer y ejecutar la orden europea de protección, el mismo Juez o Tribunal que ya hubiera reconocido y ejecutado aquellas resoluciones.

Artículo 132. *Relación de la orden europea de protección con otras resoluciones de reconocimiento mutuo.* Cuando previamente se haya transmitido a otro Estado miembro o se transmita con posterioridad una resolución sobre medidas alternativas a la prisión provisional o de libertad vigilada previstas en esta Ley, las medidas de protección de la víctima o posible víctima se adoptarán de acuerdo con las normas que regulan esas resoluciones y por la autoridad competente para adoptar estas resoluciones, sin perjuicio de que pueda transmitirse a otro Estado miembro distinto una orden europea de protección.

CAPÍTULO II
EMISIÓN Y TRANSMISIÓN DE UNA ORDEN EUROPEA DE PROTECCIÓN

Artículo 133. *Requisitos para emitir y transmitir una orden europea de protección.* El Juez o Tribunal español competente podrá adoptar una orden europea de protección, teniendo en cuenta, entre otros criterios, la duración del período o períodos en que la persona protegida tiene intención de permanecer en el Estado de ejecución, así como la importancia de la necesidad de protección, cuando concurran los siguientes requisitos:

a) Que se haya dictado una resolución judicial penal adoptando la medida de protección, tanto si se trata de medidas cautelares impuestas como de penas privativas de derechos que, por su contenido análogo, persigan idéntica finalidad de protección de la víctima.

b) Que la víctima resida, permanezca o tenga intención de hacerlo en otro Estado miembro de la Unión Europea.

c) Que la víctima solicite la adopción de la orden de protección, por sí misma o a través de su tutor o representante legal.

Artículo 134. *Procedimiento para la emisión de la orden europea de protección.* 1. La autoridad judicial española que adopte alguna de las medidas de protección previstas en este Capítulo informará a la persona protegida o a su representante legal de la posibilidad de solicitar que se dicte una orden europea de protección en caso de que decida trasladarse a otro Estado miembro, así como de las condiciones básicas para presentar dicha solicitud. La autoridad aconsejará a la persona protegida que presente su solicitud antes de salir del territorio del Estado de emisión.

2. La víctima podrá formular su solicitud en el Estado de ejecución.

3. Antes de emitir la orden europea de protección, se dará audiencia a la persona causante del peligro, sin comunicarle en ningún caso la dirección ni otros datos de contacto de la persona protegida, a menos que ello sea necesario para la ejecución de la medida adoptada.

Si el imputado o condenado no hubiera sido oído en el proceso previamente en relación con la adopción de la resolución que decretaba medidas de protección, se convocará a éste, asistido de letrado, al Ministerio Fiscal y a las demás partes personadas, a una comparecencia, que deberá celebrarse en el plazo de 72 horas desde la recepción de la solicitud. El Juez o Tribunal resolverá por auto motivado.

Artículo 135. *Documentación de la orden europea de protección.* La orden europea de protección se documentará en el certificado previsto en el anexo VIII y expresará si se ha transmitido a otro Estado, distinto del de ejecución, una resolución sobre medidas alternativas a la prisión provisional o de libertad vigilada, con indicación de la autoridad de ese Estado al que los respectivos certificados fueron enviados.

Artículo 136. *Transmisión de una orden europea de protección a varios Estados de ejecución.* La orden europea de protección podrá transmitirse, de manera simultánea, a varios Estados de ejecución si la víctima manifiesta su intención de permanecer en varios de ellos.

Artículo 137. *Competencias del Juez o Tribunal español tras la transmisión de la orden europea de protección.* 1. La autoridad judicial española que haya emitido la orden europea de protección tendrá competencia exclusiva para adoptar, de acuerdo con lo dispuesto en el ordenamiento jurídico español, las resoluciones relativas a:

a) La prórroga, revisión, modificación, revocación y anulación de la medida de protección y de la orden europea de protección.

b) La imposición de una medida privativa de libertad como consecuencia de la revocación de la medida de protección, siempre que la medida de protección se haya adoptado con motivo de una resolución de adopción de medidas de libertad provisional o de libertad vigilada, de acuerdo con esta Ley.

2. La autoridad judicial española informará sin demora a la autoridad competente del Estado de ejecución de cualquier resolución de modificación de la orden europea de protección. Asimismo, responderá a la solicitud de información que ésta pueda realizar en cuanto a la necesidad de mantener la protección otorgada por la orden europea de protección en las circunstancias del caso concreto de que se trate.

3. Cuando la medida de protección se incluya en una sentencia o resolución de libertad vigilada y ésta se modifique, la autoridad de emisión procederá sin dilación a prorrogar, revisar, modificar, revocar o anular en consecuencia la orden europea de protección, informando a la autoridad competente para su ejecución.

CAPÍTULO III
EJECUCIÓN DE UNA ORDEN EUROPEA DE PROTECCIÓN

Artículo 138. *Ejecución de una orden europea de protección.* 1. El Juez o Tribunal competente que reciba una orden europea de protección para su ejecución, tras dar audiencia al Ministerio Fiscal por plazo de tres días, la reconocerá sin dilación y adoptará una resolución en la que imponga cualquiera de las medidas previstas en el Derecho español para un caso análogo a fin de garantizar la protección de la persona protegida.

Una orden europea de protección se reconocerá con la misma prioridad que corresponda a estas medidas en el Derecho español, teniendo en cuenta las circunstancias particulares del caso, incluida su urgencia, la fecha prevista de llegada de la persona protegida al territorio del Estado de ejecución y, en la medida de lo posible, la gravedad del riesgo que corre la persona protegida.

2. La medida de protección que adopte el Juez o Tribunal como autoridad competente de ejecución, así como la que se adopte posteriormente en caso de incumplimiento, se ajustarán en la mayor medida posible a la medida de protección ordenada por el Estado de emisión.

3. El Juez o Tribunal informará a la persona causante del peligro, a la autoridad competente del Estado de emisión y a la persona protegida de las medidas que haya adoptado y de las consecuencias jurídicas de la infracción de tales medidas, con arreglo a lo dispuesto en el Derecho español y en este Capítulo. No se darán a conocer a la persona causante del peligro la dirección ni otros datos de contacto de la persona protegida, a menos que ello sea necesario para la ejecución de la medida adoptada.

4. En el auto que acuerde el reconocimiento se darán las instrucciones oportunas a las Fuerzas y Cuerpos de Seguridad del Estado para que velen por el cumplimiento de las medidas recogidas en la orden de protección, así como para su inscripción en los registros que correspondan.

5. En caso de que el Juez o Tribunal de ejecución estime que la información transmitida con la orden europea de protección es incompleta, lo comunicará sin dilación a la autoridad competente del Estado de emisión, fijando un plazo razonable para que la autoridad de emisión aporte la información que falta.

6. Cuando la víctima solicite la adopción de las medidas de ejecución ante el Juez o Tribunal competente para su reconocimiento y ejecución en España, éstos transmitirán sin dilación dicha solicitud a la autoridad competente del Estado de emisión.

Artículo 139. *Incumplimiento de una medida de protección.* 1. En caso de incumplimiento de alguna de las medidas de protección adoptadas, la autoridad judicial española será competente para:

a) Imponer sanciones penales y adoptar cualquier otra medida como consecuencia del incumplimiento de esa medida, cuando tal incumplimiento constituya una infracción penal con arreglo al Derecho español.

b) Adoptar cualesquiera otras resoluciones relacionadas con el incumplimiento.

c) Adoptar las medidas provisionales urgentes para poner fin al incumplimiento, a la espera, en su caso, de una ulterior resolución del Estado de emisión.

2. La autoridad judicial española notificará a la autoridad competente del Estado de emisión cualquier incumplimiento de las medidas adoptadas en virtud de la orden europea de protección. La notificación se efectuará a través del certificado que figura como anexo IX.

Artículo 140. *Denegación del reconocimiento y la ejecución de la orden europea de protección.* 1. La autoridad judicial española denegará el reconocimiento de una orden europea de protección cuando concurra, además de alguno de los motivos previstos en el artículo 32, alguna de las siguientes circunstancias:

a) Que la resolución no se refiera a alguna de las medidas previstas en este Título.

b) Que la medida de protección se refiera a un hecho que no constituye infracción penal en España.

c) Que la protección derive de la ejecución de una pena o medida que, conforme al Derecho español, haya sido objeto de indulto y corresponda a un hecho o conducta sobre el que tenga competencia.

d) Que, conforme al Derecho español, la persona causante del peligro no pueda considerarse penalmente responsable del hecho o conducta que haya dado lugar a la adopción de la medida de protección, por razón de su edad.

2. La autoridad judicial española que deniegue el reconocimiento de una orden europea de protección notificará su decisión y los motivos de la misma, además de a la autoridad competente del Estado de emisión, a la persona protegida, informando a ésta, en su caso, de la posibilidad de solicitar la adopción de una medida de protección de conformidad con su Derecho nacional y de las vías de recurso existentes.

Artículo 141. *Modificación de la orden europea de protección.* Cuando la autoridad competente del Estado de emisión modifique la orden europea de protección, la autoridad judicial española, previa audiencia al Ministerio Fiscal, modificará las medidas adoptadas, salvo los casos en que aquella modificación no se ajuste a los tipos de prohibiciones o restricciones previstos en este Capítulo o en caso de que la información transmitida con la orden europea de protección sea incompleta y no se haya completado dentro del plazo fijado.

Artículo 142. *Finalización de las medidas adoptadas en virtud de una orden europea de protección.* 1. La autoridad judicial española, previa audiencia al Ministerio Fiscal, podrá poner fin a las medidas adoptadas en ejecución de una orden europea de protección:

a) En caso de que la autoridad competente del Estado de emisión haya revocado o anulado la orden europea de protección, tan pronto como haya recibido la correspondiente notificación.

b) Cuando existan indicios claros de que la persona protegida no reside ni permanece en España o ha abandonado definitivamente el territorio español.

c) Cuando haya expirado, con arreglo al ordenamiento jurídico español, el plazo máximo de vigencia de las medidas adoptadas.

d) En el caso de que no se modifique la medida de protección por las causas previstas en el artículo anterior.

e) Cuando, tras el reconocimiento de la orden europea de protección, se haya transmitido al Estado de ejecución una resolución sobre medidas alternativas a la prisión provisional o de libertad vigilada.

2. La autoridad judicial española informará inmediatamente de tal resolución, además de a la autoridad competente del Estado de emisión, a la persona protegida cuando sea posible.

3. Antes de poner fin a las medidas de protección, la autoridad judicial española podrá solicitar a la autoridad competente del Estado de emisión que informe sobre la necesidad de mantener la protección otorgada por la orden europea de protección en las circunstancias del caso concreto de que se trate, concediéndole a tal efecto el plazo máximo de un mes.

TÍTULO VII
RESOLUCIÓN DE EMBARGO PREVENTIVO DE BIENES Y DE ASEGURAMIENTO DE PRUEBAS

CAPÍTULO I
DISPOSICIONES GENERALES

Artículo 143. *Resolución de embargo preventivo de bienes y de aseguramiento de pruebas.* 1. Las resoluciones cuyo régimen de reconocimiento y ejecución se regula por este Título son aquellas que se dirigen a impedir provisionalmente la destrucción, transformación, desplazamiento, transferencia o enajenación de bienes que pudieran ser sometidos a decomiso o utilizarse como medios de prueba.

2. Las resoluciones de embargo podrán adoptarse en relación con cualquier tipo de bien, sea material o inmaterial, mueble o inmueble, así como con los documentos acreditativos de un título o derecho sobre ese bien, de los que la autoridad judicial del Estado de emisión considere que constituyen el producto de una infracción o los instrumentos u objetos de dicha infracción.

3. Las resoluciones de aseguramiento de pruebas podrán adoptarse en relación con los objetos, documentos o datos que posteriormente puedan utilizarse como medio de prueba en un procedimiento penal.

Artículo 144. *Autoridades judiciales competentes en España para emitir y ejecutar una resolución de embargo preventivo de bienes y de aseguramiento de pruebas.* 1. Son autoridades de emisión de una resolución de embargo preventivo de bienes y de aseguramiento de pruebas los Jueces o Tribunales que conozcan del proceso en el que se deba adoptar la medida, así como los Fiscales que dirijan las diligencias de investigación en las que se deba adoptar una medida de aseguramiento de pruebas que no sea limitativa de derechos fundamentales.

2. Son autoridades competentes en España para ejecutar una resolución de embargo preventivo de bienes y de aseguramiento de pruebas los Jueces de Instrucción del lugar donde se encuentren los bienes o documentos objeto de aseguramiento o las pruebas que deban ser aseguradas, así como los Fiscales para la ejecución de aquellas medidas de aseguramiento de pruebas que pueden realizar dentro de sus competencias sin adoptar medidas limitativas de derechos fundamentales.

El cambio sobrevenido de la ubicación del objeto de la resolución de embargo preventivo de bienes y de aseguramiento de pruebas no implicará una pérdida sobrevenida de competencia del Juez de Instrucción o del Fiscal que hubiera acordado el reconocimiento y la ejecución de la resolución transmitida a España.

Si el certificado se hubiese emitido en relación con varios bienes ubicados en circunscripciones distintas, el Juez de Instrucción que primero lo reciba y en cuya circunscripción se encuentre al menos uno de dichos bienes será competente para conocer del embargo o aseguramiento de todos los demás.

Si en una misma orden se instara el embargo o aseguramiento preventivo de un bien cuyo embargo o aseguramiento sea competencia del Juez de Instrucción y de otro que podría serlo del Ministerio Fiscal, el primero conocerá íntegramente de esta resolución, sin que pueda desglosarse en dos resoluciones distintas.

CAPÍTULO II
EMISIÓN Y TRANSMISIÓN DE UNA RESOLUCIÓN DE EMBARGO PREVENTIVO DE BIENES Y DE ASEGURAMIENTO DE PRUEBAS

Artículo 145. *Transmisión de una resolución de embargo preventivo de bienes y de aseguramiento de pruebas.* 1. Cuando una autoridad judicial española considere necesaria una medida de embargo preventivo de bienes o de aseguramiento de pruebas que se encuentren en el territorio de otro Estado miembro de la Unión Europea, enviará su resolución a la autoridad judicial competente para que proceda a su ejecución.

2. Son requisitos para la emisión de una resolución de embargo preventivo de bienes y de aseguramiento de pruebas:

a) Que la misma se haya dictado en un proceso penal por el Juez o Tribunal con la finalidad de proceder al posterior decomiso de los bienes o para que surtan efectos como elemento probatorio, o que el Ministerio Fiscal haya adoptado una medida de aseguramiento de pruebas no limitativa de derechos fundamentales en unas diligencias de investigación.

b) Que conste indiciariamente en el proceso penal o en las diligencias de investigación que los efectos cuyo embargo preventivo o aseguramiento se persigue se encuentran en otro Estado miembro.

3. En la resolución se expresará con claridad si la cooperación judicial que se requiere consiste en la transferencia a la autoridad judicial española de los elementos de prueba o de los bienes objeto de embargo, o si va acompañada de una solicitud de decomiso, o bien si requiere su permanencia en ese Estado a la espera de la adopción de alguna de las medidas anteriores.

Artículo 146. *Procedimiento para la emisión de la resolución de embargo preventivo de bienes y de aseguramiento de pruebas.* 1. Con carácter previo a la emisión de una resolución de embargo preventivo de bienes y de aseguramiento de pruebas, podrá recabarse de la autoridad competente del Estado de ejecución información suficiente sobre si efectivamente el bien objeto de aseguramiento se encuentra en dicho Estado. Esta misma información podrá solicitarse a través de los registros informáticos u organismos que se considere puedan facilitarlos.

2. La resolución de embargo preventivo de bienes y de aseguramiento de pruebas podrá acordarse de oficio o a instancia de parte.

3. Si durante el proceso penal las partes instaran la emisión de la resolución, se les solicitará que aporten justificación documental u otro tipo de indicio fehaciente que evidencie que el bien existe y que se encuentra en el territorio del Estado de ejecución.

Artículo 147. *Documentación de la resolución de embargo preventivo de bienes y de aseguramiento de pruebas.* 1. La resolución de embargo preventivo de bienes y de aseguramiento de pruebas se documentará en el certificado previsto en el anexo X y se remitirá conjuntamente con la resolución judicial que acuerda la medida cautelar.

2. Cuando sea necesario para garantizar la validez de los medios de prueba, se hará constar que la ejecución de las medidas acordadas deberá realizarse observando las formalidades y los procedimientos previstos en el Derecho español que expresamente se indiquen en el certificado.

Artículo 148. *Transmisión a varios Estados de ejecución de una resolución de embargo preventivo de bienes y de aseguramiento de pruebas.* La resolución de embargo preventivo de bienes y de aseguramiento de pruebas se podrá transmitir simultáneamente a más de un Estado de ejecución cuando la autoridad judicial española competente tenga motivos fundados para creer que los distintos bienes objeto de la resolución se encuentran en distintos Estados de ejecución.

Artículo 149. *Competencias de la autoridad de emisión española tras la transmisión de una resolución de embargo preventivo de bienes y de aseguramiento de pruebas.* 1. Transmitida la resolución de embargo preventivo de bienes y de aseguramiento de pruebas, si la autoridad de ejecución hubiera limitado la duración del aseguramiento y recabase alegaciones sobre el levantamiento de la medida por el transcurso del tiempo, el Juez o Tribunal oirá al Ministerio Fiscal y demás partes personadas por el plazo de cinco días. A continuación, el Juez o Tribunal dirigirá comunicación a la autoridad de ejecución explicitando los motivos para el mantenimiento de la medida o si ha dejado de ser necesaria.

Esta misma comunicación la realizará el Ministerio Fiscal que, en el seno de unas diligencias de investigación, recibiera el traslado para alegaciones solicitadas por la autoridad de ejecución.

2. Si la autoridad de ejecución interesara alegaciones por parte de la autoridad emisora española durante la tramitación de un recurso interpuesto frente a la resolución que se hubiera dictado en el Estado de ejecución, el Juez o Tribunal, oídas las partes personadas y el Ministerio Fiscal, emitirá las mismas en el plazo de diez días desde que el traslado le hubiera sido efectuado.

Estas alegaciones se remitirán por el Ministerio Fiscal cuando hubiera efectuado la transmisión de la resolución en el seno de unas diligencias de investigación.

3. Cuando en la resolución de embargo preventivo de bienes o de aseguramiento de pruebas transmitida se haya hecho constar que la cooperación judicial requerida es la permanencia de los mismos en el Estado de ejecución a la espera de que se decrete el decomiso de los bienes o la transferencia de los elementos de prueba a España, la autoridad española de emisión podrá remitir al Estado de ejecución la solicitud de decomiso o transferencia.

CAPÍTULO III
EJECUCIÓN DE UNA RESOLUCIÓN DE EMBARGO PREVENTIVO DE BIENES Y DE ASEGURAMIENTO DE PRUEBAS

Artículo 150. *Ausencia de control de doble tipificación.* Cuando la resolución de embargo preventivo de bienes y de aseguramiento de pruebas hubiera sido emitida por un delito que pertenezca a una de las categorías de delitos enumeradas en el apartado 1 del artículo 20 y dicho delito estuviera castigado en el Estado de emisión con una pena privativa de libertad cuya duración máxima sea, al menos, de tres años, la autoridad judicial española competente acordará la realización de la medida sin control de la doble tipificación de los hechos.

Artículo 151. *Procedimiento para el reconocimiento de la resolución de embargo preventivo de bienes y de aseguramiento de pruebas.* 1. La decisión de ejecución de la resolución deberá ser adoptada inmediatamente y comunicada sin dilación a la autoridad judicial de emisión y al Ministerio Fiscal, por cualquier medio que deje constancia escrita. Las autoridades judiciales españolas resolverán lo procedente y lo comunicarán dentro de las 24 horas siguientes a la recepción de la resolución.

2. La autoridad competente que recibiera la resolución de embargo preventivo de bienes y de aseguramiento de pruebas adoptará, en el plazo de cinco días desde la recepción, las medidas necesarias para la averiguación de la localización del bien objeto de embargo preventivo.

Asimismo, podrá dirigir comunicación a la autoridad judicial emisora para que amplíe cualquier circunstancia relevante para la ejecución de la medida del aseguramiento.

Artículo 152. *Medidas de cumplimiento de la resolución de embargo preventivo de bienes y de aseguramiento de pruebas.* 1. La resolución que acuerde el reconocimiento y ejecución del embargo preventivo de bienes o del aseguramiento de pruebas, determinará qué concreta medida cautelar debe adoptarse para llevar a cabo su ejecución. La medida podrá consistir en el depósito del bien, su embargo preventivo, el bloqueo de cuentas bancarias, depósitos, valores u otros títulos valores o activos financieros, así como la prohibición de disponer del bien o cualquier otra medida cautelar que pueda acordarse en el proceso penal, debiendo realizarse siempre de conformidad con las previsiones del ordenamiento jurídico español.

2. La autoridad competente informará a la autoridad de emisión con carácter inmediato del contenido concreto de las medidas adoptadas para llevar a cabo el aseguramiento.

3. Tres meses antes de que la medida adoptada alcance la duración determinada en el auto, se dará traslado a la autoridad competente del Estado de emisión para que alegue sobre la procedencia de mantener o levantar aquélla.

4. Tanto si el objeto del aseguramiento es un elemento probatorio como si es un producto, instrumento o efecto del delito, el Juez de Instrucción o el Fiscal competente respetará las formalidades y procedimientos indicados por la autoridad de emisión, siempre que los mismos no sean contrarios a los principios fundamentales de nuestro ordenamiento jurídico.

Artículo 153. *Duración de la medida de embargo preventivo de bienes o de aseguramiento de pruebas.* 1. La medida se mantendrá hasta que se resuelva definitivamente la solicitud de transferencia o decomiso cursada por la autoridad judicial de emisión, sin perjuicio de las medidas coercitivas complementarias que se pudieran adoptar.

2. Sin embargo, previa consulta a la autoridad de emisión, la autoridad española competente, de conformidad con las normas procesales nacionales, podrá imponer condiciones, adecuadas a las circunstancias del caso, para limitar la duración o modificar la medida de que se trate, incluyendo la destrucción y la realización anticipada de los efectos judiciales. Si, de conformidad con esas condiciones, se propusiera dejar sin efecto o modificar la medida, lo comunicará inmediatamente a la autoridad de emisión, para que exponga lo que estime oportuno.

3. Cuando la autoridad de emisión comunique que la medida que solicitó ha sido dejada sin efecto, ésta se alzará sin dilación.

Artículo 154. *Denegación del reconocimiento y la ejecución de una resolución de embargo preventivo de bienes o de aseguramiento de pruebas.* La autoridad competente española denegará el reconocimiento de una resolución de embargo preventivo de bienes o de aseguramiento de pruebas cuando concurra alguno de los motivos previstos en el artículo 32.

Artículo 155. *Imposibilidad de ejecución de una resolución de embargo preventivo de bienes y de aseguramiento de pruebas.* Se comunicará inmediatamente a la autoridad de emisión la imposibilidad de ejecutar en la práctica la medida, debido a que los bienes o las pruebas hayan desaparecido, hayan sido destruidos, no se hayan encontrado en el lugar indicado en el certificado o no se haya indicado con la suficiente precisión dónde se encuentra el bien o el elemento de prueba, incluso tras consultar a aquélla.

Artículo 156. *Suspensión de la ejecución de una medida de embargo de bienes o de aseguramiento de pruebas.* 1. Se podrá suspender la ejecución de una resolución de embargo preventivo de bienes o de aseguramiento de pruebas transmitida por la autoridad judicial de otro Estado miembro de la Unión Europea en los casos siguientes:

a) Cuando la ejecución pueda impedir el buen desarrollo de una investigación penal en curso en España, durante el tiempo necesario.

b) Cuando sobre los bienes o pruebas de que se trate se haya dictado una medida anterior en un procedimiento judicial o administrativo, hasta que se deje sin efecto ésta, siempre que dicha medida tenga prioridad sobre posteriores resoluciones de intervención de efectos e instrumentos dictadas en causas penales con arreglo al derecho nacional.

2. La autoridad española competente comunicará a la autoridad de emisión cualesquiera otras medidas restrictivas que hayan recaído sobre el bien de que se trate.

TÍTULO VIII
RESOLUCIONES DE DECOMISO

CAPÍTULO I
DISPOSICIONES GENERALES

Artículo 157. *Resoluciones de decomiso.* 1. Las resoluciones cuyo régimen de reconocimiento y ejecución se regula por este Título son aquellas por las que un órgano jurisdiccional impone una sanción o medida firme a raíz de un procedimiento relacionado con una o varias infracciones penales, que tiene como resultado la privación definitiva de bienes.

2. La resolución de decomiso puede afectar a cualquier tipo de bienes, ya sean materiales o inmateriales, muebles o inmuebles, así como a los documentos con fuerza jurídica u otros documentos acreditativos de un título o derecho sobre esos bienes respecto de los cuales el órgano jurisdiccional del Estado de emisión haya decidido:

a) Que constituyen el producto de una infracción penal o equivalen total o parcialmente al valor de dicho producto.

b) Que constituyen los instrumentos de dicha infracción.

c) Que pueden ser decomisados con motivo de la aplicación en el Estado de emisión de cualquiera de los supuestos de potestad de decomiso ampliada que se especifican en el artículo 3, apartados 1 y 2, de la Decisión Marco 2005/212/JAI, del Consejo, de 24 de febrero de 2005, relativa al decomiso de los productos, instrumentos y bienes relacionados con el delito.

d) O que pueden ser decomisados a tenor de cualesquiera otras disposiciones relacionadas con una potestad de decomiso ampliada de conformidad con el Derecho del Estado de emisión.

Artículo 158. *Autoridades judiciales competentes en España para transmitir y ejecutar una resolución de decomiso.* 1. Son autoridades de emisión de una resolución de decomiso los Jueces o Tribunales penales que conozcan de la ejecución de la sentencia donde se imponga como consecuencia accesoria el decomiso de un bien.

2. Es autoridad competente para reconocer y ejecutar la resolución de decomiso el Juez de lo Penal del lugar donde se encuentre cualquiera de los bienes objeto de decomiso.

El cambio sobrevenido de la ubicación del bien no implicará una pérdida de la competencia del Juez de lo Penal que hubiera acordado el reconocimiento y la ejecución de la resolución de decomiso transmitida a España.

Si el certificado se hubiese emitido en relación con varios bienes ubicados en circunscripciones distintas, el Juez de lo Penal que primero lo reciba y en cuya circunscripción se encuentre al menos uno de dichos bienes será competente para conocer del decomiso de todos los demás.

Si la autoridad emisora no conociera el lugar de ubicación del bien a decomisar y sí indicara en el certificado el lugar de residencia o domicilio social de la persona frente a la que se dictó la resolución, será competente el Juez de lo Penal de dicha localidad, aun cuando se constatase con posterioridad que el bien está ubicado en otra circunscripción o que la persona ha trasladado su domicilio.

Si un mismo certificado se hubiese emitido en relación con varias personas, con residencia en varios lugares distintos del territorio español, el Juez de lo Penal que primero lo reciba y en cuya circunscripción se encuentre al menos uno de dichos domicilios será competente para conocer del decomiso decretado frente al resto de las personas reseñadas en el certificado.

CAPÍTULO II
TRANSMISIÓN DE UNA RESOLUCIÓN DE DECOMISO

Artículo 159. *Transmisión de una resolución de decomiso.* 1. La resolución de decomiso se transmitirá a la autoridad competente del Estado miembro de la Unión Europea en el que tenga motivos fundados de que se encuentran los bienes objeto de decomiso.

2. En caso de que en relación con esos bienes se hubiera dictado y ejecutado con anterioridad una resolución de embargo de bienes o de aseguramiento de pruebas en procedimientos penales, el Juez de lo Penal recabará los antecedentes al Juez de Instrucción a los efectos de continuar su tramitación.

3. Cuando se trate de una resolución de decomiso relativa a una cantidad de dinero, se transmitirá a la autoridad competente del Estado miembro de la Unión Europea en el que tenga motivos fundados para creer que la persona natural o jurídica contra la que se ha dictado la resolución tiene bienes o ingresos.

4. Si la autoridad judicial penal española no tiene motivos fundados que le permitan determinar el Estado al que pueda trasladar la resolución de decomiso, la transmitirá a la autoridad competente del Estado miembro donde la persona natural o jurídica contra la que se ha dictado la resolución resida habitualmente o tenga su domicilio social, respectivamente.

Artículo 160. *Documentación de la resolución de decomiso.* La resolución de decomiso se documentará en el certificado previsto en el anexo XI y se remitirá conjuntamente con la resolución judicial que acuerde la privación definitiva del bien.

En el certificado se señalará específicamente que no cabe imponer penas privativas de libertad o de otros derechos como alternativa a la resolución de decomiso.

Asimismo, en caso de que en relación con los bienes objeto de decomiso se hubiera ejecutado con anterioridad una resolución de embargo preventivo de bienes o de aseguramiento de pruebas se hará constar así expresamente.

Artículo 161. *Procedimiento para la transmisión de la resolución de decomiso.* 1. Con carácter previo a la emisión podrá recabarse de la autoridad competente del Estado de ejecución o de los organismos que puedan facilitar la información sobre los bienes o ingresos a los que afecta la medida, así como la residencia habitual o domicilio social de la persona a la que afecta el decomiso.

2. La resolución de decomiso podrá emitirse de oficio o a instancia de parte. En este último caso, se solicitará a la parte que aporte justificación documental u otro tipo de indicio fehaciente que evidencie la existencia del bien concreto y que se encuentra en el territorio del Estado de ejecución, de la existencia de ingresos en dicho Estado o de que la persona frente a la que se dirige la resolución tiene en el mismo su residencia habitual o sede social.

3. Durante esta tramitación podrán emitirse resoluciones de embargo preventivo de bienes o de aseguramiento de pruebas u otro tipo de peticiones de asistencia judicial convencional que garanticen la ejecución del decomiso una vez sea emitido.

Artículo 162. *Transmisión de una resolución de decomiso a más de un Estado miembro.* 1. Una resolución de decomiso referente a bienes concretos se podrá transmitir simultáneamente a más de un Estado de ejecución cuando se dé alguno de los siguientes supuestos:

a) Que la autoridad judicial española competente tenga motivos fundados para creer que los distintos bienes objeto de la resolución de decomiso se encuentran en distintos Estados de ejecución.

b) Que el decomiso de un bien concreto incluido en la resolución de decomiso requiera la intervención en más de un Estado de ejecución.

c) Que la autoridad judicial española competente tenga motivos fundados para creer que un bien concreto incluido en la resolución de decomiso está localizado en uno de los dos o más Estados de ejecución determinados.

2. Una resolución de decomiso referente a una cantidad de dinero podrá transmitirse simultáneamente a más de un Estado de ejecución cuando la autoridad judicial española competente considere que hay motivos específicos para hacerlo. Entre otros supuestos, se considera que concurren tales motivos:

a) Cuando no se hubiere decretado con carácter preventivo su embargo, con arreglo a esta Ley.

b) Cuando el valor de los bienes que pueden ser decomisados en el Estado de emisión y en cualquier Estado de ejecución probablemente no sea suficiente para ejecutar la cantidad total objeto de la resolución de decomiso.

3. Siempre que no se haya cumplido en su totalidad la resolución de decomiso, se efectuará su remisión de forma sucesiva a los Estados en los que se presuma que se encuentran bienes del condenado.

Artículo 163. *Consecuencias de la transmisión de una resolución de decomiso.* 1. La transmisión de una resolución de decomiso no impedirá que la autoridad judicial penal española pueda proceder a su ejecución.

2. En caso de transmisión a uno o más Estados de ejecución de una resolución de decomiso referente a una cantidad de dinero, la autoridad judicial española garantizará que el valor total derivado de la ejecución de la resolución no exceda del importe máximo especificado en la misma.

3. La autoridad judicial penal española informará de inmediato a la autoridad competente de todo Estado de ejecución afectado, por cualquier medio que pueda dejar constancia escrita, en los siguientes casos:

a) Cuando considere que hay riesgo de que la ejecución supere el importe máximo especificado. Informará, asimismo, cuando considere que el riesgo mencionado ha dejado de existir.

b) Cuando la totalidad o parte de la resolución de decomiso haya sido ejecutada en España o en otro Estado de ejecución. En este caso, se especificará en la comunicación el importe de la sentencia de decomiso que aún no haya sido ejecutado.

c) Si, con posterioridad a la transmisión de una resolución de decomiso, una autoridad española ha recibido una cantidad de dinero pagada voluntariamente por el condenado en cumplimiento de la resolución de decomiso. En este caso, se indicará si queda parte de la resolución por ejecutar y su importe.

Artículo 164. *Transformación del decomiso.* 1. Cuando una resolución de decomiso afecte a un bien en concreto y por cualquier circunstancia no fuera posible el decomiso del mismo, la autoridad judicial española solicitará a la autoridad competente del Estado de ejecución que el decomiso adopte la forma de obligación de pago de una cantidad de dinero equivalente al valor del bien de que se trate.

2. Para dicha transformación, una vez se reciba noticia de la imposibilidad de llevar a cabo el decomiso del bien concreto de que se trate, se acordará en el plazo de cinco días que se practique la tasación judicial del bien. De su resultado se dará traslado por cinco días al Ministerio Fiscal y a todas las partes personadas, a fin de que impugnen la tasación o manifiesten lo que a su derecho convenga. El incidente finalizará con el auto dictado por el Juez o Tribunal determinando la cuantía de la obligación de pago que, una vez firme, se comunicará a la autoridad de ejecución.

Artículo 165. *Acuerdo entre autoridades sobre la disposición de los bienes decomisados.* 1. El Juez o Tribunal competente que hubiera emitido la resolución de decomiso podrá alcanzar un acuerdo en relación con la disposición de los bienes decomisados cuando así lo solicitase la autoridad de ejecución. En este caso, la ejecución del decomiso quedará a expensas de lo que al respecto se acuerde.

2. La autoridad judicial española que reciba una comunicación de la autoridad del Estado de ejecución sobre gastos especiales que ha conllevado la ejecución de la resolución de decomiso, lo comunicará al Ministerio de Justicia a efectos de un posible acuerdo sobre el reparto de costes con el Estado de ejecución.

CAPÍTULO III
EJECUCIÓN DE UNA RESOLUCIÓN DE DECOMISO

Artículo 166. *Reconocimiento de una resolución de decomiso.* 1. El Juez de lo Penal competente reconocerá y ejecutará una resolución de decomiso cuando se encuentre en España el bien sobre el que recaiga o el domicilio o, en su caso, el domicilio social de la persona afectada.

2. Cuando la resolución de decomiso hubiera sido emitida por un delito que pertenezca a una de las categorías de delitos enumeradas en el apartado 1 del artículo 20 y dicho delito estuviera castigado en el Estado de emisión con una pena privativa de libertad cuya duración máxima sea, al menos, de tres años, el Juez de lo Penal acordará la realización de la medida sin control de la doble tipificación de los hechos.

3. También se ejecutará la resolución de decomiso que se haya impuesto en el Estado de emisión a una persona jurídica por una infracción para la que no se prevea su responsabilidad de acuerdo con el Derecho español.

Artículo 167. *Procedimiento sobre el reconocimiento de la resolución de decomiso.* 1. El Juez de lo Penal que recibiera la resolución de decomiso procederá a la averiguación de la localización del bien objeto de decomiso.

Asimismo, el Juez de lo Penal podrá dirigir comunicación a la autoridad judicial emisora para que amplíe cualquier circunstancia relevante para la ejecución del decomiso.

2. El Juez de lo Penal, previo informe del Ministerio Fiscal y demás partes personadas emitido en el plazo de cinco días, acordará mediante auto el despacho de ejecución de la resolución de decomiso debidamente transmitida, en un plazo máximo de diez días desde su recepción. La adopción de la resolución de decomiso de

que se trate sucederá, en su caso, a las medidas que sobre los mismos bienes se hubieran acordado en aplicación de un embargo preventivo.

Artículo 168. *Ejecución de una resolución de decomiso.* 1. En caso de que una solicitud de decomiso afecte a un bien concreto y por cualquier circunstancia no fuera posible el decomiso del mismo, el Juez de lo Penal competente acordará que el decomiso adopte la forma de la obligación de pago de una cantidad de dinero correspondiente al valor del bien de que se trate.

2. En caso de que una resolución de decomiso se refiera a una cantidad de dinero, el Juez de lo Penal competente, en caso de que no pueda obtener el pago, ejecutará la resolución de decomiso sobre cualquier bien disponible a tal efecto.

3. En caso de que una resolución de decomiso se refiera a una cantidad de dinero, el Juez de lo Penal competente convertirá, cuando sea necesario, el importe que deba decomisarse a la moneda del Estado de ejecución, aplicando el tipo de cambio vigente en el momento de dictarse la resolución de decomiso.

4. En todos los supuestos previstos en este artículo se oirá al Ministerio Fiscal y demás partes personadas por el plazo de cinco días.

Artículo 169. *Ejecución de resoluciones de decomiso múltiples.* 1. Cuando el Juez de lo Penal competente estuviera tramitando dos o más resoluciones de decomiso referentes a una cantidad de dinero dictadas contra la misma persona natural o jurídica que no disponga de medios suficientes en España para que se ejecuten todas ellas, o cuando se refieran a un mismo bien, decidirá cuál o cuáles de aquellas resoluciones se ejecutarán, tras considerar debidamente todas esas circunstancias. Para adoptar esta decisión se tendrá en cuenta principalmente y por este orden la existencia de un embargo preventivo, la gravedad relativa y el lugar de la infracción, las fechas de las resoluciones respectivas y las fechas de su transmisión. El Juez de lo Penal competente comunicará sin dilación su decisión a las autoridades competentes del Estado o Estados de emisión.

2. En caso de que el condenado pudiera facilitar la prueba del decomiso, total o parcial, efectuado en otro Estado, el Juez de lo Penal competente consultará a la autoridad competente del Estado de emisión. En caso de decomiso de productos de un delito, toda porción del valor de los bienes afectados que se recupere en virtud de la resolución de decomiso en otro Estado se deducirá en su totalidad del valor de los bienes que se han de decomisar en España.

Artículo 170. *Denegación del reconocimiento y ejecución de una resolución de decomiso.* 1. El Juez de lo Penal competente denegará el reconocimiento y la ejecución de las resoluciones de decomiso, además de en los supuestos de los artículos 32 y 33, en los siguientes casos:

a) Cuando los derechos de las partes interesadas, incluidos los terceros de buena fe con arreglo a la legislación española, impidan la ejecución de la resolución de decomiso.

b) Cuando el Juez considere incompatible con los derechos y libertades fundamentales reconocidos en la Constitución la resolución adoptada en aplicación de las disposiciones sobre la potestad de decomiso ampliada a que se refiere la letra d) del apartado 2 del artículo 157.

c) Cuando la resolución se refiera a hechos que se hayan cometido fuera del Estado emisor y el Derecho español no permita la persecución de dichas infracciones cuando se hayan cometido fuera de su territorio.

2. En caso de que concurra alguno de los motivos de denegación del reconocimiento y la ejecución previstos en las letras a), c) y d) del apartado 1 del artículo 32, en el apartado 1 del artículo 33 o en las letras b) y c) del apartado anterior, antes de denegar parcial o totalmente el reconocimiento y la ejecución de la reso-

lución, el Juez de lo Penal consultará a la autoridad competente del Estado de emisión para que aclare la situación y, en su caso, subsane el defecto en que se hubiera incurrido. Esta previsión también será de aplicación en el caso de la letra a) del apartado anterior cuando no se hubiera informado de la interposición de un recurso en España.

Artículo 171. *Suspensión de la ejecución de una resolución de decomiso.* 1. El Juez de lo Penal competente podrá suspender la ejecución de una resolución de decomiso transmitida en los siguientes supuestos:

a) Cuando, en el caso de una resolución de decomiso referente a una cantidad de dinero, considere que hay riesgo de que el valor total derivado de su ejecución pueda exceder del importe especificado en la resolución como consecuencia de su ejecución simultánea en más de un Estado miembro.

b) Cuando la ejecución de la resolución de decomiso pueda impedir el buen desarrollo de una investigación o actuación penal en curso, durante el tiempo que estime razonable.

c) Cuando considere necesario traducir, sin repercutir su coste al Estado de emisión, la resolución de decomiso o partes de ella, por el tiempo necesario para obtener su traducción.

d) Cuando el bien ya fuera objeto de un procedimiento de decomiso en España.

2. El Juez de lo Penal competente adoptará, durante el período de suspensión, las medidas necesarias para asegurar la ejecución de la resolución de decomiso.

3. En caso de suspensión de conformidad con la letra a) del apartado 1 de este artículo, el Juez de lo Penal competente informará de ello sin dilación a la autoridad competente del Estado de emisión por cualquier medio que pueda dejar constancia escrita.

4. En los casos contemplados en letras b), c) y d) del apartado 1 de este artículo, el Juez de lo Penal comunicará sin dilación la suspensión de la ejecución de la resolución de decomiso, sus motivos y, si es posible, su duración prevista, a la autoridad competente del Estado de emisión por cualquier medio que pueda dejar constancia escrita.

5. Tan pronto como hayan dejado de existir los motivos de suspensión, el Juez de lo Penal competente tomará de inmediato las medidas oportunas para ejecutar la resolución de decomiso e informará de ello a la autoridad competente del Estado de emisión por cualquier medio que pueda dejar constancia escrita.

Artículo 172. *Disposición de los bienes decomisados.* 1. El Juez de lo Penal competente dispondrá del dinero obtenido de la ejecución de la resolución de decomiso de acuerdo con las siguientes reglas:

a) Si el importe obtenido de la ejecución de la resolución de decomiso es inferior a 10.000 euros o al equivalente a dicho importe, el mismo se ingresará en la cuenta de depósitos y consignaciones judiciales.

b) En todos los demás casos, se transferirá al Estado de emisión el 50 por 100 del importe que se haya obtenido de la ejecución de la resolución de decomiso. El 50 por 100 restante se ingresará en la cuenta de depósitos y consignaciones judiciales.

Las cantidades que, en aplicación de lo dispuesto anteriormente, correspondan a España serán transferidas por el Secretario judicial al Tesoro Público con aplicación, en su caso, de lo que se establezca en normas especiales y, particularmente, en lo previsto por el artículo 374 del Código Penal y por la Ley 17/2003, de 29 de mayo, por la que se regula el Fondo de bienes decomisados por tráfico ilícito de drogas y otros delitos relacionados y en su normativa de desarrollo.

2. El Juez de lo Penal competente decidirá que los bienes que no sean dinero u otros instrumentos de pago al portador obtenidos de la ejecución de la resolución

de decomiso sean enajenados y aplicados de la forma prevista en el apartado anterior.

La enajenación de los bienes se realizará de acuerdo con la legislación española, observándose, cuando proceda, lo previsto por la Ley Orgánica 12/1995, de 12 de diciembre, de represión del contrabando y su normativa de desarrollo.

3. Cuando de la ejecución de la resolución de decomiso resulten afectados bienes integrantes del patrimonio histórico español, el Juez de lo Penal en ningún caso procederá a su enajenación o restitución al Estado de emisión. En tal supuesto, lo comunicará a las autoridades españolas competentes y serán de aplicación las disposiciones de la Ley 16/1985, de 25 de junio, del Patrimonio Histórico Español y su normativa de desarrollo.

4. El Estado español no reclamará al Estado de emisión el reembolso de los gastos que resulten de la ejecución de la resolución de decomiso. No obstante, si la ejecución de la resolución ha conllevado gastos que considera de índole sustancial o excepcional, el Juez de lo Penal lo comunicará al Ministerio de Justicia para que éste llegue a un acuerdo con las autoridades competentes del Estado de emisión sobre el reparto de costes.

TÍTULO IX
RESOLUCIONES POR LAS QUE SE IMPONEN SANCIONES PECUNIARIAS

CAPÍTULO I
DISPOSICIONES GENERALES

Artículo 173. *Sanción pecuniaria.* 1. Se entenderá por sanción pecuniaria la cantidad de dinero exigida por una resolución firme en concepto de multa impuesta como consecuencia de la comisión por una persona física o jurídica de una infracción penal o administrativa, siempre que, en relación con estas últimas, las sanciones administrativas fueran recurribles ante un órgano jurisdiccional penal.

2. A los efectos de esta Ley, también se incluirán en las sanciones pecuniarias las cantidades que figuren en las correspondientes resoluciones y se refieran a los siguientes conceptos:

a) Aquella cantidad de dinero impuesta en concepto de costas judiciales o gastos administrativos originados en el procedimiento.

b) Una compensación en beneficio de las víctimas, siempre que la víctima no pueda ser parte civil en el procedimiento y el órgano jurisdiccional actúe en el ejercicio de su competencia penal.

c) Una cantidad destinada a un fondo público o a una organización de apoyo a las víctimas.

3. La sanción pecuniaria a los efectos de esta Ley no podrá comprender órdenes de confiscación de instrumentos o productos del delito, para las cuales se aplicarán las normas previstas en el Capítulo III del presente Título.

La sanción pecuniaria tampoco podrá comprender resoluciones de restitución, ni reparación del daño ni la indemnización de perjuicios materiales y morales, determinadas en un procedimiento penal, sin perjuicio de lo previsto en la letra b) del apartado anterior.

Cuando una sentencia dictada en España incluyera una condena de reparación del daño o la indemnización de perjuicios materiales y morales a favor de las víctimas o perjudicados, la autoridad judicial penal española instará su ejecución a través de los mecanismos previstos en las normas de cooperación judicial civil en la Unión Europea.

Artículo 174. *Autoridades judiciales competentes en España para transmitir y ejecutar una resolución por la que se exija el pago de una sanción pecunia-*

ria. 1. Es autoridad competente para transmitir una resolución por la que se exija el pago de una sanción pecuniaria impuesta a una persona física o jurídica que posea propiedades u obtenga ingresos en otro Estado miembro de la Unión Europea, el órgano jurisdiccional penal competente para su ejecución en España.

2. Es autoridad competente para reconocer y ejecutar la resolución por la que se exija el pago de una sanción pecuniaria:

a) Con carácter principal, el Juez de lo Penal del lugar de residencia del condenado o donde tenga su sede social si se tratara de una persona jurídica.

b) Subsidiariamente, el Juez de lo Penal del lugar donde se encuentre cualquiera de los bienes inmuebles propiedad de la persona física o jurídica condenada al pago de multa.

c) Finalmente, el Juez de lo Penal del lugar donde se encuentre cualquiera de las fuentes de ingresos del condenado en España.

El cambio de cualquiera de estas circunstancias por traslado de residencia del condenado o de su sede social, venta del bien inmueble o cambio en sus fuentes de ingresos, no implicará una pérdida sobrevenida de competencia del Juez de lo Penal que hubiera acordado el reconocimiento y la ejecución de la resolución por la que se exija el pago de una sanción pecuniaria transmitida a España.

En el caso de que un mismo certificado se refiera a varias personas y una de ellas cumpla alguno de los requisitos establecidos en este apartado, el Juez de lo Penal competente podrá asumir la ejecución en relación con todos los condenados, sin que proceda dividir una única resolución por la que se exija el pago de una sanción pecuniaria en varias.

Artículo 175. *Destino de las cantidades cobradas.* 1. Las cantidades percibidas en concepto de ejecución de una resolución en España se ingresarán en la cuenta de depósitos y consignaciones judiciales, salvo que se hubiese acordado otra cosa con el Estado de emisión respecto de las cantidades que constituyan una compensación en beneficio de las víctimas a que se refiere la letra b) del apartado 2 del artículo 173.

En este caso, si el Estado de emisión solicitase estas cantidades, por el Juez de lo Penal se recabará dictamen del Ministerio Fiscal, concediéndole un plazo de diez días, y resolverá lo que proceda sobre el destino de las cantidades compensatorias a víctimas y perjudicados. El Secretario judicial transferirá las cantidades de conformidad con los términos literales del mismo.

2. Fuera del caso de la compensación en beneficio de las víctimas, no se admitirá ningún otro acuerdo que pudiera variar la regla expresada en el apartado anterior.

CAPÍTULO II
TRANSMISIÓN DE UNA RESOLUCIÓN POR LA QUE SE EXIJA EL PAGO DE UNA SANCIÓN PECUNIARIA

Artículo 176. *Transmisión de una resolución por la que se exija el pago de una sanción pecuniaria.* 1. La resolución por la que se exija el pago de una sanción pecuniaria se transmitirá a la autoridad competente del Estado miembro de la Unión Europea en el que la persona física o jurídica condenada posea propiedades, obtenga ingresos o tenga su residencia habitual o su sede social, para que proceda a su ejecución.

2. La autoridad judicial penal española transmitirá la resolución a un único Estado de ejecución cada vez.

Artículo 177. *Documentación de la resolución por la que se exija el pago de una sanción pecuniaria.* 1. La resolución por la que se exija el pago de una sanción pecuniaria se documentará en el certificado previsto en el anexo XII, y se remitirá conjuntamente con la sentencia o resolución firme que impone la condena de multa.

2. En el certificado se fijará, en su caso, la cantidad líquida cuyo pago procede en virtud del sistema días-multa previsto en el Código Penal.

3. En el certificado se contendrá la previsión de que la pena de multa se convierta en pena privativa de libertad o en trabajos en beneficio de la comunidad en caso de impago, conforme a lo dispuesto en el Código Penal, debiendo especificarse su duración.

Artículo 178. *Procedimiento para la transmisión de la resolución por la que se exija el pago de una sanción pecuniaria.* 1. El Juez o Tribunal oirá al Ministerio Fiscal en un plazo de cinco días y resolverá por auto motivado dictado en los cinco días siguientes.

2. Con carácter previo a la emisión, podrá recabarse de la autoridad competente del Estado de ejecución o de los organismos que puedan facilitarla información suficiente sobre si efectivamente el condenado dispone de bienes o ingresos en dicho Estado, o sobre si en el mismo tiene su residencia.

Artículo 179. *Consecuencias de la transmisión de una resolución por la que se exija el pago de una sanción pecuniaria.* 1. Una vez transmitida la resolución, la autoridad judicial penal española no podrá proceder a su ejecución, salvo en los casos en que se produzca su devolución.

Tal suspensión alcanzará sólo a los pronunciamientos relativos a la imposición de una pena de multa y a las costas.

2. Si, después de transmitir una resolución, la sanción pecuniaria hubiera sido pagada voluntariamente por el condenado o se hubiese ejecutado como resultado de actuaciones judiciales anteriores, la autoridad judicial penal española aplicará el pago recibido en la forma legalmente prevista e informará inmediatamente de ello a la autoridad competente del Estado de ejecución, con indicación de la reducción que haya experimentado la cuantía y los conceptos incluidos en la sanción pecuniaria sometida a ejecución.

CAPÍTULO III
EJECUCIÓN DE UNA RESOLUCIÓN POR LA QUE SE EXIJA EL PAGO DE UNA SANCIÓN PECUNIARIA

Artículo 180. *Reconocimiento y ejecución en España de una resolución por la que se exija el pago de una sanción pecuniaria.* 1. El Juez de lo Penal competente estará obligado a reconocer y ejecutar una resolución por la que se exija el pago de una sanción pecuniaria que le haya sido remitida por la autoridad competente de otro Estado miembro, sin sujeción a control de doble tipificación cuando se refiera a alguno de los delitos enumerados en los apartados 1 y 2 del artículo 20.

2. También se ejecutará la sanción pecuniaria que se haya impuesto en el Estado de emisión a una persona jurídica por una infracción penal para la que no se prevea su responsabilidad de acuerdo con el Derecho español.

Artículo 181. *Procedimiento para el reconocimiento y ejecución de una resolución por la que se exija el pago de una sanción pecuniaria.* 1. El Juez de lo Penal que recibiera la resolución procederá a la averiguación de los siguientes extremos:

a) Si el condenado tiene su residencia o sede social en España.

b) Sólo si no consta domicilio o sede social en España del condenado, si el mismo tiene a su nombre inscrito algún bien en el Registro de la Propiedad.

c) Si no se dieran ninguna de las dos circunstancias anteriores, si al condenado le consta alguna fuente de ingresos en España.

2. El Juez de lo Penal, previo informe del Ministerio Fiscal emitido en el plazo de cinco días, acordará el despacho de ejecución de la resolución de sanciones pecuniarias debidamente transmitida mediante auto, en un plazo máximo de cinco días desde su recepción.

3. Cuando la cuantía de la sanción estuviese reseñada en el certificado en una divisa extranjera, el Secretario judicial convertirá el importe a euros, aplicando el tipo de cambio vigente en el momento que se impuso la sanción.

Artículo 182. *Denegación del reconocimiento y ejecución de una resolución por la que se exija el pago de una sanción pecuniaria.* 1. El Juez de lo Penal competente denegará el reconocimiento y la ejecución de las resoluciones que exijan el pago de una sanción pecuniaria, además de en los supuestos de los artículos 32 y 33, en los siguientes casos:

a) Cuando la resolución castigue a una persona física que, debido a su edad, no habría podido ser considerada responsable penal de acuerdo con lo previsto en la legislación española.

b) Cuando, según el certificado, en caso de procedimiento escrito, no ha sido informado de su derecho a impugnar la resolución y de los plazos para la interposición de dicho recurso.

c) Cuando, según el certificado, el imputado no ha sido informado, personalmente o a través de un representante, de su derecho a impugnar la resolución y de los plazos para la interposición de dicho recurso.

d) Cuando la sanción pecuniaria sea inferior a setenta euros o, tratándose de otra divisa, a un importe equivalente.

e) Cuando, del certificado y resolución comunicada para su ejecución, se evidencie que se ha producido una vulneración de los derechos fundamentales y los principios jurídicos fundamentales consagrados en el artículo 6 del Tratado de la Unión Europea y reflejados en la Carta de los derechos fundamentales de la Unión Europea.

f) Cuando la resolución se refiera a hechos que se hayan cometido fuera del Estado emisor y el Derecho español no permita la persecución de dichas infracciones cuando se hayan cometido fuera de su territorio.

2. En caso de que concurra alguno de los motivos de denegación del reconocimiento y la ejecución previstos en la letra d) del apartado 1 o en el apartado 3 del artículo 32, en el apartado 1 del artículo 33, o en las letras b) y c) del apartado anterior, antes de denegar parcial o totalmente el reconocimiento y la ejecución de la resolución, el Juez de lo Penal consultará a la autoridad competente del Estado de emisión para que aclare la situación y, en su caso, subsane el defecto en que se hubiera incurrido.

Artículo 183. *Revisión de la cuantía de la sanción.* 1. En el supuesto de que la persona sancionada presente una prueba de pago total o parcial en cualquier Estado, el Juez de lo Penal deberá consultar con la autoridad competente del Estado de emisión y deducir la parte de la sanción que haya sido efectivamente cobrada en otro Estado de la cantidad sometida a ejecución en España.

2. Cuando se demuestre que la resolución se refiere a hechos que no fueron cometidos dentro del territorio del Estado de emisión y sobre los que las autoridades judiciales penales españolas tengan competencia, el Juez de lo Penal podrá decidir la reducción del importe de la multa ejecutada a la cuantía máxima prevista para hechos del mismo tipo conforme a lo previsto en el ordenamiento jurídico español.

3. En estos casos, el Juez de lo Penal competente informará del carácter parcial de la ejecución de la resolución a la autoridad competente del Estado de emisión por cualquier medio que deje constancia escrita.

4. En aquellos casos en que la sanción se hubiera impuesto en un Estado con distinta divisa, el Juez de lo Penal convertirá a euros la cuantía de la sanción, aplicando el tipo de cambio vigente en el momento en que se impuso la misma.

Artículo 184. *Sanciones alternativas en caso de impago de la sanción pecuniaria.* 1. Cuando sea imposible ejecutar total o parcialmente una resolución, el Juez de lo Penal competente podrá aplicar sanciones alternativas, incluida la privación de libertad, conforme a lo previsto en el ordenamiento jurídico español, en los casos en que el Estado de emisión hubiera aceptado aplicar dichas sanciones alternativas en el certificado presentado y, en todo caso, sin exceder del nivel máximo de la sanción previsto en el mismo.

En ningún caso se aplicará como sanción alternativa la privación de libertad cuando la sanción pecuniaria cuya ejecución se solicite se hubiera impuesto por la comisión de una infracción administrativa, aun cuando hubiera sido recurrida ante un órgano jurisdiccional penal del Estado de emisión.

2. El Juez de lo Penal competente informará inmediatamente de la aplicación de una sanción alternativa conforme a lo dispuesto en el apartado anterior.

Artículo 185. *Suspensión de la ejecución de una resolución por la que se exija el pago de una sanción pecuniaria.* El Juez de lo Penal estará obligado a suspender la ejecución de la resolución tan pronto como la autoridad competente del Estado de emisión le informe de la adopción de cualquier resolución o medida que tenga por efecto suspender o dejar sin efecto la resolución por cualquier otro motivo, incluida la concesión de la amnistía o el indulto.

En cualquiera de estos casos, el Juez de lo Penal devolverá la resolución a la autoridad competente del Estado de emisión.

TÍTULO X
EXHORTO EUROPEO DE OBTENCIÓN DE PRUEBAS

CAPÍTULO I
DISPOSICIONES GENERALES

Artículo 186. *Exhorto europeo de obtención de pruebas.* 1. El exhorto europeo de obtención de pruebas es una resolución judicial emitida por la autoridad competente de un Estado miembro con objeto de recabar objetos, documentos y datos de otro Estado miembro para su uso en un proceso penal.

2. El exhorto europeo de obtención de pruebas podrá referirse a procedimientos incoados por las autoridades competentes de otros Estados miembros de la Unión Europea por la comisión de hechos tipificados como infracciones administrativas en su ordenamiento, cuando la decisión pueda dar lugar a un proceso ante un órgano jurisdiccional en el orden penal.

Artículo 187. *Ámbito del exhorto europeo de obtención de pruebas.* 1. El exhorto europeo de obtención de pruebas podrá emitirse para recabar en el Estado de ejecución objetos, documentos o datos, debidamente identificados, que se necesiten para un proceso penal en España.

El exhorto podrá comprender objetos, documentos o datos que ya obren en poder de la autoridad de ejecución, así como cualquier otro objeto, documento o dato que la autoridad de ejecución descubra durante su ejecución cuando, sin mediar otras investigaciones complementarias, los considere relevantes para el procedimiento para el cual fue emitido y así lo declare.

2. Salvo en los casos en los que la petición fuera posible, en virtud de lo dispuesto en el apartado anterior porque el objeto, documento o dato ya obrara en poder de la autoridad de ejecución antes de la emisión, el exhorto europeo de obtención de pruebas no podrá emitirse para solicitar a la autoridad de ejecución:

a) Que mantenga entrevistas, tome declaraciones o inicie interrogatorios con sospechosos, testigos, expertos o cualquier otra persona. No obstante, la autoridad judicial española podrá solicitar la toma de declaraciones, de acuerdo con el derecho del Estado de ejecución, a aquellas personas que estuvieran presentes durante la ejecución del exhorto y estuvieran directamente relacionadas con el asunto al que se refiere.

b) Que lleve a cabo registros corporales u obtenga directamente del cuerpo de cualquier persona materiales orgánicos o datos biométricos, como pudieran ser muestras de ADN o impresiones dactilares.

c) Que obtenga información en tiempo real mediante intervención de comunicaciones, vigilancia o control de cuentas bancarias.

d) Que analice objetos, documentos o datos existentes.

e) Que obtenga datos de comunicaciones retenidos por proveedores de un servicio de comunicaciones electrónicas accesible al público o de una red de comunicaciones pública.

3. Los antecedentes penales tendrán un régimen específico de transmisión, quedando fuera del ámbito del exhorto europeo de obtención de pruebas.

Artículo 188. *Autoridades competentes en España para emitir y ejecutar un exhorto europeo de obtención de pruebas.* 1. En España, son autoridades de emisión de un exhorto europeo de obtención de pruebas los Jueces o Tribunales que conozcan del proceso en el que resulte necesario obtener el documento, objeto o dato, así como los Fiscales que dirijan las diligencias de investigación en las que se deba adoptar el exhorto.

2. Es autoridad competente para reconocer y ejecutar el exhorto europeo de obtención de pruebas el Ministerio Fiscal siempre que puedan obtenerse los objetos, documentos o datos sin adoptar medidas limitativas de derechos fundamentales.

En otro caso, así como cuando el Ministerio Fiscal entienda que debe denegarse el reconocimiento o la ejecución del exhorto, será autoridad competente el Juez de Instrucción del lugar donde se encuentre cualquiera de los objetos, documentos o datos que pretenden obtenerse con el exhorto.

El cambio sobrevenido de la ubicación de los objetos, documentos o datos no implicará una pérdida sobrevenida de competencia del Fiscal ni del Juez de Instrucción que hubiera acordado el reconocimiento y la ejecución del exhorto europeo de obtención de pruebas transmitida a España.

Si el certificado se hubiese emitido en relación con varios objetos, documentos o datos ubicados en circunscripciones distintas, el Fiscal o, en su caso, el Juez de Instrucción que primero lo reciba y en cuya circunscripción se encuentre al menos uno de dichos objetos, documentos o datos será competente para conocer de la obtención de todos los demás.

CAPÍTULO II
EMISIÓN Y TRANSMISIÓN DE UN EXHORTO EUROPEO DE OBTENCIÓN DE PRUEBAS

Artículo 189. *Emisión y transmisión del exhorto europeo de obtención de pruebas.* 1. La autoridad judicial española competente expedirá un exhorto sólo cuando se cumplan las siguientes condiciones:

a) Que los objetos, documentos o datos estén suficientemente identificados.

b) Que conste indiciariamente en el procedimiento penal o en las diligencias de investigación que el objeto, documento o dato cuya obtención se persigue se encuentra en otro Estado miembro o, tratándose de datos electrónicos, que son directamente accesibles desde el mismo de conformidad con su legislación.

c) Que los objetos, documentos o datos sean necesarios para el procedimiento.

d) Que resulte proporcionado recabar esos objetos, documentos o datos para el procedimiento.

e) Que de conformidad con la legislación española, en un caso nacional equivalente, el Juez, el Tribunal o, en su caso, el Fiscal si fuera el emisor del exhorto, pudiera acordar la obtención del objeto, documento o dato si estuviera disponible en España.

2. Cuando se cumplan las condiciones previstas en el apartado anterior y la autoridad judicial española competente tenga motivos fundados para creer que los objetos, documentos o datos se encuentran en otro Estado miembro de la Unión Europea o que tratándose de datos electrónicos sean accesibles directamente según su legislación, transmitirá sin demora el exhorto a su autoridad competente.

3. Las pruebas obtenidas a través de un exhorto practicado de conformidad con la normativa procesal del Estado de ejecución y, en su caso, de acuerdo con las formalidades expresamente indicadas por la autoridad española, producirán plenos efectos y no serán susceptibles de recurso dirigido a controlar las garantías de imparcialidad observadas en su obtención ni el valor de los actos practicados en forma.

Artículo 190. *Documentación del exhorto europeo de obtención de pruebas.* El exhorto europeo de obtención de pruebas se documentará en el certificado previsto en el anexo XIII, siendo el único documento que deberá enviarse a la autoridad de ejecución.

En el certificado se hará constar expresamente si el exhorto completa a otro anterior o si es consecutivo a una resolución de embargo preventivo de bienes o de aseguramiento de pruebas.

Asimismo, si por plazos procesales u otras circunstancias particularmente urgentes, se requiriera la ejecución del exhorto en un plazo más corto del previsto legalmente como máximo, se indicará así en el certificado.

Artículo 191. *Procedimiento para la transmisión del exhorto europeo de obtención de pruebas.* 1. El exhorto europeo de obtención de pruebas podrá acordarse de oficio o a instancia de parte.

Si durante el proceso penal fuese la parte la que instara la emisión, se le solicitará que justifique documentalmente o mediante otro tipo de indicio la existencia del objeto, documento o dato y que se encuentra en el territorio del Estado de ejecución.

2. Con carácter previo a la emisión, podrá recabarse de la autoridad competente del Estado de ejecución o de los organismos que puedan facilitarla, información suficiente sobre si efectivamente el objeto, documento o dato se encuentra en dicho Estado.

3. Si para la validez como fuente de prueba del objeto, documento o dato en España se requiriera alguna formalidad o procedimiento específico en su obtención, se hará constar así en el certificado extendido por la autoridad emisora. Sólo cabrá reseñar como formalidades o procedimientos específicos aquellos cuya vulneración afecte a las garantías esenciales del procedimiento por afectar a derechos fundamentales.

4. La autoridad española podrá también solicitar a la autoridad de ejecución que obtenga cualquier otro objeto, documento o dato que la autoridad de ejecución

considere relevante para el proceso español, siempre que su utilización en el mismo no requiera investigación complementaria alguna.

Artículo 192. *Transmisión del exhorto europeo de obtención de pruebas.* 1. El exhorto europeo de obtención de pruebas podrá transmitirse simultáneamente a todos aquellos Estados en los que existan indicios razonables de que en su territorio se encuentra el objeto, documento o dato cuya obtención se persiga.

2. Cuando la autoridad española competente participe en la ejecución del exhorto en el Estado miembro de ejecución podrá transmitir directamente a la autoridad de ejecución un exhorto que complete el anterior mientras se encuentre en dicho Estado.

Artículo 193. *Recursos en el Estado de ejecución.* Si la autoridad de ejecución interesara alegaciones por parte de la autoridad judicial emisora española en el curso de un recurso interpuesto frente a la resolución que se hubiera dictado en el Estado de ejecución, la autoridad española, tras oír a las partes personadas por plazo de cinco días, emitirá las mismas en el plazo de cinco días desde que el traslado le hubiera sido efectuado.

Artículo 194. *Utilización en España de los datos personales obtenidos en la ejecución del exhorto en otro Estado miembro.* 1. Los datos personales obtenidos de la ejecución de un exhorto sólo podrán ser empleados en los procesos en los que pudiera acordarse esa resolución, para otros relacionados de manera directa con aquél o excepcionalmente para prevenir una amenaza inmediata y grave para la seguridad pública.

Para utilizar con otros fines los datos personales obtenidos, la autoridad judicial española competente deberá recabar el consentimiento de la autoridad competente del Estado de ejecución o directamente de la persona interesada.

2. Cuando en un caso concreto así lo requiera la autoridad competente del Estado de ejecución, la autoridad judicial española competente le informará del uso que haga de los datos personales que se hubieran remitido a través del exhorto, con excepción de aquéllos obtenidos durante su ejecución en España.

CAPÍTULO III
EJECUCIÓN DE UN EXHORTO EUROPEO DE OBTENCIÓN DE PRUEBAS

Artículo 195. *Ejecución en España de un exhorto europeo de obtención de pruebas.* 1. El reconocimiento y la ejecución de un exhorto europeo de obtención de pruebas no estarán sujetos a la verificación de la doble tipificación, a menos que de conformidad con la legislación española sea necesario proceder a un registro o incautación para la obtención de aquellos objetos, documentos o datos que se consideren necesarios en el marco del proceso penal.

2. Cuando sea necesario proceder a un registro o incautación para ejecutar el exhorto no estarán sujetos al control de la doble tipificación los delitos que se enumeran en el apartado 1 del artículo 20, siempre que estén castigados en el Estado de emisión con penas privativas de libertad cuya duración máxima sea de al menos tres años.

3. Si el exhorto se pudiera ejecutar a través de varios medios, se elegirá el menos restrictivo de la libertad individual.

Artículo 196. *Procedimiento para el reconocimiento y la ejecución del exhorto europeo de obtención de pruebas.* 1. El Fiscal o el Juez de Instrucción que recibiera el exhorto europeo de obtención de pruebas, acordará, en el plazo de cinco días desde la recepción, la averiguación de la localización del objeto, documento o dato que pretenda recabarse con el mismo.

Asimismo, podrá dirigir comunicación a la autoridad judicial emisora para que amplíe cualquier circunstancia relevante para la correcta obtención, como detalles más específicos sobre la ubicación o sobre sus características.

2. El Fiscal o el Juez de Instrucción encargado de la tramitación del expediente del exhorto europeo de obtención de pruebas dictará decreto o auto, respectivamente, reconociendo si concurren todos los requisitos exigidos legalmente y si no aprecia la concurrencia de causa alguna de denegación. El decreto o auto deberá dictarse en el plazo máximo de diez días desde la recepción de la orden en España y contendrá las instrucciones necesarias a las Fuerzas y Cuerpos de Seguridad del Estado, a otros órganos administrativos o autoridades o a personas privadas para que recaben los objetos, documentos o datos.

3. En el curso de la ejecución del exhorto el Fiscal o el Juez de Instrucción podrá valorar la posibilidad de emprender nuevas medidas de investigación no solicitadas cuando considere que puede resultar oportuno.

Cuando el Estado de emisión participe en la ejecución en España, el Fiscal o el Juez de Instrucción recibirá el exhorto que le pueda transmitir directamente la autoridad de emisión mientras se encuentre en nuestro país y que complete el anterior.

4. En caso de que la autoridad de emisión no fuera un Fiscal, Juez o Tribunal y el exhorto no hubiera sido validado por ninguna de dichas autoridades del Estado de emisión, el Fiscal o el Juez de Instrucción competente llevará a cabo las medidas de registro e incautación necesarias, salvo que España presente en la Secretaría General del Consejo de la Unión Europea declaración en la que exija dicha validación a efectos de la ejecución del exhorto.

5. Si recibido el certificado, el Fiscal apreciara la concurrencia de alguna causa que podría motivar que se denegara el reconocimiento o ejecución del exhorto europeo de obtención de pruebas, o si para su ejecución fuera necesario que se adoptaran medidas limitativas de derechos fundamentales, en el plazo máximo de diez días desde la recepción en España procederá a remitir el certificado, junto con un informe motivado sobre la causa concurrente, al Juez de Instrucción competente del lugar donde estuviera ubicado el objeto, documento o dato, conforme a los criterios expuestos anteriormente en caso de que sean varios.

El Juez dictará auto motivado reconociendo o denegando la ejecución del exhorto en el plazo de cinco días.

La decisión de reconocer y ejecutar el exhorto europeo o de denegarlo deberá ser tomada cuanto antes, y a más tardar en el plazo de treinta días desde la recepción del exhorto en España.

Artículo 197. *Obtención y traslado de los objetos, documentos o datos obtenidos conforme al exhorto europeo de obtención de pruebas.* 1. La autoridad de ejecución competente tomará posesión de los objetos, documentos o datos solicitados en el exhorto en un plazo máximo de sesenta días a contar desde el día de la recepción del mismo, salvo que concurra alguno de los motivos previstos para su suspensión. Cuando la autoridad de emisión, por razones de urgencia, solicite la ejecución en un plazo inferior, la autoridad de ejecución procederá a su cumplimiento sin dilación.

Cuando ello no fuera posible, se informará a la autoridad competente del Estado de emisión de los motivos del retraso y del nuevo plazo previsto para la obtención de los bienes objeto del exhorto.

2. Salvo en los casos en que se haya interpuesto un recurso contra el reconocimiento y la ejecución del exhorto o en que exista algún motivo de aplazamiento justificado, se dará traslado con carácter inmediato de los objetos, documentos o datos obtenidos conforme al exhorto y se indicará si se solicita que éstos sean de-

vueltos a España tan pronto como deje de necesitarlos la autoridad competente del Estado de emisión.

Artículo 198. *Denegación del reconocimiento y la ejecución del exhorto europeo de obtención de pruebas.* 1. El Juez de Instrucción competente denegará el reconocimiento y la ejecución del exhorto, además de en los supuestos del apartado 1 del artículo 32, en los siguientes casos:

a) Cuando no sea posible ejecutarlo mediante ninguna de las medidas previstas en la legislación nacional.

b) Cuando tenga lugar el supuesto previsto en el apartado 4 del artículo 196 y el exhorto no hubiese sido validado por la autoridad judicial competente.

c) Cuando la ejecución pudiera lesionar intereses esenciales de seguridad nacional, comprometer a la fuente de información o implicar la utilización de información clasificada relacionada con determinadas actividades de inteligencia.

d) Cuando la resolución se refiera a hechos que se hayan cometido fuera del Estado emisor y el Derecho español no permita la persecución de dichas infracciones cuando se hayan cometido fuera de su territorio.

2. El Juez de Instrucción competente denegará el reconocimiento y ejecución del exhorto cuando, además de tratarse de una infracción distinta a las previstas en el apartado 1 del artículo 20, para su ejecución sea necesario proceder a un registro o incautación.

3. La resolución de denegación del reconocimiento y ejecución del exhorto será dictada por el Juez de Instrucción en el plazo de treinta días naturales desde su recepción. Cuando no fuera posible cumplir este plazo, el Juez de Instrucción informará a la autoridad competente del Estado de emisión de los motivos del retraso y del nuevo plazo previsto para su actuación.

4. Cuando el Juez de Instrucción se plantee la posibilidad de denegar el reconocimiento y la ejecución de un exhorto por tratarse de delitos que el Derecho español considera cometidos en su totalidad o en parte en territorio español, consultará a Eurojust antes de dictar una resolución y tomará en consideración en el caso concreto si una parte del delito tuvo lugar en el Estado de emisión, si esos hechos no constituyen delito de acuerdo con el Derecho español y si fuera necesario llevar a cabo una operación de registro e incautación para la ejecución del exhorto. En caso de desacuerdo con Eurojust, el Juez de Instrucción expresará las razones del mismo.

5. En caso de que concurra alguno de los motivos de denegación del reconocimiento y la ejecución previstos en la letras a) y c) del apartado 1 del artículo 32, antes de denegar parcial o totalmente el reconocimiento y la ejecución del exhorto el Juez de Instrucción consultará a la autoridad competente del Estado de emisión para que facilite sin demora la información complementaria necesaria y, en su caso, subsane el defecto en que se hubiera incurrido.

Artículo 199. *Información específica sobre el curso de la ejecución del exhorto.* El Fiscal o el Juez de Instrucción encargado de la ejecución informará inmediatamente a la autoridad de emisión en los casos siguientes:

a) Si considera, en el curso de la ejecución del exhorto y sin haber realizado otras averiguaciones, que podrían adoptarse medidas de investigación no previstas en el exhorto o que no podían conocerse cuando se emitió éste, a fin de que la autoridad de emisión acuerde lo que proceda.

b) Si el exhorto no se ha ejecutado de conformidad con el Derecho español, explicitando los motivos y en qué ha consistido la infracción.

c) Si no se puede ejecutar el exhorto de conformidad con las formalidades y procedimientos expresamente indicados por la autoridad de emisión.

d) Si el exhorto no se ha ejecutado debido a la desaparición o destrucción de los objetos, documentos o datos, a la imposibilidad de encontrarlos en el lugar indicado o a la falta de precisiones suficientes sobre su ubicación, a pesar de haber consultado a la autoridad de emisión.

Artículo 200. *Suspensión de la ejecución del exhorto.* 1. El Fiscal o el Juez de Instrucción suspenderá la ejecución de un exhorto europeo de obtención de pruebas cuando:

a) El certificado previsto en el anexo está incompleto o es manifiestamente incorrecto, hasta que se complete o se corrija.

b) En el supuesto previsto en el apartado 4 del artículo 196 el exhorto no ha sido validado, hasta que se produzca dicha validación.

c) Su ejecución pudiera perjudicar una investigación penal o actuaciones judiciales penales en curso, hasta el momento que se considere necesario.

d) Los objetos, documentos o datos de que se trate están siendo utilizados en otros procedimientos, hasta que ya no se requieran con este fin.

2. Una vez dejen de existir las causas que provocaron la suspensión, el Fiscal o el Juez de Instrucción adoptará las medidas necesarias para la ejecución del exhorto, informando sin dilación a la autoridad judicial del Estado de emisión.

DISPOSICIONES ADICIONALES

Disposición adicional primera. *Remisión y ejecución de órdenes europeas de detención y entrega provenientes o dirigidas a Gibraltar.* Las órdenes europeas de detención y entrega provenientes o dirigidas a la colonia británica de Gibraltar se regirán por lo dispuesto en el «Régimen acordado sobre autoridades de Gibraltar en el contexto de los instrumentos de la Unión Europea y de la Comunidad Europea y Tratados Conexos», contenido en el documento del Consejo 7998/00 JAI 45 MI 73, de 19 de abril de 2000.

Disposición adicional segunda. *Transmisión de medidas de embargo preventivo de bienes y de aseguramiento de pruebas y de sanciones pecuniarias con el Reino Unido y la República de Irlanda.* La transmisión de las resoluciones de embargo preventivo y de aseguramiento de pruebas y de sanciones pecuniarias con el Reino Unido y la República de Irlanda se efectuará con arreglo a lo dispuesto en esta Ley, a menos que estos Estados manifiesten mediante declaración depositada ante la Secretaría General del Consejo de la Unión Europea y notificada a la Comisión que optan por la transmisión de sus resoluciones y del certificado correspondiente por conducto de una autoridad central o de las autoridades especificadas en la declaración.

Disposición adicional tercera. *Información sobre las declaraciones efectuadas ante la Secretaría General del Consejo de la Unión Europea.* El Ministerio de Justicia, el Consejo General del Poder Judicial y la Fiscalía General del Estado se coordinarán para que a través de sus sitios web se puedan conocer las declaraciones que España y los demás Estados miembros hayan efectuado ante la Secretaría General del Consejo de la Unión Europea, renunciando a exigir su consentimiento para determinadas actuaciones relativas al reconocimiento y ejecución de los instrumentos de reconocimiento mutuo.

Disposición adicional cuarta. *Ejecución de resoluciones de decomiso dictadas por autoridades de terceros Estados no miembros de la Unión Europea.* Cuando, en ejecución de una resolución de decomiso dictada por la autoridad competente de un Estado no miembro de la Unión Europea, se acuerde por los jueces o tribunales españoles el decomiso de bienes, valores o efectos que se hallen en España, el reparto de los mismos se llevará a cabo del siguiente modo:

1.º Si el valor de los bienes, valores y efectos decomisados, descontados los gastos realizados para su localización, administración y conservación, fuera inferior a 10.000 euros, se adjudicarán íntegramente al Estado español, y se les dará el destino que se determine legal o reglamentariamente.

2.º En el resto de los casos, descontados los gastos realizados para su localización, administración y conservación, corresponderá al Estado de emisión el 50 por 100 del valor de los bienes, valores y efectos decomisados cuando la resolución de decomiso haya sido dictada por la autoridad competente de un Estado que haya garantizado reciprocidad a España.

El resto de los bienes, valores y efectos decomisados serán adjudicados al Estado español, que les dará el destino que se determine legal o reglamentariamente.

3.º Lo dispuesto en el apartado anterior será únicamente aplicable en defecto de acuerdo entre el Reino de España y el Estado requirente.

4.º Se dispondrá de los bienes, valores o efectos decomisados del siguiente modo:

a) Si se trata de dinero, se transferirá al Estado requirente la cantidad que corresponda.

b) Si se trata de bienes, valores o efectos de otra naturaleza, se transferirán al Estado requirente, en la parte que corresponda, salvo que la resolución de decomiso se hubiera referido a una cantidad de dinero y el Estado requirente no se muestre conforme; se procederá a su venta conforme al procedimiento que se determine reglamentariamente, y se transferirá el efectivo obtenido, una vez descontados los gastos de ejecución, al Estado requirente, en la parte que corresponda. Cuando ninguno de los dos procedimientos anteriores pueda ser aplicado, se procederá conforme a cualquier otro procedimiento autorizado legal o reglamentariamente.

5.º Cuando de la ejecución de la resolución de decomiso resulten afectados bienes integrantes del patrimonio histórico español, en ningún caso se procederá a su enajenación o restitución al Estado de emisión. En tal supuesto, el decomiso será inmediatamente comunicado a las autoridades españolas competentes y serán de aplicación las disposiciones de la Ley 16/1985, de 25 de junio, del Patrimonio Histórico Español y su normativa de desarrollo.

Disposición adicional cuarta introducida por la disposición final cuarta de la L.O. 1/2015, de 30 de marzo, por la que se modifica la L.O. 10/1995, de 23 de noviembre, del Código Penal («B.O.E.» 31 marzo).
Vigencia: 1 julio 2015

DISPOSICIONES TRANSITORIAS

Disposición transitoria primera. *Régimen transitorio.* 1. Esta Ley será aplicable a las resoluciones que se transmitan por las autoridades competentes españolas o que se reciban por esas autoridades con posterioridad a su entrada en vigor, con independencia de que hubieran sido dictadas con anterioridad o de que se refieran a hechos anteriores a la misma.

2. Las resoluciones cuya solicitud de reconocimiento y ejecución hubiera sido transmitida por las autoridades judiciales españolas o que se hubieran recibido por esas autoridades en el momento de la entrada en vigor de esta Ley, seguirán tramitándose hasta su conclusión conforme a las normas vigentes en aquel momento.

3. A los solos efectos de lo dispuesto en el artículo 83.1 de la presente Ley, cuando se trate de solicitudes de reconocimiento y ejecución que hubieran podido ser presentadas a partir del 5 de diciembre de 2011 y antes de la entrada en vigor de la presente Ley, será aplicable la legislación vigente al tiempo de la solicitud de ser más favorable para el condenado.

Disposición transitoria segunda. *Remisión y ejecución de resoluciones condenatorias en Polonia.* Lo dispuesto en la letra a) del apartado 2 del artículo 67 no será aplicable a Polonia, tanto si éste es Estado de emisión como si es Estado de ejecución, en aquellos casos en que la resolución condenatoria haya sido dictada antes de un período de cinco años a partir del 5 de diciembre de 2011, salvo que renuncie a recurrir a esta excepción mediante notificación a la Secretaría General del Consejo de la Unión Europea.

Disposición transitoria tercera. *Equivalencia de la descripción del Sistema de Información Schengen.* Con carácter provisional, hasta el momento en que el Sistema de Información Schengen tenga capacidad para transmitir toda la información que figura en el artículo 36, la descripción equivaldrá a una orden europea de detención y entrega hasta que la autoridad judicial de ejecución reciba el original en buena y debida forma.

DISPOSICIÓN DEROGATORIA ÚNICA

Derogación normativa.

Quedan derogadas la Ley 3/2003, de 14 de marzo, sobre la orden europea de detención y entrega; la Ley 18/2006, de 5 de junio, para la eficacia en la Unión Europea de las resoluciones de embargo y aseguramiento de pruebas en procedimientos penales; la Ley 1/2008, de 4 de diciembre, para la ejecución en la Unión Europea de resoluciones que impongan sanciones pecuniarias y la Ley 4/2010, de 10 de marzo, para la ejecución en la Unión Europea de resoluciones judiciales de decomiso.

DISPOSICIONES FINALES

Disposición final primera. *Actualización de anexos.* Se autoriza al Consejo de Ministros, a iniciativa del Ministro de Justicia, a actualizar los modelos de certificados recogidos en los anexos de esta Ley cuando hayan sido modificados por normas de la Unión Europea.

Disposición final segunda. *Título competencial.* Esta Ley se dicta al amparo de lo dispuesto en el artículo 149.1.6.ª de la Constitución, que atribuye al Estado la competencia en materia de legislación procesal.

Disposición final tercera. *Incorporación de derecho de la Unión Europea.* Mediante esta ley se incorporan al Derecho español:

a) La Decisión Marco 2002/584/JAI, de 13 de junio de 2002, relativa a la orden de detención europea y a los procedimientos de entrega entre Estados.

b) La Decisión Marco 2003/577/JAI, de 22 de julio de 2003, relativa a la ejecución en la Unión Europea de las resoluciones de embargo preventivo de bienes y aseguramiento de pruebas.

c) La Decisión Marco 2005/214/JAI, de 24 de febrero de 2005, relativa a la aplicación del principio de reconocimiento mutuo de sanciones pecuniarias.

d) La Decisión Marco 2006/783/JAI, de 6 de octubre de 2006, relativa a la aplicación del principio de reconocimiento mutuo de resoluciones de decomiso.

e) La Decisión Marco 2008/909/JAI, de 27 de noviembre de 2008, relativa a la aplicación del principio de reconocimiento mutuo de sentencias en materia penal por las que se imponen penas u otras medidas privativas de libertad a efectos de su ejecución en la Unión Europea.

f) La Decisión Marco 2008/947/JAI, de 27 de noviembre de 2008, relativa a la aplicación del principio de reconocimiento mutuo de sentencias y resoluciones de libertad vigilada con miras a la vigilancia de las medidas de libertad vigilada y las penas sustitutivas.

g) La Decisión Marco 2008/978/JAI, de 18 de diciembre de 2008, relativa al exhorto europeo de obtención de pruebas para recabar objetos, documentos y datos destinados a procedimientos en materia penal.

h) La Decisión Marco 2009/299/JAI, de 26 de febrero de 2009, por la que se modifican las Decisiones Marco 2002/584/JAI, 2005/214/JAI, 2006/783/JAI, 2008/909/JAI y 2008/947/JAI, destinada a reforzar los derechos procesales de las personas y a propiciar la aplicación del principio de reconocimiento mutuo de las resoluciones dictadas a raíz de juicios celebrados sin comparecencia del imputado.

i) La Decisión Marco 2009/829/JAI, de 23 de octubre de 2009, relativa a la aplicación, entre Estados miembros de la Unión Europea, del principio de reconocimiento mutuo a las resoluciones sobre medidas de vigilancia como sustitución de la prisión provisional.

j) Y la Directiva 2011/99/UE, de 13 de diciembre de 2011, del Parlamento Europeo y del Consejo, sobre la orden europea de protección.

Disposición final cuarta. *Entrada en vigor.* La presente Ley entrará en vigor a los veinte días de su publicación en el «Boletín Oficial del Estado».

Por tanto,

Mando a todos los españoles, particulares y autoridades, que guarden y hagan guardar esta ley.

ANEXO I
ORDEN EUROPEA DE DETENCIÓN Y ENTREGA (1)

La presente orden ha sido dictada por una autoridad judicial competente. Solicito la detención y entrega a las autoridades judiciales de la persona mencionada a continuación, a efectos de enjuiciamiento penal o de ejecución de una pena o de una medida de seguridad privativas de libertad.

(1) La presente orden deberá redactarse o traducirse en una de las lenguas oficiales del Estado miembro de ejecución, si se conoce dicho Estado, o en cualquier otra lengua aceptada por éste.

a) Información relativa a la identidad de la persona buscada:
Apellido(s): ....
Nombre(s): ....
Apellido(s) de soltera (en su caso): ....
Alias (en su caso): ....
Sexo: ....
Nacionalidad: ....
Fecha de nacimiento: ....
Lugar de nacimiento: ....
Residencia y/o domicilio conocido: ....
En caso de conocerse: idioma(s) que entiende la persona buscada: ....
....
Rasgos físicos particulares/descripción de la persona buscada: ....
....
Fotografía e impresiones dactilares de la persona buscada, si están disponibles y pueden transmitirse, o señas de la persona a la que dirigirse a fin de obtenerlas o de obtener una caracterización del ADN (si no se ha incluido tal información y se dispone de ella para su transmisión).

b) Decisión sobre la que se basa la orden de detención

1. Orden de detención o resolución judicial ejecutiva de igual fuerza: ....
....
Tipo: ....

2. Sentencia ejecutiva: ....
....
Referencia: ....

c) Indicaciones sobre la duración de la pena:

1. Duración máxima de la pena o medida de seguridad privativas de libertad que puede dictarse por la infracción o las infracciones:
....
....

2. Duración de la pena o medida de seguridad privativas de libertad impuesta:
....
....

Pena que resta por cumplir: ....
....
....

d) Indique si el imputado compareció en el juicio del que deriva la resolución:

1. ☐ Sí, el imputado compareció en el juicio del que deriva la resolución.
2. ☐ No, el imputado no compareció en el juicio del que deriva la resolución.
3. Si ha marcado la casilla del punto 2, sírvase confirmar la existencia de uno de los siguientes hechos:

☐ 3.1a. el imputado fue citado en persona el ... (día/mes/año) e informado así del lugar y la fecha previstos para el juicio del que deriva la resolución, y se le informó de que podría dictarse una resolución en caso de incomparecencia en el juicio;

O bien

☐ 3.1b. el imputado no fue citado en persona, pero recibió efectivamente por otros medios, de tal forma que ha podido establecerse sin lugar a dudas que tenía conocimiento de la celebración prevista del juicio, información oficial de la fecha y lugar previstos para el mismo, y se le informó de que podría dictarse una resolución en caso de incomparecencia en el juicio;

O bien

☐ 3.2. teniendo conocimiento de la celebración prevista del juicio, el imputado dio mandato a un letrado, bien designado por él mismo o por el Estado, para que le defendiera en el juicio, y fue efectivamente defendido por dicho letrado en el juicio;

O bien

☐ 3.3. al imputado le fue notificada la resolución el ... (día/mes/año) y se le informó expresamente de su derecho a un nuevo juicio o a interponer recurso, en el que tendría derecho a comparecer y se volverían a examinar los argumentos presentados e incluso posibles nuevos elementos probatorios, y de que el juicio podría dar lugar a una resolución contraria a la inicial, y

☐ el imputado declaró expresamente que no impugnaba la resolución;

O

☐ no solicitó un nuevo juicio ni interpuso un recurso dentro del plazo establecido;

O bien

☐ 3.4. al imputado no le fue notificada personalmente la resolución, pero:

— se le notificará la resolución sin demora tras la entrega, y
— cuando se le notifique, el imputado será informado expresamente de su derecho a un nuevo juicio o a interponer un recurso en el que tendría derecho a comparecer y volverían a examinarse los argumentos presentados e incluso posibles nuevos elementos probatorios, y de que el juicio podría dar lugar a una resolución contraria a la inicial, y
— se le informará del plazo en el que tiene que solicitar el nuevo juicio o interponer el recurso, que será de ... días.

4. Si ha marcado la casilla, de los puntos 3.1b, 3.2 o 3.3, se ruega proporcionar información sobre cómo se cumplió la condición pertinente:
....
....
....

e) Infracción(es):

La presente orden se refiere a un total de: .... infracción/infracciones.
Descripción de las circunstancias en que se cometió/cometieron la infracción o infracciones, incluido el momento (fecha y hora), lugar y grado de participación en la(s) misma(s) de la persona buscada:
....
....

Naturaleza y tipificación legal de la infracción o infracciones y disposición legal o código aplicable:
....
....
....

I. Márquense las casillas correspondientes si se trata de una o varias de las infracciones siguientes castigadas en el Estado miembro emisor con una pena o una medida de seguridad privativas de libertad de un máximo de al menos tres años, según están definidas en el Derecho del Estado miembro emisor:

☐ pertenencia a organización delictiva,
☐ terrorismo,
☐ trata de seres humanos,
☐ explotación sexual de los niños y pornografía infantil,
☐ tráfico ilícito de estupefacientes y sustancias psicotrópicas,
☐ tráfico ilícito de armas, municiones y explosivos,
☐ corrupción,
☐ fraude, incluido el que afecte a los intereses financieros de las Comunidades Europeas con arreglo al Convenio de 26 de julio de 1995 relativo a la protección de los intereses financieros de las Comunidades Europeas,
☐ blanqueo de los productos del delito,
☐ falsificación de moneda, incluida la falsificación del euro,
☐ delitos de alta tecnología, en particular el delito informático,
☐ delitos contra el medio ambiente, incluido el tráfico ilícito de especies animales protegidas y de especies y variedades vegetales protegidas,
☐ ayuda a la entrada y residencia en situación ilegal,
☐ homicidio voluntario y agresión con lesiones graves,
☐ tráfico ilícito de órganos y tejidos humanos,
☐ secuestro, detención ilegal y toma de rehenes,
☐ racismo y xenofobia,
☐ robos organizados o a mano armada,
☐ tráfico ilícito de bienes culturales, incluidas las antigüedades y las obras de arte,
☐ estafa,
☐ chantaje y extorsión de fondos,
☐ violación de derechos de propiedad industrial y falsificación de mercancías,
☐ falsificación de documentos administrativos y tráfico de documentos falsos,
☐ falsificación de medios de pago,
☐ tráfico ilícito de sustancias hormonales y otros factores de crecimiento,
☐ tráfico ilícito de materiales radiactivos o sustancias nucleares,
☐ tráfico de vehículos robados,

☐ violación,
☐ incendio voluntario,
☐ delitos incluidos en la jurisdicción de la Corte Penal Internacional,
☐ secuestro de aeronaves y buques,
☐ sabotaje.

II. Descripción detallada de la infracción o infracciones distinta(s) de las enumeradas en el punto I:
....
....

f) Otras circunstancias relacionadas con el caso (información facultativa):

(N.B.: *Pueden incluirse observaciones sobre extraterritorialidad, suspensión de plazos de prescripción de limitación temporal y otras consecuencias de la infracción)*

....
....

g) La presente Orden se refiere igualmente a la intervención y entrega de los objetos que pueden servir de prueba.

La presente Orden se refiere igualmente a la intervención y entrega de objetos en poder de la persona buscada de resultas de la infracción:

Descripción y localización de los objetos (en caso de conocerse):
....
....
....

h) La infracción o infracciones por la(s) que se ha emitido la presente orden es/son punible(s)/ha(n) dado lugar a una pena o medida de seguridad privativas de libertad de carácter perpetuo.

— El ordenamiento jurídico del Estado miembro emisor dispone revisar la pena impuesta, previa petición o cuando hayan transcurrido al menos 20 años, a efectos de no ejecución de la pena o medida.

— El ordenamiento jurídico del Estado miembro emisor dispone aplicar las medidas de clemencia a que tiene derecho la persona en cuestión, con arreglo al Derecho o práctica del Estado miembro emisor, a efectos de no ejecución de la pena o medida.

i) Autoridad judicial emisora de la presente Orden:
Denominación oficial: ....
....
Nombre de su representante ([1]): ....
....
Función (cargo/grado): ....
....
Referencia del expediente: ....
Dirección: ....
....
N.º de tel.: (prefijo del país) (prefijo de ciudad) (...) ....
N.º de fax: (prefijo del país) (prefijo de ciudad) (...) ....
Correo electrónico: ....
Señas de la persona de contacto para los aspectos prácticos de la entrega: ....
....

([1]) Se incluirá, en las diferentes versiones lingüísticas, una referencia al «–titular–» de la autoridad judicial.

En caso de designarse una autoridad central para la transmisión y recepción administrativas de las órdenes de detención europeas:

Nombre de la autoridad central: ....

....

Persona de contacto, en su caso (cargo/grado y nombre): ....

....

Dirección: ....

....

N.º de tel.: (prefijo del país) (prefijo de ciudad) (...) ....

N.º de fax: (prefijo del país) (prefijo de ciudad) (...) ....

Correo electrónico: ....

Firma de la autoridad judicial emisora, de su representante o de ambos: ....

....

Nombre: ....

Apellidos: ....

Función (cargo y grado): ....

Fecha: ....

Sello oficial (si lo hay)

ANEXO II
CERTIFICADO PARA LA EJECUCIÓN DE RESOLUCIONES POR LAS QUE SE IMPONEN PENAS U OTRAS MEDIDAS PRIVATIVAS DE LIBERTAD EN OTRO ESTADO MIEMBRO DE LA UNIÓN EUROPEA

a que se refiere el artículo 5 de la Decisión Marco 2008/909/JAI del Consejo, de 27 de noviembre de 2008, relativa a la aplicación del principio de reconocimiento mutuo de sentencias en materia penal por las que se imponen penas u otras medidas privativas de libertad a efectos de su ejecución en la Unión Europea [1]

a) * Estado de emisión: ...

* Estado de ejecución: ...

b) Órgano jurisdiccional que ha dictado la sentencia firme que impone la condena:

Nombre oficial: ...

Fecha en que se dictó la sentencia: (dd-mm-aaaa): ...

Fecha en que la sentencia fue firme: (dd-mm-aaaa): ...

Número de referencia de la sentencia (si lo tiene): ...

c) Información sobre la autoridad con la que se debe entrar en contacto para cualquier cuestión relacionada con el certificado:

1. Tipo de autoridad: Se ruega marcar la casilla correspondiente:

   ☐ Autoridad central ...
   ☐ Órgano jurisdiccional ...
   ☐ Otro tipo de autoridad ...

2. Información de contacto de la autoridad indicada en el punto c) 1:

   Nombre oficial: ...
   ...
   Dirección: ...
   ...
   Teléfono: (prefijo de país) (prefijo de ciudad o zona): ...
   N.° de fax (prefijo de país) (prefijo de ciudad o zona): ...
   Dirección de correo electrónico (si lo tiene): ...

3. Lenguas en que es posible comunicar con la autoridad:

4. Datos de la persona o personas a las que hay que dirigirse para obtener información complementaria para la ejecución de la sentencia o para convenir las modalidades de traslado (nombre, cargo y grado, n.° de teléfono, n.° de fax, dirección de correo electrónico), en caso de diferir de los indicados en el punto 2: ...
   ...
   ...

[1] Este certificado debe redactarse en una de las lenguas oficiales del Estado de ejecución, o en cualquier otra lengua aceptada por dicho Estado, o traducirse a ella.

d) Información relativa a la persona a la que se impuso la condena:

Nombres: ....

Apellidos: ....

Apellidos de soltera (en su caso): ....

Alias (en su caso): ....

Sexo: ....

Nacionalidad: ....

Número de identidad o número de seguridad social (si lo tiene): ....

Fecha de nacimiento: ....

Lugar de nacimiento: ....

Últimas direcciones o residencias conocidas: ....

Idiomas que entiende (si se conocen): ....

....

El condenado se encuentra:

☐ en el Estado de emisión y deberá ser trasladado al Estado de ejecución.

☐ en el Estado de ejecución y la ejecución de la condena deberá tener lugar en dicho Estado.

Información complementaria que deberá aportarse, si se dispone de ella y es procedente:

1. Fotografía e impresiones dactilares de la persona, y/o datos de contacto de la persona con la que debe entrarse en contacto para obtener esta información:

   ....

2. Tipo y número de referencia del documento de identidad o pasaporte de la persona condenada:

   ....

3. Tipo y número del permiso de residencia de la persona condenada:

   ....

4. Otras informaciones pertinentes sobre los vínculos familiares, sociales o profesionales de la persona condenada con el Estado de ejecución:

   ....

   ....

e) Solicitud de detención preventiva formulada por el Estado de emisión (en caso de que el condenado se encuentre en el Estado de ejecución):

☐ El Estado de emisión solicita al Estado de ejecución que detenga a la persona condenada o que adopte cualquier otro tipo de medida destinada a garantizar su permanencia en su territorio hasta que se resuelva sobre el reconocimiento de la sentencia y la ejecución de la condena.

☐ El Estado de emisión ha solicitado ya al Estado de ejecución que detenga a la persona condenada o que adopte cualquier otro tipo de medida destinada a garantizar su permanencia en su territorio hasta que se resuelva sobre el reconocimiento de la sentencia y la ejecución de la condena. Se ruega indicar el nombre de la autoridad del Estado de ejecución que haya resuelto sobre la solicitud de detención de la persona condenada (si procede y se conoce):

....

....

f) Relación a posibles órdenes de detención europeas (ODE) anteriores:

☐ Se ha dictado una ODE a efectos de la ejecución de una condena privativa de libertad o de una orden de detención y el Estado miembro de ejecución se compromete a ejecutar la condena u orden de detención (artículo 4, apartado 6, de la Decisión Marco ODE).

Fecha de emisión de la ODE y número de referencia, si se conoce:

....

Nombre de la autoridad que emitió la ODE: ....

Fecha de la decisión de ejecución y número de referencia, si se conoce:

....

Nombre de la autoridad que dictó la decisión de asumir la ejecución de la condena:

....

☐ Se ha dictado una ODE a efectos de entablar una acción penal contra una persona que es nacional o residente del Estado de ejecución y el Estado de ejecución ha entregado a la persona con la condición de que esta sea devuelta al Estado de ejecución para cumplir en este la pena o la medida de seguridad privativas de libertad pronunciadas contra ella en el ... Estado miembro de emisión (artículo 5, apartado 3, de la Decisión Marco ODE).

Fecha de la decisión de entrega de la persona: ....

Nombre de la autoridad que dictó la decisión de entrega: ....

Número de referencia de la resolución (si lo tiene): ....

Fecha de entrega de la persona, si se conoce: ....

g) Motivos de la transmisión de la sentencia y del certificado (en caso de que se haya cumplimentado el recuadro f) no será necesario cumplimentar el presente recuadro)

La sentencia y el certificado se transmiten al Estado de ejecución porque la autoridad emisora tiene el convencimiento de que la ejecución de la condena en el Estado de ejecución cumplirá el objetivo de facilitar la reinserción social del condenado y:

☐ a) El Estado de ejecución es el Estado de nacionalidad del condenado en el que este vive.

☐ b) El Estado de ejecución es el Estado de nacionalidad del condenado, al que será expulsado una vez liberado del cumplimiento de la condena en virtud de una orden de expulsión o traslado contenida en la sentencia o en una decisión judicial o administrativa o cualquier otra medida derivada de la sentencia. En caso de que la sentencia no contenga la orden de expulsión o traslado, se ruega facilitar el nombre de la autoridad que emitió dicha orden, la fecha de emisión y el número de referencia (si lo tiene): ....

☐ c) El Estado de ejecución es un Estado, distinto de los mencionados en las letras a) y b), cuya autoridad competente consiente en que se le transmita la sentencia y el certificado.

☐ d) El Estado de ejecución ha presentado una notificación con arreglo al artículo 4, apartado 7, de la Decisión Marco, y:

☐ se confirma que, según consta a la autoridad competente del Estado de emisión, el condenado vive y ha estado residiendo legalmente de forma continuada al menos durante cinco años en el Estado de ejecución y va a mantener un derecho de residencia permanente en dicho Estado, o

☐ se confirma que el condenado posee la nacionalidad del Estado de ejecución.

h) Sentencia condenatoria:

1. La sentencia se refiere a un total de .... infracciones.

Resumen de los hechos y descripción de las circunstancias, incluidos lugar y tiempo, en que se cometieron la infracción o infracciones; tipo de participación de la persona condenada:

....

Naturaleza y tipificación legal de la infracción o infracciones y disposición legal o código aplicable en que se basa la sentencia dictada:

....

2. Si la infracción o infracciones señaladas en el punto h) 1 se corresponden con una o más de las siguientes infracciones, definidas con arreglo a la legislación del Estado de emisión, que las castiga con una pena o medida privativa de libertad de un máximo de al menos tres años, márquense la casilla o casillas correspondientes:

☐ pertenencia a organización delictiva
☐ terrorismo
☐ trata de seres humanos
☐ explotación sexual de los niños y pornografía infantil
☐ tráfico ilícito de estupefacientes y sustancias psicotrópicas
☐ tráfico ilícito de armas, municiones y explosivos
☐ corrupción
☐ fraude, incluido el que afecte a los intereses financieros de las Comunidades Europeas con arreglo al Convenio de 26 de julio de 1995 relativo a la protección de los intereses financieros de las Comunidades Europeas
☐ blanqueo del producto del delito
☐ falsificación de moneda, incluida la falsificación del euro
☐ delito informático
☐ delitos contra el medio ambiente, incluido el tráfico ilícito de especies animales protegidas y de especies y variedades vegetales protegidas
☐ ayuda a la entrada y residencia en situación ilegal
☐ homicidio voluntario y agresión con lesiones graves
☐ tráfico ilícito de órganos y tejidos humanos
☐ secuestro, detención ilegal y toma de rehenes
☐ racismo y xenofobia
☐ robo organizado o a mano armada
☐ tráfico ilícito de bienes culturales, incluidas las antigüedades y las obras de arte
☐ estafa
☐ chantaje y extorsión de fondos
☐ violación de derechos de propiedad intelectual o industrial y falsificación de mercancías
☐ falsificación de documentos administrativos y tráfico de documentos falsos
☐ falsificación de medios de pago
☐ tráfico ilícito de sustancias hormonales y otros factores de crecimiento
☐ tráfico ilícito de materiales nucleares o radiactivos
☐ tráfico de vehículos robados
☐ violación
☐ incendio voluntario
☐ delitos incluidos en la jurisdicción de la Corte Penal Internacional
☐ secuestro de aeronaves y buques
☐ sabotaje

3. En caso de que la infracción o infracciones señaladas en el punto 1 no estén contempladas en el punto 2, o en caso de que se transmita la sentencia y el certificado al Estado miembro que haya declarado que comprobará la doble tipificación (artículo 7, apartado 4, de la Decisión Marco), descríbanse con precisión la infracción o infracciones:

....

i) Información sobre la sentencia condenatoria:

1. Indicar si la sentencia ha sido dictada en rebeldía:

☐ No.
☐ Sí. Se confirma:
☐ que se ha informado al condenado o a través de un representante competente con arreglo a la legislación nacional del Estado de emisión de la hora y lugar del procedimiento del que ha resultado la resolución en rebeldía, o
☐ que el interesado ha indicado que no impugna la resolución.

2. Datos sobre la duración de la condena:

2.1. Duración total de la condena (en número de días): ....
2.2. Período total de privación de libertad ya cumplido en conexión con la condena a la que se refiera la sentencia (número de días):
.... a fecha de [...] (menciónese la fecha en que se ha efectuado el cálculo dd-mm-aaaa): ....
2.3. Número de días que habrán de deducirse de la duración total de la condena por motivos distintos del mencionado en el punto 2.2 (por ejemplo, amnistías, indultos, medidas de clemencia, etc. ya pronunciadas en relación con la condena): ...., a fecha de (menciónese la fecha en que se ha efectuado el cálculo dd-mm-aaaa): ....
2.4. Fecha de expiración de la condena en el Estado de emisión:

☐ No procede, porque la persona no se encuentra actualmente en prisión
☐ La persona se encuentra actualmente en prisión y la condena, con arreglo a la legislación del Estado de emisión, se cumpliría en su totalidad el (indicar la fecha: dd-mm-aaaa)[1]: ....

3. Tipo de condena:

☐ pena privativa de libertad
☐ medida de seguridad privativa de libertad (precísese):
....

j) Información relacionada con la libertad anticipada o condicional:

1. Con arreglo a la legislación del Estado de emisión, la persona condenada tiene derecho a la libertad anticipada o condicional, una vez cumplida:

☐ la mitad de la condena
☐ dos tercios de la condena
☐ otra parte de la condena (especifíquese):

2. La autoridad competente del Estado de emisión solicita que se le informe de:

☐ las disposiciones aplicables de la legislación del Estado de ejecución sobre la libertad anticipada o condicional del condenado;
☐ el inicio y el final del período de libertad anticipada o condicional.

[1] Indíquese la fecha en la que la sentencia se habría cumplido en su totalidad (sin tener en cuenta las posibilidades de cualquier forma de libertad anticipada o condicional) si la persona permaneciera en el Estado de emisión.

k) Opinión de la persona condenada:

1. Indique si el imputado compareció en el juicio del que deriva la resolución:

   1. ☐ Sí, el imputado compareció en el juicio del que deriva la resolución.
   2. ☐ No, el imputado no compareció en el juicio del que deriva la resolución.
   3. Si ha marcado la casilla del punto 2, sírvase confirmar la existencia de uno de los siguientes hechos:

      ☐ 3.1a. el imputado fue citado en persona el ... (día/mes/año) e informado así del lugar y la fecha previstos para el juicio del que deriva la resolución, y se le informó de que podría dictarse una resolución en caso de incomparecencia en el juicio;

      O bien

      ☐ 3.1b. el imputado no fue citado en persona, pero recibió efectivamente por otros medios, de tal forma que ha podido establecerse sin lugar a dudas que tenía conocimiento de la celebración prevista del juicio, información oficial de la fecha y lugar previstos para el juicio, y se le informó de que podría dictarse una resolución en caso de incomparecencia en el juicio;

      O bien

      ☐ 3.2. teniendo conocimiento de la celebración prevista del juicio, el imputado dio mandato a un letrado, bien designado por él mismo o por el Estado, para que le defendiera en el juicio, y fue efectivamente defendido por dicho letrado en el juicio;

      O bien

      ☐ 3.3. al imputado le fue notificada la resolución el ... (día/mes/año) y se le informó expresamente de su derecho a un nuevo juicio o a interponer recurso, en el que tendría derecho a comparecer y se volverían a examinar los argumentos presentados e incluso posibles nuevos elementos probatorios, y de que el juicio podría dar lugar a una resolución contraria a la inicial, y

      ☐ el imputado declaró expresamente que no impugnaba esta resolución;

      O

      ☐ no solicitó un nuevo juicio ni interpuso un recurso dentro del plazo establecido;

   4. Si ha marcado la casilla de los puntos 3.1b, 3.2 o 3.3, se ruega proporcionar información sobre cómo se cumplió la condición pertinente:

      ....

      ....

2. La persona se encuentra en el Estado de emisión y:

   a) ☐ ha solicitado la transmisión de la sentencia y del certificado
   ☐ ha dado su consentimiento a la transmisión de la sentencia y del certificado
   ☐ no ha dado su consentimiento a la transmisión de la sentencia y del certificado .... (indíquense los motivos aducidos por el condenado):

   ....

   ....

   b) ☐ Se adjunta la opinión del condenado.
   ☐ La opinión del condenado ha sido ya transmitida al Estado de ejecución con fecha de (dd-mm-aaaa):

   ....

l) Otras circunstancias relacionadas con el asunto (información facultativa):

....

....

m) Información final:

El texto de la sentencia (o de las sentencias) se adjunta al certificado[1].

Firma de la autoridad emisora del certificado y/o de su representante por la que se certifica que su contenido es exacto

....

Apellidos y nombre: ....

Función (cargo y grado): ....

Fecha: ....

Sello oficial (si lo hubiera): ....

[1] La autoridad emisora deberá adjuntar todas las sentencias relativas al asunto que resulten necesarias para disponer de toda la información sobre la condena firme que debe ejecutarse. Puede asimismo adjuntarse cualquier traducción disponible de la(s) sentencia(s).

ANEXO III
CERTIFICADO DE NOTIFICACIÓN AL CONDENADO DE LA TRANSMISIÓN A OTRO ESTADO MIEMBRO DE LA UNIÓN EUROPEA DE LA RESOLUCIÓN POR LA QUE SE LE IMPONEN PENAS U OTRAS MEDIDAS PRIVATIVAS DE LIBERTADS

Se le notifica por la presente la resolución de .... (autoridad competente del Estado de emisión) de transmitir la sentencia de .... (autoridad competente del Estado de emisión) de fecha .... (fecha de la sentencia), ... (número de referencia, si lo hubiera) a .... (Estado de ejecución) a efectos de su reconocimiento y de la ejecución de la correspondiente condena con arreglo a la legislación nacional de aplicación de la Decisión Marco 2008/909/JAI del Consejo, de 27 de noviembre de 2008, relativa a la aplicación del principio de reconocimiento mutuo de sentencias en materia penal por las que se imponen penas u otras medidas privativas de libertad a efectos de su ejecución en la Unión Europea.

La ejecución de la condena se regirá por el Derecho de .... (Estado de ejecución). Las autoridades del Estado de ejecución serán competentes para determinar el procedimiento de ejecución y todas las medidas conexas, incluidos los motivos de concesión de libertad anticipada o condicional.

La autoridad competente de .... (Estado de ejecución) debe deducir del período total de privación de libertad que haya de cumplirse, todo el período de privación de libertad ya cumplido en conexión con la condena. La autoridad competente de .... (Estado de ejecución) podrá adaptar la condena únicamente cuando sea incompatible con el Derecho de dicho Estado en cuanto a su duración o a su naturaleza. La condena adaptada no deberá agravar por su naturaleza o por su duración la condena impuesta en .... (Estado de emisión).

ANEXO IV
CERTIFICADO PARA LA EJECUCIÓN DE SENTENCIAS Y RESOLUCIONES DE LIBERTAD VIGILADA EN OTRO ESTADO MIEMBRO DE LA UNIÓN EUROPEA

Contemplado en el artículo 6 de la Decisión Marco 2008/947/JAI del Consejo, de 27 de noviembre de 2008, relativa a la aplicación de principio de reconocimiento mutuo de sentencias y resoluciones de libertad vigilada con miras a la vigilancia de las medidas de libertad vigilada y las penas sustitutivas[1]

a) Estado de emisión:
Estado de ejecución:

b) Órgano judicial que dictó la sentencia que impone una pena suspendida, una condena condicional o una pena sustitutiva

Denominación oficial:

Indique la persona a la que hay que dirigirse para obtener la información complementaria sobre la sentencia:

- ☐ el órgano judicial antes mencionado
- ☐ la autoridad central; si marca esta casilla facilite la denominación oficial de dicha autoridad central:
- ☐ otra autoridad competente; si marca esta casilla facilite la denominación oficial de dicha autoridad si esta información no ha sido aún facilitada en virtud de la letra b).

Datos de contacto del órgano judicial, la autoridad central u otra autoridad competente
Dirección:
N.º de teléfono (prefijo de país) (prefijo de ciudad):
N.º de fax (prefijo de país) (prefijo de ciudad):
Datos de la persona a la que hay que dirigirse
Apellidos:
Nombre:
Puesto (título o grado):
N.º de teléfono (prefijo de país) (prefijo de ciudad):
N.º de fax (prefijo de país) (prefijo de ciudad):
Dirección de correo electrónico (si lo tiene):
Lenguas en las que se puede comunicar:

[1] El certificado se redactará o traducirá a la lengua oficial o a una de las lenguas oficiales del Estado de ejecución o a una o varias de las demás lenguas oficiales de las instituciones de la Unión Europea aceptadas por dicho Estado.

c) Autoridad que dictó la decisión de libertad condicional (en su caso)

Denominación oficial:

Indique la persona a la que hay que dirigirse para obtener información complementaria sobre la decisión de libertad condicional:

- ☐ la autoridad antes mencionada
- ☐ la autoridad central; si marca esta casilla facilite la denominación oficial de dicha autoridad central cuando esta información no se haya facilitado ya en la letra b):
- ☐ otra autoridad competente, si marca esta casilla facilite la denominación oficial de dicha autoridad:

Datos de contacto de la autoridad, la autoridad central u otra autoridad competente, cuando esta información no se haya facilitado ya en la letra b)
Dirección:
N.º de teléfono (prefijo de país) (prefijo de ciudad):
N.º de fax (prefijo de país) (prefijo de ciudad):
Datos de la persona a la que hay que dirigirse
Apellidos:
Nombre:
Puesto (título o grado):
N.º de teléfono (prefijo de país) (prefijo de ciudad):
N.º de fax (prefijo de país) (prefijo de ciudad):
Dirección de correo electrónico (si lo tiene):
Lenguas en que se puede comunicar:

d) Autoridad competente para la vigilancia de las medidas de libertad condicional o penas sustitutivas
Autoridad competente en el Estado de emisión para la vigilancia de las medidas de libertad condicional o penas sustitutivas:

- ☐ el órgano judicial o la autoridad indicada en la letra b)
- ☐ la autoridad indicada en la letra c)
- ☐ la siguiente autoridad:

Indique la autoridad a la que hay que dirigirse para obtener información complementaria para la vigilancia de las medida de libertad condicional o penas sustitutivas:

- ☐ la autoridad antes mencionada
- ☐ la autoridad central; si marca esta casilla facilite la denominación oficial de dicha autoridad central cuando esta información no se haya facilitado ya en las letras b) o c):

Datos de contacto de la autoridad o la autoridad central, cuando esta información no se haya facilitado ya en las letras b) o c)
Dirección:
N.º de teléfono (prefijo de país) (prefijo de ciudad):
N.º de fax (prefijo de país) (prefijo de ciudad):
Datos de la persona a la que hay que dirigirse
Apellidos:
Nombre:
Puesto (título o grado):
N.º de teléfono (prefijo de país) (prefijo de ciudad):
N.º de fax (prefijo de país) (prefijo de ciudad):
Dirección de correo electrónico (si lo tiene):
Lenguas en que se puede comunicar:

e) Datos relativos a la persona física contra la que se dictó la sentencia y, si procede, la medida de libertad condicional

Apellidos:
Nombre:
Apellidos de soltera (en su caso):
Alias (en su caso):
Sexo:
Nacionalidad:
Número de identificación o número de seguridad social (si lo tiene):
Fecha de nacimiento:
Lugar de nacimiento:
Última dirección o residencia conocida (si la tiene) en el Estado de emisión:

— en el Estado de emisión:
— en el Estado de ejecución:
— en otro lugar:

Lenguas que entiende (si se conocen):

Si se dispone de ella, facilite la siguiente información:

— tipo y número del documento o documentos de identidad del condenado (documento de identidad, pasaporte):
— tipo y número del permiso de residencia del condenado en el Estado de ejecución:

f) Indicaciones relativas al Estado miembro al que se transmite la sentencia y, si procede, la decisión de libertad condicional, junto con el certificado

La sentencia y, si procede, la decisión de libertad condicional, junto con el certificado, se transmiten al Estado de ejecución indicado en la letra a) por el motivo siguiente:

☐ el condenado tiene su residencia legal habitual en el Estado de ejecución y ha regresado o desea regresar a dicho Estado
☐ el condenado se ha mudado o tiene intención de hacerlo al Estado de ejecución por los siguientes motivos (marque la casilla correspondiente):

  ☐ el condenado ha conseguido un contrato de trabajo en el Estado de ejecución;
  ☐ el condenado es familiar de un residente legal habitual en el Estado de ejecución;
  ☐ el condenado pretende estudiar o seguir una formación en el Estado de ejecución;
  ☐ otro motivo (especifíquese):

g) Datos de la sentencia y, si procede, de la decisión de libertad condicional

Fecha en que se dictó la sentencia (dd-mm-aaaa):
Si procede, fecha en que se dictó la decisión de libertad condicional (dd-mm-aaaa):
Fecha en que la sentencia adquirió fuerza de cosa juzgada (dd-mm-aaaa):
Si procede, fecha en que adquirió fuerza de cosa juzgada la decisión de libertad condicional (dd-mm-aaaa):
La ejecución de la sentencia se inició el (si difiere de la fecha en que adquirió fuerza de cosa juzgada) (dd-mm-aaaa):
Si procede, la ejecución de la decisión de libertad condicional se inició (si difiere de la fecha en que adquirió fuerza de cosa juzgada) (dd-mm-aaaa):
Número de referencia de la sentencia (si lo tiene):
Si procede, número de referencia de la decisión de libertad condicional (si se dispone):

1. La sentencia se refiere a un total de .... infracciones.
   Resumen de los hechos y descripción de las circunstancias en que se cometieron las infracciones, incluido el momento y el lugar, y grado de participación del condenado:
   Naturaleza y calificación jurídica de las infracciones y disposiciones legales aplicables en que se basa la sentencia dictada:
2. Si las infracciones señaladas en el punto 1 se corresponden con alguna de las siguientes infracciones, definidas con arreglo al Derecho del Estado de emisión, y están castigadas en él con una pena privativa de libertad o medida de privación de libertad de un máximo de al menos tres años, confírmelo marcando las casillas correspondientes:

   ☐ pertenencia a una organización delictiva
   ☐ terrorismo
   ☐ trata de seres humanos
   ☐ explotación sexual de niños y pornografía infantil
   ☐ tráfico ilícito de estupefacientes y sustancias psicotrópicas
   ☐ tráfico ilícito de armas, municiones y explosivos
   ☐ corrupción
   ☐ fraude, incluido el que afecte a los intereses financieros de las Comunidades Europeas con arreglo al Convenio de 26 de julio de 1995 relativo a la protección de los intereses financieros de las Comunidades Europeas
   ☐ blanqueo del producto del delito
   ☐ falsificación de la moneda, incluida la falsificación del euro
   ☐ delitos informáticos
   ☐ delitos contra el medio ambiente, incluido el tráfico ilícito de especies animales protegidas y de especies y variedades vegetales protegidas
   ☐ ayuda a la entrada y residencia en situación ilegal
   ☐ homicidio voluntario, agresión con lesiones graves
   ☐ tráfico ilícito de órganos y tejidos humanos
   ☐ secuestro, detención ilegal y toma de rehenes
   ☐ racismo y xenofobia
   ☐ robo organizado o a mano armada
   ☐ tráfico ilícito de bienes culturales, incluidas las antigüedades y las obras de arte
   ☐ estafa
   ☐ chantaje y extorsión
   ☐ violación de derechos de propiedad intelectual o industrial y falsificación de mercancías
   ☐ falsificación de documentos administrativos y tráfico de documentos administrativos falsos
   ☐ tráfico ilícito de sustancias hormonales y otros factores de crecimiento
   ☐ falsificación de medios de pago
   ☐ tráfico ilícito de materiales radiactivos o sustancias nucleares
   ☐ tráfico de vehículos robados

☐ violación
☐ incendio voluntario
☐ delitos incluidos en la jurisdicción de la Corte Penal Internacional
☐ secuestro de aeronaves y buques
☐ sabotaje

3. En caso de que las infracciones señaladas en el punto 1 no estén contempladas en el punto 2 o si la decisión judicial y, en su caso, la decisión de libertad condicional, así como el certificado, se remiten a un Estado miembro, que declaró que comprobará la doble tipificación (artículo 8, apartado 4, de la Decisión Marco), descríbanse con precisión las infracciones de que se trate:

h) Indique si el imputado compareció en el juicio del que deriva la resolución:

1. ☐ Sí, el imputado compareció en el juicio del que deriva la resolución.
2. ☐ No, el imputado no compareció en el juicio del que deriva la resolución.
3. Si ha marcado la casilla del punto 2, sírvase confirmar la existencia de uno de los siguientes hechos:

☐ 3.1a. el imputado fue citado en persona el ... (día/mes/año) e informado así del lugar y la fecha previstos para el juicio del que deriva la resolución, y se le informó de que podría dictarse una resolución en caso de incomparecencia en el juicio;

O bien

☐ 3.1b. el imputado no fue citado en persona, pero recibió efectivamente por otros medios, de tal forma que ha podido establecerse sin lugar a dudas que tenía conocimiento de la celebración prevista del juicio, información oficial de la fecha y lugar previstos para el mismo, y se le informó de que podría dictarse una resolución en caso de incomparecencia en el juicio;

O bien

☐ 3.2. teniendo conocimiento de la celebración prevista del juicio, el imputado dio mandato a un letrado, bien designado por él mismo o por el Estado, para que le defendiera en el juicio, y fue efectivamente defendido por dicho letrado en el juicio;

O bien

☐ 3.3. al imputado le fue notificada la resolución el ... (día/mes/año) y se le informó expresamente de su derecho a un nuevo juicio o a interponer recurso, en el que tendría derecho a comparecer y se volverían a examinar los argumentos presentados e incluso posibles nuevos elementos probatorios, y de que el juicio podría dar lugar a una resolución contraria a la inicial, y

☐ el imputado declaró expresamente que no impugnaba esta resolución;

O

☐ no solicitó un nuevo juicio ni interpuso un recurso dentro del plazo establecido;

4. Si ha marcado la casilla de los puntos 3.1b, 3.2 o 3.3, se ruega proporcionar información sobre cómo se cumplió la condición pertinente:

....

....

i) Datos sobre el tipo de pena o, cuando proceda, de la decisión de libertad vigilada

1. Este certificado se refiere a:

☐ Pena suspendida (= pena privativa de libertad o medida privativa de libertad, cuya ejecución se ha suspendido condicionalmente, total o parcialmente, al dictarse sentencia)
☐ Pena condicional:

☐ se ha aplazado la imposición de una pena por imponerse una o más medidas de libertad vigilada
☐ se han impuesto una o más medidas de libertad vigilada en lugar de una pena privativa de libertad o una medida que suponga privación de libertad

☐ Pena sustitutiva

☐ la sentencia contiene una pena privativa de libertad o una medida privativa de libertad que se impondrá en caso de no cumplirse la(s) obligación/obligaciones o instrucción/instrucciones de que se trate
☐ la sentencia no contiene una pena privativa de libertad o una medida privativa de libertad que se impondría en caso de no cumplirse la(s) obligación/obligaciones o instrucción/instrucciones de que se trate

☐ Libertad condicional (= libertad anticipada de una persona condenada una vez cumplida parte de la pena de privación de libertad o de la medida privativa de libertad)

2. Datos adicionales:

2.1. El condenado estuvo en prisión provisional durante el siguiente período:
2.2. El condenado cumplió una pena privativa de libertad o una medida privativa de libertad durante el siguiente período (se rellenará solo en caso de libertad condicional):
2.3. En el caso de suspensión de pena:

— duración del período de privación de libertad impuesto que se suspendió condicionalmente:
— duración del período de suspensión:

2.4. Si se conoce, duración de la privación de libertad que hay que cumplir:

— revocación de la suspensión de la ejecución de la sentencia,
— revocación de la libertad condicional, o
— incumplimiento de la pena sustitutiva (si la sentencia contiene una pena privativa de libertad o una medida privativa de libertad que se impondrá en caso de dicha violación):

j) Datos sobre la duración y tipo de la(s) medida(s) de libertad vigilada o de pena(s) sustitutiva(s)

1. Duración total de la supervisión de la(s) medida(s) de libertad vigilada o de pena sustitutiva(s):
2. Si procede, duración de cada obligación individual impuesta como parte de la(s) medida(s) de libertad vigilada o de pena(s) sustitutiva(s):
3. Duración del período total de libertad vigilada (si es diferente de la duración indicada en el punto 1):
4. Tipo de la(s) medida(s) de libertad vigilada o pena(s) sustitutiva(s) (si es posible indíquense varias casillas):

   ☐ obligación del condenado de informar a una autoridad concreta de cualquier cambio de domicilio o lugar de trabajo
   ☐ obligación del condenado de no entrar en determinadas localidades, lugares o determinadas zonas del Estado de ejecución
   ☐ obligación relativa a las limitaciones de abandonar el territorio del Estado de ejecución
   ☐ instrucciones relativas a la conducta, la estancia, los estudios y formación, actividades de ocio o con limitaciones o modalidades de desarrollo de una actividad profesional
   ☐ obligación de presentarse en determinadas fechas ante una autoridad concreta
   ☐ obligación de evitar todo contacto con personas concretas
   ☐ obligación de evitar todo contacto con objetos concretos, que hayan sido usados o puedan ser usados por el condenado con fines de cometer alguna infracción penal
   ☐ obligación de reparar financieramente los daños causados por la infracción u obligación de dar pruebas de haber cumplido con esa obligación
   ☐ obligación de realizar trabajos en beneficio de la comunidad
   ☐ obligación de cooperar con un agente de vigilancia o con un representante de un servicio social con responsabilidades para con condenados
   ☐ obligación de someterse a un tratamiento terapéutico o de deshabituación
   ☐ otras medidas cuya vigilancia esté dispuesto a asumir el Estado de ejecución, con arreglo a la notificación contemplada en el artículo 4, apartado 2, de la Decisión Marco

5. Se ruega proporcionar descripción detallada de la(s) medida(s) de libertad vigilada o de la(s) pena(s) sustitutiva(s) indicada(s) en el punto 4:
6. Se ruega indicar la casilla siguiente si se dispone de los informes pertinentes relativos a la libertad vigilada:

   ☐ de ser así, se ruega indicar en qué lengua(s) está(n) redactado(s) eso(s) informe(s)[1]

k) Otras circunstancias pertinentes, con inclusión de la información pertinente sobre sentencias condenatorias anteriores o las razones concretas para la imposición de una medida/medidas de libertad vigilada o una pena/penas sustitutiva(s) (información facultativa):

Se adjuntará al certificado el texto de la sentencia y, si procede, la decisión de libertad vigilada.

Firma de la autoridad emisora del certificado, o de su representante, que certifica la exactitud de su contenido:

Nombre:
Posición (cargo o grado):
Fecha:
Referencia del expediente (si lo tiene):
Sello oficial (si lo hubiere):

[1] El Estado de emisión no está obligado a proporcionar traducciones de esos informes.

ANEXO V
CERTIFICADO SOBRE EL INCUMPLIMIENTO DE UNA MEDIDA DE LIBERTAD VIGILADA O DE UNA PENA SUSTITUTIVA

Formulario contemplado en el artículo 17 de la Decisión Marco 2008/947/JAI del Consejo, de 27 de noviembre de 2008, relativa a la aplicación del principio de reconocimiento mutuo de sentencias y decisiones de libertad vigilada con vistas a la vigilancia de medidas de libertad vigilada y penas sustitutivas

INFORME DE INCUMPLIMIENTO DE UNA MEDIDA DE LIBERTAD VIGILADA O PENA SUSTITUTIVA Y OTROS DATOS

a) Identidad de la persona sometida a vigilancia

Apellidos:
Nombre:
Apellidos de soltera (en su caso):
Alias (en su caso):
Sexo:
Nacionalidad:
Número de identificación o número de seguridad social (si lo tiene):
Fecha de nacimiento:
Lugar de nacimiento:
Dirección:
Lenguas que entiende (si se conocen):

b) Datos de la sentencia y, en su caso, de la resolución de libertad condicional relativa a la pena suspendida, la pena condicional, la pena sustitutiva o la libertad condicional

Fecha en que se dictó la sentencia:
Referencia del expediente (si lo tiene):

Fecha en que se tomó la decisión de libertad vigilada (si la hubiere):
Referencia del expediente (si lo tiene):

Órgano judicial/autoridad que dictó la sentencia o, cuando proceda, la decisión de libertad vigilada
Denominación oficial:
Dirección:

Fecha de expedición del certificado:
Autoridad que emitió el certificado (de ser distinta del órgano judicial/autoridad que dictó la sentencia o, cuando procediere, tomó la decisión de libertad vigilada):
Referencia del expediente en el Estado de emisión (si lo tiene):

c) Datos de la autoridad responsable de la vigilancia de la(s) medida(s) de libertad vigilada o de la(s) pena(s) sustitutiva(s)

Denominación oficial de la autoridad:

Nombre y apellidos de la persona de contacto:

Puesto que ocupa (cargo o grado):

Dirección:

N.º de teléfono (prefijo de país) (prefijo de ciudad):

N.º de fax (prefijo de país) (prefijo de ciudad):

Dirección de correo electrónico:

d) Medida(s) de libertad vigilada o pena(s) sustitutiva(s)

La persona mencionada en la letra a) ha incumplido la(s) siguiente(s) obligación/obligaciones o instrucción/instrucciones:

☐ obligación del condenado de informar a una autoridad concreta de cualquier cambio de domicilio o lugar de trabajo

☐ obligación del condenado de no entrar en determinadas localidades, lugares o determinadas zonas del Estado de ejecución

☐ obligación relativa a limitaciones de abandonar el territorio del Estado de ejecución

☐ instrucciones relativas a la conducta, la estancia, los estudios y formación, actividades de ocio o con limitaciones o modalidades de desarrollo de una actividad profesional

☐ obligación de presentarse en determinadas fechas ante una autoridad concreta

☐ obligación de evitar todo contacto con personas concretas

☐ obligación de evitar todo contacto con objetos concretos, que hayan sido usados o puedan ser usados por el condenado con fines de cometer alguna infracción penal

☐ obligación de reparar financieramente los daños causados por la infracción u obligación de dar pruebas de haber cumplido con esa obligación

☐ obligación de realizar trabajos en beneficio de la comunidad

☐ obligación de cooperar con un agente de vigilancia o con un representante de un servicio social con responsabilidades para con condenados

☐ obligación de someterse a un tratamiento terapéutico o de deshabituación

☐ otras medidas:

e) Descripción del incumplimiento o incumplimientos (lugar y fecha y circunstancias precisas):

f) Otros hechos (de existir)

Descripción de los hechos:

g) Datos de la persona a la que hay que dirigirse para obtener información complementaria sobre el incumplimiento

Apellidos:

Nombre:

Dirección:

N.º de teléfono (prefijo de país) (prefijo de ciudad):

N.º de fax (prefijo de país) (prefijo de ciudad):

Dirección de correo electrónico (si lo tiene):

Firma de la autoridad emisora, o de su representante, que certifica la exactitud del contenido del impreso:

Nombre y apellidos:

Función (cargo/grado):

Fecha:

Sello oficial (si lo hubiere):

ANEXO VI
CERTIFICADO PARA LA EJECUCIÓN DE RESOLUCIONES QUE IMPONGAN MEDIDAS ALTERNATIVAS A LA PRISIÓN PROVISIONAL EN OTRO ESTADO MIEMBRO DE LA UNIÓN EUROPEA

A que se refiere el artículo 10 de la Decisión Marco 2009/829/JAI del Consejo de 23 de octubre de 2009, relativa a la aplicación, entre Estados miembros de la Unión Europea, del principio de reconocimiento mutuo a las resoluciones sobre medidas de vigilancia como sustitución de la prisión provisional [1]

a) Estado de emisión:

Estado de ejecución:

b) Autoridad que dictó la resolución sobre medidas de vigilancia:

Denominación oficial:

Indique la persona a la que hay que dirigirse para obtener información complementaria relativa a la resolución sobre medidas de vigilancia

☐ la autoridad antes mencionada
☐ la autoridad central; si marca esta casilla facilite la denominación oficial de dicha autoridad central:
☐ otra autoridad competente; si marca esta casilla facilite la denominación oficial de dicha autoridad:

Datos de contacto de la autoridad emisora, la autoridad central u otra autoridad competente
Dirección:

N.° de teléfono (prefijo de país) (prefijo de ciudad):
N.° de fax (prefijo de país) (prefijo de ciudad):

Datos de la persona a la que hay que dirigirse

Apellidos:
Nombre:
Puesto (título o grado):
N.° de teléfono (prefijo de país) (prefijo de ciudad):
N.° de fax (prefijo de país) (prefijo de ciudad):
Dirección de correo electrónico (si lo tiene):
Lenguas en que se puede comunicar:

c) Sírvase indicar la autoridad a la que hay que dirigirse para obtener información complementaria para la supervisión de las medidas de vigilancia:

☐ la autoridad indicada en la letra b)
☐ otra autoridad; si marca esta casilla facilite la denominación oficial de dicha autoridad:

[1] El certificado se redactará o traducirá a la lengua oficial o a una de las lenguas oficiales del Estado de ejecución o a una o varias de las demás lenguas oficiales de las instituciones de la Unión Europea aceptadas por dicho Estado.

Datos de contacto de la autoridad, cuando está información no se haya facilitado ya en la letra b)

Dirección:
N.º de teléfono: (prefijo de país) (prefijo de ciudad)
N.º de fax (prefijo de país) (prefijo de ciudad)
Datos de la persona a la que hay que dirigirse:
Apellidos:
Nombre:
Puesto (título o grado):
N.º de teléfono (prefijo de país) (prefijo de ciudad):
N.º de fax (prefijo de país) (prefijo de ciudad):
Dirección de correo electrónico (si lo tiene):
Lenguas en que se puede comunicar:

d) Datos relativos a la persona física contra la que se dictó la resolución sobre medidas de vigilancia:

Apellidos:
Nombre:
Apellidos de soltera (en su caso):
Alias (en su caso):
Sexo:
Nacionalidad:
Número de identificación o número de seguridad social (si lo tiene):
Fecha de nacimiento:
Lugar de nacimiento:
Direcciones/domicilios:

— en el Estado de emisión:
— en el Estado de ejecución:
— en otro lugar:

Lenguas que entiende (si se conocen):
Si se dispone de ella, facilite la siguiente información:

— tipo y número del documento o documentos de identidad de la persona (documento de identidad, pasaporte):
— tipo y número del permiso de residencia de la persona en el Estado de ejecución:

e) Indicaciones relativas al Estado miembro al que se trasmite la resolución sobre medidas de vigilancia, junto con el certificado:

La resolución sobre medidas de vigilancia, junto con el certificado, se transmiten al Estado de ejecución indicado en la letra a) por el motivo siguiente:

☐ el interesado tiene su residencia legal habitual en el Estado de ejecución y habiendo sido informado sobre las medidas en cuestión, consiente en regresar a dicho Estado
☐ el interesado ha solicitado que se trasmita la resolución sobre medidas de vigilancia a un Estado miembro distinto del Estado miembro en que tiene su residencia legal, por los siguientes motivos:

f) Datos de la resolución sobre medidas de vigilancia:

Fecha en que se dictó la resolución (DD-MM-AAAA):
Fecha en que la resolución adquirió carácter definitivo (DD-MM-AAAA):
Marque esta casilla si, en el momento de la transmisión del certificado, se ha interpuesto un recurso contra la resolución de medidas de vigilancia .... ☐

Número de referencia de la resolución (si lo tiene):

El interesado estuvo en prisión provisional durante el siguiente período (en su caso):

1. La resolución se refiere a un total de .... infracciones presuntamente cometidas.

   Resumen de los hechos y descripción de las circunstancias en que presuntamente se cometieron las infracciones, incluido el momento y el lugar, y grado de participación del interesado:

   Naturaleza y calificación jurídica de las infracciones presuntamente cometidas y disposiciones legales aplicables en que se basa la resolución dictada:

2. Si las presuntas infracciones señaladas en el punto 1 se corresponden con alguna de las siguientes infracciones, definidas con arreglo al Derecho del Estado de emisión, y están castigadas con una pena privativa de libertad o medida de privación de libertad de un máximo de al menos tres años, confírmelo marcando las casillas correspondientes:

   ☐ pertenencia a una organización delictiva
   ☐ terrorismo
   ☐ trata de seres humanos
   ☐ explotación sexual de niños y pornografía infantil
   ☐ tráfico ilícito de estupefacientes y sustancias psicotrópicas
   ☐ tráfico ilícito de armas, municiones y explosivos
   ☐ corrupción
   ☐ fraude, incluido el que afecte a los intereses financieros de las Comunidades Europeas con arreglo al Convenio de 26 de julio de 1995 relativo a la protección de los intereses financieros de las Comunidades Europeas
   ☐ blanqueo del producto del delito
   ☐ falsificación de moneda, incluida la falsificación del euro
   ☐ delitos informáticos
   ☐ delitos contra el medio ambiente, incluido el tráfico ilícito de especies animales protegidas y de especies y variedades vegetales protegidas
   ☐ ayuda a la entrada y residencia en situación ilegal
   ☐ homicidio voluntario, agresión con lesiones graves
   ☐ tráfico ilícito de órganos y tejidos humanos
   ☐ secuestro, detención ilegal y toma de rehenes
   ☐ racismo y xenofobia
   ☐ robo organizado o a mano armada
   ☐ tráfico ilícito de bienes culturales, incluidas las antigüedades y las obras de arte
   ☐ estafa
   ☐ chantaje y extorsión
   ☐ violación de derechos de propiedad intelectual o industrial y falsificación de mercancías
   ☐ falsificación de documentos administrativos y tráfico de documentos administrativos falsos
   ☐ falsificación de medios de pago
   ☐ tráfico ilícito de sustancias hormonales y otros factores de crecimiento
   ☐ tráfico ilícito de materiales radiactivos o sustancias nucleares
   ☐ tráfico de vehículos robados
   ☐ violación
   ☐ incendio voluntario
   ☐ delitos incluidos en la jurisdicción de la Corte Penal Internacional
   ☐ secuestro de aeronaves y buques
   ☐ sabotaje

3. En caso de que las presuntas infracciones señaladas en el punto 1 no estén contempladas en el punto 2 o si la resolución, así como el certificado, se remiten a un Estado miembro, que declaró que comprobará la doble tipificación (artículo 14, apartado 4 de la Decisión Marco), descríbanse con precisión las presuntas infracciones de que se trate:

g) Datos sobre la duración y tipo de las(s) medida(s) de vigilancia

1. Plazo al que se aplica la resolución sobre medidas de vigilancia y si es posible su renovación (si procede):

2. Duración provisional del período durante el cual podrá ser necesario supervisar las medidas de vigilancia, teniendo en cuenta todas las circunstancias del caso de las que se tenga conocimiento en el momento de la transmisión de la resolución sobre medidas de vigilancia (a título indicativo):

3. Tipo de la(s) medida(s) de vigilancia (es posible indicar varias casillas).

☐ obligación del interesado de comunicar a la autoridad competente del Estado de ejecución cualquier cambio de domicilio, en particular para poder recibir las citaciones a comparecer en unas diligencias de prueba o vistas en el transcurso de las actuaciones penales

☐ obligación de no entrar en determinadas localidades, lugares, o zonas definidas del Estado de emisión o del Estado de ejecución

☐ obligación de permanecer en un lugar determinado, cuando sea de aplicación en determinadas fechas

☐ imposición de limitaciones respecto a la salida del territorio del Estado de ejecución

☐ obligación de presentarse en determinadas fechas ante una autoridad específica

☐ obligación de evitar todo contacto con personas específicas relacionadas con los delitos presuntamente cometidos

☐ otras medidas cuya vigilancia esté dispuesto a asumir el Estado de ejecución, con arreglo a la notificación contemplada en el artículo 8, apartado 2, de la Decisión Marco:

Si marcó la casilla correspondiente a «otras medidas», especifique de qué medidas se trata marcando las casillas correspondientes:

☐ obligación de no realizar determinadas actividades relacionadas con los delitos presuntamente cometidos, lo que podrá incluir ejercer determinadas profesiones o trabajar en determinados sectores

☐ obligación de no conducir vehículos

☐ obligación de depositar una suma determinada o dar otro tipo de garantía, en un número determinado de plazos o en un pago único

☐ obligación de someterse a tratamientos terapéuticos o a tratamientos contra las adicciones

☐ obligación de evitar todo contacto con objetos específicos relacionados con los delitos presuntamente cometidos

☐ otro motivo (especifique):

4. Se ruega proporcionar descripción detallada de la(s) medida(s) de vigilancia indicada(s) en el punto 3:

h) Otras circunstancias pertinentes, con inclusión de las razones concretas para la imposición de una medida de vigilancia (información facultativa):

El texto de la resolución se adjunta al certificado.

Firma de la autoridad emisora del certificado, o de su representante, que certifica la exactitud de su contenido:

Nombre y apellidos:

Puesto (título o rango):

Fecha:

Referencia del expediente (si lo tiene):

Sello oficial (si lo hubiere):

ANEXO VII
CERTIFICADO SOBRE EL INCUMPLIMIENTO DE UNA MEDIDA DE VIGILANCIA ALTERNATIVA A LA PRISIÓN PROVISIONAL

a que se refiere el artículo 19 de la Decisión Marco 2009/829/JAI del Consejo, de 23 de octubre de 2009, relativa a la aplicación, entre Estados miembros de la Unión Europea, del principio de reconocimiento mutuo a las resoluciones sobre medidas de vigilancia como sustitución de la prisión provisional

INFORME DE INCUMPLIMIENTO DE UNA MEDIDA DE VIGILANCIA Y OTROS DATOS QUE PUEDAN DAR LUGAR A LA ADOPCIÓN DE CUALQUIER RESOLUCIÓN ULTERIOR

a) Identidad de la persona sometida a vigilancia:
Apellidos:
Nombre:
Apellidos de soltera (en su caso):
Alias (en su caso):
Sexo:
Nacionalidad:
Número de identificación o número de seguridad social (si lo tiene):
Fecha de nacimiento:
Lugar de nacimiento:
Dirección:
Lenguas que entiende (si se conocen):

b) Datos de la resolución sobre medidas de vigilancia:
Fecha en que se dictó la resolución:
Referencia del expediente (si lo tiene):
Autoridad que dictó la resolución:
Denominación oficial:
Dirección:
Fecha de expedición del certificado:
Autoridad que emitió el certificado:
Referencia del expediente (si lo tiene):

c) Datos de la autoridad responsable del seguimiento de las medidas de vigilancia:
Denominación oficial de la autoridad:
Nombre y apellidos de la persona de contacto:
Puesto (título o grado):
Dirección:
Teléfono (prefijo de país) (prefijo de ciudad):
Fax (prefijo de país) (prefijo de ciudad):
Dirección de correo electrónico:
Lenguas en que se puede comunicar:

d) Incumplimiento de la medida de vigilancia y otros hechos que puedan dar lugar a la adopción de cualquier resolución ulterior:

La persona mencionada en la letra a) ha incumplido la(s) siguiente(s) medida(s) de vigilancia:

☐ obligación de la persona de comunicar a la autoridad competente del Estado de ejecución cualquier cambio de domicilio, en particular para poder recibir las citaciones a comparecer en unas diligencias de prueba o vistas en el transcurso de las actuaciones penales

☐ obligación de no entrar en determinadas localidades, lugares, o zonas definidas del Estado de emisión o del Estado de ejecución

☐ obligación de permanecer en un lugar determinado, cuando sea de aplicación en determinadas fechas

☐ imposición de limitaciones respecto a la salida del territorio del Estado de ejecución

☐ obligación de presentarse en determinadas fechas ante una autoridad específica

☐ obligación de evitar todo contacto con personas específicas relacionadas con los delitos presuntamente cometidos

☐ otras medidas (especifique):

Descripción del incumplimiento o incumplimientos (lugar, fecha y circunstancias precisas):

— Otros hechos que puedan dar lugar a la adopción de cualquier resolución ulterior

Descripción de los hechos:

e) Datos de la persona a la que hay que dirigirse para obtener información complementaria sobre el incumplimiento:

Apellidos:

Nombre:

Dirección:

N.° de teléfono (prefijo de país) (prefijo de ciudad):

N.° de fax (prefijo de país) (prefijo de ciudad):

Dirección de correo electrónico:

Lenguas en que se puede comunicar:

Firma de la autoridad emisora, o de su representante, que certifica la exactitud del contenido del impreso:

Nombre y apellidos

Puesto (título o grado):

Fecha:

Sello oficial (si lo hubiere):

ANEXO VIII
ORDEN EUROPEA DE PROTECCIÓN

Contemplada en el artículo 7 de la Directiva 2011/99/UE del Parlamento Europeo y del Consejo, de 13 de diciembre de 2011, sobre la Orden Europea de Protección

La información contenida en este formulario debe recibir el debido tratamiento confidencial

Estado de emisión:

Estado de ejecución:

a) Información relativa a la persona protegida:

Apellidos:

Nombre:

Apellido de soltera o apellido anterior (en su caso):

Sexo:

Nacionalidad:

Número de identificación o número de seguridad social (si lo tiene):

Fecha de nacimiento:

Lugar de nacimiento:

Direcciones/domicilios:

— en el Estado de emisión:

— en el Estado de ejecución:

— en otro lugar:

Lenguas que entiende (si se conocen):

¿Se ha concedido a la persona protegida asistencia jurídica gratuita en el Estado de emisión? (si se dispone inmediatamente de esta información):

☐ Sí.

☐ No.

☐ No se sabe.

Cuando la persona protegida sea menor o legalmente incapaz, información relativa al tutor o representante de la persona:

Apellidos:

Nombre:

Apellido de soltera, o apellido anterior (en su caso):

Sexo:

Nacionalidad:

Dirección profesional:

b)	Si la persona protegida ha decidido residir o reside ya en el Estado de ejecución, o ha decidido permanecer o permanece ya en el mismo: Fecha a partir de la cual la persona protegida se propone residir o permanecer en el Estado de ejecución (si se conoce): Período o períodos de permanencia (si se conocen):
c)	¿Se ha entregado a la persona protegida o a la persona causante del peligro algún dispositivo técnico para hacer cumplir la medida de protección?: ☐ Sí. Resuma brevemente el dispositivo electrónico utilizado: ☐ No.
d)	Autoridad competente que emitió la orden europea de protección: Denominación oficial: Dirección completa: Tel. (prefijo del país) (prefijo de zona o ciudad) (número): Fax (prefijo del país) (prefijo de zona o ciudad) (número). Datos de la persona de contacto Apellidos: Nombre: Función (título o grado): Tel. (prefijo del país) (prefijo de zona o ciudad) (número): Fax (prefijo del país) (prefijo de zona o ciudad) (número): Correo electrónico (si lo tiene): Lenguas en las que se puede comunicar:
e)	Identificación de la medida de protección sobre cuya base se emitió la orden europea de protección: La medida de protección se adoptó el (fecha: DD-MM-AAAA): La medida de protección es ejecutable desde el (fecha: DD-MM-AAAA): Referencia del expediente de la medida de protección (si se dispone de ella): Autoridad que adoptó la medida de protección:
f)	Resumen de hechos y descripción de las circunstancias, incluida, en su caso, la tipificación de la infracción, que dieron lugar a la imposición de la medida de protección mencionada en la letra e):

g) Indicaciones relativas a la(s) prohibición(ones) o restricción(ones) impuesta(s) por la medida de protección a la persona causante del peligro:

— Naturaleza de la(s) prohibición(ones) o restricción(ones) (puede marcar más de una casilla):

☐ prohibición de entrar en determinadas localidades, lugares o zonas definidas en las que la persona protegida reside o que frecuenta:

— si marca esta casilla, indique con precisión las localidades, lugares o zonas definidas a las que tiene prohibida la entrada la persona causante del peligro:

☐ prohibición o reglamentación de cualquier tipo de contacto con la persona protegida, con inclusión de los contactos telefónicos, por correo electrónico o postal, por fax, o por cualquier otro medio:

— si marca esta casilla, indique cualquier detalle pertinente:

☐ prohibición o reglamentación del acercamiento a la persona protegida a una distancia menor de la indicada en la medida:

— si marca esta casilla, indique con precisión la distancia que debe observar la persona causante del peligro respecto de la persona protegida:

— Indique el plazo durante el que se impone(n) la(s) prohibición(ones) o restricción(ones) antes mencionada(s) a la persona causante del peligro:

— Indicación de la pena o sanción aplicable, que puede imponerse, en caso de incumplimiento de la prohibición o restricción:

h) Información relativa a la persona causante del peligro a la que se ha(n) impuesto la(s) prohibición(ones) o restricción(ones) mencionada(s) en la letra e):

Apellidos:

Nombre:

Apellido de soltera o apellido anterior (en su caso):

Alias (en su caso):

Sexo:

Nacionalidad:

Número de identificación o número de seguridad social (si lo tiene):

Fecha de nacimiento:

Lugar de nacimiento:

Direcciones/domicilios:

— en el Estado de emisión:

— en el Estado de ejecución:

— en otro lugar:

Lenguas que entiende (si se conocen):

Si se dispone de ella, facilite la siguiente información:

— Tipo y número del documento o documentos de identidad de la persona (documento de identidad, pasaporte):

¿Se ha concedido a la persona causante del peligro asistencia jurídica gratuita en el Estado de emisión? (si se dispone inmediatamente de esta información):

☐ Sí.

☐ No.

☐ No se sabe.

ANEXO IX
CERTIFICADO SOBRE EL INCUMPLIMIENTO DE LA MEDIDA ADOPTADA EN VIRTUD DE UNA NUEVA ORDEN EUROPEA DE PROTECCIÓN

Contemplado en el artículo 12 de la Directiva 2011/99/UE del Parlamento Europeo y del Consejo, de 13 de diciembre de 2011, sobre la Orden Europea de Protección

NOTIFICACIÓN DE INCUMPLIMIENTO DE LA MEDIDA ADOPTADA EN VIRTUD DE LA ORDEN EUROPEA DE PROTECCIÓN

La información contenida en este formulario debe recibir el debido tratamiento confidencial

a) Datos de identificación de la persona causante del peligro:
Apellidos:
Nombre:
Apellido de soltera o apellido anterior (en su caso):
Alias (en su caso):
Sexo:
Nacionalidad:
Número de identificación o número de seguridad social (si lo tiene):
Fecha de nacimiento:
Lugar de nacimiento:
Dirección:
Lenguas que entiende (si se conocen):

b) Datos de identificación de la persona protegida:
Apellidos:
Nombre:
Alias (en su caso):
Sexo:
Nacionalidad:
Número de identificación o número de seguridad social (si lo tiene):
Fecha de nacimiento:
Lugar de nacimiento:
Dirección:
Lenguas que entiende (si se conocen):

c) Detalles de la orden europea de protección:
Orden emitida el:
Referencia del expediente (si lo hay):
Autoridad que emitió la orden:
Denominación oficial:
Dirección:

d) Datos de la autoridad responsable de la ejecución de la medida de protección, si la hubiere, adoptada en el Estado de ejecución con arreglo a la orden europea de protección:

Denominación oficial de la autoridad:

Función (título o grado):

Dirección:

Tel. (prefijo del país) (prefijo de zona o ciudad) (número):

Fax (prefijo del país) (prefijo de zona o ciudad) (número):

Correo electrónico:

Lenguas en las que se puede comunicar:

e) Incumplimiento de la(s) prohibición(ones) o restricción(ones) impuesta(s) por las autoridades competentes del Estado de ejecución a raíz del reconocimiento de la orden europea de protección, y demás consideraciones que darían lugar a la adopción de cualquier decisión posterior:

El incumplimiento se refiere a la(s) siguiente(s) prohibición(ones) o restricción(ones) (puede marcar más de una casilla):

☐ prohibición de entrar en determinadas localidades, lugares o zonas definidas en las que la persona protegida reside o que frecuenta;

☐ prohibición o reglamentación de cualquier tipo de contacto con la persona protegida, con inclusión de los contactos telefónicos, por correo electrónico o postal, por fax o por cualquier otro medio;

☐ prohibición o reglamentación del acercamiento a la persona protegida a una distancia menor de la indicada en la medida;

☐ cualquier otra medida, correspondiente a la medida de protección que subyace a la orden europea de protección, adoptada por las autoridades competentes del Estado de ejecución a raíz del reconocimiento de la orden europea de protección.

Descripción del incumplimiento o incumplimientos (lugar, fecha y circunstancias específicas).

De conformidad con el artículo 11, apartado 2:

— medidas adoptadas en el Estado de ejecución como consecuencia del incumplimiento:

— posibles consecuencias legales del incumplimiento en el Estado de ejecución:

Otras consideraciones que pueden dar lugar a la adopción de resoluciones ulteriores

Descripción de las consideraciones:

f) Datos de la persona a la que hay que dirigirse para recabar información adicional sobre el incumplimiento:

Apellidos:

Nombre:

Dirección:

Tel. (prefijo del país) (prefijo de zona o ciudad) (número):

Fax (prefijo del país) (prefijo de zona o ciudad) (número):

Correo electrónico:

Lenguas en las que se puede comunicar:

Firma de la autoridad emisora, o de su representante, que confirma la exactitud del contenido del formulario:

Nombre:

Función (título o grado).

Fecha:

Sello oficial (si procede):

ANEXO X
CERTIFICADO PARA LA EJECUCIÓN DE MEDIDAS DE EMBARGO PREVENTIVO DE BIENES O DE ASEGURAMIENTO DE PRUEBAS EN OTRO ESTADO MIEMBRO DE LA UNIÓN EUROPEA.

Certificado previsto en el artículo 9 Decisión Marco 2003/577/JAI del Consejo, de 22 de julio de 2003, relativa a la ejecución en la Unión Europea de las resoluciones de embargo preventivo de bienes y de aseguramiento de pruebas

a) Autoridad judicial emisora de la presente resolución:

Denominación oficial: ....
....
Nombre de su representante: ....
....
Función (cargo/grado): ....
....
Referencia del expediente: ....
Dirección: ....
....
N.° de teléfono: (prefijo de país) (prefijo de ciudad) (...) ....
N.° de fax: (prefijo de país) (prefijo de ciudad) (...) ....
Correo electrónico: ....
Lenguas en que se puede comunicar con la autoridad judicial emisora: ....
....
Datos de las personas de contacto (incluido, lenguas en las que se puede comunicar con las personas) para solicitar información adicional sobre la ejecución de la resolución, si resulta necesario, o para concertar los aspectos prácticos del traslado de pruebas (si procede) : ....
....
....
....

b) Autoridad competente para la ejecución de la orden de embargo en el Estado de emisión (si la autoridad es distinta de la autoridad indicada en la letra a):

Denominación oficial: ....
....
Nombre de su representante: ....
....
Función (cargo/grado): ....
....
Referencia del expediente: ....
Dirección: ....
....
N.° de teléfono: (prefijo de país) (prefijo de ciudad) (...) ....
N.° de fax: (prefijo de país) (prefijo de ciudad) (...) ....
Correo electrónico: ....
Lenguas en que se puede comunicar con la autoridad judicial emisora: ....
....
Datos de las personas de contacto (incluido, lenguas en las que se puede comunicar con las personas) para solicitar información adicional sobre la ejecución de la resolución, si resulta necesario, o para concertar los aspectos prácticos del traslado de pruebas (si procede): ....
....
....

c) Si se completa la letra a) y la letra b), se deberá completar esta letra para indicar con cuál de esas dos autoridades se tiene que entrar en contacto o si ha de hacerse con ambas: ....

....

☐ Autoridad mencionada en la letra a)

☐ Autoridad mencionada en la letra b)

d) En caso de designarse una autoridad central para la transmisión y recepción administrativas de las resoluciones (solo aplicable para Irlanda y el Reino Unido):

Nombre de la autoridad central: ....

....

Persona de contacto, en su caso (cargo/grado y nombre y apellidos): ....

....

Dirección: ....

....

Referencia del expediente: ....

N.º de teléfono: (prefijo de país) (prefijo de ciudad) (...) ....

N.º de fax: (prefijo de país) (prefijo de ciudad) (...) ....

Correo electrónico: ....

e) Resolución de embargo preventivo de bienes o de aseguramiento de pruebas:

1. fecha y, si procede, número de referencia
2. objeto de la resolución
   2.1. decomiso posterior
   2.2. aseguramiento de pruebas
3. descripción de las formalidades y procedimientos que deben observarse para ejecutar una resolución de embargo preventivo relativa a pruebas (si existieren)

f) Información sobre los bienes y las pruebas, en el Estado de ejecución, a que se refiere la resolución de embargo

Descripción de los bienes o de las pruebas y localización:

1. a) descripción precisa de los bienes y, si procede,
   cantidad máxima que se intenta recuperar de esos bienes (si dicha cantidad máxima se indica en la medida de embargo por el valor de los productos del delito)
   b) descripción precisa de las pruebas
2. localización precisa de los bienes o pruebas (si no se conoce), indicar la última localización conocida
3. parte que tiene la custodia de los bienes o pruebas o beneficiario efectivo conocido de los bienes o pruebas, si se trata de una persona distinta de la persona sospechosa de la infracción o condenada (en caso de que sea aplicable con arreglo al Derecho nacional del Estado de emisión)

....

....

g) Información (si se dispone de ella) relativa a la identidad de las personas físicas (1) o jurídicas (2) sospechosa(s) de haber cometido la infracción o condenada(s) (en caso de que sea aplicable con arreglo al derecho nacional del Estado de emisión) o de la(s) persona(s) a que se refiere la resolución de embargos preventivos

1. Personas físicas

Apellido(s): ....

Nombre(s): ....

Apellidos(s) de soltera (en su caso): ....

Alias (en su caso): ....

Sexo: ....

Nacionalidad: ....

Fecha de nacimiento: ....

Lugar de nacimiento: ....

Residencia y/o domicilio conocido; de no conocerse, indíquese el último domicilio conocido:.......

....

En caso de conocerse, idioma(s) que entiende la persona buscada: ....

....

2. Personas jurídicas:

Nombre: ....

Tipo de persona jurídica: ....

Número de registro: ....

Sede registral: ....

....

h) Medida que debe adoptar el Estado de ejecución una vez ejecutada la resolución:

Decomiso

1.1. Los bienes permanecerán en el Estado de ejecución a efectos de decomiso posterior

1.1.1. Véase la solicitud adjunta relativa a la ejecución de una resolución de decomiso dictada en el Estado de emisión el ... (fecha)

1.1.2. Véase la solicitud adjunta relativa al decomiso en el Estado de ejecución y subsiguiente ejecución de la resolución

1.1.3. Fecha estimada de presentación de la solicitud mencionada en el 1.1.1. o 1.1.2.:

....

O bien

Aseguramiento de las pruebas

2.1. Los bienes se trasladarán al Estado de emisión a efectos de prueba

2.1.1. Véase la solicitud adjunta a efectos de traslado

O bien

2.2. Los bienes permanecerán en el Estado de ejecución para que sirvan ulteriormente como prueba en el Estado de emisión

2.2.2. Fecha estimada de presentación de la solicitud mencionada en 2.1.1.: ....

i) Infracción(es):

Descripción de las razones pertinentes que han motivado la resolución de embargo y un resumen de los hechos conocidos por la autoridad judicial que ha emitido la resolución de embargo y el certificado:

....

....

Naturaleza y tipificación legal de la infracción o infracciones y disposición legal o código aplicables en que se basa la resolución de embargo preventivo:

....

....

1. Si procede, márquense la infracción o las infracciones de la siguiente lista, en caso de que las infracciones sean castigadas en el Estado de emisión con penas máximas privativas de libertad de al menos tres años:

   ☐ pertenencia a organización delictiva,
   ☐ terrorismo,
   ☐ trata de seres humanos,
   ☐ explotación sexual de menores y pornografía infantil,
   ☐ tráfico ilícito de estupefacientes y sustancias psicotrópicas,
   ☐ tráfico ilícito de armas, municiones y explosivos,
   ☐ corrupción,
   ☐ fraude, incluido el que afecte a los intereses financieros de las Comunidades Europeas con arreglo al Convenio de 26 de julio de 1995 relativo a la protección de los intereses financieros de las Comunidades Europeas,
   ☐ blanqueo del producto del delito,
   ☐ falsificación de moneda, incluida la falsificación del euro,
   ☐ delitos de alta tecnología, en particular delito informático,
   ☐ delitos contra el medio ambiente, incluido el tráfico ilícito de especies animales protegidas y de especies y variedades vegetales protegidas,
   ☐ ayuda a la entrada y residencia en situación ilegal,
   ☐ homicidio voluntario, agresión con lesiones graves,
   ☐ tráfico ilícito de órganos y tejidos humanos
   ☐ secuestro, detención ilegal y toma de rehenes,
   ☐ racismo y xenofobia,
   ☐ atraco organizado o a mano armada,
   ☐ tráfico ilícito de bienes culturales, incluidas las antigüedades y las obras de arte,
   ☐ estafa,
   ☐ chantaje y extorsión de fondos,
   ☐ violación de derechos de propiedad intelectual o industrial y falsificación de mercancías,
   ☐ falsificación de documentos administrativos y tráfico de documentos falsos,
   ☐ falsificación de medios de pago,
   ☐ tráfico ilícito de sustancias hormonales y otros factores de crecimiento,
   ☐ tráfico ilícito de materiales radiactivos o sustancias nucleares,
   ☐ tráfico de vehículos robados,
   ☐ violación,
   ☐ incendio voluntario,
   ☐ delitos incluidos en la jurisdicción de la Corte Penal Internacional,
   ☐ apoderamiento ilícito de aeronaves y buques,
   ☐ sabotaje

2. Descripción detallada de la infracción o infracciones distinta(s) de las enumeradas en el punto 1:

   ....

   ....

j) Vías de recurso contra la resolución de embargo para las partes interesadas, inclusive para terceros de buena fe en el Estado de emisión: ....

....

Descripción de las vías de recurso legales disponibles, incluidos los trámites necesarios que han de realizarse: ....

Tribunal ante el cual se puede actuar: ....

Información relativa a las personas legitimadas para su interposición: ....

....

Plazo límite para la presentación de la demanda: ....

Autoridad del Estado de emisión que puede facilitar mayor información sobre los procedimientos de presentación de recursos en el Estado de emisión y sobre la posibilidad de asistencia jurídica y traducción

Apellido(s): ....

Persona de contacto (...) (en su caso): ....

Dirección: ....

N.º de teléfono: (prefijo de país) (prefijo de ciudad) (...): ....

N.º de fax : (prefijo de país) (prefijo de ciudad) (...): ....

Correo electrónico: ....

k) Otras circunstancias relacionadas con el caso (información facultativa): ....

....

....

l) El texto de la resolución de embargo se adjunta al certificado.

Firma de la autoridad judicial emisora y/o de su representante que den fe de la validez del contenido del certificado:..

Nombre: ....

Función (cargo/grado): ....

Fecha: ....

Sello oficial (si lo hubiere)

ANEXO XI
CERTIFICADO PARA LA EJECUCIÓN DE RESOLUCIONES DE DECOMISO EN OTRO ESTADO MIEMBRO DE LA UNIÓN EUROPEA

Mencionado en el artículo 4 de la Decisión Marco 2006/783/JAI del Consejo relativa a la aplicación del principio de reconocimiento mutuo de resoluciones de decomiso

a) Estados de emisión y de ejecución:

Estado de emisión: ....

Estado de ejecución: ....

b) Órgano jurisdiccional de emisión de la resolución de decomiso:

Denominación oficial: ....

Dirección: ....

....

Referencia del expediente: ....

N.º de teléfono: (prefijo de país) (prefijo de ciudad o zona): ....

N.º de fax (prefijo de país) (prefijo de ciudad o zona): ....

Correo electrónico (si lo tiene): ....

Lenguas en que se puede comunicar con la autoridad emisora: ....

....

Datos de la persona o personas a las que hay que dirigirse para obtener información complementaria para la ejecución de la resolución de decomiso o, en su caso, para coordinar la ejecución de la resolución de decomiso transmitida a dos o más Estados de ejecución, o para transferir al Estado de emisión las cantidades o bienes percibidos con motivo de la ejecución (nombre, cargo o grado, n.º de teléfono, n.º de fax y, si tiene, dirección de correo electrónico):

....

....

....

c) Autoridad competente para la ejecución de la resolución de decomiso en el Estado de emisión [si la autoridad es distinta del órgano jurisdiccional indicado en la letra b)]:
....
Denominación oficial: ....
....
Dirección: ....
....
N.° teléfono: (prefijo de país) (prefijo de ciudad o zona): ....
N.° de fax (prefijo de país) (prefijo de ciudad o zona): ....
Correo electrónico (si lo tiene): ....

Lenguas en que se puede comunicar con la autoridad competente para la ejecución: ....
....

Datos de la persona o personas a las que hay que dirigirse para obtener información complementaria para la ejecución de la resolución de decomiso o, en su caso, para coordinar la ejecución de la resolución de decomiso transmitida a dos o más Estados de ejecución, o para transferir al Estado de emisión las cantidades o bienes percibidos con motivo de la ejecución (nombre, cargo o grado, n.° de teléfono, n.° de fax y, si tiene, dirección de correo electrónico):
....
....
....

d) En caso de designarse una autoridad central para la transmisión y recepción administrativas de las resoluciones de decomiso en el Estado de emisión:
Nombre de la autoridad central: ....
....
Persona de contacto, en su caso (cargo/grado y nombre): ....
....
Dirección: ....
....
Referencia del expediente: ....
N.° de teléfono (prefijo de país) (prefijo de ciudad o zona): ....
N.° de fax (prefijo de país) (prefijo de ciudad o zona): ....
Correo electrónico (si lo tiene): ....

e) Autoridad o autoridades con las que puede contactarse [en caso de que se hayan cumplimentado las letras c) o d)]:

☐ Autoridad mencionada en la letra b)

Para cuestiones relativas a: ....

☐ Autoridad mencionada en la letra c)

Para cuestiones relativas a: ....

☐ Autoridad mencionada en la letra d)

Para cuestiones relativas a: ....

f) Cuando la resolución de decomiso resulte de una resolución de embargo transmitida al Estado de ejecución en virtud de la Decisión Marco 2003/577/JAI del Consejo, de 22 de julio, de 2003, relativa a la ejecución en la Unión Europea de las resoluciones de embargo preventivo de bienes y de aseguramiento de pruebas[1], facilítese la información que proceda para identificar la resolución de embargo (fechas de expedición y transmisión de la resolución de embargo, autoridad a la que se transmitió y número de referencia si se conoce): ....

....

....

g) Cuando la resolución de decomiso se haya transmitido a más de un Estado de ejecución, facilítese la siguiente información:

1. La resolución de decomiso se ha transmitido además a los siguientes Estados de ejecución (indicar el país y la autoridad):

....

....

2. La resolución de decomiso se ha transmitido a más de un Estado de ejecución por los siguientes motivos (márquese la casilla correspondiente):

2.1. Si la resolución de decomiso afecta a uno o varios bienes concretos:

☐ se supone que los distintos bienes afectados por la resolución de decomiso se encuentran en Estados de ejecución diferentes,

☐ el decomiso de un bien concreto requiere la actuación en más de un Estado de ejecución,

☐ se supone que un bien concreto afectado por la resolución de decomiso se encuentra en uno de los varios Estados de ejecución indicados.

2.2. Si la resolución de decomiso se refiere a una cantidad de dinero:

☐ los bienes de que se trata no han sido embargados en virtud de la Decisión Marco 2003/577/JAI del Consejo, de 22 de julio de 2003, relativa a la ejecución en la Unión Europea de las resoluciones de embargo preventivo de bienes y de aseguramiento de pruebas,

☐ el valor de los bienes que pueden decomisarse en el Estado de emisión y en cualquiera de los demás Estados de ejecución por separado puede no ser suficiente para la ejecución de la cantidad total por la que se dictó la resolución de decomiso,

☐ otros motivos (detállense): ....

....

....

[1] DOL 196, de 2.8.2003, p. 45.

h) Información relativa a la persona física o jurídica contra la que se dictó la resolución de decomiso:

1. En el caso de una persona física:

Apellido(s): ....

Nombre(s): ....

Apellidos de soltera (en su caso): ....

Alias (en su caso): ....

Sexo: ....

Nacionalidad: ....

Número de identidad o número de seguridad social (si lo tiene): ....

Fecha de nacimiento: ....

Lugar de nacimiento: ....

Último domicilio conocido: ....

....

Idioma(s) que entiende (si se conocen): ....

....

1.1. Cuando la resolución de decomiso se refiere a una cantidad de dinero:
La resolución de decomiso se transmite al Estado de ejecución por los siguientes motivos (márquese la casilla correspondiente):

☐ a) El Estado de emisión tiene motivos razonables para creer que la persona contra la que se ha dictado la resolución de decomiso tiene bienes o ingresos en el Estado de ejecución. Añádase la información siguiente:

Motivos para creer que la persona tiene bienes o ingresos: ....

....

Descripción de los bienes o ingresos de la persona en cuestión: ....

....

Localización de los bienes de la persona en cuestión o procedencia de los ingresos (si se desconoce, indicar la última localización conocida): ....

....

☐ b) No hay motivos razonables, en el sentido de la letra a), que permitan al Estado de emisión determinar a qué Estados miembros puede transmitirse la resolución de decomiso, pero la persona contra la que se ha dictado la resolución de decomiso reside habitualmente en el Estado de ejecución. Añádase la información siguiente:

Residencia habitual en el Estado de ejecución: ....

....

1.2. Cuando la resolución de decomiso se refiera a bienes concretos:

La resolución de decomiso se transmite al Estado de ejecución por los siguientes motivos (márquese la casilla correspondiente):

☐ a) Los bienes concretos se encuentran en el Estado de ejecución. Véase el punto i).

☐ b) El Estado de emisión tiene motivos razonables para creer que los bienes concretos objeto de la resolución de decomiso se encuentran total o parcialmente en el Estado de ejecución. Añádase la información siguiente:

Motivos para creer que los bienes concretos se encuentran en el Estado de ejecución: ....

....

☐ c) No hay motivos razonables, en el sentido de la letra b), que permiten al Estado de emisión determinar a qué Estado miembro puede transmitirse la resolución de decomiso, pero la persona contra la que se ha dictado la resolución de decomiso reside habitualmente en el Estado de ejecución. Añádase la información siguiente:

Residencia habitual en el Estado de ejecución: ....

....

2. En el caso de una persona jurídica:

Apellido(s): ....

Forma de la persona jurídica: ....

Número de registro (si lo tiene) ([1]): ....

Domicilio social (si lo tiene) ([1]): ....

Dirección de la persona jurídica: ....

2.1. Cuando la resolución de decomiso se refiere a una cantidad de dinero:

La resolución de decomiso se transmite al Estado de ejecución por los siguientes motivos (márquese la casilla correspondiente):

☐ a) El Estado de emisión tiene motivos razonables para creer que la persona jurídica contra la que se ha dictado la resolución de decomiso tiene bienes o ingresos en el Estado de ejecución. Añádase la información siguiente:

Motivos para creer que la persona jurídica tiene bienes o ingresos: ....

Descripción de los bienes o ingresos de la persona jurídica: ....

....

Localización de los bienes de la persona jurídica o procedencia de los ingresos (si se desconoce, indicar la última localización conocida): ....

....

....

☐ b) No hay motivos razonables, en el sentido de la letra a), que permitan al Estado de emisión determinar a qué Estado miembro puede transmitirse la resolución de decomiso, pero la persona jurídica contra la que se ha dictado la resolución de decomiso tiene su domicilio social en el Estado de ejecución. Añádase la información siguiente:

Domicilio social en el Estado de ejecución: ....

....

([1]) Cuando la resolución de decomiso es transmitida al Estado de ejecución porque la persona jurídica contra la que se ha emitido la resolución de decomiso tiene su domicilio social en dicho Estado, deberán indicarse el número de registro y el domicilio social.

2.2. Cuando la resolución de decomiso se refiera a bienes concretos

La resolución de decomiso se transmite al Estado de ejecución por los siguientes motivos (márquese la casilla correspondiente):

☐ a) Los bienes concretos se encuentran en el Estado de ejecución. Véase el punto i).

☐ b) El Estado de emisión tiene motivos razonables para creer que los bienes concretos objeto de la resolución de decomiso se encuentran total o parcialmente en el Estado de ejecución. Añádase la información siguiente:

Motivos para creer que los bienes concretos se encuentran en el Estado de ejecución: ....

....

....

☐ c) No hay motivos razonables, en el sentido de la letra b), que permitan al Estado de emisión determinar a qué Estado miembro puede transmitirse la resolución de decomiso, pero la persona jurídica contra la que se ha dictado la resolución de decomiso reside habitualmente en el Estado de ejecución. Añádase la información siguiente:

Domicilio social en el Estado de ejecución: ....

....

....

i) Resolución de decomiso

Fecha en que se dictó la resolución de decomiso: ....

....

Fecha en que resultó firme la resolución de decomiso: ....

Número de referencia de la resolución de decomiso (si se conoce):..

1. Información acerca de la naturaleza de la resolución de decomiso

1.1. Márquese la casilla correspondiente si la resolución de decomiso se refiere a:

☐ una suma de dinero

Importe a ejecutar en el Estado de ejecución indicando la divisa (en cifras y en letras): ...

....

Importe total de la resolución de decomiso, con indicación de la divisa (en cifras y en letras): ....

....

☐ bienes concretos

Descripción de los bienes concretos: ....

....

Localización de los bienes concretos (si se desconoce, indicar la última localización conocida): ....

....

Si el decomiso de los bienes concretos requiere actuaciones en más de un Estado, describir las actuaciones necesarias: ....

....

1.2. El órgano jurisdiccional ha resuelto que los bienes (márquese la casilla del tipo correspondiente):

☐ i) proceden de la comisión de una infracción o son equivalentes en valor total o parcial de dicha procedencia,

☐ ii) constituyen los instrumentos para cometer esa infracción,

☐ iii) pueden decomisarse como resultado de la aplicación, en el Estado de emisión, de la potestad de decomiso ampliada citada en a), b) y c). El fundamento de la resolución lo constituye el hecho de que el órgano jurisdiccional, basándose en hechos concretos, ha llegado al pleno convencimiento de que los bienes de que se trata tienen alguno de los orígenes siguientes:

☐ a) actividades delictivas del condenado realizadas antes de la condena por el delito de que se trata, lo que ha considerado razonable el órgano jurisdiccional en las circunstancias de ese caso en concreto,

☐ b) actividades delictivas similares del condenado realizadas antes de la condena por el delito de que se trata, lo que ha considerado razonable el órgano jurisdiccional en las circunstancias de ese caso en concreto,

☐ c) actividades delictivas del condenado y comprobación de que el valor de los bienes es desproporcionado a sus ingresos legales,

☐ iv) pueden decomisarse en virtud de cualquier otra disposición sobre potestad de decomiso ampliada en virtud del derecho del Estado de emisión.

En el caso de que concurran dos o más tipos de decomiso, especifíquense los bienes que se decomisan en cada tipo de decomiso: ....
....

2. Información sobre las infracciones por las que se dictó la resolución de decomiso

2.1. Resumen de los hechos y descripción de las circunstancias, incluidos lugar y tiempo, en que se cometieron las infracciones por las que se dictó la resolución de decomiso:

....

....

....

....

2.2. Naturaleza y tipificación legal de las infracciones por las que se dictó la resolución de decomiso y disposición legal o código aplicable en que se basa la resolución dictada:

....

....

....

....

2.3. Márquense en la lista que se presenta a continuación aquellas infracciones del punto 2.2. que aparezcan en la siguiente lista, si la infracción está penalizada en el Estado de emisión con pena máxima de privación de libertad de un mínimo de tres años:

☐ pertenencia a una organización delictiva,

☐ terrorismo,

☐ trata de seres humanos,

☐ explotación sexual de los niños y pornografía infantil,

☐ tráfico ilícito de estupefacientes y sustancias psicotrópicas,

☐ tráfico ilícito de armas, municiones y explosivos,

☐ corrupción,

☐ fraude, incluido el que afecte a los intereses financieros de las Comunidades Europeas con arreglo al Convenio de 26 de julio de 1995 relativo a la protección de los intereses financieros de las Comunidades Europeas,

☐ blanqueo del producto del delito,

☐ falsificación de moneda, con inclusión del euro,

☐ delitos informáticos,

☐ delitos contra el medio ambiente, incluido el tráfico ilícito de especies animales protegidas y de especies y variedades vegetales protegidas,

☐ ayuda a la entrada y a la estancia irregulares,

☐ homicidio y agresión con lesiones graves,

☐ tráfico ilícito de órganos y tejidos humanos,

☐ secuestro, retención ilegal y toma de rehenes,

☐ racismo y xenofobia,

☐ robos organizados o a mano armada,

☐ tráfico ilícito de bienes culturales, incluidas las antigüedades y las obras de arte,

☐ estafa,

☐ chantaje y extorsión de fondos,

☐ violación de derechos de propiedad intelectual o industrial y falsificación de mercancías,

☐ falsificación de documentos administrativos y tráfico de documentos falsos,

☐ falsificación de medios de pago,

☐ tráfico ilícito de sustancias hormonales y otros factores de crecimiento,

☐ tráfico ilícito de materias nucleares o radiactivas,

☐ tráfico de vehículos robados,

☐ violación,

☐ incendio provocado,

☐ delitos incluidos en la competencia de la Corte Penal Internacional,

☐ apoderamiento ilícito de aeronaves y buques,

☐ sabotaje,

2.4. En caso de que las infracciones señaladas en el punto 2.2 por las que se dictó la resolución de decomiso no figuren en el punto 2.3, descríbanse detalladamente las infracciones cometidas (incluida la actividad delictiva real de que se trate, que puede ser distinta de la tipificación legal):

....

....

....

....

....

....

....

j) Procedimientos que derivan en la resolución de decomiso:

1. ☐ Sí, el imputado compareció en el juicio del que deriva la resolución de decomiso.
2. ☐ No, el imputado no compareció en el juicio del que deriva la resolución de decomiso.
3 Si ha marcado la casilla del punto 2, sírvase confirmar la existencia de uno de los siguientes hechos:

☐ 3.1a. el imputado fue citado en persona el día ... (día/mes/año) e informado así del lugar y la fecha previstos para el juicio del que deriva la resolución de decomiso, y se le informó de que podría dictarse una resolución en caso de incomparecencia en el juicio;

O bien

☐ 3.1b. el imputado no fue citado en persona, pero recibió efectivamente por otros medios, de tal forma que ha podido establecerse sin lugar a dudas que tenía conocimiento de la celebración prevista del juicio, información oficial de la fecha y lugar previstos para el mismo, y se le informó de que podría dictarse una resolución en caso de incomparecencia en el juicio;

O bien

☐ 3.2. teniendo conocimiento de la celebración prevista del juicio, el imputado dio mandato a un letrado, bien designado por él mismo o por el Estado, para que le defendiera en el juicio, y fue efectivamente defendido por dicho letrado en el juicio;

O bien

☐ 3.3. al imputado le fue notificada la resolución el ... (día/mes/año) y se le informó expresamente de su derecho a un nuevo juicio o a interponer recurso, en el que tendría derecho a comparecer y se volverían a examinar los argumentos presentados e incluso posibles nuevos elementos probatorios, y de que el juicio podría dar lugar a una resolución contraria a la inicial, y

☐ el imputado declaró expresamente que no impugnaba esta resolución;

O

☐ no solicitó un nuevo juicio ni interpuso un recurso dentro del plazo establecido;

4. Si ha marcado la casilla de los puntos 3.1b, 3.2 o 3.3 lo que respecta a la casilla que se haya seleccionado en el punto 3, se ruega proporcionar información sobre cómo se cumplió la condición pertinente:

....

....

k) Conversión y transferencia de bienes

1. Si la resolución de decomiso se refiere a bienes concretos, indíquese si el Estado de emisión permite que el decomiso en el Estado de ejecución adopte la forma de una orden de pago de una cantidad de dinero correspondiente al valor del bien de que se trate:

☐ Sí

☐ No

2. Si la resolución de decomiso se refiere a una cantidad de dinero, indíquese si pueden transferirse al Estado de emisión bienes distintos del dinero obtenido por la ejecución de la resolución de decomiso:

☐ Sí

☐ No

l) Medidas alternativas, incluidas las penas privativas de libertad

1. Indíquese si el Estado de emisión permite la aplicación por el Estado de ejecución de sanciones alternativas en el caso de que no sea posible ejecutar total o parcialmente la resolución de decomiso:

☐ Sí

☐ No

2. En caso de respuesta afirmativa, indíquense las sanciones aplicables (señalando el tipo y grado máximo de las mismas):

☐ Privación de libertad. Máximo: ....

☐ Servicios de interés social (o equivalente). Máximo: ....

☐ Otras sanciones. Descripción: ....

....

m) Otras circunstancias relacionadas con el asunto (información optativa):

....

....

n) Se adjunta al certificado el texto de la resolución de decomiso.
Firma de la autoridad que emite el certificado o de su representante dando fe del contenido del certificado: ....

....

....

Apellidos: ....

Función (cargo o grado): ....

Fecha: ....

Sello oficial (si lo hubiere):

ANEXO XII
CERTIFICADO PARA LA EJECUCIÓN DE RESOLUCIONES QUE EXIJAN EL PAGO DE SANCIONES PECUNIARIAS EN OTRO ESTADO MIEMBRO DE LA UNIÓN EUROPEA.

Mencionado en el artículo 4 de la Decisión Marco 2005/214/JAI del Consejo relativa a la aplicación del principio de reconocimiento mutuo de sanciones pecuniarias

a)

* Estado de emisión: ....
* Estado de ejecución: ....

b) Autoridad emisora de la resolución de imposición de sanción pecuniaria:

Denominación oficial: ....

Dirección: ....

....

Referencia del expediente [...]: ....

N.° de teléfono: (prefijo de país) (prefijo de ciudad o zona): ....

N.° de fax (prefijo de país) (prefijo de ciudad o zona): ....

Correo electrónico (si lo tiene): ....

Lenguas en que se puede comunicar con la autoridad emisora: ....

....

Datos de la persona o personas a las que hay que dirigirse para obtener información complementaria para la ejecución de la resolución o, en su caso, para transferir al Estado de emisión las cantidades percibidas con motivo de la ejecución (nombre, cargo/grado, n.° de teléfono, n.° de fax y, si tiene, dirección de correo electrónico): ....

....

....

c) Autoridad competente para la ejecución de la resolución de imposición de sanción pecuniaria en el Estado de emisión [si la autoridad es distinta de la autoridad indicada en la letra b)]:

Denominación oficial: ....

....

Dirección: ....

....

N.° teléfono: (prefijo de país) (prefijo de ciudad o zona): ....

N.° de fax (prefijo de país) (prefijo de ciudad o zona): ....

Correo electrónico (si lo tiene): ....

Lenguas en que es posible comunicar con la autoridad competente para la ejecución: ....

....

Datos de la persona o personas a las que hay que dirigirse para obtener información complementaria para la ejecución de la resolución o, en su caso, para transferir al Estado de emisión las cantidades percibidas con motivo de la ejecución (nombre, cargo/grado, n.° de teléfono, n.° de fax y, si tiene, dirección de correo electrónico): ....

....

....

d) En caso de designarse una autoridad central para la transmisión administrativa de las resoluciones de imposición de sanciones pecuniarias en el Estado de emisión:

Nombre de la autoridad central: ....

....

Persona de contacto, en su caso (cargo/grado y nombre): ....

....

Dirección: ....

....

Referencia del expediente: ....

N.° de teléfono (prefijo de país) (prefijo de ciudad o zona): ....

N.° de fax (prefijo de país) (prefijo de ciudad o zona): ....

Correo electrónico (si lo tiene): ....

e) Autoridad o autoridades con las que puede contactarse [en caso de que se hayan cumplimentado las letras c) y/o d)]:

☐ Autoridad mencionada en la letra b)

Para cuestiones relativas a: ....

☐ Autoridad mencionada en la letra c)

Para cuestiones relativas a: ....

☐ Autoridad mencionada en la letra d)

Para cuestiones relativas a: ....

f) Información relativa a la persona física o jurídica a la que se impuso la sanción pecuniaria:

1. En el caso de una persona física:

Apellido(s): ....

Nombre(s): ....

Apellidos de soltera (en su caso): ....

Alias (en su caso): ....

Sexo: ....

Nacionalidad: ....

Número de identidad o número de seguridad social (si lo tiene): ....

Fecha de nacimiento: ....

Lugar de nacimiento: ....

Último domicilio conocido: ....

....

Idioma(s) que entiende (si se conocen): ....

....

a) Si el motivo de transmitir la resolución al Estado de ejecución es que la persona contra la que va dirigida reside habitualmente en el Estado de ejecución, añádase la siguiente información:

Lugar de residencia habitual en el Estado de ejecución: ....

....

....

b) Si el motivo de transmitir la resolución al Estado de ejecución es que la persona contra la que va dirigida tiene bienes en el Estado de ejecución, añádase la siguiente información:

Descripción de los bienes de la persona: ....

Ubicación de los bienes de la persona: ....

c) Si el motivo de transmitir la resolución al Estado de ejecución es que la persona contra la que va dirigida obtiene ingresos en el Estado de ejecución, añádase la siguiente información:
Descripción de la fuente o fuentes de ingresos de la persona: ....
Ubicación de la fuente de ingresos de la persona: ....

2. En el caso de una persona jurídica:

Apellido(s): ....
Forma de la persona jurídica: ....
Número de registro (si lo tiene) (1): ....
Domicilio social (si lo tiene) (1): ....
Dirección de la persona jurídica: ....

a) Si el motivo de transmitir la resolución al Estado de ejecución es que la persona jurídica contra la que va dirigida tiene bienes en el Estado de ejecución, añádase la siguiente información:

Descripción de los bienes de la persona jurídica: ....
Ubicación de los bienes de la persona jurídica: ....
....

b) Si el motivo de transmitir la resolución al Estado de ejecución es que la persona jurídica contra la que va dirigida obtiene ingresos en el Estado de ejecución, añádase la siguiente información:

Descripción de la fuente o fuentes de ingresos de la persona jurídica: ....
Ubicación de la fuente o fuentes de ingresos de la persona jurídica: ....
....

g) Resolución de imposición de sanción pecuniaria:

1. Naturaleza de la resolución de imposición de sanción pecuniaria (márquese la casilla correspondiente):

☐ i) Resolución de un órgano jurisdiccional del Estado de emisión respecto de una infracción penal contemplada en la legislación del Estado de emisión.
☐ ii) Resolución de una autoridad del Estado de emisión, distinta de un órgano jurisdiccional, respecto de una infracción penal tipificada en la legislación del Estado de emisión. Se confirma que el interesado ha tenido la oportunidad de que su caso sea juzgado por un órgano jurisdiccional competente en asuntos penales.
☐ iii) Resolución de una autoridad del Estado de emisión, distinta de un órgano jurisdiccional, respecto de hechos punibles con arreglo al Derecho nacional del Estado de emisión por constituir infracción a normas legales. Se confirma que el interesado ha tenido la oportunidad de que su caso sea juzgado por un órgano jurisdiccional competente en asuntos penales.
☐ iv) Resolución de un órgano jurisdiccional competente en asuntos penales, en relación con una resolución contemplada en el inciso iii).

Fecha en que se dictó la resolución: ....
Fecha en que la resolución fue definitiva: ....
Número de referencia de la resolución (si lo tiene): ....

(1) Cuando la resolución es transmitida al Estado de ejecución, porque la persona jurídica contra la que va dirigida tiene su domicilio social en dicho Estado, entonces tendrán que completarse el número de registro y el domicilio social.

La sanción pecuniaria supone la obligación de pagar (márquese la casilla o casillas que procedan, indicando en cada caso la cuantía y la divisa correspondientes):

☐ i) Una cantidad de dinero en virtud de una condena por una infracción, impuesta mediante una resolución.

Cuantía: ....

☐ ii) Una compensación impuesta en la misma resolución en beneficio de las víctimas, cuando la víctima no pueda ser parte civil en el procedimiento y el órgano jurisdiccional actúe en el ejercicio de su competencia penal.

Cuantía: ....

☐ iii) Una cantidad de dinero en concepto de costas judiciales o gastos administrativos originados por los procedimientos que conducen a la resolución.

Cuantía: ....

☐ iv) Una cantidad de dinero a un fondo público o a una organización de apoyo a las víctimas, que imponga la misma resolución.

Cuantía: ....

Importe total de la sanción pecuniaria, indicando la divisa: ....

....

2. Resumen de los hechos y descripción de las circunstancias, incluidos lugar y tiempo, en que se cometieron el delito o delitos: ....

....

....

....

Naturaleza y tipificación legal de la infracción o infracciones y disposición legal o código aplicable en que se basa la resolución dictada: ....

....

....

....

3. Si la infracción o infracciones señaladas en el punto 2 se corresponden con una o más de las enumeradas a continuación, márquense la casilla o casillas correspondientes:

☐ pertenencia a organización delictiva,
☐ terrorismo,
☐ trata de seres humanos,
☐ explotación sexual de los niños y pornografía infantil,
☐ tráfico ilícito de estupefacientes y sustancias psicotrópicas,
☐ tráfico ilícito de armas, municiones y explosivos,
☐ corrupción,
☐ fraude, incluido el que afecte a los intereses financieros de las Comunidades Europeas con arreglo al Convenio de 26 de julio de 1995 relativo a la protección de los intereses financieros de las Comunidades Europeas,
☐ blanqueo del producto del delito,
☐ falsificación de moneda, con inclusión del euro,
☐ delitos informáticos,
☐ delitos contra el medio ambiente, incluido el tráfico ilícito de especies animales protegidas y de especies y variedades vegetales protegidas,
☐ ayuda a la entrada y a la estancia irregulares,
☐ homicidio y agresión con lesiones graves,
☐ tráfico ilícito de órganos y tejidos humanos,
☐ secuestro, detención ilegal y toma de rehenes,

☐ racismo y xenofobia,
☐ robos organizados o a mano armada,
☐ tráfico ilícito de bienes culturales, incluidas las antigüedades y las obras de arte,
☐ estafa,
☐ chantaje y extorsión de fondos,
☐ violación de derechos de propiedad intelectual o industrial y falsificación de mercancías,
☐ falsificación de documentos administrativos y tráfico de documentos falsos,
☐ falsificación de medios de pago,
☐ tráfico ilícito de sustancias hormonales y otros factores de crecimiento,
☐ tráfico ilícito de materias nucleares o radiactivas,
☐ tráfico de vehículos robados,
☐ violación,
☐ incendio provocado,
☐ delitos incluidos en la competencia de la Corte Penal Internacional,
☐ apoderamiento ilícito de aeronaves y buques,
☐ sabotaje,
☐ conducta contraria a la legislación de tráfico, incluidas las infracciones a la legislación sobre tiempos de conducción y de descanso y a las normas reguladoras del transporte de mercancías peligrosas,
☐ contrabando de mercancías,
☐ infracciones a los derechos de propiedad intelectual e industrial,
☐ amenazas y actos de violencia contra las personas, incluida la violencia durante los acontecimientos deportivos,
☐ vandalismo,
☐ robo,
☐ infracciones establecidas por el Estado de emisión y destinadas a dar cumplimiento a las obligaciones derivadas de instrumentos adoptados en virtud del Tratado CE o del Título VI del Tratado UE.

Si se marca esta casilla indíquense con precisión las disposiciones del instrumento adoptado sobre la base del tratado CE o del Tratado UE a que corresponde la infracción:
....
....

4. En caso de que la infracción o infracciones señaladas en el punto 2 no figuren en el punto 3, descríbanse con precisión: ....
....
....
....

h) Situación de la resolución de imposición de sanción pecuaniaria

1. Confírmese lo siguiente (márquense las casillas correspondientes):

☐ a) La resolución es firme.

☐ b) La autoridad que expide el certificado no tiene conocimiento de que en el Estado de ejecución se haya dictado una resolución contra la misma persona por los mismos hechos ni de que se haya ejecutado una resolución de este tipo dictada en un Estado distinto del Estado de emisión o el Estado de ejecución.

2. Señálese si el caso ha sido objeto de un procedimiento escrito:

☐ a) No lo ha sido

☐ b) Sí lo ha sido. Se confirma que, de acuerdo con la legislación del Estado de emisión, se han notificado al interesado, personalmente o a través de su representante competente con arreglo a la legislación nacional, su derecho a impugnar la resolución y los plazos para ejercer ese derecho.

3. Indique si el imputado compareció en el juicio del que deriva la resolución:

1. ☐ Sí, el imputado compareció en el juicio del que deriva la resolución.

2. ☐ No, el imputado no compareció en el juicio del que deriva la resolución.

3. Si ha marcado la casilla del punto 2, sírvase confirmar la existencia de uno de los siguientes hechos:

☐ 3.1a. el imputado fue citado en persona el ... (día/mes/año) e informado así del lugar y la fecha previstos para el juicio del que deriva la resolución, y se le informó de que podría dictarse una resolución en caso de incomparecencia en el juicio;

O bien

☐ 3.1b. el imputado no fue citado en persona, pero recibió efectivamente por otros medios, de tal forma que ha podido establecerse sin lugar a dudas que tenía conocimiento de la celebración prevista del juicio, información oficial de la fecha y lugar previstos para el mismo, y se le informó de que podría dictarse una resolución en caso de incomparecencia en el juicio;

O bien

☐ 3.2. teniendo conocimiento de la celebración prevista del juicio, el imputado dio mandato a un letrado, bien designado por él mismo o por el Estado, para que le defendiera en el juicio, y fue efectivamente defendido por dicho letrado en el juicio;

O bien

☐ 3.3. al imputado le fue notificada la resolución el ... (día/mes/año) y se le informó expresamente de su derecho a un nuevo juicio o a interponer recurso, en el que tendría derecho a comparecer y se volverían a examinar los argumentos presentados e incluso posibles nuevos elementos probatorios, y de que el juicio podría dar lugar a una resolución contraria a la inicial, y

☐ el imputado declaró expresamente que no impugnaba esta resolución;

O bien

☐ no solicitó un nuevo juicio ni interpuso un recurso dentro del plazo establecido;

O bien

☐ 3.4. el imputado, explícitamente informado del procedimiento y de la posibilidad de asistir en persona a un proceso, ha declarado explícitamente que renuncia al derecho de una vista oral y ha indicado explícitamente que no impugna la resolución.

4. Si ha marcado la casilla de los puntos 3.1b, 3.2, 3.3 o 3.4, se ruega proporcionar información sobre cómo se cumplió la condición pertinente:

....

....

5. Pago parcial de la sanción

Si ya se ha abonado una parte de la sanción en el Estado de emisión, o si le consta a la autoridad que emita el certificado que la ha pagado en cualquier otro Estado, indíquese el importe abonado:

i) Sanciones alternativas, incluidas las penas privativas de libertad

1. Indicar si el Estado de emisión permite la aplicación por el Estado de ejecución de sanciones alternativas en el caso de que no sea posible ejecutar la resolución sancionadora, ya sea total o parcialmente:

☐ sí

☐ no

2. En caso afirmativo, indicar las sanciones que es posible aplicar (su naturaleza y grado máximo):

☐ Privación de libertad. Tiempo máximo: ....

☐ Servicio comunitario (o equivalente). Tiempo máximo: ....

☐ Otras sanciones. Descripción: ....

....

j) Otras circunstancias relacionadas con el asunto (información facultativa):

....

....

k) Se adjunta al certificado el texto de la resolución de imposición de sanción pecuniaria...............

Firma de la autoridad que emita el certificado o de su representante que den fe de la exactitud del contenido del certificado: ....

....

Apellido(s): ....

Función (cargo/grado): ....

Fecha: ....

Sello oficial (si lo hubiere)

ANEXO XIII
CERTIFICADO PARA LA EJECUCIÓN DE EXHORTO EUROPEO DE OBTENCIÓN DE PRUEBAS

D) AUTORIDAD JURISDICCIONAL QUE VALIDA EL EXHORTO (CUANDO PROCEDA)

Si se ha marcado la letra d) de la sección C y el exhorto está validado, marcar el tipo de autoridad jurisdiccional que lo ha validado:

☐ a) Juez o tribunal

☐ b) Juez de instrucción

☐ c) Fiscal

Denominación oficial de la autoridad validadora:

....

Nombre de su representante:

....

Función (título/grado):

....

Número de registro:

....

Dirección:

....

Teléfono: (prefijo país) (prefijo local) ....

Fax (prefijo país) (prefijo local) ....

Correo electrónico: ....

E) CUANDO UNA AUTORIDAD CENTRAL SE HAGA CARGO DE LA TRANSMISIÓN Y .... RECEPCIÓN ADMINISTRATIVAS DE EXHORTOS Y, CUANDO PROCEDA, DE LA .... CORRESPONDENCIA OFICIAL RELACIONADA CON ELLOS

Denominación de la autoridad central: ....

....

Persona de contacto, en su caso (función/grado y nombre): ....

....

Dirección: ....

....

Número de registro: ....

Teléfono: (prefijo país) (prefijo local) ....

Fax (prefijo país) (prefijo local) ....

Correo electrónico: ....

F) AUTORIDAD O AUTORIDADES CON LAS QUE PUEDE CONTACTARSE [EN CASO DE QUE SE HAYAN CUMPLIMENTADO LAS SECCIONES D) O E)]:

☐ Autoridad mencionada en la sección C

Para cuestiones relativas a: ....

☐ Autoridad mencionada en la sección D

Para cuestiones relativas a: ....

☐ Autoridad mencionada en la sección E

Para cuestiones relativas a: ....

G) RELACIÓN CON ANTERIORES POSIBLES EXHORTOS O RESOLUCIONES DE EMBARGO PREVENTIVO

Si procede, indicar si el presente exhorto complementa un anterior exhorto o si es consecutivo a una resolución de embargo preventivo y, de ser así, facilitar la información pertinente que permita identificar el exhorto o la resolución (fechas de emisión del exhorto o de la resolución, autoridad a la que se transmitió y, si se conoce, fecha de transmisión del exhorto o resolución y números de referencia suministrados por la autoridad de emisión y la autoridad de ejecución):

....

....

....

....

H) TIPO DE PROCEDIMIENTO PARA EL QUE SE EXPIDE EL EXHORTO

Marcar el tipo de procedimiento para el que se expide el exhorto

☐ a) Para un proceso penal incoado por una autoridad jurisdiccional o proceso penal de que haya de conocer una autoridad jurisdiccional por delito tipificado en el ordenamiento jurídico del Estado de emisión.

☐ b) Procedimiento incoado por una autoridad administrativa por actos o hechos delictivos conforme al Derecho del Estado de emisión por estar tipificados en sus leyes, y cuando la decisión pueda dar lugar a un procedimiento ante una autoridad jurisdiccional competente, en particular, en materia penal.

☐ c) Procedimiento incoado por una autoridad jurisdiccional por actos o hechos delictivos conforme al Derecho del Estado de emisión por estar tipificados en sus leyes, y cuando la decisión pueda dar lugar a un procedimiento ulterior ante una autoridad jurisdiccional competente, en particular, en materia penal.

I) MOTIVOS DE LA EMISIÓN DEL EXHORTO

1. Resumen de los hechos y descripción de las circunstancias en que se han cometido los delitos que motivan el exhorto, entre ellos el momento y el lugar según los conozca la autoridad de emisión:

....

....

....

....

Naturaleza y calificación jurídica del delito o delitos que motivan el exhorto y norma legal o código aplicables:

....

....

....

....

2. Si procede, marcar aquellos de los siguientes delitos que en el ordenamiento jurídico del Estado de emisión sean punibles con pena o medida de seguridad privativa de libertad de un máximo de al menos tres años:

☐ pertenencia a organización delictiva
☐ terrorismo[1]
☐ trata de seres humanos
☐ explotación sexual de menores y pornografía infantil
☐ tráfico ilícito de estupefacientes y sustancias psicotrópicas
☐ tráfico ilícito de armas, municiones y explosivos
☐ corrupción
☐ fraude, incluido el que afecte a los intereses financieros de las Comunidades Europeas en el sentido del Convenio de 26 de julio de 1995 relativo a la protección de los intereses financieros de las Comunidades Europeas
☐ blanqueo del producto del delito
☐ falsificación de moneda, incluida la falsificación del euro
☐ delitos informáticos[1]
☐ delitos contra el medio ambiente, incluido el tráfico ilícito de especies animales protegidas y de especies y variedades vegetales protegidas
☐ ayuda a la entrada y residencia en situación ilegal
☐ homicidio voluntario, lesiones graves
☐ tráfico ilícito de órganos y tejidos humanos
☐ secuestro, detención ilegal y toma de rehenes
☐ racismo y xenofobia[1]
☐ atraco organizado o a mano armada
☐ tráfico ilícito de bienes culturales, incluidas las antigüedades y las obras de arte
☐ estafa[1]
☐ chantaje y extorsión[1]
☐ falsificación y piratería de productos
☐ falsificación de documentos administrativos y tráfico de documentos falsos
☐ falsificación de medios de pago
☐ tráfico ilícito de sustancias hormonales y otros factores de crecimiento
☐ tráfico ilícito de materiales radiactivos o sustancias nucleares
☐ tráfico de vehículos robados
☐ violación
☐ incendio voluntario
☐ delitos incluidos en la jurisdicción de la Corte Penal Internacional
☐ apoderamiento ilícito de aeronaves y buques
☐ sabotaje[1]

3. Descripción completa de las infracciones no enumeradas en el punto 2, por las que se expide el exhorto:

....

....

....

....

[1] Si el exhorto está dirigido a Alemania, y de acuerdo con la Declaración hecha por Alemania de conformidad con el artículo 23, apartado 4 de la Decisión Marco 2008/978/JAI del Consejo, de 18 de diciembre de 2008, relativa al exhorto europeo de obtención de pruebas para recabar objetos, documentos y datos destinados a procedimientos en materia penal, la autoridad de emisión puede además completar la casilla 1 para confirmar que los delitos entran en el ámbito de los criterios indicados por Alemania para este tipo de delitos.

J) IDENTIDAD DE LAS PERSONAS DE QUE SE TRATA

Información sobre la identidad de las personas físicas o jurídicas a las que se procesa o se puede procesar:

i) Para las personas físicas

Apellidos: ....

Nombre: ....

Apellidos de soltera o soltero, si ha lugar: ....

Apodo, si ha lugar: ....

Sexo: ....

Nacionalidad: ....

Número del documento nacional de identidad o número de afiliación a la seguridad social (cuando sea posible): ....

Fecha de nacimiento: ....

Lugar de nacimiento: ....

Residencia y dirección conocida; si no se supiera, la última dirección conocida: ....

....

Idiomas que la persona comprende (si se sabe): ....

ii) Para las personas jurídicas

Denominación: ....

Forma de la persona jurídica: ....

Denominación abreviada, nombre comúnmente utilizado o nombre comercial, si ha lugar:

....

Sede de registro (si se dispone de este dato): ....

Número de registro: ....

Dirección de la persona jurídica:

....

K) OBJETOS, DOCUMENTOS O DATOS RECABADOS POR EL EXHORTO

1. Descripción de lo que se solicita en el exhorto (marque y complete las casillas que correspondan):

☐ Objetos (especificarlos):

....

....

....

☐ Documentos (especificarlos):

....

....

....

☐ Datos (especificarlos):

....

....

....

2. Ubicación de los objetos, documentos o datos (si se desconoce, última ubicación conocida):
....
....
....

3. Si se trata de personas distintas de las que figuran en las casillas J i) y ii), información sobre la identidad de las personas físicas o jurídicas de las que se supone que poseen objetos, documentos o datos:

i) Para las personas físicas:
Apellidos: ....
Nombre: ....
Apellidos de soltera o soltero, si ha lugar: ....
Apodo, si ha lugar: ....
Sexo: ....
Nacionalidad: ....
Número del documento nacional de identidad o número de afiliación a la seguridad social (cuando sea posible): ....
Fecha de nacimiento: ....
Lugar de nacimiento: ....
Residencia y dirección conocida; si no se supiera, la última dirección conocida: ....
....
Idiomas que la persona comprende (si se sabe): ....

ii) Para las personas jurídicas
Denominación: ....
Forma de la persona jurídica: ....
Denominación abreviada, nombre comúnmente utilizado o nombre comercial, si ha lugar:
....
Sede de registro (si se dispone de este dato): ....
Número de registro: ....
Dirección de la persona jurídica:
....
Otras direcciones donde tenga actividad empresarial:
....

L) EJECUCIÓN DEL EXHORTO

1. Los plazos para la ejecución del exhorto se establecen en la Decisión Marco 2008/978/JAI del Consejo[1]. Sin embargo, si la solicitud es particularmente urgente se ruega indicar otro plazo más breve y justificarlo, marcando la casilla correspondiente:

   Plazo más breve: ....(dd/mm/aaaa)

   Motivos:

   ☐ Plazos impuestos por el procedimiento

   ☐ Otras circunstancias especialmente urgentes (especificarlas) ....

2. Marcar y cumplimentar, cuando proceda

   ☐ Se solicita a la autoridad de ejecución que cumpla los trámites y procedimientos siguientes[2]

   ....

   ....

   ☐ El exhorto de obtención de pruebas también comprenderá todo objeto, documento y dato que la autoridad de ejecución descubra al ejecutar el presente exhorto y que, sin mediar otras investigaciones complementarias, considere pertinente para los procedimientos a cuyos efectos se ha expedido el presente exhorto.

   ☐ Se requiere que la autoridad de ejecución tome declaración a las personas presentes durante la ejecución del presente exhorto que estén directamente relacionadas con el presente exhorto.

M) RECURSOS

1. Descripción de los recursos de que disponen en el Estado de emisión las partes interesadas, incluidos terceros de buena fe, y de los trámites que deben cumplir:

   ....

   ....

2. Tribunal ante el que puede interponerse el recurso

   ....

   ....

3. Información sobre quiénes pueden interponer el recurso

   ....

   ....

4. Plazo para interponer el recurso

   ....

5. Organismo del Estado de emisión que puede suministrar más información sobre procedimientos para interponer recurso en dicho Estado y sobre la posibilidad de obtener asistencia letrada y traducción e interpretación.

   Denominación: ....

   Persona de contacto (si procede): ....

   Dirección: ....

   Teléfono: (prefijo país) (prefijo local) ....

   Fax (prefijo país) (prefijo local) ....

   Correo electrónico: ....

[1] DO L350 de 30.12.2008, p. 72.

[2] Se supone que la autoridad de ejecución cumplirá con las formalidades y procedimientos indicados por la autoridad de expedición a menos que sean contrarios a los principios fundamentales del Derecho del Estado de ejecución. No obstante, ello no creará ninguna obligación de tomar medidas coercitivas.

N) DISPOSICIONES FINALES Y FIRMA

1. Información opcional que se dará solo en relación con Alemania.

   ☐ Se declara que el (los) delito(s) correspondientes con arreglo al Derecho del Estado de emisión se incluye(n) en el ámbito de los criterios indicados por Alemania en la declaración[1] formulada de acuerdo con el artículo 23, apartado 4 de la Decisión Marco 2008/978/JAI del Consejo.

2. Otra información pertinente para la causa, si la hay:

   ....

   ....

3. Medios para trasladar los objetos, documentos o datos:

   ☐ Correo electrónico:

   ☐ Fax

   ☐ Envío del original por correo

   ☐ Otros medios (especificar)

   ....

4. Firma de la autoridad de emisión o de su representante, por la que se certifica la exactitud del contenido del exhorto:

   ....

   Nombre y apellidos: ....

   Función (título/grado): ....

   Fecha: ....

   Sello oficial (si lo hay):

O) SI LA SECCIÓN D) ESTÁ COMPLETA, FIRMA Y DATOS DEL REPRESENTANTE DE LA AUTORIDAD VALIDADORA

....

Nombre y apellidos: ....

Función (título/grado):

....

Fecha:

....

Sello oficial (si lo hay):

[1] DO L 350 de 30.12.2008, p. 72.

§ 7. Real Decreto 840/2011, de 17 de junio, por el que se establecen las circunstancias de ejecución de las penas de trabajo en beneficio de la comunidad y de localización permanente en centro penitenciario, de determinadas medidas de seguridad, así como de la suspensión de la ejecución de la penas privativas de libertad y sustitución de penas

(*BOE* de 18 de Junio de 2011)

ÍNDICE SISTEMÁTICO

§ 7. Real Decreto 840/2011, de 17 de junio, por el que se establecen las circunstancias de ejecución de las penas de trabajo en beneficio de la comunidad y de localización permanente en centro penitenciario, de determinadas medidas de seguridad, así como de la suspensión de la ejecución de la penas privativas de libertad y sustitución de penas

(*BOE* de 18 de Junio de 2011)

La Ley Orgánica 5/2010, de 22 de junio, ha incidido de manera tan relevante en el sistema de medidas penales -penas y medidas de seguridad- diseñado por el vigente Código Penal, que por sí misma hace necesario un nuevo marco reglamentario regulador de las circunstancias de ejecución de las penas de trabajos en beneficio de la comunidad y de localización permanente, de determinadas medidas de seguridad, así como de la suspensión y sustitución de la ejecución de las penas privativas de libertad, del mismo modo que la Ley Orgánica 15/2003, de 25 de noviembre, determinó el Real Decreto 515/2005, de 6 de mayo.

Así, respecto de la pena de localización permanente, pueden destacarse como novedades significativas la ampliación de su límite de cumplimiento, que como pena leve pasa de doce días a tres meses; su expresa previsión como pena menos grave, con duración comprendida entre tres meses y un día hasta los seis meses; la expresa regulación de su cumplimiento excepcional en centro penitenciario en régimen de fin de semana y días festivos, como respuesta apropiada para supuestos de reiteración de infracciones, actualmente limitadas a las faltas de hurto; la novedosa proyección de su ámbito de aplicación al marco de la sustitución de las penas privativas de libertad; y finalmente la habilitación de manera expresa a la Autoridad Judicial para que pueda acordar la utilización de medios de control mecánicos y electrónicos que permitan la localización del reo.

A su vez, respecto de la pena de trabajos en beneficio de la comunidad dicha reforma legal ha supuesto una clara ampliación de su contenido estricto, consistente en la prestación no remunerada de actividades de utilidad social, al contemplarse la posibilidad de la eventual participación del penado en talleres o programas formativos o de reeducación de contenido y proyección plural -laborales, culturales, de educación vial, sexual y otros similares-, que si bien ya se había anticipado en el Real Decreto 1849/2009, de 4 de diciembre, que modificó el Real Decreto 515/2005, de 6 de mayo, ahora ya no ve restringida su aplicación a infracciones relacionadas con la seguridad vial.

Además la reforma legal ha abordado una importante modificación de la regulación de las medidas de seguridad, que se articula entre otros aspectos, en primer lugar, en que se ha sustituido el catálogo de las medidas de seguridad no privativas de libertad, destacando la introducción de la libertad vigilada, que impone el cumplimiento por el sentenciado de ciertas obligaciones y prohibiciones judicialmente establecidas –a las que se han reconducido las medidas de seguridad suprimidas, juntamente con otras diferentes–, y a ello debe sumarse la previsión dentro de la libertad vigilada de una modalidad postpenitenciaria, cuya aplicación se reserva por la ley a una peligrosidad criminal asociada no ya a supuestos de inimputabilidad o semiimputabilidad, sino a la propia tipología delictiva, bien que limitada a casos muy tasados –delitos de terrorismo y ciertos delitos contra la libertad e indemnidad sexual. Por otra parte la reforma de la Ley Orgánica 5/2010, de 22 de junio, ha suprimido la intervención del Juez de Vigilancia en la dinámica del procedimiento revisor de las medidas de seguridad no privativas de libertad, dando así acogida al criterio establecido por el Tribunal Supremo, que a su vez asumió en este sentido anteriores advertencias doctrinales y de los propios Jueces de Vigilancia; tan solo se ha conservado su presencia en la custodia familiar y en relación con la libertad vigilada postpenitenciaria, atendida en este último caso la inmediata relación del Juez de Vigilancia con las Instituciones Penitenciarias a las que se confió el cumplimiento material de la pena de prisión, tras cuyo término se activa esta modalidad de libertad vigilada.

La necesidad de adaptar la actividad de las Instituciones Penitenciarias en relación con estas nuevas previsiones legales justifica, como se ha dicho, la necesidad de un nuevo marco reglamentario. Pero además se han incorporado varias novedades, de índole terminológica unas; nacidas otras de la conveniencia de racionalizar la intervención de las Instituciones Penitenciarias conforme a los cometidos naturales que le son propios; y finalmente, la reordenación del procedimiento de definición de los planes administrativos -de ejecución, o control e intervención y seguimiento-, otorgándole carácter ejecutivo, bien que sometido al necesario control judicial, ante las distorsiones originadas por el modelo aplicado hasta ahora.

Respecto de las novedades terminológicas, puede reseñarse en primer lugar la mención de los Servicios de gestión de penas y medidas alternativas, unidades administrativas dependientes de la Administración penitenciaria que están configuradas como equipos multidisciplinares en los que se integran los servicios sociales penitenciarios, y que tienen encomendado el cumplimiento de las penas y medidas alternativas a la privación de libertad; en segundo lugar la expresa referencia a la resolución o mandamiento judicial de la medida penal de que se trate, para designar la resolución que comunica a la Institución Penitenciaria su deber de activar el correspondiente plan de ejecución, o de intervención, control y seguimiento; y finalmente, la cita del órgano jurisdiccional competente para la ejecución, que viene a sustituir a la mención del Juez o Tribunal sentenciador: las nuevas realidades derivadas de la aparición de los Jueces de Ejecutorias y especialmente de la posibilidad que el Juez de Instrucción sea el juez sentenciador en los casos de conformidad contemplados en el trámite del artículo 801 de la Ley de Enjuiciamiento Criminal, se entiende que obligan a contemplar una nueva denominación de esa Autoridad Judicial a la que se atribuye la competencia de hacer ejecutar lo juzgado, que ya no necesariamente se corresponde con la tradicional denominación de Juez o Tribunal sentenciador.

Entre las demás novedades, cabe destacar las realizadas en la pena de trabajo en beneficio de la comunidad. Así, debe partirse de que la legislación impone que el cumplimiento de todas las penas y medidas de seguridad debe realizarse bajo el control de los Jueces y Tribunales, conforme a lo establecido en el art. 3.2 del vigente Código Penal; pero la existencia de un control judicial de ejecución presupone la existencia de una ejecución administrativa que pueda llegar a ser controlada, y en este sentido el mecanismo elegido por el Real Decreto 515/2005 era el de un control judicial a priori, basado en una propuesta de la Administración que en el caso del trabajo en beneficio de la comunidad el Juez de Vigilancia debía previamente aprobar, lo que en la práctica implicaba dificultades de notificación de las resoluciones judiciales a reos que no se encuentran a inmediata disposición del Juzgado correspondiente. En el nuevo modelo diseñado por el presente real decreto, ordenada la ejecución por el órgano jurisdiccional competente, articulada a través de la oportuna orden o mandamiento judicial de ejecución –o de control y seguimiento–, la Administración Penitenciaria procederá a su materialización, definiendo un plan administrativo que se concretará previa citación para audiencia del sentenciado, que tiene así la oportunidad de expresar sus prioridades individuales y sociales –familiares, educativas, laborales–; una vez notificado al sentenciado el plan, éste tiene ejecutividad, y el sentenciado deberá proceder a su cumplimiento escrupuloso, sin perjuicio de las facultades revisoras de la Autoridad Judicial a la que se confíe el control judicial de legalidad de la ejecución administrativa de la medida penal de que se trate, articuladas a través de la puesta en conocimiento del plan, sin perjuicio de que el sentenciado pueda oponerse al mismo.

Por lo demás, en el capítulo I se regula el objeto del real decreto, que se concentra en la ordenación de la actividad penitenciaria ante la regulación de estas medidas penales –penas y medidas de seguridad–, e incorpora las definiciones de conceptos que aparecen reiteradamente a lo largo del articulado para facilitar su comprensión; en el capítulo II se regulan las circunstancias de ejecución de la pena de trabajos en beneficio de la comunidad; en el capítulo III se regula las condiciones de ejecución de la pena de localización permanente en la modalidad de cumplimiento en Centro Penitenciario; en el capítulo IV se regula el procedimiento de control y seguimiento, realizado por la Administración penitenciaria, de las obligaciones y prohibiciones impuestas como condición de la suspensión de ejecución de penas privativas de libertad o de la sustitución judicialmente establecidas; en el capítulo V se regula el procedimiento de ejecución de medidas de seguridad, dividiéndose en dos secciones, la primera relativa a las medidas de seguridad privativas de libertad, donde se hace una remisión a lo establecido en el Reglamento Penitenciario respecto del cumplimiento en Hospital Psiquiátrico Penitenciario; la segunda, dedicada a la libertad vigilada pospenitenciaria, regulando la necesidad de elevación de un informe que concrete el contenido de dicha libertad vigilada por parte de la Junta de Tratamiento a solicitud del Juez de Vigilancia penitenciaria, en orden a la propuesta que el mismo debe dirigir al órgano jurisdiccional competente para la ejecución. Finalmente, el capítulo VI regula las disposiciones comunes aplicables a todo el real decreto.

En su virtud, a propuesta del Ministro del Interior, con la aprobación previa del Ministro de Política Territorial y Administración Pública, de acuerdo con el Consejo de Estado, y previa deliberación del Consejo de Ministros en su reunión del día 17 de junio de 2011,

DISPONGO:

CAPÍTULO I
DISPOSICIONES GENERALES

Artículo 1. *Objeto.* Este real decreto tiene por objeto la regulación de las actuaciones que debe realizar la Administración penitenciaria para hacer efectivo el cumplimiento de las penas de localización permanente en centro penitenciario, de trabajos en beneficio de la comunidad, de determinadas medidas de seguridad, así como de la sustitución y suspensión de la ejecución de las penas privativas de libertad.

Artículo 2. *Definiciones.* A los efectos de este real decreto, se entenderá por:

1. Trabajos en beneficio de la comunidad, que no podrán imponerse sin el consentimiento del penado, le obligan a prestar su cooperación no retribuida en determinadas actividades de utilidad pública, que podrán consistir, en relación con delitos de similar naturaleza al cometido por el penado, en labores de reparación de los daños causados o de apoyo o asistencia a las víctimas, así como en la partici-

pación del penado en talleres o programas formativos o de reeducación, laborales, culturales, de educación vial, sexual y otros similares

2. Localización permanente: La localización permanente tendrá una duración de hasta seis meses. Su cumplimiento obliga al penado a permanecer en su domicilio o en un lugar determinado fijado por el juez en la sentencia, o posteriormente en auto motivado.

No obstante, en los casos en los que la localización permanente esté prevista como pena principal, atendiendo a la reiteración en la comisión de la infracción y siempre que así lo disponga expresamente el concreto precepto aplicable, el Juez podrá acordar en sentencia que la pena de localización permanente se cumpla los sábados, domingos y días festivos en el centro penitenciario más próximo al domicilio del penado.

3. Libertad vigilada: La libertad vigilada consistirá en el sometimiento del condenado a control judicial a través del cumplimiento por su parte de alguna o algunas de las siguientes medidas señaladas en el artículo 106 del Código Penal:

a) La obligación de estar siempre localizable mediante aparatos electrónicos que permitan su seguimiento permanente.

b) La obligación de presentarse periódicamente en el lugar que el Juez o Tribunal establezca.

c) La de comunicar inmediatamente, en el plazo máximo y por el medio que el Juez o Tribunal señale al efecto, cada cambio del lugar de residencia o del lugar o puesto de trabajo

d) La prohibición de ausentarse del lugar donde resida o de un determinado territorio sin autorización del Juez o Tribunal.

e) La prohibición de aproximarse a la víctima, o a aquellos de sus familiares u otras personas que determine el Juez o Tribunal.

f) La prohibición de comunicarse con la víctima, o con aquellos de sus familiares u otras personas que determine el Juez o Tribunal.

g) La prohibición de acudir a determinados territorios, lugares o establecimientos.

h) La prohibición de residir en determinados lugares.

i) La prohibición de desempeñar determinadas actividades que puedan ofrecerle o facilitarle la ocasión para cometer hechos delictivos de similar naturaleza.

j) La obligación de participar en programas formativos, laborales, culturales, de educación sexual u otros similares.

k) La obligación de seguir tratamiento médico externo, o de someterse a un control médico periódico.

4. Servicios de gestión de penas y medidas alternativas: unidades administrativas multidisciplinares dependientes de la Administración penitenciaria que tienen encomendado la tarea de ejecución de las medidas y penas alternativas a la privación de libertad.

5. Establecimientos penitenciarios: aquellos centros de la Administración penitenciaria destinados al cumplimiento de las penas y de las medidas de seguridad privativas de libertad.

CAPÍTULO II
DEL CUMPLIMIENTO DE LA PENA DE TRABAJOS EN BENEFICIO DE LA COMUNIDAD

Artículo 3. *Comunicación de la resolución judicial.* Recibida la resolución o mandamiento judicial que determine las condiciones de cumplimiento de la pena de trabajos en beneficio de la comunidad, así como los particulares necesarios, los servicios de gestión de penas y medidas alternativas del lugar donde el penado tenga fijada su residencia realizarán las actuaciones necesarias para hacer efectivo el cumplimiento de la pena.

Artículo 4. *Determinación de los puestos de trabajo.* 1. El trabajo en beneficio de la comunidad será facilitado por la Administración estatal, autonómica o local. A tal fin, podrán establecer los oportunos convenios entre sí o con entidades públicas o privadas que desarrollen actividades de utilidad pública, debiendo remitir mensualmente a la Administración penitenciaria la relación de plazas disponibles en su territorio.

2. La Administración penitenciaria supervisará sus actuaciones y les prestará el apoyo y asistencia necesarios para su eficaz desarrollo.

3. El penado podrá proponer un trabajo concreto, que será valorado por la Administración penitenciaria para la verificación del cumplimiento de los requisitos establecidos en el Código Penal y en este real decreto, poniéndose en conocimiento del Juez de Vigilancia Penitenciaria.

Artículo 5. *Valoración y selección del trabajo.* 1. Los servicios de gestión de penas y medidas alternativas, una vez recibidos el mandamiento u orden judicial de ejecución y los particulares necesarios, realizarán la valoración del caso para determinar la actividad más adecuada, informando al penado de las distintas plazas existentes, con indicación expresa de su cometido y del horario en que debería realizarlo; así mismo, se escuchará la propuesta que el penado realice.

Cuando las circunstancias o características vinculadas a la persona condenada, o derivadas de su etiología delictiva, así lo aconsejen, los profesionales de los servicios de gestión de penas y medidas alternativas ofertarán al penado que la pena de trabajo en beneficio de la comunidad se cumpla con su participación en talleres o programas formativos o de reeducación, laborales, culturales, de educación vial, sexual y otros similares, de los que la Administración Penitenciaria venga desarrollando como parte de las políticas públicas de esta naturaleza, o que cuenten con su aprobación si el cumplimiento mediante esta modalidad se realizara en un ámbito o institución no penitenciaria.

2. Al citar al penado, los servicios de gestión de penas y medidas alternativas le advertirán de las consecuencias de su no comparecencia. En los supuestos de incomparecencia no justificada remitirán los testimonios oportunos al órgano jurisdiccional competente para la ejecución.

3. Realizada la valoración, se elaborará el plan de ejecución dándose traslado al Juzgado de Vigilancia Penitenciaria para su control, sin perjuicio de su inmediata ejecutividad.

No obstante, en el caso de que el penado acredite fehacientemente que se opone al cumplimiento del plan de ejecución, se informará al Juez de Vigilancia Penitenciaria de tal hecho, a los efectos que considere oportunos.

Artículo 6. *Jornada y horario.* 1. Cada jornada tendrá una duración máxima de ocho horas diarias. Para determinar la duración y el plazo en el que deberán cumplirse las jornadas, se valorarán las cargas personales o familiares del penado, así como sus circunstancias laborales y, en el caso de programas o talleres, la naturaleza de los mismos.

2. La ejecución de esta pena estará regida por un principio de flexibilidad para compatibilizar, en la medida de lo posible, el normal desarrollo de las actividades diarias del penado con el cumplimiento de la pena impuesta. A tal efecto, cuando concurra causa justificada, se podrá contemplar el cumplimiento de la pena de forma partida, en el mismo o en diferentes días.

Artículo 7. *Seguimiento y control.* 1. Durante el cumplimiento de la condena, el penado deberá seguir las instrucciones que reciba del Juez de Vigilancia Penitenciaria, de los servicios de gestión de penas y medidas alternativas, así como las directrices de la entidad para la que preste el trabajo.

2. La Administración pública o entidad privada que desarrolle actividades de utilidad pública y que haya facilitado el trabajo al penado, informará periódicamente a los servicios de gestión de penas y medidas alternativas de la actividad que va siendo desarrollada por el penado y de las incidencias relevantes durante el desarrollo del plan de ejecución, así como de la finalización del mismo.

Artículo 8. *Incidencias durante el cumplimiento.* Efectuadas las verificaciones necesarias, los servicios de gestión de penas y medidas alternativas comunicarán al Juez de Vigilancia Penitenciaria las incidencias relevantes de la ejecución de la pena, a los efectos y en los términos previstos en el artículo 49.6.ª y 7.ª del Código Penal.

Artículo 9. *Informe final.* Una vez cumplido el plan de ejecución, los servicios de gestión de penas y medidas alternativas informarán de tal extremo al Juez de Vigilancia Penitenciaria y al órgano jurisdiccional competente para la ejecución, a los efectos oportunos.

Articulo 10. *Información general y particular.* 1. La Administración Penitenciaria facilitará, con carácter general a las autoridades judiciales y fiscales y a los colegios de abogados, cuando así se reclamen por éstas, información relativa a esta pena, su forma de ejecución y trabajo disponible.

2. Esta información también se transmitirá a todas aquellas personas, previa solicitud de éstas, que se encuentren en situación procesal susceptible de que se les aplique esta pena, así como a sus letrados.

Artículo 11. *Seguridad Social y prevención de riesgos laborales.* 1. Los penados a trabajos en beneficio de la comunidad que se encuentren cumpliéndola, únicamente estarán incluidos en la acción protectora del Régimen General de la Seguridad Social a efectos de las contingencias de accidentes de trabajo y enfermedades profesionales por los días de prestación efectiva de dicho trabajo, salvo que realicen el cumplimiento de esta pena mediante su participación en talleres o programas formativos o de reeducación, laborales, culturales, de educación vial, sexual y otros similares, en cuyo caso estarán excluidos de la citada acción protectora.

2. En las mismas condiciones previstas en el apartado anterior, estarán protegidos por la normativa laboral en materia de prevención de riesgos laborales.

CAPÍTULO III
DEL CUMPLIMIENTO DE LA PENA DE LOCALIZACIÓN PERMANENTE EN CENTRO PENITENCIARIO

Artículo 12. *Competencia de la Administración penitenciaria.* La Administración penitenciaria será competente para la ejecución de la pena de localización permanente en los casos en los que haya recaído resolución judicial que acuerde que el lugar de cumplimiento sea un establecimiento penitenciario.

Artículo 13. *Lugar, horario y modo de cumplimiento.* 1. Cuando conforme a lo establecido en el artículo 37.1 del Código Penal así se disponga por la autoridad judicial, la pena de localización permanente se cumplirá los sábados, domingos y días festivos en el establecimiento penitenciario más próximo al domicilio del penado. En el caso de que existan varios establecimientos penitenciarios en la misma localidad, el lugar de cumplimiento se determinará por la Administración penitenciaria.

2. Recibida la resolución o mandamiento judicial que determine el cumplimiento de la pena de localización permanente en establecimiento penitenciario, así como los particulares necesarios, por el establecimiento penitenciario se definirá el plan de ejecución y será comunicado al órgano jurisdiccional competente para la ejecución, sin perjuicio de su inmediata ejecutividad. Se entregará una copia del mismo al penado, que firmará la notificación.

3. No obstante, en el caso de que el penado acredite fehacientemente que se opone al plan de ejecución, se informará al órgano jurisdiccional competente para la ejecución de tal hecho, a los efectos que considere oportunos.

4. El ingreso tendrá lugar el sábado o día festivo inmediatamente anterior entre las 9 y las 10 horas y la permanencia será ininterrumpida hasta las 21 horas del domingo o, en su caso, del día festivo inmediatamente posterior. Este mismo horario se observará en el supuesto de día festivo no enlazado.

No se admitirá al penado que se presente una vez transcurrido el horario de ingreso, o bien dentro de ese horario evidenciando un estado psicofísico incompatible con el normal cumplimiento de la pena, o concurriendo circunstancias que notoriamente obstaculicen el mismo. De estos hechos se levantará acta en la que se indicará expresamente la hora en la que se ha presentado y las razones alegadas por el penado para justificar el retraso, así como las circunstancias concurrentes, en su caso, remitiéndose al órgano jurisdiccional competente para la ejecución.

5. El penado cumplirá la pena de localización permanente en la celda que se le asigne. Se procurará que disfrute de un mínimo de 4 horas diarias fuera de la misma.

El penado tendrá derecho a disponer, a su costa, de un pequeño reproductor de música o radio en su celda, así como de libros, prensa y revistas impresas de pública circulación, y no podrá recibir comunicaciones, visitas ni paquetes.

6. El penado deberá respetar las normas de régimen interior, mantener en buen estado su celda, efectuando las labores de limpieza y aseo de la misma antes de desalojarla, adoptar las medidas de higiene personal que se le indiquen, mantener un buen comportamiento y acatar las instrucciones y órdenes que reciba.

7. La tenencia de ropa y demás efectos personales en el interior de la celda quedará limitada a la que sea normal para su uso durante el tiempo de permanencia en el Centro, debiendo ser objeto de determinación en las normas de régimen interior.

8. El penado estará sometido al régimen general del establecimiento, en cuanto resulte de aplicación a la naturaleza de esta pena y su forma de ejecución.

9. Cumplida la pena, el establecimiento penitenciario remitirá un informe final al órgano jurisdiccional competente para la ejecución.

10. En defecto de lo establecido en los apartados anteriores se aplicarán los preceptos de la Ley Orgánica General Penitenciaria y de su Reglamento de desarrollo, en cuanto no se opongan a la naturaleza de la pena ni a sus condiciones de cumplimiento.

CAPÍTULO IV
DE LA SUSPENSIÓN DE LA EJECUCIÓN DE PENAS PRIVATIVAS DE LIBERTAD Y DE LA SUSTITUCIÓN DE PENAS

Artículo 14. *Comunicación de la resolución judicial.* Recibida la resolución o mandamiento judicial que determine las condiciones de cumplimiento de la suspensión de la ejecución de una pena privativa de libertad, así como los particulares necesarios, cuando se imponga algunos de los deberes u obligaciones previstos en el artículo 83.1.5.ª y 6.ª del Código Penal o la condición de tratamiento y demás requisitos previstos en su artículo 87, los servicios que gestionan las penas y medidas alternativas del lugar donde el penado tenga fijada su residencia realizarán las actuaciones necesarias para hacer efectivo su cumplimiento.

Artículo 15. *Elaboración del plan de intervención y seguimiento.* 1. Una vez recibida en los servicios de gestión de penas y medidas alternativas la documentación prevista en el artículo anterior, procederán al estudio y valoración de la situación del condenado y, en atención a la misma, elaborarán el plan individual de intervención y seguimiento, que se comunicará para su conocimiento al órgano jurisdiccional competente para la ejecución sin perjuicio de su inmediata ejecutividad.

2. En el caso de que las circunstancias del condenado hagan necesario modificar alguna de las obligaciones inicialmente impuestas, se realizará la propuesta en el plan de intervención y se estará a la espera de lo que resuelva el órgano jurisdiccional competente para la ejecución.

3. No obstante, en el caso de que el penado acredite fehacientemente que se opone al cumplimiento del plan de intervención, se informará al órgano jurisdiccional competente para la ejecución de tal hecho, a los efectos que considere oportunos

Artículo 16. *Remisión al centro o servicio específico.* Cuando corresponda, los servicios de gestión de penas y medidas alternativas remitirán el caso al servicio o centro correspondiente, para que el condenado inicie o continúe el tratamiento o programa judicialmente establecidos.

Artículo 17. *Seguimiento y control.* Durante el periodo de suspensión, los servicios de gestión de penas y medidas alternativas efectuarán el control de las condiciones fijadas en el plan de intervención y seguimiento.

Artículo 18. *Informes.* 1. Los servicios de gestión de penas y medidas alternativas informarán al órgano jurisdiccional competente para la ejecución sobre la observancia de las reglas de conducta impuestas cuando así lo solicite o con la frecuencia que éste determine y, en todo caso, cada tres meses conforme al Código Penal.

2. Así mismo, informarán cuando las circunstancias personales del condenado se modifiquen, cuando se produzca cualquier incumplimiento de las reglas de conducta impuestas y cuando haya finalizado el cumplimiento de las obligaciones impuestas.

Artículo 19. *Sustitución de penas.* En el supuesto de sustitución regulado en el artículo 88.1 del Código Penal, si se impusiere al condenado, junto a la pena de trabajos en beneficio de la comunidad la obligación de seguir un programa específico de reeducación y tratamiento psicológico, los servicios de gestión de penas y medidas alternativas remitirán el condenado al centro, institución o servicio específico para la realización de dicho programa, de forma compatible con el cumplimiento de la pena, y realizarán el pertinente seguimiento del programa del que informarán oportunamente al órgano jurisdiccional competente para la ejecución.

CAPITULO V
DEL CUMPLIMIENTO DE MEDIDAS DE SEGURIDAD COMPETENCIA DE LA ADMINISTRACIÓN PENITENCIARIA

SECCIÓN 1.ª
MEDIDAS DE SEGURIDAD PRIVATIVAS DE LIBERTAD

Artículo 20. *Medidas de seguridad.* Las medidas de seguridad se cumplirán en los centros adecuados, públicos o concertados de las Administraciones públicas competentes por razón de la materia y del territorio.

Artículo 21. *Competencia de la Administración Penitenciaria.* La Administración penitenciaria será competente para la ejecución de las medidas privativas de libertad de internamiento en establecimiento o unidad psiquiátrica penitenciaria.

Artículo 22. *Cumplimiento en establecimiento o unidad psiquiátrica.* 1. Cuando la autoridad judicial acuerde la imposición de una medida de seguridad de internamiento en un establecimiento o unidad psiquiátrica penitenciaria, se estará a lo dispuesto en los artículos 183 a 191 del Reglamento Penitenciario vigente.

2. Lo dispuesto en el apartado anterior es también aplicable a los casos en los que el Juez de Vigilancia Penitenciaria imponga una medida de seguridad de internamiento al amparo de lo previsto en el artículo 60 del Código Penal.

SECCIÓN 2.ª
LIBERTAD VIGILADA POSTERIOR AL CUMPLIMIENTO DE LA PENA PRIVATIVA DE LIBERTAD

Artículo 23. *Competencia de la Administración Penitenciaria.* En los supuestos en que se haya impuesto al penado la medida de libertad vigilada de cumplimiento posterior a una pena privativa de libertad, la Administración Penitenciaria, antes de finalizar el cumplimiento de la pena privativa de libertad y a solicitud del Juez de Vigilancia Penitenciaria, elevará a éste un informe técnico sobre la evolución del penado, a los efectos previstos en el artículo 106, párrafo 2, del Código Penal. El referido informe será elaborado por la Junta de Tratamiento, u órgano autonómico equivalente, del Centro Penitenciario en el que el penado se encuentre cumpliendo condena, o del que esté adscrito si se encuentra en libertad condicional.

CAPÍTULO VI
DISPOSICIONES COMUNES

Artículo 24. *Órganos penitenciarios competentes.* 1. La Administración penitenciaria, a través de los servicios de gestión de penas y medidas alternativas del lugar donde el penado tenga fijada su residencia, recibirá las resoluciones judiciales, así como los particulares necesarios, dentro de su ámbito competencial.

2. No obstante, en el caso de la pena de localización permanente en establecimiento penitenciario, libertad vigilada pospenitenciaria y medidas de seguridad privativas de libertad, en su caso, dicha comunicación se efectuará al establecimiento penitenciario en el que se encuentre ingresado.

Artículo 25. *Coordinación en casos de penas o medidas de seguridad impuestas por hechos relacionados con la violencia de género.* En los casos en los que alguna de las penas o medidas previstas en este real decreto sean impuestas por hechos relacionados con la violencia de género, la Administración Penitenciaria coordinará sus actuaciones con las Fuerzas y Cuerpos de Seguridad, las Oficinas de Asistencia a las Víctimas y la Delegación del Gobierno para la Violencia de Género.

Artículo 26. *Traslados de expedientes.* Cuando una persona sometida a alguna de las penas, medidas o suspensión cuya ejecución regula este real decreto traslade su residencia de una provincia a otra, o a las Ciudades de Ceuta y Melilla, los servicios de gestión de penas y medidas alternativas informarán al juzgado o tribunal competente.

Artículo 27. *Comisión técnica de apoyo y seguimiento.* 1. La Administración penitenciaria podrá crear una comisión técnica de apoyo y seguimiento, conformada por el personal penitenciario que se determine, para que realice funciones de mera información y apoyo técnico a los órganos competentes de la Administración penitenciaria, en aquellas tareas de implementación del sistema de ejecución de las penas desarrolladas en este real decreto. Dicha comisión tendrá la naturaleza jurídica propia de un grupo de trabajo, de conformidad con lo previsto en el apartado tercero del artículo 40 de la Ley 6/1997, de 14 de abril, de Organización y Funcionamiento de la Administración General del Estado.

2. De la comisión técnica de apoyo y seguimiento a la que se refiere el apartado anterior podrán formar parte, asimismo, los representantes de las entidades públicas o privadas que colaboren en la ejecución de las distintas penas y medidas de seguridad.

DISPOSICIÓN DEROGATORIA ÚNICA

Derogación normativa.

1. Queda derogado expresamente el Real Decreto 515/2005, de 6 de mayo, por el que se establecen las circunstancias de ejecución de las penas de trabajo en beneficio de la comunidad y de localización permanente, de determinadas medidas de seguridad, así como de la suspensión de la ejecución de las penas privativas de libertad.

2. Quedan derogadas todas las normas de igual o inferior rango en lo que contradigan o se opongan a lo dispuesto en este real decreto.

DISPOSICIONES FINALES

Disposición final primera. *Habilitación competencial.* El presente real decreto se dicta al amparo de lo dispuesto en el artículo 149.1.6.ª de la Constitución, que atribuye al Estado la competencia exclusiva para dictar la legislación penitenciaria.

Disposición final segunda. *Desarrollo normativo.* Se autoriza a los Ministros de Justicia, del Interior, de Trabajo e Inmigración, de Sanidad, Política Social e Igualdad a dictar, en el ámbito de sus respectivas competencias, cuantas disposiciones sean necesarias para el desarrollo y ejecución de lo dispuesto en este real decreto.

Disposición final tercera. *Entrada en vigor.* El presente real decreto entrará en vigor a los veinte días de su publicación en el «Boletín Oficial del Estado».

§ 8. Ley de 18 de junio de 1870, de Reglas para el ejercicio de la Gracia de indulto

(*GACETA* de 24 de Junio de 1870)

ÍNDICE SISTEMÁTICO

§ 8. Ley de 18 de junio de 1870, de Reglas para el ejercicio de la Gracia de indulto

(*GACETA* de 24 de Junio de 1870)

EXPOSICIÓN DE MOTIVOS

En el artículo 73 de la Constitución del Estado se otorga al Rey la facultad de conceder indultos particulares con sujeción a las leyes. Es, por consiguiente, manifiesto que debe haber una ley con arreglo a cuyas disposiciones la Corona ha de ejercer tan preciosa prerrogativa. He aquí por qué el Ministro de Gracia y Justicia tiene el honor de someter a la aprobación de las Cortes Constituyentes el adjunto Proyecto.

En la actualidad véase el artículo 62 i) de la Constitución 1978.

Cuatro han sido las principales disposiciones, en diversas épocas publicadas, para regular el ejercicio de la gracia de indulto, mereciendo por su importancia en primer lugar, entre ellas, el Decreto de 7 de diciembre de 1866.

La carencia de fuerza verdaderamente legislativa de estos decretos, simplemente administrativos, y la naturaleza misma de la prerrogativa de indultar, en cuyo ejercicio el sentimiento se sobrepone fácilmente a la razón, han sido indudablemente las causas más importantes y permanentes que produjeron con frecuencia lamentable la inobservancia de aquellas disposiciones, y dieron margen a la abusiva facilidad con que los delincuentes lograron muchas veces eximirse del cumplimiento de las penas a que se habían hecho acreedores por sus crímenes.

La necesidad cada vez más apremiante de hacer de una vez imposibles para siempre estos abusos, que tanto quebrantan la recta administración de justicia, el prestigio de los Tribunales, y la misma moralidad y orden público, reclamarían este proyecto de ley, si el precepto constitucional no lo hubiese hecho indispensable.

Cree, pues, el Ministro, que al presentarla, a la vez que cumple un deber constitucional, satisface también una necesidad fuertemente sentida por todos los hombres honrados, que exigen con perfecto derecho que la garantía judicial de su honra, de su vida y de su fortuna, no pierda su eficacia por una compasión indiscreta y ya intolerable.

El artículo 74 de la Constitución prescribe que no se concedan amnistías e indultos generales sino en virtud de una ley especial. La forma y solemnidades, por lo tanto, de la concesión de estas gracias generales, que en último término vienen a ofrecer la importancia y a producir los efectos de una derogación transitoria de la ley penal, no es ya hoy cuestión en la esfera del derecho escrito, como antes de ahora lo era en la de la ciencia.

A los indultos particulares se limita este proyecto. Y el Ministro, al redactarlo, ha procurado evitar, así los males consiguientes a la facilidad exagerada e irreflexiva en conceder las gracias de esta clase, como las consecuencias siempre lamentables de la inflexibilidad de la sentencia ejecutoria, que por mil variadas causas conviene en ciertos y determinados casos suavizar, a fin de que la equidad, que se inspira en la prudencia, no choque nunca con el rigor característico de la justicia.

Se divide el proyecto en tres capítulos. En el primero se declara quiénes pueden obtener la gracia de indulto, quedando de ella excluidos los que no hayan sido aún condenados por sentencia firme, por no ser conocida la pena de que convenga eximirles; los que se hallan en rebeldía, y los reincidentes en la misma clase de delito, a no concurrir circunstancias especiales; porque no son dignos de la gracia, que si se les otorgase produciría el funesto efecto de favorecer la impunidad y de alentar al delincuente en la senda del crimen.

Los reos de los delitos de sedición y rebelión podrán, no obstante, ser indultados, aunque se hallaren en estas circunstancias. La naturaleza de los delitos de esta clase, el carácter y condiciones de la sociedad de nuestra época, y aun altas consideraciones de gobierno, demuestran la necesidad de esta excepción.

En el capítulo II se prefijan las clases y efectos de los indultos. Se establece el principio de que en rarísimos casos debe ser concedido el indulto total, y aun en ellos tan sólo cuando estén conformes el Tribunal sentenciador y el Consejo de Estado respecto a la justicia o conveniencia pública de la concesión. Más que eximirse de la pena, se debe tan sólo en el mayor número de los casos conmutarla en otra menos grave, pero que por su naturaleza tenga con el delito la analogía a que se aspira en el Código Penal, por la clasificación de las penas en las escalas graduales. Por esto se prescribe en el artículo del proyecto que la conmutación se hará dentro de la escala a que corresponda la pena conmutada.

El indulto no debe concederse sino con pleno conocimiento de los hechos y de todas sus circunstancias, y después de un estudio detenido sobre las consecuencias que haya de producir, bajo el aspecto de la justicia, de la equidad o de la conveniencia social. Por esto se prohíben en absoluto y se declara la nulidad de los que se concedan en términos generales y sin determinar la pena que se remite. Los indultos de este modo concedidos llevarán en sí mismos la prueba más incontrovertible de la ligereza o de la irreflexión con que habían sido otorgados.

Por el indulto vuelve el delincuente a adquirir los siempre importantes derechos de que le había privado justamente la sentencia. Esta sola indicación es suficiente para demostrar cuán necesario es alejar hasta la sombra de la duda sobre los efectos que ha de producir la gracia que se otorgue. En esta necesidad se halla el fundamento de lo prescrito en los artículos 6.º, 8.º, 13, 14, 15, 16 y 18 del proyecto.

El indulto no puede perjudicar los derechos de tercera persona. Por esto, el que se conceda de las penas pecuniarias accesorias no alcanzará nunca a la remisión del pago de las que no correspondan al Estado. Por la misma razón no podrá concederse, y en todo caso no podrá llevarse a efecto, el indulto que cause perjuicio a tercero o lesione su derecho, ni el de pena impuesta por delito privado, si no ha otorgado el perdón al delincuente la parte ofendida. El respeto debido al derecho individual es causa suficientemente legítima de esta limitación impuesta al poder social.

Pero, una vez concedido el indulto, debe tener toda la fuerza de una sentencia ejecutoria. Los intereses más sagrados lo exigen así. Los principios más elementales de justicia lo proclaman también. Por esto se declaran irrevocables las concesiones de estas gracias, según las condiciones con que hayan sido hechas.

En el capítulo III se establece el procedimiento que se ha de observar en la petición y concesión de los indultos. Para pedir el perdón de un semejante, todo ciudadano, todo hombre, está suficientemente autorizado. Nadie, pues, necesitará poder escrito para satisfacer los impulsos de su piadoso corazón. El hombre siempre tiene para hacer el bien poder bastante de Dios. Los mismos Tribunales, al cumplir la severa misión de aplicar la ley, y aun el Fiscal encargado de pedir su cumplimiento, podrán proponer el indulto del sentenciado cuando crean que la justicia o la equidad pueden sufrir agravio por el inflexible rigor del precepto escrito.

Mas, si debe ser ilimitada la libertad de pedir, es necesario poner fuertes trabas a la de conceder el indulto. Por esto no podrá otorgarse desde luego y sin que antes sean conocidos todos los hechos y circunstancias, así como la opinión del Tribunal que haya sentenciado al reo y la del Consejo de Estado.

Ilustrado así el Gobierno, no son de temer las consecuencias de la precipitación y ligereza en tan delicada materia.

Y para asegurar aún más, si cabe, el acierto, no será el Ministro de Gracia y Justicia, sino todo el Consejo, quien habrá de tomar la última resolución en un decreto motivado, a fin de que consten siempre las razones que le movieron a ejercer la prerrogativa constitucional.

Los Gobiernos que se inspiran en el cumplimiento de sus deberes no temen la publicidad y el juicio de la opinión. Por esto, los decretos de indulto se habrán de insertar en la Gaceta de Madrid.

Si todavía altas consideraciones, a que da margen el estado social de España, no permiten borrar de nuestras leyes la horrible pena de muerte, conviene, sin embargo, ya reducir su aplicación a los raros casos en que ni la justicia, ni la equidad, ni la conveniencia social consientan por ningún concepto su conmutación en otra menos terrible. Por otra parte, tampoco está en armonía con nuestros hábitos el rigor absoluto de la ley con muchos de los que, más por un extravío de su razón que por la perversidad de corazón, alteran el orden público o se alzan en armas contra los poderes del Estado. Por esto, el Gobierno podrá otorgar la conmutación de la pena de muerte y de las impuestas por delitos de rebelión y sedición en otras menos graves, sin necesidad de oír previamente al Tribunal sentenciador y al Consejo de Estado.

Es altamente necesario que el indulto, aun en los casos en que más justificado sea, no quebrante el prestigio de que deben gozar siempre los Tribunales, y sin el cual se haría imposible su misión social. Por esto, al Tribunal sentenciador habrá de encargarse la aplicación de la gracia, a fin de que el delincuente reciba, de la misma mano que le impuso la pena, el beneficio del perdón que se le otorgue.

La naturaleza de la última pena y lo irreparable de sus efectos, además de lo ya indicado sobre ella, inspiraron al Ministro la excepción contenida en el último artículo del proyecto, que a la vez se halla en armonía con lo que sobre las causas de muerte se establece en el de casación criminal.

La pena de muerte no se impondrá sin que antes haya sido propuesto el indulto y el Gobierno haya tenido tiempo suficiente para resolver acerca de él.

He aquí las más capitales prescripciones que el proyecto contiene y los principales fundamentos en que descansan. Ahora falta que las Cortes Constituyentes, con la sabiduría que tanto resalta siempre en sus deliberaciones, lo purifiquen de los defectos de que sin duda adolece, imprimiendo hasta donde sea posible el sello de la perfección en el modesto trabajo que el Ministerio tiene el honor de ofrecerles.

CAPITULO PRIMERO
DE LOS QUE PUEDEN SER INDULTADOS

Artículo 1. Los reos de toda clase de delitos podrán ser indultados, con arreglo a las disposiciones de esta ley, de toda o parte de la pena en que por aquéllos hubiesen incurrido.

Artículo 2. Se exceptúan de lo establecido en el artículo anterior:

1.º Los procesados criminalmente que no hubieren sido aún condenados por sentencia firme.

2.º Los que no estuvieren a disposición del Tribunal sentenciador para el cumplimiento de la condena.

3.º Los reincidentes en el mismo o en otro cualquier delito, por el cual hubiesen sido condenados por sentencia firme. Se exceptúa, sin embargo, el caso en que, a juicio del Tribunal sentenciador, hubiese razones suficientes de justicia, equidad o conveniencia pública para otorgarles la gracia.

Artículo 2 redactado por Ley 1/1988, 14 enero, por la que se modifica la Ley 18 junio 1870, estableciendo reglas para el ejercicio de la gracia de indulto («B.O.E.» 15 enero).

Artículo 3. Lo dispuesto en el artículo anterior no será aplicable a los penados por delitos comprendidos en el capítulo I, secciones primera y segunda del capítulo II, y en los capítulos III, IV y V, todos del título II del libro II del Código Penal.

Artículo 3 redactado por Ley 1/1988, 14 enero, por la que se modifica la Ley 18 junio 1870, estableciendo reglas para el ejercicio de la gracia de indulto («B.O.E.» 15 enero).

CAPITULO II
DE LAS CLASES Y EFECTOS DEL INDULTO

Artículo 4. El indulto podrá ser total o parcial.

Será indulto total, la remisión de todas las penas a que hubiese sido condenado y que todavía no hubiese cumplido el delincuente.

Será indulto parcial la remisión de alguna o algunas de las penas impuestas, o de parte de todas las en que hubiese incurrido y no hubiese cumplido todavía el delincuente.

Se reputará también indulto parcial la conmutación de la pena o penas impuestas al delincuente en otras menos graves.

Artículo 5. Será nula, y no producirá efecto ni deberá ejecutarse por el Tribunal a quien corresponda, la concesión del indulto en que no se hiciese mención expresa, a lo menos, de la pena principal sobre que recaiga la gracia.

Artículo 6. El indulto de la pena principal llevará consigo el de las accesorias que con ella se hubiesen impuesto al penado, a excepción de las de inhabilitación para cargos públicos y derechos políticos y sujeción a la vigilancia de la Autoridad, las cuales no se tendrán por comprendidas, si de ellas no se hubiese hecho mención especial en la concesión.

Tampoco se comprenderá nunca en ésta la indemnización civil.

Artículo 7. Podrá concederse indulto de las penas accesorias, con exclusión de las principales y viceversa, a no ser de aquellas que sean inseparables por su naturaleza y efectos.

Artículo 8. El indulto de pena pecuniaria eximirá al indultado del pago de la cantidad que aún no hubiese satisfecho; pero no comprenderá la devolución de la ya pagada, a no ser que así se determine expresamente.

Artículo 9. El indulto no se extenderá a las costas procesales.

Artículo 9 redactado por Ley 1/1988, 14 enero, por la que se modifica la Ley 18 junio 1870, estableciendo reglas para el ejercicio de la gracia de indulto («B.O.E.» 15 enero).

Artículo 10. Si el penado hubiere fallecido al tiempo o después de existir causas bastantes para la concesión de su indulto, podrá relevarse a sus herederos de la pena accesoria de multa, con arreglo a lo dispuesto en los artículos 8.º y 9.º.

Artículo 11. El indulto total se otorgará a los penados tan sólo en el caso de existir a su favor razones de justicia, equidad o utilidad pública, a juicio del Tribunal sentenciador.

Artículo 11 redactado por Ley 1/1988, 14 enero, por la que se modifica la Ley 18 junio 1870, estableciendo reglas para el ejercicio de la gracia de indulto («B.O.E.» 15 enero).

Artículo 12. En los demás casos se concederá tan sólo el parcial y con preferencia la conmutación de la pena impuesta en otra menos grave dentro de la misma escala gradual.

Sin embargo de lo dispuesto en el párrafo anterior, podrá también conmutarse la pena en otra de distinta escala cuando haya méritos suficientes para ello, a juicio del Tribunal sentenciador o del Consejo de Estado, y el penado además se conformare con la conmutación.

Artículo 13. Conmutada la pena principal, se entenderán también conmutadas las accesorias por las que correspondan, según las prescripciones del Código, a la que hubiere de sufrir el indultado.

Se exceptúa, sin embargo, el caso en que se hubiere dispuesto otra cosa en la concesión de la gracia.

Artículo 14. La conmutación de la pena quedará sin efecto desde el día en que el indultado deje de cumplir por cualquier causa dependiente de su voluntad la pena a que por la conmutación hubiere quedado sometido.

Artículo 15. Serán condiciones tácitas de todo indulto:

1.ª Que no causen perjuicio a tercera persona o no lastime sus derechos.

2.ª Que haya sido oída la parte ofendida, cuando el delito por el que hubiese sido condenado el reo fuere de los que solamente se persiguen a instancia de parte.

Artículo 15 redactado por Ley 1/1988, 14 enero, por la que se modifica la Ley 18 junio 1870, estableciendo reglas para el ejercicio de la gracia de indulto («B.O.E.» 15 enero).

Artículo 16. Podrán además imponerse al penado en la concesión de la gracia las demás condiciones que la justicia, la equidad o la utilidad pública aconsejen.

Artículo 17. El Tribunal sentenciador no dará cumplimiento a ninguna concesión de indulto cuyas condiciones no hayan sido previamente cumplidas por el penado, salvo las que por su naturaleza no lo permitan.

Artículo 18. La concesión del indulto es por su naturaleza irrevocable, con arreglo a las cláusulas con que hubiere sido otorgado.

CAPITULO III
DEL PROCEDIMIENTO PARA SOLICITAR Y CONCEDER LA GRACIA DE INDULTO

Artículo 19. Pueden solicitar el indulto los penados, sus parientes o cualquier otra persona en su nombre, sin necesidad de poder escrito que acredite su representación.

Artículo 20. Puede también proponer el indulto el Tribunal sentenciador, o el Tribunal Supremo, o el Fiscal de cualquiera de ellos, con arreglo a lo que se dispone en el párrafo segundo del artículo 2.º del Código Penal, y se disponga además en las leyes de procedimiento y casación criminal.

La propuesta será reservada hasta que el Ministro de Justicia, con su vista, decrete la formación del oportuno expediente.

Artículo 20 redactado por Ley 1/1988, 14 enero, por la que se modifica la Ley 18 junio 1870, estableciendo reglas para el ejercicio de la gracia de indulto («B.O.E.» 15 enero).

Véase el artículo 4.3 del Código Penal 1995.

Artículo 21. Podrá también el Gobierno mandar formar el oportuno expediente, con arreglo a las disposiciones de esta ley, para la concesión de indultos que no hubiesen sido solicitados por los particulares ni propuestos por los Tribunales de Justicia.

Artículo 22. Las solicitudes de indulto se dirigirán al Ministro de Justicia por conducto del Tribunal sentenciador, del Jefe del establecimiento o del Gobernador de la provincia en que el penado se halle cumpliendo la condena, según los respectivos casos.

Artículo 22 redactado por Ley 1/1988, 14 enero, por la que se modifica la Ley 18 junio 1870, estableciendo reglas para el ejercicio de la gracia de indulto («B.O.E.» 15 enero).

Artículo 23. Las solicitudes de indulto, inclusas las que directamente se presentaren al Ministro de Justicia, se remitirán a informe del Tribunal sentenciador.

Artículo 23 redactado por Ley 1/1988, 14 enero, por la que se modifica la Ley 18 junio 1870, estableciendo reglas para el ejercicio de la gracia de indulto («B.O.E.» 15 enero).

Artículo 24. Este pedirá a su vez informe sobre la conducta del penado al Jefe del establecimiento en que aquél se halle cumpliendo la condena, o al Gobernador de la provincia de su residencia, si la pena no consistiese en la privación de la libertad, y oirá después al Fiscal y a la parte ofendida, si la hubiere.

Artículo 24 redactado por Ley 1/1988, 14 enero, por la que se modifica la Ley 18 junio 1870, estableciendo reglas para el ejercicio de la gracia de indulto («B.O.E.» 15 enero).

Artículo 25. El Tribunal sentenciador hará constar en su informe, siendo posible, la edad, estado y profesión del penado, su fortuna, si fuere conocida, sus méritos y antecedentes, si el penado fue con anterioridad procesado y condenado por otro delito, y si cumplió la pena impuesta o fue de ella indultado, por qué causa y en qué forma, las circunstancias agravantes o atenuantes que hubiesen concurrido en la ejecución del delito, el tiempo de prisión preventiva que hubiere cumplido, su conducta posterior a la ejecutoria, y especialmente las pruebas o indicios de su arrepentimiento que se hubiesen observado, si hay o no parte ofendida, y si el indulto perjudica el derecho de tercero, y cualesquiera otros datos que puedan servir para el mejor esclarecimiento de los hechos, concluyendo por consignar su dictamen sobre la justicia o conveniencia y forma de la concesión de la gracia.

Artículo 26. El Tribunal sentenciador remitirá con su informe al Ministro de Justicia la hoja histórico-penal y el testimonio de la sentencia ejecutoria del penado, con los demás documentos que considere necesarios para la justificación de los hechos.

Artículo 26 redactado por Ley 1/1988, 14 enero, por la que se modifica la Ley 18 junio 1870, estableciendo reglas para el ejercicio de la gracia de indulto («B.O.E.» 15 enero).

Artículo 27. Los Tribunales Supremo o sentenciador que de oficio propongan al Gobierno el indulto de un penado acompañarán desde luego con la propuesta el informe y documentos a que se refieren los artículos anteriores.

Artículo 28. Los expedientes que se formen al amparo del párrafo segundo del artículo 2.º del Código Penal se tramitarán en turno preferente cuando los informes del Ministerio Fiscal y del Establecimiento Penitenciario y del ofendido, en su caso, no se opusieran a la propuesta del Tribunal.

También se tramitarán en turno preferente los expedientes calificados de especial urgencia o importancia.

Artículo 28 redactado por Ley 1/1988, 14 enero, por la que se modifica la Ley 18 junio 1870, estableciendo reglas para el ejercicio de la gracia de indulto («B.O.E.» 15 enero).

Véase el artículo 4.3 del Código Penal 1995.

Artículo 29. Sin embargo de lo dispuesto en los artículos anteriores, podrá concederse la conmutación de la pena de muerte y de las impuestas por los delitos comprendidos en los *capítulos I y II, Título II, libro II, y capítulos I, II y III, Título III del mismo libro del Código Penal*, últimamente reformado, sin oír previamente al Tribunal sentenciador.

Artículo 29 redactado por Ley 1/1988, 14 enero, por la que se modifica la Ley 18 junio 1870, estableciendo reglas para el ejercicio de la gracia de indulto («B.O.E.» 15 enero).

Artículo 30. La concesión de los indultos, cualquiera que sea su clase, se hará en Real Decreto que se insertará en el Boletín Oficial del Estado.

Artículo 30 redactado por Ley 1/1988, 14 enero, por la que se modifica la Ley 18 junio 1870, estableciendo reglas para el ejercicio de la gracia de indulto («B.O.E.» 15 enero).

Artículo 31. La aplicación de la gracia habrá de encomendarse indispensablemente al Tribunal sentenciador.

Artículo 32. La solicitud o propuesta de indulto no suspenderá el cumplimiento de la sentencia ejecutoria, salvo el caso en que la pena impuesta fuese la de muerte, la cual no se ejecutará hasta que el Gobierno haya acusado el recibo de la solicitud o propuesta al Tribunal sentenciador.

DISPOSICIÓN ADICIONAL

El Gobierno remitirá semestralmente al Congreso de los Diputados un informe sobre la concesión y denegación de indultos. Para la presentación de los datos contenidos en el citado informe, y previa revisión del mismo, un alto cargo del Ministerio de Justicia solicitará su comparecencia ante la Comisión de Justicia del Congreso de los Diputados.

Disposición adicional introducida por la disposición final primera de la L.O. 1/2015, de 30 de marzo, por la que se modifica la L.O. 10/1995, de 23 de noviembre, del Código Penal («B.O.E.» 31 marzo).
Vigencia: 1 julio 2015

§ 9. Ley Orgánica 5/2000, de 12 de enero, reguladora de la responsabilidad penal de los menores

(*BOE* de 13 de Enero de 2000)

ÍNDICE SISTEMÁTICO

§ 9. Ley Orgánica 5/2000, de 12 de enero, reguladora de la responsabilidad penal de los menores

(*BOE* de 13 de Enero de 2000)

JUAN CARLOS I REY DE ESPAÑA

A todos los que la presente vieren y entendieren.

Sabed: Que las Cortes Generales han aprobado y Yo vengo en sancionar la siguiente Ley Orgánica.

EXPOSICIÓN DE MOTIVOS

I

1. La promulgación de la presente Ley Orgánica reguladora de la responsabilidad penal de los menores era una necesidad impuesta por lo establecido en la Ley Orgánica 4/1992, de 5 de junio, sobre reforma de la Ley reguladora de la competencia y el procedimiento de los Juzgados de Menores; en la moción aprobada por el Congreso de los Diputados el 10 de mayo de 1994, y en el artículo 19 de la vigente Ley Orgánica 10/1995, de 23 de noviembre, del Código Penal.

2. La Ley Orgánica 4/1992, promulgada como consecuencia de la sentencia del Tribunal Constitucional 36/1991, de 14 de febrero, que declaró inconstitucional el artículo 15 de la Ley de Tribunales Tutelares de Menores, texto refundido de 11 de junio de 1948, establece un marco flexible para que los Juzgados de Menores puedan determinar las medidas aplicables a éstos en cuanto infractores penales, sobre la base de valorar especialmente el interés del menor, entendiendo por menores a tales efectos a las personas comprendidas entre los doce y los dieciséis años. Simultáneamente, encomienda al Ministerio Fiscal la iniciativa procesal, y le concede amplias facultades para acordar la terminación del proceso con la intención de evitar, dentro de lo posible, los efectos aflictivos que el mismo pudiera llegar a producir. Asimismo, configura al equipo técnico como instrumento imprescindible para alcanzar el objetivo que persiguen las medidas y termina estableciendo un procedimiento de naturaleza sancionadora-educativa, al que otorga todas las garantías derivadas de nuestro ordenamiento constitucional, en sintonía con lo establecido en la aludida sentencia del Tribunal Constitucional y lo dispuesto en el artículo 40 de la Convención de los Derechos del Niño de 20 de noviembre de 1989.

Dado que la expresada Ley Orgánica se reconocía a sí misma expresamente «el carácter de una reforma urgente, que adelanta parte de una renovada legislación sobre reforma de menores, que será objeto de medidas legislativas posteriores», es evidente la oportunidad de la presente Ley Orgánica, que constituye esa necesaria reforma legislativa, partiendo de los principios básicos que ya guiaron la redacción de aquélla (especialmente, el principio del superior interés del menor), de las garantías de nuestro ordenamiento constitucional, y de las normas de Derecho internacional, con particular atención a la citada Convención de los Derechos del Niño de 20 de noviembre de 1989, y esperando responder de este modo a las expectativas creadas en la sociedad española, por razones en parte coyunturales y en parte permanentes, sobre este tema concreto.

3. Los principios expuestos en la moción aprobada unánimemente por el Congreso de los Diputados el día 10 de mayo de 1994, sobre medidas para mejorar el marco jurídico vigente de protección del menor, se refieren esencialmente al establecimiento de la mayoría de edad penal en los dieciocho años y a la promulgación de «una ley penal del menor y juvenil que contemple la exigencia de responsabilidad para los jóvenes infractores que no hayan alcanzado la mayoría de edad penal, fundamentada en principios orientados hacia la reeducación de los menores de edad infractores, en base a las circunstancias personales, familiares y sociales, y que tenga especialmente en cuenta las competencias de las Comunidades Autónomas en esta materia...».

4. El artículo 19 del vigente Código Penal, aprobado por la Ley Orgánica 10/1995, de 23 de noviembre, fija efectivamente la mayoría de edad penal en los dieciocho años y exige la regulación expresa de la responsabilidad penal de los menores de dicha edad en una Ley independiente. También para responder a esta exigencia se aprueba la presente Ley Orgánica, si bien lo dispuesto en este punto en el Código Penal debe ser complementado en un doble sentido. En primer lugar, asentando firmemente el principio de que la responsabilidad penal de los menores presenta frente a la de los adultos un carácter primordial de intervención educativa que trasciende a todos los aspectos de su regulación jurídica y que determina considerables diferencias entre el sentido y el procedimiento de las sanciones en uno y otro sector, sin perjuicio de las garantías comunes a todo justiciable. En segundo término, la edad límite de dieciocho años establecida por el Código Penal para referirse a la responsabilidad penal de los menores precisa de otro límite mínimo a partir del cual comience la posibilidad de exigir esa responsabilidad y que se ha concretado en los catorce años, con base en la convicción de que las infracciones cometidas por los niños menores de esta edad son en general irrelevantes y que, en los escasos supuestos en que aquéllas pueden producir alarma social, son suficientes para darles una respuesta igualmente adecuada los ámbitos familiar y asistencial civil, sin necesidad de la intervención del aparato judicial sancionador del Estado.

5. Asimismo, han sido criterios orientadores de la redacción de la presente Ley Orgánica, como no podía ser de otra manera, los contenidos en la doctrina del Tribunal Constitucional, singularmente en los fundamentos jurídicos de las sentencias 36/1991, de 14 de febrero, y 60/1995, de 17 de marzo, sobre las garantías y el respeto a los derechos fundamentales que necesariamente han de imperar en el procedimiento seguido ante los Juzgados de Menores, sin perjuicio de las modulaciones que, respecto del procedimiento ordinario, permiten tener en cuenta la naturaleza y finalidad de aquel tipo de proceso, encaminado a la adopción de unas medidas que, como ya se ha dicho, fundamentalmente no pueden ser represivas, sino preventivo-especiales, orientadas hacia la efectiva reinserción y el superior interés del menor, valorados con criterios que han de buscarse primordialmente en el ámbito de las ciencias no jurídicas.

II

6. Como consecuencia de los principios, criterios y orientaciones a que se acaba de hacer referencia, puede decirse que la redacción de la presente Ley Orgánica ha sido conscientemente guiada por los siguientes principios generales: naturaleza formalmente penal pero materialmente sancionadora-educativa del procedimiento y de las medidas aplicables a los infractores menores de edad, reconocimiento expreso de todas las garantías que se derivan del respeto de los derechos constitucionales y de las especiales exigencias del interés del menor, diferenciación de di-

versos tramos a efectos procesales y sancionadores en la categoría de infractores menores de edad, flexibilidad en la adopción y ejecución de las medidas aconsejadas por las circunstancias del caso concreto, competencia de las entidades autonómicas relacionadas con la reforma y protección de menores para la ejecución de las medidas impuestas en la sentencia y control judicial de esta ejecución.

7. La presente Ley Orgánica tiene ciertamente la naturaleza de disposición sancionadora, pues desarrolla la exigencia de una verdadera responsabilidad jurídica a los menores infractores, aunque referida específicamente a la comisión de hechos tipificados como delitos o faltas por el Código Penal y las restantes leyes penales especiales. Al pretender ser la reacción jurídica dirigida al menor infractor una intervención de naturaleza educativa, aunque desde luego de especial intensidad, rechazando expresamente otras finalidades esenciales del Derecho penal de adultos, como la proporcionalidad entre el hecho y la sanción o la intimidación de los destinatarios de la norma, se pretende impedir todo aquello que pudiera tener un efecto contraproducente para el menor, como el ejercicio de la acción por la víctima o por otros particulares.

Y es que en el Derecho penal de menores ha de primar, como elemento determinante del procedimiento y de las medidas que se adopten, el superior interés del menor. Interés que ha de ser valorado con criterios técnicos y no formalistas por equipos de profesionales especializados en el ámbito de las ciencias no jurídicas, sin perjuicio desde luego de adecuar la aplicación de las medidas a principios garantistas generales tan indiscutibles como el principio acusatorio, el principio de defensa o el principio de presunción de inocencia.

8. Sin embargo, la Ley tampoco puede olvidar el interés propio del perjudicado o víctima del hecho cometido por el menor, estableciendo un procedimiento singular, rápido y poco formalista para el resarcimiento, en su caso, de daños y perjuicios, dotando de amplias facultades al Juez de Menores para la incorporación a los autos de documentos y testimonios relevantes de la causa principal. En este ámbito de atención a los intereses y necesidades de las víctimas, la Ley introduce el principio en cierto modo revolucionario de la responsabilidad solidaria con el menor responsable de los hechos de sus padres, tutores, acogedores o guardadores, si bien permitiendo la moderación judicial de la misma y recordando expresamente la aplicabilidad en su caso de la Ley 30/1992, de 26 de noviembre, de Régimen Jurídico de las Administraciones Públicas y del Procedimiento Administrativo Común, así como de la Ley 35/1995, de 11 de diciembre, de ayudas y asistencia a las víctimas de delitos violentos y contra la libertad sexual.

Asimismo la Ley regula, para procedimientos por delitos graves cometidos por mayores de dieciséis años, un régimen de intervención del perjudicado en orden a salvaguardar el interés de la víctima en el esclarecimiento de los hechos y su enjuiciamiento por el orden jurisdiccional competente, sin contaminar el procedimiento propiamente educativo y sancionador del menor.

Esta Ley arbitra un amplio derecho de participación a las víctimas ofreciéndoles la oportunidad de intervenir en las actuaciones procesales proponiendo y practicando prueba, formulando conclusiones e interponiendo recursos. Sin embargo, esta participación se establece de un modo limitado ya que respecto de los menores no cabe reconocer a los particulares el derecho a constituirse propiamente en parte acusadora con plenitud de derechos y cargas procesales. No existe aquí ni la acción particular de los perjudicados por el hecho criminal, ni la acción popular de los ciudadanos, porque en estos casos el interés prioritario para la sociedad y para el Estado coincide con el interés del menor.

9. Conforme a las orientaciones declaradas por el Tribunal Constitucional, anteriormente aludidas, se instaura un sistema de garantías adecuado a la pretensión procesal, asegurando que la imposición de la sanción se efectuará tras vencer la presunción de inocencia, pero sin obstaculizar los criterios educativos y de valora-

ción del interés del menor que presiden este proceso, haciendo al mismo tiempo un uso flexible del principio de intervención mínima, en el sentido de dotar de relevancia a las posibilidades de no apertura del procedimiento o renuncia al mismo, al resarcimiento anticipado o conciliación entre el infractor y la víctima, y a los supuestos de suspensión condicional de la medida impuesta o de sustitución de la misma durante su ejecución.

La competencia corresponde a un Juez ordinario, que, con categoría de Magistrado y preferentemente especialista, garantiza la tutela judicial efectiva de los derechos en conflicto. La posición del Ministerio Fiscal es relevante, en su doble condición de institución que constitucionalmente tiene encomendada la función de promover la acción de la Justicia y la defensa de la legalidad, así como de los derechos de los menores, velando por el interés de éstos. El letrado del menor tiene participación en todas y cada una de las fases del proceso, conociendo en todo momento el contenido del expediente, pudiendo proponer pruebas e interviniendo en todos los actos que se refieren a la valoración del interés del menor y a la ejecución de la medida, de la que puede solicitar la modificación.

La adopción de medidas cautelares sigue el modelo de solicitud de parte, en audiencia contradictoria, en la que debe valorarse especialmente, una vez más, el superior interés del menor.

En defensa de la unidad de doctrina, el sistema de recursos ordinario se confía a las Salas de Menores de los Tribunales Superiores de Justicia, que habrán de crearse, las cuales, con la inclusión de Magistrados especialistas, aseguran y refuerzan la efectividad de la tutela judicial en relación con las finalidades que se propone la Ley. En el mismo sentido, procede destacar la instauración del recurso de casación para unificación de doctrina, reservado a los casos de mayor gravedad, en paralelismo con el proceso penal de adultos, reforzando la garantía de la unidad de doctrina en el ámbito del derecho sancionador de menores a través de la jurisprudencia del Tribunal Supremo.

10. Conforme a los principios señalados, se establece, inequívocamente, el límite de los catorce años de edad para exigir este tipo de responsabilidad sancionadora a los menores de edad penal y se diferencian, en el ámbito de aplicación de la Ley y de la graduación de las consecuencias por los hechos cometidos, dos tramos, de catorce a dieciséis y de diecisiete a dieciocho años, por presentar uno y otro grupo diferencias características que requieren, desde un punto de vista científico y jurídico, un tratamiento diferenciado, constituyendo una agravación específica en el tramo de los mayores de dieciséis años la comisión de delitos que se caracterizan por la violencia, intimidación o peligro para las personas.

La aplicación de la presente Ley a los mayores de dieciocho años y menores de veintiuno, prevista en el artículo 69 del Código Penal vigente, podrá ser acordada por el Juez atendiendo a las circunstancias personales y al grado de madurez del autor, y a la naturaleza y gravedad de los hechos. Estas personas reciben, a los efectos de esta Ley, la denominación genérica de «jóvenes».

Se regulan expresamente, como situaciones que requieren una respuesta específica, los supuestos en los que el menor presente síntomas de enajenación mental o la concurrencia de otras circunstancias modificativas de su responsabilidad, debiendo promover el Ministerio Fiscal, tanto la adopción de las medidas más adecuadas al interés del menor que se encuentre en tales situaciones, como la constitución de los organismos tutelares previstos por las leyes. También se establece que las acciones u omisiones imprudentes no puedan ser sancionadas con medidas de internamiento en régimen cerrado.

11. Con arreglo a las orientaciones expuestas, la Ley establece un amplio catálogo de medidas aplicables, desde la referida perspectiva sancionadora-educativa, debiendo primar nuevamente el interés del menor en la flexible adopción judicial de la medida más idónea, dadas las características del caso concreto y de la evolu-

ción personal del sancionado durante la ejecución de la medida. La concreta finalidad que las ciencias de la conducta exigen que se persiga con cada una de las medidas relacionadas, se detalla con carácter orientador en el apartado III de esta exposición de motivos.

12. La ejecución de las medidas judicialmente impuestas corresponde a las entidades públicas de protección y reforma de menores de las Comunidades Autónomas, bajo el inexcusable control del Juez de Menores.

Se mantiene el criterio de que el interés del menor tiene que ser atendido por especialistas en las áreas de la educación y la formación, pertenecientes a esferas de mayor inmediación que el Estado. El Juez de Menores, a instancia de las partes y oídos los equipos técnicos del propio Juzgado y de la entidad pública de la correspondiente Comunidad Autónoma, dispone de amplias facultades para suspender o sustituir por otras las medidas impuestas, naturalmente sin mengua de las garantías procesales que constituyen otro de los objetivos primordiales de la nueva regulación, o permitir la participación de los padres del menor en la aplicación y consecuencias de aquéllas.

13. Un interés particular revisten en el contexto de la Ley los temas de la reparación del daño causado y la conciliación del delincuente con la víctima como situaciones que, en aras del principio de intervención mínima, y con el concurso mediador del equipo técnico, pueden dar lugar a la no incoación o sobreseimiento del expediente, o a la finalización del cumplimiento de la medida impuesta, en un claro predominio, una vez más, de los criterios educativos y resocializadores sobre los de una defensa social esencialmente basada en la prevención general y que pudiera resultar contraproducente para el futuro.

La reparación del daño causado y la conciliación con la víctima presentan el común denominador de que el ofensor y el perjudicado por la infracción llegan a un acuerdo, cuyo cumplimiento por parte del menor termina con el conflicto jurídico iniciado por su causa. La conciliación tiene por objeto que la víctima reciba una satisfacción psicológica a cargo del menor infractor, quien ha de arrepentirse del daño causado y estar dispuesto a disculparse. La medida se aplicará cuando el menor efectivamente se arrepienta y se disculpe, y la persona ofendida lo acepte y otorgue su perdón. En la reparación el acuerdo no se alcanza únicamente mediante la vía de la satisfacción psicológica, sino que requiere algo más: el menor ejecuta el compromiso contraído con la víctima o perjudicado de reparar el daño causado, bien mediante trabajos en beneficio de la comunidad, bien mediante acciones, adaptadas a las necesidades del sujeto, cuyo beneficiario sea la propia víctima o perjudicado.

III

14. En la medida de amonestación, el Juez, en un acto único que tiene lugar en la sede judicial, manifiesta al menor de modo concreto y claro las razones que hacen socialmente intolerables los hechos cometidos, le expone las consecuencias que para él y para la víctima han tenido o podían haber tenido tales hechos, y le formula recomendaciones para el futuro.

15. La medida de prestaciones en beneficio de la comunidad, que, en consonancia con el artículo 25.2 de nuestra Constitución, no podrá imponerse sin consentimiento del menor, consiste en realizar una actividad, durante un número de sesiones previamente fijado, bien sea en beneficio de la colectividad en su conjunto, o de personas que se encuentren en una situación de precariedad por cualquier motivo. Preferentemente, se buscará relacionar la naturaleza de la actividad en que consista esta medida con la de los bienes jurídicos afectados por los hechos cometidos por el menor.

Lo característico de esta medida es que el menor ha de comprender, durante su realización, que la colectividad o determinadas personas han sufrido de modo injustificado unas consecuencias negativas derivadas de su conducta. Se pretende que el sujeto comprenda que actuó de modo incorrecto, que merece el reproche formal de la sociedad, y que la prestación de los trabajos que se le exigen es un acto de reparación justo.

16. Las medidas de internamiento responden a una mayor peligrosidad, manifestada en la naturaleza peculiarmente grave de los hechos cometidos, caracterizados en los casos más destacados por la violencia, la intimidación o el peligro para las personas. El objetivo prioritario de la medida es disponer de un ambiente que provea de las condiciones educativas adecuadas para que el menor pueda reorientar aquellas disposiciones o deficiencias que han caracterizado su comportamiento antisocial, cuando para ello sea necesario, al menos de manera temporal, asegurar la estancia del infractor en un régimen físicamente restrictivo de su libertad. La mayor o menor intensidad de tal restricción da lugar a los diversos tipos de internamiento, a los que se va a aludir a continuación. El internamiento, en todo caso, ha de proporcionar un clima de seguridad personal para todos los implicados, profesionales y menores infractores, lo que hace imprescindible que las condiciones de estancia sean las correctas para el normal desarrollo psicológico de los menores.

El internamiento en régimen cerrado pretende la adquisición por parte del menor de los suficientes recursos de competencia social para permitir un comportamiento responsable en la comunidad, mediante una gestión de control en un ambiente restrictivo y progresivamente autónomo.

El internamiento en régimen semiabierto implica la existencia de un proyecto educativo en donde desde el principio los objetivos sustanciales se realizan en contacto con personas e instituciones de la comunidad, teniendo el menor su residencia en el centro, sujeto al programa y régimen interno del mismo.

El internamiento en régimen abierto implica que el menor llevará a cabo todas las actividades del proyecto educativo en los servicios normalizados del entorno, residiendo en el centro como domicilio habitual.

El internamiento terapéutico se prevé para aquellos casos en los que los menores, bien por razón de su adicción al alcohol o a otras drogas, bien por disfunciones significativas en su psiquismo, precisan de un contexto estructurado en el que poder realizar una programación terapéutica, no dándose, ni, de una parte, las condiciones idóneas en el menor o en su entorno para el tratamiento ambulatorio, ni, de otra parte, las condiciones de riesgo que exigirían la aplicación a aquél de un internamiento en régimen cerrado.

17. En la asistencia a un centro de día, el menor es derivado a un centro plenamente integrado en la comunidad, donde se realizan actividades educativas de apoyo a su competencia social. Esta medida sirve el propósito de proporcionar a un menor un ambiente estructurado durante buena parte del día, en el que se lleven a cabo actividades socio-educativas que puedan compensar las carencias del ambiente familiar de aquél. Lo característico del centro de día es que en ese lugar es donde toma cuerpo lo esencial del proyecto socio-educativo del menor, si bien éste puede asistir también a otros lugares para hacer uso de otros recursos de ocio o culturales. El sometido a esta medida puede, por lo tanto, continuar residiendo en su hogar, o en el de su familia, o en el establecimiento de acogida.

18. En la medida de libertad vigilada, el menor infractor está sometido, durante el tiempo establecido en la sentencia, a una vigilancia y supervisión a cargo de personal especializado, con el fin de que adquiera las habilidades, capacidades y actitudes necesarias para un correcto desarrollo personal y social. Durante el tiempo que dure la libertad vigilada, el menor también deberá cumplir las obligaciones y prohibiciones que, de acuerdo con esta Ley, el Juez puede imponerle.

19. La realización de tareas socio-educativas consiste en que el menor lleve a cabo actividades específicas de contenido educativo que faciliten su reinserción social. Puede ser una medida de carácter autónomo o formar parte de otra más compleja. Empleada de modo autónomo, pretende satisfacer necesidades concretas del menor percibidas como limitadoras de su desarrollo integral. Puede suponer la asistencia y participación del menor a un programa ya existente en la comunidad, o bien a uno creado «ad hoc» por los profesionales encargados de ejecutar la medida. Como ejemplos de tareas socio-educativas, se pueden mencionar las siguientes: asistir a un taller ocupacional, a un aula de educación compensatoria o a un curso de preparación para el empleo; participar en actividades estructuradas de animación sociocultural, asistir a talleres de aprendizaje para la competencia social, etc.

20. El tratamiento ambulatorio es una medida destinada a los menores que disponen de las condiciones adecuadas en su vida para beneficiarse de un programa terapéutico que les ayude a superar procesos adictivos o disfunciones significativas de su psiquismo. Previsto para los menores que presenten una dependencia al alcohol o las drogas, y que en su mejor interés puedan ser tratados de la misma en la comunidad, en su realización pueden combinarse diferentes tipos de asistencia médica y psicológica. Resulta muy apropiado para casos de desequilibrio psicológico o perturbaciones del psiquismo que puedan ser atendidos sin necesidad de internamiento. La diferencia más clara con la tarea socio-educativa es que ésta pretende lograr una capacitación, un logro de aprendizaje, empleando una metodología, no tanto clínica, sino de orientación psicoeducativa. El tratamiento ambulatorio también puede entenderse como una tarea socio-educativa muy específica para un problema bien definido.

21. La permanencia de fin de semana es la expresión que define la medida por la que un menor se ve obligado a permanecer en su hogar desde la tarde o noche del viernes hasta la noche del domingo, a excepción del tiempo en que realice las tareas socio-educativas asignadas por el Juez. En la práctica, combina elementos del arresto de fin de semana y de la medida de tareas socio-educativas o prestaciones en beneficio de la comunidad. Es adecuada para menores que cometen actos de vandalismo o agresiones leves en los fines de semana.

22. La convivencia con una persona, familia o grupo educativo es una medida que intenta proporcionar al menor un ambiente de socialización positivo, mediante su convivencia, durante un período determinado por el Juez, con una persona, con una familia distinta a la suya o con un grupo educativo que se ofrezca a cumplir la función de la familia en lo que respecta al desarrollo de pautas socioafectivas prosociales en el menor.

23. La privación del permiso de conducir ciclomotores o vehículos a motor, o del derecho a obtenerlo, o de licencias administrativas para caza o para el uso de cualquier tipo de armas, es una medida accesoria que se podrá imponer en aquellos casos en los que el hecho cometido tenga relación con la actividad que realiza el menor y que ésta necesite autorización administrativa.

24. Por último, procede poner de manifiesto que los principios científicos y los criterios educativos a que han de responder cada una de las medidas, aquí sucintamente expuestos, se habrán de regular más extensamente en el Reglamento que en su día se dicte en desarrollo de la presente Ley Orgánica.

TÍTULO PRELIMINAR

Artículo 1. *Declaración general.* 1. Esta Ley se aplicará para exigir la responsabilidad de las personas mayores de catorce años y menores de dieciocho por la comisión de hechos tipificados como delitos o faltas en el Código Penal o las leyes penales especiales.

2. Las personas a las que se aplique la presente Ley gozarán de todos los derechos reconocidos en la Constitución y en el ordenamiento jurídico, particularmente en la Ley Orgánica 1/1996, de 15 de enero, de Protección Jurídica del Menor, así como en la Convención sobre los Derechos del Niño de 20 de noviembre de 1989 y en todas aquellas normas sobre protección de menores contenidas en los Tratados válidamente celebrados por España.

Apartado 2 del artículo 1 renumerado -anterior apartado 3- por el apartado 1 del artículo único de la L.O. 8/2006, de 4 de diciembre (en vigor desde el 5 febrero 2007) de 2006, por la que se modifica la L.O. 5/2000, de 12 de enero, reguladora de la responsabilidad penal de los menores («B.O.E.» 5 diciembre). Su contenido literal se corresponde con el del anterior número 3 del mismo artículo, que procede a suprimir asimismo los anteriores apartados 2 y 4.

El anterior apartado 2 disponía: "También se aplicará lo dispuesto en esta Ley para los menores a las personas mayores de dieciocho años y menores de veintiuno, en los términos establecidos en el artículo 4 de la misma"; y el suprimido apartado 4 disponía: "(...) se utiliza el término menores para referirse a las que no han cumplido dieciocho años, y el de jóvenes para referirse a las mayores de dicha edad". Esta reforma de 2006 ha suprimido, por tanto, la posibilidad prevista en el artículo 69 del Código Penal de aplicar la LORPM a los mayores de 18 y menores de 21 años, que ya había sido aplazada hasta el 1 enero 2007 por la disposición transitoria única de la L.O. 9/2002, de 10 diciembre.

Vigencia: 5 febrero 2007

TÍTULO I
DEL ÁMBITO DE APLICACIÓN DE LA LEY

Artículo 2. *Competencia de los Jueces de Menores.* 1. Los Jueces de Menores serán competentes para conocer de los hechos cometidos por las personas mencionadas en el artículo 1 de esta Ley, así como para hacer ejecutar las sentencias, sin perjuicio de las facultades atribuidas por esta Ley a las Comunidades Autónomas respecto a la protección y reforma de menores.

Número 1 del artículo 2 redactado por el apartado dos del artículo único de la L.O. 8/2006, de 4 de diciembre de 2006, por la que se modifica la L.O. 5/2000, de 12 de enero, reguladora de la responsabilidad penal de los menores («B.O.E.» 5 diciembre).

Vigencia: 5 febrero 2007

2. Los Jueces de Menores serán asimismo competentes para resolver sobre las responsabilidades civiles derivadas de los hechos cometidos por las personas a las que resulta aplicable la presente Ley.

3. La competencia corresponde al Juez de Menores del lugar donde se haya cometido el hecho delictivo, sin perjuicio de lo establecido en el artículo 20.3 de esta Ley.

4. La competencia para conocer de los delitos previstos en los artículos 571 a 580 del Código Penal corresponderá al Juzgado Central de Menores de la Audiencia Nacional.

Corresponderá igualmente al Juzgado Central de Menores de la Audiencia Nacional la competencia para conocer de los delitos cometidos por menores en el extranjero cuando conforme al artículo 23 de la Ley Orgánica 6/1985, de 1 de julio, del Poder Judicial y a los Tratados Internacionales corresponda su conocimiento a la jurisdicción española.

La referencia del último inciso del apartado 4 del artículo 17 y cuantas otras se contienen en la presente Ley al Juez de Menores se entenderán hechas al Juez

Central de Menores en lo que afecta a los menores imputados por cualquiera de los delitos a que se refieren los dos párrafos anteriores.

Número 4 del artículo 2 redactado por la disposición adicional segunda de la L.O. 8/2012, de 27 de diciembre, de medidas de eficiencia presupuestaria en la Administración de Justicia, por la que se modifica la L.O. 6/1985, de 1 de julio, del Poder Judicial («B.O.E.» 28 diciembre).
Vigencia: 29 diciembre 2012

Artículo 3. *Régimen de los menores de catorce años.* Cuando el autor de los hechos mencionados en los artículos anteriores sea menor de catorce años, no se le exigirá responsabilidad con arreglo a la presente Ley, sino que se le aplicará lo dispuesto en las normas sobre protección de menores previstas en el Código Civil y demás disposiciones vigentes. El Ministerio Fiscal deberá remitir a la entidad pública de protección de menores testimonio de los particulares que considere precisos respecto al menor, a fin de valorar su situación, y dicha entidad habrá de promover las medidas de protección adecuadas a las circunstancias de aquél conforme a lo dispuesto en la Ley Orgánica 1/1996, de 15 de enero.

Véase artículo 1.1 de la presente Ley.

Véase artículo 40.3 de la Convención sobre los Derechos del Niño, adoptada por la Asamblea General de las Naciones Unidas el 20 de noviembre de 1989. Instrumento de ratificación del 30 de noviembre de 1990 («B.O.E.» 31 diciembre 1990).

Véanse artículos 172, 173, 173 bis, 174, 299, 299 bis, 302, 320 y 321 CC.

Artículo 4. *Derechos de las víctimas y de los perjudicados.* El Ministerio Fiscal y el Juez de Menores velarán en todo momento por la protección de los derechos de las víctimas y de los perjudicados por las infracciones cometidas por los menores.

De manera inmediata se les instruirá de las medidas de asistencia a las víctimas que prevé la legislación vigente.

Las víctimas y los perjudicados tendrán derecho a personarse y ser parte en el expediente que se incoe al efecto, para lo cual el secretario judicial les informará en los términos previstos en los artículos 109 y 110 de la Ley de Enjuiciamiento Criminal, instruyéndoles de su derecho a nombrar abogado o instar el nombramiento de abogado de oficio en caso de ser titulares del derecho a la asistencia jurídica gratuita. Asimismo, les informará de que, de no personarse en el expediente y no hacer renuncia ni reserva de acciones civiles, el Ministerio Fiscal las ejercitará si correspondiere.

Los que se personaren podrán desde entonces tomar conocimiento de lo actuado e instar la práctica de diligencias y cuanto a su derecho convenga.

Sin perjuicio de lo anterior, el secretario judicial deberá comunicar a las víctimas y perjudicados, se hayan o no personado, todas aquellas resoluciones que se adopten tanto por el Ministerio Fiscal como por el Juez de Menores, que puedan afectar a sus intereses.

En especial, cuando el Ministerio Fiscal, en aplicación de lo dispuesto en el artículo 18 de esta Ley, desista de la incoación del expediente deberá inmediatamente ponerlo en conocimiento de las víctimas y perjudicados haciéndoles saber su derecho a ejercitar las acciones civiles que les asisten ante la jurisdicción civil.

Del mismo modo, el secretario judicial notificará por escrito la sentencia que se dicte a las víctimas y perjudicados por la infracción penal, aunque no se hayan mostrado parte en el expediente.

Artículo 4 redactado por el apartado tres del artículo único de la L.O. 8/2006, de 4 de diciembre de 2006, por la que se modifica la L.O. 5/2000, de 12 de enero, reguladora de la responsabilidad penal de los menores («B.O.E.» 5 diciembre).

La redacción suprimida del artículo 4 se refería al "Régimen de los mayores de dieciocho años." y menores de 21. La reforma de 2006 ha suprimido por tanto la posibilidad prevista en el art. 69 del Código Penal de aplicar la LORPM a los mayores de 18 y menores de 21 años, que ya había sido aplazada hasta el 1 enero 2007 por la disposición transitoria única de la L.O. 9/2002, de 10 diciembre.

Vigencia: 5 febrero 2007

Artículo 5. *Bases de la responsabilidad de los menores.* 1. Los menores serán responsables con arreglo a esta Ley cuando hayan cometido los hechos a los que se refiere el artículo 1 y no concurra en ellos ninguna de las causas de exención o extinción de la responsabilidad criminal previstas en el vigente Código Penal.

2. No obstante lo anterior, a los menores en quienes concurran las circunstancias previstas en los números 1.º, 2.º y 3.º del artículo 20 del vigente Código Penal les serán aplicables, en caso necesario, las medidas terapéuticas a las que se refiere el artículo 7.1, letras d) y e), de la presente Ley.

3. Las edades indicadas en el articulado de esta Ley se han de entender siempre referidas al momento de la comisión de los hechos, sin que el haberse rebasado las mismas antes del comienzo del procedimiento o durante la tramitación del mismo tenga incidencia alguna sobre la competencia atribuida por esta misma Ley a los Jueces y Fiscales de Menores.

Véanse artículos 1.1, 7.1.d) y e), 10 y 29 de la presente Ley.

Véanse artículos 20 a 23, 101, 102, 103 y 135 CP 1995.

Véase artículo 40 Convención sobre los Derechos del Niño, adoptada por la Asamblea General de las Naciones Unidas 20 noviembre 1989. Instrumento de ratificación 30 noviembre 1990 («B.O.E.» 31 diciembre 1990).

Véanse artículos 637, 666, 675 y 782.1 LECrim.

Artículo 6. *De la intervención del Ministerio Fiscal.* Corresponde al Ministerio Fiscal la defensa de los derechos que a los menores reconocen las leyes, así como la vigilancia de las actuaciones que deban efectuarse en su interés y la observancia de las garantías del procedimiento, para lo cual dirigirá personalmente la investigación de los hechos y ordenará que la policía judicial practique las actuaciones necesarias para la comprobación de aquéllos y de la participación del menor en los mismos, impulsando el procedimiento.

Véanse artículos 16, 18, 19, 23, 28, 30 y 61 de la presente Ley.

Véase artículo 541 LOPJ.

Véanse artículos 1, 3.7.º y 13.º y 18.1 de la Ley 50/1981, 30 diciembre, por la que se regula el Estatuto Orgánico del Ministerio Fiscal («B.O.E.» 13 enero 1982).

Véase artículo 124.1 CE.

Véanse artículos 105, 306 y 773 LECrim.

TÍTULO II
DE LAS MEDIDAS

Artículo 7. *Definición de las medidas susceptibles de ser impuestas a los menores y reglas generales de determinación de las mismas.* 1. Las medidas que pueden imponer los Jueces de Menores, ordenadas según la restricción de derechos que suponen, son las siguientes:

a) Internamiento en régimen cerrado. Las personas sometidas a esta medida residirán en el centro y desarrollarán en el mismo las actividades formativas, educativas, laborales y de ocio.

b) Internamiento en régimen semiabierto. Las personas sometidas a esta medida residirán en el centro, pero podrán realizar fuera del mismo alguna o algunas de las actividades formativas, educativas, laborales y de ocio establecidas en el programa individualizado de ejecución de la medida. La realización de actividades fuera del centro quedará condicionada a la evolución de la persona y al cumplimiento de los objetivos previstos en las mismas, pudiendo el Juez de Menores suspenderlas por tiempo determinado, acordando que todas las actividades se lleven a cabo dentro del centro.

c) Internamiento en régimen abierto. Las personas sometidas a esta medida llevarán a cabo todas las actividades del proyecto educativo en los servicios normalizados del entorno, residiendo en el centro como domicilio habitual, con sujeción al programa y régimen interno del mismo.

d) Internamiento terapéutico en régimen cerrado, semiabierto o abierto. En los centros de esta naturaleza se realizará una atención educativa especializada o tratamiento específico dirigido a personas que padezcan anomalías o alteraciones psíquicas, un estado de dependencia de bebidas alcohólicas, drogas tóxicas o sustancias psicotrópicas, o alteraciones en la percepción que determinen una alteración grave de la conciencia de la realidad. Esta medida podrá aplicarse sola o como complemento de otra medida prevista en este artículo. Cuando el interesado rechace un tratamiento de deshabituación, el Juez habrá de aplicarle otra medida adecuada a sus circunstancias.

e) Tratamiento ambulatorio. Las personas sometidas a esta medida habrán de asistir al centro designado con la periodicidad requerida por los facultativos que las atiendan y seguir las pautas fijadas para el adecuado tratamiento de la anomalía o alteración psíquica, adicción al consumo de bebidas alcohólicas, drogas tóxicas o sustancias psicotrópicas, o alteraciones en la percepción que padezcan. Esta medida podrá aplicarse sola o como complemento de otra medida prevista en este artículo. Cuando el interesado rechace un tratamiento de deshabituación, el Juez habrá de aplicarle otra medida adecuada a sus circunstancias.

f) Asistencia a un centro de día. Las personas sometidas a esta medida residirán en su domicilio habitual y acudirán a un centro, plenamente integrado en la comunidad, a realizar actividades de apoyo, educativas, formativas, laborales o de ocio.

g) Permanencia de fin de semana. Las personas sometidas a esta medida permanecerán en su domicilio o en un centro hasta un máximo de treinta y seis horas entre la tarde o noche del viernes y la noche del domingo, a excepción, en su caso, del tiempo que deban dedicar a las tareas socio-educativas asignadas por el Juez que deban llevarse a cabo fuera del lugar de permanencia.

h) Libertad vigilada. En esta medida se ha de hacer un seguimiento de la actividad de la persona sometida a la misma y de su asistencia a la escuela, al centro de formación profesional o al lugar de trabajo, según los casos, procurando ayudar a aquélla a superar los factores que determinaron la infracción cometida. Asimismo, esta medida obliga, en su caso, a seguir las pautas socio-educativas que señale la entidad pública o el profesional encargado de su seguimiento, de acuerdo con el programa de intervención elaborado al efecto y aprobado por el Juez de Menores. La persona sometida a la medida también queda obligada a mantener con dicho profesional las entrevistas establecidas en el programa y a cumplir, en su caso, las reglas de conducta impuestas por el Juez, que podrán ser alguna o algunas de las siguientes:

1.ª Obligación de asistir con regularidad al centro docente correspondiente, si el menor está en edad de escolarización obligatoria, y acreditar ante el Juez dicha asistencia regular o justificar en su caso las ausencias, cuantas veces fuere requerido para ello.

2.ª Obligación de someterse a programas de tipo formativo, cultural, educativo, profesional, laboral, de educación sexual, de educación vial u otros similares.

3.ª Prohibición de acudir a determinados lugares, establecimientos o espectáculos.

4.ª Prohibición de ausentarse del lugar de residencia sin autorización judicial previa.

5.ª Obligación de residir en un lugar determinado.

6.ª Obligación de comparecer personalmente ante el Juzgado de Menores o profesional que se designe, para informar de las actividades realizadas y justificarlas.

7.ª Cualesquiera otras obligaciones que el Juez, de oficio o a instancia del Ministerio Fiscal, estime convenientes para la reinserción social del sentenciado, siempre que no atenten contra su dignidad como persona. Si alguna de estas obligaciones implicase la imposibilidad del menor de continuar conviviendo con sus padres, tutores o guardadores, el Ministerio Fiscal deberá remitir testimonio de los particulares a la entidad pública de protección del menor, y dicha entidad deberá promover las medidas de protección adecuadas a las circunstancias de aquél, conforme a lo dispuesto en la Ley Orgánica 1/1996.

i) La prohibición de aproximarse o comunicarse con la víctima o con aquellos de sus familiares u otras personas que determine el Juez. Esta medida impedirá al menor acercarse a ellos, en cualquier lugar donde se encuentren, así como a su domicilio, a su centro docente, a sus lugares de trabajo y a cualquier otro que sea frecuentado por ellos. La prohibición de comunicarse con la víctima, o con aquellos de sus familiares u otras personas que determine el Juez o Tribunal, impedirá al menor establecer con ellas, por cualquier medio de comunicación o medio informático o telemático, contacto escrito, verbal o visual. Si esta medida implicase la imposibilidad del menor de continuar viviendo con sus padres, tutores o guardadores, el Ministerio Fiscal deberá remitir testimonio de los particulares a la entidad pública de protección del menor, y dicha entidad deberá promover las medidas de protección adecuadas a las circunstancias de aquél, conforme a lo dispuesto en la Ley Orgánica 1/1996.

j) Convivencia con otra persona, familia o grupo educativo. La persona sometida a esta medida debe convivir, durante el período de tiempo establecido por el Juez, con otra persona, con una familia distinta a la suya o con un grupo educativo, adecuadamente seleccionados para orientar a aquélla en su proceso de socialización.

k) Prestaciones en beneficio de la comunidad. La persona sometida a esta medida, que no podrá imponerse sin su consentimiento, ha de realizar las actividades no retribuidas que se le indiquen, de interés social o en beneficio de personas en situación de precariedad.

l) Realización de tareas socio-educativas. La persona sometida a esta medida ha de realizar, sin internamiento ni libertad vigilada, actividades específicas de contenido educativo encaminadas a facilitarle el desarrollo de su competencia social.

m) Amonestación. Esta medida consiste en la reprensión de la persona llevada a cabo por el Juez de Menores y dirigida a hacerle comprender la gravedad de los hechos cometidos y las consecuencias que los mismos han tenido o podrían haber tenido, instándole a no volver a cometer tales hechos en el futuro.

n) Privación del permiso de conducir ciclomotores y vehículos a motor, o del derecho a obtenerlo, o de las licencias administrativas para caza o para uso de cualquier tipo de armas. Esta medida podrá imponerse como accesoria cuando el delito o falta se hubiere cometido utilizando un ciclomotor o un vehículo a motor, o un arma, respectivamente.

ñ) Inhabilitación absoluta. La medida de inhabilitación absoluta produce la privación definitiva de todos los honores, empleos y cargos públicos sobre el que recayere, aunque sean electivos; así como la incapacidad para obtener los mismos o cualesquiera otros honores, cargos o empleos públicos, y la de ser elegido para cargo público, durante el tiempo de la medida.

2. Las medidas de internamiento constarán de dos períodos: el primero se llevará a cabo en el centro correspondiente, conforme a la descripción efectuada en el apartado anterior de este artículo, el segundo se llevará a cabo en régimen de libertad vigilada, en la modalidad elegida por el Juez. La duración total no excederá del tiempo que se expresa en los artículos 9 y 10. El equipo técnico deberá informar respecto del contenido de ambos períodos, y el Juez expresará la duración de cada uno en la sentencia.

3. Para la elección de la medida o medidas adecuadas se deberá atender de modo flexible, no sólo a la prueba y valoración jurídica de los hechos, sino especialmente a la edad, las circunstancias familiares y sociales, la personalidad y el interés del menor, puestos de manifiesto los dos últimos en los informes de los equipos técnicos y de las entidades públicas de protección y reforma de menores cuando éstas hubieran tenido conocimiento del menor por haber ejecutado una medida cautelar o definitiva con anterioridad, conforme a lo dispuesto en el artículo 27 de la presente Ley. El Juez deberá motivar en la sentencia las razones por las que aplica una determinada medida, así como el plazo de duración de la misma, a los efectos de la valoración del mencionado interés del menor.

4. El Juez podrá imponer al menor una o varias medidas de las previstas en esta Ley con independencia de que se trate de uno o más hechos, sujetándose si procede a lo dispuesto en el artículo 11 para el enjuiciamiento conjunto de varias infracciones; pero, en ningún caso, se impondrá a un menor en una misma resolución más de una medida de la misma clase, entendiendo por tal cada una de las que se enumeran en el apartado 1 de este artículo.

Artículo 7 redactado por el apartado cuatro del artículo único de la L.O. 8/2006, de 4 de diciembre de 2006, por la que se modifica la L.O. 5/2000, de 12 de enero, reguladora de la responsabilidad penal de los menores («B.O.E.» 5 diciembre).
Vigencia: 5 febrero 2007

Artículo 8. *Principio acusatorio.* El Juez de Menores no podrá imponer una medida que suponga una mayor restricción de derechos ni por un tiempo superior a la medida solicitada por el Ministerio Fiscal o por el acusador particular.

Párrafo 1.º del artículo 8 redactado por el apartado primero de la disposición final segunda de la L.O. 15/2003, de 25 de noviembre, por la que se modifica la L.O. 10/1995, de 23 de noviembre, del Código Penal («B.O.E.» 26 noviembre).
Vigencia: 27 noviembre 2003

Tampoco podrá exceder la duración de las medidas privativas de libertad contempladas en el artículo 7.1.a), b), c), d) y g), en ningún caso, del tiempo que hubiera durado la pena privativa de libertad que se le hubiere impuesto por el mismo hecho, si el sujeto, de haber sido mayor de edad, hubiera sido declarado responsable, de acuerdo con el Código Penal.

Artículo 9. *Régimen general de aplicación y duración de las medidas.* No obstante lo establecido en los apartados 3 y 4 del artículo 7, la aplicación de las medidas se atendrá a las siguientes reglas:

1. Cuando los hechos cometidos sean calificados de falta, sólo se podrán imponer las medidas de libertad vigilada hasta un máximo de seis meses, amonestación, permanencia de fin de semana hasta un máximo de cuatro fines de semana, prestaciones en beneficio de la comunidad hasta cincuenta horas, privación del permiso de conducir o de otras licencias administrativas hasta un año, la prohibi-

ción de aproximarse o comunicarse con la víctima o con aquellos de sus familiares u otras personas que determine el Juez hasta seis meses, y la realización de tareas socio-educativas hasta seis meses.

2. La medida de internamiento en régimen cerrado sólo podrá ser aplicable cuando:

a) Los hechos estén tipificados como delito grave por el Código Penal o las leyes penales especiales.

b) Tratándose de hechos tipificados como delito menos grave, en su ejecución se haya empleado violencia o intimidación en las personas o se haya generado grave riesgo para la vida o la integridad física de las mismas.

c) Los hechos tipificados como delito se cometan en grupo o el menor perteneciere o actuare al servicio de una banda, organización o asociación, incluso de carácter transitorio, que se dedicare a la realización de tales actividades.

3. La duración de las medidas no podrá exceder de dos años, computándose, en su caso, a estos efectos el tiempo ya cumplido por el menor en medida cautelar, conforme a lo dispuesto en el artículo 28.5 de la presente Ley. La medida de prestaciones en beneficio de la comunidad no podrá superar las cien horas. La medida de permanencia de fin de semana no podrá superar los ocho fines de semana.

4. Las acciones u omisiones imprudentes no podrán ser sancionadas con medidas de internamiento en régimen cerrado.

5. Cuando en la postulación del Ministerio Fiscal o en la resolución dictada en el procedimiento se aprecien algunas de las circunstancias a las que se refiere el artículo 5.2 de esta Ley, sólo podrán aplicarse las medidas terapéuticas descritas en el artículo 7.1, letras d) y e) de la misma.

Artículo 9 redactado por el apartado cinco del artículo único de la L.O. 8/2006, de 4 de diciembre de 2006, por la que se modifica la L.O. 5/2000, de 12 de enero, reguladora de la responsabilidad penal de los menores («B.O.E.» 5 diciembre).

Vigencia: 5 febrero 2007

Artículo 10. *Reglas especiales de aplicación y duración de las medidas.* 1. Cuando se trate de los hechos previstos en el apartado 2 del artículo anterior, el Juez, oído el Ministerio Fiscal, las partes personadas y el equipo técnico, actuará conforme a las reglas siguientes:

a) si al tiempo de cometer los hechos el menor tuviere catorce o quince años de edad, la medida podrá alcanzar tres años de duración. Si se trata de prestaciones en beneficio de la comunidad, dicho máximo será de ciento cincuenta horas, y de doce fines de semana si la medida impuesta fuere la de permanencia de fin de semana.

b) si al tiempo de cometer los hechos el menor tuviere dieciséis o diecisiete años de edad, la duración máxima de la medida será de seis años; o, en sus respectivos casos, de doscientas horas de prestaciones en beneficio de la comunidad o permanencia de dieciséis fines de semana.

En este supuesto, cuando el hecho revista extrema gravedad, el Juez deberá imponer una medida de internamiento en régimen cerrado de uno a seis años, complementada sucesivamente con otra medida de libertad vigilada con asistencia educativa hasta un máximo de cinco años. Sólo podrá hacerse uso de lo dispuesto en los artículos 13 y 51.1 de esta Ley Orgánica una vez transcurrido el primer año de cumplimiento efectivo de la medida de internamiento.

A los efectos previstos en el párrafo anterior, se entenderán siempre supuestos de extrema gravedad aquellos en los que se apreciara reincidencia.

2. Cuando el hecho sea constitutivo de alguno de los delitos tipificados en los artículos 138, 139, 179, 180 y 571 a 580 del Código Penal, o de cualquier otro delito que tenga señalada en dicho Código o en las leyes penales especiales pena de prisión igual o superior a quince años, el Juez deberá imponer las medidas siguientes:

a) si al tiempo de cometer los hechos el menor tuviere catorce o quince años de edad, una medida de internamiento en régimen cerrado de uno a cinco años de duración, complementada en su caso por otra medida de libertad vigilada de hasta tres años.

b) si al tiempo de cometer los hechos el menor tuviere dieciséis o diecisiete años de edad, una medida de internamiento en régimen cerrado de uno a ocho años de duración, complementada en su caso por otra de libertad vigilada con asistencia educativa de hasta cinco años. En este supuesto sólo podrá hacerse uso de las facultades de modificación, suspensión o sustitución de la medida impuesta a las que se refieren los artículos 13, 40 y 51.1 de esta Ley Orgánica, cuando haya transcurrido al menos, la mitad de la duración de la medida de internamiento impuesta.

3. En el caso de que el delito cometido sea alguno de los comprendidos en los artículos 571 a 580 del Código Penal, el Juez, sin perjuicio de las demás medidas que correspondan con arreglo a esta Ley, también impondrá al menor una medida de inhabilitación absoluta por un tiempo superior entre cuatro y quince años al de la duración de la medida de internamiento en régimen cerrado impuesta, atendiendo proporcionalmente a la gravedad del delito, el número de los cometidos y a las circunstancias que concurran en el menor.

4. Las medidas de libertad vigilada previstas en este artículo deberán ser ratificadas mediante auto motivado, previa audiencia del Ministerio Fiscal, del letrado del menor y del representante de la entidad pública de protección o reforma de menores al finalizar el internamiento, y se llevará a cabo por las instituciones públicas encargadas del cumplimiento de las penas.

Artículo 10 redactado por el apartado seis del artículo único de la L.O. 8/2006, de 4 de diciembre de 2006, por la que se modifica la L.O. 5/2000, de 12 de enero, reguladora de la responsabilidad penal de los menores («B.O.E.» 5 diciembre).
Vigencia: 5 febrero 2007

Artículo 11. *Pluralidad de infracciones.* 1. Los límites máximos establecidos en el artículo 9 y en el apartado 1 del artículo 10 serán aplicables, con arreglo a los criterios establecidos en el artículo 7, apartados 3 y 4, aunque el menor fuere responsable de dos o más infracciones, en el caso de que éstas sean conexas o se trate de una infracción continuada, así como cuando un sólo hecho constituya dos o más infracciones. No obstante, en estos casos, el Juez, para determinar la medida o medidas a imponer, así como su duración, deberá tener en cuenta, además del interés del menor, la naturaleza y el número de las infracciones, tomando como referencia la más grave de todas ellas.

Si pese a lo dispuesto en el artículo 20.1 de esta Ley dichas infracciones hubiesen sido objeto de diferentes procedimientos, el último Juez sentenciador señalará la medida o medidas que debe cumplir el menor por el conjunto de los hechos, dentro de los límites y con arreglo a los criterios expresados en el párrafo anterior.

2. Cuando alguno o algunos de los hechos a los que se refiere el apartado anterior fueren de los mencionados en el artículo 10.2 de esta Ley, la medida de internamiento en régimen cerrado podrá alcanzar una duración máxima de diez años para los mayores de dieciséis años y de seis años para los menores de esa edad, sin perjuicio de la medida de libertad vigilada que, de forma complementaria, corresponda imponer con arreglo a dicho artículo.

3. Cuando el menor hubiere cometido dos o más infracciones no comprendidas en el apartado 1 de este artículo será de aplicación lo dispuesto en el artículo 47 de la presente Ley.

Artículo 11 redactado por el apartado siete del artículo único de la L.O. 8/2006, de 4 de diciembre de 2006, por la que se modifica la L.O. 5/2000, de 12 de enero, reguladora de la responsabilidad penal de los menores («B.O.E.» 5 diciembre).
Vigencia: 5 febrero 2007

Artículo 12. *Procedimiento de aplicación de medidas en supuestos de pluralidad de infracciones.* 1. A los fines previstos en el artículo anterior, en cuanto el Juez sentenciador tenga conocimiento de la existencia de otras medidas firmes en ejecución, pendientes de ejecución o suspendidas condicionalmente, impuestas al mismo menor por otros jueces de menores en anteriores sentencias, y una vez que la medida o medidas por él impuestas sean firmes, ordenará al secretario judicial que dé traslado del testimonio de su sentencia, por el medio más rápido posible, al Juez que haya dictado la primera sentencia firme, el cual será el competente para la ejecución de todas, asumiendo las funciones previstas en el apartado 2 de este artículo.

2. El Juez competente para la ejecución procederá a la refundición y a ordenar la ejecución de todas las medidas impuestas conforme establece el artículo 47 de esta Ley. Desde ese momento, pasará a ser competente a todos los efectos con exclusión de los órganos judiciales que hubieran dictado las posteriores resoluciones.

Artículo 12 redactado por el apartado ocho del artículo único de la L.O. 8/2006, de 4 de diciembre de 2006, por la que se modifica la L.O. 5/2000, de 12 de enero, reguladora de la responsabilidad penal de los menores («B.O.E.» 5 diciembre).
Vigencia: 5 febrero 2007

Artículo 13. *Modificación de la medida impuesta.* 1. El Juez competente para la ejecución, de oficio o a instancia del Ministerio Fiscal o del letrado del menor, previa audiencia de éstos e informe del equipo técnico y, en su caso, de la entidad pública de protección o reforma de menores, podrá en cualquier momento dejar sin efecto la medida impuesta, reducir su duración o sustituirla por otra, siempre que la modificación redunde en el interés del menor y se exprese suficientemente a éste el reproche merecido por su conducta.

2. En los casos anteriores, el Juez resolverá por auto motivado, contra el cual se podrán interponer los recursos previstos en la presente Ley.

Artículo 13 renumerado y redactado por el apartado nueve del artículo único de la L.O. 8/2006, de 4 de diciembre de 2006, por la que se modifica la L.O. 5/2000, de 12 de enero, reguladora de la responsabilidad penal de los menores («B.O.E.» 5 diciembre). Se corresponde con el anterior artículo 14.
Vigencia: 5 febrero 2007

Artículo 14. *Mayoría de edad del condenado.* 1. Cuando el menor a quien se le hubiere impuesto una medida de las establecidas en esta Ley alcanzase la mayoría de edad, continuará el cumplimiento de la medida hasta alcanzar los objetivos propuestos en la sentencia en que se le impuso conforme a los criterios expresados en los artículos anteriores.

2. Cuando se trate de la medida de internamiento en régimen cerrado y el menor alcance la edad de dieciocho años sin haber finalizado su cumplimiento, el Juez de Menores, oído el Ministerio Fiscal, el letrado del menor, el equipo técnico y la entidad pública de protección o reforma de menores, podrá ordenar en auto motivado que su cumplimiento se lleve a cabo en un centro penitenciario conforme al régimen general previsto en la Ley Orgánica General Penitenciaria si la conducta de la persona internada no responde a los objetivos propuestos en la sentencia.

3. No obstante lo señalado en los apartados anteriores, cuando las medidas de internamiento en régimen cerrado sean impuestas a quien haya cumplido veintiún años de edad o, habiendo sido impuestas con anterioridad, no hayan finalizado su cumplimiento al alcanzar la persona dicha edad, el Juez de Menores, oídos el Ministerio Fiscal, el letrado del menor, el equipo técnico y la entidad pública de protección o reforma de menores, ordenará su cumplimiento en centro penitenciario conforme al régimen general previsto en la Ley Orgánica General Penitenciaria, salvo que, excepcionalmente, entienda en consideración a las circunstancias concurrentes que procede la utilización de las medidas previstas en los artículos 13 y 51 de la presente Ley o su permanencia en el centro en cumplimiento de tal medida cuando el menor responda a los objetivos propuestos en la sentencia.

4. Cuando el menor pase a cumplir la medida de internamiento en un centro penitenciario, quedarán sin efecto el resto de medidas impuestas por el Juez de Menores que estuvieren pendientes de cumplimiento sucesivo o que estuviera cumpliendo simultáneamente con la de internamiento, si éstas no fueren compatible con el régimen penitenciario, todo ello sin perjuicio de que excepcionalmente proceda la aplicación de los artículos 13 y 51 de esta Ley.

5. La medida de internamiento en régimen cerrado que imponga el Juez de Menores con arreglo a la presente Ley se cumplirá en un centro penitenciario conforme al régimen general previsto en la Ley Orgánica General Penitenciaria siempre que, con anterioridad al inicio de la ejecución de dicha medida, el responsable hubiera cumplido ya, total o parcialmente, bien una pena de prisión impuesta con arreglo al Código Penal, o bien una medida de internamiento ejecutada en un centro penitenciario conforme a los apartados 2 y 3 de este artículo.

Artículo 14 redactado por el apartado diez del artículo único de la L.O. 8/2006, de 4 de diciembre de 2006, por la que se modifica la L.O. 5/2000, de 12 de enero, reguladora de la responsabilidad penal de los menores («B.O.E.» 5 diciembre).
Vigencia: 5 febrero 2007

Véase la regla 4.º de la Res. de la Asamblea General 40/33, de 28 de noviembre de 1985, Reglas mínimas de las Naciones Unidas para la administración de la justicia de menores ("Reglas de Beijing").

Artículo 15. *De la prescripción.* 1. Los hechos delictivos cometidos por los menores prescriben:

1.º Con arreglo a las normas contenidas en el Código Penal, cuando se trate de los hechos delictivos tipificados en los artículos 138, 139, 179, 180 y 571 a 580 del Código Penal o cualquier otro sancionado en el Código Penal o en las leyes penales especiales con pena de prisión igual o superior a quince años.

2.º A los cinco años, cuando se trate de un delito grave sancionado en el Código Penal con pena superior a diez años.

3.º A los tres años, cuando se trate de cualquier otro delito grave.

4.º Al año, cuando se trate de un delito menos grave.

5.º A los tres meses, cuando se trate de una falta.

2. Las medidas que tengan una duración superior a los dos años prescribirán a los tres años. Las restantes medidas prescribirán a los dos años, excepto la amonestación, las prestaciones en beneficio de la comunidad y la permanencia de fin de semana, que prescribirán al año.

Artículo 15 redactado por el apartado once del artículo único de la L.O. 8/2006, de 4 de diciembre de 2006, por la que se modifica la L.O. 5/2000, de 12 de enero, reguladora de la responsabilidad penal de los menores («B.O.E.» 5 diciembre).
Vigencia: 5 febrero 2007

TÍTULO III
DE LA INSTRUCCIÓN DEL PROCEDIMIENTO

CAPÍTULO I
REGLAS GENERALES

Artículo 16. *Incoación del expediente.* 1. Corresponde al Ministerio Fiscal la instrucción de los procedimientos por los hechos a los que se refiere el artículo 1 de esta Ley.

2. Quienes tuvieren noticia de algún hecho de los indicados en el apartado anterior, presuntamente cometido por un menor de dieciocho años, deberán ponerlo en conocimiento del Ministerio Fiscal, el cual admitirá o no a trámite la denuncia, según que los hechos sean o no indiciariamente constitutivos de delito; custodiará las piezas, documentos y efectos que le hayan sido remitidos, y practicará, en su caso, las diligencias que estime pertinentes para la comprobación del hecho y de la responsabilidad del menor en su comisión, pudiendo resolver el archivo de las actuaciones cuando los hechos no constituyan delito o no tengan autor conocido. La resolución recaída sobre la denuncia deberá notificarse a quienes hubieran formulado la misma.

3. Una vez efectuadas las actuaciones indicadas en el apartado anterior, el Ministerio Fiscal dará cuenta de la incoación del expediente al Juez de Menores, quien iniciará las diligencias de trámite correspondientes.

4. El Juez de Menores ordenará al propio tiempo la apertura de la pieza separada de responsabilidad civil, que se tramitará conforme a lo establecido en las reglas del artículo 64 de esta Ley.

Número 4 del artículo 16 redactado por el apartado doce del artículo único de la L.O. 8/2006, de 4 de diciembre de 2006, por la que se modifica la L.O. 5/2000, de 12 de enero, reguladora de la responsabilidad penal de los menores («B.O.E.» 5 diciembre).
Vigencia: 5 febrero 2007

5. Cuando los hechos mencionados en el artículo 1 hubiesen sido cometidos conjuntamente por mayores de edad penal y por personas de las edades indicadas en el mismo artículo 1, el Juez de Instrucción competente para el conocimiento de la causa, tan pronto como compruebe la edad de los imputados, adoptará las medidas necesarias para asegurar el éxito de la actividad investigadora respecto de los mayores de edad y ordenará remitir testimonio de los particulares precisos al Ministerio Fiscal, a los efectos prevenidos en el apartado 2 de este artículo.

Número 5 del artículo 16 redactado por el apartado doce del artículo único de la L.O. 8/2006, de 4 de diciembre de 2006, por la que se modifica la L.O. 5/2000, de 12 de enero, reguladora de la responsabilidad penal de los menores («B.O.E.» 5 diciembre).
Vigencia: 5 febrero 2007

Artículo 17. *Detención de los menores.* 1. Las autoridades y funcionarios que intervengan en la detención de un menor deberán practicarla en la forma que menos perjudique a éste y estarán obligados a informarle, en un lenguaje claro y comprensible y de forma inmediata, de los hechos que se le imputan, de las razones de su detención y de los derechos que le asisten, especialmente los reconocidos en el artículo 520 de la Ley de Enjuiciamiento Criminal, así como a garantizar el respeto de los mismos. También deberán notificar inmediatamente el hecho de la detención y el lugar de la custodia a los representantes legales del menor y al Ministerio Fiscal. Si el menor detenido fuera extranjero, el hecho de la detención se notificará a las correspondientes autoridades consulares cuando el menor tuviera su residencia habitual fuera de España o cuando así lo solicitaran el propio menor o sus representantes legales.

2. Toda declaración del detenido, se llevará a cabo en presencia de su letrado y de aquéllos que ejerzan la patria potestad, tutela o guarda del menor -de hecho o de derecho-, salvo que, en este último caso, las circunstancias aconsejen lo contrario. En defecto de estos últimos la declaración se llevará a cabo en presencia del Ministerio Fiscal, representado por persona distinta del instructor del expediente.

El menor detenido tendrá derecho a la entrevista reservada con su abogado con anterioridad y al término de la práctica de la diligencia de toma de declaración.

Párrafo 2.º del número 2 del artículo 17 introducido por el apartado trece del artículo único de la L.O. 8/2006, de 4 de diciembre de 2006, por la que se modifica la L.O. 5/2000, de 12 de enero, reguladora de la responsabilidad penal de los menores («B.O.E.» 5 diciembre).

Vigencia: 5 febrero 2007

3. Mientras dure la detención, los menores deberán hallarse custodiados en dependencias adecuadas y separadas de las que se utilicen para los mayores de edad, y recibirán los cuidados, protección y asistencia social, psicológica, médica y física que requieran, habida cuenta de su edad, sexo y características individuales.

4. La detención de un menor por funcionarios de policía no podrá durar más tiempo del estrictamente necesario para la realización de las averiguaciones tendentes al esclarecimiento de los hechos, y, en todo caso, dentro del plazo máximo de veinticuatro horas, el menor detenido deberá ser puesto en libertad o a disposición del Ministerio Fiscal. Se aplicará, en su caso, lo dispuesto en el artículo 520 bis de la Ley de Enjuiciamiento Criminal, atribuyendo la competencia para las resoluciones judiciales previstas en dicho precepto al Juez de Menores.

Véase la Disposición Adicional 4.ª. 2 g) de la presente Ley.

5. Cuando el detenido sea puesto a disposición del Ministerio Fiscal, éste habrá de resolver, dentro de las cuarenta y ocho horas a partir de la detención, sobre la puesta en libertad del menor, sobre el desistimiento al que se refiere el artículo siguiente, o sobre la incoación del expediente, poniendo a aquél a disposición del Juez de Menores competente e instando del mismo las oportunas medidas cautelares, con arreglo a lo establecido en el artículo 28.

6. El Juez competente para el procedimiento de hábeas corpus en relación a un menor será el Juez de Instrucción del lugar en el que se encuentre el menor privado de libertad; si no constare, el del lugar donde se produjo la detención, y, en defecto de los anteriores, el del lugar donde se hayan tenido las últimas noticias sobre el paradero del menor detenido.

Cuando el procedimiento de hábeas corpus sea instado por el propio menor, la fuerza pública responsable de la detención lo notificará inmediatamente al Ministerio Fiscal, además de dar curso al procedimiento conforme a la ley orgánica reguladora.

Véase la Res. Asamblea General 45/113, de 14 de diciembre de 1990, reglas de las Naciones Unidas para la protección de los menores privados de libertad.

Véanse las reglas 10 a 13 de la Res. de la Asamblea General 40/33, de 28 de noviembre de 1985, Reglas mínimas de las Naciones Unidas para la administración de la justicia de menores ("Reglas de Beijing").

Artículo 18. *Desistimiento de la incoación del expediente por corrección en el ámbito educativo y familiar.* El Ministerio Fiscal podrá desistir de la incoación del expediente cuando los hechos denunciados constituyan delitos menos graves sin violencia o intimidación en las personas o faltas, tipificados en el Código Penal o en las leyes penales especiales. En tal caso, el Ministerio Fiscal dará traslado de lo actuado a la entidad pública de protección de menores para la aplicación de lo establecido en el artículo 3 de la presente Ley. Asimismo, el Ministerio Fiscal comunicará a los ofendidos o perjudicados conocidos el desistimiento acordado.

Párrafo primero del artículo 18 redactado por el apartado catorce del artículo único de la L.O. 8/2006, de 4 de diciembre de 2006, por la que se modifica la L.O. 5/2000, de 12 de enero, reguladora de la responsabilidad penal de los menores («B.O.E.» 5 diciembre).

Vigencia: 5 febrero 2007

No obstante, cuando conste que el menor ha cometido con anterioridad otros hechos de la misma naturaleza, el Ministerio Fiscal deberá incoar el expediente y, en su caso, actuar conforme autoriza el artículo 27.4 de la presente Ley.

Artículo 19. *Sobreseimiento del expediente por conciliación o reparación entre el menor y la víctima.* 1. También podrá el Ministerio Fiscal desistir de la continuación del expediente, atendiendo a la gravedad y circunstancias de los hechos y del menor, de modo particular a la falta de violencia o intimidación graves en la comisión de los hechos, y a la circunstancia de que además el menor se haya conciliado con la víctima o haya asumido el compromiso de reparar el daño causado a la víctima o al perjudicado por el delito, o se haya comprometido a cumplir la actividad educativa propuesta por el equipo técnico en su informe.

El desistimiento en la continuación del expediente sólo será posible cuando el hecho imputado al menor constituya delito menos grave o falta.

2. A efectos de lo dispuesto en el apartado anterior, se entenderá producida la conciliación cuando el menor reconozca el daño causado y se disculpe ante la víctima, y ésta acepte sus disculpas, y se entenderá por reparación el compromiso asumido por el menor con la víctima o perjudicado de realizar determinadas acciones en beneficio de aquéllos o de la comunidad, seguido de su realización efectiva. Todo ello sin perjuicio del acuerdo al que hayan llegado las partes en relación con la responsabilidad civil.

Número 2 del artículo 19 redactado por el apartado quince del artículo único de la L.O. 8/2006, de 4 de diciembre de 2006, por la que se modifica la L.O. 5/2000, de 12 de enero, reguladora de la responsabilidad penal de los menores («B.O.E.» 5 diciembre).

Vigencia: 5 febrero 2007

3. El correspondiente equipo técnico realizará las funciones de mediación entre el menor y la víctima o perjudicado, a los efectos indicados en los apartados anteriores, e informará al Ministerio Fiscal de los compromisos adquiridos y de su grado de cumplimiento.

4. Una vez producida la conciliación o cumplidos los compromisos de reparación asumidos con la víctima o perjudicado por el delito o falta cometido, o cuando una u otros no pudieran llevarse a efecto por causas ajenas a la voluntad del menor, el Ministerio Fiscal dará por concluida la instrucción y solicitará del Juez el sobreseimiento y archivo de las actuaciones, con remisión de lo actuado.

5. En el caso de que el menor no cumpliera la reparación o la actividad educativa acordada, el Ministerio Fiscal continuará la tramitación del expediente.

6. En los casos en los que la víctima del delito o falta fuere menor de edad o incapaz, el compromiso al que se refiere el presente artículo habrá de ser asumido por el representante legal de la misma, con la aprobación del Juez de Menores.

Artículo 20. *Unidad de expediente.* 1. El Ministerio Fiscal incoará un procedimiento por cada hecho delictivo, salvo cuando se trate de hechos delictivos conexos.

2. Todos los procedimientos tramitados a un mismo menor se archivarán en el expediente personal que del mismo se haya abierto en la Fiscalía. De igual modo se archivarán las diligencias en el Juzgado de Menores respectivo.

3. En los casos en los que los delitos atribuidos al menor expedientado hubieran sido cometidos en diferentes territorios, la determinación del órgano judicial competente para el enjuiciamiento de todos ellos en unidad de expediente, así como de las entidades públicas competentes para la ejecución de las medidas que se apliquen, se hará teniendo en cuenta el lugar del domicilio del menor y, subsidiariamente, los criterios expresados en el artículo 18 de la Ley de Enjuiciamiento Criminal.

4. Los procedimientos de la competencia de la Audiencia Nacional no podrán ser objeto de acumulación con otros procedimientos instruidos en el ámbito de la jurisdicción de menores, sean o no los mismos los sujetos imputados.

Artículo 20 redactado por el apartado dieciséis del artículo único de la L.O. 8/2006, de 4 de diciembre de 2006, por la que se modifica la L.O. 5/2000, de 12 de enero, reguladora de la responsabilidad penal de los menores («B.O.E.» 5 diciembre).
Vigencia: 5 febrero 2007

Artículo 21. *Remisión al órgano competente.* Cuando el conocimiento de los hechos no corresponda a la competencia de los Juzgados de Menores, el Fiscal acordará la remisión de lo actuado al órgano legalmente competente.

Véanse artículos 42 a 45 LOPJ.

Véase artículo 3.8 Ley 50/1981, 30 diciembre, por la que se regula el Estatuto Orgánico del Ministerio Fiscal («B.O.E.» 13 enero 1982).

Véanse artículos 19 a 45 LECrim.

Artículo 22. *De la incoación del expediente.* 1. Desde el mismo momento de la incoación del expediente, el menor tendrá derecho a:

a) Ser informado por el Juez, el Ministerio Fiscal, o agente de policía de los derechos que le asisten.

b) Designar abogado que le defienda, o a que le sea designado de oficio y a entrevistarse reservadamente con él, incluso antes de prestar declaración.

c) Intervenir en las diligencias que se practiquen durante la investigación preliminar y en el proceso judicial, y a proponer y solicitar, respectivamente, la práctica de diligencias.

d) Ser oído por el Juez o Tribunal antes de adoptar cualquier resolución que le concierna personalmente.

e) La asistencia afectiva y psicológica en cualquier estado y grado del procedimiento, con la presencia de los padres o de otra persona que indique el menor, si el Juez de Menores autoriza su presencia.

f) La asistencia de los servicios del equipo técnico adscrito al Juzgado de Menores.

2. El expediente será notificado al menor desde el momento mismo de su incoación, a salvo lo dispuesto en el artículo 24. A tal fin, el Fiscal requerirá al menor y a sus representantes legales para que designen letrado en el plazo de tres días, advirtiéndoles que, de no hacerlo, se le nombrará de oficio de entre los integrantes del turno de especialistas del correspondiente Colegio de Abogados. Una vez producida dicha designación, el Fiscal la comunicará al Juez de Menores.

Número 2 del artículo 22 redactado por el apartado diecisiete del artículo único de la L.O. 8/2006, de 4 de diciembre de 2006, por la que se modifica la L.O. 5/2000, de 12 de enero, reguladora de la responsabilidad penal de los menores («B.O.E.» 5 diciembre).
Vigencia: 5 febrero 2007

3. Igualmente, el Ministerio Fiscal notificará a quien aparezca como perjudicado, desde el momento en que así conste en la instrucción del expediente, la posibilidad de ejercer las acciones civiles que le puedan corresponder, personándose ante el Juez de Menores en la pieza de responsabilidad civil que se tramitará por el mismo.

Artículo 23. *Actuación instructora del Ministerio Fiscal.* 1. La actuación instructora del Ministerio Fiscal tendrá como objeto, tanto valorar la participación del menor en los hechos para expresarle el reproche que merece su conducta, como proponer las concretas medidas de contenido educativo y sancionador adecuadas a las circunstancias del hecho y de su autor y, sobre todo, al interés del propio menor valorado en la causa.

2. El Ministerio Fiscal deberá dar vista del expediente al letrado del menor y, en su caso, a quien haya ejercitado la acción penal, en un plazo no superior a veinticuatro horas, tantas veces como aquel lo solicite.

Número 2 del artículo 23 redactado por el apartado dieciocho del artículo único de la L.O. 8/2006, de 4 de diciembre de 2006, por la que se modifica la L.O. 5/2000, de 12 de enero, reguladora de la responsabilidad penal de los menores («B.O.E.» 5 diciembre).
Vigencia: 5 febrero 2007

3. El Ministerio Fiscal no podrá practicar por sí mismo diligencias restrictivas de derechos fundamentales, sino que habrá de solicitar del Juzgado la práctica de las que sean precisas para el buen fin de las investigaciones. El Juez de Menores resolverá sobre esta petición por auto motivado. La práctica de tales diligencias se documentará en pieza separada.

Artículo 24. *Secreto del expediente.* El Juez de Menores, a solicitud del Ministerio Fiscal, del menor o de su familia, o de quien ejercite la acción penal, podrá decretar mediante auto motivado el secreto del expediente, en su totalidad o parcialmente, durante toda la instrucción o durante un período limitado de ésta. No obstante, el letrado del menor y quien ejercite la acción penal deberán, en todo caso, conocer en su integridad el expediente al evacuar el trámite de alegaciones. Este incidente se tramitará por el Juzgado en pieza separada.

Artículo 24 redactado por el apartado diecinueve del artículo único de la L.O. 8/2006, de 4 de diciembre de 2006, por la que se modifica la L.O. 5/2000, de 12 de enero, reguladora de la responsabilidad penal de los menores («B.O.E.» 5 diciembre).
Vigencia: 5 febrero 2007

Artículo 25. *De la acusación particular.* Podrán personarse en el procedimiento como acusadores particulares, a salvo de las acciones previstas por el artículo 61 de esta ley, las personas directamente ofendidas por el delito, sus padres, sus herederos o sus representantes legales si fueran menores de edad o incapaces, con las facultades y derechos que derivan de ser parte en el procedimiento, entre los que están, entre otros, los siguientes:

a) Ejercitar la acusación particular durante el procedimiento.

b) Instar la imposición de las medidas a las que se refiere esta ley.

c) Tener vista de lo actuado, siendo notificado de las diligencias que se soliciten y acuerden.

d) Proponer pruebas que versen sobre el hecho delictivo y las circunstancias de su comisión, salvo en lo referente a la situación psicológica, educativa, familiar y social del menor.

e) Participar en la práctica de las pruebas, ya sea en fase de instrucción ya sea en fase de audiencia; a estos efectos, el órgano actuante podrá denegar la práctica de la prueba de careo, si esta fuera solicitada, cuando no resulte fundamental para la averiguación de los hechos o la participación del menor en los mismos.

f) Ser oído en todos los incidentes que se tramiten durante el procedimiento.

g) Ser oído en caso de modificación o de sustitución de medidas impuestas al menor.

h) Participar en las vistas o audiencias que se celebren.

i) Formular los recursos procedentes de acuerdo con esta ley.

Una vez admitida por el Juez de Menores la personación del acusador particular, se le dará traslado de todas las actuaciones sustanciadas de conformidad con esta ley y se le permitirá intervenir en todos los trámites en defensa de sus intereses.

Artículo 25 redactado por el apartado segundo de la disposición final segunda de la L.O. 15/2003, de 25 de noviembre, por la que se modifica la L.O. 10/1995, de 23 de noviembre, del Código Penal («B.O.E.» 26 noviembre).
Vigencia: 27 noviembre 2003

Artículo 26. *Diligencias propuestas por las partes.* 1. Las partes podrán solicitar del Ministerio Fiscal la práctica de cuantas diligencias consideren necesarias. El Ministerio Fiscal decidirá sobre su admisión, mediante resolución motivada que notificará al letrado del menor y a quien en su caso ejercite la acción penal y que pondrá en conocimiento del Juez de Menores. Las partes podrán, en cualquier momento, reproducir ante el Juzgado de Menores la petición de las diligencias no practicadas.

2. No obstante lo dispuesto en el apartado anterior, cuando alguna de las partes proponga que se lleve a efecto la declaración del menor, el Ministerio Fiscal deberá recibirla en el expediente, salvo que ya hubiese concluido la instrucción y el expediente hubiese sido elevado al Juzgado de Menores.

3. Si las diligencias propuestas por alguna de las partes afectaren a derechos fundamentales del menor o de otras personas, el Ministerio Fiscal, de estimar pertinente la solicitud, se dirigirá al Juez de Menores conforme a lo dispuesto en el artículo 23.3, sin perjuicio de la facultad de quien haya propuesto la diligencia de reproducir su solicitud ante el Juez de Menores conforme a lo dispuesto en el apartado 1 de este artículo.

Artículo 26 redactado por el apartado veinte del artículo único de la L.O. 8/2006, de 4 de diciembre de 2006, por la que se modifica la L.O. 5/2000, de 12 de enero, reguladora de la responsabilidad penal de los menores («B.O.E.» 5 diciembre).
Vigencia: 5 febrero 2007

Artículo 27. *Informe del equipo técnico.* 1. Durante la instrucción del expediente, el Ministerio Fiscal requerirá del equipo técnico, que a estos efectos dependerá funcionalmente de aquél sea cual fuere su dependencia orgánica, la elaboración de un informe o actualización de los anteriormente emitidos, que deberá serle entregado en el plazo máximo de diez días, prorrogable por un período no superior a un mes en casos de gran complejidad, sobre la situación psicológica, educativa y familiar del menor, así como sobre su entorno social, y en general sobre cualquier otra circunstancia relevante a los efectos de la adopción de alguna de las medidas previstas en la presente Ley.

2. El equipo técnico podrá proponer, asimismo, una intervención socio-educativa sobre el menor, poniendo de manifiesto en tal caso aquellos aspectos del mismo que considere relevantes en orden a dicha intervención.

3. De igual modo, el equipo técnico informará, si lo considera conveniente y en interés del menor, sobre la posibilidad de que éste efectúe una actividad reparadora o de conciliación con la víctima, de acuerdo con lo dispuesto en el artículo 19 de esta Ley, con indicación expresa del contenido y la finalidad de la mencionada acti-

vidad. En este caso, no será preciso elaborar un informe de las características y contenidos del apartado 1 de este artículo.

4. Asimismo podrá el equipo técnico proponer en su informe la conveniencia de no continuar la tramitación del expediente en interés del menor, por haber sido expresado suficientemente el reproche al mismo a través de los trámites ya practicados, o por considerar inadecuada para el interés del menor cualquier intervención, dado el tiempo transcurrido desde la comisión de los hechos. En estos casos, si se reunieran los requisitos previstos en el artículo 19.1 de esta Ley, el Ministerio Fiscal podrá remitir el expediente al Juez con propuesta de sobreseimiento, remitiendo además, en su caso, testimonio de lo actuado a la entidad pública de protección de menores que corresponda, a los efectos de que actúe en protección del menor.

5. En todo caso, una vez elaborado el informe del equipo técnico, el Ministerio Fiscal lo remitirá inmediatamente al Juez de Menores y dará copia del mismo al letrado del menor.

6. El informe al que se refiere el presente artículo podrá ser elaborado o complementado por aquellas entidades públicas o privadas que trabajen en el ámbito de la educación de menores y conozcan la situación del menor expedientado.

Véanse artículos 4, 7.2, 9.4, 13, 14.1, 17.3, 19.4, 22.1.f), 28.1 y 2, 35.1, 37.2, 40.1, 40.2.c), 41.1, 47.2.5, 47.3, 50.2, 51.2, Disp. Final 3.ª y Disp. Transit. única 3.ª de la presente Ley.

Véanse artículos 456 a 485 LECrim.

CAPÍTULO II
DE LAS MEDIDAS CAUTELARES

Artículo 28. *Reglas generales.* 1. El Ministerio Fiscal, de oficio o a instancia de quien haya ejercitado la acción penal, cuando existan indicios racionales de la comisión de un delito y el riesgo de eludir u obstruir la acción de la justicia por parte del menor o de atentar contra los bienes jurídicos de la víctima, podrá solicitar del Juez de Menores, en cualquier momento, la adopción de medidas cautelares para la custodia y defensa del menor expedientado o para la debida protección de la víctima.

Dichas medidas podrán consistir en internamiento en centro en el régimen adecuado, libertad vigilada, prohibición de aproximarse o comunicarse con la víctima o con aquellos de sus familiares u otras personas que determine el Juez, o convivencia con otra persona, familia o grupo educativo.

El Juez, oído el letrado del menor, así como el equipo técnico y la representación de la entidad pública de protección o reforma de menores, que informarán especialmente sobre la naturaleza de la medida cautelar, resolverá sobre lo propuesto tomando en especial consideración el interés del menor. La medida cautelar adoptada podrá mantenerse hasta que recaiga sentencia firme.

Número 1 del artículo 28 redactado por el apartado veintiuno del artículo único de la L.O. 8/2006, de 4 de diciembre de 2006, por la que se modifica la L.O. 5/2000, de 12 de enero, reguladora de la responsabilidad penal de los menores («B.O.E.» 5 diciembre).

Vigencia: 5 febrero 2007

2. Para la adopción de la medida cautelar de internamiento se atenderá a la gravedad de los hechos, valorando también las circunstancias personales y sociales del menor, la existencia de un peligro cierto de fuga, y, especialmente, el que el menor hubiera cometido o no con anterioridad otros hechos graves de la misma naturaleza.

El Juez de Menores resolverá, a instancia del Ministerio Fiscal o de la acusación particular, en una comparecencia a la que asistirán también el letrado del menor, las demás partes personadas, el representante del equipo técnico y el de la entidad pública de protección o reforma de menores, los cuales informarán al Juez sobre la conveniencia de la adopción de la medida solicitada en función de los criterios consignados en este artículo. En dicha comparecencia el Ministerio Fiscal y las partes personadas podrán proponer los medios de prueba que puedan practicarse en el acto o dentro de las veinticuatro horas siguientes.

Número 2 del artículo 28 redactado por el apartado veintiuno del artículo único de la L.O. 8/2006, de 4 de diciembre de 2006, por la que se modifica la L.O. 5/2000, de 12 de enero, reguladora de la responsabilidad penal de los menores («B.O.E.» 5 diciembre).

Vigencia: 5 febrero 2007

3. El tiempo máximo de la medida cautelar de internamiento será de seis meses, y podrá prorrogarse, a instancia del Ministerio Fiscal, previa audiencia del letrado del menor y mediante auto motivado, por otros tres meses como máximo.

Número 3 del artículo 28 redactado por el apartado veintiuno del artículo único de la L.O. 8/2006, de 4 de diciembre de 2006, por la que se modifica la L.O. 5/2000, de 12 de enero, reguladora de la responsabilidad penal de los menores («B.O.E.» 5 diciembre).

Vigencia: 5 febrero 2007

4. Las medidas cautelares se documentarán en el Juzgado de Menores en pieza separada del expediente.

5. El tiempo de cumplimiento de las medidas cautelares se abonará en su integridad para el cumplimiento de las medidas que se puedan imponer en la misma causa o, en su defecto, en otras causas que hayan tenido por objeto hechos anteriores a la adopción de aquéllas. El Juez, a propuesta del Ministerio Fiscal y oídos el letrado del menor y el equipo técnico que informó la medida cautelar, ordenará que se tenga por ejecutada la medida impuesta en aquella parte que estime razonablemente compensada por la medida cautelar.

Artículo 29. *Medidas cautelares en los casos de exención de la responsabilidad.* Si en el transcurso de la instrucción que realice el Ministerio Fiscal quedara suficientemente acreditado que el menor se encuentra en situación de enajenación mental o en cualquiera otra de las circunstancias previstas en los apartados 1.º, 2.º ó 3.º del artículo 20 del Código Penal vigente, se adoptarán las medidas cautelares precisas para la protección y custodia del menor conforme a los preceptos civiles aplicables, instando en su caso las actuaciones para la incapacitación del menor y la constitución de los organismos tutelares conforme a derecho, sin perjuicio todo ello de concluir la instrucción y de efectuar las alegaciones previstas en esta Ley conforme a lo que establecen sus artículos 5.2 y 9, y de solicitar, por los trámites de la misma, en su caso, alguna medida terapéutica adecuada al interés del menor de entre las previstas en esta Ley.

Véanse artículos 7.1.d) y e), 8 y 41.3 de la presente Ley.

Véase artículo 20.1.º, 2.º y 3.º CP 1995.

Véanse artículos 222 a 258 CC.

CAPÍTULO III
DE LA CONCLUSIÓN DE LA INSTRUCCIÓN

Artículo 30. *Remisión del expediente al Juez de Menores.* 1. Acabada la instrucción, el Ministerio Fiscal resolverá la conclusión del expediente, notificándosela a las partes personadas, y remitirá al Juzgado de Menores el expediente, junto con las piezas de convicción y demás efectos que pudieran existir, con un escrito de alegaciones en el que constará la descripción de los hechos, la valoración jurídica de los mismos, el grado de participación del menor, una breve reseña de las circunstancias personales y sociales de éste, la proposición de alguna medida de las previstas en esta Ley con exposición razonada de los fundamentos jurídicos y educativos que la aconsejen, y, en su caso, la exigencia de responsabilidad civil.

Número 1 del artículo 30 redactado por el apartado veintidós del artículo único de la L.O. 8/2006, de 4 de diciembre de 2006, por la que se modifica la L.O. 5/2000, de 12 de enero, reguladora de la responsabilidad penal de los menores («B.O.E.» 5 diciembre).
Vigencia: 5 febrero 2007

2. En el mismo acto propondrá el Ministerio Fiscal la prueba de que intente valerse para la defensa de su pretensión procesal.

3. Asimismo, podrá proponer el Ministerio Fiscal la participación en el acto de la audiencia de aquellas personas o representantes de instituciones públicas y privadas que puedan aportar al proceso elementos valorativos del interés del menor y de la conveniencia o no de las medidas solicitadas. En todo caso serán llamadas al acto de audiencia las personas o instituciones perjudicadas civilmente por el delito, así como los responsables civiles.

Número 3 del artículo 30 redactado por el apartado veintidós del artículo único de la L.O. 8/2006, de 4 de diciembre de 2006, por la que se modifica la L.O. 5/2000, de 12 de enero, reguladora de la responsabilidad penal de los menores («B.O.E.» 5 diciembre).
Vigencia: 5 febrero 2007

4. El Ministerio Fiscal podrá también solicitar del Juez de Menores el sobreseimiento de las actuaciones por alguno de los motivos previstos en la Ley de Enjuiciamiento Criminal, así como la remisión de los particulares necesarios a la entidad pública de protección de menores en su caso.

TÍTULO IV
DE LA FASE DE AUDIENCIA

Artículo 31. *Apertura de la fase de audiencia.* Recibido el escrito de alegaciones con el expediente, las piezas de convicción, los efectos y demás elementos relevantes para el proceso remitidos por el Ministerio Fiscal, el secretario del Juzgado de Menores los incorporará a las diligencias, y el Juez de Menores procederá a abrir el trámite de audiencia, para lo cual el secretario judicial dará traslado simultáneamente a quienes ejerciten la acción penal y la civil para que en un plazo común de cinco días hábiles formulen sus respectivos escritos de alegaciones y propongan las pruebas que consideren pertinentes. Evacuado este trámite, el secretario judicial dará traslado de todo lo actuado al letrado del menor y, en su caso, a los responsables civiles, para que en un plazo de cinco días hábiles formule a su vez escrito de alegaciones y proponga la prueba que considere pertinente.

Artículo 31 redactado por el apartado veintitrés del artículo único de la L.O. 8/2006, de 4 de diciembre de 2006, por la que se modifica la L.O. 5/2000, de 12 de enero, reguladora de la responsabilidad penal de los menores («B.O.E.» 5 diciembre).
Vigencia: 5 febrero 2007

Artículo 32. *Sentencia de conformidad.* Si el escrito de alegaciones de la acusación solicitara la imposición de alguna o algunas de las medidas previstas en las letras e) a ñ) del apartado 1 del artículo 7, y hubiere conformidad del menor y de su letrado, así como de los responsables civiles, la cual se expresará en comparecencia ante el Juez de Menores en los términos del artículo 36, éste dictará sentencia sin más trámite.

Cuando el menor y su letrado disintiesen únicamente respecto de la responsabilidad civil, se limitará la audiencia a la prueba y discusión de los puntos relativos a dicha responsabilidad.

Cuando la persona o personas contra quienes se dirija la acción civil no estuvieren conformes con la responsabilidad civil solicitada, se sustanciará el trámite de la audiencia sólo en lo relativo a este último extremo, practicándose la prueba propuesta a fin de determinar el alcance de aquella.

Artículo 32 redactado por el apartado veinticuatro del artículo único de la L.O. 8/2006, de 4 de diciembre de 2006, por la que se modifica la L.O. 5/2000, de 12 de enero, reguladora de la responsabilidad penal de los menores («B.O.E.» 5 diciembre).
Vigencia: 5 febrero 2007

Artículo 33. *Otras decisiones del Juez de Menores.* En los casos no previstos en el artículo anterior, a la vista de la petición del Ministerio Fiscal y de los escritos de alegaciones de las partes, el Juez adoptará alguna de las siguientes decisiones:

a) La celebración de la audiencia.

b) El sobreseimiento, mediante auto motivado, de las actuaciones.

c) El archivo por sobreseimiento de las actuaciones con remisión de particulares a la entidad pública de protección de menores correspondiente cuando así se haya solicitado por el Ministerio Fiscal.

d) La remisión de las actuaciones al Juez competente, cuando el Juez de Menores considere que no le corresponde el conocimiento del asunto.

e) Practicar por sí las pruebas propuestas por las partes y que hubieran sido denegadas por el Fiscal durante la instrucción, conforme a lo dispuesto en el artículo 26.1 de la presente Ley, y que no puedan celebrarse en el transcurso de la audiencia, siempre que considere que son relevantes a los efectos del proceso. Una vez practicadas, dará traslado de los resultados al Ministerio Fiscal y a las partes personadas, antes de iniciar las sesiones de la audiencia.

Contra las precedentes resoluciones cabrán los recursos previstos en esta Ley.

Artículo 33 redactado por el apartado veinticinco del artículo único de la L.O. 8/2006, de 4 de diciembre de 2006, por la que se modifica la L.O. 5/2000, de 12 de enero, reguladora de la responsabilidad penal de los menores («B.O.E.» 5 diciembre).
Vigencia: 5 febrero 2007

Artículo 34. *Pertinencia de pruebas y señalamiento de la audiencia.* El Juez de Menores, dentro del plazo de cinco días desde la presentación del escrito de alegaciones del letrado del menor y, en su caso, de los responsables civiles, o una vez transcurrido el plazo para la presentación sin que ésta se hubiere efectuado, acordará, en su caso, lo procedente sobre la pertinencia de las pruebas propuestas, mediante auto de apertura de la audiencia, y el secretario judicial señalará el día y hora en que deba comenzar ésta dentro de los diez días siguientes.

Artículo 34 redactado por el apartado veintiséis del artículo único de la L.O. 8/2006, de 4 de diciembre de 2006, por la que se modifica la L.O. 5/2000, de 12 de enero, reguladora de la responsabilidad penal de los menores («B.O.E.» 5 diciembre).
Vigencia: 5 febrero 2007

Artículo 35. *Asistentes y no publicidad de la audiencia.* 1. La audiencia se celebrará con asistencia del Ministerio Fiscal, de las partes personadas, del letrado del menor, de un representante del equipo técnico que haya evacuado el informe previsto en el artículo 27 de esta Ley, y del propio menor, el cual podrá estar acompañado de sus representantes legales, salvo que el Juez, oídos los citados Ministerio Fiscal, letrado del menor y representante del equipo técnico, acuerde lo contrario. También podrá asistir el representante de la entidad pública de protección o reforma de menores que haya intervenido en las actuaciones de la instrucción, cuando se hubiesen ejecutado medidas cautelares o definitivas impuestas al menor con anterioridad. Igualmente, deberán comparecer la persona o personas a quienes se exija responsabilidad civil; aunque su inasistencia injustificada no será por sí misma causa de suspensión de la audiencia.

Número 1 del artículo 35 redactado por el apartado veintisiete del artículo único de la L.O. 8/2006, de 4 de diciembre de 2006, por la que se modifica la L.O. 5/2000, de 12 de enero, reguladora de la responsabilidad penal de los menores («B.O.E.» 5 diciembre).

Vigencia: 5 febrero 2007

2. El Juez podrá acordar, en interés de la persona imputada o de la víctima, que las sesiones no sean públicas y en ningún caso se permitirá que los medios de comunicación social obtengan o difundan imágenes del menor ni datos que permitan su identificación.

3. Quienes ejerciten la acción penal en el procedimiento regulado en la presente Ley, habrán de respetar rigurosamente el derecho del menor a la confidencialidad y a la no difusión de sus datos personales o de los datos que obren en el expediente instruido, en los términos que establezca el Juez de Menores. Quien infrinja esta regla será acreedor de las responsabilidades civiles y penales a que haya lugar.

Número 3 del artículo 35 introducido por el apartado veintisiete del artículo único de la L.O. 8/2006, de 4 de diciembre de 2006, por la que se modifica la L.O. 5/2000, de 12 de enero, reguladora de la responsabilidad penal de los menores («B.O.E.» 5 diciembre).

Vigencia: 5 febrero 2007

Artículo 36. *Conformidad del menor.* 1. El secretario judicial informará al menor expedientado, en un lenguaje comprensible y adaptado a su edad, de las medidas y responsabilidad civil solicitadas por el Ministerio Fiscal y, en su caso, la acusación particular y el actor civil, en sus escritos de alegaciones, así como de los hechos y de la causa en que se funden.

2. El Juez seguidamente preguntará al menor si se declara autor de los hechos y si está de acuerdo con las medidas solicitadas y con la responsabilidad civil. Si mostrase su conformidad con dichos extremos, oídos el letrado del menor y la persona o personas contra quienes se dirija la acción civil, el Juez podrá dictar resolución de conformidad. Si el letrado no estuviese de acuerdo con la conformidad prestada por el propio menor, el Juez resolverá sobre la continuación o no de la audiencia, razonando esta decisión en la sentencia.

3. Si el menor estuviere conforme con los hechos pero no con la medida solicitada, se sustanciará el trámite de la audiencia sólo en lo relativo a este último extremo, practicándose la prueba propuesta a fin de determinar la aplicación de dicha medida o su sustitución por otra más adecuada al interés del menor y que haya sido propuesta por alguna de las partes.

4. Cuando el menor o la persona o personas contra quienes se dirija la acción civil no estuvieren conformes con la responsabilidad civil solicitada, se sustanciará el trámite de la audiencia sólo en lo relativo a este último extremo, practicándose la prueba propuesta a fin de determinar el alcance de aquélla.

Artículo 36 redactado por el apartado veintiocho del artículo único de la L.O. 8/2006, de 4 de diciembre de 2006, por la que se modifica la L.O. 5/2000, de 12 de enero, reguladora de la responsabilidad penal de los menores («B.O.E.» 5 diciembre).

Vigencia: 5 febrero 2007

Artículo 37. *Celebración de la audiencia.* 1. Cuando proceda la celebración de la audiencia, el Juez invitará al Ministerio Fiscal, a quienes hayan ejercitado, en su caso, la acción penal, al letrado del menor, y eventualmente y respecto de las cuestiones que estrictamente tengan que ver con la responsabilidad civil al actor civil y terceros responsables civilmente, a que manifiesten lo que tengan por conveniente sobre la práctica de nuevas pruebas o sobre la vulneración de algún derecho fundamental en la tramitación del procedimiento, o, en su caso, les pondrá de manifiesto la posibilidad de aplicar una distinta calificación o una distinta medida de las que hubieran solicitado. Seguidamente, el Juez acordará la continuación de la audiencia o la subsanación del derecho vulnerado, si así procediere. Si acordara la continuación de la audiencia, el Juez resolverá en la sentencia sobre los extremos planteados.

Número 1 del artículo 37 redactado por el apartado veintinueve del artículo único de la L.O. 8/2006, de 4 de diciembre de 2006, por la que se modifica la L.O. 5/2000, de 12 de enero, reguladora de la responsabilidad penal de los menores («B.O.E.» 5 diciembre).
Vigencia: 5 febrero 2007

2. Seguidamente se iniciará la práctica de la prueba propuesta y admitida y la que, previa declaración de pertinencia, ofrezcan las partes para su práctica en el acto, oyéndose, asimismo, al equipo técnico sobre las circunstancias del menor. A continuación, el Juez oirá al Ministerio Fiscal, a quien haya ejercitado en su caso la acción penal, al letrado del menor y al actor civil y terceros responsables civilmente respecto de los derechos que le asisten, sobre la valoración de la prueba, su calificación jurídica y la procedencia de las medidas propuestas; sobre este último punto, se oirá también al equipo técnico y, en su caso, a la entidad pública de protección o reforma de menores. Por último, el Juez oirá al menor, dejando el expediente visto para sentencia.

Número 2 del artículo 37 redactado por el apartado veintinueve del artículo único de la L.O. 8/2006, de 4 de diciembre de 2006, por la que se modifica la L.O. 5/2000, de 12 de enero, reguladora de la responsabilidad penal de los menores («B.O.E.» 5 diciembre).
Vigencia: 5 febrero 2007

3. En su caso, en este procedimiento se aplicará lo dispuesto en la legislación relativa a la protección de testigos y peritos en causas penales.

4. Si en el transcurso de la audiencia el Juez considerara, de oficio o a solicitud de las partes, que el interés del menor aconseja que éste abandone la sala, podrá acordarlo así motivadamente, ordenando que continúen las actuaciones hasta que el menor pueda retornar a aquélla.

TÍTULO V
DE LA SENTENCIA

Artículo 38. *Plazo para dictar sentencia.* Finalizada la audiencia, el Juez de Menores dictará sentencia en un plazo máximo de cinco días.

Artículo 38 redactado por el apartado treinta del artículo único de la L.O. 8/2006, de 4 de diciembre de 2006, por la que se modifica la L.O. 5/2000, de 12 de enero, reguladora de la responsabilidad penal de los menores («B.O.E.» 5 diciembre).
Vigencia: 5 febrero 2007

Artículo 39. *Contenido y registro de la sentencia.* 1. La sentencia contendrá todos los requisitos previstos en la vigente Ley Orgánica del Poder Judicial y en ella, valorando las pruebas practicadas, las razones expuestas por el Ministerio Fiscal, por las partes personadas y por el letrado del menor, lo manifestado en su caso por éste, tomando en consideración las circunstancias y gravedad de los hechos, así como todos los datos debatidos sobre la personalidad, situación, necesidades y entorno familiar y social del menor, la edad de éste en el momento de dictar la sentencia, y la circunstancia de que el menor hubiera cometido o no con anterioridad otros hechos de la misma naturaleza, resolverá sobre la medida o medidas propuestas, con indicación expresa de su contenido, duración y objetivos a alcanzar con las mismas. La sentencia será motivada, consignando expresamente los hechos que se declaren probados y los medios probatorios de los que resulte la convicción judicial.

En la misma sentencia se resolverá sobre la responsabilidad civil derivada del delito o falta, con el contenido indicado en el artículo 115 del Código Penal.

También podrá ser anticipado oralmente el fallo al término de las sesiones de la audiencia, sin perjuicio de su documentación con arreglo al artículo 248.3 de la citada Ley Orgánica del Poder Judicial.

Número 1 del artículo 39 redactado por el apartado treinta y uno del artículo único de la L.O. 8/2006, de 4 de diciembre de 2006, por la que se modifica la L.O. 5/2000, de 12 de enero, reguladora de la responsabilidad penal de los menores («B.O.E.» 5 diciembre).

Vigencia: 5 febrero 2007

2. El Juez, al redactar la sentencia, procurará expresar sus razonamientos en un lenguaje claro y comprensible para la edad del menor.

3. Cada Juzgado de Menores llevará un registro de sentencias en el que se incluirán firmadas todas las definitivas. La llevanza y custodia de dicho registro es responsabilidad del secretario judicial.

Número 3 del artículo 39 redactado por el apartado treinta y uno del artículo único de la L.O. 8/2006, de 4 de diciembre de 2006, por la que se modifica la L.O. 5/2000, de 12 de enero, reguladora de la responsabilidad penal de los menores («B.O.E.» 5 diciembre).

Vigencia: 5 febrero 2007

Artículo 40. *Suspensión de la ejecución del fallo.* 1. El Juez competente para la ejecución, de oficio o a instancia del Ministerio Fiscal o del letrado del menor, y oídos en todo caso éstos, así como el representante del equipo técnico y de la entidad pública de protección o reforma de menores, podrá acordar motivadamente la suspensión de la ejecución del fallo contenido en la sentencia, cuando la medida impuesta no sea superior a dos años de duración, durante un tiempo determinado y hasta un máximo de dos años. Dicha suspensión se acordará en la propia sentencia o por auto motivado del Juez competente para la ejecución cuando aquélla sea firme, debiendo expresar, en todo caso, las condiciones de la misma. Se exceptúa de la suspensión el pronunciamiento sobre la responsabilidad civil derivada del delito o falta.

Número 1 del artículo 40 redactado por el apartado treinta y dos del artículo único de la L.O. 8/2006, de 4 de diciembre de 2006, por la que se modifica la L.O. 5/2000, de 12 de enero, reguladora de la responsabilidad penal de los menores («B.O.E.» 5 diciembre).

Vigencia: 5 febrero 2007

2. Las condiciones a las que estará sometida la suspensión de la ejecución del fallo contenido en la sentencia dictada por el Juez de Menores serán las siguientes:

a) No ser condenado en sentencia firme por delito cometido durante el tiempo que dure la suspensión, si ha alcanzado la mayoría de edad, o no serle aplicada medida en sentencia firme en procedimiento regulado por esta Ley durante el tiempo que dure la suspensión.

b) Que el menor asuma el compromiso de mostrar una actitud y disposición de reintegrarse a la sociedad, no incurriendo en nuevas infracciones.

c) Además, el Juez puede establecer la aplicación de un régimen de libertad vigilada durante el plazo de suspensión o la obligación de realizar una actividad socio-educativa, recomendada por el equipo técnico o la entidad pública de protección o reforma de menores en el precedente trámite de audiencia, incluso con compromiso de participación de los padres, tutores o guardadores del menor, expresando la naturaleza y el plazo en que aquella actividad deberá llevarse a cabo.

3. Si las condiciones expresadas en el apartado anterior no se cumplieran, el Juez alzará la suspensión y se procederá a ejecutar la sentencia en todos sus extremos. Contra la resolución que así lo acuerde se podrán interponer los recursos previstos en esta Ley.

TÍTULO VI
DEL RÉGIMEN DE RECURSOS

Artículo 41. *Recursos procedentes y tramitación.* 1. Contra la sentencia dictada por el Juez de Menores en el procedimiento regulado en esta Ley cabe recurso de apelación ante la correspondiente Audiencia Provincial, que se interpondrá ante el Juez que dictó aquélla en el plazo de cinco días a contar desde su notificación, y se resolverá previa celebración de vista pública, salvo que en interés de la persona imputada o de la víctima, el Juez acuerde que se celebre a puerta cerrada. A la vista deberán asistir las partes y, si el Tribunal lo considera oportuno, el representante del equipo técnico y el representante de la entidad pública de protección o reforma de menores que hayan intervenido en el caso concreto. El recurrente podrá solicitar del Tribunal la práctica de la prueba que, propuesta y admitida en la instancia, no se hubiera celebrado, conforme a las reglas de la Ley de Enjuiciamiento Criminal.

Número 1 del artículo 41 redactado por el artículo 6 de la L.O. 9/2000, 22 diciembre, sobre medidas urgentes para la agilización de la Administración de Justicia, por la que se modifica la L.O. 6/1985, de 1 de julio, del Poder Judicial («B.O.E.» 23 diciembre).

Vigencia: 13 enero 2001

Redacción originaria:

1. Contra la sentencia dictada por el Juez de Menores en el procedimiento regulado en esta Ley cabe recurso de apelación ante la Sala de Menores del correspondiente Tribunal Superior de Justicia, que se interpondrá ante el Juez que dictó aquélla en el plazo de cinco días a contar desde su notificación, y se resolverá previa celebración de vista pública, salvo que en interés de la persona imputada o de la víctima, el Juez acuerde que se celebre a puerta cerrada. A la vista deberán asistir las partes y, si el Tribunal lo considera oportuno, el representante del equipo técnico y el representante de la entidad pública de protección o reforma de menores que hayan intervenido en el caso concreto. El recurrente podrá solicitar de la Sala la práctica de la prueba que, propuesta y admitida en la instancia, no se hubiera celebrado, conforme a las reglas de la Ley de Enjuiciamiento Criminal.

2. Contra los autos y providencias de los Jueces de Menores cabe recurso de reforma ante el propio órgano, que se interpondrá en el plazo de tres días a partir de la notificación. El auto que resuelva la impugnación de la providencia será susceptible de recurso de apelación.

3. Contra los autos que pongan fin al procedimiento o resuelvan el incidente de los artículos 13, 28, 29 y 40 de esta Ley, cabe recurso de apelación ante la Audiencia Provincial por los trámites que regula la Ley de Enjuiciamiento Criminal para el procedimiento abreviado.

La referencia al artículo 13 contenida en el número 3 del artículo 41 ha sido introducida por el apartado treinta y tres del artículo único de la L.O. 8/2006, de 4 de diciembre de 2006, por la que se modifica la L.O. 5/2000, de 12 de enero, reguladora de la responsabilidad penal de los menores («B.O.E.» 5 diciembre), en sustitución de la anterior referencia al artículo 14.

Vigencia: 5 febrero 2007

4. Contra los autos y sentencias dictados por el Juzgado Central de Menores de la Audiencia Nacional cabe recurso de apelación ante la Sala de lo Penal de la Audiencia Nacional.

Número 4 del artículo 41 introducido por el apartado treinta y cuatro del artículo único de la L.O. 8/2006, de 4 de diciembre de 2006, por la que se modifica la L.O. 5/2000, de 12 de enero, reguladora de la responsabilidad penal de los menores («B.O.E.» 5 diciembre).
Vigencia: 5 febrero 2007

5. Contra las resoluciones dictadas por los secretarios judiciales caben los mismos recursos que los expresados en la Ley de Enjuiciamiento Criminal, que se sustanciarán en la forma que en ella se determina.

Número 5 del artículo 41 introducido por el apartado treinta y cuatro del artículo único de la L.O. 8/2006, de 4 de diciembre de 2006, por la que se modifica la L.O. 5/2000, de 12 de enero, reguladora de la responsabilidad penal de los menores («B.O.E.» 5 diciembre).
Vigencia: 5 febrero 2007

Rúbrica del artículo 41 redactada por el apartado treinta y cuatro del artículo único de la L.O. 8/2006, de 4 de diciembre de 2006, por la que se modifica la L.O. 5/2000, de 12 de enero, reguladora de la responsabilidad penal de los menores («B.O.E.» 5 diciembre).
Vigencia: 5 febrero 2007

Artículo 42. *Recurso de casación para unificación de doctrina.* 1. Son recurribles en casación, ante la Sala Segunda del Tribunal Supremo, las sentencias dictadas en apelación por la Audiencia Nacional y por las Audiencias Provinciales cuando se hubiere impuesto una de las medidas a las que se refiere el artículo 10.

2. El recurso tendrá por objeto la unificación de doctrina con ocasión de sentencias dictadas en apelación que fueran contradictorias entre sí, o con sentencias del Tribunal Supremo, respecto de hechos y valoraciones de las circunstancias del menor que, siendo sustancialmente iguales, hayan dado lugar, sin embargo, a pronunciamientos distintos.

3. El recurso podrá prepararlo el Ministerio Fiscal o cualquiera de las partes que pretenda la indicada unificación de doctrina dentro de los diez días siguientes a la notificación de la sentencia de la Audiencia Nacional o Provincial, en escrito dirigido a la misma.

El escrito de preparación deberá contener una relación precisa y circunstanciada de la contradicción alegada, con designación de las sentencias aludidas y de los informes en que se funde el interés del menor valorado en sentencia.

4. Si la Audiencia Nacional o Provincial ante quien se haya preparado el recurso estimara acreditados los requisitos a los que se refiere el apartado anterior, el secretario judicial requerirá testimonio de las sentencias citadas a los Tribunales que las dictaron, y en un plazo de diez días remitirá la documentación a la Sala Segunda del Tribunal Supremo, emplazando al recurrente y al Ministerio Fiscal, si no lo fuera, ante dicha Sala.

5. El recurso de casación se interpondrá ante la Sala Segunda del Tribunal Supremo, siendo de aplicación en la interposición, sustanciación y resolución del recurso lo dispuesto en la Ley de Enjuiciamiento Criminal, en cuanto resulte aplicable.

Artículo 42 redactado por el apartado treinta y cinco del artículo único de la L.O. 8/2006, de 4 de diciembre de 2006, por la que se modifica la L.O. 5/2000, de 12 de enero, reguladora de la responsabilidad penal de los menores («B.O.E.» 5 diciembre).
Vigencia: 5 febrero 2007

TÍTULO VII
DE LA EJECUCIÓN DE LAS MEDIDAS

CAPÍTULO I
DISPOSICIONES GENERALES

Artículo 43. *Principio de legalidad.* 1. No podrá ejecutarse ninguna de las medidas establecidas en esta Ley sino en virtud de sentencia firme dictada de acuerdo con el procedimiento regulado en la misma.

2. Tampoco podrán ejecutarse dichas medidas en otra forma que la prescrita en esta Ley y en los reglamentos que la desarrollen.

Véase artículo 1 de la presente Ley.

Véase artículo 3.1 R.D. 190/1996, 9 febrero, por el que se aprueba el Reglamento Penitenciario («B.O.E.» 15 febrero).

Véase artículo 3 CP 1995.

Véanse artículos 1, 983 y ss. LECrim.

Artículo 44. *Competencia judicial.* 1. La ejecución de las medidas previstas en esta Ley se realizará bajo el control del Juez de Menores que haya dictado la sentencia correspondiente, salvo cuando por aplicación de lo dispuesto en los artículos 12 y 47 de esta Ley sea competente otro, el cual resolverá por auto motivado, oídos el Ministerio Fiscal, el letrado del menor y la representación de la entidad pública que ejecute aquélla, sobre las incidencias que se puedan producir durante su transcurso.

Número 1 del artículo 44 redactado por el apartado treinta y seis.1 del artículo único de la L.O. 8/2006, de 4 de diciembre de 2006, por la que se modifica la L.O. 5/2000, de 12 de enero, reguladora de la responsabilidad penal de los menores («B.O.E.» 5 diciembre).
Vigencia: 5 febrero 2007

2. Para ejercer el control de la ejecución, corresponden especialmente al Juez de Menores, de oficio o a instancia del Ministerio Fiscal o del letrado del menor, las funciones siguientes:

a) Adoptar todas las decisiones que sean necesarias para proceder a la ejecución efectiva de las medidas impuestas.

b) Resolver las propuestas de revisión de las medidas.

Letra b) del número 2 del artículo 44 redactada por el apartado treinta y seis.2 del artículo único de la L.O. 8/2006, de 4 de diciembre de 2006, por la que se modifica la L.O. 5/2000, de 12 de enero, reguladora de la responsabilidad penal de los menores («B.O.E.» 5 diciembre).
Vigencia: 5 febrero 2007

c) Aprobar los programas de ejecución de las medidas.

d) Conocer de la evolución de los menores durante el cumplimiento de las medidas a través de los informes de seguimiento de las mismas.

e) Resolver los recursos que se interpongan contra las resoluciones dictadas para la ejecución de las medidas, conforme establece el artículo 52 de esta Ley.

f) Acordar lo que proceda en relación a las peticiones o quejas que puedan plantear los menores sancionados sobre el régimen, el tratamiento o cualquier otra circunstancia que pueda afectar a sus derechos fundamentales.

g) Realizar regularmente visitas a los centros y entrevistas con los menores.

h) Formular a la entidad pública de protección o reforma de menores correspondiente las propuestas y recomendaciones que considere oportunas en relación con la organización y el régimen de ejecución de las medidas.

i) Adoptar las resoluciones que, en relación con el régimen disciplinario, les atribuye el artículo 60 de esta Ley.

3. Cuando, por aplicación de lo dispuesto en el artículo 14 de esta Ley, la medida de internamiento se cumpla en un establecimiento penitenciario, el Juez de Menores competente para la ejecución conservará la competencia para decidir sobre la pervivencia, modificación o sustitución de la medida en los términos previstos en esta Ley, asumiendo el Juez de Vigilancia Penitenciaria el control de las incidencias de la ejecución de la misma en todas las cuestiones y materias a que se refiere la legislación penitenciaria.

Número 3 del artículo 44 introducido por el apartado treinta y seis.3 del artículo único de la L.O. 8/2006, de 4 de diciembre de 2006, por la que se modifica la L.O. 5/2000, de 12 de enero, reguladora de la responsabilidad penal de los menores («B.O.E.» 5 diciembre).
Vigencia: 5 febrero 2007

Véase el artículo 19 y el Anexo XI de la Ley 38/1988, de 28 de diciembre, de Demarcación y de Planta Judicial («B.O.E.» 30 diciembre).

Artículo 45. *Competencia administrativa.* 1. La ejecución de las medidas adoptadas por los Jueces de Menores en sus sentencias firmes es competencia de las Comunidades Autónomas y de las Ciudades de Ceuta y Melilla, con arreglo a la disposición final vigésima segunda de la Ley Orgánica 1/1996, de 15 de enero, de Protección Jurídica del Menor. Dichas entidades públicas llevarán a cabo, de acuerdo con sus respectivas normas de organización, la creación, dirección, organización y gestión de los servicios, instituciones y programas adecuados para garantizar la correcta ejecución de las medidas previstas en esta Ley.

Véase el Título VI «Ejecución de medidas socioeducativas y judiciales» de la Ley [CASTILLA-LA MANCHA] 5/2014, 9 octubre, de Protección Social y Jurídica de la Infancia y la Adolescencia de Castilla-La Mancha («D.O.C.M.» 17 octubre).

Véase el Capítulo IV «De la ejecución de las medidas judiciales» del Título IV de la Ley [COMUNIDAD VALENCIANA] 12/2008, 3 julio, de la Generalitat, de Protección Integral de la Infancia y la Adolescencia de la Comunitat Valenciana («D.O.C.V.» 10 julio).

Véase el Título V «Actuaciones en materia de personas menores de edad infractoras» de la Ley [BALEARES] 17/2006, 13 noviembre, integral de la atención y de los derechos de la infancia y la adolescencia de las Illes Balears («B.O.I.B.» 18 noviembre).

Véase D [PRINCIPADO DE ASTURIAS] 40/2006, 4 mayo, por el que se aprueba el Reglamento de organización y funcionamiento de los centros específicos para la ejecución de medidas privativas de libertad de menores y jóvenes infractores («B.O.P.A.» 1 junio).

Véase el Capítulo IV del Título II de la Ley [LA RIOJA] 1/2006, 28 febrero, de Protección de Menores de La Rioja («B.O.L.R.» 9 marzo).

Véase el Título V «De las actuaciones en el sistema de reforma» de la Ley Foral [COMUNIDAD FORAL DE NAVARRA] 15/2005, 5 diciembre, de promoción, atención y protección a la infancia y a la adolescencia («B.O.N.» 14 diciembre).

Véase el Título IV «Atención socioeducativa a personas infractoras menores de edad» de la Ley [PAÍS VASCO] 3/2005, 18 febrero, de Atención y Protección a la Infancia y la Adolescencia («B.O.P.V.» 30 marzo).

Véase Ley [COMUNIDAD DE MADRID] 3/2004, 10 diciembre, de creación de la Agencia de la Comunidad de Madrid para la Reeducación y Reinserción del Menor Infractor («B.O.C.M.» 14 diciembre).

Véanse el Título IV «De los menores infractores» de la Ley [CASTILLA Y LEÓN] 14/2002, 25 julio, de promoción, atención y protección a la infancia en Castilla y León («B.O.C.L.» 29 julio) y el D [CASTILLA Y LEÓN] 63/2011, 27 octubre, por el que se regula la intervención administrativa y la organización y funcionamiento de los servicios y centros específicos destinados a menores infractores («B.O.C.L.» 2 noviembre).

Véase D [CANARIAS] 36/2002, 8 abril, por el que se aprueba el Reglamento de Organización y Funcionamiento de los centros para la ejecución de medidas de internamiento de menores y jóvenes infractores dictadas por los Juzgados de Menores («B.O.I.C.» 24 abril).

Decreto [GALICIA] 427/2001, 11 diciembre, por el que se aprueba el texto del Reglamento de funcionamiento interno de los centros de reeducación para menores y jóvenes sometidos a medidas privativas de libertad («D.O.G.» 21 enero 2002).

Véase Ley [CATALUÑA] 27/2001, 31 diciembre, de justicia juvenil («D.O.G.C.» 15 enero 2002).

Véanse el Título III «De la ejecución de medidas adoptadas por los jueces de menores» de la Ley [ANDALUCÍA] 1/1998, 20 abril, de los Derechos y la Atención al Menor («B.O.J.A.» 12 mayo) y D [ANDALUCÍA] 98/2015, 3 marzo, por el que se regula la organización, funcionamiento y características de los Centros de Internamiento de Menores Infractores de Andalucía y se crea la Comisión Andaluza de Centros de Internamiento de Menores Infractores («B.O.J.A.» 5 marzo).

Véase el Título III «Gestión de las medidas de reforma» de la Ley [REGIÓN DE MURCIA] 3/1995, 21 marzo, de la Infancia de la Región de Murcia («B.O.R.M.» 12 abril).

Véanse el Título IV «de los menores en conflicto social» de la Ley [ARAGÓN] 12/2001, 2 julio, de la infancia y la adolescencia en Aragón («B.O.A.» 20 julio) y el D [ARAGÓN] 165/1992, 17 septiembre, de la Diputación General de Aragón, por el que se aprueba el reglamento de régimen interior de los centros de educación e internamiento por medida judicial de la Comunidad Autónoma de Aragón («B.O.A.» 30 septiembre).

2. La ejecución de las medidas corresponderá a las Comunidades Autónomas y Ciudades de Ceuta y Melilla, donde se ubique el Juzgado de Menores que haya dictado la sentencia, sin perjuicio de lo dispuesto en el apartado 3 del artículo siguiente.

3. Las Comunidades Autónomas y las Ciudades de Ceuta y Melilla podrán establecer los convenios o acuerdos de colaboración necesarios con otras entidades, bien sean públicas, de la Administración del Estado, Local o de otras Comunidades Autónomas, o privadas sin ánimo de lucro, para la ejecución de las medidas de su competencia, bajo su directa supervisión, sin que ello suponga en ningún caso la cesión de la titularidad y responsabilidad derivada de dicha ejecución.

Véase la Res. de 12 de abril de 2013, de la Secretaría General Técnica, por la que se publica el Convenio de colaboración con la Comunidad de Madrid para la realización de estudios sobre reincidencia delictiva en jóvenes infractores («B.O.E.» 24 abril).

Véase Res [COMUNIDAD VALENCIANA] 10 marzo 2009, del director general de Relaciones con Les Corts y Secretariado del Consell, por la que se dispone la publicación del Acuerdo Marco de colaboración entre la Conselleria de Justicia y Administraciones Públicas de la Generalitat, la Federación Valenciana de Municipios y Provincias y las Fiscalías de las Audiencias Provinciales de Alicante, Castellón y Valencia para la puesta en marcha de un programa de mediación en materia de intervención socio-educativa con menores infractores («D.O.C.V.» 18 marzo).

Véase el Anexo V de la Ley [LA RIOJA] 7/2010, 29 septiembre, por la que se aprueban varios convenios de colaboración con otras Comunidades Autónomas para el establecimiento de programas de actuación conjunta en diversas materias («B.O.L.R.» 6 octubre).

Véase D [PAÍS VASCO] 80/2009, 21 abril, sobre centros educativos de cumplimiento de medidas privativas de libertad en la Comunidad Autónoma del País Vasco («B.O.P.V.» 18 septiembre).

Véanse los Convenios de colaboración suscritos entre el Ministerio de Trabajo y Asuntos Sociales y las diferentes Comunidades Autónomas, para la realización de los programas de ejecución de medidas para menores infractores (medidas alternativas al internamiento dictadas por los jueces de menores y de capacitación de profesionales de las Comunidades Autónomas), publicados por Resoluciones de 15 de febrero de 2006 («B.O.E.» 14 marzo).

Véase artículo 44 de la presente Ley.

Véanse artículos 148.1.20ª y 149.1.1ª y 6ª CE.

CAPÍTULO II
REGLAS PARA LA EJECUCIÓN DE LAS MEDIDAS

Artículo 46. *Liquidación de la medida y traslado del menor a un centro.* 1. Una vez firme la sentencia y aprobado el programa de ejecución de la medida impuesta, el secretario del Juzgado de Menores competente para la ejecución de la medida practicará la liquidación de dicha medida, indicando las fechas de inicio y de terminación de la misma, con abono en su caso del tiempo cumplido por las medidas cautelares impuestas al interesado, teniendo en cuenta lo dispuesto en el artículo 28.5. Al propio tiempo, abrirá un expediente de ejecución en el que se harán constar las incidencias que se produzcan en el desarrollo de aquélla conforme a lo establecido en la presente Ley.

2. De la liquidación mencionada en el apartado anterior y del testimonio de particulares que el Juez considere necesario y que deberá incluir los informes técnicos que obren en la causa, el secretario judicial dará traslado a la entidad pública de protección o reforma de menores competente para el cumplimiento de las medidas acordadas en la sentencia firme. También notificará al Ministerio Fiscal el inicio de la ejecución, y al letrado del menor si así lo solicitara del Juez de Menores.

3. Recibidos por la entidad pública el testimonio y la liquidación de la medida indicados en el apartado anterior, aquélla designará de forma inmediata un profesional que se responsabilizará de la ejecución de la medida impuesta, y, si ésta fuera de internamiento, designará el centro más adecuado para su ejecución de entre los más cercanos al domicilio del menor en los que existan plazas disponibles para la ejecución por la entidad pública competente en cada caso. El traslado a otro centro distinto de los anteriores sólo se podrá fundamentar en el interés del menor de ser alejado de su entorno familiar y social y requerirá en todo caso la aprobación del Juzgado de Menores competente para la ejecución de la medida. En todo caso los menores pertenecientes a una banda, organización o asociación no podrán cumplir la medida impuesta en el mismo centro, debiendo designárseles uno distinto aunque la elección del mismo suponga alejamiento del entorno familiar o social.

Artículo 46 redactado por el apartado treinta y siete del artículo único de la L.O. 8/2006, de 4 de diciembre de 2006, por la que se modifica la L.O. 5/2000, de 12 de enero, reguladora de la responsabilidad penal de los menores («B.O.E.» 5 diciembre).
Vigencia: 5 febrero 2007

Artículo 47. *Refundición de medidas impuestas.* 1. Si se hubieran impuesto al menor varias medidas en la misma resolución judicial, y no fuere posible su cumplimiento simultáneo, el Juez competente para la ejecución ordenará su cumplimiento sucesivo conforme a las reglas establecidas en el apartado 5 de este artículo.

La misma regla se aplicará a las medidas impuestas en distintas resoluciones judiciales, siempre y cuando dichas medidas sean de distinta naturaleza entre sí. En este caso será el Juez competente para la ejecución quien ordene el cumplimiento simultáneo o sucesivo con arreglo al apartado 5 de este artículo, según corresponda.

2. Si se hubieren impuesto al menor en diferentes resoluciones judiciales dos o más medidas de la misma naturaleza, el Juez competente para la ejecución, previa audiencia del letrado del menor, refundirá dichas medidas en una sola, sumando la duración de las mismas, hasta el límite del doble de la más grave de las refundidas.

El Juez, previa audiencia del letrado del menor, deberá proceder de este modo respecto de cada grupo de medidas de la misma naturaleza que hayan sido impuestas al menor, de modo que una vez practicada la refundición no quedará por ejecutar más de una medida de cada clase de las enumeradas en el artículo 7 de esta Ley.

3. En caso de que, estando sujeto a la ejecución de una medida, el menor volviera a cometer un hecho delictivo, el Juez competente para la ejecución, previa audiencia del letrado del menor, dictará la resolución que proceda en relación a la nueva medida que, en su caso se haya impuesto, conforme a lo dispuesto en los dos apartados anteriores. En este caso podrá aplicar además las reglas establecidas en el artículo 50 para el supuesto de quebrantamiento de la ejecución.

4. A los fines previstos en este artículo, en cuanto el Juez sentenciador tenga conocimiento de la existencia de otras medidas firmes de ejecución, pendientes de ejecución o suspendidas condicionalmente, y una vez que la medida o medidas por él impuestas sean firmes, procederá conforme a lo dispuesto en el artículo 12 de esta Ley.

5. Cuando las medidas de distinta naturaleza, impuestas directamente o resultantes de la refundición prevista en los números anteriores, hubieren de ejecutarse de manera sucesiva, se atenderá a los siguientes criterios:

a) La medida de internamiento terapéutico se ejecutará con preferencia a cualquier otra.

b) La medida de internamiento en régimen cerrado se ejecutará con preferencia al resto de las medidas de internamiento.

c) La medida de internamiento se cumplirá antes que las no privativas de libertad, y en su caso interrumpirá la ejecución de éstas.

d) Las medidas de libertad vigilada contempladas en el artículo 10 se ejecutarán una vez finalizado el internamiento en régimen cerrado que se prevé en el mismo artículo.

e) En atención al interés del menor, el Juez podrá, previo informe del Ministerio Fiscal, de las demás partes y de la entidad pública de reforma o protección de menores, acordar motivadamente la alteración en el orden de cumplimiento previsto en las reglas anteriores.

6. Lo dispuesto en este artículo se entiende sin perjuicio de las previsiones del artículo 14 para el caso de que el menor pasare a cumplir una medida de internamiento en centro penitenciario al alcanzar la mayoría de edad.

7. Cuando una persona que se encuentre cumpliendo una o varias medidas impuestas con arreglo a esta Ley sea condenada a una pena o medida de seguridad prevista en el Código Penal o en leyes penales especiales, se ejecutarán simultáneamente aquéllas y éstas si fuere materialmente posible, atendida la naturaleza de ambas, su forma de cumplimiento o la eventual suspensión de la pena impuesta, cuando proceda.

No siendo posible la ejecución simultánea, se cumplirá la sanción penal, quedando sin efecto la medida o medidas impuestas en aplicación de la presente Ley, salvo que se trate de una medida de internamiento y la pena impuesta sea de prisión y deba efectivamente ejecutarse. En este último caso, a no ser que el Juez de Menores adopte alguna de las resoluciones previstas en el artículo 13 de esta Ley, la medida de internamiento terminará de cumplirse en el centro penitenciario en los términos previstos en el artículo 14, y una vez cumplida se ejecutará la pena.

Artículo 47 redactado por el apartado treinta y ocho del artículo único de la L.O. 8/2006, de 4 de diciembre de 2006, por la que se modifica la L.O. 5/2000, de 12 de enero, reguladora de la responsabilidad penal de los menores («B.O.E.» 5 diciembre).
Vigencia: 5 febrero 2007

Artículo 48. *Expediente personal de la persona sometida a la ejecución de una medida.* 1. La entidad pública abrirá un expediente personal único a cada menor respecto del cual tenga encomendada la ejecución de una medida, en el que se recogerán los informes relativos a aquél, las resoluciones judiciales que le afecten y el resto de la documentación generada durante la ejecución.

2. Dicho expediente tendrá carácter reservado y solamente tendrán acceso al mismo el Defensor del Pueblo o institución análoga de la correspondiente Comunidad Autónoma, los Jueces de Menores competentes, el Ministerio Fiscal y las personas que intervengan en la ejecución y estén autorizadas por la entidad pública de acuerdo con sus normas de organización. El menor, su letrado y, en su caso, su representante legal, también tendrán acceso al expediente.

3. La recogida, cesión y tratamiento automatizado de datos de carácter personal de las personas a las que se aplique la presente Ley, sólo podrá realizarse en ficheros informáticos de titularidad pública dependientes de las entidades públicas de protección de menores, Administraciones y Juzgados de Menores competentes o del Ministerio Fiscal, y se regirá por lo dispuesto en la Ley Orgánica 15/1999, de 13 de diciembre, de Protección de Datos de Carácter Personal, y sus normas de desarrollo.

Véase el R.D. 95/2009, de 6 de febrero, por el que se regula el Sistema de registros administrativos de apoyo a la Administración de Justicia («B.O.E.» 7 febrero).

Disp. Adic. 3ª de la presente Ley.

Véanse artículos 3 a 10 L.O. 15/1999, 13 diciembre, de Protección de Datos de Carácter Personal («B.O.E.» 14 diciembre).

Artículo 49. *Informes sobre la ejecución.* 1. La entidad pública remitirá al Juez de Menores y al Ministerio Fiscal, con la periodicidad que se establezca reglamentariamente en cada caso y siempre que fuese requerida para ello o la misma entidad lo considerase necesario, informes sobre la ejecución de la medida y sus incidencias, y sobre la evolución personal de los menores sometidos a las mismas. Dichos informes se remitirán también al letrado del menor si así lo solicitare a la entidad pública competente.

2. En los indicados informes la entidad pública podrá solicitar del Ministerio Fiscal, cuando así lo estime procedente, la revisión judicial de las medidas en el sentido propugnado por el artículo 13.1 de la presente Ley.

La referencia al artículo 13.1 contenida en el número 2 del artículo 49 ha sido introducida por el apartado treinta y nueve del artículo único de la L.O. 8/2006, de 4 de diciembre de 2006, por la que se modifica la L.O. 5/2000, de 12 de enero, reguladora de la responsabilidad penal de los menores («B.O.E.» 5 diciembre), en sustitución de la anterior referencia al artículo 14.1.
Vigencia: 5 febrero 2007

Artículo 50. *Quebrantamiento de la ejecución.* 1. Cuando el menor quebrantare una medida privativa de libertad, se procederá a su reingreso en el mismo centro del que se hubiera evadido o en otro adecuado a sus condiciones, o, en caso de permanencia de fin de semana, en su domicilio, a fin de cumplir de manera ininterrumpida el tiempo pendiente.

2. Si la medida quebrantada no fuere privativa de libertad, el Ministerio Fiscal podrá instar del Juez de Menores la sustitución de aquélla por otra de la misma naturaleza. Excepcionalmente, y a propuesta del Ministerio Fiscal, oídos el letrado y el representante legal del menor, así como el equipo técnico, el Juez de Menores podrá sustituir la medida por otra de internamiento en centro semiabierto, por el tiempo que reste para su cumplimiento.

3. Asimismo, el Juez de Menores acordará que el secretario judicial remita testimonio de los particulares relativos al quebrantamiento de la medida al Ministerio Fiscal, por si el hecho fuese constitutivo de alguna de las infracciones a que se refiere el artículo 1 de la presente Ley Orgánica y merecedora de reproche sancionador.

Número 3 del artículo 50 redactado por el apartado cuarenta del artículo único de la L.O. 8/2006, de 4 de diciembre de 2006, por la que se modifica la L.O. 5/2000, de 12 de enero, reguladora de la responsabilidad penal de los menores («B.O.E.» 5 diciembre).
Vigencia: 5 febrero 2007

Artículo 51. *Sustitución de las medidas.* 1. Durante la ejecución de las medidas el Juez de Menores competente para la ejecución podrá, de oficio o a instancia del Ministerio Fiscal, del letrado del menor o de la Administración competente, y oídas las partes, así como el equipo técnico y la representación de la entidad pública de protección o reforma de menores, dejar sin efecto aquellas o sustituirlas por otras que se estimen más adecuadas de entre las previstas en esta Ley, por tiempo igual o inferior al que reste para su cumplimiento, siempre que la nueva medida pudiera haber sido impuesta inicialmente atendiendo a la infracción cometida. Todo ello sin perjuicio de lo dispuesto en el apartado 2 del artículo anterior y de acuerdo con el artículo 13 de la presente Ley.

Número 1 del artículo 51 redactado por el apartado cuarenta y uno del artículo único de la L.O. 8/2006, de 4 de diciembre de 2006, por la que se modifica la L.O. 5/2000, de 12 de enero, reguladora de la responsabilidad penal de los menores («B.O.E.» 5 diciembre).
Vigencia: 5 febrero 2007

2. Cuando el Juez de Menores haya sustituido la medida de internamiento en régimen cerrado por la de internamiento en régimen semiabierto o abierto, y el menor evolucione desfavorablemente, previa audiencia del letrado del menor, podrá dejar sin efecto la sustitución, volviéndose a aplicar la medida sustituida de internamiento en régimen cerrado. Igualmente, si la medida impuesta es la de internamiento en régimen semiabierto y el menor evoluciona desfavorablemente, el Juez de Menores podrá sustituirla por la de internamiento en régimen cerrado, cuando el hecho delictivo por la que se impuso sea alguno de los previstos en el artículo 9.2 de esta Ley.

Número 2 del artículo 51 introducido en su actual redacción por el apartado cuarenta y uno del artículo único de la L.O. 8/2006, de 4 de diciembre de 2006, por la que se modifica la L.O. 5/2000, de 12 de enero, reguladora de la responsabilidad penal de los menores («B.O.E.» 5 diciembre).
Vigencia: 5 febrero 2007

3. La conciliación del menor con la víctima, en cualquier momento en que se produzca el acuerdo entre ambos a que se refiere el artículo 19 de la presente Ley,

podrá dejar sin efecto la medida impuesta cuando el Juez, a propuesta del Ministerio Fiscal o del letrado del menor y oídos el equipo técnico y la representación de la entidad pública de protección o reforma de menores, juzgue que dicho acto y el tiempo de duración de la medida ya cumplido expresan suficientemente el reproche que merecen los hechos cometidos por el menor.

Número 3 del artículo 51 renumerado por el apartado cuarenta y uno del artículo único de la L.O. 8/2006, de 4 de diciembre de 2006, por la que se modifica la L.O. 5/2000, de 12 de enero, reguladora de la responsabilidad penal de los menores («B.O.E.» 5 diciembre). Su contenido literal se corresponde con el del anterior apartado 2 del mismo artículo.

Vigencia: 5 febrero 2007

4. En todos los casos anteriores, el Juez resolverá por auto motivado, contra el cual se podrán interponer los recursos previstos en la presente Ley.

Número 4 del artículo 51 renumerado por el apartado cuarenta y uno del artículo único de la L.O. 8/2006, de 4 de diciembre de 2006, por la que se modifica la L.O. 5/2000, de 12 de enero, reguladora de la responsabilidad penal de los menores («B.O.E.» 5 diciembre). Su contenido literal se corresponde con el del anterior número 3 del mismo artículo.

Vigencia: 5 febrero 2007

Artículo 52. *Presentación de recursos.* 1. Cuando el menor pretenda interponer ante el Juez de Menores recurso contra cualquier resolución adoptada durante la ejecución de las medidas que le hayan sido impuestas, lo presentará de forma escrita ante el Juez o Director del centro de internamiento, quien lo pondrá en conocimiento de aquél dentro del siguiente día hábil.

El menor también podrá presentar un recurso ante el Juez de forma verbal, o manifestar de forma verbal su intención de recurrir al Director del centro, quien dará traslado de esta manifestación al Juez de Menores en el plazo indicado. En este último caso, el Juez de Menores adoptará las medidas que resulten procedentes a fin de oír la alegación del menor.

El letrado del menor también podrá interponer los recursos, en forma escrita, ante las autoridades indicadas en el párrafo primero.

2. Si el Juez de Menores admitiese a trámite el recurso, el secretario judicial recabará informe del Ministerio Fiscal y, previa audiencia del letrado del menor, aquél resolverá el recurso en el plazo de dos días, mediante auto motivado. Contra este auto cabrá recurso de apelación ante la correspondiente Audiencia Provincial, conforme a lo dispuesto en el artículo 41 de la presente Ley.

Número 2 del artículo 52 redactado por el apartado cuarenta y dos del artículo único de la L.O. 8/2006, de 4 de diciembre de 2006, por la que se modifica la L.O. 5/2000, de 12 de enero, reguladora de la responsabilidad penal de los menores («B.O.E.» 5 diciembre).

Vigencia: 5 febrero 2007

Artículo 53. *Cumplimiento de la medida.* 1. Una vez cumplida la medida, la entidad pública remitirá a los destinatarios designados en el artículo 49.1 un informe final, y el Juez de Menores dictará auto acordando lo que proceda respecto al archivo de la causa. Dicho auto será notificado por el secretario judicial al Ministerio Fiscal, al letrado del menor, a la entidad pública y a la víctima.

Número 1 del artículo 53 redactado por el apartado cuarenta y tres del artículo único de la L.O. 8/2006, de 4 de diciembre de 2006, por la que se modifica la L.O. 5/2000, de 12 de enero, reguladora de la responsabilidad penal de los menores («B.O.E.» 5 diciembre).

Vigencia: 5 febrero 2007

2. El Juez, de oficio o a instancia del Ministerio Fiscal o del letrado del menor, podrá instar de la correspondiente entidad pública de protección o reforma de menores, una vez cumplida la medida impuesta, que se arbitren los mecanismos de protección del menor conforme a las normas del Código Civil, cuando el interés de aquél así lo requiera.

CAPÍTULO III
REGLAS ESPECIALES PARA LA EJECUCIÓN DE LAS MEDIDAS PRIVATIVAS DE LIBERTAD

Artículo 54. *Centros para la ejecución de las medidas privativas de libertad.*
1. Las medidas privativas de libertad, la detención y las medidas cautelares de internamiento que se impongan de conformidad con esta Ley se ejecutarán en centros específicos para menores infractores, diferentes de los previstos en la legislación penitenciaria para la ejecución de las condenas penales y medidas cautelares privativas de libertad impuestas a los mayores de edad penal.

La ejecución de la detención preventiva, de las medidas cautelares de internamiento o de las medidas impuestas en la sentencia, acordadas por el Juez Central de Menores o por la Sala correspondiente de la Audiencia Nacional, se llevará a cabo en los establecimientos y con el control del personal especializado que el Gobierno ponga a disposición de la Audiencia Nacional, en su caso, mediante convenio con las Comunidades Autónomas.

La ejecución de las medidas impuestas por el Juez Central de Menores o por la Sala correspondiente de la Audiencia Nacional será preferente sobre las impuestas, en su caso, por otros Jueces o Salas de Menores.

Número 1 del artículo 54 redactado por el apartado cuarenta y cuatro del artículo único de la L.O. 8/2006, de 4 de diciembre de 2006, por la que se modifica la L.O. 5/2000, de 12 de enero, reguladora de la responsabilidad penal de los menores («B.O.E.» 5 diciembre).
Vigencia: 5 febrero 2007

2. No obstante lo dispuesto en el apartado anterior, las medidas de internamiento también podrán ejecutarse en centros socio-sanitarios cuando la medida impuesta así lo requiera. En todo caso se requerirá la previa autorización del Juez de Menores.

3. Los centros estarán divididos en módulos adecuados a la edad, madurez, necesidades y habilidades sociales de los menores internados y se regirán por una normativa de funcionamiento interno cuyo cumplimiento tendrá como finalidad la consecución de una convivencia ordenada, que permita la ejecución de los diferentes programas de intervención educativa y las funciones de custodia de los menores internados.

Artículo 55. *Principio de resocialización.* 1. Toda la actividad de los centros en los que se ejecuten medidas de internamiento estará inspirada por el principio de que el menor internado es sujeto de derecho y continúa formando parte de la sociedad.

2. En consecuencia, la vida en el centro debe tomar como referencia la vida en libertad, reduciendo al máximo los efectos negativos que el internamiento pueda representar para el menor o para su familia, favoreciendo los vínculos sociales, el contacto con los familiares y allegados, y la colaboración y participación de las entidades públicas y privadas en el proceso de integración social, especialmente de las más próximas geográfica y culturalmente.

3. A tal fin se fijarán reglamentariamente los permisos ordinarios y extraordinarios de los que podrá disfrutar el menor internado, a fin de mantener contactos positivos con el exterior y preparar su futura vida en libertad.

Véanse artículos 3.3, 41 a 51, 62, 154 a 162 y 173 a 177 R.D. 190/1996, 9 febrero, por el que se aprueba el Reglamento Penitenciario («B.O.E.» 15 febrero).

Véanse artículos 47 y 48, 51 a 53 de la L.O. 1/1979, de 26 de septiembre, General Penitenciaria («B.O.E.» 5 octubre).

Reglas 79 y 80 de las Reglas de las Naciones Unidas para los menores privados de libertad.

Artículo 56. *Derechos de los menores internados.* 1. Todos los menores internados tienen derecho a que se respete su propia personalidad, su libertad ideológica y religiosa y los derechos e intereses legítimos no afectados por el contenido de la condena, especialmente los inherentes a la minoría de edad civil cuando sea el caso.

Véase artículo 4 R.D. 190/1996, 9 febrero, por el que se aprueba el Reglamento Penitenciario («B.O.E.» 15 febrero).

Véase artículo 3 de L.O. 1/1979, de 26 de septiembre, General Penitenciaria («B.O.E.» 5 octubre).

2. En consecuencia, se reconocen a los menores internados los siguientes derechos:

a) Derecho a que la entidad pública de la que depende el centro vele por su vida, su integridad física y su salud, sin que puedan, en ningún caso, ser sometidos a tratos degradantes o a malos tratos de palabra o de obra, ni ser objeto de un rigor arbitrario o innecesario en la aplicación de las normas.

Véase artículo 533 CP 1995.

Véase artículo 15 CE.

b) Derecho del menor de edad civil a recibir una educación y formación integral en todos los ámbitos y a la protección específica que por su condición le dispensan las leyes.

Véase artículo 57.h) de la presente Ley.

Véanse artículos 55 a 58 de la L.O. 1/1979, de 26 de septiembre, General Penitenciaria («B.O.E.» 5 octubre).

Véase artículo 27 CE.

c) Derecho a que se preserve su dignidad y su intimidad, a ser designados por su propio nombre y a que su condición de internados sea estrictamente reservada frente a terceros.

Véase artículo 18.1 CE.

Véase la Regla 8 de la Res. de la Asamblea General 40/33, de 28 de noviembre de 1985, Reglas mínimas de las Naciones Unidas para la administración de la justicia de menores ("Reglas de Beijing").

d) Derecho al ejercicio de los derechos civiles, políticos, sociales, religiosos, económicos y culturales que les correspondan, salvo cuando sean incompatibles con el objeto de la detención o el cumplimiento de la condena.

Véanse artículos 16, 20, 23 y 44 CE

e) Derecho a estar en el centro más cercano a su domicilio, de acuerdo a su régimen de internamiento, y a no ser trasladados fuera de su Comunidad Autónoma excepto en los casos y con los requisitos previstos en esta Ley y sus normas de desarrollo.

Véanse artículos 46.3 y Disp. Adic. 4ª 2.d) de la presente Ley.

Véase artículo 12 de L.O. 1/1979, de 26 de septiembre, General Penitenciaria («B.O.E.» 5 octubre).

f) Derecho a la asistencia sanitaria gratuita, a recibir la enseñanza básica obligatoria que corresponda a su edad, cualquiera que sea su situación en el centro, y a recibir una formación educativa o profesional adecuada a sus circunstancias.

Véanse artículos 36 a 40 de la L.O. 1/1979, de 26 de septiembre, General Penitenciaria («B.O.E.» 5 octubre).

Véase artículo 43 CE.

g) Derecho de los sentenciados a un programa de tratamiento individualizado y de todos los internados a participar en las actividades del centro.

Véanse artículos 44.2.c) y 46.1 de la presente Ley.

Véase artículo 3.4 R.D. 190/1996, 9 febrero, por el que se aprueba el Reglamento Penitenciario («B.O.E.» 15 febrero).

Véanse artículos 24 y 62 a 65 de L.O. 1/1979, de 26 de septiembre, General Penitenciaria («B.O.E.» 5 octubre).

h) Derecho a comunicarse libremente con sus padres, representantes legales, familiares u otras personas, y a disfrutar de salidas y permisos, con arreglo a lo dispuesto en esta Ley y sus normas de desarrollo.

Véanse artículos 41 a 51 y 154 a 162 R.D. 190/1996, 9 febrero, por el que se aprueba el Reglamento Penitenciario («B.O.E.» 15 febrero).

Véanse artículos 47, 48 y 51 a 53 de la L.O. 1/1979, de 26 de septiembre, General Penitenciaria («B.O.E.» 5 octubre).

Véase artículo 160 CC.

i) Derecho a comunicarse reservadamente con sus letrados, con el Juez de Menores competente, con el Ministerio Fiscal y con los servicios de Inspección de centros de internamiento.

Véanse artículos 48 y 49 R.D. 190/1996, 9 febrero, por el que se aprueba el Reglamento Penitenciario («B.O.E.» 15 febrero).

Véase artículo 51.2 y 3 de L.O. 1/1979, de 26 de septiembre, General Penitenciaria («B.O.E.» 5 octubre).

j) Derecho a una formación laboral adecuada, a un trabajo remunerado, dentro de las disponibilidades de la entidad pública, y a las prestaciones sociales que pudieran corresponderles, cuando alcancen la edad legalmente establecida.

Téngase en cuenta que el artículo 39 de la Ley 53/2002, de 30 de diciembre, de Medidas Fiscales, Administrativas y del Orden Social («B.O.E.» 31 diciembre), establece que se considerará relación laboral de carácter especial la de los menores sometidos a la ejecución de medidas de internamiento.

Véase artículo 57.h) de la presente Ley.

Véanse artículos 132, 133 y 153 R.D. 190/1996, 9 febrero, por el que se aprueba el Reglamento Penitenciario («B.O.E.» 15 febrero).

Véase el párrafo 3.º del número 1 de la disposición adicional trigésima de la LGSS.

Véanse artículos 26 a 35 L.O. 1/1979, de 26 de septiembre, General Penitenciaria («B.O.E.» 5 octubre).

k) Derecho a formular peticiones y quejas a la Dirección del centro, a la entidad pública, a las autoridades judiciales, al Ministerio Fiscal, al Defensor del Pueblo o institución análoga de su Comunidad Autónoma y a presentar todos los recursos legales que prevé esta Ley ante el Juez de Menores competente, en defensa de sus derechos e intereses legítimos.

Véanse artículos 53 y 54 R.D. 190/1996, 9 febrero, por el que se aprueba el Reglamento Penitenciario («B.O.E.» 15 febrero).

Véase artículo 50 de L.O. 1/1979, de 26 de septiembre, General Penitenciaria («B.O.E.» 5 octubre).

l) Derecho a recibir información personal y actualizada de sus derechos y obligaciones, de su situación personal y judicial, de las normas de funcionamiento interno de los centros que los acojan, así como de los procedimientos concretos para hacer efectivos tales derechos, en especial para formular peticiones, quejas o recursos.

Véase artículo 52 R.D. 190/1996, 9 febrero, por el que se aprueba el Reglamento Penitenciario («B.O.E.» 15 febrero).

Véanse artículos 49 y 50 de la L.O. 1/1979, de 26 de septiembre, General Penitenciaria («B.O.E.» 5 octubre).

m) Derecho a que sus representantes legales sean informados sobre su situación y evolución y sobre los derechos que a ellos les corresponden, con los únicos límites previstos en esta Ley.

Véanse artículos 178 a 181 R.D. 190/1996, 9 febrero, por el que se aprueba el Reglamento Penitenciario («B.O.E.» 15 febrero).

Véase artículo 17 de L.O. 1/1979, de 26 de septiembre, General Penitenciaria («B.O.E.» 5 octubre).

n) Derecho de las menores internadas a tener en su compañía a sus hijos menores de tres años, en las condiciones y con los requisitos que se establezcan reglamentariamente.

Véase artículo 3 de la L.O. 1/1979, de 26 de septiembre, General Penitenciaria («B.O.E.» 5 octubre).

Artículo 57. *Deberes de los menores internados.* Los menores internados estarán obligados a:

a) Permanecer en el centro a disposición de la autoridad judicial competente hasta el momento de su puesta en libertad, sin perjuicio de las salidas y actividades autorizadas que puedan realizar en el exterior.

b) Recibir la enseñanza básica obligatoria que legalmente les corresponda.

c) Respetar y cumplir las normas de funcionamiento interno del centro y las directrices o instrucciones que reciban del personal de aquél en el ejercicio legítimo de sus funciones.

d) Colaborar en la consecución de una actividad ordenada en el interior del centro y mantener una actitud de respeto y consideración hacia todos, dentro y fuera del centro, en especial hacia las autoridades, los trabajadores del centro y los demás menores internados.

e) Utilizar adecuadamente las instalaciones del centro y los medios materiales que se pongan a su disposición.

f) Observar las normas higiénicas y sanitarias, y sobre vestuario y aseo personal establecidas en el centro.

g) Realizar las prestaciones personales obligatorias previstas en las normas de funcionamiento interno del centro para mantener el buen orden y la limpieza del mismo.

h) Participar en las actividades formativas, educativas y laborales establecidas en función de su situación personal a fin de preparar su vida en libertad.

Véase artículo 5 R.D. 190/1996, 9 febrero, por el que se aprueba el Reglamento Penitenciario («B.O.E.» 15 febrero).

Artículo 58. *Información y reclamaciones.* 1. Los menores recibirán, a su ingreso en el centro, información escrita sobre sus derechos y obligaciones, el régimen de internamiento en el que se encuentran, las cuestiones de organización general, las normas de funcionamiento del centro, las normas disciplinarias y los medios para formular peticiones, quejas o recursos. La información se les facilitará en un idioma que entiendan. A los que tengan cualquier género de dificultad para comprender el contenido de esta información se les explicará por otro medio adecuado.

2. Todos los internados podrán formular, verbalmente o por escrito, en sobre abierto o cerrado, peticiones y quejas a la entidad pública sobre cuestiones referentes a su situación de internamiento. Dichas peticiones o quejas también podrán ser presentadas al Director del centro, el cual las atenderá si son de su competencia o las pondrá en conocimiento de la entidad pública o autoridades competentes, en caso contrario.

Véase artículo 44.2.f) de la presente Ley.

Véanse artículos 21, 52, 53 y 54 R.D. 190/1996, 9 febrero, por el que se aprueba el Reglamento Penitenciario («B.O.E.» 15 febrero).

Véanse artículos 49 y 50 L.O. 1/1979, 26 septiembre, General Penitenciaria («B.O.E.» 5 octubre).

Artículo 59. *Medidas de vigilancia y seguridad.* 1. Las actuaciones de vigilancia y seguridad interior en los centros podrán suponer, en la forma y con la periodicidad que se establezca reglamentariamente, inspecciones de los locales y dependencias, así como registros de personas, ropas y enseres de los menores internados.

2. De igual modo se podrán utilizar exclusivamente los medios de contención que se establezcan reglamentariamente para evitar actos de violencia o lesiones de los menores, para impedir actos de fuga y daños en las instalaciones del centro o ante la resistencia activa o pasiva a las instrucciones del personal del mismo en el ejercicio legítimo de su cargo.

Véanse artículos 68, 69, 71 y 72 R.D. 190/1996, 9 febrero, por el que se aprueba el Reglamento Penitenciario («B.O.E.» 15 febrero).

Véase artículo 45 de L.O. 1/1979, 26 septiembre, General Penitenciaria («B.O.E.» 5 octubre).

Artículo 60. *Régimen disciplinario.* 1. Los menores internados podrán ser corregidos disciplinariamente en los casos y de acuerdo con el procedimiento que se establezca reglamentariamente, de acuerdo con los principios de la Constitución, de esta Ley y del Título IX de la Ley 30/1992, de 26 de noviembre, de Régimen Jurídico de las Administraciones Públicas y del Procedimiento Administrativo Común, respetando en todo momento la dignidad de aquéllos y sin que en ningún caso se les pueda privar de sus derechos de alimentación, enseñanza obligatoria y comunicaciones y visitas, previstos en esta Ley y disposiciones que la desarrollen.

2. Las faltas disciplinarias se clasificarán en muy graves, graves y leves, atendiendo a la violencia desarrollada por el sujeto, su intencionalidad, la importancia del resultado y el número de personas ofendidas.

3. Las únicas sanciones que se podrán imponer por la comisión de faltas muy graves serán las siguientes:

a) La separación del grupo por un período de tres a siete días en casos de evidente agresividad, violencia y alteración grave de la convivencia.

b) La separación del grupo durante tres a cinco fines de semana.

c) La privación de salidas de fin de semana de quince días a un mes.

d) La privación de salidas de carácter recreativo por un período de uno a dos meses.

4. Las únicas sanciones que se podrán imponer por la comisión de faltas graves serán las siguientes:

a) Las mismas que en los cuatro supuestos del apartado anterior, con la siguiente duración: dos días, uno o dos fines de semana, uno a quince días, y un mes respectivamente.

b) La privación de participar en las actividades recreativas del centro durante un período de siete a quince días.

5. Las únicas sanciones que se podrán imponer por la comisión de faltas leves serán las siguientes:

a) La privación de participar en todas o algunas de las actividades recreativas del centro durante un período de uno a seis días.

b) La amonestación.

6. La sanción de separación supondrá que el menor permanecerá en su habitación o en otra de análogas características a la suya, durante el horario de actividades del centro, excepto para asistir, en su caso, a la enseñanza obligatoria, recibir visitas y disponer de dos horas de tiempo al día al aire libre.

7. Las resoluciones sancionadoras podrán ser recurridas, antes del inicio de su cumplimiento, ante el Juez de Menores. A tal fin, el menor sancionado podrá presentar el recurso por escrito o verbalmente ante el Director del establecimiento, quien, en el plazo de veinticuatro horas, remitirá dicho escrito o testimonio de la queja verbal, con sus propias alegaciones, al Juez de Menores y éste, en el término de una audiencia y oído el Ministerio Fiscal, dictará auto, confirmando, modificando o anulando la sanción impuesta, sin que contra dicho auto quepa recurso alguno. El auto, una vez notificado al establecimiento, será de ejecución inmediata. En tanto se sustancia el recurso, en el plazo de dos días, la entidad pública ejecutora de la medida podrá adoptar las decisiones precisas para restablecer el orden alterado, aplicando al sancionado lo dispuesto en el apartado 6 de este artículo.

El letrado del menor también podrá interponer los recursos a que se refiere el párrafo anterior.

Véanse artículos 231 a 264 R.D. 190/1996, 9 febrero, por el que se aprueba el Reglamento Penitenciario («B.O.E.» 15 febrero).

Véanse artículos 127 a 138 LRJAP.

Véanse artículos 41 a 44 de L.O. 1/1979, 26 septiembre, General Penitenciaria («B.O.E.» 5 octubre).

Véanse artículos 24 y 25.1 CE.

TÍTULO VIII
DE LA RESPONSABILIDAD CIVIL

Artículo 61. *Reglas generales.* 1. La acción para exigir la responsabilidad civil en el procedimiento regulado en esta Ley se ejercitará por el Ministerio Fiscal, salvo que el perjudicado renuncie a ella, la ejercite por sí mismo en el plazo de un mes desde que se le notifique la apertura de la pieza separada de responsabilidad civil o se la reserve para ejercitarla ante el orden jurisdiccional civil conforme a los preceptos del Código Civil y de la Ley de Enjuiciamiento Civil.

2. Se tramitará una pieza separada de responsabilidad civil por cada uno de los hechos imputados.

3. Cuando el responsable de los hechos cometidos sea un menor de dieciocho años, responderán solidariamente con él de los daños y perjuicios causados sus padres, tutores, acogedores y guardadores legales o de hecho, por este orden. Cuando éstos no hubieren favorecido la conducta del menor con dolo o negligencia grave, su responsabilidad podrá ser moderada por el Juez según los casos.

4. En su caso, se aplicará también lo dispuesto en el artículo 145 de la Ley 30/1992, de 26 de noviembre, de Régimen Jurídico de las Administraciones Públicas y del Procedimiento Administrativo Común, y en la Ley 35/1995, de 11 de diciembre, de ayudas y asistencia a las víctimas de delitos violentos y contra la libertad sexual, y sus disposiciones complementarias.

Véanse artículos 16.4, 19 y 25 de la presente Ley.

Véanse artículos 109 a 122 CP 1995.

Véase artículo 1903 CC.

Véanse artículos 100 a 117 LECrim.

Artículo 62. *Extensión de la responsabilidad civil.* La responsabilidad civil a la que se refiere el artículo anterior se regulará, en cuanto a su extensión, por lo dispuesto en el capítulo I del Título V del Libro I del Código Penal vigente.

Véanse artículos 109 a 115 CP 1995.

Artículo 63. *Responsabilidad civil de los aseguradores.* Los aseguradores que hubiesen asumido el riesgo de las responsabilidades pecuniarias derivadas de los actos de los menores a los que se refiere la presente Ley serán responsables civiles directos hasta el límite de la indemnización legalmente establecida o convencionalmente pactada, sin perjuicio de su derecho de repetición contra quien corresponda.

Véase artículo 117 CP 1995.

Véanse artículos 43 y 76 Ley 50/1980, 8 octubre, de Contrato de Seguro («B.O.E.» 17 octubre).

Véanse artículos 762.3.ª, 764.1 y 765.1 LECrim.

Artículo 64. *Reglas de procedimiento.* Los trámites para la exigencia de la responsabilidad civil aludida en los artículos anteriores se acomodarán a las siguientes reglas:

1.ª Tan pronto como el Juez de Menores reciba el parte de la incoación del expediente por el Ministerio Fiscal, ordenará abrir de forma simultánea con el proceso principal una pieza separada de responsabilidad civil, notificando el secretario judicial a quienes aparezcan como perjudicados su derecho a ser parte en la misma, y estableciendo el plazo límite para el ejercicio de la acción.

2.ª En la pieza de referencia, que se tramitará de forma simultánea con el proceso principal, podrán personarse los perjudicados que hayan recibido notificación al efecto del Juez de Menores o del Ministerio Fiscal, conforme establece el artículo 22 de la presente Ley, y también espontáneamente quienes se consideren como tales. Asimismo, podrán personarse las compañías aseguradoras que se tengan por partes interesadas, dentro del plazo para el ejercicio de la acción de responsabilidad civil. En el escrito de personación, indicarán las personas que consideren responsables de los hechos cometidos y contra las cuales pretendan reclamar, bastando con la indicación genérica de su identidad.

3.ª El secretario judicial notificará al menor y a sus representantes legales, en su caso, su condición de posibles responsables civiles.

4.ª Una vez personados los presuntos perjudicados y responsables civiles, el Juez de Menores resolverá sobre su condición de partes, continuándose el procedimiento por las reglas generales.

5.ª La intervención en el proceso a los efectos de exigencia de responsabilidad civil se realizará en las condiciones que el Juez de Menores señale con el fin de preservar la intimidad del menor y que el conocimiento de los documentos obrantes en los autos se refiera exclusivamente a aquellos que tengan una conexión directa con la acción ejercitada por los mismos.

Artículo 64 redactado por el apartado cuarenta y cinco del artículo único de la L.O. 8/2006, de 4 de diciembre de 2006, por la que se modifica la L.O. 5/2000, de 12 de enero, reguladora de la responsabilidad penal de los menores («B.O.E.» 5 diciembre).
Vigencia: 5 febrero 2007

DISPOSICIONES ADICIONALES

Primera. *Aplicación en la Jurisdicción Militar. ...*

Dispocisión adicional primera derogada por la disposición derogatoria única de la L.O. 8/2006, de 4 de diciembre de 2006, por la que se modifica la L.O. 5/2000, de 12 de enero, reguladora de la responsabilidad penal de los menores («B.O.E.» 5 diciembre).
Vigencia: 5 febrero 2007

Segunda. *Aplicación de medidas en casos de riesgo para la salud.* Cuando los Jueces de Menores aplicaren alguna de las medidas terapéuticas a las que se refieren los artículos 5.2, 7.1 y 29 de esta Ley, en caso de enfermedades transmisibles u otros riesgos para la salud de los menores o de quienes con ellos convivan, podrán encomendar a las autoridades o Servicios de Salud correspondientes su control y seguimiento, de conformidad con lo dispuesto en la Ley Orgánica 3/1986, de 14 de abril, de medidas especiales en materia de salud pública.

Tercera. *Registro de sentencias firmes dictadas en aplicación de lo dispuesto en la presente Ley.* En el Ministerio de Justicia se llevará un Registro de sentencias firmes dictadas en aplicación de lo dispuesto en la presente Ley, cuyos datos sólo podrán ser utilizados por los Jueces de Menores y por el Ministerio Fiscal a efectos de lo establecido en los artículos 6, 30 y 47 de esta Ley, teniendo en cuenta lo dispuesto en la Ley Orgánica 15/1999, de 13 de diciembre, de Protección de Datos de Carácter Personal, y sus disposiciones complementarias.

Cuarta. *Aplicación a los delitos previstos en los artículos 138, 139, 179, 180, 571 a 580 y aquellos otros sancionados en el Código Penal con pena de prisión igual o superior a quince años. ...*

Dispocisión adicional cuarta derogada por la disposición derogatoria única de la L.O. 8/2006, de 4 de diciembre de 2006, por la que se modifica la L.O. 5/2000, de 12 de enero, reguladora de la responsabilidad penal de los menores («B.O.E.» 5 diciembre).
Vigencia: 5 febrero 2007

Quinta. El Gobierno dentro del plazo de cinco años desde la entrada en vigor de esta Ley Orgánica remitirá al Congreso de los Diputados un informe, en el que se analizarán y evaluarán los efectos y las consecuencias de la aplicación de la disposición adicional cuarta.

Disposición Adicional 5.ª introducida, con efectos desde el día 13 de enero de 2001, por el apartado 4.º del artículo 2 de la L.O. 7/2000, 22 diciembre, de modificación de la L.O. 10/1995, de 23 de noviembre, del Código Penal, y de la L.O. 5/2000, de 12 de

enero, reguladora de la Responsabilidad Penal de los Menores, en relación con los delitos de terrorismo («B.O.E.» 23 diciembre).
Vigencia: 13 enero 2001

Sexta. Evaluada la aplicación de esta ley orgánica, oídos el Consejo General del Poder Judicial, el Ministerio Fiscal, las comunidades autónomas y los grupos parlamentarios, el Gobierno procederá a impulsar las medidas orientadas a sancionar con más firmeza y eficacia los hechos delictivos cometidos por personas que, aun siendo menores, revistan especial gravedad, tales como los previstos en los artículos 138, 139, 179 y 180 del Código Penal.

A tal fin, se establecerá la posibilidad de prolongar el tiempo de internamiento, su cumplimiento en centros en los que se refuercen las medidas de seguridad impuestas y la posibilidad de su cumplimiento a partir de la mayoría de edad en centros penitenciarios.

Disposición adicional sexta introducida por el apartado tercero de la disposición final segunda de la L.O. 15/2003, de 25 de noviembre, por la que se modifica la L.O. 10/1995, de 23 de noviembre, del Código Penal («B.O.E.» 26 noviembre).
Vigencia: 27 noviembre 2003

DISPOSICIÓN TRANSITORIA ÚNICA

Régimen transitorio. 1. A los hechos cometidos con anterioridad a la entrada en vigor de la presente Ley por los menores sujetos a la Ley Orgánica 4/1992, de 5 de junio, sobre Reforma de la Ley Reguladora de la Competencia y el Procedimiento de los Juzgados de Menores, que se deroga, les será de aplicación la legislación vigente en el momento de su comisión. Quienes estuvieren cumpliendo una medida de las previstas en la citada Ley Orgánica 4/1992 continuarán dicho cumplimiento hasta la extinción de la responsabilidad en las condiciones previstas en dicha Ley.

2. A la entrada en vigor de la presente Ley, cesará inmediatamente el cumplimiento de todas las medidas previstas en la Ley Orgánica 4/1992 que estuvieren cumpliendo personas menores de catorce años, extinguiéndose las correspondientes responsabilidades.

3. A los menores de dieciocho años, juzgados con arreglo a lo dispuesto en el Código Penal de 1973, en las leyes penales especiales derogadas o en la disposición derogatoria del Código Penal vigente, a quienes se hubiere impuesto una pena de dos años de prisión menor o una pena de prisión superior a dos años, que estuvieren pendientes de cumplimiento a la entrada en vigor de la presente Ley, dichas penas les serán sustituidas por alguna de las medidas previstas en esta Ley, a instancia del Ministerio Fiscal, previo informe del equipo técnico o de la correspondiente entidad pública de protección o reforma de menores. A tal efecto, se habrá de dar traslado al Ministerio Fiscal de la ejecutoria y de la liquidación provisional de las penas impuestas a los menores comprendidos en los supuestos previstos en este apartado.

4. Si, en los supuestos a los que se refiere el apartado anterior, la pena impuesta o pendiente de cumplimiento fuera de prisión inferior a dos años o de cualquiera otra naturaleza, se podrá imponer al condenado una medida de libertad vigilada simple por el tiempo que restara de cumplimiento de la condena, si el Juez de Menores, a petición del Ministerio Fiscal y oídos el letrado del menor, su representante legal, la correspondiente entidad pública de protección o reforma de menores y el propio sentenciado, lo considerara acorde con la finalidad educativa que persigue la presente Ley. En otro caso, el Juez de Menores podrá tener por cumplida la pena y extinguida la responsabilidad del sentenciado.

5. Las decisiones del Juez de Menores a que se refieren los apartados anteriores se adoptarán mediante auto recurrible directamente en apelación, en el plazo de

cinco días hábiles, ante la Audiencia Provincial. Los Jueces de Menores deberán adoptar estas decisiones en el plazo de dos meses desde la entrada en vigor de esta Ley.

Durante este plazo la situación del menor no se verá afectada.

Número 5 de la Disposición Transitoria Única redactado por el apartado 1 de la Disposición Adicional 3.ª de la L.O. 9/2000, 22 diciembre, sobre medidas urgentes para la agilización de la Administración de Justicia, por la que se modifica la L.O. 6/1985, de 1 de julio, del Poder Judicial («B.O.E.» 23 diciembre).

Vigencia: 13 enero 2001

Redacción originaria:

5. Las decisiones del Juez de Menores a que se refieren los apartados anteriores se adoptarán en auto recurrible directamente en apelación, en el plazo de cinco días hábiles, ante la Sala de Menores del correspondiente Tribunal Superior de Justicia.

6. En los procedimientos penales en curso a la entrada en vigor de la presente Ley, en los que haya imputadas personas por la comisión de hechos delictivos cuando aún no hayan cumplido los dieciocho años, el Juez o Tribunal competente remitirá las actuaciones practicadas al Ministerio Fiscal para que instruya el procedimiento regulado en la misma.

Los que se hallaren sujetos a prisión preventiva a la entrada en vigor de la Ley serán excarcelados y conducidos a un centro de reforma a disposición del Ministerio Fiscal. Si el Ministerio Fiscal estima procedente el mantenimiento del internamiento, deberá solicitarlo en el plazo de cuarenta y ocho horas del Juez de Menores, quien convocará la comparecencia prevista en el artículo 28.2.

Párrafo 2.º número 6 de la Disposición Transitoria Única introducido por el apartado 2.º de la Disposición Adicional 3.ª de la L.O. 9/2000, 22 diciembre, sobre medidas urgentes para la agilización de la Administración de Justicia, por la que se modifica la L.O. 6/1985, de 1 de julio, del Poder Judicial («B.O.E.» 23 diciembre).

Vigencia: 13 enero 2001

Si el imputado lo fuere por hechos cometidos cuando era mayor de dieciocho años y menor de veintiuno, el Juez instructor acordará lo que proceda, según lo dispuesto en el artículo 4 de esta Ley.

DISPOSICIONES FINALES

Primera. *Derecho supletorio.* Tendrán el carácter de normas supletorias, para lo no previsto expresamente en esta Ley Orgánica, en el ámbito sustantivo, el Código Penal y las leyes penales especiales, y, en el ámbito del procedimiento, la Ley de Enjuiciamiento Criminal, en particular lo dispuesto para los trámites del procedimiento abreviado regulado en el Título III del Libro IV de la misma.

Segunda. *Modificación de la Ley Orgánica del Poder Judicial y del Estatuto Orgánico del Ministerio Fiscal.* 1. El Gobierno, en el plazo de seis meses a partir de la publicación de la presente Ley en el «Boletín Oficial del Estado», elevará al Parlamento un proyecto de Ley Orgánica de reforma de la Ley Orgánica 6/1985, de 1 de julio, del Poder Judicial, para la creación de las Salas de Menores de los Tribunales Superiores de Justicia y para la adecuación de la regulación y competencia de los Juzgados de Menores y de la composición de la Sala Segunda del Tribunal Supremo a lo establecido en la presente Ley.

Véase a estos efectos el Capítulo II de la L.O. 9/2000, 22 diciembre, sobre medidas urgentes para la agilización de la Administración de Justicia, por la que se modifica la L.O. 6/1985, de 1 de julio, del Poder Judicial («B.O.E.» 23 diciembre).

2. El Gobierno, en el plazo de seis meses a partir de la publicación de la presente Ley en el «Boletín Oficial del Estado», elevará al Parlamento un proyecto de Ley de

reforma de la Ley 50/1981, de 30 de diciembre, por la que se regula el Estatuto Orgánico del Ministerio Fiscal, a fin de adecuar la organización del Ministerio Fiscal a lo establecido en la presente Ley.

Véase la Ley 12/2000, 28 diciembre, de modificación de la Ley 50/1981, de 30 de diciembre, por la que se regula el Estatuto Orgánico del Ministerio Fiscal («B.O.E.» 29 diciembre).

Tercera. *Reformas en materia de personal.* 1. El Gobierno, a través del Ministerio de Justicia, oído el Consejo General del Poder Judicial, la Fiscalía General del Estado y las Comunidades Autónomas afectadas, en el plazo de seis meses desde la publicación de la presente Ley en el «Boletín Oficial del Estado» adoptará las disposiciones oportunas para adecuar la planta de los Juzgados de Menores y las plantillas de las Carreras Judicial y Fiscal a las necesidades orgánicas que resulten de la aplicación de lo dispuesto en la presente Ley.

2. Las plazas de Jueces de Menores deberán ser servidas necesariamente por Magistrados pertenecientes a la Carrera Judicial. A la entrada en vigor de esta Ley los titulares de un Juzgado de Menores que ostenten la categoría de Juez deberán cesar en dicho cargo, quedando, en su caso, en la situación que prevé el artículo 118.2 y concordantes de la vigente Ley Orgánica del Poder Judicial, procediéndose a cubrir tales plazas por concurso ordinario entre Magistrados.

3. El Gobierno, a través del Ministerio de Justicia, y las Comunidades Autónomas con competencia en la materia, a través de las correspondientes Consejerías, adecuarán las plantillas de funcionarios de la Administración de Justicia a las necesidades que presenten los Juzgados y las Fiscalías de Menores para la aplicación de la presente Ley. Asimismo, determinarán el número y plantilla de los Equipos Técnicos compuestos por personal funcionario o laboral al servicio de las Administraciones Públicas, que actuarán bajo los principios de independencia, imparcialidad y profesionalidad.

Número 3 de la disposición final tercera redactado por el apartado cuarenta y seis del artículo único de la L.O. 8/2006, de 4 de diciembre de 2006, por la que se modifica la L.O. 5/2000, de 12 de enero, reguladora de la responsabilidad penal de los menores («B.O.E.» 5 diciembre).
Vigencia: 5 febrero 2007

4. Asimismo, el Gobierno, a través del Ministerio del Interior, y sin perjuicio de las competencias de las Comunidades Autónomas, adecuará las plantillas de los Grupos de Menores de las Brigadas de Policía Judicial, con objeto de establecer la adscripción a las Secciones de Menores de las Fiscalías de los funcionarios necesarios a los fines propuestos por esta Ley.

5....

Número 5 de la Disposición Final 3.ª suprimido por la Disposición Adicional 4.ª de la L.O. 9/2000, 22 diciembre, sobre medidas urgentes para la agilización de la Administración de Justicia, por la que se modifica la L.O. 6/1985, de 1 de julio, del Poder Judicial («B.O.E.» 23 diciembre).
Vigencia: 13 enero 2001

Redacción originaria:
5. El Gobierno a través del Ministerio de Justicia, sin perjuicio de las competencias asumidas por las Comunidades Autónomas, y en el plazo de seis meses desde la publicación de la presente Ley en el «Boletín Oficial del Estado», adoptará las disposiciones oportunas para la creación de Cuerpos de Psicólogos y Educadores y Trabajadores Sociales Forenses.

Cuarta. *Especialización de Jueces, Fiscales y abogados.* 1. El Consejo General del Poder Judicial y el Ministerio de Justicia, en el ámbito de sus competencias respectivas, procederán a la formación de miembros de la Carrera Judicial y Fiscal especialistas en materia de Menores con arreglo a lo que se establezca reglamentariamente. Dichos especialistas tendrán preferencia para desempeñar los correspondientes cargos en las Salas de Menores de los Tribunales Superiores de Justicia y en los Juzgados y Fiscalías de Menores, conforme a lo que establezcan las leyes y reglamentos.

2. En todas las Fiscalías existirá una Sección de Menores compuesta por miembros de la Carrera Fiscal, especialistas, con las dotaciones de funcionarios administrativos que sean necesarios, según se determine reglamentariamente.

3. El Consejo General de la Abogacía deberá adoptar las disposiciones oportunas para que en los Colegios en los que resulte necesario se impartan cursos homologados para la formación de aquellos letrados que deseen adquirir la especialización en materia de menores a fin de intervenir ante los órganos de esta Jurisdicción.

Véase el párrafo 2.º del número uno del artículo dieciocho de la Ley 50/1981, 30 diciembre, por la que se regula el Estatuto Orgánico del Ministerio Fiscal («B.O.E.» 13 enero 1982).

Quinta. *Cláusula derogatoria.* 1. Se derogan: la Ley Orgánica reguladora de la competencia y el procedimiento de los Juzgados de Menores, texto refundido aprobado por Decreto de 11 de junio de 1948, modificada por la Ley Orgánica 4/1992, de 5 de junio; los preceptos subsistentes del Reglamento para la ejecución de la Ley Orgánica reguladora de la competencia y el procedimiento de los Juzgados de Menores, aprobado por Decreto de 11 de junio de 1948; la disposición transitoria duodécima de la Ley Orgánica 10/1995, de 23 de noviembre, del Código Penal; y los artículos 8.2, 9.3, la regla 1.ª del artículo 20, en lo que se refiere al número 2.º del artículo 8, el segundo párrafo del artículo 22 y el artículo 65 del texto refundido del Código Penal, publicado por el Decreto 3096/1973, de 14 de septiembre, conforme a la Ley 44/1971, de 15 de noviembre.

2. Quedan asimismo derogadas cuantas otras normas, de igual o inferior rango, se opongan a lo establecido en la presente Ley.

Sexta. *Naturaleza de la presente Ley.* Los artículos 16, 20, 21, 23 a 27, 30 a 35, 37 a 39, 41, 42 y 61 a 64, la disposición adicional tercera y la disposición final tercera de la presente Ley Orgánica tienen naturaleza de Ley ordinaria.

Séptima. *Entrada en vigor y desarrollo reglamentario.* 1. La presente Ley Orgánica entrará en vigor al año de su publicación en el «Boletín Oficial del Estado». En dicha fecha entrarán también en vigor los artículos 19 y 69 de la Ley Orgánica 10/1995, de 23 de noviembre, del Código Penal.

Téngase en cuenta que la entrada en vigor del artículo 69 del Código Penal y del artículo 4 y concordantes (especialmente el artículo 1.2 y 4) de la presente Ley, que ya estuvo aplazada hasta el 1 de enero de 2007, en lo referente a los infractores de edades comprendidas entre los 18 y 21 años, conforme establece la disposición transitoria única de la L.O. 9/2002, de 10 de diciembre, de modificación de la L.O. 10/1995, de 23 de noviembre, del Código Penal, y del Código Civil, sobre sustracción de menores («B.O.E.» 11 diciembre), ha quedado definitivamente sin efecto por el artículo único, apartados 1 y 3, de la L.O. 8/2006, de 4 diciembre 2006 («B.O.E.» 5 diciembre), al suprimir la previsión de aplicación de la reguladora de la responsabilidad penal de los menores (artículo 1, apartados 2 y 4 y artículo 4) a los mayores de 18 y menores de 21 años.

2. Durante el plazo mencionado en el apartado anterior, las Comunidades Autónomas con competencia respecto a la protección y reforma de menores adaptarán

su normativa para la adecuada ejecución de las funciones que les otorga la presente Ley.

Véase R.D. 1774/2004, de 30 de julio, por el que se aprueba el Reglamento de la L.O. 5/2000, de 12 de enero, reguladora de la responsabilidad penal de los menores («B.O.E.» 30 agosto).

Por tanto,

Mando a todos los españoles, particulares y autoridades, que guarden y hagan guardar esta Ley Orgánica.

§ 10. Real Decreto 1774/2004, de 30 de julio, por el que se aprueba el Reglamento de la Ley Orgánica 5/2000, de 12 de enero, reguladora de la responsabilidad penal de los menores

(*BOE* de 30 de Agosto de 2004)

ÍNDICE SISTEMÁTICO

§ 10. Real Decreto 1774/2004, de 30 de julio, por el que se aprueba el Reglamento de la Ley Orgánica 5/2000, de 12 de enero, reguladora de la responsabilidad penal de los menores

(*BOE* de 30 de Agosto de 2004)

La Ley Orgánica 5/2000, de 12 de enero, reguladora de la responsabilidad penal de los menores, en el apartado 24 de su exposición de motivos, prevé una regulación más extensa de algunos de sus aspectos en el reglamento que en su día se dicte en su desarrollo. Asimismo, en diferentes artículos de la ley orgánica hay llamamientos concretos al desarrollo reglamentario para establecer: la periodicidad con que se remitirá al juez de menores y al Ministerio Fiscal los informes sobre la ejecución de la medida y sus incidencias, y sobre la evolución personal de los menores sometidos a ellas; los permisos ordinarios y extraordinarios de los que podrá disfrutar el menor internado; los requisitos para trasladar al menor de centro fuera de la comunidad autónoma; el derecho del menor a comunicarse libremente con sus padres y familiares, y a disfrutar de salidas y permisos; el derecho de las menores internadas a tener en su compañía a sus hijos menores de tres años; la forma y la periodicidad de las actuaciones de vigilancia y seguridad en los centros; los medios de contención para evitar actos de violencia, impedir actos de fuga y daños en las instalaciones, o ante la resistencia a las instrucciones del personal del centro, y el régimen disciplinario de los centros para la ejecución de las medidas privativas de libertad.

A la vista de esta previsiones, se ha elaborado un reglamento que, conforme a su artículo 1, pretende abordar un desarrollo parcial de la Ley Orgánica 5/2000, de 12 de enero, reguladora de la responsabilidad penal de los menores, en lo relativo a tres materias concretas: la actuación de la Policía Judicial y del equipo técnico, la ejecución de las medidas cautelares y definitivas y el régimen disciplinario de los centros.

El capítulo II, rubricado «De la actuación de la Policía Judicial y del equipo técnico», regula en términos generales la intervención de ambos colectivos. Los artículos 2 y 3 se dedican a la actuación de la Policía Judicial, dependiente funcionalmente del Ministerio Fiscal y del juez de menores, prestando especial atención al modo de llevar a cabo la detención del menor. El artículo 4 se refiere a la actuación del equipo técnico, integrado por psicólogos, educadores y trabajadores sociales, y responsables de prestar asistencia al menor desde el momento de su detención, de asistir técnicamente a los jueces de menores y al Ministerio Fiscal y de intervenir activamente en la mediación entre el menor y la víctima o perjudicado, función ampliamente desarrollada por el artículo 5 del reglamento.

El capítulo III («De las reglas para la ejecución de las medidas») se divide en tres secciones. La primera destinada a regular las reglas comunes; la segunda, a algunas medidas no privativas de libertad, y la tercera, a las medidas privativas de libertad.

Las denominadas reglas comunes comprenden el establecimiento de los principios que deben inspirar la ejecución de las medidas y los derechos de los menores, con expresa mención en el último a los tratados internacionales ratificados por España (artículos 6 y 7) y la delimitación de la competencia de las Administraciones públicas para la ejecución de las medidas (artículos 8 a 11). Pero también regula el expediente personal del menor, único en la comunidad autónoma que ejecute la medida, de carácter reservado y sometido a la Ley Orgánica 15/1999, de 13 de diciembre, de Protección de Datos de Carácter Personal (artículo 12), así como los llamados «informes de seguimiento» que la entidad pública competente deberá remitir al juez de menores y al Ministerio Fiscal (artículo 13). Seguidamente, reglamenta la actuación de la entidad pública en los casos de incumplimiento de las medidas de internamiento y de permanencia de fin de semana en el centro o en el domicilio y otras medidas no privativas de libertad. La sección concluye con un precepto que regula los casos en que el menor desee conciliarse con la víctima o reparar el daño causado. En estos casos, se encomiendan a la entidad pública las funciones de mediación.

La sección 2.ª del capítulo III contempla reglas específicas para la ejecución de determinadas medidas no privativas de libertad, en desarrollo del artículo 7 de la Ley Orgánica 5/2000, de 12 de enero, comprendiendo la regulación de las medidas de tratamiento ambulatorio, asistencia a un centro de día, libertad vigilada, convivencia con otra persona, familia o grupo educativo, prestaciones en beneficio de la comunidad y realización de tareas socioeducativas. Es nota común a todas ellas la elaboración de un programa individualizado de ejecución.

La sección 3.ª es la más extensa y heterogénea del reglamento y bajo la rúbrica «Reglas específicas para la ejecución de las medidas privativas de libertad», regula tanto las medidas como los trámites para el ingreso, la asistencia del menor, su régimen de comunicación, etc. Atendiendo a su contenido, los 36 artículos que integran esta sección pueden estructurarse en los siguientes apartados: disposiciones relativas a los regímenes de internamiento (artículos 23 a 29, 34 y 53), disposiciones relativas al funcionamiento de los centros (artículos 30, 33, 35 y 53 a 58), disposiciones relativas al ingreso y a la libertad del menor (artículos 31, 32, 34 y 36), disposiciones relativas a la asistencia del menor (artículos 37, 38 y 39), disposiciones relativas a las comunicaciones (artículos 40 a 44) y disposiciones relativas a las salidas y permisos (artículos 45 a 52).

El capítulo IV («Del régimen disciplinario de los centros») da cumplimiento al tercer objetivo que apunta el artículo 1 del reglamento, inspirándose en el título X del Reglamento Penitenciario, aprobado por el Real Decreto 190/1996, de 9 de febrero. Aunque no se divide en secciones, su contenido permite apreciar un bloque de temática homogénea: los artículos 59 y 60 regulan, respectivamente, el fundamento y ámbito de aplicación y los principios de la potestad disciplinaria; los artículos 61 a 64 regulan las faltas disciplinarias clasificándolas en muy graves, graves y leves, «atendiendo a la violencia desarrollada por el sujeto, su intencionalidad, la importancia del resultado y el número de personas ofendidas»; los artículos 65 a 69 regulan las sanciones con carácter general y taxativo; los artículos 70 a 80 regulan los procedimientos para la imposición de sanciones; finalmente, los artículos 81 a 85 contienen reglas especiales sobre las sanciones (ejecución y cumplimiento, reducción, suspensión y anulación, extinción y prescripción) y sobre incentivos o recompensas de un modo similar al artículo 263 del Reglamento Penitenciario.

Este reglamento ha sido sometido al preceptivo informe de la Agencia Española de Protección de Datos, la Fiscalía General del Estado y el Consejo General del Poder Judicial.

En su virtud, a propuesta del Ministro de Justicia, con la aprobación previa del Ministro de Administraciones Públicas, de acuerdo con el Consejo de Estado y previa deliberación del Consejo de Ministros en su reunión del día 30 de julio de 2004,

DISPONGO:

Artículo único. *Aprobación del Reglamento de la Ley Orgánica 5/2000, de 12 de enero, reguladora de la responsabilidad penal de los menores.* Se aprueba el Reglamento de la Ley Orgánica 5/2000, de 12 de enero, reguladora de la responsabilidad penal de los menores, cuyo texto se inserta a continuación.

DISPOSICIÓN ADICIONAL ÚNICA

Evaluación de resultados.

Transcurrido un año desde la entrada en vigor del reglamento de la Ley Orgánica 5/2000, de 12 de enero, reguladora de la responsabilidad penal de los menores, el Gobierno procederá a evaluar los resultados de su aplicación, consultando para ello a las comunidades autónomas, al Consejo General del Poder Judicial y al Fiscal General del Estado.

DISPOSICIÓN FINAL ÚNICA

Entrada en vigor.

El presente real decreto entrará en vigor a los seis meses de su publicación en el «Boletín Oficial del Estado».

REGLAMENTO DE LA LEY ORGÁNICA 5/2000, DE 12 DE ENERO, REGULADORA DE LA RESPONSABILIDAD PENAL DE LOS MENORES

CAPÍTULO I
DISPOSICIONES GENERALES

Artículo 1. *Objeto y ámbito de aplicación.* 1. Este reglamento tiene por objeto el desarrollo de la Ley Orgánica 5/2000, de 12 de enero, reguladora de la responsabilidad penal de los menores, en lo referente a la actuación del equipo técnico y de la Policía Judicial, a la ejecución de las medidas cautelares y definitivas adoptadas de conformidad con aquella y al régimen disciplinario de los centros para la ejecución de las medidas privativas de libertad, sin perjuicio de las normas que en aplicación de lo dispuesto en el artículo 45.1 y la disposición final séptima de la citada ley orgánica establezcan las comunidades autónomas y las Ciudades de Ceuta y Melilla, en el ámbito de sus competencias.

2. Al efecto de designar a las personas a quienes se aplica este reglamento, en su articulado se utiliza el término menores para referirse a las personas que no han cumplido 18 años, sin perjuicio de lo previsto en los artículos 4 y 15 de la Ley Orgánica 5/2000, de 12 de enero, cuando sea aplicable.

CAPÍTULO II
DE LA ACTUACIÓN DE LA POLICÍA JUDICIAL Y DEL EQUIPO TÉCNICO

Artículo 2. *Actuación de la Policía Judicial.* 1. La Policía Judicial actúa en la investigación de los hechos cometidos por menores que pudieran ser constitutivos de delitos o faltas, bajo la dirección del Ministerio Fiscal.

2. La actuación de la Policía Judicial se atendrá a las órdenes del Ministerio Fiscal y se sujetará a lo establecido en la Ley Orgánica 5/2000, de 12 de enero, regula-

dora de la responsabilidad penal de los menores, y en la Ley de Enjuiciamiento Criminal.

Salvo la detención, toda diligencia policial restrictiva de derechos fundamentales será interesada al Ministerio Fiscal para que, por su conducto, se realice la oportuna solicitud al juez de menores competente.

3. Los registros policiales donde consten la identidad y otros datos que afecten a la intimidad de los menores serán de carácter estrictamente confidencial y no podrán ser consultados por terceros. Solo tendrán acceso a dichos archivos las personas que participen directamente en la investigación de un caso en trámite o aquellas personas que, en el ejercicio de sus respectivas competencias, autoricen expresamente el juez de menores o el Ministerio Fiscal, todo ello sin perjuicio de las disposiciones que, en materia de regulación de ficheros y registros automatizados, dicten las comunidades autónomas de acuerdo con sus respectivas competencias.

4. A tal efecto, cuando, de conformidad con el artículo 17 de la Ley Orgánica 5/2000, de 12 de enero, reguladora de la responsabilidad penal de los menores, se proceda a la detención de un menor, se podrá proceder a tomar reseña de sus impresiones dactilares, así como fotografías de su rostro, que se remitirán, como parte del atestado policial, al Ministerio Fiscal para la instrucción del expediente, y constarán en la base de datos de identificación personal.

5. El cacheo y aseguramiento físico de los menores detenidos se llevará a cabo en los casos en que sea estrictamente necesario y como medida proporcional de seguridad para el propio menor detenido y los funcionarios actuantes, cuando no sea posible otro medio de contención física del menor.

6. Además de lo anterior, existirá un registro o archivo central donde, de modo específico para menores, se incorporará la información relativa a los datos de estos resultantes de la investigación. Tal registro o archivo solo podrá facilitar información a requerimiento del Ministerio Fiscal o del juez de menores.

Tanto los registros policiales como el registro central al que se refiere este apartado estarán sometidos a lo dispuesto en la Ley Orgánica 15/1999, de 13 de diciembre, de Protección de Datos de Carácter Personal.

7. Cuando el Ministerio Fiscal o el juez de menores, en el ejercicio de sus competencias atribuidas por la Ley Orgánica 5/2000, de 12 de enero, reguladora de la responsabilidad penal de los menores, deseen consultar datos relativos a la identidad o edad de un menor, requerirán del mencionado registro o archivo central que se comparen los datos que obran en su poder con los que existan en dicho registro, a fin de acreditar la identidad u otros datos del menor expedientado. A tal fin, dirigirán comunicación, directamente o a través del Grupo de Menores u otras unidades similares, al mencionado registro, que facilitará los datos y emitirá un informe sobre los extremos requeridos.

8. Los registros de menores a que se refiere este artículo no podrán ser utilizados en procesos de adultos relativos a casos subsiguientes en los que esté implicada la misma persona.

9. Cuando la policía judicial investigue a una persona como presunto autor de una infracción penal de cuya minoría de edad se dude y no consten datos que permitan su determinación, se pondrá a disposición de la autoridad judicial de la jurisdicción ordinaria para que proceda a determinar la identidad y edad del presunto delincuente por las reglas de la Ley de Enjuiciamiento Criminal. Una vez acreditada la edad, si esta fuese inferior a los 18 años, se procederá conforme a lo previsto en la Ley Orgánica 5/2000, de 12 de enero, reguladora de la responsabilidad penal de los menores.

10. Cuando para la identificación de un menor haya de acudirse a la diligencia de reconocimiento prevista en el artículo 369 de la Ley de Enjuiciamiento Criminal, dicha diligencia solo podrá llevarse a cabo con orden o autorización del Ministerio Fiscal o del juez de menores según sus propias competencias.

Para la práctica de la diligencia de reconocimiento, se utilizarán los medios que resulten menos dañinos a la integridad del menor, debiendo llevarse a cabo en las dependencias de los Grupos de Menores o en las sedes del Ministerio Fiscal o autoridad judicial competente. La rueda deberá estar compuesta por otras personas, menores o no, conforme a los requisitos de la Ley de Enjuiciamiento Criminal.

Cuando la rueda esté compuesta por otros menores de edad, se deberá contar con su autorización y con la de sus representantes legales o guardadores de hecho o de derecho, a salvo el supuesto de los mayores de 16 años no emancipados y de los menores emancipados en que sea de aplicación lo dispuesto para las limitaciones a la declaración de voluntad de los menores en el artículo 2 de la Ley Orgánica 1/1996, de protección jurídica del menor.

Artículo 3. *Modo de llevar a cabo la detención del menor.* 1. Las autoridades y funcionarios que intervengan en la detención de un menor deberán practicarla en la forma que menos le perjudique, y estarán obligados a informarle, en un lenguaje claro y comprensible y de forma inmediata, de los hechos que se le imputan, de las razones de su detención y de los derechos que le asisten, especialmente los reconocidos en el artículo 520 de la Ley de Enjuiciamiento Criminal, así como a garantizar el respeto de tales derechos. También deberán notificar inmediatamente el hecho de la detención y el lugar de la custodia a los representantes legales del menor y al Ministerio Fiscal. Si el menor detenido fuera extranjero, el hecho de la detención se notificará a las correspondientes autoridades consulares cuando el menor tuviera su residencia habitual fuera de España o cuando así lo solicitaran el propio menor o sus representantes legales.

2. Toda declaración del detenido se llevará a cabo en presencia de su letrado y de aquellos que ejerzan la patria potestad, tutela o guarda del menor, de hecho o de derecho, salvo que, en este último caso, las circunstancias aconsejen lo contrario. En defecto de estos últimos, la declaración se llevará a cabo en presencia del Ministerio Fiscal, representado por un fiscal distinto del instructor del expediente.

3. Mientras dure la detención los menores deberán hallarse custodiados en dependencias adecuadas conforme establece la Ley Orgánica 5/2000, de 12 de enero, reguladora de la responsabilidad penal de los menores.

La custodia de los menores detenidos a que se refiere el párrafo anterior corresponderá a las Fuerzas y Cuerpos de Seguridad competentes hasta que el fiscal resuelva sobre la libertad del menor, el desistimiento o la incoación del expediente, con puesta a disposición del juez a que se refiere el artículo 17.5 de la Ley Orgánica 5/2000, de 12 de enero, reguladora de la responsabilidad penal de los menores. El fiscal resolverá en el menor espacio de tiempo posible y, en todo caso, dentro de las 48 horas siguientes a la detención.

4. Durante la detención debe garantizarse que todo menor disponga de alimentación, vestimenta y condiciones de intimidad, seguridad y sanidad adecuadas.

5. En los establecimientos de detención deberá llevarse un libro registro, de carácter confidencial, que al menos deberá contar con la siguiente información:

a) Datos relativos a la identidad del menor.

b) Circunstancias de la detención, motivos y en su caso autoridad que la ordenó.

c) Día y hora del ingreso, traslado o libertad.

d) Indicación de la persona o personas que custodian al menor.

e) Detalle de la notificación a los padres o representantes legales del menor y al Ministerio Fiscal de la detención del menor.

f) Expresión de las circunstancias psicofísicas del menor.

g) Constatación de que se le ha informado de las circunstancias de la detención y de sus derechos.

Los datos de dicho registro estarán exclusivamente a disposición del Ministerio Fiscal y de la autoridad judicial competente.

Este libro registro será único para todo lo concerniente a la detención del menor, y no se consignará ninguno de sus datos en ningún otro libro de la dependencia.

Artículo 4. *Actuación del equipo técnico.* 1. Los equipos técnicos estarán formados por psicólogos, educadores y trabajadores sociales cuya función es asistir técnicamente en las materias propias de sus disciplinas profesionales a los jueces de menores y al Ministerio Fiscal, elaborando los informes, efectuando las propuestas, siendo oídos en los supuestos y en la forma establecidos en la Ley Orgánica 5/2000, de 12 de enero, reguladora de la responsabilidad penal de los menores, y, en general, desempeñando las funciones que tengan legalmente atribuidas.

Del mismo modo, prestarán asistencia profesional al menor desde el momento de su detención y realizarán funciones de mediación entre el menor y la víctima o perjudicado.

Podrán también incorporarse de modo temporal o permanente a los equipos técnicos otros profesionales relacionados con las funciones que tienen atribuidas, cuando las necesidades planteadas lo requieran y así lo acuerde el órgano competente.

2. Los profesionales integrantes de los equipos técnicos dependerán orgánicamente del Ministerio de Justicia o de las comunidades autónomas con competencias asumidas y estarán adscritos a los juzgados de menores. Durante la instrucción del expediente, desempeñarán las funciones establecidas en la Ley Orgánica 5/2000, de 12 de enero, bajo la dependencia funcional del Ministerio Fiscal y del juez de menores cuando lo ordene.

No obstante lo anterior, en el ejercicio de su actividad técnica actuarán con independencia y con sujeción a criterios estrictamente profesionales.

3. En todo caso, la Administración competente garantizará que el equipo técnico realice sus funciones en los términos que exijan las necesidades del servicio, adoptando las medidas oportunas al efecto.

4. El Ministerio de Justicia y las comunidades autónomas con competencias asumidas en sus respectivos ámbitos determinarán el número de equipos técnicos necesarios, su composición y plantilla de conformidad con las necesidades que presenten los juzgados de menores y fiscalías garantizando que cada fiscal instructor cuente con los medios personales adecuados y suficientes para la emisión de los informes determinados por la ley y en los plazos establecidos.

5. Los informes serán firmados por los profesionales del equipo técnico que intervengan en cada caso. La representación del equipo la ostentará aquel que sea designado por el Ministerio Fiscal o el juez de menores en la actuación concreta de que se trate.

Artículo 5. *Modo de llevar a cabo las soluciones extrajudiciales.* 1. En el supuesto previsto en el artículo 19 de la Ley Orgánica 5/2000, de 12 de enero, reguladora de la responsabilidad penal de los menores, se procederá del siguiente modo:

a) Si el Ministerio Fiscal, a la vista de las circunstancias concurrentes o a instancia del letrado del menor, apreciara la posibilidad de desistir de la continuación del expediente, solicitará del equipo técnico informe sobre la conveniencia de adoptar la solución extrajudicial más adecuada al interés del menor y al de la víctima.

b) Recibida la solicitud por el equipo técnico, citará a su presencia al menor, a sus representantes legales y a su letrado defensor.

c) El equipo técnico expondrá al menor la posibilidad de solución extrajudicial prevista en el artículo 19 de la Ley Orgánica 5/2000, de 12 de enero, y oirá a sus representantes legales. Si, con audiencia de su letrado, el menor aceptara alguna de las soluciones que el equipo le propone, a ser posible en el mismo acto, se recabará la conformidad de sus representantes legales.

Si el menor o sus representantes legales manifestaran su negativa a aceptar una solución extrajudicial, el equipo técnico lo comunicará al Ministerio Fiscal e iniciará la elaboración del informe al que alude el artículo 27 de la Ley Orgánica 5/2000, de 12 de enero.

d) El equipo técnico se pondrá en contacto con la víctima para que manifieste su conformidad o disconformidad a participar en un procedimiento de mediación, ya sea a través de comparecencia personal ante el equipo técnico, ya sea por cualquier otro medio que permita dejar constancia.

Si la víctima fuese menor de edad o incapaz, este consentimiento deberá ser confirmado por sus representantes legales y ser puesto en conocimiento del juez de menores competente.

e) Si la víctima se mostrase conforme a participar en la mediación, el equipo técnico citará a ambos a un encuentro para concretar los acuerdos de conciliación o reparación. No obstante, la conciliación y la reparación también podrán llevarse a cabo sin encuentro, a petición de la víctima, por cualquier otro medio que permita dejar constancia de los acuerdos.

f) No siendo posible la conciliación o la reparación directa o social, o cuando el equipo técnico lo considere más adecuado al interés del menor, propondrá a este la realización de tareas socioeducativas o la prestación de servicios en beneficio de la comunidad.

g) El equipo técnico pondrá en conocimiento del Ministerio Fiscal el resultado del proceso de mediación, los acuerdos alcanzados por las partes y su grado de cumplimiento o, en su caso, los motivos por los que no han podido llevarse a efecto los compromisos alcanzados por las partes, a efectos de lo dispuesto en el artículo 19.4 y 5 de la Ley Orgánica 5/2000, de 12 de enero, reguladora de la responsabilidad penal de los menores.

2. Si, conforme a lo previsto en el artículo 27.3 de la Ley Orgánica 5/2000, de 12 de enero, reguladora de la responsabilidad penal de los menores, el equipo técnico considera conveniente que el menor efectúe una actividad reparadora o de conciliación con la víctima, informará de tal extremo al Ministerio Fiscal y al letrado del menor. Si este apreciara la posibilidad de desistir de la continuación del expediente, solicitará del equipo técnico informe sobre la solución extrajudicial más adecuada y se seguirán los trámites previstos en el apartado anterior.

3. Lo dispuesto en este artículo podrá ser aplicable al procedimiento de mediación previsto en el artículo 51.2 de la Ley Orgánica 5/2000, de 12 de enero, reguladora de la responsabilidad penal de los menores, sin perjuicio de la competencia de la entidad pública y de lo dispuesto en el artículo 15 de este reglamento. Las referencias al equipo técnico hechas en este artículo se entenderán efectuadas a la entidad pública cuando, de conformidad con lo establecido en el artículo 8.7 de este reglamento, dicha entidad realice las funciones de mediación.

CAPÍTULO III
DE LAS REGLAS PARA LA EJECUCIÓN DE LAS MEDIDAS

SECCIÓN 1.ª
REGLAS COMUNES PARA LA EJECUCIÓN DE LAS MEDIDAS

Artículo 6. *Principios inspiradores de la ejecución de las medidas.* Los profesionales, organismos e instituciones que intervengan en la ejecución de las medidas ajustarán su actuación con los menores a los principios siguientes:

a) El superior interés del menor de edad sobre cualquier otro interés concurrente.

b) El respeto al libre desarrollo de la personalidad del menor.

c) La información de los derechos que les corresponden en cada momento y la asistencia necesaria para poder ejercerlos.

d) La aplicación de programas fundamentalmente educativos que fomenten el sentido de la responsabilidad y el respeto por los derechos y libertades de los otros.

e) La adecuación de las actuaciones a la edad, la personalidad y las circunstancias personales y sociales de los menores.

f) La prioridad de las actuaciones en el propio entorno familiar y social, siempre que no sea perjudicial para el interés del menor. Asimismo en la ejecución de las medidas se utilizarán preferentemente los recursos normalizados del ámbito comunitario.

g) El fomento de la colaboración de los padres, tutores o representantes legales durante la ejecución de las medidas.

h) El carácter preferentemente interdisciplinario en la toma de decisiones que afecten o puedan afectar a la persona.

i) La confidencialidad, la reserva oportuna y la ausencia de injerencias innecesarias en la vida privada de los menores o en la de sus familias, en las actuaciones que se realicen.

j) La coordinación de actuaciones y la colaboración con los demás organismos de la propia o de diferente Administración, que intervengan con menores y jóvenes, especialmente con los que tengan competencias en materia de educación y sanidad.

Artículo 7. *Derechos de los menores durante la ejecución de las medidas.* Los menores y los jóvenes gozarán durante la ejecución de las medidas de los derechos y libertades que a todos reconocen la Constitución, los tratados internacionales ratificados por España y el resto del ordenamiento jurídico vigente, a excepción de los que se encuentren expresamente limitados por la ley, el contenido del fallo condenatorio o el sentido de la medida impuesta.

Artículo 8. *Competencia funcional.* 1. Corresponde a las comunidades autónomas y las Ciudades de Ceuta y Melilla, mediante las entidades públicas que estas designen con arreglo a la disposición final vigésima segunda de la Ley Orgánica 1/1996, de 15 de enero, de protección jurídica del menor:

a) La ejecución de las medidas cautelares adoptadas de conformidad con el artículo 28 de la Ley Orgánica 5/2000, de 12 de enero, reguladora de la responsabilidad penal de los menores.

b) La ejecución de las medidas adoptadas por los jueces de menores en sus sentencias firmes, previstas en los párrafos a) a k) del artículo 7.1 de la Ley Orgánica 5/2000, de 12 de enero.

> *Véase O [BALEARES] de la consejera de Presidencia y Deportes de 10 enero 2006, de derogación de la orden de la consejera de Bienestar Social de 18 de mayo de 2001, y de aprobación de la Normativa interna de funcionamiento de los centros de internamiento de las Illes Balears para ejecutar las medidas privativas de libertad que dicten los juzgados de menores («B.O.I.B.» 21 enero).*

c) La ejecución del régimen de libertad vigilada y de la actividad socioeducativa a la que alude el artículo 40.2.c) de la Ley Orgánica 5/2000, de 12 de enero.

Dichas entidades públicas llevarán a cabo, de acuerdo con sus respectivas normas de organización, la creación, dirección, organización y gestión de los servicios, instituciones y programas adecuados para garantizar la correcta ejecución de las medidas, sin perjuicio de los convenios y acuerdos de colaboración que puedan establecer de conformidad con el artículo 45.3 de la Ley Orgánica 5/2000, de 12 de enero, reguladora de la responsabilidad penal de los menores.

Véase Ley [CASTILLA-LA MANCHA] 1/2015, 12 febrero, del Servicio Regional de Mediación Social y Familiar de Castilla-La Mancha («D.O.C.M.» 23 febrero).

Véase D [PAÍS VASCO] 80/2009, 21 abril, sobre centros educativos de cumplimiento de medidas privativas de libertad en la Comunidad Autónoma del País Vasco («B.O.P.V.» 18 septiembre).

2. Corresponde al Estado, en los establecimientos y con el control del personal especializado que ponga a disposición de la Audiencia Nacional, la ejecución de la detención preventiva, de las medidas cautelares de internamiento y de las medidas adoptadas en sentencia firme que, de conformidad con la disposición adicional cuarta de la Ley Orgánica 5/2000, de 12 de enero, reguladora de la responsabilidad penal de los menores, acuerden el Juzgado Central de Menores o la sala correspondiente de la Audiencia Nacional, sin perjuicio de los convenios que, en su caso, pueda establecer para dicha finalidad con las comunidades autónomas y las Ciudades de Ceuta y Melilla.

3. Corresponde a las instituciones públicas que en el respectivo territorio tengan encomendada la ejecución de las medidas penales a las que alude el artículo 105.1 de la Ley Orgánica 10/1995, de 23 de noviembre, del Código Penal, la ejecución de la medida de libertad vigilada impuesta de conformidad con la regla 5.ª del artículo 9 y, en su caso, con el apartado 2.c) de la disposición adicional cuarta de la Ley Orgánica 5/2000, de 12 de enero, reguladora de la responsabilidad penal de los menores.

4. Las medidas de privación del permiso de conducir ciclomotores o vehículos a motor, o del derecho a obtenerlo, o de las licencias administrativas para caza o para cualquier tipo de armas y la inhabilitación absoluta, previstas en los párrafos m) y n) del artículo 7.1 de la Ley Orgánica 5/2000, de 12 de enero, reguladora de la responsabilidad penal de los menores, si no fueran ejecutadas directamente por el juez de menores, se ejecutarán por los órganos administrativos competentes por razón de la materia.

5. Si en virtud de lo dispuesto en el artículo 15 de la Ley Orgánica 5/2000, de 12 de enero, reguladora de la responsabilidad penal de los menores, se ordena el cumplimiento de la medida de internamiento del menor en un centro penitenciario, la competencia para la ejecución de esta será de la Administración penitenciaria, sin perjuicio de las facultades propias del juez de menores competente. Esta competencia será extensiva a la ejecución de las medidas pendientes de cumplimiento del artículo 7.1.e) a k) de la Ley Orgánica 5/2000, de 12 de enero, una vez finalizado el internamiento.

6. Cuando de conformidad con la Ley Orgánica 5/2000, de 12 de enero, reguladora de la responsabilidad penal de los menores, el juez de menores o el Ministerio Fiscal remitan a la entidad pública de protección de menores testimonio de particulares sobre un menor de 14 años, será dicha entidad la competente para valorar la situación y decidir si se ha de adoptar alguna medida, conforme a las normas del Código Civil y la legislación de protección de menores.

7. Sin perjuicio de las funciones de mediación atribuidas en el artículo 19.3 de la Ley Orgánica 5/2000, de 12 de enero, reguladora de la responsabilidad penal de los menores, a los equipos técnicos correspondientes, también las entidades públicas podrán poner a disposición del Ministerio Fiscal y de los juzgados de menores, en su caso, los programas necesarios para realizar las funciones de mediación a las que alude el citado artículo.

Artículo 9. *Punto de conexión para determinar la Administración competente en la ejecución de las medidas.* 1. Para la ejecución de las medidas previstas en el apartado 1 del artículo anterior, serán competentes las comunidades autónomas y las Ciudades de Ceuta y Melilla donde se ubique el juzgado de menores que las haya acordado.

En el caso de que la entidad pública haya designado un centro de internamiento para la ejecución situado fuera de su comunidad autónoma, de acuerdo con lo previsto en la Ley Orgánica 5/2000, de 12 de enero, y en este reglamento, será la comunidad autónoma a la que pertenezca dicho centro la competente para la ejecución de la medida, en los términos previstos en el artículo 46.3 de la Ley Orgánica 5/2000, de 12 de enero, reguladora de la responsabilidad penal de los menores.

2. Si la aprobación judicial prevista en el artículo 46.3 de la Ley Orgánica 5/2000, de 12 de enero, reguladora de la responsabilidad penal de los menores, se adopta una vez iniciada la ejecución de la medida, dejará de ser competente la comunidad autónoma respectiva desde el momento del traslado efectivo del menor al nuevo centro o desde la notificación judicial a la comunidad autónoma de residencia para que designe el profesional responsable de la ejecución de la medida no privativa de libertad impuesta.

3. En caso de traslado de centro por las circunstancias previstas en el artículo 35.1.b) y c) de este reglamento, continuará siendo competente de la ejecución de la medida la comunidad autónoma donde se ubique el juzgado de menores que la haya acordado, sin perjuicio de la colaboración prestada por la comunidad autónoma responsable del centro de destino.

Véase el Anexo VI de la Ley [LA RIOJA] 7/2010, 29 septiembre, por la que se aprueban varios convenios de colaboración con otras Comunidades Autónomas para el establecimiento de programas de actuación conjunta en diversas materias («B.O.L.R.» 6 octubre).

Artículo 10. *Inicio de la ejecución.* 1. Para dar inicio a la ejecución de las medidas acordadas en sentencia firme, que sean competencia de las entidades públicas, se procederá conforme a las reglas siguientes:

1.ª Recibidos en la entidad pública la ejecutoria y el testimonio de particulares del juzgado de menores, así como los informes técnicos que obren en la causa y la identificación del letrado del menor, la entidad pública competente, cuando la medida impuesta sea alguna de las previstas en los párrafos a) a d) del artículo 7.1 de la Ley Orgánica 5/2000, de 12 de enero, reguladora de la responsabilidad penal de los menores, o la de permanencia de fin de semana en un centro, designará de forma inmediata el centro que considere más adecuado para su ejecución de entre los más cercanos al domicilio del menor en los que existan plazas disponibles correspondientes al régimen o al tipo de internamiento impuesto. La designación se comunicará al juzgado de menores competente para que ordene el ingreso del menor si no estuviera ingresado cautelarmente.

2.ª Se requerirá la previa aprobación judicial del centro propuesto por la entidad pública en los casos siguientes:

a) Cuando de conformidad con el artículo 46.3 de la Ley Orgánica 5/2000, de 12 de enero, se proponga, en interés del menor, el ingreso en un centro de la comunidad autónoma que se encuentre alejado de su domicilio y de su entorno social y familiar, aun existiendo plaza en un centro más cercano adecuada al régimen o al tipo de internamiento impuesto.

b) Cuando se proponga para la ejecución de la medida el ingreso del menor en un centro sociosanitario, de conformidad con lo dispuesto en el artículo 54.2 de la Ley Orgánica 5/2000, de 12 de enero.

c) Cuando se proponga el ingreso del menor en un centro de otra comunidad autónoma, por los motivos descritos en el artículo 35.1 de este reglamento.

3.ª La entidad pública designará de forma inmediata y, en todo caso, en el plazo máximo de cinco días un profesional que se responsabilizará de la ejecución de la medida impuesta, siempre que esta sea alguna de las previstas en los párrafos e), f), g), cuando en este caso la permanencia se ordene en el domicilio, h), i), j) y k) del artículo 7.1 de la Ley Orgánica 5/2000, de 12 de enero, reguladora de la responsabilidad penal de los menores. Dicha designación se comunicará al juzgado correspondiente.

4.ª En la medida de libertad vigilada y en las medidas de internamiento, el profesional o el centro designado elaborarán el programa individualizado de ejecución en el plazo de 20 días desde el inicio de aquellas, prorrogable previa autorización judicial.

En el resto de las medidas, el programa individualizado de ejecución se elaborará, previamente a su inicio, en el plazo de 20 días desde la fecha de la designación del profesional, prorrogable previa autorización judicial.

5.ª El programa individualizado de ejecución de la medida se comunicará al juez competente para su aprobación Si el juez rechazase, en todo o en parte, el programa propuesto, se someterá a su consideración uno nuevo o la modificación correspondiente del anterior, conforme a lo previsto en el artículo 44 de la Ley Orgánica 5/2000, de 12 de enero, reguladora de la responsabilidad penal de los menores.

6.ª Una vez aprobado el programa individualizado de ejecución de la medida, la entidad pública la iniciará, salvo que ya estuviese iniciada por tratarse de una medida de internamiento o de libertad vigilada, y comunicará la fecha al juzgado de menores para que el secretario judicial practique la liquidación de la medida y la comunique al menor. A efectos de la liquidación, que practicará el secretario judicial, se considerarán como fechas de inicio las siguientes:

a) En las medidas de internamiento, la del día del ingreso o la de firmeza de la sentencia si estuviera internado cautelarmente.

b) En las medidas de libertad vigilada, el día de la primera entrevista del profesional aludido en la regla 3.ª con el menor, que deberá llevarse a cabo en la fecha señalada por el juez de menores de entre las propuestas por la entidad pública y comunicada al menor una vez firme la sentencia. Si la medida ya estuviera iniciada cautelarmente, la fecha de inicio será la de la firmeza de la sentencia.

Si el menor no compareciera, citado en debida forma, incurrirá en el quebrantamiento previsto en el artículo 50.2 de la Ley Orgánica 5/2000, de 12 de enero.

c) En las medidas de permanencia de fin de semana, el primer día de permanencia en el centro o en el domicilio.

d) En las medidas de tratamiento ambulatorio y de asistencia a un centro de día, la fecha en que el menor asiste por primera vez al centro ambulatorio o al centro de día asignado.

e) En las medidas de prestaciones en beneficio de la comunidad y de realización de tareas socioeducativas, la fecha en que comienzan de forma efectiva las prestaciones o las tareas asignadas.

f) En la medida de convivencia con otra persona, familia o grupo educativo, el primer día de convivencia. Si ya estuviera en medida de convivencia cautelar, el día de la firmeza de la sentencia, sin perjuicio del abono que corresponda.

g) En las medidas a las que alude el artículo 8.4 de este reglamento, el día en que el menor entregue en la secretaría del juzgado el permiso o licencia correspondiente, o en la fecha que el juez señale a la autoridad administrativa.

7.ª En la liquidación de la medida practicada por el secretario del juzgado, se abonará en su caso el tiempo cumplido de las medidas cautelares en los términos del artículo 28.5 de la Ley Orgánica 5/2000, de 12 de enero, reguladora de la responsabilidad penal de los menores. Una vez aprobada la liquidación por el juez, previo informe del Ministerio Fiscal y del letrado del menor, se comunicará a la entidad pública competente.

2. El inicio de la ejecución de las medidas acordadas en sentencia firme por el Juzgado Central de Menores se ajustará a las reglas anteriores, excepto en lo refe-

rente a la competencia administrativa, que siempre será del Gobierno, y a los centros o profesionales designados, que serán los que el Gobierno ponga a disposición de la Audiencia Nacional, sin perjuicio de los convenios que, en su caso, pueda establecer con las comunidades autónomas.

3. Para dar inicio a la ejecución de las medidas cautelares que se acuerden de conformidad con el artículo 28 de la Ley Orgánica 5/2000, de 12 de enero, reguladora de la responsabilidad penal de los menores, una vez adoptado y comunicado a la entidad pública el auto correspondiente, se aplicarán en lo que proceda las reglas 1.ª, 2.ª y 3.ª del apartado 1 de este artículo.

Artículo 11. *Ejecución de varias medidas.* 1. La ejecución de varias medidas se llevará a cabo en todo caso teniendo en cuenta lo acordado por el juez, de acuerdo con lo previsto en los artículos 13 y 47.1 de la Ley Orgánica 5/2000, de 12 de enero, reguladora de la responsabilidad penal de los menores.

Cuando concurran varias medidas impuestas en el mismo o en diferentes procedimientos, se cumplirán simultáneamente las que se relacionan a continuación:

a) Las medidas no privativas de libertad cuando concurran con otras medidas no privativas de libertad diferentes.

b) La medida de permanencia de fin de semana cuando concurra con otra medida no privativa de libertad.

c) La amonestación, la privación del permiso de conducir ciclomotores o vehículos a motor, o del derecho a obtenerlo, o de las licencias administrativas para caza o para uso de cualquier tipo de armas y la inhabilitación absoluta, cuando concurran con otra medida diferente.

2. El segundo período de las medidas de internamiento descritas en los párrafos a) a d) del artículo 7.1 de la Ley Orgánica 5/2000, de 12 de enero, reguladora de la responsabilidad penal de los menores, acordado en la sentencia en régimen de libertad vigilada, se cumplirá inmediatamente después de finalizado el primer período de internamiento en centro. No obstante, cuando existan otras medidas o penas privativas de libertad, su cumplimiento se regirá por lo previsto en los apartados 2 y 3 del artículo 47 de la citada ley orgánica.

3. De igual forma, la medida de libertad vigilada prevista en la regla 5.ª del artículo 9 y en el apartado 2.c) de la disposición adicional cuarta de la Ley Orgánica 5/2000, de 12 de enero, reguladora de la responsabilidad penal de los menores, habrá de ejecutarse una vez finalizada la medida de internamiento en régimen cerrado, salvo que concurra con otras medidas o penas privativas de libertad; en tal caso, será de aplicación lo dispuesto en el inciso último del apartado anterior.

4. Cuando concurran varias medidas de internamiento, definitivas o cautelares, de diferente régimen, se cumplirá antes la de régimen más restringido y, en su caso, se interrumpirá la de régimen menos restringido que se estuviera ejecutando, salvo que el juez de menores haya dispuesto otro orden en aplicación del apartado 3 del artículo 47 de la Ley Orgánica 5/2000, de 12 de enero, reguladora de la responsabilidad penal de los menores.

5. En todo caso, la ejecución de las medidas impuestas por el Juez Central de Menores o por la sala correspondiente de la Audiencia Nacional será preferente sobre las impuestas por otros jueces o salas de menores.

6. La ejecución de varias medidas, en todos los casos previstos en los apartados anteriores, se llevará a cabo cumpliendo las resoluciones dictadas por el juez.

7. En los casos en que al menor se le hayan impuesto varias medidas de internamiento y se haya acordado por el juez de menores su acumulación en un único expediente de ejecución, el centro donde el menor sea ingresado elaborará un programa individualizado de ejecución que comprenda la totalidad de las medidas, así como un único informe final, sin perjuicio de los correspondientes informes de seguimiento que establece el artículo 13 de este reglamento.

Artículo 12. *Expediente personal del menor en la ejecución de la medida.* 1. La entidad pública competente abrirá un expediente personal a cada menor del que tenga encomendada la ejecución de una medida. Dicho expediente será único en el ámbito territorial de la comunidad autónoma, aun cuando se ejecuten medidas sucesivas.

2. El expediente deberá contener una copia de todos los informes y documentos de cualquier tipo que haya remitido la entidad pública a los órganos judiciales competentes y al Ministerio Fiscal durante la ejecución; las resoluciones y documentos que los acompañen, comunicadas por los órganos judiciales o el Ministerio Fiscal a la entidad pública, y el resto de documentos administrativos que se generen a consecuencia del cumplimiento de la medida, y que, en uno u otro caso, afecten al menor. En dicho expediente deberán constar igualmente los datos del letrado del menor y la comunicación del secretario del juzgado de cualquier modificación en ellos.

3. El expediente personal tiene carácter reservado y a este solamente podrán acceder:

a) El Defensor del Pueblo o institución análoga de la correspondiente comunidad autónoma, los jueces de menores competentes y el Ministerio Fiscal cuando así lo requieran a la entidad pública.

b) Los profesionales que de manera directa tienen encomendada la responsabilidad de planificar y desarrollar los programas individualizados de ejecución de la medida, y solo sobre los datos personales de los menores que tengan a su cargo si están expresamente autorizados para ello por la entidad pública de acuerdo con sus normas de organización, debiendo observar en todo momento el deber de sigilo.

c) El menor, su letrado y, en su caso, el representante legal del menor, si lo solicitan de forma expresa a la entidad pública, conforme al procedimiento de acceso que esta establezca. Será de aplicación lo dispuesto en los artículos 35 y 37 de la Ley 30/1992, de 26 de noviembre, de Régimen Jurídico de las Administraciones Públicas y del Procedimiento Administrativo Común.

4. Los profesionales que intervengan en la ejecución de la medida, pertenecientes a otras entidades públicas o privadas con las que la entidad pública competente haya establecido convenios o acuerdos de colaboración, podrán acceder al fichero informático dependiente de dicha entidad, al que alude el artículo 48.3 de la Ley Orgánica 5/2000, de 12 de enero, reguladora de la responsabilidad penal de los menores, cuando así lo autorice dicha entidad, sin perjuicio de lo dispuesto en la Ley Orgánica 15/1999, de 13 de diciembre, de Protección de Datos de Carácter Personal, y sus normas de desarrollo.

5. Todos los que intervengan en la ejecución de la medida tienen el deber de mantener la reserva oportuna de la información que obtengan con relación a los menores y jóvenes en el ejercicio de sus funciones, y de no facilitarla a terceras personas ajenas a la ejecución, deber que persiste una vez finalizada esta.

6. Una vez finalizada la estancia en el centro, deberán remitirse a la entidad pública, por los medios que se establezcan, todos los documentos relativos al menor, con objeto de que se integren en su expediente personal, sin que pueda quedarse el centro con copia alguna.

Artículo 13. *Informes durante la ejecución.* 1. Durante la ejecución de la medida, la entidad publica remitirá al juez de menores y al Ministerio Fiscal los informes de seguimiento. Su contenido será suficiente, de acuerdo con la naturaleza y finalidad de cada medida, para conocer el grado de cumplimiento de esta, las incidencias que se produzcan y la evolución personal del menor.

2. La periodicidad mínima con la que se elaborarán y tramitarán los informes de seguimiento será la siguiente:

a) En la medida de permanencia de fin de semana, un informe cada cuatro fines de semana cumplidos.

b) En la medida de prestaciones en beneficio de la comunidad, un informe cada 25 horas cumplidas si la medida impuesta es igual o inferior a 50 horas, y uno cada 50 horas cumplidas si la duración es superior.

c) En el resto de las medidas, un informe trimestral.

3. No obstante lo dispuesto en el apartado anterior, la entidad pública remitirá informes de seguimiento al juez de menores y al Ministerio Fiscal, siempre que fuera requerida por estos o cuando la propia entidad lo considere necesario.

4. Cuando el informe de seguimiento contenga una propuesta de revisión de la medida en alguno de los sentidos previstos en los artículos 14.1 ó 51 de la Ley Orgánica 5/2000, de 12 de enero, reguladora de la responsabilidad penal de los menores, se hará constar expresamente.

5. Una vez cumplida la medida, la entidad pública elaborará un informe final dirigido al juez de menores y al Ministerio Fiscal, en el que además de indicar dicha circunstancia se hará una valoración de la situación en la que queda el menor.

6. Una copia de los informes de seguimiento y final al que aluden los apartados anteriores se remitirá también al letrado que acredite ser el defensor del menor y lo solicite de forma expresa a la entidad pública.

Artículo 14. *Incumplimientos.* La entidad pública comunicará al juez de menores y al Ministerio Fiscal a los efectos, en su caso, de lo dispuesto en el artículo 50 de la Ley Orgánica 5/2000, de 12 de enero, reguladora de la responsabilidad penal de los menores, los incumplimientos siguientes de los que tenga constancia:

a) En las medidas de internamiento y de permanencia de fin de semana en un centro: la fuga del centro, el no retorno en la fecha o la hora indicadas después de una salida autorizada y la no presentación en el centro el día o la hora señalados para el cumplimiento de las permanencias establecidas.

b) En la medida de permanencia de fin de semana en el domicilio: la no presentación en su domicilio y la ausencia no autorizada del domicilio, durante los días y horas establecidos de permanencia, así como el no retorno a este para continuar el cumplimiento de la medida después de una salida autorizada.

c) En las medidas no privativas de libertad, la falta de presentación a las entrevistas a las que el menor haya sido citado para elaborar el programa de ejecución y el incumplimiento de cualquiera de las obligaciones que, según lo dispuesto en el artículo 7 de la Ley Orgánica 5/2000, de 12 de enero, conforman el contenido de cada medida.

Además, la entidad pública comunicará a las Fuerzas y Cuerpos de Seguridad el incumplimiento de las medidas de internamiento y de permanencia de fin de semana en un centro a que se refiere el párrafo a), así como de las medidas de permanencia de fin de semana en el domicilio prevista en el párrafo b). Asimismo, se pondrá en conocimiento de las Fuerzas y Cuerpos de Seguridad el ingreso del menor en el centro en los términos previstos en el artículo 31.2 cuando se hubiese solicitado su búsqueda.

Artículo 15. *Revisión de la medida por conciliación.* 1. Si durante la ejecución de la medida el menor manifestara su voluntad de conciliarse con la víctima o perjudicado, o de repararles por el daño causado, la entidad pública informará al juzgado de menores y al Ministerio Fiscal de dicha circunstancia, realizará las funciones de mediación correspondientes entre el menor y la víctima e informará de los compromisos adquiridos y de su grado de cumplimiento al juez y al Ministerio Fiscal, a los efectos de lo dispuesto en el artículo 51.2 de la Ley Orgánica 5/2000, de 12 de enero, reguladora de la responsabilidad penal de los menores. Si la víctima fuera menor, deberá recabarse autorización del juez de menores en los términos del artículo 19.6 de la citada ley orgánica.

2. Las funciones de mediación llevadas a cabo con menores internados no podrán suponer una alteración del régimen de cumplimiento de la medida impuesta, sin perjuicio de las salidas que para dicha finalidad pueda autorizar el juzgado de menores competente.

SECCIÓN 2.ª
REGLAS ESPECÍFICAS PARA LA EJECUCIÓN DE DETERMINADAS MEDIDAS NO PRIVATIVAS DE LIBERTAD

Artículo 16. *Tratamiento ambulatorio.* 1. Para elaborar el programa individualizado de ejecución de la medida, la entidad pública designará el centro, el servicio o la institución más adecuada a la problemática detectada, objeto del tratamiento, entre los más cercanos al domicilio del menor en los que exista plaza disponible.

2. Los especialistas o facultativos correspondientes elaborarán, tras examinar al menor, un programa de tratamiento que se adjuntará al programa individualizado de ejecución de la medida que elabore el profesional designado por la entidad pública.

3. En dicho programa de tratamiento se establecerán las pautas sociosanitarias recomendadas, los controles que ha de seguir el menor y la periodicidad con la que ha de asistir al centro, servicio o institución designada, para su tratamiento, seguimiento y control.

4. Cuando el tratamiento tenga por objeto la deshabituación del consumo de bebidas alcohólicas, drogas tóxicas, estupefacientes o sustancias psicotrópicas y el menor no preste su consentimiento para iniciarlo o, una vez iniciado, lo abandone o no se someta a las pautas sociosanitarias o a los controles establecidos en el programa de tratamiento aprobado, la entidad pública no iniciará el tratamiento o lo suspenderá y lo pondrá en conocimiento del juez de menores a los efectos oportunos.

Artículo 17. *Asistencia a un centro de día.* 1. Para elaborar el programa individualizado de ejecución de la medida, la entidad pública designará el centro de día más adecuado, entre los más cercanos al domicilio del menor en los que exista plaza disponible.

2. El profesional designado por la entidad pública, en coordinación con dicho centro, se entrevistará con el menor para evaluar sus necesidades y elaborar el programa de ejecución, en el que constarán las actividades de apoyo, educativas, formativas, laborales o de ocio que el menor realizará, la periodicidad de la asistencia al centro de día y el horario de asistencia, que deberá ser compatible con su actividad escolar si está en el período de la enseñanza básica obligatoria y, en la medida de lo posible, con su actividad laboral.

3. A los efectos de lo establecido en este artículo, tendrán la condición de centro de día los recursos incluidos en la red de servicios sociales de cada comunidad autónoma, siempre que se encuentren plenamente integrados en la comunidad y sean adecuados a la finalidad de la medida.

Artículo 18. *Libertad vigilada.* 1. Una vez designado el profesional encargado de la ejecución de la medida y notificada la designación al juzgado de menores, se entrevistará con el menor al efecto de elaborar el programa individualizado de ejecución de la medida.

2. En el programa individualizado de ejecución de la medida, el profesional expondrá la situación general detectada, los aspectos concretos referentes a los ámbitos personal, familiar, social, educativo, formativo o laboral en los que se considera necesario incidir, así como las pautas socioeducativas que el menor deberá

seguir para superar los factores que determinaron la infracción cometida. También propondrá la frecuencia mínima de las entrevistas con el menor, que posibiliten el seguimiento y el control de la medida, sin perjuicio de otras que puedan mantener el profesional y el menor en el curso de la ejecución, cuando el primero las considere necesarias.

3. Si con la medida se hubiera impuesto al menor alguna regla de conducta que requiera para su cumplimiento un programa o recurso específico, este se elaborará o designará por la entidad pública y se adjuntará al programa individualizado de ejecución de la medida.

4. Lo dispuesto en este artículo será también de aplicación para la ejecución del período de libertad vigilada previsto en los artículos 7.2, 9.5.ª, 40.2.c) y apartado 2.c) de la disposición adicional cuarta de la Ley Orgánica 5/2000, de 12 de enero, reguladora de la responsabilidad penal de los menores.

Artículo 19. *Convivencia con otra persona, familia o grupo educativo.* 1. Para la ejecución de la medida, la entidad pública seleccionará la persona, familia o grupo educativo que considere más idóneo, entre los que se hayan ofrecido y acepten voluntariamente la convivencia. En el proceso de selección se escuchará necesariamente al menor y, cuando sea el caso, a sus representantes legales.

2. La persona o personas que integren la familia o grupo educativo, que acepten convivir con el menor, deberán estar en pleno ejercicio de sus derechos civiles, no estar incursas en alguna de las causas de inhabilidad establecidas para los tutores en el Código Civil y tener unas condiciones personales, familiares y económicas adecuadas, a criterio de la entidad pública, para orientar al menor en su proceso de socialización.

3. Una vez hechas las entrevistas pertinentes el profesional designado elaborará el programa individualizado de ejecución de la medida en el que deberá constar la aceptación expresa de la convivencia por la persona, familia o grupo educativo seleccionado, la predisposición mostrada por el menor para la convivencia y, en su caso, la opinión de los representantes legales.

4. La inexistencia de persona, familia o grupo educativo idóneo que acepte la convivencia se pondrá en conocimiento inmediato del juez de menores. Igualmente, se comunicará el desistimiento de la persona, familia o grupo educativo de la aceptación de la convivencia, una vez iniciada la ejecución de la medida.

5. La persona, familia o grupo educativo que asuma la convivencia adquirirá las obligaciones civiles propias de la guarda y deberá colaborar con el profesional designado en el seguimiento de la medida.

6. Durante la ejecución de la medida el menor conservará el derecho de relacionarse con su familia, salvo que haya una prohibición judicial expresa.

Artículo 20. *Prestaciones en beneficio de la comunidad.* 1. La entidad pública es la responsable de proporcionar las actividades de interés social o en beneficio de personas en situación de precariedad, para la ejecución de la medida, sin perjuicio de los convenios o acuerdos de colaboración que al efecto haya suscrito con otras entidades públicas, o privadas sin ánimo de lucro.

2. Las actividades a las que hace referencia el apartado anterior reunirán las condiciones siguientes:

a) Han de tener un interés social o realizarse en beneficio de personas en situación de precariedad.

b) Estarán relacionadas, preferentemente, con la naturaleza del bien jurídico lesionado por los hechos cometidos por el menor.

c) No podrán atentar a la dignidad del menor.

d) No estarán supeditadas a la consecución de intereses económicos.

3. Las prestaciones del menor no serán retribuidas, pero podrá ser indemnizado por la entidad a beneficio de la cual se haga la prestación por los gastos de transporte y, en su caso, de manutención, salvo que estos servicios los preste dicha entidad o sean asumidos por la entidad pública.

4. Durante la prestación de la actividad, el menor que tenga la edad legal requerida gozará de la misma protección prevista en materia de Seguridad Social para los sometidos a la pena de trabajo en beneficio de la comunidad por la legislación penitenciaria y estará protegido por la normativa laboral en materia de prevención de riesgos laborales. Al menor que no tenga dicha edad, la entidad pública le garantizará una cobertura suficiente por los accidentes que pudiera padecer durante el desempeño de la prestación y una protección que en ningún caso será inferior a la regulada por la normativa laboral en materia de prevención de riesgos laborales.

5. Cada jornada de prestaciones no podrá exceder de cuatro horas diarias si el menor no alcanza los 16 años, ni de ocho horas si es mayor de dicha edad.

6. La determinación de la duración de las jornadas, el plazo de tiempo en el que deberán cumplirse y la ejecución de esta medida estará regida por el principio de flexibilidad a fin de hacerla compatible, en la medida de lo posible, con las actividades diarias del menor. En ningún caso la realización de las prestaciones podrá suponer la imposibilidad de la asistencia al centro docente si el menor se encuentra en el período de la enseñanza básica obligatoria.

7. El profesional designado se entrevistará con el menor para conocer sus características personales, sus capacidades, sus obligaciones escolares o laborales y su entorno social, personal y familiar, con la finalidad de determinar la actividad más adecuada. En esta entrevista le ofertará las distintas plazas existentes con indicación expresa de su contenido y los horarios posibles de realización.

8. El programa individualizado de ejecución de la medida elaborado por el profesional deberá contener las actividades a realizar, su cometido, el beneficiario, el lugar de realización, la persona responsable de la actividad, el número de horas de cada jornada, el horario y el consentimiento expreso del menor a realizar dichas actividades en las condiciones establecidas.

9. Si el menor no aceptara las actividades propuestas o sus condiciones de realización y no hubiera otras actividades disponibles adecuadas a sus aptitudes personales o no se pudieran variar las condiciones, el profesional designado lo pondrá en conocimiento inmediato del juez de menores a los efectos oportunos.

Artículo 21. *Realización de tareas socioeducativas.* 1. El profesional designado, después de entrevistarse con el menor para conocer sus características personales, su situación y sus necesidades, elaborará el programa individualizado de ejecución de la medida en el que expondrá las tareas específicas de carácter formativo, cultural y educativo que debe realizar el menor, encaminadas a facilitarle el desarrollo de su competencia social, el lugar donde se realizarán y el horario de realización, que deberá ser compatible con el de la actividad escolar si el menor se encuentra en el período de la enseñanza básica obligatoria, y, en la medida de lo posible, con su actividad laboral.

2. Lo dispuesto en el apartado anterior será de aplicación para la ejecución de la actividad socioeducativa prevista en el artículo 40.2.c) de la Ley Orgánica 5/2000, de 12 de enero, reguladora de la responsabilidad penal de los menores.

Artículo 22. *Medidas cautelares.* Cuando al menor se le impongan las medidas cautelares de libertad vigilada o convivencia con otra persona, familia o grupo educativo, previstas en el artículo 28 de la Ley Orgánica 5/2000, de 12 de enero, reguladora de la responsabilidad penal de los menores, serán de aplicación las reglas descritas en los artículos 18 y 19, respectivamente, de este reglamento, para su ejecución, respetando, no obstante, el principio de presunción de inocencia.

SECCIÓN 3.ª
REGLAS ESPECÍFICAS PARA LA EJECUCIÓN DE LAS MEDIDAS PRIVATIVAS DE LIBERTAD

Artículo 23. *Regímenes de internamiento.* Los menores cumplirán la medida de internamiento en el régimen acordado en resolución motivada por el juez de menores, de acuerdo con lo establecido en los párrafos a), b) y c) del artículo 7.1 de la Ley Orgánica 5/2000, de 12 de enero, reguladora de la responsabilidad penal de los menores.

Artículo 24. *Internamiento en régimen cerrado.* Los menores sometidos a esta medida residirán en el centro y desarrollarán en este las actividades formativas, educativas, laborales y de ocio, planificadas en el programa individualizado de ejecución de la medida.

Artículo 25. *Internamiento en régimen semiabierto.* 1. Los menores en régimen semiabierto residirán en el centro, pero realizarán fuera de este alguna o algunas de las actividades formativas, educativas, laborales y de ocio, establecidas en el programa individualizado de ejecución de la medida. Este programa podrá establecer un régimen flexible que deje a la entidad pública un margen de decisión para su aplicación concreta.

2. La actividad o actividades que se realicen en el exterior se ajustarán a los horarios y condiciones establecidos en el programa individualizado de ejecución de la medida, sin perjuicio de que, en función de la evolución personal del menor, la entidad pública pueda aumentar o disminuir las actividades en el exterior o los horarios, siempre dentro del margen establecido en el propio programa.

Artículo 26. *Internamiento en régimen abierto.* 1. Los menores sujetos a esta medida llevarán a cabo en los servicios normalizados del entorno todas las actividades de carácter escolar, formativo y laboral establecidas en el programa individualizado de ejecución de la medida, residiendo en el centro como domicilio habitual.

2. Las actividades en el exterior se llevarán a cabo conforme a los horarios y condiciones de realización establecidas en el programa individualizado de ejecución de la medida.

3. En general, el tiempo mínimo de permanencia en el centro será de ocho horas, y el menor deberá pernoctar en este. No obstante, cuando el menor realice en el exterior una actividad formativa o laboral cuyas características lo requieran, la entidad pública podrá proponer al juzgado de menores la posibilidad de no pernoctar en el centro durante un período determinado de tiempo y acudir a este solamente con la periodicidad concreta establecida, para realizar actividades determinadas del programa individualizado de ejecución de la medida, entrevistas y controles presenciales.

4. Cuando la entidad pública entienda que las características personales del menor y la evolución de la medida de internamiento en régimen abierto lo aconsejan, podrá proponer al juzgado de menores que aquella continúe en viviendas o instituciones de carácter familiar ubicadas fuera del recinto del centro, bajo el control de dicha entidad.

Artículo 27. *Internamiento terapéutico.* 1. Los menores sometidos a esta medida residirán en el centro designado para recibir la atención educativa especializada o el tratamiento específico de la anomalía o alteración psíquica, dependencia de bebidas alcohólicas, drogas tóxicas, estupefacientes o sustancias psicotrópicas, o alteraciones en la percepción que determinen una alteración grave de la conciencia de la realidad, que padezcan, de acuerdo con el programa de ejecución de la medida elaborado por la entidad pública.

2. Los especialistas o facultativos correspondientes elaborarán un programa de tratamiento de la problemática objeto del internamiento, con las pautas sociosanitarias recomendadas y, en su caso, los controles para garantizar el seguimiento, que formará parte del programa individualizado de ejecución de la medida que elabore la entidad pública.

3. Cuando el tratamiento tenga por objeto la deshabituación del consumo de bebidas alcohólicas, drogas tóxicas o sustancia psicotrópicas y el menor no preste su consentimiento para iniciarlo o para someterse a los controles de seguimiento establecidos o, una vez iniciado, lo abandone o rechace someterse a los controles, la entidad pública no iniciará el tratamiento o lo suspenderá y lo pondrá en conocimiento del juez de menores a los efectos oportunos.

4. Cuando la entidad pública, en atención al diagnóstico realizado por los facultativos correspondientes o a la evolución en la medida considere que lo más adecuado es el internamiento en un centro sociosanitario, lo solicitará al juez de menores.

Artículo 28. *Permanencia de fin de semana.* 1. Una vez recibido en la entidad pública el testimonio de la resolución firme con el número de fines de semana impuestos y las horas de permanencia de cada fin de semana, el profesional designado se entrevistará con el menor al efecto de elaborar el programa individualizado de ejecución de la medida, en el que deberán constar las fechas establecidas para el cumplimiento de las permanencias, los días concretos de cada fin de semana en los que se ejecutará la medida y la distribución de las horas entre los días de permanencia, así como el lugar donde se cumplirá la medida.

2. El profesional designado también propondrá las tareas socioeducativas que deberá realizar el menor, de carácter formativo, cultural o educativo, el lugar donde se realizarán y el horario de realización.

3. Una vez aprobado el programa individualizado de ejecución de la medida por el juez de menores, la entidad pública lo pondrá en conocimiento del menor con indicación de la fecha en la que se dará inicio al cumplimiento de la medida, en el domicilio o en el centro designado, el lugar donde deberá presentarse para realizar las tareas socioeducativas asignadas y el horario de estas.

Artículo 29. *Internamiento cautelar.* 1. Los menores a los que se aplique la medida de internamiento cautelar en aplicación de lo dispuesto en el artículo 28 de la Ley Orgánica 5/2000, de 12 de enero, reguladora de la responsabilidad penal de los menores, ingresarán en el centro designado por la entidad pública, en el régimen de internamiento que el juez haya establecido y les será de aplicación, en función de dicho régimen, lo dispuesto en los artículos anteriores de este capítulo.

2. No obstante, para salvaguardar y respetar el principio de presunción de inocencia, el programa individualizado de ejecución de la medida se sustituirá por un modelo individualizado de intervención que deberá contener una planificación de actividades adecuadas a sus características y circunstancias personales, compatible con el régimen de internamiento y su situación procesal. Dicho modelo individualizado de intervención deberá someterse a la aprobación del juez de menores, conforme a lo previsto en el artículo 44 de la Ley Orgánica 5/2000, de 12 de enero, reguladora de la responsabilidad penal de los menores.

Artículo 30. *Normativa de funcionamiento interno.* 1. Todos los centros se regirán por una normativa de funcionamiento interno, cuyo cumplimiento tendrá como finalidad la consecución de una convivencia ordenada, que permita la ejecución de los diferentes programas de intervención educativa y las funciones de custodia de los menores internados, y asegurar la igualdad de trato a todos los menores, prestando especial atención a aquellos que presenten alguna discapacidad.

2. Serán normas de convivencia comunes a todos los centros las siguientes:

a) El menor internado ocupará, como norma general, una habitación individual. No obstante, si no existen razones de tratamiento, médicas o de orden y seguridad que lo desaconsejen, se podrán compartir los dormitorios, siempre que estos reúnan las condiciones suficientes y adecuadas para preservar la intimidad. En todo caso, cada menor dispondrá de un lugar adecuado para guardar sus pertenencias.

b) El menor internado tiene derecho a vestir su propia ropa, siempre que sea adecuada a la disciplina y orden interno del centro, u optar por la que le facilite el centro que deberá ser correcta, adaptada a las condiciones climatológicas y desprovista de cualquier elemento que pueda afectar a su dignidad o que denote, en sus salidas al exterior, su condición de internado. Por razones médicas o higiénicas se podrá ordenar la inutilización de las ropas y efectos contaminantes propiedad de los menores internados.

c) El menor podrá conservar en su poder el dinero y los objetos de valor de su propiedad si la dirección del centro o el órgano que la entidad pública haya establecido en su normativa lo autoriza en cada caso de forma expresa. Los que no sean autorizados han de ser retirados y conservados en lugar seguro por el centro, con el resguardo previo correspondiente, y devueltos al menor en el momento de su salida del centro. También podrán ser entregados a los representantes legales del menor.

d) En cada centro ha de haber una lista de objetos y sustancias cuya tenencia en el centro se considera prohibida por razones de seguridad, orden o finalidad del centro. Si se encontraran a los menores internados drogas tóxicas, armas u otros objetos peligrosos, se pondrán a disposición de la fiscalía o del juzgado competente. En todo caso, se consideran objetos o sustancias prohibidos:

1.º Las bebidas alcohólicas.

2.º Las drogas tóxicas, estupefacientes o sustancias psicotrópicas.

3.º Cualquier otro producto o sustancia tóxica.

4.º Dinero de curso legal en cuantía que supere lo establecido en la norma de régimen interior del centro.

5.º Cualquier material o utensilio que pueda resultar peligroso para la vida o la integridad física o la seguridad del centro.

6.º Aquellos previstos por la normativa de funcionamiento interno de los centros.

e) En todos los centros habrá un horario por el que se regulen las diferentes actividades y el tiempo libre. Dicho horario ha de garantizar un mínimo de ocho horas diarias de descanso nocturno y, siempre que sea posible, dos horas al aire libre.

f) Todos los menores observarán las normas higiénicas, sanitarias y sobre vestuario y aseo personal que se establezcan en la normativa de funcionamiento interno del centro. También estarán obligados a realizar las prestaciones no retribuidas que se establezcan en dicha normativa para mantener el buen orden y la limpieza del centro, que en ningún caso tendrán la condición de actividad laboral.

g) Los incumplimientos de deberes podrán ser objeto de corrección educativa siempre que no tengan como fundamento la seguridad y el buen orden del centro. En este caso, si la conducta también fuese constitutiva de una infracción disciplinaria por atentar a la seguridad y al buen orden del centro, podrá ser objeto de la correspondiente sanción, que en ningún caso podrá extenderse al fundamento o motivo de la corrección educativa.

Artículo 31. *Ingreso en el centro.* 1. El ingreso de un menor en un centro sólo se podrá realizar en cumplimiento de un mandamiento de internamiento cautelar o de una sentencia firme adoptada por la autoridad judicial competente.

2. También podrá ingresar por presentación voluntaria el menor sobre el que se haya dictado un mandamiento de internamiento cautelar o una sentencia firme de internamiento pendiente de ejecutar, el menor evadido de un centro y el no retornado a este después de una salida autorizada.

En estos casos, el director del centro recabará del juez de menores, dentro de las 24 horas siguientes al ingreso, el correspondiente mandamiento, así como, en su caso, el testimonio de sentencia y liquidación de condena. Cuando se trate de internos evadidos que decidiesen voluntariamente reingresar en un centro distinto del originario, se solicitará del centro del que se hubiesen evadido los datos necesarios de su expediente personal, sin perjuicio de lo que se determine en relación con su traslado.

Artículo 32. *Trámites después del ingreso.* 1. Una vez ingresado el menor en el centro, se procurará que el procedimiento de ingreso se lleve a cabo con la máxima intimidad posible y que durante el período de adaptación cuente con el apoyo técnico necesario para reducir los efectos negativos que la situación de internamiento pueda representar para él.

2. En todos los centros se llevará un registro autorizado por la entidad pública en el que han de constar los datos de identidad de los menores internados, la fecha y hora de los ingresos, traslados y puestas en libertad, sus motivos, las autoridades judiciales que los acuerden y los datos del letrado del menor.

3. El ingreso del menor será comunicado al juzgado de menores que lo haya ordenado, al Ministerio Fiscal y a los representantes legales del menor o, en su defecto, a la persona que el menor designe. Tratándose de menor de edad extranjero, el ingreso se pondrá en conocimiento de las autoridades consulares de su país cuando el menor tuviera su residencia habitual fuera de España o cuando así lo solicitaran el propio menor o sus representantes legales.

4. En el momento del ingreso, el menor, sus ropas y enseres personales podrán ser objeto de registro, de conformidad con lo establecido en el artículo 54.5, retirándose los enseres y objetos no autorizados y los prohibidos. También se adoptarán las medidas de higiene personal necesarias y se entregarán al menor las prendas de vestir que precise.

5. Todos los menores internados serán examinados por un médico en el plazo más breve posible y siempre antes de 24 horas. Del resultado se dejará constancia en la historia clínica individual que deberá serle abierta en ese momento. A estos datos solamente tendrá acceso el personal que autorice expresamente la entidad pública, el Ministerio Fiscal o el juez de menores.

6. Los menores recibirán, en el momento de su ingreso en el centro, información escrita sobre sus derechos y obligaciones, el régimen de internamiento en el que se encuentran, las cuestiones de organización general, las normas de funcionamiento del centro, las normas disciplinarias y los medios para formular peticiones, quejas o recursos. La información se les facilitará en un idioma que entiendan. A los que tengan cualquier género de dificultad para comprender el contenido de esta información, se les explicará por otro medio adecuado.

Artículo 33. *Grupos de separación interior.* 1. Los centros estarán divididos en módulos adecuados a la edad, madurez, necesidades y habilidades sociales de los menores internados y se regirán por una normativa de funcionamiento interno cuyo cumplimiento tendrá como finalidad la consecución de una convivencia ordenada, que permita la ejecución de los diferentes programas de intervención educativa y las funciones de custodia de los menores internados.

2. Los menores que por cualquier circunstancia personal requieran de una protección especial estarán separados de aquellos que les puedan poner en situación

de riesgo o de peligro mediante su traslado bien a otro módulo del mismo centro, bien a otro centro, previa autorización del juez de menores en este último caso.

Artículo 34. *Internamiento de madres con hijos menores.* 1. Las menores internadas podrán tener en su compañía, dentro del centro, a sus hijos menores de tres años, siempre y cuando:

a) En el momento del ingreso o una vez ingresada, la madre lo solicite expresamente a la entidad pública o a la dirección del centro.

b) Se acredite fehacientemente la filiación.

c) A criterio de la entidad pública, dicha situación no entrañe riesgo para los hijos.

d) Lo autorice el juez de menores.

2. Los posibles conflictos que surjan entre los derechos del hijo y los de la madre originados por el internamiento en el centro se resolverán por el juez de menores, con independencia de lo que acuerde respecto al hijo la autoridad competente.

3. Admitido el niño en el centro de internamiento, deberá ser reconocido por el médico del centro y, salvo que este dispusiera otra cosa, pasará a ocupar con su madre la habitación que se le asigne, que será en todo caso individual y acondicionada a las necesidades del niño.

Artículo 35. *Traslados.* 1. El menor internado podrá ser trasladado a un centro de una comunidad autónoma diferente a la del juzgado de menores que haya dictado la resolución de internamiento, previa autorización de este, en los casos siguientes:

a) Cuando quede acreditado que el domicilio del menor o el de sus representantes legales se encuentra en dicha comunidad autónoma.

b) Cuando la entidad pública competente proponga el internamiento en un centro de otra comunidad autónoma distinta, con la que haya establecido el correspondiente acuerdo de colaboración, fundamentado en el interés del menor de alejarlo de su entorno familiar y social, durante el tiempo que subsista dicho interés.

c) Cuando la entidad pública competente, por razones temporales de plena ocupación de sus centros o por otras causas, carezca de plaza disponible adecuada al régimen o al tipo de internamiento impuesto y disponga de plaza en otra comunidad autónoma con la que haya establecido el correspondiente acuerdo de colaboración, mientras se mantenga dicha situación.

2. No se podrá trasladar al menor fuera del centro si no se recibiera orden o autorización del juez de menores a cuya disposición se encuentre, conforme a lo previsto en el artículo 46.3 de la Ley Orgánica 5/2000, de 12 de enero, reguladora de la responsabilidad penal de los menores.

3. El traslado del menor a una institución o centro hospitalario por razones de urgencia no requerirá la previa autorización del juzgado de menores competente, sin perjuicio de su comunicación inmediata al juez.

4. Las salidas de los menores internados para la práctica de diligencias procesales se harán previa orden del órgano judicial correspondiente. Dichas salidas se comunicarán por la entidad pública al juzgado de menores competente, si no fuera este quien las hubiera ordenado.

5. De conformidad con lo previsto en la disposición adicional única, el director del centro podrá solicitar a la autoridad competente que las Fuerzas y Cuerpos de Seguridad lleven a cabo los desplazamientos, conducciones y traslados del menor cuando exista un riesgo fundado para la vida o la integridad física de las personas o para los bienes.

En todo caso, los desplazamientos, conducciones y traslados se realizarán respetando la dignidad, la seguridad y la intimidad de los menores.

Véase el Anexo VI de la Ley [LA RIOJA] 7/2010, 29 septiembre, por la que se aprueban varios convenios de colaboración con otras Comunidades Autónomas para el establecimiento de programas de actuación conjunta en diversas materias («B.O.L.R.» 6 octubre).

Artículo 36. *Adopción y cumplimiento de la decisión sobre la libertad del menor.* 1. La libertad de los menores internados solamente podrá ser acordada por resolución de la autoridad judicial competente remitida a la entidad pública o por cumplimiento de la fecha aprobada por el juez en la liquidación de la medida.

2. La entidad pública ejecutará inmediatamente el mandamiento de libertad, excepto cuando hechas las comprobaciones pertinentes el menor haya de permanecer internado por estar sujeto a otras responsabilidades.

3. La ejecución del mandamiento de libertad se pondrá en conocimiento del juez de menores competente. Cuando el mandamiento de libertad se refiera a un menor de edad, el centro lo comunicará inmediatamente a sus representantes legales para que se hagan cargo de él, y de no ser localizados, se pondrá a disposición de la entidad pública de protección de menores a los efectos oportunos.

Artículo 37. *Asistencia escolar y formativa.* 1. La entidad pública y el organismo que en el respectivo territorio tenga atribuida la competencia en la materia adoptarán las medidas oportunas para garantizar el derecho de los menores internados a recibir la enseñanza básica obligatoria que legalmente le corresponda, cualquiera que sea su situación en el centro. También facilitarán a los menores el acceso a los otros estudios que componen los diferentes niveles del sistema educativo y otras enseñanzas no regladas que contribuyan a su desarrollo personal y sean adecuadas a sus circunstancias.

2. Al efecto de lo dispuesto en el apartado anterior, cuando el menor no pueda asistir a los centros docentes de la zona a causa del régimen o tipo de internamiento impuesto, la entidad pública y el organismo competente en la materia arbitrarán los medios necesarios para que pueda recibir la enseñanza correspondiente en el centro de internamiento.

3. El organismo que en el territorio de residencia del menor tenga atribuidas las competencias en materia de educación garantizará la incorporación inmediata del menor que haya sido puesto en libertad y que se encuentre en el período de la enseñanza básica obligatoria al centro docente que le corresponda. Con esta finalidad, la entidad pública comunicará esta circunstancia y la documentación escolar correspondiente al citado organismo.

4. Los certificados y diplomas de estudio, expediente académico y libros de escolaridad no han de indicar, en ningún caso, que se han tramitado o conseguido en un centro para menores infractores.

Artículo 38. *Asistencia sanitaria.* 1. La entidad pública y el organismo que en el respectivo territorio tengan atribuida la competencia en la materia adoptarán las medidas oportunas para garantizar el derecho de los menores internados a la asistencia sanitaria gratuita reconocida por la ley.

2. La entidad pública adoptará las medidas oportunas para que se dispense a los menores internados la asistencia sanitaria en los términos y con las garantías previstos en la legislación aplicable, incluida la realización de pruebas analíticas para la detección de enfermedades infecto-contagiosas que pudieran suponer un peligro para la salud o la vida del propio menor o de terceras personas.

3. Se dará conocimiento al juez de menores competente y, en su caso, al representante legal del menor de las intervenciones médicas que se le efectúen.

4. Cuando a criterio facultativo se precise el ingreso del menor en un centro hospitalario y no se cuente con la autorización del menor, o de su representante legal, la entidad pública solicitará al juez de menores competente la autorización del ingreso, salvo en caso de urgencia en que la comunicación al juez se hará posteriormente de forma inmediata.

5. La entidad pública permitirá que se facilite al menor información sobre su estado de salud de forma adecuada a su grado de comprensión. Dicha información también será puesta en conocimiento de su representante legal.

6. De conformidad con lo previsto en la disposición adicional única, el director del centro en el que se encuentre internado el menor podrá solicitar a la autoridad competente que la vigilancia y custodia del menor, durante su permanencia en el centro sanitario, se lleve a cabo por las Fuerzas y Cuerpos de Seguridad cuando exista riesgo fundado para la vida o la integridad física de las personas o para las instalaciones sanitarias.

Artículo 39. *Asistencia religiosa.* 1. Todos los menores internados tendrán derecho a dirigirse a una confesión religiosa registrada, de conformidad con lo previsto por la legislación vigente.

2. Ningún menor internado podrá ser obligado a asistir o participar en los actos de una confesión religiosa.

3. La entidad pública facilitará que los menores puedan respetar la alimentación, los ritos y las fiestas de su propia confesión, siempre que sea compatible con los derechos fundamentales de los otros internos y no afecte a la seguridad del centro y al desarrollo de la vida en el centro.

Artículo 40. *Comunicaciones y visitas de familiares y de otras personas.* 1. Los menores internados tienen derecho a comunicarse libremente de forma oral y escrita, en su propia lengua, con sus padres, representantes legales, familiares u otras personas, y a recibir sus visitas, dentro del horario establecido por el centro. Como mínimo, se autorizarán dos visitas por semana, que podrán ser acumuladas en una sola.

2. Además de las comunicaciones y visitas ordinarias establecidas en el apartado anterior, el director del centro o el órgano que la entidad pública haya establecido en su normativa podrá conceder otras de carácter extraordinario o fuera del horario establecido, por motivos justificados o como incentivo a la conducta y buena evolución del menor.

3. Los familiares deberán acreditar el parentesco con los menores internados en el momento de la visita, y los visitantes que no sean familiares habrán de obtener la autorización previa del director del centro para poder comunicarse con el menor o visitarle. Cuando el comunicante o visitante sea menor de edad no emancipado, deberá contar con la autorización de su representante legal.

4. El horario de visitas será suficiente para permitir una comunicación de 40 minutos de duración como mínimo. No podrán visitar al menor más de cuatro personas simultáneamente, salvo que las normas de funcionamiento interno del centro o el director del mismo, por motivos justificados, autoricen la presencia de más personas.

Al menos una vez al mes, podrá tener lugar una visita de convivencia familiar por un tiempo no inferior a tres horas.

5. Los visitantes y comunicantes no podrán ser portadores, durante la visita o la comunicación, de bolsos o paquetes ni de objetos o sustancias prohibidas por las normas del centro. Los visitantes deberán pasar los controles de identidad y seguridad establecidos por el centro, incluido el registro superficial de su persona, que se llevará a cabo según lo establecido en el artículo 54.5.c). En caso de negativa del visitante a someterse a dichos controles, el director del centro podrá denegar la

comunicación o la visita, poniéndolo en conocimiento del juez de menores competente.

6. El director del centro ordenará la suspensión temporal o terminación de cualquier visita cuando en su desarrollo se produzcan amenazas, coacciones, agresiones verbales o físicas, se advierta un comportamiento incorrecto, existan razones fundadas para creer que el interno o los visitantes puedan estar preparando alguna actuación delictiva o que atente contra la convivencia o la seguridad del centro, o entienda que los visitantes pueden perjudicar al menor porque afecten negativamente al desarrollo integral de su personalidad.

7. Cuando se considere que las comunicaciones previstas en este artículo perjudican o pueden perjudicar al menor porque afecten negativamente a su derecho fundamental a la educación y al desarrollo integral de su personalidad, el director del centro lo pondrá en conocimiento del juez de menores competente, sin perjuicio de suspender cautelarmente este derecho a la comunicación hasta tanto este resuelva, oídos el Ministerio Fiscal y el equipo técnico. También podrá el director suspender cautelarmente el derecho de comunicación cuando, en atención a la seguridad y buena convivencia en el centro, se aprecie razonadamente la concurrencia de peligro grave y cierto para estas.

En ambos casos, la suspensión cautelar acordada por el director debe ser comunicada de manera inmediata al juez de menores.

8. Los menores que durante un plazo superior a un mes no disfruten de ninguna salida de fin de semana o de permisos ordinarios de salida tendrán derecho, previa solicitud al centro, a comunicaciones íntimas con su cónyuge o con persona ligada por análoga relación de afectividad, siempre que dicha relación quede acreditada. Como mínimo se autorizará una comunicación al mes, de una duración mínima de una hora. Estas comunicaciones se llevarán a cabo en dependencias adecuadas del centro y respetando al máximo la intimidad de los comunicantes.

9. En todos los centros se llevará un libro de visitas en el que queden registrados la fecha de la visita, el nombre del interno, el nombre del visitante, su dirección y documento nacional de identidad, así como el parentesco o relación que tiene con el interno.

Artículo 41. *Comunicaciones con el juez, el Ministerio Fiscal, el abogado y con otros profesionales y autoridades.* 1. Los menores internados tienen derecho a comunicarse reservadamente, en local apropiado, con sus abogados y procuradores, con el juez de menores competente, con el Ministerio Fiscal y con los servicios de inspección de centros de internamiento.

2. Tendrán derecho, igualmente, a comunicarse reservadamente con otros profesionales acreditados y ministros de su religión para la realización de las funciones propias de su profesión o ministerio.

El menor solicitará la presencia de tales profesionales o ministros al director del centro o al órgano que la entidad pública haya establecido en su normativa, dentro de los horarios que establezca la entidad pública o acuerde el director en cada caso, previa acreditación de su identidad y condición profesional y autorización del director del centro.

3. Los menores extranjeros se podrán comunicar, en locales apropiados y dentro de los horarios establecidos, con los representantes diplomáticos o consulares de su país o con las personas que las respectivas embajadas o consulados indiquen, previa acreditación y autorización del director del centro o del órgano que la entidad pública haya establecido en su normativa.

4. El menor podrá realizar la solicitud de comunicación con las personas relacionadas en los apartados anteriores directamente por escrito. También podrá manifestar al director del centro, verbalmente o por escrito, la solicitud de comunica-

ción, el cual dará traslado de esta de forma inmediata a su destinatario y, en todo caso, dentro de las 24 horas siguientes.

5. El lugar, el día y la hora para la comunicación telefónica o personal del menor con el juez de menores o con el Ministerio Fiscal serán los que estos determinen. La comunicación telefónica o personal con el abogado o con las personas responsables de la inspección de centros se llevará a cabo en el centro en la fecha que estos requieran.

6. En el momento de la visita, el abogado o el procurador presentarán al director del centro o al órgano que la entidad pública haya establecido en su normativa el carné profesional que los acredite como tales, además de la designación o documento en el que consten como defensor o representante del menor en las causas que se sigan contra él o por las cuales estuviera internado. Las comunicaciones del menor con su abogado o procurador no podrán ser suspendidas, en ningún caso, por decisión administrativa. Solamente podrán ser suspendidas previa orden expresa de la autoridad judicial.

7. Las comunicaciones de los menores con el Defensor del Pueblo, sus Adjuntos o delegados, o con instituciones análogas de las comunidades autónomas, autoridades judiciales y miembros del Ministerio Fiscal, se llevarán a cabo en locales adecuados y en el horario que estos estimen oportuno.

8. Las comunicaciones previstas en este artículo no podrán ser suspendidas ni ser objeto de intervención, restricción o limitación administrativa de ningún tipo.

9. Todas las autoridades y funcionarios a que hace mención este artículo deberán acreditarse convenientemente al personal de seguridad del centro.

Artículo 42. *Comunicaciones telefónicas.* 1. Los menores podrán efectuar y recibir comunicaciones telefónicas de sus padres, representantes legales y familiares, dentro del horario establecido en el centro. Para recibir y efectuar comunicaciones con otras personas o fuera del horario establecido, se requerirá la previa autorización del director.

2. El número mínimo de llamadas que podrán efectuar los menores será el de dos por semana con derecho a una duración mínima de 10 minutos. El abono de las llamadas correrá a cargo del menor internado, de acuerdo con las tarifas vigentes, salvo que la entidad pública establezca lo contrario en atención a las circunstancias del menor o al objeto de la llamada.

Artículo 43. *Comunicaciones escritas.* 1. Los menores podrán enviar y recibir correspondencia libremente, sin ningún tipo de censura, salvo prohibición expresa del juez, acordada en el correspondiente expediente conforme a los preceptos de la Ley Orgánica 5/2000, de 12 de enero, reguladora de la responsabilidad penal de los menores.

2. Toda la correspondencia que expidan y reciban los internos será registrada con indicación del nombre del interno remitente o destinatario y la fecha correspondiente en el libro que para tal fin se llevará en el centro.

3. La recepción de correspondencia dirigida a los menores internados se llevará a cabo previa comprobación de la identidad de quien la deposita. La correspondencia de entrada será entregada a su destinatario, quien la abrirá en presencia del personal del centro, con el único fin de controlar que su interior no contiene objetos o sustancias prohibidas.

4. Los menores deberán cerrar la correspondencia que envíen en presencia del personal designado por la dirección del centro, con la única finalidad de comprobar que no contiene objetos y sustancias prohibidos o que no les pertenecen legítimamente.

Artículo 44. *Paquetes y encargos.* Los menores podrán enviar y recibir paquetes sin ningún tipo de limitación, salvo prohibición expresa del juez. El contenido de los que se pretendan enviar o el de los recibidos será revisado en su presencia para comprobar que lo enviado pertenece legítimamente al menor y para evitar, en los recibidos, la entrada de objetos o sustancias prohibidos o en deficientes condiciones higiénicas.

La recepción de paquetes dirigidos a los menores internados se llevará a cabo previa comprobación de la identidad de quien lo deposita.

Artículo 45. *Permisos de salida ordinarios.* 1. Los menores internados por sentencia en régimen abierto o semiabierto podrán disfrutar de permisos de salida ordinarios, siempre que concurran los requisitos que se establecen en este artículo.

2. Los permisos ordinarios serán de un máximo de 60 días por año para los internados en régimen abierto y de un máximo de 40 días por año para los internados en régimen semiabierto, distribuidos proporcionalmente en los dos semestres del año, no computándose dentro de estos topes los permisos extraordinarios, ni las salidas de fin de semana ni las salidas programadas. La duración máxima de cada permiso no excederá nunca de 15 días.

3. No obstante, cuando se trate de menores que se encuentren en el período de la enseñanza básica obligatoria, no se podrán conceder permisos ordinarios de salida en días que sean lectivos según el calendario escolar oficial. La distribución a la que hace referencia el apartado anterior se hará en los días en que se interrumpa la actividad escolar.

4. Serán requisitos imprescindibles para la concesión de permisos ordinarios de salida los siguientes:

a) La petición previa del menor.

b) Que no se encuentre cumpliendo o pendiente de cumplir sanciones disciplinarias por faltas muy graves o graves impuestas de conformidad con este reglamento.

c) Que participe en las actividades previstas en su programa individualizado de ejecución de la medida.

d) Que se hayan previsto los permisos en el programa individualizado de ejecución de la medida o en sus modificaciones posteriores, aprobados por el juez de menores competente.

e) Que en el momento de decidir la concesión no se den las circunstancias previstas en el artículo 52.2.

f) Que no exista respecto del menor internado un pronóstico desfavorable del centro por la existencia de variables cualitativas que indiquen el probable quebrantamiento de la medida, la comisión de nuevos hechos delictivos o una repercusión negativa de la salida sobre el menor desde la perspectiva de su preparación para la vida en libertad o de su programa individualizado de ejecución de la medida.

La dirección del centro o el órgano que la entidad pública haya establecido en su normativa podrá suspender el derecho a la concesión de los permisos ordinarios de salida a un menor internado, dando cuenta de ello al juez de menores cuando concurran las circunstancias previstas en el apartado anterior.

5. La concesión del permiso compete al director del centro o al órgano que la entidad pública haya establecido en su normativa, y se disfrutará en las fechas, con la duración y en las condiciones establecidas.

6. De la concesión, o denegación en su caso, del permiso, de las condiciones, duración y fechas de disfrute se dará cuenta al juez de menores competente. Cuando se acuerde denegar o suspender el permiso se notificará al menor, quien podrá recurrir la decisión conforme a lo dispuesto en el artículo 52 de la Ley Orgánica 5/2000, de 12 de enero, reguladora de la responsabilidad penal de los menores.

7. Los menores internados por sentencia firme en régimen cerrado, una vez cumplido el primer tercio del período de internamiento, cuando la buena evolución

personal durante la ejecución de la medida lo justifique y ello favorezca el proceso de reinserción social, y cumplan los requisitos establecidos en el apartado 4, podrán disfrutar de hasta 12 días de permiso al año, con una duración máxima de hasta cuatro días, cuando el juez de menores competente lo autorice.

Artículo 46. *Salidas de fin de semana.* 1. Podrán disfrutar de salidas de fin de semana los menores internados por sentencia firme en régimen abierto y semiabierto, siempre que concurran los requisitos establecidos en este artículo y en el apartado 4 del artículo anterior.

2. Como norma general, las salidas de fin de semana se disfrutarán desde las 16.00 horas del viernes hasta las 20.00 horas del domingo. Si el viernes o el lunes es festivo, la duración de la salida de fin de semana podrá incrementarse 24 horas más.

3. Los menores internados en régimen abierto podrán disfrutar de salidas todos los fines de semana, salvo que la evolución en el tratamiento aconseje otra frecuencia de salidas y ello se haya comunicado motivadamente al fiscal y al juez de menores competente. Como regla general, los internados en régimen semiabierto podrán disfrutar de una salida al mes hasta cumplir el primer tercio del período de internamiento y de dos salidas al mes durante el resto, salvo que la evolución del menor aconseje otra cosa.

4. La autorización para la salida compete al director del centro o al órgano que la entidad pública haya establecido en su normativa.

5. En estas salidas se podrá establecer que personal del centro u otras personas autorizadas por la entidad pública acompañen al menor, cuando las circunstancias así lo aconsejen.

6. De la autorización de las salidas de fin de semana y de su periodicidad se dará cuenta al juez de menores competente. Asimismo, se les dará cuenta del acuerdo de denegar o suspender el permiso o el derecho a su concesión.

7. Los menores internados por sentencia firme en régimen cerrado, una vez cumplido el primer tercio del periodo de internamiento, cuando la buena evolución personal durante la ejecución de la medida lo justifique y ello favorezca el proceso de reinserción social, podrán disfrutar de una salida de fin de semana al mes, siempre que cumplan los requisitos de este artículo y el juez de menores competente lo autorice.

Artículo 47. *Permisos extraordinarios.* 1. En caso de fallecimiento o enfermedad grave de los padres, cónyuge, hijos, hermanos u otras personas íntimamente vinculadas con los menores o de nacimiento de un hijo, así como por importantes y comprobados motivos de análoga naturaleza, se concederán, con las medidas de seguridad adecuadas en su caso, permisos de salida extraordinarios, salvo que concurran circunstancias excepcionales que lo impidan.

2. La duración de cada permiso extraordinario vendrá determinada por su finalidad y no podrá exceder de cuatro días.

3. La concesión del permiso compete al director del centro o al órgano que la entidad pública haya establecido en su normativa.

4. De la concesión de permisos extraordinarios se dará cuenta al juez de menores competente. Cuando se trate de menores internados en régimen cerrado, será necesaria su autorización expresa.

Artículo 48. *Salidas programadas.* 1. Son salidas programadas aquellas que, sin ser propias del régimen de internamiento abierto o semiabierto, ni constituir permisos ni salidas de fin de semana, organiza el centro para el desarrollo del programa individualizado de ejecución de la medida.

2. Podrán disfrutar de salidas programadas los menores internados en régimen abierto y semiabierto cuando formen parte del programa individualizado de ejecución de la medida.

3. Las salidas programadas se llevarán a cabo preferentemente durante los fines de semana y festivos. También podrán programarse en días laborales siempre que sean compatibles con los horarios de actividades del menor.

4. Como regla general, su duración será inferior a 48 horas, sin perjuicio de que se pueda autorizar otra cosa con carácter excepcional.

5. Los requisitos de concesión y el órgano competente para autorizar la salida serán los establecidos en el artículo 45.

6. Los menores internados por sentencia firme en régimen cerrado, una vez cumplido el primer tercio del periodo de internamiento, cuando la buena evolución personal durante la ejecución de la medida lo justifique y ello favorezca el proceso de integración social, podrán disfrutar de salidas programadas de acuerdo con lo establecido en este artículo, cuando el juez de menores competente lo autorice.

Artículo 49. *Salidas y permisos de menores sometidos a medida cautelar de internamiento.* La autorización de cualquier permiso o salida a los menores sometidos a medida cautelar de internamiento se someterá al mismo régimen que el previsto cuando se imponga por sentencia.

Artículo 50. *Salidas y permisos de menores en internamiento terapéutico.* 1. Las salidas, permisos y comunicaciones con el exterior de los menores sometidos a internamiento terapéutico se autorizarán, en el marco del programa individual de tratamiento, por el juez de menores en los términos previstos en el artículo 44 de la Ley Orgánica 5/2000, de 12 de enero, reguladora de la responsabilidad penal de los menores.

2. Las salidas, permisos y comunicaciones con el exterior podrán ser dejadas sin efecto por el juez de menores, conforme prevé el artículo 44 de la Ley Orgánica 5/2000, de 12 de enero, reguladora de la responsabilidad penal de los menores, en cualquier momento, si el menor incumple las condiciones.

Artículo 51. *Domicilio durante las salidas y permisos.* 1. Los menores de edad deberán estar bajo la responsabilidad de sus padres o representantes legales o de las personas que estos autoricen durante las salidas y permisos que se hagan en su compañía, designando un domicilio a efectos de comunicaciones.

2. Cuando el menor esté bajo la tutela de la entidad pública de protección de menores, será competencia de dicha entidad determinar las personas o instituciones con las que estará el menor durante los permisos y salidas autorizadas, designándose igualmente un domicilio.

3. Si los padres o representantes legales del menor no estuviesen localizables, se negasen a acogerlos durante las salidas y permisos, o si el menor se negase a estar en su compañía o en la de las personas que aquellos determinen, el juez de menores competente podrá autorizar el permiso o la salida con otras personas o instituciones conforme prevé el artículo 44 de la Ley Orgánica 5/2000, de 12 de enero, reguladora de la responsabilidad penal de los menores.

4. Los menores que disfruten de salidas o permisos indicarán un domicilio a efectos de poder ser localizados en caso necesario.

Artículo 52. *Suspensión y revocación de permisos y salidas.* 1. Cuando antes de iniciarse el disfrute de un permiso ordinario, de un permiso extraordinario o de las salidas a los que hacen referencia los artículos 45, 46, 47 y 48 se produzcan hechos que modifiquen las circunstancias que propiciaron su concesión, la entidad pública podrá suspenderlos motivadamente. Si el permiso o la salida se hubiese autorizado por el juez de menores, la suspensión tendrá carácter provisional y se pondrá inmediatamente en conocimiento del juez para que resuelva lo que proceda.

2. El permiso o la salida quedará sin efecto desde el momento en que el menor se vea imputado en un nuevo hecho constitutivo de infracción penal.

Artículo 53. *Trabajo.* 1. Los menores internos que tengan la edad laboral legalmente establecida tienen derecho a un trabajo remunerado, dentro de las disponibilidades de la entidad pública, y a las prestaciones sociales que legalmente les correspondan.

2. A estos efectos, la entidad pública llevará a cabo las actuaciones necesarias para facilitar que dichos menores desarrollen actividades laborales remuneradas de carácter productivo, dentro o fuera de los centros, en función del régimen o tipo de internamiento.

3. La relación laboral de los internos que se desarrolle fuera de los centros y esté sometida a un sistema de contratación ordinaria con empresarios se regulará por la legislación laboral común, sin perjuicio de la supervisión que en el desarrollo de estos contratos se pueda realizar por la entidad pública competente sobre su adecuación con el programa de ejecución de la medida.

4. El trabajo productivo que se desarrolle en los centros específicos para menores infractores será dirigido por la entidad pública correspondiente, directamente o a través de personas físicas o jurídicas con las que se establezcan conciertos, y les será de aplicación la normativa reguladora de la relación laboral especial penitenciaria y de la protección de Seguridad Social establecida en la legislación vigente para este colectivo, con las siguientes especialidades:

a) Tendrá la consideración de empleador la entidad pública correspondiente o la persona física o jurídica con la que tenga establecido el oportuno concierto, sin perjuicio de la responsabilidad solidaria de la entidad pública, respecto de los incumplimientos en materia salarial y de Seguridad Social.

b) A los trabajadores menores de 18 años se les aplicarán las normas siguientes:

1.ª No podrán realizar trabajos nocturnos, ni aquellas actividades o puestos de trabajo prohibidos a los menores.

2.ª No podrán realizar horas extraordinarias.

3.ª No podrán realizar más de ocho horas diarias de trabajo efectivo, incluyendo, en su caso, el tiempo dedicado a la formación y, si trabajasen para varios empleadores, las horas realizadas para cada uno de ellos.

4.ª Siempre que la duración de la jornada diaria continuada exceda de cuatro horas y media, deberá establecerse un período de descanso durante dicha jornada no inferior a 30 minutos.

5.ª La duración del descanso semanal será como mínimo de dos días ininterrumpidos.

6.ª En su caso, se podrán establecer reglamentariamente otras especialidades que se consideren necesarias en relación con la normativa existente para los penados.

5. En todo caso, el trabajo que realicen los internos tendrá como finalidad esencial su inserción laboral, así como su incorporación al mercado de trabajo. A estos efectos, la práctica laboral se complementará con cursos de formación profesional ocupacional u otros programas que mejoren su competencia y capacidad laboral y favorezcan su futura inserción laboral.

Artículo 54. *Vigilancia y seguridad.* 1. Las funciones de vigilancia y seguridad interior de los centros corresponde a sus trabajadores, con arreglo a los cometidos propios de cada uno y a la distribución de servicios que el director del centro o la entidad pública haya acordado en su interior.

2. Las actuaciones encaminadas a garantizar la seguridad interior de los centros consistirán en la observación de los menores internados. También podrán suponer, en la forma y con la periodicidad establecida en este artículo, inspecciones de locales y dependencias, así como registros de personas, ropas y enseres de los menores internados.

3. En aquellas dependencias que a criterio del centro lo requieran, podrán utilizarse medios electrónicos para la detección de presencia de metales o para el examen del contenido de paquetes u objetos.

4. Las inspecciones de las dependencias y locales del centro se harán con la periodicidad que la entidad pública o el director del centro establezca.

5. El registro de la persona, ropa y enseres del menor se ajustará a las siguientes normas:

a) Su utilización se regirá por los principios de necesidad y proporcionalidad y se llevarán siempre a cabo con el respeto debido a la dignidad y a los derechos fundamentales de la persona. Ante la opción de utilizar medios de igual eficacia, se dará preferencia a los de carácter electrónico.

b) Los registros de las ropas y enseres personales del menor se practicarán, normalmente, en su presencia.

c) El registro de la persona del menor se llevará a cabo por personal del mismo sexo, en lugar cerrado sin la presencia de otros menores y preservando, en todo lo posible, la intimidad.

d) Solamente por motivos de seguridad concretos y específicos, cuando existan razones individuales y contrastadas que hagan pensar que el menor oculta en su cuerpo algún objeto peligroso o sustancia susceptible de causar daño a la salud o integridad física de las personas o de alterar la seguridad o convivencia ordenada del centro, y cuando no sea posible la utilización de medios electrónicos, se podrá realizar el registro con desnudo integral, con autorización del director del centro, previa notificación urgente al juez de menores de guardia y al fiscal de guardia, con explicación de las razones que aconsejan dicho cacheo. En todo caso, será de aplicación lo dispuesto en los párrafos a) y c) anteriores.

Una vez efectuado en su caso el cacheo, se dará cuenta al juez de menores y al Ministerio Fiscal de su realización y del resultado obtenido.

e) Si el resultado del registro con desnudo integral fuese infructuoso y persistiese la sospecha, se podrá solicitar por el director del centro a la autoridad judicial competente la autorización para la aplicación de otros medios de control adecuados.

6. De los registros establecidos en el apartado anterior se formulará informe escrito, que deberá especificar los registros con desnudo integral efectuados y los demás extremos previstos en el párrafo d). El informe deberá estar firmado por los profesionales del centro que hayan practicado los registros y dirigirlo al director del centro y al juez de menores.

7. Se intervendrán el dinero u objetos de valor no autorizados, así como los objetos no permitidos y los que se entiendan peligrosos para la seguridad o convivencia ordenada o de ilícita procedencia. Cuando se trate de dinero u objetos de valor se aplicará lo dispuesto en el artículo 30.2.d).

8. La entidad pública podrá autorizar, en aquellos centros donde la necesidad de seguridad así lo requiera, el servicio de personal especializado, en funciones de vigilancia y de apoyo a las actuaciones de los trabajadores del centro previstas en los apartados anteriores de este artículo. Este personal dependerá funcionalmente del director del centro y no podrá portar ni utilizar dentro del centro otros medios que los contemplados en el artículo 55.2.

9. Cuando exista riesgo inminente de graves alteraciones del orden con peligro para la vida o la integridad física de las personas o para las instalaciones, la enti-

dad pública o el director del centro podrá solicitar la intervención de las Fuerzas y Cuerpos de Seguridad competentes en cada territorio.

Artículo 55. *Medios de contención.* 1. Solamente podrán utilizarse los medios de contención descritos en el apartado 2 de este artículo por los motivos siguientes:

a) Para evitar actos de violencia o lesiones de los menores a sí mismos o a otras personas.

b) Para impedir actos de fuga.

c) Para impedir daños en las instalaciones del centro.

d) Ante la resistencia activa o pasiva a las instrucciones del personal del centro en el ejercicio legítimo de su cargo.

2. Los medios de contención que se podrán emplear serán:

a) La contención física personal.

b) Las defensas de goma.

c) La sujeción mecánica.

d) Aislamiento provisional.

3. El uso de los medios de contención será proporcional al fin pretendido, nunca supondrá una sanción encubierta y solo se aplicarán cuando no exista otra manera menos gravosa para conseguir la finalidad perseguida y por el tiempo estrictamente necesario.

4. Los medios de contención no podrán aplicarse a las menores gestantes, a las menores hasta seis meses después de la terminación del embarazo, a las madres lactantes, a las que tengan hijos consigo ni a los menores enfermos convalecientes de enfermedad grave, salvo que de la actuación de aquellos pudiera derivarse un inminente peligro para su integridad o para la de otras personas.

5. Cuando se aplique la medida de aislamiento provisional se deberá cumplir en una habitación que reúna medidas que procuren evitar que el menor atente contra su integridad física o la de los demás. El menor será visitado durante el periodo de aislamiento provisional por el médico o el personal especializado que precise.

6. La utilización de los medios de contención será previamente autorizada por el director del centro o por quien la entidad pública haya establecido en su normativa, salvo que razones de urgencia no lo permitan; en tal caso, se pondrá en su conocimiento inmediatamente. Asimismo, comunicará inmediatamente al juez de menores la adopción y cese de tales medios de contención, con expresión detallada de los hechos que hubieren dado lugar a su utilización y de las circunstancias que pudiesen aconsejar su mantenimiento.

7. Los medios materiales de contención serán depositados en el lugar o lugares que el director o quien la entidad pública haya establecido en su normativa considere idóneos.

8. En los casos de graves alteraciones del orden con peligro inminente para la vida, la integridad física de las personas o para las instalaciones, la entidad pública o el director del centro podrán solicitar el auxilio de las Fuerzas y Cuerpos de Seguridad que en cada territorio tenga atribuida la competencia, dando cuenta inmediata al juzgado de menores y al Ministerio Fiscal.

Artículo 56. *Informaciones.* 1. Todos los menores internados tienen derecho a recibir de la entidad pública, con la periodicidad adecuada y, en todo caso, siempre que lo requieran, información personal y actualizada de sus derechos y deberes, previstos en los artículos 56 y 57 de la Ley Orgánica 5/2000, de 12 de enero, reguladora de la responsabilidad penal de los menores. Dicha información será explicada de forma que se garantice su comprensión, en atención a la edad y a las circunstancias del menor.

2. Los representantes legales del menor internado serán informados por la dirección del centro o por el órgano que la entidad pública haya designado sobre la situación y la evolución del menor, y sobre los derechos que como representantes legales les corresponden durante la situación de internamiento.

Salvo prohibición judicial expresa, esta información será facilitada cuando la soliciten los representantes legales del menor o lo considere necesario la dirección del centro o el órgano que la entidad pública haya establecido en su normativa.

3. En caso de enfermedad, accidente o cualquier otra circunstancia grave que afecte al menor, la entidad pública ha de informar inmediatamente a sus representantes legales. Dichas personas también serán informadas de los ingresos en el centro, de los traslados entre centros y de los ingresos en instituciones hospitalarias, salvo que exista una prohibición expresa del juez de menores competente.

4. El menor ha de ser informado sin dilación de la defunción, accidente o enfermedad grave de un pariente cercano o de otra persona íntimamente vinculada con él, y de cualquier otra noticia importante comunicada por la familia.

Artículo 57. *Peticiones, quejas y tramitación de recursos.* 1. Todos los menores internados y, en su caso, sus representantes legales podrán formular, verbalmente o por escrito, en sobre abierto o cerrado, peticiones y quejas a la entidad pública o al director del centro, sobre cuestiones referentes a su situación de internamiento, que serán atendidas cuando correspondan al ámbito propio de sus competencias. En caso contrario, el director del centro o la entidad pública harán llegar las presentadas, en el plazo más breve posible, a la autoridad u organismo competente.

2. El menor podrá dirigir la petición o queja por escrito, en sobre abierto o cerrado, a las autoridades judiciales, al Ministerio Fiscal y al Defensor del Pueblo o institución análoga de su comunidad autónoma. Los que se entreguen directamente al director del centro o a la entidad pública se harán llegar a sus destinatarios en el plazo más breve posible.

3. Las peticiones y quejas que presenten los menores a través del centro o la entidad pública serán registradas. La tramitación que se le haya dado y, en su caso, la resolución adoptada se comunicará al menor, con indicación de los recursos que procedan.

4. Los recursos que de conformidad con lo dispuesto en el artículo 52.1 de la Ley Orgánica 5/2000, de 12 de enero, reguladora de la responsabilidad penal de los menores, interponga el menor contra cualquier resolución dictada para la ejecución de las medidas, que fueran presentados por el menor o por su letrado de forma escrita al director del centro, se pondrán en conocimiento del juez de menores competente dentro del siguiente día hábil. Si el menor manifestara al director del centro, de forma verbal, su intención de recurrir la resolución dictada, el director dará traslado de esta manifestación al juez de menores, dentro del plazo indicado anteriormente, y, en su caso, dará cumplimiento a las medidas que adopte el juez para oír la alegación del menor.

Artículo 58. *Inspección de centros.* 1. Sin perjuicio de las funciones de inspección que correspondan a los jueces de menores, al Ministerio Fiscal y al Defensor del Pueblo o institución análoga de la comunidad autónoma, la entidad pública, con los medios personales y materiales y los procedimientos que articule para esta finalidad, ejercerá las funciones de inspección para garantizar que la actuación de los centros propios y colaboradores y la de sus profesionales se lleva a cabo con respeto a los derechos y garantías de los menores internados.

2. Los menores podrán solicitar la comunicación con el órgano de inspección correspondiente, de conformidad con lo establecido en el artículo 41, sin perjuicio de

las comunicaciones que dicho órgano realice con el menor en el ejercicio de sus funciones.

3. Los hechos descubiertos en el ejercicio de sus funciones por el órgano de inspección, que supongan una vulneración de los derechos de los menores, se pondrán en conocimiento de la entidad pública, del juez de menores competente y del Ministerio Fiscal.

CAPÍTULO IV
DEL RÉGIMEN DISCIPLINARIO DE LOS CENTROS

Artículo 59. *Fundamento y ámbito de aplicación.* 1. El régimen disciplinario de los centros tendrá como finalidad contribuir a la seguridad y convivencia ordenada en estos y estimular el sentido de la responsabilidad y la capacidad de autocontrol de los menores internados.

2. El régimen disciplinario se aplicará a todos los menores que cumplan medidas de internamiento en régimen cerrado, abierto o semiabierto, y terapéuticos, sin perjuicio de lo dispuesto en el apartado siguiente, bien en centros propios o colaboradores, tanto dentro del centro como durante los traslados, conducciones o salidas autorizadas que aquellos realicen.

3. El régimen disciplinario previsto en este capítulo no será aplicable a aquellos menores a los que se haya impuesto una medida de internamiento terapéutico como consecuencia de una anomalía o alteración psíquica o de una alteración en la percepción que les impida comprender la ilicitud de los hechos o actuar conforme a aquella comprensión, mientras se mantengan en tal estado.

Artículo 60. *Principios de la potestad disciplinaria.* 1. El ejercicio de la potestad disciplinaria en los centros propios y colaboradores, regulada en este reglamento, corresponderá a quien la tenga expresamente atribuida por la entidad pública. En defecto de esta atribución, el ejercicio de la potestad disciplinaria corresponderá al director del centro.

2. No podrán atribuirse al mismo órgano las fases de instrucción y resolución del procedimiento.

3. La potestad disciplinaria habrá de ejercerse siempre respetando la dignidad del menor. Ninguna sanción podrá implicar, de manera directa o indirecta, castigos corporales, ni privación de los derechos de alimentación, enseñanza obligatoria y comunicaciones y visitas previstos en la Ley Orgánica 5/2000, de 12 de enero, reguladora de la responsabilidad penal de los menores, y en este reglamento.

4. Las sanciones impuestas podrán ser reducidas, dejadas sin efecto en su totalidad, suspendidas o aplazadas en su ejecución, en los términos establecidos en este reglamento.

5. La conciliación con la persona ofendida, la restitución de los bienes, la reparación de los daños y la realización de actividades en beneficio de la colectividad del centro, voluntariamente asumidos por el menor, podrán ser valoradas por el órgano competente para el sobreseimiento del procedimiento disciplinario o para dejar sin efecto las sanciones disciplinarias impuestas.

6. Aquellos hechos que pudiesen ser constitutivos de infracción penal podrán ser también sancionados disciplinariamente cuando el fundamento de esta sanción, que ha de ser distinto del de la penal, sea la seguridad y el buen orden del centro. En estos casos, los hechos serán puestos en conocimiento del Ministerio Fiscal y de la autoridad judicial competente, sin perjuicio de que continúe la tramitación del expediente disciplinario hasta su resolución e imposición de la sanción si procediera.

Artículo 61. *Clasificación de las faltas disciplinarias.* Las faltas disciplinarias se clasifican en muy graves, graves y leves, atendiendo a la violencia desarrollada por el sujeto, su intencionalidad, la importancia del resultado y el número de personas ofendidas.

Artículo 62. *Faltas muy graves.* Son faltas muy graves:

a) Agredir, amenazar o coaccionar de forma grave a cualquier persona dentro del centro.

b) Agredir, amenazar o coaccionar de forma grave, fuera del centro, a otro menor internado o a personal del centro o autoridad o agente de la autoridad, cuando el menor hubiera salido durante el internamiento.

c) Instigar o participar en motines, plantes o desórdenes colectivos.

e) (sic) Intentar o consumar la evasión del interior del centro o cooperar con otros internos en su producción.

f) Resistirse activa y gravemente al cumplimiento de órdenes recibidas del personal del centro en el ejercicio legítimo de sus atribuciones.

g) Introducir, poseer o consumir en el centro drogas tóxicas, sustancias psicotrópicas o estupefacientes o bebidas alcohólicas.

h) Introducir o poseer en el centro armas u objetos prohibidos por su peligro para las personas.

i) Inutilizar deliberadamente las dependencias, materiales o efectos del centro o las pertenencias de otras personas, causando daños y perjuicios superiores a 300 euros.

j) Sustraer materiales o efectos del centro o pertenencias de otras personas.

Artículo 63. *Faltas graves.* Son faltas graves:

a) Agredir, amenazar o coaccionar de manera leve a cualquier persona dentro del centro.

b) Agredir, amenazar o coaccionar de manera leve, fuera del centro, a otro menor internado, o a personal del centro o autoridad o agente de la autoridad, cuando el menor hubiese salido durante el internamiento.

c) Insultar o faltar gravemente al respeto a cualquier persona dentro del centro.

d) Insultar o faltar gravemente al respeto, fuera del centro, a otro menor internado, o a personal del centro o autoridad o agente de la autoridad, cuando el menor hubiera salido durante el internamiento.

e) No retornar al centro, sin causa justificada, el día y hora establecidos, después de una salida temporal autorizada.

f) Desobedecer las órdenes e instrucciones recibidas del personal del centro en el ejercicio legítimo de sus funciones, o resistirse pasivamente a cumplirlas.

g) Inutilizar deliberadamente las dependencias, materiales o efectos del centro, o las pertenencias de otras personas, causando daños y perjuicios inferiores a 300 euros.

h) Causar daños de cuantía elevada por negligencia grave en la utilización de las dependencias, materiales o efectos del centro, o las pertenencias de otras personas.

i) Introducir o poseer en el centro objetos o sustancias que estén prohibidas por la normativa de funcionamiento interno distintas de las contempladas en los párrafos g) y h) del artículo anterior.

j) Hacer salir del centro objetos cuya salida no esté autorizada.

k) Consumir en el centro sustancias que estén prohibidas por las normas de funcionamiento interno, distintas de las previstas en el párrafo g) del artículo anterior.

l) Autolesionarse como medida reivindicativa o simular lesiones o enfermedades para evitar la realización de actividades obligatorias.

m) Incumplir las condiciones y medidas de control establecidas en las salidas autorizadas.

Artículo 64. *Faltas leves.* Son faltas leves:

a) Faltar levemente al respeto a cualquier persona dentro del centro.

b) Faltar levemente al respeto, fuera del centro, a otro menor internado, o a personal del centro o autoridad o agente de la autoridad, cuando el menor hubiera salido durante el internamiento.

c) Hacer un uso abusivo y perjudicial en el centro de objetos y sustancias no prohibidas por las normas de funcionamiento interno.

d) Causar daños y perjuicios de cuantía elevada a las dependencias materiales o efectos del centro o en las pertenencias de otras personas, por falta de cuidado o de diligencia en su utilización.

e) Alterar el orden promoviendo altercados o riñas con compañeros de internamiento.

f) Cualquier otra acción u omisión que implique incumplimiento de las normas de funcionamiento del centro y no tenga consideración de falta grave o muy grave.

Artículo 65. *Sanciones disciplinarias.* 1. Las únicas sanciones disciplinarias que se pueden imponer a los menores serán alguna de las especificadas en los apartados siguientes de este artículo.

2. Por la comisión de faltas muy graves:

a) La separación del grupo por tiempo de tres a siete días en casos de evidente agresividad, violencia y alteración grave de la convivencia.

b) La separación del grupo por tiempo de tres a cinco fines de semana.

c) La privación de salidas de fin de semana de 15 días a un mes.

d) La privación de salidas de carácter recreativo por un tiempo de uno a dos meses.

3. Por la comisión de faltas graves:

a) La separación del grupo hasta dos días como máximo.

b) La separación del grupo por un tiempo de uno a dos fines de semana.

c) La privación de salidas de fin de semana de uno a 15 días.

d) La privación de salidas de carácter recreativo por un tiempo máximo de un mes.

e) La privación de participar en las actividades recreativas del centro por un tiempo de siete a 15 días.

4. Por la comisión de faltas leves:

a) La privación de participar en todas o en algunas de las actividades recreativas del centro por un tiempo de uno a seis días.

b) La amonestación.

5. A los menores que cumplan en el centro medidas de permanencia de fin de semana se les impondrán las sanciones correspondientes a la naturaleza de la infracción cometida adaptando su duración a la naturaleza y duración de la medida indicada.

Artículo 66. *Sanción de separación.* 1. La sanción de separación por la comisión de faltas muy graves o faltas graves solamente se podrá imponer en los casos en los que se manifieste una evidente agresividad o violencia por parte del menor, o cuando este, reiterada y gravemente, altere la normal convivencia en el centro.

2. La sanción de separación se cumplirá en la propia habitación del menor o en otra de análogas características durante el horario de actividades del centro.

3. Durante el cumplimiento de la sanción de separación, el menor dispondrá de dos horas al aire libre y deberá asistir, en su caso, a la enseñanza obligatoria y podrá recibir las visitas previstas en los artículos 40 y 41. Durante el horario general

de actividades se programarán actividades individuales alternativas que podrán realizarse dentro de la habitación.

4. Diariamente visitará al menor el médico o el psicólogo que informará al director del centro sobre el estado de salud física y mental del menor, así como sobre la conveniencia de suspender, modificar o dejar sin efecto la sanción impuesta.

5. No obstante lo anterior, la sanción de separación de grupo no se aplicará a las menores embarazadas, a las menores hasta que hayan transcurrido seis meses desde la finalización del embarazo, a las madres lactantes y a las que tengan hijos en su compañía. Tampoco se aplicará a los menores enfermos y se dejará sin efecto en el momento en que se aprecie que esta sanción afecta a su salud física o mental.

Artículo 67. *Graduación de las sanciones.* 1. La determinación de las sanciones y su duración se llevará a efecto de acuerdo al principio de la proporcionalidad, atendiendo a las circunstancias del menor, la naturaleza de los hechos, la violencia o agresividad mostrada en la comisión de los hechos, la intencionalidad, la perturbación producida en la convivencia del centro, la gravedad de los daños y perjuicios ocasionados, el grado de ejecución y de participación y la reincidencia en otras faltas disciplinarias.

2. Atendiendo a la escasa relevancia de la falta disciplinaria, a la evolución del interno en el cumplimiento de la medida, al reconocimiento por el menor de la comisión de la infracción y a la incidencia de la intervención educativa realizada para expresarle el reproche merecido por su conducta infractora, podrá imponerse al autor de una falta disciplinaria muy grave una sanción establecida para faltas disciplinarias graves y al autor de una falta disciplinaria grave una sanción prevista para las faltas disciplinarias leves.

Artículo 68. *Concurso de infracciones y normas para el cumplimiento de las sanciones.* 1. Al responsable de dos o más faltas enjuiciadas en el mismo expediente se le impondrán las sanciones correspondientes a cada una de las faltas. También se le podrá imponer una única sanción por todas las faltas cometidas, tomando como referencia la más grave de las enjuiciadas. En el caso de que se impongan varias sanciones, se cumplirán simultáneamente, si fuera posible. Si no lo fuera, se cumplirán sucesivamente por orden de gravedad y duración, sin que puedan exceder en duración del doble de tiempo por el que se imponga la más grave.

2. No obstante lo dispuesto en el apartado anterior, en ningún caso el cumplimiento sucesivo de diversas sanciones impuestas en el mismo o en diferentes procedimientos disciplinarios supondrá para el menor estar consecutivamente:

a) Más de siete días o más de cinco fines de semanas en situación de separación de grupo.

b) Más de un mes privado de salidas de fin de semana.

c) Más de dos meses privado de salidas programadas de carácter recreativo.

d) Más de 15 días privado de todas las actividades recreativas del centro.

Artículo 69. *Pluralidad de faltas e infracción continuada.* 1. Cuando un mismo hecho sea constitutivo de dos o más faltas o cuando una de estas sea medio necesario para la comisión de otra, se impondrá al menor una sola sanción teniendo en cuenta la más grave de las faltas cometidas.

2. Cuando se trate de una infracción continuada, se impondrá al menor una sola sanción teniendo en cuenta la más grave de las faltas cometidas.

Artículo 70. *Necesidad de procedimientos sancionadores.* Para la imposición de sanciones por faltas graves y muy graves será preceptiva la observancia del procedimiento regulado en los artículos 71 a 78, y para las sanciones impuestas por faltas leves podrá seguirse el procedimiento abreviado previsto en el artículo 79.

Artículo 71. *Procedimiento ordinario: inicio.* 1. Cuando el órgano competente para la iniciación del procedimiento disciplinario aprecie en los menores internados indicios de conductas que pueden dar lugar a responsabilidad disciplinaria, acordará la iniciación del procedimiento de alguna de las siguientes formas:

a) Por propia iniciativa.

b) Como consecuencia de orden emitida por un órgano administrativo superior jerárquico.

c) Por petición razonada de otro órgano administrativo que no sea superior jerárquico.

d) Por denuncia de persona identificada.

2. El órgano competente para la iniciación designará el instructor que considere conveniente, excluyendo a las personas que pudieran estar relacionadas con los hechos.

3. Para el debido esclarecimiento de los hechos que pudieran ser determinantes de responsabilidad disciplinaria, el órgano competente podrá acordar la apertura de una información previa, que se practicará por el órgano administrativo o la persona que aquel determine.

Artículo 72. *Instrucción y pliego de cargos.* 1. El instructor, a la vista de los indicios de responsabilidad que existan, formulará pliego de cargos dirigido al menor, en un lenguaje claro, y en el plazo máximo de 48 horas desde su designación, el cual se incorporará, en su caso, al expediente, con el contenido siguiente:

a) La identificación de la persona responsable.

b) La relación detallada de los hechos imputados.

c) La calificación de la falta o faltas en las que ha podido incurrir.

d) Las posibles sanciones aplicables.

e) El órgano competente para la resolución del expediente de acuerdo con lo previsto en la norma autonómica correspondiente o, en su caso, en la Ley Orgánica 5/2000, de 12 de enero, o en este reglamento.

f) La identificación del instructor.

g) Las medidas cautelares que se hayan acordado.

h) Los posibles daños y perjuicios ocasionados.

2. El pliego de cargos se notificará al menor infractor el mismo día de su redacción, mediante su lectura íntegra y con entrega de la correspondiente copia con indicación de:

a) El derecho del menor a formular alegaciones y proponer las pruebas que considere oportunas en defensa de sus intereses, verbalmente ante el instructor en el mismo acto de notificación, o por escrito en el plazo máximo de 24 horas. Si formula alegaciones verbalmente, se levantará acta de estas, que deberá firmar el menor.

b) La posibilidad de que un letrado le asesore en la redacción del pliego de descargos y ser asistido por personal del centro o por cualquier otra persona del propio centro.

c) Al menor extranjero que desconozca el castellano o la lengua cooficial de la comunidad autónoma, la posibilidad de asistirse de una persona que hable su idioma.

3. Por el instructor se admitirán verbalmente las pruebas propuestas por el menor o se rechazarán motivadamente por escrito las que fueran improcedentes, por no poder alterar la resolución final del procedimiento o por ser de imposible realización.

Artículo 73. *Tramitación.* 1. Notificado el pliego de cargos, el instructor realizará cuantas actuaciones resulten necesarias para el examen de los hechos y recabará los datos e informes que considere necesarios.

2. Dentro de las 24 horas siguientes a la presentación del pliego de descargos o a la formulación verbal de alegaciones, o transcurrido este plazo si el menor no hubiera ejercitado su derecho, el menor será oído y se practicarán las pruebas propuestas y las que el instructor considere convenientes.

3. Si el menor reconoce voluntariamente su responsabilidad, el instructor elevará el expediente al órgano competente, para que emita resolución, sin perjuicio de continuar el procedimiento si hay indicios racionales de engaño o encubrimiento de otras personas.

4. Una vez finalizado el trámite de alegaciones y de la práctica de la prueba, el instructor, inmediatamente y en todo caso en el plazo de 24 horas, formulará la propuesta de resolución, que notificará al interno con indicación de los hechos imputados, la falta cometida y la sanción que deba imponerse, para que en el término de 24 horas pueda formular las alegaciones que considere procedentes. Una vez completado este trámite, el instructor elevará el expediente al órgano competente para que dicte la resolución correspondiente.

Artículo 74. *Resolución.* El órgano competente, en el mismo día o como máximo en el plazo de 24 horas, habrá de resolver motivadamente sobre el sobreseimiento del expediente, la imposición de la sanción disciplinaria correspondiente o la práctica de nuevas actuaciones por parte del instructor. En este último caso, se estará a lo dispuesto en los artículos anteriores.

Artículo 75. *Acuerdo sancionador.* 1. El acuerdo sancionador se formulará por escrito y deberá contener las siguientes menciones:

a) El lugar y la fecha del acuerdo.

b) El órgano que lo adopta

c) El número del expediente disciplinario y un breve resumen de los actos procedimentales básicos que lo hayan precedido. En el supuesto de haberse desestimado la práctica de alguna prueba, deberá expresarse la motivación formulada por el instructor en su momento.

d) Relación circunstanciada de los hechos imputados al menor, que no podrán ser distintos de los consignados en el pliego de cargos formulado por el instructor, con independencia de que pueda variar su calificación jurídica.

e) Artículo y apartado de este reglamento en el que se estima comprendida la falta cometida.

f) Sanción impuesta y artículo y apartado de este reglamento que la contempla.

g) Indicación del recurso que puede interponer.

h) La firma del titular del órgano competente.

2. La resolución será ejecutiva cuando ponga fin a la vía administrativa.

En la resolución se adoptarán, en su caso, las disposiciones cautelares precisas para garantizar su eficacia en tanto no sea ejecutiva.

3. La iniciación del procedimiento y las sanciones impuestas se anotarán en el expediente personal del menor sancionado. También se anotará la reducción o revocación de la sanción, así como la suspensión de su efectividad.

Artículo 76. *Notificación de la resolución.* 1. La notificación al menor del acuerdo sancionador deberá hacerse el mismo día o en el plazo máximo de 24 horas de ser adoptado, dando lectura íntegra de aquel y entregándole una copia.

2. Asimismo, se notificará en igual plazo al Ministerio Fiscal y, en su caso, al letrado del menor.

Artículo 77. *Caducidad.* Transcurrido el plazo máximo de un mes desde la iniciación del procedimiento disciplinario sin que la resolución se hubiera notificado al menor expedientado, se entenderá caducado el procedimiento disciplinario y se procederá al archivo de las actuaciones, siempre que la demora no fuera imputable al interesado.

Artículo 78. *Recursos.* Las resoluciones sancionadoras podrán ser recurridas, antes del inicio del cumplimiento, ante el juez de menores, verbalmente en el mismo acto de la notificación o por escrito dentro del plazo de 24 horas, por el propio interesado o por su letrado, actuándose de conformidad con el artículo 60.7 de la Ley Orgánica 5/2000, de 12 de enero, reguladora de la responsabilidad penal de los menores.

Artículo 79. *Procedimiento abreviado.* Cuando el órgano competente para iniciar el procedimiento considere que existen elementos de juicio suficientes para calificar la infracción del menor como falta leve, se tramitará el procedimiento abreviado, con arreglo a las siguientes normas:

a) El informe del personal del centro operará como pliego de cargos que se notificará, verbalmente, al presunto infractor, con indicación de la sanción que le puede corresponder.

b) El menor podrá hacer las alegaciones que estime pertinentes y proponer las pruebas de que intente valerse, en el mismo acto de la notificación o por escrito 24 horas después.

c) Transcurrido el plazo anterior, el órgano competente resolverá lo que proceda. Si acuerda imponer una sanción, se le notificará al menor y a su letrado por escrito.

d) En todo caso, este procedimiento se documentará debidamente.

Artículo 80. *Medidas cautelares durante el procedimiento.* 1. El órgano competente para iniciar el procedimiento, por sí o a propuesta del instructor del expediente disciplinario, podrá acordar en cualquier momento del procedimiento, mediante acuerdo motivado, las medidas cautelares que resulten necesarias para asegurar la eficacia de la resolución que pudiera recaer y el buen fin del procedimiento, así como para evitar la persistencia de los efectos de la infracción y asegurar la integridad del expedientado y de otros posibles afectados. Las únicas medidas cautelares que se podrán adoptar serán las previstas como sanción en el artículo 65 para la presunta falta cometida.

2. Estas medidas quedarán reflejadas en el expediente del menor y deberán ajustarse a la intensidad, proporcionalidad y necesidades de los objetivos que se pretendan garantizar en cada supuesto concreto, y su adopción será notificada al menor y puesta inmediatamente en conocimiento del juez de menores y del Ministerio Fiscal. Si durante la tramitación del procedimiento hubiera alteración de las causas que motivaron la aplicación de estas medidas cautelares, podrán modificarse las medidas adoptadas. En el supuesto de que desaparezcan las causas que motivaron la aplicación de las medidas, se procederá a alzar la medida.

3. Cuando la sanción que recayera, en su caso, coincida en naturaleza con la medida cautelar impuesta, esta se abonará para el cumplimiento de aquella. Si no coincidiese, se deberá compensar en la parte que se estime razonable, siempre que sea posible.

4. Las medidas cautelares no podrán exceder del tiempo máximo que corresponda a la sanción prevista, en función de la gravedad de la falta, en el artículo 65.

Artículo 81. *Ejecución y cumplimiento de las sanciones.* Los acuerdos sancionadores no se harán efectivos en tanto no haya sido resuelto el recurso interpuesto, o en caso de que no se haya interpuesto, hasta que haya transcurrido el plazo para su impugnación, sin perjuicio de las medidas cautelares previstas en el artículo anterior.

Durante la sustanciación del recurso, en el plazo de dos días, la entidad pública ejecutora de la medida podrá adoptar las decisiones precisas para restablecer el orden alterado de acuerdo con lo previsto en el artículo 60.7 de la Ley Orgánica 5/2000, de 12 de enero, reguladora de la responsabilidad penal de los menores.

Artículo 82. *Reducción, suspensión y anulación de sanciones.* 1. El órgano competente podrá dejar sin efecto, reducir o suspender la ejecución de las sanciones disciplinarias en cualquier momento de su ejecución si el cumplimiento de la sanción se revela perjudicial en la evolución educativa del menor.

2. Las medidas anteriores no podrán adoptarse sin autorización del juez de menores cuando este haya intervenido en su imposición por vía de recurso.

Artículo 83. *Extinción automática de sanciones.* 1. Cuando un menor ingrese nuevamente en un centro para la ejecución de otra medida, se extinguirán automáticamente la sanción o sanciones que hubiesen sido impuestas en un ingreso anterior y que hubiesen quedado incumplidas total o parcialmente.

2. En caso de traslado de centro, el menor continuará el cumplimiento de las sanciones impuestas en el centro anterior, sin perjuicio de lo dispuesto en el anterior artículo.

Artículo 84. *Prescripción de faltas y sanciones.* 1. Las faltas disciplinarias muy graves prescriben al año; las graves, a los seis meses, y las leves, a los dos meses, a contar desde la fecha de la comisión de la infracción.

2. La prescripción de las faltas se interrumpe a partir del momento en que, con conocimiento del menor, se inicia el procedimiento disciplinario, volviendo a iniciarse el cómputo de la prescripción desde que se paralice el procedimiento durante un mes por causa no imputable al presunto infractor.

3. Las sanciones impuestas por faltas muy graves, graves y leves prescriben, respectivamente, en los mismos plazos señalados en el apartado 1. El plazo de prescripción empieza a contar desde el día siguiente a aquel en que adquiera firmeza el acuerdo sancionador o desde que se levante el aplazamiento de la ejecución o la suspensión de la efectividad, o desde que se interrumpa el cumplimiento de la sanción si este hubiese ya comenzado.

Artículo 85. *Incentivos.* Los actos del menor que pongan de manifiesto buena conducta, espíritu de trabajo y sentido de la responsabilidad en el comportamiento personal y colectivo, así como la participación positiva en las actividades derivadas del proyecto educativo, podrán ser incentivados por la entidad pública con cualquier recompensa que no resulte incompatible con la ley y los preceptos de este reglamento.

DISPOSICIÓN ADICIONAL ÚNICA

Actuaciones policiales de vigilancia, custodia y traslado.

1. Las actuaciones policiales de vigilancia, custodia y traslado de menores previstas en este reglamento serán realizadas por los cuerpos de policía autonómica o, en su caso, por las unidades adscritas del Cuerpo Nacional de Policía, en sus ámbitos territoriales de actuación, de conformidad con lo dispuesto en el artículo 45 de la Ley Orgánica 5/2000, de 12 de enero.

En caso de ausencia o insuficiencia de las anteriores, o cuando sean varias las comunidades autónomas afectadas, se realizarán por las Fuerzas y Cuerpos de Seguridad del Estado.

2. A los efectos de lo dispuesto en el apartado anterior, el director del centro solicitará la intervención al órgano competente de la comunidad autónoma o, en su caso, al Delegado o al Subdelegado del Gobierno, con suficiente antelación para permitir su planificación.

En situaciones de urgencia, cuando no sea posible actuar conforme a lo previsto en el párrafo anterior, el director del centro podrá solicitar directamente la intervención de las Fuerzas y Cuerpos de Seguridad competentes, dando cuenta de ello inmediatamente a las autoridades antes mencionadas, con expresión de las causas de la urgencia.

§ 11. Ley Orgánica 12/1995, de 12 de diciembre, de represión del contrabando

(*BOE* de 13 de Diciembre de 1995)

ÍNDICE SISTEMÁTICO

§ 11. Ley Orgánica 12/1995, de 12 de diciembre, de represión del contrabando

(*BOE* de 13 de Diciembre de 1995)

EXPOSICIÓN DE MOTIVOS

1. *Necesidad de la norma*

En los últimos años la aduana española ha pasado por un período de cambio sin precedentes. La configuración de la Unión Europea como un mercado interior establecida en el Acta Única Europea ha traído consigo la libertad de circulación de mercancías sin que queden sometidas éstas a controles como consecuencia del cruce de las fronteras interiores. Esta nueva situación hace necesaria una modificación de la normativa referente a la circulación intracomunitaria de mercancías, que respondía a un modelo basado, precisamente, en la imposición y el control fronterizos, lo que aconseja, a su vez, a proceder a una adecuación de la legislación conducente a reprimir la introducción ilícita de mercancías en el territorio aduanero.

Con la consagración del mercado único, la aduana española ha dejado de actuar como frontera fiscal para el tráfico con otros Estados miembros de la Unión Europea. El desafío fundamental del mercado único en este campo consiste en compatibilizar las facilidades dadas al libre movimiento de mercancías con la necesidad de mantener la efectividad del esfuerzo en la represión del contrabando.

Al mismo tiempo parece oportuno proceder a una revisión de la Ley Orgánica 7/1982, de 13 de julio, que modifica la legislación vigente en materia de contrabando y regula los delitos e infracciones administrativas en la materia, tras trece años de vigencia para, entre otras finalidades, actualizar el valor límite que en la misma se fijó de 1.000.000 de pesetas para la distinción entre delito e infracción administrativa de contrabando, incluir las operaciones ilícitas con algunas mercancías no recogidas anteriormente, como las especies de flora y fauna amenazadas de extinción y los precursores de drogas, y, por fin, colmar algunas lagunas que la experiencia ha puesto de manifiesto, así como tomar en consideración la nueva situación producida tras la incorporación de la Comunidad Autónoma Canaria al territorio aduanero comunitario, no obstante no formar parte del sistema común del impuesto sobre el Valor Añadido.

2. *Ámbito de la reforma*

Como novedad respecto a la Ley precedente se incluyen en la nueva ciertas definiciones con el fin de delimitar su ámbito de aplicación habida cuenta la puesta en marcha del mercado único comunitario.

Se incrementa la cuantía del valor de las mercancías para la tipificación del delito hasta 3.000.000 de pesetas, no sólo para actualizar la equivalencia real del valor de la peseta, sino también para aliviar la carga que pesa sobre el orden jurisdiccional penal.

El impacto social, económico y recaudatorio del comercio ilegítimo de labores del tabaco obliga a intensificar la reacción jurídica frente a este ilícito. A tal fin, se considerarán géneros estancados, a efectos de la nueva Ley, las labores del tabaco, aunque se trate de mercancías comunitarias.

Como se ha indicado ya, la entrada en vigor del mercado interior comunitario el 1 de enero de 1993 supuso la supresión de los controles fronterizos entre los Estados miembros, lo que ha dado lugar a un abuso de las facilidades ofrecidas al comercio regular al amparo de los regímenes de tránsito y ocasionado desviaciones ilícitas de mercancías. Ello ha aconsejado que se penalicen los ilícitos que suponen el incumplimiento de la normativa reguladora del tránsito aduanero, recogida en el Reglamento (CEE) número 2913/1992, del Consejo, de fecha 12 de octubre, por el que se aprueba el Código Aduanero Comunitario, y en sus normas de aplicación, así como en el Convenio TIR.

La nueva Ley consagra la existencia de contrabando en los casos de salida del territorio nacional de bienes que integren el Patrimonio Histórico Español, incluso si su destino es otro Estado miembro de la Unión. Esta inclusión se hace posible en virtud de lo prevenido en la Directiva 93/7/CEE, relativa a la restitución de bienes culturales, que deja libertad a cada Estado miembro para ejercer las acciones civiles y penales oportunas. Por otra parte la nueva Ley tipifica como contrabando las operaciones realizadas con especímenes de la fauna y flora silvestres al tratarse de un comercio prohibido en ciertos casos, y en aplicación del Convenio de Washington de 3 de marzo de 1973 y del correspondiente Reglamento comunitario.

Entre los supuestos constitutivos de delito de contrabando se ha incluido la exportación de material de defensa o material de doble uso, en el sentido que desarrolla el artículo 1. Ambos conceptos estaban ya considerados como contrabando en virtud de lo dispuesto en la Ley Orgánica 3/1992, de 30 de abril.

En cuanto a las penas, la nueva Ley mantiene la pena de prisión menor para el delito de contrabando y eleva la cuantía de la multa para el mismo, dada la alarma social que entraña la comisión repetida de estos ilícitos.

Como productos económicos generados por el contrabando susceptibles de comiso se incluyen las ganancias obtenidas del delito, lo que se corresponde con el artículo 344 bis, e) del Código Penal, en su redacción dada por la Ley Orgánica 8/1992, de 23 de diciembre.

El Título II de la Ley define y regula las infracciones administrativas de contrabando. Al propio tiempo eleva las cuantías hasta las que se consideren como infracciones administrativas y a partir de las cuales las conductas tipificadas constituyen delito de contrabando.

Como novedad respecto al texto de la Ley (sic) 7/1982, de 13 de julio, se incrementa el importe de las multas por infracciones administrativas de contrabando y se precisa el momento en que comienza el plazo de prescripción tanto para las propias infracciones como para las sanciones que de ellas se deriven.

Debe entenderse Ley Orgánica 7/1982, de 13 de julio.

La nueva Ley faculta a los órganos de la Administración aduanera para autorizar la salida de mercancías de los recintos aduaneros, como entrega vigilada, a fin de facilitar las investigaciones encaminadas al descubrimiento del contrabando, y autoriza a los organismos y servicios encargados de la persecución del contrabando para establecer contactos e intercambiar información con otros servicios homólogos.

Por último, dado su contenido, parte de la Ley tiene el carácter de Ley ordinaria.

TÍTULO PRELIMINAR
DISPOSICIONES GENERALES

Artículo 1. *Definiciones.* A los efectos de la presente Ley se entenderá por:

1. "Mercancía": todo bien corporal susceptible de ser objeto de comercio.

A estos efectos, la moneda metálica, los billetes de banco y los cheques bancarios al portador denominados en moneda nacional o en cualquier otra moneda, y cualquier medio físico, incluidos los electrónicos, concebido para ser utilizado como medio de pago se considerarán como mercancías cuando se oculten bien entre otras mercancías presentadas ante la aduana o bien en los medios de transporte en los que se encuentren.

2. "Mercancías comunitarias": las mercancías definidas como tales en el apartado 18 del artículo 4 del Reglamento (CE) n.º 450/2008, del Parlamento Europeo y del Consejo, de 23 de abril de 2008, por el que se establece el Código Aduanero Comunitario (Código Aduanero Modernizado).

3. "Mercancías no comunitarias": las mercancías definidas como tales en el apartado 19 del artículo 4 del Reglamento (CE) n.º 450/2008, del Parlamento Europeo y del Consejo, de 23 de abril de 2008, por el que se establece el Código Aduanero Comunitario (Código Aduanero Modernizado).

4. "Recinto aduanero": todo lugar habilitado por los órganos competentes del Ministerio de Economía y Hacienda para:

a) La presentación en aduana de las mercancías no comunitarias que hayan sido introducidas en el territorio español.

b) La presentación en aduana de las mercancías comunitarias que hayan sido introducidas en el territorio de las Ciudades Autónomas de Ceuta y Melilla.

c) El sometimiento a vigilancia aduanera de las mercancías comunitarias declaradas para el régimen de exportación, de perfeccionamiento pasivo, de tránsito o de depósito aduanero, desde el momento de la admisión de la correspondiente declaración en aduanas, de conformidad con lo dispuesto en el Reglamento (CE) n.º 450/2008, del Parlamento Europeo y del Consejo, de 23 de abril de 2008, por el que se establece el Código Aduanero Comunitario (Código Aduanero Modernizado), o de cualquier otra operación prevista en la normativa aduanera comunitaria.

5. "Autoridad aduanera": el Departamento de Aduanas e Impuestos Especiales y los servicios de las Delegaciones Especiales y Delegaciones de la Agencia Estatal de Administración Tributaria encargados del control aduanero de conformidad con las normas de organización de la Agencia.

6. "Importación": la entrada de mercancías no comunitarias en el territorio español comprendido en el territorio aduanero de la Unión Europea, así como en el ámbito territorial de Ceuta y Melilla. Se asimila a la importación la entrada de mercancías desde las áreas exentas.

7. "Introducción": la entrada en el territorio español de mercancías comunitarias procedentes de otros Estados miembros de la Unión Europea.

8. "Exportación": la salida de mercancías del territorio español. No se considerará exportación la salida de mercancías comunitarias del territorio español comprendido en el territorio aduanero de la Unión Europea con destino final al resto de dicho territorio aduanero.

Con respecto a productos y tecnologías de doble uso, el concepto de "exportación" será el definido al efecto en el Reglamento (CE) n.º 428/2009, del Consejo, de 5 de mayo de 2009, por el que se establece un régimen comunitario de control de las exportaciones, la transferencia, el corretaje y el tránsito de productos de doble uso.

9. "Expedición": la salida de mercancías del territorio español con destino final a otros Estados miembros de la Unión Europea.

10. "Áreas exentas": las zonas y depósitos francos y los depósitos aduaneros definidos en los artículos 148 y 153 del Reglamento (CE) n.º 450/2008, del Parlamento Europeo y del Consejo, de 23 de abril de 2008, por el que se establece el Código Aduanero Comunitario (Código Aduanero Modernizado), así como, en general, cualquier almacén, zona o ubicación en la que se depositen o almacenen mercancías no comunitarias en situación de depósito temporal a la espera de ser declaradas para un régimen aduanero.

11. "Géneros o efectos estancados": los artículos, productos o sustancias cuya producción, adquisición, distribución o cualquiera otra actividad concerniente a los mismos sea atribuida por ley al Estado con carácter de monopolio, así como las labores del tabaco y todos aquellos a los que por ley se otorgue dicha condición.

12. "Géneros prohibidos": todos aquellos cuya importación, exportación, circulación, tenencia, comercio o producción estén prohibidos expresamente por tratado o convenio suscrito por España, por disposición con rango de ley o por reglamento de la Unión Europea. El carácter de prohibido se limitará para cada género a la realización de la actividad o actividades que de modo expreso se determinen en la norma que establezca la prohibición y por el tiempo que la misma señale.

13. "Material de defensa": los productos y tecnologías sometidos a autorización de conformidad con lo establecido en la Ley 53/2007, de 28 de diciembre, sobre el control del comercio exterior de material de defensa y de doble uso, y en las sucesivas disposiciones legales o reglamentos de la Unión Europea.

14. "Productos y tecnologías de doble uso": los productos y tecnologías sometidos a autorización de conformidad con lo establecido en el Reglamento (CE) n.º 428/2009, del Consejo, de 5 de mayo de 2009, por el que se establece un régimen comunitario de control de las exportaciones, la transferencia, el corretaje y el tránsito de productos de doble uso, y en la Ley 53/2007, de 28 de diciembre, sobre el control del comercio exterior de material de defensa y de doble uso, y en las sucesivas disposiciones legales o reglamentos de la Unión Europea.

15. "Precursores de drogas": las sustancias y productos susceptibles de ser utilizados en el cultivo, la producción o la fabricación de drogas tóxicas, estupefacientes o sustancias psicotrópicas enumeradas en los cuadros I y II de la Convención de Naciones Unidas, hecha en Viena el 20 de diciembre de 1988, sobre el tráfico ilícito de estupefacientes y sustancias psicotrópicas y cualesquiera otros productos adicionados al mismo Convenio, o en cualesquiera tratados o convenios internacionales sobre el mismo objeto suscritos por España.

16. "Sustancias químicas tóxicas y sus precursores": las sustancias enumeradas en las listas 1, 2 y 3 de la Convención sobre la prohibición del Desarrollo, la Producción, el Almacenamiento y el Empleo de Armas Químicas y sobre su Destrucción, hecha en París el 13 de enero de 1993, definidas al efecto en su artículo II.

17. "Agentes biológicos o toxinas": los incluidos en el artículo 1 de la Convención sobre la Prohibición del Desarrollo, la Producción y el Almacenamiento de Armas Bacteriológicas (Biológicas) y Toxínicas y sobre su Destrucción, de 10 de abril de 1972.

18. "Productos que pueden utilizarse para aplicar la pena de muerte o infligir tortura u otros tratos o penas crueles, inhumanos o degradantes": los incluidos en los anexos II y III del Reglamento (CE) n.º 1236/2005, del Consejo, de 27 de junio de 2005, sobre el comercio de determinados productos que pueden utilizarse para aplicar la pena de muerte o infligir tortura u otros tratos o penas crueles, inhumanos o degradantes, y los sucesivos reglamentos que lo actualicen.

19. "Mercancías sujetas a medidas de política comercial": cualquier mercancía distinta de las mencionadas anteriormente para la que, con ocasión de la importación o exportación, se exija el cumplimiento de cualquier requisito de naturaleza no tributaria, como, por ejemplo, autorizaciones, licencias, permisos, homologaciones

u obligaciones de etiquetado o circulación, establecidos por normativa nacional o comunitaria.

20. "Deuda aduanera": la obligación definida como tal en el apartado 13 del artículo 4 del Reglamento (CE) n.º 450/2008, del Parlamento Europeo y del Consejo, de 23 de abril de 2008, por el que se establece el Código Aduanero Comunitario (Código Aduanero Modernizado).

Artículo 1 redactado por el apartado uno del artículo primero de la L.O. 6/2011, de 30 de junio, por la que se modifica la L.O. 12/1995, de 12 de diciembre, de represión del contrabando («B.O.E.» 1 julio).
Vigencia: 2 julio 2011

TÍTULO I
DELITO DE CONTRABANDO

Artículo 2. *Tipificación del delito.* 1. Cometen delito de contrabando, siempre que el valor de los bienes, mercancías, géneros o efectos sea igual o superior a 150.000 euros, los que realicen alguno de los siguientes hechos:

a) Importen o exporten mercancías de lícito comercio sin presentarlas para su despacho en las oficinas de aduanas o en los lugares habilitados por la Administración aduanera.

La ocultación o sustracción de cualquier clase de mercancías a la acción de la Administración aduanera dentro de los recintos o lugares habilitados equivaldrá a la no presentación.

b) Realicen operaciones de comercio, tenencia o circulación de mercancías no comunitarias de lícito comercio sin cumplir los requisitos legalmente establecidos para acreditar su lícita importación.

c) Destinen al consumo las mercancías en tránsito con incumplimiento de la normativa reguladora de este régimen aduanero, establecida en los artículos 62, 63, 103, 136, 140, 143, 144, 145, 146 y 147 del Reglamento (CE) n.º 450/2008, del Parlamento Europeo y del Consejo, de 23 de abril de 2008, por el que se establece el Código Aduanero Comunitario (Código Aduanero Modernizado), y sus disposiciones de aplicación, así como en el Convenio TIR de 14 de noviembre de 1975.

d) Importen o exporten, mercancías sujetas a medida de política comercial sin cumplir las disposiciones vigentes aplicables; o cuando la operación estuviera sujeta a una previa autorización administrativa y ésta fuese obtenida bien mediante su solicitud con datos o documentos falsos en relación con la naturaleza o el destino último de tales productos, o bien de cualquier otro modo ilícito.

e) Obtengan, o pretendan obtener, mediante alegación de causa falsa o de cualquier otro modo ilícito, el levante definido de conformidad con lo establecido en el artículo 123 del Reglamento (CE) n.º 450/2008, del Parlamento Europeo y del Consejo, de 23 de abril de 2008, por el que se establece el Código Aduanero Comunitario (Código Aduanero Modernizado), y sus disposiciones de aplicación o la autorización para los actos a que se refieren los apartados anteriores.

f) Conduzcan en buque de porte menor que el permitido por los reglamentos, salvo autorización para ello, mercancías no comunitarias en cualquier puerto o lugar de las costas no habilitado a efectos aduaneros, o en cualquier punto de las aguas interiores o del mar territorial español o zona contigua.

g) Alijen o transborden de un buque clandestinamente cualquier clase de mercancías, géneros o efectos dentro de las aguas interiores o del mar territorial español o zona contigua, o en las circunstancias previstas por el artículo 111 de la Convención de Naciones Unidas sobre el Derecho del Mar, hecha en Montego Bay, Jamaica, el 10 de diciembre de 1982.

2. Cometen delito de contrabando, siempre que el valor de los bienes, mercancías, géneros o efectos sea igual o superior a 50.000 euros, los que realicen alguno de los siguientes hechos:

a) Exporten o expidan bienes que integren el Patrimonio Histórico Español sin la autorización de la Administración competente cuando ésta sea necesaria, o habiéndola obtenido bien mediante su solicitud con datos o documentos falsos en relación con la naturaleza o el destino último de tales productos o bien de cualquier otro modo ilícito.

b) Realicen operaciones de importación, exportación, comercio, tenencia, circulación de:

Géneros estancados o prohibidos, incluyendo su producción o rehabilitación, sin cumplir los requisitos establecidos en las leyes.

Especímenes de fauna y flora silvestres y sus partes y productos, de especies recogidas en el Convenio de Washington, de 3 de marzo de 1973, o en el Reglamento (CE) n.º 338/1997 del Consejo, de 9 de diciembre de 1996, sin cumplir los requisitos legalmente establecidos.

c) Importen, exporten, introduzcan, expidan o realicen cualquier otra operación sujeta al control previsto en la normativa correspondiente referido a las mercancías sometidas al mismo por alguna de las disposiciones siguientes:

1.º La normativa reguladora del comercio exterior de material de defensa, de otro material o de productos y tecnologías de doble uso sin la autorización a la que hace referencia el capítulo II de la Ley 53/2007, o habiéndola obtenido bien mediante su solicitud con datos o documentos falsos en relación con la naturaleza o el destino último de tales productos o bien de cualquier otro modo ilícito.

2.º El Reglamento (CE) n.º 1236/2005 del Consejo, de 27 de junio de 2005, sobre el comercio de determinados productos que pueden utilizarse para aplicar la pena de muerte o infligir tortura u otros tratos o penas crueles, inhumanos o degradantes con productos incluidos en el anexo III del citado Reglamento, sin la autorización a la que hace referencia el capítulo II de la Ley 53/2007, o habiéndola obtenido bien mediante su solicitud con datos o documentos falsos en relación con la naturaleza o el destino último de tales productos o bien de cualquier otro modo ilícito.

3.º La normativa reguladora del comercio exterior de precursores de drogas sin las autorizaciones a las que se refiere el Reglamento (CE) n.º 111/2005 del Consejo, de 22 de diciembre de 2004, por el que se establecen normas para la vigilancia del comercio de precursores de drogas entre la Comunidad y terceros países, o habiéndolas obtenido bien mediante su solicitud con datos o documentos falsos en relación con la naturaleza o el destino de tales productos o bien de cualquier otro modo ilícito.

d) Obtengan, o pretendan obtener, mediante alegación de causa falsa o de cualquier otro modo ilícito, el levante definido de conformidad con lo establecido en el artículo 123 del Reglamento (CE) n.º 450/2008, del Parlamento Europeo y del Consejo, de 23 de abril de 2008, por el que se establece el Código Aduanero Comunitario (Código Aduanero Modernizado), y sus disposiciones de aplicación.

3. Cometen, asimismo, delito de contrabando quienes realicen alguno de los hechos descritos en los apartados 1 y 2 de este artículo, si concurre alguna de las circunstancias siguientes:

a) Cuando el objeto del contrabando sean drogas tóxicas, estupefacientes, sustancias psicotrópicas, armas, explosivos, agentes biológicos o toxinas, sustancias químicas tóxicas y sus precursores, o cualesquiera otros bienes cuya tenencia constituya delito, o cuando el contrabando se realice a través de una organización, con independencia del valor de los bienes, mercancías o géneros.

b) Cuando se trate de labores de tabaco cuyo valor sea igual o superior a 15.000 euros.

4. También comete delito de contrabando quien, en ejecución de un plan preconcebido o aprovechando idéntica ocasión, realizare una pluralidad de acciones u omisiones previstas en los apartados 1 y 2 de este artículo en las que el valor de los bienes, mercancías, géneros o efectos aisladamente considerados no alcance los límites cuantitativos de 150.000, 50.000 ó 15.000 euros establecidos en los apartados anteriores de este artículo, pero cuyo valor acumulado sea igual o superior a dichos importes.

5. Las anteriores conductas serán igualmente punibles cuando se cometan por imprudencia grave.

6. Las personas jurídicas serán penalmente responsables en relación con los delitos tipificados en los apartados anteriores cuando en la acción u omisión en ellos descritas concurran las circunstancias previstas en el artículo 31 bis de la Ley Orgánica 10/1995, de 23 de diciembre, del Código Penal y en las condiciones en él establecidas.

7. Asimismo, cuando el delito se cometa en el seno, en colaboración, a través o por medio de empresas, organizaciones, grupos, entidades o agrupaciones carentes de personalidad jurídica, le será de aplicación lo previsto en el artículo 129 de la Ley Orgánica 10/1995, de 23 de diciembre, del Código Penal.

Artículo 2 redactado por el apartado dos del artículo primero de la L.O. 6/2011, de 30 de junio, por la que se modifica la L.O. 12/1995, de 12 de diciembre, de represión del contrabando («B.O.E.» 1 julio).
Vigencia: 2 julio 2011

Artículo 3. *Penalidad.* 1. Los que cometieren el delito de contrabando serán castigados con las penas de prisión de uno a cinco años y multa del tanto al séxtuplo del valor de los bienes, mercancías, géneros o efectos.

En los casos previstos en las letras a), b) y e), salvo en esta última para los productos de la letra d), del artículo 2.1 las penas se impondrán en su mitad inferior. En los demás casos previstos en el artículo 2 las penas se impondrán en su mitad superior.

En los casos de comisión imprudente se aplicará la pena inferior en un grado.

2. Se impondrá la pena superior en un grado cuando el delito se cometa por medio o en beneficio de personas, entidades u organizaciones de cuya naturaleza o actividad pudiera derivarse una facilidad especial para la comisión del mismo.

3. Cuando proceda la exigencia de responsabilidad penal de una persona jurídica de acuerdo con lo establecido en el artículo 2.6, y tras aplicar los criterios establecidos en los apartados 1 y 2 de este artículo, se impondrá la pena siguiente:

a) En todos los casos, multa proporcional del duplo al cuádruplo del valor de los bienes, mercancías, géneros o efectos objeto del contrabando, y prohibición de obtener subvenciones y ayudas públicas para contratar con las Administraciones públicas y para gozar de beneficios e incentivos fiscales o de la Seguridad Social por un plazo de entre uno y tres años.

b) Adicionalmente, en los supuestos previstos en el artículo 2.2, suspensión por un plazo de entre seis meses y dos años de las actividades de importación, exportación o comercio de la categoría de bienes, mercancías, géneros o efectos objeto del contrabando; en los supuestos previstos en el artículo 2.3, clausura de los locales o establecimientos en los que se realice el comercio de los mismos.

Artículo 3 redactado por el apartado tres del artículo primero de la L.O. 6/2011, de 30 de junio, por la que se modifica la L.O. 12/1995, de 12 de diciembre, de represión del contrabando («B.O.E.» 1 julio).
Vigencia: 2 julio 2011

Artículo 4. *Responsabilidad civil.* En los procedimientos por delito de contrabando la responsabilidad civil comprenderá la totalidad de la deuda tributaria no ingresada que la Administración Tributaria no haya podido liquidar por prescripción o por alguna de las causas previstas en el artículo 251.1 de la Ley 58/2003, de 17 de diciembre, General Tributaria, incluidos sus intereses de demora.

Cuando pudiera practicarse la liquidación de la deuda tributaria se observarán las reglas contenidas en la disposición adicional cuarta de esta Ley.

Respecto de la deuda aduanera se estará, asimismo, a lo previsto en la citada Disposición adicional cuarta.

Artículo 4 redactado por el apartado uno de la disposición final segunda de la Ley 34/2015, de 21 de septiembre, de modificación parcial de la Ley 58/2003, de 17 de diciembre, General Tributaria («B.O.E.» 22 septiembre).

Vigencia: 12 octubre 2015

El artículo 4 del Título I tiene el carácter de ley ordinaria, conforme establece la disposición final segunda de la presente Ley.

Artículo 4 bis. *Ejecución de la pena de multa y de la responsabilidad civil.* Para la ejecución de la pena de multa y de la responsabilidad civil, los jueces y tribunales recabarán el auxilio de los servicios de la Administración Tributaria, que las exigirá por el procedimiento administrativo de apremio en los términos establecidos en la Ley General Tributaria.

Artículo 4 bis introducido por el apartado cinco del artículo primero de la L.O. 6/2011, de 30 de junio, por la que se modifica la L.O. 12/1995, de 12 de diciembre, de represión del contrabando («B.O.E.» 1 julio).

Vigencia: 2 julio 2011

Artículo 5. *Comiso.* 1. Toda pena que se impusiere por un delito de contrabando llevará consigo el comiso de los siguientes bienes, efectos e instrumentos:

a) Las mercancías que constituyan el objeto del delito.

b) Los materiales, instrumentos o maquinaria empleados en la fabricación, elaboración, transformación o comercio de los géneros estancados o prohibidos.

c) Los medios de transporte con los que se lleve a efecto la comisión del delito, salvo que pertenezcan a un tercero que no haya tenido participación en aquél y el Juez o el Tribunal competente estime que dicha pena accesoria resulta desproporcionada en atención al valor del medio de transporte objeto del comiso y al importe de las mercancías objeto del contrabando.

d) Las ganancias obtenidas del delito, cualesquiera que sean las transformaciones que hubieran podido experimentar.

e) Cuantos bienes y efectos, de la naturaleza que fueren, hayan servido de instrumento para la comisión del delito.

2. Si, por cualquier circunstancia, no fuera posible el comiso de los bienes, efectos o instrumentos señalados en el apartado anterior, se acordará el comiso por un valor equivalente de otros bienes que pertenezcan a los criminalmente responsables del delito.

3. No se procederá al comiso de los bienes, efectos e instrumentos del contrabando cuando éstos sean de lícito comercio y sean propiedad o hayan sido adquiridos por un tercero de buena fe.

4. El Juez o Tribunal deberá ampliar el comiso a los efectos, bienes, instrumentos y ganancias procedentes de actividades delictivas cometidas en el marco de una organización o grupo criminal. A estos efectos, se entenderá que proviene de la actividad delictiva el patrimonio de todas y cada una de las personas condenadas por delitos cometidos en el seno de la organización o grupo criminal cuyo valor sea desproporcionado con respecto a los ingresos obtenidos legalmente por cada una de dichas personas.

5. El Juez o Tribunal podrá acordar el comiso previsto en los apartados anteriores de este artículo aún cuando no se imponga pena a alguna persona por estar

exenta de responsabilidad criminal o por haberse ésta extinguido, en este último caso, siempre que quede demostrada la situación patrimonial ilícita.

6. Los bienes, efectos e instrumentos definitivamente decomisados por sentencia se adjudicarán al Estado. Los bienes de lícito comercio serán enajenados por la Agencia Estatal de Administración Tributaria, con excepción de los bienes de lícito comercio decomisados por delito de contrabando de drogas tóxicas, estupefacientes y sustancias psicotrópicas, o de precursores de las mismas, tipificados en el artículo 2.3 a) de esta Ley Orgánica, en cuyo caso, la enajenación o la determinación de cualquier otro destino de los mismos corresponderá a la Mesa de Coordinación de Adjudicaciones, conforme a lo dispuesto en el artículo 6.2 a) y c) de la Ley 17/2003, de 29 de mayo, por la que se regula el Fondo de bienes decomisados por tráfico ilícito de drogas y otros delitos relacionados, y en su normativa reglamentaria de desarrollo.

Artículo 5 redactado por el apartado seis del artículo primero de la L.O. 6/2011, de 30 de junio, por la que se modifica la L.O. 12/1995, de 12 de diciembre, de represión del contrabando («B.O.E.» 1 julio).
Vigencia: 2 julio 2011

Artículo 6. *Intervención de bienes no monopolizados.* 1. El Juez o Tribunal acordarán la intervención de los bienes, efectos e instrumentos a que se refiere el artículo anterior, a resultas de lo que se decida en la resolución que ponga término al proceso.

2. La autoridad judicial, en atención a las circunstancias del hecho y a las de sus presuntos responsables, podrá designar a éstos como depositarios de los bienes, efectos e instrumentos intervenidos, con prestación, en su caso, de la garantía que se establezca.

3. La autoridad judicial podrá acordar, asimismo, que, mientras se sustancia el proceso, los bienes, efectos e instrumentos intervenidos se utilicen provisionalmente por las fuerzas o servicios encargados de la persecución del contrabando.

Artículo 7. *Enajenación anticipada.* 1. Los bienes, efectos e instrumentos intervenidos podrán ser enajenados si éste fuere su destino final procedente, sin esperar al pronunciamiento o firmeza del fallo en los siguientes casos:

a) Cuando su propietario haga expreso abandono de ellos.

b) Cuando la autoridad judicial estime que su conservación pueda resultar peligrosa para la salud o seguridad pública o dar lugar a disminución importante de su valor. Se entenderán comprendidos en este apartado las mercancías, géneros o efectos que sin sufrir deterioro material se deprecian por el transcurso del tiempo.

2. La enajenación a la que se refiere este artículo será ordenada por la autoridad judicial. A tal efecto se procederá a la valoración de las mercancías, géneros o efectos, cuando ésta no estuviere practicada, en la forma prevista en esta Ley.

3. El importe de la enajenación, deducidos los gastos ocasionados, quedará en depósito a resultas del correspondiente proceso penal.

Artículo 8. *Adscripción de los bienes, efectos e instrumentos intervenidos.* El uso de los bienes, efectos e instrumentos intervenidos que no sean enajenables quedarán adscritos a las fuerzas o servicios encargados de la persecución del contrabando de acuerdo con lo que prevea la legislación específica aplicable a esta materia.

Artículo 9. *Mercancías de monopolio.* 1. Cuando las mercancías aprehendidas sean de las comprendidas en los monopolios públicos, la autoridad judicial a cuya disposición se hayan colocado procederá en la forma que indiquen las disposiciones reguladoras de dichos monopolios.

2. La autoridad judicial podrá autorizar la realización de actos de disposición por parte de las compañías gestoras de los monopolios respecto a las mercancías o géneros que hayan sido aprehendidos a reserva de la pertinente indemnización, si hubiese lugar a ella, según el contenido de la sentencia firme.

Artículo 10. *Valoración de los bienes.* La fijación del valor de los bienes, mercancías, géneros o efectos objeto de contrabando se hará conforme a las siguientes reglas:

1. Si se trata de géneros estancados, por el precio máximo de venta al público. De no estar señalado dicho precio, se adoptará la valoración establecida para la clase más similar. Si no fuera posible la asimilación, el juez fijará la valoración previa tasación pericial.

2. Para la valoración de los bienes, géneros y efectos comprendidos en las letras a) y b) del artículo 2.2 así como para la de los delitos de ilícito comercio, el juez recabará de las Administraciones competentes el asesoramiento y los informes que estime necesarios.

3. Cuando los bienes, géneros o efectos sean objeto de importación o exportación y no se encuentren comprendidos en los apartados 1 y 2 anteriores, su valor será el precio medio declarado a las autoridades aduaneras de los productos semejantes clasificados en la subpartida a nivel de ocho dígitos y, en su defecto, a nivel de seis o cuatro dígitos de la nomenclatura prevista en el Reglamento (CEE) n.º 2658/1987 del Consejo, de 23 de julio de 1987, relativo a la nomenclatura arancelaria y estadística y al arancel aduanero común, y en función de su tipo de operación.

4. En el resto de los casos, su precio oficial o, en su defecto, el precio medio de mercado español de bienes semejantes o el valor de venta, siempre que fuese superior al de compra o al coste de producción incrementados, en su caso, con el índice general de precios al consumo desde la fecha de compra o producción, y siempre que entre ese momento y la realización del delito hubiese transcurrido más de un año natural. El índice aplicable será el correspondiente a cada uno de los años naturales. Se aplicará el valor de compra o el coste de producción con el incremento indicado cuando razonablemente no pueda determinarse el valor de venta.

5. El valor se determinará en relación con la fecha de realización del ilícito o, de no conocerse ésta, en relación con el descubrimiento del ilícito o aprehensión de los bienes, géneros o efectos. A efectos de la determinación del precio medio, se tomará el mes natural anterior a la fecha fijada en el párrafo anterior.

Artículo 10 redactado por el apartado siete del artículo primero de la L.O. 6/2011, de 30 de junio, por la que se modifica la L.O. 12/1995, de 12 de diciembre, de represión del contrabando («B.O.E.» 1 julio).
Vigencia: 2 julio 2011

TÍTULO II
INFRACCIONES ADMINISTRATIVAS DE CONTRABANDO

Los preceptos contenidos en el Título II tienen el carácter de ley ordinaria, conforme establece la disposición final segunda de la presente Ley.

Artículo 11. *Tipificación de las infracciones.* 1. Incurrirán en infracción administrativa de contrabando las personas físicas o jurídicas y las entidades mencionadas en el artículo 35.4 de la Ley 58/2003, de 17 de diciembre, General Tributaria, que lleven a cabo las acciones u omisiones tipificadas en los apartados 1 y 2 del artículo 2 de la presente Ley, cuando el valor de los bienes, mercancías, géneros o efectos sea inferior a 150.000 o 50.000 euros, respectivamente, o a 15.000 euros si se trata de labores de tabaco, y no concurran las circunstancias previstas en los apartados 3 y 4 de dicho artículo.

En el supuesto previsto en el artículo 2.1.c) de esta Ley, se presumirá que las mercancías en tránsito se han destinado al consumo cuando no se presenten las mercancías intactas en la oficina de aduanas de destino o no se hayan respetado las medidas de identificación y control tomadas por las autoridades aduaneras, salvo prueba en contrario.

2. Las infracciones administrativas de contrabando previstas en el apartado anterior de este artículo se clasifican en leves, graves y muy graves, según el valor de los bienes, mercancías, géneros o efectos objeto de las mismas, conforme a las cuantías siguientes:

a) Leves: inferior a 37.500 euros; o, si se trata de supuestos previstos en el artículo 2.2 de la presente Ley, inferior a 6.000 euros, salvo cuando se trate de labores de tabaco que será inferior a 1.000 euros.

b) Graves: entre los importes, ambos incluidos, de 37.500 euros a 112.500 euros; o, si se trata de supuestos previstos en el artículo 2.2 de la presente Ley, de 6.000 euros a 18.000 euros, salvo cuando se trate de labores de tabaco que será de 1.000 euros a 6.000 euros

c) Muy graves: superior a 112.500 euros; o, si se trata de supuestos previstos en el artículo 2.2 de la presente Ley, superior a 18.000 euros, salvo que se trate de labores de tabaco que será superior a 6.000 euros.

Número 2 del artículo 11 redactado por el apartado dos de la disposición final segunda de la Ley 34/2015, de 21 de septiembre, de modificación parcial de la Ley 58/2003, de 17 de diciembre, General Tributaria («B.O.E.» 22 septiembre).
Vigencia: 22 diciembre 2015

3. También incurrirán en infracción administrativa de contrabando las personas que procedan a:

a) La rotura del precinto de las máquinas expendedoras de tabaco cuando estas hubiesen sido objeto de una medida de las previstas en el artículo 14 de la presente Ley.

b) La rotura de precintos en el caso de cierre de establecimientos o la realización de actividades en el establecimiento durante el tiempo acordado de cierre o el quebrantamiento de la suspensión del ejercicio de la actividad objeto del contrabando.

Número 3 del artículo 11 introducido por el apartado dos de la disposición final segunda de la Ley 34/2015, de 21 de septiembre, de modificación parcial de la Ley 58/2003, de 17 de diciembre, General Tributaria («B.O.E.» 22 septiembre).
Vigencia: 22 diciembre 2015

4. Tendrán la consideración de infracción administrativa de contrabando la resistencia, negativa u obstrucción prevista en el artículo 12bis.1.b) cuando no se apliquen como criterio de graduación de la sanción de contrabando.

A estos efectos, constituye resistencia, obstrucción, excusa o negativa las siguientes conductas de la persona investigada, del presunto infractor o de la persona sancionada:

a) No facilitar el examen de la documentación justificativa de los bienes, mercancías, géneros o efectos y las actividades objeto de la investigación de contrabando o de la documentación necesaria para la tramitación del expediente sancionador de contrabando.

b) No atender algún requerimiento debidamente notificado.

c) La incomparecencia, salvo causa justificada, en el lugar y tiempo que se hubiera señalado.

d) Negar o impedir indebidamente la entrada o permanencia en fincas o locales a las autoridades, funcionarios o fuerzas o el reconocimiento de medios de transporte, locales, máquinas, instalaciones y explotaciones relacionados con la investigación del contrabando, la tramitación del expediente o la ejecución de la sanción de cierre de establecimiento o suspensión del ejercicio de la actividad.

e) Las coacciones a las autoridades, funcionarios y fuerzas en el ejercicio de las funciones previstas en esta Ley.

f) Cualquier otra actuación del presunto infractor o de la persona objeto de la investigación de contrabando tendente a dilatar, entorpecer o impedir las actuaciones.

Número 4 del artículo 11 introducido por el apartado dos de la disposición final segunda de la Ley 34/2015, de 21 de septiembre, de modificación parcial de la Ley 58/2003, de 17 de diciembre, General Tributaria («B.O.E.» 22 septiembre).
Vigencia: 22 diciembre 2015

5. Las infracciones previstas en los apartados 3 y 4 serán:

a) Infracciones muy graves, las conductas previstas en el apartado 3 de este artículo.

b) Infracciones graves, las conductas previstas en las letras d) y e) del apartado 4 de este artículo.

c) Infracciones leves, el resto de las conductas previstas en el apartado 4 de este artículo.

Número 5 del artículo 11 introducido por el apartado dos de la disposición final segunda de la Ley 34/2015, de 21 de septiembre, de modificación parcial de la Ley 58/2003, de 17 de diciembre, General Tributaria («B.O.E.» 22 septiembre).
Vigencia: 22 diciembre 2015

Artículo 11 redactado por el apartado ocho del artículo primero de la L.O. 6/2011, de 30 de junio, por la que se modifica la L.O. 12/1995, de 12 de diciembre, de represión del contrabando («B.O.E.» 1 julio).
Vigencia: 2 julio 2011

Artículo 12. *Sanciones.* 1. Los responsables de las infracciones administrativas de contrabando serán sancionados con multa pecuniaria proporcional al valor de los bienes, mercancías, géneros o efectos objeto de las mismas, sin perjuicio de lo establecido en los demás apartados del presente artículo.

Los porcentajes aplicables a cada clase de infracción estarán comprendidos entre los límites que se indican a continuación:

a) Leves: el 100 y el 150 %.

b) Graves: el 150 y el 250 %.

c) Muy graves: el 250 y el 350 %.

El importe mínimo de la multa será, en todo caso, de 500 euros.

2. Los responsables de las infracciones administrativas de contrabando relativas a los bienes incluidos en el artículo 2.2 de esta Ley serán sancionados del siguiente modo:

a) Con multa pecuniaria proporcional al valor de las mercancías.

Los porcentajes aplicables a cada clase de infracción estarán comprendidos entre los límites que se indican a continuación:

1.º) Leves: el 200 y el 225 %, salvo que se tratase de labores de tabaco que los límites será el 200 y el 300 %.

2.º) Graves: el 225 y el 275 %, salvo que se tratase de labores de tabaco que los límites será el 300 y el 450 %.

3.º) Muy graves: el 275 y el 350 %, salvo que se tratase de labores de tabaco que los límites será el 450 y el 600 %.

El importe mínimo de la multa será de 1.000 euros, salvo en labores de tabaco que será de 2.000 euros.

b) Con el cierre del establecimiento o la suspensión del ejercicio de la actividad.

Cuando se trate de labores de tabaco se impondrá la sanción de cierre de los establecimientos de los que los infractores sean titulares. El cierre podrá ser temporal o, cuando se trate de infracciones muy graves y exista reiteración, definitivo. A estos efectos se considerará que existe reiteración cuando en el plazo de los cinco años anteriores a la comisión de una infracción calificada como muy grave, el sujeto infractor hubiese sido condenado por delito de contrabando o sancionado por infracción administrativa muy grave en materia de contrabando en, al menos, dos ocasiones, en virtud de sentencias o resoluciones administrativas firmes.

Cuando no se trate de labores de tabaco, la sanción podrá consistir en el cierre temporal del establecimiento o, si la actividades objeto del contrabando son las de importación o exportación, en la suspensión temporal del ejercicio de la actividad con los géneros objeto de contrabando. El cierre, en su caso, afectará al establecimiento en el que se desarrolla la actividad de almacenamiento, comercialización o fabricación de los géneros objeto de contrabando. Cuando exista separación entre lugares destinados al almacenamiento, la venta o fabricación de los bienes objeto de contrabando y los que corresponden al resto de bienes, el cierre se limitará a los espacios afectados.

Para cada clase de infracción, el cierre temporal o la suspensión del ejercicio de las actividades objeto de contrabando tendrá una duración comprendida entre los siguientes límites inferior y superior, respectivamente:

1.º) Leves: cuando se trate de labores de tabaco entre siete días y seis meses.

2.º) Graves: cuando se trate de labores de tabaco entre seis meses y un día, y doce meses; en el resto de los supuestos previstos en el artículo 2.2 de esta Ley, entre cuatro días y seis meses.

3.º) Muy graves: cuando se trate de labores de tabaco entre doce meses y un día y veinticuatro meses; en el resto de los supuestos previstos en el artículo 2.2 de esta Ley, entre seis meses y un día y doce meses.

3. En el supuesto de la infracción prevista en el artículo 11.3 de esta Ley, los responsables de la infracción serán sancionados:

a) Con el doble del importe de la sanción pecuniaria acordada en el expediente sancionador en el que se decretaba el cierre del establecimiento o la suspensión del ejercicio de la actividad.

b) Con sanción adicional:

1.º) Con cierre de establecimiento, cuando se trate de rotura de precinto sin prueba de que en éste se desarrolle actividad económica, por un periodo adicional igual al acordado en la sanción quebrantada. Cuando se pruebe el desarrollo de actividad económica en el establecimiento, el periodo adicional será igual al doble del acordado en la sanción quebrantada.

2.º) En el supuesto de quebrantar la sanción de suspensión del ejercicio de la actividad objeto del contrabando, con una sanción de igual al doble del periodo temporal de la sanción quebrantada.

4. En el supuesto de la infracción de resistencia prevista en el artículo 11.4 de esta Ley, los responsables de la infracción serán sancionados con multa pecuniaria de:

a) Leves: 1.000 euros.

b) Graves: 3.000 euros, salvo en el supuesto previsto en el artículo 11.4.e) de esta Ley, que la sanción será de 5.000 euros, cuando no tenga la consideración de delito.

5. Cada sanción de cierre o suspensión del ejercicio de la actividad se cumplirá de forma ininterrumpida.

Artículo 12 redactado por el apartado tres de la disposición final segunda de la Ley 34/2015, de 21 de septiembre, de modificación parcial de la Ley 58/2003, de 17 de diciembre, General Tributaria («B.O.E.» 22 septiembre).
Vigencia: 22 diciembre 2015

Artículo 12 bis. *Graduación de las sanciones.* 1. Las sanciones por infracciones administrativas de contrabando se graduarán atendiendo en cada caso concreto a los siguientes criterios:

a) La reiteración. Se apreciará reiteración cuando el sujeto infractor haya sido sancionado por cualquier infracción administrativa de contrabando en resolución administrativa firme o condenado por delito de contrabando por sentencia judicial firme, en ambos casos, dentro de los cinco años anteriores a la fecha de la comisión de la infracción.

b) La resistencia, negativa u obstrucción a la acción investigadora de los órganos competentes para el descubrimiento y persecución de las infracciones administrativas de contrabando o de los órganos competentes para la iniciación del procedimiento sancionador por estas infracciones.

c) La utilización de medios fraudulentos en la comisión de la infracción o la comisión de ésta por medio de persona interpuesta.

Se considerarán principalmente medios fraudulentos a estos efectos los siguientes:

1.º La existencia de anomalías sustanciales en la contabilidad.

2.º El empleo de facturas, justificantes y otros documentos falsos o falseados.

3.º La utilización de medios, modos o formas que indiquen una planificación del contrabando.

4.º La declaración incorrecta de la clasificación arancelaria o, en el caso de operaciones de importación, de cualquier elemento determinante de la deuda aduanera en la declaración en aduanas que eluda el control informático de la misma.

d) La comisión de la infracción por medio o en beneficio de personas, entidades u organizaciones de cuya naturaleza o actividad pudiera derivarse una facilidad especial para la comisión de la infracción.

e) La utilización para la comisión de la infracción de los mecanismos establecidos en la normativa aduanera para la simplificación de formalidades y procedimientos de despacho aduanero.

f) La naturaleza de los bienes, mercancías, géneros o efectos objeto del contrabando.

2. Los criterios de graduación son aplicables simultáneamente.

El criterio establecido en la letra f) del apartado anterior operará como circunstancia atenuante en la graduación de la sanción, aplicable cuando los bienes, mercancías, géneros o efectos objeto del contrabando sean de lícito comercio y no se trate de géneros prohibidos, material de defensa, otro material o de productos y tecnologías de doble uso a los que se refiere el capítulo II de la Ley 53/2007; ni se trate de productos que pueden utilizarse para aplicar la pena de muerte o infligir tortura u otros tratos o penas crueles, inhumanos o degradantes; ni de agentes o toxinas biológicos o de sustancias químicas tóxicas; ni de bienes integrantes del Patrimonio Histórico Español; ni de especímenes de fauna y flora silvestres y sus partes y productos de especies recogidas en el Convenio de Washington, de 3 de marzo de 1973, y en el Reglamento Comunitario correspondiente; ni de labores de tabaco o de mercancías sujetas a medidas de política comercial.

3. Reglamentariamente se determinará la aplicación de cada uno de los criterios de graduación.

Artículo 12 bis redactado por el apartado diez del artículo primero de la L.O. 6/2011, de 30 de junio, por la que se modifica la L.O. 12/1995, de 12 de diciembre, de represión del contrabando («B.O.E.» 1 julio).
Vigencia: 2 julio 2011

Artículo 13. *Competencia, procedimiento y recursos.* 1. Serán competentes para conocer de las infracciones de contrabando los órganos de la Administración aduanera de la Agencia Estatal de Administración Tributaria, en la forma en que se disponga reglamentariamente.

2. Las resoluciones de los órganos administrativos aludidos en el punto anterior que resuelvan o pongan fin al expediente administrativo de contrabando podrán ser objeto de impugnación ante la vía económico-administrativa y, posteriormente, ante la jurisdicción contencioso-administrativa.

Artículo 14. *Medidas complementarias.* 1. Se aplicará a las infracciones administrativas de contrabando lo dispuesto en el artículo 5, artículo 6, números 1 y 2, y en los artículos 7, 8, 9 y 10 de la presente Ley.

2. Antes de iniciado el procedimiento sancionador por infracción administrativa de contrabando, las autoridades, los funcionarios y las fuerzas que, en el ejercicio de sus competencias, tengan conocimiento de conductas o hechos que puedan constituir infracción administrativa de contrabando, procederán a la aprehensión cautelar de los bienes, efectos e instrumentos que, de acuerdo con el artículo 5 de esta Ley, puedan resultar decomisados.

3. El control, inspección e intervención de medios de pago portados por personas físicas, o en sus equipajes o medios de transporte, se regirá por la legislación de prevención del blanqueo de capitales.

El acta de intervención, de la que se dará traslado inmediato al Servicio Ejecutivo de la Comisión de Prevención del Blanqueo de Capitales e Infracciones Monetarias, para la investigación de los hechos consignados, y a la Secretaría de la Comisión de Prevención del Blanqueo de Capitales e Infracciones Monetarias, para la incoación, en su caso, del correspondiente procedimiento sancionador, deberá indicar expresamente si los medios de pago intervenidos fueron hallados en lugar o situación que mostrase una clara intención de ocultarlos.

Artículo 14 redactado por el apartado once del artículo primero de la L.O. 6/2011, de 30 de junio, por la que se modifica la L.O. 12/1995, de 12 de diciembre, de represión del contrabando («B.O.E.» 1 julio).
Vigencia: 2 julio 2011

Artículo 14 bis. *Principio de no concurrencia de sanciones.* 1. Si los órganos de la administración aduanera de la Agencia Estatal de Administración Tributaria, en el curso de un procedimiento administrativo, estimasen que una conducta pudiera ser constitutiva de delito de contrabando, pasarán el tanto de culpa a la jurisdicción competente o remitirán el expediente al Ministerio Fiscal, y se abstendrán de seguir el procedimiento administrativo sancionador, que quedará suspendido mientras la autoridad judicial no dicte sentencia firme, tenga lugar el sobreseimiento o el archivo de las actuaciones, o se produzca la devolución del expediente por el Ministerio Fiscal.

La sentencia condenatoria impedirá la imposición de sanción por infracción administrativa de contrabando.

De no haberse apreciado en la sentencia la existencia de delito, la administración aduanera continuará sus actuaciones sancionadoras de acuerdo con los hechos que los tribunales hubieran considerado probados y se reanudará el cómputo del plazo de prescripción en el punto en el que estaba cuando se suspendió. Las actuaciones administrativas sancionadoras realizadas durante el periodo de suspensión se tendrán por inexistentes.

Número 1 del artículo 14 bis redactado por el apartado cuatro de la disposición final segunda de la Ley 34/2015, de 21 de septiembre, de modificación parcial de la Ley 58/2003, de 17 de diciembre, General Tributaria («B.O.E.» 22 septiembre).
Vigencia: 12 octubre 2015

2. Las sanciones derivadas de la comisión de infracciones administrativas de contrabando son compatibles con la exigencia de la deuda tributaria y aduanera y del interés de demora.

Artículo 14 bis introducido por el apartado doce del artículo primero de la L.O. 6/2011, de 30 de junio, por la que se modifica la L.O. 12/1995, de 12 de diciembre, de represión del contrabando («B.O.E.» 1 julio).
Vigencia: 2 julio 2011

Artículo 15. *Prescripción.* 1. Las infracciones administrativas de contrabando prescriben a los cuatro años a contar desde el día de su comisión.

2. Las sanciones impuestas por infracciones administrativas de contrabando prescriben a los cuatro años a contar desde el día siguiente a aquel en que adquiera firmeza la resolución por la que se impone la sanción.

Artículo 15 redactado por Ley 1/1998, 26 febrero, de Derechos y Garantías de los Contribuyentes, con efectos a partir del 1 de enero de 1999 («B.O.E.» 27 febrero).

Artículo 16. *Competencias en materia de reconocimiento y registro de los servicios de aduanas.* 1. En el ejercicio de sus funciones de control y vigilancia, los servicios de aduanas podrán efectuar el reconocimiento y registro de cualquier vehículo o medio de transporte, caravana, paquete o bulto.

2. Los funcionarios adscritos a la aduana de la que depende un recinto aduanero, en el ejercicio de sus funciones, tendrán acceso libre, directo e inmediato a todas las instalaciones del recinto donde pueda tener lugar la vigilancia y control aduanero o fiscal, previa identificación en su caso.

Artículo 16 redactado por el apartado trece del artículo primero de la L.O. 6/2011, de 30 de junio, por la que se modifica la L.O. 12/1995, de 12 de diciembre, de represión del contrabando («B.O.E.» 1 julio).
Vigencia: 2 julio 2011

DISPOSICIONES ADICIONALES

Disposición adicional primera. *Organización funcional.* 1. Las autoridades, los funcionarios y fuerzas a quienes está encomendada la persecución y el descubrimiento del contrabando continuarán desempeñando sus cometidos, con los derechos y facultades que, para la investigación, persecución y represión de estas conductas, han venido ostentando desde su creación.

El Servicio de Vigilancia Aduanera, en la investigación, persecución y represión de los delitos de contrabando, actuará en coordinación con las Fuerzas y Cuerpos de Seguridad del Estado y tendrá, a todos los efectos legales, carácter colaborador de los mismos.

2. Los órganos de la Administración aduanera de la Agencia Estatal de Administración Tributaria, a requerimiento de los organismos y servicios encargados de la persecución del contrabando, podrán autorizar, sin interferencias obstativas, la salida de mercancías de los recintos o lugares habilitados por la Administración aduanera, a fin de facilitar las investigaciones encaminadas al descubrimiento del contrabando.

3. Con idéntico fin los organismos y servicios encargados de la persecución del contrabando podrán establecer contactos e intercambiar información con otros servicios homólogos nacionales o internacionales.

Los apartados 2 y 3 de la disposición adicional primera tienen el carácter de ley ordinaria, conforme establece la disposición final segunda de la presente Ley.

Disposición adicional segunda. *Presupuestos de la Agencia Estatal de Administración Tributaria.* 1. La Agencia Estatal de Administración Tributaria podrá consignar en sus presupuestos partidas específicamente destinadas a operaciones confidenciales relacionadas con la persecución de los delitos que tenga encomendada.

2. La fiscalización y control de estas partidas se llevará a cabo mediante el procedimiento que establezca la Intervención General de la Administración del Estado, en el que se regulará en todo caso la confidencialidad antes indicada.

Del resultado de la fiscalización y control referidos se dará traslado al Tribunal de Cuentas.

Disposición adicional segunda redactada por el apartado catorce del artículo primero de la L.O. 6/2011, de 30 de junio, por la que se modifica la L.O. 12/1995, de 12 de diciembre, de represión del contrabando («B.O.E.» 1 julio).
Vigencia: 2 julio 2011

Disposición adicional tercera. *Información que deben suministrar las compañías de transporte.* 1. Con el fin de combatir el trafico ilegal de mercancías y capitales así como para garantizar la seguridad de la cadena logística, las personas físicas o entidades que realicen operaciones de transporte estarán obligadas, en el momento de finalización del embarque y antes de la salida del medio de transporte, a remitir a las autoridades aduaneras españolas la información relativa a los pasajeros que vayan a ser embarcados en países o territorios que no formen parte del Territorio Aduanero Comunitario para ser trasladados, sea por vía aérea, marítima o terrestre, al territorio español, con independencia de que el transporte sea en tránsito o como destino final.

Cuando se trate de embarcaciones de recreo, incluidas las de la lista 6ª del Registro de Matrícula previsto en el artículo 4 del Real Decreto 1027/1989, de 28 de julio, sobre abanderamiento, matriculación de buques y registro marítimo, la información sobre los pasajeros y todas las personas que se encuentren a bordo de las mismas en el momento de arribar, incluidos los tripulantes, a que se refiere esta Disposición deberá ser proporcionada, en todo caso, por los capitanes o comodoros de las citadas embarcaciones. En caso de incumplimiento de esta obligación y sin perjuicio de la exigencia de la responsabilidad que de ello pudiera derivarse, esta información será exigible a los directores o responsables de los puertos, marinas o clubes náuticos a los que dichas embarcaciones arriben.

2. La información será comprensiva del nombre y apellidos de cada pasajero, de su fecha de nacimiento, nacionalidad, número de pasaporte o del documento de viaje que acredite su identidad y tipo del mismo, forma de pago, importe del billete, fecha de compra, puntos o escalas intermedias y medio de contratación.

3. La información obtenida deberá ser eliminada de los archivos y registros por las autoridades aduaneras en un plazo no superior a noventa días, salvo que con anterioridad se hubiese iniciado algún procedimiento de investigación judicial o administrativa sobre determinados viajeros.

4. El incumplimiento de esta obligación de suministro de información será sancionado de conformidad con lo previsto en el título IV de la Ley 58/2003, de 17 de diciembre, General Tributaria, y, en particular, en su artículo 198.

Disposición adicional tercera introducida por el apartado quince del artículo primero de la L.O. 6/2011, de 30 de junio, por la que se modifica la L.O. 12/1995, de 12 de diciembre, de represión del contrabando («B.O.E.» 1 julio).
Vigencia: 1 julio 2012

Disposición adicional cuarta. *Liquidación de la deuda aduanera y tributaria en relación con los delitos de contrabando y medidas cautelares y competencias de investigación patrimonial en tales delitos.* 1. La liquidación de la deuda tributaria, cuando pueda practicarse por no concurrir causa que lo impida de conformidad con lo establecido en el artículo 4 de esta Ley, se sujetará a las reglas del procedimiento administrativo que se inicie o se hubiera iniciado para su práctica y podrá procederse a su ejecución por el procedimiento administrativo de apremio. La liquidación y los actos de gestión recaudatoria podrán impugnarse en vía administrativa y contencioso-administrativa conforme a las reglas generales.

La liquidación tendrá la consideración de provisional y la Administración procederá a su anulación cuando los hechos declarados en la resolución que ponga fin al procedimiento penal determinen la inexistencia del hecho imponible.

Cuando los hechos indicados en el párrafo anterior determinen la modificación de la liquidación practicada, subsistirá el acto inicial, que será rectificado de acuerdo con los mismos, sin que se vea afectada la validez de las actuaciones recaudatorias realizadas respecto de la cuantía no afectada por aquéllos.

2. El pase del tanto de culpa a la jurisdicción competente o la remisión del expediente al Ministerio Fiscal no impedirá que se practique la liquidación de la deuda aduanera y que se lleve a efecto su recaudación por el procedimiento de apremio, con sujeción a las siguientes reglas:

a) La liquidación podrá practicarse y notificarse dentro del plazo de prescripción del delito de contrabando cuando la Administración proceda o haya procedido a denunciar los hechos y tenga a su disposición todos los elementos necesarios para la práctica de dicha liquidación.

b) Cuando la Administración no dispusiera de todos los elementos necesarios para practicar la liquidación, o esta pudiese perjudicar de cualquier forma la investigación o comprobación de la defraudación, el plazo será de tres años contados desde que se hubiere notificado la resolución judicial firme que ponga fin al procedimiento penal, o desde el momento en que la autoridad judicial incoe la causa sin secreto para las partes.

c) Las liquidaciones y los actos de gestión recaudatoria se sujetarán a las normas del procedimiento administrativo aplicable y serán recurribles en vía administrativa y contencioso-administrativa conforme a lo previsto en dichas normas.

d) Las liquidaciones que se practiquen antes de que se hubiera dictado resolución firme en el procedimiento penal tendrán el carácter de provisionales y serán anuladas por la Administración cuando los hechos declarados probados sean determinantes de la inexistencia del hecho imponible.

Cuando los hechos indicados en el párrafo anterior determinen la modificación de la liquidación practicada, subsistirá el acto inicial, que será rectificado de acuerdo con los mismos, sin que se vea afectada la validez de las actuaciones recaudatorias realizadas respecto de la cuantía no afectada por aquéllos.

3. Se aplicarán al delito de contrabando las previsiones contenidas en el artículo 81.8 y en la disposición adicional decimonovena de la Ley 58/2003, de 17 de noviembre, General Tributaria.

Disposición adicional cuarta introducida por el apartado cinco de la disposición final segunda de la Ley 34/2015, de 21 de septiembre, de modificación parcial de la Ley 58/2003, de 17 de diciembre, General Tributaria («B.O.E.» 22 septiembre).

Vigencia: 12 octubre 2015

La disposición adicional cuarta tiene el carácter de ley ordinaria, conforme establece la disposición final segunda de la presente Ley.

DISPOSICIÓN TRANSITORIA ÚNICA

Retroactividad. 1. Los preceptos contenidos en la presente Ley tendrán efectos retroactivos, en cuanto favorezcan a los responsables de los actos constitutivos de contrabando a que la misma se refiere, en los términos establecidos en el Código Penal.

2. Igual eficacia retroactiva tendrán las disposiciones sancionadoras previstas en esta Ley, conforme a lo dispuesto en el artículo 128.2 de la Ley 30/1992, de 26 de noviembre, de Régimen Jurídico de las Administraciones Públicas y del Procedimiento Administrativo Común.

El número 2 de la disposición transitoria única tiene el carácter de ley ordinaria, conforme establece la disposición final segunda de la presente Ley.

DISPOSICIÓN DEROGATORIA ÚNICA

1. Quedan derogados la Ley Orgánica 7/1982, de 13 de julio, que modifica la legislación vigente en materia de contrabando y regula los delitos e infracciones administrativas en la materia; el artículo primero de la Ley Orgánica 3/1992, de 30 de abril, que establece supuestos de contrabando en materia de exportación de material de defensa o de doble uso, y cuantas disposiciones de igual o inferior rango se opongan a lo establecido en esta Ley.

2. En tanto que por el Gobierno no se aprueben las disposiciones reglamentarias de desarrollo de la presente Ley el Real Decreto 971/1983, de 16 de febrero, que desarrolla el Título II de la Ley Orgánica 7/1982, de 13 de julio, continuará en vigor en todo aquello que no se oponga a la presente Ley.

Téngase en cuenta que el citado R.D. 971/1983, ha sido derogado por R.D. 1649/1998, 24 julio, por el que se desarrolla el Título II de la Ley Orgánica 12/1995, de 12 de diciembre, de represión del contrabando, relativo a las infracciones administrativas de contrabando («B.O.E.» 7 septiembre).

DISPOSICIONES FINALES

Disposición final primera. *Normativa supletoria.* 1. En lo no previsto en el Título I de la presente Ley se aplicará supletoriamente el Código Penal.

2. En lo no previsto en el Título II de la presente Ley se aplicarán supletoriamente las disposiciones reguladoras del régimen tributario general y, en concreto, la Ley General Tributaria, así como subsidiariamente la Ley 30/1992, de 26 de noviembre, de Régimen Jurídico de las Administraciones Públicas y del Procedimiento Administrativo Común.

El número 2 de la disposición final primera tiene el carácter de ley ordinaria, conforme establece la disposición final segunda de la presente Ley.

Disposición final segunda. *Carácter de la ley.* El artículo 4 del Título I, los preceptos contenidos en el Título II, así como los apartados 2 y 3 de la disposición adicional primera, la disposición adicional cuarta, el apartado 2 de la disposición transitoria única y el apartado 2 de la disposición final primera de la presente Ley tienen el carácter de ley ordinaria.

Disposición final segunda redactada por la disposición final primera de la L.O. 10/2015, de 10 de septiembre, por la que se regula el acceso y publicidad de determinada información contenida en las sentencias dictadas en materia de fraude fiscal («B.O.E.» 11 septiembre).
Vigencia: 11 noviembre 2015

Disposición final tercera. *Entrada en vigor.* La presente Ley entrará en vigor el día siguiente al de su publicación en el «Boletín Oficial del Estado».

§ 12. Ley 40/1979, de 10 de diciembre, sobre régimen jurídico de control de cambios

(*BOE* de 13 de Diciembre de 1979)

ÍNDICE SISTEMÁTICO

§ 12. Ley 40/1979, de 10 de diciembre, sobre régimen jurídico de control de cambios

(*BOE* de 13 de Diciembre de 1979)

(...)

CAPÍTULO II
DELITOS MONETARIOS

Capítulo II redactado por L.O. 10/1983, 16 agosto, modificadora de la Ley 40/1979, 10 diciembre, sobre Régimen Jurídico de Control de Cambios («B.O.E.» 18 agosto).

Ley 40/1979, 20 diciembre, derogada, con excepción de su capítulo II por la disposición derogatoria única de la Ley 19/2003, de 4 de julio, sobre régimen jurídico de los movimientos de capitales y de las transacciones económicas con el exterior y sobre determinadas medidas de prevención del blanqueo de capitales («B.O.E.» 5 julio).

Artículo 6. Cometen delito monetario los que contravinieren el sistema legal de control de cambios mediante cualquiera de los actos u omisiones siguientes, siempre que su cuantía exceda de 2.000.000 de pesetas:

A) Los que sin haber obtenido la preceptiva autorización previa o habiéndola obtenido mediante la comisión de un delito:

1.º Exportaren moneda metálica o billetes de Banco españoles o extranjeros, o cualquier otro medio de pago o instrumento de giro o crédito, estén cifrados en pesetas o en moneda extranjera.

2.ª Importaren moneda metálica española o billetes del Banco de España, o cualquier otro medio de pago o instrumento de giro o crédito cifrados en pesetas.

3.º Los residentes que a título oneroso adquirieran bienes muebles o inmuebles sitos en el extranjero o títulos mobiliarios emitidos en el exterior y los residentes que aceptaran préstamos o créditos de no residentes o se los otorgaren, o garantizasen obligaciones de no residentes.

4.ª Los que en territorio español aceptasen cualquier pago, entrega o cesión de pesetas de un no residente, o por su cuenta, o los realizaren en su favor o por su cuenta.

Véase artículo 4.1.º R.D. 1816/1991, 20 diciembre, sobre Transacciones Económicas con el Exterior («B.O.E.» 27 diciembre).

B) Los residentes que no pusieren a la venta, a través del mercado español autorizado, y dentro de los quince días siguientes a su disponibilidad, las divisas que posean.

Véase artículo 7.1.º R.D. 1816/1991, 20 diciembre, sobre Transacciones con el Exterior («B.O.E.» 27 diciembre).

C) El que obtuviere divisas mediante alegación de causa falsa o por cualquier otra forma ilícita.

Téngase en cuenta que el R.D. 1816/1991, 20 diciembre, confiere libertad plena para la adquisición de divisas por los residentes de la misma forma que para los no residentes, con lo que se despenaliza esta conducta.

D) El que destinare divisas lícitamente adquiridas a fin distinto del autorizado.

Téngase en cuenta asimismo, que dicho R.D. 1816/1991, 20 diciembre, también despenaliza esta conducta al reconocer libertad de destino de divisas.

Artículo 7. *Uno. Los autores del delito monetario serán castigados:*

1.º Con la pena de prisión mayor y multa del tanto al décuplo de la cuantía del delito, cuando exceda de 50.000.000 de pesetas.

2.º Con la pena de prisión mayor y multa del tanto al décuplo de la cuantía del delito, cuando exceda de 50.000.000 de pesetas.

3.º Con la pena de arresto mayor y multa del tanto al triplo, cuando exceda de 5.000.000 de pesetas y no pase de 10.000.000 de pesetas.

4.º Con la pena de multa del tanto al duplo, cuando exceda de 2.000.000 de pesetas y no pase de 5.000.000 de pesetas.

Número 1 del artículo 7 declarado inconstitucional, en cuanto impone penas de privación de libertad, por Sentencia del Tribunal Constitucional 313/1986, 16 diciembre («B.O.E.» 31 diciembre).

Dos. Los Tribunales impondrán las penas en su grado máximo cuando los delitos se cometan por medio o en beneficio de Entidades u Organizaciones en las que de su propia naturaleza o actividad pudiera derivarse una especial facilidad para la comisión de delito.

Tres. Cuando los actos previstos en el artículo 6 se cometan en el seno de una Sociedad o Empresa u Organización serán también responsables de los delitos las personas físicas que efectivamente ejerzan la dirección y gestión de la entidad y aquellas por cuenta de quien obren, siempre que tuvieran conocimiento de los hechos.

Cuatro. Los Tribunales, teniendo en cuenta la trascendencia económica del hecho para los intereses sociales, las especiales circunstancias que en él concurran y específicamente la reparación o disminución de los efectos del delito y la repatriación del capital, podrán imponer las penas inferiores en grado a las señaladas en el apartado 1 de este artículo.

Cinco. La moneda española, divisa, objetos y cualquier otro de los elementos por cuyo medio se cometa delito monetario, se reputará instrumento del delito a efectos de lo previsto en el artículo 48 del Código Penal.

Seis. El Código Penal se aplicará con carácter supletorio.

Véase artículo 9 CP.

Artículo 8. Los administradores, directivos o empleados de las Entidades autorizadas referidas en el artículo 5 que, por negligencia en el ejercicio de sus funciones, apreciada por los Tribunales, hayan facilitado la comisión de alguna de las conductas descritas en el artículo 6 serán castigados con multa de hasta 2.000.000 pesetas.

Artículo 9. Uno. Los Tribunales españoles serán competentes para el conocimiento de los delitos establecidos en el artículo 6 de la presente Ley, cualquiera que fuera el lugar donde hubieran sido ejecutados los hechos.

Véanse:

- Artículo 149.1.11.º CE.

- Artículo 23.3 i) LOPJ.

Dos. La competencia y procedimientos para conocer de los delitos monetarios se regulará por la Ley de Enjuiciamiento Criminal y el Real Decreto-Ley 1/1977, de 4 de enero.

Téngase en cuenta que el citado R.D.-Ley 1/1977, 4 enero, por el que se crea la Audiencia Nacional, ha sido derogado por LOPJ. Véase a estos efectos el artículo 65.1 b) LOPJ.

Tres. Conforme a lo dispuesto en el artículo 142 de la Ley de Enjuiciamiento Criminal, la sentencia, sin perjuicio de los demás pronunciamientos que dicho precepto establece, determinará, en su caso, la responsabilidad civil que regula el artículo 104 del Código Penal.

La referencia al artículo 104 del anterior Código Penal contenida en el párrafo 1.º del artículo 9.3, debe entenderse hecha al artículo 113 del CP 1995.

En los supuestos contemplados en el apartado 3 del artículo 7 serán responsables civiles subsidiarios la Sociedad, Empresa o las personas integrantes de la organización en cuyo seno se cometió el delito.

Véase artículo 116 CP 1995.

Cuatro. a) En todo caso los Jueces y Tribunales de la jurisdicción penal competente para conocer de los delitos de esta Ley podrán requerir el conocimiento de cualquier expediente que se esté instruyendo por la Administración por hechos sancionados en esta Ley, de oficio o por denuncia, y la Administración tendrá la obligación de remitir las actuaciones, sin que quepa el planteamiento de conflicto jurisdiccional. Igual obligación de remisión tendrá la Administración cuando, con motivo del conocimiento de un expediente administrativo en materia de control de cambios, apreciase indicios de que el hecho puede ser constitutivo de delito tipificado en el artículo 6 de esta Ley.

b) Mientras estuviera conociendo de un hecho la autorización judicial, la Administración se abstendrá de toda acción sancionadora en relación con las conductas origen del mismo. La actividad sancionadora de la Administración, en virtud de las infracciones administrativas previstas en esta Ley, sólo podrá iniciarse o continuarse cuando el proceso penal termine por sentencia absolutoria u otra resolución que la ponga fin, provisional o definitivamente, sin declaración de responsabilidad penal, siempre que estén basadas en motivo que no sea la inexistencia del hecho, la declaración expresa de no haber participado en él el acusado o la exención de responsabilidad penal del mismo. Sin embargo, en estos dos últimos supuestos, la Administración podrá sancionar las infracciones administrativas relacionadas con el hecho y cometidas por tercero no sujeto al procedimiento penal.

Véase artículo 2 R.D. 1392/1993, 4 agosto, por el que se regula el procedimiento sancionador de las infracciones administrativas en materia de control de cambios («B.O.E.», 11 agosto).

(...)

§ 13. Ley Orgánica 5/1985, de 19 de junio, del Régimen Electoral General

(*BOE* de 20 de Junio de 1985)

ÍNDICE SISTEMÁTICO

§ 13. Ley Orgánica 5/1985, de 19 de junio, del Régimen Electoral General

(*BOE* de 20 de Junio de 1985)

Ley Orgánica 5/1985, 19 junio rectificada por Corrección de errores («B.O.E» 20 enero 1986).

(...)

TÍTULO PRIMERO
DISPOSICIONES COMUNES PARA LAS ELECCIONES POR SUFRAGIO UNIVERSAL DIRECTO

CAPÍTULO VIII
DELITOS E INFRACCIONES ELECTORALES

SECCIÓN 1.ª
DISPOSICIONES GENERALES

Artículo 135. 1. A los efectos de este Capítulo son funcionarios públicos los que tengan esta consideración según el Código Penal, quienes desempeñen alguna función pública relacionada con las elecciones, y en particular los Presidentes y Vocales de las Juntas Electorales, los Presidentes, Vocales e Interventores de las Mesas Electorales y los correspondientes suplentes.

2. A los mismos efectos tienen la consideración de documentos oficiales, el censo y sus copias autorizadas, las Actas, listas, certificaciones, talones o credenciales de nombramiento de quienes hayan de intervenir en el proceso electoral y cuantos emanen de personas a quienes la presente Ley encargue su expedición.

Artículo 136. Los hechos susceptibles de ser calificados con arreglo a esta Ley y al Código Penal lo serán siempre por aquel precepto que aplique mayor sanción al delito o falta cometidos.

Artículo 137. Por todos los delitos a que se refiere este Capítulo se impondrá, además de la pena señalada en los artículos siguientes, la de inhabilitación especial para el derecho del sufragio pasivo.

La expresión «activo y» contenida en el artículo 137 ha sido derogada por el apartado 1.f) de la Disposición Derogatoria Única de la L.O. 10/1995, 23 noviembre, Código Penal («B.O.E.» 24 noviembre).

Artículo 138. En lo que no se encuentre expresamente regulado en este Capítulo se aplicará el Código Penal.

También serán de aplicación, en todo caso, las disposiciones del Capítulo I, Título I, del Código Penal a los delitos penados en esta Ley.

SECCIÓN 2.ª
DELITOS ELECTORALES

Artículo 139. Serán castigados con las penas de seis meses a dos años y de multa de seis a veinticuatro meses los funcionarios públicos que:

Párrafo introductorio del artículo 139 redactado por el apartado treinta y ocho del artículo único de la L.O. 2/2011, de 28 de enero, por la que se modifica la L.O. 5/1985, de 19 de junio, del Régimen Electoral General («B.O.E.» 29 enero).
Vigencia: 30 enero 2011

1. Incumplan las normas legalmente establecidas para la formación, conservación y exhibición al público del censo electoral.
2. Incumplan las normas legalmente establecidas para la constitución de las Juntas y Mesas Electorales, así como para las votaciones, acuerdos y escrutinios que éstas deban realizar.
3. No extiendan las actas, certificaciones, notificaciones y demás documentos electorales en la forma y momentos previstos por la Ley.
4. Susciten, sin motivo racional, dudas sobre la identidad de una persona o la entidad de sus derechos.
5. Suspendan, sin causa justificada, cualquier acto electoral.
6. Nieguen, dificulten o retrasen indebidamente la administración, curso o resolución de las protestas o reclamaciones de las personas que legalmente estén legitimadas para hacerlas, o no dejen de ellas la debida constancia documental.
7. Causen, en el ejercicio de sus competencias, manifiesto perjuicio a un candidato.
8. Incumplan los trámites establecidos para el voto por correspondencia.

Artículo 140. *Delitos por abuso de oficio o falsedad.* 1. Serán castigados con las penas de prisión de tres a siete años y multa de dieciocho a veinticuatro meses los funcionarios que abusando de su oficio o cargo realicen alguna de las siguientes falsedades:

a) Alterar sin autorización las fechas, horas o lugares en que deba celebrarse cualquier acto electoral incluso de carácter preparatorio, o anunciar su celebración de forma que pueda inducir a error a los electores.

b) Omitir o anotar de manera que induzca a error sobre su autenticidad los nombres de los votantes en cualquier acto electoral.

c) Cambiar, ocultar o alterar, de cualquier manera, el sobre o papeleta electoral que el elector entregue al ejercitar su derecho.

d) Realizar con inexactitud el recuento de electores en actos referentes a la formación o rectificación del Censo, o en las operaciones de votación y escrutinio.

e) Efectuar proclamación indebida de personas.

f) Faltar a la verdad en manifestaciones verbales que hayan de realizarse en algún acto electoral, por mandato de esta Ley.

g) Consentir, pudiendo evitarlo, que alguien vote dos o más veces o lo haga sin capacidad legal, o no formular la correspondiente protesta.

h) Imprimir, confeccionar o utilizar papeletas o sobres electorales con infracción de las normas establecidas.

i) Incumplir las obligaciones relativas a certificaciones en materia de subvenciones por gastos electorales previstas en esta ley.

j) Cometer cualquier otra falsedad en materia electoral, análoga a las anteriores, por alguno de los modos señalados en el artículo 302 del Código Penal.

2. Si las falsedades a las que se refiere este articulo se cometieran por imprudencia grave, serán sancionadas con la pena de multa de doce a veinticuatro meses.

Artículo 140 modificado conforme establece el apartado treinta y nueve del artículo único de la L.O. 2/2011, de 28 de enero, por la que se modifica la L.O. 5/1985, de 19 de junio, del Régimen Electoral General («B.O.E.» 29 enero).

Vigencia: 30 enero 2011

Artículo 141. *Delito por infracción de los trámites para el voto por correo.* 1. El particular que vulnere los trámites establecidos para el voto por correo será castigado con las penas de prisión de tres meses a un año o la de multa de seis a veinticuatro meses.

2. El particular que participe en alguna de las falsedades señaladas en el artículo anterior será castigado con la pena de prisión de seis meses a tres años.

Artículo 141 redactado por el apartado cuarenta del artículo único de la L.O. 2/2011, de 28 de enero, por la que se modifica la L.O. 5/1985, de 19 de junio, del Régimen Electoral General («B.O.E.» 29 enero).

Vigencia: 30 enero 2011

Artículo 142. *Delito por emisión de varios votos o emisión sin capacidad.* Quienes voten dos o más veces en la misma elección o quienes voten sin capacidad para hacerlo serán castigados con las penas de prisión de seis meses a dos años, multa de seis meses a dos años e inhabilitación especial para empleo o cargo público de uno a tres años.

Artículo 142 redactado por el apartado cuarenta y uno del artículo único de la L.O. 2/2011, de 28 de enero, por la que se modifica la L.O. 5/1985, de 19 de junio, del Régimen Electoral General («B.O.E.» 29 enero).

Vigencia: 30 enero 2011

Artículo 143. *Delitos por abandono o incumplimiento en las Mesas electorales.* El Presidente y los Vocales de las Mesas Electorales así como sus respectivos suplentes que dejen de concurrir o desempeñar sus funciones, las abandonen sin causa legítima o incumplan sin causa justificada las obligaciones de excusa o aviso previo que les impone esta Ley, incurrirán en la pena de prisión de tres meses a un año o multa de seis a veinticuatro meses.

Artículo 143 redactado por el apartado cuarenta y dos del artículo único de la L.O. 2/2011, de 28 de enero, por la que se modifica la L.O. 5/1985, de 19 de junio, del Régimen Electoral General («B.O.E.» 29 enero).

Vigencia: 30 enero 2011

Artículo 144. *Delitos en materia de propaganda electoral.* 1. Serán castigados con la pena de prisión de tres meses a un año o la de multa de seis a veinticuatro meses quienes lleven acabo alguno de los actos siguientes:

a) Realizar actos de propaganda una vez finalizado el plazo de la campaña electoral.

b) Infringir las normas legales en materia de carteles electorales y espacios reservados de los mismos, así como las normas relativas a las reuniones y otros actos públicos de propaganda electoral.

2. Serán castigados con las penas de prisión de seis meses a dos años y la de multa de seis meses a una año los miembros en activo de las Fuerzas Armadas y Seguridad del Estado, de las Policías de las Comunidades Autónomas y Locales, los

Jueces, Magistrados y Fiscales y los miembros de las Juntas Electorales que difundan propaganda electoral o lleven a cabo otras actividades de campaña electoral.

Artículo 144 redactado por el apartado cuarenta y tres del artículo único de la L.O. 2/2011, de 28 de enero, por la que se modifica la L.O. 5/1985, de 19 de junio, del Régimen Electoral General («B.O.E.» 29 enero).
Vigencia: 30 enero 2011

Artículo 145. *Delitos en materia de encuestas electorales.* Quienes infrinjan la normativa vigente en materia de encuestas electorales serán castigados con la pena de prisión de tres meses a un año, multa de doce a veinticuatro meses e inhabilitación especial para profesión, oficio, industria o comercio por tiempo de uno a tres años.

Artículo 145 redactado por el apartado cuarenta y cuatro del artículo único de la L.O. 2/2011, de 28 de enero, por la que se modifica la L.O. 5/1985, de 19 de junio, del Régimen Electoral General («B.O.E.» 29 enero).
Vigencia: 30 enero 2011

Artículo 146. 1. Serán castigados con la pena de prisión de seis meses a tres años o multa de doce a veinticuatro meses:

a) Quienes por medio de recompensa, dádivas, remuneraciones o promesas de las mismas, soliciten directa o indirectamente el voto de algún elector, o le induzcan a la abstención.

b) Quienes con violencia o intimidación presionen sobre los electores para que no usen de su derecho, lo ejerciten contra su voluntad o descubran el secreto de voto.

c) Quienes impidan o dificulten injustificadamente la entrada, salida o permanencia de los electores, candidatos, apoderados, interventores y notarios en los lugares en los que se realicen actos del procedimiento electoral.

2. Los funcionarios públicos que usen de sus competencias para algunos de los fines señalados en este artículo incurrirán en las penas señaladas en el número anterior y, además, en la inhabilitación especial para empleo o cargo público de uno a tres años.

Artículo 146 redactado por el apartado cuarenta y cinco del artículo único de la L.O. 2/2011, de 28 de enero, por la que se modifica la L.O. 5/1985, de 19 de junio, del Régimen Electoral General («B.O.E.» 29 enero).
Vigencia: 30 enero 2011

Artículo 147. *Delito de alteración del orden del acto electoral.* Los que perturben gravemente el orden en cualquier acto electoral o penetren en los locales donde éstos se celebren portando armas u otros instrumentos susceptibles de ser usados como tales, serán castigados con la pena de prisión de tres a doce meses o la multa de seis a veinticuatro meses.

Artículo 147 redactado por el apartado cuarenta y seis del artículo único de la L.O. 2/2011, de 28 de enero, por la que se modifica la L.O. 5/1985, de 19 de junio, del Régimen Electoral General («B.O.E.» 29 enero).
Vigencia: 30 enero 2011

Artículo 148. Cuando los delitos de calumnia e injuria se cometan en período de campaña electoral y con motivo u ocasión de ella, las penas privativas de libertad previstas al efecto en el Código Penal se impondrán en su grado máximo.

Véanse artículos 205 a 210 de la L.O. 10/1995, 23 noviembre Código Penal («B.O.E.» 24 noviembre).

Artículo 149. 1. Los administradores generales y de las candidaturas de los partidos, federaciones, coaliciones o agrupaciones de electores que falseen las cuentas, reflejando u omitiendo indebidamente en las mismas aportaciones o gastos o usando de cualquier artificio que suponga aumento o disminución de las partidas contables, serán castigados con la pena de prisión de uno a cuatro años y multa de doce a veinticuatro meses.

Número 1 del artículo 149 redactado por el apartado cuarenta y siete del artículo único de la L.O. 2/2011, de 28 de enero, por la que se modifica la L.O. 5/1985, de 19 de junio, del Régimen Electoral General («B.O.E.» 29 enero).
Vigencia: 30 enero 2011

2. Los Tribunales atendiendo a la gravedad del hecho y sus circunstancias podrán imponer la pena en un grado inferior a la señalada en el párrafo anterior.

Artículo 150. *Delito de apropiación indebida de fondos electorales.* 1. Los administradores generales y de las candidaturas, así como las personas autorizadas a disponer de las cuentas electorales, que se apropien o distraigan fondos para fines distintos de los contemplados en esta Ley serán sancionados con las penas de prisión de uno a cuatro años y multa de seis a doce meses, si los fondos apropiados o distraídos no superan los 50.000 euros, y de prisión de dos a seis años y multa de doce a veinticuatro meses, en caso contrario.

2. Los Tribunales teniendo en cuenta la gravedad del hecho y sus circunstancias, las condiciones del culpable y la finalidad perseguida por éste, podrán imponer la pena de prisión de seis meses a un año y la de multa de tres a seis meses.

Artículo 150 redactado por el apartado cuarenta y ocho del artículo único de la L.O. 2/2011, de 28 de enero, por la que se modifica la L.O. 5/1985, de 19 de junio, del Régimen Electoral General («B.O.E.» 29 enero).
Vigencia: 30 enero 2011

SECCIÓN 3.ª
PROCEDIMIENTO JUDICIAL

Artículo 151. 1. El procedimiento para la sanción de estos delitos se tramitará con arreglo a la Ley de Enjuiciamiento Criminal. Las actuaciones que se produzcan por aplicación de estas normas tendrán carácter preferente y se tramitarán con la máxima urgencia posible.

2. La acción penal que nace en estos delitos es pública y podrá ejercitarse sin necesidad de depósito o fianza alguna.

Artículo 152. El Tribunal o Juez a quien corresponda la ejecución de las Sentencias firmes dictadas en causas por delitos a los que se refiere este Título dispondrá la publicación de aquéllas en el «Boletín Oficial» de la Provincia y remitirá testimonio de las mismas a la Junta Electoral Central.

SECCIÓN 4.ª
INFRACCIONES ELECTORALES

Artículo 153. 1. Toda infracción de las normas obligatorias establecidas en la presente Ley que no constituya delito será sancionada por la Junta Electoral competente. La multa será de 300 a 3.000 euros si se trata de autoridades o funcionarios y de 100 a 1.000 si se realiza por particulares.

Número 1 del artículo 153 redactado por el apartado cuarenta y nueve del artículo único de la L.O. 2/2011, de 28 de enero, por la que se modifica la L.O. 5/1985, de 19 de junio, del Régimen Electoral General («B.O.E.» 29 enero).
Vigencia: 30 enero 2011

2. Las infracciones de lo dispuesto en esta Ley sobre régimen de encuestas electorales serán sancionadas con multa de 3.000 a 30.000 de euros.

Número 2 del artículo 153 redactado por el apartado cuarenta y nueve del artículo único de la L.O. 2/2011, de 28 de enero, por la que se modifica la L.O. 5/1985, de 19 de junio, del Régimen Electoral General («B.O.E.» 29 enero).
Vigencia: 30 enero 2011

3. A las infracciones electorales consistentes en la superación por los partidos políticos de los límites de gastos electorales les será de aplicación lo previsto en la Ley Orgánica 8/2007, de 4 de julio, sobre financiación de los partidos políticos.

Número 3 del artículo 153 introducido, en su actual redacción, por el número tres de la disposición final cuarta de la L.O. 3/2015, de 30 de marzo, de control de la actividad económico-financiera de los Partidos Políticos, por la que se modifican la L.O. 8/2007, de 4 de julio, sobre financiación de los Partidos Políticos, la L.O. 6/2002, de 27 de junio, de Partidos Políticos y la L.O. 2/1982, de 12 de mayo, del Tribunal de Cuentas («B.O.E.» 31 marzo).
Vigencia: 1 abril 2015

(...)

§ 14. Ley Orgánica 5/1995, de 22 de mayo, del Tribunal del Jurado

(*BOE* de 23 de Mayo de 1995)

ÍNDICE SISTEMÁTICO

§ 14. Ley Orgánica 5/1995, de 22 de mayo, del Tribunal del Jurado

(*BOE* de 23 de Mayo de 1995)

(...)

CAPÍTULO III
DEL PROCEDIMIENTO PARA LAS CAUSAS ANTE EL TRIBUNAL DEL JURADO

SECCIÓN 4ª
CONSTITUCIÓN DEL TRIBUNAL DEL JURADO

Artículo 41. *Juramento o promesa de los designados.*

(...)

4. Nadie podrá ejercer las funciones de jurado sin prestar el juramento o promesa indicados. Quien se negase a prestarlo será conminado con el pago de una multa de 50.000 pesetas que el Magistrado-Presidente impondrá en el acto. Si el llamado persiste en su negativa se deduciría el oportuno tanto de culpa y en su lugar será llamado el suplente.

(...)

CAPÍTULO IV
DEL VEREDICTO

SECCIÓN 2ª
DELIBERACIÓN Y VEREDICTO

Artículo 55. *Deliberación del Jurado.*

(...)

3. La deliberación será secreta, sin que ninguno de los jurados pueda revelar lo en ella manifestado.

Véanse artículos 56.2, 57.1, 58.2, 59.1, 61.2 y 3, 62 y Disp. Adic. 2ª.2 L.O. 5/1995, 22 mayo, del Tribunal del Jurado («B.O.E.» 23 mayo).

(...)

Artículo 58. *Votación nominal.*

(...)

2. Ninguno de los jurados podrá abstenerse de votar. Si alguno insistiere en abstenerse, después de requerido por el portavoz, se hará constar en acta y, en su momento, será sancionado por el Magistrado-Presidente con 75.000 pesetas de multa. Si, hecha la constancia y reiterado el requerimiento persistiera la negativa de voto, se dejará nueva constancia en acta de la que se deducirá el testimonio correspondiente para exacción de la derivada responsabilidad penal.

Véanse artículos 55.2, 59, 60 y 63.1.c) L.O. 5/1995, 22 mayo, del Tribunal del Jurado («B.O.E.» 23 mayo).

(...)

DISPOSICIONES ADICIONALES

Segunda. *Infracciones penales.* 1. Los jurados que abandonen sus funciones sin causa legítima, o incumplan las obligaciones que les imponen los artículos 41.4 y 58.2 de esta Ley incurrirán en la pena de multa de 100.000 a 500.000 pesetas.

2. Los jurados que incumplan las obligaciones impuestas en el apartado 3 del artículo 55, incurrirán en la pena de arresto mayor y multa de 100.000 a 500.000 pesetas.

(...)

§ 15. Ley 209/1964, de 24 de diciembre, por la que establece la Ley penal y procesal, en materia de navegación aérea

(*BOE* de 28 de Diciembre de 1964)

ÍNDICE SISTEMÁTICO

§ 15. Ley 209/1964, de 24 de diciembre, por la que establece la Ley penal y procesal, en materia de navegación aérea

(*BOE* de 28 de Diciembre de 1964)

LIBRO PRIMERO
DISPOSICIONES PENALES

TITULO PRIMERO
DISPOSICIONES GENERALES

Artículo 1. Se consideran delitos y faltas aeronáuticos los comprendidos en esta Ley.

Artículo 2. Las causas de exención de responsabilidad criminal serán las comprendidas en el Código Penal.

Las circunstancias modificativas de dicha responsabilidad serán las comprendidas en el mismo Código y se apreciarán por los Tribunales según su prudente arbitrio, en consideración a la personalidad del delincuente y a la gravedad o trascendencia del hecho.

Artículo 3. Cuando los hechos perseguidos sean susceptibles de calificación con arreglo a dos o más preceptos de esta Ley o de otras, el Tribunal podrá aplicar aquel que asigne mayor pena al delito o falta cometidos.

Artículo 4. Las penas que se pueden imponer con arreglo a esta Ley son las siguientes:

Penas graves:

Reclusión mayor.

Reclusión menor.

Prisión mayor.

Prisión menor.

Arresto mayor.

Pérdida del título profesional o aeronáutico.

Suspensión del título profesional o aeronáutico de seis meses y un día a seis años.

Multa de 30.000 a 300.000 pesetas.

Penas leves:

Arresto menor.

Suspensión del título profesional o aeronáutico hasta seis meses.

Multa inferior a 30.000 pesetas.

Amonestación.

Artículo 4 redactado por L.O. 1/1986, 8 enero, de supresión de la Jurisdicción Penal Aeronáutica y adecuación de penas por infracciones aeronáuticas («B.O.E.» 14 enero).

Artículo 5. Las penas de reclusión, prisión, arresto o multa, tendrán la misma extensión, efectos y accesorias que los señalados para las de igual denominación en el Código Penal.

La pérdida del título profesional o aeronáutico, producirá la inhabilitación permanente para su ejercicio y la incapacidad para adquirirlo en lo sucesivo. La suspensión del título profesional o aeronáutico, privará mientras dure de todas las funciones inherentes al mismo.

Artículo 6. Las penas se impondrán con libertad de criterio por el Tribunal dentro de la extensión fijada por la Ley.

Cuando concurran dos o más circunstancias atenuantes o una muy cualificada podrá imponerse la pena inferior en uno o dos grados a la señalada al delito.

Podrá imponerse la pena inmediatamente superior:

1.º Si del hecho se derivase grave entorpecimiento en el tráfico aéreo o servicio público, o peligro para la vida o integridad de las personas.

2.º Si el culpable fuere el Comandante de la aeronave.

Párrafo 3.º del artículo 6 redactado por L.O. 1/1986, 8 enero, de supresión de la Jurisdicción Penal Aeronáutica y adecuación de penas por infracciones aeronáuticas («B.O.E.» 14 enero).

Artículo 7. Las medidas de seguridad que, como consecuencia de los delitos o faltas o como complemento de pena, podrán acordarse con arreglo a esta Ley son las siguientes:

1.º La suspensión del título profesional o aeronáutico.

2.º La pérdida del título profesional o aeronáutico.

3.º La suspensión de entidades, sociedades o empresas.

4.º La incautación, demolición o reforma de instalaciones, aparatos, locales y, en general, de materias y elementos que se hayan empleado en la delincuencia, sean efectos de ella o signifiquen un grave peligro para la navegación aérea.

Estas medidas se aplicarán con libertad de criterio por el Tribunal.

Artículo 8. El Tribunal en sus sentencias, además de las penas principales y accesorias correspondientes al delito, podrá imponer, a su prudente arbitrio, como complemento de pena, las medidas del artículo anterior, con arreglo a las siguientes normas:

1.ª La suspensión del título profesional o aeronáutico, cuando se cometa un delito con infracción de los deberes del cargo que desempeñe el culpable o haciendo uso de la ocasión o medios que le proporcione el mismo. La duración se determinará según las circunstancias del hecho, sin que pueda exceder de seis años, cualquiera que sea la pena privativa de libertad impuesta.

2.ª La pérdida del título profesional o aeronáutico, cuando la gravedad o trascendencia del hecho así lo aconsejen en las circunstancias del apartado anterior.

3.ª La suspensión por tiempo máximo de un año de personas jurídicas o empresas, cuando los individuos que las representen cometan, prevaliéndose de los medios que las mismas les proporcionan, varios delitos de cualquier clase definidos en la presente Ley, o uno que produzca alarma pública o perjuicio a la navegación aérea.

La suspensión se pondrá en conocimiento del Ministerio del Aire para que, a la vista de los antecedentes, pueda acordar la revocación de los derechos de tráfico aéreo concedidos.

4.ª La incautación, destrucción o reforma de instalaciones, aparatos, locales y, en general, de materiales y elementos, cuando se hayan empleado en la delincuencia, sean efectos de ella o signifiquen un grave peligro para la navegación aérea.

Artículo 9. El Tribunal, ante una actuación que, sin ser constitutiva de delito, signifique peligro para la navegación, podrá interesar a la Autoridad judicial aérea la aplicación de las medidas de seguridad reguladas en esta Ley.

Artículo 10. Las disposiciones de esta Ley, relativas a los Comandantes de aeronave, se aplicarán a quienes, con cualquier denominación, manden la aeronave.

Artículo 11. Para la aplicación de lo establecido en esta Ley, se observarán las reglas siguientes:

1.ª Bajo la denominación genérica del Tribunal o Tribunales, se comprende a la Autoridad u Organismo que, según el Libro II de esta Ley, debe conocer del hecho.

2.ª Constituyen la tripulación todas aquellas personas que, mediante contrato de trabajo u otra adscripción legal o reglamentaria, presten servicio a bordo de la aeronave, con inclusión del Comandante.

3.ª Son actos del servicio aquellos que el personal afecto a la navegación aérea está obligado a realizar, con arreglo a las disposiciones legales o reglamentarias o a sus respectivos contratos.

4.ª Se entenderá que la navegación aérea comienza en el momento en que una aeronave se pone en movimiento con su propia fuerza motriz para emprender el vuelo y termina cuando, realizado el aterrizaje, queda aquélla inmovilizada y son parados sus motores.

5.ª Las penas y las medidas de seguridad que se impongan con arreglo a esta Ley a quienes pertenezcan a la inscripción aeronáutica y la aplicación de los beneficios de remisión condicional, se pondrán en conocimiento del Ministerio del Aire, para que se anote en el registro especial que, al efecto, se lleve.

Artículo 12. En todo lo no previsto especialmente en este Título se aplicarán como normas supletorias de sus disposiciones los preceptos del Libro I del Código Penal.

TITULO II
DE LOS DELITOS

CAPITULO PRIMERO
DELITOS CONTRA LA SEGURIDAD DE LA AERONAVE

Artículo 13. El que maliciosamente causare la destrucción total o parcial de una aeronave durante la navegación, será castigado con la pena de reclusión menor a reclusión mayor.

Cuando la destrucción no tuviere lugar durante la navegación, podrá imponerse la pena inmediatamente inferior.

Si a consecuencia del delito se ocasionare la muerte o lesiones graves de alguna persona, se impondrá la pena de reclusión mayor.

Párrafo 3º del artículo 13 redactado por L.O. 1/1986, 8 enero , de supresión de la Jurisdicción Penal Aeronáutica y adecuación de penas por infracciones aeronáuticas («B.O.E.» 14 enero).

Véase: - art. 11.4.º de esta Ley. - L.O. 13/1985, 9 diciembre, del Código Penal Militar («B.O.E.» 11 diciembre): arts. 165 y ss.

Artículo 14. El encargado del Servicio de Protección de Vuelo que no diese las ayudas o informes que le demande una aeronave, los diera equivocados o incompletos o no comunicase los datos necesarios para que aquélla mantenga su vuelo en zona de seguridad o interfiriese los de otras estaciones, incurrirá en la pena de arresto mayor.

En igual pena incurrirá el Comandante de aeronave o miembro de la tripulación, en su caso, que estando sometido a un control de circulación aérea no le diera datos que éste le reclamase o los diera equivocados o incompletos, con peligro para la seguridad de la navegación.

La pena podrá aumentarse hasta prisión mayor, si, como consecuencia de la acción u omisión, se hubiese producido el siniestro de la aeronave, a no ser que el hecho constituyera delito más grave.

Artículo 15. El Comandante de aeronave que maliciosamente, con riesgo para la navegación, emprenda el vuelo sin la presentación y aprobación del plan correspondiente, o lo quebrante después de modo manifiesto y sin justificación, y el que no lo modifique cuando le sea expresamente ordenado, incurrirá en la pena de arresto mayor o suspensión del título aeronáutico.

Véase L.O. 13/1985, 9 diciembre («B.O.E.», 11 diciembre), del Código Penal Militar: art. 170.

Artículo 16. Serán castigados con arresto mayor o multa hasta 100.000 pesetas, o con las dos penas conjuntamente, según las circunstancias, los que no cumplieren las órdenes que hubiesen recibido de la Autoridad aérea competente, de paralizar o hacer desaparecer construcciones, plantaciones, u otras obras que contraviniesen las normas reguladoras de las servidumbres aeronáuticas a que se halle sometido el lugar de emplazamiento de aquéllas. Todo ello sin perjuicio de las facultades de la propia Autoridad para la ejecutoriedad de sus órdenes.

Véase Ley 48/1960, de 21 de junio, sobre Navegación Aérea: art. 51.

Artículo 17. El Comandante de aeronave que realice vuelos arriesgados o acrobáticos en espacio aéreo prohibido o que sobrevuele aglomeraciones urbanas a una altura inferior a la de seguridad o a la que esté especialmente autorizada, será castigado con la pena de pérdida del título aeronáutico, suspensión del mismo o multa de 5.000 a 25.000 pesetas.

Artículo 18. El Comandante de aeronave que, a sabiendas, emprenda vuelo con exceso de peso, o con mala distribución de la carga que pueda poner en grave riesgo la seguridad de la aeronave, será castigado con la pena de suspensión del título aeronáutico o prisión menor.

Artículo 19. Los atentados contra las personas cometidos en la aeronave y que afecten o puedan afectar a la seguridad de la navegación, serán castigados con las penas señaladas en el Código Penal, para los respectivos casos, o con la inmediatamente superior.

CAPITULO II
DELITOS CONTRA EL TRAFICO AEREO

SECCION PRIMERA
SEDICIÓN

Artículo 20. Serán castigados con la pena de prisión menor, como reos de sedición, los tripulantes, pasajeros, empleados o personas concertadas con ellos, que en aeropuertos o aeronaves se alzaren colectivamente para cualquiera de los fines relacionados con la navegación aérea, que a continuación se expresan:

1.º Oponerse al cumplimiento de órdenes que dicten el Comandante de aeronave o Jefe de aeropuerto, en uso de sus atribuciones.

2.º Impedirles el libre ejercicio de sus funciones o ejecutar con otro fin coacción sobre ellos.

3.º Realizar algún acto de odio o venganza en sus personas o bienes.

Con la misma pena serán castigados los miembros de la tripulación de aeronaves o empleados de aeropuertos que, en número suficiente para perturbar el servicio, abandonen colectivamente sus funciones en la aeronave o el aeropuerto, en actitud de protesta, desobediencia coactiva o represalia contra el Comandante o Jefe respectivo.

Artículo 21. Se impondrá la pena de prisión menor a prisión mayor:

1.º Si el hecho se comete con la intención de interrumpir la navegación o de variar la ruta.

2.º Si los tripulantes llegan a apoderarse de la aeronave o ejercer mando sobre la misma.

3.º Si se produce la sedición en el extranjero y determina por su trascendencia la intervención de la fuerza pública del país.

4.º Si los sediciosos están armados.

5.º Al jefe de la sedición, en todo caso.

Artículo 22. A los meros ejecutores que no pertenezcan a la tripulación o aeropuerto, se impondrá la pena señalada en los dos artículos precedentes en su grado mínimo.

Artículo 23. Será considerado jefe de la sedición, si no fuese posible identificar al que lo sea de hecho, el oficial de la aeronave o empleado del aeropuerto de mayor categoría o antigüedad que intervenga en la comisión del delito.

Artículo 24. Los tripulantes de aeronave o empleados de aeropuerto que no cooperasen con sus superiores para reprimir la sedición serán castigados con arresto mayor o suspensión.

Artículo 25. La negligencia en la represión de la sedición por el Comandante de aeronave o Jefe de aeropuerto, se castigará con la pena de suspensión o la de multa.

Artículo 26. Quedarán exentos de responsabilidad:

1.º Los meros ejecutores que se sometan a la primera intimación que se les haga y antes de realizar acto de violencia.

2.º Los que hallándose comprometidos a perpetrar el delito, lo denuncien a sus superiores, en tiempo hábil para evitarlo.

Artículo 27. Si durante la sedición o con ocasión de ella se cometen otros delitos, serán éstos castigados también con arreglo a la Ley en que estén comprendidos.

Véase L.O. 13/1985, 9 diciembre, del Código Penal Militar («B.O.E.» 11 diciembre): arts. 144 a 148.

SECCION SEGUNDA
ABANDONO DE LA AERONAVE Y DEL SERVICIO

Artículo 28. El Comandante que, sin causa justificada, haga dejación del mando de la aeronave o la abandone, será castigado con la pena de suspensión o pérdida del título profesional o aeronáutico, o multa hasta 10.000 pesetas.

Si del hecho se deriva riesgo o trastorno para la navegación, podrá imponerse, además, la pena de arresto mayor a prisión menor.

Artículo 29. .....

Artículo 29 derogado por el apartado 1.f) de la Disposicion Derogatoria Única de la L.O. 10/1995, 23 noviembre, del Código Penal («B.O.E.» 24 noviembre).

Artículo 30. El abandono a que se refiere el artículo anterior podrá castigarse con la pena de prisión menor, cuando el hecho se hubiere cometido:

1.º Con empleo de armas o de cualquier otra clase de violencia o amenaza, sin perjuicio de las responsabilidades derivadas de este hecho.

2.º Por persona designada para el pilotaje o navegación de la aeronave.

Artículo 31. El Comandante que al emprender el vuelo o durante la navegación se encontrase bajo la influencia de bebidas alcohólicas, narcóticos o estupefacientes, que puedan afectar a la capacidad para el ejercicio de sus funciones, incurrirá en la pena de prisión menor o pérdida del título profesional o aeronáutico, pudiendo imponerse ambas conjuntamente.

Artículo 32. El individuo de la tripulación o el controlador de tráfico que durante la prestación del servicio que tenga encomendado, o en el momento en que deba asumirlo, se encontrase bajo la influencia de bebidas alcohólicas, narcóticos o estupefacientes, que disminuyan su capacidad para el ejercicio de sus funciones, será castigado con la pena de arresto mayor o con la suspensión del título profesional o aeronáutico, pudiendo imponerse ambas conjuntamente.

La reincidencia en este delito será castigada con la pena de arresto mayor a prisión menor y la pérdida del título profesional o aeronáutico.

Artículo 33. El Comandante que en caso de abandono de la aeronave en peligro no lo haga en último lugar o no adopte, pudiendo hacerlo, las disposiciones necesarias para el salvamento de pasajeros y tripulantes, incurrirá en las penas de pérdida del título profesional o aeronáutico y de arresto mayor a prisión menor.

No obstante lo dispuesto en el párrafo anterior, cuando el Comandante justifique que el no haber abandonado la aeronave el último fue por incumplimiento de la orden de abandono que diera a los tripulantes y pasajeros con la debida antelación o por causa de fuerza mayor, quedará exento de pena.

Artículo 34. El individuo de la tripulación que, sin orden del Comandante, se lance con paracaídas o de otro modo abandone la aeronave en peligro, será castigado con la pena de arresto mayor y pérdida del título profesional o aeronáutico.

SECCION TERCERA
DE OTROS DELITOS CONTRA EL TRÁFICO AÉREO

Artículo 35. Serán castigados con la pena de prisión menor, el Comandante o explotador que, sin la oportuna autorización, embarque en una aeronave municiones, explosivos, armas, gases tóxicos, sustancias inflamables o cualesquiera otras nocivas o peligrosas para las personas, el cargamento o la aeronave.

En igual pena incurrirá el tripulante o empleado que embarque clandestinamente cualesquiera de los efectos o sustancias mencionadas en el párrafo anterior.

Cuando ese delito fuere cometido por otras personas, se sancionará con arresto mayor a prisión menor.

Las penas señaladas en los párrafos anteriores se impondrán sin perjuicio de las responsabilidades que puedan ser exigibles con arreglo a ésta u otra ley penal.

Artículo 36. El que con infracción de las disposiciones vigentes usare a bordo aparatos de fotografía o de transmisión radioeléctrica, será castigado con la pena de multa hasta 25.000 pesetas, a no ser que el hecho fuera constitutivo de delito más grave.

Artículo 37. El que asuma o retenga indebidamente el mando de una aeronave, será castigado con la pena de arresto mayor a prisión menor.

Artículo 38. Los que ejerzan funciones de tripulantes de una aeronave que exijan título aeronáutico, sin estar legalmente habilitados para ello, serán castigados con la pena de prisión menor.

Véase: - Ley 48/1960, de 21 de julio, sobre Navegación Aérea: art. 65. Véase: - L.O. 13/1985, 9 diciembre, del Código Penal Militar («B.O.E.» 11 diciembre): art. 74.2.º.

CAPITULO III
DELITOS CONTRA EL DERECHO DE GENTES

Artículo 39. El que se apodere con violencia o intimidación de una aeronave, de personas o cosas que se hallen a bordo, en circunstancias de lugar y tiempo que imposibiliten la protección de un Estado, será castigado con la pena de reclusión mayor.

La pena de reclusión mayor podrá imponerse en su grado máximo:

1.º Si el medio violento empleado para la aprehensión de la aeronave la pone en peligro de siniestro.

2.º Si se hubiere dejado a alguna persona sin medios de salvarse.

Párrafo 2.º del artículo 39 redactado por L.O. 1/1986, 8 enero por L.O. 1/1986, 8 enero, de supresión de la Jurisdicción Penal Aeronáutica y adecuación de penas por infracciones aeronáuticas («B.O.E.» 14 enero).

Artículo 40. Serán castigados con las mismas penas señaladas en el artículo anterior, según los casos:

1.º Los que con violencia o intimidación se apoderen de la aeronave en que vuelen o faciliten a otros su apoderamiento.

2.º Los que desde el aire, tierra o mar, y por cualquier medio, provoquen la caída, pérdida, incendio, aterrizaje o amaraje de una aeronave, con el propósito de apoderarse de ella o de atentar contra las personas o cosas que se encuentren a bordo.

Artículo 41. El que despojare de sus vestidos u otros objetos a las víctimas de un accidente de aviación, en el lugar del siniestro, sufrirá la pena de arresto mayor.

La pena podrá aumentarse hasta la reclusión menor, si al despojar al herido, se le causaren otras lesiones o se agravase notablemente su estado.

Las penas señaladas en este artículo se impondrán sin perjuicio de las que pudieran ser aplicables con arreglo al Código Penal.

Véase el artículo 77.2.º de la L.O. 13/1985, 9 diciembre, del Código Penal Militar («B.O.E.» 11 diciembre).

Artículo 42. El Comandante de aeronave o Capitán de buque que durante la navegación y en la medida que esté a su alcance no preste auxilio a una aeronave que en cualquier forma se lo pida, pudiendo hacerlo sin riesgo para la seguridad de la aeronave o el buque de su mando, será castigado con la pena de prisión menor a prisión mayor y la suspensión o pérdida del título.

En igual penalidad incurrirá el Comandante de aeronave que, en las mismas circunstancias, no preste el referido auxilio a un buque.

Artículo 43. Los tripulantes de aeronave o buque que conocedores de alguna de las situaciones de peligro a que se refiere el artículo anterior no dieren cuenta de ella a sus superiores, serán castigados con la pena de arresto mayor a prisión menor.

Artículo 44. Los que no presten el auxilio que esté a su alcance a los tripulantes o pasajeros de una aeronave siniestrada, heridos o aislados, de las rutas ordinarias de comunicación, serán castigados con la pena de arresto mayor a prisión menor o multa hasta 50.000 pesetas.

CAPITULO IV
DELITOS CONTRA LA AUTORIDAD

SECCION PRIMERA
INSULTO AL MANDO

Artículo 45. El tripulante de aeronave que en acto de servicio o en relación con éste maltrate de obra a un superior será castigado:

1.º Con la pena de reclusión mayor, si se ocasionare la muerte del superior agredido.

Número 1.º del artículo 45 redactado por L.O. 1/1986, 8 enero, de supresión de la Jurisdicción Penal Aeronáutica y adecuación de penas por infracciones aeronáuticas («B.O.E.» 14 enero).

2.º Con la de prisión mayor a reclusión menor, si dicho superior hubiera sufrido lesiones graves de las comprendidas en los números 1 y 2 del artículo 420 del Código Penal.

3.º Con la de prisión menor, en los demás casos.

Con las mismas penas se castigará en los respectivos casos el maltrato de obra en acto de servicio o con su ocasión, al Comandante del aeropuerto, por un empleado del mismo.

Artículo 46. El tripulante o empleado que en acto de servicio o en relación con él intimide, amenace o de otro modo atente contra la libertad del superior, será castigado con arresto mayor a prisión menor.

La pena será de prisión menor, cuando concurra alguna de las circunstancias siguientes:

1.º Si los hechos se verifican con armas.

2.º Si se pone mano en el superior.

3.º Si, por consecuencia de la coacción, se accede a las exigencias del culpable.

4.º Si el hecho se realiza públicamente.

Artículo 47. El que en acto de servicio o con ocasión de él ofenda de palabra a un superior en su presencia, por escrito dirigido a él o en otra forma equivalente, incurrirá en la pena de arresto mayor o prisión menor.

SECCION SEGUNDA
ATENTADOS Y DESACATOS

Artículo 48. Los atentados y desacatos cometidos por los pasajeros contra el Comandante de la aeronave o quien haga sus veces, serán castigados con arreglo a lo dispuesto en el Código Penal.

SECCION TERCERA
DESOBEDIENCIA

Artículo 49. .....

Artículo 49 derogado por el apartado 1.f) de la Disposicion Derogatoria Única de la L.O. 10/1995, 23 noviembre, del Código Penal («B.O.E.» 24 noviembre).

Artículo 50. El pasajero que durante su permanencia en la aeronave no obedezca una orden relativa a la seguridad de la misma, será castigado con multa hasta 50.000 pesetas.

CAPITULO V
ABUSO DE AUTORIDAD Y NEGLIGENCIA EN EL EJERCICIO DEL MANDO

Artículo 51. El superior que, excediéndose arbitrariamente en sus atribuciones, maltrate de obra o irrogue de otro modo perjuicio grave a un individuo de la tripulación que le esté subordinado, incurrirá en la pena de arresto mayor o suspensión del título profesional o aeronáutico.

En la misma pena incurrirá el Comandante o individuo de la tripulación que veje, ofenda o someta a un pasajero a medidas no autorizadas por Ley o Reglamento.

Véase L.O. 13/1985, 9 diciembre, del Código Penal Militar («B.O.E.» 11 diciembre): arts. 103, 104 y 106.

Artículo 52. El Comandante que abandone arbitrariamente a cualquier miembro de la tripulación o pasaje, desembarcándole, impidiéndole la vuelta a bordo o anticipando a tal fin la partida de la aeronave, será castigado con la pena de arresto mayor.

Si el hecho se realizase fuera del territorio nacional, podrá elevarse la pena hasta prisión menor.

Artículo 53. Incurrirá en la pena de arresto mayor o pérdida del título profesional el Comandante que no emplee los medios que estén a su alcance para reprimir cualquier acto de indisciplina si del mismo pudiere derivarse dificultad o perturbación para el servicio público, o peligro para la vida de las personas, la seguridad de la aeronave o del cargamento.

CAPITULO VI
DELITOS DE FALSEDAD

Artículo 54. El Comandante que tripulare una aeronave desprovista de marcas de matrículas o nacionalidad, o que las lleve irregularmente, será castigado con la pena de arresto mayor a prisión menor.

La pena será de prisión menor y multa hasta 50.000 pesetas si se tratare de una aeronave extranjera que ostente marca de nacionalidad española.

Véase: - Ley 48/1960, de 21 de julio, sobre Navegación Aérea: arts. 28 y 29.

Artículo 55. Se impondrá la pena de prisión menor al que haga uso de documentos de a bordo de otra aeronave, a la que hubiese usurpado la marca de matrícula.

Véase Ley 48/1960, de 21 de julio, sobre Navegación Aérea: arts. 20 a 22 y 27.

Artículo 56. El que para obtener un beneficio, procurárselo a tercero o hacer recaer en otros un daño, se valga de documento de trabajo aeronáutico perteneciente a distinta persona, será castigado con la pena de arresto mayor.

Artículo 57. El que maliciosamente se declare propietario en todo o en parte de una aeronave, con el fin de poderla inscribir en el Registro y atribuirle nacionalidad española, incurrirá en la pena de prisión menor y multa hasta 100.000 pesetas.

Artículo 58. La falsificación de los libros y documentos de a bordo será castigada con las penas señaladas en el Código Penal común para la falsificación de documentos públicos.

Si dicha falsedad es realizada por miembros de la tripulación, serán considerados éstos como funcionarios públicos.

CAPITULO VII
DELITOS CONTRA LA PROPIEDAD

SECCION PRIMERA
ROBO Y HURTO

Artículo 59. El robo y el hurto cometidos a bordo de aeronave por individuos de la tripulación o en aeropuerto por empleados del mismo, serán castigados con la pena señalada en el Código Penal, impuesta en su grado máximo.

La misma pena o la superior en grado podrá imponerse al robo o hurto de la aeronave o de elementos de la misma, cuando se halle dispuesta para la navegación, o se hallare en vuelo.

Artículo 60. El Comandante de aeronave que la empleare ilegítimamente en provecho propio o de un tercero, será castigado con la pena de arresto mayor a prisión menor. Si tal empleo fuera para cometer un delito o procurar la impunidad de éste o de cualquier otro, podrá imponerse hasta la pena de prisión mayor.

Cualquier otra persona que, sin la debida autorización o sin causa lícita, usare o participare a sabiendas en el uso de una aeronave ajena, será castigado con la pena de arresto mayor. Si la aeronave se empleare para cometer un delito o procurar impunidad de éste, o de cualquier otro, se impondrá la pena de prisión menor.

Artículo 61. La apropiación de todo o parte del cargamento de una aeronave por individuos de la tripulación a quienes hubiese sido entregado para su custodia, será castigado con las penas señaladas en el Código Penal, en su grado máximo, o con el grado mínimo de la superior inmediata.

SECCION SEGUNDA
DAÑOS

Artículo 62. Las averías causadas maliciosamente en una aeronave o en su cargamento, que pongan en peligro la navegación, serán castigadas con la pena de prisión menor a prisión mayor.

Si como consecuencia de la avería se producen los efectos señalados en el artículo 13, se aplicarán las penas establecidas en éste.

Si no hubiese peligro para la navegación, se castigará como delito de daños según el Código Penal.

Se entiende por avería, a los efectos de este artículo, todo daño o desperfecto que se ocasione en la aeronave, instrumentos, motores o instalaciones de a bordo, o en el cargamento, desde que éste se reciba a bordo hasta que se descargue en el punto de destino.

Artículo 63. El que modifique, destruya o deteriore instalaciones, balizas o señales de ayuda a la navegación aérea con posible perturbación para ésta será castigado con la pena de arresto mayor a prisión menor.

SECCION TERCERA
POLIZONAJE

Artículo 64. El que clandestinamente entre sin billete en una aeronave comercial con el propósito de hacer viaje, o continúe a bordo, también clandestinamente, con el mismo fin, una vez recorrido el trayecto a que diere derecho el billete adquirido, será castigado con la pena de arresto mayor o multa hasta 20.000 pesetas.

Los tripulantes de la aeronave o empleados del aeropuerto que cooperen a la comisión del delito serán sancionados con las penas señaladas a los autores del mismo.

CAPITULO VIII
DELITOS DE IMPREVISION, IMPRUDENCIA O IMPERICIA EN EL TRAFICO AEREO

Artículo 65. El que en el ejercicio de funciones de la navegación aérea ejecute, por imprevisión, imprudencia o impericia graves, un hecho que si mediare malicia constituiría delito, será castigado con la pena de prisión menor.

Cuando el hecho se ejecutase por simple imprudencia, imprevisión o impericia, con infracción de reglamentos, será castigado con la pena de arresto mayor a prisión menor.

Lo dispuesto en los dos primeros párrafos de este artículo no tendrá lugar cuando la pena señalada al delito sea igual o menor que las contenidas en los mismos, en cuyo caso los Tribunales aplicarán la inmediatamente inferior a la que corresponda al delito doloso, en el grado que estimen conveniente.

Cuando se produjera muerte o lesiones graves a consecuencia de impericia o negligencia profesional se impondrán en su grado máximo las penas señaladas en este artículo, pudiéndose aumentar dichas penas en uno o dos grados, según los casos, a juicio del Tribunal, si los daños causados fuesen de extrema gravedad, debiendo además aplicarse como complemento de pena la pérdida del título profesional o aeronáutico. En ningún caso se impondrá pena que resultare igual o superior a la que correspondería al mismo delito cometido intencionadamente.

TITULO III
DE LAS FALTAS

CAPITULO PRIMERO
FALTAS CONTRA LA POLICIA Y SEGURIDAD DE LA NAVEGACION AEREA

Artículo 66. Serán castigados con arresto que no exceda de treinta días y multa hasta 2.500 pesetas:

1.º Los que ocupen un espacio de dominio aeronáutico impidiendo su empleo público o lleven a cabo allí instalaciones no autorizadas.

2.º Los que en las zonas de servidumbre de aeropuertos, aeródromos u otras instalaciones aeronáuticas, realicen plantaciones de cualquier género, contraviniendo lo dispuesto en las leyes.

3.º Los que en dichos lugares y en las mismas circunstancias manejen sustancias inflamables o explosivas.

4.º Los que enciendan luces, fuegos, emitan señales radioeléctricas o de cualquier otra clase que puedan inducir a error en la navegación aérea, si de ello no se deriva ningún daño.

5.º Los que contravengan las normas reglamentarias sobre balizaje de obstáculos, o las relativas a señales para ayuda a la navegación aérea.

Artículo 67. Serán castigados con multa inferior a 5.000 pesetas:

1.º Los que sin la autorización correspondiente ejerzan funciones a bordo que no exijan título aeronáutico.

2.º Los que teniendo conocimiento del aterrizaje o partida de una aeronave fuera de aeropuerto o aeródromo no lo comuniquen dentro de sus medios a la autoridad más próxima.

Artículo 68. Será castigado con arresto hasta treinta días o suspensión:

1.º El Comandante de una aeronave que navegue sin tener a bordo los aparatos y los documentos reglamentarios, lleve irregularmente la lista de la tripulación o el plan de vuelo o no ejecute las anotaciones prescritas.

2.º El Comandante que no cumpla la orden de aterrizaje urgente en cualquier aeropuerto próximo a su ruta.

3.º El Comandante de aeronave que sin autorización expresa entre en espacio reglamentariamente reservado.

4.º El Comandante que transporte pasajeros en una aeronave no calificada o autorizada para dicho transporte.

Artículo 69. Serán castigados con multa inferior a 5.000 pesetas o amonestación:

1.º El Comandante que sin incurrir en el delito prevenido en el artículo 17 aterrice en aeropuertos o aeródromos no previstos en el plan de vuelo o no lo modifique en la forma que le ordene la Autoridad competente.

2.º El Comandante de una aeronave que en caso de aterrizaje forzoso fuera de aeropuerto o aeródromo no dé el correspondiente aviso.

CAPITULO II
FALTAS CONTRA LA POLICIA DE AEROPUERTOS

Artículo 70. Serán castigados con multa que no exceda de 2.500 pesetas o arresto hasta treinta días:

1.º Los que se dediquen a la enseñanza de pilotaje aéreo sin la correspondiente autorización o realicen prácticas en espacios prohibidos.

2.º La autoridad de un aeropuerto que teniendo conocimiento de la próxima partida de alguna aeronave sin la documentación reglamentaria, o sin comprobación de ella, no tome las medidas para impedirlo.

Artículo 71. Serán castigados con arresto hasta treinta días o suspensión:

1.º El tripulante de una aeronave o el Oficial o funcionario de servicios de ayuda a la navegación que no anote con la debida exactitud las indicaciones reglamentarias en los libros a su cargo o en otros sistemas de registro reglamentariamente admitidos.

2.º El Comandante de aeronave que lleve pasajeros sin cumplir con las normas reglamentarias de seguridad para los mismos o que los transporte en mayor número que el de asientos debidamente autorizados para cada viaje.

CAPITULO III
DE OTRAS FALTAS

Artículo 72. Serán sancionados con arresto hasta treinta días, multa inferior a 5.000 pesetas o amonestación, las faltas de asistencia o puntualidad en la incorporación al servicio de individuos de la tripulación de una aeronave o funcionarios de un aeropuerto que, a juicio del Jefe de éste, originen interrupciones o posible perturbación de horarios de vuelo.

Artículo 73. Los que desde una aeronave arrojen objetos no clasificados como lastre reglamentario de la misma serán sancionados, si fuesen tripulantes, con arresto hasta treinta días y multa hasta 2.500 pesetas, y si fuesen pasajeros, con multa inferior a 5.000 pesetas.

Artículo 74. Será castigado con multa inferior a 5.000 pesetas o amonestación el que a bordo de una aeronave o dentro del aeropuerto incumpla las normas reglamentarias de policía.

Artículo 75. Los que por simple imprudencia o negligencia, sin mediar infracción de reglamentos, ejecutasen un hecho en el ejercicio de funciones de la navegación aérea, que si mediare malicia constituiría un delito de los comprendidos en esta Ley, serán castigados con la pena de arresto menor o multa inferior a 5.000 pesetas.

LIBRO SEGUNDO
DE LA JURISDICCIÓN PENAL EN LA NAVEGACIÓN AÉREA

Libro Segundo derogado por el número 1 de la disposicion derogatoria de la L.O. 1/1986, de 8 de enero, de supresión de la Jurisdicción Penal Aeronaútica y adecuación de penas por infracciones aeronaúticas («B.O.E.» 14 enero).

TITULO
UNICO DE LA JURISDICCIÓN PENAL EN LA NAVEGACIÓN AÉREA

CAPITULO I
COMPETENCIA, ORGANIZACIÓN Y PROCEDIMIENTOS

Artículo 76. .....

Artículo 77. .....

Artículo 78. .....

Artículo 79. .....

Artículo 80. .....

Artículo 81. .....

Artículo 82. .....

Artículo 83. .....

Artículo 84. .....

Artículo 85. .....

CAPITULO II
PROCEDIMIENTO PARA LA CORRECCIÓN DE LAS FALTAS

Artículo 86. .....

Artículo 87. .....

Artículo 88. .....

Artículo 89. .....

Artículo 90. .....

Artículo 91. .....

CAPITULO III
DEL PROCEDIMIENTO PARA LA IMPOSICIÓN DE MEDIDAS DE SEGURIDAD

Artículo 92. .....

Artículo 93. .....

Artículo 94. .....

Artículo 95. .....

Artículo 96. .....

Artículo 97. .....

DISPOSICIÓN TRANSITORIA

.....

Disposición transitoria derogada por el número 1 de la disposicion derogatoria de la L.O. 1/1986, de 8 de enero, de supresión de la Jurisdicción Penal Aeronaútica y adecuación de penas por infracciones aeronaúticas («B.O.E.» 14 enero).

DISPOSICIONES FINALES

Primera. .....

Segunda. .....

Disposiciones finales derogadas por el número 1 de la disposicion derogatoria de la L.O. 1/1986, de 8 de enero, de supresión de la Jurisdicción Penal Aeronaútica y adecuación de penas por infracciones aeronaúticas («B.O.E.» 14 enero).

§ 16. Instrumento de Ratificación del Estatuto de Roma de la Corte Penal Internacional, hecho en Roma el 17 de julio de 1998

(*BOE* de 27 de Mayo de 2002; c. e. *BOE* de 29 de Julio de 2002)

ÍNDICE SISTEMÁTICO

§ 16. Instrumento de Ratificación del Estatuto de Roma de la Corte Penal Internacional, hecho en Roma el 17 de julio de 1998

(*BOE* de 27 de Mayo de 2002; c. e. *BOE* de 29 de Julio de 2002)

Estatuto de 17 julio 1998, rectificado por Corrección de erratas («B.O.E.» 29 julio 2002).

JUAN CARLOS I

REY DE ESPAÑA

Concedida la autorización para la prestación del consentimiento del Estado mediante la Ley Orgánica número 6/2000, de 4 de octubre, de acuerdo con lo previsto en el artículo 93 de la Constitución Española y, por consiguiente, cumplidos los requisitos exigidos por la Legislación española, extiendo el presente Instrumento de Ratificación por el Reino de España del Estatuto de Roma de la Corte Penal Internacional, hecho en Roma el 17 de julio de 1998, con la siguiente Declaración a efectos de lo previsto en el apartado b) del párrafo 1 del artículo 103 del Estatuto:

«España declara que, en su momento, estará dispuesta a recibir a personas condenadas por la Corte Penal Internacional, a condición de que la duración de la pena impuesta no exceda del máximo más elevado previsto para cualquier delito con arreglo a la Legislación española.»

para que mediante su depósito ante el Secretario general de las Naciones Unidas, de conformidad con lo dispuesto en su artículo 125, el Reino de España pase a ser Parte de dicho Estatuto.

En fe de lo cual firmo el presente Instrumento, debidamente sellado y refrendado por el infrascrito Ministro de Asuntos Exteriores.

Dado en Madrid a 19 de octubre de 2000. *JUAN CARLOS R. El Ministro de Asuntos Exteriores, JOSEP PIQUÉ I CAMPS*

Nueva York, 25 de octubre de 2000. Número 289.

Señor Secretario general:

Adjunto remito a Vuestra Excelencia, para su registro y publicación, el Instrumento de Ratificación por parte del Reino de España del Estatuto de Roma de la Corte Penal Internacional, hecho en Roma el 17 de julio de 1998, con la siguiente Declaración a efectos de lo previsto en el apartado b) del párrafo 1 del artículo 103 del Estatuto:

«En relación con el párrafo 1 del artículo 87 del Estatuto, el Reino de España declara que, sin perjuicio de las competencias del Ministerio de Asuntos Exteriores, el Ministerio de Justicia será la autoridad competente para tramitar las solicitudes de cooperación que formule la Corte y aquellas que se dirigieren a la Corte.

En relación con el párrafo 2 del artículo 87 del Estatuto, el Reino de España declara que las solicitudes de cooperación que le dirija la Corte y los documentos que las justifiquen deberán estar redactados en español o acompañados de una traducción al español.»

Ruego a V. E., que me remita el certificado correspondiente de depósito; un ejemplar del texto auténtico en todos los idiomas oficiales, incluyendo las correcciones efectuadas en los textos; y una relación actualizada -con fechas- de los Estados que han firmado y ratificado el Estatuto, con el texto de las declaraciones que hubiesen realizado.

Aprovecho esta oportunidad para reiterarle, señor Secretario general, el testimonio de mi más alta y distinguida consideración.

INOCENCIO F. ARIAS Excmo. Sr. Kofi Annan, Secretario general de las Naciones Unidas. Nueva York.

ESTATUTO DE ROMA DE LA CORTE PENAL INTERNACIONAL

PREÁMBULO

Los Estados Partes en el presente Estatuto

Conscientes de que todos los pueblos están unidos por estrechos lazos y sus culturas configuran un patrimonio común y observando con preocupación que este delicado mosaico puede romperse en cualquier momento,

Teniendo presente que, en este siglo, millones de niños, mujeres y hombres han sido víctimas de atrocidades que desafían la imaginación y conmueven profundamente la conciencia de la humanidad, Reconociendo que esos graves crímenes constituyen una amenaza para la paz, la seguridad y el bienestar de la humanidad,

Afirmando que los crímenes más graves de trascendencia para la comunidad internacional en su conjunto no deben quedar sin castigo y que, a tal fin, hay que adoptar medidas en el plano nacional e intensificar la cooperación internacional para asegurar que sean efectivamente sometidos a la acción de la justicia,

Decididos a poner fin a la impunidad de los autores de esos crímenes y a contribuir así a la prevención de nuevos crímenes,

Recordando que es deber de todo Estado ejercer su jurisdicción penal contra los responsables de crímenes internacionales,

Reafirmando los Propósitos y Principios de la Carta de las Naciones Unidas y, en particular, que los Estados se abstendrán de recurrir a la amenaza o al uso de la fuerza contra la integridad territorial o la independencia política de cualquier Estado o en cualquier otra forma incompatible con los propósitos de las Naciones Unidas,

Destacando, en este contexto, que nada de lo dispuesto en el presente Estatuto deberá entenderse en el sentido de que autorice a un Estado Parte a intervenir en una situación de conflicto armado o en los asuntos internos de otro Estado,

Decididos, a los efectos de la consecución de esos fines y en interés de las generaciones presentes y futuras, a establecer una Corte Penal Internacional de carácter permanente, independiente y vinculada con el sistema de las Naciones Unidas que tenga competencia sobre los crímenes más graves de trascendencia para la comunidad internacional en su conjunto,

Destacando que la Corte Penal Internacional establecida en virtud del presente Estatuto será complementaria de las jurisdicciones penales nacionales,

Decididos a garantizar que la justicia internacional sea respetada y puesta en práctica en forma duradera,

Han convenido en lo siguiente:

PARTE I
DEL ESTABLECIMIENTO DE LA CORTE

Artículo 1. *La Corte.* Se instituye por el presente una Corte Penal Internacional («La Corte»). La Corte será una institución permanente, estará facultada para ejercer su jurisdicción sobre personas respecto de los crímenes más graves de trascendencia internacional de conformidad con el presente Estatuto y tendrá carácter complementario de las jurisdiccionales penales nacionales. La competencia y el funcionamiento de la Corte se regirán por las disposiciones del presente Estatuto.

Artículo 2. *Relación de la Corte con las Naciones Unidas.* La Corte estará vinculada con las Naciones Unidas por un acuerdo que deberá aprobar la Asamblea de los Estados Partes en el presente Estatuto y concluir luego el Presidente de la Corte en nombre de ésta.

Artículo 3. *Sede de la Corte.* 1. La sede de la Corte estará en La Haya, Países Bajos («el Estado anfitrión»).

2. La Corte concertará con el Estado anfitrión un acuerdo relativo a la sede que deberá aprobar la Asamblea de los Estados Partes y concluir luego el Presidente de la Corte en nombre de ésta.

3. La Corte podrá celebrar sesiones en otro lugar cuando lo considere conveniente, de conformidad con lo dispuesto en el presente Estatuto.

Artículo 4. *Condición jurídica y atribuciones de la Corte.* 1. La Corte tendrá personalidad jurídica internacional. Tendrá también la capacidad jurídica que sea necesaria para el desempeño de sus funciones y la realización de sus propósitos.

2. La Corte podrá ejercer sus funciones y atribuciones de conformidad con lo dispuesto en el presente Estatuto en el territorio de cualquier Estado Parte y, por acuerdo especial, en el territorio de cualquier otro Estado.

PARTE II
DE LA COMPETENCIA, LA ADMISIBILIDAD Y EL DERECHO APLICABLE

Artículo 5. *Crímenes de la competencia de la Corte.* 1. La competencia de la Corte se limitará a los crímenes más graves de trascendencia para la comunidad internacional en su conjunto. La Corte tendrá competencia, de conformidad con el presente Estatuto, respecto de los siguientes crímenes:

a) El crimen de genocidio;

b) Los crímenes de lesa humanidad;

c) Los crímenes de guerra;

d) El crimen de agresión.

2. ...

Número 2 del artículo 5 suprimido la Enmienda al artículo 8 y las Enmiendas relativas al crimen de agresión del Estatuto de Roma de la Corte Penal Internacional, adoptadas en Kampala el 10 y 11 de junio de 2010 («B.O.E.» 24 diciembre 2014). Manifestación del Consentimiento por L.O. 5/2014, de 17 de septiembre, por la que se autoriza la ratificación de las Enmiendas al Estatuto de Roma de la Corte Penal Internacional, relativas a los crímenes de guerra y al crimen de agresión, hechas en Kampala el 10 y 11 de junio de 2010 («B.O.E.» 18 septiembre).
Vigencia: 25 septiembre 2015

Artículo 6. *Genocidio.* A los efectos del presente Estatuto, se entenderá por «genocidio» cualquiera de los actos mencionados a continuación, perpetrados con la intención de destruir total o parcialmente a un grupo nacional, étnico, racial o religioso como tal:

a) Matanza de miembros del grupo;

b) Lesión grave a la integridad física o mental de los miembros del grupo;

c) Sometimiento intencional del grupo a condiciones de existencia que hayan de acarrear su destrucción física, total o parcial;

d) Medidas destinadas a impedir nacimientos en el seno del grupo;

e) Traslado por la fuerza de niños del grupo a otro grupo.

Artículo 7. *Crímenes de lesa humanidad.* 1. A los efectos del presente Estatuto, se entenderá por «crimen de lesa humanidad» cualquiera de los actos siguientes cuando se cometa como parte de un ataque generalizado o sistemático contra una población civil y con conocimiento de dicho ataque:

a) Asesinato;

b) Exterminio;

c) Esclavitud;

d) Deportación o traslado forzoso de población;

e) Encarcelación u otra privación grave de la libertad física en violación de normas fundamentales de derecho internacional;

f) Tortura;

g) Violación, esclavitud sexual, prostitución forzada, embarazo forzado, esterilización forzada o cualquier otra forma de violencia sexual de gravedad comparable;

h) Persecución de un grupo o colectividad con identidad propia fundada en motivos políticos, raciales, nacionales, étnicos, culturales, religiosos, de género definido en el párrafo 3, u otros motivos universalmente reconocidos como inaceptables con arreglo al derecho internacional, en conexión con cualquier acto mencionado en el presente párrafo o con cualquier crimen de la competencia de la Corte;

i) Desaparición forzada de personas;

j) El crimen de «apartheid».

k) Otros actos inhumanos de carácter similar que causen intencionalmente grandes sufrimientos o atenten gravemente contra la integridad física o la salud mental o física.

2. A los efectos del párrafo 1:

a) Por «ataque contra una población civil» se entenderá una línea de conducta que implique la comisión múltiple de actos mencionados en el párrafo 1 contra una población civil, de conformidad con la política de un Estado o de una organización de cometer ese ataque o para promover esa política;

b) El «exterminio» comprenderá la imposición intencional de condiciones de vida, entre otras, la privación del acceso a alimentos o medicinas encaminadas a causar la destrucción de parte de una población;

c) Por «esclavitud» se entenderá el ejercicio de los atributos del derecho de propiedad sobre una persona, o de algunos de ellos, incluido el ejercicio de esos atributos en el tráfico de personas, en particular mujeres y niños;

d) Por «deportación o traslado forzoso de población» se entenderá el desplazamiento forzoso de las personas afectadas, por expulsión u otros actos coactivos, de la zona en que estén legítimamente presentes, sin motivos autorizados por el derecho internacional;

e) Por «tortura» se entenderá causar intencionalmente dolor o sufrimientos graves, ya sean físicos o mentales, a una persona que el acusado tenga bajo su custodia o control; sin embargo, no se entenderá por tortura el dolor o los sufrimientos que se deriven únicamente de sanciones lícitas o que sean consecuencia normal o fortuita de ellas;

f) Por «embarazo forzado» se entenderá el confinamiento ilícito de una mujer a la que se ha dejado embarazada por la fuerza, con la intención de modificar la composición étnica de una población o de cometer otras violaciones graves del derecho internacional. En modo alguno se entenderá que esta definición afecta a las normas de derecho interno relativas al embarazo;

g) Por «persecución» se entenderá la privación intencional y grave de derechos fundamentales en contravención del derecho internacional en razón de la identidad del grupo o de la colectividad.

h) Por el crimen de «apartheid» se entenderán los actos inhumanos de carácter similar a los mencionados en el párrafo 1 cometidos en el contexto de un régimen institucionalizado de opresión y dominación sistemáticas de un grupo racial sobre uno o más grupos raciales y con la intención de mantener ese régimen;

i) Por «desaparición forzada de personas» se entenderá la aprehensión, la detención o el secuestro de personas por un Estado o una organización política o con su autorización, apoyo o aquiescencia, seguido de la negativa a admitir tal privación de libertad o dar información sobre la suerte o el paradero de esas personas, con la intención de dejarlas fuera del amparo de la ley por un período prolongado.

3. A los efectos del presente Estatuto, se entenderá que el término «género» se refiere a los dos sexos, masculino y femenino, en el contexto de la sociedad. El término «género» no tendrá más acepción que la que antecede.

Artículo 8. *Crímenes de guerra.* 1. La Corte tendrá competencia respecto de los crímenes de guerra, en particular, cuando se cometan como parte de un plan o política o como parte de la comisión en gran escala de tales crímenes.

2. A los efectos del presente Estatuto, se entiende por «crímenes de guerra»:

a) Infracciones graves de los Convenios de Ginebra de 12 de agosto de 1949, a saber, cualquiera de los siguientes actos contra personas o bienes protegidos por las disposiciones del Convenio de Ginebra pertinente:

i) El homicidio intencional;

ii) La tortura o los tratos inhumanos, incluidos los experimentos biológicos;

iii) El hecho de causar deliberadamente grandes sufrimientos o de atentar gravemente contra la integridad física o la salud;

iv) La destrucción y la apropiación de bienes, no justificadas por necesidades militares, y efectuadas a gran escala, ilícita y arbitrariamente;

v) El hecho de forzar a un prisionero de guerra o a otras personas protegidas a servir en las fuerzas de una Potencia enemiga;

vi) El hecho de privar deliberadamente a un prisionero de guerra o a otra persona protegida de su derecho a ser juzgado legítima e imparcialmente;

vii) La deportación o el traslado ilegal, o el confinamiento ilegal;

viii) La toma de rehenes;

b) Otras violaciones graves de las leyes y usos aplicables en los conflictos armados internacionales dentro del marco establecido de derecho internacional, a saber, cualquiera de los actos siguientes:

i) Dirigir intencionalmente ataques contra la población civil en cuanto tal o contra personas civiles que no participen directamente en las hostilidades;

ii) Dirigir intencionalmente ataques contra bienes civiles, es decir, bienes que no son objetivos militares;

iii) Dirigir intencionalmente ataques contra personal, instalaciones, material, unidades o vehículos participantes en una misión de mantenimiento de la paz o de asistencia humanitaria de conformidad con la Carta de las Naciones Unidades, siempre que tengan derecho a la protección otorgada a civiles o bienes civiles con arreglo al derecho internacional de los conflictos armados;

iv) Lanzar un ataque intencionalmente, a sabiendas de que causará pérdidas incidentales de vidas, lesiones a civiles o daños a bienes de carácter civil o daños extensos, duraderos y graves al medio ambiente natural que serían manifiestamente excesivos en relación con la ventaja militar concreta y directa de conjunto que se prevea;

v) Atacar o bombardear, por cualquier medio, ciudades, aldeas, viviendas o edificios que no estén defendidos y que no sean objetivos militares;

vi) Causar la muerte o lesiones a un combatiente que haya depuesto las armas o que, al no tener medios para defenderse, se haya rendido a discreción;

vii) Utilizar de modo indebido la bandera blanca, la bandera nacional o las insignias militares o el uniforme del enemigo o de las Naciones Unidas, así como los emblemas distintivos de los Convenios de Ginebra, y causar así la muerte o lesiones graves;

viii) El traslado, directa o indirectamente, por la Potencia ocupante de parte de su población civil al territorio que ocupa o la deportación o el traslado de la totalidad o parte de la población del territorio ocupado, dentro o fuera de ese territorio;

ix) Dirigir intencionalmente ataques contra edificios dedicados a la religión, la educación, las artes, las ciencias o la beneficencia, los monumentos históricos, los hospitales y los lugares en que se agrupa a enfermos y heridos, siempre que no sean objetivos militares;

x) Someter a personas que estén en poder de una parte adversa a mutilaciones físicas o a experimentos médicos o científicos de cualquier tipo que no estén justificados en razón de un tratamiento médico, dental u hospitalario, ni se lleven a cabo en su interés, y que causen la muerte o pongan gravemente en peligro su salud;

xi) Matar o herir a traición a personas pertenecientes a la nación o al ejército enemigo;

xii) Declarar que no se dará cuartel;

xiii) Destruir o apoderarse de bienes del enemigo, a menos que las necesidades de la guerra lo hagan imperativo;

xiv) Declarar abolidos, suspendidos o inadmisibles ante un tribunal los derechos y acciones de los nacionales de la parte enemiga;

xv) Obligar a los nacionales de la parte enemiga a participar en operaciones bélicas dirigidas contra su propio país, aunque hubieran estado al servicio del beligerante antes del inicio de la guerra;

xvi) Saquear una ciudad o una plaza, incluso cuando es tomada por asalto;

xvii) Emplear veneno o armas envenenadas;

xviii) Emplear gases asfixiantes, tóxicos o similares o cualquier líquido, material o dispositivo análogos;

xix) Emplear balas que se ensanchan o aplastan fácilmente en el cuerpo humano, como balas de camisa dura que no recubra totalmente la parte interior o que tenga incisiones;

xx) Emplear armas, proyectiles, materiales y métodos de guerra que, por su propia naturaleza, causen daños superfluos o sufrimientos innecesarios o surtan efectos indiscriminados en violación del derecho internacional de los conflictos armados, a condición de que esas armas o esos proyectiles, materiales o métodos de guerra, sean objeto de una prohibición completa y estén incluidos en un anexo del presente Estatuto en virtud de una enmienda aprobada de conformidad con las disposiciones que, sobre el particular, figuran en los artículos 121 y 123;

xxi) Cometer atentados contra la dignidad personal; especialmente los tratos humillantes y degradantes;

xxii) Cometer actos de violación, esclavitud sexual, prostitución forzada, embarazo forzado, definido en el apartado f) del párrafo 2 del artículo 7, esterilización forzada y cualquier otra forma de violencia sexual que también constituya una infracción grave de los Convenios de Ginebra;

xxiii) Utilizar la presencia de una persona civil u otra persona protegida para poner ciertos puntos, zonas o fuerzas militares a cubierto de operaciones militares;

xxiv) Dirigir intencionalmente ataques contra edificios, material, unidades y medios de transporte sanitarios, y contra personal que utilice los emblemas distintivos de los Convenios de Ginebra de conformidad con el derecho internacional;

xxv) Hacer padecer intencionalmente hambre a la población civil como método de hacer la guerra, privándola de los objetos indispensables para su supervivencia, incluido el hecho de obstaculizar intencionalmente los suministros de socorro de conformidad con los Convenios de Ginebra;

xxvi) Reclutar o alistar a niños menores de quince años en las fuerzas armadas nacionales o utilizarlos para participar activamente en las hostilidades;

c) En caso de conflicto armado que no sea de índole internacional, las violaciones graves del artículo 3 común a los cuatro Convenios de Ginebra de 12 de agosto de 1949, a saber, cualquiera de los siguientes actos cometidos contra personas que no participen directamente en las hostilidades, incluidos los miembros de las Fuerzas Armadas que hayan depuesto las armas y las personas puestas fuera de combate por enfermedad, herida, detención o por cualquier otra causa:

i) Los atentados contra la vida y la integridad corporal, especialmente el homicidio en todas sus formas, las mutilaciones, los tratos crueles y la tortura;

ii) Los ultrajes contra la dignidad personal, especialmente los tratos humillantes y degradantes;

iii) La toma de rehenes;

iv) Las condenas dictadas y las ejecuciones sin previo juicio ante un tribunal regularmente constituido, con todas las garantías judiciales generalmente reconocidas como indispensables.

d) El párrafo 2.c) del presente artículo se aplica a los conflictos armados que no son de índole internacional, y por consiguiente, no se aplica a las situaciones de tensiones internas y de disturbios interiores, tales como los motines, los actos esporádicos y aislados de violencia u otros actos análogos.

e) Otras violaciones graves de las leyes y los usos aplicables en los conflictos armados que no sean de índole internacional, dentro del marco establecido de derecho internacional, a saber, cualquiera de los actos siguientes:

i) Dirigir intencionalmente ataques contra la población civil como tal o contra civiles que no participen directamente en las hostilidades;

ii) Dirigir intencionalmente ataques contra edificios, material, unidades y medios de transporte sanitarios y contra el personal que utilicen los emblemas distintivos de los Convenios de Ginebra de conformidad con el derecho internacional;

iii) Dirigir intencionalmente ataques contra personal, instalaciones, material, unidades o vehículos participantes en una misión de mantenimiento de la paz o de asistencia humanitaria de conformidad con la Carta de las Naciones Unidas, siempre que tengan derecho a la protección otorgada a civiles o bienes civiles con arreglo al derecho internacional de los conflictos armados;

iv) Dirigir intencionalmente ataques contra edificios dedicados a la religión, la educación, las artes, las ciencias o la beneficencia, los monumentos históricos, los hospitales y otros lugares en que se agrupa a enfermos y heridos, a condición de que no sean objetivos militares;

v) Saquear una ciudad o plaza, incluso cuando es tomada por asalto;

vi) Cometer actos de violación, esclavitud sexual, prostitución forzada, embarazo forzado, definido en el apartado f) del párrafo 2 del artículo 7, esterilización forzada o cualquier otra forma de violencia sexual que constituya también una violación grave del artículo 3 común a los cuatro Convenios de Ginebra;

vii) Reclutar o alistar niños menores de quince años en las fuerzas armadas o grupos o utilizarlos para participar activamente en hostilidades;

viii) Ordenar del desplazamiento de la población civil por razones relacionadas con el conflicto, a menos que así lo exija la seguridad de los civiles de que se trate o por razones militares imperativas;

ix) Matar o herir a traición a un combatiente adversario;

x) Declarar que no se dará cuartel;

xi) Someter a las personas que estén en poder de otra parte en el conflicto a mutilaciones físicas o a experimentos médicos o científicos de cualquier tipo que no estén justificados en razón del tratamiento médico, dental u hospitalario de la persona de que se trate ni se lleven a cabo en su interés, y que provoquen la muerte o pongan gravemente en peligro su salud;

xii) Destruir o apoderarse de bienes de un adversario, a menos que las necesidades de conflicto lo hagan imperativo.

xiii) Emplear veneno o armas envenenadas;

xiv) Emplear gases asfixiantes, tóxicos o similares o cualquier líquido, material o dispositivo análogos;

xv) Emplear balas que se ensanchan o aplastan fácilmente en el cuerpo humano, como balas de camisa dura que no recubra totalmente la parte interior o que tenga incisiones.

Apartados xiii), xiv) y xv) de la letra e) del número 2 del artículo 8 introducidos por la Enmienda al artículo 8 y las Enmiendas relativas al crimen de agresión del Estatuto de Roma de la Corte Penal Internacional, adoptadas en Kampala el 10 y 11 de junio de 2010 («B.O.E.» 24 diciembre 2014). Manifestación del Consentimiento por L.O. 5/2014, de 17 de septiembre, por la que se autoriza la ratificación de las Enmiendas al Estatuto de Roma de la Corte Penal Internacional, relativas a los crímenes de guerra y al crimen de agresión, hechas en Kampala el 10 y 11 de junio de 2010 («B.O.E.» 18 septiembre).

Vigencia: 25 septiembre 2015

f) El párrafo 2.e) del presente artículo se aplica a los conflictos armados que no son de índole internacional y, por consiguiente, no se aplica a las situaciones de tensiones internas y de disturbios interiores, tales como los motines, los actos esporádicos y aislados de violencia u otros actos análogos. Se aplica a los conflictos armados que tienen lugar en el territorio de un Estado cuando existe un conflicto armado prolongado entre las autoridades gubernamentales y grupos armados organizados o entre tales grupos.

3. Nada de lo dispuesto en los párrafos 2.c) y e) afectará a la responsabilidad que incumbe a todo gobierno de mantener o restablecer el orden público en el Estado o de defender la unidad e integridad territorial del Estado por cualquier medio legítimo.

Artículo 8 bis. *Crimen de agresión.* 1. A los efectos del presente Estatuto, una persona comete un "crimen de agresión" cuando, estando en condiciones de controlar o dirigir efectivamente la acción política o militar de un Estado, dicha persona planifica, prepara, inicia o realiza un acto de agresión que por sus características, gravedad y escala constituya una violación manifiesta de la Carta de las Naciones Unidas.

2. A los efectos del párrafo 1, por "acto de agresión" se entenderá el uso de la fuerza armada por un Estado contra la soberanía, la integridad territorial o la independencia política de otro Estado, o en cualquier otra forma incompatible con la Carta de las Naciones Unidas. De conformidad con la resolución 3314 (XXIX) de la Asamblea General de las Naciones Unidas, de 14 de diciembre de 1974, cualquiera de los actos siguientes, independientemente de que haya o no declaración de guerra, se caracterizará como acto de agresión:

a) La invasión o el ataque por las fuerzas armadas de un Estado del territorio de otro Estado, o toda ocupación militar, aún temporal, que resulte de dicha invasión o ataque, o toda anexión, mediante el uso de la fuerza, del territorio de otro Estado o de parte de él;

b) El bombardeo, por las fuerzas armadas de un Estado, del territorio de otro Estado, o el empleo de cualesquiera armas por un Estado contra el territorio de otro Estado;

c) El bloqueo de los puertos o de las costas de un Estado por las fuerzas armadas de otro Estado;

d) El ataque por las fuerzas armadas de un Estado contra las fuerzas armadas terrestres, navales o aéreas de otro Estado, o contra su flota mercante o aérea;

e) La utilización de fuerzas armadas de un Estado, que se encuentran en el territorio de otro Estado con el acuerdo del Estado receptor, en violación de las condiciones establecidas en el acuerdo o toda prolongación de su presencia en dicho territorio después de terminado el acuerdo;

f) La acción de un Estado que permite que su territorio, que ha puesto a disposición de otro Estado, sea utilizado por ese otro Estado para perpetrar un acto de agresión contra un tercer Estado;

g) El envío por un Estado, o en su nombre, de bandas armadas, grupos irregulares o mercenarios que lleven a cabo actos de fuerza armada contra otro Estado de tal gravedad que sean equiparables a los actos antes enumerados, o su sustancial participación en dichos actos.

Artículo 8 bis introducido por la Enmienda al artículo 8 y las Enmiendas relativas al crimen de agresión del Estatuto de Roma de la Corte Penal Internacional, adoptadas en Kampala el 10 y 11 de junio de 2010 («B.O.E.» 24 diciembre 2014). Manifestación del Consentimiento por L.O. 5/2014, de 17 de septiembre, por la que se autoriza la ratificación de las Enmiendas al Estatuto de Roma de la Corte Penal Internacional, relativas a los crímenes de guerra y al crimen de agresión, hechas en Kampala el 10 y 11 de junio de 2010 («B.O.E.» 18 septiembre).

Vigencia: 25 septiembre 2015

Artículo 9. *Elementos de los crímenes.* 1. Los Elementos de los Crímenes ayudarán a la Corte a interpretar y aplicar los artículos 6, 7, 8 y 8 bis del presente Estatuto, serán aprobados por una mayoría de dos tercios de los miembros de la Asamblea de los Estados Partes.

Inciso inicial del número 1 del artículo 9 redactado por la Enmienda al artículo 8 y las Enmiendas relativas al crimen de agresión del Estatuto de Roma de la Corte Penal Internacional, adoptadas en Kampala el 10 y 11 de junio de 2010 («B.O.E.» 24 diciembre 2014). Manifestación del Consentimiento por L.O. 5/2014, de 17 de septiembre, por la que se autoriza la ratificación de las Enmiendas al Estatuto de Roma de la Corte Penal Internacional, relativas a los crímenes de guerra y al crimen de agresión, hechas en Kampala el 10 y 11 de junio de 2010 («B.O.E.» 18 septiembre).

Vigencia: 25 septiembre 2015

2. Podrán proponer enmiendas a los Elementos de los crímenes:

a) Cualquier Estado Parte;

b) Los magistrados, por mayoría absoluta;

c) El fiscal.

Las enmiendas serán aprobadas por una mayoría de dos tercios de los miembros de la Asamblea de los Estados Partes.

3. Los Elementos de los crímenes y sus enmiendas serán compatibles con lo dispuesto en el presente Estatuto.

Artículo 10. Nada de lo dispuesto en la presente parte se interpretará en el sentido de que limite o menoscabe de alguna manera las normas existentes o en desarrollo del derecho internacional para fines distintos del presente Estatuto.

Artículo 11. *Competencia temporal.* 1. La Corte tendrá competencia únicamente respecto de crímenes cometidos después de la entrada en vigor del presente Estatuto.

2. Si un Estado se hace Parte en el presente Estatuto después de su entrada en vigor, la Corte podrá ejercer su competencia únicamente con respecto a los crímenes cometidos después de la entrada en vigor del presente Estatuto respecto de ese Estado, a menos que éste haya hecho una declaración de conformidad con el párrafo 3 del artículo 12.

Artículo 12. *Condiciones previas para el ejercicio de la competencia.* 1. El Estado que pase a ser Parte en el presente Estatuto acepta por ello la competencia de la Corte respeto a los crímenes a que se refiere el artículo 5.

2. En el caso de los apartados a) o c) del artículo 13, la Corte podrá ejercer su competencia si uno o varios de los Estados siguientes son Partes en el presente Estatuto o han aceptado la competencia de la Corte de conformidad con el párrafo 3:

a) El Estado en cuyo territorio haya tenido lugar la conducta de que se trate, o si el crimen se hubiere cometido a bordo de un buque o de una aeronave, el Estado de matrícula del buque o la aeronave;

b) El Estado del que sea nacional el acusado del crimen.

3. Si la aceptación de un Estado que no sea Parte en el presente Estatuto fuere necesaria de conformidad con el párrafo 2, dicho Estado podrá, mediante declaración depositada en poder del secretario, consentir en que la Corte ejerza su competencia respecto del crimen de que se trate. El Estado aceptante cooperará con la Corte sin demora ni excepción de conformidad con la Parte IX.

Artículo 13. *Ejercicio de la competencia.* La Corte podrá ejercer su competencia respecto de cualquiera de los crímenes a que se refiere el artículo 5 de conformidad con las disposiciones del presente Estatuto si:

a) Un Estado Parte remite al fiscal, de conformidad con el artículo 14, una situación en que parezca haberse cometido uno o varios de esos crímenes;

b) El Consejo de Seguridad, actuando con arreglo a lo dispuesto en el Capítulo VII de la Carta de las Naciones Unidas, remite al fiscal una situación en que parezca haberse cometido uno o varios de esos crímenes; o

c) El fiscal ha iniciado una investigación respecto de un crimen de ese tipo de conformidad con lo dispuesto en el artículo 15.

Artículo 14. *Remisión de una situación por un Estado Parte.* 1. Todo Estado Parte podrá remitir al fiscal una situación en que parezca haber cometido uno o varios crímenes de la competencia de la Corte y pedir al fiscal que investigue la situación a los fines de determinar si ha de acusar de la comisión de tales crímenes a una o varias personas determinadas.

2. En la medida de lo posible, en la remisión se especificarán las circunstancias pertinentes y se adjuntará la documentación justificativa de que disponga el Estado denunciante.

Artículo 15. *El fiscal.* 1. El fiscal podrá iniciar de oficio una investigación sobre la base de información acerca de un crimen de la competencia de la Corte.

2. El fiscal analizará la veracidad de la información recibida. Con tal fin, podrá recabar más información de los Estados, los órganos de la Naciones Unidas, las organizaciones intergubernamentales o no gubernamentales u otras fuentes fidedignas que considere apropiadas y podrá recibir testimonios escritos y orales en la sede de la Corte.

3. El fiscal, si llegare a la conclusión de que existe fundamento suficiente para abrir una investigación, presentará a la Sala de Cuestiones Preliminares una petición de autorización para ello, junto con la documentación justificativa que haya reunido. Las víctimas podrán presentar observaciones a la Sala de Cuestiones Preliminares, de conformidad con las Reglas de Procedimiento y Prueba.

4. Si, tras haber examinado la petición y la documentación que la justifique, la Sala de Cuestiones Preliminares considerare que hay fundamento suficiente para abrir una investigación y que el asunto parece corresponder a la competencia de la Corte, autorizará el inicio de la investigación, sin perjuicio de las resoluciones que pueda adoptar posteriormente la Corte con respecto a su competencia y la admisibilidad de la causa.

5. La negativa de la Sala de Cuestiones Preliminares a autorizar la investigación no impedirá que el fiscal presente ulteriormente otra petición basada en nuevos hechos o pruebas relacionadas con la misma situación.

6. Si, después del examen preliminar a que se refieren los párrafos 1 y 2, el fiscal llega a la conclusión de que la información presentada no constituye fundamento suficiente para una investigación, informará de ello a quienes la hubieren presentado. Ello no impedirá que el fiscal examine, a la luz de hechos o pruebas nuevos, otra información que reciba en relación con la misma situación.

Artículo 15 bis. *Ejercicio de la competencia respecto del crimen de agresión.* (Remisión por un Estado, proprio motu)

1. La Corte podrá ejercer su competencia respecto del crimen de agresión de conformidad con los apartados a) y c) del artículo 13, con sujeción a las disposiciones de este articulo.

2. La Corte únicamente podrá ejercer su competencia respecto de crímenes de agresión cometidos un año después de la ratificación o aceptación de las enmiendas por treinta Estados Partes.

3. La Corte ejercerá su competencia respecto del crimen de agresión de conformidad con el presente artículo, a condición de que se adopte una decisión después del 1.° de enero de 2017 por la misma mayoría de Estados Partes que se requiere para la aprobación de una enmienda al Estatuto.

4. La Corte podrá, de conformidad con el artículo 12, ejercer su competencia sobre un crimen de agresión, resultante de un acto de agresión cometido por un Estado Parte, salvo que ese Estado Parte haya declarado previamente que no acepta esa competencia mediante el depósito de una declaración en poder del Secretario. La retirada de esa declaración podrá efectuarse en cualquier momento y será considerada por el Estado Parte en un plazo de tres años.

5. Respecto de un Estado no Parte en el presente Estatuto, la Corte no ejercerá su competencia respecto del crimen de agresión cuando éste sea cometido por los nacionales de ese Estado o en el territorio del mismo.

6. El Fiscal, si llegare a la conclusión de que existe fundamento razonable para iniciar una investigación sobre un crimen de agresión, verificará en primer lugar si el Consejo de Seguridad ha determinado la existencia de un acto de agresión cometido por el Estado de que se trate. El Fiscal notificará al Secretario General de las Naciones Unidas la situación ante la Corte, adjuntando la documentación y otros antecedentes que sean pertinentes.

7. Cuando el Consejo de Seguridad haya realizado dicha determinación, el Fiscal podrá iniciar la investigación acerca de un crimen de agresión.

8. Cuando no se realice dicha determinación en el plazo de seis meses desde la fecha de notificación, el Fiscal podrá iniciar los procedimientos de investigación respecto de un crimen de agresión, siempre y cuando la Sección de Cuestiones Preliminares, de conformidad con el procedimiento contenido en el artículo 15, haya autorizado el inicio de la investigación sobre un crimen de agresión, y el Consejo de Seguridad no haya decidido lo contrario de conformidad con el artículo 16.

9. La determinación de que hubo acto de agresión realizada por un órgano ajeno a la Corte no irá en perjuicio de las propias conclusiones de la Corte en virtud del presente Estatuto.

10. El presente artículo se entenderá sin perjuicio de las disposiciones correspondientes al ejercicio de la competencia respecto de otros crímenes a los que se hace referencia en el artículo 5.

Artículo 15 bis introducido por la Enmienda al artículo 8 y las Enmiendas relativas al crimen de agresión del Estatuto de Roma de la Corte Penal Internacional, adoptadas en Kampala el 10 y 11 de junio de 2010 («B.O.E.» 24 diciembre 2014). Manifestación del Consentimiento por L.O. 5/2014, de 17 de septiembre, por la que se autoriza la ratificación de las Enmiendas al Estatuto de Roma de la Corte Penal Internacional, relativas a los crímenes de guerra y al crimen de agresión, hechas en Kampala el 10 y 11 de junio de 2010 («B.O.E.» 18 septiembre).

Vigencia: 25 septiembre 2015

Artículo 15 ter. *Ejercicio de la competencia respecto del crimen de agresión.* (Remisión por el Consejo de Seguridad)

1. La Corte podrá ejercer su competencia respecto del crimen de agresión de conformidad con el apartado b) del artículo 13, con sujeción a las disposiciones de este artículo.

2. La Corte únicamente podrá ejercer su competencia respecto de crímenes de agresión cometidos un año después de la ratificación o aceptación de las enmiendas por treinta Estados Partes.

3. La Corte ejercerá su competencia respecto del crimen de agresión de conformidad con el presente artículo, a condición de que se adopte una decisión después del 1.° de enero de 2017 por la misma mayoría de Estados Partes que se requiere para la aprobación de una enmienda al Estatuto.

4. La determinación de que hubo acto de agresión realizada por un órgano ajeno a la Corte no irá en perjuicio de las propias conclusiones de la Corte en virtud del presente Estatuto.

5. El presente artículo se entenderá sin perjuicio de las disposiciones correspondientes al ejercicio de la competencia respecto de otros crímenes a los que se hace referencia en el artículo 5.

Artículo 15 ter introducido por la Enmienda al artículo 8 y las Enmiendas relativas al crimen de agresión del Estatuto de Roma de la Corte Penal Internacional, adoptadas en Kampala el 10 y 11 de junio de 2010 («B.O.E.» 24 diciembre 2014). Manifestación del Consentimiento por L.O. 5/2014, de 17 de septiembre, por la que se autoriza la ratificación de las Enmiendas al Estatuto de Roma de la Corte Penal Internacional, relativas a los crímenes de guerra y al crimen de agresión, hechas en Kampala el 10 y 11 de junio de 2010 («B.O.E.» 18 septiembre).

Vigencia: 25 septiembre 2015

Artículo 16. *Suspensión de la investigación o el enjuiciamiento.* En caso de que el Consejo de Seguridad, de conformidad con una resolución aprobada con arreglo a lo dispuesto en el Capítulo VII de la Carta de las Naciones Unidas, pida a la Corte que no inicie o que suspenda por un plazo de doce meses la investigación o el enjuiciamiento que haya iniciado, la Corte procederá a esa suspensión; la petición podrá ser renovada por el Consejo de Seguridad en las mismas condiciones.

Artículo 17. *Cuestiones de admisibilidad.* 1. La Corte, teniendo en cuenta el décimo párrafo del preámbulo y el artículo 1, resolverá la inadmisibilidad de un asunto cuando:

a) El asunto sea objeto de una investigación o enjuiciamiento por un Estado que tenga jurisdicción sobre él, salvo que éste no esté dispuesto a llevar a cabo la investigación o el enjuiciamiento o no pueda realmente hacerlo;

b) El asunto haya sido objeto de investigación por un Estado que tenga jurisdicción sobre él y éste haya decidido no incoar acción penal contra la persona de que se trate, salvo que la decisión haya obedecido a que no esté dispuesto a llevar a cabo el enjuiciamiento o no pueda realmente hacerlo;

c) La persona de que se trate haya sido ya enjuiciada por la conducta a que se refiere la denuncia, y la Corte no pueda adelantar el juicio con arreglo a lo dispuesto en el párrafo 3 del artículo 20;

d) El asunto no sea de gravedad suficiente para justificar la adopción de otras medidas por la Corte.

2. A fin de determinar si hay o no disposición a actuar en un asunto determinado, la Corte examinará, teniendo en cuenta los principios de un proceso con las debidas garantías reconocidos por el derecho internacional, si se da una o varias de las siguientes circunstancias, según el caso:

a) Que el juicio ya haya estado o esté en marcha o que la decisión nacional haya sido adoptada con el propósito de sustraer a la persona de que se trate de su responsabilidad penal por crímenes de la competencia de la Corte, según lo dispuesto en el artículo 5;

b) Que haya habido una demora injustificada en el juicio que, dadas las circunstancias, sea incompatible con la intención de hacer comparecer a la persona de que se trate ante la justicia;

c) Que el proceso no haya sido o no esté siendo sustanciado de manera independiente o imparcial y haya sido o esté siendo sustanciado de forma en que, dadas las circunstancias, sea incompatible con la intención de hacer comparecer a la persona de que se trate ante la justicia.

3. A fin de determinar la incapacidad para investigar o enjuiciar en un asunto determinado, la Corte examinará si el Estado, debido al colapso total o sustancial de su administración nacional de justicia o al hecho de que carece de ella, no puede hacer comparecer al acusado, no dispone de las pruebas y los testimonios necesarios o no está por otras razones en condiciones de llevar a cabo el juicio.

Artículo 18. *Decisiones preliminares relativas a la admisibilidad.* 1. Cuando se haya remitido a la Corte una situación en virtud del artículo 13.a) y el fiscal haya determinado que existen fundamentos razonables para comenzar una investigación, o el fiscal inicia una investigación en virtud de los artículos 13.c) y 15, éste lo notificará a todos los Estados Partes y a aquellos Estados que, teniendo en cuenta la información disponible, ejercerían normalmente la jurisdicción sobre los crímenes de que se trate. El fiscal podrá hacer la notificación a esos Estados con carácter confidencial y, cuando lo considere necesario a fin de proteger personas, impedir la destrucción de pruebas o impedir la fuga de personas, podrá limitar el alcance de la información proporcionada a los Estados.

2. Dentro del mes siguiente a la recepción de dicha notificación, el Estado podrá informar a la Corte que está llevando o ha llevado a cabo una investigación en relación con sus nacionales u otras personas bajo su jurisdicción respecto de actos criminales que puedan constituir crímenes contemplados en el artículo 5 y a los que se refiera la información proporcionada en la notificación a los Estados. A petición de dicho Estado, el fiscal se inhibirá de su competencia en favor del Estado en relación con la investigación sobre las personas antes mencionadas, a menos que la Sala de Cuestiones Preliminares decida, a petición del fiscal, autorizar la investigación.

3. El fiscal podrá volver a examinar la cuestión de la inhibición de su competencia al cabo de seis meses a partir de la fecha de la inhibición o cuando se haya producido un cambio significativo de circunstancias en vista de que el Estado no está dispuesto a llevar a cabo la investigación o no puede realmente hacerlo.

4. El Estado de que se trate o el fiscal podrán apelar ante la Sala de Apelaciones de la decisión de la Sala de Cuestiones Preliminares, de conformidad con lo dispuesto en el artículo 82. La apelación podrá sustanciarse en forma sumaria.

5. Cuando el fiscal se haya inhibido de su competencia en relación con la investigación, con arreglo a lo dispuesto en el párrafo 2, podrá pedir al Estado de que se trate que le informe periódicamente de la marcha de sus investigaciones y del juicio ulterior. Los Estados Partes responderán a esas peticiones sin dilaciones indebidas.

6. El fiscal podrá, hasta que la Sala de Cuestiones Preliminares haya emitido su decisión, o en cualquier momento si se hubiere inhibido de su competencia en vir-

tud de este artículo, pedir a la Sala de Cuestiones Preliminares, con carácter excepcional, que le autorice a llevar adelante las indagaciones que estime necesarias cuando exista una oportunidad única de obtener pruebas importantes o exista un riesgo significativo de que esas pruebas no estén disponibles ulteriormente.

7. El Estado que haya apelado una decisión de la Sala de Cuestiones Preliminares en virtud del presente artículo podrá impugnar la admisibilidad de un asunto en virtud del artículo 19, haciendo valer hechos nuevos importantes o un cambio significativo de las circunstancias.

Artículo 19. *Impugnación de la competencia de la Corte o de la admisibilidad de la causa.* 1. La Corte se cerciorará de ser competente en todas las causas que le sean sometidas. La Corte podrá determinar de oficio la admisibilidad de una causa de conformidad con el artículo 17.

2. Podrán impugnar la admisibilidad de la causa, por uno de los motivos mencionados en el artículo 17, o impugnar la competencia de la Corte:

a) El acusado o la persona contra la cual se haya dictado una orden de detención o una orden de comparecencia con arreglo al artículo 58;

b) Un Estado que tenga jurisdicción en la causa porque está investigándola o enjuiciándola o lo ha hecho antes; o

c) Un Estado cuya aceptación se requiera de conformidad con el artículo 12.

3. El fiscal podrá pedir a la Corte que se pronuncie sobre una cuestión de competencia o de admisibilidad. En las actuaciones relativas a la competencia o la admisibilidad, podrán presentar asimismo observaciones a la Corte quienes hayan remitido la situación de conformidad con el artículo 13 y las víctimas.

4. La admisibilidad de una causa o la competencia de la Corte sólo podrán ser impugnadas una sola vez por cualquiera de las personas o los Estados a que se hace referencia en el párrafo 2. La impugnación se hará antes del juicio o a su inicio. En circunstancias excepcionales, la Corte podrá autorizar que la impugnación se haga más de una vez o en una fase ulterior del juicio. Las impugnaciones o la admisibilidad de una causa hechas al inicio del juicio, o posteriormente con la autorización de la Corte, sólo podrán fundarse en el párrafo 1.c) del artículo 17.

5. El Estado a que se hace referencia en los apartados b) y c) del párrafo 2 del presente artículo hará la impugnación lo antes posible.

6. Antes de la confirmación de los cargos, la impugnación de la admisibilidad de una causa o de la competencia de la Corte será asignada a la Sala de Cuestiones Preliminares. Después de confirmados los cargos, será asignada a la Sala de Primera Instancia. Las decisiones relativas a la competencia o la admisibilidad podrán ser recurridas ante la Sala de Apelaciones de conformidad con el artículo 82.

7. Si la impugnación es hecha por el Estado a que se hace referencia en los apartados b) o c) del párrafo 2, el fiscal suspenderá la investigación hasta que la Corte resuelva de conformidad con el artículo 17.

8. Hasta antes de que la Corte se pronuncie, el fiscal podrá pedirle autorización para:

a) Practicar las indagaciones necesarias de la índole mencionada en el párrafo 6 del artículo 18;

b) Tomar declaración a un testigo o recibir su testimonio, o completar la recolección y el examen de las pruebas que hubiere iniciado antes de la impugnación; y

c) Impedir, en cooperación con los Estados que corresponda, que eludan la acción de la justicia personas respecto de los cuales el fiscal haya pedido ya una orden de detención en virtud del artículo 58.

9. La impugnación no afectará a la validez de ningún acto realizado por el fiscal, ni de ninguna orden o mandamiento dictado por la Corte, antes de ella.

10. Si la Corte hubiere declarado inadmisible una causa de conformidad con el artículo 17, el fiscal podrá pedir que se revise esa decisión cuando se haya cercio-

rado cabalmente de que han aparecido nuevos hechos que invalidan los motivos por los cuales la causa había sido considerada inadmisible de conformidad con dicho artículo.

11. El fiscal, si habida cuenta de las cuestiones a que se refiere el artículo 17 suspende una investigación, podrá pedir que el Estado de que se trate ponga a su disposición información sobre las actuaciones. A petición de ese Estado, dicha información será confidencial. El fiscal, si decide posteriormente abrir una investigación, notificará su decisión al Estado cuyas actuaciones hayan dado origen a la suspensión.

Artículo 20. *Cosa juzgada.* 1. Salvo que el presente Estatuto se disponga otra cosa, nadie será procesado por la Corte en razón de conductas constitutivas de crímenes por los cuales ya hubiere sido condenado o absuelto por la Corte.

2. Nadie será procesado por otro tribunal en razón de uno de los crímines(sic) mencionados en el artículo 5 por el cual la Corte ya le hubiere condenado o absuelto.

3.La Corte no procesará a nadie que haya sido procesado por otro tribunal en razón de hechos también prohibidos en virtud de los artículos 6, 7, 8 u 8 bis a menos que el proceso en el otro tribunal:

Párrafo introductorio del número 3 del artículo 20 redactado por la Enmienda al artículo 8 y las Enmiendas relativas al crimen de agresión del Estatuto de Roma de la Corte Penal Internacional, adoptadas en Kampala el 10 y 11 de junio de 2010 («B.O.E.» 24 diciembre 2014). Manifestación del Consentimiento por L.O. 5/2014, de 17 de septiembre, por la que se autoriza la ratificación de las Enmiendas al Estatuto de Roma de la Corte Penal Internacional, relativas a los crímenes de guerra y al crimen de agresión, hechas en Kampala el 10 y 11 de junio de 2010 («B.O.E.» 18 septiembre).
Vigencia: 25 septiembre 2015

a) Obedeciera al propósito de sustraer al acusado de su responsabilidad penal por crímenes de la competencia de la Corte; o

b) No hubiere sido instruido en forma independiente o imparcial de conformidad con las debidas garantías procesales reconocidas por el derecho internacional o lo hubiere sido de alguna manera que, en las circunstancias del caso, fuere incompatible con la intención de someter a la persona a la acción de la justicia.

Artículo 21. *Derecho aplicable.* 1. La Corte aplicará:

a) En primer lugar, el presente Estatuto, los Elementos de los crímenes y sus Reglas de Procedimiento y Prueba;

b) En segundo lugar, cuando proceda, los tratados aplicables, los principios y normas del derecho internacional, incluidos los principios establecidos del derecho internacional de los conflictos armados;

c) En su defecto, los principios generales del derecho que derive la Corte del derecho interno de los sistemas jurídicos del mundo, incluido, cuando proceda, el derecho interno de los Estados que normalmente ejercerían jurisdicción sobre el crimen, siempre que esos principios no sean incompatibles con el presente Estatuto ni con el derecho internacional ni las normas y estándares internacionales reconocidas.

2. La Corte podrá aplicar principios y normas de derecho respecto de los cuales hubiere hecho una interpretación en decisiones anteriores.

3. La aplicación e interpelación del derecho de conformidad con el presente artículo deberá ser compatible con los derechos humanos internacionalmente reconocidos, sin distinción alguna basada en motivos como el género, definido en el párrafo 3 del artículo 7, la edad, la raza, el color, el idioma, religión o el credo, la opinión política o de otra índole, el origen nacional, étnico o social, la posición económica, el nacimiento u otra condición.

PARTE III
DE LOS PRINCIPIOS GENERALES DE DERECHO PENAL

Artículo 22. *«Nullum crimen sine lege».* 1. Nadie será penalmente responsable de conformidad con el presente Estatuto a menos que la conducta de que se trate constituya, en el momento en que tiene lugar, un crimen de la competencia de la Corte.

2. La definición de crimen será interpretada estrictamente y no se hará extensiva por analogía. En caso de ambigüedad, será interpretada en favor de la persona objeto de investigación, enjuiciamiento o condena.

3. Nada de lo dispuesto en el presente artículo afectará a la tipificación de una conducta como crimen de derecho internacional independientemente del presente Estatuto.

Artículo 23. *«Nulla peona sine lege».* Quien sea declarado culpable por la Corte únicamente podrá ser penado de conformidad con el presente Estatuto.

Artículo 24. *Irretroactividad «ratione personae».* 1. Nadie será penalmente responsable de conformidad con el presente Estatuto por una conducta anterior a su entrada en vigor.

2. De modificarse el derecho aplicable a una causa antes de que se dicte la sentencia definitiva, se aplicará las disposiciones más favorables a la personal objeto de la investigación, el enjuiciamiento o la condena.

Artículo 25. *Responsabilidad penal individual.* 1. De conformidad con el presente Estatuto, la Corte tendrá competencia respecto de las personas naturales.

2. Quien cometa un crimen de la competencia de la Corte será responsable individualmente y podrá ser penado de conformidad con el presente Estatuto.

3. De conformidad con el presente Estatuto, será penalmente responsable y podrá ser penado por la Comisión de un crimen de la competencia de la Corte quien:

a) Cometa ese crimen por sí solo con otro o por conducto de otro, sea éste o no penalmente responsable;

b) Ordene, proponga o induzca la comisión de ese crimen, ya sea consumado o en grado de tentativa;

c) Con el propósito de facilitar la comisión de ese crimen, sea cómplice o encubridor o colabore de algún modo en la comisión o la tentativa de comisión del crimen, incluso suministrado los medios para su comisión;

d) Contribuya de algún otro modo en la comisión o tentativa de comisión del crimen por un grupo de personas que tengan una finalidad común.

La contribución deberá ser internacional y se hará:

i) Con el propósito de llevar a cabo la actividad o propósito delictivo del grupo, cuando una u otro entrañe la comisión de un crimen de la competencia de la Corte; o

ii) A sabiendas de que el grupo tiene la intención de cometer el crimen;

e) Respecto del crimen de genocidio, haga una instigación directa y pública a que se cometa;

f) Intente cometer ese crimen mediante actos que supongan un paso importante para su ejecución, aunque el crimen no se consume debido a circunstancias ajenas a su voluntad. Sin embargo, quien desista de la comisión del crimen o impida de otra forma que se consume no podrá ser penado de conformidad con el presente Estatuto por la tentativa si renunciare íntegra y voluntariamente al propósito delictivo.

3 bis Por lo que respecta al crimen de agresión, las disposiciones del presente artículo sólo se aplicarán a las personas en condiciones de controlar o dirigir efectivamente la acción política o militar de un Estado.

Número 3 bis del artículo 25 introducido por la Enmienda al artículo 8 y las Enmiendas relativas al crimen de agresión del Estatuto de Roma de la Corte Penal Internacional, adoptadas en Kampala el 10 y 11 de junio de 2010 («B.O.E.» 24 diciembre 2014). Manifestación del Consentimiento por L.O. 5/2014, de 17 de septiembre, por la que se autoriza la ratificación de las Enmiendas al Estatuto de Roma de la Corte Penal Internacional, relativas a los crímenes de guerra y al crimen de agresión, hechas en Kampala el 10 y 11 de junio de 2010 («B.O.E.» 18 septiembre).

Vigencia: 25 septiembre 2015

4. Nada de lo dispuesto en el presente Estatuto respecto de la responsabilidad penal de las personas naturales afectará a la responsabilidad del Estado conforme al derecho internacional.

Artículo 26. *Exclusión de los menores de dieciocho años de la competencia de la Corte.* La Corte no será competente respecto de los que fueren menores de dieciocho años en el momento de la presunta comisión del crimen.

Artículo 27. *Improcedencia del cargo oficial.* 1. El presente Estatuto será aplicable por igual a todos sin distinción alguna basada en el cargo oficial. En particular, el cargo oficial de una persona, sea Jefe de Estado o de Gobierno, miembro de un gobierno o parlamento, representante elegido o funcionario de gobierno, en ningún caso la eximirá de responsabilidad penal ni constituirá «per se» motivo para reducir la pena.

2. Las inmunidades y las normas de procedimientos especiales que conlleve el cargo oficial de una persona, con arreglo al derecho interno o al derecho internacional, no obstarán para que la Corte ejerza su competencia sobre ella.

Artículo 28. *Responsabilidad de los jefes y otros superiores.* Además de otras causales de responsabilidad penal de conformidad con el presente Estatuto por crímenes de la competencia de la Corte:

a) El jefe militar o el que actúe efectivamente como jefe militar será penalmente responsable por los crímenes de la competencia de la Corte que hubieren sido cometidos por fuerzas bajo su mando y control efectivo, o su autoridad y control efectivo, según sea el caso, en razón de no haber ejercido un control apropiado sobre esas fuerzas, cuando:

i) Hubiere sabido o, en razón de las circunstancias del momento, hubiere debido saber que las fuerzas estaban cometiendo esos crímenes o se proponían cometernos; y

ii) No hubiere adoptado todas las medidas necesarias y razonables a su alcance para prevenir o reprimir su comisión o para poner el asunto en conocimiento de las autoridades competentes a los efectos de su investigación y enjuiciamiento.

b) En lo que respecta a las relaciones entre superior y subordinado distintas de las señaladas en el apartado a), el superior será penalmente responsable por los crímenes de la competencia de la Corte que hubieren sido cometidos por subordinados bajo su autoridad y control efectivo, en razón de no haber ejercido un control apropiado sobre esos subordinados, cuando:

i) Hubiere tenido conocimiento o deliberadamente hubiere hecho caso omiso de información que indicase claramente que los subordinados estaban cometiendo esos crímenes o se proponían cometerlos;

ii) Los crímenes guardaren relación con actividades bajo su responsabilidad y control efectivo; y

iii) No hubiere adoptado todas las medidas necesarias y razonables a su alcance para prevenir o reprimir su comisión o para poner el asunto en conocimiento de las autoridades competentes a los efectos de su investigación y enjuiciamiento.

Artículo 29. *Imprescriptibilidad.* Los crímenes de la competencia de la Corte no prescribirán.

Artículo 30. *Elemento de intencionalidad.* 1. Salvo disposición en contrario, una persona será penalmente responsable y podrá ser penada por un crimen de la competencia de la Corte únicamente si los elementos materiales del crimen se realizan con intención y conocimiento.

2. A los efectos del presente artículo, se entiende que actúa intencionalmente quien:

a) En relación con una conducta, se propone incurrir en ella;

b) En relación con una consecuencia, se propone causarla o es consciente de que se producirá en el curso normal de los acontecimientos.

3. A los efectos del presente artículo, por «conocimiento» se entiende la conciencia de que existe una circunstancia o se va a producir una consecuencia en el curso normal de los acontecimientos. Las palabras «a sabiendas» y «con conocimiento» se entenderá en el mismo sentido.

Artículo 31. *Circunstancias eximentes de responsabilidad penal.* 1. Sin perjuicio de las demás circunstancias eximentes de responsabilidad penal establecidas en el presente Estatuto, no será penalmente responsable quien, en el momento de incurrir en una conducta:

a) Padeciere de una enfermedad o deficiencia mental que le prive de su capacidad para apreciar la ilicitud o naturaleza de su conducta, o de su capacidad para controlar esa conducta a fin de no transgredir la Ley;

b) Estuviere en un estado de intoxicación que le prive de su capacidad para apreciar la ilicitud o naturaleza de su conducta, o de su capacidad para controlar esa conducta a fin de no transgredir la ley, salvo que se haya intoxicado voluntariamente a sabiendas de que, como resultado de la intoxicación, probablemente incurriría en una conducta tipificada como crimen de la competencia de la Corte, o haya hecho caso omiso del riesgo de que ello ocurriere;

c) Actuare razonablemente en defensa propia de un tercero o, en el caso de los crímenes de guerra, de un bien que fuese esencial para su supervivencia o la de un tercero o de un bien que fuese esencial para realizar una misión militar contra un uso inminente e ilícito de la fuerza, en forma proporcional al grado de peligro para él, un tercero o los bienes protegidos. El hecho de participar en una fuerza que realizare una operación de defensa no bastará para constituir una circunstancia eximente de la responsabilidad penal de conformidad con el presente apartado;

d) Hubiere incurrido en una conducta que presuntamente constituya un crimen de la competencia de la Corte como consecuencia de coacción dimanante de una amenaza de muerte inminente o de lesiones corporales graves continuadas o inminentes para él u otra persona y en que se vea compelido a actuar necesaria y razonablemente para evitar esa amenaza, siempre que no tuviera la intención de causar un daño mayor que el que se proponía evitar. Esa amenaza podrá:

i) Haber sido hecha por otras personas; o

ii) Estar constituida por otras circunstancias ajenas a su control.

2. La Corte determinará si las circunstancias eximentes de responsabilidad penal admitidas por el presente Estatuto son aplicables en la causa de que esté conociendo.

3. En el juicio, la Corte podrá tener en cuenta una circunstancia eximente de responsabilidad penal distinta de las indicadas en el párrafo 1, siempre que dicha circunstancia se desprenda del derecho aplicable de conformidad con el artículo 21. El

procedimiento para el examen de una eximente de este tipo se establecerá en las Reglas de Procedimiento y Prueba.

Artículo 32. *Error de hecho o error de derecho.* 1. El error de hecho eximirá de responsabilidad penal únicamente si hace desaparecer el elemento de intencionalidad requerido por el crimen.

2. El error de derecho acerca de si un determinado tipo de conducta constituye un crimen de la competencia de la Corte no se considerará eximente. Con todo, el error de derecho podrá considerarse eximente si hace desaparecer el elemento de intencionalidad requerido por ese crimen o si queda comprendido en lo dispuesto en el artículo 33 del presente Estatuto.

Artículo 33. *Órdenes superiores y disposiciones legales.* 1. Quien hubiere cometido un crimen de la competencia de la Corte en cumplimiento de una orden emitida por un gobierno o un superior, sea militar o civil, no será eximido de responsabilidad penal, a menos que:

a) Estuviere obligado por ley a obedecer órdenes emitidas por el gobierno o el superior de que se trate;

b) No supiera que la orden era ilícita; y

c) La orden no fuera manifiestamente ilícita.

2. A los efectos del presente artículo, se entenderá que las órdenes de cometer genocidio o crímenes de lesa humanidad son manifiestamente ilícitas.

PARTE IV
DE LA COMPOSICIÓN Y ADMINISTRACIÓN DE LA CORTE

Artículo 34. *Órganos de la Corte.* La Corte estará compuesta de los órganos siguientes:

a) La Presidencia;

b) Una Sección de Apelaciones, una Sección de Primera Instancia y una Sección de Cuestiones Preliminares;

c) La Fiscalía;

d) La Secretaría.

Artículo 35. *Desempeño del cargo de magistrado.* 1. Todos los magistrados serán elegidos miembros de la Corte en régimen de dedicación exclusiva y estarán disponibles para desempeñar su cargo en ese régimen desde que comience su mandato.

2. Los magistrados que constituyan la Presidencia desempeñarán sus cargos en régimen de dedicación exclusiva tan pronto como sean elegidos.

3. La Presidencia podrá, en función del volumen de trabajo de la Corte, y en consulta con los miembros de ésta, decidir por cuánto tiempo será necesario que los demás magistrados desempeñen sus cargos en régimen de dedicación exclusiva. Las decisiones que se adopten en ese sentido se entenderán sin perjuicio de lo dispuesto en el artículo 40.

4. Las disposiciones financieras relativas a los magistrados que no deban desempeñar sus cargos en régimen de dedicación exclusiva serán adoptadas de conformidad con el artículo 49.

Artículo 36. *Condiciones que han de reunir los magistrados, candidaturas y elección de los magistrados.* 1. Con sujeción a lo dispuesto en el párrafo 2, la Corte estará compuesta de 18 magistrados.

2.

a) La Presidencia, actuando en nombre de la Corte, podrá proponer que aumente el número de magistrados, indicado en el párrafo 1, y señalará las razones por las cuales considera necesario y apropiado ese aumento. El secretario distribuirá prontamente la propuesta a todos los Estados Partes;

b) La propuesta será examinada en una sesión de la Asamblea de los Estados Partes que habrá de convocarse de conformidad con el artículo 112. La propuesta, que deberá ser aprobada en la sesión por una mayoría de dos tercios de los Estados Partes, entrará en vigor en la fecha en que decida la Asamblea;

c)

i) Una vez que se haya aprobado una propuesta para aumentar el número de magistrados con arreglo al apartado b), la elección de los nuevos magistrados se llevará a cabo en el siguiente período de sesiones de la Asamblea de los Estados Partes, de conformidad con los párrafos 3 a 8 del presente artículo y con el párrafo 2 del artículo 37;

ii) Una vez que se haya aprobado y haya entrado en vigor una propuesta para aumentar el número de magistrados con arreglo a los apartados b) y c)i), la Presidencia podrá en cualquier momento, si el volumen de trabajo de la Corte lo justifica, proponer que se reduzca el número de magistrados, siempre que ese número no sea inferior al indicado en el párrafo 1. La propuesta será examinada de conformidad con el procedimiento establecido en los apartados a) y b). De ser aprobada, el número de magistrados se reducirá progresivamente a medida que expiren los mandatos y hasta que se llegue al número debido.

3.

a) Los magistrados serán elegidos entre personas de alta consideración moral, imparcialidad e integridad que reúnan las condiciones requeridas para el ejercicio de las más altas funciones judiciales en sus respectivos países;

b) Los candidatos a magistrados deberán tener:

i) Reconocida competencia en derecho y procedimiento penales y la necesaria experiencia en causas penales en calidad de magistrado, fiscal, abogado u otra función similar; o

ii) Reconocida competencia en materias pertinentes de derecho internacional, tales como el derecho internacional humanitario y las normas de derechos humanos, así como gran experiencia en funciones jurídicas profesionales que tengan relación con la labor judicial de la Corte;

c) Los candidatos a magistrado deberán tener un excelente conocimiento y dominio de por lo menos uno de los idiomas de trabajo de la Corte.

4.

a) Cualquier Estado Parte en el presente Estatuto podrá proponer candidatos en las elecciones para magistrado de la Corte mediante;

i) El procedimiento previsto para proponer candidatos a los más altos cargos judiciales del país; o

ii) El procedimiento previsto en el Estatuto de la Corte Internacional de Justicia para proponer candidatos a esa Corte.

Las propuestas deberán ir acompañadas de una exposición detallada acerca del grado en que el candidato cumple los requisitos enunciados en el párrafo 3;

b) Un Estado Parte podrá proponer un candidato que no tenga necesariamente su nacionalidad, pero que en todo caso sea nacional de un Estado Parte;

c) La Asamblea de los Estados Partes podrá decidir que se establezca un comité asesor para las candidaturas. En ese caso, la Asamblea de los Estados Partes determinará la composición y el mandato del comité.

5. A los efectos de la elección se harán dos listas de candidatos:

La lista A, con los nombres de los candidatos que reúnan los requisitos enunciados en el apartado b)i) del párrafo 3; y

La lista B, con los nombres de los candidatos que reúnan los requisitos enunciados en el apartado b)ii) del párrafo 3.

El candidato que reúna los requisitos requeridos para ambas listas podrá elegir en cuál desea figurar. En la primera elección de miembros de la Corte, por lo menos nueve magistrados serán elegidos entre los candidatos de la lista A y por lo menos cinco serán elegidos entre los de la lista B. Las elecciones subsiguientes se organizarán de manera que se mantenga en la Corte una proporción equivalente de magistrados de ambas listas.

6.

a) Los magistrados serán elegidos por votación secreta en una sesión de la Asamblea de los Estados Partes convocada con ese fin con arreglo al artículo 112. Con sujeción a lo dispuesto en el párrafo 7, serán elegidos los 18 candidatos que obtengan el mayor número de votos y una mayoría de dos tercios de los Estados Partes presentes y votantes;

b) En el caso de que en la primera votación no resulte elegido un número suficiente de magistrados, se procederá a nuevas votaciones de conformidad con los procedimientos establecidos en el apartado a) hasta cubrir los puestos restantes.

7. No podrá haber dos magistrados que sean nacionales del mismo Estado. Toda persona que, para ser elegida magistrado, pudiera ser considerada nacional de más de un Estado, será considerada nacional del Estado donde ejerza habitualmente sus derechos civiles y políticos.

8.

a) Al seleccionar a los magistrados, los Estados Partes tendrán en cuenta la necesidad de que en la composición de la Corte haya:

i) Representación de los principales sistemas jurídicos del mundo;

ii) Distribución geográfica equitativa; y

iii) Representación equilibrada de magistrados mujeres y hombres.

b) Los Estados Partes tendrán también en cuenta la necesidad de que haya en la Corte magistrados que sean juristas especializados en temas concretos que incluyan, entre otros, la violencia contra las mujeres y los niños.

9.

a) Con sujeción a lo dispuesto en el apartado b), los magistrados serán elegidos por un mandato de nueve años y, con sujeción al apartado c) y al párrafo 2 del artículo 37, no podrán ser reelegidos;

b) En la primera elección, un tercio de los magistrados elegidos será seleccionado por sorteo para desempeñar un mandato de tres años, un tercio de los magistrados será seleccionado por sorteo para desempeñar un mandato de seis años y el resto desempeñará un mandato de nueve años;

c) Un magistrado seleccionado para desempeñar un mandato de tres años de conformidad con el apartado b) podrá ser reelegido por un mandato completo.

10. No obstante lo dispuesto en el párrafo 9, un magistrado asignado a una Sala de Primera Instancia o una Sala de Apelaciones de conformidad con el artículo 39 seguirá en funciones a fin de llevar a término el juicio o la apelación de los que haya comenzado a conocer en esa Sala.

Artículo 37. *Vacantes.* 1. En caso de producirse una vacante se celebrará una elección de conformidad con el artículo 36 para cubrirla.

2. El magistrado elegido para cubrir una vacante desempeñará el cargo por el resto del mandato de su predecesor y, si éste fuera de tres años o menos, podrá ser reelegido por un mandato completo con arreglo al artículo 36.

Artículo 38. *Presidencia.* 1. El Presidente, el Vicepresidente primero y el Vicepresidente segundo serán elegidos por mayoría absoluta de los magistrados. Cada uno desempeñará su cargo por un período de tres años o hasta el término de su mandato como magistrado, si éste se produjere antes. Podrán ser reelegidos una vez.

2. El Vicepresidente primero sustituirá al Presidente cuando éste se halle en la imposibilidad de ejercer sus funciones o haya sido recusado. El Vicepresidente segundo sustituirá al Presidente cuando éste y el Vicepresidente primero se hallen en la imposibilidad de ejercer sus funciones o hayan sido recusados.

3. El Presidente, el Vicepresidente primero y el Vicepresidente segundo constituirán la Presidencia, que estará encargada de:

a) La correcta administración de la Corte, con excepción de la Fiscalía; y

b) Las demás funciones que se le confieren de conformidad con el presente Estatuto.

4. En el desempeño de sus funciones enunciadas en el párrafo 3.a), la Presidencia actuará en coordinación con el fiscal y recabará su aprobación en todos los asuntos de interés mutuo.

Artículo 39. *Las Salas.* 1. Tan pronto como sea posible después de la elección de los magistrados, la Corte se organizará en las secciones indicadas en el artículo 34.b). La Sección de Apelaciones se compondrá del Presidente y otros cuatro magistrados, la Sección de Primera Instancia de no menos de seis magistrados, y la Sección de Cuestiones Preliminares de no menos de seis magistrados. Los magistrados serán asignados a las secciones según la naturaleza de las funciones que corresponderán a cada una y sus respectivas calificaciones y experiencia, de manera que en cada sección haya una combinación apropiada de especialistas en derecho y procedimiento penales y en derecho internacional. La Sección de Primera Instancia y la Sección de Cuestiones Preliminares estarán integradas predominantemente por magistrados que tengan experiencia en procedimiento penal.

2.

a) Las funciones judiciales de la Corte serán realizadas en cada sección por las salas;

b)

i) La Sala de Apelaciones se compondrá de todos los magistrados de la Sección de Apelaciones;

ii) Las funciones de la Sala de Primera Instancia serán realizadas por tres magistrados de la Sección de Primera Instancia;

iii) Las funciones de la Sala de Cuestiones Preliminares serán realizadas por tres magistrados de la Sección de Cuestiones Preliminares o por un solo magistrado de dicha Sección, de conformidad con el presente Estatuto y las Reglas de Procedimiento y Prueba;

c) Nada de lo dispuesto en el presente párrafo obstará a que se constituyan simultáneamente más de una Sala de Primera Instancia o Sala de Cuestiones Preliminares cuando la gestión eficiente del trabajo de la Corte así lo requiera.

3.

a) Los magistrados asignados a las Secciones de Primera Instancia y de Cuestiones Preliminares desempeñarán el cargo en esas Secciones por un período de tres años, y posteriormente hasta llevar a término cualquier causa de la que hayan empezado a conocer en la sección de que se trate;

b) Los magistrados asignados a la Sección de Apelaciones desempeñarán el cargo en esa Sección durante todo su mandato.

4. Los magistrados asignados a la Sección de Apelaciones desempeñarán el cargo únicamente en esa Sección. Nada de lo dispuesto en el presente artículo obstará, sin embargo, a que se asignen temporalmente magistrados de la Sección de Primera Instancia a la Sección de Cuestiones Preliminares, o a la inversa, si la Presidencia considera que la gestión eficiente del trabajo de la Corte así lo requiere, pero en ningún caso podrá formar parte de la Sala de Primera Instancia que conozca de una causa un magistrado que haya participado en la etapa preliminar.

Artículo 40. *Independencia de los magistrados.* 1. Los magistrados serán independientes en el desempeño de sus funciones.

2. Los magistrados no realizarán actividad alguna que pueda ser incompatible con el ejercicio de sus funciones judiciales o menoscabar la confianza en su independencia.

3. Los magistrados que tengan que desempeñar sus cargos en régimen de dedicación exclusiva en la sede de la Corte no podrán desempeñar ninguna otra ocupación de carácter profesional.

4. Las cuestiones relativas a la aplicación de los párrafos 2 y 3 serán dirimidas por mayoría absoluta de los magistrados. El magistrado al que se refiera una de estas cuestiones no participará en la adopción de la decisión.

Artículo 41. *Dispensa y recusación de los magistrados.* 1. La Presidencia podrá, a petición de un magistrado, dispensarlo del ejercicio de alguna de las funciones que le confiere el presente Estatuto, de conformidad con las Reglas de Procedimiento y Prueba.

2.

a) Un magistrado no participará en ninguna causa en que, por cualquier motivo, pueda razonablemente ponerse en duda su imparcialidad. Un magistrado será recusado de conformidad con lo dispuesto en el presente párrafo, entre otras razones, si hubiese intervenido anteriormente, en cualquier calidad, en una causa de la que la Corte estuviere conociendo o en una causa penal conexa sustanciada a nivel nacional y que guardare relación con la persona objeto de investigación o enjuiciamiento. Un magistrado será también recusado por los demás motivos que se establezcan en las Reglas de Procedimiento y Prueba;

b) El fiscal o la persona objeto de investigación o enjuiciamiento podrá pedir la recusación de un magistrado con arreglo a lo dispuesto en el presente párrafo;

c) Las cuestiones relativas a la recusación de un magistrado serán dirimidas por mayoría absoluta de los magistrados. El magistrado cuya recusación se pida tendrá derecho a hacer observaciones sobre la cuestión, pero no tomará parte en la decisión.

Artículo 42. *La Fiscalía.* 1. La Fiscalía actuará en forma independiente como órgano separado de la Corte. Estará encargada de recibir remisiones e información corroborada sobre crímenes de la competencia de la Corte para examinarlas y realizar investigaciones o ejercitar la acción penal ante la Corte. Los miembros de la Fiscalía no solicitarán ni cumplirán instrucciones de fuentes ajenas a la Corte.

2. La Fiscalía estará dirigida por el fiscal. El fiscal tendrá plena autoridad para dirigir y administrar la Fiscalía, con inclusión del personal, las instalaciones y otros recursos. El fiscal contará con la ayuda de uno o más fiscales adjuntos, que podrán desempeñar cualquiera de las funciones que le correspondan de conformidad con el presente Estatuto. El fiscal y los fiscales adjuntos tendrán que ser de diferentes nacionalidades y desempeñarán su cargo en régimen de dedicación exclusiva.

3. El fiscal y los fiscales adjuntos serán personas que gocen de alta consideración moral, que posean un alto nivel de competencia y tengan extensa experiencia práctica en el ejercicio de la acción penal o la sustanciación de causas penales. Deberán tener un excelente conocimiento y dominio de al menos uno de los idiomas de trabajo de la Corte.

4. El fiscal será elegido en votación secreta y por mayoría absoluta de los miembros de la Asamblea de los Estados Partes. Los fiscales adjuntos serán elegidos en la misma forma de una lista de candidatos presentada por el fiscal.

El fiscal propondrá tres candidatos para cada puesto de fiscal adjunto que deba cubrirse. Salvo que en el momento de la elección se fije un período más breve, el fiscal y los fiscales adjuntos desempeñarán su cargo por un período de nueve años y no podrán ser reelegidos.

5. El fiscal y los fiscales adjuntos no realizarán actividad alguna que pueda interferir en el ejercicio de sus funciones o menoscabar la confianza en su independencia. No podrán desempeñar ninguna otra ocupación de carácter profesional.

6. La Presidencia podrá, a petición del fiscal o de un fiscal adjunto, dispensarlos de intervenir en una causa determinada.

7. El fiscal y los fiscales adjuntos no participarán en ningún asunto en que, por cualquier motivo, pueda razonablemente ponerse en duda su imparcialidad. Serán recusados de conformidad con lo dispuesto en el presente párrafo, entre otras razones, si hubiesen intervenido anteriormente, en cualquier calidad, en una causa de que la Corte estuviere conociendo o en una causa penal conexa sustanciada a nivel nacional y que guardare relación con la persona objeto de investigación o enjuiciamiento.

8. Las cuestiones relativas a la recusación del fiscal o de un fiscal adjunto serán dirimidas por la Sala de Apelaciones:

a) La persona objeto de investigación o enjuiciamiento podrá en cualquier momento pedir la recusación del fiscal o de un fiscal adjunto por los motivos establecidos en el presente artículo;

b) El fiscal o el fiscal adjunto, según proceda, tendrán derecho a hacer observaciones sobre la cuestión.

9. El fiscal nombrará asesores jurídicos especialistas en determinados temas como, por ejemplo, violencia sexual, violencia por razones de género y violencia contra los niños.

Artículo 43. *La Secretaría.* 1. La Secretaría, sin perjuicio de las funciones y atribuciones del fiscal de conformidad con lo dispuesto en el artículo 42, estará encargada de los aspectos no judiciales de la administración de la Corte y de prestarle servicios.

2. La Secretaría será dirigida por el secretario, que será el principal funcionario administrativo de la Corte. El secretario ejercerá sus funciones bajo la autoridad del Presidente de la Corte.

3. El secretario y el secretario adjunto deberán ser personas que gocen de consideración moral y tener un alto nivel de competencia y un excelente conocimiento y dominio de al menos uno de los idiomas de trabajo de la Corte.

4. Los magistrados elegirán al secretario en votación secreta por mayoría absoluta y teniendo en cuenta las recomendaciones de la Asamblea de los Estados Partes. De ser necesario elegirán, por recomendación del secretario y con arreglo al mismo procedimiento, un secretario adjunto.

5. El secretario será elegido por un período de cinco años en régimen de dedicación exclusiva y podrá ser reelegido una sola vez. El secretario adjunto será elegido por un período de cinco años, o por uno más breve, si así lo deciden los magistrados por mayoría absoluta, en el entendimiento de que prestará sus servicios según sea necesario.

6. El secretario establecerá una Dependencia de Víctimas y Testigos dentro de la Secretaría. Esta Dependencia, en consulta con la Fiscalía, adoptará medidas de protección y dispositivos de seguridad y prestará asesoramiento y otro tipo de asistencia a testigos y víctimas que comparezcan ante la Corte, y a otras personas que estén en peligro en razón del testimonio prestado. La Dependencia contará con personal especializado para atender a las víctimas de traumas, incluidos los relacionados con delitos de violencia sexual.

Artículo 44. *El personal.* 1. El fiscal y el secretario nombrarán los funcionarios calificados que sean necesarios en sus respectivas oficinas. En el caso del fiscal, ello incluirá el nombramiento de investigadores.

2. En el nombramiento de los funcionarios, el fiscal y el secretario velarán por el más alto grado de eficiencia, competencia e integridad y tendrán en cuenta, «mutatis mutandis», los criterios establecidos en el párrafo 8 del artículo 36.

3. El secretario, con la anuencia de la Presidencia y del fiscal, propondrá un reglamento del personal que establecerá las condiciones en que el personal de la Corte será designado, remunerado o separado del servicio. El Reglamento del Personal estará sujeto a la aprobación de la Asamblea de los Estados Partes.

4. La Corte podrá, en circunstancias excepcionales, recurrir a la pericia de personal proporcionado gratuitamente por Estados Partes, organizaciones intergubernamentales u organizaciones no gubernamentales para que colabore en la labor de cualquiera de los órganos de la Corte. El fiscal podrá aceptar ofertas de esa índole en nombre de la Fiscalía. El personal proporcionado gratuitamente será empleado de conformidad con directrices que ha de establecer la Asamblea de los Estados Partes.

Artículo 45. *Promesa solemne.* Antes de asumir las obligaciones del cargo de conformidad con el presente Estatuto, los magistrados, el fiscal, los fiscales adjuntos, el secretario y el secretario adjunto declararán solemnemente y en sesión pública que ejercerán sus atribuciones con toda imparcialidad y conciencia.

Artículo 46. *Separación del cargo.* 1. Un magistrado, el fiscal, un fiscal adjunto, el secretario o el secretario adjunto será separado del cargo si se adopta una decisión a tal efecto de conformidad con lo dispuesto en el párrafo 2 cuando se determine que:

a) Ha incurrido en falta grave o en incumplimiento grave de las funciones que le confiere el presente Estatuto y según lo establecido en las Reglas de Procedimiento y Prueba; o

b) Está imposibilitado de desempeñar las funciones descritas en el presente Estatuto.

2. La decisión de separar del cargo a un magistrado, el fiscal o un fiscal adjunto de conformidad con el párrafo 1 será adoptada por la Asamblea de los Estados Partes en votación secreta:

a) En el caso de un magistrado, por mayoría de dos tercios de los Estados Partes y previa recomendación aprobada por mayoría de dos tercios de los demás magistrados;

b) En el caso del fiscal, por mayoría absoluta de los Estados Partes;

c) En el caso de un fiscal adjunto, por mayoría absoluta de los Estados Partes y previa recomendación del fiscal.

3. La decisión de separar del cargo al secretario o a un secretario adjunto será adoptada por mayoría absoluta de los magistrados.

4. El magistrado, fiscal, fiscal adjunto, secretario o secretario adjunto cuya conducta o cuya idoneidad para el ejercicio de las funciones del cargo, de conformidad con el presente Estatuto, haya sido impugnada en virtud del presente artículo podrá presentar y obtener pruebas y presentar escritos de conformidad con las Reglas de Procedimiento y Prueba; sin embargo, no podrá participar por ningún otro concepto en el examen de la cuestión.

Artículo 47. *Medidas disciplinarias.* El magistrado, fiscal, fiscal adjunto, secretario o secretario adjunto que haya incurrido en una falta menos grave que la establecida en el párrafo 1 del artículo 46 será objeto de medidas disciplinarias de conformidad con las Reglas de Procedimiento y Prueba.

Artículo 48. *Privilegios e inmunidades.* 1. La Corte gozará en el territorio de cada Estado Parte de los privilegios e inmunidades que sean necesarios para el cumplimiento de sus funciones.

2. Los magistrados, el fiscal, los fiscales adjuntos y el secretario gozarán, cuando actúen en el desempeño de sus funciones o en relación con ellas, de los mismos privilegios e inmunidades reconocidos a los jefes de las misiones diplomáticas y, una vez expirado su mandato, seguirán gozando de absoluta inmunidad judicial por las declaraciones hechas oralmente o por escrito y los actos realizados en el desempeño de sus funciones oficiales.

3. El secretario adjunto, el personal de la Fiscalía y el personal de la Secretaría gozarán de los privilegios e inmunidades y de las facilidades necesarias para el cumplimiento de sus funciones, de conformidad con el acuerdo sobre los privilegios e inmunidades de la Corte.

4. Los abogados, peritos, testigos u otras personas cuya presencia se requiera en la sede de la Corte serán objeto del tratamiento que sea necesario para el funcionamiento adecuado de la Corte, de conformidad con el acuerdo sobre los privilegios e inmunidades de la Corte.

5. Se podrá renunciar a los privilegios e inmunidades:

a) En el caso de un magistrado o el fiscal, por decisión de la mayoría absoluta de los magistrados.

b) En el caso del secretario, por la Presidencia.

c) En el caso de los fiscales adjuntos y el personal de la Fiscalía, por el fiscal.

d) En el caso del secretario adjunto y el personal de la Secretaría, por el secretario.

Artículo 49. *Sueldos, estipendios y dietas.* Los magistrados, el fiscal, los fiscales adjuntos, el secretario y el secretario adjunto percibirán los sueldos, estipendios y dietas que decida la Asamblea de los Estados Partes. Esos sueldos y estipendios no serán reducidos en el curso de su mandato.

Artículo 50. *Idiomas oficiales y de trabajo.* 1. Los idiomas oficiales de la Corte serán el árabe, el chino, el español, el francés, el inglés y el ruso. Las sentencias de la Corte, así como las otras decisiones que resuelvan cuestiones fundamentales de que conozca la Corte, serán publicadas en los idiomas oficiales. La Presidencia, de conformidad con los criterios establecidos en las Reglas de Procedimiento y Prueba, determinará cuáles son las decisiones que resuelven cuestiones fundamentales a los efectos del presente párrafo.

2. Los idiomas de trabajo de la Corte serán el francés y el inglés. En las Reglas de Procedimiento y Prueba se determinará en qué casos podrá utilizarse como idioma de trabajo otros idiomas oficiales.

3. La Corte autorizará a cualquiera de las partes o cualquiera de los Estados a que se haya permitido intervenir en un procedimiento, previa solicitud de ellos, a utilizar un idioma distinto del francés o el inglés, siempre que considere que esta autorización está adecuadamente justificada.

Artículo 51. *Reglas de Procedimiento y Prueba.* 1. Las Reglas de Procedimiento y Prueba entrarán en vigor tras su aprobación por mayoría de dos tercios de los miembros de la Asamblea de los Estados Partes.

2. Podrán proponer enmiendas a las Reglas de Procedimiento y Prueba:

a) Cualquier Estado Parte;

b) Los magistrados, por mayoría absoluta, o

c) El fiscal.

Las enmiendas entrarán en vigor tras su aprobación en la Asamblea de los Estados Partes por mayoría de dos tercios.

3. Una vez aprobadas las Reglas de Procedimiento y Prueba, en casos urgentes, y cuando éstas no resuelvan una situación concreta suscitada en la Corte, los magistrados podrán, por una mayoría de dos tercios, establecer reglas provisionales que se aplicarán hasta que la Asamblea de los Estados Partes las apruebe, enmiende o rechace en su siguiente período ordinario o extraordinario de sesiones.

4. Las Reglas de Procedimiento y Prueba, las enmiendas a ellas y las reglas provisionales deberán estar en consonancia con el presente Estatuto. Las enmiendas a las Reglas de Procedimiento y Prueba, así como las reglas provisionales, no se aplicarán retroactivamente en detrimento de la persona que sea objeto de la investigación o el enjuiciamiento o que haya sido condenada.

5. En caso de conflicto entre las disposiciones del Estatuto y las de las Reglas de Procedimiento y Prueba, prevalecerá el Estatuto.

Véase Res. 19 septiembre 2011, de la Secretaría General Técnica, por la que se publican las Reglas de procedimiento y prueba de la Corte Penal Internacional («B.O.E.» 26 septiembre).

Artículo 52. *Reglamento de la Corte.* 1. Los magistrados, de conformidad con el presente Estatuto y las Reglas de Procedimiento y Prueba, aprobarán por mayoría absoluta el Reglamento de la Corte que sea necesario para su funcionamiento ordinario.

2. Se consultará al fiscal y al secretario en la preparación del Reglamento y de cualquier enmienda a él.

3. El Reglamento y sus enmiendas entrarán en vigor al momento de su aprobación, a menos que los magistrados decidan otra cosa. Inmediatamente después de su aprobación, serán distribuidos a los Estados Partes para recabar sus observaciones. Se mantendrán en vigor si, en un plazo de seis meses, no se han recibido objeciones de una mayoría de los Estados Partes.

PARTE V
DE LA INVESTIGACIÓN Y EL ENJUICIAMIENTO

Artículo 53. *Inicio de una investigación.* 1. El fiscal, después de evaluar la información de que disponga, iniciará una investigación, a menos que determine que no existe fundamento razonable para proceder a ella con arreglo al presente Estatuto. Al decidir si ha de iniciar una investigación, el fiscal tendrá en cuenta si:

a) La información de que dispone constituye fundamento razonable para creer que se ha cometido o se está cometiendo un crimen de la competencia de la Corte.

b) La causa es o sería admisible de conformidad con el artículo 17.

c) Existen razones sustanciales para creer que, aun teniendo en cuenta la gravedad del crimen y los intereses de las víctimas, una investigación no redundaría en interés de la justicia.

El fiscal, si determinare que no hay fundamento razonable para proceder a la investigación y la determinación se basare únicamente en el apartado c), lo comunicará a la Sala de Cuestiones Preliminares.

2. Si, tras la investigación, el fiscal llega a la conclusión de que no hay fundamento suficiente para el enjuiciamiento, ya que:

a) No existe una base suficiente de hecho o de derecho para pedir una orden de detención o de comparecencia de conformidad con el artículo 58;

b) La causa es inadmisible de conformidad con el artículo 17, o

c) El enjuiciamiento no redundaría en interés de la justicia, teniendo en cuenta todas las circunstancias, entre ellas la gravedad del crimen, los intereses de las víctimas y la edad o enfermedad del presunto autor y su participación en el presunto crimen; notificará su conclusión motivada a la Sala de Cuestiones Preliminares y al Estado que haya remitido el asunto de conformidad con el artículo 14 o al

Consejo de Seguridad si se trata de un caso previsto en el párrafo b) del artículo 13.

3.

a) A petición del Estado que haya remitido el asunto con arreglo al artículo 14 o del Consejo de Seguridad de conformidad con el párrafo b) del artículo 13, la Sala de Cuestiones Preliminares podrá examinar la decisión del fiscal de no proceder a la investigación de conformidad con el párrafo 1 o el párrafo 2 y pedir al fiscal que reconsidere esa decisión.

b) Además, la Sala de Cuestiones Preliminares podrá, de oficio, revisar una decisión del fiscal de no proceder a la investigación si dicha decisión se basare únicamente en el párrafo 1.c), o el párrafo 2.c). En ese caso, la decisión del fiscal únicamente surtirá efecto si es confirmada por la Sala de Cuestiones Preliminares.

4. El fiscal podrá reconsiderar en cualquier momento su decisión de iniciar una investigación o enjuiciamiento sobre la base de nuevos hechos o nuevas informaciones.

Artículo 54. *Funciones y atribuciones del fiscal con respecto a las investigaciones.* 1. El fiscal:

a) A fin de establecer la veracidad de los hechos, ampliará la investigación a todos los hechos y las pruebas que sean pertinentes para determinar si hay responsabilidad penal de conformidad con el presente Estatuto y, a esos efectos, investigará tanto las circunstancias incriminantes como las eximentes;

b) Adoptará medidas adecuadas para asegurar la eficacia de la investigación y el enjuiciamiento de los crímenes de la competencia de la Corte. A esos efectos, respetará los intereses y las circunstancias personales de víctimas y testigos, entre otros, la edad, el género, definido en el párrafo 3 del artículo 7, y la salud, y tendrá en cuenta la naturaleza de los crímenes, en particular los de violencia sexual, violencia por razones de género y violencia contra los niños, y

c) Respetará plenamente los derechos que confiere a las personas el presente Estatuto.

2. El fiscal podrá realizar investigaciones en el territorio de un Estado:

a) De conformidad con las disposiciones de la Parte IX, o

b) Según lo autoriza la Sala de Cuestiones Preliminares de conformidad con el párrafo 3.d) del artículo 57.

3. El fiscal podrá:

a) Reunir y examinar pruebas;

b) Hacer comparecer e interrogar a las personas objeto de investigación, las víctimas y los testigos;

c) Solicitar la cooperación de un Estado u organización o acuerdo intergubernamental de conformidad con su respectiva competencia o mandato;

d) Concertar las disposiciones o los acuerdos compatibles con el presente Estatuto que sean necesarios para facilitar la cooperación de un Estado, una organización intergubernamental o una persona;

e) Convenir en que no divulgará en ninguna etapa del procedimiento los documentos o la información que obtenga a condición de preservar su carácter confidencial y, únicamente, a los efectos de obtener nuevas pruebas, salvo con el acuerdo de quien haya facilitado la información, y

f) Adoptar o pedir que se adopten las medidas necesarias para asegurar el carácter confidencial de la información, la protección de una persona o la preservación de las pruebas.

Artículo 55. *Derechos de las personas durante la investigación.* 1. En las investigaciones realizadas de conformidad con el presente Estatuto:

a) Nadie será obligado a declarar contra sí mismo ni a declararse culpable;

b) Nadie será sometido a forma alguna de coacción, intimidación o amenaza, a torturas ni a otros tratos o castigos crueles, inhumanos o degradantes;

c) Quien haya de ser interrogado en un idioma que no sea el que comprende y habla perfectamente contará, sin cargo alguno, con los servicios de un intérprete competente y las traducciones que sean necesarias a los efectos de cumplir el requisito de equidad, y

d) Nadie será sometido a arresto o detención arbitrarios ni será privado de su libertad salvo por los motivos previstos en el presente Estatuto y de conformidad con los procedimientos establecidos en él.

2. Cuando haya motivos para creer que una persona ha cometido un crimen de la competencia de la Corte y esa persona haya de ser interrogada por el fiscal o por las autoridades nacionales, en cumplimiento de una solicitud hecha de conformidad con lo dispuesto en la Parte IX, tendrá además los derechos siguientes, de los que será informada antes del interrogatorio:

a) A ser informada de que existen motivos para creer que ha cometido un crimen de la competencia de la Corte;

b) A guardar silencio, sin que ello pueda tenerse en cuenta a los efectos de determinar su culpabilidad o inocencia;

c) A ser asistida por un abogado defensor de su elección o, si no lo tuviere, a que se le asigne un defensor de oficio, siempre que fuere necesario en interés de la justicia, y, en cualquier caso, sin cargo si careciere de medios suficientes, y

d) A ser interrogada en presencia de su abogado, a menos que haya renunciado voluntariamente a su derecho a asistencia letrada.

Artículo 56. *Disposiciones que podrá adoptar la Sala de Cuestiones Preliminares cuando se presente una oportunidad única de proceder a una investigación.* 1.

a) El fiscal, cuando considere que se presenta una oportunidad única de proceder a una investigación, que tal vez no se repita a los fines de un juicio, de recibir el testimonio o la declaración de un testigo o de examinar, reunir o verificar pruebas, lo comunicará a la Sala de Cuestiones Preliminares.

b) La Sala, a petición del fiscal, podrá adoptar las medidas que sean necesarias para velar por la eficiencia e integridad de las actuaciones y, en particular, para proteger los derechos de la defensa.

c) A menos que la Sala de Cuestiones Preliminares ordene otra cosa, el fiscal proporcionará la información correspondiente a la persona que ha sido detenida o que ha comparecido en virtud de una citación en relación con la investigación a que se refiere el apartado a), a fin de que pueda ser oída.

2. Las medidas a que se hace referencia en el apartado b) del párrafo 1 podrán consistir en:

a) Formular recomendaciones o dictar ordenanzas respecto del procedimiento que habrá de seguirse.

b) Ordenar que quede constancia de las actuaciones.

c) Nombrar a un experto para que preste asistencia.

d) Autorizar al abogado defensor del detenido o de quien haya comparecido ante la Corte en virtud de una citación a que participe o, en caso de que aún no se haya producido esa detención o comparecencia, o no se haya designado abogado, a nombrar otro para que comparezca y represente los intereses de la defensa.

e) Encomendar a uno de sus miembros o, de ser necesario, a otro magistrado de la Sección de Cuestiones Preliminares o la Sección de Primera Instancia que formule recomendaciones o dicte ordenanzas respecto de la reunión y preservación de las pruebas o del interrogatorio de personas.

f) Adoptar todas las medidas que sean necesarias para reunir o preservar las pruebas.

3.

a) La Sala de Cuestiones Preliminares, cuando considere que el fiscal no ha solicitado medidas previstas en el presente artículo que, a su juicio, sean esenciales para la defensa en juicio, le consultará si se justificaba no haberlas solicitado. La Sala podrá adoptar de oficio esas medidas si, tras la consulta, llegare a la conclusión de que no había justificación para no solicitarlas.

b) El fiscal podrá apelar de la decisión de la Sala de Cuestiones Preliminares de actuar de oficio con arreglo al presente párrafo. La apelación se sustanciará en un procedimiento sumario.

4. La admisibilidad o la forma en que quedará constancia de las pruebas reunidas o preservadas para el juicio de conformidad con el presente artículo se regirá en el juicio por lo dispuesto en el artículo 69 y la Sala de Primera Instancia decidirá cómo ha de ponderar esas pruebas.

Artículo 57. *Funciones y atribuciones de la Sala de Cuestiones Preliminares.*
1. A menos que el presente Estatuto disponga otra cosa, la Sala de Cuestiones Preliminares ejercerá sus funciones de conformidad con las disposiciones del presente artículo.

2.

a) Las providencias u órdenes que la Sala de Cuestiones Preliminares dicte en virtud de los artículos 15, 18 ó 19, el párrafo 2 del artículo 54, el párrafo 7 del artículo 61 o el artículo 72, deberán ser aprobadas por la mayoría de los magistrados que la componen.

b) En todos los demás casos, un magistrado de la Sala de Cuestiones Preliminares podrá ejercer las funciones establecidas en el presente Estatuto, a menos que las Reglas de Procedimiento y Prueba dispongan otra cosa o así lo acuerde, por mayoría la Sala de Cuestiones Preliminares.

3. Además de otras funciones que le confiere el presente Estatuto, la Sala de Cuestiones Preliminares podrá:

a) A petición del fiscal, dictar las providencias y órdenes que sean necesarias a los fines de una investigación.

b) A petición de quien haya sido detenido o haya comparecido en virtud de una orden de comparecencia expedida con arreglo al artículo 58, dictar esas órdenes, incluidas medidas tales como las indicadas en el artículo 56 o solicitar, con arreglo a la Parte IX, la cooperación que sea necesaria para ayudarle a preparar su defensa.

c) Cuando sea necesario, asegurar la protección y el respeto de la intimidad de víctimas y testigos, la preservación de pruebas, la protección de personas detenidas o que hayan comparecido en virtud de una orden de comparecencia, así como la protección de información que afecte a la seguridad nacional.

d) Autorizar al fiscal a adoptar determinadas medidas de investigación en el territorio de un Estado Parte sin haber obtenido la cooperación de éste con arreglo a la Parte IX en el caso de que la Sala haya determinado, de ser posible teniendo en cuenta las opiniones del Estado de que se trate, que dicho Estado manifiestamente no está en condiciones de cumplir una solicitud de cooperación debido a que no existe autoridad u órgano alguno de su sistema judicial competente para cumplir una solicitud de cooperación con arreglo a la Parte IX.

e) Cuando se haya dictado una orden de detención o de comparecencia con arreglo al artículo 58, y habida cuenta del valor de las pruebas y de los derechos de las partes de que se trate, de conformidad con lo dispuesto en el presente Estatuto y las Reglas de Procedimiento y Prueba, recabar la cooperación de los Estados con arreglo al párrafo 1.k) del artículo 93 para adoptar medidas cautelares a los efectos de un decomiso que, en particular, beneficie en última instancia a las víctimas.

Artículo 58. *Orden de detención u orden de comparecencia dictada por la Sala de Cuestiones Preliminares.* 1. En cualquier momento después de iniciada la investigación, la Sala de Cuestiones Preliminares dictará, a solicitud del fiscal, una orden de detención contra una persona si, tras examinar la solicitud y las pruebas y otra información presentadas por el fiscal, estuviere convencida de que:

a) Hay motivo razonable para creer que ha cometido un crimen de la competencia de la Corte, y

b) La detención parece necesaria para:

i) Asegurar que la persona comparezca en juicio;

ii) Asegurar que la persona no obstruya ni ponga en peligro la investigación ni las actuaciones de la Corte, o

iii) En su caso, impedir que la persona siga cometiendo ese crimen o un crimen conexo que sea de la competencia de la Corte y tenga su origen en las mismas circunstancias.

2. La solicitud del fiscal consignará:

a) El nombre de la persona y cualquier otro dato que sirva para su identificación;

b) Una referencia expresa al crimen de la competencia de la Corte que presuntamente haya cometido;

c) Una descripción concisa de los hechos que presuntamente constituyan esos crímenes;

d) Un resumen de las pruebas y cualquier otra información que constituya motivo razonable para creer que la persona cometió esos crímenes, y

e) La razón por la cual el fiscal crea necesaria la detención.

3. La orden de detención consignará:

a) El nombre de la persona y cualquier otro dato que sirva para su identificación;

b) Una referencia expresa al crimen de la competencia de la Corte por el que se pide su detención, y

c) Una descripción concisa de los hechos que presuntamente constituyan esos crímenes.

4. La orden de detención seguirá en vigor mientras la Corte no disponga lo contrario.

5. La Corte, sobre la base de la orden de detención, podrá solicitar la detención provisional o la detención y entrega de la persona de conformidad con la Parte IX del presente Estatuto.

6. El fiscal podrá pedir a la Sala de Cuestiones Preliminares que enmiende la orden de detención para modificar la referencia al crimen indicado en ésta o agregar otros. La Sala de Cuestiones Preliminares enmendará la orden si estuviere convencida de que hay motivo razonable para creer que la persona cometió los crímenes en la forma que se indica en esa modificación o adición.

7. El fiscal podrá pedir a la Sala de Cuestiones Preliminares que, en lugar de una orden de detención, dicte una orden de comparecencia. La Sala, de estar convencida de que hay motivo razonable para creer que la persona ha cometido el crimen que se le imputa y que bastará con una orden de comparecencia para asegurar que comparezca efectivamente, dictará, con o sin las condiciones limitativas de la libertad (distintas de la detención), que prevea el derecho interno, una orden para que la persona comparezca. La orden de comparecencia consignará:

a) El nombre de la persona y cualquier otro dato que sirva para su identificación;

b) La fecha de la comparecencia;

c) Una referencia expresa al crimen de la competencia de la Corte que presuntamente haya cometido, y

d) Una descripción concisa de los hechos que presuntamente constituyan esos crímenes.

La notificación de la orden será personal.

Artículo 59. *Procedimiento de detención en el Estado de detención.* 1. El Estado Parte que haya recibido una solicitud de detención provisional o de detención y entrega tomará inmediatamente las medidas necesarias para la detención de conformidad con su derecho interno y con lo dispuesto en la Parte IX del presente Estatuto.

2. El detenido será llevado sin demora ante la autoridad judicial competente del Estado de detención, que determinará si, de conformidad con el derecho de ese Estado:

a) La orden le es aplicable;

b) La detención se llevó a cabo conforme a derecho, y

c) Se han respetado los derechos del detenido.

3. El detenido tendrá derecho a solicitar de la autoridad competente del Estado de detención la libertad provisional antes de su entrega.

4. Al decidir la solicitud, la autoridad competente del Estado de detención examinará si, dada la gravedad de los presuntos crímenes, hay circunstancias urgentes y excepcionales que justifiquen la libertad provisional y si existen las salvaguardias necesarias para que el Estado de detención pueda cumplir su obligación de entregar la persona a la Corte. Esa autoridad no podrá examinar si la orden de detención fue dictada conforme a derecho con arreglo a los apartados a) y b) del párrafo 1 del artículo 58.

5. La solicitud de libertad provisional será notificada a la Sala de Cuestiones Preliminares, que hará recomendaciones a la autoridad competente del Estado de detención. Antes de adoptar su decisión, la autoridad competente del Estado de detención tendrá plenamente en cuenta esas recomendaciones, incluidas las relativas a medidas para impedir la evasión de la persona.

6. De concederse la libertad provisional, la Sala de Cuestiones Preliminares podrá solicitar informes periódicos al respecto.

7. Una vez que el Estado de detención haya ordenado la entrega, el detenido será puesto a disposición de la Corte tan pronto como sea posible.

Artículo 60. *Primeras diligencias en la Corte.* 1. Una vez que el imputado haya sido entregado a la Corte o haya comparecido voluntariamente o en cumplimiento de una orden de comparecencia, la Sala de Cuestiones Preliminares se asegurará de que ha sido informado de los crímenes que le son imputados y de los derechos que le reconoce el presente Estatuto, incluido el de pedir la libertad provisional.

2. Quien sea objeto de una orden de detención podrá pedir la libertad provisional. Si la Sala de Cuestiones Preliminares está convencida de que se dan las condiciones enunciadas en el párrafo 1 del artículo 58, se mantendrá la detención. En caso contrario, la Sala de Cuestiones Preliminares pondrá en libertad al detenido, con o sin condiciones.

3. La Sala de Cuestiones Preliminares revisará periódicamente su decisión en cuanto a la puesta en libertad o la detención, y podrá hacerlo en cualquier momento en que lo solicite el fiscal o el detenido. Sobre la base de la revisión, la Sala podrá modificar su decisión en cuanto a la detención, la puesta en libertad o las condiciones de ésta, si está convencida de que es necesario en razón de un cambio en las circunstancias.

4. La Sala de Cuestiones Preliminares se asegurará de que la detención en espera de juicio no se prolongue excesivamente a causa de una demora inexcusable del fiscal. Si se produjere dicha demora, la Corte considerará la posibilidad de poner en libertad al detenido, con o sin condiciones.

5. De ser necesario, la Sala de Cuestiones Preliminares podrá dictar una orden de detención para hacer comparecer a una persona que haya sido puesta en libertad.

Artículo 61. *Confirmación de los cargos antes del juicio.* 1. Con sujeción a lo dispuesto en el párrafo 2 y dentro de un plazo razonable tras la entrega de la persona a la Corte o su comparecencia voluntaria ante ésta, la Sala de Cuestiones Preliminares celebrará una audiencia para confirmar los cargos sobre la base de los cuales el fiscal tiene la intención de pedir el procesamiento. La audiencia se celebrará en presencia del fiscal y del imputado, así como de su defensor.

2. La Sala de Cuestiones Preliminares, a solicitud del fiscal o de oficio, podrá celebrar una audiencia en ausencia del acusado para confirmar los cargos en los cuales el fiscal se basa para pedir el enjuiciamiento cuando el imputado:

a) Haya renunciado a su derecho a estar presente, o

b) Haya huido o no sea posible encontrarlo y se hayan tomado todas las medidas razonables para asegurar su comparecencia ante la Corte e informarle de los cargos y de que se celebrará una audiencia para confirmarlos.

En este caso, el imputado estará representado por un defensor cuando la Sala de Cuestiones Preliminares resuelva que ello redunda en interés de la justicia.

3. Dentro de un plazo razonable antes de la audiencia:

a) Se proporcionará al imputado un ejemplar del documento en que se formulen los cargos por los cuales el fiscal se proponga enjuiciarlo, y

b) Se le informará de las pruebas que el fiscal se proponga presentar en la audiencia.

La Sala de Cuestiones Preliminares podrá dictar providencias respecto de la revelación de información a los efectos de la audiencia.

4. Antes de la audiencia, el fiscal podrá proseguir la investigación y modificar o retirar los cargos. Se dará al imputado aviso con antelación razonable a la audiencia de cualquier modificación de los cargos o de su retiro. En caso de retirarse cargos, el fiscal comunicará las razones a la Sala de Cuestiones Preliminares.

5. En la audiencia, el fiscal presentará respecto de cada cargo pruebas suficientes de que hay motivos fundados para creer que el imputado cometió el crimen que se le imputa. El fiscal podrá presentar pruebas documentales o un resumen de las pruebas y no será necesario que llame a los testigos que han de declarar en el juicio.

6. En la audiencia, el imputado podrá:

a) Impugnar los cargos;

b) Impugnar las pruebas presentadas por el fiscal, y

c) Presentar pruebas.

7. La Sala de Cuestiones Preliminares determinará, sobre la base de la audiencia, si existen pruebas suficientes de que hay motivos fundados para creer que el imputado cometió cada crimen que se le imputa. Según cual sea esa determinación, la Sala de Cuestiones Preliminares:

a) Confirmará los cargos respecto de los cuales haya determinado que existen pruebas suficientes y asignará al acusado a una Sala de Primera Instancia para su enjuiciamiento por los cargos confirmados;

b) No confirmará los cargos respecto de los cuales haya determinado que las pruebas son insuficientes;

c) Levantará la audiencia y pedirá al fiscal que considere la posibilidad de:

i) Presentar nuevas pruebas o llevar a cabo nuevas investigaciones en relación con un determinado cargo, o

ii) Modificar un cargo en razón de que las pruebas presentadas parecen indicar la comisión de un crimen distinto que sea de la competencia de la Corte.

8. La no confirmación de un cargo por parte de la Sala de Cuestiones Preliminares no obstará para que el fiscal la pida nuevamente a condición de que presente pruebas adicionales.

9. Una vez confirmados los cargos y antes de comenzar el juicio, el fiscal, con autorización de la Sala de Cuestiones Preliminares y previa notificación al acusado, podrá modificar los cargos. El fiscal, si se propusiera presentar nuevos cargos o sustituirlos por otros más graves, deberá pedir una audiencia de conformidad con el presente artículo para confirmarlos. Una vez comenzado el juicio, el fiscal, con autorización de la Sala de Primera Instancia, podrá retirar los cargos.

10. Toda orden ya dictada dejará de tener efecto con respecto a los cargos que no hayan sido confirmados por la Sala de Cuestiones Preliminares o hayan sido retirados por el fiscal.

11. Una vez confirmados los cargos de conformidad con el presente artículo, la Presidencia constituirá una Sala de Primera Instancia que, con sujeción a lo dispuesto en el párrafo 9 del presente artículo y en el párrafo 4 del artículo 64, se encargará de la siguiente fase del procedimiento y podrá ejercer las funciones de la Sala de Cuestiones Preliminares que sean pertinentes y apropiadas en ese procedimiento.

PARTE VI
DEL JUICIO

Artículo 62. *Lugar del juicio.* A menos que se decida otra cosa, el juicio se celebrará en la sede de la Corte.

Artículo 63. *Presencia del acusado en el juicio.* 1. El acusado estará presente durante el juicio.

2. Si el acusado, estando presente en la Corte, perturbare continuamente el juicio, la Sala de Primera Instancia podrá disponer que salga de ella y observe el proceso y dé instrucciones a su defensor desde fuera, utilizando, en caso necesario, tecnologías de comunicación. Esas medidas se adoptarán únicamente en circunstancias excepcionales, después de que se haya demostrado que no hay otras posibilidades razonables y adecuadas, y únicamente durante el tiempo que sea estrictamente necesario.

Artículo 64. *Funciones y atribuciones de la Sala de Primera Instancia.* 1. Las funciones y atribuciones de la Sala de Primera Instancia enunciadas en el presente artículo deberán ejercerse de conformidad con el presente Estatuto y las Reglas de Procedimiento y Prueba.

2. La Sala de Primera Instancia velará por que el juicio sea justo y expedito y se sustancie con pleno respeto de los derechos del acusado y teniendo debidamente en cuenta la protección de las víctimas y de los testigos.

3. La Sala de Primera Instancia a la que se asigne una causa de conformidad con el presente Estatuto:

a) Celebrará consultas con las partes y adoptará los procedimientos que sean necesarios para que el juicio se sustancie de manera justa y expedita;

b) Determinará el idioma o los idiomas que habrán de utilizarse en el juicio, y

c) Con sujeción a cualesquiera otras disposiciones pertinentes del presente Estatuto, dispondrá la divulgación de los documentos o de la información que no se haya divulgado anteriormente, con suficiente antelación al comienzo del juicio como para permitir su preparación adecuada.

4. La Sala de Primera Instancia podrá, en caso de ser necesario para su funcionamiento eficaz e imparcial, remitir cuestiones preliminares a la Sala de Cuestiones Preliminares o, de ser necesario, a otro magistrado de la Sección de Cuestiones Preliminares que esté disponible.

5. Al notificar a las partes, la Sala de Primera Instancia podrá, según proceda, indicar que se deberán acumular o separar los cargos cuando haya más de un acusado.

6. Al desempeñar sus funciones antes del juicio o en el curso de éste, la Sala de Primera Instancia podrá, de ser necesario:

a) Ejercer cualquiera de las funciones de la Sala de Cuestiones Preliminares indicadas en el párrafo 11 del artículo 61;

b) Ordenar la comparecencia y la declaración de testigos y la presentación de documentos y otras pruebas, recabando, de ser necesario, la asistencia de los Estados con arreglo a lo dispuesto en el presente Estatuto;

c) Adoptar medidas para la protección de la información confidencial;

d) Ordenar la presentación de pruebas adicionales a las ya reunidas con antelación al juicio o a las presentadas durante el juicio por las partes;

e) Adoptar medidas para la protección del acusado, de los testigos y de las víctimas, y

f) Dirimir cualesquiera otras cuestiones pertinentes.

7. El juicio será público. Sin embargo, la Sala de Primera Instancia podrá decidir que determinadas diligencias se efectúen a puerta cerrada, de conformidad con el artículo 68, debido a circunstancias especiales o para proteger la información de carácter confidencial o restringida que haya de presentarse en la práctica de la prueba.

8.

a) Al comenzar el juicio, la Sala de Primera Instancia dará lectura ante el acusado de los cargos confirmados anteriormente por la Sala de Cuestiones Preliminares. La Sala de Primera Instancia se cerciorará de que el acusado comprende la naturaleza de los cargos. Dará al acusado la oportunidad de declararse culpable de conformidad con el artículo 65 o de declararse inocente.

b) Durante el juicio, el magistrado presidente podrá impartir directivas para la sustanciación del juicio, en particular para que éste sea justo e imparcial. Con sujeción a las directivas que imparta el magistrado presidente, las partes podrán presentar pruebas de conformidad con las disposiciones del presente Estatuto.

9. La Sala de Primera Instancia podrá, a petición de una de las partes o de oficio, entre otras cosas:

a) Decidir sobre la admisibilidad o pertinencia de las pruebas,

b) Tomar todas las medidas necesarias para mantener el orden en las audiencias.

10. La Sala de Primera Instancia hará que el secretario lleve y conserve un expediente completo del juicio, en el que se consignen fielmente las diligencias practicadas.

Artículo 65. *Procedimientos en caso de declaración de culpabilidad.* 1. Si el acusado se declara culpable en las condiciones indicadas en el párrafo 8.a) del artículo 64, la Sala de Primera Instancia determinará:

a) Si el acusado comprende la naturaleza y las consecuencias de la declaración de culpabilidad;

b) Si esa declaración ha sido formulada voluntariamente tras suficiente consulta con el abogado defensor, y

c) Si la declaración de culpabilidad está corroborada por los hechos de la causa conforme a:

i) Los cargos presentados por el fiscal y aceptados por el acusado;

ii) Las piezas complementarias de los cargos presentados por el fiscal y aceptados por el acusado, y

iii) Otras pruebas, como declaraciones de testigos, presentadas por el fiscal o el acusado.

2. La Sala de Primera Instancia, de constatar que se cumplen las condiciones a que se hace referencia en el párrafo 1, considerará que la declaración de culpabilidad, junto con las pruebas adicionales presentadas, constituye un reconocimiento de todos los hechos esenciales que configuran el crimen del cual se ha declarado culpable el acusado y podrá condenarlo por ese crimen.

3. La Sala de Primera Instancia, de constatar que no se cumplen las condiciones a que se hace referencia en el párrafo 1, tendrá la declaración de culpabilidad por no formulada y, en ese caso, ordenará que prosiga el juicio con arreglo al procedimiento ordinario estipulado en el presente Estatuto y podrá remitir la causa a otra Sala de Primera Instancia.

4. La Sala de Primera Instancia, cuando considere necesaria en interés de la justicia y en particular en interés de las víctimas, una presentación más completa de los hechos de la causa, podrá:

a) Pedir al fiscal que presente pruebas adicionales, inclusive declaraciones de testigos, u

b) Ordenar que prosiga el juicio con arreglo al procedimiento ordinario estipulado en el presente Estatuto, en cuyo caso tendrá la declaración de culpabilidad por no formulada y podrá remitir la causa a otra Sala de Primera Instancia.

5. Las consultas que celebren el fiscal y la defensa respecto de la modificación de los cargos, la declaración de culpabilidad o la pena que habrá de imponerse no serán obligatorias para la Corte.

Artículo 66. *Presunción de inocencia.* 1. Se presumirá que toda persona es inocente mientras no se pruebe su culpabilidad ante la Corte de conformidad con el derecho aplicable.

2. Incumbirá al fiscal probar la culpabilidad del acusado.

3. Para dictar sentencia condenatoria, la Corte deberá estar convencida de la culpabilidad del acusado más allá de toda duda razonable.

Artículo 67. *Derechos del acusado.* 1. En la determinación de cualquier cargo, el acusado tendrá derecho a ser oído públicamente, habida cuenta de las disposiciones del presente Estatuto, y a una audiencia justa e imparcial, así como a las siguientes garantías mínimas en pie de plena igualdad:

a) A ser informado sin demora y en forma detallada, en un idioma que comprenda y hable perfectamente, de la naturaleza, la causa y el contenido de los cargos que se le imputan;

b) A disponer del tiempo y de los medios adecuados para la preparación de su defensa y a comunicarse libre y confidencialmente con un defensor de su elección;

c) A ser juzgado sin dilaciones indebidas;

d) Con sujeción a lo dispuesto en el párrafo 2 del artículo 63, el acusado tendrá derecho a hallarse presente en el proceso y a defenderse personalmente o ser asistido por un defensor de su elección, a ser informado, si no tuviera defensor, del derecho que le asiste a tenerlo y, siempre que el interés de la justicia lo exija, a que se le nombre defensor de oficio, gratuitamente si careciere de medios suficientes para pagarlo;

e) A interrogar o hacer interrogar a los testigos de cargo y a obtener la comparecencia de los testigos de descargo y que éstos sean interrogados en las mismas condiciones que los testigos de cargo. El acusado tendrá derecho también a oponer excepciones y a presentar cualquier otra prueba admisible de conformidad con el presente Estatuto;

f) A ser asistido gratuitamente por un intérprete competente y a obtener las traducciones necesarias para satisfacer los requisitos de equidad, si en las actuaciones ante la Corte o en los documentos presentados a la Corte se emplea un idioma que no comprende y no habla;

g) A no ser obligado a declarar contra sí mismo ni a declararse culpable y a guardar silencio, sin que ello pueda tenerse en cuenta a los efectos de determinar su culpabilidad o inocencia;

h) A declarar de palabra o por escrito en su defensa sin prestar juramento, y

i) A que no se invierta la carga de la prueba ni le sea impuesta la carga de presentar contrapruebas.

2. Además de cualquier otra divulgación de información estipulada en el presente Estatuto, el fiscal divulgará a la defensa, tan pronto como sea posible, las pruebas que obren en su poder o estén bajo su control y que, a su juicio, indiquen o tiendan a indicar la inocencia del acusado, o a atenuar su culpabilidad, o que puedan afectar a la credibilidad de las pruebas de cargo. En caso de duda acerca de la aplicación de este párrafo, la Corte decidirá.

Artículo 68. *Protección de las víctimas y los testigos y su participación en las actuaciones.* 1. La Corte adoptará las medidas adecuadas para proteger la seguridad, el bienestar físico y psicológico, la dignidad y la vida privada de las víctimas y los testigos. Con este fin, la Corte tendrá en cuenta todos los factores pertinentes, incluidos la edad, el género, definido en el párrafo 3 del artículo 7, y la salud, así como la índole del crimen, en particular cuando éste entrañe violencia sexual o por razones de género o violencia contra niños. En especial, el fiscal adoptará estas medidas en el curso de la investigación y el enjuiciamiento de tales crímenes. Estas medidas no podrán redundar en perjuicio de los derechos del acusado o de un juicio justo e imparcial ni serán incompatibles con éstos.

2. Como excepción al principio del carácter público de las audiencias, establecido en el artículo 67, las Salas de la Corte podrán, a fin de proteger a las víctimas y los testigos o a un acusado, decretar que una parte del juicio se celebre a puerta cerrada o permitir la presentación de pruebas por medios electrónicos u otros medios especiales. En particular, se aplicarán estas medidas en el caso de una víctima de violencia sexual o de un menor de edad que sea víctima o testigo, salvo decisión en contrario adoptada por la Corte atendiendo a todas las circunstancias, especialmente la opinión de la víctima o el testigo.

3. La Corte permitirá, en las fases del juicio que considere conveniente, que se presenten y tengan en cuenta las opiniones y observaciones de las víctimas si se vieren afectados sus intereses personales y de una manera que no redunde en detrimiento(sic) de los derechos del acusado o de un juicio justo e imparcial ni sea incompatible con éstos. Los representantes legales de las víctimas podrán presentar dichas opiniones y observaciones cuando la Corte lo considere conveniente y de conformidad con las Reglas de Procedimiento y Prueba.

4. La Dependencia de Víctimas y Testigos podrá asesorar al fiscal y a la Corte acerca de las medidas adecuadas de protección, los dispositivos de seguridad, el asesoramiento y la asistencia a que se hace referencia en el párrafo 6 del artículo 43.

5. Cuando la divulgación de pruebas o información de conformidad con el presente Estatuto entrañare un peligro grave para la seguridad de un testigo o de su familia, el fiscal podrá, a los efectos de cualquier diligencia anterior al juicio, no presentar dichas pruebas o información y presentar en cambio un resumen de éstas. Las medidas de esta índole no podrán redundar en perjuicio de los derechos del acusado o de un juicio justo e imparcial ni serán incompatibles con éstos.

6. Todo Estado podrá solicitar que se adopten las medidas necesarias respecto de la protección de sus funcionarios o agentes, así como de la protección de información de carácter confidencial o restringido.

Artículo 69. *Práctica de las pruebas.* 1. Antes de declarar, cada testigo se comprometerá, de conformidad con las Reglas de Procedimiento y Prueba, a decir verdad en su testimonio.

2. La prueba testimonial deberá rendirse en persona en el juicio, salvo cuando se apliquen las medidas establecidas en el artículo 68 o en las Reglas de Procedimiento y Prueba. Asimismo, la Corte podrá permitir al testigo que preste testimonio oralmente o por medio de una grabación de vídeo o audio, así como que se presenten documentos o transcripciones escritas, con sujeción al presente estatuto y de conformidad con las Reglas de Procedimiento y Prueba. Estas medidas no podrán redundar en perjuicio de los derechos del acusado ni serán incompatibles con éstos.

3. Las partes podrán presentar pruebas pertinentes a la causa, de conformidad con el artículo 64. La Corte estará facultada para pedir todas las pruebas que considere necesarias para determinar la veracidad de los hechos.

4. La Corte podrá decidir sobre la pertinencia o admisibilidad de cualquier prueba, teniendo en cuenta, entre otras cosas, su valor probatorio y cualquier perjuicio que pueda suponer para un juicio justo o para la justa evaluación del testimonio de un testigo, de conformidad con las Reglas de Procedimiento y Prueba.

5. La Corte respetará los privilegios de confidencialidad establecidos en las Reglas de Procedimiento y Prueba.

6. La Corte no exigirá prueba de los hechos de dominio público, pero podrá incorporarlos en autos.

7. No serán admisibles las pruebas obtenidas como resultado de una violación del presenten estatuto o de las normas de derechos humanos internacionalmente reconocidas cuando:

a) Esa violación suscite serias dudas sobre la fiabilidad de las pruebas, o

b) su admisión atente contra la integridad de juicio o redunde en grave desmedro de él.

8. La Corte, al decidir sobre la pertinencia o la admisibilidad de las pruebas presentadas por un Estado, no podrá pronunciarse sobre la aplicación del derecho interno de ese Estado.

Artículo 70. *Delitos contra la administración de justicia.* 1. La Corte tendrá competencia para conocer de los siguientes delitos contra la administración de justicia, siempre y cuando se cometan intencionalmente:

a) Dar falso testimonio cuando se esté obligado a decir verdad de conformidad con el párrafo 1 del artículo 69;

b) Presentar pruebas a sabiendas de que son falsas o han sido falsificadas;

c) Corromper a un testigo, obstruir su comparecencia o testimonio o interferir en ellos, tomar represalias contra un testigo por su declaración, destruir o alterar pruebas o interferir en las diligencias de prueba;

d) Poner trabas, intimidar o corromper a un funcionario de la Corte para obligarlo o inducirlo a que no cumpla sus funciones o a que lo haga de manera indebida;

e) Tomar represalias contra un funcionario de la Corte en razón de funciones que haya desempeñado él u otro funcionario, y

f) Solicitar o aceptar un soborno en calidad de funcionario de la Corte y en relación con sus funciones oficiales.

2. Las Reglas de Procedimiento y Prueba establecerán los principios y procedimientos que regulen el ejercicio por la Corte de su competencia sobre los delitos a que se hace referencia en el presente artículo. Las condiciones de la cooperación internacional con la Corte respecto de las actuaciones que realice de conformidad con el presente artículo se regirán por el derecho interno del Estado requerido.

3. En caso de decisión condenatoria, la Corte podrá imponer una pena de reclusión no superior a cinco años o una multa, o ambas penas, de conformidad con las Reglas de Procedimiento y Prueba.

4.

a) Todo Estado Parte hará extensivas sus leyes penales que castiguen los delitos contra la integridad de su propio procedimiento de investigación o enjuiciamiento a los delitos contra la administración de justicia a que se hace referencia en el presente artículo y sean cometidos en su territorio o por uno de sus nacionales;

b) A solicitud de la Corte, el Estado Parte, siempre que lo considere apropiado, someterá el asunto a sus autoridades competentes a los efectos del enjuiciamiento. Esas autoridades conocerán de tales asuntos con diligencia y asignarán medios suficientes para que las causas se sustancien en forma eficaz.

Artículo 71. *Sanciones por faltas de conducta en la Corte.* 1. En caso de faltas de conducta de personas presentes en la Corte, tales como perturbar las audiencias o negarse deliberadamente a cumplir sus órdenes, la Corte podrá imponer sanciones administrativas, que no entrañen privación de la libertad, como expulsión temporal o permanente de la sala, multa u otras medidas similares establecidas en las Reglas de Procedimiento y Prueba.

2. El procedimiento para imponer las medidas a que se refiere el párrafo 1 se regirá por las Reglas de Procedimiento y Prueba.

Artículo 72. *Protección de información que afecte a la seguridad nacional.* 1. El presente artículo será aplicable en todos los casos en que la divulgación de información o documentos de un Estado pueda, a juicio de éste, afectar a los intereses de su seguridad nacional. Esos casos son los comprendidos en el ámbito de los párrafos 2 y 3 del artículo 56, el párrafo 3 del artículo 61, el párrafo 3 del artículo 64, el párrafo 2 del artículo 67, el párrafo 6 del artículo 68, el párrafo 6 del artículo 87 y el artículo 93, así como los que se presenten en cualquier otra fase del procedimiento en el contexto de esa divulgación.

2. El presente artículo se aplicará también cuando una persona a quien se haya solicitado información o pruebas se niegue a presentarlas o haya pedido un pronunciamiento del Estado, porque su divulgación afectaría a los intereses de la seguridad nacional del Estado, y el Estado de que se trate confirme que, a su juicio, esa divulgación afectaría a los intereses de su seguridad nacional.

3. Nada de lo dispuesto en el presente artículo afectará a los privilegios de confidencialidad a que se refieren los apartados e) y f) del párrafo 3 del artículo 54 ni la aplicación del artículo 73.

4. Si un Estado tiene conocimiento de que información o documentos suyos están siendo divulgados o pueden serlo en cualquier fase del procedimiento y estima que esa divulgación afectaría a sus intereses de seguridad nacional, tendrá derecho a pedir que la cuestión se resuelva de conformidad con el presente artículo.

5. El Estado a cuyo juicio la divulgación de información afectaría a sus intereses de seguridad nacional adoptará, actuando en conjunto por el fiscal, la defensa, la Sala de Cuestiones Preliminares o la Sala de Primera Instancia según sea el caso, todas las medidas razonables para resolver la cuestión por medio de la cooperación. Esas medidas podrán ser, entre otras, las siguientes:

a) La modificación o aclaración de la solicitud,

b) Una decisión de la Corte respecto de la pertinencia de la información o de las pruebas solicitadas, o una decisión sobre si las pruebas, aunque pertinentes, pudieran obtenerse o se hubieran obtenido de una fuente distinta del Estado;

c) La obtención de la información o las pruebas de una fuente distinta o en una forma diferente, o

d) Un acuerdo sobre las condiciones en que se preste la asistencia, que incluya, entre otras cosas, la presentación de resúmenes o exposiciones, restricciones a la divulgación, la utilización de procedimientos a puerta cerrada o ex parte u otras medidas de proteción(sic) permitidas con arreglo al estatuto o las Reglas de Procedimiento y Prueba.

6. Una vez que se haya adoptado todas las medidas razonables para resolver la cuestión por medio de la cooperación, el Estado, si considera que la información o los documentos no pueden proporcionarse ni divulgarse por medio alguno ni bajo ninguna condición sin perjuicio de sus intereses de seguridad nacional, notificará al fiscal o a la Corte las razones concretas de su decisión, a menos que la indicación concreta de esas razones perjudique necesariamente los intereses de seguridad nacional del Estado.

7. Posteriormente, si la Corte decide que la prueba es pertinente y necesaria para determinar la culpabilidad o la inocencia del acusado, podrá adoptar las disposiciones siguientes:

a) Cuando se solicite la divulgación de la información o del documento de conformidad con una solicitud de cooperación con arreglo a la parte IX del presente Estatuto o en las circunstancias a que se refiere el párrafo 2 del presente artículo y el Estado hiciere valer para denegarla el motivo indicado en el párrafo 4 del artículo 93:

i) la Corte podrá, antes de adoptar una de las conclusiones a que se refiere el inciso ii) del apartado a) del párrafo 7, solicitar nuevas consultas con el fin de oír las razones del Estado. La Corte, si el Estado lo solicita, celebrará las consultas a puerta cerrada y «ex parte»;

ii) Si la Corte llega a la conclusión de que, al hacer valer el motivo de denegación indicado en el párrafo 4 del artículo 93, dadas las circunstancias del caso, el Estado requerido no está actuando de conformidad con las obligaciones que le impone el presente Estatuto, podrá remitir la cuestión de conformidad con el párrafo 7 del artículo 87, especificando las razones de su conclusión, y

iii) La Corte, en el juicio del acusado, podrá extraer las inferencias respecto de la existencia o inexistencia de un hecho que sean apropiadas en razón de las circunstancias, o

b) En todas las demás circunstancias:

i) Ordenar la divulgación, o

ii) Si no ordena la divulgación, en el juicio del acusado, extraer las inferencias respecto de la existencia o inexistencia de un hecho que sean apropiadas en razón de las circunstancias.

Artículo 73. *Información o documentos de terceros.* Si la Corte pide a un Estado Parte que le proporcione información o un documento que esté bajo su custodia, posesión o control y que le haya sido divulgado por un Estado, una organización intergubernamental o una organización internacional a título confidencial, éste recabará el consentimiento de su autor para divulgar la información o el documento. Si el autor es un Estado Parte, deberá consentir en divulgar dicha información o documento o comprometerse a resolver la cuestión con la Corte, con sujeción a lo dispuesto en el artículo 72. Si el autor no es un Estado Parte y no consiente en divulgar la información o el documento, el Estado requerido comunicará a la Corte que no puede proporcionar la información o el documento de que se trate en razón de la obligación contraída con su autor de preservar su carácter confidencial.

Artículo 74. *Requisitos para el fallo.* 1. Todos los magistrados de la Sala de Primera Instancia estarán presentes en cada fase del juicio y en todas sus deliberaciones. La Presidencia podrá designar para cada causa y según estén disponibles uno o varios magistrados suplentes para que asistan a todas las fases del juicio y sustituyan a cualquier miembro de la Sala de Primera Instancia que se vea imposibilitado para seguir participando en el juicio.

2. La Sala de Primera Instancia fundamentará su fallo en su evaluación de las pruebas y de la totalidad del juicio. El fallo se referirá únicamente a los hechos y las circunstancias descritos en los cargos o las modificaciones a los cargos, en su caso. La Corte podrá fundamentar su fallo únicamente en las pruebas presentadas y examinadas ante ella en el juicio.

3. Los magistrados procurarán adoptar su fallo, por unanimidad, pero de no ser posible, éste será adoptado por mayoría.

4. Las deliberaciones de la Sala de Primera Instancia serán secretas.

5. El fallo constará por escrito e incluirá una exposición fundada y completa de la evaluación de las pruebas y las conclusiones. La Sala de Primera Instancia dictará un fallo. Cuando no haya unanimidad, el fallo de la Sala de Primera Instancia incluirá las opiniones de la mayoría y de la minoría. La lectura del fallo o de un resumen de éste se hará en sesión pública.

Artículo 75. *Reparación a la víctimas.* 1. La Corte establecerá principios aplicables a la reparación, incluidas la restitución, la indemnización y la rehabilitación, que ha de otorgarse a las víctimas o a sus causahabientes. Sobre esta base, la Corte, previa solicitud o de oficio en circunstancias excepcionales, podrá determinar en su decisión el alcance y la magnitud de los daños, pérdidas o perjuicios causados a las víctimas o a sus causahabientes, indicando los principios en que se funda.

2. La Corte podrá dictar directamente una decisión contra el condenado en la que indique la reparación adecuada que ha de otorgarse a las víctimas, incluidas la restitución, la indemnización y la rehabilitación. Cuando proceda, la Corte podrá ordenar que la indemnización otorgada a título de reparación se pague por conducto del Fondo Fiduciario previsto en el artículo 79.

3. La Corte, antes de tomar una decisión con arreglo a esta artículo, podrá solicitar y tendrá en cuenta las observaciones formuladas por el condenado, las víctimas, otras personas o Estados que tengan un interés, o las que se formulen en su nombre.

4. Al ejercer sus atribuciones de conformidad con el presente artículo, la Corte, una vez que una persona sea declarada culpable de un crimen de su competencia, podrá determinar si, a fin de dar efecto a una decisión que dicte de conformidad con este artículo, es necesario solicitar medidas de conformidad con el párrafo 1 del artículo 93.

5. Los Estados Parte darán efecto a la decisión dictada con arreglo a este artículo como si las disposiciones del artículo 109 se aplicaran al presente artículo.

6. Nada de lo dispuesto en el presente artículo podrá interpretarse en perjuicio de los derechos de las víctimas con arreglo al derecho interno o el derecho internacional.

Artículo 76. *Fallo condenatorio.* 1. En caso de que dicte un fallo condenatorio, la Sala de Primera Instancia fijará la pena que proceda imponer, para lo cual tendrá en cuenta las pruebas practicadas y las conclusiones relativas a la pena que se hayan hecho en el proceso.

2. Salvo en el caso en que sea aplicable el artículo 65, la Sala de Primera Instancia podrá convocar de oficio una nueva audiencia y tendrá que hacerlo si lo solicitan el fiscal o el acusado antes de que concluya la instancia, a fin de practicar diligencias de prueba o escuchar conclusiones adicionales relativas a la pena, de conformidad con las Reglas de Procedimiento y Prueba.

3. En el caso en que sea aplicable el párrafo 2, en la audiencia a que se hace referencia en ese párrafo o, de ser necesario, en una audiencia adicional se escucharán las observaciones que se hagan en virtud del artículo 75.

4. La pena será impuesta en audiencia pública y, de ser posible, en presencia del acusado.

PARTE VII
DE LAS PENAS

Artículo 77. *Penas aplicables.* 1. La Corte podrá, con sujeción a lo dispuesto en el artículo 110, imponer a la persona declarada culpable de uno de los crímenes a que se hace referencia en el artículo 5 del presente Estatuto una de las penas siguientes:

a) La reclusión por un número determinado de años que no exceda de treinta años, o

b) La reclusión a perpetuidad cuando lo justifiquen la extrema gravedad del crimen y las circunstancias personales del condenado.

2. Además de la reclusión, la Corte podrá imponer:

a) Una multa con arreglo a los criterios enunciados en las Reglas de Procedimiento y Prueba,

b) El decomiso del producto, los bienes y los haberes procedentes directa o indirectamente de dicho crimen, sin perjuicio de los derechos de terceros de buena fe.

Artículo 78. *Imposición de la pena.* 1. Al imponer una pena, la Corte tendrá en cuenta, de conformidad con las Reglas de Procedimiento y Prueba, factores tales como la gravedad del crimen y las circunstancias personales del condenado.

2. La Corte, al imponer una pena de reclusión, abonará el tiempo que, por orden suya, haya estado detenido el condenado. La Corte podrá abonar cualquier otro período de detención cumplido en relación con la conducta constitutiva del delito.

3. Cuando una persona haya sido declarada culpable de más de un crimen, la Corte impondrá una pena para cada uno de ellos y una pena común en la que se especifique la duración total de la reclusión. La pena no será inferior a la más alta de cada una de las penas impuestas y no excederá de treinta años de reclusión o de una pena de reclusión a perpetuidad de conformidad con el párrafo 1.b) del artículo 77.

Artículo 79. *Fondo fiduciario.* 1. Por decisión de la Asamblea de los Estados Partes se establecerá un fondo fiduciario en beneficio de las víctimas de crímenes de la competencia de la Corte y de sus familias.

2. La Corte podrá ordenar que las sumas y los bienes que reciba a título de multa o decomiso sean transferidos al Fondo Fiduciario.

3. El Fondo Fiduciario será administrado según los criterios que fije la Asamblea de los Estados Partes.

Artículo 80. *El Estatuto, la aplicación de penas por los países y la legislación nacional.* Nada de lo dispuesto en la presente parte se entenderá en perjuicio de la aplicación por los Estados de las penas prescritas por su legislación nacional ni de la legislación de los Estados en que no existan las penas prescritas en la presente parte.

PARTE VIII
DE LA APELACIÓN Y LA REVISIÓN

Artículo 81. *Apelación del fallo condenatorio o absolutorio o de la pena.* 1. Los fallos dictados de conformidad con el artículo 74 serán apelables de conformidad con las Reglas de Procedimiento y Prueba, según se dispone a continuación:

a) El fiscal podrá apelar por alguno de los motivos siguientes:

i) Vicio de procedimiento,

ii) Error de hecho, o

iii) Error de derecho;

b) El condenado o el fiscal en su nombre podrá apelar por alguno de los motivos siguientes:

i) Vicio de procedimiento;

ii) Error de hecho;

iii) Error de derecho;

iv) cualquier otro motivo que afecte a la justicia o a la regularidad del proceso o del fallo.

2.

a) El fiscal o el condenado podrán apelar de una pena impuesta, de conformidad con las Reglas de Procedimiento y Prueba, en razón de una desproporción entre el crimen y la pena;

b) La Corte, si al conocer de la apelación de una pena impuesta considerase que hay fundamentos para revocar la condena en todo o parte, podrá invitar al fiscal y al condenado a que presenten sus argumentos de conformidad con los apartados a) o b) del párrafo 1 del artículo 81 y podrá dictar una decisión respecto de la condena de conformidad con el artículo 83;

c) Este procedimiento también será aplicable cuando la Corte, al conocer de una apelación contra el fallo condenatorio únicamente, considere que hay fundamentos para reducir la pena en virtud del párrafo 2.a).

3.

a) Salvo que la Sala de Primera Instancia ordene otra cosa, el condenado permanecerá privado de libertad mientras se falla la apelación;

b) Cuando la duración de la detención fuese mayor que la de la pena de prisión impuesta, el condenado será puesto en libertad; sin embargo, si el fiscal también apelase, esa libertad podrá quedar sujeta a las condiciones enunciadas en el apartado siguiente;

c) Si la sentencia fuere absolutoria, el acusado será puesto en libertad de inmediato, con sujeción a las normas siguientes:

i) En circunstancias excepcionales y teniendo en cuenta entre otras cosas, el riesgo concreto de fuga, la gravedad del delito y las probabilidades de que se dé lugar a la apelación, la Sala de Primera Instancia, a solicitud del fiscal, podrá decretar que siga privado de la libertad mientras dure la apelación;

ii) Las decisiones dictadas por la Sala de Primera Instancia en virtud del inciso precedente serán apelables de conformidad con las Reglas de Procedimiento y Prueba.

4. Con sujeción a lo dispuesto en los apartados a) y b) del párrafo 3, la ejecución del fallo o de la pena será suspendida durante el plazo fijado para la apelación y mientras dure el procedimiento de apelación.

Artículo 82. *Apelación de otras decisiones.* 1. Cualquiera de las partes podrá apelar, de conformidad con las Reglas de Procedimiento y prueba, de las siguientes decisiones:

a) Una decisión relativa a la competencia o la admisibilidad;

b) Una decisión por la que se autorice o deniegue la libertad de la persona objeto de investigación o enjuiciamiento;

c) Una decisión de la Sala de Cuestiones Preliminares de actuar de oficio de conformidad con el párrafo 3 del artículo 56;

d) Una decisión relativa a una cuestión que afecte de forma significativa a la justicia y a la prontitud con que se sustancia el proceso o a su resultado y respecto de la cual, en opinión de la Sala de Cuestiones Preliminares o la Sala de Primera Instancia, una resolución inmediata de la Sala de Apelaciones pueda acelerar materialmente el proceso.

2. El Estado de que se trate o el fiscal, con la autorización de la Sala de Cuestiones Preliminares, podrá apelar de una decisión adoptada por esta Sala de conformidad con el párrafo 3.d) del artículo 57. La apelación será sustanciada en procedimiento sumario.

3. La apelación no suspenderá por sí misma el procedimiento a menos que la Sala de Apelaciones así lo resuelva, previa solicitud y de conformidad con las Reglas de Procedimiento y Prueba.

4. El representante legal de las víctimas, el condenado o el propietario de buena fe de bienes afectados por una providencia dictada en virtud del artículo 75 podrán apelar, de conformidad con las Reglas de procedimiento y Prueba, de la decisión por la cual se conceda reparación.

Artículo 83. *Procedimiento de apelación.* 1. A los efectos del procedimiento establecido en el artículo 81 y en el presente artículo, la Sala de Apelaciones tendrá todas las atribuciones de la Sala de Primera Instancia.

2. La Sala de Apelaciones, si decide que las actuaciones apeladas fueron injustas y que ello afecta a la regularidad del fallo o la pena o que el fallo o la pena apelados adolecen efectivamente de errores de hecho o de derecho o de vicios de procedimiento, podrá:

a) Revocar o enmendar el fallo o la pena; o

b) Decretar la celebración de un nuevo juicio en otra Sala de Primera Instancia.

A estos efectos, la Sala de Apelaciones podrá devolver una cuestión de hecho a la Sala de Primera Instancia original para que la examine y le informe según corresponda, o podrá ella misma pedir pruebas para dirimirla. El fallo o la pena apelados únicamente por el condenado, o por el fiscal en nombre de éste, no podrán ser modificados en perjuicio suyo.

3. La Sala de Apelaciones, si al conocer de una apelación contra la pena, considera que hay una desproporción entre el crimen y la pena, podrá modificar ésta de conformidad con lo dispuesto en la Parte VII.

4. La sentencia de la Sala de Apelaciones será aprobada por mayoría de los magistrados que la componen y anunciada en audiencia pública. La sentencia enunciará las razones en que se funda. De no haber unanimidad, consignará las opiniones de la mayoría y de la minoría, si bien un magistrado podrá emitir una opinión separada o disidente sobre una cuestión de derecho.

5. La Sala de Apelaciones podrá dictar sentencia en ausencia de la persona absuelta o condenada.

Artículo 84. *Revisión del fallo condenatorio o de la pena.* 1. El condenado o, después de su fallecimiento, el cónyuge, los hijos, los padres o quien estuviera vivo al momento de la muerte del acusado y tuviera instrucciones escritas del acusado de hacerlo, o el fiscal en su nombre, podrá pedir a la Sala de Apelaciones que revise el fallo definitivo condenatorio o la pena por las siguientes causas:

a) Se hubieren descubierto nuevas pruebas que:

i) No se hallaban disponibles a la época del juicio por motivos que no cabría imputar total o parcialmente a la parte que formula la solicitud; y

ii) Son suficientemente importantes como para que, de haberse valorado en el juicio, probablemente hubieran dado lugar a otro veredicto;

b) Se acabare de descubrir que un elemento de prueba decisivo, apreciado en el juicio y del cual depende la condena, era falso o habría sido objeto de adulteración o falsificación;

c) Uno o más de los magistrados que intervinieron en el fallo condenatorio o en la confirmación de los cargos han incurrido, en esa causa, en una falta grave o un incumplimiento grave de magnitud suficiente para justificar su separación del cargo de conformidad con el artículo 46.

2. La Sala de Apelaciones rechazará la solicitud si la considera infundada. Si determina que la solicitud es atendible, podrá, según corresponda:

a) Convocar nuevamente a la Sala de Primera Instancia original;

b) Constituir una nueva Sala de Primera Instancia; o

c) Mantener su competencia respecto del asunto,

para, tras oír a las partes en la manera establecida en las Reglas de Procedimiento y Prueba, determinar si ha de revisarse la sentencia.

Artículo 85. *Indemnización del detenido o condenado.* 1. El que haya sido ilegalmente detenido o recluido tendrá el derecho efectivo a ser indemnizado.

2. El que por decisión final hubiera sido condenado por un crimen y hubiere cumplido pena por tal motivo será indemnizado conforme a la ley de ser anulada posteriormente su condena en razón de hechos nuevos que demuestren concluyentemente que hubo un error judicial, salvo que la falta de conocimiento oportuno de esos hechos le fuera total o parcialmente imputable.

3. En circunstancias excepcionales, la Corte, si determina la existencia de hechos concluyentes que muestran que hubo un error judicial grave y manifiesto tendrá la facultad discrecional de otorgar una indemnización, de conformidad con los criterios establecidos en las Reglas de Procedimiento y Prueba, a quien hubiere sido puesto en libertad en virtud de una sentencia definitiva absolutoria o de un sobreseimiento de la causa por esa razón.

PARTE IX
DE LA COOPERACIÓN INTERNACIONAL Y LA ASISTENCIA JUDICIAL

Véase Decisión 2011/168/PESC del Consejo, de 21 de marzo de 2011, relativa a la Corte Penal Internacional y por la que se deroga la Posición Común 2003/444/PESC («D.O.U.E.L.» 22 marzo).

Véase el Acuerdo entre la Corte Penal Internacional y la Unión Europea sobre cooperación y asistencia («D.O.U.E.L.» 28 abril).

Artículo 86. *Obligación general de cooperar.* Los Estados Partes, de conformidad con lo dispuesto en el presente Estatuto, cooperarán plenamente con la Corte en relación con la investigación y el enjuiciamiento de crímenes de su competencia.

Artículo 87. *Solicitudes de cooperación: disposiciones generales.* 1.

a) La Corte estará facultada para formular solicitudes de cooperación a los Estados Partes. Éstas se transmitirán por vía diplomática o por cualquier otro conducto adecuado que haya designado cada Estado Parte a la fecha de la ratificación, aceptación, aprobación o adhesión.

Cada Estado Parte podrá cambiar posteriormente esa designación de conformidad con las Reglas de Procedimiento y Prueba.

b) Cuando proceda, y sin perjuicio de lo dispuesto en el apartado a), las solicitudes podrán transmitirse también por conducto de la Organización Internacional de Policía Criminal o de cualquier organización regional competente.

Véase apartado E.D de Res. 26 enero 2005, de la Secretaría General Técnica, sobre aplicación del artículo 32 del D. 801/1972, relativo a la ordenación de la actividad de la Administración del Estado en materia de Tratados Internacionales («B.O.E.» 9 febrero), por el que se publican notificaciones efectuadas por diversos países en virtud del artículo 87.1 y 87.2.

2. Las solicitudes de cooperación y los documentos que las justifiquen estarán redactados en un idioma oficial del Estado requerido, o acompañados de una traducción a ese idioma, o a uno de los idiomas de trabajo de la Corte, según la elección que haya hecho el Estado a la fecha de la ratificación, aceptación, aprobación o adhesión.

El Estado Parte podrá cambiar posteriormente esa elección de conformidad con las Reglas de Procedimiento y Prueba.

Véase apartado E.D de Res. 26 enero 2005, de la Secretaría General Técnica, sobre aplicación del artículo 32 del D. 801/1972, relativo a la ordenación de la actividad de la Administración del Estado en materia de Tratados Internacionales («B.O.E.» 9 febrero), por el que se publican notificaciones efectuadas por diversos países en virtud del artículo 87.1 y 87.2.

3. El Estado requerido preservará el carácter confidencial de toda solicitud de cooperación y de los documentos que las justifiquen, salvo en la medida en que su divulgación sea necesaria para tramitarla.

4. Con respecto a las solicitudes de asistencia presentadas de conformidad con la presente Parte, la Corte podrá adoptar todas las medidas, incluidas las relativas a la protección de la información, que sean necesarias para proteger la seguridad y el bienestar físico o psicológico de las víctimas, los posibles testigos y sus familiares. La Corte podrá solicitar que toda información comunicada en virtud de la presente Parte sea transmitida y procesada de manera que se proteja la seguridad y el bienestar físico o psicológico de las víctimas, los posibles testigos y sus familiares.

5.

a) La Corte podrá invitar a cualquier Estado que no sea parte en el presente Estatuto a prestar la asistencia prevista en la presente Parte sobre la base de un arreglo especial, un acuerdo con ese Estado o de cualquier otra manera adecuada.

b) Cuando un Estado que no sea parte en el presente Estatuto y que haya celebrado un arreglo especial o un acuerdo con la Corte se niegue a cooperar en la ejecución de las solicitudes a que se refieran tal arreglo o acuerdo, la Corte podrá informar de ello a la Asamblea de los Estados Partes o al Consejo de Seguridad, si éste le hubiese remitido el asunto.

6. La Corte podrá solicitar de cualquier organización intergubernamental que le proporcione información o documentos. Asimismo, la Corte podrá solicitar otras formas de cooperación y asistencia que se hayan acordado con cualquiera de esas organizaciones, de conformidad con su competencia o mandato.

7. Cuando, en contravención de lo dispuesto en el presente Estatuto, un Estado Parte se niegue a dar curso a una solicitud de cooperación formulada por la Corte, impidiéndole ejercer sus funciones y atribuciones de conformidad con el presente Estatuto, ésta podrá hacer una constatación en ese sentido y remitir la cuestión a la Asamblea de los Estados Partes o al Consejo de Seguridad, si éste le hubiese remitido el asunto.

Véase el apartado E.D. de la Res. 18 junio 2007, de la Secretaría General Técnica, sobre aplicación del artículo 32 del D. 801/1972, relativo a la ordenación de la activi-

dad de la Administración del Estado en materia de Tratados Internacionales («B.O.E.» 3 julio), por el que se publica notificación por parte de Eslovenia.

Artículo 88. *Procedimientos aplicables en el derecho interno.* Los Estados Partes se asegurarán de que en el derecho interno existan procedimientos aplicables a todas las formas de cooperación especificadas en la presente parte.

Artículo 89. *Entrega de personas a la Corte.* 1. La Corte podrá transmitir, junto con los antecedentes que la justifiquen de conformidad con el artículo 91, una solicitud de detención y entrega de una persona a todo Estado en cuyo territorio pueda hallarse y solicitará la cooperación de ese Estado. Los Estados Partes cumplirán las solicitudes de detención y entrega de conformidad con las disposiciones de la presente parte y el procedimiento establecido en su derecho interno.

2. Cuando la persona cuya entrega se pida la impugne ante un tribunal nacional oponiendo la excepción de cosa juzgada de conformidad con el artículo 20, el Estado requerido celebrará de inmediato consultas con la Corte para determinar si ha habido una decisión sobre la admisibilidad de la causa. Si la causa es admisible, el Estado requerido cumplirá la solicitud. Si está pendiente la decisión sobre la admisibilidad, el Estado requerido podrá aplazar la ejecución de la solicitud de entrega hasta que la Corte adopte esa decisión.

3.

a) El Estado Parte autorizará de conformidad con su derecho procesal el tránsito por su territorio de una persona que otro Estado entregue a la Corte, salvo cuando el tránsito por ese Estado obstaculice o demore la entrega;

b) La solicitud de la Corte de que se autorice ese tránsito será transmitida de conformidad con el artículo 87 y contendrá:

i) Una descripción de la persona que será transportada;

ii) Una breve exposición de los hechos de la causa y su tipificación, y

iii) La orden de detención y entrega;

c) La persona transportada permanecerá detenida durante el tránsito;

d) No se requerirá autorización alguna cuando la persona sea transportada por vía aérea y no se prevea aterrizar en el territorio del Estado de tránsito;

e) En caso de aterrizaje imprevisto en el territorio del Estado de tránsito, éste podrá pedir a la Corte que presente una solicitud de tránsito con arreglo a lo dispuesto en el apartado b). El Estado de tránsito detendrá a la persona transportada mientras se recibe la solicitud de la Corte y se efectúa el tránsito; sin embargo, la detención no podrá prolongarse más de 96 horas contadas desde el aterrizaje imprevisto si la solicitud no es recibida dentro de ese plazo.

4. Si la persona buscada está siendo enjuiciada o cumple condena en el Estado requerido por un crimen distinto de aquel por el cual se pide su entrega a la Corte, el Estado requerido, después de haber decidido conceder la entrega, celebrará consultas con la Corte.

Artículo 90. *Solicitudes concurrentes.* 1. El Estado Parte que haya recibido una solicitud de la Corte relativa a la entrega de una persona de conformidad con el artículo 89, y reciba además una solicitud de cualquier otro Estado relativa a la extradición de la misma persona por la misma conducta que constituya la base del crimen en razón del cual la Corte ha pedido la entrega, notificará a la Corte y al Estado requirente ese hecho.

2. Si el Estado requirente es un Estado Parte, el Estado requerido dará prioridad a la solicitud de la Corte cuando ésta:

a) Haya determinado, de conformidad con lo dispuesto en los artículos 18 ó 19, que la causa respecto de la cual se solicita la entrega es admisible y en su decisión haya tenido en cuenta la investigación o el enjuiciamiento que lleva a cabo el Estado requirente con respecto a la solicitud de extradición que éste ha presentado; o

b) Adopte la decisión a que se refiere el apartado a) como consecuencia de la notificación efectuada por el Estado requerido de conformidad con el párrafo 1.

3. Cuando no se haya adoptado la decisión a que se hace referencia en el párrafo 2.a), el Estado requerido tendrá la facultad discrecional, hasta que se dicte la decisión de la Corte prevista en el párrafo 2.b), de dar curso a la solicitud de extradición presentada por el Estado requirente, pero no la hará efectiva hasta que la Corte haya resuelto que la causa es inadmisible. La Corte adoptará su decisión en procedimiento sumario.

4. Si el Estado requirente no es parte en el presente Estatuto, el Estado requerido, en caso de que no esté obligado por alguna norma internacional a conceder la extradición al Estado requirente, dará prioridad a la solicitud de entrega que le haya hecho la Corte si ésta ha determinado que la causa era admisible.

5. Cuando la Corte no haya determinado la admisibilidad de una causa de conformidad con el párrafo 4, el Estado requerido tendrá la facultad discrecional de dar curso a la solicitud de extradición que le haya hecho el Estado requirente.

6. En los casos en que sea aplicable el párrafo 4, y salvo que el Estado requerido esté obligado por alguna norma internacional a extraditar la persona al Estado requirente que no sea parte en el presente Estatuto, el Estado requerido decidirá si hace la entrega a la Corte o concede la extradición al Estado requirente. Para tomar esta decisión, el Estado requerido tendrá en cuenta todos los factores pertinentes, entre otros:

a) Las fechas respectivas de las solicitudes;

b) Los intereses del Estado requirente y, cuando proceda, si el crimen se cometió en su territorio y cuál es la nacionalidad de las víctimas y de la persona cuya entrega o extradición se ha solicitado; y

c) La posibilidad de que la Corte y el Estado requirente lleguen posteriormente a un acuerdo respecto de la entrega.

7. Cuando el Estado Parte que reciba una solicitud de la Corte de entrega de una persona reciba también una solicitud de otro Estado relativa a la extradición de la misma persona por una conducta distinta de la que constituye el crimen en razón del cual la Corte solicita la entrega:

a) El Estado requerido, si no está obligado por ninguna norma internacional a conceder la extradición al Estado requirente, dará preferencia a la solicitud de la Corte;

b) El Estado requerido, si está obligado por una norma internacional a conceder la extradición al Estado requirente, decidirá si entrega la persona a la Corte o la extradita al Estado requirente. En esta decisión, el Estado requerido tendrá en cuenta todos los factores pertinentes y, entre otros, los enumerados en el párrafo 6, pero tendrá especialmente en cuenta la naturaleza y la gravedad relativas de la conducta de que se trate.

8. Cuando, como consecuencia de una notificación efectuada con arreglo al presente artículo, la Corte haya determinado la inadmisibilidad de una causa y posteriormente se deniegue la extradición al Estado requirente, el Estado requerido notificará su decisión a la Corte.

Artículo 91. *Contenido de la solicitud de detención y entrega.* 1. La solicitud de detención y entrega deberá formularse por escrito. En caso de urgencia, se podrá hacer por cualquier otro medio que permita dejar constancia escrita, a condición de que la solicitud sea confirmada en la forma indicada en el párrafo 1.a) del artículo 87.

2. La solicitud de detención y entrega de una persona respecto de la cual la Sala de Cuestiones Preliminares haya dictado una orden de detención de conformidad con el artículo 58 deberá contener los elementos siguientes o ir acompañada de:

a) Información suficiente para la identificación de la persona buscada y datos sobre su probable paradero;

b) Una copia de la orden de detención; y

c) Los documentos, las declaraciones o la información que sean necesarios para cumplir los requisitos de procedimiento del Estado requerido relativos a la entrega; sin embargo, esos requisitos no podrán ser más onerosos que los aplicables a las solicitudes de extradición conforme a tratados o acuerdos celebrados por el Estado requerido y otros Estados y, de ser posible, serán menos onerosos, habida cuenta del carácter específico de la Corte.

3. La solicitud de detención y entrega del condenado deberá contener los siguientes elementos o ir acompañada de:

a) Copia de la orden de detención dictada en su contra;

b) Copia de la sentencia condenatoria;

c) Datos que demuestren que la persona buscada es aquella a la que se refiere la sentencia condenatoria, y

d) Si la persona que se busca ha sido condenada a una pena, copia de la sentencia y, en el caso de una pena de reclusión, una indicación de la parte de la pena que se ha cumplido y de la que queda por cumplir.

4. A solicitud de la Corte, un Estado Parte consultará con ésta, en general o con respecto a un asunto concreto, sobre las disposiciones de su derecho interno que puedan ser aplicables de conformidad con el apartado c) del párrafo 2 del presente artículo. En esas consultas, el Estado Parte comunicará a la Corte los requisitos específicos de su derecho interno.

Artículo 92. *Detención provisional.* 1. En caso de urgencia, la Corte podrá solicitar la detención provisional de la persona buscada hasta que se presente la solicitud de entrega y los documentos que la justifiquen de conformidad con el artículo 91.

2. La solicitud de detención provisional deberá hacerse por cualquier medio que permita dejar constancia escrita y contendrá:

a) Información suficiente para identificar a la persona buscada y datos sobre su probable paradero;

b) Una exposición concisa de los crímenes por los que se pida la detención y de los hechos que presuntamente serían constitutivos de esos crímenes, inclusive, de ser posible, la indicación de la fecha y el lugar en que se cometieron;

c) Una declaración de que existe una orden de detención o una decisión final condenatoria respecto de la persona buscada, y

d) Una declaración de que se presentará una solicitud de entrega de la persona buscada.

3. La persona sometida a detención provisional podrá ser puesta en libertad si el Estado requerido no hubiere recibido la solicitud de entrega y los documentos que la justifiquen, de conformidad con el artículo 91, dentro del plazo fijado en las reglas de procedimiento y prueba. Sin embargo, el detenido podrá consentir en la entrega antes de que se cumpla dicho plazo siempre que lo permita el derecho interno del Estado requerido. En ese caso, el Estado requerido procederá a entregar al detenido a la Corte tan pronto como sea posible.

4. El hecho de que la persona buscada haya sido puesta en libertad de conformidad con el párrafo 3 no obstará para que sea nuevamente detenida y entregada una vez que el Estado requerido reciba la solicitud de entrega y los documentos que la justifiquen.

Artículo 93. *Otras formas de cooperación.* 1. Los Estados Partes, de conformidad con lo dispuesto en la presente Parte y con los procedimientos de su derecho interno, deberán cumplir las solicitudes de asistencia formuladas por la Corte en relación con investigaciones o enjuiciamientos penales a fin de:

a) Identificar y buscar personas u objetos;

b) Practicar pruebas, incluidos los testimonios bajo juramento, y producir pruebas, incluidos los dictámenes e informes periciales que requiera la Corte;

c) Interrogar a una persona objeto de investigación o enjuiciamiento;

d) Notificar documentos, inclusive los documentos judiciales;

e) Facilitar la comparecencia voluntaria ante la Corte de testigos o expertos;

f) Proceder al traslado provisional de personas, de conformidad con lo dispuesto en el párrafo 7;

g) Realizar inspecciones oculares, inclusive la exhumación y el examen de cadáveres y fosas comunes;

h) Practicar allanamientos y decomisos;

i) Transmitir registros y documentos, inclusive registros y documentos oficiales;

j) Proteger a víctimas y testigos y preservar pruebas;

k) Identificar, determinar el paradero o inmovilizar el producto y los bienes y haberes obtenidos del crimen y de los instrumentos del crimen, o incautarse de ellos, con miras a su decomiso ulterior y sin perjuicio de los derechos de terceros de buena fe, y

l) Cualquier otro tipo de asistencia no prohibida por la legislación del Estado requerido y destinada a facilitar la investigación y el enjuiciamiento de crímenes de la competencia de la Corte.

2. La Corte podrá dar seguridades a los testigos o expertos que comparezcan ante ella de que no serán enjuiciados o detenidos ni se restringirá su libertad personal por un acto u omisión anterior a su salida del Estado requerido.

3. Cuando la ejecución de una determinada medida de asistencia detallada en una solicitud presentada de conformidad con el párrafo 1 estuviera prohibida en el Estado requerido por un principio fundamental de derecho ya existente y de aplicación general, el Estado requerido celebrará sin demora consultas con la Corte para tratar de resolver la cuestión. En las consultas se debería considerar si se puede prestar la asistencia de otra manera o con sujeción a condiciones. Si, después de celebrar consultas, no se pudiera resolver la cuestión, la Corte modificará la solicitud según sea necesario.

4. El Estado Parte podrá no dar lugar a una solicitud de asistencia, en su totalidad o en parte, de conformidad con el artículo 72 y únicamente si la solicitud se refiere a la presentación de documentos o la divulgación de pruebas que afecten a su seguridad nacional.

5. Antes de denegar una solicitud de asistencia de conformidad con el párrafo 1.l), el Estado requerido considerará si se puede prestar la asistencia con sujeción a ciertas condiciones, o si es posible hacerlo en una fecha posterior o de otra manera. La Corte o el fiscal, si aceptan la asistencia sujeta a condiciones, tendrán que cumplirlas.

6. Si no se da lugar a una solicitud de asistencia, el Estado Parte requerido deberá comunicar sin demora los motivos a la Corte o al fiscal.

7.

a) La Corte podrá solicitar el traslado provisional de un detenido a los fines de su identificación o de que preste testimonio o asistencia de otra índole. El traslado podrá realizarse siempre que:

i) El detenido dé, libremente y con conocimiento de causa, su consentimiento, y

ii) El Estado requerido lo acepte, con sujeción a las condiciones que hubiere acordado con la Corte.

b) La persona trasladada permanecerá detenida. Una vez cumplidos los fines del traslado, la Corte la devolverá sin dilación al Estado requerido.

8.

a) La Corte velará por la protección del carácter confidencial de los documentos y de la información, salvo en la medida en que éstos sean necesarios para la investigación y las diligencias pedidas en la solicitud.

b) El Estado requerido podrá, cuando sea necesario, transmitir al fiscal documentos o información con carácter confidencial. El fiscal únicamente podrá utilizarlos para reunir nuevas pruebas.

c) El Estado requerido podrá, de oficio o a solicitud del fiscal, autorizar la divulgación ulterior de estos documentos o información, los cuales podrán utilizarse como medios de prueba de conformidad con lo dispuesto en las partes V y VI, y de conformidad con las reglas de procedimiento y prueba.

9.

a)

i) El Estado Parte que reciba solicitudes concurrentes de la Corte y de otro Estado de conformidad con una obligación internacional y que no se refieran a la entrega o la extradición, procurará, en consulta con la Corte y el otro Estado, atender ambas solicitudes, de ser necesario postergando o condicionando una de ellas.

ii) Si esto no fuera posible, la cuestión de las solicitudes concurrentes se resolverá de conformidad con los principios enunciados en el artículo 90.

b) Sin embargo, cuando la solicitud de la Corte se refiera a información, bienes o personas que estén sometidos al control de un tercer Estado o de una organización internacional en virtud de un acuerdo internacional, el Estado requerido lo comunicará a la Corte y la Corte dirigirá su solicitud al tercer Estado o a la organización internacional.

10.

a) A solicitud de un Estado Parte que lleve a cabo una investigación o sustancie un juicio por una conducta que constituya un crimen de la competencia de la Corte o que constituya un crimen grave con arreglo al derecho interno del Estado requirente, la Corte podrá cooperar con él y prestarle asistencia;

b)

i) La asistencia prestada de conformidad con el apartado a) podrá comprender, entre otras cosas:

a. La transmisión de declaraciones, documentos u otros elementos de prueba obtenidos en el curso de una investigación o de un proceso sustanciado por la Corte, y

b. El interrogatorio de una persona detenida por orden de la Corte.

ii) En el caso de la asistencia prevista en el apartado b).i).a.:

a. Si los documentos u otros elementos de prueba se hubieren obtenido con la asistencia de un Estado, su transmisión estará subordinada al consentimiento de dicho Estado.

b. Si las declaraciones, los documentos u otros elementos de prueba hubieren sido proporcionados por un testigo o un perito, su transmisión estará subordinada a lo dispuesto en el artículo 68.

c) La Corte podrá, de conformidad con el presente párrafo y en las condiciones enunciadas en él, acceder a una solicitud de asistencia presentada por un Estado que no sea parte en el presente Estatuto.

Artículo 94. *Aplazamiento de la ejecución de una solicitud de asistencia con respecto a una investigación o un enjuiciamiento en curso.* 1. Si la ejecución inmediata de una solicitud de asistencia interfiere una investigación o enjuiciamiento en curso de un asunto distintos de aquel al que se refiera la solicitud, el Estado requerido podrá aplazar la ejecución por el tiempo que acuerde con la Corte. No obstante, el aplazamiento no excederá de lo necesario para concluir la investigación o el enjuiciamiento de que se trate en el Estado requerido. Antes de tomar la decisión de aplazar la ejecución de la solicitud, el Estado requerido debería considerar si se podrá prestar inmediatamente la asistencia con sujeción a ciertas condiciones.

2. Si, de conformidad con el párrafo 1, se decidiere aplazar la ejecución de una solicitud de asistencia, el fiscal podrá, en todo caso, pedir que se adopten las medidas necesarias para preservar pruebas de conformidad con el párrafo 1.j) del artículo 93.

Artículo 95. *Aplazamiento de la ejecución de una solicitud por haberse impugnado la admisibilidad de la causa.* Cuando la Corte proceda a examinar una impugnación de la admisibilidad de una causa de conformidad con los artículos 18 ó 19, el Estado requerido podrá aplazar la ejecución de una solicitud hecha de conformidad con esta Parte hasta que la Corte se pronuncie sobre la impugnación, a menos que ésta haya resuelto expresamente que el fiscal podrá continuar recogiendo pruebas conforme a lo previsto en los artículos 18 ó 19.

Artículo 96. *Contenido de la solicitud relativa a otras formas de asistencia de conformidad con el artículo 93.* 1. La solicitud relativa a otras formas de asistencia a que se hace referencia en el artículo 93 deberá hacerse por escrito. En caso de urgencia, se podrá hacer por cualquier otro medio que permita dejar constancia escrita, a condición de que la solicitud sea confirmada en la forma indicada en el párrafo 1.a) del artículo 87.

2. La solicitud deberá contener los siguientes elementos o estar acompañada de, según proceda:

a) Una exposición concisa de su propósito y de la asistencia solicitada, incluidos los fundamentos jurídicos y los motivos de la solicitud;

b) La información más detallada posible acerca del paradero o la identificación de la persona o el lugar objeto de la búsqueda o la identificación, de forma que se pueda prestar la asistencia solicitada;

c) Una exposición concisa de los hechos esenciales que fundamentan la solicitud;

d) Las razones y la indicación detallada de cualquier procedimiento que deba seguirse o requisito que deba cumplirse;

e) Cualquier información que pueda ser necesaria conforme al derecho interno del Estado requerido para cumplir la solicitud, y

f) Cualquier otra información pertinente para que pueda prestarse la asistencia solicitada.

3. A solicitud de la Corte, todo Estado Parte consultará con la Corte, en general o respecto de un asunto concreto, sobre las disposiciones de su derecho interno que puedan ser aplicables de conformidad con el párrafo 2.e). En esas consultas, los Estados Partes comunicarán a la Corte las disposiciones específicas de su derecho interno.

4. Las disposiciones del presente artículo serán también aplicables, según proceda, con respecto a las solicitudes de asistencia hechas a la Corte.

Artículo 97. *Consultas con la Corte.* El Estado Parte que reciba una solicitud de conformidad con la presente parte celebrará sin dilación consultas con la Corte si considera que la solicitud le plantea problemas que puedan obstaculizar o impedir su cumplimiento. Esos problemas podrían ser, entre otros:

a) Que la información fuese insuficiente para cumplir la solicitud.

b) Que, en el caso de una solicitud de entrega, la persona no pudiera ser localizada, pese a los intentos realizados, o que en la investigación realizada se hubiere determinado claramente que la persona en el Estado requerido no es la indicada en la solicitud, o

c) Que el cumplimiento de la solicitud en su forma actual obligare al Estado requerido a no cumplir una obligación preexistente en virtud de un tratado con otro Estado.

Artículo 98. *Cooperación con respecto a la renuncia a la inmunidad y consentimiento a la entrega.* 1. La Corte no dará curso a una solicitud de entrega o de asistencia en virtud de la cual el Estado requerido deba actuar en forma incompatible con las obligaciones que le imponga el derecho internacional con respecto a la inmunidad de un Estado o la inmunidad diplomática de una persona o un bien de un tercer Estado, salvo que la Corte obtenga anteriormente la cooperación de ese tercer Estado para la renuncia a la inmunidad.

2. La Corte no dará curso a una solicitud de entrega en virtud de la cual el Estado requerido deba actuar en forma incompatible con las obligaciones que le imponga un acuerdo internacional conforme al cual se requiera el consentimiento del Estado que envíe para entregar a la Corte a una persona sujeta a la jurisdicción de ese Estado, a menos que ésta obtenga primero la cooperación del Estado que envíe para que dé su consentimiento a la entrega.

Artículo 99. *Cumplimiento de las solicitudes a que se hace referencia en los artículos 93 y 96.* 1. Las solicitudes de asistencia se cumplirán de conformidad con el procedimiento aplicable en el derecho interno del Estado requerido y, salvo si ese derecho lo prohíbe, en la forma especificada en la solicitud, incluidos los procedimientos indicados en ella y la autorización a las personas especificadas en ella para estar presentes y prestar asistencia en el trámite.

2. En el caso de una solicitud urgente y cuando la Corte lo pida, los documentos o pruebas incluidos en la respuesta serán transmitidos con urgencia.

3. Las respuestas del Estado requerido serán transmitidas en su idioma y forma original.

4. Sin perjuicio de los demás artículos de la presente parte, cuando resulte necesario en el caso de una solicitud que pueda ejecutarse sin necesidad de medidas coercitivas, en particular la entrevista a una persona o la recepción de pruebas de una persona voluntariamente, aun cuando sea sin la presencia de las autoridades del Estado Parte requerido si ello fuere esencial para la ejecución de la solicitud, y el reconocimiento de un lugar u otro recinto que no entrañe un cambio en él, el fiscal podrá ejecutar directamente la solicitud en el territorio de un Estado según se indica a continuación:

a) Cuando el Estado Parte requerido fuere un Estado en cuyo territorio se hubiera cometido presuntamente el crimen, y hubiere habido una decisión de admisibilidad de conformidad con los artículos 18 ó 19, el fiscal podrá ejecutar directamente la solicitud tras celebrar todas las consultas posibles con el Estado Parte requerido.

b) En los demás casos, el fiscal podrá ejecutar la solicitud tras celebrar consultas con el Estado Parte requerido y con sujeción a cualquier condición u observación razonable que imponga o haga ese Estado Parte. Cuando el Estado Parte requerido considere que hay problemas para la ejecución de una solicitud de conformidad con el presente apartado, celebrará consultas sin demora con la Corte para resolver la cuestión.

5. Las disposiciones en virtud de las cuales una persona que sea oída o interrogada por la Corte con arreglo al artículo 72 podrá hacer valer las restricciones previstas para impedir la divulgación de información confidencial relacionada con la seguridad nacional serán igualmente aplicables al cumplimiento de las solicitudes de asistencia a que se hace referencia en el presente artículo.

Artículo 100. *Gastos.* 1. Los gastos ordinarios que se deriven del cumplimiento de las solicitudes en el territorio del Estado requerido correrán a cargo de éste, con excepción de los siguientes, que correrán a cargo de la Corte:

a) Gastos relacionados con el viaje y la seguridad de los testigos y peritos, o el traslado, con arreglo al artículo 93, de personas detenidas;

b) Gastos de traducción, interpretación y transcripción.

c) Gastos de viaje y dietas de los magistrados, el fiscal, los fiscales adjuntos, el secretario, el secretario adjunto y los funcionarios de cualquier órgano de la Corte;

d) Costo de los informes o dictámenes periciales solicitados por la Corte;

e) Gastos relacionados con el transporte de la persona que entregue a la Corte un Estado de detención, y

f) Previa consulta, todos los gastos extraordinarios que puedan ser resultado del cumplimiento de una solicitud.

2. Las disposiciones del párrafo 1 serán aplicables, según proceda, a las solicitudes hechas por los Estados Partes a la Corte. En ese caso, los gastos ordinarios que se deriven de su cumplimiento correrán a cargo de la Corte.

Artículo 101. *Principio de la especialidad.* 1. Quien haya sido entregado a la Corte en virtud del presente Estatuto no será procesado, castigado o detenido por una conducta anterior a su entrega, a menos que ésta constituya la base del delito por el cual haya sido entregado.

2. La Corte podrá pedir al Estado que hizo la entrega que la dispense del cumplimiento de los requisitos establecidos en el párrafo 1 y, si fuere necesario, proporcionará información adicional de conformidad con el artículo 91. Los Estados Partes estarán facultados para dar esa dispensa a la Corte y procurarán hacerlo.

Artículo 102. *Términos empleados.* A los efectos del presente Estatuto:

a) Por «entrega» se entenderá la entrega de una persona por un Estado a la Corte de conformidad con lo dispuesto en el presente Estatuto.

b) Por «extradición» se entenderá la entrega de una persona por un Estado a otro Estado de conformidad con lo dispuesto en un tratado o convención o en el derecho interno.

PARTE X
DE LA EJECUCIÓN DE LA PENA

Artículo 103. *Función de los Estados en la ejecución de las penas privativas de libertad.* 1.

a) La pena privativa de libertad se cumplirá en un Estado designado por la Corte sobre la base de una lista de Estados que hayan manifestado a la Corte que están dispuestos a recibir condenados.

b) En el momento de declarar que está dispuesto a recibir condenados, el Estado podrá poner condiciones a reserva de que sean aceptadas por la Corte y estén en conformidad con la presente Parte.

c) El Estado designado en un caso determinado indicará sin demora a la Corte si acepta la designación.

2.

a) El Estado de ejecución de la pena notificará a la Corte cualesquiera circunstancias, incluido el cumplimiento de las condiciones aceptadas con arreglo al párrafo 1, que pudieren afectar materialmente a las condiciones o la duración de la privación de libertad. Las circunstancias conocidas o previsibles deberán ponerse en conocimiento de la Corte con una antelación mínima de cuarenta y cinco días. Durante este período, el Estado de ejecución no adoptará medida alguna que redunde en perjuicio de lo dispuesto en el artículo 110.

b) La Corte, si no puede aceptar las circunstancias a que se hace referencia en el apartado a), lo notificará al Estado de ejecución y procederá de conformidad con el párrafo 1 del artículo 104.

3. La Corte, al ejercer su facultad discrecional de efectuar la designación prevista en el párrafo 1, tendrá en cuenta:

a) El principio de que los Estados Partes deben compartir la responsabilidad por la ejecución de las penas privativas de libertad de conformidad con los principios de distribución equitativa que establezcan las reglas de procedimiento y prueba;

b) La aplicación de normas de tratados internacionales generalmente aceptadas sobre el tratamiento de los reclusos;

c) La opinión del condenado;

d) La nacionalidad del condenado, y

e) Otros factores relativos a las circunstancias del crimen o del condenado, o a la ejecución eficaz de la pena, según procedan en la designación del Estado de ejecución.

4. De no designarse un Estado de conformidad con el párrafo 1, la pena privativa de libertad se cumplirá en el establecimiento penitenciario que designe el Estado anfitrión, de conformidad con las condiciones estipuladas en el acuerdo relativo a la sede a que se hace referencia en el párrafo 2 del artículo 3. En ese caso, los gastos que entrañe la ejecución de la pena privativa de libertad serán sufragados por la Corte.

Artículo 104. *Cambio en la designación del Estado de ejecución.* 1. La Corte podrá en todo momento decidir el traslado del condenado a una prisión de un Estado distinto del Estado de ejecución.

2. El condenado podrá en todo momento solicitar de la Corte su traslado del Estado de ejecución.

Artículo 105. *Ejecución de la pena.* 1. Con sujeción a las condiciones que haya establecido un Estado de conformidad con el párrafo 1.b) del artículo 103, la pena privativa de libertad tendrá carácter obligatorio para los Estados Partes, los cuales no podrán modificarla en caso alguno.

2. La decisión relativa a cualquier solicitud de apelación o revisión incumbirá exclusivamente a la Corte. El Estado de ejecución no pondrá obstáculos para que el condenado presente una solicitud de esa índole.

Artículo 106. *Supervisión de la ejecución de la pena y condiciones de reclusión.* 1. La ejecución de una pena privativa de libertad estará sujeta a la supervisión de la Corte y se ajustará a las normas generalmente aceptadas de las convenciones internacionales sobre el tratamiento de los reclusos.

2. Las condiciones de reclusión se regirán por la legislación del Estado de ejecución y se ajustarán a las normas generalmente aceptadas de las convenciones internacionales sobre el tratamiento de los reclusos; en todo caso, no serán ni más ni menos favorables que las aplicadas a los reclusos condenados por delitos similares en el Estado de ejecución.

3. La comunicación entre el condenado y la Corte será irrestricta y confidencial.

Artículo 107. *Traslado una vez cumplida la pena.* 1. Una vez cumplida la pena, quien no sea nacional del Estado de ejecución podrá, de conformidad con la legislación de dicho Estado, ser trasladado al Estado que esté obligado a aceptarlo o a otro Estado que esté dispuesto a hacerlo, teniendo en cuenta si quiere ser trasladado a éste, a menos que el Estado de ejecución lo autorice a permanecer en su territorio.

2. Los gastos derivados del traslado de conformidad con lo dispuesto en el párrafo 1, de no ser sufragados por un Estado, correrán por cuenta de la Corte.

3. Con sujeción a lo dispuesto en el artículo 108, el Estado de ejecución también podrá, de conformidad con su derecho interno, extraditar o entregar por cualquier otra vía a la persona a un Estado que haya pedido la extradición o entrega para someterla a juicio o para que cumpla una pena.

Artículo 108. *Limitaciones al enjuiciamiento o la sanción por otros delitos.* 1. El condenado que se halle bajo la custodia del Estado de ejecución no será sometido a enjuiciamiento, sanción o extradición a un tercer Estado por una conducta anterior a su entrega al Estado de ejecución, a menos que, a petición de éste, la Corte haya aprobado el enjuiciamiento, la sanción o la extradición.

2. La Corte dirimirá la cuestión tras haber oído al condenado.

3. El párrafo 1 del presente artículo no será aplicable si el condenado permanece de manera voluntaria durante más de treinta días en el territorio del Estado de ejecución después de haber cumplido la totalidad de la pena impuesta por la Corte o si regresa al territorio de ese Estado después de haber salido de él.

Artículo 109. *Ejecución de multas y órdenes de decomiso.* 1. Los Estados Partes harán efectivas las multas u órdenes de decomiso decretadas por la Corte en virtud de la Parte VII, sin perjuicio de los derechos de terceros de buena fe y de conformidad con el procedimiento establecido en su derecho interno.

2. El Estado Parte que no pueda hacer efectiva la orden de decomiso adoptará medidas para cobrar el valor del producto, los bienes o los haberes cuyo decomiso hubiere decretado la Corte, sin perjuicio de los derechos de terceros de buena fe.

3. Los bienes, o el producto de la venta de bienes inmuebles o, según proceda, la venta de otros bienes que el Estado Parte obtenga al ejecutar una decisión de la Corte serán transferidos a la Corte.

Artículo 110. *Examen de una reducción de la pena.* 1. El Estado de ejecución no pondrá en libertad al recluso antes de que haya cumplido la pena impuesta por la Corte.

2. Sólo la Corte podrá decidir la reducción de la pena y se pronunciará al respecto después de escuchar al recluso.

3. Cuando el recluso haya cumplido las dos terceras partes de la pena o veinticinco años de prisión en caso de cadena perpetua, la Corte examinará la pena para determinar si ésta puede reducirse. El examen no se llevará a cabo antes de cumplidos esos plazos.

4. Al proceder al examen con arreglo al párrafo 3, la Corte podrá reducir la pena si considera que concurren uno o más de los siguientes factores:

a) Si el recluso ha manifestado desde el principio y de manera continua su voluntad de cooperar con la Corte en sus investigaciones y enjuiciamientos;

b) Si el recluso ha facilitado de manera espontánea la ejecución de las decisiones y órdenes de la Corte en otros casos, en particular ayudando a ésta en la localización de los bienes sobre los que recaigan las multas, las órdenes de decomiso o de reparación que puedan usarse en beneficio de las víctimas, o

c) Otros factores indicados en las Reglas de Procedimiento y Prueba que permitan determinar un cambio en las circunstancias suficientemente claro e importante como para justificar la reducción de la pena.

5. La Corte, si en su examen inicial con arreglo al párrafo 3, determina que no procede reducir la pena, volverá a examinar la cuestión con la periodicidad y con arreglo a los criterios indicados en las Reglas de Procedimiento y Prueba.

Artículo 111. *Evasión.* Si un condenado se evade y huye del Estado de ejecución, éste podrá, tras consultar a la Corte, pedir al Estado en que se encuentre que lo entregue de conformidad con los acuerdos bilaterales y multilaterales vigentes, o podrá pedir a la Corte que solicite la entrega de conformidad con la Parte IX.

La Corte, si solicita la entrega, podrá resolver que el condenado sea enviado al Estado en que cumplía su pena o a otro Estado que indique.

PARTE XI
DE LA ASAMBLEA DE LOS ESTADOS PARTES

Artículo 112. *Asamblea de los Estados Partes.* 1. Se instituye una Asamblea de los Estados Partes en el presente Estatuto. Cada Estado Parte tendrá un representante en la Asamblea que podrá hacerse acompañar de suplentes y asesores. Otros Estados signatarios del presente Estatuto o del Acta Final podrán participar en la Asamblea a título de observadores.

2. La Asamblea:

a) Examinará y aprobará, según proceda, las recomendaciones de la Comisión Preparatoria;

b) Ejercerá su supervisión respecto de la Presidencia, el fiscal y la Secretaría en las cuestiones relativas a la administración de la Corte;

c) Examinará los informes y las actividades de la Mesa establecida en el párrafo 3 y adoptará las medidas que procedan a ese respecto;

d) Examinará y decidirá el presupuesto de la Corte;

e) Decidirá si corresponde, de conformidad con el artículo 36, modificar el número de magistrados;

f) Examinará cuestiones relativas a la falta de cooperación de conformidad con los párrafos 5 y 7 del artículo 87;

g) Desempeñará las demás funciones que procedan en virtud del presente Estatuto y las Reglas de Procedimiento y Prueba.

3.

a) La Asamblea tendrá una Mesa, que estará compuesta de un Presidente, dos Vicepresidentes y 18 miembros elegidos por la Asamblea por períodos de tres años;

b) La Mesa tendrá carácter representativo, teniendo en cuenta, en particular, el principio de la distribución geográfica equitativa y la representación adecuada de los principales sistemas jurídicos del mundo;

c) La Mesa se reunirá con la periodicidad que sea necesaria, pero por lo menos una vez al año, y prestará asistencia a la Asamblea en el desempeño de sus funciones.

4. La Asamblea podrá establecer los órganos subsidiarios que considere necesarios, incluido un mecanismo de supervisión independiente que se encargará de la inspección, la evaluación y la investigación de la Corte a fin de mejorar su eficiencia y economía.

5. El Presidente de la Corte, el fiscal y el Secretario o sus representantes podrán, cuando proceda, participar en las sesiones de la Asamblea y de la Mesa.

6. La Asamblea se reunirá en la sede de la Corte o en la Sede de las Naciones Unidas una vez al año y, cuando las circunstancias lo exijan, celebrará períodos extraordinarios de sesiones. Salvo que se indique otra cosa en el presente Estatuto, los períodos extraordinarios de sesiones serán convocados por la Mesa de oficio o a petición de un tercio de los Estados Partes.

7. Cada Estado Parte tendrá un voto. La Asamblea y la Mesa harán todo lo posible por adoptar sus decisiones por consenso. Si no se pudiere llegar a un consenso y salvo que en el presente Estatuto se disponga otra cosa:

a) Las decisiones sobre cuestiones de fondo serán aprobadas por mayoría de dos tercios de los presentes y votantes, a condición de que una mayoría absoluta de los Estados Partes constituirá el quórum para la votación;

b) Las decisiones sobre cuestiones de procedimiento se tomarán por mayoría simple de los Estados Partes presentes y votantes.

8. El Estado Parte que esté en mora en el pago de sus contribuciones financieras a los gastos de la Corte no tendrá voto en la Asamblea ni en la Mesa cuando la suma adeudada sea igual o superior al total de las contribuciones adeudadas por los dos años anteriores completos. La Asamblea podrá, sin embargo, permitir que dicho Estado vote en ella y en la Mesa si llegare a la conclusión de que la mora se debe a circunstancias ajenas a la voluntad del Estado Parte.

9. La Asamblea aprobará su propio reglamento.

10. Los idiomas oficiales y de trabajo de la Asamblea serán los de la Asamblea General de las Naciones Unidas.

PARTE XII
DE LA FINANCIACIÓN

Artículo 113. *Reglamento Financiero.* Salvo que se prevea expresamente otra cosa, todas las cuestiones financieras relacionadas con la Corte y con las reuniones de la Asamblea de los Estados Partes, inclusive su Mesa y sus órganos subsidiarios, se regirán por el presente Estatuto y por el Reglamento Financiero y Reglamentación Financiera Detallada que apruebe la Asamblea de los Estados Partes.

Artículo 114. *Pago de los gastos.* Los gastos de la Corte y de la Asamblea de los Estados Partes, incluidos los de su Mesa y órganos subsidiarios, se sufragarán con fondos de la Corte.

Artículo 115. *Fondos de la Corte y de la Asamblea de los Estados Partes.* Los gastos de la Corte y de la Asamblea de los Estados Partes, inclusive su Mesa y sus órganos subsidiarios, previstos en el presupuesto aprobado por la Asamblea de los Estados Partes, se sufragarán con cargo a:

a) Cuotas de los Estados Partes;

b) Fondos procedentes de las Naciones Unidas, con sujeción a la aprobación de la Asamblea General, en particular respecto de los gastos efectuados en relación con cuestiones remitidas por el Consejo de Seguridad.

Artículo 116. *Contribuciones voluntarias.* Sin perjuicio de lo dispuesto en el artículo 115, la Corte podrá recibir y utilizar, en calidad de fondos adicionales, contribuciones voluntarias de gobiernos, organizaciones internacionales, particulares, sociedades y otras entidades, de conformidad con los criterios en la materia que adopte la Asamblea de los Estados Partes.

Artículo 117. *Prorrateo de las cuotas.* Las cuotas de los Estados Partes se prorratearán de conformidad con una escala de cuotas convenida basada en la escala adoptada por las Naciones Unidas para su presupuesto ordinario y ajustada de conformidad con los principios en que se basa dicha escala.

Artículo 118. *Comprobación anual de cuentas.* Los registros, los libros y las cuentas de la Corte, incluidos sus estados financieros anuales, serán verificados anualmente por un auditor independiente.

PARTE XIII
CLÁUSULAS FINALES

Artículo 119. *Solución de controversias.* 1. Las controversias relativas a las funciones judiciales de la Corte serán dirimidas por ella.

2. Cualquier otra controversia que surja entre dos o más Estados Partes respecto de la interpretación o aplicación del presente Estatuto que no se resuelva mediante negociaciones en un plazo de tres meses contado desde el comienzo de la contro-

versia será sometida a la Asamblea de los Estados Partes. La Asamblea podrá tratar de resolver por sí misma la controversia o recomendar otros medios de solución, incluida su remisión a la Corte Internacional de Justicia de conformidad con el Estatuto de ésta.

Artículo 120. *Reservas.* No se admitirán reservas al presente Estatuto.

Artículo 121. *Enmiendas.* 1. Transcurridos siete años desde la entrada en vigor del presente Estatuto, cualquier Estado Parte podrá proponer enmiendas a él. El texto de toda enmienda propuesta será presentado al Secretario General de las Naciones Unidas, que lo distribuirá sin dilación a los Estados Partes.

2. Transcurridos no menos de tres meses desde la fecha de la notificación, la Asamblea de los Estados Partes decidirá en su próxima reunión, por mayoría de los presentes y votantes, si ha de examinar la propuesta, lo cual podrá hacer directamente o previa convocación de una Conferencia de Revisión si la cuestión lo justifica.

3. La aprobación de una enmienda en una reunión de la Asamblea de los Estados Partes o en una Conferencia de Revisión en la que no sea posible llegar a un consenso requerirá una mayoría de dos tercios de los Estados Partes.

4. Salvo lo dispuesto en el párrafo 5, toda enmienda entrará en vigor respecto de los Estados Partes un año después de que los siete octavos de éstos hayan depositado en poder del Secretario General de las Naciones Unidas sus instrumentos de ratificación o de adhesión.

5. Las enmiendas a los artículos 5, 6, 7 y 8 del presente Estatuto entrarán en vigor únicamente respecto de los Estados Partes que las hayan aceptado un año después del depósito de sus instrumentos de ratificación o aceptación. La Corte no ejercerá su competencia respecto de un crimen comprendido en la enmienda cuando haya sido cometido por nacionales o en el territorio de un Estado Parte que no haya aceptado la enmienda.

6. Si una enmienda ha sido aceptada por los siete octavos de los Estados Partes de conformidad con el párrafo 4, el Estado Parte que no la haya aceptado podrá denunciar el presente Estatuto con efecto inmediato, no obstante lo dispuesto en el párrafo 1 del artículo 127 pero con sujeción al párrafo 2 de dicho artículo, mediante notificación hecha a más tardar un año después de la entrada en vigor de la enmienda.

7. El Secretario General de las Naciones Unidas distribuirá a los Estados Partes las enmiendas aprobadas en una reunión de la Asamblea de los Estados Partes o en una Conferencia de Revisión.

Artículo 122. *Enmiendas a disposiciones de carácter institucional.* 1. No obstante lo dispuesto en el párrafo 1 del artículo 121, cualquier Estado Parte podrá proponer en cualquier momento enmiendas a las disposiciones del presente Estatuto de carácter exclusivamente institucional, a saber, el artículo 35, los párrafos 8 y 9 del artículo 36, el artículo 37, el artículo 38, los párrafos 1 (dos primeras oraciones), 2 y 4 del artículo 39, los párrafos 4 a 9 del artículo 42, los párrafos 2 y 3 del artículo 43 y los artículos 44, 46, 47 y 49. El texto de toda enmienda propuesta será presentado al Secretario General de las Naciones Unidas o a la persona designada por la Asamblea de los Estados Partes, que lo distribuirá sin demora a los Estados Partes y a otros participantes en la Asamblea.

2. Las enmiendas presentadas con arreglo al presente artículo respecto de las cuales no sea posible llegar a un consenso serán aprobadas por la Asamblea de los Estados Partes o por una Conferencia de Revisión por una mayoría de dos tercios de los Estados Partes. Esas enmiendas entrarán en vigor respecto de los Estados Partes seis meses después de su aprobación por la Asamblea o, en su caso, por la Conferencia.

Artículo 123. *Revisión del Estatuto.* 1. Siete años después de que entre en vigor el presente Estatuto, el Secretario General de las Naciones Unidas convocará una Conferencia de Revisión de los Estados Partes para examinar las enmiendas al Estatuto. El examen podrá comprender la lista de los crímenes indicados en el artículo 5 pero no se limitará a ellos. La Conferencia estará abierta a los participantes en la Asamblea de los Estados Partes y en las mismas condiciones que ésta.

2. Posteriormente, en cualquier momento, a petición de un Estado Parte y a los efectos indicados en el párrafo 1, el Secretario General de las Naciones Unidas, previa la aprobación de una mayoría de los Estados Partes, convocará una Conferencia de Revisión de los Estados Partes.

3. Las disposiciones de los párrafos 3 a 7 del artículo 121 serán aplicables a la aprobación y entrada en vigor de toda enmienda del Estatuto examinada en una Conferencia de Revisión.

Artículo 124. *Disposición de transición.* No obstante lo dispuesto en los párrafos 1 y 2 del artículo 12, un Estado, al hacerse parte en el presente Estatuto, podrá declarar que, durante un período de siete años contados a partir de la fecha en que el Estatuto entre en vigor a su respecto, no aceptará la competencia de la Corte sobre la categoría de crímenes a que se hace referencia en el artículo 8 cuando se denuncie la comisión de uno de esos crímenes por sus nacionales o en su territorio. La declaración formulada de conformidad con el presente artículo podrá ser retirada en cualquier momento. Lo dispuesto en el presente artículo será reconsiderado en la Conferencia de Revisión que se convoque de conformidad con el párrafo 1 del artículo 123.

Artículo 125. *Firma, ratificación, aceptación, aprobación o adhesión.* 1. El presente Estatuto estará abierto a la firma de todos los Estados el 17 de julio de 1998 en Roma, en la sede de la Organización de las Naciones Unidas para la Agricultura y la Alimentación. Posteriormente, y hasta el 17 de octubre de 1998, seguirá abierto a la firma en Roma, en el Ministerio de Relaciones Exteriores de Italia. Después de esa fecha, el Estatuto estará abierto a la firma en Nueva York, en la sede de las Naciones Unidas, hasta el 31 de diciembre del año 2000.

2. El presente Estatuto estará sujeto a la ratificación, aceptación o aprobación de los Estados signatarios. Los instrumentos de ratificación, aceptación o aprobación serán depositados en poder del Secretario General de las Naciones Unidas.

3. El presente Estatuto estará abierto a la adhesión de cualquier Estado. Los instrumentos de adhesión serán depositados en poder del Secretario General de las Naciones Unidas.

Artículo 126. *Entrada en vigor.* 1. El presente Estatuto entrará en vigor el primer día del mes siguiente al sexagésimo día a partir de la fecha en que se deposite en poder del Secretario General de las Naciones Unidas el sexagésimo instrumento de ratificación, aceptación, aprobación o adhesión.

2. Respecto de cada Estado que ratifique, acepte o apruebe el presente Estatuto o se adhiera a él después de que sea depositado el sexagésimo instrumento de ratificación, aceptación, aprobación o adhesión, el Estatuto entrará en vigor el primer día del mes siguiente al sexagésimo día a partir de la fecha en que haya depositado su instrumento de ratificación, aceptación, aprobación o adhesión.

Artículo 127. *Denuncia.* 1. Todo Estado Parte podrá denunciar el presente Estatuto mediante notificación por escrito dirigida al Secretario General de las Naciones Unidas.

La denuncia surtirá efecto un año después de la fecha en que se reciba la notificación, a menos que en ella se indique una fecha ulterior.

2. La denuncia no exonerará al Estado de las obligaciones que le incumbieran de conformidad con el presente Estatuto mientras era parte en él, en particular las obligaciones financieras que hubiera contraído.

La denuncia no obstará a la cooperación con la Corte en el contexto de las investigaciones y los enjuiciamientos penales en relación con los cuales el Estado denunciante esté obligado a cooperar y que se hayan iniciado antes de la fecha en que la denuncia surta efecto; la denuncia tampoco obstará en modo alguno a que se sigan examinando las cuestiones que la Corte tuviera ante sí antes de la fecha en que la denuncia surta efecto.

Artículo 128. *Textos auténticos.* El original del presente Estatuto, cuyos textos en árabe, chino, español, francés, inglés y ruso son igualmente auténticos, será depositado en poder del Secretario General de las Naciones Unidas, que enviará copia certificada a todos los Estados.

EN TESTIMONIO DE LO CUAL, los infrascritos, debidamente autorizados por sus respectivos Gobiernos, han firmado el presente Estatuto.

HECHO EN ROMA, el día diecisiete de julio de mil novecientos noventa y ocho.

Estados Parte

	Firma	Fecha depósito Instrumento
Albania	18- 7-1998	
Alemania (1)	10-12-1998	11-12-2002 R
Andorra (1)	18- 7-1998	30- 4-2001 R
Angola	7-10-1998	
Antigua y Barbuda	23-10-1998	18- 6-2001 R
Argelia	28-12-2000	
Argentina (1)	8- 1-1999	8- 2-2001 R
Armenia	1-10-1999	
Australia	9-12-1998	
Austria (1)	7-10-1998	28-12-2000 R
Bahamas	29-12-2000	
Bahrein	11-12-2000	
Bangladesh	16- 9-1999	23-03-2010 R
Barbados	8- 9-2000	
Bélgica	10- 9-1998	28-03-2005 R
Belice (1)	5- 4-2000	5- 4-2000 R
Benin	24- 9-1999	22- 1-2002 R
Bolivia	17- 7-1998	
Bosnia y Herzegovina	17- 7-2000	11- 4-2002 R
Bostwana	8- 9-2000	8- 9-2000 R

Brasil	7- 2-2000	
Bulgaria	11- 2-1999	11- 4-2002 R
Burkina Faso	30-11-1998	16-04-2004 R
Burundi	13- 1-1999	21-09-2004 R
Cabo Verde	28-12-2000	
Camboya	23-10-2000	11- 4-2002 R
Camerún	17- 7-1998	
Canadá	18-12-1998	7- 7-2000 R
Chad	20-10-1999	01-11-2006 R
Chile	11- 9-1998	29-06-2009 R
Chipre (1)	15-10-1998	7- 3-2002 R
Colombia	10-12-1998	
Comoras	22- 9-2000	18-08-2006 AD
Congo	17- 7-1998	03-05-2004 R
Congo, República Democrática del	8- 9-2000	11- 4-2002 R
Costa de Marfil	30-11-1998	
Costa Rica	7-10-1998	7- 6-2001 R
Croacia	12-10-1998	21- 5-2001 R
Dinamarca (1)	25- 9-1998	21- 6-2001 R
D. territorial: No aplicable a islas Faroe ni a Groelandia.		
Djibuti	7-10-1998	
Dominica		12- 2-2001 AD
Ecuador	7-10-1998	5- 2-2002 R
Egipto	26-12-2000	
Emiratos Árabes Unidos	27-11-2000	
Eritrea	7-10-1998	
Eslovaquia	23-12-1998	11- 4-2002 R
Eslovenia	7-10-1998	31-12-2001 R
España (1)	18- 7-1998	24-10-2000 R
Estados Unidos	31-12-2000	
Estonia (1)	27-12-1999	30- 1-2002 R
Fiji	29-11-1999	29-11-1999 R
Filipinas	28-12-2000	
Finlandia (1)	7-10-1998	29-12-2000 R

Francia [1]	18- 7-1998	9- 6-2000 R
Gabón	22-12-1998	20- 9-2000 R
Gambia	4-12-1998	
Georgia	18- 7-1998	05-09-2003 R
Ghana	18- 7-1998	20-12-1999 R
Grecia	18- 7-1998	
Guinea	7- 9-2000	
Guinea-Bissau	12- 9-2000	
Guyana	28-12-2000	24-09-2004 R
Haití	26- 2-1999	
Honduras	7-10-1998	
Hungría [1]	15- 1-1999	30-11-2001 R
Irán	31-12-2000	
Irlanda	7-10-1998	11- 4-2002 R
Islandia	26- 8-1998	25- 5-2000 R
Islas Marshall	6- 9-2000	7-12-2000 R
Islas Salomón	3-12-1998	
Israel	31-12-2000	
Italia	18- 7-1998	26- 7-1999 R
Jamaica	8- 9-2000	
Jordania	7-10-1998	11- 4-2002 R
Kenya	11- 8-1999	15-03-2005 R
Kirguizistán	8-12-1998	
Kuwait	8- 9-2000	
Lesotho	30-11-1998	6- 9-2000 R
Letonia	22- 4-1999	
Liberia	17- 7-1998	22-09-2004 R
Liechtenstein [1]	18- 7-1998	2-10-2001 R
Lituania	10-12-1998	12-05-2003 R
Luxemburgo	13-10-1998	8- 9-2000 R
Macedonia, ex República Yugoslava de	7-10-1998	6- 3-2002 R
Madagascar	18- 7-1998	14-03-2008 R
Malawi	2- 3-1999	
Malí	17- 7-1998	16- 8-2000 R
Malta	17- 7-1998	

Marruecos	8- 9-2000	
Mauricio	11-11-1998	5- 3-2002 R
México	7- 9-2000	28-10-2005 R
Mónaco	18- 7-1998	
Mongolia	29-12-2000	11- 4-2002 R
Montenegro		23-10-2006 SUCESIÓN
Mozambique	28-12-2000	
Namibia	27-10-1998	
Nauru	13-12-2000	12-11-2001 R
Níger	17- 7-1998	11- 4-2002 R
Nigeria	1- 6-2000	27- 9-2001 R
Noruega (1)	28- 8-1998	16- 2-2000 R
Nueva Zelanda (1)	7-10-1998	7- 9-2000 R
D. territorial: No aplicable a Tokelau.		
Omán	20-12-2000	
Países Bajos	18- 7-1998	17- 7-2001 AC
D. territorial: Por el Reino en Europa, Antillas Neerlandesas y Aruba.		
Panamá	18- 7-1998	21- 3-2002 R
Paraguay	7-10-1998	14- 5-2001 R
Perú	7-12-2000	10-11-2001 R
Polonia (1)	9- 4-1999	12-11-2001 R
Portugal (1)	7-10-1998	5- 2-2002 R
Reino Unido (1)	30-11-1998	4-10-2001 R
República Árabe Siria	29-11-2000	
República Centroafricana	7-12-1999	3-10-2001 R
República Checa	13- 4-1999	21-07-2009 R
República de Corea	8- 3-2000	
República Dominicana	8- 9-2000	12-05-2005 R
República Moldova	8- 9-2000	
República Unida de Tanzania	29-12-2000	20-8-2002 R
Rumanía	7- 7-1999	11- 4-2002 R
Rusia, Federación de	13- 9-2000	
Samoa	17- 7-1998	16-9-2002 R
San Cristóbal y Nieves		22-08-2006 AD

San Marino	18- 7-1998	13- 5-1999 R
Santa Lucía	27- 8-1999	
Santo Tomé y Príncipe	28-12-2000	
Senegal	18- 7-1998	2- 2-1999 R
Seychelles	28-12-2000	
Sierra Leona	17-10-1998	15- 9-2000 R
Sudáfrica	17- 7-1998	27-11-2000 R
Sudán	8- 9-2000	
Suecia (1)	7-10-1998	28- 6-2001 R
Suiza (1)	18- 7-1998	12-10-2001 R
Suriname		15-07-2008 AD
Tailandia	2-10-2000	
Tayikistán	30-11-1998	5- 5-2000 R
Timor Oriental		6- 9-2002 AD
Trinidad y Tobago	23- 3-1999	6- 4-1999 R
Ucrania	20- 1-2000	
Uganda	17- 3-1999	
Uruguay	19-12-2000	
Uzbekistán	29-12-2000	
Venezuela	14-10-1998	7- 6-2000 R
Yemen	28-12-2000	
Yugoslavia	19-12-2000	6- 9-2001 R
Zambia	17- 7-1998	
Zimbabwe	17- 7-1998	

FR: Ratificación; AC: Aceptación; AD: Adhesión.

Véase apartado E.D de la Res. 4 octubre 2004, de la Secretaría General Técnica, sobre aplicación del artículo 32 del D. 801/1972, relativo a la ordenación de la actividad de la Administración del Estado en materia de Tratados Internacionales («B.O.E.» 15 octubre), por el que se publican las ratificaciones por parte de Congo, con entrada en vigor el 1 de agosto de 2004 y Burkina-Faso, con entrada en vigor el 1 de julio de 2004.

ALEMANIA Declaraciones:

«La República Federal de Alemania declara, en virtud del artículo 87.1 del Estatuto de Roma, que las solicitudes de la Corte podrán transmitirse también directamente al Ministerio Federal de Justicia o al organismo designado por el Ministerio Federal de Justicia en casos concretos. Las solicitudes dirigidas a la Corte podrán transmitirse directamente por el Ministerio Federal de Justicia o, con la conformidad del Ministerio, por otro organismo competente, a la Corte.

La República Federal de Alemania declara, asimismo, en virtud del artículo 87.2 del Estatuto de Roma, que las solicitudes de cooperación dirigidas a Alemania y los documentos que las justifiquen deberán estar acompañados de una traducción al alemán.»

ANDORRA Declaraciones:

«Con respecto al artículo 87.1 del Estatuto de Roma de la Corte Penal Internacional, el Principado de Andorra declara que todas las solicitudes de cooperación formuladas por la Corte se transmitirán por vía diplomática.

Con respecto al artículo 87.2 del Estatuto de Roma de la Corte Penal Internacional, el Principado de Andorra declara que, de conformidad con el artículo 50 del Estatuto, en el que se declaran lenguas oficiales de la Corte al árabe, el chino, el español, el francés, el inglés y el ruso, todas las solicitudes de cooperación y los documentos justificativos que reciba de la Corte deberán estar redactados en español o francés o ir acompañados, en caso necesario, de una traducción a una de esas lenguas.

Con respecto al artículo 103.1.a) y b) del Estatuto de Roma de la Corte Penal Internacional, el Principado de Andorra declara que, en caso necesario, está dispuesto a recibir a personas de nacionalidad andorrana condenadas por la Corte, siempre y cuando la pena impuesta por la Corte se cumpla con arreglo a la legislación de Andorra sobre duración máxima de las penas.»

ARGENTINA Declaración:

«Con respecto al artículo 87.2 del Estatuto, la República Argentina declara que las solicitudes de cooperación procedentes de la Corte, así como toda la documentación justificativa, deberán estar redactadas en español o acompañadas por una traducción a ese idioma.»

AUSTRIA Declaración:

«En virtud del artículo 87.2 del Estatuto de Roma, la República de Austria declara que las solicitudes de cooperación, así como los documentos que las justifiquen, deberán estar redactados en alemán o acompañados de una traducción a ese idioma.»

BÉLGICA Declaración relativa al artículo 31.1.c):

«En virtud del artículo 21.1.b) del Estatuto, y teniendo en cuenta las reglas del derecho humanitario internacional que no admiten excepción, el Gobierno belga considera que el artículo 31.1.c) del Estatuto, únicamente podrá aplicarse e interpretarse de conformidad con esas normas.»

Declaración relativa al artículo 87.1:

«Con referencia al artículo 87.1 del Estatuto, el Reino de Bélgica declara que el Ministerio de Justicia es la autoridad competente para recibir solicitudes de cooperación.»

Declaración relativa al artículo 87.2:

«Con referencia al artículo 87.2, el Reino de Bélgica declara que las solicitudes de cooperación de la Corte y los documentos que las justifiquen estarán redactados en un idioma oficial del Reino.»

BELICE Declaración:

«En virtud del artículo 87.1.a) del Estatuto de la Corte Penal Internacional, Belice declara que todas las solicitudes formuladas de conformidad con el capítulo 9 se enviarán por vía diplomática.»

CHIPRE Declaraciones:

«1. De conformidad con el artículo 87.1 del Estatuto de Roma de la Corte (Penal) Internacional, la República de Chipre declara que las solicitudes de la Corte podrán transmitirse también directamente al Ministerio de Justicia y Orden Público.

2. De conformidad con el artículo 87.2 del Estatuto de Roma de la Corte Penal Internacional, la República de Chipre declara que las solicitudes de cooperación de

la Corte y los documentos que las justifiquen se transmitirán también en inglés, que es una de las lenguas de trabajo de la Corte.»

DINAMARCA Declaraciones:

«Con respecto al artículo 87.1 del Estatuto, Dinamarca declara que las solicitudes formuladas por la Corte se transmitirán por vía diplomática o directamente al Ministerio de Justicia, que será la autoridad competente para recibir dichas solicitudes.

Con respecto al artículo 87.2 del Estatuto, Dinamarca declara que las solicitudes de cooperación formuladas por la Corte, así como los documentos justificativos de dichas solicitudes, deberán estar redactados en danés, que es la lengua oficial de Dinamarca, o en inglés, que es una de las lenguas de trabajo de la Corte.»

ESTONIA Declaración:

«De conformidad con el artículo 87.1 del Estatuto, la República de Estonia declara que las solicitudes de la Corte Penal Internacional se transmitirán por vía diplomática o directamente a la Fiscalía General, que es la autoridad facultada para recibir esas solicitudes.

De conformidad con el artículo 87.2 del Estatuto, la República de Estonia declara que las solicitudes de la Corte Penal Internacional y los documentos que las justifiquen se presentarán en estonio, que es la lengua oficial de la República de Estonia, o en inglés, que es una de las lenguas de trabajo de la Corte Penal Internacional.»

FINLANDIA Declaraciones:

«En virtud del artículo 87.1 del Estatuto, la República de Finlandia declara que las solicitudes de cooperación deberán transmitirse, bien por vía diplomática o bien directamente al Ministerio de Justicia, que es la autoridad competente para recibir dichas solicitudes. La Corte podrá, asimismo, en caso necesario, ponerse en contacto directo con otras autoridades competentes de Finlandia. En asuntos relativos a las solicitudes de entrega, el Ministerio de Justicia será la única autoridad competente.

En virtud del artículo 87.2 del Estatuto, la República de Finlandia declara que las solicitudes de la Corte y los documentos que la justifiquen deberán estar redactados en finés o en sueco, que son los idiomas oficiales de Finlandia, o en inglés, que es uno de los idiomas de trabajo de la Corte.»

FRANCIA

I. *Declaraciones interpretativas:*

«1. Las disposiciones del Estatuto de la Corte Penal Internacional no impedirán a Francia el ejercicio de su derecho inmanente de legítima defensa de conformidad con el artículo 51 de la Carta.

2. Las disposiciones del artículo 8 del Estatuto, en particular del párrafo 2.b) del mismo, se refieren únicamente a las armas convencionales y no podrán regular ni prohibir el posible uso de armas nucleares ni afectar a las demás reglas del derecho internacional aplicables a otras armas necesarias para el ejercicio por Francia de su derecho inmanente de legítima defensa, a menos que las armas nucleares o las demás a que aquí se hace referencia queden sujetas en el futuro a una prohibición general y se expresen en un anexo al Estatuto mediante una enmienda adoptada de conformidad con lo dispuesto en los artículos 121 y 123.

3. El Gobierno de la República Francesa considera que la expresión «conflicto armado» que figura en el artículo 8.2.b) y c), en sí misma y en su contexto, se refiere a una situación de tal naturaleza que no incluye la comisión de crímenes ordinarios, incluidos actos de terrorismo, tanto colectivos como aislados.

4. La situación a que se refiere el artículo 8.2.b) xxiii) del Estatuto no impedirá a Francia dirigir ataques contra objetivos considerados militares en virtud del derecho humanitario internacional.

5. El Gobierno de la República Francesa declara que la expresión «ventaja militar» que figura en el artículo 8.2.b) iv) se refiere a la ventaja que se prevea del ataque en su conjunto y no de elementos aislados o concretos del mismo.

6. El Gobierno de la República Francesa declara que un área concreta podrá considerarse «objetivo militar», según se utiliza esa expresión en el artículo 8.2.b) en su conjunto, si ofrece una ventaja militar decisiva, atendidas las circunstancias del momento, en razón de su situación, naturaleza, uso, localización, destrucción total o parcial, captura o neutralización.

El Gobierno de la República Francesa considera que lo dispuesto en el artículo 8.2.b) ii) y v) no se refiere a los posibles daños colaterales resultantes de ataques dirigidos contra objetivos militares.

7. El Gobierno de la República Francesa declara que el riesgo de daños al medio ambiente como consecuencia de la utilización de métodos y medios bélicos, según lo previsto en el artículo 8.2.b) iv), deberá sopesarse objetivamente sobre la base de la información disponible en el momento de su valoración.»

II. *Declaración en virtud del artículo 87.2:*

«En virtud del artículo 87.2 del Estatuto, la República Francesa declara que las solicitudes de cooperación y los documentos que las justifiquen que le dirija la Corte deberán estar redactados en francés.»

III. *Declaración en virtud del artículo 124:*

«En virtud del artículo 124 del Estatuto de la Corte Penal Internacional, la República Francesa declara que no aceptará la competencia de la Corte sobre la categoría de crímenes a que se hace referencia en el artículo 8 cuando se denuncie la comisión de uno de esos crímenes por sus nacionales o en su territorio.»

HUNGRÍA Declaración:

«... el Gobierno de la República de Hungría hace la siguiente declaración en relación con el artículo 87 del Estatuto de la Corte Penal Internacional (Roma, 17 de julio de 1998):

Las solicitudes de cooperación de la Corte serán transmitidas al Gobierno de la República de Hungría por vía diplomática. Estas solicitudes de cooperación y los documentos que las justifiquen se harán en inglés.»

LIECHTENSTEIN Declaraciones:

«Declaración en virtud del artículo 87.1.a) del Estatuto, relativa a la autoridad central:

Las solicitudes de la Corte formuladas de conformidad con el artículo 87.1.a) del Estatuto se transmitirán a la autoridad central para la cooperación con la Corte Penal Internacional, a saber, el Ministerio de Justicia del Gobierno del Principado de Liechtenstein.

Declaración en virtud del artículo 87.1.a) del Estatuto, relativa a la notificación directa de documentos:

En virtud del artículo 87.1.a) del Estatuto, la Corte podrá notificar decisiones y otras actas o documentos directamente por correo a sus destinatarios en el Principado de Liechtenstein. Toda citación de comparecencia ante la Corte como testigo o experto deberá acompañarse del Reglamento de Procedimiento y Prueba de la Corte en materia de autoincriminación; dicho Reglamento se entregará a la persona afectada en una lengua que dicha persona comprenda.

Declaración en virtud del artículo 87.2 del Estatuto, relativa a la lengua oficial:

La lengua oficial, en el sentido del artículo 87.2 será el alemán. Las solicitudes y la documentación justificativas se entregarán en la lengua oficial del Principado de Liechtenstein, el alemán o traducidas al alemán.

Declaración en virtud del apartado 1 del artículo 103 del Estatuto:

De conformidad con el artículo 103.1 del Estatuto, el Principado de Liechtenstein declara que está dispuesto a admitir a personas condenadas a penas privativas de libertad por la Corte, a los efectos del cumplimiento de la condena, si las personas son ciudadanos de Liechtenstein o tienen su lugar de residencia habitual en el Principado de Liechtenstein.»

NORUEGA Declaraciones:

«1. Con referencia al artículo 87.1.a), el Reino de Noruega declara que se designa al Real Ministerio de Justicia como conducto para la transmisión de las solicitudes procedentes de la Corte.

2. Con referencia al artículo 87.2, el Reino de Noruega declara que las solicitudes de la Corte y los documentos que las justifiquen deberán presentarse en inglés, que es una de las lenguas de trabajo de la Corte.»

NUEVA ZELANDA Declaración:

«1. El Gobierno de Nueva Zelanda señala que la mayoría de los crímenes de guerra expresados en el artículo 8 del Estatuto de Roma, en particular en 8.2.b) i)-v) y 8.2.e) i)-iv) (que se refieren a distintas clases de ataques contra objetivos civiles), no hacen ninguna refrencia(sic) al tipo de armas empleadas para cometer el crimen en cuestión. El Gobierno de Nueva Zelanda recuera(sic) que el principio fundamental en que se basa el derecho humanitario internacional es mitigar y circunscribir la crueldad de la guerra por razones humanitarias y que, en lugar de estar limitada al armamento de épocas pasadas, esta rama del derecho ha evolucionado y sigue evolucionando para responder a las circunstancias actuales. En consecuencia, es opinión del Gobierno de Nueva Zelanda que sería incompatible con los principios del derecho humanitario internacional pretender limitar el alcance del artículo 8, y en particular de 8.2.b), a acontecimientos en los que únicamente se utilicen armas convencionales.

2. El Gobierno de Nueva Zelanda sustenta su opinión en el Dictamen Consultivo de la Corte Internacional de Justicia sobre «Legalidad de la amenaza o del uso de las armas nucleares» (1996) y llama la atención, en particular, sobre el apartado 86, en donde la Corte manifestaba que la conclusión de que el derecho humanitario internacional no era aplicable a dichas armas sería incompatible con el carácter intrínsecamente humanitario de los principios jurídicos en cuestión que está presente en todo el derecho de los conflictos armados y es aplicable a todas las formas de guerra y a todas las clases de armas, las del pasado, las del presente y las del futuro.

3. El Gobierno de Nueva Zelanda señala asimismo que el derecho internacional humanitario es aplicable tanto a los Estados agresores como defensores y su aplicación en un contexto determinado no depende de la determinación de si un Estado está actuando o no en legítima defensa. A este respecto, se remite a los apartados 40-42 del Dictamen Consultivo en el «Caso de las armas nucleares».»

POLONIA Declaración:

«...con la siguiente declaración:

De conformidad con el artículo 87.2 del Estatuto, la República de Polonia declara que las solicitudes de cooperación formuladas por la Corte y los documentos que las acompañen estarán redactados en lengua polaca.»

PORTUGAL Declaraciones:

«...con las siguientes declaraciones:

La República Portuguesa declara su intención de ejercer su competencia sobre toda persona que se encuentre en territorio portugués y a la que se persiga por los crímenes expresados en el artículo 5.1 del Estatuto de Roma de la Corte Penal Internacional, dentro del respeto a la legislación penal portuguesa.

Con respecto al artículo 87.2 del Estatuto de Roma de la Corte Penal Internacional, la República Portuguesa declara que todas las solicitudes de cooperación y los documentos que las justifiquen que reciba de la Corte deberán estar redactados en portugués o acompañados de una traducción al portugués.»

REINO UNIDO DE GRAN BRETAÑA E IRLANDA DEL NORTE: RATIFICACIÓN Declaraciones:

«El Reino Unido entiende que la expresión «el marco establecido de derecho internacional», utilizada en el artículo 8.2.b) y e), incluye el derecho internacional consuetudinario establecido por la práctica de Estado y la «opinio juris». En ese contexto, el Reino Unido confirma y llama la atención de la Corte respecto de sus opiniones expresadas «inter alia», en sus declaraciones formuladas en el momento de la ratificación de ciertos instrumentos de derecho internacional significativos, como el protocolo adicional a los Convenios de Ginebra de 12 de agosto de 1949 y en relación con la Protección de Víctimas de los Conflictos Armados Internacionales (Protocolo I) de 8 de junio de 1997.

El Reino Unido declara, en relación con el artículo 87.2 del Estatuto, que las solicitudes de cooperación y los documentos justificativos de la solicitud deberán estar redactados en lengua inglesa.»

SUECIA Declaración:

«En relación con el depósito de su instrumento de ratificación del Estatuto de Roma de la Corte Penal Internacional y por lo que respecta a los crímenes especificados en el artículo 8 del Estatuto, relativo a los métodos de guerra, el Gobierno del Reino de Suecia desea recordar la Opinión Consultiva expresada por la Corte Internacional de Justicia el 8 de julio de 1996 en relación con la Legalidad de la Amenaza o la Utilización de Armas Nucleares y, en especial, los apartados 85 a 87 de la misma, en que la Corte considera que no puede caber duda alguna en cuanto a la aplicabilidad del derecho humanitario a las armas nucleares.»

Declaraciones:

«Con respecto al artículo 87.1 del Estatuto de Roma de la Corte Penal Internacional, el Reino de Suecia declara que todas las solicitudes de cooperación formuladas por la Corte en virtud de la Parte IX del Estatuto se transmitirán a través del Ministerio de Justicia sueco.

Con respecto al 87.2 del Estatuto de Roma de la Corte Penal Internacional, el Reino de Suecia declara que todas las solicitudes de cooperación y los documentos justificativos que reciba de la Corte deberán ir redactados en inglés o sueco, o ir acompañados, en caso necesario, de una traducción a uno de estos idiomas.»

SUIZA Declaración:

«Las solicitudes de cooperación formuladas por la Corte en virtud del artículo 87.1.a) del Estatuto se enviarán al Servicio Central de Cooperación con la Corte Penal Internacional de la Oficina Federal de Justicia.

Las lenguas oficiales en el sentido del artículo 87.2 del Estatuto serán el alemán, el francés y el italiano.

La Corte podrá notificar sus decisiones y otras actas de procedimientos o documentos directamente a su destinatario en Suiza por vía postal. La citación de comparecencia ante la Corte, en calidad de testigo o experto, deberá acompañarse del Reglamento de Procedimiento y Prueba de la Corte en materia de autoincriminación; dicho Reglamento se entregará a la persona afectada en una lengua que dicha persona comprenda.

De conformidad con el artículo 103.1 del Estatuto, Suiza declara que está dispuesta a hacerse cargo de la ejecución de las penas privativas de libertad impuestas por la Corte a ciudadanos de Suiza o a personas que tengan su lugar de residencia habitual en Suiza.»

Véase Res. 15 enero 2003, sobre aplicación del artículo 32 del Decreto 801/1972, relativo a la ordenación de la actividad de la Administración del Estado en materia de Tratados Internacionales («B.O.E.» 29 enero), por la que se publican las adhesiones y ratificaciones de: Timor Oriental, 6 de septiembre de 2002, entrada en vigor el 1 de diciembre de 2002; República Unida de Tanzania, 20 de agosto de 2002. Ratificación, entrada en vigor el 1 de noviembre de 2002. Samoa, 16 de septiembre de 2002. Ratificación, entrada en vigor el 1 de diciembre de 2002.

Véase el apartado E.D de la Resolución de 19 de enero de 2004, de la Secretaría General Técnica, sobre aplicación del artículo 32 del D. 801/1972, relativo a la ordenación de la actividad de la Administración del Estado en materia de Tratados Internacionales («B.O.E.» 29 enero), por el que se publica la entrada en vigor del presente Estatuto para Lituania el 1 de agosto de 2003, con la formulación de notificación y declaración. Véanse asimismo, las declaraciones realizadas por Alemania, Suecia, Finlandia, Países Bajos, Irlanda, Reino Unido de Gran Bretaña e Irlanda del Norte, Dinamarca y Uruguay a propósito de las reservas formuladas por éste último en el momento de la ratificación del presente Estatuto.

Véase el apartado E.D de la Resolución 1 de junio de 2004, de la Secretaría General Técnica, sobre aplicación del artículo 32 del D. 801/1972, relativo a la ordenación de la actividad de la Administración del Estado en materia de Tratados Internacionales («B.O.E.» 15 junio), por el que se publica la ratificación por parte de Georgia con entrada en vigor el 1 de diciembre de 2003, así como la notificación efectuada en el momento de la ratificación. Véanse asimismo las declaraciones efectuadas por el Gobierno de Noruega, Islas Marshall, Uruguay, Luxemburgo y Países Bajos publicadas en el mismo apartado.

Véase apartado E.D de Res. 26 enero 2005, de la Secretaría General Técnica, sobre aplicación del artículo 32 del D. 801/1972, relativo a la ordenación de la actividad de la Administración del Estado en materia de Tratados Internacionales («B.O.E.» 9 febrero), por el que se publican las ratificaciones por parte de Burundi, Liberia y Guyana.

Véase apartado E.D de Res. 9 junio 2005, de la Secretaría General Técnica, sobre aplicación del artículo 32 del D. 801/1972, relativo a la ordenación de la actividad de la Administración del Estado en materia de Tratados Internacionales («B.O.E.» 27 junio), por el que se publica la ratificación por parte de Kenya.

Véase apartado E.D de Res. 4 octubre 2005, de la Secretaría General Técnica, sobre aplicación del artículo 32 del D. 801/1972, relativo a la ordenación de la actividad de la Administración del Estado en materia de Tratados Internacionales («B.O.E.» 17 octubre), por el que se publican las ratificaciones de República Dominicana y Bélgica.

Véase el apartado ED. de la Res. 7 junio 2006, de la Secretaría General Técnica, sobre aplicación del artículo 32 del D. 801/1972, relativo a la ordenación de la actividad de la Administración del Estado en materia de Tratados Internacionales («B.O.E.» 21 junio), por el que se publica la ratificación por parte de México, con entrada en vigor el 1 de enero de 2006 y con formulación de notificaciones.

Véase el apartado E.D. de la Res. 16 octubre 2006, de la Secretaría General Técnica, sobre aplicación del artículo 32 del D. 801/1972, de 24 de marzo, relativo a la ordenación de la actividad de la Administración del Estado en materia de Tratados Internacionales («B.O.E.» 23 octubre), por el que se publican las adhesiones por parte de San Cristobal y Nieves, con entrada en vigor el 1 de noviembre de 2006 y Comoros, con entrada en vigor el 1 de noviembre de 2006, y la notificación por parte de Serbia y Montenegro.

Véase el apartado E.D. de la Res. 19 febrero 2007, de la Secretaría General Técnica, sobre aplicación del artículo 32 del D. 801/1972, de 24 de marzo, relativo a la ordenación de la actividad de la Administración del Estado en materia de Tratados Internacionales («B.O.E.» 2 marzo), por el que se publica la sucesión por parte de Montenegro, con efecto desde el 3 de junio de 2006, con confirmación de la notificación formulada por Serbia y Montenegro, y ratificación por parte de Chad, con entrada en vigor el 1 de enero de 2007.

Véase el apartado ED. de la Res. 16 junio 2008, de la Secretaría General Técnica, sobre aplicación del artículo 32 del D. 801/1972, relativo a la ordenación de la actividad de la Administración del Estado en materia de Tratados Internacionales («B.O.E.» 26 junio), por el que se publica la ratificación por parte de Madagascar, con entrada en vigor el 1 de junio de 2008.

Véase el apartado ED. de la Res. 24 octubre 2008, de la Secretaría General Técnica, sobre aplicación del artículo 32 del D. 801/1972, relativo a la ordenación de la actividad de la Administración del Estado en materia de Tratados Internacionales («B.O.E.» 7 noviembre), por el que se publica la adhesión por Suriname, con entrada en vigor el 1 de octubre de 2008.

Véase el apartado ED. de la Res. 12 febrero 2010, de la Secretaría General Técnica, sobre aplicación del artículo 32 del D. 801/1972, relativo a la ordenación de la actividad de la Administración del Estado en materia de Tratados Internacionales («B.O.E.» 23 febrero), por el que se publica la ratificación por parte de Chile, con entrada en vigor el 1 de septiembre de 2009 y con formulación de declaración.

Véase el apartado ED. de la Res. 14 junio 2010, de la Secretaría General Técnica, sobre aplicación del artículo 32 del D. 801/1972, relativo a la ordenación de la actividad de la Administración del Estado en materia de Tratados Internacionales («B.O.E.» 22 junio), por el que se publican las ratificaciones por parte de Bangladesh, con entrada en vigor el 1 de junio de 2010, y República Checa, con entrada en vigor el 1 de octubre de 2009 y con formulación de declaración y notificación.

Véase el apartado E.D de la Res. 5 octubre 2011, de la Secretaría General Técnica, sobre aplicación del artículo 32 del D. 801/1972, de 24 de marzo, relativo a la ordenación de la actividad de la Administración del Estado en materia de Tratados Internacionales («B.O.E.» 13 octubre), por el que se publican las adhesiones por parte de Granada, con entrada en vigor el 1 de agosto de 2011 y de Túnez, con entrada en vigor el 1 de septiembre de 2011; y las ratificaciones por parte de República de Moldova, con entrada en vigor el 1 de enero de 2011, con formulación de notificación, y Filipinas, con entrada en vigor el 1 de noviembre de 2011.

El presente Estatuto entrará en vigor de forma general y para España el 1 de julio de 2002, de conformidad con lo establecido en su artículo 126.1.

Lo que se hace público para conocimiento general.

Madrid, 7 de mayo de 2002.- *El Secretario general técnico del Ministerio de Asuntos Exteriores,Julio Núñez Montesinos.*

---

(1) Reservas y declaraciones.

§ 17. Constitución Española, 1978

(*BOE* de 29 de Diciembre de 1978)

ÍNDICE SISTEMÁTICO

§ 17. Constitución Española, 1978

(*BOE* de 29 de Diciembre de 1978)

Constitución aprobada por las Cortes en sesiones plenarias del Congreso de los Diputados y del Senado celebradas el 31 de octubre de 1978; ratificada por el pueblo español en referéndum de 6 de diciembre de 1978, y sancionada por S.M. el Rey ante las Cortes el 27 de diciembre de 1978.

DON JUAN CARLOS I, REY DE ESPAÑA,

A TODOS LOS QUE LA PRESENTE VIEREN Y ENTENDIEREN,
SABED: QUE LAS CORTES HAN APROBADO Y EL PUEBLO ESPAÑOL RATIFICADO LA SIGUIENTE CONSTITUCIÓN

PREÁMBULO

La Nación española, deseando establecer la justicia, la libertad y la seguridad y promover el bien de cuantos la integran, en uso de su soberanía, proclama su voluntad de:

Garantizar la convivencia democrática dentro de la Constitución y de las leyes conforme a un orden económico y social justo.

Consolidar un Estado de Derecho que asegure el imperio de la ley como expresión de la voluntad popular.

Proteger a todos los españoles y pueblos de España en el ejercicio de los derechos humanos, sus culturas y tradiciones, lenguas e instituciones.

Promover el progreso de la cultura y de la economía para asegurar a todos una digna calidad de vida.

Establecer una sociedad democrática avanzada, y

Colaborar en el fortalecimiento de unas relaciones pacíficas y de eficaz cooperación entre todos los pueblos de la Tierra.

En consecuencia, las Cortes aprueban y el pueblo español ratifica la siguiente CONSTITUCIÓN

Véase R.D. 2964/1983, 30 noviembre, por el que se establece el «Día de la Constitución Española» («B.O.E.» 2 diciembre).

TÍTULO PRELIMINAR

Artículo 1. 1. España se constituye en un Estado social y democrático de Derecho, que propugna como valores superiores de su ordenamiento jurídico la libertad, la justicia, la igualdad y el pluralismo político.

2. La soberanía nacional reside en el pueblo español, del que emanan los poderes del Estado.

3. La forma política del Estado español es la Monarquía parlamentaria.

Artículo 2. La Constitución se fundamenta en la indisoluble unidad de la Nación española, patria común e indivisible de todos los españoles, y reconoce y garantiza el derecho a la autonomía de las nacionalidades y regiones que la integran y la solidaridad entre todas ellas.

Artículo 3. 1. El castellano es la lengua española oficial del Estado. Todos los españoles tienen el deber de conocerla y el derecho a usarla.

2. Las demás lenguas españolas serán también oficiales en las respectivas Comunidades Autónomas de acuerdo con sus Estatutos.

3. La riqueza de las distintas modalidades lingüísticas de España es un patrimonio cultural que será objeto de especial respeto y protección.

Véase artículo 231 LOPJ.

Artículo 4. 1. La bandera de España está formada por tres franjas horizontales, roja, amarilla y roja, siendo la amarilla de doble anchura que cada una de las rojas.

2. Los Estatutos podrán reconocer banderas y enseñas propias de las Comunidades Autónomas. Estas se utilizarán junto a la bandera de España en sus edificios públicos y en sus actos oficiales.

Véanse:

- Real Decreto 441/1981, 27 febrero, por el que se especifican técnicamente los colores de la bandera de España («B.O.E.» 13 marzo).

- Real Decreto 2964/1983, 30 noviembre, por el que se establece el «Día de la Constitución».

Véanse:

- Ley 39/1981, 28 octubre, por el que se regula el uso de la bandera de España y el de otras banderas y enseñas («B.O.E.» 12 noviembre).

- Ley 33/1981, de 5 de octubre, del Escudo de España («B.O.E.» 19 octubre).

- Ley 18/1987, de 7 de octubre, que establece el día de la Fiesta Nacional de España en el 12 de octubre («B.O.E.» 17 abril).

Véase R.D. 1511/1977, 21 enero, por el que se aprueba el Reglamento de banderas, estandartes, guiones, insignias y distintivos.

Artículo 5. La capital del Estado es la villa de Madrid.

Véase Ley 22/2006, de 4 de julio, de Capitalidad y de Régimen Especial de Madrid («B.O.E.» 5 julio).

Véase artículo 6 del Estatuto de Autonomía de la Comunidad de Madrid («B.O.E.» 1 marzo).

Artículo 6. Los partidos políticos expresan el pluralismo político, concurren a la formación y manifestación de la voluntad popular y son instrumento fundamental para la participación política. Su creación y el ejercicio de su actividad son libres dentro del respeto a la Constitución y a la ley. Su estructura interna y funcionamiento deberán ser democráticos.

Véase L.O. 6/2002, 27 junio, de Partidos Políticos («B.O.E.» 28 junio).

Véanse:

- Ley Orgánica 8/2007, de 4 de julio, sobre financiación de los partidos políticos («B.O.E.» 5 julio).

- Ley 50/2007, de 26 de diciembre, de modificación de la Ley 43/1998, de 15 de diciembre, de restitución o compensación a los partidos políticos de bienes y derechos incautados en aplicación de la normativa sobre responsabilidades políticas del período 1936-1939 («B.O.E.» 27 diciembre).

- Artículos 23 y siguientes del Reglamento del Congreso.

- Reglamento (CE) nº 1524/2007 del Parlamento Europeo y del Consejo, de 18 de diciembre de 2007, por el que se modifica el Reglamento (CE) nº 2004/2003 relativo al estatuto y la financiación de los partidos políticos a escala europea («D.O.U.E.L» 27 diciembre 2007).

Artículo 7. Los sindicatos de trabajadores y las asociaciones empresariales contribuyen a la defensa y promoción de los intereses económicos y sociales que les son propios. Su creación y el ejercicio de su actividad son libres dentro del respeto a la Constitución y a la ley. Su estructura interna y funcionamiento deberán ser democráticos.

Véase artículo 5 de la Carta Social Europea, hecha en Turín el 18 de octubre de 1961. Instrumento de Ratificación de 29 de abril de 1980 («B.O.E.» 26 junio 1980).

Véanse artículos 28 y 37 CE.

Véase Convenio O.I.T. n.º 87 de 9 de julio de 1948, relativo a la libertad sindical y a la protección del derecho de sindicación. Instrumento de Ratificación de 13 de abril de 1977 («B.O.E.» 11 mayo 1977).

Artículo 8. 1. Las Fuerzas Armadas, constituidas por el Ejército de Tierra, la Armada y el Ejército del Aire, tienen como misión garantizar la soberanía e independencia de España, defender su integridad territorial y el ordenamiento constitucional.

2. Una ley orgánica regulará las bases de la organización militar conforme a los principios de la presente Constitución.

Véanse:

- Ley Orgánica 8/2014, de 4 de diciembre, de Régimen Disciplinario de las Fuerzas Armadas («B.O.E.» 5 diciembre).

- Ley Orgánica 5/2005, de 17 de noviembre, de la Defensa Nacional («B.O.E.» 18 noviembre).

- Ley Orgánica 2/1989, de 13 de abril, Procesal Militar («B.O.E.» 11 diciembre).

- Ley Orgánica 4/1987, de 15 de julio, de la competencia y organización de la Jurisdicción Militar («B.O.E.» 18 julio).

Véanse:

- Ley Orgánica 9/2011, de 27 de julio, de derechos y deberes de los miembros de las Fuerzas Armadas («B.O.E.» 28 julio).

- Ley 44/1998, de 15 de diciembre, de Planta y Organización Territorial de la Jurisdicción Militar («B.O.E.» 15 diciembre).

- Ley 8/2006, de 24 de abril, de Tropa y Marinería («B.O.E.» 25 abril).

- Ley 39/2007, de 19 de noviembre, de la carrera militar («B.O.E.» 20 noviembre).

- Real Decreto 96/2009, de 6 de febrero, por el que se aprueban las Reales Ordenanzas para las Fuerzas Armadas («B.O.E.» 7 febrero).

Artículo 9. 1. Los ciudadanos y los poderes públicos están sujetos a la Constitución y al resto del ordenamiento jurídico.

2. Corresponde a los poderes públicos promover las condiciones para que la libertad y la igualdad del individuo y de los grupos en que se integra sean reales y efectivas; remover los obstáculos que impidan o dificulten su plenitud y facilitar la participación de todos los ciudadanos en la vida política, económica, cultural y social.

3. La Constitución garantiza el principio de legalidad, la jerarquía normativa, la publicidad de las normas, la irretroactividad de las disposiciones sancionadoras no favorables o restrictivas de derechos individuales, la seguridad jurídica, la responsabilidad y la interdicción de la arbitrariedad de los poderes públicos.

TÍTULO PRIMERO
DE LOS DERECHOS Y DEBERES FUNDAMENTALES

Véase la Carta de los Derechos Fundamentales de la Unión Europea, hecha en Estrasburgo de 12 de diciembre de 2007 («D.O.U.E.C.» 14 diciembre).

Artículo 10. 1. La dignidad de la persona, los derechos inviolables que le son inherentes, el libre desarrollo de la personalidad, el respeto a la ley y a los derechos de los demás son fundamento del orden político y de la paz social.

2. Las normas relativas a los derechos fundamentales y a las libertades que la Constitución reconoce se interpretarán de conformidad con la Declaración Universal de Derechos Humanos y los tratados y acuerdos internacionales sobre las mismas materias ratificados por España.

Véanse:

- Convenio para la protección de los derechos humanos y la dignidad del ser humano con respecto a las aplicaciones de la Biología y la Medicina, hecho en Oviedo el 4 de abril de 1997 («B.O.E.» 20 octubre 1999).

- Protocolo adicional al Convenio relativo a los derechos humanos y la biomedicina sobre el trasplante de órganos y de tejidos de origen humano, hecho en Estrasburgo el 24 de enero de 2002 («B.O.E.» 29 enero 2015).

Véase Convenio para la protección de los derechos humanos y de las libertades fundamentales, hecho en Roma el 4 de noviembre de 1950.

Véanse:

- Pacto Internacional de Derechos Civiles y Políticos, hecho en Nueva York el 19 de diciembre de 1966. Instrumento de Ratificación de España de 13 de abril de 1977 («B.O.E.» 30 abril 1977).

- Pacto Internacional de 19 diciembre 1966, sobre derechos económicos, sociales y culturales. Instrumento de Ratificación de 13 de abril de 1977 («B.O.E.» 30 abril 1977).

CAPÍTULO PRIMERO
DE LOS ESPAÑOLES Y LOS EXTRANJEROS

Artículo 11. 1. La nacionalidad española se adquiere, se conserva y se pierde de acuerdo con lo establecido por la ley.

Véanse artículos 15 y 17 a 28 del Código Civil.

2. Ningún español de origen podrá ser privado de su nacionalidad.

3. El Estado podrá concertar tratados de doble nacionalidad con los países iberoamericanos o con aquellos que hayan tenido o tengan una particular vinculación con España. En estos mismos países, aun cuando no reconozcan a sus ciudadanos un derecho recíproco, podrán naturalizarse los españoles sin perder su nacionalidad de origen.

Artículo 12. Los españoles son mayores de edad a los dieciocho años.

Véanse:

- Disposición Adicional 2.ª de la presente Constitución.

- Artículo 19 del Código Penal que establece la mayoría de edad penal a los 18 años.

Véase artículo 315 del Código Civil.

Artículo 13. 1. Los extranjeros gozarán en España de las libertades públicas que garantiza el presente Título en los términos que establezcan los tratados y la ley.

Véase R.D. 2393/2004, de 30 de diciembre, por el que se aprueba el Reglamento L.O. 4/2000, de 11 de enero, sobre derechos y libertades de los extranjeros en España y su integración social («B.O.E.» 7 enero 2005).

Véase L.O. 4/2000, 11 enero, sobre derechos y libertades de los extranjeros en España y su integración social («B.O.E.» 12 enero).

2. Solamente los españoles serán titulares de los derechos reconocidos en el artículo 23, salvo lo que, atendiendo a criterios de reciprocidad, pueda establecerse por tratado o ley para el derecho de sufragio activo y pasivo en las elecciones municipales.

Número 2 del artículo 13 redactado conforme Reforma Constitucional de 27 de agosto de 1992 («B.O.E.» 28 agosto).
Vigencia: 28 agosto 1992

3. La extradición sólo se concederá en cumplimiento de un tratado o de la ley, atendiendo al principio de reciprocidad. Quedan excluidos de la extradición los delitos políticos, no considerándose como tales los actos de terrorismo.

Véase Ley 4/1985, 21 marzo, de Extradición Pasiva («B.O.E.» 26 marzo).

Véase Convenio europeo de extradición, hecho en París el 13 de diciembre de 1957 («B.O.E.» 8 junio).

4. La ley establecerá los términos en que los ciudadanos de otros países y los apátridas podrán gozar del derecho de asilo en España.

Véase la Ley 12/2009, de 30 de octubre, reguladora del derecho de asilo y de la protección subsidiaria («B.O.E.» 31 octubre).

Véase R.D. 865/2001, 20 julio, por el que se aprueba el Reglamento de reconocimiento del estatuto de apátrida («B.O.E.» 21 julio).

Véase R.D. 203/1995, 10 febrero, por el que se aprueba el Reglamento de aplicación Ley 5/1984, de 26 de marzo, reguladora del derecho de asilo y de la condición de refugiado («B.O.E.» 2 marzo).

Véase la Convención sobre el Estatuto de los Refugiados, hecha en Ginebra el 28 de julio de 1951, y al Protocolo sobre el Estatuto de los Refugiados, hecho en Nueva York el 31 de enero de 1967. Instrumento de Adhesión de España («B.O.E.» 21 octubre 1978).

CAPÍTULO II
DERECHOS Y LIBERTADES

Véanse artículos 5, 3 y 510 y ss. del Código Penal.

Artículo 14. Los españoles son iguales ante la ley, sin que pueda prevalecer discriminación alguna por razón de nacimiento, raza, sexo, religión, opinión o cualquier otra condición o circunstancia personal o social.

Véanse artículos 27 a 43 de la Ley 62/2003, de 30 de diciembre, de medidas fiscales, administrativas y del orden social, que establece medidas para la aplicación del principio de igualdad de trato.

SECCIÓN 1.ª
DE LOS DERECHOS FUNDAMENTALES Y DE LAS LIBERTADES PÚBLICAS

Artículo 15. Todos tienen derecho a la vida y a la integridad física y moral, sin que, en ningún caso, puedan ser sometidos a tortura ni a penas o tratos inhumanos o degradantes. Queda abolida la pena de muerte, salvo lo que puedan disponer las leyes penales militares para tiempos de guerra.

Véanse:

- Convención contra la tortura y otros tratos o penas crueles, inhumanos o degradantes, hecha en Nueva York el 10 de diciembre de 1984 («B.O.E.» 9 noviembre 1987).

- Artículos 144 a 146, en relación con el aborto y 173 a 177, en relación con las torturas, del Código Penal.

- Ley Orgánica 11/1995, 27 noviembre, de abolición de la pena de muerte en tiempo de guerra («B.O.E.» 28 noviembre).

- Ley 52/2007, de 26 de diciembre, por la que se reconocen y amplían derechos y se establecen medidas en favor de quienes padecieron persecución o violencia durante la guerra civil y la dictadura («B.O.E.» 27 diciembre).

Artículo 16. 1. Se garantiza la libertad ideológica, religiosa y de culto de los individuos y las comunidades sin más limitación, en sus manifestaciones, que la necesaria para el mantenimiento del orden público protegido por la ley.

Véase L.O. 7/1980, 5 julio, de Libertad Religiosa.

2. Nadie podrá ser obligado a declarar sobre su ideología, religión o creencias.

3. Ninguna confesión tendrá carácter estatal. Los poderes públicos tendrán en cuenta las creencias religiosas de la sociedad española y mantendrán las consiguientes relaciones de cooperación con la Iglesia Católica y las demás confesiones.

Véase Ley 24/1992, 10 noviembre, por la que se aprueba el acuerdo de cooperación del Estado con la Federación de entidades religiosas evangélicas de España («B.O.E.» 12 noviembre).

Véase Ley 25/1992, 10 noviembre, por la que se aprueba el Acuerdo de Cooperación del Estado con la Federación de Comunidades Israelitas de España («B.O.E.» 12 noviembre).

Véanse:

- Ley 26/1992, 10 noviembre, por la que se aprueba el Acuerdo de Cooperación del Estado con la Comisión Islámica de España («B.O.E.» 12 noviembre).

- Real Decreto 142/1981, de 9 de enero, sobre organización y funcionamiento del Registro de Entidades Religiosas («B.O.E.» 31 enero).

- Real Decreto 1890/1981 de 19 de junio, sobre constitución de la Comisión Asesora de Libertad Religiosa en el Ministerio de Justicia («B.O.E.» 23 julio).

Véanse Acuerdos entre el Estado Español y la Santa Sede sobre asuntos jurídicos, asistencia religiosa a las Fuerzas Armadas y el servicio militar de clérigos y religiosos, asuntos económicos y enseñanza y asuntos culturales, firmados el 3 de enero de 1979 en la ciudad del Vaticano.

Artículo 17. 1. Toda persona tiene derecho a la libertad y a la seguridad. Nadie puede ser privado de su libertad, sino con la observancia de lo establecido en este artículo y en los casos y en la forma previstos en la ley.

2. La detención preventiva no podrá durar más del tiempo estrictamente necesario para la realización de las averiguaciones tendentes al esclarecimiento de los hechos, y, en todo caso, en el plazo máximo de setenta y dos horas, el detenido deberá ser puesto en libertad o a disposición de la autoridad judicial.

3. Toda persona detenida debe ser informada de forma inmediata, y de modo que le sea comprensible, de sus derechos y de las razones de su detención, no pudiendo ser obligada a declarar. Se garantiza la asistencia de abogado al detenido en las diligencias policiales y judiciales, en los términos que la ley establezca.

Véase artículo 45.3 del Estatuto General de la Abogacía Española.

Véase L.O. 14/1983, 12 diciembre, por la que se desarrolla el artículo 17.3 CE en materia de asistencia Letrada al detenido y al preso y modificación de los artículos 520 y 527 Ley de Enjuiciamiento Criminal («B.O.E.» 28 diciembre).

Véanse artículos 16 y 32.3 de la L.O. 4/1981, 1 junio, de los estados de alarma, excepción y sitio («B.O.E.» 5 junio).

Véanse artículos 24 y 55 de la Constitución.

4. La ley regulará un procedimiento de "habeas corpus" para producir la inmediata puesta a disposición judicial de toda persona detenida ilegalmente. Asimismo, por ley se determinará el plazo máximo de duración de la prisión provisional.

Véase L.O. 6/1984, 24 mayo, reguladora del procedimiento de «Habeas Corpus» («B.O.E.» 26 mayo).

Véanse artículos 503 y ss. de la Ley de Enjuiciamiento Criminal.

Artículo 18. 1. Se garantiza el derecho al honor, a la intimidad personal y familiar y a la propia imagen.

Véase L.O. 1/1982, 5 mayo, de protección del derecho al honor, intimidad personal y familiar y a la propia imagen.

2. El domicilio es inviolable. Ninguna entrada o registro podrá hacerse en él sin consentimiento del titular o resolución judicial, salvo en caso de flagrante delito.

Véase artículo 17.1 de la L.O. 4/1981, 1 junio, de los estados de alarma, excepción y sitio («B.O.E.» 5 junio).

Artículo 551 de la LECrim.

3. Se garantiza el secreto de las comunicaciones y, en especial, de las postales, telegráficas y telefónicas, salvo resolución judicial.

Véase L.O. 2/2002, 6 mayo, reguladora del control judicial previo del Centro Nacional de Inteligencia («B.O.E.» 7 mayo).

Véase artículo 18.1 de la L.O. 4/1981, 1 junio, de los estados de alarma, excepción y sitio («B.O.E.» 5 junio).

4. La ley limitará el uso de la informática para garantizar el honor y la intimidad personal y familiar de los ciudadanos y el pleno ejercicio de sus derechos.

Artículo 19. Los españoles tienen derecho a elegir libremente su residencia y a circular por el territorio nacional.

Asimismo, tienen derecho a entrar y salir libremente de España en los términos que la ley establezca. Este derecho no podrá ser limitado por motivos políticos o ideológicos.

Véase artículo 20 L.O. 4/1981, 1 junio, de los estados de alarma, excepción y sitio («B.O.E.» 5 junio).

Véanse:
- Artículo 55.1 de la Constitución.
- Artículo 20 de la L.O. 41981, de 1 de junio, de los estados de alarma, excepción y sitio («B.O.E.» 5 junio).

Artículo 20. 1. Se reconocen y protegen los derechos:

a) A expresar y difundir libremente los pensamientos, ideas y opiniones mediante la palabra, el escrito o cualquier otro medio de reproducción.

b) A la producción y creación literaria, artística, científica y técnica.

Véase O.M. CUL/1079/2005, de 21 de abril, por la que se dispone la publicación del Acuerdo del Consejo de Ministros, de 8 de abril de 2005, por el que se aprueba el Plan integral del Gobierno para la disminución y la eliminación de las actividades vulneradoras de la propiedad intelectual («B.O.E.» 26 abril).

Véanse:

- Artículo 1 de la Ley de Propiedad Intelectual.

- Real Decreto 733/1993, de 14 de mayo, por el que se aprueba el Reglamento del Registro General de la Propiedad Intelectual («B.O.E.» 15 junio).

c) A la libertad de cátedra.

Véase artículo 2.3 de la L.O. 6/2001, 21 diciembre, de Universidades («B.O.E.» 24 diciembre).

d) A comunicar o recibir libremente información veraz por cualquier medio de difusión. La ley regulará el derecho a la cláusula de conciencia y al secreto profesional en el ejercicio de estas libertades.

Véanse:

- Ley Orgánica 2/1997, 19 junio, reguladora de la cláusula de conciencia de los profesionales de la información («B.O.E.» 20 junio).

- Ley 14/1966, de 18 de marzo, de Prensa e Imprenta, que sigue vigente en algunos artículos, excepción hecha de los artículos 2, 12 y 64.2.A («B.O.E.» 19 marzo).

Véase artículo 55.1 de la Constitución.

2. El ejercicio de estos derechos no puede restringirse mediante ningún tipo de censura previa.

3. La ley regulará la organización y el control parlamentario de los medios de comunicación social dependientes del Estado o de cualquier ente público y garantizará el acceso a dichos medios de los grupos sociales y políticos significativos, respetando el pluralismo de la sociedad y de las diversas lenguas de España.

Véase Ley 17/2006, de 5 de junio, de la radio y la televisión de titularidad estatal («B.O.E.» 6 junio).

4. Estas libertades tienen su límite en el respeto a los derechos reconocidos en este Título, en los preceptos de las leyes que lo desarrollen y, especialmente, en el derecho al honor, a la intimidad, a la propia imagen y a la protección de la juventud y de la infancia.

Véase L.O. 1/1982, 5 mayo, de protección civil del derecho al honor, intimidad personal y familiar y a la propia imagen.

5. Sólo podrá acordarse el secuestro de publicaciones, grabaciones y otros medios de información en virtud de resolución judicial.

Véase artículo 21 de la L.O. 4/1981, 1 junio, de los estados de alarma, excepción y sitio.

Artículo 21. 1. Se reconoce el derecho de reunión pacífica y sin armas. El ejercicio de este derecho no necesitará autorización previa.

Véase L.O. 4/2001, de 12 de noviembre, reguladora del Derecho de Petición.

Véase L.O. 9/1983, de 15 de julio, reguladora del derecho de reunión.

2. En los casos de reuniones en lugares de tránsito público y manifestaciones se dará comunicación previa a la autoridad, que sólo podrá prohibirlas cuando existan razones fundadas de alteración del orden público, con peligro para personas o bienes.

Véase L.O. 9/1983, 15 julio, reguladora del derecho de reunión.

Véase artículo 22 de la L.O. 4/1981, 1 junio, de los estados de alarma, excepción y sitio.

Artículo 22. 1. Se reconoce el derecho de asociación.

2. Las asociaciones que persigan fines o utilicen medios tipificados como delito son ilegales.

3. Las asociaciones constituidas al amparo de este artículo deberán inscribirse en un registro a los solos efectos de publicidad.

4. Las asociaciones sólo podrán ser disueltas o suspendidas en sus actividades en virtud de resolución judicial motivada.

5. Se prohíben las asociaciones secretas y las de carácter paramilitar.

Véanse:

- Ley Orgánica 1/2002, 22 marzo, reguladora del Derecho de Asociación («B.O.E.» 26 marzo).

- Artículos 515 a 521 del Código Penal.

- R.D. 825/1990, de 22 de junio, sobre el derecho de representación, consulta y participación de los consumidores y usuarios a través de sus asociaciones («B.O.E.» 29 junio).

- R.D. 1740/2003, de 19 de diciembre, sobre procedimientos relativos a asociaciones de utilidad pública («B.O.E.» 13 enero 2004).

- R.D. 1497/2003, de 28 de noviembre, por el que se aprueba el Reglamento del Registro Nacional de Asociaciones y de sus relaciones con los restantes registros de asociaciones («B.O.E.» 23 diciembre).

Artículo 23. 1. Los ciudadanos tienen el derecho a participar en los asuntos públicos, directamente o por medio de representantes, libremente elegidos en elecciones periódicas por sufragio universal.

Véanse:

- Ley Orgánica 2/1980, de 18 de enero, sobre regulación de las distintas modalidades de referéndum («B.O.E.» 23 enero).

- Ley Orgánica 5/1985, 19 junio, de Régimen Electoral General («B.O.E.» 20 junio).

2. Asimismo, tienen derecho a acceder en condiciones de igualdad a las funciones y cargos públicos, con los requisitos que señalen las leyes.

Artículo 24. 1. Todas las personas tienen derecho a obtener la tutela efectiva de los jueces y tribunales en el ejercicio de sus derechos e intereses legítimos, sin que, en ningún caso, pueda producirse indefensión.

2. Asimismo, todos tienen derecho al Juez ordinario predeterminado por la ley, a la defensa y a la asistencia de letrado, a ser informados de la acusación formulada contra ellos, a un proceso público sin dilaciones indebidas y con todas las garantías, a utilizar los medios de prueba pertinentes para su defensa, a no declarar contra sí mismos, a no confesarse culpables y a la presunción de inocencia.

La ley regulará los casos en que, por razón de parentesco o de secreto profesional, no se estará obligado a declarar sobre hechos presuntamente delictivos.

Véanse:

- Ley Orgánica del Poder Judicial y Leyes procesales.

- Ley 52/1997, de 27 de noviembre, de Asistencia Jurídica al Estado e Instituciones Públicas («B.O.E.» 28 noviembre).

- Ley 1/1996, de 10 de enero, de Asistencia Jurídica Gratuita («B.O.E.» 12 enero).

Artículo 25. 1. Nadie puede ser condenado o sancionado por acciones u omisiones que en el momento de producirse no constituyan delito, falta o infracción administrativa, según la legislación vigente en aquel momento.

2. Las penas privativas de libertad y las medidas de seguridad estarán orientadas hacia la reeducación y reinserción social y no podrán consistir en trabajos for-

zados. El condenado a pena de prisión que estuviere cumpliendo la misma gozará de los derechos fundamentales de este Capítulo, a excepción de los que se vean expresamente limitados por el contenido del fallo condenatorio, el sentido de la pena y la ley penitenciaria. En todo caso, tendrá derecho a un trabajo remunerado y a los beneficios correspondientes de la Seguridad Social, así como al acceso a la cultura y al desarrollo integral de su personalidad.

Véase el R.D. 122/2015, de 27 de febrero, por el que se aprueba el estatuto de la entidad de derecho público Trabajo Penitenciario y Formación para el Empleo («B.O.E.» 28 febrero).

Véase R.D. 840/2011, de 17 de junio, por el que se establecen las circunstancias de ejecución de las penas de trabajo en beneficio de la comunidad y de localización permanente en centro penitenciario, de determinadas medidas de seguridad, así como de la suspensión de la ejecución de la penas privativas de libertad y sustitución de penas («B.O.E.» 18 junio).

Véanse:

- Ley Orgánica General Penitenciaria.

- Real Decreto 782/2001, 6 julio, por el que se regula la relación laboral de carácter especial de los penados que realicen actividades laborales en talleres penitenciarios y la protección de Seguridad Social de los sometidos a penas de trabajo en beneficio de la comunidad («B.O.E.» 7 julio).

3. La Administración civil no podrá imponer sanciones que, directa o subsidiariamente, impliquen privación de libertad.

Véanse artículos 127 a 138 LRJAP-PAC.

Artículo 26. Se prohíben los Tribunales de Honor en el ámbito de la Administración civil y de las organizaciones profesionales.

Artículo 27. 1. Todos tienen el derecho a la educación. Se reconoce la libertad de enseñanza.

2. La educación tendrá por objeto el pleno desarrollo de la personalidad humana en el respeto a los principios democráticos de convivencia y a los derechos y libertades fundamentales.

3. Los poderes públicos garantizan el derecho que asiste a los padres para que sus hijos reciban la formación religiosa y moral que esté de acuerdo con sus propias convicciones.

4. La enseñanza básica es obligatoria y gratuita.

Véase artículo 1 L.O. 8/1985, 3 julio, reguladora del Derecho a la educación («B.O.E.» 4 julio).

5. Los poderes públicos garantizan el derecho de todos a la educación, mediante una programación general de la enseñanza, con participación efectiva de todos los sectores afectados y la creación de centros docentes.

6. Se reconoce a las personas físicas y jurídicas la libertad de creación de centros docentes, dentro del respeto a los principios constitucionales.

7. Los profesores, los padres y, en su caso, los alumnos intervendrán en el control y gestión de todos los centros sostenidos por la Administración con fondos públicos, en los términos que la ley establezca.

Véanse artículos 55 y siguientes L.O. 8/1985, 3 julio, reguladora del derecho a la educación («B.O.E.» 4 julio).

8. Los poderes públicos inspeccionarán y homologarán el sistema educativo para garantizar el cumplimiento de las leyes.

Véase L.O. 2/2006, de 3 de mayo, de Educación.

9. Los poderes públicos ayudarán a los centros docentes que reúnan los requisitos que la ley establezca.

Véase Ley Orgánica 2/2006, de 3 de mayo, de Educación («B.O.E.» 4 mayo).

10. Se reconoce la autonomía de las Universidades, en los términos que la ley establezca.

Véase artículo 2 L.O. 6/2001, 21 diciembre, de Universidades («B.O.E.» 24 diciembre).

Artículo 28. 1. Todos tienen derecho a sindicarse libremente. La ley podrá limitar o exceptuar el ejercicio de este derecho a las Fuerzas o Institutos armados o a los demás Cuerpos sometidos a disciplina militar y regulará las peculiaridades de su ejercicio para los funcionarios públicos. La libertad sindical comprende el derecho a fundar sindicatos y a afiliarse al de su elección, así como el derecho de los sindicatos a formar confederaciones y a fundar organizaciones sindicales internacionales o afiliarse a las mismas. Nadie podrá ser obligado a afiliarse a un sindicato.

Véase L.O. 11/1985, 2 agosto, de Libertad Sindical.

2. Se reconoce el derecho a la huelga de los trabajadores para la defensa de sus intereses. La ley que regule el ejercicio de este derecho establecerá las garantías precisas para asegurar el mantenimiento de los servicios esenciales de la comunidad.

Véase artículo 23 L.O. 4/1981, 1 junio, de los estados de alarma, excepción y sitio («B.O.E.» 5 junio).

Véase RDL. 17/1977, 4 marzo, sobre relaciones de trabajo («B.O.E.» 9 marzo).

Artículo 29. 1. Todos los españoles tendrán el derecho de petición individual y colectiva, por escrito, en la forma y con los efectos que determine la ley.

2. Los miembros de las Fuerzas o Institutos armados o de los Cuerpos sometidos a disciplina militar podrán ejercer este derecho sólo individualmente y con arreglo a lo dispuesto en su legislación específica.

Véanse:

- Artículo 15 de la Ley Orgánica de Fuerzas y Cuerpos de Seguridad.

- Artículo 160 de la Ley 17/1999, 18 mayo, de Régimen del Personal de las Fuerzas Armadas.

Véanse:

- Artículo 77 de la Constitución.

- Ley Orgánica 4/2001, de 12 de noviembre, reguladora del Derecho de Petición («B.O.E.» 13 noviembre).

- Artículo 49 del Reglamento del Congreso.

- Artículos 153 y 154 del Reglamento del Senado.

SECCIÓN 2.ª
DE LOS DERECHOS Y DEBERES DE LOS CIUDADANOS

Artículo 30. 1. Los españoles tienen el derecho y el deber de defender a España.

Véase artículo 23 Ley 85/1978, 28 diciembre, de Reales Ordenanzas de las Fuerzas Armadas.

2. La ley fijará las obligaciones militares de los españoles y regulará, con las debidas garantías, la objeción de conciencia, así como las demás causas de exención

del servicio militar obligatorio, pudiendo imponer, en su caso, una prestación social sustitutoria.

Véase la disposición adicional decimotercera de la Ley 17/1999, 18 mayo, de Régimen del Personal de las Fuerzas Armadas («B.O.E.» 19 mayo).

Téngase en cuenta que la disposición adicional decimotercera de la Ley 17/1999, de 18 de mayo, de Régimen del Personal de las Fuerzas Armadas, determina que a partir del 31 de diciembre del año 2002 queda suspendida la prestación del servicio militar, quedando adelantada la fecha a 31 de diciembre de 2001, por R.D. 247/2001, 9 marzo («B.O.E.» 10 marzo).

R.D. 342/2001, 4 abril, por el que se suspende la prestación social sustitutoria del servicio militar («B.O.E.» 17 abril).

3. Podrá establecerse un servicio civil para el cumplimiento de fines de interés general.

4. Mediante ley podrán regularse los deberes de los ciudadanos en los casos de grave riesgo, catástrofe o calamidad pública.

Artículo 31. 1. Todos contribuirán al sostenimiento de los gastos públicos de acuerdo con su capacidad económica mediante un sistema tributario justo inspirado en los principios de igualdad y progresividad que, en ningún caso, tendrá alcance confiscatorio.

Véase Ley General Tributaria.

2. El gasto público realizará una asignación equitativa de los recursos públicos, y su programación y ejecución responderán a los criterios de eficiencia y economía.

Véase Ley 47/2003, de 26 de noviembre, General Presupuestaria («B.O.E.» 27 noviembre) y las sucesivas Leyes de Presupuestos.

3. Sólo podrán establecerse prestaciones personales o patrimoniales de carácter público con arreglo a la ley.

Véanse:

- Ley General Tributaria.

- Ley 8/1989, de 13 de abril, de Tasas y Precios Públicos («B.O.E.» 15 abril).

Artículo 32. 1. El hombre y la mujer tienen derecho a contraer matrimonio con plena igualdad jurídica.

Véanse artículos 44 y ss. del Código Civil.

2. La ley regulará las formas de matrimonio, la edad y capacidad para contraerlo, los derechos y deberes de los cónyuges, las causas de separación y disolución y sus efectos.

Véanse artículos 769 y siguientes LEC 2000.

Véanse artículos 49 y siguientes CC.

Véanse:

- Artículos 769 y ss. LEC.

- Ley 13/2005, de 1 de julio, por la que se modifica el Código Civil en materia de derecho a contraer matrimonio («B.O.E.» 2 julio).

- Ley 35/1994, de 23 de diciembre, de modificación del Código Civil en materia de autorización del matrimonio civil por los alcaldes («B.O.E.» 24 diciembre).

Artículo 33. 1. Se reconoce el derecho a la propiedad privada y a la herencia.

Véanse artículos 348, 657 y ss. del Código Civil.

2. La función social de estos derechos delimitará su contenido, de acuerdo con las leyes.

Véase Ley 15/1995, 30 mayo, sobre límites del dominio sobre inmuebles para eliminar barreras arquitectónicas a las personas con discapacidad («B.O.E.» 31 mayo).

3. Nadie podrá ser privado de sus bienes y derechos sino por causa justificada de utilidad pública o interés social, mediante la correspondiente indemnización y de conformidad con lo dispuesto por las leyes.

Véanse:

- Ley de Expropiación Forzosa.

- Reglamento de Expropiación Forzosa.

- RDL. 2/1983, de 23 de febrero, de expropiación, por razones de utilidad pública e interés social, de los Bancos y otras sociedades que componesn el Grupo "RUMASA, S.A." («B.O.E.» 24 febrero).

Artículo 34. 1. Se reconoce el derecho de fundación para fines de interés general, con arreglo a la ley.

2. Regirá también para las fundaciones lo dispuesto en los apartados 2 y 4 del artículo 22.

Véase Ley 50/2002, de 26 de diciembre, de Fundaciones («B.O.E.» 27 diciembre).

Véase Ley 49/2002, de 23 de diciembre, de régimen fiscal de las entidades sin fines lucrativos y de los incentivos fiscales al mecenazgo («B.O.E.» 24 diciembre).

Artículo 35. 1. Todos los españoles tienen el deber de trabajar y el derecho al trabajo, a la libre elección de profesión u oficio, a la promoción a través del trabajo y a una remuneración suficiente para satisfacer sus necesidades y las de su familia, sin que en ningún caso pueda hacerse discriminación por razón de sexo.

2. La ley regulará un estatuto de los trabajadores.

Véase Ley 20/2007, de 11 de julio, del Estatuto del trabajo autónomo («B.O.E.» 12 julio).

Véase Estatuto de los Trabajadores.

Artículo 36. La ley regulará las peculiaridades propias del régimen jurídico de los Colegios Profesionales y el ejercicio de las profesiones tituladas. La estructura interna y el funcionamiento de los Colegios deberán ser democráticos.

Véase Ley 44/2003, de 21 de noviembre, de ordenación de las profesiones sanitarias («B.O.E.» 22 noviembre).

Véase Ley 2/1974, 13 febrero, sobre Colegios Profesionales («B.O.E.» 15 febrero).

Artículo 37. 1. La ley garantizará el derecho a la negociación colectiva laboral entre los representantes de los trabajadores y empresarios, así como la fuerza vinculante de los convenios.

Véanse artículos 82 a 92 del Estatuto de los Trabajadores.

2. Se reconoce el derecho de los trabajadores y empresarios a adoptar medidas de conflicto colectivo. La ley que regule el ejercicio de este derecho, sin perjuicio de las limitaciones que pueda establecer, incluirá las garantías precisas para asegurar el funcionamiento de los servicios esenciales de la comunidad.

Véase artículo 23 L.O. 4/1981, 1 junio, de los estados de alarma, excepción y sitio («B.O.E.» 5 junio).

Véase artículo 28.2 de la Constitución y disposiciones allí citadas.

Véase Convenio OIT nº 154, de 19 de junio de 1981, relativo al fomento de la negociación colectiva («B.O.E.» 9 noviembre 1985).

Artículo 38. Se reconoce la libertad de empresa en el marco de la economía de mercado. Los poderes públicos garantizan y protegen su ejercicio y la defensa de la productividad, de acuerdo con las exigencias de la economía general y, en su caso, de la planificación.

Véanse:

- Ley de Competencia Desleal.

- Ley de Defensa de la Competencia.

CAPÍTULO III
DE LOS PRINCIPIOS RECTORES DE LA POLÍTICA SOCIAL Y ECONÓMICA

Artículo 39. 1. Los poderes públicos aseguran la protección social, económica y jurídica de la familia.

Véanse:

- Ley 40/2003, de 18 de noviembre, de Protección a las Familias Numerosas («B.O.E.» 19 noviembre).

- Ley 40/2007, de 4 de diciembre, de medidas en materia de Seguridad Social, que reforma, entre otros preceptos el artículo 174.3 LGSS («B.O.E.» 5 diciembre).

2. Los poderes públicos aseguran, asimismo, la protección integral de los hijos, iguales éstos ante la ley con independencia de su filiación, y de las madres, cualquiera que sea su estado civil. La ley posibilitará la investigación de la paternidad.

Véase artículo 767 LEC 2000.

3. Los padres deben prestar asistencia de todo orden a los hijos habidos dentro o fuera del matrimonio, durante su minoría de edad y en los demás casos en que legalmente proceda.

4. Los niños gozarán de la protección prevista en los acuerdos internacionales que velan por sus derechos.

Véanse:

- Convenio relativo a la protección del niño y a la cooperación en materia de adopción internacional, hecho en La Haya el 29 de mayo de 1993 («B.O.E.» 1 agosto).

- Ley Orgánica 1/1996, de 15 de enero, de protección jurídica del menor («B.O.E.» 15 enero).

- Artículos 108 y ss. del Código Civil.

- Artículos 767 y concordantes LEC.

Véase Convención sobre los derechos del niño, adoptada por la Asamblea General de las Naciones Unidas el 30 de noviembre de 1989 («B.O.E.» 31 diciembre 1990).

Artículo 40. 1. Los poderes públicos promoverán las condiciones favorables para el progreso social y económico y para una distribución de la renta regional y personal más equitativa, en el marco de una política de estabilidad económica. De manera especial realizarán una política orientada al pleno empleo.

2. Asimismo, los poderes públicos fomentarán una política que garantice la formación y readaptación profesionales; velarán por la seguridad e higiene en el trabajo y garantizarán el descanso necesario, mediante la limitación de la jornada laboral, las vacaciones periódicas retribuidas y la promoción de centros adecuados.

Véase Ley sobre Infracciones y Sanciones en el Orden Social.

Véanse:

- Ley 31/1995, 8 noviembre, de prevención de riesgos laborales («B.O.E.» 10 noviembre).

- Real Decreto 39/1997, de 17 de enero, por el que se aprueba el Reglamento de los servicios de prevención («B.O.E.» 31 enero).

Véanse artículos 19, 22 a 25 y 34 a 38 del Estatuto de los Trabajadores.

Véanse:

- Ley 14/1994, de 1 de junio, por la que se regulan las Empresas de Trabajo Temporal («B.O.E.» 2 junio).

- Ley 56/2003, de 16 de diciembre, de Empleo («B.O.E.» 17 diciembre).

Artículo 41. Los poderes públicos mantendrán un régimen público de Seguridad Social para todos los ciudadanos que garantice la asistencia y prestaciones sociales suficientes ante situaciones de necesidad, especialmente en caso de desempleo. La asistencia y prestaciones complementarias serán libres.

Véase artículo 23 de la Ley 20/2007, de 11 de julio, del Estatuto del trabajo autónomo («B.O.E.» 12 julio).

Véase R.D. Leg. 4/2000, 23 junio, por el que se aprueba el Texto Refundido Ley sobre Seguridad Social de los Funcionarios del Estado («B.O.E.» 28 junio).

Véase R.D. Leg. 3/2000, de 23 de junio, por el que se aprueba el texto refundido de las disposiciones legales vigentes sobre el Régimen especial de Seguridad Social del personal al servicio de la Administración de Justicia («B.O.E.» 28 junio).

Véase R.D. Leg. 1/2000, de 9 de junio, por el que se aprueba el texto refundido de la Ley sobre Seguridad Social de las Fuerzas Armadas («B.O.E.» 14 junio).

Véase Ley General de la Seguridad Social.

Artículo 42. El Estado velará especialmente por la salvaguardia de los derechos económicos y sociales de los trabajadores españoles en el extranjero y orientará su política hacia su retorno.

Véanse:

- Artículo 68.5 de la Constitución.

- Ley 40/2006, de 14 de diciembre, del Estatuto de la ciudadanía española en el exterior («B.O.E.» 15 diciembre).

- Real Decreto 3425/2000, de 15 de diciembre, sobre inscripción de los españoles en los Registros de Matrícula de las Oficinas Consulares en el extranjero («B.O.E.» 3 enero 2001).

- Real Decreto 1493/2007, de 12 de noviembre, por el que se aprueban las normas reguladoras de la concesión directa de ayudas destinadas a atender las situaciones de extraordinaria necesidad de los españoles retornados («B.O.E.» 26 noviembre).

- Real Decreto 230/2008, de 15 de febrero, por el que se regula el Consejo General de la Ciudadanía Española en el Exterior («B.O.E.» 26 noviembre).

Artículo 43. 1. Se reconoce el derecho a la protección de la salud.

Véase Ley 16/2003, de 28 de mayo, de cohesión y calidad del Sistema Nacional de Salud («B.O.E.» 29 mayo).

Véase Ley 41/2002, de 14 de noviembre, básica reguladora de la autonomía del paciente y de derechos y obligaciones en materia de información y documentación clínica («B.O.E.» 15 noviembre).

Véase Ley Orgánica 3/1986, 22 abril, de medidas especiales en materia de salud pública («B.O.E.» 29 abril).

Véase Ley General de Sanidad.

2. Compete a los poderes públicos organizar y tutelar la salud pública a través de medidas preventivas y de las prestaciones y servicios necesarios. La ley establecerá los derechos y deberes de todos al respecto.

3. Los poderes públicos fomentarán la educación sanitaria, la educación física y el deporte. Asimismo facilitarán la adecuada utilización del ocio.

Véase Ley 10/1990, 15 octubre, del Deporte («B.O.E.» 17 octubre).

Artículo 44. 1. Los poderes públicos promoverán y tutelarán el acceso a la cultura, a la que todos tienen derecho.

Véase Ley 10/2007, de 22 de junio, de la lectura, del libro y de las bibliotecas («B.O.E.» 23 junio).

2. Los poderes públicos promoverán la ciencia y la investigación científica y técnica en beneficio del interés general.

Véase Ley 14/2011, de 1 de junio, de la Ciencia, la Tecnología y la Innovación («B.O.E.» 2 junio).

Artículo 45. 1. Todos tienen el derecho a disfrutar de un medio ambiente adecuado para el desarrollo de la persona, así como el deber de conservarlo.

2. Los poderes públicos velarán por la utilización racional de todos los recursos naturales, con el fin de proteger y mejorar la calidad de la vida y defender y restaurar el medio ambiente, apoyándose en la indispensable solidaridad colectiva.

3. Para quienes violen lo dispuesto en el apartado anterior, en los términos que la ley fije se establecerán sanciones penales o, en su caso, administrativas, así como la obligación de reparar el daño causado.

Véase Ley 34/2007, de 15 de noviembre, de calidad del aire y protección de la atmósfera («B.O.E.» 16 noviembre).

Véanse:

- Ley 27/2006, de 18 de julio, por la que se regulan los derechos de acceso a la información, de participación pública y de acceso a la justicia en materia de medio ambiente («B.O.E.» 19 julio).

- Ley 26/2007, de 23 de octubre, de Responsabilidad Medioambiental («B.O.E.» 24 octubre).

Véase Ley 37/2003, de 17 de noviembre, del Ruido («B.O.E.» 18 noviembre).

Véase Ley 16/2002, de 1 de julio, de prevención y control integrados de la contaminación («B.O.E.» 2 julio).

Véanse artículos 325 y ss. del Código Penal.

Artículo 46. Los poderes públicos garantizarán la conservación y promoverán el enriquecimiento del patrimonio histórico, cultural y artístico de los pueblos de España y de los bienes que lo integran, cualquiera que sea su régimen jurídico y su titularidad. La ley penal sancionará los atentados contra este patrimonio.

Véanse artículos 321 y ss. del Código Penal.

Véase Ley 16/1985, 25 junio, del Patrimonio Histórico Español («B.O.E.» 29 junio).

Artículo 47.

Todos los españoles tienen derecho a disfrutar de una vivienda digna y adecuada. Los poderes públicos promoverán las condiciones necesarias y establecerán las normas pertinentes para hacer efectivo este derecho, regulando la utilización del suelo de acuerdo con el interés general para impedir la especulación.

La comunidad participará en las plusvalías que genere la acción urbanística de los entes públicos.

Véase R.D. 2028/1995, de 22 de diciembre, por el que se establece las condiciones de acceso a la financiación cualificada estatal de viviendas de protección oficial promovidas por cooperativas de viviendas y comunidades de propietarios al amparo de los Planes Estatales de Vivienda («B.O.E.» 16 enero 1996).

Véanse:

- Ley de Arrendamientos Urbanos.

- Texto Refundido de la Ley de Suelo.

Véase R.D. 1346/1976, 16 junio, por el que se aprueba el texto refundido Ley sobre el Régimen del Suelo y Ordenación Urbana («B.O.E.» 16 junio).

Artículo 48. Los poderes públicos promoverán las condiciones para la participación libre y eficaz de la juventud en el desarrollo político, social, económico y cultural.

Artículo 49. Los poderes públicos realizarán una política de previsión, tratamiento, rehabilitación e integración de los disminuidos físicos, sensoriales y psíquicos, a los que prestarán la atención especializada que requieran y los ampararán especialmente para el disfrute de los derechos que este Título otorga a todos los ciudadanos.

Véase el R.D. Legislativo 1/2013, de 29 de noviembre, por el que se aprueba el Texto Refundido de la Ley General de derechos de las personas con discapacidad y de su inclusión social («B.O.E.» 3 diciembre).

Véanse:

- Ley 41/2003, de 18 de noviembre, de protección patrimonial de las personas con discapacidad y de modificación CC, de la Ley de Enjuiciamiento Civil y de la normativa tributaria con esta finalidad («B.O.E.» 19 noviembre).

- Ley 39/2006, de 14 de diciembre, de Promoción de la Autonomía Personal y Atención a las personas en situación de dependencia («B.O.E.» 15 diciembre).

- Ley 27/2007, de 23 de octubre, por la que se reconocen las lenguas de signos españolas y se regulan los medios de apoyo a la comunicación oral de las personas sordas, con discapacidad auditiva y sordociegas («B.O.E.» 24 octubre).

Véase Ley 15/1995, 30 mayo, sobre límites del dominio sobre inmuebles para eliminar barreras arquitectónicas a las personas con discapacidad («B.O.E.» 31 mayo).

Artículo 50. Los poderes públicos garantizarán, mediante pensiones adecuadas y periódicamente actualizadas, la suficiencia económica a los ciudadanos durante la tercera edad. Asimismo, y con independencia de las obligaciones familiares, promoverán su bienestar mediante un sistema de servicios sociales que atenderán sus problemas específicos de salud, vivienda, cultura y ocio.

Véanse artículos 160 y ss. Ley General de la Seguridad Social.

Véase Ley de Clases Pasivas del Estado.

Artículo 51. 1. Los poderes públicos garantizarán la defensa de los consumidores y usuarios, protegiendo, mediante procedimientos eficaces, la seguridad, la salud y los legítimos intereses económicos de los mismos.

Véase Texto Refundido de la Ley General para la Defensa de los Consumidores y Usuarios y otras leyes complementarias.

2. Los poderes públicos promoverán la información y la educación de los consumidores y usuarios, fomentarán sus organizaciones y oirán a éstas en las cuestiones que puedan afectar a aquéllos, en los términos que la ley establezca.

3. En el marco de lo dispuesto por los apartados anteriores, la ley regulará el comercio interior y el régimen de autorización de productos comerciales.

Artículo 52. La ley regulará las organizaciones profesionales que contribuyan a la defensa de los intereses económicos que les sean propios. Su estructura interna y funcionamiento deberán ser democráticos.

Véanse:

- Artículo 36 de la Constitución Española.

- Ley 4/2014, de 1 de abril, Básica de las Cámaras Oficiales de Comercio, Industria, Servicios y Navegación («B.O.E.» 2 abril).

- Real Decreto 670/1978, de 11 de marzo, sobre cofradías de pescadores («B.O.E.» 12 abril).

CAPÍTULO IV
DE LAS GARANTÍAS DE LAS LIBERTADES Y DERECHOS FUNDAMENTALES

Artículo 53. 1. Los derechos y libertades reconocidos en el Capítulo segundo del presente Título vinculan a todos los poderes públicos. Sólo por ley, que en todo caso deberá respetar su contenido esencial, podrá regularse el ejercicio de tales derechos y libertades, que se tutelarán de acuerdo con lo previsto en el artículo 161, 1, a).

2. Cualquier ciudadano podrá recabar la tutela de las libertades y derechos reconocidos en el artículo 14 y la Sección primera del Capítulo segundo ante los Tribunales ordinarios por un procedimiento basado en los principios de preferencia y sumariedad y, en su caso, a través del recurso de amparo ante el Tribunal Constitucional. Este último recurso será aplicable a la objeción de conciencia reconocida en el artículo 30.

Véanse:

- Artículo 7 LOPJ.

- Artículos 114 y ss. LJCA.

- Artículos 11 a 15 LEC.

- Ley 38/2002, de 24 de octubre, de reforma parcial de la LECrim, que deroga los arts. 1 a 5 de la Ley 62/1978, de protección jurisdiccional de los derechos fundamentales de la persona.

Véase artículo 9 de la L.O. 1/1982, 5 mayo, sobre protección civil del derecho al honor, a la intimidad personal y familiar y a la propia imagen.

Véanse artículos 41 a 58 LOTC.

3. El reconocimiento, el respeto y la protección de los principios reconocidos en el Capítulo tercero informarán la legislación positiva, la práctica judicial y la actuación de los poderes públicos. Sólo podrán ser alegados ante la Jurisdicción ordinaria de acuerdo con lo que dispongan las leyes que los desarrollen.

Artículo 54. Una ley orgánica regulará la institución del Defensor del Pueblo, como alto comisionado de las Cortes Generales, designado por éstas para la defensa de los derechos comprendidos en este Título, a cuyo efecto podrá supervisar la actividad de la Administración, dando cuenta a las Cortes Generales.

Véase Ley 36/1985, 6 noviembre, por la que se regulan las relaciones entre la institución del Defensor del Pueblo y las figuras similares en las distintas Comunidades Autónomas («B.O.E.» 12 noviembre).

Véanse:

- Ley Orgánica 3/1981, 6 abril, del Defensor del Pueblo.

- Reglamento de Organización y Funcionamiento del Defensor del Pueblo («B.O.E.» 18 abril).

- Resolución de las Mesas del Congreso de los Diputados y del Senado 21 de abril de 1992, sobre organización y funcionamiento de la Comisión Mixta de relaciones con el Defensor del Pueblo («B.O.C.G.» 24 abril).

- Resolución de la Presidencia del Congreso de los Diputados, de 21 de abril de 1992, sobre tramitación ante el Pleno de los informes anuales o extraordinarios del Defensor del Pueblo («B.O.C.G.» 24 abril).

CAPÍTULO V
DE LA SUSPENSIÓN DE LOS DERECHOS Y LIBERTADES

Artículo 55. 1. Los derechos reconocidos en los artículos 17, 18, apartados 2 y 3, artículos 19, 20, apartados 1, a) y d), y 5, artículos 21, 28, apartado 2, y artículo 37, apartado 2, podrán ser suspendidos cuando se acuerde la declaración del estado de excepción o de sitio en los términos previstos en la Constitución. Se exceptúa de lo establecido anteriormente el apartado 3 del artículo 17 para el supuesto de declaración de estado de excepción.

Véase la L.O. 4/1981, de 1 de junio, de los estados de alarma, excepción y sitio («B.O.E.» 5 junio).

2. Una ley orgánica podrá determinar la forma y los casos en los que, de forma individual y con la necesaria intervención judicial y el adecuado control parlamentario, los derechos reconocidos en los artículos 17, apartado 2, y 18, apartados 2 y 3, pueden ser suspendidos para personas determinadas, en relación con las investigaciones correspondientes a la actuación de bandas armadas o elementos terroristas.

La utilización injustificada o abusiva de las facultades reconocidas en dicha ley orgánica producirá responsabilidad penal, como violación de los derechos y libertades reconocidos por las leyes.

Véase el número 4 del artículo 579 de la Ley de Enjuiciamiento Criminal, redactado conforme al artículo 2 de la LO 4/1988, de 25 de mayo, de reforma de la LECrim («B.O.E.» 26 mayo), y la disposición adicional de dicha Ley Orgánica, que establece: «Las referencias a la norma de desarrollo del artículo 55.2 de la Constitución se entenderán hechas a esta Ley Orgánica».

Véase el artículo 51.2 y 5 de la L.O. 1/1979, de 26 de septiembre, General Penitenciaria («B.O.E.» 5 octubre).

TÍTULO II
DE LA CORONA

Artículo 56. 1. El Rey es el Jefe del Estado, símbolo de su unidad y permanencia, arbitra y modera el funcionamiento regular de las instituciones, asume la más alta representación del Estado español en las relaciones internacionales, especialmente con las naciones de su comunidad histórica, y ejerce las funciones que le atribuyen expresamente la Constitución y las leyes.

2. Su título es el de Rey de España y podrá utilizar los demás que correspondan a la Corona.

3. La persona del Rey es inviolable y no está sujeta a responsabilidad. Sus actos estarán siempre refrendados en la forma establecida en el artículo 64, careciendo de validez sin dicho refrendo, salvo lo dispuesto en el artículo 65, 2.

Véanse artículos 485 y ss. del Código Penal.

Véase R.D. 1368/1987, 6 noviembre, sobre régimen de títulos, tratamientos y honores de la Familia Real y de los Regentes («B.O.E.» 12 noviembre).

Véase artículo 6.1 a) de la Ley Orgánica del Régimen Electoral General («B.O.E.» 19 junio).

Artículo 57. 1. La Corona de España es hereditaria en los sucesores de S. M. Don Juan Carlos I de Borbón, legítimo heredero de la dinastía histórica. La sucesión en el trono seguirá el orden regular de primogenitura y representación, siendo preferida siempre la línea anterior a las posteriores; en la misma línea, el grado más próximo al más remoto; en el mismo grado, el varón a la mujer, y en el mismo sexo, la persona de más edad a la de menos.

2. El Príncipe heredero, desde su nacimiento o desde que se produzca el hecho que origine el llamamiento, tendrá la dignidad de Príncipe de Asturias y los demás títulos vinculados tradicionalmente al sucesor de la Corona de España.

Véanse:

- Real Decreto 1461/1999, de 17 de septiembre, por el que se regula la carrera militar de Su Alteza Real el Príncipe de Asturias Don Felipe de Borbón y Grecia («B.O.E.» 18 septiembre).

- Real Decreto 284/2001, de 16 de marzo, por el que se crea el guión y el estandarte de Su Alteza Real el Príncipe de Asturias, y se modifica el Reglamento de Banderas y Estandartes, Guiones, Insignias y Distintivos, aprobado por R.D. 1511/1977, de 21 de enero («B.O.E.» 17 marzo).

3. Extinguidas todas las líneas llamadas en Derecho, las Cortes Generales proveerán a la sucesión en la Corona en la forma que más convenga a los intereses de España.

4. Aquellas personas que teniendo derecho a la sucesión en el trono contrajeren matrimonio contra la expresa prohibición del Rey y de las Cortes Generales, quedarán excluidas en la sucesión a la Corona por sí y sus descendientes.

5. Las abdicaciones y renuncias y cualquier duda de hecho o de derecho que ocurra en el orden de sucesión a la Corona se resolverán por una ley orgánica.

Véase la L.O. 3/2014, de 18 de junio, por la que se hace efectiva la abdicación de Su Majestad el Rey Don Juan Carlos I de Borbón («B.O.E.» 19 junio).

Véase R.D. 284/2001, 16 marzo, por el que se crea el guión y el estandarte de Su Alteza Real el Príncipe de Asturias, y se modifica el Reglamento de Banderas y Estandartes, Guiones, Insignias y Distintivos, aprobado por R.D. 1511/1977, de 21 de enero.

Véase R.D. 1461/1999, 17 septiembre, por el que se regula la carrera militar de Su Alteza Real el Príncipe de Asturias Don Felipe de Borbón y Grecia.

Véase R.D. 2917/1981, 27 noviembre, sobre Registro Civil de la Familia Real («B.O.E.» 12 diciembre).

Artículo 58. La Reina consorte o el consorte de la Reina no podrán asumir funciones constitucionales, salvo lo dispuesto para la Regencia.

Artículo 59. 1. Cuando el Rey fuere menor de edad, el padre o la madre del Rey y, en su defecto, el pariente mayor de edad más próximo a suceder en la Corona, según el orden establecido en la Constitución, entrará a ejercer inmediatamente la Regencia y la ejercerá durante el tiempo de la minoría de edad del Rey.

2. Si el Rey se inhabilitare para el ejercicio de su autoridad y la imposibilidad fuere reconocida por las Cortes Generales, entrará a ejercer inmediatamente la Regencia el Príncipe heredero de la Corona, si fuere mayor de edad. Si no lo fuere, se procederá de la manera prevista en el apartado anterior, hasta que el Príncipe heredero alcance la mayoría de edad.

3. Si no hubiere ninguna persona a quien corresponda la Regencia, ésta será nombrada por las Cortes Generales, y se compondrá de una, tres o cinco personas.

4. Para ejercer la Regencia es preciso ser español y mayor de edad.

5. La Regencia se ejercerá por mandato constitucional y siempre en nombre del Rey.

Artículo 60. 1. Será tutor del Rey menor la persona que en su testamento hubiese nombrado el Rey difunto, siempre que sea mayor de edad y español de nacimiento; si no lo hubiese nombrado, será tutor el padre o la madre, mientras permanezcan viudos. En su defecto, lo nombrarán las Cortes Generales, pero no podrán acumularse los cargos de Regente y de tutor sino en el padre, madre o ascendientes directos del Rey.

2. El ejercicio de la tutela es también incompatible con el de todo cargo o representación política.

Artículo 61. 1. El Rey, al ser proclamado ante las Cortes Generales, prestará juramento de desempeñar fielmente sus funciones, guardar y hacer guardar la Constitución y las leyes y respetar los derechos de los ciudadanos y de las Comunidades Autónomas.

2. El Príncipe heredero, al alcanzar la mayoría de edad, y el Regente o Regentes al hacerse cargo de sus funciones, prestarán el mismo juramento, así como el de fidelidad al Rey.

Artículo 62. Corresponde al Rey:

a) Sancionar y promulgar las leyes.

b) Convocar y disolver las Cortes Generales y convocar elecciones en los términos previstos en la Constitución.

c) Convocar a referéndum en los casos previstos en la Constitución.

d) Proponer el candidato a Presidente del Gobierno y, en su caso, nombrarlo, así como poner fin a sus funciones en los términos previstos en la Constitución.

e) Nombrar y separar a los miembros del Gobierno, a propuesta de su Presidente.

f) Expedir los decretos acordados en el Consejo de Ministros, conferir los empleos civiles y militares y conceder honores y distinciones con arreglo a las leyes.

g) Ser informado de los asuntos de Estado y presidir, a estos efectos, las sesiones del Consejo de Ministros, cuando lo estime oportuno, a petición del Presidente del Gobierno.

h) El mando supremo de las Fuerzas Armadas.

i) Ejercer el derecho de gracia con arreglo a la ley, que no podrá autorizar indultos generales.

Véase Ley 18 junio 1870, de reglas para el ejercicio de la Gracia de indulto («Gaceta» 24 junio).

j) El Alto Patronazgo de las Reales Academias.

Artículo 63. 1. El Rey acredita a los embajadores y otros representantes diplomáticos. Los representantes extranjeros en España están acreditados ante él.

2. Al Rey corresponde manifestar el consentimiento del Estado para obligarse internacionalmente por medio de tratados, de conformidad con la Constitución y las leyes.

3. Al Rey corresponde, previa autorización de las Cortes Generales, declarar la guerra y hacer la paz.

Véase artículo 588 del Código Penal.

Artículo 64. 1. Los actos del Rey serán refrendados por el Presidente del Gobierno y, en su caso, por los Ministros competentes. La propuesta y el nombramiento del Presidente del Gobierno, y la disolución prevista en el artículo 99, serán refrendados por el Presidente del Congreso.

2. De los actos del Rey serán responsables las personas que los refrenden.

Véase artículo 2.2 g) de la Ley 50/1997, 27 noviembre, del Gobierno («B.O.E.» 28 noviembre).

Artículo 65. 1. El Rey recibe de los Presupuestos del Estado una cantidad global para el sostenimiento de su Familia y Casa, y distribuye libremente la misma.

2. El Rey nombra y releva libremente a los miembros civiles y militares de su Casa.

Véanse:

- Decreto 2942/1975, de 25 de noviembre, por el que se crea la Casa de Su Majestad el Rey («B.O.E.» 26 noviembre).

- Real Decreto 434/1988, 6 mayo, sobre reestructuración de la Casa de Su Majestad el Rey («B.O.E.» 10 mayo).

Véase RDL. 6/1976, 16 junio, por el que se regula el régimen jurídico del personal al servicio de la Casa de S.M. el Rey.

TÍTULO III
DE LAS CORTES GENERALES

CAPÍTULO PRIMERO
DE LAS CÁMARAS

Artículo 66. 1. Las Cortes Generales representan al pueblo español y están formadas por el Congreso de los Diputados y el Senado.

2. Las Cortes Generales ejercen la potestad legislativa del Estado, aprueban sus Presupuestos, controlan la acción del Gobierno y tienen las demás competencias que les atribuya la Constitución.

3. Las Cortes Generales son inviolables.

Artículo 67. 1. Nadie podrá ser miembro de las dos Cámaras simultáneamente, ni acumular el acta de una Asamblea de Comunidad Autónoma con la de Diputado al Congreso.

2. Los miembros de las Cortes Generales no estarán ligados por mandato imperativo.

3. Las reuniones de Parlamentarios que se celebren sin convocatoria reglamentaria no vincularán a las Cámaras, y no podrán ejercer sus funciones ni ostentar sus privilegios.

Véanse artículos 22, 42, 54 y 56 del Reglamento del Congreso.

Artículo 68. 1. El Congreso se compone de un mínimo de 300 y un máximo de 400 Diputados, elegidos por sufragio universal, libre, igual, directo y secreto, en los términos que establezca la ley.

Véase artículo 162 de la Ley Orgánica del Régimen Electoral General.

2. La circunscripción electoral es la provincia. Las poblaciones de Ceuta y Melilla estarán representadas cada una de ellas por un Diputado. La ley distribuirá el número total de Diputados, asignando una representación mínima inicial a cada circunscripción y distribuyendo los demás en proporción a la población.

3. La elección se verificará en cada circunscripción atendiendo a criterios de representación proporcional.

4. El Congreso es elegido por cuatro años. El mandato de los Diputados termina cuatro años después de su elección o el día de la disolución de la Cámara.

5. Son electores y elegibles todos los españoles que estén en pleno uso de sus derechos políticos.

La ley reconocerá y el Estado facilitará el ejercicio del derecho de sufragio a los españoles que se encuentren fuera del territorio de España.

6. Las elecciones tendrán lugar entre los treinta días y sesenta días desde la terminación del mandato. El Congreso electo deberá ser convocado dentro de los veinticinco días siguientes a la celebración de las elecciones.

Artículo 69. 1. El Senado es la Cámara de representación territorial.

2. En cada provincia se elegirán cuatro Senadores por sufragio universal, libre, igual, directo y secreto por los votantes de cada una de ellas, en los términos que señale una ley orgánica.

Véanse artículos 165 y 166 de la L.O. del Régimen Electoral General.

3. En las provincias insulares, cada isla o agrupación de ellas, con Cabildo o Consejo Insular, constituirá una circunscripción a efectos de elección de Senadores, correspondiendo tres a cada una de las islas mayores -Gran Canaria, Mallorca y Tenerife- y uno a cada una de las siguientes islas o agrupaciones: Ibiza-Formentera, Menorca, Fuerteventura, Gomera, Hierro, Lanzarote y La Palma.

4. Las poblaciones de Ceuta y Melilla elegirán cada una de ellas dos Senadores.

5. Las Comunidades Autónomas designarán además un Senador y otro más por cada millón de habitantes de su respectivo territorio. La designación corresponderá a la Asamblea legislativa o, en su defecto, al órgano colegiado superior de la Comunidad Autónoma, de acuerdo con lo que establezcan los Estatutos, que asegurarán, en todo caso, la adecuada representación proporcional.

6. El Senado es elegido por cuatro años. El mandato de los Senadores termina cuatro años después de su elección o el día de la disolución de la Cámara.

Artículo 70. 1. La Ley electoral determinará las causas de inelegibilidad e incompatibilidad de los Diputados y Senadores, que comprenderán, en todo caso:

a) A los componentes del Tribunal Constitucional.

b) A los altos cargos de la Administración del Estado que determine la ley, con la excepción de los miembros del Gobierno.

c) Al Defensor del Pueblo.

d) A los Magistrados, Jueces y Fiscales en activo.

e) A los militares profesionales y miembros de las Fuerzas y Cuerpos de Seguridad y Policía en activo.

f) A los miembros de las Juntas Electorales.

Véanse artículos 6 y 155 a 160 de la L.O. del Régimen Electoral General.

2. La validez de las actas y credenciales de los miembros de ambas Cámaras estará sometida al control judicial, en los términos que establezca la ley electoral.

Véanse artículos 109 a 117 de la L.O. del Régimen Electoral General.

Artículo 71. 1. Los Diputados y Senadores gozarán de inviolabilidad por las opiniones manifestadas en el ejercicio de sus funciones.

2. Durante el período de su mandato los Diputados y Senadores gozarán asimismo de inmunidad y sólo podrán ser detenidos en caso de flagrante delito. No po-

drán ser inculpados ni procesados sin la previa autorización de la Cámara respectiva.

Véanse:

- Artículos 10 a 14 del Reglamento del Congreso.

- Artículos 21 y 22 del Reglamento del Senado.

3. En las causas contra Diputados y Senadores será competente la Sala de lo Penal del Tribunal Supremo.

Véase artículo 57.2 LOPJ.

Véanse:

- Artículos 750 a 756 LECrim.

- Ley de 9 de febrero de 1912, de Jurisdicción y procedimientos especiales en las causas contra Senadores y Diputados («GACETA» 10 febrero).

4. Los Diputados y Senadores percibirán una asignación que será fijada por las respectivas Cámaras.

Véanse:

- Artículo 8 del Reglamento del Congreso.

- Artículo 23 del Reglamento del Senado.

Véase artículo 2.2 L.O. 1/1982, 5 mayo, sobre protección civil del derecho al honor, a la intimidad personal y familiar y a la propia imagen («B.O.E.» 14 mayo).

Artículo 72. 1. Las Cámaras establecen sus propios Reglamentos, aprueban autónomamente sus presupuestos y, de común acuerdo, regulan el Estatuto del Personal de las Cortes Generales. Los Reglamentos y su reforma serán sometidos a una votación final sobre su totalidad, que requerirá la mayoría absoluta.

Véase Acuerdo de 27 de marzo de 2006, adoptado por las Mesas del Congreso de los Diputados y del Senado en reunión conjunta por el que se aprueba el Estatuto del Personal de las Cortes Generales.

Véase Reglamento del Senado.

Véase Reglamento del Congreso.

2. Las Cámaras eligen sus respectivos Presidentes y los demás miembros de sus Mesas. Las sesiones conjuntas serán presididas por el Presidente del Congreso y se regirán por un Reglamento de las Cortes Generales aprobado por mayoría absoluta de cada Cámara.

3. Los Presidentes de las Cámaras ejercen en nombre de las mismas todos los poderes administrativos y facultades de policía en el interior de sus respectivas sedes.

Véanse:

- Artículos 31, 32, 36 a 38, 105 y Disposiciones Finales del Reglamento del Congreso.

- Artículos 5, 38, 39, 196 y Disposiciones Adicionales del Reglamento del Senado.

Artículo 73. 1. Las Cámaras se reunirán anualmente en dos períodos ordinarios de sesiones: el primero, de septiembre a diciembre, y el segundo, de febrero a junio.

2. Las Cámaras podrán reunirse en sesiones extraordinarias a petición del Gobierno, de la Diputación Permanente o de la mayoría absoluta de los miembros de cualquiera de las Cámaras. Las sesiones extraordinarias deberán convocarse sobre un orden del día determinado y serán clausuradas una vez que éste haya sido agotado.

Artículo 74. 1. Las Cámaras se reunirán en sesión conjunta para ejercer las competencias no legislativas que el Título II atribuye expresamente a las Cortes Generales.

2. Las decisiones de las Cortes Generales previstas en los artículos 94,1, 145,2, y 158, 2, se adoptarán por mayoría de cada una de las Cámaras. En el primer caso, el procedimiento se iniciará por el Congreso, y en los otros dos, por el Senado. En ambos casos, si no hubiera acuerdo entre Senado y Congreso, se intentará obtener por una Comisión Mixta compuesta de igual número de Diputados y Senadores. La Comisión presentará un texto que será votado por ambas Cámaras. Si no se aprueba en la forma establecida, decidirá el Congreso por mayoría absoluta.

Véanse:

- Artículos 57.3, 57.4, 59, 60, 61, 63, 72.2 y Disposición Final 3ª del Reglamento del Congreso.

- Artículos 57, 137 a 140 y 145 del Reglamento del Senado.

Artículo 75. 1. Las Cámaras funcionarán en Pleno y por Comisiones.

2. Las Cámaras podrán delegar en las Comisiones Legislativas Permanentes la aprobación de proyectos o proposiciones de ley. El Pleno podrá, no obstante, recabar en cualquier momento el debate y votación de cualquier proyecto o proposición de ley que haya sido objeto de esta delegación.

3. Quedan exceptuados de lo dispuesto en el apartado anterior la reforma constitucional, las cuestiones internacionales, las leyes orgánicas y de bases y los Presupuestos Generales del Estado.

Véanse:

- Artículos 40 a 55, 148 y 149 del Reglamento del Congreso.

- Artículos 130 a 132 del Reglamento del Senado.

Artículo 76. 1. El Congreso y el Senado, y, en su caso, ambas Cámaras conjuntamente, podrán nombrar Comisiones de investigación sobre cualquier asunto de interés público. Sus conclusiones no serán vinculantes para los Tribunales, ni afectarán a las resoluciones judiciales, sin perjuicio de que el resultado de la investigación sea comunicado al Ministerio Fiscal para el ejercicio, cuando proceda, de las acciones oportunas.

2. Será obligatorio comparecer a requerimiento de las Cámaras. La ley regulará las sanciones que puedan imponerse por incumplimiento de esta obligación.

Véase artículo 59 del Reglamento del Senado.

Véase RDL. 5/1994, 29 abril, por el que se regula la obligación de comunicación de determinados datos a requerimiento de las Comisiones Parlamentarias de Investigación («B.O.E.» 30 abril).

Véanse:

- Ley Orgánica 5/1984, 24 mayo, de comparecencia ante las Comisiones de Investigación del Congreso y del Senado o de ambas Cámaras («B.O.E.» 26 mayo).

- Artículo 502 del Código Penal.

Véase artículo 52 del Reglamento del Congreso.

Artículo 77. 1. Las Cámaras pueden recibir peticiones individuales y colectivas, siempre por escrito, quedando prohibida la presentación directa por manifestaciones ciudadanas.

2. Las Cámaras pueden remitir al Gobierno las peticiones que reciban. El Gobierno está obligado a explicarse sobre su contenido, siempre que las Cámaras lo exijan.

Véanse:

- Artículo 29 de la Constitución y disposiciones allí citadas.

- Artículos 48 y 49 del Reglamento del Congreso.

- Artículos 49 y 192 a 195 del Reglamento del Senado.

Artículo 78. 1. En cada Cámara habrá una Diputación Permanente compuesta por un mínimo de veintiún miembros, que representarán a los grupos parlamentarios, en proporción a su importancia numérica.

2. Las Diputaciones Permanentes estarán presididas por el Presidente de la Cámara respectiva y tendrán como funciones la prevista en el artículo 73, la de asumir las facultades que correspondan a las Cámaras, de acuerdo con los artículos 86 y 116, en caso de que éstas hubieran sido disueltas o hubiere expirado su mandato y la de velar por los poderes de las Cámaras cuando éstas no estén reunidas.

3. Expirado el mandato o en caso de disolución, las Diputaciones Permanentes seguirán ejerciendo sus funciones hasta la constitución de las nuevas Cortes Generales.

4. Reunida la Cámara correspondiente, la Diputación Permanente dará cuenta de los asuntos tratados y de sus decisiones.

Véanse:

- Artículos 23 a 29, 56 a 59, 78 a 80, 151 y 207 del Reglamento del Congreso.

- Artículos 82, 92 y 93 del Reglamento del Senado.

Artículo 79. 1. Para adoptar acuerdos, las Cámaras deben estar reunidas reglamentariamente y con asistencia de la mayoría de sus miembros.

2. Dichos acuerdos, para ser válidos, deberán ser aprobados por la mayoría de los miembros presentes, sin perjuicio de las mayorías especiales que establezcan la Constitución o las leyes orgánicas y las que para elección de personas establezcan los Reglamentos de las Cámaras.

3. El voto de Senadores y Diputados es personal e indelegable.

Véanse:

- Artículos 78 a 80 del Reglamento del Congreso.

- Artículos 82, 92 y 93 del Reglamento del Senado.

Artículo 80. Las sesiones plenarias de las Cámaras serán públicas, salvo acuerdo en contrario de cada Cámara, adoptado por mayoría absoluta o con arreglo al Reglamento.

Véanse:

- Artículos 63 a 66 del Reglamento del Congreso.

- Artículos 22, 72, 73 y 102 del Reglamento del Senado.

CAPÍTULO II
DE LA ELABORACIÓN DE LAS LEYES

Artículo 81. 1. Son leyes orgánicas las relativas al desarrollo de los derechos fundamentales y de las libertades públicas, las que aprueben los Estatutos de Autonomía y el régimen electoral general y las demás previstas en la Constitución.

2. La aprobación, modificación o derogación de las leyes orgánicas exigirá mayoría absoluta del Congreso, en una votación final sobre el conjunto del proyecto.

Véanse artículos 130 a 132 del Reglamento del Congreso.

Artículo 82. 1. Las Cortes Generales podrán delegar en el Gobierno la potestad de dictar normas con rango de ley sobre materias determinadas no incluidas en el artículo anterior.

2. La delegación legislativa deberá otorgarse mediante una ley de bases cuando su objeto sea la formación de textos articulados o por una ley ordinaria cuando se trate de refundir varios textos legales en uno solo.

3. La delegación legislativa habrá de otorgarse al Gobierno de forma expresa para materia concreta y con fijación del plazo para su ejercicio. La delegación se agota por el uso que de ella haga el Gobierno mediante la publicación de la norma correspondiente. No podrá entenderse concedida de modo implícito o por tiempo indeterminado. Tampoco podrá permitir la subdelegación a autoridades distintas del propio Gobierno.

4. Las leyes de bases delimitarán con precisión el objeto y alcance de la delegación legislativa y los principios y criterios que han de seguirse en su ejercicio.

5. La autorización para refundir textos legales determinará el ámbito normativo a que se refiere el contenido de la delegación, especificando si se circunscribe a la mera formulación de un texto único o si se incluye la de regularizar, aclarar y armonizar los textos legales que han de ser refundidos.

6. Sin perjuicio de la competencia propia de los Tribunales, las leyes de delegación podrán establecer en cada caso fórmulas adicionales de control.

Véanse artículos 152 y 153 del Reglamento del Congreso.

Artículo 83. Las leyes de bases no podrán en ningún caso:

a) Autorizar la modificación de la propia ley de bases.

b) Facultar para dictar normas con carácter retroactivo.

Artículo 84. Cuando una proposición de ley o una enmienda fuere contraria a una delegación legislativa en vigor, el Gobierno está facultado para oponerse a su tramitación. En tal supuesto, podrá presentarse una proposición de ley para la derogación total o parcial de la ley de delegación.

Véanse:

- Artículo 152 del Reglamento del Congreso.

- Artículo 128 del Reglamento del Senado.

Artículo 85. Las disposiciones del Gobierno que contengan legislación delegada recibirán el título de Decretos Legislativos.

Artículo 86. 1. En caso de extraordinaria y urgente necesidad, el Gobierno podrá dictar disposiciones legislativas provisionales que tomarán la forma de Decretos-leyes y que no podrán afectar al ordenamiento de las instituciones básicas del Estado, a los derechos, deberes y libertades de los ciudadanos regulados en el Título I, al régimen de las Comunidades Autónomas ni al Derecho electoral general.

2. Los Decretos-leyes deberán ser inmediatamente sometidos a debate y votación de totalidad al Congreso de los Diputados, convocado al efecto si no estuviere reunido, en el plazo de los treinta días siguientes a su promulgación. El Congreso habrá de pronunciarse expresamente dentro de dicho plazo sobre su convalidación o derogación, para lo cual el Reglamento establecerá un procedimiento especial y sumario.

3. Durante el plazo establecido en el apartado anterior, las Cortes podrán tramitarlos como proyectos de ley por el procedimiento de urgencia.

Véase artículo 151 del Reglamento del Congreso.

Artículo 87. 1. La iniciativa legislativa corresponde al Gobierno, al Congreso y al Senado, de acuerdo con la Constitución y los Reglamentos de las Cámaras.

Véanse:

- Artículo 22 de la Ley 50/1997, 27 noviembre, del Gobierno («B.O.E.» 28 noviembre).

- Artículos 124 a 127 del Reglamento del Congreso.

- Artículos 104, 105, 109 y 140 del Reglamento del Senado.

2. Las Asambleas de las Comunidades Autónomas podrán solicitar del Gobierno la adopción de un proyecto de ley o remitir a la Mesa del Congreso una proposición de ley, delegando ante dicha Cámara un máximo de tres miembros de la Asamblea encargados de su defensa.

3. Una ley orgánica regulará las formas de ejercicio y requisitos de la iniciativa popular para la presentación de proposiciones de ley. En todo caso se exigirán no menos de 500.000 firmas acreditadas. No procederá dicha iniciativa en materias propias de ley orgánica, tributarias o de carácter internacional, ni en lo relativo a la prerrogativa de gracia.

Véase Ley Orgánica 3/1984, de 26 de marzo, reguladora de la iniciativa legislativa popular («B.O.E.» 27 marzo).

Artículo 88. Los proyectos de ley serán aprobados en Consejo de Ministros, que los someterá al Congreso, acompañados de una exposición de motivos y de los antecedentes necesarios para pronunciarse sobre ellos.

Véanse:

- Artículo 22 de la Ley 50/1997, 27 noviembre, del Gobierno («B.O.E.» 28 noviembre).

- Artículos 124 a 129 del Reglamento del Congreso.

- Artículos 105 y 108 del Reglamento del Senado.

Artículo 89. 1. La tramitación de las proposiciones de ley se regulará por los Reglamentos de las Cámaras, sin que la prioridad debida a los proyectos de ley impida el ejercicio de la iniciativa legislativa en los términos regulados por el artículo 87.

2. Las proposiciones de ley que, de acuerdo con el artículo 87, tome en consideración el Senado, se remitirán al Congreso para su trámite en éste como tal proposición.

Artículo 90. 1. Aprobado un proyecto de ley ordinaria u orgánica por el Congreso de los Diputados, su Presidente dará inmediata cuenta del mismo al Presidente del Senado, el cual lo someterá a la deliberación de éste.

2. El Senado en el plazo de dos meses, a partir del día de la recepción del texto, puede, mediante mensaje motivado, oponer su veto o introducir enmiendas al mismo. El veto, deberá ser aprobado por mayoría absoluta. El proyecto no podrá ser sometido al Rey para sanción sin que el Congreso ratifique por mayoría absoluta, en caso de veto, el texto inicial, o por mayoría simple, una vez transcurridos dos meses desde la interposición del mismo, o se pronuncie sobre las enmiendas, aceptándolas o no por mayoría simple.

3. El plazo de dos meses de que el Senado dispone para vetar o enmendar el proyecto se reducirá al de veinte días naturales en los proyectos declarados urgentes por el Gobierno o por el Congreso de los Diputados.

Véanse:

- Artículos 93, 94 y 120 a 123 del Reglamento del Congreso.

- Artículos 104, 106, 122 y 133 a 135 del Reglamento del Senado.

Artículo 91. El Rey sancionará en el plazo de quince días las leyes aprobadas por las Cortes Generales, y las promulgará y ordenará su inmediata publicación.

Véase artículo 2.2 h) de la Ley 50/1997, 27 noviembre, del Gobierno («B.O.E.» 28 noviembre).

Artículo 92. 1. Las decisiones políticas de especial trascendencia podrán ser sometidas a referéndum consultivo de todos los ciudadanos.

2. El referéndum será convocado por el Rey, mediante propuesta del Presidente del Gobierno, previamente autorizada por el Congreso de los Diputados.

3. Una ley orgánica regulará las condiciones y el procedimiento de las distintas modalidades de referéndum previstas en esta Constitución.

Véase Ley Orgánica 2/1980, 18 enero, sobre regulación de las distintas modalidades de referéndum («B.O.E.» 23 enero).

CAPÍTULO III
DE LOS TRATADOS INTERNACIONALES

Véase la Ley 25/2014, de 27 de noviembre, de Tratados y otros Acuerdos Internacionales («B.O.E.» 28 noviembre).

Artículo 93. Mediante ley orgánica se podrá autorizar la celebración de tratados por los que se atribuya a una organización o institución internacional el ejercicio de competencias derivadas de la Constitución. Corresponde a las Cortes Generales o al Gobierno, según los casos, la garantía del cumplimiento de estos tratados y de las resoluciones emanadas de los organismos internacionales o supranacionales titulares de la cesión.

Téngase en cuenta que la Resolución TC-Pleno de 13 de Diciembre de 2004, declara que no existe contradicción entre la Constitución española y los artículos I-6, II-111 y II-112 de la Constitución Europea por los que se delimita el ámbito de aplicación de la Carta de Derechos Fundamentales de la Unión y los criterios definidores de su interpretación y alcance y que el art. 93 de la Constitución Española es suficiente para la prestación del consentimiento del Estado al Tratado referido («B.O.E./Suplemento 4 enero 2005»).

Véase L.O. 18/2003, de 10 de diciembre, de Cooperación con la Corte Penal Internacional («B.O.E.» 11 diciembre).

Véase L.O. 3/2001, de 6 de noviembre, por la que se autoriza la ratificación por España del Tratado de Niza por el que se modifican el Tratado de la Unión Europea, los Tratados Constitutivos de las Comunidades Europeas y determinados actos conexos, firmado en Niza el día 26 de febrero de 2001 («B.O.E.» 7 noviembre).

Véase L.O. 9/1998, 16 diciembre, por la que se autoriza la ratificación por España del Tratado de Amsterdam por el que se modifican el Tratado de la Unión Europea, los Tratados constitutivos de las Comunidades Europeas y determinados actos conexos, firmado en Amsterdam el día 2 de octubre de 1997 («B.O.E.» 17 diciembre).

Véase L.O. 20/1994, 29 diciembre, por la que se autoriza la ratificación del Tratado de Adhesión de Noruega, Austria, Finlandia y Suecia a la Unión Europea («B.O.E.» 30 diciembre).

Véase Ley 8/1994, 19 mayo, por al que se regula la Comisión Mixta para la Unión Europea («B.O.E.» 20 mayo).

Véanse:

- Nota del artículo 13.2 de la Constitución.

- Ley Orgánica 10/1992, 28 diciembre, por la que se autoriza la ratificación por España del Tratado de la Unión Europea, firmado en Maastricht, el 7 de febrero de 1992 («B.O.E.» 29 diciembre).

Véase L.O. 4/1986, 26 noviembre, por la que se autoriza la ratificación por España del Acta Unica Europea, firmada en Luxemburgo el 17 de febrero de 1986 («B.O.E.» 2 diciembre).

Véase L.O. 10/1985, 2 agosto, de autorización para la adhesión de España a las Comunidades Europeas («B.O.E.» 8 agosto).

Véanse:

- Ley Orgánica 6/2000, 4 octubre, por la que se autoriza la ratificación por España del Estatuto de la Corte Penal Internacional («B.O.E.» 5 octubre).

- Ley Orgánica 3/2001, de 6 de noviembre, por la que se autoriza la ratificación por España del Tratado de Niza por el que se modifican el Tratado de la Unión Europea, los Tratados Constitutivos de las Comunidades Europeas y determinados actos conexos, firmado en Niza el día 26 de febrero de 2001 («B.O.E.» 7 noviembre).

- Artículo 154 del Reglamento del Congreso.

Artículo 94. 1. La prestación del consentimiento del Estado para obligarse por medio de tratados o convenios requerirá la previa autorización de las Cortes Generales, en los siguientes casos:

a) Tratados de carácter político.

b) Tratados o convenios de carácter militar.

c) Tratados o convenios que afecten a la integridad territorial del Estado o a los derechos y deberes fundamentales establecidos en el Título I.

d) Tratados o convenios que impliquen obligaciones financieras para la Hacienda Pública.

e) Tratados o convenios que supongan modificación o derogación de alguna ley o exijan medidas legislativas para su ejecución.

2. El Congreso y el Senado serán inmediatamente informados de la conclusión de los restantes tratados o convenios.

Véanse:

- Instrumento de Adhesión del Reino de España al Tratado del Atlántico Norte («B.O.E.» 31 mayo 1982).

- Artículo 5.1 h) de la Ley 50/1997, 27 noviembre, del Gobierno («B.O.E.» 28 noviembre).

- Artículos 155 a 159 del Reglamento del Congreso.

- Artículos 144 a 146 del Reglamento del Senado.

Artículo 95. 1. La celebración de un tratado internacional que contenga estipulaciones contrarias a la Constitución exigirá la previa revisión constitucional.

2. El Gobierno o cualquiera de las Cámaras puede requerir al Tribunal Constitucional para que declare si existe o no esa contradicción.

Véanse:

- Artículos 2.1 e) y 78 LOTC.

- Artículo 157 del Reglamento del Congreso.

- Artículo 147 del Reglamento del Senado.

Artículo 96. 1. Los tratados internacionales válidamente celebrados, una vez publicados oficialmente en España, formarán parte del ordenamiento interno. Sus disposiciones sólo podrán ser derogadas, modificadas o suspendidas en la forma prevista en los propios tratados o de acuerdo con las normas generales del Derecho internacional.

2. Para la denuncia de los tratados y convenios internacionales se utilizará el mismo procedimiento previsto para su aprobación en el artículo 94.

Véanse:

- Convenio de Viena sobre el Derecho de los Tratados, adoptado en Viena el 23 de mayo de 1969. Instrumento de adhesión de 2 de mayo de 1972 («B.O.E.» 13 junio 1980)

- Artículo 160 del Reglamento del Congreso.

TÍTULO IV
DEL GOBIERNO Y DE LA ADMINISTRACIÓN

Artículo 97. El Gobierno dirige la política interior y exterior, la Administración civil y militar y la defensa del Estado. Ejerce la función ejecutiva y la potestad reglamentaria de acuerdo con la Constitución y las leyes.

Véase Ley 50/1997, 27 noviembre, del Gobierno («B.O.E.» 28 noviembre).

Artículo 98. 1. El Gobierno se compone del Presidente, de los Vicepresidentes, en su caso, de los Ministros y de los demás miembros que establezca la ley.

2. El Presidente dirige la acción del Gobierno y coordina las funciones de los demás miembros del mismo, sin perjuicio de la competencia y responsabilidad directa de éstos en su gestión.

Véase R.D. 405/1992, 24 abril, por el que se regula el Estatuto de los ex Presidentes del Gobierno («B.O.E.» 4 mayo).

3. Los miembros del Gobierno no podrán ejercer otras funciones representativas que las propias del mandato parlamentario, ni cualquier otra función pública que no derive de su cargo, ni actividad profesional o mercantil alguna.

4. La ley regulará el estatuto e incompatibilidades de los miembros del Gobierno.

Véase la Ley 3/2015, de 30 de marzo, reguladora del ejercicio del alto cargo de la Administración General del Estado («B.O.E.» 31 marzo).

Artículo 99. 1. Después de cada renovación del Congreso de los Diputados, y en los demás supuestos constitucionales en que así proceda, el Rey, previa consulta con los representantes designados por los grupos políticos con representación parlamentaria, y a través del Presidente del Congreso, propondrá un candidato a la Presidencia del Gobierno.

2. El candidato propuesto conforme a lo previsto en el apartado anterior expondrá ante el Congreso de los Diputados el programa político del Gobierno que pretenda formar y solicitará la confianza de la Cámara.

3. Si el Congreso de los Diputados, por el voto de la mayoría absoluta de sus miembros, otorgare su confianza a dicho candidato, el Rey le nombrará Presidente. De no alcanzarse dicha mayoría, se someterá la misma propuesta a nueva votación cuarenta y ocho horas después de la anterior, y la confianza se entenderá otorgada si obtuviere la mayoría simple.

4. Si efectuadas las citadas votaciones no se otorgase la confianza para la investidura, se tramitarán sucesivas propuestas en la forma prevista en los apartados anteriores.

5. Si transcurrido el plazo de dos meses, a partir de la primera votación de investidura, ningún candidato hubiere obtenido la confianza del Congreso, el Rey disolverá ambas Cámaras y convocará nuevas elecciones con el refrendo del Presidente del Congreso.

Véanse artículos 170 a 172 del Reglamento del Congreso.

Artículo 100. Los demás miembros del Gobierno serán nombrados y separados por el Rey, a propuesta de su Presidente.

Artículo 101. 1. El Gobierno cesa tras la celebración de elecciones generales, en los casos de pérdida de la confianza parlamentaria previstos en la Constitución, o por dimisión o fallecimiento de su Presidente.

2. El Gobierno cesante continuará en funciones hasta la toma de posesión del nuevo Gobierno.

Artículo 102. 1. La responsabilidad criminal del Presidente y los demás miembros del Gobierno será exigible, en su caso, ante la Sala de lo Penal del Tribunal Supremo.

2. Si la acusación fuere por traición o por cualquier delito contra la seguridad del Estado en el ejercicio de sus funciones, sólo podrá ser planteada por iniciativa de la cuarta parte de los miembros del Congreso, y con la aprobación de la mayoría absoluta del mismo.

3. La prerrogativa real de gracia no será aplicable a ninguno de los supuestos del presente artículo.

Artículo 103. 1. La Administración Pública sirve con objetividad los intereses generales y actúa de acuerdo con los principios de eficacia, jerarquía, descentralización, desconcentración y coordinación, con sometimiento pleno a la ley y al Derecho.

2. Los órganos de la Administración del Estado son creados, regidos y coordinados de acuerdo con la ley.

Véanse:

- Artículos 11 y 18 LRJAP-PAC.

- Ley 6/1997, de 14 de abril, de Organización y Funcionamiento de la Administración General del Estado («B.O.E.» 15 abril).

- Ley 11/2007, de 22 de junio, de acceso electrónico de los ciudadanos a los Servicios Públicos («B.O.E.» 23 junio).

3. La ley regulará el estatuto de los funcionarios públicos, el acceso a la función pública de acuerdo con los principios de mérito y capacidad, las peculiaridades del ejercicio de su derecho a sindicación, el sistema de incompatibilidades y las garantías para la imparcialidad en el ejercicio de sus funciones.

Véase R.D. 364/1995, 10 marzo, por el que se aprueba el Reglamento general de ingreso del personal al servicio de la Administración General del Estado y de provisión de puestos de trabajo y promoción profesional de los funcionarios civiles de la Administración General del Estado («B.O.E.» 10 abril).

Véanse:

- Ley 53/1984, 26 diciembre, de incompatibilidades del personal al servicio de las Administraciones Públicas («B.O.E.» 4 enero 1985).

- Ley 17/1993, de 23 de diciembre, sobre el acceso a determinados sectores de la función pública de los nacionales de los demás Estados Miembros de la Comunidad Europea («B.O.E.» 24 diciembre).

Véase Ley de medidas para la reforma de la Función Pública.

Véase Ley 11/2007, de 22 de junio, de acceso electrónico de los ciudadanos a los Servicios Públicos («B.O.E.» 23 junio).

Artículo 104. 1. Las Fuerzas y Cuerpos de Seguridad, bajo la dependencia del Gobierno, tendrán como misión proteger el libre ejercicio de los derechos y libertades y garantizar la seguridad ciudadana.

Véase la L.O. 1/1992, de 21 de febrero, sobre Protección de la Seguridad Ciudadana («B.O.E.» 22 febrero).

Véase la Ley 5/2014, de 4 de abril, de Seguridad Privada («B.O.E.» 5 abril).

2. Una ley orgánica determinará las funciones, principios básicos de actuación y estatutos de las Fuerzas y Cuerpos de Seguridad.

Véase L.O. 9/2015, de 28 de julio, de Régimen de Personal de la Policía Nacional («B.O.E.» 29 julio).

Véase L.O. 11/2007, de 22 de octubre, reguladora de los derechos y deberes de los miembros de la Guardia Civil («B.O.E.» 23 octubre).

Véase L.O. 2/1986, 13 marzo, de Fuerzas y Cuerpos de Seguridad («B.O.E.» 14 marzo).

Artículo 105. La ley regulará:

a) La audiencia de los ciudadanos, directamente o a través de las organizaciones y asociaciones reconocidas por la ley, en el procedimiento de elaboración de las disposiciones administrativas que les afecten.

Véase artículo 35 LRJAP-PAC.

b) El acceso de los ciudadanos a los archivos y registros administrativos, salvo en lo que afecte a la seguridad y defensa del Estado, la averiguación de los delitos y la intimidad de las personas.

Véase el artículo 12 de la Ley 19/2013, de 9 de diciembre, de transparencia, acceso a la información pública y buen gobierno («B.O.E.» 10 diciembre).

Véase el artículo 37 de LRJAP-PAC.

c) El procedimiento a través del cual deben producirse los actos administrativos, garantizando, cuando proceda, la audiencia del interesado.

Artículo 106. 1. Los Tribunales controlan la potestad reglamentaria y la legalidad de la actuación administrativa, así como el sometimiento de ésta a los fines que la justifican.

Véanse:

- Artículo 8 LOPJ.

- Ley de la Jurisdicción Contencioso-Administrativa.

2. Los particulares, en los términos establecidos por la ley, tendrán derecho a ser indemnizados por toda lesión que sufran en cualquiera de sus bienes y derechos, salvo en los casos de fuerza mayor, siempre que la lesión sea consecuencia del funcionamiento de los servicios públicos.

Véanse artículos 139 y ss. LRJAP-PAC.

Véanse artículos 120 y ss. de la Ley de Expropiación Forzosa.

Artículo 107. El Consejo de Estado es el supremo órgano consultivo del Gobierno. Una ley orgánica regulará su composición y competencia.

Véase R.D. 1674/1980, de 18 de julio, por el que se aprueba el Reglamento Orgánico del Consejo de Estado («B.O.E.» 30 agosto).

Véase L.O. 3/1980, 22 abril, del Consejo de Estado («B.O.E.» 25 abril).

TÍTULO V
DE LAS RELACIONES ENTRE EL GOBIERNO Y LAS CORTES GENERALES

Artículo 108. El Gobierno responde solidariamente en su gestión política ante el Congreso de los Diputados.

Véase artículo 26 de la Ley 50/1997, 27 noviembre, del Gobierno («B.O.E.» 28 noviembre).

Artículo 109. Las Cámaras y sus Comisiones podrán recabar, a través de los Presidentes de aquéllas, la información y ayuda que precisen del Gobierno y de sus Departamentos y de cualesquiera autoridades del Estado y de las Comunidades Autónomas.

Véanse:

- Artículos 7, 202 y 203 del Reglamento del Congreso.

- Artículos 66 y 67 del Reglamento del Senado.

Artículo 110. 1. Las Cámaras y sus Comisiones pueden reclamar la presencia de los miembros del Gobierno.

2. Los miembros del Gobierno tienen acceso a las sesiones de las Cámaras y a sus Comisiones y la facultad de hacerse oír en ellas, y podrán solicitar que informen ante las mismas funcionarios de sus Departamentos.

Véanse:

- Artículos 39.2, 40.3, 44.1, 55, 67.3, 70.5, 202 y 203 del Reglamento del Congreso.

- Artículos 66 y 83.1 del Reglamento del Senado.

Artículo 111. 1. El Gobierno y cada uno de sus miembros están sometidos a las interpelaciones y preguntas que se le formulen en las Cámaras. Para esta clase de debate los Reglamentos establecerán un tiempo mínimo semanal.

2. Toda interpelación podrá dar lugar a una moción en la que la Cámara manifieste su posición.

Véanse:

- Artículos 180 a 192 del Reglamento del Congreso.

- Artículos 160 a 173 del Reglamento del Senado.

Artículo 112. El Presidente del Gobierno, previa deliberación del Consejo de Ministros, puede plantear ante el Congreso de los Diputados la cuestión de confianza sobre su programa o sobre una declaración de política general. La confianza se entenderá otorgada cuando vote a favor de la misma la mayoría simple de los Diputados.

Véanse artículos 173 y 174 del Reglamento del Congreso.

Artículo 113. 1. El Congreso de los Diputados puede exigir la responsabilidad política del Gobierno mediante la adopción por mayoría absoluta de la moción de censura.

2. La moción de censura deberá ser propuesta al menos por la décima parte de los Diputados, y habrá de incluir un candidato a la Presidencia del Gobierno.

3. La moción de censura no podrá ser votada hasta que transcurran cinco días desde su presentación. En los dos primeros días de dicho plazo podrán presentarse mociones alternativas.

4. Si la moción de censura no fuere aprobada por el Congreso, sus signatarios no podrán presentar otra durante el mismo período de sesiones.

Véanse artículos 175 a 179 del Reglamento del Congreso.

Artículo 114. 1. Si el Congreso niega su confianza al Gobierno, éste presentará su dimisión al Rey, procediéndose a continuación a la designación de Presidente del Gobierno, según lo dispuesto en el artículo 99.

2. Si el Congreso adopta una moción de censura, el Gobierno presentará su dimisión al Rey y el candidato incluido en aquélla se entenderá investido de la confianza de la Cámara a los efectos previstos en el artículo 99. El Rey le nombrará Presidente del Gobierno.

Véase artículo 178 del Reglamento del Congreso.

Artículo 115. 1. El Presidente del Gobierno, previa deliberación del Consejo de Ministros, y bajo su exclusiva responsabilidad, podrá proponer la disolución del Congreso, del Senado o de las Cortes Generales, que será decretada por el Rey. El decreto de disolución fijará la fecha de las elecciones.

2. La propuesta de disolución no podrá presentarse cuando esté en trámite una moción de censura.

3. No procederá nueva disolución antes de que transcurra un año desde la anterior, salvo lo dispuesto en el artículo 99, apartado 5.

Véanse artículos 22 y 207 del Reglamento del Congreso.

Artículo 116. 1. Una ley orgánica regulará los estados de alarma, de excepción y de sitio, y las competencias y limitaciones correspondientes.

2. El estado de alarma será declarado por el Gobierno mediante decreto acordado en Consejo de Ministros por un plazo máximo de quince días, dando cuenta al Congreso de los Diputados, reunido inmediatamente al efecto y sin cuya autorización no podrá ser prorrogado dicho plazo. El decreto determinará el ámbito territorial a que se extienden los efectos de la declaración.

3. El estado de excepción será declarado por el Gobierno mediante decreto acordado en Consejo de Ministros, previa autorización del Congreso de los Diputados. La autorización y proclamación del estado de excepción deberá determinar expresamente los efectos del mismo, el ámbito territorial a que se extiende y su duración, que no podrá exceder de treinta días, prorrogables por otro plazo igual, con los mismos requisitos.

4. El estado de sitio será declarado por la mayoría absoluta del Congreso de los Diputados, a propuesta exclusiva del Gobierno. El Congreso determinará su ámbito territorial, duración y condiciones.

5. No podrá procederse a la disolución del Congreso mientras estén declarados algunos de los estados comprendidos en el presente artículo, quedando automáticamente convocadas las Cámaras si no estuvieren en período de sesiones. Su funcionamiento, así como el de los demás poderes constitucionales del Estado, no podrán interrumpirse durante la vigencia de estos estados.

Disuelto el Congreso o expirado su mandato, si se produjere alguna de las situaciones que dan lugar a cualquiera de dichos estados, las competencias del Congreso serán asumidas por su Diputación Permanente.

6. La declaración de los estados de alarma, de excepción y de sitio no modificarán el principio de responsabilidad del Gobierno y de sus agentes reconocidos en la Constitución y en las leyes.

Véanse:

- Ley Orgánica 4/1981, 1 junio, de los estados de alarma, excepción y sitio («B.O.E.» 5 junio).

- Artículos 162 a 165 del Reglamento del Congreso.

TÍTULO VI
DEL PODER JUDICIAL

Artículo 117. 1. La justicia emana del pueblo y se administra en nombre del Rey por Jueces y Magistrados integrantes del poder judicial, independientes, inamovibles, responsables y sometidos únicamente al imperio de la ley.

Véase artículo 1 LOPJ.

2. Los Jueces y Magistrados no podrán ser separados, suspendidos, trasladados ni jubilados, sino por alguna de las causas y con las garantías previstas en la ley.

Véase artículo 15 LOPJ.

3. El ejercicio de la potestad jurisdiccional en todo tipo de procesos, juzgando y haciendo ejecutar lo juzgado, corresponde exclusivamente a los Juzgados y Tribunales determinados por las leyes, según las normas de competencia y procedimiento que las mismas establezcan.

Véase artículo 2.1 LOPJ.

4. Los Juzgados y Tribunales no ejercerán más funciones que las señaladas en el apartado anterior y las que expresamente les sean atribuidas por ley en garantía de cualquier derecho.

5. El principio de unidad jurisdiccional es la base de la organización y funcionamiento de los Tribunales. La ley regulará el ejercicio de la jurisdicción militar en el ámbito estrictamente castrense y en los supuestos de estado de sitio, de acuerdo con los principios de la Constitución.

Véanse:

- Disposiciones relacionadas en el artículo 8 de la Constitución.

- Ley Orgánica 4/1987, de 15 de julio, de la competencia y organización de la Jurisdicción Militar («B.O.E.» 18 julio).

- Ley Orgánica 2/1989, de 13 de abril, Procesal Militar («B.O.E.» 18 abril).

Véase L.O. 1/1986, de 8 de enero, de supresión de la Jurisdicción Penal Aeronáutica y adecuación de penas por infracciones aeronáuticas («B.O.E.» 14 enero).

6. Se prohíben los Tribunales de excepción.

Véase artículo 2 L.O. 6/1985, de 1 de julio, del Poder Judicial («B.O.E.» 2 julio).

Artículo 118. Es obligado cumplir las sentencias y demás resoluciones firmes de los Jueces y Tribunales, así como prestar la colaboración requerida por éstos en el curso del proceso y en la ejecución de lo resuelto.

Véanse artículos 17 y 18 LOPJ.

Artículo 119. La justicia será gratuita cuando así lo disponga la ley y, en todo caso, respecto de quienes acrediten insuficiencia de recursos para litigar.

Véase Reglamento de asistencia jurídica gratuita.

Véase Ley de Asistencia Jurídica Gratuita.

Véase artículo 20 LOPJ.

Artículo 120. 1. Las actuaciones judiciales serán públicas, con las excepciones que prevean las leyes de procedimiento.

2. El procedimiento será predominantemente oral, sobre todo en materia criminal.

3. Las sentencias serán siempre motivadas y se pronunciarán en audiencia pública.

Véase el artículo 235 bis de la Ley Orgánica del Poder Judicial.

Artículo 121. Los daños causados por error judicial, así como los que sean consecuencia del funcionamiento anormal de la Administración de Justicia, darán derecho a una indemnización a cargo del Estado, conforme a la ley.

Véanse artículos 292 a 297 LOPJ.

Artículo 122. 1. La ley orgánica del poder judicial determinará la constitución, funcionamiento y gobierno de los Juzgados y Tribunales, así como el estatuto jurídico de los Jueces y Magistrados de carrera, que formarán un Cuerpo único, y del personal al servicio de la Administración de Justicia.

2. El Consejo General del Poder Judicial es el órgano de gobierno del mismo. La ley orgánica establecerá su estatuto y el régimen de incompatibilidades de sus miembros y sus funciones, en particular en materia de nombramientos, ascensos, inspección y régimen disciplinario.

3. El Consejo General del Poder Judicial estará integrado por el Presidente del Tribunal Supremo, que lo presidirá, y por veinte miembros nombrados por el Rey por un período de cinco años. De éstos, doce entre Jueces y Magistrados de todas las categorías judiciales, en los términos que establezca la ley orgánica; cuatro a propuesta del Congreso de los Diputados, y cuatro a propuesta del Senado, elegidos en ambos casos por mayoría de tres quintos de sus miembros, entre abogados y otros juristas, todos ellos de reconocida competencia y con más de quince años de ejercicio en su profesión.

Véase Acuerdo 7 junio 1995, del Pleno del Consejo General del Poder Judicial, por el que se ordena la publicación de los Reglamentos de la Carrera Judicial, de la Escuela Judicial, de los Jueces de Paz, de los Organos de Gobierno de Tribunales y de los Aspectos Accesorios de las Actuaciones Judiciales y la relación de ficheros automatizados de datos de carácter personal existentes en el Consejo General del Poder Judicial («B.O.E.» 13 julio).

Véanse:

- Artículos 111 a 116 LOPJ.

- Ley 38/1988, de 28 de diciembre, de Demarcación y de Planta Judicial («B.O.E.» 30 diciembre).

Véanse:

- Artículo 184.6 del Reglamento del Senado.

- Acuerdo de 22 de abril de 1986, por el que se aprueba el Reglamento de Organización y Funcionamiento del Consejo General del Poder Judicial («B.O.E.» 5 mayo).

- Acuerdo de 2 de diciembre de 1998, del Pleno del Consejo General del Poder Judicial, por el que se aprueba el Reglamento 1/1998, del Consejo General del Poder Judicial, de tramitación de quejas y denuncias relativas al funcionamiento de Juzgados y Tribunales («B.O.E.» 29 enero 1999).

- Acuerdo de 26 de julio de 2000, del Pleno del Consejo General del Poder Judicial, por el que se aprueba el Reglamento 1/2000, de los Organos de Gobierno de Tribunales («B.O.E.» 8 septiembre).

- Acuerdo de 25 de octubre de 2000, del Pleno del Consejo General del Poder Judicial, por el que se aprueba el Reglamento 2/2000 de Jueces Adjuntos («B.O.E.» 7 noviembre).

Véase artículo 205.2 del Reglamento del Congreso.

Artículo 123. 1. El Tribunal Supremo, con jurisdicción en toda España, es el órgano jurisdiccional superior en todos los órdenes, salvo lo dispuesto en materia de garantías constitucionales.

Véase artículo 53 LOPJ.

2. El Presidente del Tribunal Supremo será nombrado por el Rey, a propuesta del Consejo General del Poder Judicial, en la forma que determine la ley.

Véase artículo 123 LOPJ.

Artículo 124. 1. El Ministerio Fiscal, sin perjuicio de las funciones encomendadas a otros órganos, tiene por misión promover la acción de la justicia en defensa de la legalidad, de los derechos de los ciudadanos y del interés público tutelado por la ley, de oficio o a petición de los interesados, así como velar por la independencia de los Tribunales y procurar ante éstos la satisfacción del interés social.

2. El Ministerio Fiscal ejerce sus funciones por medio de órganos propios conforme a los principios de unidad de actuación y dependencia jerárquica y con sujeción, en todo caso, a los de legalidad e imparcialidad.

Véase R.D. 437/1983, 7 marzo, sobre constitución y funcionamiento del Consejo Fiscal («B.O.E.» 7 marzo).

3. La ley regulará el estatuto orgánico del Ministerio Fiscal.

Véase Ley 50/1981, 30 diciembre, del Estatuto Orgánico del Ministerio Fiscal («B.O.E.» 13 enero 1982).

4. El Fiscal General del Estado será nombrado por el Rey, a propuesta del Gobierno, oído el Consejo General del Poder Judicial.

Véase artículo 541 LOPJ.

Artículo 125. Los ciudadanos podrán ejercer la acción popular y participar en la Administración de Justicia mediante la institución del Jurado, en la forma y con respecto a aquellos procesos penales que la ley determine, así como en los Tribunales consuetudinarios y tradicionales.

Véanse:

- Ley Orgánica del Tribunal del Jurado.

- R.D. 1398/1995, de 4 de agosto, por el que se regula el sorteo para la formación de las listas de candidatos a jurados («B.O.E.» 5 agosto).

- R.D. 385/1996, de 1 de marzo, por el que se establece el régimen retributivo e indemnizatorio del desempeño de las funciones del jurado («B.O.E.» 14 marzo).

Artículo 126. La policía judicial depende de los Jueces, de los Tribunales y del Ministerio Fiscal en sus funciones de averiguación del delito y descubrimiento y aseguramiento del delincuente, en los términos que la ley establezca.

Véanse:

- Artículos 547 y ss. LOPJ.

- Real Decreto 769/1987, de 19 de junio, sobre regulación de la Policía Judicial («B.O.E.» 24 junio).

Artículo 127. 1. Los Jueces y Magistrados así como los Fiscales, mientras se hallen en activo, no podrán desempeñar otros cargos públicos, ni pertenecer a partidos políticos o sindicatos. La ley establecerá el sistema y modalidades de asociación profesional de los Jueces, Magistrados y Fiscales.

2. La ley establecerá el régimen de incompatibilidades de los miembros del poder judicial, que deberá asegurar la total independencia de los mismos.

Véanse artículos 389 a 397 LOPJ.

TÍTULO VII
ECONOMÍA Y HACIENDA

Artículo 128. 1. Toda la riqueza del país en sus distintas formas y sea cual fuere su titularidad está subordinada al interés general.

2. Se reconoce la iniciativa pública en la actividad económica. Mediante ley se podrá reservar al sector público recursos o servicios esenciales, especialmente en caso de monopolio, y asimismo acordar la intervención de empresas cuando así lo exigiere el interés general.

Artículo 129. 1. La ley establecerá las formas de participación de los interesados en la Seguridad Social y en la actividad de los organismos públicos cuya función afecte directamente a la calidad de la vida o al bienestar general.

Véase Ley General de la Seguridad Social.

2. Los poderes públicos promoverán eficazmente las diversas formas de participación en la empresa y fomentarán, mediante una legislación adecuada, las sociedades cooperativas. También establecerán los medios que faciliten el acceso de los trabajadores a la propiedad de los medios de producción.

Véase Ley 27/1999, 16 julio, de Cooperativas («B.O.E.» 8 abril).

Véanse:

- Ley 4/1997, 24 marzo, de Sociedades Laborales («B.O.E.» 25 marzo).

- Artículos 61 a 81 del Estatuto de los Trabajadores.

- Ley 13/1989, de 26 de mayo, de Cooperativas de Crédito («B.O.E.» 31 mayo).

- Ley 20/1990, de 19 de diciembre, sobre Régimen Fiscal de las Cooperativas («B.O.E.» 20 diciembre).

Artículo 130. 1. Los poderes públicos atenderán a la modernización y desarrollo de todos los sectores económicos y, en particular, de la agricultura, de la ganadería, de la pesca y de la artesanía, a fin de equiparar el nivel de vida de todos los españoles.

Véase Ley 19/1995, 4 julio, de Modernización de las Explotaciones Agrarias («B.O.E.» 5 julio).

Véase Ley 38/1994, 30 diciembre, reguladora de las organizaciones profesionales agroalimentarias («B.O.E.» 31 diciembre).

2. Con el mismo fin se dispensará un tratamiento especial a las zonas de montaña.

Véase Ley 25/1982, de 30 de junio, de agricultura de montaña («B.O.E.» 10 julio).

Artículo 131. 1. El Estado, mediante ley, podrá planificar la actividad económica general para atender a las necesidades colectivas, equilibrar y armonizar el desarrollo regional y sectorial y estimular el crecimiento de la renta y de la riqueza y su más justa distribución.

2. El Gobierno elaborará los proyectos de planificación, de acuerdo con las previsiones que le sean suministradas por las Comunidades Autónomas y el asesoramiento y colaboración de los sindicatos y otras organizaciones profesionales, empresariales y económicas. A tal fin se constituirá un Consejo, cuya composición y funciones se desarrollarán por ley.

Véase artículo 9 L.O. 9/1992, 23 diciembre, sobre transferencia de competencias a Comunidades Autónomas que accedieron a la autonomía por la vía del artículo 143 CE («B.O.E.» 24 diciembre).

Véase Ley 21/1991, 17 junio, por la que se crea el Consejo Económico y Social («B.O.E.» 18 junio).

Artículo 132. 1. La ley regulará el régimen jurídico de los bienes de dominio público y de los comunales, inspirándose en los principios de inalienabilidad, imprescriptibilidad e inembargabilidad, así como su desafectación.

Véanse artículos 74 y ss. del Texto Refundido de las disposiciones legales vigentes en materia de Régimen Local.

Véanse:

- Artículos 79 y 80 de la Ley de Bases del Régimen Local.

- Ley del Patrimonio de las Administraciones Públicas.

- Ley 55/1980, de 11 de noviembre, de Montes Vecinales en mano común («B.O.E.» 21 noviembre).

Véanse artículos 338 y ss. del Código Civil.

2. Son bienes de dominio público estatal los que determine la ley y, en todo caso, la zona marítimo-terrestre, las playas, el mar territorial y los recursos naturales de la zona económica y la plataforma continental.

Véanse:

- Ley 22/1988, 28 julio, de Costas («B.O.E.» 29 julio).

- Ley 25/1988, de 29 de julio, de Carreteras («B.O.E.» 30 julio).

- Texto Refundido de la Ley de Aguas.

- Convención de las Naciones Unidas de 10 de diciembre de 1982, sobre los Derecho del Mar, hecha en Montego Bay («B.O.E.» 14 febrero 1997).

Véase Ley 15/1978, de 20 de febrero, sobre zona económica («B.O.E.» 23 febrero).

Véase Ley 10/1977, de 4 de enero, sobre mar territorial («B.O.E.» 8 enero).

Véase Ley 22/1973, de 21 de julio, de Minas («B.O.E.» 24 julio).

3. Por ley se regularán el Patrimonio del Estado y el Patrimonio Nacional, su administración, defensa y conservación.

Véase Ley del Patrimonio de las Administraciones Públicas.

Véase Ley 23/1982, 16 junio, del Patrimonio Nacional («B.O.E.» 22 junio).

Artículo 133. 1. La potestad originaria para establecer los tributos corresponde exclusivamente al Estado, mediante ley.

Véase Ley General Tributaria.

2. Las Comunidades Autónomas y las Corporaciones locales podrán establecer y exigir tributos de acuerdo con la Constitución y las leyes.

Véanse artículos 15 y ss. del Texto Refundido de la Ley de Haciendas Locales.

Véase artículo 106 de la Ley de Bases de Régimen Local.

3. Todo beneficio fiscal que afecte a los tributos del Estado deberá establecerse en virtud de ley.

4. Las administraciones públicas sólo podrán contraer obligaciones financieras y realizar gastos de acuerdo con las leyes.

Artículo 134. 1. Corresponde al Gobierno la elaboración de los Presupuestos Generales del Estado y a las Cortes Generales su examen, enmienda y aprobación.

2. Los Presupuestos Generales del Estado tendrán carácter anual, incluirán la totalidad de los gastos e ingresos del sector público estatal y en ellos se consignará el importe de los beneficios fiscales que afecten a los tributos del Estado.

3. El Gobierno deberá presentar ante el Congreso de los Diputados los Presupuestos Generales del Estado al menos tres meses antes de la expiración de los del año anterior.

4. Si la Ley de Presupuestos no se aprobara antes del primer día del ejercicio económico correspondiente, se considerarán automáticamente prorrogados los Presupuestos del ejercicio anterior hasta la aprobación de los nuevos.

5. Aprobados los Presupuestos Generales del Estado, el Gobierno podrá presentar proyectos de ley que impliquen aumento del gasto público o disminución de los ingresos correspondientes al mismo ejercicio presupuestario.

6. Toda proposición o enmienda que suponga aumento de los créditos o disminución de los ingresos presupuestarios requerirá la conformidad del Gobierno para su tramitación.

7. La Ley de Presupuestos no puede crear tributos. Podrá modificarlos cuando una ley tributaria sustantiva así lo prevea.

Véase Ley 47/2003, de 26 de noviembre, General Presupuestaria («B.O.E.» 27 noviembre).

Artículo 135. 1. Todas las Administraciones Públicas adecuarán sus actuaciones al principio de estabilidad presupuestaria.

2. El Estado y las Comunidades Autónomas no podrán incurrir en un déficit estructural que supere los márgenes establecidos, en su caso, por la Unión Europea para sus Estados Miembros.

Una ley orgánica fijará el déficit estructural máximo permitido al Estado y a las Comunidades Autónomas, en relación con su producto interior bruto. Las Entidades Locales deberán presentar equilibrio presupuestario.

3. El Estado y las Comunidades Autónomas habrán de estar autorizados por ley para emitir deuda pública o contraer crédito.

Los créditos para satisfacer los intereses y el capital de la deuda pública de las Administraciones se entenderán siempre incluidos en el estado de gastos de sus presupuestos y su pago gozará de prioridad absoluta. Estos créditos no podrán ser objeto de enmienda o modificación, mientras se ajusten a las condiciones de la ley de emisión.

El volumen de deuda pública del conjunto de las Administraciones Públicas en relación con el producto interior bruto del Estado no podrá superar el valor de referencia establecido en el Tratado de Funcionamiento de la Unión Europea.

4. Los límites de déficit estructural y de volumen de deuda pública sólo podrán superarse en caso de catástrofes naturales, recesión económica o situaciones de emergencia extraordinaria que escapen al control del Estado y perjudiquen considerablemente la situación financiera o la sostenibilidad económica o social del Estado, apreciadas por la mayoría absoluta de los miembros del Congreso de los Diputados.

5. Una ley orgánica desarrollará los principios a que se refiere este artículo, así como la participación, en los procedimientos respectivos, de los órganos de coordinación institucional entre las Administraciones Públicas en materia de política fiscal y financiera. En todo caso, regulará:

a) La distribución de los límites de déficit y de deuda entre las distintas Administraciones Públicas, los supuestos excepcionales de superación de los mismos y la forma y plazo de corrección de las desviaciones que sobre uno y otro pudieran producirse.

b) La metodología y el procedimiento para el cálculo del déficit estructural.

c) La responsabilidad de cada Administración Pública en caso de incumplimiento de los objetivos de estabilidad presupuestaria.

6. Las Comunidades Autónomas, de acuerdo con sus respectivos Estatutos y dentro de los límites a que se refiere este artículo, adoptarán las disposiciones que

procedan para la aplicación efectiva del principio de estabilidad en sus normas y decisiones presupuestarias.

Artículo 135 redactado por el artículo único de la Reforma de la Constitución Española de 27 de septiembre de 2011 («B.O.E.» 27 septiembre).
Vigencia: 27 septiembre 2011

Véase la L.O. 6/2013, de 14 de noviembre, de creación de la Autoridad Independiente de Responsabilidad Fiscal («B.O.E.» 15 noviembre).

Véase la disposición adicional tercera.1 de la L.O. 2/2012, de 27 de abril, de Estabilidad Presupuestaria y Sostenibilidad Financiera («B.O.E.» 30 abril), sobre control de constitucionalidad de las leyes, disposiciones normativas o actos con fuerza de ley de las Comunidades Autónomas y disposiciones normativas sin fuerza de ley y resoluciones emanadas de cualquier órgano de las Comunidades Autónomas que vulneren los principios establecidos en el artículo 135 de la Constitución.

Véase la L.O. 2/2012, de 27 de abril, de Estabilidad Presupuestaria y Sostenibilidad Financiera («B.O.E.» 30 abril).

Artículo 136. 1. El Tribunal de Cuentas es el supremo órgano fiscalizador de las cuentas y de la gestión económica del Estado, así como del sector público.

Dependerá directamente de las Cortes Generales y ejercerá sus funciones por delegación de ellas en el examen y comprobación de la Cuenta General del Estado.

2. Las cuentas del Estado y del sector público estatal se rendirán al Tribunal de Cuentas y serán censuradas por éste.

El Tribunal de Cuentas, sin perjuicio de su propia jurisdicción, remitirá a las Cortes Generales un informe anual en el que, cuando proceda, comunicará las infracciones o responsabilidades en que, a su juicio, se hubiere incurrido.

3. Los miembros del Tribunal de Cuentas gozarán de la misma independencia e inamovilidad y estarán sometidos a las mismas incompatibilidades que los Jueces.

4. Una ley orgánica regulará la composición, organización y funciones del Tribunal de Cuentas.

Véanse:

- Ley Orgánica del Tribunal de Cuentas.

- Ley 7/1988, de 5 de abril, de funcionamiento del Tribunal de Cuentas («B.O.E.» 7 abril).

Véanse:

- Normas de las Mesas del Congreso y del Senado de 1 de marzo de 1984, sobre tramitación de la Cuenta General del Estado (BOCG, Congreso, serie E, mm. 31, 15 marzo).

- Normas de las Mesas del Congreso y del Senado de 3 de marzo de 1983, sobre funcionamiento de la Comisión Mixta de Relaciones con el Tribunal de Cuentas (BOCG, Congreso, serie H, núm. 21 de 12 de abril).

TÍTULO VIII
DE LA ORGANIZACIÓN TERRITORIAL DEL ESTADO

CAPÍTULO PRIMERO
PRINCIPIOS GENERALES

Artículo 137. El Estado se organiza territorialmente en municipios, en provincias y en las Comunidades Autónomas que se constituyan. Todas estas entidades gozan de autonomía para la gestión de sus respectivos intereses.

Véanse:

- Ley 12/1983, de 14 de octubre, del proceso autonómico.

- *Ley de Bases de Régimen Local.*

Artículo 138. 1. El Estado garantiza la realización efectiva del principio de solidaridad, consagrado en el artículo 2 de la Constitución, velando por el establecimiento de un equilibrio económico, adecuado y justo, entre las diversas partes del territorio español, y atendiendo en particular a las circunstancias del hecho insular.

2. Las diferencias entre los Estatutos de las distintas Comunidades Autónomas no podrán implicar, en ningún caso, privilegios económicos o sociales.

Artículo 139. 1. Todos los españoles tienen los mismos derechos y obligaciones en cualquier parte del territorio del Estado.

2. Ninguna autoridad podrá adoptar medidas que directa o indirectamente obstaculicen la libertad de circulación y establecimiento de las personas y la libre circulación de bienes en todo el territorio español.

Véase la Ley 20/2013, de 9 de diciembre, de garantía de la unidad de mercado («B.O.E.» 10 diciembre).

CAPÍTULO II
DE LA ADMINISTRACIÓN LOCAL

Artículo 140. La Constitución garantiza la autonomía de los municipios. Estos gozarán de personalidad jurídica plena. Su gobierno y administración corresponde a sus respectivos Ayuntamientos, integrados por los Alcaldes y los Concejales. Los Concejales serán elegidos por los vecinos del municipio mediante sufragio universal, igual, libre, directo y secreto, en la forma establecida por la ley. Los Alcaldes serán elegidos por los Concejales o por los vecinos. La ley regulará las condiciones en las que proceda el régimen del concejo abierto.

Véanse artículos 1 y 176 de la L.O. del Régimen Electoral General.

Véanse:

- *Artículos 29 y 30 de la Ley reguladora de las Bases de Régimen Local.*
- *Texto Refundido de las disposiciones legales vigentes en materia de Régimen Local.*

Artículo 141. 1. La provincia es una entidad local con personalidad jurídica propia, determinada por la agrupación de municipios y división territorial para el cumplimiento de las actividades del Estado. Cualquier alteración de los límites provinciales habrá de ser aprobada por las Cortes Generales mediante ley orgánica.

2. El gobierno y la administración autónoma de las provincias estarán encomendados a Diputaciones u otras Corporaciones de carácter representativo.

3. Se podrán crear agrupaciones de municipios diferentes de la provincia.

4. En los archipiélagos, las islas tendrán además su administración propia en forma de Cabildos o Consejos.

Véanse:

- *Ley Orgánica 15/1995, de 27 diciembre, sobre alteración de los límites provinciales consistentes en la segregación del municipio de Gavota de la provincia de Castellón y su agregación a la de Valencia («B.O.E.» 28 diciembre).*
- *Ley de Bases del Régimen Local.*
- *Ley 1/1983, de 5 de abril, sobre cambio de denominación de la actual Provincia de Oviedo por la de Provincia de Asturias («B.O.E.» 7 abril).*
- *Ley 2/1992, de 28 de febrero, por la que pasan a denominarse oficialmente Girona y Lleida las Provincias de Gerona y Lérida («B.O.E.» 29 febrero).*
- *Ley 13/1997, de 25 de abril, por la que pasa a denominarse oficialmente Illes Balears la provincia de Baleares («B.O.E.» 26 abril).*

Artículo 142. Las Haciendas Locales deberán disponer de los medios suficientes para el desempeño de las funciones que la ley atribuye a las Corporaciones respectivas y se nutrirán fundamentalmente de tributos propios y de participación en los del Estado y de las Comunidades Autónomas.

Véase Texto Refundido de la Ley Reguladora de las Haciendas Locales.

Véanse artículos 105 y ss. de la Ley de Bases del Régimen Local.

CAPÍTULO III
DE LAS COMUNIDADES AUTÓNOMAS

Artículo 143. 1. En el ejercicio del derecho a la autonomía reconocido en el artículo 2 de la Constitución, las provincias limítrofes con características históricas, culturales y económicas comunes, los territorios insulares y las provincias con entidad regional histórica podrán acceder a su autogobierno y constituirse en Comunidades Autónomas con arreglo a lo previsto en este Título y en los respectivos Estatutos.

2. La iniciativa del proceso autonómico corresponde a todas las Diputaciones interesadas o al órgano interinsular correspondiente y a las dos terceras partes de los municipios cuya población represente, al menos, la mayoría del censo electoral de cada provincia o isla. Estos requisitos deberán ser cumplidos en el plazo de seis meses desde el primer acuerdo adoptado al respecto por alguna de las Corporaciones locales interesadas.

3. La iniciativa, en caso de no prosperar, solamente podrá reiterarse pasados cinco años.

Véase L.O. 16/1995, de 27 de diciembre, de transferencia de competencias a la Comunidad Autónoma Gallega («B.O.E.» 28 diciembre).

Véase L.O. 9/1992, de 23 de diciembre, de transferencia de competencias a Comunidades Autónomas que accedieron a la autonomía por la vía del artículo 143 CE («B.O.E.» 24 diciembre).

Véanse:
- *Artículo 136 del Reglamento del Congreso.*
- *Artículo 143 del Reglamento del Senado.*

Artículo 144. Las Cortes Generales, mediante ley orgánica, podrán, por motivos de interés nacional:

a) Autorizar la constitución de una comunidad autónoma cuando su ámbito territorial no supere el de una provincia y no reúna las condiciones del apartado 1 del artículo 143.

Véase L.O. 6/1982, 7 julio, por la que se autoriza la constitución de la Comunidad Autónoma de Madrid («B.O.E.» 21 julio).

b) Autorizar o acordar, en su caso, un Estatuto de autonomía para territorios que no estén integrados en la organización provincial.

c) Sustituir la iniciativa de las Corporaciones locales a que se refiere el apartado 2 del artículo 143.

Véase L.O. 5/1983, 1 marzo, por la que se aplica el artículo 144, c) de la Constitución Española a la Provincia de Segovia («B.O.E.» 2 marzo).

Véase L.O. 13/1980, 16 diciembre, de sustitución en la provincia de Almería de la iniciativa Autonómica («B.O.E.» 24 diciembre).

Véase artículo 136 del Reglamento del Congreso.

Artículo 145. 1. En ningún caso se admitirá la federación de Comunidades Autónomas.

2. Los Estatutos podrán prever los supuestos, requisitos y términos en que las Comunidades Autónomas podrán celebrar convenios entre sí para la gestión y prestación de servicios propios de las mismas, así como el carácter y efectos de la correspondiente comunicación a las Cortes Generales. En los demás supuestos, los acuerdos de cooperación entre las Comunidades Autónomas necesitarán la autorización de las Cortes Generales.

Véanse:

- Artículo 166 y Disposición Final 3ª del Reglamento del Congreso.

- Artículo 143 del Reglamento del Senado.

Artículo 146. El proyecto de Estatuto será elaborado por una asamblea compuesta por los miembros de la Diputación u órgano interinsular de las provincias afectadas y por los Diputados y Senadores elegidos en ellas y será elevado a las Cortes Generales para su tramitación como ley.

Véase artículo 136 del Reglamento del Congreso.

Artículo 147. 1. Dentro de los términos de la presente Constitución, los Estatutos serán la norma institucional básica de cada Comunidad Autónoma y el Estado los reconocerá y amparará como parte integrante de su ordenamiento jurídico.

Véanse:

- Estatuto de Autonomía del País Vasco.

- Estatuto de Autonomía de Galicia.

- Estatuto de Autonomía para Asturias.

- Estatuto de Autonomía para Cantabria.

- Estatuto de Autonomía de La Rioja.

- Estatuto de Autonomía para la Región de Murcia.

- Estatuto de Autonomía de Castilla-La Mancha.

- Estatuto de Autonomía de Canarias.

- Ley Orgánica 13/1982, de 10 de agosto, de Reintegración y Amejoramiento del Régimen Foral de Navarra.

- Estatuto de Autonomía de Extremadura.

- Estatuto de Autonomía de la Comunidad de Madrid.

- Estatuto de Autonomía de Castilla-León.

- Estatuto de Autonomía de Ceuta.

- Estatuto de Autonomía de Melilla.

- Ley Orgánica 1/2006, de 10 de abril, de Reforma de la L. O. 5/1982, de 1 de julio, de Estatuto de Autonomía de la Comunidad Valenciana.

- Ley Orgánica 6/2006, de 19 de julio, de reforma del Estatuto de Autonomía de Cataluña.

- Ley Orgánica 1/2007, de 28 de febrero, de reforma del Estatuto de Autonomía de las Illes Balears.

- Ley Orgánica 2/2007, de 19 de marzo, de reforma del Estatuto de Autonomía para Andalucía.

- Ley Orgánica 5/2007, de 20 de abril, de reforma del Estatuto de Autonomía de Aragón.

2. Los Estatutos de autonomía deberán contener:

a) La denominación de la Comunidad que mejor corresponda a su identidad histórica.

b) La delimitación de su territorio.

c) La denominación, organización y sede de las instituciones autónomas propias.

d) Las competencias asumidas dentro del marco establecido en la Constitución y las bases para el traspaso de los servicios correspondientes a las mismas.

3. La reforma de los Estatutos se ajustará al procedimiento establecido en los mismos y requerirá, en todo caso, la aprobación por las Cortes Generales, mediante ley orgánica.

Artículo 148. 1. Las Comunidades Autónomas podrán asumir competencias en las siguientes materias:

1.ª Organización de sus instituciones de autogobierno.

2.ª Las alteraciones de los términos municipales comprendidos en su territorio y, en general, las funciones que correspondan a la Administración del Estado sobre las Corporaciones locales y cuya transferencia autorice la legislación sobre Régimen Local.

3.ª Ordenación del territorio, urbanismo y vivienda.

4.ª Las obras públicas de interés de la Comunidad Autónoma en su propio territorio.

5.ª Los ferrocarriles y carreteras cuyo itinerario se desarrolle íntegramente en el territorio de la Comunidad Autónoma y, en los mismos términos, el transporte desarrollado por estos medios o por cable.

6.ª Los puertos de refugio, los puertos y aeropuertos deportivos y, en general, los que no desarrollen actividades comerciales.

7.ª La agricultura y ganadería, de acuerdo con la ordenación general de la economía.

8.ª Los montes y aprovechamientos forestales.

9.ª La gestión en materia de protección del medio ambiente.

10.ª Los proyectos, construcción y explotación de los aprovechamientos hidráulicos, canales y regadíos de interés de la Comunidad Autónoma; las aguas minerales y termales.

11.ª La pesca en aguas interiores, el marisqueo y la acuicultura, la caza y la pesca fluvial.

12.ª Ferias interiores.

13.ª El fomento del desarrollo económico de la Comunidad Autónoma dentro de los objetivos marcados por la política económica nacional.

14.ª La artesanía.

15.ª Museos, bibliotecas y conservatorios de música de interés para la Comunidad Autónoma.

16.ª Patrimonio monumental de interés de la Comunidad Autónoma.

17.ª El fomento de la cultura, de la investigación y, en su caso, de la enseñanza de la lengua de la Comunidad Autónoma.

18.ª Promoción y ordenación del turismo en su ámbito territorial.

19.ª Promoción del deporte y de la adecuada utilización del ocio.

20.ª Asistencia social.

21.ª Sanidad e higiene.

22.ª La vigilancia y protección de sus edificios e instalaciones. La coordinación y demás facultades en relación con las policías locales en los términos que establezca una ley orgánica.

2. Transcurridos cinco años, y mediante la reforma de sus Estatutos, las Comunidades Autónomas podrán ampliar sucesivamente sus competencias dentro del marco establecido en el artículo 149.

Artículo 149. 1. El Estado tiene competencia exclusiva sobre las siguientes materias:

1.ª La regulación de las condiciones básicas que garanticen la igualdad de todos los españoles en el ejercicio de los derechos y en el cumplimiento de los deberes constitucionales.

2.ª Nacionalidad, inmigración, emigración, extranjería y derecho de asilo.

Véase la Ley 12/2009, de 30 de octubre, reguladora del derecho de asilo y de la protección subsidiaria («B.O.E.» 31 octubre).

Véase la L.O. 4/2000, 11 enero, sobre derechos y libertades de los extranjeros en España y su integración social («B.O.E.» 12 enero).

3.ª Relaciones internacionales.

4.ª Defensa y Fuerzas Armadas.

Véanse:

- Ley Orgánica 5/2005, de 17 de noviembre, de la Defensa Nacional («B.O.E.» 18 noviembre).

- Ley 17/1999, de 18 de mayo, de Régimen del Personal de las Fuerzas Armadas («B.O.E.» 19 mayo).

5.ª Administración de Justicia.

Véase Ley Orgánica del Poder Judicial.

6.ª Legislación mercantil, penal y penitenciaria; legislación procesal, sin perjuicio de las necesarias especialidades que en este orden se deriven de las particularidades del derecho sustantivo de las Comunidades Autónomas.

7.ª Legislación laboral, sin perjuicio de su ejecución por los órganos de las Comunidades Autónomas.

Véase la Ley 36/2011, de 10 de octubre, reguladora de la jurisdicción social («B.O.E.» 11 octubre).

Véase Estatuto de los Trabajadores.

8.ª Legislación civil, sin perjuicio de la conservación, modificación y desarrollo por las Comunidades Autónomas de los derechos civiles, forales o especiales, allí donde existan. En todo caso, las reglas relativas a la aplicación y eficacia de las normas jurídicas, relaciones jurídico-civiles relativas a las formas de matrimonio, ordenación de los registros e instrumentos públicos, bases de las obligaciones contractuales, normas para resolver los conflictos de leyes y determinación de las fuentes del derecho, con respeto, en este último caso, a las normas de derecho foral o especial.

9.ª Legislación sobre propiedad intelectual e industrial.

Véase Ley 20/2003, de 7 de julio, de Protección Jurídica del Diseño Industrial («B.O.E.» 8 julio).

Véase Ley de Marcas.

Véase Ley de Propiedad Intelectual.

Véase:

Ley 11/1986, de 20 de marzo, de Patentes («B.O.E.» 26 marzo).

Ley 24/2015, de 24 de julio, de Patentes («B.O.E.» 25 julio). Entrada en vigor el 1 de abril de 2017.

10.ª Régimen aduanero y arancelario; comercio exterior.

11.ª Sistema monetario: divisas, cambio y convertibilidad; bases de la ordenación de crédito, banca y seguros.

12.ª Legislación sobre pesas y medidas, determinación de la hora oficial.

13.ª Bases y coordinación de la planificación general de la actividad económica.

Véase Ley 1/2002, 21 febrero, de Coordinación de las Competencias del Estado y las Comunidades Autónomas en materia de Defensa de la Competencia («B.O.E.» 22 febrero).

Véase Ley 21/1992, 16 julio, de Industria («B.O.E.» 23 julio).

14.ª Hacienda general y Deuda del Estado.

15.ª Fomento y coordinación general de la investigación científica y técnica.

Véase Ley 14/2011, de 1 de junio, de la Ciencia, la Tecnología y la Innovación («B.O.E.» 2 junio).

16.ª Sanidad exterior. Bases y coordinación general de la sanidad. Legislación sobre productos farmacéuticos.

Véanse:

- Ley General de Sanidad.

- Ley 16/1997, de 25 de abril, de regulación de servicios de las oficinas de farmacia («B.O.E.» 26 abril).

- Ley 16/2003, de 28 de mayo, de cohesión y calidad del Sistema Nacional de Salud («B.O.E.» 29 mayo).

- Real Decreto Legislativo 1/2015, de 24 de julio, por el que se aprueba el texto refundido de la Ley de garantías y uso racional de los medicamentos y productos sanitarios («B.O.E.» 25 julio).

17.ª Legislación básica y régimen económico de la Seguridad Social, sin perjuicio de la ejecución de sus servicios por las Comunidades Autónomas.

Véase Ley General de la Seguridad Social.

18.ª Las bases del régimen jurídico de las Administraciones públicas y del régimen estatutario de los funcionarios que, en todo caso, garantizarán a los administrados un tratamiento común ante ellas; el procedimiento administrativo común, sin perjuicio de las especialidades derivadas de la organización propia de las Comunidades Autónomas; legislación sobre expropiación forzosa; legislación básica sobre contratos y concesiones administrativas y el sistema de responsabilidad de todas las Administraciones públicas.

Véanse:

- Ley 7/2007, de 12 de abril, del Estatuto Básico del Empleado Público («B.O.E.» 13 abril).

- Ley 11/2007, de 22 de junio, de acceso electrónico de los ciudadanos a los Servicios Públicos («B.O.E.» 22 junio).

Véase R.D. Leg. 4/2000, 23 junio, por el que se aprueba el Texto Refundido Ley sobre Seguridad Social de los Funcionarios del Estado («B.O.E.» 28 junio).

Véase LRJAP-PAC.

Véase Ley 30/1984, 2 agosto, de medidas para la reforma de la Función Pública.

19.ª Pesca marítima, sin perjuicio de las competencias que en la ordenación del sector se atribuyan a las Comunidades Autónomas.

Véase Ley 3/2001, 26 marzo, de Pesca Marítima del Estado («B.O.E.» 28 marzo).

20.ª Marina mercante y abanderamiento de buques; iluminación de costas y señales marítimas; puertos de interés general; aeropuertos de interés general; control del espacio aéreo, tránsito y transporte aéreo, servicio meteorológico y matriculación de aeronaves.

Véase R.D. 1027/1989, de 28 de julio, por el que se regula el abanderamiento, matriculación de buques y registro marítimo («B.O.E.» 15 agosto).

21.ª Ferrocarriles y transportes terrestres que transcurran por el territorio de más de una Comunidad Autónoma; régimen general de comunicaciones; tráfico y circulación de vehículos a motor; correos y telecomunicaciones; cables aéreos, submarinos y radiocomunicación.

Véanse:

- Ley de Ordenación de los Transportes Terrestres.

- Ley 32/2003, de 3 de noviembre, General de Telecomunicaciones («B.O.E.» 18 noviembre).

- Ley 33/2003, de 3 de noviembre, del Sector Ferroviario («B.O.E.» 4 noviembre).

- Ley 18/1989, 25 julio, de bases sobre tráfico, circulación de vehículos a motor y seguridad vial («B.O.E.» 27 julio).

- Texto Articulado de la Ley sobre Tráfico, Circulación de Vehículos a Motor y Seguridad Vial.

- Reglamento General de Circulación.

- Real Decreto 74/1992, 31 enero, Reglamento Nacional del Transporte de Mercancías Peligrosas por Carretera («B.O.E.» 22 febrero).

- Ley 43/2010, de 30 de diciembre, del servicio postal universal, de los derechos de los usuarios y del mercado postal («B.O.E.» 31 diciembre).

22.ª La legislación, ordenación y concesión de recursos y aprovechamientos hidráulicos cuando las aguas discurran por más de una Comunidad Autónoma, y la autorización de las instalaciones eléctricas cuando su aprovechamiento afecte a otra Comunidad o el transporte de energía salga de su ámbito territorial.

Véase Texto Refundido de la Ley de Aguas.

Véase Ley 10/2001, 5 julio, del Plan Hidrológico Nacional («B.O.E.» 6 julio).

Véase Ley 54/1997, 27 noviembre, del sector eléctrico («B.O.E.» 28 noviembre).

23.ª Legislación básica sobre protección del medio ambiente, sin perjuicio de las facultades de las Comunidades Autónomas de establecer normas adicionales de protección. La legislación básica sobre montes, aprovechamientos forestales y vías pecuarias.

Véase Ley 43/2003, de 21 de noviembre, de Montes («B.O.E.» 22 noviembre).

Véanse:

- Ley 3/1995, 23 marzo, vías pecuarias («B.O.E.» 24 marzo).

- Disposiciones citadas en el artículo 45 de la Constitución.

24.ª Obras públicas de interés general o cuya realización afecte a más de una Comunidad Autónoma.

Véase Ley 25/1988, 29 julio, de Carreteras («B.O.E.» 30 julio).

25.ª Bases del régimen minero y energético.

Véase Ley 22/1973, de 21 de julio, de Minas («B.O.E.» 24 julio).

26.ª Régimen de producción, comercio, tenencia y uso de armas y explosivos.

27.ª Normas básicas del régimen de prensa, radio y televisión y, en general, de todos los medios de comunicación social, sin perjuicio de las facultades que en su desarrollo y ejecución correspondan a las Comunidades Autónomas.

Véanse disposiciones citadas en nota al artículo 20 de la Constitución.

28.ª Defensa del patrimonio cultural, artístico y monumental español contra la exportación y la expoliación; museos, bibliotecas y archivos de titularidad estatal, sin perjuicio de su gestión por parte de las Comunidades Autónomas.

Véase la Ley 10/2015, de 26 de mayo, para la salvaguardia del Patrimonio Cultural Inmaterial («B.O.E.» 27 mayo).

Véase Ley 10/2007, de 22 de junio, de la lectura, del libro y de las bibliotecas («B.O.E.» 23 junio).

Véase Ley 16/1985, 25 junio, del Patrimonio Histórico Español («B.O.E.» 29 junio).

29.ª Seguridad pública, sin perjuicio de la posibilidad de creación de policías por las Comunidades Autónomas en la forma que se establezca en los respectivos Estatutos en el marco de lo que disponga una ley orgánica.

Véase la L.O. 4/2015, de 30 de marzo, de protección de la seguridad ciudadana («B.O.E.» 31 marzo).

Véase Ley Orgánica de Fuerzas y Cuerpos de Seguridad.

30.ª Regulación de las condiciones de obtención, expedición y homologación de títulos académicos y profesionales y normas básicas para el desarrollo del artículo 27 de la Constitución, a fin de garantizar el cumplimiento de las obligaciones de los poderes públicos en esta materia.

Véanse disposiciones citadas en los artículos 27 y 36 de la Constitución.

31.ª Estadística para fines estatales.

Véase Ley 12/1989, 9 mayo, de la Función Pública Estadística («B.O.E.» 11 mayo).

32.ª Autorización para la convocatoria de consultas populares por vía de referéndum.

Véase L.O. 2/1980, 18 enero, de regulación de las distintas modalidades de referéndum («B.O.E.» 23 enero).

2. Sin perjuicio de las competencias que podrán asumir las Comunidades Autónomas, el Estado considerará el servicio de la cultura como deber y atribución esencial y facilitará la comunicación cultural entre las Comunidades Autónomas, de acuerdo con ellas.

Véase Ley 10/2007, de 22 de junio, de la lectura, del libro y de las bibliotecas («B.O.E.» 23 junio).

3. Las materias no atribuidas expresamente al Estado por esta Constitución podrán corresponder a las Comunidades Autónomas, en virtud de sus respectivos Estatutos. La competencia sobre las materias que no se hayan asumido por los Estatutos de Autonomía corresponderá al Estado, cuyas normas prevalecerán, en caso de conflicto, sobre las de las Comunidades Autónomas en todo lo que no esté atribuido a la exclusiva competencia de éstas. El derecho estatal será, en todo caso, supletorio del derecho de las Comunidades Autónomas.

Artículo 150. 1. Las Cortes Generales, en materia de competencia estatal, podrán atribuir a todas o a alguna de las Comunidades Autónomas la facultad de dictar, para sí mismas, normas legislativas en el marco de los principios, bases y directrices fijados por una ley estatal. Sin perjuicio de la competencia de los Tribunales, en cada ley marco se establecerá la modalidad del control de las Cortes Generales sobre estas normas legislativas de las Comunidades Autónomas.

2. El Estado podrá transferir o delegar en las Comunidades Autónomas, mediante ley orgánica, facultades correspondientes a materia de titularidad estatal que por su propia naturaleza sean susceptibles de transferencia o delegación. La ley

preverá en cada caso la correspondiente transferencia de medios financieros, así como las formas de control que se reserve el Estado.

Véase L.O. 6/1999, 6 abril, de transferencia de competencias a la Comunidad Autónoma de Galicia («B.O.E.» 8 abril).

Véase L.O. 6/1997, 15 diciembre, de transferencia de competencias ejecutivas en materia de tráfico y circulación de vehículos a motor a la Comunidad Autónoma de Cataluña («B.O.E.» 16 diciembre).

Véase L.O. 2/1996, de 15 de enero, complementaria de la de Ordenación del Comercio Minorista («B.O.E.» 17 enero).

Véanse:

- Ley Orgánica 5/1987, de 30 de julio, de delegación de facultades del Estado en las Comunidades Autónomas en relación con los transportes por carretera y por cable («B.O.E.» 31 julio).

- Ley Orgánica 9/1992, 23 diciembre, sobre transferencia de competencias a Comunidades Autónomas que accedieron a la autonomía por la vía del artículo 143 CE («B.O.E.» 24 diciembre).

- Ley Orgánica 16/1995, de 27 de diciembre, de transferencia de competencias a la Comunidad Autónoma Gallega («B.O.E.» 28 diciembre).

3. El Estado podrá dictar leyes que establezcan los principios necesarios para armonizar las disposiciones normativas de las Comunidades Autónomas, aun en el caso de materias atribuidas a la competencia de éstas, cuando así lo exija el interés general. Corresponde a las Cortes Generales, por mayoría absoluta de cada Cámara, la apreciación de esta necesidad.

Véanse:

- Ley 12/1983, 14 octubre, del proceso autonómico («B.O.E.» 15 octubre).

- Artículos 167 y 168 del Reglamento del Congreso.

- Artículos 56, 141 y 142 del Reglamento del Senado.

Artículo 151. 1. No será preciso dejar transcurrir el plazo de cinco años, a que se refiere el apartado 2 del artículo 148, cuando la iniciativa del proceso autonómico sea acordada dentro del plazo del artículo 143, 2, además de por las Diputaciones o los órganos interinsulares correspondientes, por las tres cuartas partes de los municipios de cada una de las provincias afectadas que representen, al menos, la mayoría del censo electoral de cada una de ellas y dicha iniciativa sea ratificada mediante referéndum por el voto afirmativo de la mayoría absoluta de los electores de cada provincia en los términos que establezca una ley orgánica.

Véase artículo 8 de la L.O. 2/1980, 18 enero, de regulación de las distintas modalidades de Referéndum («B.O.E.» 23 enero).

2. En el supuesto previsto en el apartado anterior, el procedimiento para la elaboración del Estatuto será el siguiente:

1.º El Gobierno convocará a todos los Diputados y Senadores elegidos en las circunscripciones comprendidas en el ámbito territorial que pretenda acceder al autogobierno, para que se constituyan en Asamblea, a los solos efectos de elaborar el correspondiente proyecto de Estatuto de autonomía, mediante el acuerdo de la mayoría absoluta de sus miembros.

2.º Aprobado el proyecto de Estatuto por la Asamblea de Parlamentarios, se remitirá a la Comisión Constitucional del Congreso, la cual, dentro del plazo de dos meses, lo examinará con el concurso y asistencia de una delegación de la Asamblea proponente para determinar de común acuerdo su formulación definitiva.

3.º Si se alcanzare dicho acuerdo, el texto resultante será sometido a referéndum del cuerpo electoral de las provincias comprendidas en el ámbito territorial del proyectado Estatuto.

Véase artículo 9 de la L.O. 2/1980, 18 enero, de regulación de las distintas modalidades de Referéndum («B.O.E.» 23 enero).

4.º Si el proyecto de Estatuto es aprobado en cada provincia por la mayoría de los votos válidamente emitidos, será elevado a las Cortes Generales. Los Plenos de ambas Cámaras decidirán sobre el texto mediante un voto de ratificación. Aprobado el Estatuto, el Rey lo sancionará y lo promulgará como ley.

5.º De no alcanzarse el acuerdo a que se refiere el apartado 2 de este número, el proyecto de Estatuto será tramitado como proyecto de ley ante las Cortes Generales. El texto aprobado por éstas será sometido a referéndum del cuerpo electoral de las provincias comprendidas en el ámbito territorial del proyectado Estatuto. En caso de ser aprobado por la mayoría de los votos válidamente emitidos en cada provincia, procederá su promulgación en los términos del párrafo anterior.

3. En los casos de los párrafos 4 y 5 del apartado anterior, la no aprobación del proyecto de Estatuto por una o varias provincias no impedirá la constitución entre las restantes de la Comunidad Autónoma proyectada en la forma que establezca la ley orgánica prevista en el apartado 1 de este artículo.

Artículo 152. 1. En los Estatutos aprobados por el procedimiento a que se refiere el artículo anterior, la organización institucional autonómica se basará en una Asamblea Legislativa, elegida por sufragio universal, con arreglo a un sistema de representación proporcional que asegure, además, la representación de las diversas zonas del territorio; un Consejo de Gobierno con funciones ejecutivas y administrativas y un Presidente, elegido por la Asamblea, de entre sus miembros, y nombrado por el Rey, al que corresponde la dirección del Consejo de Gobierno, la suprema representación de la respectiva Comunidad y la ordinaria del Estado en aquélla. El Presidente y los miembros del Consejo de Gobierno serán políticamente responsables ante la Asamblea.

Un Tribunal Superior de Justicia, sin perjuicio de la jurisdicción que corresponde al Tribunal Supremo, culminará la organización judicial en el ámbito territorial de la Comunidad Autónoma. En los Estatutos de las Comunidades Autónomas podrán establecerse los supuestos y las formas de participación de aquéllas en la organización de las demarcaciones judiciales del territorio. Todo ello de conformidad con lo previsto en la ley orgánica del poder judicial y dentro de la unidad e independencia de éste.

Sin perjuicio de lo dispuesto en el artículo 123, las sucesivas instancias procesales, en su caso, se agotarán ante órganos judiciales radicados en el mismo territorio de la Comunidad Autónoma en que esté el órgano competente en primera instancia.

2. Una vez sancionados y promulgados los respectivos Estatutos, solamente podrán ser modificados mediante los procedimientos en ellos establecidos y con referéndum entre los electores inscritos en los censos correspondientes.

Véase artículo 10 de la L.O. 2/1980, 18 enero, de regulación de las distintas modalidades de Referéndum («B.O.E.» 23 enero).

3. Mediante la agrupación de municipios limítrofes, los Estatutos podrán establecer circunscripciones territoriales propias, que gozarán de plena personalidad jurídica.

Artículo 153. El control de la actividad de los órganos de las Comunidades Autónomas se ejercerá:

a) Por el Tribunal Constitucional, el relativo a la constitucionalidad de sus disposiciones normativas con fuerza de ley.

Véanse artículos 27.2 c) y 28 LOTC.

b) Por el Gobierno, previo dictamen del Consejo de Estado, el del ejercicio de funciones delegadas a que se refiere el apartado 2 del artículo 150.

c) Por la jurisdicción contencioso-administrativa, el de la administración autónoma y sus normas reglamentarias.

d) Por el Tribunal de Cuentas, el económico y presupuestario.

Artículo 154. Un Delegado nombrado por el Gobierno dirigirá la Administración del Estado en el territorio de la Comunidad Autónoma y la coordinará, cuando proceda, con la administración propia de la Comunidad.

Véanse:

- Artículos 22 y ss. de la Ley 6/1997, 14 abril, de Organización y Funcionamiento de la Administración General del Estado («B.O.E.» 15 abril).

- R.D. 617/1997, de 25 de abril, de Subdelegados del Gobierno y Directores Insulares de la Administración General del Estado («B.O.E.» 3 mayo).

Artículo 155. 1. Si una Comunidad Autónoma no cumpliere las obligaciones que la Constitución u otras leyes le impongan, o actuare de forma que atente gravemente al interés general de España, el Gobierno, previo requerimiento al Presidente de la Comunidad Autónoma y, en el caso de no ser atendido, con la aprobación por mayoría absoluta del Senado, podrá adoptar las medidas necesarias para obligar a aquélla al cumplimiento forzoso de dichas obligaciones o para la protección del mencionado interés general.

2. Para la ejecución de las medidas previstas en el apartado anterior, el Gobierno podrá dar instrucciones a todas las autoridades de las Comunidades Autónomas.

Véanse artículos 56 m) y 189 del Reglamento del Senado.

Artículo 156. 1. Las Comunidades Autónomas gozarán de autonomía financiera para el desarrollo y ejecución de sus competencias con arreglo a los principios de coordinación con la Hacienda estatal y de solidaridad entre todos los españoles.

2. Las Comunidades Autónomas podrán actuar como delegados o colaboradores del Estado para la recaudación, la gestión y la liquidación de los recursos tributarios de aquél, de acuerdo con las leyes y los Estatutos.

Véanse artículos 1 a 3 y 19.Tres de la L.O. 8/1980, 22 septiembre, de Financiación de las Comunidades Autónomas («B.O.E.» 1 octubre).

Artículo 157. 1. Los recursos de las Comunidades Autónomas estarán constituidos por:

a) Impuestos cedidos total o parcialmente por el Estado; recargos sobre impuestos estatales y otras participaciones en los ingresos del Estado.

Véase Ley 12/2002, de 23 de mayo, por la que se aprueba el Concierto Económico con la Comunidad Autónoma del País Vasco («B.O.E.» 24 mayo).

Véase Ley 28/1990, de 26 de diciembre, por la que se aprueba el Convenio Económico entre el Estado y la Comunidad Foral de Navarra («B.O.E.» 27 diciembre).

b) Sus propios impuestos, tasas y contribuciones especiales.

c) Transferencias de un Fondo de Compensación interterritorial y otras asignaciones con cargo a los Presupuestos Generales del Estado.

Véanse:

- Artículo 158 de la Constitución.

- Ley 22/2001, 27 diciembre, reguladora de los Fondos de Compensación Interterritorial («B.O.E.» 31 diciembre).

d) Rendimientos procedentes de su patrimonio e ingresos de derecho privado.

e) El producto de las operaciones de crédito.

2. Las Comunidades Autónomas no podrán en ningún caso adoptar medidas tributarias sobre bienes situados fuera de su territorio o que supongan obstáculo para la libre circulación de mercancías o servicios.

3. Mediante ley orgánica podrá regularse el ejercicio de las competencias financieras enumeradas en el precedente apartado 1, las normas para resolver los conflictos que pudieran surgir y las posibles formas de colaboración financiera entre las Comunidades Autónomas y el Estado.

Véanse:

- Ley Orgánica 8/1980, 22 septiembre, de Financiación de las Comunidades Autónomas («B.O.E.» 1 octubre).

- Ley 22/2009, de 18 de diciembre, por la que se regula el sistema de financiación de las Comunidades Autónomas de régimen común y Ciudades con Estatuto de Autonomía y se modifican determinadas normas tributarias («B.O.E.» 19 diciembre).

Artículo 158. 1. En los Presupuestos Generales del Estado podrá establecerse una asignación a las Comunidades Autónomas en función del volumen de los servicios y actividades estatales que hayan asumido y de la garantía de un nivel mínimo en la prestación de los servicios públicos fundamentales en todo el territorio español.

2. Con el fin de corregir desequilibrios económicos interterritoriales y hacer efectivo el principio de solidaridad, se constituirá un Fondo de Compensación con destino a gastos de inversión, cuyos recursos serán distribuidos por las Cortes Generales entre las Comunidades Autónomas y provincias, en su caso.

Véanse:

- Ley 22/2001, 27 diciembre, reguladora de los Fondos de Compensación Interterritorial («B.O.E.» 31 diciembre).

- Disposición Final 3ª del Reglamento del Congreso.

- Artículos 56 ñ) y 140 del Reglamento del Senado.

TÍTULO IX
DEL TRIBUNAL CONSTITUCIONAL

Artículo 159. 1. El Tribunal Constitucional se compone de 12 miembros nombrados por el Rey; de ellos, cuatro a propuesta del Congreso por mayoría de tres quintos de sus miembros; cuatro a propuesta del Senado, con idéntica mayoría; dos a propuesta del Gobierno, y dos a propuesta del Consejo General del Poder Judicial.

2. Los miembros del Tribunal Constitucional deberán ser nombrados entre Magistrados y Fiscales, Profesores de Universidad, funcionarios públicos y Abogados, todos ellos juristas de reconocida competencia con más de quince años de ejercicio profesional.

3. Los miembros del Tribunal Constitucional serán designados por un período de nueve años y se renovarán por terceras partes cada tres.

4. La condición de miembro del Tribunal Constitucional es incompatible: con todo mandato representativo; con los cargos políticos o administrativos; con el desempeño de funciones directivas en un partido político o en un sindicato y con el empleo al servicio de los mismos; con el ejercicio de las carreras judicial y fiscal, y con cualquier actividad profesional o mercantil.

En lo demás, los miembros del Tribunal Constitucional tendrán las incompatibilidades propias de los miembros del poder judicial.

Véanse artículos 19 y 20 LOTC.

5. Los miembros del Tribunal Constitucional serán independientes e inamovibles en el ejercicio de su mandato.

Véanse:
- Artículos 5 y 16 a 26 LOTC.
- Artículo 204 del Reglamento del Congreso.
- Artículos 184 a 186 del Reglamento del Senado.

Artículo 160. El Presidente del Tribunal Constitucional será nombrado entre sus miembros por el Rey, a propuesta del mismo Tribunal en pleno y por un período de tres años.

Véanse artículos 9 y 15 LOTC.

Artículo 161. 1. El Tribunal Constitucional tiene jurisdicción en todo el territorio español y es competente para conocer:

a) Del recurso de inconstitucionalidad contra leyes y disposiciones normativas con fuerza de ley. La declaración de inconstitucionalidad de una norma jurídica con rango de ley, interpretada por la jurisprudencia, afectará a ésta, si bien la sentencia o sentencias recaídas no perderán el valor de cosa juzgada.

Véanse artículos 27 a 34 LOTC.

b) Del recurso de amparo por violación de los derechos y libertades referidos en el artículo 53, 2, de esta Constitución, en los casos y formas que la ley establezca.

Véanse artículos 41 a 58 LOTC.

c) De los conflictos de competencia entre el Estado y las Comunidades Autónomas o de los de éstas entre sí.

Véanse artículos 60 a 72 LOTC.

d) De las demás materias que le atribuyan la Constitución o las leyes orgánicas.

Véanse artículos 73 a 75, 75 bis a 75 quinque y 78 LOTC.

2. El Gobierno podrá impugnar ante el Tribunal Constitucional las disposiciones y resoluciones adoptadas por los órganos de las Comunidades Autónomas. La impugnación producirá la suspensión de la disposición o resolución recurrida, pero el Tribunal, en su caso, deberá ratificarla o levantarla en un plazo no superior a cinco meses.

La disposición adicional tercera.2 de la L.O. 2/2012, de 27 de abril, de Estabilidad Presupuestaria y Sostenibilidad Financiera («B.O.E.» 30 abril), establece que en el caso de que la impugnación de una Ley de Presupuestos produzca la suspensión de su vigencia, se considerarán automáticamente prorrogados los Presupuestos del ejercicio anterior hasta la aprobación de los Presupuestos del ejercicio siguiente al impugnado, hasta la aprobación de una ley que derogue, modifique o sustituya las disposiciones impugnadas o, en su caso, hasta el levantamiento de la suspensión de la ley impugnada.

Véanse artículos 76 y 77 LOTC.

Artículo 162. 1. Están legitimados:

a) Para interponer el recurso de inconstitucionalidad, el Presidente del Gobierno, el Defensor del Pueblo, 50 Diputados, 50 Senadores, los órganos colegiados ejecutivos de las Comunidades Autónomas y, en su caso, las Asambleas de las mismas.

Véase artículo 32 LOTC.

b) Para interponer el recurso de amparo, toda persona natural o jurídica que invoque un interés legítimo, así como el Defensor del Pueblo y el Ministerio Fiscal.

Véase artículo 46 LOTC.

2. En los demás casos, la ley orgánica determinará las personas y órganos legitimados.

Artículo 163. Cuando un órgano judicial considere, en algún proceso, que una norma con rango de ley, aplicable al caso, de cuya validez dependa el fallo, pueda ser contraria a la Constitución, planteará la cuestión ante el Tribunal Constitucional en los supuestos, en la forma y con los efectos que establezca la ley, que en ningún caso serán suspensivos.

Véanse artículos 35 a 37 LOTC.

Artículo 164. 1. Las sentencias del Tribunal Constitucional se publicarán en el Boletín Oficial del Estado con los votos particulares, si los hubiere. Tienen el valor de cosa juzgada a partir del día siguiente de su publicación y no cabe recurso alguno contra ellas. Las que declaren la inconstitucionalidad de una ley o de una norma con fuerza de ley y todas las que no se limiten a la estimación subjetiva de un derecho, tienen plenos efectos frente a todos.

Véase el Acuerdo de 23 de julio de 2015, del Pleno del Tribunal Constitucional, por el que se regula la exclusión de los datos de identidad personal en la publicación de las resoluciones jurisdiccionales («B.O.E.» 27 julio).

2. Salvo que en el fallo se disponga otra cosa, subsistirá la vigencia de la ley en la parte no afectada por la inconstitucionalidad.

Véanse artículos 38 a 40 LOTC.

Artículo 165. Una ley orgánica regulará el funcionamiento del Tribunal Constitucional, el estatuto de sus miembros, el procedimiento ante el mismo y las condiciones para el ejercicio de las acciones.

Véanse:

- Ley Orgánica del Tribunal Constitucional.

- Acuerdo de 5 de julio de 1990, del Pleno del Tribunal Constitucional, por el que se aprueba el Reglamento de Organización y Personal del Tribunal Constitucional.

TÍTULO X
DE LA REFORMA CONSTITUCIONAL

Artículo 166. La iniciativa de reforma constitucional se ejercerá en los términos previstos en los apartados 1 y 2 del artículo 87.

Artículo 167. 1. Los proyectos de reforma constitucional deberán ser aprobados por una mayoría de tres quintos de cada una de las Cámaras. Si no hubiera acuerdo entre ambas, se intentará obtenerlo mediante la creación de una Comisión de composición paritaria de Diputados y Senadores, que presentará un texto que será votado por el Congreso y el Senado.

2. De no lograrse la aprobación mediante el procedimiento del apartado anterior, y siempre que el texto hubiere obtenido el voto favorable de la mayoría absoluta del Senado, el Congreso, por mayoría de dos tercios, podrá aprobar la reforma.

3. Aprobada la reforma por las Cortes Generales, será sometida a referéndum para su ratificación cuando así lo soliciten, dentro de los quince días siguientes a su aprobación, una décima parte de los miembros de cualquiera de las Cámaras.

Véanse:

- Artículo 7 L.O. 2/1980, 18 enero, sobre regulación de las distintas modalidades de Referéndum («B.O.E.» 23 enero).

- Artículo 146 del Reglamento del Congreso.

- Artículos 57 y 154 a 156 del Reglamento del Senado.

Artículo 168. 1. Cuando se propusiere la revisión total de la Constitución o una parcial que afecte al Título preliminar, al Capítulo segundo, Sección primera del Título I, o al Título II, se procederá a la aprobación del principio por mayoría de dos tercios de cada Cámara, y a la disolución inmediata de las Cortes.

2. Las Cámaras elegidas deberán ratificar la decisión y proceder al estudio del nuevo texto constitucional, que deberá ser aprobado por mayoría de dos tercios de ambas Cámaras.

3. Aprobada la reforma por las Cortes Generales, será sometida a referéndum para su ratificación.

Véanse:

- Artículo 147 del Reglamento del Congreso.

- Artículos 158 y 159 del Reglamento del Senado.

Artículo 169. No podrá iniciarse la reforma constitucional en tiempo de guerra o de vigencia de alguno de los estados previstos en el artículo 116.

DISPOSICIONES ADICIONALES

Primera. La Constitución ampara y respeta los derechos históricos de los territorios forales.

La actualización general de dicho régimen foral se llevará a cabo, en su caso, en el marco de la Constitución y de los Estatutos de Autonomía.

Véase Ley 12/2002, 23 mayo, por la que se aprueba el Concierto Económico con la Comunidad Autónoma del País Vasco («B.O.E.» 24 mayo).

Véanse:

- Ley Orgánica 13/1982, de 10 de agosto, de reintegración y amejoramiento del Régimen Foral de Navarra.

- Estatuto de Autonomía del País Vasco.

- Ley 28/1990, 26 diciembre, por la que se aprueba el Convenio Económico entre el Estado y la Comunidad Foral de Navarra («B.O.E.» 27 diciembre).

Segunda. La declaración de mayoría de edad contenida en el artículo 12 de esta Constitución no perjudica las situaciones amparadas por los derechos forales en el ámbito del Derecho privado.

Tercera. La modificación del régimen económico y fiscal del archipiélago canario requerirá informe previo de la Comunidad Autónoma o, en su caso, del órgano provisional autonómico.

Véase Ley 19/1994, 6 julio, de modificación del Régimen Económico y Fiscal de Canarias («B.O.E.» 7 julio).

Véase Ley 20/1991, 7 junio, de modificación de los aspectos fiscales del Régimen Económico Fiscal de Canarias («B.O.E.» 8 junio).

Cuarta. En las Comunidades Autónomas donde tengan su sede más de una Audiencia Territorial, los Estatutos de Autonomía respectivos podrán mantener las existentes, distribuyendo las competencias entre ellas, siempre de conformidad con lo previsto en la Ley Orgánica del Poder Judicial y dentro de la unidad e independencia de éste.

Véase Disposición Transitoria 2ª LOPJ.

DISPOSICIONES TRANSITORIAS

Primera. En los territorios dotados de un régimen provisional de autonomía, sus órganos colegiados superiores, mediante acuerdo adoptado por la mayoría absoluta de sus miembros, podrán sustituir la iniciativa que el apartado 2 del artículo 143 atribuye a las Diputaciones Provinciales o a los órganos interinsulares correspondientes.

Véase artículo 136 del Reglamento del Congreso.

Segunda. Los territorios que en el pasado hubiesen plebiscitado afirmativamente proyectos de Estatuto de autonomía y cuenten, al tiempo de promulgarse esta Constitución, con regímenes provisionales de autonomía podrán proceder inmediatamente en la forma que se prevé en el apartado 2 del artículo 148, cuando así lo acordaren, por mayoría absoluta, sus órganos preautonómicos colegiados superiores, comunicándolo al Gobierno. El proyecto de Estatuto será elaborado de acuerdo con lo establecido en el artículo 151, número 2, a convocatoria del órgano colegiado preautonómico.

Véanse:
- Artículos 137 a 144 del Reglamento del Congreso.
- Artículo 143 del Reglamento del Senado.

Tercera. La iniciativa del proceso autonómico por parte de las Corporaciones locales o de sus miembros, prevista en el apartado 2 del artículo 143, se entiende diferida, con todos sus efectos, hasta la celebración de las primeras elecciones locales una vez vigente la Constitución.

Cuarta. 1. En el caso de Navarra, y a efectos de su incorporación al Consejo General Vasco o al régimen autonómico vasco que le sustituya, en lugar de lo que establece el artículo 143 de la Constitución, la iniciativa corresponde al Órgano Foral competente, el cual adoptará su decisión por mayoría de los miembros que lo componen. Para la validez de dicha iniciativa será preciso, además, que la decisión del Órgano Foral competente sea ratificada por referéndum expresamente convocado al efecto, y aprobado por mayoría de los votos válidos emitidos.

2. Si la iniciativa no prosperase, solamente se podrá reproducir la misma en distinto período del mandato del Órgano Foral competente, y en todo caso, cuando haya transcurrido el plazo mínimo que establece el artículo 143.

Quinta. Las ciudades de Ceuta y Melilla podrán constituirse en Comunidades Autónomas si así lo deciden sus respectivos Ayuntamientos, mediante acuerdo adoptado por la mayoría absoluta de sus miembros y así lo autorizan las Cortes Generales, mediante una ley orgánica, en los términos previstos en el artículo 144.

Véase Estatuto de Autonomía de Ceuta.

Véase Estatuto de Autonomía de Melilla.

Sexta. Cuando se remitieran a la Comisión Constitucional del Congreso varios proyectos de Estatuto, se dictaminarán por el orden de entrada en aquélla, y el plazo de dos meses a que se refiere el artículo 151 empezará a contar desde que la Comisión termine el estudio del proyecto o proyectos de que sucesivamente haya conocido.

Véanse artículos 136 a 138 del Reglamento del Congreso.

Séptima. Los organismos provisionales autonómicos se considerarán disueltos en los siguientes casos:

a) Una vez constituidos los órganos que establezcan los Estatutos de Autonomía aprobados conforme a esta Constitución.

b) En el supuesto de que la iniciativa del proceso autonómico no llegara a prosperar por no cumplir los requisitos previstos en el artículo 143.

c) Si el organismo no hubiera ejercido el derecho que le reconoce la disposición transitoria primera en el plazo de tres años.

Octava. 1. Las Cámaras que han aprobado la presente Constitución asumirán, tras la entrada en vigor de la misma, las funciones y competencias que en ella se señalan, respectivamente, para el Congreso y el Senado, sin que en ningún caso el mandato se extienda más allá del 15 de junio de 1981.

2. A los efectos de lo establecido en el artículo 99, la promulgación de la Constitución se considerará como supuesto constitucional en el que procede su aplicación. A tal efecto, a partir de la citada promulgación se abrirá un período de treinta días para la aplicación de lo dispuesto en dicho artículo.

Durante este período, el actual Presidente del Gobierno, que asumirá las funciones y competencias que para dicho cargo establece la Constitución, podrá optar por utilizar la facultad que le reconoce el artículo 115 o dar paso, mediante la dimisión, a la aplicación de lo establecido en el artículo 99, quedando en este último caso en la situación prevista en el apartado 2 del artículo 101.

3. En caso de disolución, de acuerdo con lo previsto en el artículo 115, y si no se hubiera desarrollado legalmente lo previsto en los artículos 68 y 69, serán de aplicación en las elecciones las normas vigentes con anterioridad, con las solas excepciones de que en lo referente a inelegibilidades e incompatibilidades se aplicará directamente lo previsto en el inciso segundo de la letra b) del apartado 1 del artículo 70 de la Constitución, así como lo dispuesto en la misma respecto a la edad para el voto y lo establecido en el artículo 69.3.

Novena. A los tres años de la elección por vez primera de los miembros del Tribunal Constitucional, se procederá por sorteo para la designación de un grupo de cuatro miembros de la misma procedencia electiva que haya de cesar y renovarse. A estos solos efectos se entenderán agrupados como miembros de la misma procedencia a los dos designados a propuesta del Gobierno y a los dos que proceden de la formulada por el Consejo General del Poder Judicial. Del mismo modo se procederá transcurridos otros tres años entre los dos grupos no afectados por el sorteo anterior. A partir de entonces se estará a lo establecido en el número 3 del artículo 159.

DISPOSICIÓN DEROGATORIA

1. Queda derogada la Ley 1/1977, de 4 de enero, para la Reforma Política, así como, en tanto en cuanto no estuvieran ya derogadas por la anteriormente mencionada Ley, la de Principios del Movimiento Nacional, de 17 de mayo de 1958; el Fuero de los Españoles, de 17 de julio de 1945; el del Trabajo, de 9 de marzo de 1938; la Ley Constitutiva de las Cortes, de 17 de julio de 1942; la Ley de Sucesión de la Jefatura del Estado, de 26 de julio de 1947, todas ellas modificadas por la

Ley Orgánica del Estado, de 10 de enero de 1967, y en los mismos términos esta última y la de Referéndum Nacional de 22 de octubre de 1945.

2. En tanto en cuanto pudiera conservar alguna vigencia, se considera definitivamente derogada la Ley de 25 de octubre de 1839 en lo que pudiera afectar a las provincias de Álava, Guipúzcoa y Vizcaya.

En los mismos términos se considera definitivamente derogada la Ley de 21 de julio de 1876.

3. Asimismo quedan derogadas cuantas disposiciones se opongan a lo establecido en esta Constitución.

DISPOSICIÓN FINAL

Esta Constitución entrará en vigor el mismo día de la publicación de su texto oficial en el Boletín Oficial del Estado. Se publicará también en las demás lenguas de España.

Publicadas en los suplementos del «B.O.E.» de 29 de diciembre de 1978, las versiones en lenguas Balear, Catalana, Gallega, Valenciana y Vasca.

Por tanto,

Mando a todos los Españoles, particulares y autoridades, que guarden y hagan guardar esta Constitución como norma fundamental del Estado.

ÍNDICE ANALÍTICO

A

B

C

D

E

F

J

L

M

N

O

P

Q

S

T

U

V

Z